DAVID ABULAFIA

Das Mittelmeer

Eine Biographie

Aus dem Englischen von Michael Bischoff

FISCHER Taschenbuch

Aus Verantwortung für die Umwelt hat sich der S. Fischer Verlag zu einer nachhaltigen Buchproduktion verpflichtet. Der bewusste Umgang mit unseren Ressourcen, der Schutz unseres Klimas und der Natur gehören zu unseren obersten Unternehmenszielen.

Gemeinsam mit unseren Partnern und Lieferanten setzen wir uns für eine klimaneutrale Buchproduktion ein, die den Erwerb von Klimazertifikaten zur Kompensation des CO_2-Ausstoßes einschließt.

Weitere Informationen finden Sie unter: www.klimaneutralerverlag.de

MIX
Papier | Fördert gute Waldnutzung
FSC® C083411
FSC www.fsc.org

Erschienen bei FISCHER Taschenbuch
Frankfurt am Main, Oktober 2023

Satz: Dörlemann Satz, Lemförde
Druck und Bindung: CPI books GmbH, Leck
Printed in Germany
ISBN 978-3-596-70973-1

a la memoria de mis antecesores

INHALT

TEIL III

Das Dritte Mediterrane Zeitalter 600 bis 1350

TEIL IV

Das Vierte Mediterrane Zeitalter 1350 bis 1830

TEIL V

Das Fünfte Mediterrane Zeitalter
1830 bis 2010

VORWORT

Eine »Geschichte des Mittelmeeres« kann vieles bedeuten. Dieses Buch ist eher eine Geschichte des Mittelmeeres als der Länder in seinem Umkreis. Genauer gesagt, handelt es sich um eine Geschichte der Menschen, die dieses Meer befuhren und an seinen Küsten in Hafenstädten oder auf Inseln lebten. Ich befasse mich hier mit dem Prozess, in dem das Mittelmeergebiet in unterschiedlichem Maße zu einem einzigen wirtschaftlichen, kulturellen und (mit den Römern) sogar politischen Raum wurde, und mit den Umständen, unter denen diese Integrationsphasen in einem zuweilen gewaltsamen Niedergang endeten, ob nun durch Krieg oder durch Pest. Ich unterscheide für das Mittelmeer insgesamt fünf Zeitalter: ein Erstes Mediterranes Zeitalter, das nach 1200 v. Chr. im Chaos versank, also etwa zu der Zeit, als Troja untergegangen sein soll; ein Zweites Mediterranes Zeitalter, das bis etwa 500 n. Chr. bestand; ein Drittes Mediterranes Zeitalter, das sich langsam herausbildete und zur Zeit der Großen Pest (1347) in eine tiefe Krise geriet; ein Viertes Mediterranes Zeitalter, das mit wachsender Konkurrenz aus dem atlantischen Raum und der Vorherrschaft atlantischer Mächte zu kämpfen hatte und das etwa um die Zeit endete, als 1869 der Suezkanal eröffnet wurde; und schließlich ein Fünftes Mediterranes Zeitalter, in dem das Mittelmeer ein Durchgangsgebiet zum Indischen Ozean wurde, in der zweiten Hälfte des 20. Jahrhunderts aber überraschend eine neue Identität entwickelte.

Mein »Mittelmeer« beschränkt sich eindeutig auf das Meer selbst, samt seinen Küsten und Inseln und vor allem den Hafenstädten, die

Ausgangs- und Zielpunkte für all jene waren, welche es befuhren. Diese Definition ist enger als die des großen Pioniers der Geschichte des Mittelmeerraums Fernand Braudel, die gelegentlich auch Regionen jenseits der Küstengebiete umfasste. Doch der Mittelmeerraum Braudels und der in seinem Gefolge arbeitenden Historiker war eine Landmasse, die sich weit über die Küstenregionen und das eigentliche Meeresbecken hinaus erstreckte, und noch immer gibt es eine Tendenz, den Mittelmeerraum über den Olivenanbau oder die ins Mittelmeer mündenden Flusstäler zu definieren. Dies hieße aber, die oft sesshaften und traditionalen Gesellschaften jener Täler in die Untersuchung einzubeziehen, in denen die Nahrungsmittel und Rohstoffe produziert wurden, mit denen man auf dem Mittelmeer Handel trieb, wodurch auch Landratten an Bord zu holen wären, die das Meer niemals gesehen haben. Natürlich kann man das Hinterland – die Ereignisse, die dort stattfanden, die Produkte, die dort erzeugt wurden oder ihren Weg durch diese Regionen nahmen – nicht außer Acht lassen, doch dieses Buch konzentriert sich auf die Menschen, die tatsächlich ihre Füße ins Wasser streckten oder, besser noch, selbst übers Meer fuhren und sich am kulturübergreifenden Seehandel, an der Verbreitung religiöser und sonstiger Ideen oder, ebenso bedeutsam, an Seekriegen um die Herrschaft über die Schiffsrouten beteiligten.

Obwohl das Buch recht lang geworden ist, gab es schwierige Entscheidungen darüber, welche Aspekte aufzunehmen und welche zu übergehen waren. Ausdrücke wie »vielleicht«, »möglicherweise« und »wahrscheinlich« finden sich seltener, als es angemessen erscheinen mag. Vor allem Aussagen über die Frühzeit ließen sich in dieser Weise einschränken, mit der Folge, dass hier für die Leser möglicherweise ein Schleier der Ungewissheiten entstünde. Mein Ziel war es, die Menschen, Vorgänge und Ereignisse zu beschreiben, die den Mittelmeerraum ganz oder teilweise verändert haben, statt eine Serie von Mikrogeschichten der Randgebiete zu verfassen, so interessant solche Teilgeschichten auch sein mögen. Ich habe mich deshalb auf jene Aspekte konzentriert, die meines Erachtens langfristig bedeutsam waren, wie etwa die Gründung Karthagos, die Entstehung Dubrovniks, der Einfluss der barbarischen Seeräuber oder der Bau des Suezkanals. Die religiösen Interaktionen nehmen viel Raum ein, und natürlich schenke ich den Konflikten zwischen Christen und Muslimen große Aufmerksamkeit, aber auch den Juden, die als Händler im Frühmittelalter und dann nochmals in der frühen Neuzeit eine herausragende Rolle spielten. Ab der klassischen Antike habe ich jedem Jahrhundert etwa gleich viel Raum gewidmet, denn ich wollte keines jener pyramidenartigen Bücher schreiben, in denen man die früheren Perioden rasch durcheilt, um möglichst schnell bei angenehm modernen Zeiten anzulangen. Doch die den einzelnen Kapiteln beigegebenen Jahreszahlen sind nur Näherungswerte, und gelegentlich werden zeitgleich an verschiedenen Enden des Mittelmeeres stattfindende Ereignisse in verschiedenen Kapiteln behandelt.

Der Mittelmeerraum, wie wir ihn heute kennen, wurde in der Antike von Phöniziern, Griechen und Etruskern geprägt, im Mittelalter von Genuesern, Venezianern und Katalanen, in den Jahrhunderten vor 1800 schließlich von holländischen, englischen und russischen Flotten. Tatsächlich spricht einiges für die These, wonach der Mittelmeerraum nach 1500 und ganz gewiss nach 1850 für die Weltpolitik und den Welthandel immer mehr an Bedeutung verlor. In den meisten Kapiteln konzentriere ich mich auf eine oder zwei Regionen, die meines Erachtens die Entwicklung in der Gesamtregion am besten zu erklären vermögen (Troja, Korinth, Alexandria, Amalfi, Saloniki usw.), doch das Gewicht liegt stets auf deren Verbindungen zum übrigen Mittelmeerraum und, wo dies möglich ist, auf einigen der Menschen, die diese Wechselwirkungen herbeiführten oder sie erlebten. Eine Folge dieses Ansatzes liegt darin, dass ich weniger über Fische und Fischer sage, als manche Leser dies erwarten mögen. Die meisten Fische verbringen ihr Leben unter der Wasseroberfläche, und Fischer fahren meist von ihrem Heimathafen aus aufs Meer hinaus, fangen ihre Fische (oft weit von ihrem Heimathafen entfernt) und kehren wieder an ihren Ausgangspunkt zurück. In der Regel liegt ihr Ziel nicht am anderen Ende des Meeres, wo sie mit anderen Menschen und Kulturen in Berührung kommen könnten. Die Fische, die sie von ihren Fangzügen mit nach Hause bringen, wurden durchaus auf die eine oder andere Weise weiterverarbeitet – zum Beispiel gesalzen oder eingelegt oder zu einer streng schmeckenden Sauce verarbeitet; von den Händlern, die diese Produkte exportieren, ist hier auch häufig die Rede, und frischer Fisch dürfte zudem die übliche Nahrung für die Schiffsbesatzungen gewesen sein. Aber die verfügbaren Daten sind hier offen gesagt spärlich, und auf das Geschehen unter der Wasseroberfläche richte ich meine Aufmerksamkeit erst mit dem Beginn der U-Boot-Kriegführung im frühen 20. Jahrhundert.

Ich hoffe, Sie werden bei der Lektüre dieses Buchs ebenso viel Freude haben wie ich beim Schreiben. Für die Einladung, dies zu tun, und für die begeisterte Ermutigung in der Folgezeit danke ich Stuart Proffitt von Penguin Books und meinem Agenten Bill Hamilton von A. M. Heath sowie für weitere Ermutigung Peter Ginna und Tim Bent bei meinem amerikanischen Verlag, Oxford University Press in New York. Besonders gefreut hat mich die Möglichkeit, einige der in diesem Buch erwähnten Orte erstmals oder erneut zu besuchen. Sehr hilfreich war für mich dabei die Gastfreundschaft, die mir eine Reihe von Gastgebern im Mittelmeerraum und darüber hinaus gewährt haben: Clive und Geraldine Finlayson vom Gibraltar Museum haben mich so herzlich wie immer aufgenommen und mir die Möglichkeit gegeben, nicht nur Gibraltar wiederzusehen, sondern auch einen Abstecher über die Straße von Gibraltar nach Ceuta zu machen. Charles Dalli, Dominic Fenech, ihre Kollegen am History Department der University of Malta, seine Exzellenz der britische Hochkommissar sowie Frau Archer und Ronnie Micallef vom British Council waren mir beispielhafte Gastgeber in Malta. Ihre Exzellenz die Botschafterin Maltas in Tunesien, Vickie-Ann Cremona, war mir gleichfalls eine ausgezeichnete Gastgeberin in Tunis und Mahdia. Der zu Recht für seine Gastfreundschaft berühmte Mohamed Awad öffnete mir die Augen für seine Heimatstadt Alexandria. Edhem Eldem zeigte mir unerwartete Winkel in Istanbul (und Alexandria). Relja Seferović vom Institut für kroatische Geschichte in Dubrovnik war mir eine große Hilfe dort, in Montenegro (in Herceg Novi und Kotor) und in Bosnien-Herzegowina (in Trebinje). Eduard Mira teilte mit mir *in situ* sein Wissen über das mittelalterliche Valencia. Olivetta Schena lud mich nach Cagliari ein, um dort meines verstorbenen Freundes Marco Tangheroni, des herausragenden Historikers des Mittelmeerraums, zu gedenken, und ermöglichte mir auch einen Besuch im antiken Nora. Etwas weiter davon entfernt, luden die historische Fakultät der Universität Helsinki und das finnische Außenministerium mich ein, meine Sicht auf die Geschichte des Mittelmeerraums in einer Stadt zu erweitern, deren riesige Festung oft das »Gibraltar des Nordens« genannt wird. Francesca Trivellato erlaubte mir, ihre ausgezeichnete Studie über Livorno schon vor deren Veröffentlichung zu lesen. Roger Moorhouse machte eine Vielzahl brauchbarer Illustrationen ausfindig, die oft schwer zu beschaffen waren. Bela Cinha war ein beispielhafter Korrektor. Meine Frau Anna erkundete gemeinsam mit mir Jaffa, Neve Tzedek, Tel Aviv, Tunis, Mahdia und weite Teile von Zypern. Sie ertrug es, dass sich in unserem bereits mit Büchern über den mittelalterlichen Mittelmeerraum vollgestopften Haus weitere Bücher über das antike und neuzeitliche Mittelmeer zu Bergen türmten. Meine Töchter Bianca und Rosa waren mir entzückende Begleiterinnen auf Reisen in verschiedene Ecken der Mittelmeerregion und beschafften mir Material zu diversen Themen wie Morisken und dem Barcelona-Prozess.

Sehr dankbar bin ich auch den Zuhörern in Cambridge, St. Andrews, Durham, Sheffield, Valletta und Frankfurt am Main für ihre hilfreichen Reaktionen auf eine Vorlesung über die Frage: »Wie schreibt man die Geschichte des Mittelmeerraums?« In Cambridge erhielt ich bibliographische und sonstige Ratschläge von Colin und Jane Renfrew, Paul Cartledge, John Patterson, Alex Mullen, Richard Duncan-Jones, William O'Reilly, Hubertus Jahn, David Reynolds und anderen, während Roger Dawe mir freundlicherweise ein Exemplar seiner großartigen kommentierten Übersetzung der *Odyssee* überließ. Charles Stanton las die erste Fassung und wies mich auf eine Reihe problematischer Punkte hin – unnötig zu sagen, dass Fehler allein auf mein Konto gehen. Alyssa Bandow ließ sich begeistert auf langwierige Diskussionen über die antike Wirtschaft ein, die mir halfen, meine Vorstellungen zu klären. Keine Institution reicht an die Kollegen in Cambridge und Oxford heran, wenn es darum geht, Ideen mit Menschen aus einer Vielzahl unterschiedlicher Fachgebiete zu diskutieren, und ich verdanke mehr, als ich zu sagen vermag, der Anregung durch Fachkollegen im Caius College, aber auch durch andere Kollegen wie Paul Binski, John Casey, Ruth Scurr, Noël Sugimura und (bis vor kurzem) Colin Burrow sowie Victoria Bateman, deren Kommentare zum Text ich sehr schätze, und Michalis Agathacleous, der mir als Führer in Südzypern eine große Hilfe war. Die Classics Faculty Library bemühte sich besonders großzügig um die Erfüllung meiner Wünsche. Dasselbe gilt für Mark Statham und die Belegschaft der Gonville and Caius College Library. In der Schlussphase der Arbeit am Manuskript ergab es sich, dass ich Neapel wegen eines Vulkanausbruchs nicht verlassen konnte (dabei handelte es sich nicht um den Vesuv). In dieser Zeit boten mir Francesco Senatore und seine äußerst angenehmen Kolleginnen (Alessandra Perricioli, Teresa d'Urso, Alessandra Coen und viele andere) eine wunderbare Gastfreundschaft einschließlich der Benutzung eines Büros in der »Friedrich-II-Universität« und lebhafter Gespräche. Kurz nachdem der Himmel sich wieder aufgeklart hatte, konnte ich dank Katherine Fleming großen Nutzen aus der Gelegenheit ziehen, die Themen dieses Buchs bei einem Treffen in der Villa La Pietra, dem Florentiner Sitz der New York University, zu diskutieren. Noch weiter verfeinern konnte ich meine »Abschließenden Überlegungen« bei einem Aufenthalt in Norwegen, zu dem mich die stets überaus freundlichen Organisatoren eines Symposiums zur Feier der Verleihung des Holberg-Preises an Natalie Zemon Davis im Juni 2010 in Bergen eingeladen hatten.

Ich widme dieses Buch dem Andenken meiner Vorfahren, die das Mittelmeer über die Jahrhunderte mehrfach von einem Ende zum anderen überquerten: von Kastilien nach Safed und Tiberias im Heiligen Land, mit Zwischenstationen in Smyrna; meinem Großvater, der in entgegengesetzter Richtung von Tiberias nach Westen zog, und meiner Großmutter, die zurück über das Meer nach Tiberias ging; meinem Vorfahren Jacob Berab, der aus dem kastilischen Maqueda nach Safed kam; und den diversen Abulafias, Abolaffios und Bolaffis in Livorno und ganz Italien. Der Originaltitel des Buchs, *Das Große Meer*, ist der hebräische Name für das Mittelmeer, wie er in einer Lobpreisung erscheint, die aufgesagt werden soll, wenn man seiner ansichtig wird: »Gepriesen Seist Du, Herr unser Gott, König des Universums, der Du das Große Meer geschaffen hast.«

David Abulafia
Cambridge, 15. November 2010

EINLEITUNG

Ein Meer mit vielen Namen

Das Meer »zwischen den Ländern«, wie das Mittelmeer im Englischen und in den romanischen Sprachen heißt, hat zahlreiche Namen. Für die Römer war es »Unser Meer«, für die Türken das »Weiße Meer« *(Akdeniz)*, für die Juden das »Große Meer« *(Yam gadol)*, für die Deutschen das »Mittelmeer« und für die alten Ägypter das »Große Grün«. In der Moderne wurde der Wortschatz um weitere Beiworte bereichert: das »Binnenmeer«; das »umschlossene Meer«; das »freundliche Meer«; das »gläubige Meer« mehrerer Religionen; das »bittere Meer« des Zweiten Weltkriegs; das »korrumpierende Meer« (*Corrupting Sea* ist der Titel eines 2000 erschienenen Buches von Purcell und Horden) aus Dutzenden von Mikroökologien, die in wechselseitigem Austausch stehen und sich dadurch verändern; der »flüssige Kontinent«, der wie ein echter Kontinent viele Völker, Kulturen und Ökonomien innerhalb genau definierter Grenzen umfasst. Und so ist es denn wichtig, zunächst einmal diese Grenzen zu definieren. Das Schwarze Meer schlägt an Küsten, von denen man seit der Antike Getreide, Sklaven, Pelze und Früchte in den Mittelmeerraum exportierte; es wurde allerdings von Händlern aus dem Mittelmeerraum durchdrungen, ohne dass die dortigen Einwohner an den politischen, wirtschaftlichen und religiösen Veränderungen im Umkreis des Mittelmeeres teilgenommen hätten – aufgrund ihrer Verbindungen zum Balkan, zu den Steppen und zum Kaukasus besaßen die Zivilisationen an den Küsten des Schwarzen Meeres ein anderes Gepräge und einen anderen Charakter als die Mittelmeerkulturen. Das gilt nicht für die Adria, die sehr stark am kommerziellen, politischen und

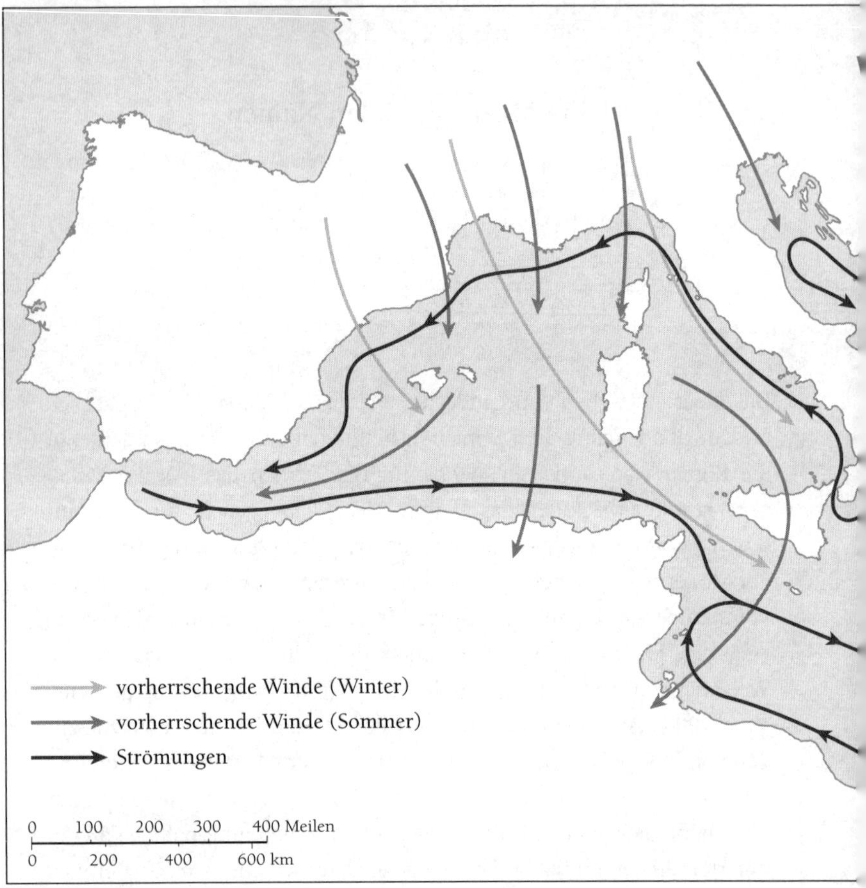

religiösen Leben des Mittelmeerraums teilhatte, dank der Etrusker und der Griechen von Spina, der Venezianer und Ragusaner in Mittelalter und früher Neuzeit und dank der Geschäftsleute von Triest in der Moderne. In diesem Buch ziehe ich die Grenzen des Mittelmeeres dort, wo zunächst die Natur und dann der Mensch sie gesetzt hat: an der Straße von Gibraltar; an den Dardanellen, mit gelegentlichen Ausflügen nach Konstantinopel, da die Stadt als Brücke zwischen dem Schwarzen und dem Weißen Meer fungierte; und an der Küste, die sich von Alexandria bis nach Gaza und Jaffa erstreckt. Außerdem konzentriere ich mich auf

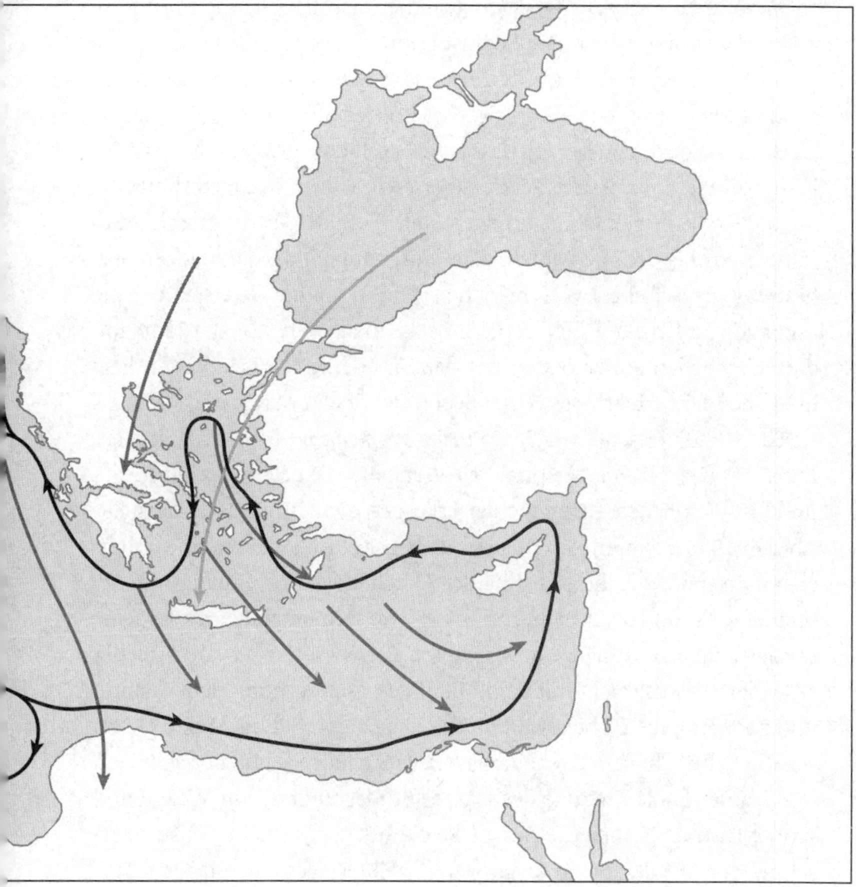

die Hafenstädte entlang der Küsten, vor allem auf solche, in denen Kulturen einander begegneten und sich miteinander vermischten (Livorno, Smyrna, Triest usw.), und auf die Inseln, soweit deren Bewohner den Blick nach außen richteten – weshalb etwa die Korsen hier weniger behandelt werden als die Malteser.

Das mag eine engere Sicht des Mittelmeeres sein, als andere Autoren sie vermitteln, aber sie ist zweifellos konsistenter.

Bücher zur Geschichte des Mittelmeerraums befassen sich meist mit der Geschichte der Länder im Umkreis dieses Meeres und natürlich auch mit den Wechselwirkungen zwischen den betreffenden Ländern. Zwei Werke haben hier eine herausragende Stellung erlangt. Peregrine Hordens und Nicholas Purcells *Corrupting Sea* aus dem Jahr 2000 ist besonders reich an Ideen zur Agrargeschichte der Mittelmeerländer, wobei die Autoren davon ausgehen, dass eine Geschichte des Mittelmeeres die Küstenstreifen mindestens bis zu einer Tiefe von 15 Kilometern umfassen sollte. Sie zeigen einige fundamentale Aspekte der Austauschbeziehungen im Bereich des Mittelmeeres auf, nämlich die zahlreichen Verbindungen zwischen verschiedenen Punkten und deren Rückgang im Falle von Krisen. Doch letztlich befassen sie sich in erster Linie mit dem Geschehen an Land statt mit dem auf dem Meer. Und dann liegt über allen Historikern des Mittelmeeres der Schatten Fernand Braudels (1902–1985), dessen Buch *Das Mittelmeer und die mediterrane Welt in der Epoche Philipps II.*, das erstmals 1949 erschien, eines der originellsten und einflussreichsten Geschichtswerke des 20. Jahrhunderts darstellt. Ab den 1950er Jahren gab Braudel die Ausrichtung der Arbeit zahlreicher Forscher vor, die sich mit der Geschichte des Mittelmeeres beschäftigten – und zwar nicht nur in der von ihm untersuchten Epoche, sondern auch in früheren und späteren Perioden –, aber auch solcher Forscher, die sich nicht mit dem Mittelmeer, sondern mit dem Atlantik und anderen Meeren befassten. In seinen späteren Jahren lenkte er von seinem Lehrstuhl in der geheimnisvoll als Sixième Section bezeichneten Sektion der École Pratique des Hautes Études in Paris mit Würde und großer Distinguiertheit die Geschicke der hochangesehenen Historikerschule der *Annales*. Seine Ideen waren freilich über einen langen Zeitraum herangereift. Französische Intellektuelle wie der 1945 verstorbene Dichter und Essayist Paul Valéry hatten sich für den Gedanken einer den Franzosen, Spaniern und Italienern gemeinsamen »mediterranen Zivilisation« begeistert, die sowohl in den betreffenden Ländern als auch in deren kolonialen Besitzungen in Nordafrika und dem Nahen Osten präsent sei. Braudels Buch war das Ergebnis langjähriger Überlegungen, die er in Frankreich, in Algerien, in Brasilien und in deutschen Kriegsgefangenenlagern angestellt hatte. Er hatte eine intellektuelle Reise unternommen, die ihn von einer genaueren Untersuchung vergangener Politik, an der sich immer noch viele französische Historiker abarbeiteten, über die von Valéry postulierten mediterranen Identitäten bis zu einer von der Geographie informierten Geschichtsschreibung führte. Braudel bewies eine geradezu enzyklopädische Kenntnis der Geschichte des gesamten Mittelmeerraums nicht nur des 16. Jahrhunderts. Er bot eine neue, aufregende Antwort auf die Frage nach den wechselseitigen Beziehungen zwischen den im Umkreis des Meeres lebenden Gesellschaften. Den Kern seines Ansatzes bildet die Annahme einer »Geschichte, die nur langsame Wandlungen kennt«, und eine Neigung, das Individuum »eingebunden in ein Geschick zu sehen, das es kaum selber gestalten kann«.[1] Dieses Buch legt in beiden Fällen die entgegengesetzte Auffassung nahe. Während Braudel eine, wie man sagen könnte, horizontale Geschichte des Mittelmeeres bot, die deren Eigenarten durch die Erforschung eines bestimmten Zeitalters zu bestimmen versuchte, bemühe ich mich hier um eine vertikale Geschichte des Mittelmeeres, die den Schwerpunkt auf den zeitlichen Wandel legt.

Braudel demonstrierte fast schon Verachtung für die politische Geschichte im Sinne von »Ereignissen« (»histoire événementielle«).[2] In seinen Augen bestimmte die Geographie des Mittelmeerraums, was dort geschah. Er behandelte Politik und Krieg erst am Ende seines Buches, dessen eigentliche Stärke auf einem anderen Gebiet lag, nämlich im Verständnis der Landschaft der im Umkreis des Meeres gelegenen Länder und bedeutsamer Eigenschaften des Meeres selbst – der Winde und Meeresströmungen, die mitbestimmten, auf welchen Wegen die Menschen es überquerten. Tatsächlich dehnte Braudel den Mittelmeerraum weit über das eigentliche Meer hinaus auf all jene Länder aus, deren Wirtschaftsleben in irgendeiner Weise vom dortigen Geschehen bestimmt wurde. Gelegentlich brachte er es sogar fertig, Krakau und Madeira in seine Überlegungen einzubeziehen. In seinem Gefolge legt John Pryor großes Gewicht auf die Beschränkungen, die Wind und Strömungen den Seefahrern auferlegten. Er glaubt, die Navigatoren des Mittelalters und der frühen Neuzeit hätten große Schwierigkeiten gehabt, an der nordafrikanischen Küste entlangzusegeln, und er betont die Bedeutung der Segelsaison zwischen Frühjahr und Herbst, in der es möglich war, mit günstigen Winden über das Mittelmeer zu segeln. Horden und Purcell wenden dagegen ein, die Seeleute wären bereit gewesen, weitere

Routen zu erkunden, auf denen Wind und Strömung weniger günstig gewesen seien, für deren Nutzung aber andere Interessen – kommerzieller oder politischer Art – ausschlaggebend waren.[3] Den Kräften der Natur habe man mit Geschick und Einfallsreichtum begegnen können.

Die physikalischen Eigenschaften dieses Meeres sind durchaus nicht vollständig geklärt. Einige Merkmale des Mittelmeeres resultieren aus seinem Charakter als Binnenmeer. In geologisch weit zurückliegenden Zeiten war es rundum abgeschlossen. In der Zeit vor zwölf bis fünf Millionen Jahren erreichte die Verdunstung einen Punkt, an dem das Mittelmeerbecken zu einer tiefgelegenen, leeren Wüste wurde. Nach dem Durchbruch des Atlantik füllte sich das Becken, wie man annimmt, innerhalb weniger Jahre. Das Mittelmeer verliert durch Verdunstung mehr Wasser, als die darin einmündenden Flusssysteme ersetzen können – was kaum überrascht, wenn man bedenkt, wie kümmerlich einige dieser Flüsse sind, etwa die Flüsschen auf Sizilien und Sardinien oder die historisch, aber nicht wegen ihrer Wassermengen bedeutsamen Flüsse Tiber und Arno (der Arno wird oberhalb von Florenz im Hochsommer zu einem bloßen Rinnsal). Gewiss, das Mittelmeer erhält beträchtliche Wassermengen aus dem gewaltigen Flusssystem des Nils, und auch der Po sowie die Rhône leisten einen gewissen Beitrag. Von den europäischen Flüssen tragen indirekt die Donau und die russischen Flusssysteme zur Wasserversorgung des Mittelmeeres bei, denn das Schwarze Meer erhält Wasser aus mehreren großen Arterien, die sich bis tief in die Landmasse hineinziehen. In der Folge besitzt das Schwarze Meer einen Überschuss an nicht verdunstetem Wasser und sorgt so für eine starke Strömung, die sich an Istanbul vorbei in die nordöstliche Ägäis ergießt. Doch dadurch werden nur vier Prozent des Verdunstungsverlustes im Mittelmeer ersetzt. Die Hauptquelle für den Ersatz des Verdunstungsüberschusses ist der Atlantik, aus dem ständig kaltes Wasser ins Mittelmeer strömt. Aber es gibt auch eine gegenläufige Strömung, und da das Wasser des Mittelmeeres (wegen der Verdunstung) salziger und schwerer ist, bewegt sich das einströmende Wasser über dem ausströmenden.[4] Für den Fortbestand des Mittelmeeres ist es daher von entscheidender Bedeutung, dass es an beiden Seiten offen ist. Die Eröffnung eines dritten Kanals bei Suez hatte nur geringfügige Auswirkungen, da die Route hier durch enge Kanäle führt, doch auf diesem Wege gelangten einige neue Fischarten aus dem Roten Meer und dem Indischen Ozean ins Mittelmeer.

Das aus dem Atlantik einströmende Wasser hinderte mittelalterliche Seefahrer, regelmäßig durch die Straße von Gibraltar auf den Atlantik hinaus-, nicht aber Wikinger, Kreuzfahrer und andere, in das Mittelmeer hineinzufahren. Die wichtigsten Meeresströmungen folgen von Gibraltar aus der nordafrikanischen Küste, biegen dort nach Norden ab, vorbei an Israel und dem Libanon, umrunden Zypern, durchqueren die Ägäis, die Adria und das Tyrrhenische Meer und kehren entlang der französischen und spanischen Küste zurück zu den Säulen des Herkules.[5] Diese Meeresströmungen hatten großen Einfluss auf die Leichtigkeit, mit der Schiffe das Mittelmeer befahren konnten, zumindest in den Zeiten der Ruder und Segel. Wie man bewiesen hat, war es auch möglich, die Strömungen im Mittelmeer zu nutzen, um gegen den Wind zu kreuzen. Die Wettersysteme der Region bewegen sich bevorzugt in West-Ost-Richtung, so dass man den Wind nutzen konnte, um im Frühjahr Schiffsladungen von den Häfen zwischen Barcelona und Pisa nach Sardinien, Sizilien und in die Levante zu transportieren, während im Winter das nordatlantische Wettersystem den größten Einfluss im westlichen Mittelmeer besitzt und im Sommer das über den Azoren liegende subtropische Atlantikhoch. Der Mistral, der kalte Luft in die Täler der Provence strömen lässt, bringt im Winter feuchtes und windiges Wetter, doch er hat viele nahe Verwandte wie die Bora oder Tramontana Italiens und Kroatiens. John Pryor hat darauf hingewiesen, dass der »Golfe du Lion«, der »Löwengolf«, vor der Küste der Provence deshalb so genannt wird, weil das Tosen des Mistrals an das Brüllen eines Löwen erinnert.[6] Niemand sollte die Unerquicklichkeit oder Gefahren eines Wintersturms auf dem Mittelmeer unterschätzen, auch wenn unser Bild des Mittelmeeres heute das eines sonnenüberfluteten Meeres ist. Gelegentlich entwickeln sich über der Sahara Tiefdrucksysteme, die nach Norden ziehen und deren unangenehme Winde unter Bezeichnungen wie Scirocco (Italien), Xaloc (Katalonien) oder Chamsin (Israel, Ägypten) bekannt sind. Dabei können sich große Mengen roten Saharastaubs in den Ländern im Umkreis des Mittelmeeres ansammeln. Solange die Schiffe auf Segel angewiesen waren, machten die vorherrschenden Nordwinde die Navigation entlang der nordafrikanischen Küste gefährlich, da sie die Schiffe auf Sandbänke und Riffe an den Südküsten des Mittelmeeres zu werfen drohten, während die vielfach steiler ins Meer abfallenden Nordküsten (wie Pryor gleichfalls anmerkt) auch wegen der vielen Buchten und Strände für die Navigatoren weitaus angenehmer waren. Doch die Buchten waren zugleich auch von jeher eine Versuchung für Piraten, die nach Schlupfwinkeln und Verstecken suchten.[7] Die Fahrt von West nach Ost, der berühmte Levante-Handel des Mittelalters, war leichter für Schiffe zu bewältigen, die im Frühjahr in Genua oder Marseille in See stachen und entlang der Nordküsten des Mittelmeeres, an Sizilien, Kreta und Zypern vorbei nach Ägypten fuhren. Den direkten Seeweg von Kreta zur Mündung des Nils nahmen erst später die ersten Dampfschiffe. Natürlich können wir uns nicht ganz sicher sein, dass die Winde und Strömungen damals dieselben waren wie heute. Doch in antiken und mittelalterlichen Quellen finden sich ausreichend Hinweise auf Nordwestwinde wie den Boreas, die belegen, dass die Bora eine sehr lange Geschichte hat.

Klimatische Veränderungen konnten beträchtliche Auswirkungen auf die Produktivität der am Mittelmeer gelegenen Landstriche haben, mit Folgen für den mediterranen Getreidehandel, der in Antike und Mittelalter so große Bedeutung besaß und dann seine Vorrangstellung einbüßte. Eine Abkühlung des Klimas im 16. und 17. Jahrhundert erklärt zumindest zum Teil, weshalb die Anbauflächen für Getreide zurückgingen und der Import von Getreide aus Nordeuropa erstaunliche Ausmaße erreichte, was wiederum die Stellung holländischer und deutscher Kaufleute im Mittelmeerraum festigte. Die Austrocknung der Küstenregionen dürfte für einen Klimawandel sprechen, auch wenn die Hand des Menschen hier vielfach deutlich sichtbar ist. In Nordafrika führten neue Wellen arabischer Invasionen im 11. und 12. Jahrhundert möglicherweise zu einer Vernachlässigung der Dämme und Bewässerungswerke, so dass die Landwirtschaft Schaden nahm. Der wirtschaftliche Niedergang Kleinasiens in der Spätzeit des Römischen Reiches hatte zur Folge, dass Weingärten und Olivenhaine aufgegeben wurden, deren Terrassen Erde festgehalten hatten, die nun in die Flüsse geschwemmt wurde und deren Versandung bewirkte.[8] In moderner Zeit veränderten Staudämme, vor allem der Assuan-Staudamm in Oberägypten, das Muster der Wasserzuflüsse ins Mittelmeer, mit Auswirkungen auf Strömungen und Feuchtigkeit. Es war der Mensch, der den jahreszeitlichen Zyklus des Nils und damit auch ganz entscheidend das wirtschaftliche Leben Ägyptens veränderte, indem er den jährlichen Überschwemmungen ein Ende setzte, die einst die alten Ägypter ihren Göttern zugeschrieben hatten. Andererseits waren die Auswirkungen menschlicher Aktivitäten nach Ansicht des Geographen Alfred Grove und des Ökologen Oliver Rackham für die mediterrane Umwelt weniger gravierend als gemeinhin angenommen, da die Natur im Mittelmeerraum die Fähigkeit bewiesen habe, sich von klimatischen und anderen Veränderungen wie auch vom Raubbau durch den Menschen zu erholen. Der Mensch bestimme nicht, wie das Klima sich entwickelte, zumindest gelte das für die Zeit vor dem 20. Jahrhundert. Und obwohl die Erosion auf den Menschen zurückgehe, sei auch sie ein natürlicher Vorgang, den es schon zu Zeiten der Dinosaurier gegeben habe. Ein Bereich, in dem oft auf den menschlichen Einfluss verwiesen wird, ist die Abholzung der Wälder, die auf Sizilien, auf Zypern und entlang der spanischen Küste beträchtliche Auswirkungen hatte. Der Nachfrage nach Bauholz für Schiffe folgte die Rodung von Flächen für neue oder erweiterte Städte und Dörfer, aber auch hier lasse sich argumentieren, dass es oft zu einer natürlichen Regeneration gekommen sei. Weniger optimistisch äußeren Grove und Rackham sich über die Zukunft des Mittelmeerraums, da Raubbau an Wasservorräten und Fischbeständen getrieben werde und in manchen Gebieten eine Verwüstung drohe, die sich noch verstärken werde, wenn glaubwürdige Voraussagen zur globalen Erwärmung auch nur teilweise Wirklichkeit würden.[9] Blicke man jedoch zurück auf die Geschichte des Mittelmeerraums, erkenne man eine Symbiose zwischen Mensch und Natur, die heute möglicherweise ein Ende finde.

Dieses Buch leugnet nicht die Bedeutung von Winden und Meeresströmungen, möchte jedoch die Erfahrungen in den Vordergrund stellen, die die Menschen machten, wenn sie über das Meer fuhren oder in Hafenstädten und auf Inseln lebten, deren Überleben vom Meer abhing.

Der Mensch hat die Geschichte des Mittelmeeres stärker geprägt, als Braudel jemals eingeräumt hätte. Das Buch verweist auf zahlreiche politische Entscheidungen: Kriegsflotten, die in See stechen, um Syrakus oder Karthago, Akko oder Famagusta, Menorca oder Malta zu erobern. Die strategische Bedeutung einiger dieser Orte hing in entscheidendem Maße von der Geographie ab – nicht nur von Wind und Wellen, sondern auch von anderen Beschränkungen: Auf Handelsschiffen mochte man Nahrung und Wasser für mehrere Wochen mit sich führen, doch Kriegsschiffe hatten nicht genügend Platz, um solch sperriges Gut in größeren Mengen unterzubringen. Diese einfache Tatsache bedeutete, dass die Herrschaft über das offene Meer eine gewaltige Herausforderung darstellte, zumindest im Zeitalter der Segelschiffe. Ohne Zugang zu freundlich gesonnenen Häfen, in denen man Proviant aufnehmen und Schiffe reparieren lassen konnte, vermochte keine Macht die Herrschaft über Schiffsrouten zu erlangen, so viele Kriegsschiffe sie auch besitzen mochte. Bei Konflikten um die Herrschaft über das Mittelmeer ging es daher oft eher um die Kontrolle über Küsten, Häfen und Inseln als über das offene Meer.[10] Um der ständigen Bedrohung durch Seeräuber Herr zu werden, war es oft notwendig, schmutzige Geschäfte mit Piraten und deren Herren abzuschließen und den freien Durchgang von Handelsschiffen durch Geschenke oder Bestechungsgelder zu sichern. Vorgeschobene Außenposten waren hier von unschätzbarem Wert. Korfu war wegen seiner geographischen Lage über Jahrhunderte sehr gefragt bei allen, die den Zugang zur Adria kontrollieren wollten. Die Katalanen und später die Briten bauten eine Kette von Besitzungen im Mittelmeer auf, die ihren wirtschaftlichen und politischen Interessen gute Dienste leistete. Seltsamerweise besaßen allerdings die als Stützpunkte ausgewählten Orte häufig schlechte Häfen. Physikalische Vorzüge waren nicht das Einzige, was zählte. Alexandria war wegen der oft rauen See schwer zu erreichen, das mittelalterliche Barcelona bot kaum mehr als einen Strand, Pisa nicht mehr als ein paar Ankerplätze in der Nähe der Arnomündung, und noch in den 1920er Jahren mussten Schiffe, die nach Jaffa kamen, auf Reede entladen werden. Der Hafen von Messina lag in der Nähe der unruhigen Gewässer, die von antiken Autoren als Skylla und Charybdis bezeichnet wurden.[11]

Die Geschichtswissenschaft hat sich mit Irrationalem ebenso zu befassen wie mit Rationalem, mit Entscheidungen, die von Individuen oder Gruppen getroffen wurden und nach Jahrhunderten oder Jahrtausenden nur schwer nachzuvollziehen sind und vielleicht schon zu ihrer Zeit nur schwer zu verstehen waren. Doch geringfügige Entscheidungen konnten wie der Flügelschlag eines Schmetterlings gewaltige Folgen haben: Die Rede eines Papstes 1095 n. Chr. im französischen Clermont, gespickt mit einer unbestimmten, aber leidenschaftlichen Rhetorik, vermochte eine fünfhundertjährige Geschichte von Kreuzzügen zu entfesseln. Streitigkeiten zwischen rivalisierenden türkischen Kommandeuren, denen eine charismatische Führung auf christlicher Seite gegenüberstand, konnten eine überraschende Niederlage osmanischer Armeen und Kriegsflotten herbeiführen wie in Malta 1565 – und selbst dann schickten die Spanier langsamer Unterstützung, als es notwendig gewesen wäre, und riskierten damit den Verlust der Gewässer um Sizilien, eine ihrer wertvollsten Besitzungen. Schlachten wurden gegen jede Wahrscheinlichkeit gewonnen. Die Siege brillanter Flottenkommandeure wie Lysander, Roger de Lauria und Horatio Nelson veränderten die politische Karte des Mittelmeeres und vereitelten die imperialen Pläne Athens, Neapels oder des napoleonischen Frankreich. Kaufherren stellten ihren Profit über die Sache des christlichen Glaubens. Das Rouletterad dreht sich, und das Ergebnis ist nicht vorherzusagen, doch es ist die Hand des Menschen, die das Rad in Gang setzt.

TEIL I

Das Erste Mediterrane Zeitalter

22 000 bis 1000 v. Chr.

KAPITEL 1

Isolation und Insellage

22 000 bis 3000 v. Chr.

I

Das Mittelmeer, vor Millionen von Jahren entstanden, lange bevor die ersten Menschen seine Küsten erreichten, wurde zu einem »Meer zwischen den Ländern«, das die einander gegenüberliegenden Küsten verband, als die Menschen es auf der Suche nach Lebensraum, Nahrung und anderen lebenswichtigen Ressourcen zu überqueren begannen. Frühformen des Menschen bewohnten die ans Mittelmeer angrenzenden Gebiete schon 435 000 Jahre vor unserer Zeit. Darauf verweist ein Lager von Jägern, das man in der Nähe des modernen Rom gefunden hat. Andere errichteten in Terra Amata bei Nizza eine einfache Hütte aus Ästen und bauten mitten in ihrer Wohnstatt einen Herd. Ihre Nahrung bestand aus dem Fleisch von Nashörnern und Elefanten, von Rotwild, Kaninchen und Wildschweinen.[1] Wann die ersten Menschen sich hinaus auf Meer wagten, wissen wir nicht genau. Die American School of Classical Studies in Athen gab 2010 bekannt, dass man auf Kreta Faustkeile aus Quarz entdeckt hat, die älter als 130 000 Jahre sind, was darauf hindeutet, dass frühe Menschenformen einen Weg gefunden hatten, über das Meer nach Kreta zu gelangen, auch wenn sie möglicherweise auf Sturmtrümmern dorthin verschlagen wurden.[2] Höhlenfunde in Gibraltar beweisen, dass vor 24 000 Jahren eine andere Menschenart von dort über das Meer zum Dschebel Musa hinüberschaute, der auf der gegenüberliegenden afrikanischen Seite der Meerenge deutlich zu sehen ist. Die ersten Knochen eines Neandertalers wurden 1848 entdeckt, und zwar handelte es sich um Knochen einer Frau, die in einer Höhle im Felsen von Gibraltar gelebt hatte. Da diese Funde nicht sogleich als

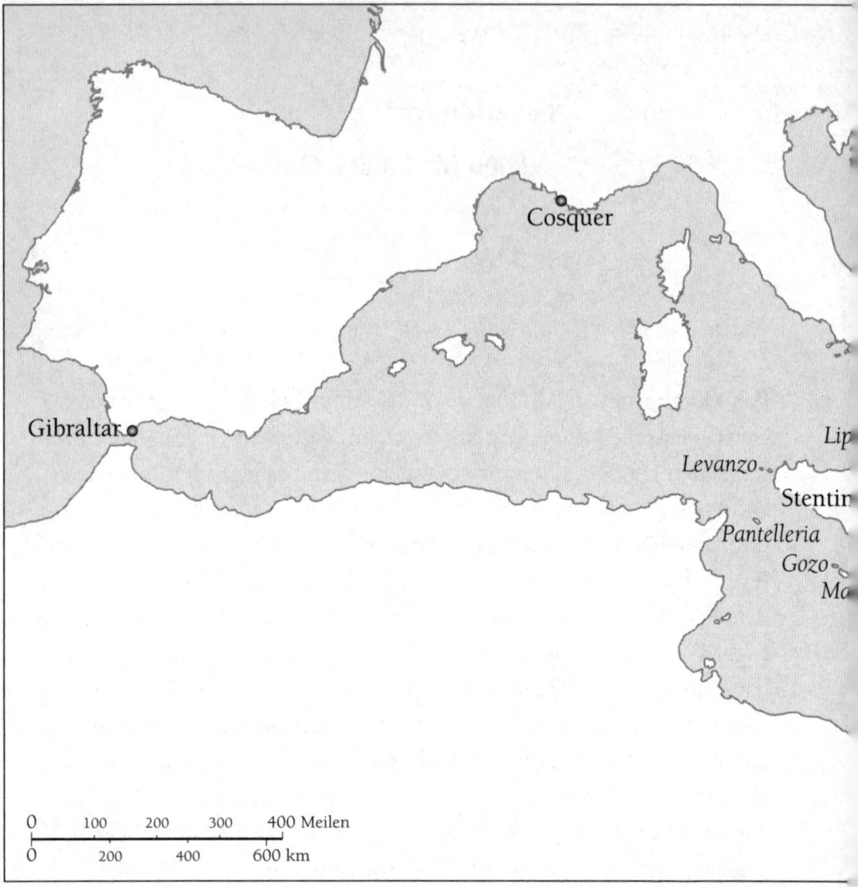

Überreste einer anderen Menschenart erkannt wurden, erhielt diese Spezies ihren Namen erst acht Jahre später, als man im Neandertal bei Düsseldorf auf ähnliche Knochen stieß. Der Neandertaler müsste also eigentlich Gibraltar-Frau heißen. Die Neandertaler von Gibraltar nutzten das Meer vor der Küste ihres Lebensraums. Zu ihrer Nahrung gehörten Schalentiere und Krebse und sogar Schildkröten und Robben, obwohl ihre Felsenhöhlen damals durch eine Ebene vom Meer getrennt waren.[3] Es gibt jedoch keine Hinweise auf eine Neandertalerpopulation in Marokko, das von Vertretern unserer eigenen Menschenart, des *Homo*

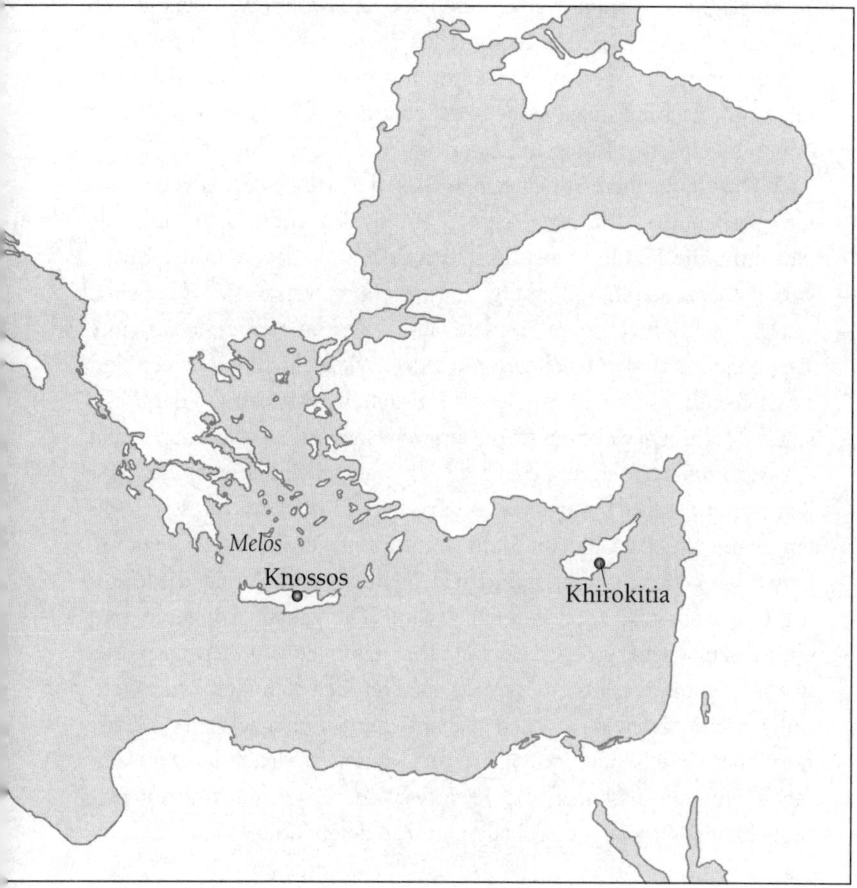

sapiens sapiens, kolonisiert wurde. Die Meerenge sorgte offenbar für eine Trennung der beiden Menschenarten.

In der langen Phase des Unteren und Mittleren Paläolithikums (»Frühe und Mittlere Altsteinzeit«) wurde das Mittelmeer wahrscheinlich selten befahren. Allerdings waren einige heutige Inseln damals über Landbrücken erreichbar, die später durch den Anstieg des Meeresspiegels überflutet wurden. In der Cosquer-Höhle bei Marseille finden sich Ritzzeichnungen von *Homo sapiens*, die schon um 27 000 v. Chr., und Höhlenmalereien, die vor 19 000 v. Chr. entstanden. Der Eingang der

Höhle liegt heute unter Wasser, doch als sie bewohnt war, befand sich die Küste des Mittelmeeres mehrere Kilometer entfernt. Der erste klare Beweis für kurze Überfahrten stammt aus dem Oberen Paläolithikum, um 11 000 v. Chr. Damals setzten Besucher den Fuß auf die Insel Melos in der griechischen Inselgruppe der Kykladen, und zwar auf der Suche nach Obsidian, einem vulkanischen Glas, das sich besser als Feuerstein für scharfkantige Werkzeuge eignete. In Sizilien finden sich Dutzende paläolithische Fundorte aus derselben Zeit, viele davon an der Küste, wo die Menschen in großen Mengen Weichtiere verspeisten, aber auch Füchse, Wildschweine und Rotwild jagten. Sie kümmerten sich um ihre Toten, indem sie den Leichnam mit einer Ockerschicht überzogen und sie gelegentlich auch mit verzierten Halsketten begruben. An der Westspitze der Insel bewohnten sie die am weitesten östlich gelegenen Inseln der Ägadischen Inselgruppe (die damals wahrscheinlich noch mit Sizilien verbunden war). Auf einer von ihnen, der Insel Levanzo, schmückten sie um 11 000 v. Chr. eine Höhle mit geritzten und gemalten Figuren. Unter den geritzten Figuren finden sich Hirsche und Pferde, die lebendig und recht realistisch gezeichnet sind. Die gemalten Figuren sind eher schematische, grob gezeichnete Darstellungen von Menschen, die, wie man annimmt, aus einer etwas späteren Zeit stammen. Die Zeichnungen und Malereien aus den sizilianischen Höhlen belegen die Existenz einer Gesellschaft von Jägern und Sammlern, die, wie wir aus anderen Funden wissen, in der Lage war, aus Feuerstein und Quarzit brauchbare Werkzeuge zu schaffen, und zu deren Ritualen auch die imitative Magie gehörte, die das Jagdglück beeinflussen sollte. Sie jagten mit Pfeil und Bogen und mit Speeren. Sie wohnten in Höhlen und Grotten, aber auch in Lagern, die sie im Freien anlegten. Sie lebten weit verstreut, und obwohl ihre Vorfahren Sizilien auf Booten – welcher einfachen Bauart auch immer – erreicht hatten, brachen spätere Generationen nicht zu einer Erkundung des Meeres auf.[4]

In ihrer Lebensweise unterschieden sich die ersten Bewohner Siziliens nicht sonderlich von den Menschen, die seit Hunderten von Generationen an den Küsten des Mittelmeeres verstreut lebten, von denen sie aber dennoch isoliert waren. Das heißt nicht, dass es ihrem Leben an Komplexität gefehlt hätte. Ein Vergleich mit nomadischen Jägern und

Sammlern in Australien oder am Amazonas legt den Gedanken nahe, dass Familien und Gruppen seit Jahrtausenden von elaborierten Mythen und Ritualen zusammengehalten werden, und zwar unabhängig vom technologischen Niveau. Wenn es überhaupt zu Veränderungen kam, setzten sie sich nur sehr langsam durch und bestanden durchaus nicht immer nur in »Verbesserungen«, wie man dies nennen könnte, denn Fertigkeiten wie die der Höhlenkünstler konnten sowohl erworben werden als auch verlorengehen. Um 8000 v. Chr. kam es zu einer sehr langsamen Erwärmung. Das führte zu Veränderungen der Flora und der Fauna und veranlasste manche kleinen Menschengruppen, sich auf der Suche nach ihrer gewohnten Beute in Bewegung zu setzen, während andere Gruppen nach alternativen Nahrungsangeboten Ausschau hielten, vor allem nach solchen aus dem Meer. Als die Eiskappen abschmolzen, stieg der Meeresspiegel langsam an, insgesamt um 120 Meter. Die heutigen Umrisse des Mittelmeeres wurden sichtbar, als Vorgebirge zu Inseln wurden und die Küstenlinien etwa ihre heutige Gestalt annahmen. Doch all das geschah so langsam, dass man es kaum wahrnehmen konnte.[5]

Es gab nur wenig soziale Differenzierung innerhalb dieser kleinen Gruppen, die auf der Suche nach Nahrung umherschweiften, hier einen günstig gelegenen Hügel, dort eine passende Bucht fanden und in großen Zickzacklinien von einem Siedlungsplatz zum anderen wanderten. Wenn Gruppen eine Gegend besser kennenlernten, passten sie ihre Ernährung und ihre Bräuche an diese Region an. Möglicherweise entstand eine tiefere Bindung an das Land, wenn sie ihre Toten dort begruben und Höhlen verzierten. Gelegentlich wanderten Steinwerkzeuge von einer Hand oder auch von einer Gemeinschaft in die andere oder wurden bei Auseinandersetzungen zwischen Stämmen erbeutet. Im Wesentlichen waren die Gruppen jedoch Selbstversorger und lebten von den Tieren, Fischen und Früchten, die Land und Meer ihnen boten. Obwohl die Besiedlung sehr dünn blieb und in Sizilien allenfalls ein paar tausend Menschen gleichzeitig lebten, hatten Klimawandel und menschliche Eingriffe doch zunehmend Auswirkungen auf den Tierbestand. Die größeren Tiere begannen zu verschwinden, vor allem die Wildpferde, die schon vor dem Menschen nach Sizilien gekommen waren, als noch eine Landbrücke zwischen der Insel und dem italienischen Festland bestand. Diese Pferde wurden auf den Höhlenzeichnungen von Levanzo dargestellt und lieferten damals ein riesiges Festmahl.

In der als Mesolithikum (»Mittlere Steinzeit«) bekannten Übergangsperiode bis etwa 5000 v. Chr., als die Werkzeuge langsam verfeinert wurden, Tierhaltung, Keramik und Getreideanbau jedoch noch fehlten, entnahmen die prähistorischen Sizilianer ihre Nahrung zunehmend dem Meer. Sie fischten Seebrassen und Zackenbarsche, und in archäologischen Fundstätten stieß man auf große Mengen Muschelschalen, die teilweise mit Ritzmustern und rotem Ocker verziert waren. Um 6400 v. Chr. entstand im heutigen Tunesien die Capsien-Kultur, deren Ernährung in erheblichem Maße aus Schalentieren bestand und die an der Küste große Haufen aus Muschelschalen und Schneckengehäusen hinterlassen hat.[6] Weiter östlich, in der Ägäis, fuhren Seefahrer des Oberen Paläolithikums und des Mesolithikums gelegentlich an der Inselkette der Kykladen vorbei bis nach Melos, sammelten dort Obsidian und brachten es zurück zu Höhlenfundorten auf dem griechischen Festland, zum Beispiel in die 120 Kilometer von Melos entfernte Franchthi-Höhle. Ihre Boote bauten sie wahrscheinlich aus Schilfrohr, das sie mit kleinen, scharfkantigen Steinwerkzeugen, den von ihnen entwickelten »Mikrolithen«, zuschnitten. Da der Meeresspiegel immer noch nicht die heutige Höhe erreicht hatte, waren die Abstände zwischen den Inseln kleiner als heute.[7] Auch im mesolithischen Sizilien kannte man Obsidian, das man auf den Vulkaninseln der Liparischen Inselgruppe vor der Nordostküste Siziliens fand. Man wagte sich inzwischen auch aufs offene Meer hinaus, wenn auch nur lokal und gelegentlich, aber doch schon in der Absicht, kostbare Rohstoffe zu beschaffen, aus denen sich bessere Werkzeuge herstellen ließen. Einen Handel gab es zu dieser Zeit noch nicht. Wahrscheinlich lebten damals noch keine Menschen permanent auf Melos oder auf den Liparischen Inseln, und selbst wenn das der Fall gewesen sein sollte, hätten die Siedler wohl kein Eigentumsrecht an dem vulkanischen Glas beansprucht, das auf den Inseln verstreut lag. Und die Menschen auf Sizilien oder in Griechenland, die den Obsidian erhielten, fertigten ihre Klingen nicht an, um sie an weiter im Binnenland lebende Gemeinschaften weiterzugeben. Selbstversorgung war noch die Regel, und erst im Neolithikum, als die Gesellschaften hierarchischer und komplexer wurden und das Verhältnis der Menschen zum Boden einen revolutionären Wandel erlebte, finden sich regelmäßige Hinweise auf Seefahrten, die bewusst mit dem Ziel unternommen wurden, begehrte Produkte zu beschaffen.

II

Die »Neolithische Revolution«, die ihren Anfang um 10 000 v. Chr. nahm und schließlich alle menschlichen Gemeinschaften rund um den Erdball erfasste, bestand in Wirklichkeit aus einer Reihe unabhängiger Entdeckungen, die eine bessere Kontrolle über die Nahrungsbeschaffung sichern sollten. Die Zähmung von Rindern, Schafen, Ziegen und Schweinen sorgte für eine stetige Quelle von Fleisch, Milch, Knochen für Werkzeuge und nach einiger Zeit auch von Wolle für Kleidung. Die Erkenntnis, dass man ausgewählte Pflanzen in jährlichem Zyklus aussäen konnte, führte zur Kultivierung diverser Weizenarten, angefangen bei halbwildem Emmer, und kulminierte (im Mittelmeerraum) im Anbau früher Formen von Weizen und Gerste. Erste Tongefäße, anfangs eher von Hand geformt als auf der Töpferscheibe gedreht, dienten der Aufbewahrung von Nahrungsmitteln. Die Werkzeuge wurden immer noch aus Feuerstein, Obsidian und Quarz hergestellt, aber sie waren kleiner und stärker auf spezifische Zwecke ausgerichtet – eine Entwicklung, die sich schon im Mesolithikum abgezeichnet hatte. Das spricht für eine zunehmende Spezialisierung, einschließlich der Herausbildung einer Kaste geschickter Werkzeugmacher, deren Ausbildung in einem nur scheinbar einfachen Handwerk zweifellos ebenso langwierig und komplex war wie die eines Sushi-Meisters. Neolithische Gesellschaften waren durchaus in der Lage, komplexe politische Institutionen hierarchischen Zuschnitts wie Monarchien zu schaffen und die Gesellschaft nach Kriterien wie Status und Arbeit in Kasten zu unterteilen.

Es entwickelten sich konzentrierte, permanent bewohnte, ummauerte Siedlungen, die auf lokale Versorgung angewiesen waren, aber auch auf Güter, die aus größerer Entfernung herangeschafft wurden. Die erste Siedlung dieser Art, um 8000 v. Chr., war Jericho, das im frühen 8. Jahrtausend etwa 2000 Einwohner zählte. Der Obsidian dort kam eher aus Anatolien als aus dem Mittelmeerraum. Um 10000 v. Chr. kultivierten die Bewohner von Eynan (Ayn Mallaha) im heutigen Nordisrael Pflanzen, mahlten Mehl und besaßen sowohl die Muße als auch die Neigung, schematische, aber doch elegante menschliche Porträts in Stein zu schneiden. Als die Bevölkerung im östlichen Mittelmeerraum zunahm, führten die Nutzung der neuen Nahrungsmittelquellen und die Konkurrenz um die Rohstoffe immer häufiger zu Konflikten zwischen den Gemeinschaften, so dass man die Waffen zunehmend gegen Mitmenschen statt gegen Beutetiere einsetzte.[8] Die Konflikte lösten Wanderungsbewegungen aus. Menschen aus Anatolien oder Syrien zogen nach Zypern und Kreta. Um 5600 v. Chr. lebte eine Gemeinschaft von mehreren tausend Menschen in Khirokitia auf Zypern. Sie stellten ihre Gefäße nicht aus Ton her, sondern meißelten sie aus Stein. Die ersten Zyprioten importierten in kleineren Mengen Obsidian, konzentrierten sich aber hauptsächlich auf ihre Felder und Herden. Sie errichteten auf Steinfundamenten Häuser aus Lehmziegeln, mit Emporen im Inneren, auf denen sie schliefen, und ihre Toten begruben sie unter dem Hüttenboden. Weniger eindrucksvoll war die erste neolithische Siedlung auf Kreta, in Knossos, die aus der Zeit um 7000 v. Chr. stammt. Doch sie markiert den Beginn einer intensiven Besiedlung dieser Insel, die in der Bronzezeit das östliche Mittelmeer beherrschen sollte. Die Bewohner hatten ihr Saatgut und ihre Tiere aus Kleinasien mitgebracht, denn sie züchteten Tiere, die es auf Kreta selbst nicht gab. Sie bauten Weizen, Gerste und Linsen an. Die Töpferei entwickelte sich bei ihnen erst ein halbes Jahrtausend später. Das Weben praktizierten sie seit der ersten Hälfte des 5. Jahrtausends. Die fehlende Töpferei verweist auf eine isolierte Gemeinschaft, die nicht die Methoden ihrer weiter östlich lebenden Nachbarn kopierte. Obsidian kam aus dem nicht weit im Nordosten gelegenen Melos. Im Wesentlichen wandten die Kreter sich jedoch vom Meer ab. Die vergleichsweise wenigen Muschelschalen und Schneckenhäuser, die man in der untersten Schicht in Knossos fand, zeigen Spuren von wasserbedingten Abnutzungen, die darauf hindeuten, dass man sie für dekorative Zwecke sammelte, nachdem die Tiere, die einst darin gelebt hatten, längst gestorben waren.[9] Doch Kontakte mit der Außenwelt begannen das Leben der frühen Kreter zu verändern. Die Irdenware, die man um 6500 zu produzieren begann, war von einer dunklen, polierten Art, die Ähnlichkeiten mit der anatolischen Keramik der Zeit besaß. Das Handwerk wurde offenbar nicht schrittweise entwickelt, sondern komplett importiert. In späteren neolithischen Phasen entstanden weitere Siedlungen in anderen Teilen der Insel, zum Beispiel das im Süden gelegene Phaistos, doch der gesamte Prozess umfasste 3000 Jahre, in denen Kreta sich zunehmend dem Meer zuwandte. Die außergewöhnliche Kultur, die schließlich auf Kreta entstand, lässt sich am besten verstehen als ein Wechselspiel zwischen einer einheimischen Kultur mit stark lokaler Identität, die sich sehr langsam entwickelte, und wachsenden Kontakten zur Außenwelt, die neue Technologien und Vorbilder ins Land brachten, welche von den Kretern auf idiosynkratische Weise an die eigenen Bedürfnisse angepasst wurden.

Mahlsteine und Mörser mussten behauen werden. Auf Steinfundamenten errichtete man Häuser, die nun ständig bewohnt waren. Die Töpfer benötigten die geeignete Ausrüstung für den Bau und die Befeuerung ihrer Öfen. Die Spezialisierung vergrößerte den Bedarf an bestimmten Werkzeugen, und die Nachfrage nach Obsidian nahm zu. Der Rohstoff besaß zahlreiche Vorzüge, welche die Mühen seiner Beschaffung wettmachten. Er ließ sich leicht spalten, und die Kanten waren äußerst scharf. Die Obsidian-Steinbrüche auf Melos, die seit der Zeit um 12 000 v. Chr. ausgebeutet wurden, erreichten den Höhepunkt ihrer Beliebtheit in der frühen Bronzezeit, für die man eigentlich erwarten sollte, dass man Metallwerkzeugen den Vorzug gab. Doch Obsidian wurde gerade wegen seines niedrigen Wertes geschätzt. In der frühen Bronzezeit waren Metalle knapp, und die zur Herstellung von Kupfer und Bronze benötigte Technologie war nicht überall verfügbar und nicht leicht zu realisieren. Trotz der wachsenden Spezialisierung in den Dörfern des Neolithikums wurden die Steinbrüche auf Melos nicht systematisch und nicht wirklich kommerziell ausgebeutet. Erst lange nach dem Beginn des Obsidian-Bergbaus entstand schließlich eine Siedlung in Phylakopi, deren Blütezeit allerdings in eine Zeit fällt, als der Obsidian-Bergbau bereits im Niedergang begriffen war. Außerdem waren die ersten Siedler keine Obsidian-Händler, sondern Fischer, die hauptsächlich Thunfisch fingen.[10] Melos besaß keinen Hafen. Wer Obsidian holen wollte, suchte sich einen Strand, auf dem er an Land gehen konnte, und machte sich auf den Weg zu den Steinbrüchen, wo man Stücke des vulkanischen Glases herausbrach.

III

Wer eindrucksvolle Zeugnisse massiver Bautätigkeit im neolithischen Europa sucht, muss sich weiter nach Westen wenden, hin zu den Tempeln und Heiligtümern auf Malta und Gozo, die sogar älter als die Pyramiden sind. Die Tempel auf Malta wurden von Menschen erbaut, die das Meer überquert und aus eigener Kraft eine Inselkultur geschaffen hatten. Der herausragende britische Archäologe Colin Renfrew schreibt dazu: »Auf Malta geschah vor mehr als 5000 Jahren etwas wirklich Außergewöhnliches, das in der Mittelmeerwelt und sogar darüber hinaus seinesgleichen sucht.« Diese Gesellschaft war um 3500 v. Chr. in vollem Aufstieg begriffen.[11] Die alte Diffusionstheorie, wonach die Tempel in gewisser Weise Nachahmungen der weiter östlich anzutreffenden Pyramiden und Zikkurate darstellten, ist offensichtlich falsch. Obwohl also die Tempel keine Nachahmungen waren, wurden sie auch nicht zu Vorbildern für andere Kulturen im Mittelmeerraum. Malta wurde um 5700 v. Chr. besiedelt, und zwar von Afrika oder wahrscheinlicher noch von Sizilien aus, dessen Kultur sich in den ältesten Felsengräbern auf Malta spiegelt. Die frühen Malteser waren gut ausgerüstet. Sie brachten Emmer, Gerste und Linsen mit, und sie rodeten Teile der Insel, um Ackerland zu gewinnen, denn Malta war damals von großen Wäldern bedeckt, die heute vollkommen verschwunden sind. Sie holten Werkzeuge von den Vulkaninseln vor der Küste Siziliens und benutzten Obsidian von der Insel Pantelleria und den Liparischen Inseln. Um 4100 v. Chr. begann sich auf der Insel eine eigenständige Kultur zu entwickeln. In den – sehr näherungsweise – tausend Jahren nach 3600 schlug man dort große unterirdische Sammelgräber oder Hypogäa aus dem Fels, die darauf schließen lassen, dass diese maltesische Gemeinschaft ein starkes Identitätsgefühl besaß. Schon damals errichtete man in Ġgantija auf Gozo und in Tarxien auf Malta massive Bauwerke. Es handelte sich um große Bauwerke mit gewölbten, verzierten Fassaden und Vorhöfen, um überdachte Bauten mit Gängen, Korridoren und oft halbkreisförmigen Räumen, die man bevorzugt in Form eines Kleeblatts anordnete. Die Erbauer verfolgten das Ziel, gewaltige Tempel zu errichten, die sich hoch über der Insel erhoben und aus großer Entfernung zu sehen waren, wenn man sich von See her näherte, wie es etwa für den auf einer Anhöhe in unmittelbarer Nähe der Küste gelegenen Tempel von Haġar Qim galt.[12]

Die Bauwerke entstanden langsam über einen längeren Zeitraum, wie die mittelalterlichen Kathedralen, und ohne einen streng koordinierten Plan.[13] Seltsamerweise gab es keine Fenster, aber es muss umfangreiche Verbindungsteile aus Holz gegeben haben, und auch die steinernen Bauteile, die als Einzige überdauert haben, sind oft sehr schön mit eingeritzten Ornamenten, darunter Spiralen, verziert. Denn die Kultur des vorgeschichtlichen Malta bestand nicht allein aus Monumentalbauten. In den Tempeln befanden sich, wie Bruchstücke beweisen, große Statuen, die angeblich eine mit Geburt und Fruchtbarkeit assoziierte Muttergottheit darstellten. In Tarxien stand im Mittelpunkt des Kults eine fast zwei Meter hohe weibliche Statue. Die Räume in Tarxien enthalten deutliche Hinweise auf Opferzeremonien. So fand man dort einen Altar mit einer Vertiefung, in der ein Feuersteinmesser lag. Im Umkreis des Altars stieß man auf Knochen von Rindern und Schafen. Auch wurden Muschelschalen ausgegraben, die bestätigen, dass Meeresfrüchte einen wichtigen Bestandteil der Nahrung bildeten. Unter den in Stein gearbeiteten Darstellungen sind auch Ritzzeichnungen von Schiffen.[14] Bei der Errichtung der Bauten und bei der Anfertigung der steinernen Bildwerke kam man ganz ohne Metalle aus, die Malta erst um 2500 v. Chr. erreichten.

Sowohl kulturell als auch physikalisch handelte es sich um eine Inselwelt. Für das Neolithikum schätzt man die Gesamtbevölkerung der Inseln auf weniger als 10 000 Menschen. Doch diese geringe Bevölkerung war in der Lage, ein halbes Dutzend große und zahlreiche kleinere Tempel zu errichten, was den Gedanken nahelegt, dass die Inseln in mehrere kleine Provinzen unterteilt waren. Deshalb sollte man eigentlich Funde erwarten, die auf kriegerische Auseinandersetzungen schließen lassen, zum Beispiel Speerspitzen. Aber es sind so gut wie keine Relikte dieser Art erhalten geblieben. Diese Gemeinschaft lebte offenbar im Frieden.[15] Vielleicht waren Malta und Gozo heilige Inseln, die den Menschen im mittleren Mittelmeerraum Respekt einflößten, wie dies in der antiken griechischen Welt für Delos galt. Ein Loch in einer Steinplatte ist möglicherweise ein Beleg dafür, dass sich dort ein Orakel befand. Bemerkenswert ist allerdings, dass sich so wenige Hinweise auf ausländische Besucher gefunden haben. Wenn es sich um heilige Inseln handelte, muss ein Teil ihrer Heiligkeit darin bestanden haben, dass man sich ihnen nicht nähern durfte und dass sie nur von einheimischen Maltesern bewohnt wurden, die im Dienste der Großen Göttin standen, einer Göttin, die ihre Darstellung nicht nur in den auf Malta geschaffenen Statuen und Figurinen fand, sondern auch in der Gestaltung der Tempel mit ihren bauchigen äußeren Formen und den gebärmutterartigen Gängen und Höhlungen im Innern.

Diese Kultur verschwand ebenso überraschend, wie sie entstanden war. Die lange Friedenszeit ging Mitte des 16. Jahrhunderts v. Chr. zu Ende. Es finden sich keine Anzeichen eines Niedergangs in der Tempelkultur. Vielmehr kam es zu einem scharfen Bruch, als Eindringlinge eintrafen, die nicht die Fähigkeiten besaßen, denen die großen Monumente ihre Entstehung verdankten, dafür aber über einen Vorteil verfügten: Bronzewaffen. Nach Funden tönerner Spinnwirtel und verkohlter Kleidung zu urteilen, handelte es sich um Spinner und Weber, die aus Sizilien und Südostitalien gekommen waren.[16] Im 14. Jahrhundert v. Chr. wurden sie von einer weiteren Welle sizilianischer Siedler verdrängt. Doch inzwischen hatte Malta seinen besonderen Charakter verloren. Die Einwanderer und ihre Nachfahren ließen sich in den Bauwerken eines Volkes nieder, das vom Antlitz der Erde verschwunden war.

IV

Während sich in Malta über viele Jahrhunderte kaum etwas veränderte, waren die Verhältnisse in Sizilien weniger beständig, wie man es von einer großen, leicht zugänglichen und mit vielfältigen Rohstoffen ausgestatteten Landmasse erwarten darf. Die Obsidianvorkommen auf den Liparischen Inseln zogen Siedler an, die ihre eigene Kultur mitbrachten, wie man in Stentinello bei Syrakus sehen kann, das zu Beginn des 4. Jahrtausends v. Chr. in Blüte stand, als die maltesischen Tempel sich noch im Bau befanden. Der aus zahlreichen Hütten bestehende Ort hatte einen Umfang von ca. 250 Metern und war von einem Graben umgeben. Innerhalb dieser Umfriedung fand man Tonscherben und einfache Figurinen mit Tierköpfen. Es war ein geschäftiges Dorf mit eigenen Handwerkern, das die Umgebung und die nahe gelegene Küste beherrschte, von wo es seine Nahrung bezog. Die Siedlungen dieser Menschen erinnern stark an die in Südostitalien gefundenen, von wo ihre Vorfahren eindeutig stammen.

Gut 3000 Jahre trennen die allererste Stentinellokultur vom Aufkommen des Kupfers und der Bronze. Veränderungen stellten sich nur langsam ein, und die Wanderungen erfolgten in Schüben – es gab noch keine großen Wanderungsbewegungen, die den Mittelmeerraum erschütterten. Aber gerade dieser langsame, osmotische Kontakt ließ einige Elemente einer gemeinsamen Kultur entstehen. In ihrer Lebensweise besaßen die neolithischen Sizilianer in Stentinello zahlreiche Gemeinsamkeiten mit den übrigen neolithischen Völkern des Mittelmeerraums. Das heißt nicht, dass sie dieselbe Sprache gesprochen hätten (mangels Schrift hat ihre Sprache keine Spuren hinterlassen), und auch nicht, dass sie gemeinsame Vorfahren gehabt hätten. Aber sie alle hatten Anteil an den großen ökonomischen und kulturellen Veränderungen, die in die Übernahme der Landwirtschaft, die Domestizierung von Tieren und die Herstellung von Töpferwaren mündeten. Eine ähnlich grobe, mit Einschnitten verzierte Keramik fand sich auch in Ausgrabungsstätten von Syrien bis nach Algerien, von Spanien bis nach Anatolien. Zur selben Zeit hörte Lipari auf, lediglich eine Fundstätte für Obsidian zu sein, die man nur bei Bedarf aufsuchte. Die Insel wurde von

Menschen mit ähnlichem Geschmack und ähnlichen Bräuchen wie in Stentinello besiedelt. Das offene Meer stellte kein Hindernis dar. Die Siedler wandten sich nach Süden, so dass man ähnliche Töpferwaren wie in Stentinello auch in Tunesien und Obsidian aus Pantelleria in der ganzen Region von Sizilien bis nach Afrika fand.[17]

Lipari erfreute sich wegen der Obsidianvorkommen eines besonders hohen Lebensstandards. Über die Frage, ob Veränderungen im Stil der Keramik auf Veränderungen in der Zusammensetzung der Bevölkerung schließen lassen, kann man endlos streiten. Moden wechseln, ohne dass die Bevölkerung sich verändert, wie jeder Beobachter im modernen Italien sehr wohl weiß. Auf rotlasierte Keramik, wie sie typisch für das 6. Jahrtausend v. Chr. war, folgten andere, vollkommen braune oder schwarze, sehr sorgfältig und präzise gearbeitete Stücke mit polierter Oberfläche. Ende des 5. Jahrtausends v. Chr. wurden sie von aufgemalten Mäander-, Zickzack- oder Spiralmustern verdrängt, die große Ähnlichkeit mit Stücken aufweisen, wie man sie in Italien und auf dem Balkan gefunden hat. Es folgten weitere neue Moden, als im frühen 4. Jahrtausend v. Chr. die rein rote Keramik eingeführt wurde, die schließlich in die langlebige, nach ihrem wichtigsten Fundort benannte »Dianakultur« mündete. Die entscheidenden Momente sind hier die Langsamkeit des Wandels und die Stabilität dieser Inselgesellschaften.[18]

Seeleute nutzten ihre Fahrten über das Adriatische Meer, das Ionische Meer und die Straße von Sizilien, um Waren zu transportieren und anzubieten, die in der Mehrzahl vergänglicher Natur waren – Keramik und Obsidian sind einfach die Dinge, die erhalten geblieben sind. Wir können nur raten, wie die von diesen frühen Seefahrern benutzten Boote beschaffen waren. Auf dem offenen Meer verwendete man wahrscheinlich Tierhäute für die Abdichtung. Auch können die Boote nicht sehr klein gewesen sein, da man darauf nicht nur Menschen transportierte, sondern auch Tiere und Töpferwaren.[19] Spätere Zeugnisse – grobe Zeichnungen auf Keramik von den Kykladen – lassen den Schluss zu, dass die Boote nur einen geringen Tiefgang besaßen, weshalb sie bei rauer See recht instabil gewesen sein müssen, und dass sie mit Rudern angetrieben wurden. Bei praktischen Experimenten mit einem auf den Namen *Papyrella* getauften Schilfboot hat man festgestellt, dass man damit nur langsam – mit allenfalls vier Knoten – vorankam und bei schlechtem Wetter viel Zeit verlor. Für die Fahrt vom attischen Festland über einige auf dem Wege liegende Inseln bis zur Kykladeninsel Melos benötigte man mitunter eine ganze Woche.[20]

Es gab immer noch Mittelmeerinseln mit sehr geringer Besiedlung, darunter die Balearen und Sardinien. Mallorca und Menorca waren schon im frühen 5. Jahrtausend bewohnt, auch wenn die Töpferei dort erst Mitte des 3. Jahrtausends eingeführt wurde, und es ist durchaus möglich, dass es in der Besiedlung gelegentlich zu Lücken kam, weil frühe Siedler den Kampf gegen die Umwelt aufgaben. Die frühesten Bewohner Sardiniens waren offenbar Viehzüchter, die ihre Tiere mitgebracht haben müssen.[21] An den Küsten Nordafrikas gab es keine Monumentalbauten und keine Blüte, die mit der auf Malta vergleichbar gewesen wäre. Die meisten Küstenbewohner des Mittelmeerraums wagten sich allenfalls bis zu den Fischgründen hinaus, die in Sichtweite der Küste lagen. Die Entstehung von Bauerngemeinschaften im Nildelta und der westlich des Nils gelegenen Fayyum-Senke stellte eher eine lokale Besonderheit als ein im ganzen Mittelmeerraum anzutreffendes Phänomen dar. Das heißt, sie war eine Reaktion der Bewohner einer wasserreichen und fast schon sumpfigen Region auf ihre spezielle Umwelt, und zumindest für einige Jahrhunderte bildete Unterägypten eine geschlossene Welt. Auch auf Malta, den Liparischen Inseln und den Kykladen lebten immer noch außergewöhnliche Inselgemeinschaften, die jeweils eine ganz spezifische Rolle spielten, zwei von ihnen als Rohstoffquellen für Steinwerkzeuge, eine – sehr geheimnisvoll – als Brennpunkt eines elaborierten religiösen Kultes.

KAPITEL 2

Kupfer und Bronze
3000 bis 1500 v. Chr.

I

Die Entwicklung prähistorischer Gesellschaften wird stets aus zwei Perspektiven betrachtet. Ein auf Diffusion ausgerichteter, heute weitgehend aus der Mode gekommener Ansatz führt neue Stile und Techniken auf Wanderungsbewegungen und Handel zurück, ein zweiter stellt innergesellschaftliche Faktoren in den Vordergrund, die Wandel und Wachstum fördern. Angesichts der Tendenz, nach internen Erklärungen für den Wandel zu suchen, ist die Frage nach der ethnischen Zugehörigkeit der Siedler in den Hintergrund getreten. Zum Teil schlägt sich darin die Erkenntnis nieder, dass die einfache Gleichsetzung der »Rasse« mit Sprache und Kultur nicht den tatsächlich herrschenden Verhältnissen entspricht. Ethnische Gruppen verschmelzen miteinander, Sprachen werden übernommen, und kulturelle Merkmale wie die Begräbnispraktiken verändern sich, ohne dass es zu einer Zuwanderung gekommen wäre. Es wäre jedoch auch ein Irrtum, wenn man jeglichen sozialen Wandel auf interne Entwicklungen zurückführte, die durch wachsenden Handel allenfalls verstärkt würden. Die dünnbesiedelten Küstenregionen und Inseln des prähistorischen Mittelmeergebiets boten ausreichend Raum, in dem Nahrungssuchende, ins Exil getriebene Kriegsherren und Pilger auf dem Weg zu heidnischen Heiligtümern neue Siedlungen gründen konnten. Gab es dort bereits Siedler, kam es ebenso oft vor, dass die Neuankömmlinge sich mit den Alteingesessenen vermischten, sie vertrieben oder ausrotteten, und die Sprache der einen oder der anderen Gruppe erlangte die Vorherrschaft aus Gründen, die sich heute nicht mehr nachvollziehen lassen.

Die Kykladen wurden zu Beginn der Bronzezeit (etwa ab 3000 v. Chr.) zur Heimat einer reichen, lebendigen Kultur. Die Hauptinseln waren inzwischen sämtlich besiedelt. Dörfer wie Phylakopi auf Melos erlebten eine Blütezeit. Auf mehreren Inseln entwickelten sich aus einem ursprünglichen Kern weniger kleiner Gehöfte Dörfer.[1] Die Obsidiansteinbrüche wurden weiterhin genutzt, und auf den westlichen Kykladen fand man Kupfer, das von dort nach Kreta gebracht wurde. Die Erzeugnisse der Kykladen verließen weiterhin die Inseln, wenn auch nur in bestimmte Richtungen, und zwar in die südliche Ägäis, aus irgendwelchen Gründen jedoch nicht nach Norden, was die Vermutung nahelegt, dass die Öffnung des Meeres noch partieller Natur war und davon abhing, was andere Regionen den Bewohnern der Kykladen anzubieten vermochten. Die Einwohner der Dörfer auf den Kykladen scheinen nur wenig importiert zu haben. In den dortigen Ausgrabungsstätten fand man kaum Erzeugnisse aus dem Osten. Es wäre jedoch ein allzu häufig begangener Fehler, wenn man annähme, die archäologischen Funde böten ein hinreichend vollständiges Bild. Man importierte ohne Zweifel Textilien, Nahrungsmittel, Sklaven sowie aus Holz oder anderen vergänglichen Materialien gefertigte Erzeugnisse, doch ob man hier bereits in engerem Sinne von »Handel« sprechen kann, ist für das 3. Jahrtausend v. Chr. eine ungeklärte Frage.

Die Kultur der Kykladen beschränkte sich nun nicht länger auf die Inselgruppe, sondern begann sich nach Süden auszubreiten. In der ersten Phase der frühen Bronzezeit, die von Archäologen »FB I« genannt wird, entstand in Ayia Photia (oder Hagia Photia) im Nordosten Kretas eine neue Siedlung. Nach dem Stil der Gräber zu urteilen, war sie eher kykladisch als kretisch geprägt. Im förmlichen Sinne von einer kykladischen »Kolonie« zu sprechen wäre aber wohl überzogen. Wahrscheinlich ließen Einwohner der Kykladen sich auf kretischem Boden nieder und hielten an ihrer gewohnten Lebensweise fest. In der zweiten Phase der frühen Bronzezeit, »FB II« genannt, also um 2500 v. Chr., drangen kykladische Erzeugnisse über Ayia Photia hinaus auf die Insel vor und wurden sogar von kretischen Handwerkern nachgeahmt. Außerdem gelangten sie auch in nordöstlicher Richtung bis zu dem in Entstehung begriffenen, in der Nähe der Dardanellen gelegenen Troja, das wahrschein-

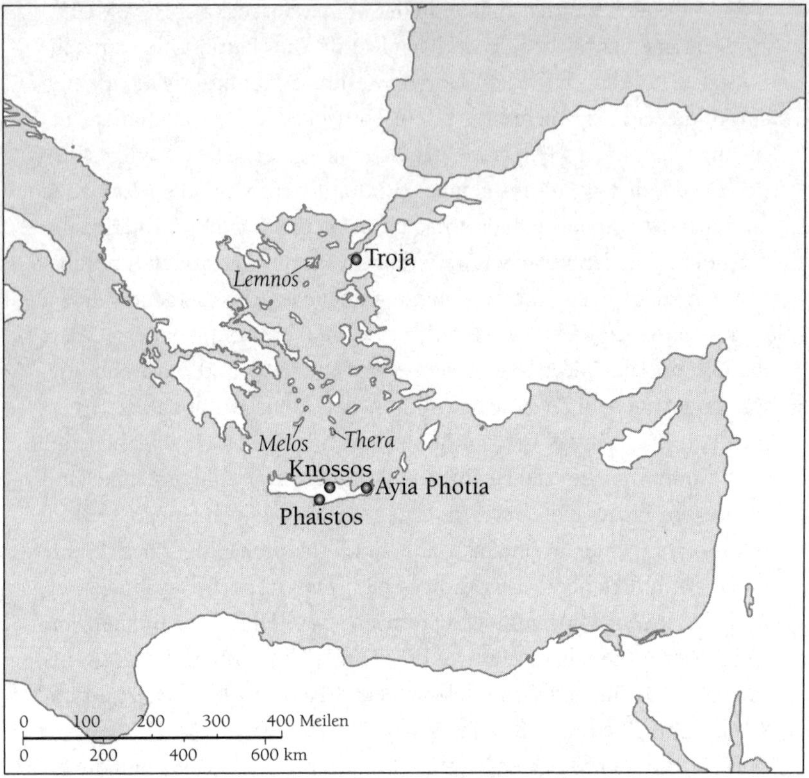

lich aufgrund seiner schrittweise ausgebauten Verbindungen ins Innere Anatoliens und zum Schwarzen Meer der wichtigste Zinnlieferant war.[2]

Denn ein Erzeugnis gewann immer größeres Ansehen und stärkte ganz buchstäblich die Hand derer, die über die politische Macht verfügten: Bronze. Und es war die Nachfrage nach dieser Legierung, die ein Netz von Beziehungen in der Ägäis schaffen sollte, das Troja mit den Inseln verband. Schimmernde Behältnisse und Sockel aus Bronze oder Kupfer kündeten vom Reichtum und Ansehen ihrer Besitzer, doch waren es Waffen aus Bronze, die Sicherheit vor den Feinden gewährleisteten. Wer über sie verfügte, war zweifellos ein erfolgreicher Kriegsherr. Kupfer fand sich auf der Insel Kythnos im äußersten Westen der Kykladen oder auch auf dem griechischen Festland in Attika. Frühe Metallurgen hatten herausgefunden, dass sie das relativ weiche Kupfer härten konnten, wenn sie es mit Zinn legierten. Die Bemühungen, die Zutaten für die Bronze herbeizuschaffen und ein Tauschsystem aufzubauen, führten dazu, dass die quer über die Ägäis verlaufenden Verbindungen sich mit der Zeit zu Handelsrouten entwickelten: zu regelmäßig in den geeigneten Jahreszeiten genutzten, dem Tausch von Gütern dienenden Verbindungen, deren Mittelsmänner sich per Schiff fortbewegten, auch wenn es zu weit ginge, wenn man sie als Kaufleute bezeichnete, die ganz von ihren Handelsgewinnen gelebt hätten. Im Gefolge dieser Entwicklung wurde das Mittelmeer lebendig und in alle Richtungen von Menschen unterschiedlicher Herkunft überquert, die sich bemühten, Güter ebenso unterschiedlicher Herkunft zu beschaffen oder abzusetzen.

Die Kykladen lagen an solchen Routen. Statt Einflüsse aus unterschiedlichen Himmelsrichtungen aufzugreifen, entwickelten sie eine eigenständige Kunstform. Allerdings sollte man den Ausdruck »Kunst« hier mit gewissen Einschränkungen verwenden, da die betreffenden Erzeugnisse jeweils eine präzise Funktion hatten, wenngleich wir diese Funktion heute nur schwer zu entschlüsseln vermögen. Die »Kunst der Kykladen« hat großen Einfluss auf moderne Künstler ausgeübt – »eine geradezu atemberaubende Schlichtheit der Form«, wie Colin Renfrew es ausdrückte, denn man achtete nun verstärkt auf die Proportionen des menschlichen Körpers, ein Gefühl für »Harmonie«, das in anderen Monumentalskulpturen der Zeit nicht seinesgleichen findet, weder auf Malta noch im Alten Reich Ägyptens oder in Mesopotamien.[3] In der Größe reichen die Objekte von Miniaturfiguren, die so stark stilisiert sind, dass moderne Augen darin eher eine Violine als eine menschliche Figur erblicken mögen, bis hin zu lebensgroßen Statuen von Musikern. Die violinartigen Figurinen gehören zu den ältesten Werken und entstanden etwa um 3000 v. Chr. In der Mehrzahl handelt es sich um weibliche Figuren, die möglicherweise zum Kult einer Großen Göttin gehörten. Die »fette Frau von Saliagos« mit ihrem ausladenden Hinterteil steht vielleicht wie die maltesischen Idole in Zusammenhang mit einem Fruchtbarkeitskult. Marmor aus Paros diente als Rohmaterial, doch es blieben genügen Farbreste erhalten, die beweisen, dass diese Figuren bunt bemalt waren.[4]

Die Statuen wurden bei Bestattungen verwendet. In einem Grab fand man 14 »Idole« als Grabbeigaben. Manche sind zerbrochen, was möglicherweise im Rahmen eines elaborierten Bestattungsrituals geschah. Sollten sie die Verstorbenen darstellen? Es ist vorstellbar, dass sie mehrere Funktionen hatten, zumal sie über viele Jahrhunderte produziert wurden (die Frühe Bronzezeit umfasst auf den Kykladen einen Zeitraum von zwölf Jahrhunderten ab etwa 3000 v. Chr.). Nach anderen Erklärungen handelt es sich um *psychopompoi*, die den Seelen der Toten in der Unterwelt als Führer dienen sollten, um einen Ersatz für Menschenopfer oder sogar um Begleiterinnen, die im Jenseits für sexuelle Befriedigung oder musikalische Unterhaltung zu sorgen hatten. Die Skulpturen zeugen von der Existenz einer Kaste geschickter Handwerker. Die Gräber verweisen auf eine geschichtete, komplexe Gesellschaft mit Führern und Untergebenen. Die männlichen Arbeitskräfte wurden offenbar auch als Ruderer auf den Schiffen eingesetzt, die in wachsender Zahl das Ägäische Meer befuhren, wobei es sehr unwahrscheinlich ist, dass sie darüber hinausgelangten, und Segelschiffe scheint es erst im 2. Jahrtausend v. Chr. gegeben zu haben. Bilder ihrer Ruderboote finden sich auf den sogenannten »Bratpfannen«, Tonplatten, auf denen Bilder schiffsähnlicher Objekte mit hochgezogenem Bug eingeritzt sind, die ein wenig an Tausendfüßler erinnern.[5]

II

Der Einfluss Trojas auf die Geschichte des Mittelmeeres ist zweifachen Charakters. Einerseits diente Troja vom Beginn der Bronzezeit an als Bindeglied von der Ägäis nach Anatolien und zum Schwarzen Meer. Andererseits bildete die Geschichte von Troja den Kern des geschichtlichen Bewusstseins nicht nur der Griechen, die den Anspruch erhoben, die Stadt zerstört zu haben, sondern auch der Römer, die von sich behaupteten, von trojanischen Flüchtlingen abzustammen. Das reale und das mythische Troja sind nur schwer voneinander zu trennen, seit der deutsche Geschäftsmann Heinrich Schliemann 1868 – von dem Gedanken besessen, dass die *Ilias* auf wahren Begebenheiten beruhte – als Standort der von Homer beschriebenen Stadt den Hügel Hisarlik identifizierte, der sechs Kilometer von dem Ort entfernt liegt, an dem die Dardanellen ins Ägäische Meer münden.[6] Während manche Gelehrte behaupten, der Trojanische Krieg habe gar nicht stattgefunden, so dass die Suche nach der Lage der Stadt sich erübrige, haben Entdeckungen in hethitischen Archiven weiter östlich jeden ernsthaften Zweifel daran zerstreut, dass Hisarlik die Ruinen einer Stadt oder eines Kleinstaates birgt, die in der griechischen Antike unter den Namen Troié und Ilios bekannt waren. Spätere Siedler waren gleichfalls fest überzeugt von dieser Zuschreibung, darunter jene Griechen, die in der klassischen Antike die neue Stadt Ilion erbauten, und Kaiser Konstantin, der anfangs daran dachte, das Neue Rom dort und nicht in Byzanz zu errichten. Noch bemerkenswerter ist die Tatsache, dass der Ort eine außerordentlich lange Geschichte besitzt, die weit vor die Zeit zurückreicht, auf die antike Autoren den Trojanischen Krieg datieren (1184 v. Chr.). Seine Geschichte begann, als die Bronze sich erstmals im östlichen Mittelmeerraum ausbreitete. Er wurde immer wieder aufgebaut. Carl Blegen, einer der modernen Ausgräber des Hügels, identifizierte insgesamt 46 Strata in neun Hauptschichten.[7]

Troja besaß keine bekannten neolithischen Vorgänger. Es wurde von Menschen besiedelt, die sich mit Kupfer auskannten und wahrscheinlich mit Zinn handelten. Das erste Troja, »Troja I« (um 3000 bis um 2500 v. Chr.), war eine kleine Siedlung mit einem Durchmesser von etwa 100 Metern, die jedoch zu einer eindrucksvollen Festung mit steinernen Wachtürmen und drei Befestigungslinien anwuchs.[8] Mit der Zeit gab es zahlreiche Umbauten, und in den letzten Tagen von Troja I legte eine große Feuersbrunst die Festung in Schutt und Asche. Doch innerhalb der Festung herrschte offenbar ein reges Leben, und wie erhalten gebliebene Spinnwirtel zeigen, wurden im Umkreis von Schafherden, deren Überreste man ausgegraben hat, Stoffe gewebt. So kann es als sicher gelten, dass die frühen Trojaner auch mit Textilien handelten, gefertigt aus der Wolle von Schafen, die auf den Ebenen unterhalb der Zitadelle weideten. Das am besten erhaltene Haus aus Troja I war fast 20 Meter lang und besaß eine nach Westen ausgerichtete Terrasse.

Es ist durchaus möglich, dass es von einer führenden Persönlichkeit der Gemeinde und ihrer erweiterten Familie bewohnt wurde. Die frühen Trojaner stellten auch – meist weibliche – Figurinen her und ernährten sich von Schalentieren, Thunfisch und Delphinen sowie von Fleisch und Getreide. Metallwaffen fanden sich in dieser Schicht nicht, doch der Fund von Schleifsteinen weist darauf hin, dass regelmäßig Kupfer- und Bronzewerkzeuge geschärft wurden. Es gibt keine Hinweise auf Luxus. Der ausgegrabene Schmuck war aus Knochen, Marmor und farbigen Steinen gefertigt. Die in großer Zahl gefundene Keramik war von recht düsterer Erscheinung, mit gedeckten Farben bemalt und in der Regel nicht verziert, auch wenn die Formen eine gewisse Eleganz zeigen.[9]

Das frühe Troja gehörte zu einer kulturellen Welt, die sich über Anatolien hinaus erstreckte. Eine ähnliche Gemeinschaft entwickelte sich auf der nicht weit westlich gelegenen Insel Lemnos (Limnos), in Poliochni, das gelegentlich »die älteste Stadt Europas« genannt wird, und auch in Thermi auf Lesbos.[10] Es hat jedoch keinen Sinn, darüber zu spekulieren, woher die frühesten Bewohner dieser Orte kamen und welche Sprache sie sprachen. Wenn Troja und Poliochni tatsächlich als Handelsstationen an den Seewegen des Ägäischen Meeres entstanden, dürften sie Menschen unterschiedlicher Herkunft angezogen haben, wie dies in späterer Zeit die Häfen taten. Obwohl Hisarlik heute nicht mehr am Meer liegt, lag das prähistorische Troja am Rande einer großen Bucht, die nach und nach verlandete (und von der Homer offenbar noch wusste).[11] Es handelte sich also um eine Küstenstadt in strategisch günstiger Lage: Bei widrigen Winden war die Einfahrt in die Dardanellen oft wochenlang nicht möglich. Die Schiffe mussten in der Bucht bleiben, und die Bewohner der Zitadelle hatten die Möglichkeit, ihre Dienste bei den Schiffsbesatzungen mit Gewinn an den Mann zu bringen. All das geschah nicht mit einem Schlage, und in der Zeit von Troja I beschränkte sich der Schiffsverkehr vor der Zitadelle wahrscheinlich auf gewisse Jahreszeiten und war nur schwer zu kontrollieren. Was an die Stelle von Troja I trat, nämlich Troja II (um 2550 bis um 2300 v. Chr.), war eine mächtigere und stärker befestigte Zitadelle, etwas größer, mit einem monumentalen Tor und einem großen, wahrscheinlich von hölzernen Säulen umgebenen *Megaron* (Palast). Auch diese

Trojaner waren Bauern und Weber – so fand man eine Spindel, an der noch ein verkohlter Faden hing.[12] Sie erwarben hochentwickelte Waffen oder stellten sie selbst her. Man glaubt, dass sie ihre Bronzewaffen importierten, aber es fanden sich auch Waffen aus dem weicheren Kupfer, und die wurden möglicherweise am Ort hergestellt, unter Verwendung von Metallen, die man aus dem ägäischen Raum bezog.

Obwohl sie für ihre Keramik inzwischen die Töpferscheibe benutzten (die in Troja I noch unbekannt war), fand Blegen an ihren Töpfen keinen Gefallen und hielt die Trojaner deshalb für ein »strenges, genügsames Volk mit wenig Sinn für Freude und Licht«.[13] Es ist natürlich eine Frage des Geschmacks, ob die schlanken Becher, die nun in Troja produziert wurden, tatsächlich so langweilig sind und Charakter vermissen lassen. Außerdem bezog man große Gefäße für Öl und Wein aus weiter entfernten Regionen wie den Kykladen. Eine ähnliche Keramik wie in Troja hat man auch an den Küsten der Ägäis und Anatoliens gefunden, und die naheliegende Vermutung wäre, dass diese Erzeugnisse aus Troja exportiert worden waren. Wahrscheinlicher ist allerdings, dass der Stil der Keramik Ausdruck einer gemeinsamen Kultur war, zu der auch Troja gehörte. Tatsächlich war Poliochni, das so viele Gemeinsamkeiten mit Troja aufweist, doppelt so groß wie Troja. Diese ägäischen Siedlungen waren bei weitem nicht so wohlhabend wie die Städte Ägyptens und Mesopotamiens, und es gibt keine Hinweise darauf, dass sie bereits eine Schrift entwickelt hatten, ein Werkzeug, das Handel und Buchführung beträchtlich erleichtert hätte. Dennoch wurden Troja und Poliochni mit der Zeit Teil einer über regelmäßig benutzte Land- und Seewege eng verflochtenen Handelswelt, und der deutlichste Beweis dafür, dass dies der Elite von Troja II große Reichtümer einbrachte, ist der berühmte, von Schliemann entdeckte »Schatz des Priamos«.

Da dieser Schatz seit langem schon in sowjetischen Stahlkammern verschwunden ist, haben Wissenschaftler keine Möglichkeit, genauer zu klären, ob es sich bei dieser Zuschreibung um eine Schliemann'sche Konstruktion handelt.[14] Schliemann fasste seine Funde zu mehreren Schätzen zusammen, deren einen er als »Großen Schatz« bezeichnete und einer Belagerung zuordnete, die (wenn überhaupt) tausend Jahre später stattfand. Die handwerkliche Qualität der Stücke ist in der Tat bemerkenswert. Die Sammlung an Schmuck und goldenen wie auch silbernen Gefäßen ist eindrucksvoll, darunter eine goldene »Sauciere«, ein – wie Schliemann glaubte – Kopfschmuck aus Goldfäden sowie Tausende goldener Perlen und diverse silberne Halsbänder; außerdem zahlreiche aus anderen Materialien gefertigte Stücke, darunter Zeremonialäxte aus Jade und Knäufe aus Bergkristall, die möglicherweise an Zeptern befestigt waren. Manche Stücke waren offensichtlich in der Stadt angefertigt worden, andere müssen wie das Gold selbst importiert worden sein. All das spricht sehr deutlich dafür, dass die trojanische Gesellschaft von einer wohlhabenden Elite beherrscht wurde, die dank der Gewinne aus den die Stadt passierenden Handelsströmen beträchtliche Reichtümer angesammelt hatte. Troja war nicht nur ein Handels-, sondern auch ein Gewerbezentrum, in dem höchstwahrscheinlich schwere Wollstoffe hergestellt wurden. Ein weiteres Exportgut dürfte Holz aus dem nahe gelegenen Ida-Gebirge gewesen sein. Die Region war reich an Ackerland und Vieh. Nach den Knochenfunden zu urteilen, war die Stadt damals noch nicht das berühmte Pferdezuchtzentrum, das sie später einmal werden sollte. Aber Troja befand sich in einer Randlage. Für die Großkönige von Hatti weiter östlich lag der Mittelmeerraum niemals im Brennpunkt des Interesses. Sie richteten ihren Blick fest auf das gebirgige, an Erzen reiche Innere Westasiens.

Der Aufstieg Trojas war kein gerader Weg. Troja III (das erbaut wurde, nachdem ein Brand Troja II um 2250 v. Chr. zerstört hatte) war ärmer als Troja II, und die Einwohner drängten sich auf ihrem Hügel weniger komfortabel zusammen. Schildkrötenfleisch bildete einen wichtigen Bestandteil ihrer Nahrung. Poliochni auf Lemnos hatte offensichtlich unter Angriffen zu leiden, und gegen Ende des 3. Jahrtausends v. Chr. schrumpfte die Stadt sowohl in der Größe als auch im Reichtum. Um 2100 wurde Troja erneut zerstört, möglicherweise in einem Krieg, doch in der wiederaufgebauten Stadt, Troja IV, waren die Verhältnisse kaum besser, und enge, gewundene Gassen schlängelten sich zwischen den Häusern hindurch. Größere Veränderungen in Westasien beeinflussten auch den östlichen Mittelmeerraum. In Zentral- und Ostanatolien rückten das Reich von Hatti und später, ab etwa 1750 v. Chr., das Reich des Großkönigs Anitta in den Mittelpunkt des Handels mit der

Region an Tigris und Euphrat. Die Handelsströme verlagerten sich weg von den Handelswegen, auf denen Metalle an den nördlichen Rand der Ägäis gelangt waren.[15] Dem Zeitalter des Goldes folgte eine Zeit des Niedergangs, die 300 Jahre oder länger andauerte, auch wenn sich die Verhältnisse gegen Ende von Troja V, um 1700 v. Chr., wieder besserten. Die Häuser waren sauberer, und die Einwohner zogen den Schildkrötengerichten ihrer Vorfahren nun Rind- und Schweinefleisch vor. Doch zu den bemerkenswertesten Veränderungen in Handel und Kultur kam es wieder einmal auf den Inseln des östlichen Mittelmeeres – auf Kreta und den Kykladen.

III

Die minoische Kultur auf Kreta war die erste große mediterrane Kultur, die erste wohlhabende, städtische und mit einer Schrift sowie einer reichen künstlerischen Kultur ausgestattete Zivilisation im Mittelmeerraum. Diese Behauptung mag der Feststellung widersprechen, dass mit dem Alten Reich in Ägypten schon vorher eine Hochkultur entstanden war, doch für die Ägypter bildete die Küste des Mittelmeeres die äußere Grenze ihrer Welt, die vom Nil und nicht vom Meer bestimmt war. Die Minoer befuhren dagegen aktiv das Mittelmeer, und ihre Kultur wurde in vielfacher Hinsicht auf bemerkenswerte Weise vom Meer geprägt. Das galt etwa für das Design ihrer Keramik und möglicherweise auch für den Kult des Meeresgottes Poseidon. Die Minoer stammten mit größter Wahrscheinlichkeit von Einwanderern ab, die aus Anatolien nach Kreta gekommen waren. Dort schufen sie jedoch eine Kultur, die sich in ihrer Kunst, ihrem religiösen Kult, ihrem wirtschaftlichen Leben und ihrer sozialen Organisation von der Kultur ihres Herkunftsgebietes unterschied. Außerdem hinterließen sie eine Erinnerung an ihre Leistungen in den Legenden um den Großkönig Minos, weshalb moderne Archäologen diesen Namen für jene Zivilisation verwendeten. Thukydides berichtet, dass König Minos als Erster ein großes Seereich, eine *thalassokratia*, im Mittelmeerraum errichtete. Man erinnerte sich also in

Athen noch im 5. Jahrhundert v. Chr. an das frühe Kreta. Die Athener erinnerten sich außerdem an einen Opfertribut von jungen Männern, der regelmäßig an den kretischen König zu leisten war und von dem sich auch im 2. Jahrtausend noch Spuren in den Ritualpraktiken der Kreter finden lassen.[16]

Die früheste Siedlung in Knossos, die bis in neolithische Zeit zurückreicht, entwickelte schon vor dem Ende des 3. Jahrtausends einen eigenen künstlerischen Stil. Die Keramik des frühbronzezeitlichen Kreta begann sich zunehmend von der Keramik benachbarter Regionen zu unterscheiden. In der frühminoischen Phase II (ca. 2600–2300 v. Chr.) findet sich auf den Tongefäßen eine charakteristische Sprenkelung, die man durch gewisse Tricks beim Brennen erzielte. Auch der äußeren Gestalt der Gefäße schenkte man Beachtung und erreichte eine Feinheit der Form und eine Lebendigkeit der Dekoration (große Wirbel und fließende Mäander), durch die sich die frühminoische Keramik zunehmend von der zur selben Zeit in Anatolien anzutreffenden unterschied. Es gab auch Einflüsse von außen. Um 2000 produzierten die Kreter Elfenbein- und Steinsiegel – ein Anzeichen dafür, dass sich eine Elite gebildet hatte, die darauf bedacht war, das Eigentum an ihren Gütern kenntlich zu machen. Manche Motive wie etwa Löwen waren eindeutig von außen inspiriert, während abstrakte Muster oft an ägyptische oder nahöstliche Siegel erinnern, denn man trieb bereits einen regen Handel mit Syrien und der Nilmündung.[17]

Es ist gar nicht notwendig, eindeutig Stellung in der Frage zu beziehen, ob die frühen Minoer nun ein talentiertes einheimisches Volk oder aber Einwanderer waren, die Elemente der nahöstlichen Kultur mit sich brachten. Kreta lag im Schnittpunkt mehrerer Kulturen und muss Siedler aus vielen Richtungen angezogen haben. Antike Autoren, angefangen bei Homer, zählten die verschiedenen Völker auf, die diese Insel bewohnten, darunter »hochbeherzte Eteokreter« (»wahre Kreter«) und »edle Pelasger«, eine Bezeichnung, die für alle wandernden Völker verwendet wurde. Auf Kreta und auf dem Festland anzutreffende Ortsnamen mit vorgriechischen Endungen wie *-nthos* und *-ssa* stammen möglicherweise von Völkern, die in dieser Region lebten, lange bevor die Griechen dorthin kamen. Das wohl denkwürdigste *nthos*-Wort ist *labyrinthos*, das antike Quellen mit dem Palast des Minos in Knossos in Verbindung brachten, während zu den *ssa*-Wörtern auch die Bezeichnung für das Meer selbst gehört: *thalassa*.[18] Sprache und Gene sind jedoch verschiedene Dinge, und besser als jeder Versuch, einen »einheimischen Stammbaum« mit eigenem idiosynkratischem Genie zu identifizieren, ist ein Verständnis der Minoer als eines kosmopolitischen Volkes, das bei aller Offenheit für viele Kulturen dennoch die Freiheit besaß, ganz eigene künstlerische Formen zu entwickeln. Sie waren nicht engstirnig auf stilistische und technische Traditionen festgelegt, an denen einige benachbarte Kulturen, vor allem die ägyptische, mit nur geringfügigen Veränderungen über Jahrtausende hinweg festhielten.

Der Bau des Palastes liefert den klarsten Beweis dafür, dass sich auf Kreta eine dynamische lokale Zivilisation entwickelte. Knossos, knapp zehn Kilometer von der Küste entfernt, wurde um 1950 v. Chr. in Gestalt einer großen Palastanlage wiedererbaut, und etwa um dieselbe Zeit, in der Mittelminoischen Phase I, entstanden auch andere Paläste in Phaistos an der Südküste und in Malia im Osten der Insel. Knossos jedoch war immer die Königin unter den Palastanlagen. Ob das Ausdruck einer politischen oder religiösen Vorrangstellung war oder eine Folge größerer Ressourcen in der von dort aus regierten Region, ist ungewiss. Theorien, wonach die Insel in Fürstentümer unterteilt war, deren Zentrum die verschiedenen Paläste bildeten, sind lediglich Mutmaßungen. Selbst die Bezeichnung »Palast« ist zweifelhaft. Möglicherweise handelte es sich bei den Bauwerken um Tempelanlagen, auch wenn es falsch wäre anzunehmen, die Minoer hätten dieselben klar definierten Kategorien benutzt wie ein moderner Beobachter.[19] In Knossos hatte es am selben Ort bereits zuvor einen kleinen Gebäudekomplex gegeben. Der Bau des großen Palastes erfolgte also nicht auf Initiative eines gerade erst eingewanderten und an die Macht gelangten Volkes, sondern wurzelte in einer Kultur, die bereits länger auf der Insel bestand. Er war Ausdruck eines wirtschaftlichen Aufschwungs, als Kreta seine Rolle als Drehkreuz im östlichen Mittelmeer wie auch als Lieferant von Wolle und Textilien festigte. Die Nachahmung ausländischer Paläste erfolgte durchaus bewusst. In Ägypten gab es prachtvolle Paläste und Tempel vergleichbarer Größe, mit Wandmalereien und Kolonnadenhöfen. Doch in Aufbau, Stil und Funktion unterschieden die kretischen Paläste sich davon.[20]

Der Palast in Knossos wurde wiederholt durch Brände und Erdbeben beschädigt und erfuhr in seiner zweihundertjährigen Geschichte zahlreiche Veränderungen in der inneren Ausgestaltung. Einige Schnappschüsse können jedoch ein Bild von der Ausstattung vermitteln: Der in den Boden des Alten Palastes eingelassene Vorratsraum enthielt eine eindrucksvolle Sammlung von Gefäßen und Artefakten aus der Zeit um 1900 v. Chr., die wahrscheinlich bei religiösen Ritualen verwendet wurden. Ein Teil der Keramik stammt aus dem kretischen Hochland, aber es fanden sich auch exotische Objekte, zum Beispiel Elfenbeinstücke, Fayencen und Straußeneier, die auf Kontakte zu Ägypten und Syrien schließen lassen. Wie zu erwarten, gab es große Mengen Obsidian von der Insel Melos. Damit ist klar, dass die Minoer zur Zeit des Alten Palastes Verbindungen zu den Kykladen im Norden sowie zur Levante und zum Nil im Osten und Süden unterhielten. Im Alten Palast gefundene Webgewichte einer speziellen Art lassen den Schluss zu, dass Knossos ein Zentrum für die Herstellung einer bestimmten Art von Tuchen war, die in benachbarte Regionen exportiert wurden. Solche Gewichte finden sich außerhalb Kretas erst nach 1750 v. Chr. In riesigen Krügen, den *pithoi*, die in den Boden eingelassen waren, lagerte man Öl, Getreide und andere Güter, ob nun für den Gebrauch im Palast oder für den Handel. Die Kreter perfektionierten Tongefäße, deren Wände so dünn wie Eierschalen waren und die sie nach Ägypten und Syrien exportierten. Einiges davon wurde in Werkstätten innerhalb des Palastes hergestellt. Doch gab es im Umkreis des Palastes auch echte Städte, und damit handelte es sich um eine »Zivilisation« im vollen Sinne des Wortes, nämlich um eine Kultur, die in erheblichem Maße auf Städten mit spezialisierten Handwerken basierte. Knossos besaß Satellitenstädte in Katsamba und Amnisos, die der Stadt als Seehäfen dienten, wobei Amnisos in ägyptischen Texten Erwähnung fand. Dort wurden die minoischen Flotten gebaut und gewartet, und von dort nahmen (nach Keramikfunden zu urteilen) auch Handelsexpeditionen ihren Ausgang, die zur Peloponnes und zu den Dodekanes einschließlich Rhodos, weiter hinauf nach Milet und wahrscheinlich auch nach Troja führten.[21] Das erste, von Meeresarchäologen gefundene minoische Schiffswrack wurde erst Anfang unseres 21. Jahrhunderts in Nordostkreta entdeckt. Das Schiff war zehn bis 15 Meter lang und hatte Dutzende von Amphoren und großen Tonkrügen an Bord, in denen man irgendwann um 1700 v. Chr. Wein oder Öl entlang der kretischen Küste transportierte. Das Holz der Konstruktion ist vollständig zerfallen, aber es gibt ein kretisches Siegel, das ein einmastiges Schiff mit schnabelförmigem Bug und erhöhtem Heck zeigt, und so hat wahrscheinlich auch dieses Schiff ausgesehen.[22]

Belege für Verbindungen nach außen und für die idiosynkratischen Reaktionen darauf stellen sich mit dem Erscheinen der Schrift auf Kreta ein. Ab etwa 1900 v. Chr. finden sich Siegel mit einer piktographischen Schrift, so dass die Entwicklung der Schrift recht genau mit der ersten Phase des Palastbaus zusammenzufallen scheint. Gegen Ende der durch den Alten Palast markierten Periode findet sich eine große Zahl schriftlicher Dokumente: Verzeichnisse erhaltener oder gelagerter Güter, darunter auch Tribute derer, die den Boden bearbeiteten, an die Herrscher oder Götter von Knossos. Die Hauptfunktion der Schrift lag in der Buchführung. Und hinter den Schreibern stand offensichtlich eine effiziente und anspruchsvolle Verwaltung. Einige der verwendeten Symbole ähnelten ägyptischen Hieroglyphen, woraus sich schließen lässt, dass die kretische Schrift sich teilweise von der ägyptischen inspirieren ließ. Doch waren die meisten Zeichen, die sich tatsächlich entwickelten, recht unägyptisch, möglicherweise wegen der Unterschiede im Lautsystem der beiden Sprachen. So übernahm man wohl die Idee der Schrift, nicht aber das Schriftsystem als solches.

Brände und Erdbeben bereiteten der Periode des ersten Palastes im 18. Jahrhundert v. Chr. ein Ende. Phaistos musste vollständig wiederaufgebaut werden. In einem Heiligtum auf dem Berg Juchtas versuchten ein Priester, eine Priesterin und ein junger Mann, die für die Erdbeben verantwortlichen Götter zu besänftigen. Der junge Mann wurde geopfert, doch das Dach stürzte ein und begrub auch jene unter sich, die sein Leben vergeblich geopfert hatten.[23] Angesichts der Geschichte von den jungen Männern und Frauen, die aus Athen nach Kreta geschickt und dem Minotaurus zum Fraß vorgeworfen wurden, kann kein Zweifel bestehen, dass man auf Kreta in minoischer Zeit Menschenopfer darbrachte. Nach mehreren zwischenzeitlichen Wiederaufbauversuchen entstand der Neue Palast, den man – trotz weiterer Brände und Erdbeben – heute noch in Knossos besichtigen kann. Er war um 1900 n. Chr. phantasievoll von Sir Arthur Evans rekonstruiert worden, mit lebhaften Fresken, einem Labyrinth aus Räumen, auf mehrere Etagen verteilten »königlichen Gemächern«, und einem großen Hof. Auf den Fresken sind Zeremonien angedeutet: das Ritual oder der sportliche Wettbewerb des Stiersprungs und die großen Prozessionen, die der Göttin Potnia Opfergaben bringen.[24] Die Periode des Neuen Palasts währte von etwa 1700 bis 1470 v. Chr. und fand ein spektakuläres Ende durch Erdbeben und Vulkanausbrüche, die auch die kykladische Zivilisation auf der Insel Thera für immer zerstörten. Einige der Fresken zeigen eine lebendige Kultur, deren Zentrum der Palast bildete. Auf einem von ihnen sieht man Frauen, vielfach barbusig, am Rand des zentralen Innenhofs sitzen – doch sollte man sich von diesen Bildern nicht täuschen lassen, handelt es sich doch um intelligente Rekonstruktionen auf der Grundlage kleiner Fragmente. Die meisten Kommentatoren schwärmen von der minoischen Kultur als glücklich, friedlich und von Achtung vor den Frauen geprägt. Wir sollten jedoch keine modernen Maßstäbe anlegen, und was wir auf den Fresken sehen, ist das Leben einer Elite – ob es sich nun um einen Fürstenhof handelte oder um Priesterinnen- und Priesterkollegien. Hier kommt die Frage ins Spiel, ob die Paläste in Wirklichkeit Tempel waren oder zumindest auch diesem Zweck dienten. Die Bauwerke beherbergten eine höfische Kultur, in deren Mittelpunkt religiöse Kulte standen, in denen die Schlangengöttin eine besonders wichtige Rolle spielte, wahrscheinlich als chthonische Gottheit. Wie in anderen frühen Mittelmeerkulturen nahmen Göttinnen eine dominierende Stellung ein.

Das war die Zeit, in der die Außenkontakte beträchtlich zunahmen. Ein in Knossos gefundener ägyptischer Alabasterdeckel wird um 1640 v. Chr. datiert. Zweihundert Jahre später wird das Grab des ägyptischen Wesirs Rechmire außerhalb von Luxor mit Wandbildern ausgemalt, auf denen Bewohner von *Keftiu* Geschenke bringen. Die Besucher, halbnackt und mit Schurz, sind wie Kreter gekleidet, und der Name *Kef-*

tiu erinnert an das »Kaphtor« der Bibel, also Kreta. Zur Erläuterung der Bilder heißt es: »Gaben von den Fürsten des Landes *Keftiu* und den Inseln, die mitten im Meer liegen.« Im Gegenzug erhielten die Kreter Elfenbein, Steinkrüge voller Parfüm, Gold sowie Bausätze für Streitwagen – und zwar nicht für schlichte, sondern für kostbar verzierte Fahrzeuge.[25] Allerdings wurde Kreta nicht von ausländischen Erzeugnissen überschwemmt, und auch die minoischen Kunststile orientierten sich nicht an fremden Vorbildern. Die Minoer hielten selbstbewusst an ihrem eigenen Stil fest, wie er sich beispielhaft in einigen der berühmtesten Funde aus Knossos zeigt: in den Figurinen der barbusigen Schlangengöttin und in den formschönen, mit Oktopusdarstellungen verzierten Pokalen. Tatsächlich wurde die minoische Kultur exportiert: Sehr feine, auf dem griechischen Festland produzierte Keramik zeigt dieselben Muster und Formen einschließlich der Oktopusdarstellungen.

Um diese Zeit gaben die Kreter ihre Hieroglyphenschrift auf und verzeichneten ihre Güter nun in der weniger schönen, aber schneller zu schreibenden Linearschrift A. Wie es scheint, benutzten sie für diese Aufzeichnungen das Luwische, eine mit dem Hethitischen verwandte indoeuropäische Sprache, die an der Westküste Anatoliens und auch in Troja gesprochen wurde, falls man ein dort gefundenes, mit Buchstaben versehenes Siegel aus dem 12. Jahrhundert v. Chr. als Hinweis darauf interpretieren möchte.[26] Das Luwische wurde auch im offiziellen Schriftverkehr zwischen den Höfen oft verwendet, und dass man es in Kreta benutzte, bedeutet nicht, dass einige oder alle Kreter von den anatolischen Luwiern abstammten. Entscheidend ist die Tatsache, dass die Minoer (anders als die Troer) eine Zivilisation schufen, die nicht einfach anatolisch war.

IV

Der Wiederaufbau der kretischen Paläste fiel mit einem neuen Schub auf den Kykladen zusammen, vor allem in Akrotiri auf Thera zwischen etwa 1550 und 1400 v. Chr. Die Insel Thera dürfte nun von einheimischen Einwohnern der Kykladen, von Kretern oder von Angehörigen der vielen Völker bewohnt gewesen sein, die ringsum an den Küsten der Ägäis lebten. Sie kamen wegen des Obsidians nach Melos. Auf Thera wurde Safran angebaut. Ein Fresko zeigt die Krokusernte. Doch über Kreta und seine Niederlassungen wie Akrotiri gelangten auch exotischere Objekte in die Ägäis: Skarabäen, Fayencefigurinen und Perlen aus Ägypten und Syrien. Akrotiri entwickelte sich zu einem bedeutenden Zentrum und importierte in großer Menge kretische Keramik. Die Gebäude in Akrotiri folgten kretischen Vorbildern. Die bemerkenswerten Fresken auf dortigen Wänden zeigen ganze Flotten von Schiffen, auf denen mit dem typischen Schurz bekleidete Kreter in Häfen einliefen, deren Häuser zwei oder drei Stockwerke besaßen. Die Schiffe scheinen Krieger zu transportieren, die im damals auf dem griechischen Festland üblichen Stil gekleidet sind. Thera diente als Brücke zwischen der Hochkultur Kretas und der in Entstehung begriffenen Kultur der mykenischen Festlandsgriechen, was darauf schließen lässt, dass die Minoer ihre Handelsmacht, aber auch ihre politische Herrschaft über Kreta hinaus ausgedehnt hatten.[27]

In den Jahren nach 1525 v. Chr. zeigten sich beunruhigende Anzeichen dafür, dass – buchstäblich – die Stabilität der Region bedroht war. Akrotiri befand sich am Rande der Caldera eines großen, teilweise unter Wasser liegenden Vulkans. Die Erschütterungen häuften sich. Ein Erdbeben sorgte dafür, dass Akrotiri noch rechtzeitig evakuiert wurde, denn um 1500 v. Chr. wurde die Insel Thera durch einen der stärksten Vulkanausbrüche der Menschheitsgeschichte in Stücke gerissen. Dabei entstand die heutige halbmondförmige Gestalt der Insel.[28] Auch in Kreta kam es zu seismischen Veränderungen, und das sowohl im buchstäblichen als auch im übertragenen Sinne. Um 1525 verursachten Erdbeben in Knossos schwere Schäden und sorgten möglicherweise dafür, dass in der Folgezeit Teile des Palastes aufgegeben wurden. Nach der Explosion der Insel Thera verdunkelten Aschewolken die Sonne, möglicherweise für mehrere Jahre. Die Asche sank schließlich zu Boden und hinterließ im Ostteil Kretas eine Ascheschicht von bis zu zehn Zentimetern Dicke. Die Beeinträchtigung der Landwirtschaft führte zu einer lang anhaltenden Hungersnot. In dem kleinen minoischen Palast in Archanes auf dem Berg Juchtas wurde ein früher für andere Zwecke genutzter Raum in ein Vorratslager umgewandelt. Der Schutz der für die Versorgung nötigen Güter war auch deshalb besonders dringlich, weil der Vulkanausbruch die gesamte Region in Mitleidenschaft gezogen hatte, so dass man die Ausfälle nicht durch Handel mit den Nachbarn ausgleichen konnte. Wie kritisch die Lage war, zeigt eine grausige Entdeckung in einem Gebäude in Knossos, das als das Nordhaus bezeichnet wird. Etwa um die genannte Zeit wurden fünf Kinder getötet, denen man offenbar im Rahmen eines kannibalistisch geprägten Ritualopfers das Fleisch von den Knochen schabte.[29] Die Minoer versuchten die Götter zu besänftigen, die anscheinend immer zorniger wurden.

Die Gemälde der Emissäre, die an den Hof des Pharaos in Luxor kamen, stammen aus dieser Zeit. Sie hofften möglicherweise, dass der Pharao seine kretischen Verbündeten nicht mit Elfenbein, Affen und Pfauen beschenkte, sondern ihnen Zugang zum Getreide des Niltals eröffnete. Der Vulkanausbruch auf Thera schwächte zwar Wirtschaft und Gesellschaft Kretas, aber er vernichtete sie nicht. Knossos bewahrte sich seinen Reichtum und seinen Einfluss noch für weitere 50 Jahre, wenn auch in verringertem Umfang. Der Vulkanausbruch markierte lediglich den Beginn eines weitaus umfassenderen Wandlungsprozesses, der die politische, ökonomische, kulturelle und ethnische Identität des östlichen und in Teilen möglicherweise auch des westlichen Mittelmeerraums veränderte.

KAPITEL 3

Kaufleute und Heroen

1500 bis 1250 v. Chr.

I

In den Jahren um 1500 v. Chr. erlebte Kreta nicht nur massive ökonomische, sondern auch äußerst bedeutsame politische Veränderungen. Eine griechische Dynastie übernahm die Herrschaft auf der Insel etwa um die Zeit, als viele Siedlungen wie Archanes aufgegeben wurden. Von den großen Palästen überlebte nur Knossos, und eine minoische Stätte nach der anderen wurde zerstört. Man hat Erdbeben und Brände dafür verantwortlich gemacht, aber auch Invasoren aus Griechenland. Da niemand wirklich weiß, was geschah, hat man kluge Versuche unternommen, beide Erklärungen miteinander zu verbinden, und die These aufgestellt, die Griechen hätten das Chaos auf Kreta genutzt, um dort die Macht zu übernehmen. Oder vielleicht hätten die Kreter starke Führer gebraucht, die auf Kreta die Macht übernahmen, und hätten sich zu diesem Zweck an Griechen gewandt. Unbestreitbar ist indessen, dass das minoische Kreta in die in Entwicklung begriffene Welt der mykenischen Griechen hineingezogen wurde. Eine Region, die im Handelsnetz der Frühen und Mittleren Bronzezeit nur von untergeordneter Bedeutung gewesen war, wurde nun zum Brennpunkt der politischen und möglicherweise auch ökonomischen Macht in der Ägäis. Die großen Zentren der mykenischen Kultur und Macht bildeten am westlichen Rande Griechenlands und ein Stück weit ins Binnenland hinein eine Kette von Siedlungen, die sich von Iolkos (heute Volos) im Norden über Orchomenos, Theben, Mykene und Tiryns bis hin nach Pylos im Südwesten zog. Erste Anzeichen des Erfolgs wurden schon im frühen 15. Jahrhundert sichtbar, als man die Könige von Mykene in dem (heute so genannten) Grabkreis A bestattete, auf ihren Gesichtern Masken aus gehämmertem Gold, die deren Züge samt Bart wiederzugeben scheinen und wie ein Versuch wirken, die unendlich prachtvolleren Goldmasken bestatteter Pharaonen nachzuahmen.[1] Dennoch bewahrte sich das »goldreiche« Mykene eine besondere Rolle und besonderes Ansehen. Im 12. Jahrhundert v. Chr. erkannten diese Kleinstaaten den *wanax* oder Herrscher von Mykene als ihren Führer an, wenn wir dem Zeugnis des Homer'schen »Schiffskatalogs« glauben wollen (einem archaischen Text, der zum Bestandteil der *Ilias* wurde).[2]

Beschreibungen der Minoer verschmelzen unmerklich mit solchen der Mykener. Das liegt zum Teil am prägenden Einfluss der minoischen Kunst auf die des griechischen Festlands. Von den Mykenern produzierte Objekte, zum Beispiel die Keramik, erlangten erst nach und nach einen individuellen Charakter, als dortige Töpfer tastend ihre eigenen Formen und Muster entwickelten. Zum Teil dürfte die unscharfe Grenze zwischen Minoern und Mykenern auch darauf zurückzuführen sein, dass die Mykener offenbar Kreta eroberten und eine vom Festland kommende, griechisch sprechende Elite Knossos besetzte. Dennoch sind die Übereinstimmungen auffällig, und auch die Schrift, die die Mykener für die Aufzeichnung ihres griechischen Dialekts entwickelten, war eine Adaptation der im minoischen Kreta geschaffenen Linearschrift A – nämlich Linearschrift B, die Ventris und Chadwick in den 1950er Jahren entschlüsselten.[3] In Knossos rekonstruierten und in Pylos entwickelten die Mykener umfangreiche Archive aus Tontafeln, auf denen sie die von der unterworfenen Bevölkerung an ihre Könige und Götter gezahlten Tribute verzeichneten. Selbst in Südgriechenland unterschieden sich ihre religiösen Kulte kaum von denen der Minoer; jedenfalls sprechen dafür einige erhalten gebliebene Artefakte: Bilder von Göttinnen und Priestern auf Siegeln, Darstellungen des sportlichen Wettkampfs oder Rituals des Stierspringens auf einem Becher und einer Tafel (und selbst wenn diese in Griechenland gefundenen Objekte tatsächlich in Kreta hergestellt wurden, wie manche behaupten, verrät ihre Anwesenheit in Griechenland doch ein Interesse an den Stierritualen).[4] Die Namen der im antiken Griechenland verehrten Götter und Göttinnen verraten oft vorgriechische Wurzeln, und einige von ihnen lassen

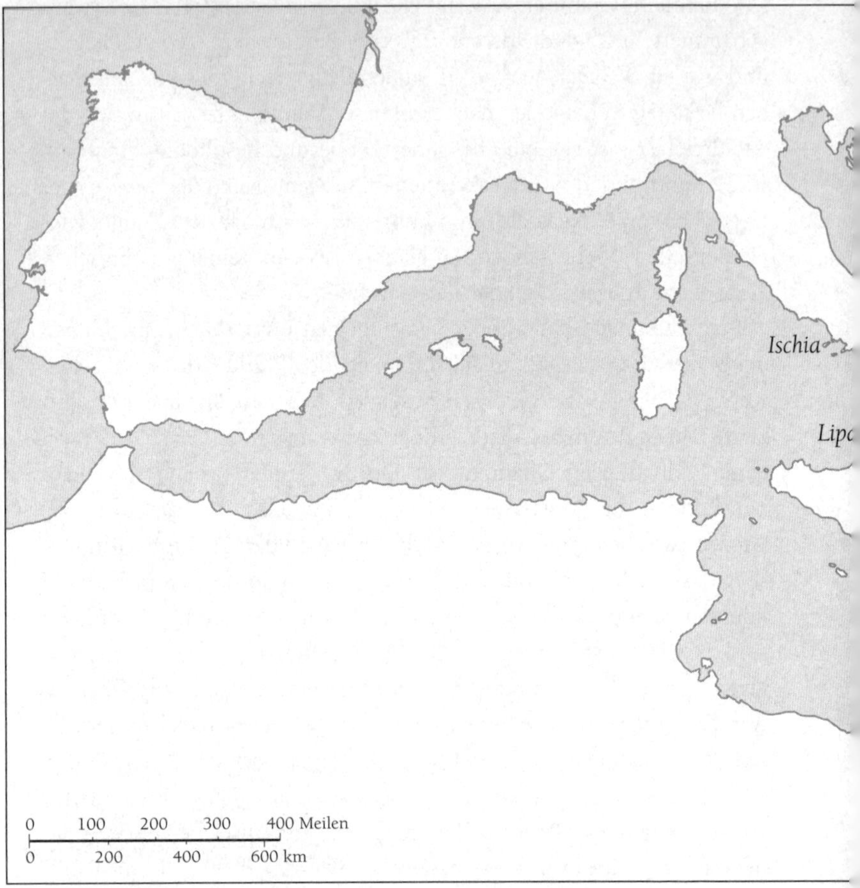

sich auch in den schriftlichen Aufzeichnungen der Mykener identifizieren. Im Handel zeigen sich gleichfalls Übereinstimmungen. Griechische und kretische Waren wurden nach Rhodos, Syrien und Troja verschifft, doch nun führten die Fahrten tiefer ins Mittelmeer hinein, bis nach Sizilien und Italien.

Der Unterschied liegt im kriegerischen Charakter der Mykener. Sie lernten schnell und ließen sich auf die Kultur ihrer Umgebung ein. Die Griechen der klassischen Antike berichteten, die Gründerväter seien aus anderen Ländern nach Griechenland gekommen, Pelops zum Bei-

spiel aus Anatolien. Die Vorfahren der Mykener kamen allerdings wohl eher aus der Bergregion des südlichen Balkans. Sie waren geschickte Festungsbauer. Die nur leicht befestigten Orte, die für das minoische Kreta charakteristisch waren, werden nun eine Seltenheit. Das im Südwesten der Peloponnes gelegene Pylos ist ein aufschlussreiches Beispiel. Die Stadt sicherte ihren Schutz höchstwahrscheinlich, indem sie eine große Seeflotte unterhielt – »hölzerne Mauern«, wie das Delphische Orakel später die Flotte der Athener nannte. Das Meer spielte in der mykenischen Zivilisation eine gewaltige Rolle – aber auch Landschlachten und Belagerungen, die in ihrer Kunst dargestellt sind und noch dramatischeren Ausdruck in den Umfassungsmauern der Zitadellen von Mykene und Tiryns fanden. An manchen Stellen war die Stadtmauer von Mykene sieben Meter dick. In Tiryns führten schmale Tunnel, die man heute noch besichtigen kann, durch das Mauerwerk, das von Autoren der klassischen Antike voller Bewunderung als das Werk riesenhafter Zyklopen beschrieben wurde. Aus Linear-B-Tafeln geht auch hervor, welche Bedeutung Streitwagen für diese Kriegergesellschaft besaßen. Sie sind auf den Tafeln verzeichnet, und Homer beschrieb sie später im Rückblick auf eine archaische, aber längst verschwundene Welt voller Bronzewaffen und aus den Hauern von Ebern gefertigter Helme.[5] Bronzewaffen legten sie auch in großer Zahl als Beigaben in die Gräber ihrer großen Heerführer. Sie kannten sich allerdings ebenso bestens mit hauchdünnen Speerspitzen aus Obsidian aus, den sie aus Melos und Lipari importierten.

Wie die »Mykener« sich selbst nannten, ist eine wichtige Frage. »Mykenisch« ist eine moderne Bezeichnung für die griechische Zivilisation der Bronzezeit. Im 14. Jahrhundert v. Chr. hätte der Ausdruck allenfalls dem Gefühl eines Einwohners der Zitadelle und der umliegenden Dörfer entsprochen, aus denen die (noch kaum als Stadt zu bezeichnende) Ortschaft *Mukenai* bestand. In der Pluralform dieses Namens kommt wie bei anderen Orten der Zeit (insbesondere auch Athenai – Athen) die Tatsache zum Ausdruck, dass es sich bei diesen Zentrum um Ansammlungen mehrerer Dörfer handelte.[6] Ihre Herrscher gehörten einer Kriegerkaste an, die im 14. Jahrhundert ein luxuriöses Leben führte. Sie wurden nicht nur mit ihren Waffen bestattet, sondern mit Gold- und Silberpokalen und mit fein verzierten Zeremonialmessern, auf denen Jagdszenen zu sehen waren. Wenn Historiker von »mykenischem Handel« sprechen, meinen sie den Handel der Menschen, die im Einflussbereich dieser frühen griechischen Kriegsherren lebten, obwohl es keineswegs als sicher gelten kann, dass die Kaufleute und Bauern griechisch sprachen. Tatsächlich dürften viele von ihnen mehrsprachige Kreter gewesen sein, die im Knossos und Phaistos der Linear-B-Tafeln lebten. Die Bezeichnung von Nachbarn als *Ahhiyawa* in hethitischen Archiven und als *Ekwesch* in ägyptischen Dokumenten lässt vermuten, dass der Name *Akhaiwoi*, im klassischen Griechisch *Akhaioi*, Achäer, wenn nicht von ihnen selbst, so doch zumindest von äußeren Beobachtern benutzt wurde, die sie als wichtige Regionalmacht ausgesprochen ernst nahmen.[7] Die mykenischen Kaufleute, die auf dem Handelsnetz der Minoer aufbauten, hielten an den Handelsbeziehungen zu Zypern fest, das reich an Kupfer war (und das bis in die klassische Antike hinein die Linearschrift beibehielt), und sie waren durch Handelsniederlassungen auch auf Rhodos, in Milet an der anatolischen Küste und an der Küste Syriens präsent. Es gab möglicherweise auch Kontakte zum Schwarzen Meer, falls denn die Geschichte von Jason eine historische Grundlage besitzt. Das »Gelidonya-Wrack«, ein aus dem 13. Jahrhundert v. Chr. stammendes Schiffswrack vor der Südwestküste der Türkei, wirft Licht auf die Handelswelt der Mykener. Der größte Teil des Schiffs wurde von der Strömung weggespült, doch die Ladung war zu schwer, um dasselbe Schicksal zu erleiden: eine halbe Tonne Bronzebarren sowie bronzene Götterstatuen und Siegel, die den Gedanken nahelegen, dass dieses Schiff in Syrien und auf Zypern gewesen war. Ein weiteres, etwas älteres, bei Uluburun vor der türkischen Küste gefundenes Wrack enthielt sogar noch größere Mengen Kupfer und erstaunlicherweise ein Zehntel der Menge an Zinn, was genau dem für die Herstellung von Bronze erforderlichen Verhältnis entspricht.[8]

Ein neues Element des mykenischen Handels liegt in der Verbindung nach Italien, die das minoische Kreta noch nicht pflegte. Die ersten Hinweise auf Kontakte zwischen dem griechischen Festland und Italien mögen bis ins 17. Jahrhundert v. Chr. zurückreichen. Dafür sprechen Ähnlichkeiten zwischen griechischer Keramik (der mittelhelladischen Periode) und der Keramik in Ostsizilien, wo man auch eine Handvoll mittelhelladischer Töpferwaren gefunden hat. Das verweist jedoch nicht notwendig auf regelmäßige direkte Kontakte. Es kann sich auch um gelegentliche Verbindungen über eine Reihe von Zwischenstationen gehandelt haben, bei denen solche Keramik von Griechenland über das Ionische Meer und dann um den Absatz und die Spitze des italienischen Stiefels herum nach Sizilien gelangte.[9] Deutliche Beweise für regelmäßige Kontakte finden sich erst etwas später, als spätbronzezeitliche Keramik in großer Menge nach Lipari und im Gegenzug große Mengen

Obsidian nach Griechenland transportiert wurden. Die Kaufleute hinterließen außerdem Fayenceperlen offenbar ägyptischen Ursprungs, die den Schluss zulassen, dass ein Handelsnetz entstanden war, welches weite Teile des östlichen und mittleren Mittelmeeres umfasste. Zu der Zeit jedoch, als Knossos sich in mykenischer Hand befand, hatte der Obsidian bereits begonnen, seine Attraktivität zu verlieren. Im ganzen Mittelmeerraum und in Anatolien beutete man neue Kupfer- und Zinnadern aus, und es war die Suche nach Metallen, die nun mykenische Seeleute bis nach Ischia und deren kleinerer Nachbarinsel Vivara führte, wo sie ihre Keramik zurückließen, bevor sie die Küsten der Toskana (mit ihren Zinnvorkommen) und Sardiniens hinauffuhren (wo sie ein paar Kupferbarren zurückließen).[10] Schiffsdarstellungen auf den Fresken von Thera zeigen eindeutig, dass die Schiffstechnologie Fortschritte gemacht hatte. Man benutzte nun Segel als Ergänzung zu den Rudern und baute größere Schiffe mit höherem Schanzkleid, die auch einer raueren See standhalten konnten. Hinzu kam mit Sicherheit auch eine genauere Kenntnis der Untiefen, Riffe und Strömungen, ohne die es unmöglich gewesen wäre, die Strecken zwischen den griechischen Inseln und nach Sizilien zu bewältigen. Man gab immer noch küstennahen Routen den Vorzug, denn der Weg, den die mykenische Keramik nahm, markiert eine Linie, die die Dodekanes über Absatz und Sohle des italienischen Stiefels mit Sizilien verband.

Die engen Verbindungen nach Italien führten zur Entstehung überseeischer Handelsniederlassungen.[11] Obwohl die Mykener beträchtliche Mengen keramischer Erzeugnisse nach Lipari schickten, darunter auch große *pithoi*, gibt es keinerlei Hinweise darauf, dass die Inseln unter mykenischer Herrschaft gestanden hätten. Aber die Bewohner von Lipari stellten Verbindungen zu weiter nördlich gelegenen Gebieten her, und zwar bis hinauf nach Luni in der nördlichen Toskana.[12] Die Anziehungskraft der Insel beruht nicht mehr allein auf dem Obsidian, sondern zunehmend auch auf ihrer Rolle als Zwischenstation zwischen den Gewässern um Sizilien und weiter nördlich gelegenen Regionen. Die *pithoi* waren keine Ziergefäße, sondern Standarderzeugnisse, und sie waren mit Gütern gefüllt – wahrscheinlich vor allem mit Öl, denn das war eines der wichtigsten Exportgüter der griechischen Regionen. Ein auf Lipari in einem Grab entdecktes Bernsteinhalsband stammte offenbar aus der nördlichen Adria und nicht aus dem östlichen Mittelmeerraum. All das verweist darauf, dass die Mykener zwar die reichsten, aber nicht die einzigen Kaufleute waren, die zu dieser Zeit die Gewässer des mittleren Mittelmeerraums befuhren. Die Einwohner von Lipari wohnten inzwischen in hölzernen, hüttenähnlichen Häusern, die sich an die Abhänge des Inselvulkans schmiegten. Für sie bedeutete Luxus nicht Gold- und Silberschmuck, sondern Bernstein- und Glasperlen.

In einer Siedlung auf Thapsos, einer Halbinsel an der Ostküste Siziliens, fanden sich Hinweise auf eine hochentwickelte importierte Kultur mykenischen Ursprungs. Die Siedler schufen eine Stadt mit gitterförmigem Grundriss, bis zu vier Meter breiten Straßen, geräumigen, um einen runden Innenhof erbauten Häusern und Gräbern voller späthelladischer Erzeugnisse aus dem griechischen Raum, die den Eindruck einer »echten ausländischen Kolonie« erwecken.[13] Tatsächlich findet sich die beste Entsprechung zu Grundriss und Anordnung der Häuser auf Thapsos am anderen Ende der mykenischen Welt, auf Zypern, in dem bei Famagusta gelegenen Enkomi. Man meint fast, hier wäre der Plan für eine Handelskolonie an beiden Enden der mykenischen Welt realisiert worden. Auf Thapsos fand man sehr viele kleine Parfümbehälter mykenischen Ursprungs.[14] Der Ort war ein Produktionszentrum, in dem man parfümierte Öle für einen »internationalen« Markt herstellte. Doch Thapsos war nicht einfach nur ein Ableger von Mykene. Auch große Mengen einer groben grauen Keramik in sizilianischem Stil wurden dort hergestellt, was darauf schließen lässt, dass auf Thapsos eine gemischte Bevölkerung lebte. In derselben Zeit bot eine andere mykenische Siedlung in Scoglio del Tonno bei dem heutigen Taranto Zugang zu adriatischen Gütern, vor allem süditalienischem Kupfer, und diente als Zwischenstation für den Schiffsverkehr nach Sizilien.[15] In mykenischer Zeit vergrößerte sich also das Mittelmeer ganz beträchtlich in den Augen derer, die es mit ihren Schiffen befuhren.

II

Weitaus wichtiger als der wenig entwickelte Westen waren für die mykenischen Kaufleute die Küsten des heutigen Syriens und Libanons.[16] Im 14. Jahrhundert v. Chr. hinterließen Händler große Mengen mykenischer Keramik (des Stils, der heute »späthelladisch II« genannt wird) in Ugarit und Byblos an der syrischen Küste und entlang der Küste Kanaans in Gezer und Lachis. Dort entstand ein florierendes levantinisches Handelsnetz mit wohlhabenden Städten, in denen ägäische Kaufleute sich mit Kanaanitern, Zyprioten, Hethitern, Ägyptern und anderen Bewohnern und Besuchern mischten.[17] Die Häfen der Levante besaßen sogar noch ältere Verbindungen ins Nildelta. Im heute nicht mehr existierenden Grabmal des Kenamun im ägyptischen Theben gab es ein Wandgemälde, das die Entladung von Gütern in einem ägyptischen Hafen zeigte, und zwar unter der Aufsicht kanaanitischer Kaufleute. Unter den Gütern befanden sich Textilien, Purpurfarbstoff (eine aus Purpurschnecken gewonnene Spezialität der levantinischen Küste), Öl, Wein und Vieh.

Ugarit war ein bedeutendes Handelszentrum, das seit dem 3. Jahrtausend bestand. Eine Zeitlang befand die Stadt sich unter ägyptischer Oberhoheit, und einer ihrer Könige, Niqmadu, heiratete in die Familie des Pharaos ein. Die Stadt belieferte Ägypten mit Zedernholz aus dem libanesischen Bergland – Holz war in Ägypten knapp. Ugarit diente als Brücke zwischen der mesopotamischen Welt, von der es sein seltsames Keilschriftalphabet übernahm, und dem östlichen Mittelmeerraum – dem Nildelta, der Ägäis, Kreta (das auf ugaritischen Tafeln *Kabturi* genannt wird) und insbesondere Zypern, gut 150 Kilometer entfernt, das als Umschlagsplatz für Waren aus Ägypten und den griechischen Landen diente.[18] In Ugarit fand man Tafeln in der zypriotischen Silbenschrift, die den Schluss zulassen, dass Kaufleute aus Zypern in der Stadt lebten. Die Einwohner von Ugarit waren höchst unterschiedlicher Herkunft. Es gab Händler, die von den Ägyptern *maryannu*, »junge Heroen«, genannt wurden und die aus Anatolien und der griechischen Welt stammten. Es gab Verwaltungsbeamte, deren Namen nicht einheimischen Ursprungs waren – die Bewohner der Region um Ugarit sprachen Kanaanitisch, die Sprache, aus der sich das Phönizische und das Hebräische entwickelten. Spezielle Beamte überwachten die Geschäfte der ausländischen Kaufleute, denen man Beschränkungen hinsichtlich des Niederlassungsrechts und beim Erwerb von Häusern in Ugarit auferlegte. Der minoische Einfluss zeigt sich in der Kunst der Stadt, jedenfalls nach dem Deckel eines Elfenbeinkästchens zu urteilen, das aus dem 13. Jahrhundert v. Chr. stammt. Dort ist eine Göttin dargestellt, deren Stil lokale Eigenheiten mit typischen Elementen der minoischen Kunst verbindet.[19] Ugarit besaß eine lebendige literarische Kultur, und eine Reihe religiöser Gedichte, die auf Tontafeln erhalten geblieben sind, weisen erstaunliche Ähnlichkeiten mit der späteren religiösen Dichtung der Hebräer auf. Diese Kontakte sorgten auch in der Kunst der ägäischen Welt für eine Auffrischung. Nach der Vereinnahmung von Knossos hatte die mykenische Welt mehr zu bieten: die handwerklichen Arbeiten der Kreter und in Griechenland selbst erzeugte Produkte, die nun der Meisterschaft ihrer minoischen Vorbilder nicht mehr nachstanden, und auch die feinen Textilien Kretas – das Wort *ri-no*, das auf Linear-B-Tafeln auftaucht, ist eine frühe Schreibweise des klassischgriechischen *linon*, »Leinen«. Von nun an ist es möglich, sich kleine Kolonien von Kaufleuten und Siedlern ägäischer Herkunft vorzustellen, die in den Hafenstädten des östlichen Mittelmeeres lebten. Und mit den Kaufleuten und ihren Waren kamen auch Söldner mit ihren Waffen und Rüstungen. Während der Handel den Charakter des östlichen Mittelmeerraums zu verändern begann, sorgte der Krieg für einen entscheidenden Wandel, zum Schaden des Handels und der Hochkulturen dieser Region, und dieser Wandel führte (wie wir noch sehen werden) zu einem langen Winter.

Bisher haben wir unser Augenmerk eher auf verarmte sizilianische Dörfler gelegt als auf die Untertanen des Pharaos, und dass sie in der Darstellung bislang kaum vorkamen, bedarf einer Erklärung. Nach der Vereinigung der Sumpfgebiete Unterägyptens mit dem langen Streifen natürlich bewässerten Landes beiderseits des Nils schufen die Ägypter eine auf Städten basierende Gesellschaft. Schon im 3. Jahrtausend bewiesen sie mit dem Bau der Pyramiden die Fähigkeit, eine gewaltige Zahl von Arbeitskräften zu mobilisieren. Die für den Königshof geschaffenen Kunstwerke, darunter prachtvolle Objekte aus Gold und Edelsteinen, übertrafen die schönsten Arbeiten im minoischen Kreta. Der Einfluss der ägyptischen Kunst auf die Techniken und selbst noch die Motive der kretischen Wandmalerei steht außer Frage. In den Schatzhäusern der frühgriechischen Welt hortet man ägyptische Objekte; der politische Einfluss Ägyptens macht sich an den Küsten Kanaans und Syriens bemerkbar, vor allem in Byblos. Die Suche nach benötigten Gütern wie Zinn, Holz und Kupfer veranlasste die Ägypter, ihren Einfluss in den Sinai hinein und darüber hinaus auszudehnen. Denkt man jedoch an den ägyptischen Seehandel, kommen einem die Verbindungen nach Süden als Erste in den Sinn: etwa die Handelsexpeditionen das Rote Meer hinab ins Land Punt während des späten 2. Jahrtausends, die Luxusgüter wie Elfenbein und Ebenholz an den Hof des Pharaos brachten.[20] Obwohl einige Pharaonen eine rege Bautätigkeit in Unterägypten entfalteten (die Bibel berichtet vom Bau einer großen, nach Ramses benannten Speicherstadt), lag der Schwerpunkt ihrer Macht doch nach etwa 1570 v. Chr. stets in Oberägypten, auch wenn Ramses-Stadt (altägyptisch: Pi-Ramesse) im 13. Jahrhundert als ägyptische Hauptstadt diente, also zu einer Zeit, als die Pharaonen ihre Interessen aktiv in Kanaan und Westasien verfolgten und daher eine Basis suchten, die näher am Schauplatz ihrer Operationen lag.

Das Jahr 1570 v. Chr. markiert die Vertreibung der Hyksos-Dynastie, die Unter- und Mittelägypten mehr als ein Jahrhundert lang beherrscht hatte. Diese Herrscher wurden später als ungeschliffene Asiaten denunziert (ihre genaue Identität ist bis heute ein Rätsel). Tatsächlich aber brachten sie wichtige Innovationen nach Ägypten – Streitwagen und Bronzewaffen.[21] Ob sie nun Ägypten im Zuge einer bewaffneten Invasion eroberten oder aber einsickerten und schließlich die Macht ergriffen, sie besaßen jedenfalls einen technologischen Vorsprung gegenüber den eingesessenen Ägyptern. Und sie unterhielten weiterhin Beziehungen zu ihren Nachbarn in Syrien und auf Kreta, die von lebenswichtiger Bedeutung für die Sicherung des Nachschubs waren, den sie für ihren Militärapparat benötigten. Nach dem Ende der Hyksos-Herrschaft erlebte die Kunst eine außergewöhnliche Blüte, wie wir sie am besten aus den Entdeckungen im Grab des Tutanchamun kennen. Selbst als der häretische Pharao Echnaton um 1340 v. Chr. in Tell el-Amarna eine neue Hauptstadt für seinen Sonnengott errichten ließ, wählte er einen Ort, der relativ nah an den überkommenen Machtzentren der Pharaonen in Oberägypten lag. Für die alten Ägypter war das Gewässer mit der größten Bedeutung nicht das Mittelmeer oder das Rote Meer, sondern der Nil. Das Mittelmeer bildete ihren Horizont, und obwohl sie die Rohstoffe des östlichen Mittelmeerraums nutzten, kann das Ägypten der Pharaonen weder im politischen noch im ökonomischen Sinne als mediterrane Macht gelten. Erst mit der Gründung Alexandrias im 4. Jahrhundert v. Chr. entstand an der Küste des Mittelmeeres eine größere Stadt mit Blick auf die griechische Welt. Doch zu dieser Zeit kamen häufiger ausländische Kaufleute nach Ägypten, als Ägypter übers Meer fuhren. Die Seeleute, die auf den Reliefs in dem aus der Zeit um 2400 v. Chr. stammenden *Sahure*-Komplex dargestellt sind, kommen meist aus Asien, und die Bauweise der seegängigen Schiffe scheint sich an levantinischen Vorbildern zu orientieren – einige von ihnen konnten wahrscheinlich auch den Fluss hinauffahren und dienten zugleich als Kriegs- und Handelsschiffe. Insgesamt hat man den Eindruck, dass die Ägypter sich beim Bau, Betrieb und Segeln ihrer Schiffe zumindest auf dem Mittelmeer auf Ausländer verließen.[22]

Der Ausdruck »das Große Grün« erscheint in ägyptischen Texten dieser Zeit, doch er wurde auch für andere Gewässer verwendet – der Fayyum-See war eines davon, der Nil ein anderes. Gelegentlich bezeichnete man damit auch das Rote Meer. In der zweiten Hälfte des 2. Jahrtausends v. Chr. benutzte man den Ausdruck *Y-m* zuweilen für das Meer, einschließlich des Mittelmeeres, und das Wort selbst war semitischen Ursprungs (im Hebräischen ist *yam* das Meer). Das Mittelmeer besaß nicht genug Bedeutung für die Ägypter, um ihm einen eigenen Namen zu geben.[23] Im Delta gab es Häfen, in denen der Schiffsverkehr mit Syrien abgewickelt wurde, zum Beispiel Tjaru (arabisch: Tell Habua) an der Mündung des östlichen Arms des Deltas. Die Hyksos hatten diesen Hafen genutzt, und von den neuen Herrschern der 18. Dynastie wurde er wiederaufgebaut. Im 15. Jahrhundert v. Chr., unter Tutmosis IV., war Tjaru Sitz eines Statthalters, der auch den Titel »königlicher Botschafter für alle fremden Länder« trug. In seinen Zuständigkeitsbereich fiel auch die

Ausbeutung der Türkis-Bergwerke in der Wüste Sinai. Im ägyptischen Schmuck dieser Zeit spielt der Türkis eine wichtige Rolle. Doch Tjaru war auch eine Basis für den Handel mit der Außenwelt, wie Funde von Keramik aus Syrien und Zypern belegen – Länder, die reich an jenem Holz waren, das Ägypten so dringend benötigte. Wichtiger noch war allerdings das gleichfalls im östlichen Delta gelegene Avaris. Schon im 18. Jahrhundert v. Chr. lebten dort viele Siedler kanaanitischer Herkunft, darunter Soldaten, Seeleute und Handwerker. Die Hyksos machten Avaris zu ihrer Hauptstadt, und unter ihrer Herrschaft bedeckte die Stadt eine Fläche von mehr als 200 Quadratkilometern. Das Ende der Hyksos bedeutete nicht auch das Ende von Avaris.[24] Der nach dem Sturz der Hyksos dort erbaute Palast war mit Fresken im kretischen Stil ausgeschmückt – ein weiterer Beleg für die Verbindungen zwischen den *Keftiu* von Knossos und dem Hof der Pharaonen.[25]

Ein weiterer Hafen, dessen Bedeutung ständig zunahm, war Tanis. Von dort wurde im frühen 11. Jahrhundert ein aus dem tief im Süden gelegenen Karnak stammender ägyptischer Emissär auf eine enttäuschende Mission zum kanaanitischen König von Byblos geschickt. Er hatte die Aufgabe, die Lieferung von Holz sicherzustellen, das man für den Wiederaufbau einer dem Hochgott Amun geweihten Barke benötigte. Er war ein hoher Tempelbeamter, »Ältester der Halle vom Tempel des Amun-Re«. Dieser Mann, er hieß Wenamun, hinterließ einen Reisebericht, von dem eine Papyruskopie in einem ägyptischen Grab erhalten blieb. Dort beschreibt er, wie er sich am 20. April des Jahres 1075 v. Chr. in Tanis einschiffte.[26] Von Anfang an gab es Probleme. Das Nildelta war weitestgehend unabhängig von dem schwachen Pharao Ramses XI., und der örtliche Herrscher Smendes hielt es nicht für der Mühe wert, ein Schiff bereitzustellen, das Wenamun nach Byblos gebracht hätte, sondern ließ ihn an Bord eines Handelsschiffes gehen, das gerade unter Leitung eines einheimischen Kapitäns namens Mengebet und mit einer syrischen Mannschaft in See stach. Die Route folgte der Küstenlinie, und sie liefen in das südlich des heutigen Haifa gelegene Dor ein. Die Stadt war ein Zentrum der Tjekker, eines der »Seevölker«, von denen etwas später die Rede sein wird.[27] Der dortige Statthalter war höflich (er versorgte Wenamun mit Brot, Wein und Fleisch). Doch ein

Seemann aus Mengebets Mannschaft ließ sich von den Schätzen verlocken, die Wenamun mit sich führte, um das Holz zu bezahlen: mehrere Pfund Silber und mehrere goldene Gefäße mit einem Gesamtgewicht von mehr als einem Pfund. Er nahm den gesamten Schatz an sich und machte sich davon. Wenamun ging zum Statthalter, um sich zu beklagen. Der sagte ihm natürlich, wenn der Dieb ein Mann aus Dor gewesen wäre, hätte er Wenamun für den Verlust entschädigt, aber so könne er nur nach dem Dieb suchen lassen. Die Suche dauerte neun lange Tage, blieb aber erfolglos, und Wenamun gelangte zu der Einsicht, dass ihm nichts anderes übrigblieb, als seine Reise nordwärts fortzusetzen. Als er in Byblos eintraf, gelang es ihm, genau dieselbe Menge Silber aufzutreiben, die er verloren hatte, und er verließ Mengebets Schiff. Bei dem Silber konnte es sich natürlich nur um fremdes Eigentum handeln, aber er bestand darauf, es zu behalten, bis die Schiffseigner ihn für den Diebstahl seines Eigentums durch ein Mitglied der Besatzung entschädigten.

Der Herrscher von Byblos, Zekerbaal, war noch weniger hilfsbereit als der von Dor. Er weigerte sich, Wenamun zu empfangen, und ließ ihm durch einen Boten ausrichten: »Entferne dich aus meinem Hafen!«[28] Das wiederholte sich nun jeden Tag, insgesamt 29 Tage lang. Der September kam, und Wenamun befürchtete schon, die Stadt per Schiff erst wieder im kommenden Frühling verlassen zu können (woraus hervorgeht, dass es selbst für die küstennahe Route entlang der kanaanitischen Küste eine Zeit gab, in der die Schifffahrt unterbrochen war). Später erinnerte ihn der König daran, dass er ähnliche Emissäre schon 17 Jahre lang hatte warten lassen. Wenamun beschloss, einen Platz auf einem Schiff zu reservieren, das bald auslaufen sollte, denn Mengebet war schon zu seinem nächsten Zielhafen aufgebrochen und hatte ihn zurückgelassen. Dann aber hatte einer der Höflinge bei einer am Königshof abgehaltenen Opferfeier für Baal eine Vision, und in der Leidenschaft des Augenblicks gelangte der erregte König zu der Einsicht, dass er den Gesandten des ägyptischen Hochgottes Amun empfangen sollte. So lautete zumindest die offizielle Erklärung, doch Wenamun hatte den Verdacht, man habe es nur auf sein Eigentum abgesehen, man wolle, dass er sein Schiff verpasste, und werde ihm sein Silber stehlen, wenn er vom König empfangen wurde. Aber Wenamun hatte kaum eine andere Wahl.

Der Papyrus beschreibt, wie er das Obergemach des Königs betrat, wo Zekerbaal saß, »den Rücken an ein Fenster gelehnt, während es so aussah, als ob an seinen Hinterkopf die Wellen des großen syrischen Meeres schlügen«.[29] Er ließ sich zu keinerlei Höflichkeiten gegenüber dem Pharao oder dem Hohepriester des Amun herab. Er schalt Wenamun, weil er keine Beglaubigungsschreiben vorweisen konnte, die er in Tanis zurückgelassen hatte, und er bezeichnete die ägyptischen Seeleute als unfähige Dummköpfe im Vergleich zu seinen Landsleuten. Er erklärte, aus seinem Hafen stünden 20 Schiffe in Handelsverbindungen mit Ägypten, und in Sidon seien es 50, wogegen Wenamun die offizielle ägyptische Lesart stellte, wonach es sich nicht wirklich um ausländische Schiffe handelte, sondern um solche, die unter dem Schutz des Pharaos segelten. So versuchten beide Seiten, die andere zu übertrumpfen, und dem König bereitete es offensichtlich Vergnügen, Ägypten und seine Herrscher zu beleidigen, nun, da sie schwach waren. Er räumte ein, dass frühere Könige Holz geliefert hätten, wie man es von ihnen forderte, aber er erwartete, dass man das Holz bezahlte. Er ließ die Bücher des Reiches holen (ein interessanter Beweis für den hohen Entwicklungsstand der Verwaltung) und bewies ihm anhand der Einträge, dass die Ägypter in der Vergangenheit große Mengen Silber geschickt hatten.[30] Wenamun verlor die Geduld und schalt den König wegen seiner Respektlosigkeit gegenüber dem großen Land Ägypten und dem König der Götter.

Doch Wenamun wusste, dass ärgerliche Worte nichts ausrichten konnten, und schickte eine Botschaft nach Ägypten, in der er um schöne Geschenke für Zekerbaal bat. Die Ägypter nahmen seine Bitte ernst. Sie schickten eine Mischung aus Luxusgütern, wie goldenen oder silbernen Gefäßen, und Gebrauchsgütern, wie Rinderhäuten, Leinen, Fisch, Linsen, Seilen und 500 Papyrusrollen, auf denen Zekerbaal noch mehr Finanztransaktionen aufzeichnen konnte.[31] Was Wenamun dafür verlangte, war dennoch nicht leicht zu beschaffen. Der König gab 300 Männern mit ebenso vielen Ochsen den Auftrag, die Bäume zu fällen und an die Küste zu bringen. Er überwachte die Verladung persönlich und ließ Wenamun Zeichen seines Wohlwollens zukommen: Wein, ein Schaf und eine ägyptische Sängerin, die ihn trösten sollte. Nun durfte Wenamun auf einem mit Seeleuten aus Byblos bemannten Schiff in See stechen. Vor Dor entkam er Piraten, die sein Schiff zu kapern versuchten, aber dann verschlugen ihn Stürme nach Zypern, wo Einheimische über ihn herfielen, so dass er nur dank der Freundlichkeit der Königin mit dem Leben davonkam.[32] An dieser Stelle endet der erhalten gebliebene Text. Doch die ganze Geschichte riecht sehr nach einer Serie von Entschuldigungen für eine Mission, die am Ende scheiterte – es ist keineswegs klar, ob das Holz jemals in Ägypten ankam. Natürlich schildert der Bericht nicht die alltäglichen Handelskontakte im östlichen Mittelmeerraum. Doch er ist äußerst wichtig als erster Bericht über eine Handelsreise und über die politischen Probleme, mit denen auch später jeder zu kämpfen hatte, der Geschäftsbeziehungen zu den Höfen ausländischer Herrscher zu knüpfen versuchte.

Die Ägypter waren die reichste Macht der Region, aber sie hatten mehrere Rivalen. Das in Zentralanatolien aufkommende Hethiterreich mit seinen gewaltigen Metallvorkommen bedrohte die ägyptischen Interessen in Syrien. Ramses II. versuchte, den Einfluss Ägyptens in der Region wiederherzustellen, der unter der glücklosen Herrschaft des häretischen Pharaos Echnaton geschwunden war. Die Hethiter mobilisierten daraufhin ihre Verbündeten, zu denen auch Vasallen in Westasien wie die Lykier und Dardaner gehörten (ein Ausdruck, den Homer später für die Trojaner verwendete). Tausende von Streitwagen trafen im Juli 1274 v. Chr. in der Schlacht bei Kadesch aufeinander. Auch wenn Ramses die Schlacht wie üblich als großen ägyptischen Sieg feiern ließ, konnte selbst ein so überheblicher Pharao wie er nicht die massiven Verluste auf beiden Seiten verbergen, denn die Hethiter hatten zu Beginn der Schlacht weite Teile der ägyptischen Armee vernichtet.[33] 1258 v. Chr. räumten beide Seiten immerhin ein, dass die Schlacht allenfalls unentschieden ausgegangen war, und sie schlossen einen Vertrag, in dem sie die Grenzen ihrer Einflussbereiche in Syrien an einer bei Damaskus verlaufenden Linie festlegten. Dadurch sorgten sie für ein halbes Jahrhundert Stabilität. Doch die Schlacht bei Kadesch kann als Beginn einer Serie miteinander verbundener katastrophaler Ereignisse angesehen werden, zu denen der Fall Trojas (vermutlich 90 Jahre später), die Zerstörung der mykenischen Festungen und nicht zuletzt auch die Ankunft der rätselhaften »Seevölker« gehörten.

KAPITEL 4

Seevölker und Landvölker
1250 bis 1100 v. Chr.

I

Sowohl zum Untergang Trojas als auch zu den Seevölkern gibt es eine umfangreiche Literatur. Beides gehörte zu einer Folge von Entwicklungen, die den ganzen östlichen und möglicherweise auch den westlichen Mittelmeerraum betrafen. Ende des 18. Jahrhunderts v. Chr. hatte Troja sich verändert, denn damals entstand die prachtvollste Stadt, die jemals auf dem Hügel bei Hisarlik stehen sollte: Troja VI, das – mit geringfügigen Umbauten – bis ins 13. Jahrhundert v. Chr. hinein Bestand haben sollte. Die Mauern der Zitadelle waren neun Meter dick (oder mehr). Es gab große Tore und einen massiven Wachturm, und die Erinnerung daran hielt sich so lange, dass sie später Homer inspiriert haben mag. Es gab große, zweistöckige Häuser mit Innenhöfen. In der Zitadelle wohnte eine Elite mit einem gewissen Lebensstil, der jedoch nicht an den Luxus der zeitgenössischen Eliten in Mykene, Pylos oder Knossos heranreichte.[1] Archäologische Ausgrabungen in der Ebene unterhalb des Burgbergs, die damals bis unmittelbar zur Küste reichte, verweisen auf die Existenz einer Unterstadt, die siebenmal so groß wie die Zitadelle und mit ihrer Fläche von 170 000 Quadratmetern etwa so groß war wie Avaris, die Hauptstadt der Hyksos.[2] Eine Quelle des Reichtums waren Pferde, deren Knochen ab dieser Schicht zu finden sind. Homers Trojaner waren berühmte »Pferdebändiger«, *hippodamoi*, und auch wenn er das Wort auswählte, weil es in sein Versmaß passte, stimmt es doch recht genau mit den archäologischen Funden überein. In einer Zeit, als große Reiche in Streitwagen investierten und Hunderte von Pferden, wie etwa in der Schlacht bei Kadesch, in den Tod schickten (oder, nach der Bibel, in die Tiefen des Roten Meeres), bestand zweifellos große Nachfrage nach Pferdebändigern.

Die Ansichten über die Identität der Trojaner gingen schon früh auseinander. Als die alten Römer den Anspruch erhoben, von den Trojanern abzustammen, wussten sie sehr genau, dass diese nicht einfach ein Zweig des griechischen Volkes waren. Homer ließ sie allerdings griechisch sprechen. Am ehesten kann man die Frage anhand der Keramik beantworten. Die Keramik Trojas ist nicht einfach trojanisch. Sie gehört zu einer umfassenderen Kultur, die sich über Teile Anatoliens erstreckte. Die Trojaner erwarben ein wenig helladische Keramik aus dem griechischen Raum, doch nur ein Prozent der Funde aus Troja VI und VIIa besteht aus mykenischer Keramik (einschließlich einheimischer Nachahmungen). Alles deutet darauf hin, dass die Trojaner zu einem der Völker gehörten, die sich am Rand der hethitischen Welt entwickelt hatten und eine dem Hethitischen verwandte Sprache sprachen, das Luwische, das von den Menschen an der westlichen Flanke Anatoliens gesprochen wurde und, wie oben angemerkt, möglicherweise die Sprache der Linear-A-Tafel auf Kreta war.[3] Die Archive der Hethiter lassen keinen Zweifel daran, dass die Trojaner mit dem König der Hethiter korrespondierten, doch von dieser Korrespondenz ist nichts erhalten geblieben. Nur einen einzigen kurzen Text hat man gefunden, ein Siegel mit luwischen Hieroglyphen aus der Schicht Troja VIIb (spätes 12. Jahrhundert, auch wenn das Siegel selbst älter sein könnte). Der Wortlaut lässt vermuten, dass es einem Schreiber und seiner Frau gehörte.[4] Troja war kein Vorposten der mykenischen, sondern der hethitischen Welt. Global gesehen, spielte die Stadt keine herausragende Rolle, doch auf regionaler Ebene besaß sie eine beherrschende Stellung an den Handelsrouten der nördlichen Ägäis, und aus diesem Grunde wurde sie zu einer begehrenswerten Beute.[5]

Im 13. Jahrhundert waren die hethitischen Herrscher zunehmend darauf bedacht, sich ein gewisses Maß an Einfluss auf die Mittelmeerküsten Anatoliens zu sichern. Dabei ging es ihnen um die Ägypter, mit denen sie um die Herrschaft in Nordsyrien konkurrierten, aber auch um andere Rivalen wie den König von Ahhiyawa, also den Großkönig von Mykene. Troja selbst lag ein wenig abseits, doch die militärische

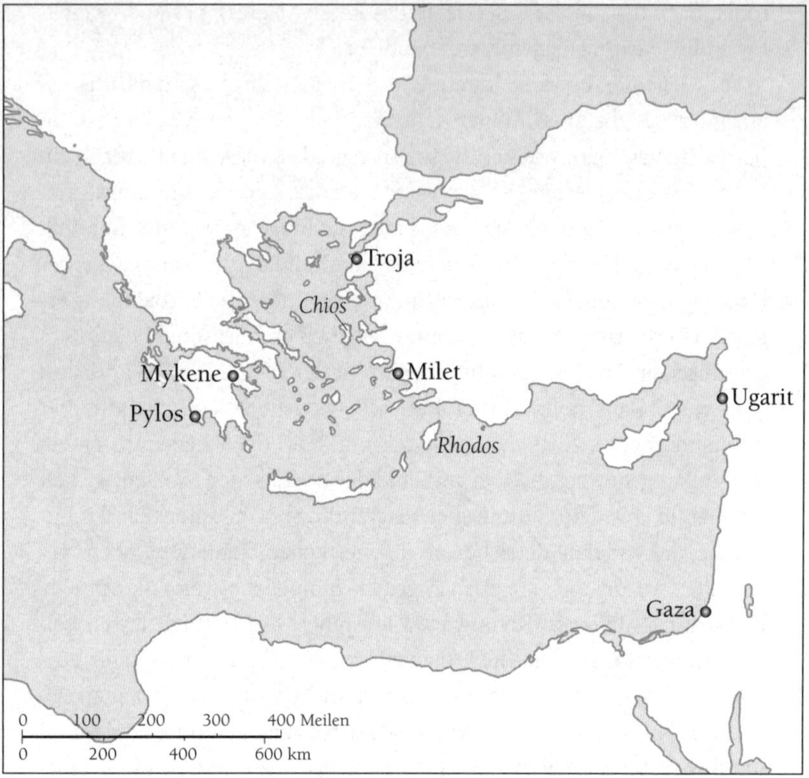

Hilfe der Stadt konnte nützlich sein, und wie wir bereits gesehen haben, griffen die Hethiter in der Schlacht bei Kadesch auf die Hilfe westasiatischer Vasallen zurück. Anlass zum Streit zwischen Ahhiyawa und den Hethitern gab unter anderem Milawanda oder Milet, einst ein Zentrum des minoischen Handels und inzwischen zumindest zeitweise ein mykenischer Verbündeter an der Küste Kleinasiens. Erzürnt über diese Allianz, fielen die Hethiter über die Stadt her und zerstörten sie.[6] Die Küste Kleinasiens war also eine umstrittene Grenzregion mit ständig wechselnden Bündnissen, bei denen die mykenischen Krieger gerne mitmischten.

Eine Quelle solcher Unruhen war ein *condottiere* unbekannter Herkunft namens Piyamaradu. Um 1250 v. Chr. war er Gegenstand eines

Klageschreibens des hethitischen Herrschers an den König von Ahhiyawa, mit dem er inzwischen befreundet war, nachdem man sich zuvor über den Einfluss auf einen Ort namens Wilusa gestritten hatte – ein Name, der an die alternative griechische Bezeichnung für Troja, Ilios oder ursprünglich Wilios, denken lässt.[7] Offensichtlich war die Küste Kleinasiens unter einer Unzahl von Kleinkönigen aufgeteilt, die sich manchmal loyal gegenüber den Hethitern verhielten, aber gelegentlich auch Zuflucht unter dem Schutzschirm des Königs von Ahhiyawa suchten. Darunter befand sich auch ein gewisser Alaxandu, König von Wilusa, dessen Name verdächtig ähnlich klingt wie Alexander (Alexandros), der alternative Name des Helena-Verführers Paris. Ein weiterer *condottiere*, der über hundert Streitwagen und zahlreiche Fußsoldaten verfügte, war »der Mann von Ahhiya«, Attarssiya, dessen Name erstaunliche Ähnlichkeit mit dem des Vaters von Agamemnon und Menelaos, Atreus, besitzt. Er scheint seine kleine Armee gegen Zypern geführt zu haben, an dem sowohl die Hethiter als auch die Ägypter interessiert waren.[8] Keiner dieser Namen beweist, dass Homer von wahren Begebenheiten berichtet. Aber irgendwo gab es einen Bestand an anatolischen Namen, aus dem er oder frühere Geschichtenerzähler sich bedienten. Nachdem König Alaxandu von Wilusa sich zunächst gegen die Hethiter gewandt hatte, schloss er nun einen Vertrag mit ihnen. Wilusa war einer der vier Teile von Assuwa, deren Herrscher ihre Politik gegenüber den Hethitern und entsprechend gegenüber den Mykenern häufig wechselten, aber Armeen für die Schlacht bei Kadesch bereitstellten. Ein weiteres Gebilde innerhalb des Gebiets von Assuwa trug den Namen Taruisa, der an Troja erinnert.[9] Alles an der Beschreibung Assuwas lässt darauf schließen, dass es weit im Westen Anatoliens lag, und es ist klar, dass sowohl Wilusa als auch Taruisa in der Nähe des Ortes lagen, an dem sich Ilios oder Troja befand. Möglicherweise waren Wilusa und Taruisa ein und dieselbe Stadt oder zwei benachbarte Städte, die zeitweilig denselben Herrscher hatten, wie ja auch Homers Agamemnon König von Argos und von Mykene war. Aber Hisarlik war mit Sicherheit Homers *Ilios* und Vergils *Troia*.

Es kann kein Zweifel bestehen, dass Mykener und Anatolier Kriege um den Besitz von Ländern oder Städten im Westen Kleinasiens führten. Der Trojanische Krieg war eine späte Erinnerung an diese Konflikte, die hier zu einem einzigen Kriegszug gegen eine von mehreren Städten verdichtet wurde, gegen die die Griechen zu Felde gezogen waren. Manche Historiker verweisen darauf, dass eine zehn Jahre währende Belagerung sehr unwahrscheinlich sei, doch in Wirklichkeit handelt es sich um einen Krieg, der nicht über ein oder zehn, sondern über viele Dutzend Jahre geführt wurde, mit unterschiedlicher Intensität und unterbrochen von Friedenszeiten, wie sie in der diplomatischen Korrespondenz der Hethiter verzeichnet sind. Und es war auch kein Krieg zwischen dem Großkönig von Mykene und dem der Hethiter, denn die Kämpfe wurden zu beträchtlichen Teilen von ehrgeizigen Söldnerführern bestritten, die um der eigenen Vorteile willen gelegentlich die Seiten wechselten. Es gibt keinen Grund für die Annahme, sie hätten sich loyal gegenüber ihrer eigenen ethnischen Gruppe verhalten. Es war ein auf kleiner Flamme gehaltener, endemischer Konflikt, der gelegentlich zu heftigen Zusammenstößen führte, etwa als die Hethiter sich gezwungen fühlten, ihre Herrschaft über Milet zu sichern. Der Reichtum von Ilios oder Troja war durch diese Wirren nicht bedroht. Tatsächlich lief Troja VI ständig Gefahr, die Aufmerksamkeit habgieriger Eroberer auf sich zu ziehen, lag die Stadt doch an den Handelsrouten aus dem Mittelmeerraum nach Anatolien, auf denen Metalle, Textilien und vor allem Pferde transportiert wurden.

Troja VI wurde von einer größeren Macht als der menschlichen Habgier zerstört. Die Stadt liegt in einem Gebiet, in dem es häufig zu starken Erdbeben kommt. Um 1250 v. Chr. kam es zu solch einem verheerenden Erdbeben, das die ganze Stadt verwüstete. Die südliche Stadtmauer fiel nach außen, und die östliche stürzte vollständig in sich zusammen. Die Trümmerschicht erreicht an manchen Stellen eine Stärke von anderthalb Metern.[10] Doch insgesamt blieb die Stadt intakt.[11] Was immer auch mit der Unterstadt geschah, über die wir so wenig wissen, klar ist, dass die Oberschicht nach diesen Ereignissen nicht länger in ihren prachtvollen Häusern in der Oberstadt leben konnte. Auf den Ruinen von Troja VI errichtete man neue Häuser, die nun dichter gedrängt standen, weil die Stadt eine größere Bevölkerung beherbergen musste, zumindest in der Oberstadt. In diesen Häusern begannen die Trojaner, Vorratsbehälter *(pithoi)* in den Boden einzulassen, was sie bis dahin noch nie getan hatten. Offenbar war ihnen bewusst, wie wichtig es war, in solch schwierigen Zeiten Vorräte anzulegen. Der Rückgang der Importe mykenischer Keramik belegt, dass die Handelsbeziehungen schwächer geworden waren. Troja hatte seinen Höhepunkt überschritten. Doch damit stand die Stadt nicht allein. Auch Mykene war in Bedrängnis. Um 1250 v. Chr. kam es zu einem Angriff auf die Unterstadt, und man musste die Befestigung der Zitadelle verstärken. Man baute eine Mauer über den Isthmus von Korinth, um Angreifer abzuwehren, aber ob es sich dabei um die Könige anderer Städte innerhalb der mykenischen Welt oder um ausländische Invasoren handelte, wissen wir nicht.[12] Gegen Ende des 13. Jahrhunderts hatte man Wachtürme entlang der Küste gebaut, um die Bewohner des Palastes frühzeitig vor Eindringlingen warnen zu können. Dennoch hatten um 1200 bereits die meisten mykenischen Zentren, darunter Tiryns und Pylos, Plünderungen erlebt. In Pylos brachte man den Göttern Opfer dar, wenn Katastrophen drohten. Ein Mann und eine Frau, die auf den Linear-B-Tafeln in einer Liste von Opfertieren erscheinen, waren wahrscheinlich wirklich für Menschenopfer bestimmt (eine Praxis, an die in der griechischen Legende von Agamemnon und Iphigenie erinnert wird). Die Verwüstungen erreichten auch die Küste der Levante. Der König von Ugarit schickte Truppen zur Unterstützung der Hethiter, und in ihrer Abwesenheit suchten ausländische Flotten die syrische Küste heim. Der König schrieb auf einer Tontafel einen verzweifelten Brief an seinen Verbündeten, den König von Zypern, doch der Brief wurde niemals abgeschickt – mehr als 3000 Jahre später fand man ihn in dem Brennofen, in dem er darauf wartete, gebrannt zu werden. Innerhalb weniger Tage oder vielleicht auch nur Stunden wurde das große Handelszentrum Ugarit zerstört. Es sollte nie wieder neu erstehen.[13] Die Stadt Alalach, die ein wenig weiter im Landesinneren an der heutigen Grenze zwischen Syrien und der Türkei lag, wurde 1194 v. Chr. zerstört. Auch diese Stadt erholte sich nicht mehr, doch ihr Hafen al-Mina wurde wiederaufgebaut. Dort fanden sich mykenische Erzeugnisse aus der Zeit vor und nach der Zerstörung der Mutterstadt.[14] Zwischen prohethitischen und proägyptischen Faktionen hin- und hergerissen, war das Königreich Alalach ständig politischen Gefahren ausgesetzt. Die in Zentralanatolien gelegene hethitische Hauptstadt bei dem Ort Boğazköy wurde in derselben Zeit zerstört, möglicherweise jedoch aufgrund interner Krisen. Der Zusammenbruch im Zentrum bedeutete jedoch, dass die Hethiter ihre Niederlassungen am Mittelmeer nicht mehr schützen konnten. Und trotz der Warnungen aus Ugarit hatte Zypern fürchterlich zu leiden, und die dortigen Städte wurden zerstört – das geschah nach der Ankunft griechischer Flüchtlinge oder Invasoren, die ihre archaische Linearschrift und eine Frühform des Griechischen mitbrachten. Auf Kreta verlegten Teile der Bevölkerung ihre Wohnsitze weiter ins Land hinein auf höher gelegene Punkte wie Karphi und Vrokastro.

Und dann, etwa um die Zeit, die der klassische Autor Eratosthenes für den Untergang Trojas angibt (1184 v. Chr.), wurde Troja erneut zerstört, und diesmal ging die Stadt in Flammen auf. Unter den Trümmern von Troja VIIa fand man das Skelett eines unglücklichen Trojaners, der vergeblich zu fliehen versucht hatte.[15] Falls also die Griechen Troja um diese Zeit zerstörten, fällt ihr Sieg in eine Phase, in der auch ihre eigenen Städte den Gipfel ihres Wohlstands überschritten hatten. Dann wäre der Untergang von Troja VIIa kein Zusammenstoß zwischen dem goldreichen Mykene und den wohlhabenden Pferdebändigern Trojas gewesen, sondern eine Schlacht zwischen zwei im Niedergang befindlichen Mächten. Auch lässt sich nicht beweisen, dass die Zerstörer jene Griechen waren, die gemeinsam unter Führung ihres Großkönigs oder *wanax* Agamemnon gegen die Stadt kämpften. Ebenso wahrscheinlich wäre die Vermutung, dass es sich um einen gemischten Haufen aus Vertriebenen und Söldnern griechischer oder sonstiger Herkunft handelte. Sie könnten die Leute gewesen sein, die auch Mykene und Pylos angriffen, oder bewaffnete Flüchtlinge aus diesen beiden Städten. Aus dieser Perspektive war »der Untergang Trojas« ein längerer Prozess, der mit den Kriegen zwischen den Hethitern und ihren Hilfstruppen auf der einen, den Griechen und ihren Helfern auf der anderen Seite begann. Das Erdbeben, das Troja VI zerstörte, schwächte die Widerstandskraft der Stadt und offenbar sogar deren Fähigkeit, die Einwohner zu ernähren (man denke an die *pithoi*). Die Eroberung der Zitadelle 1184 sorgte für weitere Schäden, und danach trat die Stadt in eine Phase beständigen Niedergangs ein. Das wirft die grundsätzliche Frage auf, was um diese Zeit im östlichen Mittelmeerraum geschah: Ob die verheerenden Ereignisse in der späten Bronzezeit einen tiefen Bruch mit der Vergangenheit bedeuteten oder ob der Niedergang, der ohne Zweifel eintrat, eher schrittweise erfolgte. Die auf Kreta und in Troja gefundenen Belege für größere Bemühungen, Nahrungsmittelvorräte anzulegen, verweisen auf häufige Hungersnöte, in deren Folge sich die Menschen in neue Gebiete aufmachten, die eine bessere Versorgung mit Nahrung gewährleisteten. Außerdem kann »Niedergang« vieles bedeuten: den Verlust der politischen Einheit, wenn Großreiche sich auflösten; einen Rückgang des Handels, wenn die Nachfrage sank; oder eine Verringerung des Lebensstandards, der nicht nur die politische Elite, sondern den größten Teil der Gesellschaft betraf. Auch hier erhebt sich wieder die Frage nach Invasoren unbekannter Herkunft und führt uns an die Grenze zwischen Legende und Geschichte.

II

Dies war eine Zeit, da fähige Soldaten Karriere in den Armeen machen konnten, die um die Herrschaft in den Randbereichen des östlichen Mittelmeeres kämpften. Wenn niemand ihre Dienste benötigte, konnten sie – wie später die Wikinger – auf eigene Faust auf Raubzüge gehen und sich nehmen, was sie wollten. In einer in Tanis gefundenen Inschrift rühmt sich Ramses II., die Schardana besiegt zu haben, die Ägypten von See her angegriffen hatten, aber wenig später integrierte er sie in seine eigenen Armeen, wo sie 1274 in der Schlacht bei Kadesch kämpften. In einem Papyrus aus dem Jahr 1189 v. Chr. prahlt Ramses II., er habe die in sein Land eingedrungenen Räuber vernichtet, räumt dann jedoch ein, dass er einen großen Teil von ihnen in seinen Militärstützpunkten angesiedelt hatte.[16] Ausgrabungsfunde belegen, dass einige Schardana in die Bucht von Akko verlegt wurden, wo sie im Auftrag des Pharaos die königliche Straße durch Kanaan sicherten. Sie waren Wilddiebe, die man zu Wildhütern gemacht hatte. Die Schardana-Krieger waren geschickt im Umgang mit Schwert und Speer; sie trugen auffällige Helme, die mit Hörnern versehen waren.[17] Während man kühne Schardana-Krieger willkommen hieß, begegnete man anderen Gruppen mit größerem Misstrauen. Die *apiru* oder *habiru* galten als lästige Wüstennomaden, die man gelegentlich als Söldner einsetzen konnte. Ihr Name ist möglicherweise mit dem Wort »Hebräer« verwandt, wurde aber nicht nur für einen einzigen kleinen semitischen Stamm verwendet.[18] Es kann kaum überraschen, dass ärmere Völkerschaften – Nomaden, Flüchtlinge, ins Exil Getriebene – sich vom Reichtum Ägyptens anziehen ließen und einen Anteil daran zu erlangen versuchten. Die Verzweiflung, mit der sie das taten, wurde noch verstärkt durch die Verschlechterung der wirtschaftlichen Bedingungen im spätbronzezeitlichen Mittelmeerraum. Es wäre eine Überraschung, wenn Kreter und Anatolier nicht nach neuem Land, neuer Beschäftigung und neuen Möglichkeiten Ausschau gehalten hätten.

Vom Ende des 13. bis zur Mitte des 12. Jahrhunderts v. Chr., als Troja VI und VIIa der Zerstörung anheimfielen, wurde Unterägypten aus vielen Richtungen von Feinden bedrängt. Die erste Bedrohung kam von Land her und ging von den Völkern im Westen aus. Zahlreiche Libu oder Libyer drängten im späten 13. Jahrhundert unter Führung ihres Königs Meryry ostwärts. Sie kamen mit ihren Familien, ihren Herden, ihrem Gold, ihrem Silber und ihrem Mobiliar. »Sie verbringen den Tag, indem sie das Land durchstreifen und kämpfen, um ihren Bauch täglich zu füllen; sie sind in das Land Ägypten gekommen, um Nahrung zu suchen für ihre Münder«, erklärte der Pharao Merenptah (auch Merneptah oder Meneptah) in einer langen Inschrift, die im Tempel in Karnak erhalten geblieben ist. Sie fielen gemeinsam mit ihren nordafrikanischen Verbündeten, den Meschwesch, und mit ausländischen Söldnern in das Land ein. Sie hatten es bis an den Rand des reichsten Landes der Erde geschafft und hatten die Absicht zu bleiben. Falls die Ägypter sie nicht willkommen hießen, würden sie mit Gewalt in deren Reich eindringen. Das konnte Merenptah nicht hinnehmen. Im April 1220 v. Chr. schlugen seine Truppen im westlichen Teil des Nildeltas eine lange und heftige Schlacht gegen die Libyer und deren Verbündete. Am Ende wurde König Meryry vollständig besiegt. Er floh zurück in seine Heimat, »allein, ohne eine Feder an seinem Kopf, seine Füße unbeschuht«. Merenptah behauptete, mehr als 6000 Libyer und mindestens halb so viele von deren Verbündeten getötet zu haben.[19] Doch das war nur der Anfang einer ganzen Reihe von Invasionen, bei denen es sich weniger um Raubzüge als um Einwanderungsversuche handelte. Innerhalb weniger Jahrzehnte drängten weitere Gruppen mit ihren Ochsenkarren heran, diesmal von Osten. Die Seevölker, die bei Historikern dieser Zeit so viel Aufmerksamkeit gefunden haben, waren nur ein Element einer größeren Wanderungsbewegung, an der mehr dauerhafte Migranten als Söldner und mehr Land- als Seevölker beteiligt waren.

Die Libyer wussten, bei wem sie Hilfe suchen konnten, und König Meryry sicherte sich die Dienste mehrerer ausländischer Kontingente aus den »Ländern des Meeres«, wie es in einer Inschrift heißt. Eine dieser Gruppen waren die Lukka, Anatolier, von denen sich der Name Lykien herleitet (obwohl das kein Beweis dafür ist, dass sie damals schon genau in dieser Region angesiedelt waren). Sie hatten bereits mindestens seit dem 14. Jahrhundert ihr Unwesen als Seeräuber und Soldaten getrieben. Auch einige Schardana und Angehörige anderer Gruppen befanden sich unter Meryrys Verbündeten. Die Ägypter behaupteten, sie hätten in der Schlacht mit Meryry 2201 Ekwesch, 722 Turscha und 200 Schekelesch getötet.[20] Merenptah war sich nun sicher, das Problem dieser Region gelöst zu haben, und erklärte, nicht nur das im Westen Richtung Libyen gelegene Territorium befriedet zu haben, sondern auch Länder und Völker im Osten. So heißt es in der Inschrift: »Israel ist verheert und hat keinen Samen« (die erste Erwähnung Israels in einem ägyptischen Dokument und nach Merenptahs Hoffnung auch die letzte). Sein kompromisslos herbeigeführter Friede umfasste auch das Land Kanaan, das er »mit jedem Übel geplündert« habe. Auch Aschkelon und Gezer hatte er eingenommen. Nun endlich, schrieb er,

> »können die Menschen furchtlos alle Wege gehen. Die Festungen stehen offen, und die Brunnen sind allen Reisenden zugänglich. Mauern und Zinnen schlafen friedlich im Sonnenschein, bis ihre Wächter erwachen. Die Polizei hat sich ausgestreckt und schläft. Die Wächter der Wüstengrenze sind auf den Wiesen, wie sie es lieben.«[21]

Offensichtlich hatte Merenptah einen fähigen Propagandisten eingestellt. Wir haben jedoch keinen Grund, seiner Prahlerei über einen allgemeinen Frieden zu glauben und ebenso wenig seiner Prahlerei in Bezug auf Israel. Welchen Frieden er auch geschaffen haben mochte, er währte nur sehr kurz. Dreißig Jahre später, 1182 v. Chr., sah Pharao Ramses III. sich mit einer neuen Invasion aus dem Westen konfrontiert, doch diesmal hatten die Libyer ihre nördlichen Verbündeten aus Übersee nicht anheuern können. Dennoch war die Invasionsarmee gewaltiger als zu Zeiten des Merenptah. Wenn die Ägypter 12 535 Feinde erschlugen, dürfte die libysche Armee weit über 30 000 Mann gezählt haben, und das ohne den Tross.[22] Ägyptische Reliefs zeigen einen Feldzug, bei dem einige Eindringlinge inzwischen Bestandteil der ägyptischen Armee waren. Man sieht Schardana mit ihren gehörnten Helmen; Soldaten mit einem gefiederten Kopfschmuck, der an Zeichnungen auf Kleinobjekten aus dem Zypern des 12. Jahrhunderts erinnert; mit Lendenschurz bekleidete Soldaten, deren Kleidung Ähnlichkeit mit der Kleidung von Schekelsch hat, wie sie auf andernorts gefundenen Bildwerken dargestellt ist.[23]

Es war, sofern wir Ramses Glauben schenken dürfen, ein großer Sieg. Doch der Frieden blieb eine Illusion. Die Völker im Norden machten um 1179 erneut mobil (und die Libyer griffen 1176 wieder an, wobei sie mehr als 2175 Meschwesch-Krieger verloren). Eine lange Inschrift am Tempel in Medinet Habu beschreibt das Geschehen aus ägyptischer Sicht. Bemerkenswert ist die Tatsache, dass die Unruhen sich nicht auf die ägyptische Mittelmeerküste beschränkten, sondern einen sehr viel größeren Raum betrafen:

> »Die Fremdländer schmiedeten ein Komplott auf ihren Inseln. Vertrieben und zerstreut durch die Schlacht waren die Länder alle auf einmal, angefangen bei Chatti, Kode, Karkemisch, Arzawa und Alasija [auf Zypern].«

Sie verwüsteten die Länder und sorgten dafür, dass sie waren, »als seien sie niemals entstanden«, und dann rückten sie von Syrien und Kanaan nach Ägypten vor.[24] Die Ägypter hatten recht mit ihrer Behauptung, dass diese Plage nicht nur sie selbst traf, sondern auch ihre Erbfeinde, die Hethiter, deren Landreich zu dieser Zeit zu zerfallen begann. Die Völker, die nach Ägypten eindrangen, waren Peleschet, Tjekker, Schekelesch, Danunäer und Weschesch, die sich zu diesem Zweck miteinander verbündeten. »Sie legten ihre Hand auf die Länder des ganzen Erdkreises.« Dieses Bild soll an die Heuschreckenplagen erinnern. Die Invasoren kamen sowohl von Land als auch von See her. Deshalb musste man ihnen an der Mittelmeerküste und an der Ostgrenze Ägyptens entgegentreten. Bei der Landschlacht standen die Ägypter und ihre Schardana-Hilfstruppen direkt den im hethitischen Stil bemannten Streitwagen gegenüber (das heißt, auf jedem Wagen befanden sich drei Krieger). Die Invasoren konnten auf beträchtliche Ressourcen zurückgreifen, darunter auch zahlreiche teure Pferde. Wie die Libyer hatten auch sie ihre Frauen und Kinder bei sich, die sie auf großen Ochsenkarren begleiteten.

Die von See her Angreifenden stießen auf Palisaden und brennende Scheiterhaufen. »Sie wurden an Land gezogen, eingekreist und zu Boden geworfen.«[25] Doch an anderen Stellen in den ägyptischen Darstellungen sieht man, wie die Invasoren in die Mündung der Flusskanäle eindringen, die sich durch das Delta zogen, und man sieht Kriegsschiffe, die in ägyptischen Diensten stehen und versuchen, die Angreifer an die Küste zurückzuwerfen und in Reichweite ägyptischer Bogenschützen zu treiben. Bei den ägyptischen Schiffen auf den Reliefs scheint es sich um umgebaute Flussschiffe zu handeln, während die der Invasoren denen der syrischen Händler ähneln. Alle Schiffe tragen Segel, obwohl sie wahrscheinlich neben Segeln auch auf Ruder angewiesen waren. Die Schiffe der Seevölker waren an Bug und Heck mit Vogelköpfen verziert, wie man sie auf einem mykenischen, von der Insel Sykros stammenden Krug erkennen kann. Ein Merkmal wird regelmäßig den Peleschet zugeschrieben, aber gelegentlich auch Danuäern, Tjekkern und Schekelesch: Außer den Lendenschurzen trugen die Peleschet Helme, auf denen sich so etwas wie ein Federkranz oder eine Federkrone befand. Die Stärke der Invasoren basierte – ungeachtet ihrer Niederlage in Ägypten – nicht auf ihren Seestreitkräften, sondern auf den Bodentruppen. Ihre Heere bestanden hauptsächlich aus Infanteriesoldaten, die mit Speer und Schwert kämpften, und diese Waffen waren auf dem Schlachtfeld wirkungsvoller als die teuren, aber oft zerbrechlichen Streitwagen der Hethiter und Ägypter. Die runden Schilde der Schardana eigneten sich gut für den Nahkampf. Die Invasoren besaßen noch keine Eisenwaffen, obwohl die Hethiter bereits begonnen hatten, in kleinen Mengen eiserne Gegenstände herzustellen. Was sie hatten, waren Disziplin, Entschlossenheit und scharfe Klingen. Ein Bild dieser Kämpfer findet sich auf einer spätmykenischen Vase, der sogenannten Kriegervase, die eine Gruppe Soldaten mit Speeren, Rundschilden, Beinschienen und Lendenschurzen zeigt, auf dem Kopf die für die Schardana und ihre Verbündeten typischen gehörnten Helme.[26] Es war ein kluger Schachzug des Pharaos gewesen, die Schardana in sein Heer aufzunehmen, denn so konnte er den Eindringlingen mit ähnlichen Waffen und Kampftaktiken entgegentreten.

Wenn es möglich wäre, die in den ägyptischen Inschriften und Papyri erwähnten Völker zu identifizieren, könnten wir uns eine sehr viel klarere Vorstellung von den Wirren im Mittelmeerraum machen. Moderne Skeptiker scheuen vor jedem Versuch zurück, die in den Dokumenten genannten Völker zu identifizieren, weil sie der Ansicht sind, dass ein paar Konsonanten (wie bei den Ahhiyawa in den hethitischen Dokumenten) keine ausreichenden Belege darstellen und in jedem Fall Namen noch leichter zu wandern vermögen als Völker.[27] Doch die Zahl der Ähnlichkeiten zwischen den Namen in den ägyptischen Aufzeichnungen und denen bei Homer, in der Bibel oder in anderen späteren Quellen ist zu groß, als dass es sich um bloße Zufälle handeln könnte. Ein oder zwei Ähnlichkeiten mögen Zufall sein, aber mehr als ein halbes Dutzend sind ein Beweis. Die Danunäer erinnern an die *Danawoi* (*Danaoi*, Danaer), ein Ausdruck, den Homer gelegentlich für die vor Troja lagernden Griechen verwendete. Sie erinnern auch an die Daniter, ein Seevolk, das nach dem Buch Josua und dem Buch der Richter in der Nähe von Jaffa lebte und sich offenbar nach den übrigen elf Stämmen dem Bund Israels anschloss.[28] Diese Völker zerstreuten sich. Im 9. Jahrhundert v. Chr. gab es in Karatepe in der Südtürkei einen »König der Dannuniyim«.[29] In ägyptischen Inschriften sind wir bereits den D-r-d-n-y, den Dardanern, begegnet. Die Tjekker klingen ähnlich wie die Teukrer, anatolische Nachbarn der Dardaner, die zum Teil an der nördlichen Küste des heutigen Israel siedelten, wo Wenamun ihnen begegnete. Manche Wissenschaftler verorten aufgrund solcher Ähnlichkeiten Meryrys Verbündete, die Schekelesch, in Sizilien, die Ekwesch in Ahhiyawa, womit sie Mykener wären, und die Turscha (T-r-s-w) in der Toskana, wobei sie deren Identität mit den *Tyrsenoi* oder Etruskern fünf Jahrhunderte später unterstellen. Diese Namen bezeichneten Völker, Stämme oder Herkunftsgebiete, doch bei der Übertragung in Hieroglyphen verloren sie ihre Vokale und lassen sich deshalb nur schwer rekonstruieren.[30] Insgesamt gewinnt man den Eindruck, der östliche Mittelmeerraum sei um 1200 v. Chr. von einer fließenden und instabilen Allianz aus Seeräubern und Söldnern heimgesucht worden, die sich gelegentlich zu Kriegsflotten und Armeen zusammenschlossen, groß genug, um Zentren wie Pylos und Ugarit zu plündern und vielleicht sogar einen Feldzug gegen Troja zu unternehmen, der zum Untergang von Troja VIIa führte. Gelegentlich griffen sie offenbar sogar ihre eigenen Heimatländer an, aus denen so mancher Heros (nach späteren griechischen Legenden zu urteilen) ins Exil getrieben worden war. Manchmal führte die Plünderung ihrer Heimatländer zum Exodus von Kriegern, die ihr Vermögen zurückzugewinnen versuchten, indem sie Zypern, Ugarit und sogar das Nildelta angriffen. Darunter befand sich möglicherweise auch das Volk von Taruisa, dem Gebiet, das nahe bei Wilusa lag oder damit identisch war. Dies – und nicht die Verbindung mit den späteren Etruskern – wäre die beste Erklärung für den Namen Turscha. Anders gesagt, die Trojaner gehörten zu den Seevölkern und waren zugleich deren Opfer.

III

Ägypten wehrte sich erfolgreich gegen die Eroberung, doch der Pharao verlor die Kontrolle über das Nildelta, das im 11. Jahrhundert v. Chr., wie man aus Wenamuns Reisebericht ersieht, von autonomen Herrschern regiert wurde, die gegenüber ihren Oberherren in Oberägypten nur Lippenbekenntnisse ablegten. Weiter nördlich führten die Ereignisse um 1200 nicht sogleich zu einem vollständigen Zusammenbruch der mykenischen Kultur, wohl aber zu gewaltigen politischen Schäden, sofern denn die griechischen Legenden irgendeine reale Grundlage besitzen. Tatsächlich gab es Orte, die der Zerstörung entgingen. Der wichtigste davon war Athen. Obwohl Athen in mykenischer Zeit nicht zu den erstrangigen Städten gehörte, war die Akropolis immer noch bewohnt, und auf dem Kerameikos-Friedhof unterhalb des Berges wurden immer noch Menschen bestattet. Möglicherweise entging die Stadt wegen ihres natürlichen Schutzes der Zerstörung – nicht nur wegen der steilen, von »zyklopischen« Mauern überragten Abhänge des Burgbergs, sondern auch wegen der Wasserversorgung, die es der Stadt ermöglichte, einer langen Belagerung standzuhalten.[31] Selbst Mykene war nach der Zerstörung der größeren Gebäude noch eine Zeitlang bewohnt. In Nordgriechenland, in Thessalien, und auf einigen Inseln der Ägäis blieb die Lage friedlich. Rhodos lag im Zentrum einer Handelsroute, auf der qualitativ hochwertige Keramik der »späthelladischen Phase IIIc« von den Dodekanes nach Griechenland, Süditalien und Syrien gelangte. Traditionelle Muster wie das Oktopusmotiv waren immer noch sehr beliebt. Emborio auf Chios florierte als ein Zentrum des mykenischen Handels. Auch in Troja zeigte sich eine ähnliche Entwicklung. Nach der Zerstörung von Troja VIIa entstand eine neue, wenn auch weniger prachtvolle Stadt.

Die Tatsache, dass eine Region in Nordgriechenland von der Zerstörung verschont blieb, legt den Verdacht nahe, dass die Gruppen, die die großen Zentren angriffen, von Süden her übers Meer kamen, während die Tatsache, dass nicht alle Inseln betroffen waren, eher für eine Invasion aus dem Norden spricht. Die griechische Überlieferung verzeichnet es als bemerkenswert, dass Athen angesichts einer aus dem Norden kommenden Invasion durch dorische Griechen überlebte. Da die Dorer angeblich die Vorfahren ihrer spartanischen Rivalen waren, betonten die Athener diese Annahme stärker, als dies auf Grundlage der archäologischen Funde zulässig wäre. Die führende Autorität bezüglich des Endes des mykenischen Zeitalters schrieb dazu: »In diesem Fall sollte es jedoch nicht nur Belege für eine Invasion, sondern auch für Invasoren geben.«[32] Er fand lediglich zwei Innovationen: das Hieb-und-Stich-Schwert und eine Art Sicherheitsnadel mit gebogener Vorderseite, die als Drahtbügelfibel bezeichnet wird. Die These, dass neue Schwerter in den östlichen Mittelmeerraum gelangt seien, mag den Erfolg der Angriffe auf Troja, Mykene oder die syrischen Küstenstädte erklären, doch ist dies kein Beweis für eine massive Invasion, und die Mykener verfügten über dieselben Schwerter. Und was die Gestaltung der Fibeln anging, kam es im mittleren und östlichen Mittelmeerraum in dieser Zeit zu ähnlichen Veränderungen, die wohl Ausdruck eines veränderten Geschmacks oder vielleicht auch größerer handwerklicher Fähigkeiten waren und sich auch im Westen bis hin nach Sizilien fanden. Dennoch scheinen die sprachlichen Befunde klar genug zu sein. Der dorisch-griechische Dialekt drang auf die Peloponnes vor. Zur selben Zeit ließen sich Flüchtlinge aus dem mykenischen Griechenland auf Zypern nieder. Damit gab es auf der Insel erstmals eine größere griechische Bevölkerung, und sie brachte ihren Dialekt mit (der ansonsten nur im entlegenen Arkadien überlebte). Die sprachlichen Befunde werden in diesem Fall von den archäologischen Funden bestätigt, denn diese Menschen brachten die Keramikstile der Region um Mykene mit, an denen sie noch lange festhielten, sowie eine Vorliebe für Kammergräber *à la grecque*.[33]

Doch die alte Kultur war im Wandel begriffen. Die Funde sind nicht leicht zu interpretieren, und man kann darüber streiten, ob der Übergang von Familiengräbern zu Einzel- oder Doppelgräbern, die mit Platten ausgekleidet waren (»Plattengräber«), von einer veränderten Bevölkerung, einem Wechsel der Mode oder einem Mangel an Ressourcen zeugt, der es unmöglich machte, Menschen zu finden, die ein Familienmausoleum bauen konnten. Dass alte handwerkliche Fähigkeiten verlorengingen, zeigt sich auch an der Keramik, die von den Archäologen herabsetzend als »submykenisch« klassifiziert wird. Auch die mykenische Kultur in der Ägäis war davon betroffen. Schon vor dem Jahr 1000 waren die Handelszentren Milet und Emborio zerstört worden, die Menge der im östlichen Mittelmeerraum transportierten Güter ging deutlich zurück, und das, was noch transportiert wurde, war den ständigen Angriffen von Piraten ausgesetzt, die in der späteren griechischen Tradition als »Tyrsener« bezeichnet wurden. Obwohl die Aufmerksamkeit hinsichtlich dieses entscheidenden Augenblicks sich natürlich auf das östliche Mittelmeer konzentriert, gibt es doch auch Hinweise auf eine Kluft im mittleren Mittelmeerraum. In Sizilien begann Mitte des 13. Jahrhunderts v. Chr. »eine Zeit des Krieges und der Angst«. Doch die Bedrohung ging vom italienischen Festland aus und nicht von fernen Seevölkern.[34] Nach den Funden späthelladischer Keramik in Sizilien zu urteilen, begannen die Kontakte zu Griechenland um 1200 abzunehmen und dürften um 1050 v. Chr. ihr vollständiges Ende gefunden haben.[35]

Als die auf dem Landweg erfolgende Einwanderung nach Südgriechenland begann, geschah dies nicht so koordiniert wie bei den Einfällen nach Ägypten. Es handelte sich wahrscheinlich nicht einmal um Invasionen im Sinne einer bewaffneten Eroberung, sondern eher um ein langsames, aber stetiges Einsickern von Nordgriechen, die im Gebiet des heutigen Epirus und Albanien lebten. Sie bestätigten und bestärkten einen Trend hin zu einer schlichteren, elementareren Lebensweise. Doch diese Lebensweise schwächte ganz beträchtlich die Rolle der griechischen Gebiete im noch verbliebenen Mittelmeerhandel. Dennoch gab es weiterhin Kontakte. Im 11. Jahrhundert v. Chr. schickte Athen, das nun die wichtigste Produktionsstätte für Keramik im linearen »protogeometrischen« Stil war, seine Erzeugnisse in die gesamte Ägäis, und man hat diese stilistisch und technisch teils hochentwickelte Keramik sowohl im inzwischen zurückeroberten Milet als auch in der Neugründung Alt-Smyrna gefunden. Diese Funde sprechen dafür, dass die Griechen begannen, ein Handelsnetz wiederaufzubauen, das Kleinasien über das Meer hinweg mit dem griechischen Festland verband und aus dem im 8. Jahrhundert die dynamische Zivilisation Griechisch-Ioniens hervorging.

IV

Ein gegen Ende des 19. Jahrhunderts entdeckter Papyrus, der als Onomastikon des Amenhotep bezeichnet wird, verortet die Peleschet im Süden Palästinas, die Tjekker in der Mitte (von Wenamun bestätigt) und die Schardana im Norden, was gut zu den archäologischen Funden passt. In Akko lebten Seevölker, und Akko war möglicherweise einer der von den Ägyptern eingerichteten und mit Söldnern besetzten Stützpunkte.[36] Die Beziehung der Söldnergruppen zu dieser Region war so eng, dass eine von ihnen, die Peleschet, dem Gebiet sogar ihren Namen lieh. Das Wort *Peleschet* bedeutet – wie das von den äthiopischen Juden benutzte äthiopisch-semitische Wort *Falascha* – »Fremder« oder »Wanderer«. Daraus wurden im biblischen Hebräisch die *Pelischtim*, und im Griechischen wurde aus ihrem Land *Palaistina*. Daher die Ausdrücke »Philister« und »Palästina«. Auch zu dem Wort »Pelasger« – (ein äußerst vager Ausdruck, den spätere griechische Autoren für eine Reihe vorgriechischer Völker in der Ägäis verwendeten, von denen einige auf Kreta gelebt haben sollen) lässt sich eine Verbindung herstellen – Fremde oder Wanderer, wie der semitische Ausdruck dies nahelegt. Mit den Mitteln der Archäologie kann man die Philister noch genauer identifizieren. Die Keramik des 12. und 11. Jahrhunderts v. Chr., die man an Ausgrabungsstätten wie dem im heutigen Israel gelegenen Aschdod gefunden hat, besitzt stilistische Ähnlichkeiten mit der späthelladischen Keramik der mykenischen Welt. Die engsten Parallelen fand man auf Zypern, obwohl das nicht ihre ursprüngliche Herkunft beweist, da Zypern wiederholt von Seevölkern angegriffen und von Mykenern besiedelt wurde.[37] Das spricht für eine langsame Wanderung, die um 1300 begonnen haben dürfte und von dramatischen Zerstörungsphasen unterbrochen wurde. Wenn den wandernden Völkern die Ansiedlung verwehrt wurde, konnten sie zu den Waffen greifen, wie der Pharao erfahren musste. Waren sie dagegen willkommen oder wurden sie gar von den Ägyptern besiegt, konnten sie sich in dem Land niederlassen, und viele dienten sogar neben den Schardana in den Armeen des Pharaos.

Das bevorzugte Siedlungsgebiet der Philister wurde die Küstenregion nördlich von Gaza. Ihre wichtigsten Städte waren Gaza, Ekron, Aschkelon und Aschdod. »Protophilister« kamen nach Aschdod und brachten Techniken und Stile der mykenischen Keramik mit (ihre mykenisch wirkenden Krüge waren nicht bedeutsam, wurden aber *in situ* aus einheimischem Ton gefertigt). Philister (und Zyprioten) hielten am längsten an den traditionellen Formen und Mustern der mykenischen Welt fest, als diese innerhalb Griechenlands bereits einfacheren und schematischeren

Mustern gewichen waren. Eine beliebte Verzierung, die sich auf Töpferwaren aus Gezer in Israel, aus Tell Aytun in der Westbank und aus anderen Ausgrabungsstätten fand, zeigt einen Vogel mit langem Hals, der gelegentlich den Kopf nach hinten gedreht hat. Zuweilen wird diese Zeichnung mit feinen Schraffuren, dünnen roten Streifen oder anderen Mustern kombiniert.[38] Ihre Keramik und ihre außergewöhnlich anthropomorphen Tonsärge, die man im Gazastreifen fand, zeigen auch Einflüsse der ägyptischen Kunst. Doch die mykenischen Einflüsse stehen eindeutig im Vordergrund und verraten ihre ursprüngliche Herkunft.

Die im mykenischen Stil selbsthergestellte Keramik belegt, dass es sich bei den von See her einfallenden Eindringlingen nicht einfach um Soldaten oder Piraten handelte. Wir haben es mit einer größeren Wanderungsbewegung zu tun, bei der ganze Familien und neben den Kriegern auch Töpfer ins Land kamen. Die Philistersiedlung in Tell Qasile im heutigen Tel Aviv wurde zu einem Handelszentrum für landwirtschaftliche Erzeugnisse wie Wein und Öl. Die Ankunft der Philister führte nicht zu einem Aufschwung der Handelsbeziehungen mit der Ägäis, sondern hatte den gegenteiligen Effekt, da Handelsstädte zerstört wurden und die alte Lebensweise an der Küste Kanaans ein Ende fand. Der Handel mit Nahrungsmitteln blieb erhalten, da der Mangel in einer Region durch Überschüsse in anderen ausgeglichen wurde, doch der Luxushandel aus der Blütezeit der mykenischen Zivilisation schrumpfte, und es gab keine großen Paläste mehr, denen reisende Kaufleute ihre Prestigegüter verkaufen konnten.

Die Philister kamen aus der griechischen Welt.[39] Sie waren Verwandte des Agamemnon und des Odysseus und sprachen bei ihrer Ankunft griechisch oder möglicherweise auch luwisch. Einige Siegel tragen Ritzmarken, die Ähnlichkeit mit Zeichen der Silbenschriften Linear A oder B besitzen. Der in der Bibel durchgängig zu findende Hinweis, die Philister seien aus Kaphtor (Kreta) gekommen, geht eindeutig auf lokale Überlieferungen zurück. Jeremia sagt von den Philistern, sie seien »der Rest der Insel Kaphtor«. König David tötete den riesenhaften Philister Goliath. Dessen Waffen beschreibt die Bibel ganz ähnlich wie die der zeitgenössischen Griechen, die etwa auf der Kriegervase aus Mykene dargestellt sind.[40] Nachdem David eine Zeitlang im Exil bei den

Philistern gelebt hatte, beschäftigte er später in seiner Leibwache ganz offensichtlich Kreter (»Kereter«).

Als die Philister sich in Palästina niedergelassen hatten, gaben sie ihre seemännische Vergangenheit auf, wandten sich der Landwirtschaft und dem Handwerk zu und übernahmen rasch die semitische Sprache und kanaanitische Götter. Ursprünglich hatten sie ihre eigenen Götter und Göttinnen mitgebracht. In Aschdod fand man kleine bemalte Figurinen mit erhobenen Armen, die wahrscheinlich eine ägäische Erdgöttin darstellen und Ähnlichkeit mit Tonidolen aus der mykenischen Welt besitzen.[41] Innerhalb von Ekron bauten sie Kultanlagen mit Herden im ägäischen Stil, die sich in Bau und Gestaltung nach und nach in kanaanitische Tempel verwandelten.[42] Dort fand man Messer mit Eisenklingen für rituelle Zwecke. Die Bibel berichtet, dass sie das Eisen sich selbst vorbehielten, so dass die Israeliten keinen Zugang dazu hatten, wobei es sich allerdings hauptsächlich um kostbare Gegenstände wie eiserne Armbänder handelte, die damals der letzte Schrei waren. Die Philister waren nicht einfach nur Plünderer und Zerstörer. Sie schufen an der Küste Palästinas eine lebendige, städtisch geprägte Zivilisation, die sich noch lange das Gepräge ihrer mykenischen Ursprünge bewahrte. Die Philister zeigen, wie eine Gruppe von Söldnern und Siedlern sich des Landes einer anderen Völkerschaft bemächtigen konnte, kulturell aber auf sehr lange Sicht von den ursprünglichen Bewohnern besiegt und in die einheimische semitisch-kanaanitische Kultur integriert wurde. Sie wandten sich vom Meer ab und dem Landesinneren zu, wo sie sich im südkanaanitischen Hügelland an Orten wie Ekron niederließen, das für seine Olivenölpressen berühmt wurde. Und dort gerieten sie in Konflikt mit den Kindern Israels.

V

Der Hinweis auf Israel bringt uns zu der Frage, ob es vielleicht nicht die Philister, sondern die Israeliten waren, die in den Wirren der Späten Bronzezeit auf die Wanderschaft getrieben wurden. Gott fragte durch seinen Propheten Amos: »Habe ich nicht Israel aus dem Lande Ägypten herausgeführt und die Philister aus Kaphtor […]?«[43] Forscher, die den Auszug der Israeliten für ein historisches Ereignis halten, datieren ihn meist auf die Zeit zwischen 1400 und 1150 v. Chr. Viele Details des biblischen Berichts über die Ankunft der Kinder Israels in Ägypten (wie auch des Auszugs aus diesem Land) passen zu Darstellungen anderer Quellen – die Ankunft semitischer Reisender auf der Suche nach Nahrungsmittellieferungen und die gelegentliche Anwesenheit semitischer Wesire am Hof des Pharaos, die durchaus Ähnlichkeiten mit Joseph aufweisen. Das große, Moses zugeschriebene Lied auf das Meer, geschaffen, nachdem die Streitwagen im Schlamm des Roten Meeres stecken geblieben waren, ist eindeutig sehr alt und spricht von einer Form der Kriegführung mit Streitwagen, die in die Zeit der Seevölker passt.[44] Erwähnt wird auch die Anwesenheit nomadischer *apiru* oder *habiru* in den östlich von Ägypten gelegenen Gebieten, und möglicherweise waren sie am Untergang von Ugarit beteiligt. Es ist vorstellbar, dass der König von Ugarit sie in einem seiner verzweifelten letzten Briefe erwähnte. Es gab in Ägypten unterworfene und gelegentlich auch in die Kriegsgefangenschaft geführte Völkerschaften, und das erinnert an die lange Zeit der Knechtschaft, die die Israeliten angeblich in Ägypten erdulden mussten. Ein vorsichtigerer Ansatz suchte nach Analogien mit der Art und Weise, wie Homer auf Merkmale einer Gesellschaft zurückgriff, die mehrere hundert Jahre vor ihm existiert hatte. Es wäre durchaus möglich, dass mündliche Geschichten, Überlieferungen und Materialien aus den Aufzeichnungen benachbarter Völker die frühen Israeliten in die Lage versetzten, ein so detailliertes und bewegendes Bild ihres langen Aufenthalts in Ägypten und ihrer dramatischen Flucht vor den Streitwagen des Pharaos zu zeichnen. Außerdem gibt es gute Gründe für die Annahme, dass die in diesem Kapitel beschriebenen großen Wanderungsbewegungen viele kleinere Bewegungen auslösten, darunter auch die Auswanderung einiger semitischer Stämme aus Ägypten, die in den Archiven des Nahen Ostens unbemerkt blieben (mit Ausnahme des kurzen Hinweises bei Merenptah). Die Israeliten waren *apiru*-Nomaden, die eine Zeitlang zu ihrem Nomadenleben zurückkehrten, das Joch des Pharaos abwarfen und sich stattdessen ihrem eigenen Gott unterwarfen.

Als die Kinder Israels nach Kanaan kamen, zerstörten sie ganz sicher nicht Jericho und Aï, die schon viele Jahrhunderte zuvor untergegangen waren, sondern ließen sich mit ihren Schafen und Ziegen (aber ohne Schweine) in Dörfern nieder und schlossen miteinander und unter ihrem eigenen Gott einen Bund, in den sie auch andere Stämme und Völker wie die Daniter aufnahmen.[45] Wie die Philister echte Kanaaniter wurden und Dagon sowie die Götter anderer einheimischer Völker anbeteten, so wurden die Daniter Hebräer und verehrten den Gott Israels. Die Kontakte der Israeliten zum Mittelmeer waren um diese Zeit nur schwach ausgebildet – abgesehen vom Stamm Dan und von den wachsenden Spannungen mit den aus Kaphtor gekommenen Philistern, die am Rande desselben Stückchens Land lebten. Als die Philister den Boden zu bebauen begannen und sich mit der einheimischen kanaanitischen Bevölkerung mischten, versuchten sie die Herrschaft über weiter im Inland gelegene Gebiete zu erlangen und stießen dabei direkt mit den Israeliten zusammen. Wenn die biblischen Quellen stimmen, erreichte der Konflikt seinen Höhepunkt um 1000 v. Chr. Nachdem König Saul und sein Sohn in einer blutigen Schlacht mit den Philistern gefallen waren, übernahm David, der eine Weile bei diesem Gegner gelebt hatte, die Aufgabe, die Macht der Philister zu brechen, und er benutzte die gerade erst eroberte Festung Jerusalem als Basis, von der aus er angeblich die gesamte Region beherrschte. Trotz dieser wachsenden militärischen Erfolge finden sich in den israelischen Ausgrabungsstätten aus dem 11. Jahrhundert nur wenige Hinweise auf Luxus, und der Handel mit den Mittelmeerländern war nur gering entwickelt. Dennoch müssen wir die Israeliten im Auge behalten, da sie auf lange Sicht beträchtlichen Einfluss auf die Geschichte der Mittelmeervölker nehmen sollten. Die Bibel vermittelt den Eindruck, dass es damals im östlichen Mittelmeerraum zahlreiche ruhelose Stämme und Völker gegeben habe. Niemand stand lange still in den Ländern, in denen Asien und Afrika aneinanderstoßen.

Die Seevölker kamen möglicherweise nicht alle von See her, und der Umfang ihrer Wanderungen war vielleicht nicht ganz so groß, wie die ägyptischen Chronisten ihre Leser glauben machen wollten. Aber das sollte uns nicht dazu verleiten, die Wirkung der Seevölker zu unterschätzen, und auch nicht die der Landvölker, die offenbar ebenso aktiv waren. Die Katastrophen, zu denen es in dieser Zeit kam, waren Symptome einer bereits im Zerfall befindlichen Welt. Zum politischen Chaos kamen ökonomische Krisen hinzu, die sich teilweise in Gestalt schlimmer Hungersnöte bemerkbar machten. Ein kurzer Hinweis auf die Pest in der biblischen Darstellung des Kriegs gegen die Philister könnte darauf hindeuten, dass einer der Gründe für die Wirren in der Ausbreitung der Beulenpest oder einer ähnlichen Seuche bestand und dass wir die Wurzeln der Katastrophe an denselben Orten suchen sollten wie die der großen Pestepidemie in der Regierungszeit Justinians und des Schwarzen Todes im 14. Jahrhundert n. Chr. In diesem Falle wäre es nicht verwunderlich, wenn der ganze östliche Mittelmeerraum damals gleichzeitig betroffen gewesen wäre. Aber das wäre für eine Zeit, zu der vieles nur Spekulation ist, vielleicht doch eine spekulative Annahme zuviel. Man hat das Ende der Bronzezeit im östlichen Mittelmeerraum als »einen der fürchterlichsten Wendepunkte in der Geschichte« bezeichnet, verheerender noch als der Untergang des Römischen Reiches und »wahrscheinlich die schlimmste Katastrophe in der Geschichte des Altertums«.[46] Das Mittelmeer des Ersten Mediterranen Zeitalters, das sich von Sizilien bis nach Kanaan und vom Nildelta bis nach Troja erstreckte, war in kurzer Zeit zerfallen, und sein Umbau in ein Handelsmeer, der von der Straße von Gibraltar bis zum Libanon reichte, benötigte mehrere Jahrhunderte.

TEIL II

Das Zweite Mediterrane Zeitalter

1000 v. Chr. bis 600 n. Chr.

KAPITEL 1

Die Purpurhändler

1000 bis 700 v. Chr.

I

Von den Katastrophen des 12. Jahrhunderts erholte die Region sich nur langsam. Es ist unklar, wie tief die Rezession in der Ägäis reichte, aber vieles ging verloren. Die Kunst des Schreibens verschwand, außer bei den griechischen Flüchtlingen auf Zypern; die eigenwilligen lebhaften Stile der minoischen und mykenischen Keramik verschwanden, wiederum außer auf Zypern; die Paläste verfielen. Das Dunkle Zeitalter beschränkte sich nicht auf die Ägäis. Selbst weit im Westen, auf den Liparischen Inseln, finden sich Hinweise auf Unruhen, denn im 13. Jahrhundert v. Chr. fegte eine Welle der Zerstörung durch Sizilien und setzte der alten Ordnung ein Ende. Die Einwohner von Lipari konnten sich ein gewisses Maß an Wohlstand nur durch den Bau starker Festungsanlagen erhalten.[1] Die Macht des Pharaos ging zurück. Nicht innere Stärke bewahrte das Land am Nil vor weiteren Verwüstungen, sondern das Ausbleiben weiterer Raubzüge, da die Plünderer sich in anderen Ländern niederließen.

Im 8. Jahrhundert v. Chr. entstanden neue Handelsnetze und brachten die Kultur des Ostens in so weit westlich gelegene Regionen wie Etrurien und Südspanien. Erstaunlich an diesen neuen Handelsnetzen ist die Tatsache, dass sie nicht im Zuge einer imperialen Expansion geschaffen wurden (wie es in Westasien unter der respekteinflößenden Führung der Assyrer geschah). Ihre Urheber waren Händlergemeinschaften: Griechen, die sich – wissentlich oder unwissentlich im Gefolge ihrer mykenischen Vorgänger – auf den Weg nach Sizilien und Italien machten; etruskische Piraten und Kaufleute, die aus einer Region

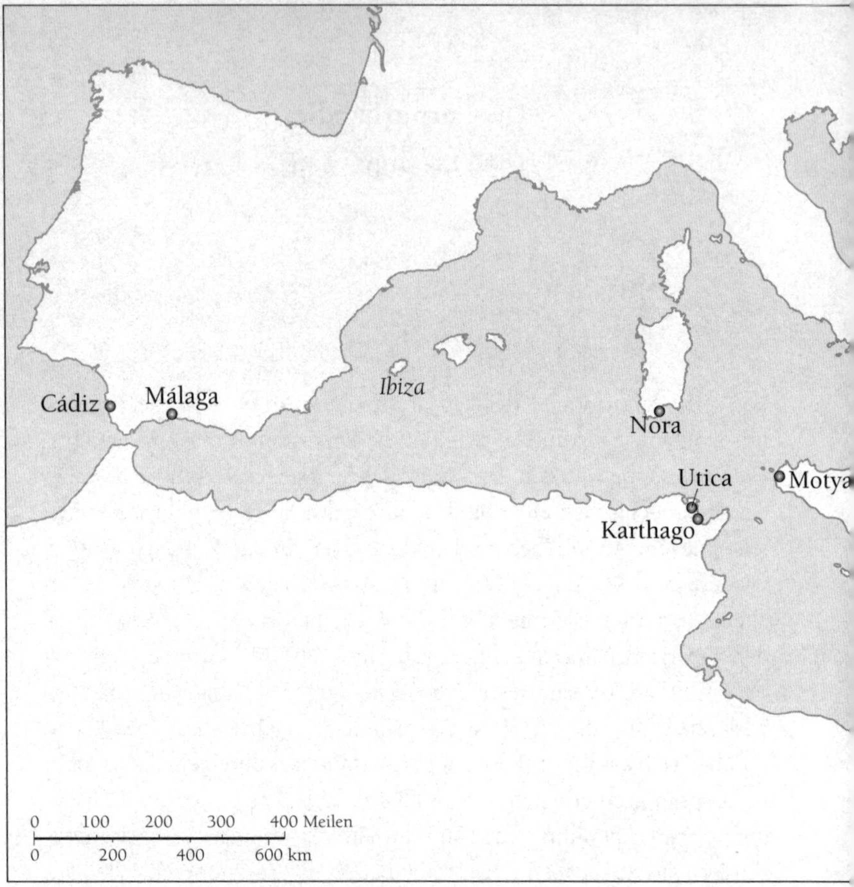

kamen, in der erst jetzt Städte entstanden; und am frühesten von allen jene kanaanitischen Kaufleute im Libanon, die von den Griechen *Phoinikes*, Phönizier, genannt wurden und die Homer wegen ihres Geschäftssinns und ihres Profitstrebens verachtete.[2] Damit beginnt die lange Geschichte der Verachtung für Händler und Kaufleute. Der Name der Phönizier verweist auf den aus der Purpurschnecke gewonnenen Farbstoff, der das teuerste Erzeugnis der kanaanitischen Küste bildete. Die Griechen sahen in den Phöniziern jedoch auch die Erfinder des Alphabets, das zur Grundlage ihrer neuen Schrift wurde. Außerdem lie-

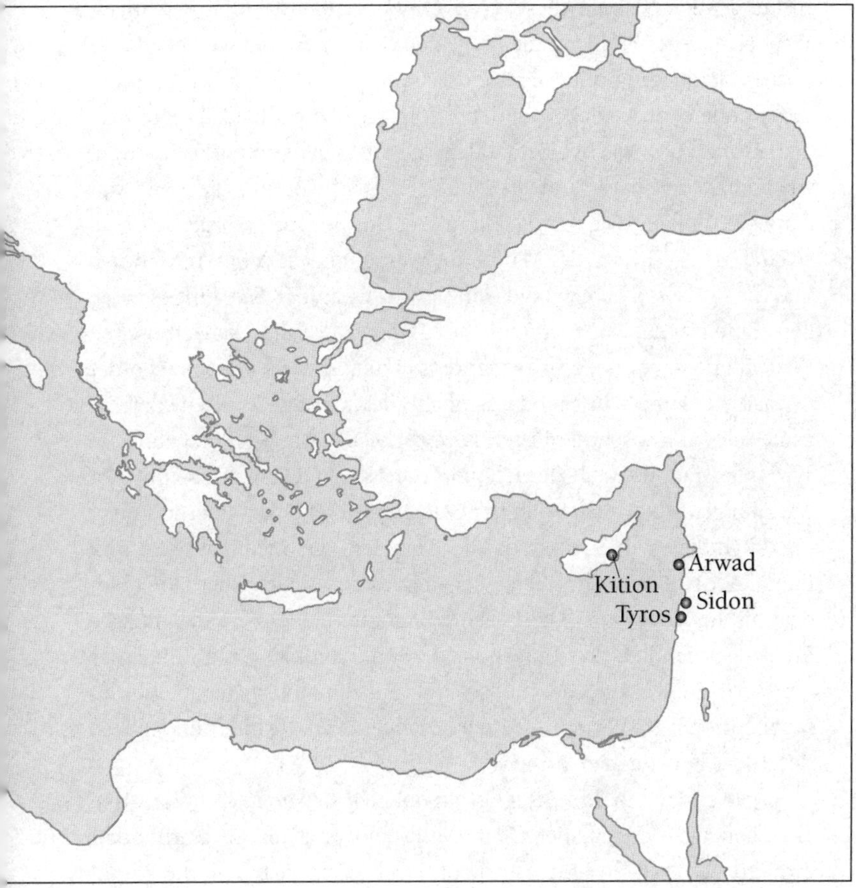

ferten die Phönizier die künstlerischen Vorbilder, die in einer Zeit großer schöpferischer Gärung die Kunst des archaischen Griechenland und Italien verwandelte.

Obwohl die Städte an der libanesischen Küste eine gemeinsame Kultur besaßen und Seite an Seite Handel trieben, fühlten sie sich nur begrenzt als Einheit. Ihre Sphäre »wurde nicht durch das Territorium, sondern durch den Seehandel bestimmt«.[3] Dennoch hat es sich bei den Archäologen eingebürgert, die Bewohner der levantinischen Küstenregion bis zum Jahr 1000 v. Chr. als Kanaaniter und danach als Phönizier zu bezeichnen.[4] Hinter dieser Konvention verbirgt sich ein wichtiges, aber schwieriges Problem, die Frage nämlich, wann und wie die phönizischen Städte zu großen Zentren des Mittelmeerhandels wurden und insbesondere, ob sie dabei auf den Erfolgen früherer Handelszentren an der Levanteküste wie Byblos und Ugarit aufbauen konnten.[5] Ugarit war, wie bereits angemerkt, um 1190 v. Chr. zerstört worden. Die Küste war dann von Völkern wie den Tjekkern von Dor besiedelt worden. Es kam zweifellos zu Wirren. Alte Märkte im Westen gingen verloren, als Kreta und die Ägäis von den Handelskarten verschwanden. Seeräuber setzten den Händlern zu. Doch wesentliche Momente der alten kanaanitischen Welt überlebten, einige in bemerkenswerter Stärke.[6] Die Sprache der Kanaaniter wurde zur Standardsprache der Menschen, die in der Levante lebten: ägäische Philister, hebräische Bauern, Stadtbewohner in Tyros und Sidon. Auch die Religion der Kanaaniter wurde – mit Abwandlungen – von allen Völkern der Region außer einem übernommen, und auch dieses eine Volk – das der Hebräer – fiel nicht ganz aus dem Rahmen, denn seine Propheten schalten es wegen der Übernahme kanaanitischer Praktiken. Die Israeliten kannten auch die kanaanitische Praxis, gelegentlich den erstgeborenen Sohn zu opfern, ein Ritual, das den Zorn und Abscheu der biblischen Propheten und später auch römischer Autoren hervorrief: »Du darfst keines deiner Kinder für Molech durch das Feuer gehen lassen.«[7]

So gab es denn in dieser Region ein höheres Maß an Kontinuität als in Griechenland oder Sizilien. Der Wohlstand ging im 11. Jahrhundert zwar zurück, verschwand aber nicht. Doch wenn man sagt, die Phönizier hätten im Handel des 10. Jahrhunderts v. Chr. eine bedeutende Rolle gespielt, so heißt das noch nicht, dass sie den Seehandel beherrschten. Sie nutzten auch andere Wege, und es war für sie kommerziell sicher sinnvoller, ihren Purpurfarbstoff an die reichen, militärisch unschlagbaren Assyrer zu verkaufen als an verarmte Völkerschaften in Übersee.[8] Das war allerdings nicht das Bild, das die Griechen sich von den frühen Phöniziern machten. Klassische Autoren waren der Überzeugung, dass Tyros wenige Jahre vor dem Untergang Trojas 1191 v. Chr. gegründet worden war. Doch Tyros ist eine weitaus ältere Stadt, und der König von Tyros, Abi Milki, war – nach der Korrespondenz mit dem ägyptischen Pharao zu urteilen – bereits im 14. Jahrhundert eine bedeutende Gestalt. Die Römer behaupteten, die Phönizier hätten schon ein Jahrhundert nach der angeblichen Gründung von Tyros weit im Westen Siedlungen gegründet: Cádiz im Jahr 1104 v. Chr. und um dieselbe Zeit auch Utica und Lixus in Nordafrika. Das scheint dafür zu sprechen, dass die Phönizier dem Beginn des Dunklen Zeitalters die Stirn boten und ein Netz von Handelsbeziehungen aufbauten. Daran erinnern biblische Hinweise auf ein weit im Westen gelegenes Land namens Tarschisch, das ganz ähnlich klingt wie das klassischen Schriftstellern bekannte Tartessos. Zwar erwähnen mehrere römische Autoren die sehr frühe Gründung von Cádiz, aber sie wiederholten damit nur die Ansichten des Historikers Velleius Paterculus, der als Zeitgenosse des Kaisers Augustus tausend Jahre nach dem angeblichen Ereignis lebte. Derart frühe Daten finden keine Bestätigung in den archäologischen Funden. Selbst in Phönizien gibt es nur erstaunlich spärliche Funde aus dem 11. oder 10. Jahrhundert – zum Teil deshalb, weil es sehr schwierig ist, in den dichtbesiedelten Städten des modernen Libanon Ausgrabungen vorzunehmen, aber zum Teil auch, weil die Städte der Levante unter den Einfällen der Seevölker sehr zu leiden hatten.

Die Bibel streicht schon für das 10. Jahrhundert v. Chr. die Macht und den Reichtum des Königs von Tyros heraus. Im Buch der Könige gipfelt das Bündnis zwischen Hiram, dem König von Tyros, und Salomon, dem König Israels (der um 960 den Thron bestieg), in einem Vertrag, der Tyros die Lieferung von Getreide und Öl zusicherte. Im Gegenzug lieferte Tyros Holz und Handwerker für den Bau des Tempels in der neuen israelitischen Hauptstadt Jerusalem.[9] Die biblische Beschreibung des Tempels bietet eine unübertroffene Darstellung eines frühphönizischen Kultzentrums und entspricht den in Hazor und anderswo freigelegten Fundamenten: ein Außenaltar, ein von zwei Säulen flankierter Eingang und dann ein Prozessionsweg durch eine größere äußere Halle zu einem innersten Allerheiligsten. Israelitische Amphoren mit einem Fassungsvermögen von bis zu 24 Litern, die man in Tyros fand, beweisen, dass der Handel mit landwirtschaftlichen Erzeugnissen aus der von den frühen Hebräern besiedelten Region während des 9. und 8. Jahrhunderts fortgeführt wurde.[10] Als Gegenleistung für die Hilfe beim Tempelbau soll Salomon dem König von Tyros eine Reihe von Siedlungen in Nordisrael überlassen haben. Die Bibel spricht von Städten, merkt aber an, dass sie König Hiram nicht gefielen, als er sie sah. Offenbar hatten König Salomons Emissäre bei der Beschreibung der Gegengabe übertrieben.[11] Die Israeliten waren zu einer eigenständigen Kraft herangewachsen, nachdem sie jahrhundertelang in dem Hügelland östlich der Philistersiedlungen Schafe gehütet und Hirse angebaut hatten. Sie wussten, dass Tyros kein ausreichendes landwirtschaftliches Hinterland besaß. Die Stadt, die zwei oder drei Jahrhunderte später 30 000 Einwohner zählte, konnte nur überleben und wachsen, wenn sie regelmäßige Getreidelieferungen erhielt. Die Wälder voll hochwertigen Holzes, die sich hinter der Stadt zu großer Höhe erhoben, mussten für den Handel genutzt werden, wenn die Stadt sich ernähren wollte.[12] Auch an den Purpurschnecken waren die Israeliten interessiert. Sie durften sie zwar nicht essen, aber sie mussten die Säume ihrer Gewänder mit dem aus diesen Schnecken gewonnenen Farbstoff färben. Dessen Farbe variierte in Wirklichkeit zwischen einem lebhaften Blau und einem rostigen Rot, je nachdem, wie man ihn behandelte. Tyros und seine Nachbarn besaßen daher zwei große Vorteile: ein im Textilhandel Westasiens hochgeschätztes Luxusprodukt und ein Massenprodukt, ohne das es unmöglich war, Häuser oder Schiffe zu bauen und zahlreiche kleine Haushaltsgegenstände herzustellen. So florierten denn Tyros und seine Nachbarn nicht nur als Mittler zwischen Asien und Europa. Sie hatten auch selbst etwas anzubieten.

Der große Vorteil, über den die phönizischen Städte vom 11. bis ins 9. Jahrhundert hinein verfügten, war ihre Unabhängigkeit von einer höheren Macht und auch voneinander. Der deutliche Niedergang der ägyptischen Macht im kanaanitischen Raum bot den Phöniziern die großartige Chance, frei von äußeren Einflüssen ihre eigenen Wege zu gehen. Das änderte sich, als im 9. Jahrhundert assyrische Armeen die Küstenstädte überrannten und schließlich auch das Königreich in deren Hinterland eroberten. Doch die Assyrer waren klug genug zu erkennen, dass Phönizien eine Quelle des Reichtums bleiben konnte, und belegten den weiter fortbestehenden Handel von Tyros und seinen Nachbarn mit einem Tribut. Bis dahin war Tyros nur eine von mehreren unabhängigen Städten an der phönizischen Küste gewesen, nun wurde es die bei Fremden wie Griechen und Hebräern bekannteste Stadt und zugleich die Mutterstadt der führenden phönizischen Siedlung im Westen, des angeblich 814 v. Chr. gegründeten Karthago. Der König von Tyros herrschte zeitweilig auch über Sidon, und sowohl in der Bibel als auch bei Homer wird er als »König der Sidoner« bezeichnet (Homer sagt überhaupt nie »Phönizier«, sondern stets »Sidoner«).[13] Dadurch mag der Eindruck entstehen, dass Tyros eine Sonderstellung eingenommen hätte, doch die Stadt war in mehrfacher Hinsicht typisch für die phönizischen Handelszentren. Wie mehrere spätere phönizische Kolonien und wie das weiter nördlich gelegene Arwad lag sie auf einer Insel. Ihren Namen verdankte die Stadt ihrer sicheren Lage, denn *Tzur* bedeutet »Felsen« oder »Festung«. Erst als Alexander der Große die Stadt im späten 4. Jahrhundert v. Chr. durch einen Damm an das Festland anschloss, erhielt sie eine feste Verbindung zur Küste. Die kleine Insel verfügte über einen natürlichen Schutz, doch die Wasserversorgung war ein ständiges Problem. Arwad soll nach spätklassischen Berichten durch eine Wasserleitung versorgt worden sein, aber man brachte Wasser auch mit Schiffen auf die Inseln und fing dort selbst Regenwasser in Zisternen auf.[14] Zur Zeit Alexanders besaß Tyros zwei Häfen, der eine im Norden Richtung Sidon gelegen, der andere Richtung Ägypten. Beide Häfen waren durch einen Kanal miteinander verbunden.[15] Im 6. Jahrhundert v. Chr. beschrieb Ezechiel Tyros als ein schönes, aus Zypressen vom Berg Hermon und Zedern aus dem Libanon gefertigtes Schiff. Silber, Eisen, Zinn und Blei trafen aus Griechenland und dem Westen dort ein, während das Königreich Judäa Getreide, Wachs, Honig, Talg und Harz lieferte.[16] Düster prophezeite er, das prachtvolle Schiff Tyros sei dem Untergang geweiht. Dennoch zeichnete er gleichsam eine Karte des Mittelmeeres und Westasiens, in deren Mittelpunkt Tyros lag, wo alle Güter der Welt zusammenströmten – der Reichtum Tarschischs im Westen, Jawans und Ioniens im Norden, Tubals und anderer geheimnisvoller Länder und Inseln.

Tyros wuchs erst allmählich zu einer glanzvollen Stadt heran. Selbst in den finsteren Zeiten nach dem Untergang von Ugarit unternahm man kurze Fahrten nach Zypern, Ägypten und Südanatolien, auch wenn ökonomische Probleme im Ägypten des 11. Jahrhunderts die Stadt schwächten, die relativ enge Beziehungen ins Nildelta unterhielt, während das stärker auf das asiatische Hinterland ausgerichtete Sidon weiterhin erfolgreich blieb.[17] So kann es kaum überraschen, dass die künstlerischen Einflüsse in Phönizien eher aus den alten Kulturen Westasiens und des pharaonischen Ägypten stammten und dort ein eklektisches Gemisch aus assyrischen und ägyptischen Stilen entstand.[18] Einige aus dem 8. Jahrhundert stammende Elfenbeinstücke aus dem Palast König Omris in Samaria, der Hauptstadt des Königreichs Israel, verraten einen deutlich ägyptischen Einfluss. Zwei himmlische Figuren blicken einander an, die Flügel nach vorn ausgebreitet. Ihre Gesichter sind zu sehen, und sie tragen einen gestreiften Kopfschmuck typisch ägyptischer Machart. Das Elfenbein kam zwar hauptsächlich über das Rote Meer und Ägypten, wurde aber auch nach Westen exportiert, und im Grabmal einer adligen Familie in Praeneste (dem heutigen Palestrina) südlich von Rom fand man phönizische Silber- und Elfenbeinobjekte aus dem 7. Jahrhundert. Nach und nach erschlossen die Phönizier demnach neue Handelsrouten in das mittlere und westliche Mittelmeer.

Einige der schönsten phönizischen Erzeugnisse mussten mächtigen Herrschern im Rahmen von Tributzahlungen geliefert werden. Die Bronzetore von Balawat im Nordirak, die sich heute im Britischen Museum befinden, wurden im 9. Jahrhundert für Salmanassar III. von Assyrien angefertigt. Sie zeigen den König von Tyros, Ittobaal, bei der Verladung einer Tributlieferung auf Schiffe in einem der beiden Häfen von Tyros, und eine Inschrift erklärt feierlich: »Ich erhielt Tribut von den Schiffen des Volks von Tyros und Sidon.« Doch die Tributlieferung kann nicht auf seegängigen Schiffen von Tyros in den Nordirak gelangt sein. Die Bronzeplatte bringt die Tatsache zum Ausdruck, dass die Kanaaniter an der Küste ihren Reichtum durch Seehandel erlangten.[19] Das bestätigen auch die Annalen des Assurnasirpal, eines assyrischen Königs, der 859 v. Chr. starb und behauptete, eine Reihe von Gütern aus Tyros, Sidon, Arwad und anderen Küstenstädten erhalten zu haben: »Silber, Gold, Blei, Kupfer, Gefäße aus Bronze, Gewänder aus bunt gefärbter Wolle, Kleider aus Leinen, einen großen Affen, einen kleinen Affen, Ahornholz, Buchsbaumholz und Elfenbein und ein *nahiru*, ein Meeresgeschöpf«. Wir sehen hier ein buntes Gemisch aus Exotischem und Alltäglichem, aus Produkten, die jenseits des Mittelmeeres, und solchen, die in Phönizien selbst gefertigt wurden, dazu Kostbarkeiten wie Affen, die wahrscheinlich über das Rote Meer kamen.[20] An den Handel mit Waren, die über das Rote Meer in den Mittelmeerraum gelangten, erinnert der biblische Bericht über die Schiffe, die Salomon und Hiram von Elat nach Ophir schickten.[21]

Die Phönizier verwendeten bei ihrem Handel kein Münzgeld, auch wenn sie sich nicht allein auf Tauschhandel beschränkten.[22] Für größere Zahlungen benutzten sie Silber- und Kupferbarren, gelegentlich auch Becher aus kostbaren Metallen, wahrscheinlich in Standardgewichten (Hinweise darauf finden sich in der Geschichte von Joseph, der einen Becher im Kornsack seines jüngeren Bruders Benjamin versteckt, und in Wenamuns Reisebericht).[23] Die Verwendung von Standardgewichten wie dem Schekel beweist sehr deutlich, dass die Phönizier in der Lage waren, sich im Rahmen einer Marktökonomie zu bewegen, wie man dies heute nennen würde. Anders gesagt, sie waren mit der Geldwirtschaft vertraut, aber Geld kennt viele andere Formen als Münzgeld. Erst sehr viel später begannen die Karthager, Münzen zu prägen. Ihr Ziel war es, den Handel mit den Griechen auf Sizilien und in Süditalien zu erleichtern, die begeisterte Nutzer von Münzgeld waren.[24] Das Fundament des phönizischen Mittelmeerhandels bildeten jedoch Metalle. Der erste identifizierbare Stützpunkt der Phönizier lag nicht weit von der Heimat in der Nähe von Larnaka auf der kupferreichen Insel Zypern und wurde im 9. Jahrhundert errichtet. Die Griechen nannten die Stadt Kition, die Hebräer Kittim. Bei den Phöniziern hieß sie einfach »Neustadt«, Qart Hadascht – derselbe Name, den sie später für Karthago in Nordafrika und für Cartagena in Spanien verwendeten.[25] Wichtig an Kition war der Versuch, eine Kolonie zu gründen und die Herrschaft über das umliegende Land zu erlangen. Aus einer Mitte des 8. Jahrhunderts entstandenen Inschrift geht hervor, dass der Statthalter von »Neustadt« im Auftrag des Königs von Tyros handelte und den *Baal Libnan*, den »Herrn des Libanon«, verehrte. Allerdings gab es in Kition auch einen großen Tempel der Göttin Astarte.[26] Der Getreidereichtum Zyperns entfaltete eine ebenso große Anziehungskraft wie das Kupfer. Ohne regelmäßige Nahrungsmittellieferungen nicht nur aus der Kornkammer Israel, sondern auch aus Zypern, vermochte Tyros seinen Boom nicht zu bewältigen, denn der wachsende Wohlstand spiegelt sich nicht nur in einer wachsenden Bevölkerung, sondern auch in einem höheren Druck auf die Ressourcen wider. Zum Leidwesen der Stadt lenkten die Erfolge auf Zypern die Aufmerksamkeit des assyrischen Königs auf die Insel. Sargon II. (gest. 705 v. Chr.) sicherte sich die Herrschaft über Zypern – ein Ereignis, das die kurzlebige, aber folgenreiche Ankunft der Assyrer in mediterranen Gewässern signalisierte. In Kition ließ Sargon eine Stele errichten, auf der eine Inschrift von seiner Herrschaft kündet. Mehrere Jahre lang erhielt er von der Insel Tributzahlungen, ohne dass er sich in die inneren Angelegenheiten Zyperns einmischte. Es ging ihm allein darum, den Reichtum des Landes auszubeuten.[27] Die Bedeutung der Insel als Kupferlieferant war diesem Kriegerkönig natürlich nicht entgangen. Später lockerte sich der assyrische Zugriff auf Zypern, denn König Luli von Sidon und Tyros brachte sich dort in Sicherheit. An dieses Ereignis erinnert ein Relief, das zeigt, wie der gedemütigte König sich auf einem phönizischen Schiff davonmacht.[28] Doch Zypern war nur der wichtigste Ort in einem Netz von Handelbeziehungen, die phönizische Kaufleute regelmäßig nach Rhodos und Kreta führten.

Ende des 9. Jahrhunderts kam der Seehandel der Phönizier richtig in Schwung. Man kann durchaus darüber streiten, ob die Phönizier darin den griechischen Kaufleuten und anderen geheimnisumwitterten Gruppen wie den »Tyrenern« vorangingen, die damals in der Ägäis und im Tyrrhenischen Meer erwähnt wurden. Wer auch immer Italien als Erster erreichte, die Phönizier können das Verdienst beanspruchen, die langen Seewege geöffnet zu haben, die an der gesamten nordafrikanischen Küste entlangführten.

II

Am ehesten können wir uns ein Bild vom Handelsimperium der frühen Phönizier machen, wenn wir im Geiste eine Reise durch das Mittelmeer der Zeit um 800 v. Chr. unternehmen.[29] Diese Reise führt uns auch durch die Straße von Gibraltar hindurch bis nach Cádiz und darüber hinaus, denn zu den Besonderheiten des phönizischen Handels im Mittelmeerraum gehört die Tatsache, dass diese Kaufleute aus dem äußersten Osten des Mittelmeeres auch den Ausgang im äußersten Westen benutzten, der in den Atlantik führt. Berücksichtigen wir die vorherrschenden Winde und Strömungen im Mittelmeer und die sichere Tatsache, dass ihre Fahrten sich auf die relativ kurze Zeit zwischen dem späten Frühjahr und dem Frühherbst beschränkten, müssen sie dazu eine nördliche Route gewählt haben, die an Zypern, Rhodos und Kreta vorbei, dann über das offene Meer nach Südsizilien und von dort nach Südsardinien, Ibiza und Südspanien führte. Beim Sprung über das Ionische Meer befand sich die Küste außer Sichtweite, ebenso bei der Überfahrt von Sardinien zu den Balearen. Die Mykener waren noch an den Rändern des Ionischen Meeres, an der Küste Ithakas entlang an den Absatz des italienischen Stiefels gesegelt, wobei sie Spuren ihrer Keramik hinterließen. Das Fehlen levantinischer Keramik in Süditalien ist ein stummer Beleg für das Vertrauen, das später die phönizischen Steuerleute in ihre Navigationsfähigkeit setzten, denn sie fuhren offenbar über das offene Meer. Waren die phönizischen Schiffe auf ihrem Weg nach Westen erst einmal in den Gewässern vor Málaga angelangt, kamen sie oft nicht weiter voran. In der Straße von Gibraltar können die Wetterverhältnisse recht heimtückisch sein. Es gibt eine starke Strömung aus der Richtung des Atlantik, und Nebel wechselt sich mit widrigen Winden ab. Das bedeutete, dass sie oft recht lange warten mussten, bevor sie die Straße Richtung Cádiz und anderer Außenposten passieren konnten. Zum Glück war es einfacher vom Atlantik her ins Mittelmeer hineinzufahren, denn die Schiffe konnten in diesem Fall den Wind und die Strömung nutzen, welche die Ausfahrt aus dem Mittelmeer erschwerten. Bei der Rückfahrt nach Tyros nahmen die Schiffe den Weg an der langen Flanke Nordafrikas entlang, aber auch dort war äußerste Vorsicht geboten, denn es gab gefährliche Untiefen und Sandbänke. Außerdem gab es hier nicht so viel zu kaufen wie auf den metallreichen Inseln Zypern, Sizilien und Sardinien.[30] Andererseits bot Karthago mit seinen großen Häfen Zuflucht und half bei der Sicherung der weit von der Heimat entfernten Gewässer, in denen es von griechischen und etruskischen Seeräubern wimmelte.

Die Schiffe lassen sich aufgrund von Darstellungen auf Reliefs rekonstruieren, die man in den assyrischen Palästen von Ninive und anderen Städten gefunden hat. Inzwischen haben Meeresarchäologen auch Überreste phönizischer Schiffe entdeckt, zum Beispiel einige sehr späte Exemplare karthagischer Schiffe aus Westsizilien, die aus dem 3. Jahrhundert v. Chr. stammen. Noch bruchstückhafter sind zwei frühe phönizische Wracks erhalten geblieben, die man 33 Seemeilen vor dem Hafen der antiken Philisterstadt Aschkelon fand und die Töpferwaren aus dem späten 8. Jahrhundert transportiert hatten.[31] Insgesamt ergibt sich der Eindruck, dass Phönizier und Karthager schwerere Schiffe bevorzugten, als die Griechen sie entwickelten, und dass ein hohes Maß an Kontinuität zu den Zeiten bestand, als die Schiffe von Byblos und Ugarit das Mittelmeer befuhren. Dennoch schreibt man den Phöniziern auch wichtige Neuerungen zu, zum Beispiel den scharfen, schnabelartigen Rammsporn, der in der Seekriegführung der klassischen Zeit eine so gefürchtete Waffe darstellte und der sowohl von den Griechen als auch von Etruskern und Römern nachgeahmt wurde. Dank der Entwicklung des Kiels erreichten die Phönizier eine geschickte Gewichtsverteilung und konnten daher große Lasten unter relativ stabilen Bedingungen über das offene Meer transportieren. Auch die Kunst, Schiffe mit Pech zu kalfatern und dadurch bei langen Seereisen dicht zu halten, geht angeblich auf die Phönizier zurück.

All das verweist für diese Zeit auf eine beträchtliche Erhöhung der Ladekapazität im Seehandel des Mittelmeerraums. Dabei waren die Schiffe selbst nicht deutlich größer als die des alten Byblos. Manche Schiffe aus Ugarit konnten um 1200 v. Chr. bereits 45 Tonnen laden, und die Ladekapazität der phönizischen Schiffe lag nur geringfügig darüber.[32] Was verbessert wurde, war vor allem die Stabilität der Schiffe. Erst diese erhöhte Stabilität ermöglichte Seereisen in Atlantikhäfen wie Cádiz oder Mogadar und vielleicht sogar eine Umrundung Afrikas, wie Herodot sie für das 6. Jahrhundert v. Chr. behauptete. Die bauchigen, im Fernhandel für große und mittlere Distanzen eingesetzten Schiffe waren drei- bis viermal so lang wie breit und konnten Längen bis zu 30 Metern erreichen, auch wenn die Wracks vor Aschkelon nur halb so lang waren.[33] Wie man auf den Bronzetoren von Balawat erkennen kann, hatten sie einen hochgezogenen Bug, der mit dem Bild eines Pferdekopfes geschmückt war (vielleicht zu Ehren eines dem Poseidon ähnelnden Meeresgottes, der gleichfalls ein Pferdeliebhaber war).[34] Möglicherweise waren auf den Bug Augen aufgemalt, während die Planken am Heck unterhalb des Quarterdecks zu einem Gebilde zusammenliefen, das der Schwanzflosse eines Fischs ähnelte. An einem Mast, der nach Aussage biblischer Propheten oft aus libanesischem Zedernholz gefertigt war, hisste man ein quadratisches Segel. Manche Schiffe nutzten auch Ruderkraft. Das Steuerruder bestand aus einem großen, auf der Backbordseite angebrachten Blatt. Insgesamt hat man den Eindruck, dass es sich um robuste Schiffe mit großer Ladekapazität handelte, die sich gut für den Handel mit Getreide, Wein und Öl eigneten, und nicht um schnelle Segler für kleine Mengen exotischer Luxusgüter. Das bestätigen auch die beiden Wracks aus der frühen Periode, die nahezu 800 Weinamphoren geladen hatten, was (bei vollen Amphoren) einer Ladung von 22 Tonnen Gewicht entsprochen hätte. Es gab auch kleinere Schiffe, die ganz ähnlich gebaut waren und auf den kurzen Strecken zwischen den verstreuten Häfen des phönizischen Handelsnetzes eingesetzt wurden. Beispiele für solche kleineren Schiffe, etwa halb so lang wie die Wracks vor Aschkelon, hat man in den Gewässern vor Südspanien gefunden. Sie hatten Bleibarren, Flechtwaren und lokale südspanische Keramik geladen.[35] Das waren die Trampdampfer des ganz frühen Mittelmeeres. Die Handelsnetze dienten dem Handel mit Rohstoffen oder Nahrungsmitteln ebenso wie mit hochwertigen Erzeugnissen, etwa den Elfenbeinobjekten oder Silberschalen, die man in Fürstengräbern in Südspanien oder Etrurien gefunden hat.[36] Einen anderen Schiffstyp entwickelte man für die Seekriegführung. Typisch dafür war der scharfe Rammsporn aus Bronze, mit dem phönizische Kapitäne gegnerische Schiffe zu rammen versuchten. Diese Schiffe waren etwa siebenmal so lang wie breit, und sie besaßen zudem einen Fockmast. Die Kriegsschiffe unterschieden sich von den bauchigen Handelsschiffen außerdem durch die Ruder, die man vor allem in der Schlacht zum Manövrieren einsetzte.[37]

Das älteste phönizische Objekt, das man im Westen gefunden hat, ist eine Steintafel aus Südsardinien, die »Stele von Nora«, die aus dem späten 9. Jahrhundert stammt. Darauf ist der Bau eines Tempels erwähnt, der dem Gott Pumay geweiht war. Dieser Name ist auch Bestandteil des weitverbreiteten phönizischen Namens Pumayyaton (griechisch: Pygmalion). Die Inschrift wurde *be-schardan*, »auf Sardinien«, angefertigt – die Insel besaß also bereits ihren Namen. Da sich im Südteil der Insel diverse Metalle finden ließen, darunter Eisen und Silber, kann es kaum überraschen, dass die Phönizier dort auftauchten. Möglicherweise waren diejenigen, die diese Stele aufstellten, Pioniere, aber die Tatsache, dass sie einen Tempel bauten, spricht doch eher dafür, dass sie zu bleiben gedachten. Der Bau eines Tempels war oft die erste Handlung phönizischer Siedler. Und im Mittelmeergebiet unmittelbar südlich von Nora begannen die Phönizier, große Ansiedlungen von dauerhafter Bedeutung anzulegen.

III

Unter diesen Siedlungen ragte Karthago hervor. Vergil verlegte das Gründungsdatum der Stadt in die Zeit des Trojanischen Krieges zurück, als Aeneas Königin Dido (auch Elissa genannt) besuchte. Doch Vergils *Aeneis* war eine Meditation über Vergangenheit und Zukunft Roms, und so ist es nicht erstaunlich, dass er dem mächtigsten Gegner, mit dem es die römische Republik jemals zu tun bekam, eine Rolle in seinem Buch zuwies. Andere klassische Autoren, darunter der jüdische Historiker Josephus, boten andere Darstellungen der Geburt Karthagos, in denen Dido-Elissa gleichfalls vorkommt. Sie floh vor ihrem tyrannischen Bruder Pygmalion, der ihren Ehemann ermordet hatte, den Hohepriester des Herakles (die Griechen identifizierten Herakles mit dem kanaanitischen Gott Melqart, *Melk-Qart*, das heißt »König der Stadt«). Ihre erste Station war Kition auf Zypern, eine weitere Qart Hadascht oder »Neustadt«. Dann beschloss sie, weiter nach Westen zu fahren, und versammelte 80 junge Frauen um sich, die als Tempelprostituierte dienen und in dem Land, in dem die Flüchtlinge Zuflucht fanden, für den Fortbestand des phönizischen Kultes sorgen sollten.[38] Sie fuhren direkt nach Nordafrika hinüber und landeten am Ort des späteren Karthago. Sie waren jedoch nicht die ersten Phönizier, die in dieses Gebiet kamen, und Männer aus dem nahe gelegenen Utica stellten sich ein, um sie zu begrüßen. Auch die in der Region lebenden Libyer hießen sie willkommen. Sie waren es auch, die Elissa den Namen Dido gaben, das heißt »die Wandernde«. Man hinderte die Phönizier nicht, sich dort niederzulassen, doch als es um den Kauf von Land ging, zeigte der libysche König sich weniger großzügig. Er erlaubte, dass Dido-Elissa so viel Land kaufen dürfe, wie sie mit einer Ochsenhaut bedecken könne. Die Königin ließ daraufhin eine Ochsenhaut in sehr schmale Streifen schneiden, die sie um den Hügel von Byrsa, die spätere Akropolis von Karthago, legte. Das ist zwar eine hübsche Gründungslegende, war letztlich aber nur ein griechischer Versuch, den Ursprung des Namens jenes Hügels zu erklären, der im Zentrum von Karthago lag, denn *byrsa* bedeutete im Griechischen »Tierhaut«. In Wirklichkeit handelte es sich um das kanaanitische Wort *brt*, das »Zitadelle« bedeutet. Trotz dieser Enttäuschung fühlte der libysche König sich weiter stark zu Dido hingezogen. Er bestand darauf, sie zu heiraten, doch sie war entschlossen, dem Gedächtnis ihres Mannes die Treue zu bewahren, und opferte sich selbst auf einem Scheiterhaufen, woraufhin die Siedler begannen, sie als Göttin zu verehren.[39] So tendenziös diese Darstellung auch sein mag, enthält sie doch zwei wichtige Momente. Das eine ist die auch anderswo anzutreffende Geschichte von der Selbstaufopferung der Königin, die Vergil in den Hauptstrom der antiken und nachfolgend der europäischen Literatur einbrachte. Das andere ist die offenkundige Genauigkeit einiger kleiner Details: Die Datierung – etwa 38 Jahre vor der ersten Olympiade (776 + 38 = 814) – stimmt mit den archäologischen Funden überein, wonach die Region tatsächlich um diese Zeit von Phöniziern besiedelt wurde. Die karthagische Elite bezeichnete sich weiterhin als »Kinder von Tyros«, *bene Tzur*, oder einfach als »Tyrer«, und wie spätere klassische Autoren berichteten, schickte man aus Karthago regelmäßig Opfergaben an den Melqart-Tempel in Tyros. Möglicherweise ist Didos Selbstopferung auch ein Versuch, etwas darzustellen, das in der phönizischen Welt durchaus real war und mit besonderer Inbrunst in Karthago praktiziert wurde: ein Menschenopfer, das den Gott Melqart bei der Gründung der Stadt gnädig stimmen sollte.

Es ist enttäuschend, dass sich in Karthago keine Objekte gefunden haben, die sich mit Sicherheit auf die erste Hälfte des 8. Jahrhunderts datieren lassen. Die ältesten Funde sind Bruchstücke von Keramik ab etwa 750 und Grabstätten ab etwa 730 v. Chr. Erstaunlicherweise sind die ältesten erhalten gebliebenen Stücke nicht phönizischen, sondern griechischen Ursprungs: geometrische Töpferwaren aus Euböa in der Ägäis. Allerdings hatten die Euböer, wie wir noch sehen werden, kurz zuvor eine eigene Kolonie in der Bucht von Neapel gegründet, so dass ein Teil des Materials auch von dort stammen könnte.[40] Das frühe Karthago war also nicht abgeschnitten von der in Entwicklung begriffenen griechischen Welt des Handels und der Gründung von Kolonien. Homers Verachtung für die »sidonischen« Händler war das Ergebnis von Kontakten zwischen der phönizischen und der griechischen Handelssphäre. Es ist bemerkenswert, dass griechische Keramik als Opfergabe in die Fundamente des als *Tofet* bezeichneten Schreins eingemauert wurde, in dem Kinderopfer stattfanden – davon später mehr.

Karthago stieg rasch zur Königin der phönizischen Kolonien auf. Die übliche Erklärung für diesen Aufstieg lautet, die Stadt habe an einer für Handelsfahrten von und nach Südspanien günstigen Stelle gelegen. Doch in den untersten Schichten des alten Karthago fanden sich nur wenige Objekte spanischer Herkunft. Andere Erklärungen verweisen auf die Anfänge der Stadt als Zufluchtsort für Exilanten aus Tyros, für Einwanderer aus dem zypriotischen Kition und für den Bevölkerungsüberschuss der immer reicheren levantinischen Küstenstädte. Außerdem nahm die Stadt auch zahlreiche einheimische Berber auf. Doch der eigentliche Grund für den Erfolg Karthagos lag nicht in Spanien oder Phönizien, sondern vor den Toren der Stadt. Der landwirtschaftliche Reichtum der Region beeindruckte klassische Autoren. Sie beschrieben die Landhäuser und Landgüter in der Umgebung der Stadt, und eine Abhandlung, die der karthagische Autor Magon im 5. oder 4. Jahrhundert v. Chr. über die Landwirtschaft schrieb, wurde im Auftrag des römischen Senats sowohl ins Lateinische als auch ins Griechische übersetzt.[41] Der karthagische Adel bezog seinen Reichtum aus der Produktion von Getreide, Olivenöl und Wein, nicht aus Purpurfarbstoff, Zedernholz und Elfenbeinobjekten, wie das Volk von Tyros. Das passt auch gut zu den bauchigen Schiffen, die sich, wie wir gesehen haben, besser für den Transport von Amphoren voller Öl oder Wein und von Säcken voller Weizen eigneten als für die Verschiffung kostbarer Luxusgüter. Karthago war offensichtlich schon lange vor 600 eine große, blühende Stadt, und das wäre ohne eine gute einheimische Nahrungsmittelversorgung unvorstellbar gewesen. Die Stadt erlebte einen solchen Aufschwung, weil sie zum Mittelpunkt eines eigenen Handelsnetzes wurde. Zu diesem Netz gehörten auch andere phönizische Siedlungen in der Region. Utica lag nicht weit entfernt an der afrikanischen Küste und war älter, doch es gelang der Stadt nie, mit Karthago zu konkurrieren. Motya (italienisch: Mozia) auf Sizilien wiederum glich in mancherlei Hinsicht eher Tyros oder Arwad als Karthago. Man hat die Stadt als »Modell einer phönizischen Siedlung« bezeichnet.[42] Motya wurde im 8. Jahrhundert v. Chr. auf einer kleinen Insel unweit der Westspitze Siziliens in der Nähe des heutigen Marsala gegründet. Die Insel liegt gut geschützt zwischen der recht großen »Isola Grande« und der sizilianischen Küste.[43] Eine weitere Übereinstimmung mit Tyros waren Produktionsstätten für Purpurfarbstoff. Die Stadt war nicht nur Handelsstation, sondern außerdem ein Produktionszentrum, in dem auch Eisenerzeugnisse hergestellt wurden. Ihre Blüte erreichte sie im 7. Jahrhundert v. Chr., und um diese Zeit erlangten Kinderopfer eine wachsende Verbreitung – die Gründe sind bislang unklar. Den Einwohnern von Motya fehlte wie denen von Tyros ein ausgedehntes, unter ihrer Herrschaft stehendes Hinterland. Doch veranlasste sie dies, freundschaftliche Beziehungen zu den Elymern, den einheimischen Bewohnern Westsiziliens, anzustreben, deren nächstgelegenes größeres Zentrum der Große Tempel von Eryx (italienisch: Erice) war, der sich auf einem Fels über der Westküste Siziliens erhob. Von den Elymern erhielten sie das Getreide, das Öl und den Wein, die sie benötigten, und davon gab es in Westsizilien im Überfluss. Die Einwohner von Motya hatten zudem Zugang zu den weitläufigen Meersalzsalinen an der Küste unterhalb von Eryx, und wo es Salz gab, da bestand auch die Möglichkeit, Fisch zu konservieren, zum Beispiel den Thunfisch, der alljährlich in großen Mengen vor der sizilianischen Küste auftaucht. Fisch war eine Spezialität der Karthager. Sie sollen die faulig riechende Fischsauce namens *Garum* erfunden haben, die bei den Römern so beliebt war. Doch die Phönizier versuchten nicht, ihre Nachbarn zu erobern. Ihre Siedlungen waren Handels- und Produktionszentren. Sie machten sich nicht daran, die politische Herrschaft über Westsizilien zu erlangen.

Außerhalb Siziliens entwickelten die Phönizier allerdings durchaus territoriale Ambitionen. Im Süden Sardiniens entstand ab 750 v. Chr. eine Reihe von Siedlungen, die nicht nur sichere Häfen sein sollten, sondern auch die Herrschaft über die Umgebung anstrebten, wahrscheinlich zur Sicherung der Lebensmittelversorgung. Die meisten dieser Siedlungen waren klassische phönizische Stützpunkte, die wie Tharros und Nora an ins Meer vorspringenden Landengen errichtet wurden. In Sulki (oder Sulcis) fand man wie in Karthago in den untersten Grabungsschichten griechische Keramik aus Euböa.[44] Weiter im Inland besetzten die Phönizier einige der alten Festungen oder *nuraghi*, unterhielten aber offenbar weiterhin friedliche Beziehungen zu den einheimischen Sarden, die wohl gerne die Möglichkeit nutzten, ihre Metalle und ihr Getreide an die Händler in Sulki zu verkaufen. Phönizier und Karthager bestätigten ihre Vorherrschaft auf Sizilien um 540 v. Chr., als sie in einer großen Seeschlacht vor dem auf Korsika gelegenen Alalia gemeinsam mit den Etruskern die aus Phokaia stammenden Griechen vertrieben. Damit stellten sie sicher, dass Sardinien außerhalb der griechischen Sphäre blieb, und angesichts des Werts Sardiniens als Lieferant aller Arten von Metallen und landwirtschaftlichen Erzeugnissen stärkte dieser Sieg die phönizische Macht im westlichen Mittelmeer beträchtlich. Obwohl die Griechen aus Phokaia bei Marseille einen Stützpunkt errichteten, blieb doch der äußerste Westen des Mittelmeerraums für eine griechische Durchdringung verschlossen, solange Karthago eine starke Macht war. Es blieb den Phöniziern vorbehalten, die Reichtümer Südspaniens und Marokkos auszubeuten. Aus der Existenz dieser Siedlungen können wir ersehen, wo die Phönizier sich niederließen, nicht aber, wie weit sie tatsächlich mit ihren Schiffen vordrangen. Belege für den Einfluss der Tyrener fanden sich in Gräbern in Italien, Spanien und anderswo. Manche enthielten die getriebenen, mit Tierzeichnungen verzierten Silbergefäße, die sich während des 6. Jahrhunderts in Mittelitalien großer Beliebtheit erfreuten. Wir wissen allerdings nicht, ob die phönizischen Kaufleute auf eigene Rechnung oder im Auftrag des Staates agierten. Manchmal wurden sie von Herrschern ausgeschickt und erhielten Kommissionen für ihre Arbeit, etwa wenn sie im Auftrag des assyrischen Monarchen unterwegs waren. Fern im Westen vermochten sie dagegen selbständig aufzutreten. Anfangs konnten sie die Fürstenhöfe in Etrurien und in Karthago selbst beliefern. Doch um 500 v. Chr. hatten sie bereits Handelsnetze aufgebaut, die von ihren eigenen Investitionen abhingen und ihnen direkten Profit sicherten. Für andere zu arbeiten verlor damit an Attraktivität.

Der ferne Westen wurde immer interessanter. Griechische Autoren wie Strabon (der Anfang des 1. Jahrhunderts n. Chr. schrieb) berichten, dass Südspanien ein wichtiger Silberlieferant gewesen sei. Auf der Mittelmeereseite der Straße von Gibraltar gab es eine ganze Reihe phönizischer Stützpunkte: in Montilla, Málaga, Almuñécar und anderen Orten, die heute unter dem Beton der Costa del Sol begraben sind. Einige dieser Siedlungen lagen nur einen Fußmarsch von ein paar Stunden oder sogar Minuten auseinander. Die meisten von ihnen waren in die lokale Wirtschaft und Gesellschaft eingebunden. Funde einer feinen polierten, aus dem frühen 6. Jahrhundert stammenden etruskischen Keramik in der Nähe von Málaga belegen jedoch, dass auch Beziehungen zu ferneren Regionen bestanden.[45] Eine frühe phönizische Siedlung gab es auf der in Sichtweite des iberischen Festlands gelegenen Insel Ibiza. Der übliche Austausch von Metallen gegen Öl und Wein fand hier statt, doch Ibiza lieferte während seiner gesamten Geschichte auch Salz aus seinen glänzenden Salinen. Aufschlussreich ist zudem der Fall der um 730 v. Chr. gegründeten Kleinstadt Toscanos. Von der Mitte bis zum Ende des 7. Jahrhunderts zählte die Stadt bis zu 1500 Einwohner, darunter Handwerker, die eiserne und kupferne Gerätschaften herstellten, doch um 550 wurde sie aus unbekannten Gründen aufgegeben. Sie erweckt den Eindruck einer bescheidenen phönizischen Handelsniederlassung, die auf die Bedürfnisse der einheimischen iberischen Bevölkerung abgestimmt war und innerhalb des größeren phönizischen Handelsnetzes keine bedeutende Rolle spielte, wohl aber zu zeigen vermag, wie die Iberer sich aufgrund des Kontakts mit Menschen aus dem Osten veränderten.

Tatsächlich lag der wichtigste phönizische Stützpunkt dieser Region jenseits der Straße von Gibraltar in Gadir oder Cádiz, doch da die dort erzielten Profite in die mittelmeerischen Handelsnetze der Phönizier flossen, gehört das frühe Cádiz gleichfalls zur Geschichte des Mittelmeeres. Wie so viele phönizische Siedlungen wurde Gadir auf einer der Küste vorgelagerten Insel gegründet, auch wenn das überlieferte Gründungsdatum 1104 v. Chr. 300 Jahre zu früh liegen dürfte. Ein Melqart-Tempel wurde errichtet, und wie Cicero später berichtete, wurden dort auch Menschen geopfert – wahrscheinlich im Rahmen eines Frühlingsopfers zu Ehren der alljährlichen Auferstehung des Gottes Melqart, von der im kanaanitischen Mythos die Rede war. Es war ein reicher Tempel, der als Lager für kostbare Objekte diente und zugleich als Kultstätte – eine Doppelfunktion, die in der frühen mediterranen Handelswelt als normal galt. Und es gab viel zu lagern in diesem Heiligtum, denn Gadir war das wichtigste Tor zu den Reichtümern jenes Landes, das seit den Zeiten des Herodot Tartessos genannt wurde. Was dieser Name bezeichnete, darüber streiten Gelehrte fast seit der Antike. Manche hielten Tartessos für eine Stadt oder auch für einen Fluss. Heute glaubt man, der Name stand für ein Königreich oder eine Region in Südspanien, die von der einheimischen iberischen Bevölkerung bewohnt wurde. Was sie oder das Gebiet beiderseits des Guadalquivir so attraktiv machte, waren die dortigen Silbervorkommen. »Tartessos ist ein Synonym für Silber.«[46] Glaubt man Herodot, wurde der griechische Kaufmann Kolaios von Samos Mitte des 7. Jahrhunderts v. Chr. durch einen Sturm von seinem Kurs abgebracht, landete in Südspanien und brachte aus Tartessos 60 Talente (möglicherweise 2000 Kilogramm) Silber mit nach Hause. Der Name, der dem dortigen König zugeschrieben wurde – aber eher zweifelhaft ist –, lautete Arganthonios, dessen erste Silbe »Silber« bedeutet.

Nach dem späteren Zeugnis des Diodoros von Sizilien (1. Jahrhundert v. Chr.) waren es Phönizier und nicht Iberer, die das Silber Richtung Osten transportierten, sowohl nach Griechenland als auch nach Asien. Im Austausch lieferten die Phönizier ihnen Olivenöl und Beispiele ihrer Handwerkskunst wie Schmuck, Elfenbeinobjekte, kleine Parfümflakons und Textilien. Sie brachten den Tartessern schon im 8. Jahrhundert bei, wie man Metalle schürft, raffiniert und verarbeitet. Die eingesetzten Verfahren waren bereits hochentwickelt. Es handelte sich nicht um »koloniale« Ausbeutung und »unfairen Tausch«, wie ein spanischer Wissenschaftler dies im Stil einer aktuellen Mode behauptet hat.[47] Vielmehr waren es die Tartesser, die sich in Bergbauzentren in ganz Südspanien und Portugal begeistert an die Arbeit machten und nicht nur Silber schürften und schmolzen, sondern auch Gold und Kupfer, und wie selbst die unverbesserlichen Anhänger der »kolonialistischen« Interpretation zugeben, waren es die einheimischen Iberer, die »jede Facette der Produktion« beherrschten und »ihre Rohstoffe vollständig unter ihrer Kontrolle behielten«, vom Abbau bis zum Schmelzen. Neben den Phöniziern profitierten auch die iberischen Eliten von diesem Handel. Einheimische Handwerker begannen, phönizische Stile zu übernehmen, und der Reichtum, den die iberischen Fürsten dadurch erwarben, ermöglichte ihnen einen prunkvollen Lebensstil. Hier verwandelte der Kontakt mit dem Osten eine traditionale Gesellschaft im Westen, wie es in noch größerem Maßstab in Etrurien geschah. Die Phönizier agierten nicht nur mit großer geographischer Reichweite. Ihre Aktivitäten vermochten auch das politische und wirtschaftliche Leben weit entfernter Länder auf ein neues Niveau zu heben. Sie begannen, das gesamte Mittelmeer zu verändern.

Man hat Tartessos oft mit dem metallreichen Tarschisch identifiziert, das in der hebräischen Bibel immer wieder erwähnt wird. Jona machte sich auf seiner Flucht vor Gott in Jaffa auf den Weg nach Tarschisch, das der Autor dieser Geschichte eindeutig in allergrößter Ferne jenseits des Meeres vermutete. Und Jesaja spricht in seiner beängstigenden Prophezeiung für die Stadt Tyros von Schiffen, die über Kition aus Tarschisch kommen und von der Zerstörung ihrer Heimatstadt erfahren: »Heulet, ihr Schiffe von Tarschisch; denn zerstört ist eure Feste! Als sie kamen aus dem Land der Kittäer, ist es ihnen bekanntgeworden.«[48]

IV

Die Phönizier machten in ihrer Handelstätigkeit, wie bereits angemerkt, kaum Gebrauch von Münzgeld. Weit wichtiger war für sie die Fähigkeit, ihre Aktivitäten schriftlich festzuhalten. Die Kaufleute konnten lesen und schreiben und benutzten eine einfache Linearschrift, die sich leicht lernen und schreiben ließ – der Vorfahre der meisten modernen Alphabete (im strengen Sinne des Wortes: als Schrift mit zumindest annähernd einem Buchstaben für jeden Laut).[49] Lesen und Schreiben war bis dahin vor allem eine priesterliche Kunst gewesen, denn es bedurfte langer Übung, um die komplizierten Lautverbindungen der drei ägyptischen Schriften zu lesen. Selbst Silbenschriften wie Linear B waren schwerfällig, erst recht wenn man sie einer Sprache wie der griechischen überstülpte, die sich nicht leicht in einfache, aus einem Konsonanten und einem Vokal bestehende Einheiten unterteilen ließ. In der phönizischen Schrift stand das stilisierte Zeichen eines Hauses für den Buchstaben »b«, da *bet*, das Wort für Haus, mit einem »b« beginnt. Viele weitere (wenn auch nicht alle) Zeichen des 22 Buchstaben umfassenden Alphabets, angefangen bei »Aleph«, dem »Ochsen«, entstanden auf diese Weise. Das Geheimnis des Erfolgs lag im völligen Ausschluss von Vokalen, die erst von den Griechen eingeführt wurden. So konnte *Mlk* sowohl »er herrscht« als auch »er herrschte« bedeuten, je nach den Vokalen, die der aufmerksame Leser aus dem Kontext erschließen musste. Das erste bekannte Beispiel dieser Schrift fand sich auf dem Sarkophag des Königs Ahiram von Byblos aus dem 10. Jahrhundert v. Chr. Entscheidend ist nicht, ob die Phönizier das Alphabet völlig neu erfanden (möglicherweise übernahmen sie einige Buchstaben von einer älteren Schrift aus dem Sinai), sondern dass sie dieses Alphabet im ganzen Mittelraum verbreiteten, und zwar nicht nur in ihren Siedlungen im Westen, wie die Stele von Nora beweist, sondern auch bei den Griechen Ioniens, die einige für überflüssig gehaltene Zeichen, zum Beispiel für gutturale Stopplaute, die es im Griechischen nicht gab, in Vokalzeichen umwandelten, wobei sie die meisten Buchstaben leicht veränderten.[50]

Was die Phönizier an Literatur besaßen, ist ein Rätsel. Die Kanaaniter von Ugarit schufen eindrucksvolle religiöse Dichtungen ähnlich den

Psalmen, und die Karthager schrieben Abhandlungen über die Landwirtschaft. Es gibt eine Tendenz, viel von dem, was die Phönizier schufen, abwertend als sekundär einzustufen, und in den schönen Künsten war ihre Abhängigkeit von ägyptischen und assyrischen Vorbildern deutlich erkennbar, etwa bei den Elfenbeinschnitzereien. Natürlich waren das genau die Dinge, die Verbraucher im Nahen Osten und im Mittelmeerraum haben wollten: Objekte, die den Stempel der großen imperialen Zivilisationen an Nil, Tigris und Euphrat trugen und nicht den der profitgierigen kanaanitischen Städte. Und die Phönizier wussten, wie sie die Bedürfnisse der Kunden bis hin nach Tartessos und in die Toskana befriedigen konnten. Die Ausbreitung der phönizischen Kultur im gesamten Mittelmeerraum und bis ins südliche Spanien hinein – durch Siedlungen wie auch durch den Handel mit den einheimischen Völkern – ist nicht allein deshalb bedeutsam, weil sie östliche Stile weit nach Westen brachte. Es war auch das erste Mal, dass Seeleute aus dem Osten so gewaltige Strecken auf dem Meer zurücklegten, weit größere als die mykenischen Navigatoren, die sich von Griechenland aus nach Italien und Sizilien vorgetastet hatten.

Die Phönizier vermischten sich zwar durch Heirat mit einheimischen Völkern, bewahrten sich aber ihre ostmediterrane Kultur und ihre Identität als »Tyrener« oder »Kanaaniter«. Der beste Beweis dafür ist die Praxis des Menschenopfers, die sie aus Kanaan mitnahmen. Diese Praxis erregte tiefen Abscheu bei biblischen und klassischen Autoren. Die Geschichte von der verhinderten Opferung des Isaak gehört zu den zahlreichen biblischen Angriffen auf die Opferung von Kindern. Die Praxis verstärkte sich sogar noch in neuen Siedlungen, vor allem in Karthago, Sulki und Motya. Im *Tofet* von Karthago, der südlich der Stadt lag und heute noch besichtigt werden kann, wurden 600 Jahre lang Kinder dem Gott Baal geopfert. In den letzten 200 Jahren der Stadt wurden 20 000 Urnen mit der Asche von Kindern (und gelegentlich von Jungtieren) gefüllt, das macht im Durchschnitt 100 Urnen pro Jahr, wobei zu berücksichtigen ist, dass diese Urnen möglicherweise auch die Gebeine mehrerer Kinder enthielten. Die *Tofet*-Opferstätten waren Orte besonderer Verehrung. Zahlreiche Urnen enthielten offenbar die sterblichen Überreste von Tot- oder Frühgeburten, und in einer Gesellschaft mit hoher Kindersterblichkeit dürften viele andere Gebeine zu Kindern gehört haben, die eines natürlichen Todes gestorben waren. Die *Tofet*-Heiligtümer waren danach Friedhöfe für vorzeitig gestorbene Kinder. Die sterblichen Überreste von Erwachsenen wurden nicht verbrannt, sondern beerdigt.[51] So dürfte es zwar Menschenopfer gegeben haben, wie biblische und klassische Quellen behaupten, doch sie waren wohl seltener, als die gewaltige Zahl von Urnen mit den verbrannten Gebeinen von Kindern dies auf den ersten Blick nahelegen mag, wobei diese Zahl zunahm, wenn große Not drohte, da solche Opfer die höchste Form der Gottesverehrung darstellten. Zwei griechische Historiker berichten, als der Tyrann von Syrakus Karthago im Jahr 310 belagerte, hätten die Stadtväter geglaubt, Baal besänftigen zu müssen, weil Adelsfamilien seinen Unwillen erregt hätten, indem sie statt der eigenen Erstgeborenen Kinder von Sklaven opferten, weshalb sie dann ihrem erzürnten Gott 500 adlige Kinder geopfert hätten. Eine aus dem 4. Jahrhundert stammende Stele aus dem *Tofet* von Karthago zeigt einen Priester mit einem flachen, einem Fez ähnelnden Kopfschmuck und einem durchsichtigen Gewand, der ein Kind zum Opferplatz trägt. Klassische und biblische Texte beschreiben die Praxis folgendermaßen: Das Kind wurde auf die ausgestreckten Arme der Baalstatue gelegt und dann von dort lebendig in den darunter befindlichen brennenden Ofen geworfen.[52] Durch das Kinderopfer festigten die Phönizier ihre Identität als Diener Baals, Melqarts und des phönizischen Pantheons wie auch als Tyrener – hundert Jahre nachdem ihre Vorfahren aus dem Libanon nach Nordafrika, Sizilien und Sardinien gekommen waren. So mag es denn den künstlerischen Hervorbringungen der Phönizier – und insbesondere der Karthager – an Originalität gefehlt haben, doch es waren Menschen mit einem überwältigenden Identitätsgefühl.

KAPITEL 2

Die Erben des Odysseus

800 bis 550 v. Chr.

I

Ob die frühen Griechen ein ebenso starkes Identitätsgefühl besaßen wie die Phönizier, ist alles andere als klar. Erst als sich im 6. Jahrhundert v. Chr. aus dem Osten eine massive persische Bedrohung abzuzeichnen schien, begannen die verschiedenen griechischsprachigen Gruppen auf der Peloponnes, in Attika und der Ägäis größeren Nachdruck auf ihre Gemeinsamkeiten zu legen. Das Gefühl einer hellenischen Identität wurde weiter gestärkt durch bittere Konflikte mit Kriegsflotten der Etrusker und Karthager im Westen.[1] Sie empfanden sich eher als Ionier, Dorer, Äoler und Arkadier denn als Hellenen. Da waren die Spartaner, stolze Erben des dorischen Namens, die sich als Neueinwanderer aus dem Norden sahen. Da waren die Athener, die darauf bestanden, die niemals eroberten Nachfahren der älteren Griechen zu sein. Da waren die Ionier, die in den neuen Siedlungen jenseits des Ägäischen Meeres auf Chios, auf Lesbos und an der asiatischen Küste lebten. Als »Griechen« können nicht einfach all jene identifiziert werden, die Freude an den Erzählungen über griechische Götter und Heroen hatten, denn diese Erzählungen waren auch anderswo verbreitet, vor allem bei den Etruskern. Ebenso wenig hätten die Griechen gewünscht, dass alle Bewohner der heute als Griechenland bezeichneten Region als Griechen anerkannt worden wären, denn sie identifizierten unter der Bevölkerung der Inseln und Küstenstriche seltsame Überreste früherer Völker, die sie mit den Sammelbezeichnungen »Pelasger« oder »Tyrener« belegten. Außerdem wanderten griechischsprachige Gruppen von der Ägäis und der Peloponnes nach Kleinasien, wo sie über

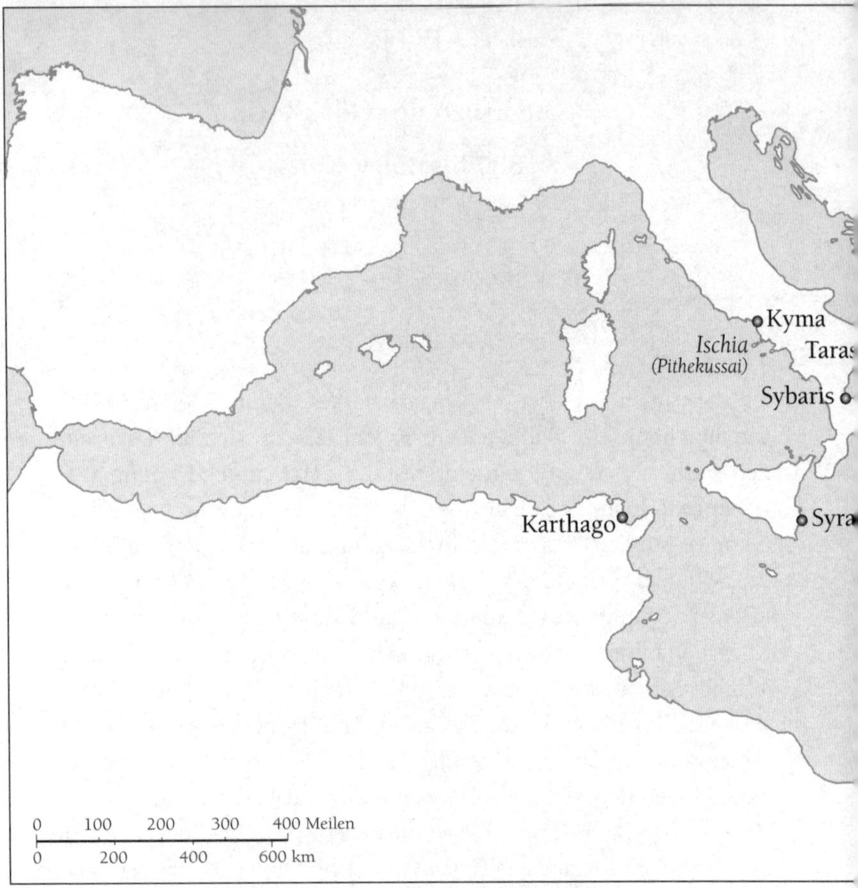

zweieinhalbtausend Jahre bleiben sollten, sowie nach Sizilien, Italien und Nordafrika.

Wie, wann und warum diese große Diaspora entstand, bleibt eines der großen Rätsel des früheisenzeitlichen Mittelmeerraums. Sicher ist, dass diese Wanderung die Region veränderte, indem sie Güter und Götter, Stile und Ideen sowie Menschen im Westen bis nach Spanien und im Osten bis nach Syrien brachte. Die Griechen erinnern sich an diese Wanderung von Menschen und Dingen in komplexen und widersprüchlichen Geschichten von fernen Vorfahren, die ihren Samen im

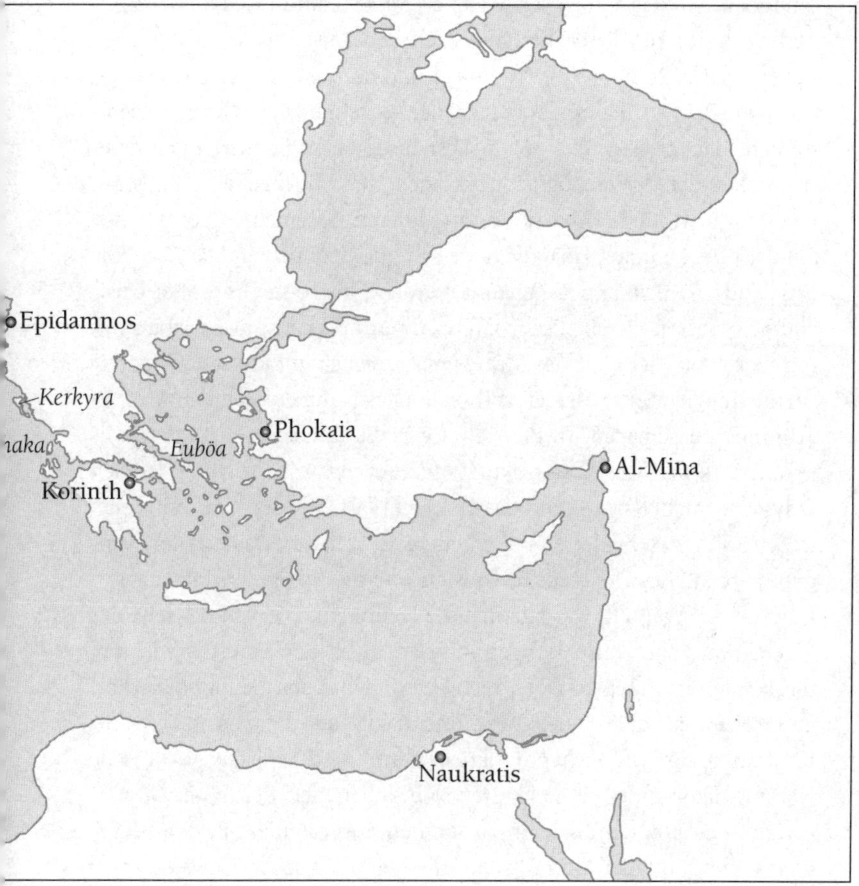

ganzen Mittelmeergebiet ausstreuten. Demnach bestiegen gelegentlich sogar ganze Völker Schiffe und überwanden Entfernungen von vielen hundert Kilometern. Die Legenden sagen mehr über die Zeit, in der sie erzählt und verbreitet wurden, als über die ferne Vergangenheit, in der diese Heroen angeblich lebten.[2] Darin entwickelte sich eine obsessive Identifizierung mit jenen Vorfahren, deren Fahrten sich in einer Reihe von Etymologien und phantastischen Tatsachen nachzeichnen ließen, von denen wir heute wissen, dass sie falsch waren.

Für die alten Griechen führte der Untergang Trojas nicht nur zum Zusammenbruch der heroischen Welt von Mykene und Pylos. In der Erinnerung markierte dieses Ereignis auch den Augenblick, da Griechen sich auf den Weg über das Mittelmeer und darüber hinaus machten. Es war eine Zeit, in der Seeleute sich den Gefahren des offenen Meeres stellten – lebendigen Gefahren in Gestalt singender Sirenen, der Zauberin Kirke oder der einäugigen Zyklopen. Das sturmgepeitschte Meer, von dem in Homers *Odyssee* und in anderen Geschichten von Helden auf der Rückkehr aus Troja die Rede ist (eine Gruppe von Männern, die *Nostoi* oder »Rückkehrer« genannt wurden), blieb ein Ort großer Unsicherheit, dessen physikalische Grenzen nur unscharf umschrieben waren. Poseidon, der Gott des Meeres, war zornig auf Odysseus und versuchte immer wieder, dessen zerbrechliches Schiff auf offenem Meer in Trümmer zu schlagen. In der *Odyssee* heißt es über den Helden: »Es jammerte seiner die Götter. Nur Poseidon zürnte dem göttergleichen Odysseus unablässig« – und das erst recht, als Odysseus dessen monströsen Sohn, den Zyklopen Polyphem, getötet hatte.[3] Das Ziel der Wanderer, ob nun des Odysseus im Westen oder des Spartaners Menelaos in Libyen und Ägypten, war letztlich die Heimkehr. Die Welt jenseits des Meeres war voller Verlockungen – Inseln, auf denen Lotusesser lebten, die Höhle der Kalypso. Doch nichts vermochte den heimischen Herd zu ersetzen, an dem Penelope spinnend saß, auf den verlorenen Gatten wartete und die zechenden Freier abwehrte. Klassische griechische Kommentatoren des Homer waren sich sicher, viele der in der *Odyssee* erwähnten Orte identifizieren zu können, insbesondere in den Seegebieten um Süditalien und Sizilien: die heimtückischen Gewässer zwischen Skylla und Charybdis wurden mit der durch eine starke Strömung gekennzeichneten Straße von Messina gleichgesetzt, die Insel der Lotusesser schien die Insel Djerba vor der Küste des heutigen Tunesien zu sein. Und Kerkyra (Korfu) galt ihnen als das Reich des Königs Alkinoos, dem Odysseus von seinen Abenteuern berichtete, nachdem er an der Küste der Insel Schiffbruch erlitten und von Nausikaa, der schönen Tochter des Königs, Hilfe erlangt hatte, die den Adel dieses Mannes trotz seiner erbärmlichen Nacktheit erkannte.[4] Wer Homer auch gewesen sein und wann er auch gelebt haben mochte (vielleicht um 700 v. Chr.), in seinen geographischen Angaben war er nie präzise. Es wäre verlockend, in der *Odyssee* einen *Baedeker* des Mittelmeeres für frühe griechische Seefahrer zu sehen, und ernsthafte Wissenschaftler und Seeleute haben versucht, die Route des Odysseus nachzuzeichnen, in der Annahme, dass sich in der Erzählung seiner Abenteuer eine historische Wahrheit verbirgt.[5] Doch Homers Meer ist aus Berichten über das Mittelmeer und das Schwarze Meer zusammengesetzt, wobei möglicherweise auch atlantische Gewässer in den Cocktail gerührt wurden. So scheint die Insel Aiaia, auf der Kirke lebte, nach ihrem Namen zu urteilen irgendwo im Osten zu liegen, Richtung Sonnenaufgang. Doch der Dichter Hesiod, der fast ein Zeitgenosse Homers war, gelangte zu der Ansicht, Kirke müsse irgendwo in der Nähe Italiens gewohnt haben. In den Händen der Dichter war die Karte des Mittelmeeres unendlich formbar.[6]

Die Griechen und ihre Nachbarn wussten von den Wirren, die nach dem Untergang Trojas ganze Völker in Bewegung versetzt hatten, und sie personifizierten diese Wanderungen in einzelnen Personen, deren Nachkommen sie waren. Es war eine Erzählung, die unzählige Male wiederholt wurde und in der sicheren Überzeugung der Römer gipfelte, von dem Trojaner Aeneas abzustammen, dessen eigene Abenteuer durch Erlebnisse aus dem Leben des Odysseus ergänzt wurden, insbesondere durch dessen Besuch in der Unterwelt. Aber es gab auch Etrusker, die davon überzeugt waren, von Odysseus abzustammen (dort *Uliśe* genannt, daher die lateinische Form Ulysses) oder auch von Aeneas. Die griechischen und trojanischen Helden wurden Teil des mediterranen Legendenbestandes, dessen Urheber nicht mehr allein die Griechen waren. Schließlich hatte Homer nur einen kleinen Teil der Geschichte erzählt: ein paar Tage während der Belagerung Trojas in der *Ilias*, die ausgedehnten Irrfahrten eines einzigen Helden und die Fahrten seines Sohnes auf der Suche nach dem Vater in der *Odyssee*. Es gab ausreichend Gelegenheit, die Lücken zu füllen, und umfangreiche mündliche Überlieferungen, auf die griechische Autoren zurückgreifen konnten, von Hesiod im 7. Jahrhundert v. Chr. bis hin zu den großen Dramatikern Athens mit ihrer ergreifenden Darstellung der Machtkämpfe in Mykene nach der Heimkehr Agamemnons und seiner Ermordung im Bad. Der deutlichste Hinweis auf die rasche Ausbreitung des Troja-Zyklus findet sich auf Vasengemälden, ziselierten Spiegeln und anderen Objekten, die nicht nur die von Homer aufgezeichneten Geschichten darstellen, sondern auch andere Aspekte des Trojanischen Krieges und seiner Folgen – sie erscheinen erstmals schon im 7. Jahrhundert v. Chr., und Szenen aus der *Odyssee* lassen sich ab etwa 600 v. Chr. auf griechischer Keramik identifizieren, darunter die Geschichte von den Sirenen und wenig später die Geschichte von der Zauberin Kirke.[7]

Ungewöhnlich an der *Odyssee* ist nicht nur die nebelhafte Lokalisierung der Landgänge des Helden, sondern auch die Abgelegenheit seiner Heimat. Ithaka lag am äußersten Rand der mykenischen Welt und war ohne Zweifel ein Ausgangspunkt für die Fahrten jener mykenischen Händler, die sich Richtung Süditalien vorwagten. Jenseits von Ithaka und den übrigen Ionischen Inseln lag Kerkyra. Von dort war es nur noch eine kurze Überfahrt bis nach Italien und der Kolonie Taras, die 706 v. Chr. von den Spartanern ganz in der Nähe der Ausgrabungsstätte Scoglio del Tonno gegründet worden war, wo die einheimischen Süditaliener in früheren Jahrhunderten große Mengen mykenischer Keramik erworben hatten. Nach 800 begann Keramik aus Korinth und Euböa in der westlichen Ägäis in Ithaka einzutreffen, und die Kleinstadt Aetos, in der man zahlreiche korinthische Krüge gefunden hat, war offenbar eine korinthische Handelsstation. Es gab dort ein Heiligtum, in dem Seeleute Opfergaben wie Bernsteinperlen, Bronzeamulette und Goldschmuck aus Kreta zurückließen.[8] Nur wenige Funde zeugen von einer blühenden mykenischen Kultur in Ithaka, obwohl Schliemann alles tat, um den Palast des Odysseus zu finden. Doch die Insel wurde nicht von der Revolution am Ende der Bronzezeit erschüttert. Alte Kultzentren florierten weiterhin, und der Fortbestand der alten Bevölkerung und ihrer Bräuche mag erklären, warum ein reicherer Fundus von Geschichten über die Rückkehr dieses einen Helden erhalten blieb als bei den übrigen *Nostoi*. Ein dem Odysseus gewidmetes Heiligtum in Polis stammt aus der Mitte des 8. Jahrhunderts v. Chr., und in späteren Jahrhunderten glaubten die Griechen, diese Stätte erinnere daran, dass Odysseus an dieser Stelle bronzene Dreifüße als Weihegaben dargebracht habe, als er endlich auf die Insel zurückgekehrt war. Seine Anhänger hinterließen eigene Dreifüße, die man dort ausgegraben hat.[9]

Homer wusste, dass die Gewässer jenseits der Ägäis von Kaufleuten erschlossen wurden. Er lobte die Tapferkeit der Piraten und verachtete die Geldgier der Kaufleute. In der *Odyssee* heißt es von einem phönizischen Händler, er sei »ein arger Betrüger und Erzschinder, der viele Menschen ins Elend gestürzt hat«, und als »Erzschinder« bezeichnete er auch das ganze Volk der Phönizier.[10] Homer erinnerte sich wehmütig der Zeiten, als die Idealform des Austauschs nicht der Handel zwischen Kaufleuten, sondern der Austausch von Geschenken zwischen edlen Kriegern gewesen war: »Dieser gab Menelaos zwo Badewannen von Silber, zween dreifüßige Kessel und zehn Talente des Goldes.« Homers Bild einer heroischen, von überkommenen Verhaltensregeln geleiteten Gesellschaft veranlasste Finley, eine *Welt des Odysseus* zu beschwören, die der kommerzialisierten Welt der griechischen Händler vorausgegangen sei.[11] Doch Homer selbst war hier ambivalent. Fürsten konnten zugleich auch Kaufleute sein. Selbst Götter konnten als Kaufleute posieren. Am Anfang der *Odyssee* erscheint Athene dem Sohn des Odysseus, Telemachos, in der Gestalt eines fürstlichen Kaufmanns: »Mentes, Anchialos' Sohn, des kriegserfahrenen Helden, rühm ich mich und beherrsche die ruderliebende Taphos. Jetzo schiffte ich hier an; denn ich steure mit meinen Genossen über das dunkle Meer zu den unverständlichen Völkern, mir in Temesa Kupfer für blinkendes Eisen zu tauschen.«[12] Temesa gilt allgemein als ein Ort in Süditalien, aber eigentlich könnte er sich überall befinden. Tatsächlich reichte Homers Radar kaum bis Süditalien. Zwar erwähnt er gelegentlich Sizilianer, doch die meisten Hinweise finden sich im 24. Buch der *Odyssee*, die entweder einen späteren, gefälschten Schluss darstellt oder eine stark veränderte Fassung irgendeiner früheren Version.

In einer der berühmtesten Szenen der *Odyssee* beschreibt Homer die Begegnung zwischen der Schiffsmannschaft des Odysseus und den Zyklopen. Diesen Abschnitt kann man als Darstellung der Furcht lesen, welche die Griechen trotz der Fassade ihrer Kultur empfanden, wenn sie mit fremdartigen, primitiven Völkern in Berührung kamen. Es fällt Homer nicht schwer, die Unterschiede zwischen Zivilisierten und Wilden zu benennen. Die Zyklopen sind »wild« und »gesetzeslos«; sie pflanzen und säen nicht, sondern sammeln, was sie brauchen. »Dort ist weder Gesetz noch öffentliche Versammlung.« Sie führen ein ungeselliges Leben in Höhlen und achten nicht auf ihre Nachbarn.[13] Sie sind Menschenfresser und kümmern sich nicht um die Götter.[14] Vor allem aber kennen sie nicht die Vorzüge des Handels:

> »Denn es gebricht den Kyklopen an rotgeschnäbelten Schiffen, auch ist unter dem Schwarm kein Meister, kundig des Schiffsbaus, schöngebordete Schiffe zu zimmern, daß sie mit Botschaft zu den Völkern der Welt hinwandelten, wie sich so häufig Menschen über das Meer in Schiffen einander besuchen.«[15]

Dagegen lautet Athenes Rat an Telemachos: »Rüste das trefflichste Schiff mit zwanzig Gefährten und eile, Kundschaft dir zu erforschen vom lang abwesenden Vater«, womit sie andeutet, dass seine Insel ein Ort ist, an dem jeder sich in der Kunst der Seefahrt auskennt.[16] Es war eine Gesellschaft, in der es leicht und natürlich war, zur See zu fahren: eine mobile Gesellschaft, die den Kontakt zu anderen Gesellschaften im Mittelmeerraum aufzunehmen begann. Gemeinsam oder im Wettstreit miteinander begannen Griechen und Phönizier, nicht nur eine Renaissance ihrer jeweiligen eigenen Heimat einzuleiten, sondern auch fern der Heimat dynamische städtische Gesellschaften aufzubauen. Und auch jenseits der Länder, in denen sie selbst sich niederließen, übten sie einen tiefgreifenden Einfluss auf die anderen Völker des Mittelmeerraums aus.

II

Wie David Ridgway einmal voller Begeisterung schrieb, war der Kontakt zwischen den Griechen der Ägäis (insbesondere Euböas) und den Ländern im Umkreis des Tyrrhenischen Meeres »von größerer bleibender Bedeutung für die westliche Zivilisation als irgendein anderer in der Antike erzielter Fortschritt«.[17] Es war ein bedeutender Augenblick nicht nur für die italienischen Regionen, in die damals die ersten griechischen Händler und Siedler kamen, sondern auch für deren Heimatländer, die nun als Handelszentren aufblühten. Nach dem Niedergang der euböischen Städte übernahm Korinth die Führung in diesem Handelsverkehr und schickte fein gearbeitete Vasen zu Tausenden Richtung Westen, während in der Gegenrichtung Rohstoffe wie Metalle und Nahrungsmittel flossen. Nach Korinth spielte dann im 5. Jahrhundert Athen eine ähnlich dominierende Rolle. Erst diese ausländischen Rohstoffe und Kontakte ermöglichten die große Renaissance der griechischen Regionen nach dem Zusammenbruch der bronzezeitlichen Zivilisation und die Verbreitung der von griechischen Handwerkern und Künstlern bevorzugten Stile mit der Folge, dass die Kunst der Griechen zum Maßstab für einheimische Künstler bei Iberern und Etruskern im fernen Westen wurde. Wollte man die Geschichte der griechischen Zivilisation ohne jeden Bezug auf die Gewässer des mittleren und westlichen Mittelmeeres als Geschichte des Aufstiegs Athens und Spartas schreiben, wäre das so, als schriebe man die Geschichte der Renaissance allein mit Blick auf Florenz und Venedig.

Der erste Kontakt zwischen Griechen und der Bucht von Neapel reicht – nach Keramikfunden auf der Insel Vivara zu urteilen – in mykenische Zeiten zurück. Die Euböer gründeten um 750 v. Chr. auf dieser Nachbarinsel von Ischia einen Stützpunkt. Es gibt keinen Hinweis darauf, dass sie bewusst den Spuren ihrer bronzezeitlichen Vorgänger gefolgt wären. Dennoch hat es etwas Seltsames, dass die erste griechische Siedlung im Italien der Eisenzeit tief im Tyrrhenischen Meer lag. Schon bald folgte auf dem Festland eine Siedlung in Kyma oder Kyme (italienisch: Cumae), an derselben großen Bucht gelegen.[18] Ein halbes Jahrhundert später gründeten die Spartaner eine Kolonie in Taras (italienisch: Taranto) am Absatz des italienischen Stiefels, der von den Ionischen Inseln und dem Golf von Korinth aus leicht zu erreichen war – ein Ort, der als weitaus sinnvoller für ein erstes, tastendes Einnisten auf italienischem Boden erscheint. Dennoch sollen die Phönizier auch schon vorher nach Nordafrika und über Gibraltar hinaus nach Tartessos gesegelt sein. Diese langen, anspruchsvollen Seewege hatten ihren Grund in der Suche nach Metallen, ob nun nach dem Kupfer und Eisen der Toskana und Sardiniens oder dem Silber Sardiniens und Südspaniens. Der Autor eines spätgriechischen Berichts über die Fahrten der Phönizier nach Tartessos wundert sich über die weit im Westen zu findenden Reichtümer und erzählt von den Kaufleuten, die Öl nach Westen brachten und dafür so viel Silber erhielten, dass sie »es gar nicht behalten oder wegschaffen konnten, so dass sie bei der Abfahrt gezwungen waren, nicht nur alle Gebrauchsgegenstände, sondern auch ihre Anker aus Silber herzustellen«.[19] Und wie wir noch sehen werden, gibt es genügend Belege für freundliche Beziehungen zwischen Phöniziern und Griechen in diesen Gewässern, um die Annahme zu wagen, dass die Erschließung dieser Seewege bis zu einem gewissen Grade ein Gemeinschaftsunternehmen darstellte, auch wenn die wichtigsten Siedlungen wie Karthago und Kyme eine jeweils eigene ethnische Identität entwickelten (wobei es sich bei den griechischen Städten nicht um eine griechische, sondern jeweils um eine euböische, dorische oder ionische Identität handelte).

An beiden Enden des Seewegs zwischen Euböa und Ischia stoßen wir auf ein Rätsel. Weshalb Euböa als erstes bedeutendes Zentrum des Überseehandels nach dem »Dunklen Zeitalter« entstand, ist alles andere als klar.[20] Euböa ist eine langgestreckte, waldreiche Insel, die sich an der Ostküste des griechischen Festlands entlangzieht. Der Abstand zur Küste beträgt nur ein paar Kilometer, dennoch berichtete Hesiod von seiner irrationalen Angst bei der Überfahrt über diesen engen Kanal. Die wahrscheinlichste Erklärung für die große Bedeutung Euböas dürfte in dem Umstand liegen, dass die beiden wichtigsten Städte auf der Insel, Chalkis und Eretria, über ausgezeichnete natürliche Ressourcen verfügten, die sie für den lokalen Handel bis nach Athen und Korinth auszubeuten begannen. Euböa war reich an Holz, das für den Schiffsbau unverzichtbar war. Tatsächlich heißt es in einer der Homerischen Hymnen – einer Reihe von Lobliedern auf die Götter, die im 7. oder 6. Jahrhundert in einem als homerisch empfundenen Stil geschrieben wurden –, und zwar in der Hymne auf Apoll, die Insel sei »berühmt für ihre Schiffe«. Ein anderes Handelsgut war der Wein – aus dem frühgriechischen Wort *woinos* wurde bei den Etruskern ein Wort, das die Römer dann als *vinum* verstanden.[21] Der Name einer der beiden Städte, Chalkis, lässt darauf schließen, dass es dort auch Kupfer *(khalkos)* gab, und Gussformen für die Beine von Dreifüßen, die man in Lefkandi auf Euböa gefunden hat, stammen aus dem späten 10. Jahrhundert v. Chr.

Lefkandi war damals ein florierender Ort. Man hat dort ein großes Gebäude mit einer Apsis an einem Ende ausgegraben, das 45 Meter lang und zehn Meter breit war und aus der Zeit vor 950 stammt. Es wurde aus Lehmziegeln auf Steinfundamenten errichtet und war mit Stroh gedeckt. Es handelte sich um das Mausoleum eines großen Kriegers. Man fand ihn in einen Leinenmantel gehüllt, von dem noch Reste erhalten geblieben sind, ausgerüstet mit Eisenschwert und Speer sowie drei Pferden, die ihn ins Jenseits begleiten sollten. Auch eine Frau war in dem Gebäude begraben, mit Goldschmuck und Fibeln aus Bronze und Eisen.[22]

Die Euböer verwandten nicht all ihre Kraft auf Ischia. Tatsächlich hatten sie die Absicht, Chalkis und Eretria zu Drehkreuzen zwischen den Handelsnetzen des westlichen und des östlichen Mittelmeeres zu machen. Schon im späten 11. Jahrhundert gelangte Keramik von der syrischen Küste nach Lefkandi. Die Einrichtung eines Handelskontors in al-Mina um 825 v. Chr. festigte die Verbindung nach Syrien. Der Ort wurde vor dem Zweiten Weltkrieg von Sir Leonard Woolley ausgegraben. Er konnte eindeutig zeigen, dass es sich um ein bedeutendes Handels- und Produktionszentrum handelte, dessen Aktivitäten in alle Richtungen der Windrose ausgerichtet waren – zum aufstrebenden Assyrerreich im Osten, die Küste hinab nach Tyros und Sidon, aber auch über das offene Meer hinüber nach Yavan, »Ionien«, also zu den Griechen.[23] Noch enger waren die Verbindungen nach Zypern, über das man Zugang zu den Städten Syriens, Südanatoliens und des Nildeltas hatte. Es war ein Ort, an dem alle Kulturen der Meeresküsten zusammentrafen. Die phönizische Kolonie Kition lebte in recht friedlicher Koexistenz mit den griechischen Siedlern und Kaufleuten. In Ausgrabungsstätten auf Euböa fand man auch einen bronzenen Keulenkopf aus Zypern sowie Objekte aus Gold, Fayence, Bernstein und Bergkristall, die aus Ägypten oder der Levante stammten.[24] Wie die Reste feinen Leinentuchs in dem Kriegergrab in Lefkandi belegen, bildeten hochwertige Textilien eine weitere Attraktion. Der Ruf der syrischen Küste als Ursprungsort von Tuchen und Farbstoffen lenkte die Aufmerksamkeit der Griechen auf die Levante. All das machte Euböa im 9. Jahrhundert zum wohlhabendsten Teil der griechischen Welt, abgesehen von dem teilweise hellenisierten Zypern. Weniger klar ist, wer diese Waren nach Euböa brachte. Der Boom dort begann, bevor Seeleute aus Chalkis und Eretria im 8. Jahrhundert die Siedlung auf Ischia gründeten. Möglicherweise waren die Kaufleute, die aus Zypern und der Levante kamen, gar keine Griechen, sondern Phönizier. Das würde auch erklären, warum frühgriechische Dichter phönizische Händler und deren harsches Geschäftsgebaren kannten.

Das zweite Rätsel ist die Frage, was die Euböer als Gegenleistung für die aus Zypern oder der Levante bezogenen Waren erhielten. Als sie die Seewege nach Westen öffneten, erhielten sie Zugang zu Metallen wie Kupfer und Eisen, denn die heimischen Bodenschätze reichten inzwischen offenbar nicht mehr aus, um den gestiegenen Bedarf der Euböer nach Waren aus dem Osten zu decken. Größtenteils beglichen sie ihre Schuld mit Waren, die keine deutlichen Spuren im Boden hinterlassen: Säcke voll Korn, Amphoren voller Wein oder Öl, verschlossene Krüge mit Parfüm. Wenn ihre Keramik in ferne Regionen wie das Königreich Israel oder das südanatolische Kilikien gelangte, mag man sie dort durchaus wegen der Eigenheiten ihrer Gestaltung geschätzt haben, aber entscheidend war der Inhalt. Und als dieser Handel regelmäßige Formen annahm, sorgte der Drang, immer mehr Luxuswaren aus dem Osten bezahlen zu können, für eine Ausweitung der Suche nach Metallen und anderen Waren, die diesem Zweck dienen konnten. So kamen die Euböer ins Tyrrhenische Meer. Es gab direkte oder indirekte Kontakte zu Sardinien, wie Funde von Keramik euböischer Herkunft oder zumindest euböischen Stils belegen. Noch besser waren die Eisenvorkommen an der toskanischen Küste und im Hinterland, einer Region mit prosperierenden Dörfern, die im Begriff standen, zu der reichen, städtisch ausgerichteten Kultur der Etrusker zusammenzuwachsen. So nahmen die Euböer – zunächst nur schrittweise – Kontakt zu den Gebieten im Umkreis des Tyrrhenischen Meeres auf, erst durch Vermittlung der Phönizier, dann auf ihren eigenen Schiffen.

Ischia war der Stützpunkt, den die Euböer für sich auswählten. Sie nannten die Insel seltsamerweise *Pithekussai*, »Ort der Affen«. Eine der Attraktionen der Insel waren die Weinberge, eine andere die sichere Lage vor der Küste – von dort konnten euböische Händler in alle Richtungen ausfahren auf der Suche nach den Erzeugnissen Süd- und Mittelitaliens sowie der italienischen Inseln.[25] Von etwa 750 bis 700 v. Chr. gab es ein blühendes Handels- und Produktionszentrum bei dem heutigen Ort Lacco Ameno, und zwei außergewöhnliche Objekte, die man dort fand, belegen die Verbindung zwischen dieser abgelegenen Siedlung und der griechischen Welt. Eines dieser Objekte ist ein in Rhodos gefertigter Trinkbecher, den man im Grab eines etwa zehnjährigen Jungen fand. Nach der Fertigung war dieser Becher mit einem heiteren Spruch verziert worden:

> »Nestor besaß einen schönen Trinkbecher, aber wer daraus trinkt, wird bald von Begehren nach der hübsch gekrönten Aphrodite ergriffen.«[26]

Nestors Becher, so heißt es in der *Odyssee*, war aus Gold, doch der Wein erlangte darin eine Macht, die Gold allein nicht zu schenken vermag.[27] Die Inschrift besitzt viele erstaunliche Eigenheiten. Sie ist in der Version des griechischen Alphabets geschrieben, die man in Chalkis bevorzugte, und das stützt die These, wonach die Inschrift nicht bei der Fertigung des Bechers auf Rhodos angebracht wurde, sondern erst später auf Euböa von Griechen, die das Alphabet von phönizischen Besuchern gelernt hatten. Die Euböer brachten das Alphabet westwärts zu den Völkern Italiens. Deshalb bildete ihre Version (und nicht die attische, die in der griechischen Welt triumphierte) die Grundlage für das etruskische und, davon abgeleitet, das römische Alphabet. Diese Hexameterzeilen sind die einzigen Verse, die neben dem Homerischen Kanon aus dem 8. Jahrhundert überlebt haben. Der Verweis auf Nestor ist ein weiterer Beleg für die zentrale Bedeutung des Trojanischen Krieges in Leben und Denken der archaischen Griechen. Die Verbindung nach Rhodos, ob direkt oder über Chalkis und Eretria, wird durch den Fund einer ganzen Reihe von *aryballoi*, kleinen Parfümkrügen, auf Ischia bestätigt, die in Rhodos hergestellt und auf einem Friedhof weggeworfen worden waren, nachdem man sie bei Begräbniszeremonien geleert hatte.

Der zweite bemerkenswerte Fund aus Lacco Ameno ist eine niedrige Vase oder ein Mischkrug, auf dessen Rand ein Schiffsuntergang dargestellt ist. Auch dies ist das erste Objekt dieser Art, die erste figürliche, erzählende Malerei aus einer italienischen Ausgrabungsstätte. Und sie wurde dort angefertigt. Ein Schiff, ähnlich den später auf korinthischer Keramik dargestellten, ist gekentert, und die Seeleute schwimmen im Meer um ihr Leben, doch einer von ihnen ist bereits ertrunken, und einer steht kurz davor, von einem riesigen Fisch verschlungen zu werden. Da ein weiteres Bild einen gutgenährten Fisch zeigt, der senkrecht auf seiner Schwanzflosse steht, scheint er nicht entkommen zu sein. Nichts an diesen Bildern erinnert an Geschichten aus der *Odyssee* oder andere Erzählungen über heimkehrende Helden. Es könnte sich um eine lokale und dort weithin bekannte Geschichte von realen Männern handeln, die aufs Meer hinausfuhren und niemals zurückkehrten. Auch andere Funde aus Gräbern zeugen von der Bedeutung des Seehandels für die Einwohner von Pithekussai. Aus Etrurien kamen einige Vasen in dem schlichten schwarzen Stil, der als *bucchero* bezeichnet wird; es war eher die Form als die Verzierung, die ihnen Eleganz verlieh. Besonders lebhaft waren die Verbindungen nach Osten. Gut ein Drittel der aus dem dritten Viertel des 8. Jahrhunderts stammenden Gräber enthielt Objekte, die in der Levante oder unter levantinischem Einfluss hergestellt worden waren.[28] Ein Skarabäusamulett, das man in einem Kindergrab gefunden hat, trägt den Namen des Pharaos Bokchoris, was für die Zeit um 720 v. Chr. spricht, und es gibt eine Fayencevase aus einer etruskischen Ausgrabungsstätte in Tarquinia, die den Namen desselben Pharaos trägt. Daraus können wir den Schluss ziehen, dass der Handelsweg von Ägypten aus wahrscheinlich über Phönizien oder die Siedlung al-Mina in Syrien nach Griechenland und von dort ins Tyrrhenische Meer führte. Pithekussai war jedoch keineswegs der Endpunkt dieser Linie, denn die Kaufleute drangen noch weiter vor, bis sie auf die metallreiche Küste der Toskana stießen. Wie die Phönizier in Übersee am Ende geschäftigere Händler wurden als die Phönizier der Levante, so bauten auch die Euböer im fernen Westen ihre eigene dynamische Handelswelt auf, die Syrien, Rhodos, Ionien und schließlich auch Korinth mit Pithekussai verband.

Die Einwohner von Pithekussai waren Händler, aber auch Handwerker und Handwerkerinnen. Ein Stück Eisenschlacke stammt wahrscheinlich von der Insel Elba und unterstreicht damit die Bedeutung, die der Verbindung nach Etrurien zukam, denn auf Ischia gab es keine

Metalle. Man hat Schmelztiegel gefunden, außerdem kleine Stücke Draht und Barren, die darauf hindeuten, dass Bronze- und Eisenidole hergestellt wurden. Es war eine hart arbeitende Gemeinschaft von Auswanderern, die nach den besten Schätzungen im späten 8. Jahrhundert zwischen 4800 und 9800 Mitglieder zählte. Was als Handelsstation gegründet worden war, entwickelte sich zu einer Stadt recht ordentlicher Größe, in der nicht nur Griechen, sondern auch einige Phönizier und Festlandsitaliener lebten. Eine Urne mit den sterblichen Überresten eines Kindes trägt ein offenbar phönizisches Symbol.[29] Wir dürfen nicht annehmen, nur weil Pithekussai eine griechische Gründung war, wäre die Stadt allein von Griechen oder in diesem Fall von Euböern bewohnt worden. Fremde Handwerker waren willkommen, wenn sie ihre Stile und Techniken mitbrachten, ob es sich nun um korinthische Töpfer handelte, die um 725 v. Chr. in der Nähe von Kyme zu siedeln begannen, oder um phönizische Schnitzer, die den sehnlichen Wunsch der italienischen Völker nach orientalischen Gütern befriedigen konnten. So wurde Pithekussai zu einem Kanal, durch den »orientalisierende« Stile nach Westen verfrachtet wurden. Die Bewohner von Pithekussai beobachteten, wie hungrig die wachsenden dörflichen Gemeinschaften Südetruriens in Orten wie Veji, Caere und Tarquinia nach Gütern aus dem Osten waren, und sie verkauften den frühen Etruskern, was diese sich wünschten, im Austausch gegen die Metalle aus Nordetrurien. Ob sie eine Ansammlung von Dörfern im Umkreis von sieben Hügeln jenseits des Tibers unmittelbar südlich von Etrurien bemerkten, ist weniger sicher.

III

Thukydides berichtete, wie die Städte auf Euböa in den »Lelantischen Krieg« verwickelt wurden, der in seinen Augen der schlimmste innergriechische Konflikt vor dem Peloponnesischen Krieg war. Doch der Konflikt lässt sich nicht genau datieren, und man weiß kaum etwas über die Details. Möglicherweise handelte es sich um einen Streit um die

Kontrolle über die Kupfer- und Eisenvorkommen im Boden der Lelantischen Ebene oder auch über die darauf befindlichen Weinberge und Weiden.[30] Jedenfalls hatte Euböa um 700 v. Chr. seinen Zenit überschritten. Als vorzeitiger Pionier vermochte Euböa seine Führungsstellung nicht zu behaupten, als andere Zentren wie Korinth zu ernsthaften Konkurrenten wurden. Der Reichtum Korinths beruhte auf dem Handel mit dem Westen. Schon Homer beschrieb die Stadt als *aphneios*, »reich«.[31] Der traditionsverhaftete Dichter des 5. Jahrhunderts Pindar besang Korinth in seinen Olympischen Oden und pries die Stadt als »den beglückten Vorhof des Poseidon am Isthmos«.[32] Im 5. Jahrhundert besaß Korinth nach Fläche und Bevölkerungszahl nur ein Drittel der Größe Athens, aber die Stadt vermochte dank ihrer Lage große Gewinne aus dem Handel mit der Ägäis und noch größere Gewinne aus dem griechischen Westhandel mit dem Adriatischen, dem Ionischen und dem Tyrrhenischen Meer zu erzielen. Dank ihrer Lage am Verbindungsweg zwischen Nordgriechenland und der Peloponnes konnten die Korinther auch vom Landhandel über den Isthmus profitieren.[33] Die Bewohner der Ansiedlung, die damals wahrscheinlich aus einer Ansammlung von Dörfern unterhalb des steilen Burgbergs Akrokorinth bestand, unterhielten ab etwa 900 v. Chr. umfangreiche Kontakte zur Außenwelt, als protogeometrische korinthische Keramik Böotien erreichte. Um 800 gelangte dann bereits eine beträchtliche Menge korinthischer Keramik in Gestalt von Weihegaben nach Delphi.[34] Mitte des 8. Jahrhunderts fand korinthische Keramik in größerer Menge den Weg nach Pithekussai und von dort in die Dörfer des frühen Etruriens.[35] Im 7. Jahrhundert v. Chr. bauten die Korinther Häfen beiderseits des Isthmus, einen in Lechaion am Golf von Korinth und einen zweiten in Kenchreai, der über den Saronischen Golf den Weg in die Ägäis eröffnete – dort waren die Gewässer ruhiger, aber der Weg von Korinth war weiter. Nicht weniger bedeutsam war der Bau eines großen Schiffskarrenwegs, des *diolkos*, auf dem korinthische Sklaven Schiffe von einem Hafen zum andern über Land ziehen konnten. Nur Aristophanes besaß die Phantasie, den *diolkos* mit dem Geschlechtsakt zu vergleichen: »Eine Art Isthmus hast du da, Kerl. Vorwärts und rückwärts ziehst du deinen Schwanz häufiger als die Korinther« ihre Schiffe auf dem *diolkos*.[36] In

Korinth selbst ausgegrabene Keramikfunde belegen rege Verbindungen nach Osten wie auch nach Westen – nach Chios, Samos und Etrurien.[37] Thukydides bestätigt, dass Korinth auch ein Zentrum des Schiffsbaus war: »Auch sollen in Korinth die ersten Dreiruderer der Hellenen gebaut worden sein.«[38]

Der korinthische Tyrann Periandros schloss irgendwann zwischen 625 und 600 v. Chr. mit dem Herrscher des an der kleinasiatischen Küste gelegenen Milet einen Vertrag, der Teil seiner Bemühungen um den Aufbau eines Bündnisnetzes war, das bis nach Ionien und Ägypten reichen sollte – der Neffe des Tyrannen, Kypselos, wurde auch Psammetichos genannt, nach einem Pharao, mit dem Periandros Geschäftsbeziehungen unterhielt. In Naukratis im Nildelta entstand eine ionische Handelsniederlassung, in der bald schon korinthische Keramik auftauchte.[39] Mitte des 6. Jahrhunderts v. Chr. zogen die Griechen in Italien und Sizilien korinthische Keramik allen Konkurrenzprodukten vor. Die Karthager kopierten im späten 8. Jahrhundert korinthische Formen und Muster und erlagen dann einer kleinen Invasion echter korinthischer Keramik. Die Etrusker besaßen ausreichend Urteilsvermögen und kauften die besten Stücke, zum Beispiel die Chigi-Kanne, die um 650 v. Chr. entstand und als das schönste Stück korinthischer Keramik gilt, das erhalten geblieben ist. Erst im Laufe des 6. Jahrhunderts übernahm Athen die führende Stellung im Export von Keramik nach Italien.[40]

Niemand glaubt wirklich, diese florierenden Verbindungen zwischen Ost und West verdankten sich allein der Nachfrage nach korinthischer Keramik, so elegant sie auch gewesen sein mag. Der Teil der Stadt, in dem man sich der Herstellung von Keramik widmete, war flächenmäßig nicht sonderlich groß. Ein großer Teil der Keramik diente nur als Ballast auf Schiffen, die mit vergänglichen Gütern beladen waren, deren kostbarste wahrscheinlich Teppiche, Tücher und Kleidung aus feinem, purpurrot, violett, feuerrot und meergrün gefärbtem Leinen waren.[41] Die Herstellung solcher Textilien hing von der Versorgung mit den nötigen Farbstoffen ab, und hier spielten Verbindungen zu den phönizischen Purpurhändlern eine wichtige Rolle. Ein Verbindungspunkt war das Handelszentrum al-Mina in der Levante, wo Griechen, Phönizier, Aramäer und andere zusammenkamen und Handel miteinander trieben.[42]

Doch die Stärke Korinths lag in der Vielfalt. Die korinthischen Kaufleute handelten mit landwirtschaftlichen Erzeugnissen, Fellen und Häuten, Holz, Feinkeramik und Dachziegeln (die sie in solcher Menge zu den Tempeln in Delphi schickten, dass fast jedes Gebäude dort – abgesehen von den mit Marmor gedeckten – mit Dachziegeln aus Korinth gedeckt war). Auch kleine Bronzefiguren waren beliebte Exportartikel, ebenso Waffen und Rüstungen aus Bronze und Eisen, für die Korinth schon um 700 v. Chr. berühmt war.[43]

Der Preis des Erfolgs war Neid, und bei kriegerischen Auseinandersetzungen mit Nachbarn kam es gelegentlich vor, dass der Hafen Lechaion in die Hände von Feinden Korinths fiel. Doch in aller Regel bemühten sich die Korinther, mit möglichst vielen Nachbarn in Frieden zu leben, jedenfalls bis zum Ausbruch des Peloponnesischen Kriegs im späten 5. Jahrhundert v. Chr. Schließlich konnten Auseinandersetzungen zu Lande oder zu Wasser einer Handelsstadt nur schaden. Weniger klar ist indessen, ob der Handel auf korinthischen Schiffen abgewickelt wurde. Etwa ab 460 v. Chr. finden sich in Korinth große Menge von Amphoren, die aus Karthago stammten, was den Gedanken nahelegt, dass ein reger Handel mit Lebensmitteln zwischen Korinth und dem westlichen Mittelmeer bestand, den Korinther und Karthager untereinander aufteilten. Man hat die Vermutung geäußert, das wichtigste Erzeugnis, das in diesen Krügen nach Korinth gebracht wurde, sei die aus Fischabfällen hergestellte, *garon* (lateinisch: *garum*) genannte Sauce gewesen, die man aus so entlegenen Orten wie der phönizischen Handelsstation Guass an der marokkanischen Atlantikküste holte.[44] Amphoren, die zwischen dem Ende des 8. und der Mitte des 3. Jahrhunderts in Korinth hergestellt wurden, hat man überall im westlichen Mittelmeerraum gefunden, im Westen bis hin nach Algeciras und Ibiza sowie in Süditalien und in den griechischen Siedlungen in der Kyrenaika. Diese Krüge wurden hergestellt, um etwas hineinzufüllen, und ihre Anwesenheit zeugt von einem regen Handel mit Getreide, Öl und Wein. Als die Bevölkerung der auf dem griechischen Festland gelegenen Seestädte zunahm, wuchs auch die Nachfrage nach Getreide aus Gebieten wie Sizilien, und eine lebenswichtige Verbindung zwischen den Griechen im Westen und der Heimat ihrer Vorfahren verlief durch den Golf von Korinth. Korinth reagierte darauf mit dem Verkauf von überschüssigem Getreide und Öl aus den von der Stadt beherrschten Gebieten an Käufer aus Sizilien und anderen Orten.[45]

Der Aufstieg Korinths wirft weiterreichende Fragen zur Wirtschaft des antiken Mittelmeerraums auf. Nach Ansicht von Moses Finley gründete der Reichtum in der Landwirtschaft und im Handel mit lebensnotwendigen Dingen. Er glaubt, das Volumen des Luxushandels sei einfach zu klein gewesen, um den in Korinth und später in Athen zu erkennenden Reichtum hervorzubringen. Finley verweist auf Erkenntnisse der Anthropologie zum Gabentausch und meint, dass dieses Verhältnis zu dieser Zeit größere Bedeutung besessen habe als das Profitstreben. Doch die Funde weisen in die entgegengesetzte Richtung.[46] So begannen die Korinther schon Mitte des 6. Jahrhunderts Silbermünzen zu verwenden, und in Süditalien entdeckte Münzschätze zeigen, dass diese Münzen schon im späten 6. Jahrhundert nach Westen gelangten. Die Prägung wiedererkennbarer Münzen hatte ihren Ursprung jenseits der Ägäis in Lydien, und auch wenn klar ist, von wo die Idee der Münzprägung nach Korinth gelangte, wissen wir doch immer noch nicht, woher die Stadt das Silber bezog. Das Hauptmotiv für die Einführung der Münzen bestand möglicherweise in der Vereinheitlichung der Steuern, die man den Kaufleuten für die Benutzung der beiden Häfen und des *diolkos* abverlangte.[47] Jedenfalls waren die Händler um 600 v. Chr. mehr als bloße Vermittler eines Gabentauschs.

Zwei Gestalten aus der Frühgeschichte Korinths bestätigen diese Auffassung. Die eine ist Periandros, dessen Vater einen Aufstand gegen die bis dahin in Korinth herrschende Dynastie der Bakchiden angeführt hatte.[48] Periandros beherrschte Korinth von 627 bis 585 v. Chr., und in wirtschaftlicher Hinsicht war dies ein Goldenes Zeitalter. Herodot weist ihm allerdings viele der schlechten Eigenschaften eines echten Tyrannen zu. So soll er seine Frau Melissa getötet und mit der Leiche kopuliert haben, und erzürnt über den Tod seines Sohnes auf Kerkyra versklavte er 300 Jungen von der Insel und schickte sie nach Lydien, um sie dort kastrieren zu lassen. Für Aristoteles war er der Inbegriff eines brutalen Tyrannen. Doch an anderer Stelle berichtet Aristoteles, Periandros habe seine Einnahmen durch die Besteuerung von Märkten und Häfen erzielt und gut daran getan. Manche hätten ihn sogar zu den Sieben Weisen vergangener Zeiten gerechnet.[49] Sehr viel spätere Quellen behaupten, er sei ein Feind jeglichen Luxus gewesen. So ließ er angeblich die schönen Kleider verbrennen, die bei reichen Korintherinnen so beliebt waren, und verbot den Kauf von Sklaven, weil er der Ansicht war, seine Untertanen sollten selbst arbeiten.[50] Er verachtete Nichtstun. Bedeutsam ist hier die ferne Erinnerung an jemanden, dessen Politik auf die Schaffung von Reichtum zielte.

Die zweite bemerkenswerte Gestalt ist der zum Adelsgeschlecht der Bakchiden gehörende Demaratos, dessen Geschichte erst später, nämlich zur Zeit des Augustus, von Dionysios von Halikarnassos, einem nicht sonderlich zuverlässigen Autor, aufgezeichnet wurde. Nach dem Sturz seiner Dynastie floh Demaratos um 655 v. Chr. angeblich nach Tarquinia und heiratete dort eine einheimische Adlige. Sie gebar ihm einen Sohn namens Tarquinius, der später der erste etruskische König von Rom wurde. Demaratos soll auch Handwerker mitgebracht haben.[51] Es gab mit Sicherheit eine korinthische Diaspora, und die Bakchiden engagierten sich für die Gründung korinthischer Kolonien in Übersee. Um 733 gründeten sie die später wohl mächtigste griechische Stadt auf Sizilien: Syrakus. Und um dieselbe Zeit errichteten sie auf Kerkyra eine Kolonie, mit der sich die Beziehungen gelegentlich schwierig gestalteten.[52] Ursprünglich gehörte Kerkyra zu einer Reihe korinthischer Siedlungen entlang der Küste von Epeiros und Illyrien, gründete dann aber eine eigene Kolonie in Epidamnos (dem heutigen Durrës in Albanien). Kerkyra und Syrakus schützten den Handel in Richtung Adriatisches Meer und über das Ionische Meer. Die adriatischen Kolonien eröffneten den Zugang zu den Silbervorkommen im Inneren des Balkans – das wäre eine Erklärung für die Herkunft des Silbers, das Korinth für die Prägung der Silbermünzen verwendete. Als der Tyrann Dionysios von Syrakus zu Beginn des 4. Jahrhunderts v. Chr. die Gewässer des mittleren Mittelmeeres unter seine Kontrolle zu bekommen versuchte, beschloss er, »Städte am Adriatischen Meer zu bauen [...], weil er, um sich die Überfahrt nach Epirus zu sichern, sich zum Herrn der sogenannten Ionischen Meerstraße machen und eigene Städte haben wollte, wo er seine Schiffe vor Anker legen könnte«.[53] Eine ähnliche Frage stellt sich im

Blick auf die Gründung von Syrakus und Kerkyra: Ging es um den Schutz bestehender Handelswege, oder sollten sie einen Bevölkerungsüberschuss aufnehmen, den man in Korinth nicht mehr ernähren konnte?[54] Als die Kolonisten ihren Zugriff auf die neuen Territorien festigten, konnten sie auch einen Handel mit landwirtschaftlichen Erzeugnissen wie Getreide aufbauen und dadurch den in ihrer Heimat bestehenden Druck auf diese Ressourcen erleichtern, wodurch die Mutterstadt sogar die Möglichkeit erhielt, ohne solche Beschränkungen zu wachsen.

Letztlich handelt es sich um ein Henne-Ei-Problem. Viele Motive konnten einen griechischen Stadtbewohner damals in die Ferne treiben. An der Spitze der sozialen Stufenleiter gab es Menschen, die aus politischen Gründen ins Exil gingen, und weiter unten Kaufleute und Schiffseigner mit einem Blick für neue Märkte. Es gab Handwerker, die die wachsende Nachfrage nach ihren Erzeugnissen in fernen Regionen wie Italien oder Südfrankreich erkannt hatten. Und es gab solche, die im Westen nach neuem Land suchten, das sie bestellen konnten. Die Kolonisierung war kein Symptom wachsender Armut in der Heimat, sondern wachsenden Wohlstands und des Wunsches, auf den frühen Erfolgen Korinths und anderer Städte aufzubauen, die Pflanzstädte im Mittelmeerraum gegründet hatten. Wie die Geschichte des Demaratos von Korinth zeigt, gab es jenseits des Horizonts auch Länder, in denen die Griechen sich nur als Gäste mächtiger einheimischer Völker niederlassen konnten. Das wichtigste dieser Völker waren die Etrusker.

KAPITEL 3

Der Triumph der Tyrrhener
800 bis 400 v. Chr.

I

Die Bedeutung der Etrusker liegt nicht nur in ihren ausgemalten Grabstätten, deren lebhafte Farben und Formen D. H. Lawrence in ihren Bann zogen, nicht nur im rätselhaften Ursprung ihrer eigenartigen Sprache und auch nicht nur in ihrem gewaltigen Einfluss auf das frühe Rom. Sie waren außerdem die erste Zivilisation, die im westlichen Mittelmeer unter dem Einfluss der Kulturen des östlichen Mittelmeeres entstand. Die etruskische Kultur wird gelegentlich als bloß abgeleitet abgetan, und einer der größten Kenner der griechischen Kunst hat die Etrusker als »kunstlose Barbaren« bezeichnet.[1] Soweit ihre Hervorbringungen griechischen Maßstäben genügen, werden sie als das Werk griechischer Künstler eingestuft, der Rest gilt als Beweis für ihre künstlerische Unfähigkeit. Die meisten jedoch würden mit Lawrence die Vitalität und Ausdruckskraft ihrer Kunst preisen, auch wenn sie mit klassischen Vorstellungen von Geschmack und Perfektion bricht. Aber worauf es hier ankommt, ist gerade die Tiefe des griechischen und orientalischen Einflusses auf Etrurien, ist die Ausbreitung einer Reihe von Kulturen aus dem östlichen Mittelmeer nach Westen, ist der Aufbau enger Handelsbeziehungen zwischen Mittelitalien, das von den Mykenern nur selten besucht worden war, und der Ägäis wie auch der Levante. Hier handelte es sich um eine weiterreichende Entwicklung, die in anderer Form auch Sardinien und das mediterrane Spanien erfasste.

Mit dem Aufstieg der Etrusker – dem Bau der ersten Städte in Italien (von den allerersten griechischen Kolonien einmal abgesehen), der Schaffung einer etruskischen Seemacht und der Herstellung von Handelsbeziehungen zwischen Mittelitalien und der Levante – erfuhr die kulturelle Geographie des Mittelmeerraums eine nachhaltige Veränderung. An den Küsten des westlichen Mittelmeeres entwickelten sich hochkomplexe städtische Gesellschaften. Dort entfaltete man eine dauerhafte Nachfrage nach den Erzeugnissen Phöniziens und der Ägäis, und es entstanden neue künstlerische Stile, die einheimische Traditionen mit solchen aus dem Osten verschmolzen. Auf den neuen Handelsrouten, die Etrurien mit dem Osten verbanden, kamen nicht nur griechische und phönizische Kaufleute nach Italien, sondern auch die Götter und Göttinnen der Griechen und Phönizier, wobei vor allem die griechischen Gottheiten (zusammen mit einer bunten Vielfalt an olympischen Mythen, Erzählungen über Troja und Heldenlegenden) die Herzen der Menschen in Mittelitalien eroberten. Es entstanden Massenmärkte für die schönen Vasen aus Korinth und später aus Athen. Tatsächlich hat man viele der schönsten griechischen Vasen nicht in Griechenland, sondern in etruskischen Gräbern gefunden. Auch Karthago verdankte einen Gutteil seiner frühen Erfolge der Existenz von Märkten im nahe gelegenen Mittelitalien. Es erlangte einen privilegierten Zugang zu den Städten Etruriens und festigte seine Verbindungen durch eine Reihe von Verträgen (zu denen auch ein 509 v. Chr. mit Rom geschlossener Vertrag gehörte). Während die Karthager in Nordafrika und auf Sizilien mit Völkern Handel trieben, deren Kultur sie für relativ rückständig hielten, fanden sie in Etrurien bereitwillige Handelspartner, die sich auch als mächtige Verbündete im Kampf um die Vorherrschaft im mittleren Mittelmeer zwischen Karthago und den Griechen auf Sizilien erwiesen.

Die Etrusker erregen vielfach Aufmerksamkeit wegen zweier »Rätsel«, die sie angeblich umgeben: die Frage ihrer ethnischen Herkunft und die damit zusammenhängende Frage ihrer Sprache, die keine Verbindung zu den übrigen Sprachen der antiken Welt aufweist. Schon Historiker der Antike fabulierten über eine Wanderung der Etrusker aus dem östlichen Mittelmeerraum nach Italien. Herodots Version bietet eine wertvolle und weitverbreitete Darstellung, aus der wir ersehen können, wie die ionischen Griechen des 5. Jahrhunderts das Verhältnis zwischen Völkern und Regionen im Mittelmeerraum sahen.[2] In ihr schildert er, wie es

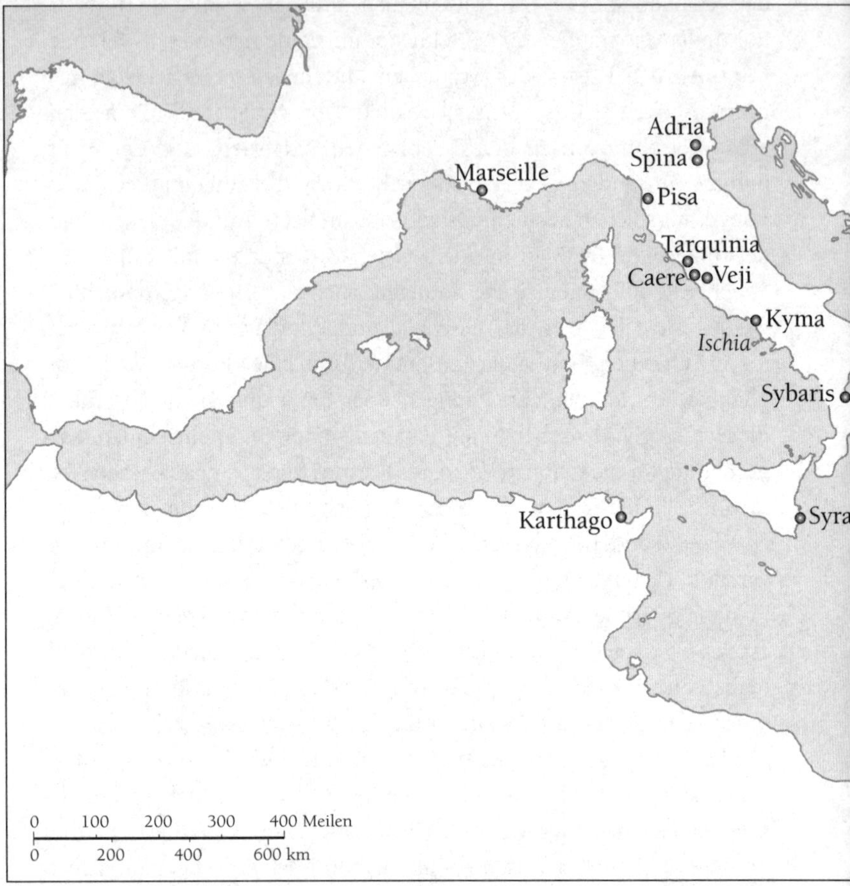

in der Regierungszeit des Königs Atys von Lydien – das heißt in sehr ferner Vergangenheit – zu der Wanderung gekommen war. Herodot berichtet, die Lyder hätten die Brettspiele erfunden, mit Ausnahme des Damespiels. Der Grund sei eine schwere Hungersnot gewesen. Anfangs hätten sie beschlossen, einen Tag zu essen und den folgenden Tag mit Spielen zu verbringen, um den Hunger zu vergessen. »So lebten sie achtzehn Jahre lang.« Aber die Lage wurde immer schlimmer. Deshalb ließ der König Lose ziehen und teilte das hungernde Volk auf diesem Wege in zwei Hälften. Die eine Hälfte sollte in Lydien bleiben, die andere unter

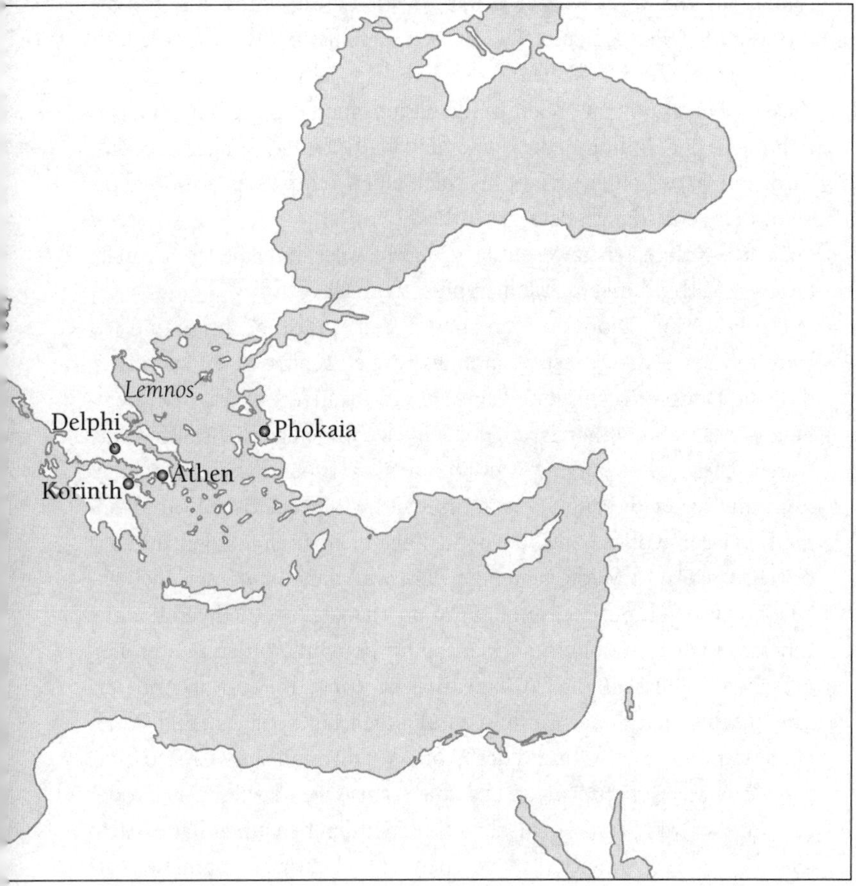

Führung seines Sohnes Tyrsenos nach einer neuen Heimat suchen. Die Auswanderer zogen nach Smyrna, bauten Schiffe und segelten an vielen Ländern vorbei, bis sie das Land der Umbrer erreichten, wo sie Städte bauten und nach ihrem Führer Tyrsenos den Namen *Tyrsenoi* annahmen.[3] *Tyrsenos* (oder im attischen Dialekt Athens: *Tyrrhenos*) war die übliche griechische Bezeichnung für einen Etrusker. Diese Darstellung war eine jener Geschichten über Fahrten in ferne Regionen, die bei den Griechen so beliebt waren. Zu denen, die diese Geschichte glaubten, wonach die Etrusker aus dem Osten eingewandert waren, gehörten die größten römischen Dichter – Vergil, Horaz, Ovid, Catull – und die größten Prosaschriftsteller – Cicero, Tacitus, Seneca. Offenbar war dies die feste Überzeugung der Etrusker und der Lyder. Im Jahr 26 n. Chr. beschloss Kaiser Tiberius, in einer Stadt in Kleinasien einen großen Tempel zu errichten. In der Hoffnung, die Römer davon überzeugen zu können, dass Sardis die natürlich Heimstatt für solch einen Tempel sei, erinnerte die Stadt den Senat daran, dass die Etrusker vor Jahrhunderten aus Sardis entsandte Kolonisten gewesen seien, was beweise, dass die Stadt von jeher enge Verbindungen zu Italien besessen habe.[4]

Der Historiker Dionysios, der zur Zeit des Augustus schrieb und wie Herodot aus Halikarnassos stammte, war entschlossen zu beweisen, dass die Etrusker nicht von Osten her eingewandert, sondern ein einheimisches – autochthones, auf dem eigenen Boden gewachsenes – Volk waren. Diese Überzeugung war Teil einer umfassenderen Argumentation, mit der er die enge Verwandtschaft zwischen Griechen und Römern belegen wollte.[5] Solche Überlegungen kamen im 20. Jahrhundert bei Historikern in Mode, denen bewusst war, dass die immer noch akzeptierte Darstellung des Herodot nur oberflächlich befriedigen konnte. Einerseits bot Herodot eine Erklärung für den außerordentlich großen östlichen Einfluss auf die frühe etruskische Kunst und Kultur. Andererseits machte sich dieser Einfluss am deutlichsten bemerkbar, als Griechen und Phönizier während des 8. und 7. Jahrhunderts v. Chr. ins Tyrrhenische Meer vorzudringen begannen – also weit später, als Herodot dies für die Ankunft der Etrusker aus dem Osten behauptet hatte. Auch gab es keine Verbindung zwischen der lydischen Sprache (die luwischen Urspungs war) und der Sprache der Etrusker, wie schon Dionysios bemerkt hatte.[6] Mit einer kurzen Verneigung vor Dionysios erklärte der moderne italienische Archäologe Massimo Pallottino, die eigentliche Frage sei nicht, welcher »Rasse« die Etrusker angehörten, sondern wie die etruskische Kultur als Komplex aus zahlreichen kulturellen Elementen zustande kam – einheimische Völker unterschiedlicher Herkunft und Sprache sowie fremde Kaufleute aus Phönizien und Griechenland.[7] Allenfalls könnten sich einige wandernde *condottieri* aus Kleinasien zu Herrschern über Gemeinschaften in Mittelitalien aufgeschwungen haben. Dadurch erklärte sich auch die ab 650 v. Chr. plötzlich einsetzende Vorliebe der Elite von Tarquinia und Caere für prachtvolle Grabmäler im orientalischen Stil, während der Name Tarquin (Tarchna) stark an den Namen des anatolischen Sturmgottes Tarhunna erinnert, nach dem Bewohner und Orte in Arzawa bei Troja benannt wurden. Was die etruskische Sprache betrifft, so muss es sich um eine sehr alte mediterrane Sprache gehandelt haben, die in Italien erhalten geblieben, aber andernorts von Eindringlingen aus dem Norden und dem Osten, die indoeuropäische Sprachen wie das Lateinische sprachen, verdrängt worden war. Man hat versucht, dieses Problem mit Hilfe von Blutgruppen- und DNA-Untersuchungen zu klären.[8] Man hat auch behauptet, die moderne Bevölkerung von Murlo in der Toskana, das einst ein wichtiges etruskisches Zentrum war, habe eine beträchtliche Zahl von Genen mit levantinischen Populationen gemeinsam, und die Tatsache, dass auch das Vieh in der Mitteltoskana stärker »östlich« geprägt ist, als man erwarten sollte, veranlasst führende Wissenschaftler zu dem Schluss, nicht nur die Menschen, sondern auch deren Tiere seien aus dem Osten gekommen.[9] Aber seit den Zeiten der Etrusker gab es zahlreiche Gelegenheiten für Menschen aus dem Osten, sich in toskanischen Städten niederzulassen, zum Beispiel für römische Legionäre oder mittelalterliche Sklaven. All das ermuntert Historiker, sich auf die eigentliche Frage zu konzentrieren: Nicht woher die Etrusker kamen, sondern wie ihre eigenständige Kultur in Italien entstand.

Wenn man sagt, die etruskische Zivilisation sei ohne eine Masseneinwanderung aus dem Osten entstanden, so heißt das nicht, dass die Verbindungen zwischen Etrurien und dem östlichen Mittelmeerraum ohne größere Bedeutung gewesen wären. Im Gegenteil, diese Erklärung des etruskischen Aufstiegs legt ganz beträchtliches Gewicht auf Wanderungsbewegungen von Ost nach West, allerdings nicht von Menschen, sondern von Objekten, Geschmacksmaßstäben und religiösen Kulten. Hier mögen nicht ganze Völker gewandert sein, wohl aber – wie aus historischen Quellen und archäologischen Funden hervorgeht – einzelne Menschen, zum Beispiel Demaratos von Korinth, der angeblich der Vater des Königs Tarquinius I. von Rom war (gest. 579 v. Chr.), oder der griechische Töpfer Aristonothos, der im 7. Jahrhundert v. Chr. lebte und im etruskischen Caere arbeitete.[10] Griechen und Phönizier brachten nicht nur Keramik und Luxusgüter, sondern neue Modelle sozialen Verhaltens mit. Festmähler und Begräbnisfeierlichkeiten (einschließlich des Brauchs, sich bei Festmählern auf Liegen auszustrecken) gehen möglicherweise auf syrische Vorbilder zurück. Das Sexualverhalten kombinierte griechische und einheimische etruskische Sitten miteinander. Das Wort *katmite* war eine typisch etruskische Zusammenziehung des griechischen Namens Ganymed und ging als *catamitus*, »Lustknabe«, ins Lateinische ein – zusammen mit heftigen Vorwürfen, die Etrusker hätten der Knabenliebe gefrönt, obwohl manche Beobachter sich über die zentrale Rolle von Frauen bei Festmählern wundern, die andernorts allein Männern vorbehalten waren.[11]

II

Schon sehr früh warf man den Etruskern auch vor, Piraten zu sein. Einer der Homerischen Hymnen stellt diesen Zusammenhang ganz direkt her. Er berichtet, wie der Gott Dionysos auf einer Felsenklippe über dem Meer stand, in der Gestalt eines schönen Jünglings, das Haar im Wind flatternd, um die Schultern einen schönen purpurnen Umhang. Da stürmten

> »Räuber – Tyrrhener – flugs aus festgezimmertem Schiffe –
> Weinrot blinkte das Meer – ihr Schicksal trieb sie ins Unheil.
> Jetzt erblickten sie ihn: sie nickten sich zu und in Eile
> Sprangen sie, packten sie, setzten sie ihn auf ihr Schiff voller Freude.«[12]

Doch die Fesseln fielen von seinem Körper, und der Steuermann erkannte, dass er ein Gott war, und er rief: »Packt ja ihn nicht an, damit er nicht grollend widrige Winde errege und vielfach wirbelnde Stürme!« Doch der Kapitän erwiderte: »Hoffnung hab' ich, er wird nach Ägypten, nach Kypros gelangen, oder vielleicht zu den Hyperboreern, vielleicht gar noch weiter. Schließlich wird er uns auch seine Freunde und Brüder verraten, auch ihren ganzen Besitz.« Dionysos überzog darauf das ganze Schiff mit Weinranken und ließ süßen Wein über die Planken rinnen. Er ließ vor ihren Augen eine Bärin erstehen. Die Seeleute sprangen voller Entsetzen ins Meer und wurden in Delphine verwandelt. Nur den Steuermann verschonte der Gott und gab sich ihm als »der Donnerer Dionysos« zu erkennen. Die Geschichte von Dionysos und den Piraten war ein bei Vasenmalern beliebtes Thema. Einer der geschicktesten war der athenische Maler Exekias. Eine flache, von seiner Hand stammende Schale zeigt Dionysos in einem Schiff, dessen Mast zur Stütze riesiger Weinranken geworden ist, die sich hoch über das Hauptsegel erheben, während sieben Delphine das Schiff umkreisen. Das Bild ist in Schwarz auf rotem Grund gemalt und wird um 530 v. Chr. datiert.[13] Es trägt die Signatur des Exekias. Bemerkenswert ist die Tatsache, dass die Schale in der Nekropole von Vulci, einer der größten etruskischen Städte, gefunden wurde. Die Einwohner von Vulci hatten einen nahezu unstillbaren Appetit auf die schönste griechische Keramik. Der Umstand, dass die Etrusker in dieser Geschichte so negativ dargestellt sind, hinderte sie nicht, Gefallen an der Schale des Exekias zu finden.

In dem Hymnus steht Dionysos auf einer Klippe irgendwo im östlichen Mittelmeergebiet, denn die Piraten denken sich, er könne versuchen, die Levante oder »die Hyperboreer« jenseits des Schwarzen Meeres zu erreichen. Dass Tyrsener in griechischen Gewässern präsent waren, belegen archäologische Funde auf Lemnos und ebenso Aussagen antiker Historiker, wonach es auf den Inseln und an den Küsten der Ägäis tyrsenische Siedlungen gab.[14] Herodot und Thukydides sprechen von Tyrsenern und Pelasgern, die an den nördlichen Küsten der Ägäis, in der Nähe des Berges Athos und auf der in Sichtweite des Athos gelegenen Insel Lemnos gelebt hätten, von wo sie 511 im Gefolge einer athenischen Invasion vertrieben wurden.[15] Daraus ergibt sich eine bemerkenswerte Revision der Frühgeschichte des Handels und der Seefahrt im Mittelmeerraum, die darauf hinausläuft, dass den Griechen und den Phöniziern schon früh Konkurrenten erwuchsen, die in irgendeiner Verbindung zu den Etruskern standen. (Nach Ansicht eines äußerst phantasievollen französischen Wissenschaftlers handelt die Geschichte von Dionysos und den Delphinen in Wirklichkeit von dem Versuch der Etrusker, den Weinhandel im Mittelmeerraum unter ihre Kontrolle zu bringen.)[16] Alle Etrusker waren (im Griechischen) *Tyrsenoi*. Aber das heißt nicht notwendig auch, dass alle *Tyrsenoi* Etrusker waren. Der Ausdruck wurde eindeutig ganz allgemein zur Bezeichnung barbarischer Seeräuber verwendet.[17]

Diese Bemerkungen könnte man leicht als eine der vielen Phantasien antiker Historiker über geheimnisvolle vorgriechische Völker abtun. Doch die Mythen lassen sich auch mit der Realität verbinden. Ein in Kaminia auf Lemnos gefundener, um 515 v. Chr. datierter Grabstein trägt das krude Porträt eines Kriegers mit Schild und Speer und dazu eine lange Inschrift, die in griechischer Schrift, aber einer nichtgriechischen Sprache geschrieben ist. Da ein paar weitere fragmentarische Inschriften in derselben Sprache gefunden wurden, zeugt der Grabstein offenbar von der Sprache, die auf Lemnos gesprochen wurde, als die Insel noch von den »Tyrsenern« des Thukydides bewohnt wurde. Diese Sprache ähnelte der in etruskischen Inschriften im fernen Mittelitalien gefundenen, war jedoch nicht damit identisch.[18] Der Stein von Kaminia wurde zum Gedenken an den Phokaier (Phokiasalen) Holaies errichtet, der ein hohes Amt innehatte und im Alter von 40 (manche sagen 60) Jahren starb. Holaies diente offenbar als Söldner in Phokaia an der ionischen Küste und in anderen Gebieten rund um das Ägäische Meer.[19] Doch abgesehen von der Sprache und der Vorliebe für die Seeräuberei zeigten die Tyrsener der Ägäis keinerlei Übereinstimmung mit den Etruskern. Lemnos ahmte Etrurien nicht in Kunst und Handwerk nach. Wären da nicht die Kommentare antiker Historiker und die Inschriften, gäbe es gar keine Anzeichen, die darauf hindeuteten, dass eine Verbindung zwischen den Bewohnern von Lemnos und den Etruskern bestand: keine Bruchstücke etruskischer Keramik und kein direkter Zusammenhang aufgrund einer sprachlichen Verwandtschaft.[20] Die Überreste eines aus dem 7. Jahrhundert v. Chr. stammenden Tempels in Myrina (die heute recht unglücklich in ein Ferienhotel integriert sind) bestehen aus einem Gewirr von Gängen und Räumen, die an nichts anderes erinnern, weder in Griechenland noch in Italien. Demnach waren die Tyrsener der Ägäis Menschen, die eine dem Etruskischen ähnliche Sprache sprachen und wahrscheinlich auch deren Vorliebe für die Seeräuberei teilten, aber an einer sehr konservativen Kultur festhielten, während die Tyrsener Italiens Etrurien zur Heimstatt einer bahnbrechenden Zivilisation machten.

Die Griechen mochten versuchen, jede ethnische Gruppe, der sie begegneten, genau einzuordnen, doch in Wirklichkeit waren Orte wie Lemnos und Athos Schnittpunkte, an denen alte und neue Kulturen einander begegneten. Manchmal überlebten an solchen Orten alte Bräuche und sogar Sprachen. Die Küsten und Inseln des Mittelmeeres förderten keine Einheitlichkeit. Damals und noch für Jahrtausende gab es auf den Inseln und an den Küsten des Mittelmeeres verstreute Nischen, in denen ganz unterschiedliche Völkerschaften lebten. Die strenge Einteilung der Völker des Mittelmeerraums durch griechische Autoren war eine Verzerrung der Wirklichkeit.

III

Im Vergleich zum konservativen Lemnos war das in Südetrurien gelegene Tarquinia eine völlig andere Welt, die sich aufgrund starker Einflüsse aus Übersee in einem gewaltigen Umbruch befand. Diese große Veränderung hatte schon im 10. Jahrhundert v. Chr. begonnen. Eine hochentwickelte Kultur breitete sich von der westitalienischen Küste weiter ins Binnenland aus, denn die dem Mittelmeer am nächsten gelegenen Regionen kamen auch als Erste mit den Kulturen des östlichen Mittelmeeres in Berührung. Ganz zu Beginn steckten einige Dorfgemeinschaften Land für Hütten auf jenem Hügel ab, auf dem sich später die große, von den Römern Tarquinii genannte Stadt ausbreiten sollte.[21] Die Pluralform dieses Namens, die sich auch bei den Namen anderer etruskischer Städte findet (Veji, Volsinii, Vulci, Volaterrae), ist möglicherweise eine Erinnerung an diese vielfältigen Ursprünge. Die präurbane Kultur, die in diesen Dörfern entstand, wird als »Villanovakultur« bezeichnet, und diese Bezeichnung ist so modern, wie sie klingt: Villanova ist ein Vorort von Bologna, in dem die eigentümlichen Merkmale dieser Kultur erstmals erkannt wurden, als Archäologen dort Überreste ihrer reichen Brandbestattung ausgruben. Die Villanovakultur entstand zeitgleich an der südetrurischen Küste und breitete sich schrittweise in die heutige Toskana hinein und über die Apenninen bis nach Bologna aus. Doch zu dem großen Sprung hin zu einer urbanen Kultur kam es erstmals in den am Meer gelegenen Städten. Es waren reiche, gut organisierte Städte mit Eliten, die lesen und schreiben konnten, mit schönen Tempeln und geschickten Handwerkern. Von den Küstenstädten ausgehend, breitete die etruskische Zivilisation sich ins Binnenland hinein aus, und spätere Zentren wie Perugia entstanden erst, als die Bewohner des Binnenlandes nach und nach etruskisiert worden waren.[22] In diesem Sinne ging die etruskische »Nation« tatsächlich aus einer Wanderung hervor, doch diese Wanderung erfolgte innerhalb Italiens, von der Mittelmeerküste Richtung Apenninen und darüber hinaus, und es waren eher Stile als Menschen, die hier wanderten.

Die erstaunlichsten Beispiele der Villanovakultur im Bereich der Technik sind die eindrucksvollen Kammhelme aus Bronze, deren Herstellungsweise an die zur gleichen Zeit in Mitteleuropa anzutreffenden Bronzearbeiten erinnert. Die Helme sind ein deutliches Zeugnis für die Rolle der Krieger in der sozial geschichteten Dorfgesellschaft der Villanovakultur.[23] Dass man in dieser Oberschicht von der Einäscherung der Toten zu deren Bestattung in Schachtgräbern überging, war nicht die Folge eines großen Wandels innerhalb der Bevölkerung, sondern einer Veränderung der Sitten und Bräuche unter dem Einfluss des Kontakts mit Übersee. Schließlich wurden diese Schachtgräber von weitaus prachtvolleren Grabanlagen abgelöst, den Tumuli und ausgemalten Grabmälern in Tarquinia und Cerveteri. Einer der frühen Kriegerfürsten lässt sich identifizieren, wenn auch nicht dem Namen nach, da es keine Inschriften gab, die ihn priesen, und da sich keinerlei Hinweise auf einen Schriftgebrauch in der Villanovakultur finden lassen. Im Jahr 1869 entdeckte man in der Nekropole außerhalb von Tarquinia einen großen Sarkophag aus dem späten 8. Jahrhundert v. Chr., der als das »Kriegergrab« bekannt wurde.[24] Der Inhalt des Grabes verweist auf die Ankunft von Erzeugnissen aus dem östlichen Mittelmeerraum, die zum kostbaren Besitz eines tarquinischen Fürsten gehörten. Vierzehn Vasen im griechischen Stil fand man dort. Einige waren von emigrierten griechischen Töpfern in Italien hergestellt worden, aber ihr Design erinnert an Erzeugnisse aus Kreta, Rhodos und Zypern.[25] Bestätigt wurden solche umfangreicheren Verbindungen zum östlichen Mittelmeer auch durch die Entdeckung eines Skarabäusrings aus Silber und Bronze in diesem Kriegergrab. Auf der Unterseite des Skarabäus ist ein Löwe im phönizischen Stil eingraviert.[26]

Die Verbindungen zur Außenwelt liefen über das Meer. Aus der Villanovazeit sind einige Schiffsmodelle aus Ton erhalten geblieben. Deren Bug hat die Form eines Vogelkopfes, und man hat die Vermutung geäußert, sie seien in die Gräber von Piraten oder Kaufleuten gelegt worden, weil man unmöglich ein ganzes Schiff mit dem Leichnam oder seiner Asche begraben konnte.[27] Im frühen 7. Jahrhundert v. Chr. verzierte der Töpfer Aristonotos, der in Caere lebte und arbeitete, einen Krater (ein Gefäß zum Mischen von Wein und Wasser) mit der lebendigen Darstellung einer Seeschlacht, möglicherweise zwischen Griechen und Etruskern: Eine Gruppe befand sich an Bord eines tiefliegenden Ruderschiffs, die anderen auf einem schwereren Handelsschiff.[28] Was die Etrusker der Villanovazeit ins Land holten, lässt sich sowohl aus importierten als auch aus einheimischen Erzeugnissen erschließen, denn in der Gestaltung der Bronzewaffen, vor allem aber in der Keramik finden sich deutliche Anklänge an die ägäische Welt. Dort verschmolz man traditionelle Villanovaformen mit griechischen Stilen und verzierte Krüge in einer Weise, die an den griechisch-geometrischen Stil des 9. Jahrhunderts erinnert. In der Verzierung von Schmuckstücken findet sich erstmals die feine Granulation, die später zum Gütesiegel etruskischer Goldschmiede werden sollte. Dieses Verfahren hatte man aus der Levante übernommen (und dann weiterentwickelt).[29] Einige Bronzearbeiten zeigen Parallelen zum feinen Bronzeguss in Urartu im heutigen Armenien.[30] Die eigentliche Grundlage für den Wohlstand der Etrusker bildete der Handel mit Rohmetallen. Vor allem dank der reichen einheimischen Vorkommen an Kupfer, Eisen und anderen Metallen konnten die Etrusker die Waren bezahlen, die sie in immer größeren Mengen aus Griechenland und der Levante einführten, denn an Fertigprodukten hatten sie nicht viel zu bieten (nur für ihre polierte *bucchero*-Keramik fanden sie gute Absatzmöglichkeiten, wie Funde in Griechenland, auf Sizilien und in Spanien belegen). Elba und die gegenüberliegende Region um Populonia, die einzige etruskische Stadt, die direkt am Meer lag, lieferten große Mengen Eisen. Etwas weiter im Binnenland, um

Volterra und Vetulonia, gab es ergiebige Kupferminen.[31] Im 7. Jahrhundert entstand an der Arnomündung in Pisa eine blühende neue Siedlung, über die ein großer Teil des Handels abgewickelt wurde.[32] Über Pisa tauschten die Etrusker Metalle mit den Einwohnern von Sardinien. In Vetulonia ließen sich sogar sardische Töpfer nieder.[33] Ursprünglich kamen sie möglicherweise als Sklaven, denn Sklavenraubzüge und Sklavenhandel waren weitere Profitquellen im Tyrrhenischen Meer, als dort der Handel erblühte. Auch Salz war ein wichtiges Handelsgut. Die Bürger der etruskischen Stadt Veji und des nahe gelegenen Rom konkurrierten um die Kontrolle über die Salzvorkommen an der Mündung des Tibers. Ein besonders beliebtes Handelsgut der Etrusker war der Wein, den sie über das Tyrrhenische Meer nach Südfrankreich exportierten.[34]

Die Ausbeutung dieses natürlichen Reichtums wurde noch intensiver, als Griechen sich ganz in der Nähe in Ischia niederließen. Aber zwischen der Ankunft der Griechen in dieser Region und den ersten Belegen für enge Kontakte zwischen Mittelitalien und der griechischen Welt, die aus dem 8. Jahrhundert stammen, liegen immer noch mehrere Jahrzehnte. Der Villanovakultur zugehörige Broschen und Fibeln fanden sich in griechischen Ausgrabungsstätten, ebenso recht viele Bruchstücke von Schilden und Helmen, die von Bronzemeistern der Villanovakultur gefertigt wurden.[35] Vielleicht kamen sie auf den von griechischen Autoren erwähnten »tyrsenischen« Schiffen nach Griechenland. Als die Verbindungen nach Ionien und Korinth sich festigten, schufen die frühen Etrusker ihre eigene Version protokorinthischer Keramik. Bei den mächtigsten Einwohnern von Tarquinia und den benachbarten Städten waren Erzeugnisse aus dem östlichen Mittelmeerraum sehr begehrt, denn damit konnten sie ihre Macht und ihre gesellschaftliche Stellung demonstrieren: Straußeneier, die phönizische Händler ins Land brachten; Elfenbein- und Goldplaketten mit Sphinxen, Panthern, Lotusblüten und anderen »orientalische« Motiven; Fayencen und Glasgegenstände mit ägyptischen Motiven (bei denen es sich allerdings meist um Imitationen handelte, die in Phönizien hergestellt worden waren).[36]

Ein Import aus dem Osten sollte das Gesicht Italiens verändern. Das

Alphabet kam zu den Etruskern von den Griechen, auch wenn nicht klar ist, ob die Quelle in Griechenland selbst lag oder in den ersten griechischen Siedlungen Pithekussai und Kyme. Die Form der etruskischen Buchstaben lässt darauf schließen, dass sie von der euböischen Version des griechischen Alphabets abgeleitet wurden. Das Alphabet kam über die Handelswege, und es kam früh. Einer der bemerkenswertesten Funde in Etrurien ist eine Schreibtafel aus dem 7. Jahrhundert v. Chr., die 1915 in Marsiliana d'Albegna ausgegraben wurde. Am Rand ist ein vollständiges Alphabet eingeritzt, in der traditionellen Reihenfolge der Buchstaben, deren Form sehr archaisch wirkt.[37] Man fand auch einen Griffel und auf der Tafel Spuren von Wachs; sie diente offenbar bewusst dem Zweck, die Kunst des Schreibens zu erlernen.[38] Aus dem Vorbild wurde das etruskische Standardalphabet entwickelt, das in der Regel (wie das phönizische und einige frühgriechische Alphabete) von rechts nach links geschrieben wurde. Und daraus wurden wiederum die Alphabete vieler benachbarter Völker abgeleitet, vor allem das der Römer.

Aus frühen Inschriften erfahren wir viel über Kontakte nach Übersee. Griechische und etruskische Händler zeichneten ihre Transaktionen auf, wie wir es auf einer Bleitafel erkennen können, die in Pech Maho in Südwestfrankreich gefunden wurde und aus der Mitte des 5. Jahrhunderts v. Chr. stammt. Eine Seite ist in Etruskisch beschrieben und verweist auf *Mataliai* oder Marseille. Später wurde die Tafel nochmals verwendet, und zwar zur Aufzeichnung des Kaufs einiger Schiffe durch Leute aus Emporion, einem griechischen Stützpunkt an der Küste Kataloniens.[39] Drei Goldtafeln, die man in Pyrgoi, dem Hafen von Caere an der Küste nördlich von Rom, gefunden hat, belegen die Anwesenheit von Phöniziern (höchstwahrscheinlich Karthagern) in den Seestädten Etruriens. Zwei der Tafeln sind in etruskischer Sprache beschrieben, eine in phönizischer. Darauf ist festgehalten, dass Thefarie Velianas, »König von Cisra« (Caere), um 500 v. Chr. der etruskischen Göttin Uni – die gewöhnlich mit der griechischen Hera und der römischen Juno, hier aber mit der phönizischen Göttin Astarte identifiziert wird – einen Tempel weihte.[40] Es gab auch griechische Besucher. Eine um 570 v. Chr. datierte Inschrift auf einem halbmondförmigen Stein, der einen Anker darstellt und in der Nähe von Tarquinia gefunden wurde, lautet: »Ich gehöre dem Apoll von Ägina. Sostratos hat mich gemacht.« Die Sprache ist der griechische Dialekt der Insel Ägina bei Athen. Es handelt sich mit Sicherheit um jenen Sostratos, von dem Herodot berichtet, er sei der führende Kaufmann im Handel mit Tartessos gewesen.[41] Die Etrusker machten nicht den Versuch, Barrieren gegen fremde Kaufleute und Siedler oder gegen deren Götter zu errichten. Sie hießen sie vielmehr willkommen und versuchten, von ihnen zu lernen.[42]

IV

Mitte des 7. Jahrhunderts v. Chr. veränderten sich die Kultur, die Politik und selbst die Landschaft der Etrusker, als die intensiven Einflüsse der »orientalisierenden« Kunststile die alte Villanovakultur überwältigten. In Griechenland war es zu einem ähnlichen Wandel gekommen, als ionische und phönizische Kaufleute die Verbindungen zur Levante intensivierten. Tatsächlich gehörten diese Ionier zu einer Welle von Einflüssen aus dem Osten, die über das Meer auf Etrurien einwirkten, so dass sich die griechischen und die sonstigen Einflüsse kaum voneinander trennen lassen: Skulpturen geflügelter Wesen bewachten die Grabmäler von Verstorbenen, die in immer prunkvolleren Stilen errichtet wurden, nicht mehr als einfache Gräber, sondern in Gestalt großer Grabkammern, die oft die Häuser der Lebenden nachahmten. Die frühesten Monumentalgräber in Tarquinia waren große, oberirdisch angelegte, kreisrunde Bauten mit spitzem Dach. Auf Tuffsteinplatten über dem Eingang waren die Götter und Geister des Jenseits abgebildet. Doch die Grabmäler demonstrierten auch den Reichtum der neuen Fürstenelite, die es sich leisten konnte, so eindrucksvolle Paläste für die Toten bauen zu lassen. Als Inspirationsquelle dienten wahrscheinlich ähnliche Grabmäler im östlichen Mittelmeerraum, in Lydien, in Lykien und auf Zypern. Ausgemalte Grabstätten für Elitefamilien wurden ab der Mitte des 6. Jahrhunderts v. Chr. zu einer Spezialität Tarquinias, auch wenn aus benachbarten Städten schon frühere Beispiele bekannt sind. So erregte die Entdeckung des teilweise ausgemalten Vorraums einer Grabkammer, die möglicherweise ein Königsgrab war und aus der Mitte des 7. Jahrhunderts stammt, große Aufmerksamkeit, als sie im August 2010 bekanntgegeben wurde – die größte Ähnlichkeit besteht hier mit zeitgenössischen griechischen Grabmälern in Salamis im Osten Zyperns.[43] Die frühesten Grabmäler verraten so starke Einflüsse der griechisch-ionischen Kunst, dass man die Frage stellen darf, ob nicht die Künstler selbst ionische Griechen waren. Offenbar gab es keine scharfe Trennung zwischen fremden und einheimischen Handwerkern. Gemälde aus Gräbern in Caere, die aus dem 6. Jahrhundert stammen und sich heute im Louvre und im Britischen Museum befinden, sind angesichts ihrer starken Linien, ihrer formalen Anordnung und sorgfältigen Organisation des Raumes nicht nur ionisch in ihrem Stil, sondern stellen auch mit größter Sicherheit Szenen aus der griechischen Mythologie dar: das Urteil des Paris, die Opferung der Iphigenie. Die ausgemalten Grabmäler in Tarquinia wurden oft mit Szenen von Familienfesten geschmückt, aber sie erzählen Geschichten aus der griechischen Mythologie. In der »Tomba dei Tori« sieht man Achill, und die geheimnisvollen Prozessionen in der »Tomba del Barone« sind in einem ausgesprochen griechischen Stil gemalt. Ein gemalter Fries zeigt junge Männer, die Pferde führen, und die Begegnung zwischen einem bärtigen Mann samt seinem jungen Begleiter und einer Herrin oder Göttin. Die in einfachen Farben, in Rot, Grün oder Schwarz, auf grauem Untergrund gemalten Figuren zeigen tiefe ionische Einflüsse – in der Kleidung, zu der auch ein ionischer *tutulus* und eine spitz zulaufende Kopfbedeckung gehören, und in den fleischigen, rundlichen Gliedern. D. H. Lawrence, der die Gräber in den 1920er Jahren besichtigte, war (wie die meisten Besucher) entzückt von den ungewöhnlichen und sehr lebendigen Szenen in der »Tomba della Caccia e Pesca«, die Vögel im Flug, einen nackten Mann, der ins Meer springt, und einen Fischer zeigen, der eine Angelschnur einholt. Zumindest diese Malerei schien eine ausdrucksstarke Stimme der etruskischen statt der griechischen Kunst zu sein. Doch die Entdeckung einer Grabmalerei in der griechischen Kolonie Poseidonia (Paestum) in Süditalien, auf der gleichfalls eine ins Wasser springende Gestalt zu sehen ist, gibt Anlass zu der Vermutung, dass auch solche Motive zum allgemeinen Repertoire griechischer Maler gehörten.

Ähnliches gilt für andere Zweige der Kunst und vor allem für die dahinterstehende Gedankenwelt. Etruskische Töpfer begannen mit wechselndem Erfolg die schwarzfigurige Keramik der Korinther und Athener nachzuahmen. Später wich die schwarzfigurige einer noch feineren rotfigurigen Vasenmalerei, bei der man den gesamten Tonkörper schwarz bemalte und den roten Untergrund nur im Bereich der Figuren weitgehend unbemalt ließ. Die Etrusker kauften in Athen gewaltige Mengen der neuartigen Keramik und fertigten auch eigene Imitationen an.[44] Doch die Etrusker hatten auch einen stark konservativen Zug. Ihre Vorliebe galt selbst dann noch archaischen oder »archaisierenden« Stilen, als Skulptur und Malerei in Athen dank des voll entwickelten klassischen Stils einen größeren Sinn für Leben und »Harmonie« entwickelten.[45] Die Keramik, die sie den Griechen abkauften, war nicht immer von höchster Qualität. In Spina, einer etruskischen Siedlung an der Pomündung, ist fast die gesamte bislang entdeckte Keramik griechischen und vor allem attischen Ursprungs. Doch manchmal ist es nur eine recht armselige griechische Keramik, wie der Name illustriert, den man einem dieser attischen Künstler gegeben hat: »der Schlechteste Maler«.[46] Vor allem aber stammten die Motive der Vasenmalerei in allererster Linie aus der griechischen Mythologie. Die Völker Italiens begannen, sich die Mythen und religiösen Vorstellungen der griechischen Welt anzueignen. Alte Kulte von Hainen und Quellen blieben auch weiterhin recht lebendig, doch die amorphen Götter der italienischen Völker nahmen die Gestalt, die Form und auch die Gestimmtheit der Olympier an. Das Gebälk eines großen Tempels in Veji wurde um 500 v. Chr. mit lebensgroßen, bemalten Terrakottabildnissen des Apoll, des Hermes und anderer Götter geschmückt, dem Werk eines gefeierten etruskischen Bildhauers namens Vulca. Der flüssige Stil der Skulpturen war nicht einfach von den Griechen geborgt. Die Praxis, das Gebälk mit so dramatischen Bildwerken zu schmücken, war etruskischen und nicht griechischen Ursprungs. Doch was Vulca dort darstellte, waren keine etruskischen, sondern griechische Legenden. Diese Werke waren das Ergebnis eines italienisch-griechisch-orientalischen Synkretismus, und genau das ist es in gewisser Weise, was wir als etruskische Kunst bezeichnen. Dieser Synkretismus fand sich ebenfalls in der Kunst des

Wahrsagens. Auch hier verschmolzen nahöstliche mit einheimischen italienischen Praktiken. Niemand vermochte die Flecken auf der Leber eines Opfertiers besser zu deuten als ein etruskischer Wahrsager oder *haruspex*, und noch die Goten konsultierten etruskische Wahrsager, als sie 410 n. Chr. Rom angriffen.

V

Die Beziehung zwischen Griechen und Etruskern war auch politischer Natur, und in dieser Hinsicht war ihr Verhältnis keineswegs so einfach wie im Bereich der Kultur, der Religion und des Handels. Spätestens ab dem 8. Jahrhundert v. Chr. kam es zu Seeschlachten zwischen den Völkern Mittelitaliens und den Griechen. Belege dafür fanden sich auf griechischem Boden in Olympia und Delphi, wo man von besiegten Feinden erbeutete Helme aus der Villanovakultur des 8. Jahrhunderts den Göttern weihte.[47] Etruskische Navigatoren konkurrierten – und kooperierten gelegentlich auch – mit Phokaiern aus Griechisch-Ionien in den Gewässern vor Südfrankreich, wo die Phokaier eine Kolonie gründeten (das spätere Marseille).[48] Herodot berichtet von einer Seeschlacht zwischen Etruskern und Phokaiern, die um 540 vor der korsischen Stadt Alalia stattfand. Sechzig phokaische Schiffe kämpften gegen 60 karthagische Schiffe und 60 weitere aus Caere. Trotz des Ungleichgewichts gewannen die phokaischen Schiffe die Schlacht, doch ihre Flotte war so stark geschwächt, dass die Phokaier Korsika aufgeben mussten. Herodot berichtet, die Caereter hätten ihre phokaischen Gefangenen massakriert, indem sie sie steinigten. Wenig später stellten die Caereter fest, dass jeder, der am Ort der Steinigung vorbeiging, lahm wurde, und zwar nicht nur Menschen, sondern auch deren Herden. Verwundert schickten die Caereter eine Abordnung zur Priesterin des Apoll in Delphi, und dort wurde ihnen aufgetragen, regelmäßig Spiele zum Gedenken an die Phokaier abzuhalten – eine Praxis, die auch zu Herodots Zeiten noch geübt wurde. Ähnliche Begräbnisspiele sind auch auf den bemalten Wänden etruskischer Gräber häufig dargestellt.[49] Die Caereter hielten die Verbindung zum Tempel in Delphi weiterhin aufrecht. Dort hat man die Grundmauern ihres Schatzhauses identifizieren können. Tatsächlich waren sie die ersten »Barbaren«, die zu der vornehmlich griechischen Kultstätte zugelassen wurden.[50] Inzwischen hatten die Etrusker freie Bahn und konnten Korsika samt seinem Eisen, Wachs und Honig ausbeuten. Wichtiger noch als diese Ressourcen war jedoch die Tatsache, dass es für die etruskischen Schiffe nun im nördlichen Teil des Tyrrhenischen Meeres keine Rivalen mehr gab.[51]

Im südlichen Teil war das anders. Die Griechen von Kyme waren sich in besonderem Maße der Nähe der etruskischen Macht – zu Wasser wie zu Lande – bewusst, denn im Hinterland lagen zwei etruskische Städte (Capua und Nola), und die Etrusker erlangten die Herrschaft über mindestens eine Küstenstadt, nämlich Pompeji.[52] Kyme musste auf die Hilfe der griechischen Kolonisten auf Sizilien zurückgreifen, um die Etrusker zu besiegen. Hieron, Tyrann von Syrakus, sicherte 474 einen Sieg, der nicht nur die politischen Verhältnisse, sondern auch die Handelsbedingungen im westlichen Mittelmeerraum nachhaltig verändern sollte. Und das war ihm durchaus bewusst. Zu einer Zeit, in der die persischen Horden des Xerxes gerade von der hellenischen Macht zurückgeworfen worden waren, konnte dies als sein Beitrag im Kampf gegen die Barbaren gelten. Außerdem folgte seinem Sieg in Kyme ein weiterer in Himera auf Sizilien, wo die syrakusische Flotte unter seinem Vorgänger Gelon einem anderen Gegner im westlichen Mittelmeer eine entscheidende Niederlage beigebracht hatte: Karthago. Gelons Sieg fiel angeblich auf denselben Tag wie eine der größten Schlachten gegen die Perser, der griechische Sieg bei Salamis.[53] Der griechische Dichter Pindar, der nur wenig später schrieb, machte die Niederlage der Etrusker bei Kyme zu einem der Hauptthemen seiner Ode an Hieron »von Aetna, den Sieger mit dem Wagen«:

»Gib, ich flehe, Sohn des Kronos, daß daheim
Friedlich verweile der Pöner,
Daheim tyrrhenisches Schlachtengeschrei,
Anblickend den Jammer, die Schmach,
Wie vor Kyme
Durch Syrakusens Beherrscher

Ihre Macht in Trümmer sank,
Als er die tapfere Jugend
Aus den schnellen Schiffen hinab in das Meer
Stürzte, Hellas aus der Knechtschaft
Joch erlösend.«[54]

Hieron stiftete in Olympia einen etruskischen Topfhelm als Weihegabe, der die Inschrift trägt: »Hieron, Sohn des Deinomenes und der Syrakuser und des Zeus: Tyrsener aus Kyma«. Er befindet sich heute im Britischen Museum. Doch Pindars Versuch, eine Verbindung zwischen Etruskern und Karthagern herzustellen, war anachronistisch. Aus welchen Gründen auch immer – die Beziehungen zwischen Karthagern und Etruskern waren schon in den zwei Jahrzehnten vor der Schlacht von Kyme schwächer geworden. In den archäologischen Funden zeigt sich bezüglich der etruskischen Importe aus Karthago ein deutlicher Bruch, zu dem es nicht vor 550 und nicht nach 500 v. Chr. kam.[55] Anaxilas von Rhegion, ein griechischer Verbündeter Karthagos, baute einen Festungswall, der eigens dazu bestimmt war, die an der Straße von Messina gelegene Stadt vor etruskischen Angriffen zu schützen. Auf eigene Faust und ohne Erfolg segelten etruskische Schiffe südwärts zu den Liparischen Inseln, die wie schon in vorgeschichtlichen Zeiten als Zentrum des Austauschs zwischen dem westlichen und dem östlichen Mittelmeerraum dienten.[56] Im frühen 5. Jahrhundert gerieten dann die Etrusker im westlichen Mittelmeer immer stärker in die Isolation.

Wenngleich etruskische Schiffe Ende des 5. Jahrhunderts offenbar erneut aktiv wurden, hatten die Syrakuser nun Zugang zum gesamten Tyrrhenischen Meer. In den Jahren 453 und 452 v. Chr. unternahmen sie Raubzüge an der Küste bei Caere und fassten kurz Fuß auf der eisenreichen Insel Elba, wo sie zahlreiche Sklaven gefangen nahmen. Auf lange Sicht zahlten sie es den tyrsenischen Piraten mit gleicher Münze heim.[57] Die Etrusker bewahrten sich ihren Groll gegen Syrakus bis zum Peloponnesischen Krieg, den wir in einem späteren Kapitel behandeln werden. Als die Athener ihre eigenen Angriffe auf Syrakus begannen, wussten sie sehr wohl um diese Feindschaft.[58] Im Jahr 413 v. Chr. entsandten die Etrusker zur Unterstützung der Athener drei große Kriegsschiffe nach Syrakus. Wie Thukydides lakonisch vermerkte, gehörte zu den

Verbündeten Athens auch »ein Teil der Tyrsener wegen ihres Gegensatzes gegen Syrakus«.[59] Es waren nur wenige, aber zumindest bei einer Gelegenheit retteten sie das Unternehmen. Mehrere Jahrhunderte später verwies die Familie Spurinna, ein adliger Klan aus Tarquinia, in einer lateinischen Inschrift stolz auf ihre Vorfahren, unter ihnen einer, der als Schiffskommandant am Sizilienfeldzug von 413 v. Chr. teilgenommen hatte.[60]

VI

Die Verbindungen zwischen Griechenland und Etrurien liefen über eine Stadt in Süditalien, die berühmt für ihre Freude am Luxus war. Bis zu ihrer Zerstörung 510 v. Chr. aufgrund lokaler Rivalitäten war Sybaris ein großes Umschlagszentrum, in dem Waren aus Korinth, Ionien und Athen eintrafen, um dann ins Binnenland nach Poseidonia (Paestum) weitertransportiert oder auf etruskische Schiffe umgeladen zu werden.[61] Besonders berühmt oder berüchtigt war Sybaris für seine freundschaftlichen Beziehungen zu den Etruskern. Wie Athenaios von Naukratis berichtet (der im 2. Jahrhundert n. Chr. lebte), reichten die Handelsbündnisse der Stadt in zwei Richtungen: nordwärts nach Etrurien und ostwärts nach Milet an der kleinasiatischen Küste:

> »Die Sybariten trugen Mäntel aus milesischer Wolle, daraus entstand Freundschaft zwischen den Städten. Denn sie zogen die Etrusker allen italienischen Stämmen vor, allen im Osten aber die Ionier, weil sie zu Luxus und Weichlichkeit neigten.«[62]

Die Westgriechen fungierten als Zwischenhändler. Nicht an ihren Erzeugnissen, sondern an denen ihrer Brüder in der ägäischen Welt waren die Etrusker interessiert.

Ein Mittel, mit dem die Athener ihre Überlegenheit gegenüber ihren Rivalen sicherten, war die Nutzung neuer Verbindungswege, wenn die alten aufgrund von Kriegen oder Handelsstreitigkeiten unbrauchbar wurden. Die Schlacht von Kyme markierte den Anfang vom Ende der etruskischen Seeherrschaft im westlichen Mittelmeer. Das Tyrrhenische Meer war nicht länger das der Etrusker. Sie mussten es nun teilen mit den Karthagern, den Griechen der Magna Graecia und neuen Herausforderern wie den Römern und Volskern, Stämmen aus dem mittelitalienischen Hügelland, die sich als außerordentlich vielseitig erwiesen und mit ihren Schiffen eigene Raubzüge zu unternehmen begannen. Die Etrusker reagierten auf den Verlust ihrer maritimen Möglichkeiten, indem sie sich der Herrschaft über Städte bemächtigten, die im Inland lagen, darunter Perugia (bis dahin ein Zentrum der mit den Latinern verbundenen Umbrer), Bologna (dessen Einwohner wie einst die frühen Etrusker der Villanovakultur angehörten) und Städte in der Poebene wie Mantua.[63] Damit eröffneten sie neue Handelswege, auf denen Waren aus dem östlichen Mittelmeerraum aus Häfen an der adriatischen Küste quer über die Halbinsel transportiert werden konnten. Im 7. und 6. Jahrhundert v. Chr. kam es zu einer erstaunlichen kulturellen Blüte in den heute sogenannten italienischen Marken, deren Bewohner, die Picener, von See her griechischen und von Land her etruskischen Einflüssen ausgesetzt waren.[64] Doch nach 500 wurde die Adria zum wichtigsten Verbindungsweg zwischen Italien und Griechenland. Für Seeleute war diese Route recht bequem, auch wenn der Transport der Güter über die Apenninen recht kostspielig gewesen sein dürfte. Denn Schiffe aus dem Golf von Korinth konnten an den Ionischen Inseln vorbei nordwärts fahren und in griechischen Kolonien wie Apollonia oder Epidamnos Station machen, bevor sie am Land der Picener vorbei Kurs auf Adria und Spina nahmen, neugeschaffene Häfen in den Sumpf- und Wattregionen Nordostitaliens, unweit der späteren Städte Ferrara und Ravenna. Wie später das Fürstengeschlecht der Este in Ferrara viel Kraft auf die Zucht edler Pferde verwandte, so war es auch in archaischer und klassischer Zeit die Pferdezucht, welche die Griechen in diese Region zog.[65]

Spina war entweder eine etruskische Gründung, die eine massive griechische Einwanderung erlebte, oder eine griechische Gründung, in die zahlreiche Etrusker einwanderten. Die Bevölkerung war ein Gemisch aus Etruskern, Griechen, nordostitalienischen Venetern und diversen anderen Völkern. Möglicherweise war Spina der Hafen des im

Binnenland gelegenen Felsina (des etruskischen Bologna). Auf einer im späten 5. Jahrhundert entstandenen Stele aus Bologna ist ein Schiff dargestellt, das einem Mitglied der in Felsina beheimateten Familie Kaikna gehörte, und es ist kaum zu ersehen, wo sie ihre Schiffe hätten stationieren können außer in Adriahäfen wie Spina. Spina und Adria boten Griechen und Etruskern eine große Zahl italienischer und keltischer Sklaven, und diese Zahl konnte nur noch weiter wachsen, als etruskische Kolonisatoren der Poebene und über die Alpen eindringende Invasoren aufeinanderstießen. Spina war in einem Schachbrettmuster angelegt, einem bei den Etruskern sehr beliebten Grundriss, doch die ins Meer führenden Kanäle verliehen der Stadt gleichsam den Charakter eines etruskisch-griechischen Venedig. In der Nekropole hat man mehr als 4000 Gräber geöffnet. Dabei fand man riesige Mengen griechischer Vasen, darunter viele aus dem 5. und frühen 4. Jahrhundert; danach wurde die Verbindung zu Athen unterbrochen und die Einwohner mussten sich mit minderwertiger Keramik aus etruskischen Brennöfen begnügen.[66] Das Schwemmland des Podeltas war sehr fruchtbar, aber das Problem solcher Alluvial- oder Schwemmböden liegt darin, dass sie nicht an Ort und Stelle bleiben, und als sie im 4. Jahrhundert immer weiter vorrückten, musste die Stadt erleben, dass sie sich zusehends vom Meer entfernte. Inzwischen hatten die keltischen Einfälle nach Italien, die 390 v. Chr. in einem Angriff auf Rom gipfelten, beträchtliche Auswirkungen auf diese Region, die von den Invasoren in großer Zahl besiedelt wurde.[67] So war denn der Stadt Spina nur eine relativ kurze, wenn auch glanzvolle Blütezeit beschieden. Ihr Aufstieg war Teil eines größeren Prozesses, in dem der ganze adriatische Raum zu einem Marktplatz wurde, auf dem griechische Waren weithin verfügbar waren.

Die Entstehung der etruskischen Städte war also ein Phänomen, das sich keineswegs auf das Tyrrhenische Meer beschränkte. Auch die Adria wurde für die Bewegung von Menschen und Waren erschlossen. Zusammen mit Griechen und Phöniziern modelten die Etrusker den Mittelmeerraum um und trugen zur Schaffung von Verbindungen bei, die das gesamte Meer überspannten.

KAPITEL 4

Zum Garten der Hesperiden

1000 bis 400 v. Chr.

I

Die Kontakte mit dem östlichen Mittelmeerraum machten sich in der heute als Italien bezeichneten Region auf ganz unterschiedliche Weise bemerkbar. In das Alltagsleben der einheimischen Völker auf Sizilien – der Sikanen, Sikeler und Elymer – sickerte die griechische Kultur sehr viel langsamer ein als in das der Völker in der Toskana und in Latium. Auf Sizilien lebten die Griechen und Karthager weitgehend abgesondert von der einheimischen Bevölkerung. Das an Erzen reiche Sardinien war über Jahrhunderte die Heimat einer lebendigen Kultur, als deren Kennzeichen die steinernen Türme gelten, die als *nuraghi* bezeichnet werden und heute noch zu Tausenden auf der Insel zu finden sind. Die ersten *nuraghi* wurden um 1400 v. Chr. erbaut, doch noch bis weit in die Eisenzeit hinein wurden neue Türme dieser Art errichtet.[1] In der mykenischen Zeit hatte es einige Kontakte mit der Außenwelt gegeben, als Händler aus dem östlichen Mittelmeerraum auf der Suche nach Kupfer auf der Insel erschienen. Wie reich die einheimische Elite schon im 2. Jahrtausend v. Chr. war, lässt sich an den Gräbern von Anghelu Ruju bei Alghero in Nordwestsardinien erkennen. Sie gehören zu den prunkvollsten von Archäologen freigelegten Grabanlagen im spätneolithischen und frühbronzezeitlichen Westeuropa und lassen Kontakte mit Spanien, Südfrankreich und dem östlichen Mittelmeerraum erkennen.[2] Auf spanische Einflüsse verweisen Becher, die der Glockenbecherkultur zugeordnet werden. Eine weitere Verbindung zu Spanien war sprachlichen Charakters. Die Sarden haben keine schriftlichen Zeugnisse hinterlassen, entweder weil sie keine Schrift benutzten oder weil sie auf

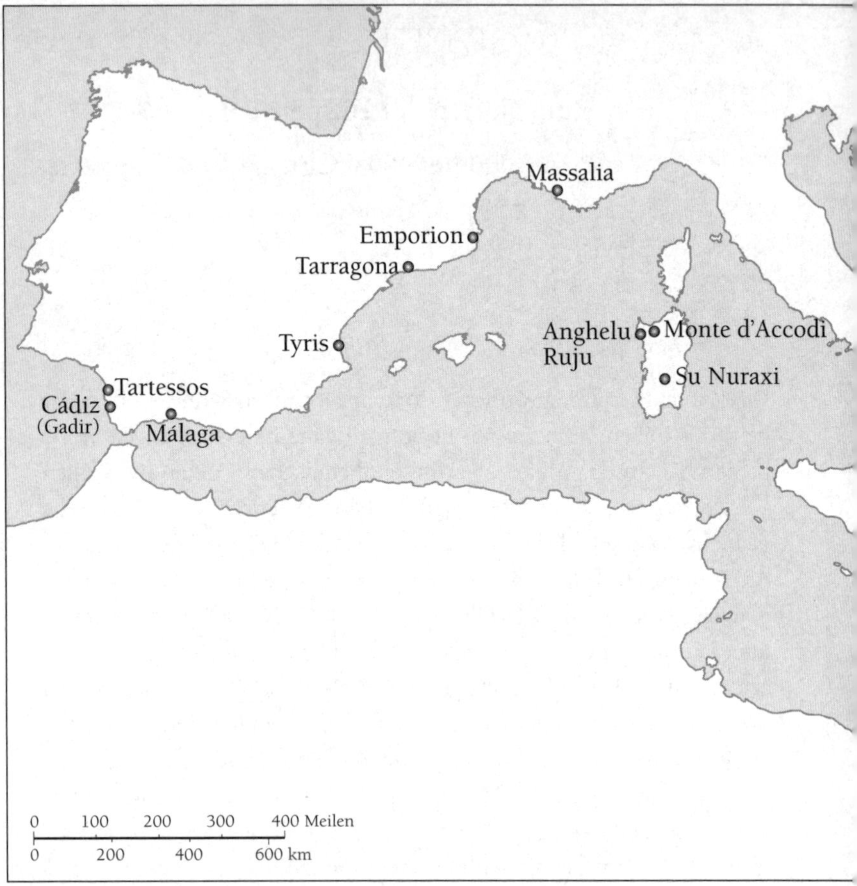

vergänglichen Materialien schrieben, die nicht erhalten geblieben sind. Doch Ortsnamen, von denen viele heute noch in Gebrauch sind, legen ein aufschlussreiches Zeugnis ab, desgleichen die sardische Sprache, ein eigenständiges spätes Vulgärlatein, in dessen zahlreichen Dialekten sich viele vorlateinische Ausdrücke erhalten haben. Wie es scheint, sprachen die Erbauer der *nuraghi* eine oder mehrere Sprachen, die mit dem Baskischen, einer außerindoeuropäischen Sprache, verwandt waren. So besitzt ein sardisches Wort für Lamm, *bitti*, große Ähnlichkeit mit dem baskischen Wort für Zicklein, *bitin*.[3] Diese Befunde sprechen nicht un-

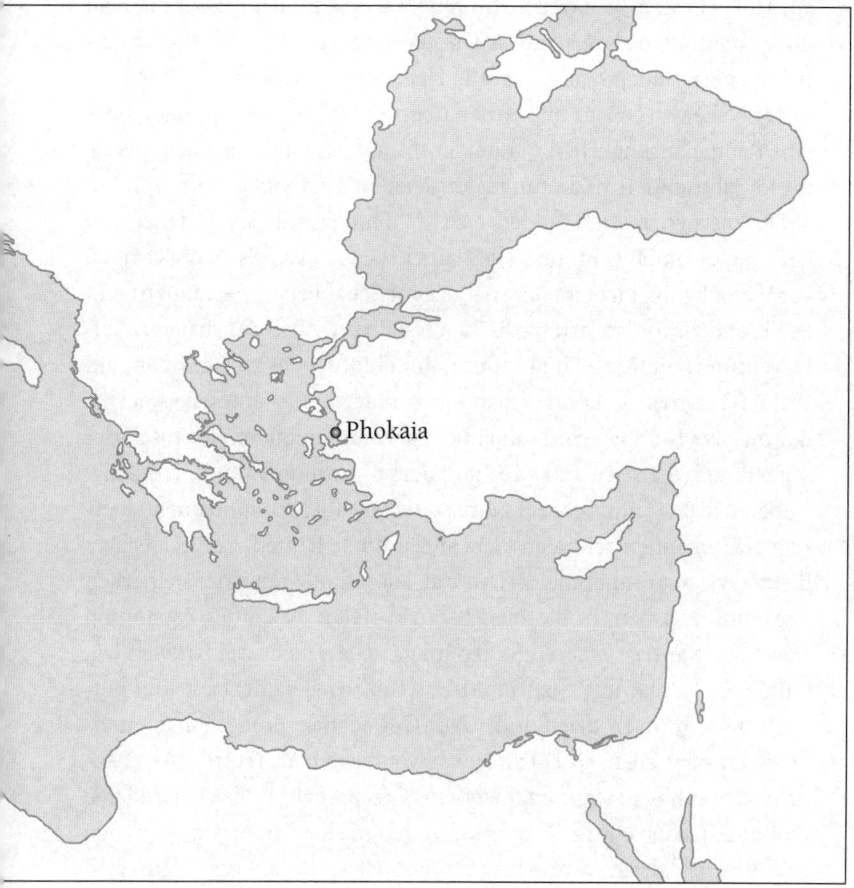

bedingt für eine Wanderungsbewegung von Spanien nach Sardinien, sondern eher für die Existenz einer Gruppe westmediterraner Sprachen, deren Sprecher in Spanien und Südfrankreich, auf einigen Inseln des westlichen Mittelmeeres und in Teilen Nordafrikas lebten.

Schon im 2. Jahrtausend v. Chr. bestatteten die Sarden ihre Toten in eindrucksvollen, aus dem Fels gehauenen Grabstätten, die offenbar den Häusern der Lebenden ähneln sollten, mit mehreren, durch Gänge untereinander verbundenen Kammern, mit Türzargen, Randleisten und anderem in Stein imitiertem Beiwerk, das in den Häusern der Lebenden aus Holz gewesen sein dürfte. Im modernen Sardinien bezeichnet man diese Grabstätten als *domus de janas*, »Feenhäuser«. Die alten Sarden errichteten aber auch eindrucksvolle Heiligtümer, etwa Monte d'Accodi, in der Nähe von Sassari im Norden der Insel gelegen, wo sie einen über eine Rampe zugänglichen Pyramidenstumpf erbauten, möglicherweise im 15. Jahrhundert v. Chr. und wahrscheinlich als Kultstätte.

Die meisten *nuraghi* finden sich im Binnenland. Viele stehen auf der Spitze von Hügeln, und alles spricht dafür, dass sie hauptsächlich der Verteidigung dienten: dem Schutz vor Schafdieben, Seeräubern und insbesondere vor lästigen sardischen Nachbarn. Auch zur sicheren Aufbewahrung von Kupfer und Bronze, in Rohform oder zu Figurinen und Waffen verarbeitet, konnte man sie benutzen. Ein gutes Beispiel ist der massive Komplex Su Nuraxi bei Barumini im Süden der Insel, der seine Blütezeit zwischen dem 8. und dem 6. Jahrhundert v. Chr. erlebte. Neben der Burg umfasste Su Nuraxi etwa 60 auf Steinfundamenten errichtete, um einen zentralen Platz angeordnete Hütten. Ein großer Bau diente, wie man annimmt, als Ratssaal, ausgestattet mit einer steinernen Bank und Nischen, in die man Lampen stellte. Nach der Zerstörung durch die Karthager, deren Stützpunkt Cagliari nicht weit südlich lag, wurde Su Nuraxi im 5. Jahrhundert v. Chr. wiederaufgebaut und entwickelte sich, nach den Funden von Terracotta-, Bronze- und Eisenobjekten zu urteilen, erneut zu einem wohlhabenden Zentrum.[4] Es handelte sich um eine stark fragmentierte Gesellschaft, in der jeder kleine Grundherr seine eigene Burg besaß. Einflüsse aus Phönizien, Karthago und Etrurien drangen nur langsam ein. Diese Kultur veränderte sich nicht plötzlich und tiefgreifend durch den Kontakt mit der Außenwelt, wie die der frühen Etrusker sich durch den Kontakt mit Griechen und Phöniziern wandelte.[5] Das Wechselspiel mit Italien, Spanien und Afrika war subtiler, und die sardische Gesellschaft erweckt den Eindruck eines tiefen Konservatismus – noch bis ins 3. Jahrhundert v. Chr. wurden *nuraghi* errichtet, und um diese Zeit waren nicht mehr nur die Karthager der Feind, sondern oft auch die Römer. Die Vielzahl der Türme, Aufgänge, Geheimgänge und Befestigungswälle an Orten wie Palmavera bei Alghero aus der Zeit um 750 v. Chr. und die befestigten Dörfer zu Füßen der *nuraghi* zeugen von einer Zeit, als phönizische Invasoren sich auf

Sardinien festsetzten, so dass man ausgeklügeltere Befestigungen benötigte, die einem höher entwickelten Gegner standhalten konnten. Auch die religiösen Kulte des alten Sardinien zeugen vom Konservatismus dieser Gesellschaft. Hier gewannen die Götter der Griechen oder Phönizier nicht die Oberhand. Im Mittelpunkt der Verehrung standen heilige Quellen und Stierkulte.[6]

Die Sarden waren keine Stadtbewohner. Ihre typischen Siedlungen waren Dörfer im Umkreis von Burgen. Die Städte auf Sardinien waren Ansiedlungen der Phönizier und Karthager. Doch das gelegentlich schwierige Verhältnis zwischen Karthagern und Sarden bedeutete nicht, dass die *nuraghi*-Kultur von der Außenwelt abgeschnitten gewesen wäre. Ein exotisches Importgut war Bernstein, der auf unbekannten Wegen aus dem Baltikum kam und schließlich in Su Nuraxi landete. Gold interessierte die Sarden nicht sonderlich, und die Silberminen in Südsardinien sollten erst im 14. Jahrhundert n. Chr. intensiv ausgebeutet werden. Die ältesten Funde griechischer Keramik (abgesehen von einigen mykenischen Bruchstücken) stammen aus dem 8. Jahrhundert v. Chr. Im 7. Jahrhundert erreichte eine ionische Vase Su Nuraxi. Eine Vorstellung von der Intensität der Außenkontakte vermittelt die Tatsache, dass man korinthische Keramik nur in südsardischen Ausgrabungsstätten gefunden hat, während etruskische Keramik (einschließlich etruskischer Imitationen griechischer Krüge) auf der ganzen Insel entdeckt wurde.[7] Für die Sarden waren das offenbar attraktive exotische Objekte, die sie leicht gegen Kupferbarren eintauschen konnten.

Kupfer zu finden war für die Sarden kein Problem, aber wenn sie es in die härtere Legierung Bronze umwandeln wollten, mussten sie Zinn aus Spanien oder Südfrankreich importieren. Und aus Bronze stellten die Sarden Statuetten her, deren Einfluss sich sowohl im Raum als auch in der Zeit ausbreitete. Die langbeinigen menschlichen Figurinen erregten im 20. Jahrhundert die Aufmerksamkeit des Bildhauers Giacometti, nachdem sie bereits etruskische Metallverarbeiter in Vetulonia fasziniert hatten, die dort ihre eigenen langgliedrigen Figurinen herstellen ließen, oft von sardischen Handwerkern. Mehrere hundert solcher Statuetten aus der Zeit zwischen dem 8. und dem 6. Jahrhundert v. Chr. sind auf Sardinien selbst erhalten geblieben. Sie scheinen eine reale Welt der Krieger, Bogenschützen, Handwerker und Hirten abzubilden, auch wenn weibliche Figuren seltener sind als männliche. Gelegentlich stellen sie auch Tiere dar, manchmal wohl auch Götter, und wahrscheinlich wurden sie in lokalen Kulten verwendet.[8] Die Figurinen sind ein direkter Beleg für Schifffahrt, denn in etruskischen Häfen hat man mehrere Schiffsmodelle gefunden, die auf die Zeit ab dem 8. Jahrhundert datiert werden. Eines davon besitzt einen Bug in der Form eines Hirschkopfs, und die Dollborde sind mit diversen Tieren und Vögeln verziert. In einem anderen bauchigen Boot findet sich die hockende Gestalt eines Affen – ein Tier, das Karthager aus Afrika mitgebracht haben könnten.[9]

II

Die Griechen in Süditalien dienten als Brücke zwischen den Griechen in Ionien, in Attika wie auch auf der Peloponnes und den neugegründeten Städten in Etrurien. In derselben Weise diente eine abgelegene ionische Kolonie, Massalia, das heutige Marseille, als Brücke zwischen der großstädtischen griechischen Welt und den am weitesten westlich gelegenen Küsten des Mittelmeeres.[10] Wieder einmal betätigten sich die Phokaier von der kleinasiatischen Küste als Pioniere und gründeten die Siedlung um 600 v. Chr. Etwa 600 Erwachsene landeten dort und vermischten sich durch Heirat schon bald mit der einheimischen Bevölkerung. Das frühe Marseille wuchs rasch und bedeckte schon im 6. Jahrhundert eine Fläche von 50 Hektar.[11] Ihr eigentliches Goldenes Zeitalter erlebte die Stadt schon in den ersten 50 Jahren ihrer Existenz. Mitte des 6. Jahrhunderts veranlasste die Invasion Ioniens durch die Perser die Phokaier, sich dem persischen Feind durch Auswanderung so weit zu entziehen, wie es nur möglich war. Wie Herodot berichtet, verlangten die Perser von den Phokaiern lediglich, einen Teil ihrer Stadtmauer einzureißen und dem persischen Satrapen symbolisch ein einziges Gebäude der Stadt zu übergeben. Die Phokaier signalisierten Interesse an diesem Angebot und erbaten einen eintägigen Waffenstillstand, damit sie darüber nachdenken könnten. Aber sie nutzten den Waffenstillstand, um all ihre Habe auf Schiffe zu laden und zunächst nach Chios und von dort weiter westwärts zu segeln – zunächst nach Korsika und dann nach Massilia. Dem persischen König überließen sie eine Geisterstadt.[12]

Das alles machte Massalia jedoch nicht zu einem Hort ionischer Irredentisten. Massalia war ein besonderer Ort, dessen Bewohner es schafften, die Köpfe einzuziehen, als ihre Landsleute gegen die Etrusker kämpften. Eine Erklärung dafür ist das enge Verhältnis Massalias zu den Völkern des westlichen Mittelmeerraums – nicht zu den Etruskern, wohl aber zu den Karthagern in Afrika und Spanien und den weniger hochentwickelten Ligurern, die im Nordwesten Italiens und in Südfrankreich lebten.[13] Massalia wurde zu einer Verbindungsstelle für Kontakte mit den keltischen Völkern Westeuropas, so dass griechische und etruskische Keramik von dort aus nordwärts nach Mittelgallien gelangte. Zur selben Zeit trieben Griechen, Etrusker und Karthager Seite an Seite Handel in der Region. Das bereits erwähnte Pech Maho wurde von karthagischen Kaufleuten als Handelsstation genutzt, aber offenbar auch von anderen Händlern besucht, wie die auf einer dort gefundenen Bleiplatte eingeritzte etruskische Inschrift belegt. Nicht Blei, sondern Zinn zog Kaufleute nach Südfrankreich, wo sie Zugang zu den Zinnvorkommen Nordwestfrankreichs und möglicherweise auch Britanniens suchten, das phönizische Seeleute von Cádiz aus ansteuerten. Griechische und etruskische Bronze- und Keramikfunde entlang der Seine, insbesondere ein in Vix ausgegrabener, um 530 v. Chr. datierter massiver Bronzekrater, vermitteln einen Eindruck von der Länge der Wege, auf denen Waren (wenn auch nicht unbedingt einzelne Kaufleute) bis tief nach Gallien hineingelangten.[14] Der große Mischkrug für Wein erinnert daran, dass der Weinhandel zu den besonderen Stärken von Massalia gehörte. Der Krug hat ein Fassungsvermögen von 1100 Litern, wobei es bei den Griechen üblich war, einen Teil Wein mit zwei Teilen Wasser zu mischen. Tatsächlich war das 6. Jahrhundert das Goldene Zeitalter des griechischen Handels im westlichen Mittelmeer. Obwohl eine ionische Kolonie auf Korsika gleich nach ihrer Geburt von Etruskern und Karthagern erdrosselt wurde, entstanden für kurze Zeit Siedlungen in Málaga und anderswo in Südspanien, vor allem aber in Emporion, Inbegriff der Handelsniederlassung, das heute Empúries heißt. Ganz in der

Nähe gründeten Händler aus Rhodos die Niederlassung Rhode, das heutige Roses in Katalonien.

Massalia, dessen Bronzegießereien nach Zinn hungerten, erhielt seine Verbindungen in den östlichen Mittelmeerraum aufrecht. Bei Ausgrabungen in Marseille fand man große Mengen griechischer Keramik aus dem 6. Jahrhundert v. Chr., die aus Euböa, Korinth, Athen, Sparta, Ionien und – nicht ganz so weit – Etrurien stammte. Die reichen Kaufleute von Massalia stifteten ein Schatzhaus in Delphi.[15] Die Stadt war kein koloniales Provinznest. Die Kultur Südfrankreichs wurde hellenisiert. Der spätrömische Autor Justinus fasste die Aussagen eines früheren Autors, Pompeius Trogus (dessen *Historiae Philippicae* verlorengegangen sind), folgendermaßen zusammen:

> »Von den Griechen lernten die Gallier einen zivilisierten Lebensstil, und sie gaben ihre barbarische Lebensweise auf. Sie begannen ihre Felder zu bestellen und ihre Städte mit Mauern zu umgeben. Sie gewöhnten sich sogar daran, nach Gesetzen zu leben, statt Waffengewalt zu gebrauchen, und begannen Weinreben und Oliven anzubauen. Ihr Fortschritt in Verhalten und Wohlstand war so großartig, daß es aussah, als wäre Gallien ein Teil Griechenlands, und nicht, als hätte Griechenland Gallien kolonisiert.«[16]

Natürlich wurde diese Lobrede viele Jahrhunderte später geschrieben, und es ist fraglich, ob die Griechen tatsächlich Oliven und Wein einführten.[17] Dennoch spricht einiges dafür, dass Griechen und Etrusker eine intensivere Nutzung der Weinberge förderten und fortschrittliche Technologien des Pressens von Olivenöl und der Weinerzeugung einführten. »Der erste Wein, der in Burgund getrunken wurde, war griechischer Wein aus Marseille«, schreibt Sir John Boardman, und die athenischen, phönizischen und etruskischen Amphoren, die man in zahlreichen Ausgrabungsstätten des Languedoc und der Provence gefunden hat, stützen seine Behauptung.[18] Justinus hatte recht: Es war nicht nötig, diese Region im Stil der römischen Legionen zu erobern, um sie in den Kulturkreis Griechenlands einzubeziehen.

Wie auch anderswo im westlichen Mittelmeerraum markierte die Zeit um 500 v. Chr. einen bedeutsamen Übergang. Zum Teil war er die Folge der wachsenden politischen Spannung zwischen Griechen und Etruskern, die zu einem Rückgang der Handelskontakte im Bereich des Tyrrhenischen Meeres führte. Zur selben Zeit senkte sich ein Schatten über die kulturellen Zentren in Nord- und Ostfrankreich (die sogenannte Hallstattkultur), und weiter östlich gelegene keltische Gebiete wurden zum Brennpunkt einer dynamischen neuen kontinentalen Kultur, der sogenannten Latènekultur, die über die Pässe der Ostalpen stark von den Etruskern beeinflusst wurde. Das bedeutete, dass die Handelswege zwischen dem Mittelmeer und Nordeuropa sich Richtung Osten verlagerten und die Nachfrage nach hochwertigen Erzeugnissen aus dem Mittelmeerraum im Rhônetal zurückging.[19] Immer weniger attische Keramik traf in Massalia ein, auch wenn dieser Handel sich Ende des Jahrhunderts erholte. Vor allem aber waren die Griechen nicht mehr in der Lage, Wein und Luxusgüter von Marseille aus Richtung Norden zu verkaufen, während im Westen, an den Küsten Spaniens, die Karthager den Handel dominierten. Wie wir gesehen haben, reagierte die griechische Welt darauf mit der zunehmenden Benutzung des Seeweges, der über die Adria zum neugegründeten Spina führte. Was Marseille verlor, das gewann Spina. Eine weitere Reaktion bestand darin, das Massalia selbst zur Mutterstadt einer neuen Generation von Kolonien an der Küste der Provence und des Languedoc wurde, darunter Agde, auch wenn die berühmteste unter diesen Städten, Nikaia (Nizza), wahrscheinlich erst im 3. Jahrhundert v. Chr. gegründet wurde.[20]

III

Eines der bemerkenswertesten Beispiele für die Hellenisierung einer Region lässt sich in Spanien beobachten. In der frühgriechischen Literatur wie etwa den Werken Hesiods waren die am weitesten westlich gelegenen Teile des Mittelmeeres die Heimat von Fabelwesen wie dem dreiköpfigen Ungeheuer Geryon. Dort lag der geheimnisvolle Garten der Hesperiden, und dort, an den Säulen des Herkules, trug Atlas den Himmel auf seinen Schultern.[21] Die Phönizier hatten, wie wir gesehen haben, diese Region als Erste erreicht und außerhalb des Mittelmeeres in Cádiz eine bedeutende Handelsniederlassung gegründet. Unter den Griechen betätigten auch wieder die Phokaier und ihre Nachbarn sich als Pioniere, angefangen bei dem Seemann Kolaios von Samos. Überdies soll der König von Tartessos die Phokaier eingeladen haben, sich auf seinem Gebiet niederzulassen.[22] Wie sich später zeigte, gingen sie irrtümlich nach Korsika. Die griechische Präsenz in Gestalt von Siedlern und Händlern war im Spanien des 6. bis 4. Jahrhunderts recht beschränkt im Vergleich zu den Karthagern, und es ist nicht klar, ob sie die Karthager als Konkurrenten empfanden. Die Griechen von Emporion handelten Metalle mit ihnen, und im 4. Jahrhundert prägte Emporion Münzen, die karthagische Motive mit solchen aus Griechisch-Sizilien kombinierten. Die Bürger von Emporion warben wahrscheinlich Söldner an, die in der karthagischen Armee gegen die Griechen auf Sizilien kämpften. Auch machte Emporion nicht den Versuch, die Herrschaft über ein größeres Territorium zu erlangen. Der Reichtum der Stadt basierte nicht auf örtlichen Ressourcen, sondern auf Kontakten mit den metallreichen Gebieten Südspaniens – Kontakte, die von karthagischen Kaufleuten vermittelt wurden.[23] Dennoch übertraf der kulturelle Einfluss der Griechen mit Leichtigkeit den der Karthager. Obwohl einige griechische Zentren in Katalonien weiterhin florierten, verloren die in Andalusien, zum Beispiel das in der Nähe von Málaga gelegene Mainake, schon bald an Bedeutung, und die Region kehrte in die phönizische Sphäre zurück. Das silberreiche Tartessos dürfte seinen Höhepunkt um 500 v. Chr. überschritten haben, aber es boten sich andere Chancen, und die Karthager nutzten ihre Siege im westlichen Mittelmeer, um zum Beispiel im Jahr 509 einen Vertrag mit dem aufstrebenden Rom zu schließen, der es den Römern und ihren Verbündeten höflich, aber entschieden untersagte, weite Teile des westlichen Mittelmeeres zu befahren.

Versuche, ein Meer zu sperren, sind oft kontraproduktiv. Sie laden zur Seeräuberei ein, und ihre Durchsetzung ist mit hohen Kosten verbunden. Wahrscheinlich noch bevor die Karthager ihr Spanienmonopol errichteten, verfasste ein griechischer Seemann die Beschreibung einer Seereise *(Periplus)*, welche entlang der Küsten Spaniens von Galicien durch die Straße von Gibraltar bis hinauf nach Marseille verlief – Marseille war möglicherweise der Heimathafen des Verfassers. Offensichtlich ging es ihm darum, den Seeweg zu den Zinnvorkommen Galiciens aufzuzeichnen. Er war ein Vorläufer des berühmten griechischen Seefahrers aus Marseille, Pytheas, der im 4. Jahrhundert v. Chr. den Seeweg nach Britannien entdeckte.[24] Ein heidnischer Dichter namens Avienus integrierte dieses im 6. Jahrhundert v. Chr. oder möglicherweise ein wenig später entstandene Werk im späten 4. Jahrhundert n. Chr. in ein recht grobschlächtiges lateinisches Gedicht.[25] Mehrfach erklärt Avienus darin, dass dieser alte Text einen Ort an der Küste Spaniens beschreibt, der später verfallen sei, so dass sich hier altes Material mit Beobachtungen späterer Seefahrer mischt, die Avenius gleichfalls gelesen hat. Die Auslassung einiger Orte wie der griechischen Kolonie Rhode lässt den Schluss zu, dass sie noch nicht bestanden, als der griechische Seefahrer seinen *Periplus* schrieb, was wiederum dessen hohes Alter bestätigt. Avienus spricht ausführlich über Tartessos, das seinen Höhepunkt im 5. Jahrhundert v. Chr. überschritten hatte und das er zuversichtlich mit Cádiz gleichsetzt, wobei er anmerkt: »Die in alter Zeit große und reiche Stadt ist jetzt arm, klein, verlassen, ein Trümmerhaufen.«[26] Er beschreibt, wie die Tartesser mit ihren Nachbarn Handel trieben und wie die Karthager in diesen Gewässern eintrafen. Er beschreibt einen schimmernden zinnreichen Berg, an dem frühe Kaufleute gewiss großes Interesse fanden.[27] Der Text verweist auch auf verfallene phönizische Städte in Südspanien, was den Schluss zulässt, dass die Vorgänger des Avienus im späten 6. Jahrhundert an diesen Siedlungen vorbeikamen. Und er berichtet, dass einige phönizische Siedlungen nun von karthagischen Siedlern bewohnt würden.[28] Indem Avienus einen griechischen Text in ein lateinisches Gedicht verwandelte, schuf er eine Art Palimpsest, doch die verschiedenen Schichten lassen sich nur schwer voneinander trennen.[29] Avienus beschreibt auch große einheimische Siedlungszentren in Tarragona und Valencia, das er als Tyris kannte (dieser Name blieb in dem des Flusses Turia erhalten, der bis vor kurzem mitten durch Valencia floss). Aber mit Barcelona, dessen Name karthagischen Ursprungs ist, verweist er auf eine relativ junge Gründung. Er spricht über wilde Völker entlang der spanischen Küste, die sich »wie wilde Tiere« von Milch und Käse ernährten, und beschwört damit das Bild einer großen Vielfalt an Völkerschaften, die unter die Bezeichnung »iberisch« fielen.Dies wird durch archäologische Funde bestätigt, die belegen, dass es keine einheitliche iberische »Nation« gab, sondern zahlreiche Stämme und Kleinstaaten.[30]

Griechen und Karthager unterhielten enge Beziehungen zu den iberischen Völkern. In der Folge entstand eine Zivilisation, die in den Künsten ein hohes Niveau erreichte, recht große Städte baute und die Schrift übernahm. Die iberische Zivilisation hat außerhalb Spaniens nur wenig Aufmerksamkeit gefunden, doch die Iberer erreichten einen Entwicklungsstand, den unter den einheimischen Völkern des westlichen Mittelmeerraums nur die Etrusker übertrafen.[31] Sie liefern ein zweites Beispiel dafür, wie die griechische und phönizische Kultur über lange Handels- und Wanderungswege in den Westen eindrang und wie diese kulturellen Einflüsse dort mit den einheimischen Fähigkeiten der Bildhauerei und der Metallverarbeitung verschmolzen. Doch die Iberer lassen sich noch schwerer identifizieren als die Etrusker, die ein gewisses Solidaritätsgefühl als einheitliches Volk entwickelten und sich selbst *Rasna* nannten. Es gab deutliche kulturelle Unterschiede zwischen den Iberern in Andalusien, in der Küstenregion um Valencia und in Katalonien. Es gab zahlreiche Stämme, aber keine politische Einheit. Es ist nicht einmal sicher, dass sie alle dieselbe Sprache oder zumindest verwandte Sprachen gesprochen hätten, auch wenn unter den modernen Sprachen die besten Kandidaten für eine Verwandtschaft mit der damaligen iberischen Sprache die der Basken und der Berber sind. Im Binnenland vermischten sie sich mit anderen Völkern, die nicht nur von modernen Wissenschaftlern, sondern auch von Avienus als keltisch eingestuft werden (ein sehr vager Begriff, der aber eher auf kontinentale als auf mediterrane Kulturtraditionen verweist).[32] Der Ausdruck »Iberer« ist daher eine Verallgemeinerung und bezieht sich auf diverse Völker, die zwischen dem 6. und dem 2. Jahrhundert v. Chr. in einem politisch instabilen Raum lebten, in den Karthager, Griechen und schließlich Römer als Händler und Eroberer eindrangen.

Wie auf Sizilien und in Süditalien hielten griechische Siedlungen wie Emporion sich zeitweise getrennt von der einheimischen Bevölkerung, doch nach einer Weile besaßen diese Städte aufgrund wechselseitiger Heiraten und anderer Kontakte wahrscheinlich eine Mischbevölkerung.

Nicht weit von Emporion, in Ullastret, lag eine wichtige iberische Stadt, eine gut geplante Anlage mit vier Stadttoren, die im 4. Jahrhundert v. Chr. eine Fläche von 40 000 Quadratmetern bedeckte. Aber wir sollten uns das Verhältnis zwischen Iberern und Kolonisten nicht als feindselig vorstellen. Einige Beispiele sollen zeigen, wie die Iberer das von Griechen und anderen Gelernte mit dem Ausdruck eigener Individualität verbanden. Trotz einiger Abwandlungen in Südspanien benutzten die Iberer eine einheitliche Schrift, und die griechische – nicht phönizische – Herkunft vieler Zeichen steht außer Frage. Seltsamerweise fügten die Iberer nach dem Erwerb des Alphabets eine Reihe von Silbenzeichen hinzu (*ba, be, bi, bo, bu* und ebenso für die Buchstaben »c« und »d«), aber danach scheint der Erfindungsreichtum der Schöpfer dieser Schrift ebenso seltsamerweise erschöpft gewesen zu sein. Zwei grundlegende Merkmale des modernen Spanien entstanden aufgrund griechischer Einflüsse auf die Iberer: Sowohl Wein als auch Oliven wurden immer beliebter, obschon der römische Dichter Martial den katalanischen Wein wegen seiner schlechten Qualität tadelte. Jedenfalls gaben die Iberer traditionell dem Bier den Vorzug und importierten bessere Weine oft aus Etrurien.[33]

Ein weiteres Beispiel kultureller Anleihen kann man in den Gräbern der Iberer besichtigen. Ihre Vorliebe galt durchgängig der Feuerbestattung. In Tutugi in Andalusien hat man Gräber ausgegraben, die im 5. Jahrhundert und später entstanden und von einfachen Urnen bis hin zu prachtvollen Tumuli mit Kammern und Gängen reichen, an deren Wänden sich Spuren von Malereien finden. Zu den architektonischen Motiven gehören im ionischen Stil verzierte Säulen. Die massiven Grabmäler, in denen offensichtlich die sterblichen Überreste von Mitgliedern der Elite beigesetzt wurden, erinnern an die in Etrurien und verweisen auf italienische Einflüsse. Die in Italien und Teilen des östlichen Mittelmeerraums anzutreffende Praxis, Reiche und Berühmte mit eindrucksvollen Grabbeigaben zu bestatten, findet sich auch hier. Ein mit drei Kammern ausgestattetes Grab in Toya enthielt Bronzeeimer, Edelsteine und einen Streitwagen.[34] Ein drittes Beispiel für die Mischung einheimischer und fremder Einflüsse findet sich in der Plastik. Aus Kalkstein schufen iberische Künstler eindrucksvolle, fast lebensgroße Darstellungen von Stieren, Pferden und Hirschen, wobei sie die wichtigsten Merkmale der Tiere kraftvoll herausarbeiteten. Ihre besondere Vorliebe galt dabei dem Hochrelief, und viele der erhalten gebliebenen Reliefs dürften einmal zur äußeren Verzierung von Tempeln und anderen Kultstätten gehört haben.[35] Der Einfluss griechischer Stile machte sich schrittweise bemerkbar und führte schließlich zu einem Stil, der niemals gänzlich griechisch wirkt. Das gilt selbst noch für das 4. Jahrhundert v. Chr., die Zeit, in der wahrscheinlich die berühmteste iberische Skulptur entstand, die »Dama de Elche«, die Büste einer mit kostbarem Schmuck behängten Priesterin oder Göttin. Obwohl ihr Gesicht klassischen griechischen Vorbildern viel zu verdanken scheint, zeigt der Rest der Figur deutliche Ähnlichkeit mit anderen lebensgroßen Frauenfiguren, die man in Spanien gefunden hat.[36] Der Schmuck verweist möglicherweise auch auf karthagische Vorbilder.[37] Doch die Behandlung der Kleidung bei der Dame von Elche und anderen Skulpturen entspricht dem iberischen Kanon. Die Iberer teilten nicht die Vorliebe der Griechen und Etrusker für die Darstellung des nackten Körpers. Eine einzige iberische Vase zeigt einen nackten Mann, und diese Vase wurde in dem griechisch dominierten Emporion gefunden.[38]

Die Keramik verrät kommerzielle Verbindungen und im Fall bemalter Vasen auch kulturelle Einflüsse, die ihren Ausdruck sowohl in der Ikonographie finden als auch im Interesse einheimischer Völker an griechischen Göttern und Heroen. Anders als die Völker Italiens waren die Iberer nicht überwältigt von den religiösen Vorstellungen der Griechen oder Phönizier, auch wenn sich entlang der Küste Anzeichen für gemeinsame Kulte finden, die Demeter, Astarte und andere fremde Götter betrafen. Eine Alabasterstatue aus einem Grab in Tugugi stellt eindeutig eine phönizische Göttin dar.[39] Auf dem Gebiet der Vasenmalerei bewiesen die Iberer besondere Originalität und versuchten nicht nur, griechische Vorbilder zu kopieren, wie dies die Etrusker häufig taten. Schwarzfigurige Vasenmalereien aus Liria bei Valencia zeigen Tanz- und Kampfszenen. Die menschlichen Figuren sind in einem flüssigen, halb abstrakten Stil gezeichnet, der ein Gefühl von Bewegung zu vermitteln vermag. Leere Zwischenräume wurden ängstlich ausgefüllt mit Schnörkeln, kreisenden Linien, floralen Mustern und allem, was die Entstehung eines Vakuums verhindern konnte.[40] In Andalusien finden sich noch im 4. Jahrhundert geometrische Muster, wie man sie in Griechenland im 6. Jahrhundert entwickelt hatte, allerdings in erheblichem Maße angepasst an den Geschmack iberischer Käufer, mit ihrer Vorliebe für Vögel und Tiere und auch Blattwerk. So gab es denn keinen einheitlichen »iberischen Stil«. Vielmehr übernahmen die Iberer einige Grundideen von den Griechen und adaptierten, was da auf griechischen und phönizischen Schiffen aus dem östlichen Mittelmeer zu ihnen kam.

Außerdem machten die Iberer sich über die Grenzen Spaniens hinaus einen Namen nicht als Händler, sondern als Soldaten. Der Tyrann von Himera auf Sizilien rekrutierte 480 v. Chr. iberische Söldner, aber sie kämpften Ende des 5. Jahrhunderts auch in karthagischen Armeen, die griechische Städte auf Sizilien angriffen. Nach der Niederlage der Karthager 395 v. Chr. gegen den Tyrannen von Syrakus traten viele von ihnen in dessen Dienste. Sie werden sogar um diese Zeit in einer Komödie des Aristophanes erwähnt, was dort Gelächter auslöst, weil sie angeblich ganz von Körperhaaren bedeckt waren. Ihre berühmten Säbel waren nach griechischen und etruskischen Vorbildern gearbeitet. Den Umgang mit dieser Waffe hatten sie als Söldner erlernt.[41] Manch ein Vermögen in Iberien dürfte durch den Sold und die Beute in fremden Kriegen entstanden sein, was zum Teil auch den Reichtum einiger iberischer Gräber erklärt. Andererseits bildeten die natürlichen Ressourcen und vor allem die Metallvorkommen die eigentliche Quelle des iberischen Wohlstands. Die Iberer waren ideal platziert, um von dem Handelsverkehr zu profitieren, der zwischen dem spanischen Binnenland und der Küste oder auf Schiffen von Gadir oder anderen Atlantikhäfen aus durch die Straße von Gibraltar auf der von Avienus beschriebenen Route abgewickelt wurde. Das gesamte Mittelmeer wurde nun von griechischen, etruskischen oder karthagischen Schiffen befahren. Im Athen des Aristophanes waren Völker aus dem fernen Westen Gegenstand spöttischer Scherze, und die Völker des Westens hielten Griechenland – zunächst Korinth, später dann Athen – für das Zentrum des Stils und der Mode.

KAPITEL 5

Thalassokratien

550 bis 400 v. Chr.

I

Man könnte erwarten, dass die Großmächte des Nahen und Mittleren Ostens, die Hethiter, die Assyrer und selbst das Ägypten der Pharaonen, in den Küsten des Mittelmeeres natürliche Grenzen für die Expansion ihrer Reiche erblickten. Die Assyrer versuchten gelegentlich, Zypern unter ihre Herrschaft zu bringen, ebenso die Ägypter, denn der Holz- und Metallreichtum der Insel war allzu kostbar, als dass man ihn hätte übersehen können. Doch kein Versuch, die Herrschaft im östlichen Mittelmeer an sich zu bringen, reichte an die persischen Eroberungen in Anatolien und der Levante während des 6. Jahrhunderts v. Chr. und an den persischen Versuch einer Invasion Griechenlands heran, und die Niederlage der Perser sollte als größter griechischer Sieg seit der Zerstörung Trojas gefeiert werden. Es war nicht nur eine militärische, sondern auch eine politische Leistung, denn zahlreiche Städte sowohl im eigentlichen Griechenland als auch auf den ägäischen Inseln kämpften gemeinsam gegen die Perser, und selbst Syrakus bat man um Hilfe (aber die Stadt hatte gerade einen Angriff der Karthager abzuwehren, die dazu möglicherweise von den Persern angestachelt worden waren). Die Griechen gedachten ihres Triumphes durch die Errichtung von Siegesmalen wie der bronzenen Schlangensäule in Delphi, die sich heute im Hippodrom in Istanbul befindet. Darauf waren die Namen von 31 Städten verzeichnet, die sich 479 v. Chr. an der großen Schlacht von Plataiai gegen die Perser beteiligt hatten, und selbst diese Liste war nicht vollständig.[1] Eine »Versammlung der Hellenen« wurde geschaffen, und zunehmend verstand man den Namen, den Homer den Gefolgsleuten des Achill gegeben hatte, als Bezeichnung einer gemeinsamen Identität, die ihren Ausdruck in der Sprache, im Götterkult und in der Lebensweise fand.[2] Die Geschichte, die daraus entstand, vor allem in der inspirierten Darstellung durch Herodot, war die einer Verteidigung der griechischen Freiheit gegen die persische Tyrannei. In seiner Tragödie *Die Perser*, die 472 v. Chr. in Athen aufgeführt wurde, unterstellte Aischylos, dass die Zukunft von ganz Hellas direkt vom Schicksal seiner Heimatstadt abhing:

> ATOSSA: Aber Freunde, dies möchte ich erfahren: Wo auf Erden, sagt man, liegt Athen?
> CHOR: Fern im Westen, nah dem Untergang des Herrschers Helios.
> ATOSSA: Dennoch trägt mein Sohn Verlangen nach der Jagd auf diese Stadt?
> CHOR: Wäre alsdann doch ganz Griechenland dem König untertan![3]

Ob die Griechen wirklich für die Freiheit gegen die persische Tyrannei kämpften, ist fraglich. Im späten 5. Jahrhundert, auf dem Höhepunkt ihrer internen Auseinandersetzung während des Peloponnesischen Krieges, versuchten Spartaner und Athener ständig, die Gunst der Perser zu gewinnen. Sich dem persischen König zu unterwerfen galt nicht immer als verächtlich. Die Geschichte gewann an Größe, je öfter sie erzählt wurde, zunächst von Herodot und dann, viel später, in den Lebensbeschreibungen großer Athener und Spartaner, die in römischer Zeit Plutarch verfasste. Gewaltige Heere drangen unter Führung des persischen Königs in Griechenland ein, doch in diesen Heeren befanden sich auch zahlreiche Griechen, die – widerwillig oder nicht – gegen andere Griechen kämpften. Die persische Herrschaft brachte in regelmäßigen Abständen gewisse Unannehmlichkeiten wie die Einforderung von Truppen und Steuern mit sich, doch in der Regel war es persische Politik, jene Städte weitgehend in Ruhe zu lassen, die klaglos einen einfachen Tribut aus Erde und Wasser entrichteten.

Aus griechischer Sicht begannen die Probleme mit den Persern, als diese 546 v. Chr. das Königreich Lydien zerstörten, dessen Herrscher Kroisos (Krösus) für seinen Reichtum bekannt war. Der persische König Kyros lud die griechischen Städte Ioniens, die den Lydern nominell Ge-

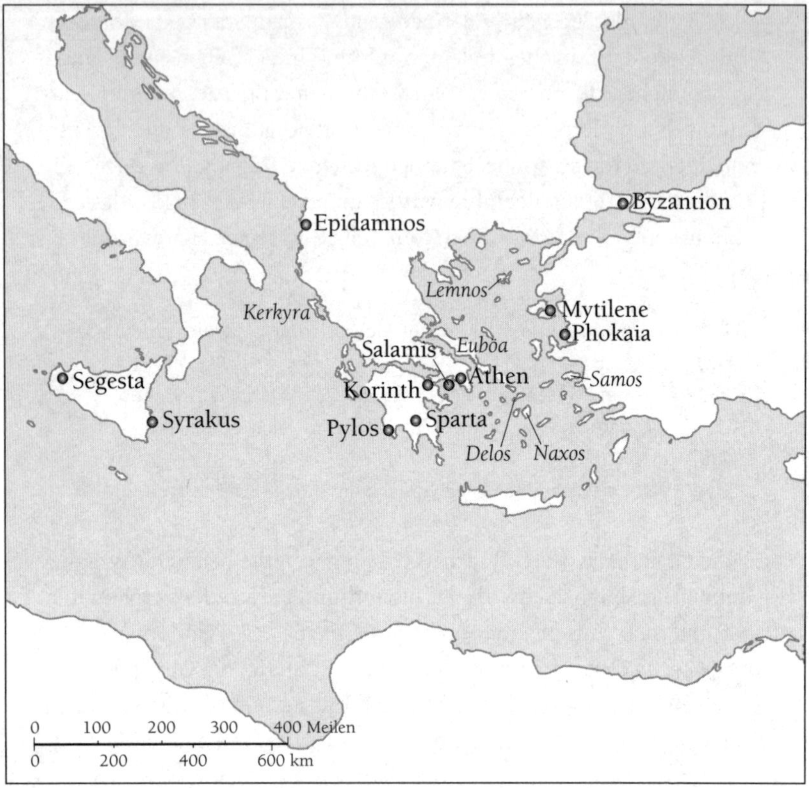

folgschaft schuldeten, dazu ein, sich an der Unterwerfung Lydiens zu beteiligen, doch die Ionier zeigten erst Interesse, als Lydien bereits gefallen war, und das war zu spät. Zu diesem Zeitpunkt war Kyros nicht mehr bereit, den Ioniern die leichten Bedingungen zu gewähren, deren sie sich als nominelle Untertanen der Lydier erfreut hatten. Einige Städte unterwarfen sich und mussten nun Truppen stellen. Unter Kyros war die Last noch vergleichsweise leicht, doch unter späteren Herrschern, die nach Mitteln für grandiose Kriegszüge suchten, wurde sie schwerer. Die Bürger anderer Städte folgten dem Rat der Griechen in Hellas und emigrierten in Massen, so etwa die Phokaier. Miltiades, der später ein hervorragender Heerführer im Dienste Athens werden sollte, verließ Phokaia und machte sich mit fünf Schiffen, zahlreichen Flüchtlingen und den gesamten Reichtümern seiner Stadt auf den Weg. Unglücklicherweise wurde eines der Schiffe von phönizischen Piraten gekapert. Weitaus wichtiger für die Perser waren zu diesem Zeitpunkt die Großreiche des Nahen und Mittleren Ostens. Auf die Eroberung von Babylon durch Kyros im Jahr 539, später festgehalten in den lebhaften Erzählungen des biblischen Buches Daniel, folgte 525 die Eroberung Ägyptens durch den Sohn des Kyros, Kambyses. In der Zwischenzeit unterwarfen die Perser die phönizischen Städte. Für die Phönizier erwies sich das nicht unbedingt als schlecht. Die Perser sorgten für neues Leben auf den Handelsrouten, die unter Umgehung Ioniens durch Tyros und Sidon führten. Die phönizischen Schiffe bildeten das Rückgrat der persischen Kriegsflotte im Mittelmeer. Allerdings wurde auch von den ionischen Griechen erwartet, dass sie Schiffe für die persische Flotte stellten. Um 525 konnte ein ionischer Herrscher, Polykrates von Samos, der ein Verbündeter des Kambyses wurde, 100 Pentekonteren (mit 50 Ruderern bemannte Schiffe) und 40 Trieren (Schiffe mit drei Reihen Rudern) mobilisieren. Solche Schiffe wurden auch von den Phöniziern entwickelt, die 499 v. Chr. 200 Trieren gegen Naxos schickten.[4] Anders gesagt, für eine wirkungsvolle Kriegsflotte benötigte man Tausende von Seeleuten, und wahrscheinlich heuerte Polykrates seine Besatzungen auch außerhalb von Samos an. Herodot fragte sich, ob er ihn mit dem die Meere beherrschenden Minos vergleichen solle.[5]

Die griechischen Städte in der Kyrenaika akzeptierten die persische Oberhoheit nach dem Fall Ägyptens, so dass sich das Perserreich nun bis nach Libyen erstreckte. Karthago scheint wie auch andere phönizische Städte die Erfolge der Perser mit Wohlwollen betrachtet zu haben. Das heißt nicht, dass die Perser sich um die Schaffung eines Mittelmeerreichs bemüht hätten. Die Griechen versuchten ihren Brüdern auf Sizilien klarzumachen, dass auch ihre Insel in Gefahr sei. Von den in Europa gelegenen Regionen bereitete den Persern nicht Griechenland die größten Sorgen, sondern das in der heutigen Ukraine gelegene Gebiet, in dem die Skythen lebten, Nomaden, die sowohl den Griechen als auch den Persern als wilde Barbaren galten. König Dareios von Persien unternahm 513 v. Chr. einen Feldzug gegen sie. Ein paar Griechen und andere bereiteten den Persern in der nördlichen Ägäis Scherereien, und die Perser reagierten darauf mit brutalen Maßnahmen. Im Jahr 509 besetzten sie Lemnos und massakrierten zahlreiche Einwohner. Die Perser gierten nach der Herrschaft über das für seine Rohstoffvorkommen bekannte Euböa.[6] Ab 499 kam es in Ionien zu Unruhen, die gelegentlich von Städten im eigentlichen Griechenland unterstützt wurden und grausame Vergeltung nach sich zogen, wenn etwa phönizische Seeleute ihrem Groll gegen die griechischen Rivalen blutigen Lauf ließen und sich in Plünderungen ergingen. Als die ionische Revolte sich totlief, verhielten die Perser sich erstaunlich besonnen, akzeptierten demokratische Regierungen und versuchten, eine Quelle von Spannungen zwischen den Städten zu beseitigen, indem sie von ihnen verlangten, untereinander Handelsabkommen abzuschließen. Der persische Großkönig war sich seiner Verantwortung vor seinem Gott Ahura Mazda bewusst, gegenüber seinen Untertanen Barmherzigkeit zu üben und für Stabilität zu sorgen. Dennoch erholte Ionien sich nicht vom Rückgang des Wohlstandes.[7]

II

Als Xerxes 486 v. Chr. den Thron bestieg, wechselte die persische Politik von selbstbewusster Kompromissbereitschaft gegenüber Abweichlern hin zu entschlossener Unterdrückung der Feinde Persiens. Der Großkönig beschloss, die Griechen für die Unterstützung der ionischen Rebellen zu bestrafen. Phönizier und Ägypter erhielten den Auftrag zur Herstellung massiver Taue, mit deren Hilfe man zwei Schiffsbrücken über den Hellespont (die heute Dardanellen heißende Meerenge) legen konnte. Die Taue müssen unglaublich stark gewesen sein, um der starken Strömung zu widerstehen. Da eine frühere Flotte vor dem großen Vorgebirge des Berges Athos schweren Schaden genommen hatte, befahl der König, im Rücken des Berges einen Kanal zu graben, und so geschah es. An dem Weg, den die Armee durch Thrakien nehmen sollte, wurden Lebensmittelvorräte angelegt. Die Griechen wussten sehr wohl, dass sie diesen Krieg ebenso zu Lande wie zu Wasser würden führen müssen, und man übertrug den Spartanern den Oberbefehl über die Seestreitkräfte – ein weiterer Beleg dafür, dass man Sparta als Seemacht nicht unterschätzen sollte. Wie zu erwarten, waren viele Griechen versucht, sich den Persern zu unterwerfen, bevor die Armeen des Xerxes ihre Städte zerstörten und deren Bürger zu Sklaven machten. Das Pythische Orakel in Delphi riet den Athenern, ihre Heimat aufzugeben und nach Westen auszuwandern. Auf weitere Nachfragen machte das Orakel ein paar vage Andeutungen bezüglich hölzerner Mauern, die dem Angriff der Perser standhalten sollten, und prophezeite, das bei dem westlich von Athen gelegenen Salamis etwas Schreckliches geschehen werde.

Zu Lande erreichte der Feldzug seinen dramatischsten Augenblick 480 v. Chr., als 300 Spartaner an dem schmalen Durchgang der Thermopylen bis zu ihrem Tode gegen eine riesige Übermacht kämpften. Danach stürmten die Perser durch Nord- und Ostgriechenland und verwüsteten das von den Einwohnern verlassene Athen einschließlich der alten Tempel auf der Akropolis.[8] Im Seekrieg standen die Chancen der Griechen besser, denn die persische Flotte bestand weitgehend aus schnellen, leicht gebauten phönizischen Trieren, gegen die die Griechen mit ihren schwereren Trieren durchaus etwas ausrichten zu können hofften. Die Phönizier mochten den Vorteil der größeren Zahl haben, doch die Griechen kannten die Gewässer weitaus besser.[9] Indem die griechischen Verbündeten die persische Flotte 480 v. Chr. bei Salamis festhielten, konnten sie die scheinbar unvermeidliche vollständige Invasion der Peloponnes durch die Perser hinauszögern. Salamis ist eine Insel, die im Osten, wo die Flotten einander gegenüberlagen, durch enge Straßen und im Westen, unterhalb der Bucht von Eleusis, durch eine breitere Straße vom attischen Festland getrennt ist. Mit mehr als 200 seetüchtigen Schiffen (manche Schätzungen reichen bis 380) trafen dort die Griechen, hauptsächlich Athener, auf 600 bis 1200 feindliche Schiffe. Deshalb mussten die Griechen versuchen, die Phönizier in die Meerengen zwischen Salamis und dem griechischen Festland zu locken, wo sie in der Falle saßen.[10] Und das taten sie mit Hilfe einer List, die des Odysseus würdig gewesen wäre. Ein athenischer Spion berichtete den Persern, die Griechen hätten die Absicht, sich im Schutze der Dunkelheit Richtung Westen abzusetzen. Deshalb wurden phönizische Schiffe mit dem Auftrag losgeschickt, den westlichen Ausgang zu bewachen. Doch die Griechen rührten sich nicht von der Stelle, und als der Morgen kam, wunderte sich die zur Verhinderung eines griechischen Ausbruchsversuchs entsandte Patrouille über die Stille. Inzwischen befassten sich die Griechen mit dem Teil der phönizischen Flotte, der in den östlichen Meerengen geblieben war. Korinthische Schiffe setzten die Segel und versuchten, wie es schien, westwärts durch die Meerenge Richtung Eleusis zu fliehen, und zogen dadurch wie ein Magnet den Gegner hinter sich her, der aber in der schmalen Zufahrt nicht richtig manövrieren konnte. Währenddessen saß Xerxes auf einem goldenen Thron auf den Höhen über der Bucht von Salamis, in Erwartung eines erfreulichen Tages, an dem die persische Flotte die griechische verfolgen und schließlich vernichten sollte. In Wirklichkeit aber versenkten oder kaperten die Griechen 200 phönizische und andere persische Schiffe und verloren selbst etwa 40.[11] Die ionischen Griechen, die in persischen Diensten standen, vermieden lieber ein Treffen mit ihren Vettern vom Festland und segelten eilends davon. Es war ein seltsamer Sieg. Die persische Flotte wurde durchaus nicht vernichtet – gut 1000 Schiffe unterschiedlicher Bauart waren immer noch intakt, und ganz in der Nähe stand die persische Armee. Doch Salamis bewies, dass Xerxes nicht weitermarschieren und Südgriechenland erobern konnte. Spartaner und Athener hielten die Ägäis und hatten verhindert, dass sie zu einem persischen Meer wurde. Der Sieg in der Landschlacht bei Plataiai im folgenden Jahr bestätigte die Unbezwingbarkeit des griechischen Bündnisses. Unter leichter Abänderung der tatsächlichen Daten behauptete man schon bald, am selben Tag wie dem Sieg bei Salamis hätten die Syrakuser unter Gelon eine karthagische Invasion Siziliens erfolgreich abgewehrt. Diese Invasion war möglicherweise der Versuch, zur Unterstützung der Perser und ihrer phönizischen Verbündeten eine zweite Front aufzubauen. Der Gedanke, dass die Perser gleichzeitig im Osten und im Westen geschlagen worden seien, hatte offenbar seinen Reiz.

Der Perserkrieg demonstrierte den moralischen Aufstieg der Spartaner, der heldenhaften Verlierer bei den Thermopylen, und der Athener, die ihre Stadt zunächst geopfert und den Persern überlassen, dann aber in attischen Gewässern einen Sieg errungen hatten. Sowohl Sparta als auch Athen konnten zur See weitere Erfolge feiern, insbesondere bei Samos, das sie von der persischen Herrschaft befreiten, und bei dem ganz in der Nähe gelegenen Vorgebirge Mykale, wo es ihnen 479 gelang, die persische Flotte in Brand zu setzen und so die Revolte in Ionien weiter zu schüren. Am Ende stand Xerxes mit weniger da als zuvor. Aischylos stellt ihn als tragische Figur dar, als jemanden, der sich überhob, indem er die griechischen Götter herausforderte, und der dadurch Not und Elend über Perser und Griechen brachte. Aischylos behauptet, die Griechen hätten für das Prinzip der Freiheit gekämpft:

»Wohlaufgereiht, in guter Ordnung, fuhr zuerst
Der rechte Flügel vor. In zweiter Staffel kam
Der ganze Zug ihm nach. Zugleich war viel Geschrei
Zu hören: ›O ihr Söhne der Hellenen, auf!
Befreit das Vaterland, befreit die Kinder und
Die Frauen und der heimischen Götter Sitze und
Der Ahnen Gräber. Denn um alles geht der Kampf!‹«[12]

III

Das prachtvoll wiederaufgebaute Athen wurde nun zu einem glühenden Verteidiger der Demokratie (die sich allerdings auf freie männliche Bürger beschränkte und die vielen Metöken oder Fremden ausschloss). Auch wurde Athen zum Sitz eines Regionalreichs, das seine Flotte einsetzte, um die Herrschaft über die Inseln der Ägäis zu erlangen.[13] Sparta konzentrierte sich auf die Erhaltung seiner Macht auf der südlichen Peloponnes, wo eine kleine Elite gut ausgebildeter Soldaten (Hopliten) über eine sehr viel größere Bevölkerung geknechteter Abhängiger (Heloten) und über untergeordnete Verbündete (Perioken) herrschte. Sparta war, wie Thukydides es ausdrückte, »dorfmäßig angelegt« und besaß keine großartigen Bauten, während Athen dank seiner stattlichen Bauwerke den Eindruck machte, es wäre »doppelt so mächtig«, wie es tatsächlich war.[14]

Das aufstrebende athenische Reich wurde von religiösen Kulten zusammengehalten. Der einflussreichste Kult dieser Region war der des Gottes Apoll auf der heiligen Insel Delos. Delos liegt in der Mitte der kykladischen Inselkette, mitten im Ägäischen Meer und daher für die Griechen auf den Ionischen Inseln leicht erreichbar: Samos im Ostnordosten, Chios im Nordnordosten. Der große Pirat Polykrates von Samos hatte großes Interesse an Delos und weihte die ganz in der Nähe gelegene Insel Rheneia kurz vor seinem Tod im Jahr 522 v. Chr. dem delischen Apoll, indem er sie durch eine lange Kette mit Delos verbinden ließ.[15] Delos erregte die Aufmerksamkeit der Bewohner mehrerer Nachbarinseln, etwa derer von Naxos, die dort aus dem Marmor, für den ihre Insel berühmt war, eine mit Skulpturen geschmückte Terrasse (die »Löwenterrasse«) anlegten. Durch die Beteiligung am Kult des delischen Apoll bekundeten die Ionier die Solidaritätsbande mit den Griechen im gesamten Umkreis der Ägäis. Der Kult des Apoll fand seinen Ausdruck nicht nur in Opfern, sondern auch in Festen, zu denen athletische Spiele, Chorgesänge und Tänze gehörten. Thukydides zitiert ein altes Poem, das sich an den Phoibos Apollon richtete:

> »Aber in Delos, Phoibos, ergötzest dein Herz du am meisten,
> Wo die Ionier im schleppenden Kleide zum Feste sich sammeln
> Längs der heiligen Straße mit Kindern sowie mit Weibern.
> Dort in Freuden denken sie deiner und rüsten das Kampfspiel,
> Kämpfen den Faustkampf, es tanzen und singen im Reigen die Chöre.«[16]

Ein Kultzentrum mitten im Ägäischen Meer war auch ein guter Ort für die Gründung einer verschworenen Gemeinschaft griechischer Städte, des Attisch-Delischen Seebundes, im Jahr 477 v. Chr., dessen Aufgabe es war, den Druck auf die Perser nach dem Rückzug des Xerxes aufrechtzuerhalten. Offenbar waren es die Athener, die den Vorschlag machten, Delos zum Hauptsitz des Bundes zu machen, und zwar wohl nicht nur wegen der Heiligkeit des Ortes, sondern auch um von der Tatsache abzulenken, dass die Athener den Bund dominierten. Anfangs befand sich die Bundeskasse im athenischen Heiligtum auf Delos, doch 454 verlegte man sie nach Athen, denn inzwischen war klar, dass der Attisch-Delische Seebund ein Instrument der athenischen Politik war – die Athener ernannten alle Mitglieder der Bundesversammlung, die eigentlich aus

Ionien und von den ägäischen Inseln kommen sollten.[17] Die Athener glaubten an den heiligen Charakter des Bundes und nutzten ihn zugleich für ihre Zwecke.

Demokratie zu Hause und imperiales Gebaren nach außen sind nur selten als Widersprüche behandelt worden. Der Historiker Sir John Seeley wählte als Leitspruch *imperium et libertas*, »Reich und Freiheit«.[18] Die Athener wussten, warum sie ein Imperium brauchten – und zwar nicht nur, um die Perser fernzuhalten. Es gab wichtige Ressourcen, die Athen zu seinem Überleben benötigte. Es gab Orte, an denen die Stadt die für ihre Versorgung nötigen Güter erlangen konnte, und – noch bedeutsamer – Orte, die längere Versorgungswege sicherten. Die wichtigste Herausforderung war der Zugang zur Getreideversorgung. Es gibt unterschiedliche Auffassungen in der Frage, wie groß Athen im 5. Jahrhundert v. Chr. war. Eine gute Schätzung für das späte 5. Jahrhundert spricht von 337 000 Einwohnern in Athen und den abhängigen Territorien in Attika.[19] Diese große Zahl von Menschen ließ sich nicht mit den lokal verfügbaren Ressourcen ernähren. Obwohl das Gelände auf den ersten Blick nicht sonderlich vielversprechend erscheint, wurde in Teilen Attikas eine intensive Landwirtschaft betrieben, und Aristophanes beschreibt die gewaltige Vielfalt der Erzeugnisse, die Athen aus der näheren Umgebung bezog: Gurken, Trauben, Honig, Feigen, Steckrüben – und mancherorts gelang es sogar, mehrere Ernten im Jahr einzubringen, so dass man gar nicht sagen konnte, um welche Jahreszeit es sich handelte.[20] Die Auswertung klassischer Quellen lässt den Schluss zu, dass Attika aus eigenen Ressourcen etwa 84 000, aber in keinem Fall mehr als 106 000 Menschen ernähren konnte.[21] Deshalb musste Athen Getreide importieren, und viel davon kam aus so entfernten Regionen wie Euböa, vom Schwarzen Meer (Pontos) und aus Sizilien. Etwa die Hälfte des Getreides wurde importiert. Es gab Schiffer und Getreidehändler, die für die Ernährung der Stadt sorgten (und natürlich ständig schärfster Kritik ausgesetzt waren).

Der Rhetoriker Isokrates beschrieb um 380 v. Chr. die *kleruchoi*, athenische Kolonisatoren, die man in die von Athen kontrollierten Territorien schickte, damit sie dort die für die Versorgung der Stadt tätigen Landgüter verwalteten. Sie seien unverzichtbar, denn »im Verhältnis zur

Zahl unserer Bürger hatten wir nur ein sehr kleines Territorium, aber ein sehr großes Reich. Wir besaßen nicht nur zweimal so viele Kriegsschiffe wie alle anderen Staaten zusammengenommen, diese Schiffe waren auch stark genug, um es mit der doppelten Anzahl an Gegnern aufzunehmen.«[22] Er betonte die Bedeutung von Euböa: »Wir besaßen größere Herrschaft über die Insel als über unser eigens Land«, denn schon 506 v. Chr. hatten die Athener sich des Landes der großen Familien von Chalkis bemächtigt; sie hatten es parzelliert und an 4000 Bürger verteilt, und 60 Jahre später folgte unter Perikles eine weitere Landverteilung.[23] Doch 411, gegen Ende des verheerenden Peloponnesischen Krieges, entzog Euböa sich der athenischen Herrschaft. Thukydides bemerkte dazu, der Verlust Euböas, »das ihnen wertvoller war als Attika«, habe größere Furcht ausgelöst als der Verlust Siziliens, aus dem Athen gleichfalls viel Getreide bezog.[24]

Die übliche Annahme, wonach das Schwarze Meer stets der für Athen wichtigste Getreideproduzent war, basiert auf Quellen aus dem 4. Jahrhundert und noch späterer Zeit.[25] Davor finden sich gelegentlich Hinweise auf das Schwarze Meer, etwa in schlechten Jahren, in denen das Getreide im ägäischen Raum knapp wurde. Die für Athen wichtigsten Bezugsquellen lagen in der Ägäis, in Thrakien, auf Lemnos, Euböa und Lesbos, wo man Land, das von 20 000 Lesbiern bebaut wurde, an 3000 athenische Nutznießer verteilte, die einem Teil der alten Bevölkerung erlaubten, als Knechte zu bleiben.[26] All das spricht für einen systematischen und gutorganisierten Getreidehandel, der das Ergebnis einer bewussten athenischen Politik war, so dass man sich nicht auf das Getreide zu verlassen brauchte, das Händler in der Ägäis und darüber hinaus finden mochten.[27] Die größten Nutznießer waren die Reichen, denen man Land in den überseeischen Territorien *(chôra)* des athenischen Reiches zugewiesen hatte.[28]

IV

Athen duldete keine Abweichung, und als Naxos 470 auszuscheren versuchte, setzte Athen statt der bis dahin von Naxos bereitgestellten Schiffe Geldzahlungen durch. Diese Praxis wurde auch auf andere Verbündete Athens ausgeweitet, und eine Reihe erhalten gebliebener Tributlisten zeigt deutlich, auf welche Weise Athen seine Stellung in der Ägäis sicherte. Doch dem Attisch-Delischen Seebund stand ein Peloponnesischer Bund gegenüber, der die Städte Südgriechenlands umfasste und von Sparta dominiert wurde. Thukydides schrieb über die Unterschiede zwischen den beiden Bündnissen:

> »Die Lakedämonier nahmen keine Steuern von den unter ihrer Führung stehenden Bundesgenossen, sondern sorgten nur dafür, dass diese eine für Lakedämon vorteilhafte oligarchische Verfassung einrichteten. Die Athener ließen sich mit der Zeit die Schiffe der anderen Städte ausliefern, ausgenommen die von Chios und Lesbos, und legten allen Städten Steuern auf.«[29]

Sparta arbeitete also mit seinen Bundesgenossen zusammen, während Athen Herrschaft über abhängige Staaten ausübte. Andererseits waren die Verbündeten Athens beeindruckt von der erfolgreichen Führung, die Athen oft weit entfernt von Griechenland ausübte – die Athener hatten sehr wohl verstanden, dass sie durch Siege im fernen Ausland ihre Hegemonie in der Ägäis zu stärken vermochten. Im Jahr 466 v. Chr. zerschlugen die Athener unter Führung von Kimon eine aus 200 Schiffen bestehende persische Flotte vor der Mündung des kleinasiatischen Flusses Eurymedon. Der Bund kämpfte mannhaft gegen die Perser und schickte 200 Schiffe nach Ägypten, um einen Aufstand gegen die persische Herrschaft zu unterstützen (459 v. Chr.). Diese Intervention endete jedoch mit einer schmachvollen Niederlage. Zehn Jahre später schickte der Seebund seine Flotten nach Zypern, das von den Persern beherrscht wurde, damit sie dort unter Führung von Kimon Unruhe stifteten. In der Zwischenzeit tyrannisierte Athen Rivalen und Rebellen, festigte seine Herrschaft über Euböa und schloss 446 Frieden mit dem größten Konkurrenten um die Vorherrschaft, Sparta. Da Sparta und Athen unterschiedliche Ziele verfolgten (Athen versuchte seine Besitzungen in der Ägäis, Sparta seine Vorherrschaft auf der Peloponnes zu sichern), war es nicht schwierig, die Interessensphären voneinander zu trennen. Die eigentlichen Schwierigkeiten stellten sich ein, als Städte geringerer Bedeutung Athen und Sparta in ihre eigenen Streitigkeiten hineinzogen.

Der Ausbruch des Peloponnesischen Krieges lässt sich auf Ereignisse zurückführen, zu denen es in der Adria kam, in einer kleinen, aber strategisch günstig am Rande Illyriens gelegenen Stadt namens Epidamnos. Sie war ein Stützpunkt an der immer wichtiger werdenden Handelsroute, auf der Waren aus dem Golf von Korinth zu den etruskischen und griechischen Kolonien Spina und Adria transportiert wurden, eine Handelsroute, die auch für Athen zunehmend an Bedeutung gewann. Epidamnos war von korinthischen Kolonisten aus Kerkyra (Korfu) gegründet worden, war also eine Enkeltochter von Korinth, und wie in vielen griechischen Städten kam es dort (436–435 v. Chr.) zu Streitigkeiten zwischen aristokratischen und demokratischen Faktionen. Die von den Aristokraten und deren illyrischen Verbündeten belagerten Demokraten wandten sich hilfesuchend an Kerkyra, doch dort zeigte man ihnen die kalte Schulter.[30] Kerkyra verstand sich als beachtliche Seemacht mit 120 Schiffen (der zweitgrößten Flotte nach Athen) und konkurrierte zur See mit der Mutterstadt Korinth, zu der ein sehr kühles Verhältnis bestand. Die Korinther waren der Auffassung, Kerkyra erweise ihnen nicht den Respekt, den eine Kolonie ihrer Mutterstadt schulde, während die Kerkyräer auf Korinth herabsahen, »weil sie an Reichtum damals mit den reichsten Hellenenstädten wetteifern konnten [und] auch ihre Kriegsrüstung bedeutender war«.[31] Die Beziehungen verschlechterten sich noch weiter, als Korinth auf das Hilfeersuchen der »Enkeltöchter« in Epidamnos einging und Kolonisten in die belagerte Stadt schickte.[32] Damit entbrannte ein offensichtlich sinnloser Streit zwischen Korinth und Kerkyra um die korinthische Intervention in Gewässern, die Kerkyra als die seinen empfand. Kerkyra wandte sich hilfesuchend an die Athener und bat sie, die Absichten der Korinther mit Hilfe ihrer mächtigen Flotte zu vereiteln. Sie erklärten den Athenern, dass die Korinther, »um euch anzugreifen, zunächst uns zu beseitigen suchen«.[33] Sie baten um Aufnahme in das Bündnisnetz der Athener, obwohl ihnen bewusst war, dass man der Auffassung sein könne, dies sei nach den zwischen Athen und Sparta geschlossenen Verträgen nicht statthaft, die einen Ausgleich zwischen dem Attisch-Delischen Seebund und dem Peloponnesischen Bund herstellen sollten:

> »Es gibt drei bedeutende Flotten in Hellas, die eure, die unsere und die korinthische. Wenn ihr es geschehen lasst, dass zwei von ihnen sich vereinigen und die Korinther uns unterwerfen, so habt ihr einen Seekrieg gegen Kerkyra und die Peloponnes zugleich zu führen. Nehmt ihr uns aber in euren Bund auf, so könnt ihr mit einer um unsere Schiffe vermehrten Seemacht den Feinden gegenübertreten.«[34]

Aus diesen Worten spricht ein gewisser Fatalismus hinsichtlich des Kriegsausbruchs. Im Jahr 433 schickten die Athener den Kerkyräern Schiffe zu Hilfe, die mit ihren 110 Schiffen bei den zwischen Korfu und dem griechischen Festland gelegenen Sybota-Inseln auf 150 Schiffe der Korinther und ihrer Verbündeten getroffen waren. Die Wirkung der athenischen Flotte war psychologischer Art. Die Schlacht war bereits im Gange, als das athenische Geschwader eintraf, und als die korinthische Flotte es bemerkte, zog sie sich zurück, da sie glaubte, es ziehe eine größere Flotte heran, als tatsächlich der Fall war. Sparta hielt sich bei alledem klug zurück.[35]

Thukydides interessierte sich für Krieg und Politik und insbesondere für die Motive der griechischen Staaten bei ihren politischen Entscheidungen während des Konflikts zwischen Athen und Sparta. Einige Rätsel vermochte er nicht zu lösen: weshalb die Athener, die ein Imperium in der Ägäis aufgebaut hatten, sich in westlichen Gewässern, im Ionischen und Adriatischen Meer, engagierten; und welche Rolle die Handelsinteressen Athens, Korinths und Kerkyras bei der Entscheidung für den Krieg spielten. Korinther und Athener waren nicht blind für die neuen geschäftlichen Möglichkeiten, die sich im 5. Jahrhundert v. Chr. im adriatischen Raum aufgetan hatten. Hinter einer anderen Entscheidung der athenischen Ratsversammlung steckten ohne Zweifel wirtschaftliche Erwägungen: der Belagerung von Potidaia, einer (mit Athen verbündeten) korinthischen Kolonie auf der Chalkidischen Halbinsel, unweit der modernen Stadt Thessaloniki. Thessalien öffnete den Zugang zu einigen der Gebiete, aus denen Athen sein Getreide bezog, und die Kontrolle über Thessalien ermöglichte auch die Kontrolle der von Athen beherrschten nordägäischen Inseln wie Lemnos. Inzwischen sah sich der Peloponnesische Bund mit einer wachsenden Zahl von Klagen über Athen konfrontiert, selbst seitens eigener Bundesgenossen. Die zwischen Attika und der Peloponnes gelegene Insel Ägina beschwerte sich über die Anwesenheit einer athenischen Garnison, die ihre Autonomie bedrohte.[36] Mit anderen Worten, die übrigen Griechen sahen, dass Athen sein Bündnissystem in ein Imperium verwandelte, und fragten sich, wo das enden würde. Die Spartaner beschlossen, die Führung zu übernehmen. Viele in Sparta waren keineswegs geneigt, in den Krieg zu ziehen, und als es im Rat der Stadt zur Abstimmung kam, war es zunächst keineswegs offensichtlich, wer sich mehr Gehör verschaffte: die Befürworter eines Krieges oder die Anhänger einer Beschwichtigungspolitik.[37]

In der ersten Phase des Konflikts zwischen Athen und Sparta, dem sogenannten Archidamischen Krieg (431–421 v. Chr.), konnten die Athener ihre überlegenen Fähigkeiten zur See demonstrieren. Im Jahr 428 reagierten sie heftig auf eine Rebellion auf Lemnos, die ihren Anfang nahm, als die Bürger des dortigen Hauptortes Mytilene sich verschworen, um die athenische Herrschaft über die Insel abzuschütteln, und ihre Flotte auszubauen begannen.[38] Sie sagten den Spartanern: »Auch vor unserer Flotte haben sie [die Athener] Angst. Sie fürchten, sie würde sich mit euch oder einer anderen Macht vereinigen [...] Wenn ihr uns aber willig und gern eure Hilfe schenkt, gewinnt ihr [...] eine Stadt mit einer großen Flotte, derer ihr so dringend bedürft.«[39] Daraufhin nahm der Peloponnesische Bund die Mytilener unverzüglich auf, doch das bewahrte sie nicht vor der Wiedereroberung durch die Athener. In der berühmt-berüchtigten Debatte, die nun folgte, wird der egoistische, exklusive Charakter der athenischen Demokratie nur allzu deutlich. Die Athener folgten dem skrupellosen Vorschlag von Heerführern wie Kleon, alle männlichen Mytilener zu töten und alle Frauen und Kinder zu Sklaven zu machen. Man schickte sogleich eine Triere nach Lesbos, die für die Ausführung des Urteils sorgen sollte. Doch den Athenern kamen Bedenken, und sie schickten eine zweite Triere hinterher, die die

Nachricht von der Aufhebung des Urteils überbringen sollte. Sie fuhr mit größter Geschwindigkeit hinter der ersten her, ohne sie allerdings überholen zu können, traf aber noch rechtzeitig auf Lesbos ein, um die Bevölkerung zu retten. Das also war das Imperium. Wie die Rebellen behaupteten, hatten die Athener ihren Bundesgenossen schrittweise die Unabhängigkeit genommen und behandelten sie nicht mehr als Gleiche.

Der Peloponnesische Krieg brachte gewaltige Verluste an Menschenleben mit sich, teils durch Krankheit, teils durch ungehemmte menschliche Grausamkeit. Im Jahr 430 erreichte eine Seuche, möglicherweise die Beulenpest, Griechenland und wütete in Athen. Die Seerouten des Mittelmeeres waren von jeher Übertragungswege für Pandemien, wie die besser dokumentierten Fälle der Pest unter Justinian im 6. Jahrhundert n. Chr. oder der Schwarze Tod im Mittelalter auf dramatische Weise verdeutlichen sollten. Auf die Pathologie dieser Seuche verwandte man wenig Aufmerksamkeit, denn sie galt als Strafe der Götter für die Sünden der Menschen.

Im Jahr 425 versuchten die Athener, den Krieg auf die Peloponnes zu bringen, indem sie in Pylos, der einstigen Hauptstadt des alten Nestor, einen Stützpunkt errichteten, von dem aus sie die für Sparta bestimmten Getreidelieferungen stören konnten.[40] In der Folge strandeten 420 spartanische Hopliten auf der Pylos gegenüberliegenden Insel Sphakterios, und eine Zeitlang schien ihr Schicksal mit dem des Krieges identisch zu sein. Diese Männer stellten ein Zehntel der Elite des spartanischen Heeres dar, weshalb ihre Rettung für die Spartaner von größter Bedeutung war. Ein lokaler Waffenstillstand zwischen dem spartanischen und dem athenischen Heerführer hatte zur Folge, dass die in diesen Gewässern operierende, aus 60 Schiffen bestehende spartanische Flotte sich den Athenern ergab und ihre Besatzung bis Abschluss der Verhandlungen als Geiseln genommen wurde. All das schien auf ein baldiges Ende des Krieges hinzudeuten. Aber als spartanische Gesandte dann vor dem Rat in Athen auftraten, sahen sie sich außerstande, den vollständigen Sieg ihres Gegners einzugestehen.[41] So ging denn der Krieg weiter, und der athenische Heerführer Kleon überraschte alle, als er einen Stoßtrupp nach Pylos führte und die Kapitulation der Hopliten auf Sphakteria erzwang – dies war keine Wiederholung der Thermopylen.[42]

Schon bald breitete der Krieg sich über die Ägäis und die Gewässer um Kerkyra aus. Warum die Athener 427 auf Sizilien eine zweite Front eröffneten, ist rätselhaft. Thukydides nimmt an, die Athener hätten verhindern wollen, dass von dort Getreide in die Städte auf der Peloponnes gelangte, und sie hätten sehen wollen, »ob sie in Sizilien nicht das Heft in die Hand bekommen könnten«.[43] Die Athener waren es zwar gewöhnt, über Inseln zu herrschen, aber sie hatten wohl nicht bemerkt, wie groß diese Insel war und wie viele Konkurrenten um die Herrschaft es zu berücksichtigen galt. Ein möglicher Gegner waren die Karthager. Die Syrakuser stellten eine unmittelbarere Bedrohung dar, denn sie waren gutgerüstete dorische Kolonisten mit einer starken Flotte, die sich auf die Seite des Peloponnesischen Bundes schlagen konnten.[44] Auch alte Loyalitäten traten wieder hervor. Wie Thukydides schreibt, waren die sizilianischen Kolonisten klar unterteilt in Ionier, die den athenischen Bund unterstützten, und Dorer, die sich instinktiv auf die Seite Spartas stellten. Leontini, eine ionische Kolonie im Osten Siziliens, die mit Syrakus im Krieg lag, rief die Athener zu Hilfe, und die schickten 20 Schiffe. Der rasche Erfolg stärkte noch das Selbstbewusstsein der Athener. Sie entsetzten Leontini und errangen die Herrschaft über die Straße von Messina. Syrakus schien schwächer als erwartet und Sizilien eine leichte Beute zu sein – ein Irrtum mit verheerenden Folgen.

In der nächsten Phase des Konflikts zwischen Athen und Sparta kam die sizilianische Frage erneut auf die Tagesordnung. Das Netz athenischer Bündnisse erstreckte sich über ganz Sizilien und umfasste sogar die hellenisierten Elymer im Westen der Insel. Die Einwohner von Segesta oder Egesta hatten erst kürzlich begonnen, prachtvolle Tempel zu errichten, die heute noch stehen. Sie sahen in den Athenern eine Schutzmacht gegen Syrakus und dessen Verbündete. Als sie von dem weiter südlich gelegenen dorischen Selinous angegriffen wurden, schickten sie einen Gesandten nach Athen und baten um Hilfe (416/415 v. Chr.). Selinous (italienisch: Selinunte) ist eine weitere antike Stadt auf Sizilien, deren ansehnliche Tempel bis heute erhalten geblieben sind. Die Emissäre aus Segesta erklärten, dies sei nur der Beginn eines Versuchs der Syrakuser und der dorischen Griechen, die Herrschaft über die ganze Insel zu erlangen – und das war durchaus glaubwürdig, denn schon mehrere Syrakuser Tyrannen hatten pansizilianische Ambitionen entwickelt. Solche Argumente stärkten die Bereitschaft der Athener, die sizilianische Front erneut zu eröffnen.[45] Segesta war bereit, die Hilfe der Athener zu bezahlen, und ließ ein beträchtliches Geschenk von 60 Talenten ungemünzten Silbers überreichen. Die athenischen Gesandten wurden in Segesta mit Wein und Speisen auf goldenem und silbernem Geschirr bewirtet, so dass sie den Eindruck einer unerhört reichen Insel mit nach Hause nahmen, deren Erwerb sehr vorteilhaft für die Athener wäre. Doch die Einwohner von Segesta hatten ihren relativ kleinen Bestand an kostbarem Geschirr immer wieder verwendet und von Haus zu Haus transportiert, während die Gesandten von einem Gastgeber an den nächsten weitergereicht wurden.[46] Das war indessen mehr als genug, um die habgierigen Athener zu überzeugen, und der Rat entschied, 60 Schiffe nach Sizilien zu entsenden. Einer der Kommandeure war Alkibiades, ein ausgesprochener Befürworter der Sizilien-Expedition, der später schamlos die Seiten zwischen Athen, Sparta und Persien wechseln sollte, um dann am Ende des Krieges von den Athenern wieder als möglicher Retter der Stadt begrüßt zu werden.[47] Doch Alkibiades erhielt keine Gelegenheit, seinen Wert unter Beweis zu stellen. Er wurde der Beteiligung an einem seltsamen Sakrileg beschuldigt, der Verunstaltung mehrerer Hermen, phallischer Skulpturen, die über die Stadt Athen verstreut standen. Er gewann den Eindruck, dass er sich in Athen in größerer Gefahr befand als in Sparta und lief zum Feind über.

Im Jahr 415 endlich begannen die Athener mit ihrem Angriff auf Syrakus – ein schwieriges Unterfangen, da die Stadt auf einem Vorsprung lag, der den Zugang zum großen Hafen blockierte, während sich im Norden Sümpfe, Steinbrüche und offenes Land ausdehnten, welche beide gegnerischen Parteien nun zu versperren suchten: die Syrakuser zur Abwehr der Angreifer, die Athener, um die Stadt von der Versorgung abzuschneiden. Aber beide Seiten kämpften jeweils nicht allein. Die Spartaner schickten Verstärkung, und die Athener baten Nichtgriechen – Etrusker und Karthager – um Unterstützung. Die

Etrusker schickten ein paar Schiffe, die sich als nützlich erwiesen. Die Karthager schauten lieber tatenlos zu, denn eine athenische Vorherrschaft auf Sizilien hatte für sie ebenso viele Nachteile wie eine syrakusische.[48] Die Ankunft des spartanischen Heerführers Gylippos mit einer kleinen Flotte und einer Armee untergrub die athenischen Bemühungen, und als die Schlacht begann, hielt die syrakusische Flotte fest die Stellung an der Zufahrt zum Hafen und zerschlug am Ende sogar die athenische Flotte (samt einiger gerade erst eingetroffener Verstärkungen).[49] Dem folgten schon bald dramatische Siege an Land. 7000 athenische Soldaten wurden gefangengenommen und in Steinbrüchen unweit von Syrakus interniert, wo man sie in der Sonne schmoren ließ, so dass mehrere Tausend an Hitzschlag und Unterernährung starben. Viele andere schickte man in die Sklaverei, wobei es für sie nach Plutarch einen Weg in die Freiheit gab, sofern sie die Verse des Euripides aufsagen konnten, dessen Stücke sich bei den griechischen Sizilianern größter Beliebtheit erfreuten.[50] Die Sizilien-Expedition endete also in einer menschlichen Katastrophe ähnlichen Ausmaßes wie die Pest und dazu in einer politischen Katastrophe, mit einem gewaltigen Verlust an Ansehen, einem Gefühl, dass der athenischen Politik die Richtung fehlte, und dem Wissen, dass der fähigste athenische Politiker seiner Generation, Alkibiades, nun bei den Spartanern zu Gast war.

Athen, das den Krieg auf Sizilien geführt hatte, um die Getreideversorgung der Peloponnes zu beeinträchtigen, erlebte nun selbst den Albtraum einer Bedrohung seiner eigenen Getreideversorgung. Im Jahr 411 versuchten die Spartaner, ein Bündnis mit Persien zu schließen, das, wie sie hofften, phönizische Schiffe ins Ägäische Meer bringen würde. Die Stellung der Perser war zwiespältig, denn sie verhandelten gleichzeitig mit den Athenern. Für sie war es besser, wenn die Griechen sich gegenseitig bis zur Erschöpfung bekämpften, da sie sich dann nehmen konnten, was immer sie wollten. So traf denn auch die den Spartanern 411 versprochene phönizische Flotte niemals ein, doch der Peloponnesische Bund erlangte mit seinen eigenen Seestreitkräften die Kontrolle über den Hellespont und schürte erfolgreich einen Aufstand in der strategisch wichtigen Stadt Byzantion. Eine Reihe von Seeschlachten auf dem Hellespont bewies, dass die athenische Flotte in offener Schlacht wegen der Unerfahrenheit der Spartaner die Oberhand behalten konnte. Doch das waren keine leichten Siege, und hätte Athen auch nur eine Schlacht verloren, wäre das wahrscheinlich die Entscheidung gewesen.[51] In der Seeschlacht bei den zwischen Chios und dem kleinasiatischen Festland gelegenen Arginusen errangen die Athener 406 einen spektakulären Sieg, bei dem sie selbst nur 25 von 155 eingesetzten Schiffen verloren, doch sie verspielten diesen Erfolg, indem sie die Flottenkommandeure vor Gericht stellten. Man warf ihnen vor, ein Sakrileg begangen zu haben, als sie die Leichen der ertrunkenen athenischen Seeleute nicht aus dem Meer bargen.

Die Spartaner wussten, wie sie darauf zu reagieren hatten. Sie bauten rasch eine eigene Flotte auf.[52] Einfach nur Attika zu verwüsten konnte ihnen kaum den Sieg bringen. Dieser Krieg musste zur See gewonnen werden. Schon im 6. Jahrhundert v. Chr. hatte Sparta Polykrates von Samos zur See herausgefordert, und man sollte die Bemühungen der Spartaner um eine eigene Flotte nicht unterschätzen. Sie schafften es, Verbündete und Abhängige für ihre Zwecke zu mobilisieren, und setzten Heloten als Ruderer ein. Einer ihrer erfolgreichsten Heerführer in diesen letzten Phasen des Krieges war der Schiffskommandeur *(nauarchos)* Lysandros oder Lysander, dessen Fähigkeiten so hoch eingeschätzt wurden, dass man ihn, als sein Kommando auslief und er nicht noch einmal gewählt werden konnte, zum Stellvertreter eines nur nominell bestellten *nauarchos* ernannte, damit er seine Mission eines Sieges über die Athener vollenden konnte. Er war es, der den Krieg wirklich zu einem Ende brachte, in der Schlacht bei Aigospotamoi (405 v. Chr.), wo er fast die gesamte athenische Flotte entweder versenkte oder in seine Gewalt brachte.[53] Athen bat um Frieden, und sein Imperium brach zusammen. Nun war Sparta die imperiale Macht in Hellas, auch wenn die Stadt in den ersten Jahren des 4. Jahrhunderts zu Lande wie zur See noch schwere Kämpfe zu bestehen hatte, um ihre Vormachtstellung zu sichern.[54]

So verwandelte der Peloponnesische Krieg die Ägäis von einem athenischen in ein spartanisches Meer. Doch auch in der Adria und auf Sizilien hatte dieser Krieg beträchtliche Auswirkungen. Es war ein Krieg, in dem imperiale Ambitionen und ökonomische Fragen sich auf fatale

Weise miteinander verquickten. Das betraf vor allem die Frage, wer die Versorgungswege kontrollierte, auf denen Getreide aus Sizilien, der Ägäis und dem Schwarzen Meer nach Athen und anderen Städten gelangen konnte. Dennoch neigte sich im späten 4. Jahrhundert das Zeitalter der Stadtstaaten seinem Ende zu. Die politische und ökonomische Geographie des Mittelmeerraums einschließlich der Getreideströme veränderte sich nachhaltig im Gefolge der Eroberungen eines makedonischen Königs, der von seiner eigenen Göttlichkeit besessen war. Zudem sollte der nächste große Kampf um die Seeherrschaft in Teilen des Mittelmeeres im Westen stattfinden, wo Karthago bei der Sicherung seiner regionalen Hegemonie auf immer gefährlichere Rivalen stieß. Zwei Städte an der afrikanischen Küste, Karthago und Alexandria, sollten die Kulturgeschichte des Mittelmeeres für die nächsten Jahrhunderte bestimmen.

KAPITEL 6

Der Leuchtturm des Mittelmeeres

350 bis 100 v. Chr.

I

Im Jahr 333 v. Chr. nahm Alexander III., König von Makedonien, dessen Anspruch, ein Grieche zu sein, in Athen auf einige Skepsis stieß, Rache an den persischen Königen, die in den vergangenen Jahrhunderten solch eine Bedrohung für Griechenland gewesen waren. In der Schlacht bei Issos an der Kilikischen Pforte besiegte er eine gewaltige persische Armee. Doch er verfolgte den Perserkönig Dareios III. nicht bis ins persische Kernland hinein. Ihm war klar, dass er die persische Macht an den Küsten des Mittelmeeres ausschalten musste, und so marschierte er südwärts durch Syrien und Palästina, wo er mit schonungsloser Härte die phönizischen Städte einnahm, die den Persern in der Vergangenheit ihre Flotte zur Verfügung gestellt hatten. Tyros leistete sehr zu Alexanders Zorn sieben Monate lang Widerstand, und das selbst noch, nachdem er den Damm hatte bauen lassen, der seither die Insel mit dem Festland verbindet. Nach der Einnahme der Stadt ließ er die meisten Einwohner abschlachten, versklaven oder kreuzigen.[1] Er umging Jerusalem und nahm stattdessen den Weg über Gaza, denn sein eigentliches Ziel war zu diesem Zeitpunkt Ägypten, das seit gut 200 Jahren, seit den Tagen des Kambyses, von einem persischen Satrapen regiert wurde. Die Eroberung dieses Landes durch Alexander veränderte nicht nur Ägypten, sondern den gesamten östlichen Mittelmeerraum. Das Ergebnis seines Sieges war, dass Ägypten gleichsam umgedreht wurde und nun nach außen Richtung Mittelmeer schaute statt nach innen Richtung Niltal.[2] Im Jahr 331 v. Chr. beschloss Alexander, am nördlichsten Rand Ägyptens eine Stadt zu bauen, auf einem Kalksteinvorsprung, der von

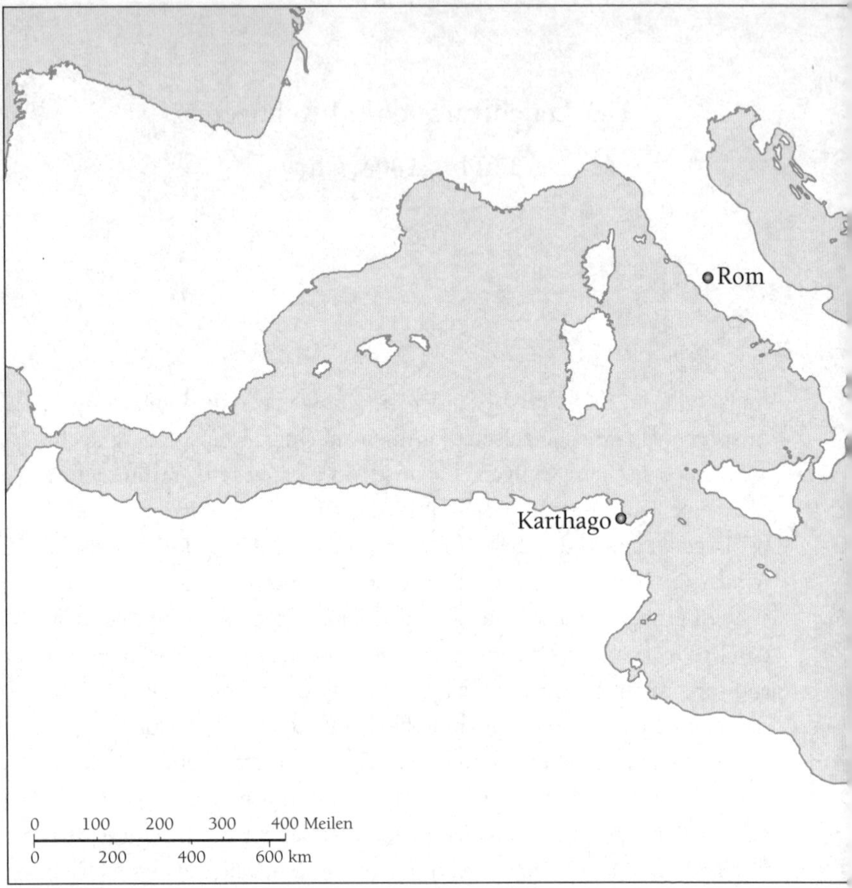

den Schwemmböden des Binnenlands durch einen Süßwassersee getrennt war – eine Stadt in der Nähe Ägyptens statt in Ägypten, wie die Bezeichnung der Stadt in späteren lateinischen Dokumenten dies ausdrückt: Alexandria ad Aegyptum, »Alexandria auf dem Weg nach [oder bei] Ägypten«. Die Vorstellung, dass Alexandria eher eine mediterrane als eine ägyptische Stadt war, sollte sich länger als 2000 Jahre halten, bis zur Vertreibung der Ausländergemeinden im 20. Jahrhundert. Für lange Zeit war Alexandria die größte Stadt des Mittelmeerraums.

Zu Alexanders Motiven gehörte sicher auch die Selbstverherr-

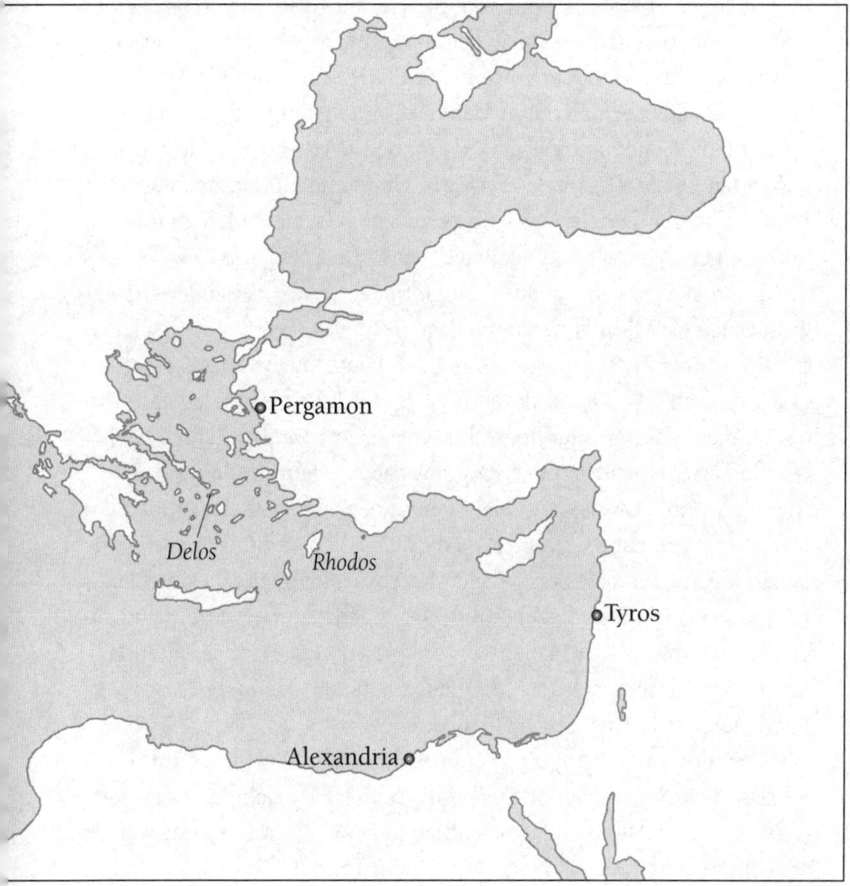

lichung.[3] Er hatte sich gerade erst in Memphis, der alten Hauptstadt Unterägyptens, zum Pharao krönen lassen, und nach dem Besuch des Bauplatzes für das spätere Alexandria hatte er Zwiesprache mit dem Gott Zeus-Ammon gehalten. Danach gefiel er sich in dem Gedanken, der Sohn dieses Gottes zu sein statt des bemerkenswerten makedonischen Königs Philipp II., der mit seinen Eroberungen in Griechenland den Grundstein für das Reich Alexanders gelegt hatte. Er war besessen von den Werken Homers, und laut Plutarch erschien ihm Homer im Traum und erinnerte ihn an die Passage in der *Odyssee*, in der von einer

Insel namens Pharos die Rede war, die vor der Küste Ägyptens lag und einen schönen Hafen besaß. Er begriff die potentielle Bedeutung Alexandrias als eines Handelszentrums, und wie sein Biograph Arrian berichtet, beteiligte er sich intensiv an der Planung der Stadt. Leider stand nicht genug Kreide zur Verfügung, um den Verlauf der Stadtmauer zu markieren, und so benutzte man dazu Graupenmehl, das man aus den Vorräten nehmen musste, welche die makedonischen Soldaten mit sich führten. Letztlich markierte dann ein Schwarm Vögel, der sich über das Mehl hermachte, den Verlauf der Stadtmauer.[4] Wie bei anderen Neugründungen im Mittelmeerraum legte man das Straßennetz schachbrettförmig an. In Teilen besteht es noch heute, auch wenn die breiten Prachtstraßen des frühen Alexandria heute deutlich schmaler sind. Von der antiken Stadt ist allerdings über Wasser nur wenig erhalten geblieben und aus der Frühzeit der Stadt im späten 4. Jahrhundert gar nichts. Außergewöhnlich war die schiere Größe der Stadt. Sie maß fünf Kilometer von West nach Ost und etwa die Hälfte von Nord nach Süd – eine langgezogene, schmale Stadt, die in der Form einem griechischen Mantel *(chlamys)* geähnelt haben soll.[5] Die Häfen nahmen eine herausragende Stellung in den Plänen ein. Sie waren voneinander durch eine lange Mole getrennt, welche die neue Stadt mit der Insel Pharos verband, von der Homer gesprochen hatte.

Alexander verließ Ägypten schon bald, trat einen Siegeszug durch Persien Richtung Indien an und starb acht Jahre nach der Gründung Alexandrias im Alter von nur 32 Jahren in Babylon.[6] Mit ihm starb auch sein Traum von einem hellenisch-persischen Reich, das die Hochkulturen der beiden großen Nationen vereinigen sollte, und sein Reich wurde unter drei rivalisierenden Generälen aufgeteilt: Makedonien und Griechenland, Syrien und der Osten sowie Ägypten. Erst die Generalsdynastie, die sich Ägyptens bemächtigte, vollendete den Traum von der Gründung einer großen Stadt am Rande Ägyptens. Ptolemäus I. Soter (der Retter) übernahm die Macht als Pharao von eigenen Gnaden und vereinigte dabei hellenische und ägyptische Vorstellungen von Herrschaft und Staat miteinander. Statuen zeigen die Ptolemäer in gänzlich traditionellem Stil als Pharaonen (mit gelegentlichen Konzessionen an die griechische Haartracht), und sie bauten in archaisch-ägyptischen Stilen

Tempel für ägyptische Gottheiten.[7] Die Ptolemäer übernahmen den von Pharaonen seit langem geübten Brauch, ihre Schwestern zu heiraten – eine Praxis, die den Griechen missfiel. Doch Alexandria wurde eines der lebendigsten Zentren der wiedererstarkten griechischen Kultur, die sich über den gesamten Mittelmeerraum ausbreitete. Das Besondere an der »hellenistischen« Kultur war die Tatsache, dass sie nicht auf die Griechen beschränkt blieb. Hellenistische Kunststile erreichten Karthago und Etrurien, und hellenistische Ideen erfassten Juden, Syrer und Ägypter. Die hellenistische Kultur wird oft als popularisiertes Verfallsprodukt der klassischen Kultur des alten Athen abgetan, geprägt von überladenen Kunst- und Architekturstilen – gleichsam ein altgriechischer Barock. Doch die hellenistische Welt, vor allem Alexandria (und nicht Hellas selbst), brachte einige der berühmtesten Persönlichkeiten griechischer Wissenschaft und Kultur hervor: den Mathematiker Euklid, den Erfinder Archimedes, den Komödiendichter Menander und später in frührömischer Zeit den alexandrinisch-jüdischen Philosophen Philo und den Arzt Galen. Alexandria spielte bei der Verbreitung dieser neuen, offenen Abwandlung griechischer Kultur im Mittelmeerraum eine grundlegende Rolle. Die Stadt wurde zum Leuchtturm der Mittelmeerkultur.

Besonders auffällig war die Mischung von Innovation und Tradition in der Religionspolitik der Ptolemäer. Die frühen Ptolemäer waren außergewöhnlich ehrgeizig, kraftvoll und wissbegierig, offen für viele Kulturen und weitsichtig in ihrer Gestaltung der ägyptischen Wirtschaft. Nicht Alexander der Große, sondern die Ptolemäer machten Alexandria zu einer so dynamischen Stadt. Ptolemäus I. Soter (gest. 283/284) und Ptolemäus II. Philadelphos (gest. 246) holten Griechen, Syrer, Ägypter und Juden nach Alexandria. Viele Juden kamen als loyale, von Alexander dem Großen begeisterte Soldaten. Auch in späteren Zeiten blieb »Alexander« ein bei Juden sehr beliebter Name. Sie hatten natürlich ihre eigene Religion, und die Ptolemäer hatten nicht die Absicht, sie an deren Ausübung zu hindern. Ein großes Gebiet im Osten Alexandrias, das Delta genannt, wurde zum Mittelpunkt jüdischer Aktivitäten. Dort entstand die erste große jüdische Siedlung an der Küste des Mittelmeeres. Die alten Israeliten waren hauptsächlich ein auf das Binnenland beschränktes, ländlich ausgerichtetes Volk gewesen, abgeschottet durch die Philister und andere an der Küste lebende Völker. Deshalb spielten sie in der Geschichte des Mittelmeeres bislang keine besondere Rolle. Doch mit der Gründung Alexandrias begannen jüdischer Glaube und jüdische Kultur sich langsam im ganzen Mittelmeerraum auszubreiten. Philo betonte die Bedeutung des Moses als Gesetzgeber, und er betonte die ethische Bedeutung der von Moses übermittelten göttlichen Gebote. Die Kombination einer kraftvollen ethischen Botschaft mit einem strukturierten System von Gesetzen sowie der intellektuelle Reiz des Monotheismus brachten dem Judentum in den folgenden Jahrhunderten eine wachsende Zahl von Konvertiten und Sympathisanten ein. Die spätere jüdische Tradition sollte diese Zeit als eine Phase oftmals heftiger Gegensätze zwischen Hellenismus und Judentum charakterisieren, die ihren Höhepunkt im Aufstand der Makkabäer gegen die Seleukidenherrscher Syriens und Palästinas im 2. Jahrhundert v. Chr. fand. Doch diese Herrscher gaben gerade jene Tradition des Respekts gegenüber dem Judentum auf, die ihre ptolemäischen Rivalen in Ägypten so gut verstanden. Die Seleukiden versuchten, jüdische Bräuche wie die Beschneidung zu unterdrücken und im Tempel heidnische Opfer darzubringen. Das Chanukkafest, das an den jüdischen Aufstand erinnert, wurde schließlich als Ausdruck einer entschiedenen Ablehnung des hellenistischen Denkens verstanden. Der Aufstand brachte zweifellos eine antihellenistische Stimmung zum Ausdruck, doch diese Stimmung beweist gerade, wie stark hellenisiert die meisten Juden waren – man kritisierte sie, weil sie Spiele besuchten und griechische Philosophie lernten. In Alexandria sprachen so viele Juden Griechisch statt Aramäisch (den Dialekt der Juden in Palästina), dass man, wie wir noch sehen werden, an einer griechischen Übersetzung der Bibel arbeitete. Außerdem lebten Griechen und Juden in den ersten beiden Jahrhunderten Alexandrias harmonisch nebeneinander. Die Juden gedachten der Ptolemäer in den Weiheinschriften ihrer zahlreichen Synagogen und priesen deren Dynastie in den höchsten Tönen, ohne die in heidnischen Tempeln zu findende Behauptung zu übernehmen, wonach die Ptolemäer »göttlich« wären.[8]

Dem Rest der Bevölkerung und insbesondere den Griechen bot Ptolemäus I. einen neuen Kult an, den des Gottes Serapis. Serapis war teilweise ägyptischen Ursprungs, eine Mischung aus dem Stiergott Apis und dem auferstandenen Gott Osiris (daher der Name: [O]sir-apis). Doch Serapis übernahm auch zahlreiche Merkmale griechischer Götter: Elemente des Dionysos, des Zeus und – parallel zu den Attributen des Osiris – sogar solche des Hades, des Gottes der Unterwelt. Auch mit dem griechischen Gott der Heilkunst, Asklepios, wurde er in Verbindung gebracht. Oft wurde er mit einem Getreidemaß auf dem Kopf dargestellt, als Zeichen der Verbindung zur Fruchtbarkeit Ägyptens und der wachsenden Bedeutung des Landes im Getreidehandel. So konnte diese zutiefst eklektische Gestalt sowohl in griechischen als auch in ägyptischen Stilen dargestellt werden.[9] Als die Ptolemäer für Serapis an dessen angeblichem Geburtsort in Memphis einen großen Tempel, das Sarapeion oder Serapäum, errichteten, schmückte man ihn mit Skulpturen in »rein griechischem« Stil, wie ein Autor dies nennt, während das Serapäum in Alexandria von Sphinxen gänzlich ägyptischen Stils umgeben war, von denen einige erhalten geblieben sind. In Alexandria war Serapis offenbar sehr populär. »Die Schöpfung eines neuen Gottes, so sonderbar uns das heute vorkommen mag, erschien damals wahrscheinlich nicht so merkwürdig.«[10] Denn die Griechen hielten ihre Götter nicht für ausschließlich hellenisch und konnten es akzeptieren, dass sie sich bei anderen Völkern in anderen Gestalten manifestierten. So war denn die Erfindung des Serapis Teil eines Prozesses, in dem die ägyptischen Götter für griechische Beobachter angepasst wurden. Die Griechen fragten nicht: »Worin unterscheiden sich eure Götter von den unsrigen?« Sie fragten: »Worin gleichen eure Götter den unsrigen?« Der eklektische Charakter des Serapis ist auch Ausdruck der Tatsache, dass es keine scharfen Grenzen zwischen den zwölf olympischen Göttern gab und dass ihre Personifizierung (zum Beispiel in Homers Werken) nur dazu diente, eine gewisse Ordnung in die Überfülle der göttlichen Attribute zu bringen – eine Einstellung, die gelegentlich auch dazu führte, dass man Serapis zum Obergott eines Dreigestirns griechischer oder ägyptischer Götter machte. Das gipfelte sehr viel später in dem Versuch, Serapis – in direktem Wettstreit mit den Christen Alexandrias – als den einen und einzig wahren Gott des Universums zu zeichnen.[11]

II

Die zweite bedeutende Innovation unter Ptolemäus I. und Ptolemäus II. war der Bau des großen Leuchtturms auf der Insel Pharos. Das Wort »Pharos« überlebte im Griechischen, im Lateinischen und in den romanischen Sprachen mit der einfachen Bedeutung »Leuchtturm«. Man zählte ihn sogleich zu den Weltwundern, zusammen mit dem Koloss von Rhodos, von dem gleich noch die Rede sein wird. Beide Monumente kündeten vom Ruhm der Städte, in denen sie standen, betonten zugleich aber auch, dass dieser Ruhm in beträchtlichem Maße auf dem Handel basierte. Der Leuchtturm war bereits Teil der frühen Pläne für Alexandria gewesen. Die Bauarbeiten begannen 297 v. Chr., vollendet wurde der Turm bis 283. Zum Teil entsprach der Bau einer Notwendigkeit. In der Nähe der Küste gab es Untiefen, die bei Nacht nicht zu erkennen und bei Tage schwer zu umschiffen waren. Deshalb war es unerlässlich, die Zufahrt zum Hafen sicherer zu machen, wenn Alexandria sein Potential als Zentrum des Mittelmeerhandels ausschöpfen sollte. Der massive Bau, den die Ptolemäer in Auftrag gaben, bestand aus drei Etagen. Auf einem quaderförmigen Unterbau erhob sich ein achteckiger Turm, der von einer runden Kolonnade mit einer riesigen Zeusstatue gekrönt wurde. Große Spiegel warfen das Licht weit auf das Meer hinaus – nach einer plausiblen Schätzung bis zu 60 Kilometer weit. Wie man das Licht erzeugte, wissen wir nicht. Denn obwohl Teile der Konstruktion in der weitaus kleineren, aber immer noch eindrucksvollen Mamlukenfestung wiederverwendet wurden, die im späten 15. Jahrhundert an gleicher Stelle errichtet wurde, und obwohl man vor kurzem große Fragmente des Leuchtturms unter Wasser freilegte, sind sein Aussehen und seine Funktionsweise weiterhin ein Rätsel.

Der Bau des Leuchtturms und überhaupt der Stadt Alexandria war nur deshalb möglich, weil die Ptolemäer die Herrschaft über gewaltige Ressourcen erlangt hatten. Ihre Leistung lag nicht allein in der Nutzung dieser Ressourcen, sondern mehr noch in deren Vergrößerung durch den Ausbau der Stadt als Handelszentrum. Tatsächlich behaupten manche Beobachter, dass der Reichtum Alexandrias mindestens ebenso sehr vom ägyptischen Hinterland abhing wie vom Meer. Der Geograph Strabon berichtet, dass die Einfuhr auf den von Land her kommenden Kanälen »viel größer ist als jene vom Meere her, so daß auch der Hafen am See viel reicher ist als der am Meere«.[12] Allerdings schrieb Strabon mehrere Jahrhunderte nach dem Goldenen Zeitalter der beiden ersten Ptolemäer, nämlich zu Beginn des 1. Jahrhunderts n. Chr. Die Stadt blickte in zwei Richtungen und verband Ägypten mit dem Mittelmeer, wie dies noch nie der Fall gewesen war. Außerdem sicherten Verbindungen in Regionen jenseits des Mittelmeerraums – über das Rote Meer nach Indien – Alexandrias Stellung als wichtigstes Drehkreuz zwischen dem Indischen Ozean und dem Mittelmeer, die es mit nur kurzen Unterbrechungen für 2000 Jahre behalten sollte. Die Ptolemäer erkannten mit sicherem Gespür, was erforderlich war, um die wirtschaftliche Stärke Alexandriens und Ägyptens zu erhalten. Sie wussten, dass die Kontrolle über die Seewege nicht allein von Alexandria abhing. Sie bemühten sich sehr, die Herrschaft über die Städte Phöniziens zu erlangen, auch um den Preis eines Konflikts mit ihren Rivalen, den Seleukiden. Wenn sie eine schlagkräftige Flotte aufbauen wollten, mussten sie ihre politische Macht weit über Ägypten hinaus ausdehnen, bis in Länder, die reich an Holz waren, wie Zypern, der Libanon und Südanatolien. Zugleich konnten sie solche Länder nicht ohne eine Flotte halten.[13] So begann ein Rüstungswettlauf zur See, und dabei wuchsen die ägyptische und die syrische Flotte nicht nur bezüglich der Zahl, sondern auch bezüglich der Größe der Schiffe. Im 4. Jahrhundert v. Chr. konnten beide Seiten zuweilen mehr als 300 Schiffe mobilisieren, und die phönizischen Werften verwandelten die Zedern des Libanon in eine beträchtliche Flotte für die Seleukidenkönige. Ptolemäus II. verfügte über eine Flotte von 336 Kriegsschiffen, darunter 224 Tetreren, Trieren und kleinere Schiffe, aber auch einige Monsterschiffe – 17 Penteren und sogar noch größere Schiffe, die man nach der Zahl der auf jeder Bank sitzenden Ruderer benannte: fünf »Sechser«, 37 »Siebener«, 30 »Neuner«, 14 »Elfer« und so weiter bis hin zu zwei großen »Dreißigern«. Später sollte Ptolemäus IV. Philopator (gest. 204) sogar ein »Vierziger«-Schiff bauen, das wahrscheinlich ein sehr großer Katamaran war.[14] Ob diese Bezeichnungen sich wirklich auf die Anzahl der Ruderer bezog oder lediglich ausdrücken sollte, dass dieses Schiff »noch größer war als das letzte große Schiff«, ist unklar. Das

»Vierziger«-Schiff des Ptolemäus wurde nie in einer Seeschlacht eingesetzt, und wahrscheinlich war es dazu auch gar nicht geeignet. Andererseits demonstrierte es den Reichtum und den Glanz der griechischen Pharaonen Ägyptens. Das Schiff war über 130 Meter lang und über 16 Meter breit. Es heißt, die Besatzung hätte aus 4000 Ruderern und mehr als 3000 Soldaten und Hilfskräften bestanden. Schon für die Versorgung solch eines Schiffes mit Proviant und Trinkwasser hätte es einer kleinen Flotte von Hilfsschiffen bedurft.[15] Doch die gewaltige Größe diente nicht nur der Zurschaustellung. Der Rammsporn eines Schiffes aus dem 2. Jahrhundert v. Chr., den man bei Atlit in Israel unter Wasser fand, ist 2,25 Meter lang und wiegt 465 Kilogramm.[16]

Neben dem Bauholz für die Flotte mussten die Ptolemäer auch Gold, Silber, Zinn und Eisen beschaffen – das Eisen war in Ägypten seltsamerweise vernachlässigt worden, als Hethiter, Philister, Griechen und Karthager bereits voller Begeisterung Waffen und Gerätschaften aus diesem Metall fertigten. Ein Grund mag darin gelegen haben, dass die Böden in Ägypten nach der Nilschwemme leicht zu bearbeiten waren, so dass man keine schweren, eisenbeschlagenen Pflugscharen benötigte. Andererseits gab es ein florierendes Metallgewerbe, und der Export von Gold-, Silber- und Bronzetafeln gehörte zu den Stärken Alexandrias, neben dem Export von Textilien, Keramik und – eine ganz spezielle Besonderheit – Glas.[17] Papyrus war eine weitere ägyptische Spezialität, die in den Nachbarländern seit den Zeiten des Wenamun im 11. Jahrhundert v. Chr. auf rege Nachfrage stieß. Nun fand der Papyrus immer weitere Verbreitung im gesamten Mittelmeerraum. Einer der wichtigsten Märkte für diese Güter war Karthago, wo man die ptolemäischen Gewichtsmaße für die eigenen Münzen verwendete. Karthago war für die Ptolemäer wertvoll, weil das spanische und sardische Silber über diese Stadt floss.[18] Außerdem bestanden enge Beziehungen zu Rhodos, das im 3. Jahrhundert v. Chr. ein Handelsplatz von ähnlicher Bedeutung wie Alexandria war. So etablierte Alexandria sich als eines der wichtigsten Geschäftszentren im gesamten Mittelmeerraum. Seine Stärke basierte nicht nur auf den außergewöhnlichen Leistungen der frühen Ptolemäer, sondern auch auf seiner raschen Integration in das hellenistische Handelsnetz.

Auf einer Reihe von Papyri aus der ägyptischen Wüste taucht der Name eines gewissen Apollonios auf, der als Verwalter für Ptolemäus II. arbeitete. Darunter finden sich die Ladepapiere eines Schiffs aus dem 3. Jahrhundert v. Chr., die von der Vielfalt der damals gehandelten Waren zeugen. An Bord befanden sich Nüsse vom Schwarzen Meer, die auf den Handelsrouten des Mittelmeeres stets anzutreffen waren; Käse von der Insel Chios; Oliven, Öl, Feigen, Honig, Schwämme und Wolle. Auch Fleisch von Wildschweinen, Rotwild und Ziegen gehörte zur Ladung. Doch den größten Teil der Laderäume nahmen Amphoren mit Wein ein: 138 Amphoren und sechs Halbamphoren mit gewöhnlichem Wein, dazu fünf Amphoren und 15 Halbamphoren mit süßem Dessertwein.[19] Diese Handelsgüter wurden sorgfältig und genau besteuert. Die Ptolemäer übernahmen von den Pharaonen ein strenges System zur Kontrolle des Handels, und sie hatten nicht die Absicht, es zu lockern. Die Schiffe trafen in zuvor bezeichneten Häfen ein, und die Ladung wurde eingehend geprüft. Es war ein altes System der Handelsbesteuerung, an dem dann auch Römer, Byzantiner und Araber festhielten. Die Steuern wurden *ad valorem*, das heißt nach dem geschätzten Wert der Ladung, festgesetzt und konnten bis zu 50 Prozent des Wertes (bei Wein und Öl) erreichen, bei anderen Waren manchmal nur ein Drittel oder ein Viertel. Die Steuern wurden nicht nur in den Häfen eingetrieben, sondern auch an Zollstationen am Nil, über den Güter nach Alexandria transportiert wurden.[20] Obwohl das die Preise der Güter in die Höhe trieb, bis sie schließlich den Kai in Alexandria erreicht hatten, war die Nachfrage nach ägyptischem Getreide und anderen Erzeugnissen in der Regel so groß, dass sie immer noch Abnehmer im östlichen Mittelmeerraum fanden. Außerdem verdienten die Alexandriner recht ordentlich als Mittelsmänner im Handel zwischen dem Indischen Ozean und dem Mittelmeer. Obwohl es in der Vergangenheit griechischen Händlern – in Naukratis und anderswo – gelegentlich gelungen war, diese Handelsströme anzuzapfen, vergrößerten sie sich nun beträchtlich. Gold, Weihrauch und Myrrhe waren drei der teuersten Güter, die das Rote Meer heraufkamen. Ptolemäus II. Philadelphos sorgte für die Wiedereröffnung eines Kanals, der das Nildelta mit den Seen westlich des Sinai verband (und heute vom Suezkanal gekreuzt wird). Damit schuf er einen Wasserweg ins Rote Meer. Güter aus Indien waren in Alexandria bald keine Seltenheit mehr, und die Ptolemäer hatten nun Zugang zu afrikanischen und indischen Elefanten für ihre Armee.[21] Auf einem Papyrus findet sich die Ladeliste eines Schiffs namens *Hermapollo*, das 60 Kisten indischer Narde, fünf Tonnen diverser Gewürze sowie 235 Tonnen Elfenbein und Ebenholz aus Indien brachte.[22] Damit war der große mediterrane Gewürzhandel begründet, und Alexandria sollte selbst dann noch dessen wichtigstes Zentrum bleiben, als die Portugiesen Ende des 15. Jahrhunderts n. Chr. den um das Kap der Guten Hoffnung führenden Seeweg nach Indien öffneten.

Die für Alexandria wichtigste Handelsware sollte allerdings das Getreide werden. Zunächst einmal musste die Stadt selbst ernährt werden. Man baute Kanäle, die den hinter der Stadt gelegenen Mareotis-See mit dem Nildelta verbanden, so dass man problemlos an Getreide gelangen konnte. Aber die Ptolemäer wussten auch, dass auf den internationalen Märkten stets Raum für Getreide war. Athen mochte am Bosporus nach Getreidelieferanten suchen, doch Rhodos kaufte gern ägyptischen Weizen für sich und seine zahlreichen Handelspartner.[23] Die Ptolemäer befanden sich in einer außergewöhnlich starken Position, da sie ein Regime erbten, in dem der größte Teil des Landes in Ägypten dem Pharao gehörte. So konnten sie den Bauern einen hohen Pachtzins auferlegen und bis zur Hälfte der Ernte verlangen, denn dank der Fruchtbarkeit des Bodens nach der Nilschwemme waren solche Forderungen nicht widersinnig. Auf dem Exportmarkt ergaben sich neue Möglichkeiten. Eine Reihe von Einfällen keltischer und skythischer Stämme in die Region am Schwarzen Meer gefährdete die Anbaugebiete und Transportwege der Nahrungsmittel, die bisher der Versorgung Athens und anderer griechischer Städte gedient hatten. Die Ptolemäer sahen eine Chance, die Einnahmen aus dem Getreidehandel zu vergrößern, und unternahmen große Anstrengungen, um Qualität und Menge des produzierten Getreides zu erhöhen. Sie erweiterten auch die Anbauflächen und förderten den Einsatz eiserner Gerätschaften als Mittel zur Steigerung der Effizienz und der Erträge: »Eine solch reichliche Verwendung von Eisen bedeutete in der ägyptischen Landwirtschaft fast eine Revolution.«[24] Die Bewässerung wurde verbessert, und unter den Vorrichtungen, die man für die Bewässerung des Landes einsetzte, erschien nun auch die Archimedische Schraube, die bei den Fellachen heute noch beliebt ist und damals *kochlias*, »Schnecke«, genannt wurde.[25] Die Perser hatten einen neue Weizensorte eingeführt, die den traditionellen ägyptischen Sorten überlegen war, und man nutzte deren Vorteile schon zu Alexanders Zeiten. Der Weinanbau wurde an den Alexandria gegenüberliegenden Ufern beträchtlich ausgeweitet, und offenbar produzierte man einige gute Weine. Wichtiger noch war wohl der Aufbau einer Olivenölproduktion, denn vor den Ptolemäern waren Olivenbäume in Ägypten nicht weit verbreitet. Mit alledem schufen die Ptolemäer die Grundlagen für einen neuen Wohlstand, der bis in die byzantinische Zeit währen sollte.

III

Den Ptolemäern fiel es nicht schwer, ihre Einnahmen auch wieder auszugeben. Man verherrlichte die eigene Dynastie, indem man sich des Leichnams Alexanders des Großen bemächtigte, als er durch Syrien transportiert wurde, und ihn im Zentrum von Alexandria prachtvoll bestattete (die Suche nach dem Grab gehört seit langem zu den Lieblingsbeschäftigungen der Alexandriner). Doch Alexandria war eine lebendige Stadt, und die größten Gebäude gehörten, wie nicht anders zu erwarten, zu der riesigen Palastanlage im Norden der Stadt. Dort schufen die Ptolemäer zwei Einrichtungen, die ihre tiefe Verbundenheit mit der Gelehrsamkeit und zugleich ihre Entschlossenheit bewiesen, in allem, was sie taten, die Größten und Besten zu sein: das Museion oder »Museum« und die Bibliothek von Alexandria, wo man den Papyrus Ägyptens nutzte, um die größte Literatursammlung aufzubauen, die die Welt jemals gesehen hatte. Die Idee des Museion, eines Tempels der Musen, war nicht neu (es gab berühmte athenische Vorbilder, auf die man zurückgreifen konnte, und Ptolemäus I. versicherte sich des Rates eines gelehrten Atheners, Demetrios von Phaleron), doch der Umfang dieses Unternehmens, der lange Bestand der Institution und ihr großer Einfluss waren sämtlich außergewöhnlich. Das Museion war keine bloße Kultstätte, an der man gnädig auch Musik, Philosophie und die Künste pflegte. Es war ein Wissenschaftszentrum, ein »All Souls College« ähnlich dem in Oxford, an dem die Gelehrten sich weitgehend frei von Lehrverpflichtungen dem Studium der Literatur, Naturwissenschaft und Philosophie widmen konnten. Nach Strabon gab es sogar einen Gemeinschaftsraum, und die Mitglieder speisten gemeinsam. Das Museion verfügte über ein eigenes Budget in Gestalt einer Stiftung, die Leitung der Gemeinschaft lag bei einem vom König ernannten Priester.[26]

Die zweite große wissenschaftliche Einrichtung, die Bibliothek, ist gleichfalls recht geheimnisvoll. Es war keine öffentliche Bibliothek, auch wenn ernsthafte Gelehrte zweifellos Zugang erhielten, und es gab Nebenräume, in denen Gelehrte miteinander diskutieren und Seite an Seite arbeiten konnten. Ihre Einrichtung ging auf einen Beschluss zurück, in dem Ptolemäus I. anordnete, »die Bibliothek mit Schriften aus allen Ländern auszustatten, soweit sie ernsthafter Aufmerksamkeit wert sind«.[27] Man hat zwar behauptet, das Museion habe sich mit griechischer Gelehrsamkeit beschäftigt, doch das Blickfeld der Bibliothek reichte unter der Leitung des Demetrios von Phaleron (um 350 bis um 280 v. Chr.) und seiner fähigen Nachfolger ganz offensichtlich weit über die griechische Welt hinaus, auch wenn die meisten nichtgriechischen Texte wahrscheinlich übersetzt wurden, bevor man sie in die Bestände aufnahm – Chroniken der ägyptischen Pharaonen, die hebräische Bibel, indische Erzählungen. Die Bibliothek war irgendwo in der großen Palastanlage der Ptolemäer untergebracht. Allerdings richtete man schon bald im Serapeion eine »Dependence« ein, die leichter zugänglich gewesen zu sein scheint, wobei die dortige Sammlung nur ein Zehntel der Bestände in der Hauptbibliothek ausmachte, nämlich 42 800 Papyrusrollen gegenüber 400 000 »gemischten« und 90 000 »ungemischten« Büchern im Zentrallager.[28] Einige der Rollen enthielten mehrere Texte, während längere Werke in mehrere Rollen unterteilt wurden (für solche längeren Werke prägte der alexandrinische Dichter Kallimachos einst den berühmten Spruch: *mega biblion, mega kakon* – großes Buch, großes Übel). Wie die Quellen zeigen, konkurrierte die Qualität mit der bloßen Quantität. Die Ptolemäer waren entschlossen, an die besten Texte der großen Autoren zu gelangen. Sie überredeten die Athener, ihnen die Urschriften der Stücke von Aischylos, Sophokles und Euripides zu schicken, damit man Abschriften davon anfertigen konnte, behielten sie dann aber, obwohl das den Verfall eines gewaltigen, in Silber gezahlten Pfandes bedeutete.[29] Die Gelehrten des Museion verwandten einen Großteil ihrer Energien auf die Klassifizierung und Herausgabe großer griechischer Dichter der archaischen und klassischen Zeit wie Sappho und Pindar, vernachlässigten jedoch weniger bekannte, aber durchaus fähige klassische Autoren und ihre eigenen talentierten Zeitgenossen wie Kallimachos, dessen Werke oft aus kleinen Papyrusfragmenten rekonstruiert werden mussten, die man im Sand der ägyptischen Wüste fand.[30] Das Museion und die Bibliothek spielten so eine entscheidende Rolle bei der Schaffung eines Kanons großer klassischer Autoren wie auch bei der Verklärung des archaischen und klassischen Griechenlands als eines großen Zeitalters literarischen Schaffens, und das auf Kosten der eigenen Leistungen im hellenistischen Alexandria.

Es wäre ein Fehler, wenn man das literarische Schaffen im ptolemäischen Alexandria geringschätzte. Kallimachos von Kyrene und Apollonios von Rhodos gehörten zur Belegschaft der Bibliothek von Alexandria. Kallimachos entwickelte ein Katalogisierungssystem für die Bibliothek. Doch beide schufen auch Werke von bleibender Bedeutung. Kallimachos war berühmt für seine Epigramme, während der große Beitrag des Apollonius in einem Epos Homerischer Prägung bestand, den *Argonautika*, die von den Abenteuern Jasons auf der Suche nach dem Goldenen Vlies und von seiner Liebesbeziehung zu Medea erzählen. Doch sein Stil ist keine Nachahmung des Homerschen. Er besaß eine ungewöhnliche Fähigkeit, Ereignisse so darzustellen, als wäre er ein Beobachter, der sich nun direkt an das Publikum wendet, und sein etwas gekünstelter Stil hat durchaus Charme. Seine Beschreibung der mediterranen Gewässer, die Jason angeblich durchfuhr, und des europäischen Flusssystems jenseits der Mittelmeerküsten verrät den Einfluss zeitgenössischer alexandrinischer Geographen und Ethnographen, auch wenn er sich niemals ganz von Homers Geographie freimachen konnte, mit der Folge, dass römische Kommentatoren sich über seine Irrtümer lustig machten.[31]

Die Bibliothek von Alexandria war einzigartig, was Umfang und Vielfalt der Bestände betraf. Aber es gab Rivalen. Die Könige von Pergamon an der Küste Kleinasiens trugen gleichfalls Schriften für eine Bibliothek zusammen. Um deren weiteres Wachstum zu verhindern, sollen die Ptolemäer den Export von Papyrus nach Pergamon verboten haben. Doch die Bibliothekare in Pergamon fanden eine Lösung. Sie schrieben die Texte auf dünnes Tierleder oder Pergament (*pergamenon*).[32] Die Sammlung in Alexandria wuchs rasch und verfiel dann langsam. Natürlicher Verschleiß, unerlaubte Entnahmen (eine Ausleihe war verboten) und Zeiten relativer Vernachlässigung sorgten dafür, dass die Bibliothek von Alexandria ihren Höhepunkt bereits überschritten hatte, als Julius Cäsar ein paar Lagerhäuser mit Büchern im Hafen von Alexandria in Brand stecken ließ, bei denen es sich wahrscheinlich um ausgelagerte Bestände handelte.[33] Obwohl die Zerstörung der Bibliothek traditionell mit der arabischen Invasion 642 n. Chr. assoziiert wird, gilt es doch als gesichert, dass es damals nicht mehr viel zu zerstören gab, und leider ist kein Originalmaterial aus dieser großen Bibliothek erhalten geblieben.[34]

Der klarste Beweis für die Offenheit der Ptolemäer für die Weisheit anderer Völker liegt in dem von antiken Autoren oft wiederholten Bericht, wonach Ptolemäus II. eine Übersetzung der hebräischen Bibel in Auftrag gab.[35] Eine berühmte Geschichte erzählt, dass der Hohepriester in Jerusalem 72 jüdische Gelehrte nach Alexandria schickte, die man dort in 72 Zellen setzte und unabhängig voneinander den Pentateuch übersetzen ließ. Sie kamen heraus mit 72 gleichlautenden Übersetzungen des biblischen Textes, weshalb man diese griechische Bibelübersetzung als *Septuaginta* (lateinisch für 70) bezeichnet.[36] In Wirklichkeit entstand die *Septuaginta* schrittweise über mehrere Jahrzehnte und entsprach nicht nur den Bedürfnissen der wissbegierigen Ptolemäer und ihrer Gelehrten, sondern auch denen der zu immer größeren Anteilen griechischsprachigen Juden in Alexandria. Es ist nicht einmal klar, in welchem Maße der große Philosoph Philo das Hebräische noch beherrschte. Interessanterweise basierte die *Septuaginta* auf einem hebräischen Text, der in mehreren Punkten von der Standardfassung, dem »masoretischen« Text der von den Juden überlieferten hebräischen Bibel, abwich und apokryphes Material enthielt, das aus der jüdischen Bibel getilgt worden war. Einiges von diesem Material, zum Beispiel das »Buch der Weisheit«, auch »Die Weisheit des Salomo« genannt, verrät deutliche Einflüsse hellenistischer Philosophie – ein weiterer Beweis dafür, dass die Juden in Alexandria sich nicht gegen die hellenistische Kultur abschotteten, sondern sie begeistert aufnahmen. Die *Septuaginta* gehört zu den großen Beiträgen Alexandrias zur Kulturgeschichte des Mittelmeeres. Die Christen von Konstantinopel übernahmen sie als Text des Alten Testaments. Tatsächlich bewahrte das byzantinische Christentum mehr von der alexandrinisch-jüdischen Kultur als die Juden selbst, darunter auch Philos umfangreiche Werke.

Man könnte leicht eine Liste der bemerkenswerten griechischen Gelehrten erstellen, die im ptolemäischen Alexandria gelehrt haben. Einige der einflussreichsten sind zugleich auch die undurchsichtigsten: War Euklid ein einzelner Mann oder doch eher eine Gruppe von Mathematikern? Eratosthenes, der im 3. Jahrhundert v. Chr. mit erstaunlicher Genauigkeit den Durchmesser der Erde bestimmte, arbeitete als Bibliothekar in Alexandria. Ein weiterer innovativer Wissenschaftler war Aristarch, der zu der Erkenntnis gelangte, dass die Erde sich um die Sonne dreht. Er wurde allerdings nicht sonderlich ernst genommen, und in römischer Zeit schwand sein Einfluss noch weiter, als ein anderer Alexandriner, Claudius Ptolemäus, seine eigene, äußerst einflussreiche Erdbeschreibung veröffentlichte, in der die Erde weiterhin im Mittelpunkt des Universums stand. Es gab eine lebendige medizinische Tradition in Alexandria. Man erweiterte die Kenntnis des menschlichen Körpers, indem man nicht nur Leichen, sondern auch die noch lebenden Körper verurteilter Verbrecher sezierte. Archimedes (287–212 v. Chr.) verbrachte wahrscheinlich nur einen relativ kurzen Teil seines langen Lebens in Ägypten, aber er hielt Kontakt zu alexandrinischen Mathematikern wie Eratosthenes.[37] Seine Karriere zeugt von der Begeisterung des ptolemäischen Hofes für geniale Maschinen. Eine davon wurde vor der Insel Antikythera vom Meeresboden geborgen. Bei der Konstruktion handelte es sich möglicherweise um ein mechanisches Modell des Universums.[38] Die alexandrinische Naturwissenschaft war von mehr als nur lokalem Interesse. Die Entdeckungen und Erfindungen vieler dieser Gestalten waren von nachhaltiger Bedeutung und zeugen gleichfalls von der großen Vitalität der hellenistischen Kultur, deren Hauptstadt Alexandria war.

IV

Man kann Alexandria nicht isoliert betrachten. Die kommerziellen Erfolge der Stadt basierten auf Handelsverbindungen ins östliche Mittelmeer und im Westen mindestens bis nach Karthago. Noch ein weiterer Ort im östlichen Mittelmeer füllte das Vakuum, das durch den Niedergang Athens als große See- und Handelsmacht entstanden war: Rhodos, dessen griechischstämmige Aristokratie die Unabhängigkeit der Insel zu bewahren vermochte, obwohl makedonische Generäle dabei waren, die Welt ringsum unter sich aufzuteilen. Im Jahr 305 v. Chr. leistete Rhodos erfolgreich Widerstand gegen einen Versuch des Seleukidenkönigs Demetrios, die Herrschaft auf der Insel zu übernehmen. Er setzte mit 30 000 Soldaten aus Syrien nach Rhodos über und malträtierte ein Jahr lang die Bevölkerung, doch deren Entschlossenheit zwang ihn schließlich zum Rückzug. Das war die erste in einer ganzen Reihe berühmter Belagerungen von Rhodos. Zur Erinnerung an diesen Sieg errichtete man über der Hafeneinfahrt von Rhodos eine gigantische Statue des Sonnengottes Helios, den berühmten Koloss von Rhodos, der um 280 v. Chr. vollendet wurde. Es gelang den Inselbewohnern sogar, ein eigenes Territorialreich auf Inseln der östlichen Ägäis und an der kleinasiatischen Küste aufzubauen, das zu einer wichtigen Quelle für Menschen und Güter wurde.[39] Rhodos hatte großen Bedarf an Menschen, weil man eine große Flotte aufbaute und viel Kraft darauf verwandte, das Meer von Piraten zu säubern, deren Auftauchen die unvermeidliche Folge des Niedergangs der athenischen Seemacht war. In den Jahren 206 bis 203 v. Chr. unternahm Rhodos große Anstrengungen, um der Piraten Herr zu werden, die ihre Stützpunkte auf Kreta eingerichtet hatten.[40] Die Politik der Insel folgte dem Grundsatz, dass keine einzelne Macht das Meer beherrschen sollte, und versuchte daher ein Gleichgewicht zwischen konkurrierenden Mächten herzustellen. So unterhielt Rhodos zwar enge kommerzielle und politische Beziehungen zum ptolemäischen Ägypten, war aber auch bereit, die Seleukiden zu unterstützen, falls die ägyptische Flotte das östliche Mittelmeer zu beherrschen drohte. Und das alles erreichte man, ohne dass man versuchte, überdimensionierte Schiffe zu bauen, wie sie bei den Ptolemäern und Seleukiden so beliebt waren. Rhodos gab etwa der *triemiolia* den Vorzug, einer variierbaren Version der Triere, die gleichzeitig durch Segel und Ruder angetrieben werden konnte und sich deshalb besonders gut für die Jagd auf Piraten eignete. Außerdem kannte man bereits eine Frühform des Griechischen Feuers, Brandsätze, die man mit Stangen auf das Deck feindlicher Schiffe schleuderte.[41]

Obwohl die Ptolemäer eine so imposante Flotte geschaffen hatten, wurde der Seehandel Alexandrias von den Schiffen aus Rhodos beherrscht, die Ägypten in nur drei oder vier Tagen erreichen konnten, wenn sie den Wind im Rücken hatten, und auch im Winter nach Rhodos zurückkehren konnten, allerdings sehr viel langsamer.[42] Diodoros schrieb: »Die Bewohner von Rhodos erzielten den größten Teil ihrer Einnahmen durch die Kaufleute, die nach Ägypten segelten«, und er fügte hinzu: »Man könnte fast sagen, ihre Stadt wurde von diesem Königreich unterhalten.«[43] Schiffe aus Rhodos transportierten den größten Teil des ägyptischen Getreides, das Richtung Norden exportiert wurde, und aus Rhodos kamen große Mengen Wein nach Ägypten, denn auf der ganzen Insel hatte man Weinberge angelegt. Ein materieller Beweis für diesen Handel sind die 100 000 gestempelten Henkel von Amphoren aus Rhodos, die man in und um Alexandria gefunden hat.[44] Solche Weinkrüge lassen sich an Ausgrabungsstätten in der gesamten Ägäis, bis hinauf ans Schwarze Meer und im Westen bis hin nach Karthago und Sizilien finden. Antike Quellen bieten die Möglichkeit, den Wert des Handels auf Rhodos für die Zeit um 200 v. Chr. zu schätzen, und zwar auf jährlich 50 Millionen *drachmai* – nämlich auf der Grundlage einer zweiprozentigen Steuer auf hereinkommende und abgehende Erzeugnisse, die jedes Jahr eine Million *drachmai* einbrachte.[45] Im gesamten östlichen und mittleren Mittelmeerraum gab es ein Netz von Bankiers aus Rhodos, die mit ihren Krediten das kommerzielle Räderwerk des Mittelmeerraums schmierten. Das Gewichtsmaß der auf Rhodos geprägten Münzen wurde auch in Städten und auf Inseln der Ägäis übernommen. All das sorgte eher für Ansehen als für Feindseligkeit. Als Rhodos 227 oder 226 v. Chr. von einem Erdbeben verwüstet wurde, kamen Hilfsangebote von Herrschern aus Sizilien, Ägypten, Kleinasien und Syrien.

Das zweite wichtige Handels- und Bankenzentrum in der hellenistischen Welt war Delos, das anfangs von Rhodos als Clearingstelle für den Regionalhandel benutzt wurde.[46] Ab 168 v. Chr. begannen die Römer, die den makedonischen König unüberlegt angegriffen hatten und in eine Pattsituation geraten waren, in die Handelsnetze der Ägäis einzudringen. Sie behandelten Rhodos nicht mehr als Verbündeten (und geschätzten Handelspartner), sondern als Satelliten, von dem sie erwarteten, dass er seine Flotte in ihrem Konflikt mit den Königen von Makedonien in den Dienst Roms stellte. Zur Vergeltung für die mangelnde Begeisterung, die Rhodos in dieser Sache an den Tag legte, ermunterte der römische Senat einen willfährigeren Verbündeten, Athen, sich der Insel Delos zu bemächtigen, allerdings unter zwei Bedingungen: Die einheimische Bevölkerung musste vertrieben werden, und die Insel musste in Zukunft ein Freihafen sein. Delos wurde mit einer Kaufmannsbevölkerung neu besiedelt, die zum Teil aus Süditalien stammte und dadurch gewährleistete, dass die Verbindungen nach Westen erhalten blieben und gestärkt wurden. Die Bevölkerung der Insel wuchs bis um 100 v. Chr. auf schätzungsweise 30 000 Einwohner. Ein beträchtlicher Teil des Handels wurde von Rhodos abgezogen, das dadurch einen deutlichen Niedergang erlebte. So sollen die Steuereinnahmen aus dem Handel rasch auf 15 000 *drachmai* gefallen sein. Die delischen Handelserfolge stärkten noch das bereits hohe Ansehen der dortigen Heiligtümer. Bei Ausgrabungen hat man auf Delos weitläufige, für den Handel bestimmte Anlagen gefunden, die nicht befestigt waren, weil die Heiligkeit der Insel sie schützte. Es gab mehrere *agorai* oder Marktplätze für die italischen Händler, und dort fand man nicht nur Kolonnaden, Portiken, Läden und Büros, sondern auch Tempel, die den von Händlern bevorzugten Göttern geweiht waren, etwa Poseidon, dem Herrn des Meeres, oder Hermes, dem Götterboten. Die Italiker förderten den Handel mit Duftessenzen und Salben und knüpften über Syrien indirekte Verbindungen zu den nabatäischen Handelswegen, die Zugang zu den Produktionsstätten von Weihrauch und Myrrhe in Arabien boten. Außerdem gab es einen regen Handel mit Sklaven – Opfer der Seeräuberei, die Ende des 2. Jahrhunderts mit dem Wiedererstarken der kilikischen Piraten im Osten bedrohliche Ausmaße annahm (zweifellos eine Folge des Niedergangs von Rhodos, das die Gewässer vor Anatolien so wirkungsvoll kontrolliert hatte). In römischer Zeit wurde Delos als »der größte Handelsplatz der ganzen Erde« beschrieben.[47]

Obwohl das Glück von Delos zum Teil auf dem Unglück von Rhodos beruhte, ist der delische Erfolg doch ein weiterer Beleg dafür, dass die Handels- und Geschäftsnetze des östlichen Mittelmeeres im 3. und 2. Jahrhundert v. Chr. zunehmend zu einem zusammenhängenden und gutorganisierten System integriert wurden, erst unter der Vorherrschaft von Rhodos und dann von Delos. Delos brachte neue Partner ins Boot und erweiterte das Netzwerk um die Kaufleute aus Puteoli in der Bucht von Neapel. Die hellenistische Welt war politisch in drei Haupteinheiten – Griechenland, Syrien und Ägypten – geteilt, doch was hier entstand, war ein einheitlicher Handelsraum. Ein Element fehlte indessen: Die Großstadt Karthago war Mitte des 2. Jahrhunderts v. Chr. von der Landkarte verschwunden. Wir müssen nun in der Zeit einen Schritt zurückgehen und untersuchen, wie das geschehen konnte und wie es kam, dass die Hinterwäldler aus Rom um 100 v. Chr. sogar in griechischen Gewässern die Herrschaft übernahmen.

KAPITEL 7

»Karthago muss zerstört werden« 400 bis 146 v. Chr.

I

Auf dem Höhepunkt des Krieges zwischen Athen und Sparta um die Vorherrschaft in der Ägäis waren weiter im Westen auch andere griechische Städte in Kämpfe verwickelt, in denen es um Leben oder Tod ging. Karthago war in diesem Teil des Mittelmeeres eine ebenso bedeutende Seemacht wie Athen weiter östlich. Im Jahr 415 v. Chr. hatten die Karthager nur zugesehen, als die Athener Syrakus angriffen. Sie konnten erkennen, dass die Griechen untereinander zerstritten und allzu sehr miteinander beschäftigt waren, als dass sie ihre Aufmerksamkeit gegen die phönizischen Handelsstationen auf Sizilien gerichtet hätten. Aus ihrer Sicht war alles gut, was die griechische Macht auf Sizilien zu schwächen vermochte. Andererseits schuf die Vernichtung der athenischen Streitkräfte ein neues Problem, auf das sie nun rasch reagierten. Es war nicht das erste Mal, dass Syrakus die Herrschaft über die ganze Insel zu erlangen drohte. Doch die eigentlichen Schwierigkeiten machten wieder einmal die elymischen Einwohner von Segesta. Ihnen reichte offenbar das Chaos noch nicht, das sie angerichtet hatten, indem sie die Athener zu Hilfe riefen, denn sie wandten sich nun an die Karthager mit der Bitte um Unterstützung gegen ihre alten Rivalen, die Griechen in Selinunt. Die Karthager hatten gute Gründe, Segesta zu unterstützen. Die Stadt lag in einem Gebiet mit zahlreichen punischen (das heißt phönizischen) Kolonien, insbesondere Panormos (Palermo) und Motya. Als Segesta 410 anbot, sich in Abhängigkeit von Karthago zu begeben, wenn es dafür den Schutz der Stadt erhielt, erkannte die karthagische Ratsversammlung, dass es an der Zeit war, die Stellung der Stadt in Westsizilien zu festigen.[1] Das Hilfeersuchen der Segester markierte einen entscheidenden Augenblick beim Übergang von einer lockeren Konföderation diverser Verbündeter und Handelsstädte unter dem Vorsitz Karthagos hin zu einem karthagischen Reich, zu dem nicht nur andere Phönizier gehörten, sondern auch unterworfene Völker – »Libyer«, wie die Berber Nordafrikas von griechischen Autoren genannt wurden, Elymer, Sikeler und Sikanen auf Sizilien, ganz zu schweigen von Sarden und Iberern.

Noch weitere persönliche Faktoren waren damals in der karthagischen Elite am Werk, denn die Stadt wurde zu dieser Zeit von einer Gruppe mächtiger Familien beherrscht, die den Senat dominierten. Ein prominenter Karthager namens Hannibal soll einen tiefen Hass auf alle Griechen entwickelt haben, weil sein Großvater Hamilkar 480 v. Chr. in der Schlacht bei Himera gegen die syrakusische Armee gefallen war. Ein leichter Sieg unter dem angsteinflößenden Hannibal vertrieb die Selinunter 410 v. Chr. vom Territorium der Segester. Dem folgte 409 ein massiver zweiter Angriff mit Truppen aus Süditalien, Nordafrika, Griechenland und Iberien. Xenophon behauptete in seiner etwas lahmen Fortsetzung des Thukydides, Hannibal sei mit 100 000 Mann vor der Stadt erschienen – in Wirklichkeit waren es wohl nur halb so viele.[2] Mit Hilfe ausgeklügelter Belagerungsmaschinen, wie die Phönizier sie bereits im Nahen Osten eingesetzt hatten, zertrümmerte man die Stadtmauern von Selinunt innerhalb von nur neun Tagen. Die Einwohner zahlten einen furchtbaren Preis für ihren Widerstand: 16 000 Selinunter wurden abgeschlachtet und 5000 zu Sklaven gemacht. Dem folgte die Plünderung und Verwüstung von Himera, wo man dem Schatten des Hamilkar an dem Ort, an dem er im Jahr 480 gefallen war, 3000 männliche Gefangene opferte.[3] Die Karthager liefen nicht einfach nur Amok. Sie waren entschlossen, auf Kosten der Syrakuser eine sichere Herrschaft über weite Teile Siziliens zu erlangen. Dennoch handelte es sich nicht um einen »ethnischen« Krieg der Phönizier gegen die Griechen. Die Karthager schickten Gesandte nach Athen, und die Athener, die sich inzwischen in den Endphasen des Kriegs gegen Sparta befanden, zeigten sich gegenüber den Karthagern recht wohlgesonnen, denn sie suchten nach Verbündeten, wo immer sie sie finden konnten.[4]

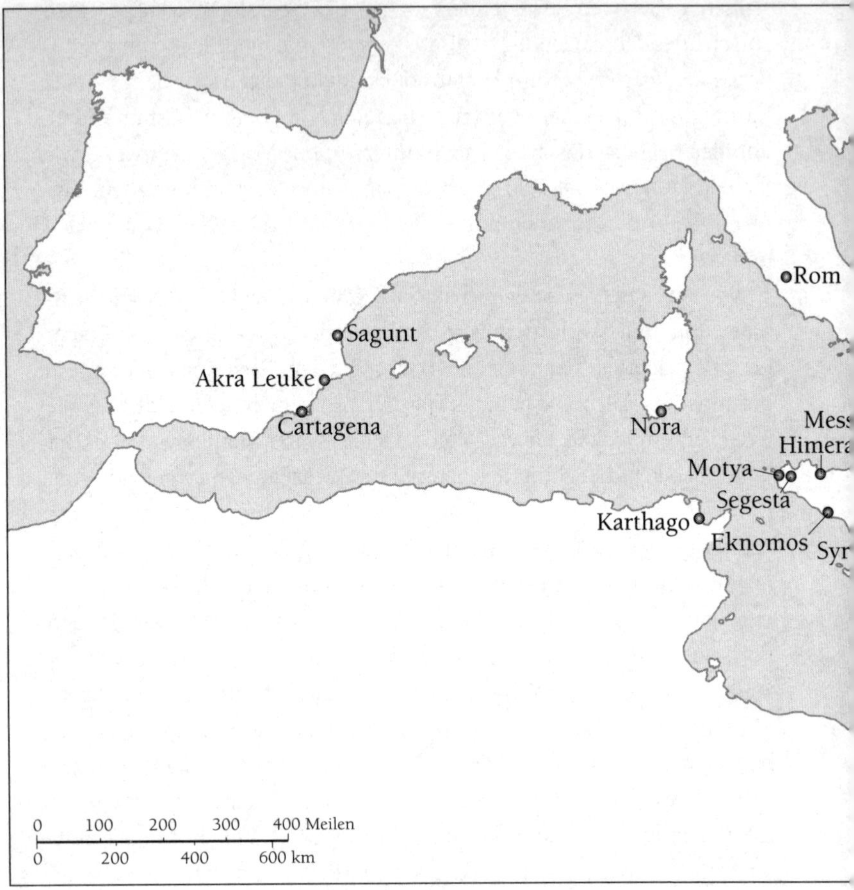

Außerdem konnten Athen und Karthago hoffen, vom gegenseitigen Handel zu profitieren, wenn in der griechischen Welt erst wieder Frieden herrschte.

Dann, im Jahr 407 v. Chr., landeten die Karthager mit 120 000 Mann auf 120 Trieren, sofern man denn Xenophons unglaubwürdiger Zahlenangabe trauen will, in Westsizilien. Selbst mit dieser gewaltigen Streitmacht dauerte es sieben Monate, bis man Akragas ausgehungert und zur Aufgabe gezwungen hatte. Man plünderte die Stadt und deren kostbare Kunstschätze, darunter einen aus Messing gefertigten Stier, in

dessen Bauch ein Tyrann von Akragas im 6. Jahrhundert angeblich seine Opfer geröstet hatte.[5] Dank dieser Erwerbungen wandelte sich der Geschmack der Karthager in Richtung griechischer Stile. Im 3. Jahrhundert hatten griechische Kunst und Architektur in Karthago Fuß gefasst. Westsizilien befand sich nun unter direkter karthagischer Herrschaft, und die Stadt begann nach Osten zu schauen, nach Gela an der Südküste, das den Weg nach Syrakus öffnete. Die Einwohner von Gela flohen. Die Syrakuser, die eine griechische Stadt nach der anderen verlorengehen sahen, beeilten sich, Frieden zu schließen, und die Karthager, die gewaltige Summen für Heer und Flotte ausgaben, waren bereit, recht großzügige Bedingungen zu gewähren. Die Eroberungen im Westen und Südwesten Siziliens blieben unter ihrer Herrschaft, doch die griechische Bevölkerung wurde zur Rückkehr aufgefordert, und der Ostteil der Insel mit ihrer griechischen und sikelischen Bevölkerung blieb unabhängig von Karthago, das seine Hauptziele erreicht hatte.

Ein Opfer des Konflikts war die Demokratie. Syrakus fiel erneut unter die Herrschaft eines langlebigen Tyrannen, Dionysios I. (gest. 367), des ersten Herrschers einer gefürchteten Dynastie. Man erzählte sich die Geschichte eines sizilianischen Tyrannen, der wusste, dass er verhasst war, und sich deshalb wunderte, als er von einer alten Frau hörte, die regelmäßig in einem Tempel der Stadt für seine Sicherheit betete. Er ließ sie zu sich kommen und fragte sie, weshalb sie das tat. Sie erwiderte ihm furchtlos, dass sie ihn für einen fürchterlichen Despoten hielt. Aber sie erinnerte sich an den Tyrannen in ihrer frühen Jugend. Auch der war schrecklich gewesen, doch ihm folgte ein noch schlimmerer, und dessen Nachfolger sei abermals furchtbarer gewesen. Deshalb betete sie für ein langes Leben dieses Tyrannen, da sie wusste, dass ihm ein unvorstellbar grausamer Tyrann folgen würde, wenn er starb. Der Tyrann war so beeindruckt von ihrer ehrlichen Antwort, dass er ihr einen Beutel Gold schenkte. Diese Tyrannen verließen sich auf nackte Gewalt und erweckten gar nicht erst den Anschein einer konstitutionellen Monarchie. Doch sie waren auch Männer von Geschmack und Kultur. Eine frühere Generation sizilianischer Tyrannen war einst von dem Dichter Pindar gepriesen worden, und die neue Generation suchte den Kontakt zu Philosophen wie Platon, der Syrakus 388 oder 387 v. Chr. besuchte und angeblich mehrmals zurückkehrte, in der Hoffnung, die Nachfolger von Dionysios I. zu einer an platonischen Grundsätzen orientierten Politik bewegen zu können.[6] Obwohl der größte Teil der bemerkenswerten Korrespondenz zwischen Platon und den Herrschern von Syrakus sich als spätere Erfindung erwiesen hat, erinnert sie doch daran, dass nicht nur griechische Waren, sondern auch griechische Ideen zu dieser Zeit quer über das Mittelmeer reisten.

Es war Dionysios I., der Frieden mit Karthago schloss, doch es war ebenfalls Dionysios, der den Konflikt mit Karthago 398 erneut schürte, als er die kostbare Besitzung Karthagos in Westsizilien, die Stadt Motya, eroberte. Die Einwohner wurden massakriert, und nicht einmal Frauen und Kinder verschonte man und verkaufte sie als Sklaven. Die griechischen Händler, die dort lebten, wurden als Verräter am Kreuz hingerichtet.[7] Das war das Ende der Geschichte von Motya, aber auch der Beginn eines erbitterten Konflikts, der 396 eine riesige karthagische Flotte in den Hafen von Syrakus führte. Wieder einmal drohte der Stadt die Zerstörung. Und wieder einmal nutzten die Syrakuser Lage und Gestalt des Hafens, um sich der feindlichen Flotte zu bemächtigen, während sie zugleich dessen Landstreitkräfte angriffen. Himilkon, der Heerführer der Karthager, sah sich vor einer Niederlage und schloss einen geheimen Handel mit Dionysios, der es ihm erlaubte, möglichst viele karthagische Soldaten zu evakuieren, während er die iberischen, sikelischen und libyschen Verbündeten ihrem Schicksal überließ. Die Iberer, professionelle Söldner, wurden in die Streitkräfte der Syrakuser integriert. Gefährlicher noch war ein Aufstand in den karthagischen Besitzungen in Nordafrika, und eine Zeitlang schien es, als würde Karthago selbst von Sklaven und Aufständischen überwältigt, die sich in großer Menge im Gebiet des heutigen Tunis sammelten. Die Rebellen zerstreuten sich wieder, doch Karthago erlebte ein politisches Erdbeben. Die einzige Lösung bestand darin, die nach dem früheren Friedensvertrag gewonnenen griechischen Siedlungen an den Tyrannen von Syrakus abzutreten. Doch die Demütigung war nicht vollständig. Die punischen Siedlungen blieben unter karthagischer Herrschaft. Dionysios vertrieb sich die Zeit mit ehrgeizigen Raubzügen in andere Teile des Mittelmeeres – 384 überfiel er Pyrgoi, den Hafen der etruskischen Stadt Caere, und erbeutete einen riesigen Schatz, dessen Wert auf 1500 Talente geschätzt wurde. Damit konnte man eine Armee von beträchtlicher Größe bezahlen. Wahrscheinlich brauchte er das Prestige, das solche Raubzüge einbrachten, denn seine Emissäre bei den Olympischen Spielen dieses Jahres verspottete man dort als Repräsentanten eines Tyrannen, der nicht besser als der persische König sei. Er machte nicht den Versuch, ein syrakusisches Reich zu gründen, sondern erweiterte nur skrupellos seine persönliche Macht – ein Umstand, den die Athener stillschweigend anerkannten, wenn sie ihn als »*archon* [Herrscher] von Sizilien« ansprachen.[8] Er war sehr darauf bedacht, den Kampf um die Herrschaft über ganz Sizilien wiederaufzunehmen, und eine Reihe von Konflikten zwischen Syrakus und Karthago gipfelte 375 im Verlust einer karthagischen Armee von 15 000 Mann – zwei Drittel wurden getötet, das restliche Drittel verkaufte man in die Sklaverei. Karthago schlug zurück, besiegte Dionysios und tötete 14 000 Syrakuser Soldaten. In der Folge gewann Karthago wieder die Kontrolle über die Teile Westsiziliens, die es schon lange beherrscht hatte, und dazu über einige von Hannibal eroberte griechische Städte.

II

Trotz der Feindseligkeit, von der die Beziehungen zwischen Karthago und Syrakus geprägt waren, führten diese Kriege letztlich zu einer engeren Bindung Karthagos an die griechische Welt. Die Stadt hatte sich gänzlich von Phönizien gelöst. Wir wissen nicht, wie bedeutsam der Handel mit Tyros und Sidon im späten 4. Jahrhundert für Karthago war im Vergleich zu den nun wieder intensivierten Kontakten zu den griechischen Städten in Hellas, auf Sizilien und in Italien. Der karthagische Gott Melqart wurde mit Herakles identifiziert. Die Karthager glaubten, sie hätten Demeter erzürnt, als sie einen ihrer Tempel auf Sizilien plünderten, und so importierten sie deren Kult nach Karthago und versuchten sogar, die Tempelriten mit Hilfe griechischer Einwohner nach der griechischen Liturgie auszuführen.[9] Karthager lernten Griechisch – als die Beziehungen einmal besonders schlecht waren, verbot man ihnen zwar, diese Sprache zu erlernen oder zu sprechen, aber das ist der sicherste Beweis dafür, dass das Griechische zur Zweitsprache der lokalen Eliten geworden war. Die Mitglieder dieser Eliten beuteten aktiv den fruchtbaren Küstenstreifen Nordafrikas aus. Oft besaßen sie dort in einiger Entfernung Landgüter, auf denen Getreide, Obst und Wein produziert wurden. Die kleineren Städte, die von den Phöniziern an der afrikanischen Küste gegründet worden waren, hatten ihre Unabhängigkeit verloren. Es kam vermehrt zu Heiraten mit der einheimischen

Bevölkerung, ein Trend, der auch die führenden Familien Karthagos erreichte, die gelegentlich in familiären Beziehungen zu örtlichen Berberfürsten standen oder sogar zu prominenten Griechen auf Sizilien. Karthago war zu einer kosmopolitischen Stadt geworden, die vielleicht 200 000 Einwohner zählte, mit ausgedehnten Vororten und Kaufleuten und Seehäfen.

Während des gesamten 4. Jahrhunderts hielten die Karthager Syrakus unter aufmerksamer Beobachtung. Sie kämpften um die Herrschaft über die Seegebiete zwischen Afrika und Sizilien wie auch über die Insel. Welche Bedeutung die Meerengen besaßen, zeigte sich 344/343, als der korinthische Admiral Timoleon zum Retter von Syrakus wurde. Sein Ruhm basierte auf einer Verschwörung zur Ermordung seines Bruders, der sich zum Tyrannen von Korinth aufgeschwungen hatte. Wie Plutarch berichtet, bedeckte er sein Gesicht und weinte, während seine beiden Mitverschwörer seinen Bruder töteten.[10] Manchen unzufriedenen Syrakuser Adligen, die gegen die skrupellose Politik der Dionysios-Dynastie opponierten, erschien er deshalb als ein idealer Verbündeter. Da Syrakus einst von Korinthern gegründet worden war, hatte man dort immer noch das Gefühl, dass man in der einstigen Mutterstadt um Hilfe nachsuchen solle, auch wenn Korinth nicht mehr zu den politisch und wirtschaftlich führenden Städten Griechenlands gehörte und nur eine kleine Flotte bereitstellen konnte. Karthago schickte Schiffe, die Timoleon den Weg versperren sollten, doch der schaffte es dennoch, auf der Insel zu landen, und Karthago sah sich in einen weiteren verheerenden Krieg hineingezogen. Im Jahr 341 starben in Westsizilien 3000 karthagische Soldaten im Kampf, woraufhin man den karthagischen Heerführer nach seiner Rückkehr kreuzigte – die übliche Strafe für Unfähigkeit auf dem Schlachtfeld. Karthago verlor seine im Westen Siziliens gelegenen Besitzungen zwar nicht, aber Timoleon wurde zur führenden Gestalt auf der Insel und setzte sich in fast allen griechischen Städten für die Schaffung einer aristokratischen Regierung ein. Tyrannen kamen für ein paar Jahrzehnte aus der Mode. Vor allem aber schienen die Griechen auf Sizilien einzusehen, dass sie zusammenarbeiten mussten.[11]

Zu Zeiten Plutarchs, der 120 n. Chr. starb, wurde Timoleon als Held und Liebling der Götter gefeiert, der »die Sehnen der Tyrannei durchtrennt« und Sizilien von den punischen Barbaren befreit habe. In Wirklichkeit unterschied Timoleon sich nicht sonderlich von den Tyrannen, die ihm vorausgegangen waren. Er hatte die Macht mit Hilfe von Söldnern ergriffen, und durch die Bekämpfung von Kleintyrannen auf der ganzen Insel festigte er die lang umkämpfte Vormachtstellung von Syrakus. Ein versöhnliches Moment ist da die Tatsache, dass er in hohem Alter von seinem Amt zurücktrat, erblindet und verehrt von den Syrakusern. Ein weiteres versöhnliches Moment ist der Umstand, dass es unter seiner Führung in weiten Teilen Siziliens zu einer wirtschaftlichen Erholung kam. Städte wurden wiederaufgebaut, darunter auch solche, die in den Kriegen mit Karthago zerstört worden waren. Akragas und Gela lebten wieder auf, und wichtiger noch, kleine griechische Siedlungszentren wuchsen und florierten. Auf dem Gebiet des heutigen Scornavacche im Südosten Siziliens lag eine kleine griechische Stadt, die 405 durch einen Angriff von Sikelern zerstört worden war und nun zu einem Zentrum der Keramikproduktion wurde.[12] Diese Wiederbelebung war das Werk neuer Siedler wie auch der alten sikelisch-griechischen Bevölkerung. Timoleon dürfte gut 60 000 Siedler aus Griechenland und den griechischen Städten in Süditalien nach Sizilien geholt haben. Der Getreidehandel zwischen Sizilien und Athen nahm im 4. Jahrhundert einen immer regelmäßigeren Charakter an. Nach der großen Zahl der aus dieser Zeit stammenden korinthischen Münzen zu urteilen, die man auf Sizilien gefunden hat, bestanden besonders intensive Geschäftsbeziehungen zu Korinth, über das landwirtschaftliche Erzeugnisse aus Sizilien nach Griechenland gelangten.[13] Es wäre falsch, wenn man diesen neuen Wohlstand allein auf Timoleons Bemühungen zurückführen wollte. Im 4. Jahrhundert v. Chr. kam es im gesamten mittleren Mittelmeer zu einer Wiederbelebung des Handels. Die Pest, die während des Peloponnesischen Kriegs ausgebrochen war, verlor an Virulenz, und die Bevölkerung erholte sich. Es gab ausreichend lange Friedensphasen für Karthago wie auch für die griechischen Städte auf Sizilien, um die Handelsbeziehungen nach Osten und Westen wiederaufzubauen. Karthago erfreute sich geschäftlicher Verbindungen nach Athen und machte auch von seinen Beziehungen zu Spanien besten Gebrauch.

Zum letzten großen Konflikt zwischen Karthago und Syrakus kam es 311 v. Chr. Der karthagische Kommandeur in Westsizilien, Hamilkar, fand einen furchterregenden Gegner in Agathokles, dem es gelungen war, Timoleons Verfassung außer Kraft zu setzen und sich zum Tyrannen von Syrakus aufzuschwingen. Agathokles versuchte wie seine Vorgänger, den größten Teil Siziliens unter die Herrschaft von Syrakus zu bringen. Hamilkar glaubte, den Interessen Karthagos wäre am besten mit einer Übereinkunft gedient, die Syrakus die Herrschaft über Ost- und Mittelsizilien zugestand. Die Karthager waren besorgt, als sie feststellten, dass Agathokles ein ungesundes Interesse an Akragas entwickelte, das ganz in der Nähe ihrer eigenen Siedlungen im Westen der Insel lag. Im Jahr 311 v. Chr. marschierte Agathokles mit einer großen Armee Richtung Akragas, doch eine karthagische Flotte aus 50 oder 60 Schiffen bewog ihn zur Umkehr. Im folgenden Jahr landete Hamilkar mit einer 14 000 Mann starken Armee (die nur zu einem Siebtel aus karthagischen Soldaten bestand) auf Sizilien und stürmte über die Insel, wobei er von lokalen Kräften unterstützt wurde, welche die Ambitionen des Agathokles mit Argwohn beobachteten. Der Tyrann von Syrakus erkannte, dass er den Bogen überspannt und den Krieg auf Sizilien verloren hatte. Seine Besitzungen beschränkten sich inzwischen auf Syrakus. Aber er verfügte sowohl über Geld als auch über Soldaten: 3000 griechische und weitere 3000 etruskische, samnitische und keltische Söldner aus Italien. Er heuerte auf Sizilien weitere 8000 Mann an, rüstete eine Flotte von 60 Kriegsschiffen aus, durchbrach im August 310 mit seinen Schiffen eine karthagische Schiffssperre und landete unweit von Karthago an der afrikanischen Küste. Mit unerhörter Verwegenheit brachte er seine Leute an Land, ließ die Schiffe verbrennen (weil er nicht genügend Kräfte für deren Bewachung hatte) und marschierte Richtung Karthago. In der Nähe des heutigen Tunis schlug er sein Lager auf.[14] Damit wurde Karthago nun von den Syrakusern belagert, während die Karthager Syrakus belagerten.

Angesichts des guten Zugangs zum Meer war es unmöglich, Karthago ohne starke Seestreitkräfte in Bedrängnis zu bringen, und selbst die Eroberung eines Küstenstreifens durch Agathokles sicherte nicht die Kapitulation der Stadt. Dennoch dürfte der Verlust der reichen Felder und

Obsthaine Karthago hart getroffen haben. Als Agathokles gelandet war und einen ersten Angriff auf die Stadt unternahm, desertierten seine libyschen Verbündeten, vielleicht 10000 Mann, und 3000 seiner italienischen und griechischen Söldner wurden im Kampf getötet. Agathokles besaß, wie es heißt, »weder das Genie noch die Hilfsmittel eines Alexander«.[15] Immerhin begriff er, dass er Frieden schließen musste, und wahrscheinlich wurde auf Sizilien wieder der alte Zustand hergestellt, wonach Karthago den Westen und die Griechen den Osten sowie die Mitte der Insel beherrschten.[16] Erstaunlicherweise bedeutete diese Niederlage nicht das Ende des Agathokles. Er erklärte sich zum »König von Sizilien« und ahmte mit diesem neuen Titel die griechischen Könige nach, die sich – angefangen bei Philipp und Alexander von Makedonien – zu Herrschern des östlichen Mittelmeerraums aufgeschwungen hatten. Er richtete seine imperialen Ambitionen nun auf andere Regionen, hauptsächlich den adriatischen Raum, wo er eine Heiratsallianz mit Pyrrhos von Epeiros, einem Vetter Alexanders des Großen von ähnlichem militärischem Talent, und eine weitere mit den Ptolemäern in Ägypten einging. Er übernahm die Kontrolle über Kerkyra und Leukas im Ionischen Meer und erweiterte seinen Herrschaftsbereich nach Süditalien hinein, in das er zweimal einfiel. Dennoch hinterließ er kein erkennbares Vermächtnis. Es gelang ihm nicht, eine Dynastie zu schaffen, wie er gehofft hatte, und sein Seereich überlebte seine Ermordung im Jahr 289 v. Chr. nicht.[17]

Das eigentliche Vermächtnis des Agathokles war der weitere Fortbestand seines erbittertsten Gegners Karthago. Die Römer baten um eine Erneuerung ihres erstmals 509 abgeschlossenen Handelsvertrages mit der Stadt. Während die Karthager 509 in den Römern nur einen maßvoll nützlichen Nachbarn ihrer etruskischen Freunde erblicken konnten, hatten sie es nun mit einer bedeutenden Macht in Italien zu tun, die schon wenige Generationen später versuchen sollte, Karthago vollständig aus Sizilien zu vertreiben. Um diese Entwicklung zu verstehen, müssen wir in der Zeit nochmals einen Schritt zurückgehen.

III

Die Bedeutung und sogar Vormachtstellung, die Rom um 300 v. Chr. auf der italienischen Halbinsel erlangt hatte, war das Ergebnis von Kriegen, die an Land geführt worden waren. Rom hegte keine Ambitionen, eine Seemacht zu werden, und die 348 v. Chr. erneuerten Verträge mit Karthago lassen den Schluss zu, dass die Römer, die damals das Meer befuhren, nicht als Soldaten, sondern als Kaufleute unterwegs waren. Die Verträge sahen vor, dass die Römer nicht in Gebiete vordrangen, die zum karthagischen Einflussbereich gehörten, insbesondere Sizilien, obwohl in Zeiten schlimmer Hungersnöte, etwa im Jahr 493, Getreide aus Sizilien nach Rom geliefert wurde.[18] Die wichtigste Beschäftigung der frühen Römer war die Abwehr von Nachbarvölkern wie den Volskern, die von den Apenninen herabkamen, um sich in den weiten Gebieten Latiums südlich von Rom niederzulassen. Eine ernsthafte Bedrohung waren auch gallische Invasoren, die 390 v. Chr. bis nach Rom vorstießen und deren nächtlicher Angriff, wie eine berühmte Geschichte erzählt, dank schnatternder Gänse abgewehrt werden konnte. Die Beziehungen zu den Etruskern, mit deren Kultur die Römer manches gemein hatten, waren weitaus komplexer, doch die vollständige Zerstörung einer der größten etruskischen Städte – Veji – im Jahr 396 v. Chr. markierte die erste Phase der Unterwerfung der südlichen Siedlungsgebiete der Etrusker.[19] Nach dem Fall von Veji, das nicht einmal einen Tagesmarsch von Rom entfernt lag, wurden die etruskischen Städte nicht mehr zerstört, sondern in ein römisches Netzwerk eingebunden. Das reiche Caere wurde nach seiner Niederlage 253 zu einem abhängigen Verbündeten und verlor die Kontrolle über einen Teil seiner Küste, so auch über den Hafen in Pyrgoi, wo sich in der Vergangenheit griechische und karthagische Händler niedergelassen hatten. Es ist daher kein Zufall, dass die Römer wenige Jahrzehnte nach ihrer Expansion entlang der Küste Südetruriens in der Lage waren, riesige Flotten zu bauen und in den Gewässern vor Sizilien karthagische Flotten zu besiegen. Neben der Übernahme etruskischer Küstenstationen begannen die Römer in Ostia auch einen eigenen Außenhafen zu bauen, der ursprünglich die Möglichkeit eröffnen sollte, Güter aus Griechisch-

Italien und Etrurien anzulanden und über den Tiber nach Rom zu bringen.[20]

Handelsschiffe fuhren ein und aus, doch die römische Kriegsflotte scheint in voller Bewaffnung gleichsam aus dem Nichts aufzutauchen. Die Römer reagierten passiv auf Bedrohungen von See her. So überfielen volskische Piraten aus Antium (italienisch: Anzio) an der Küste Latiums 338 v. Chr. die Region an der Tibermündung, wurden aber zurückgeschlagen. Als Trophäen brachten die Römer die »Schnäbel« *(rostra)* der von ihnen zerstörten Schiffe zurück in die Stadt. Sie wurden auf dem Podest ausgestellt, von dem aus Redner auf dem Forum Romanum zur Menge sprachen. So erklärt sich die Übertragung des Ausdrucks *rostrum* auf die Rednertribüne.[21] Einige Jahre später, um 320 v. Chr., bestimmte ein Vertrag mit der von spartanischen Kolonisten gegründeten süditalienischen Stadt Taras, dass römische Schiffe nicht in den Golf von Tarent einfahren durften, und definierte damit einen Tarenter Einflussbereich, der die Handelsinteressen jener Stadt sichern sollte, die später zur dominierenden griechischen Stadt Süditaliens und zur Anführerin des »Italiotischen Bundes« wurde.[22] Obwohl man erwarten mag, dass solche Verträge Freundschaften besiegeln, dürfte der Grund für diese Übereinkunft eher darin gelegen haben, dass römische Armeen durch Feldzüge gegen die Samniten und andere Gegner immer näher an die griechischen Städte heranrückten. Deshalb galt es, Grenzen auf der Landkarte zu ziehen. Verträge, Abkommen und sonstige rechtswirksame Dokumente verweisen oft auf Möglichkeiten, die weder aktuell noch später realistisch sind, und es gibt bis heute keine Belege dafür, dass Rom daran dachte, große Flotten auszurüsten, auch wenn 311 v. Chr. die beiden für die Kriegsflotte zuständigen Amtsträger, die *duumviri navales*, den Auftrag erhielten, eine Flotte *(classis)* aufzubauen und für deren Instandhaltung zu sorgen.[23] Doch diese Flotte war wahrscheinlich winzig.

Der Krieg gegen die Samniten führte die römischen Armeen immer weiter nach Süden, während sie die Flanken der großen und starken samnitischen Heere zu umgehen versuchten. Als zehn unter römischem Kommando fahrende Schiffe 282 v. Chr. in den Golf von Tarent eindrangen, wurden sie von den Griechen aus Taras angegriffen, und die Römer verloren die Hälfe ihrer Flottille. Unbeeindruckt stationierten sie in Thurioi (Thurii), das gleichfalls am Golf von Tarent lag, eine Garnison. Die Stadt hatte sie um Hilfe gegen Überfälle durch Einwohner des lukanischen Hinterlandes gebeten. Taras hatte die Römer nicht deshalb angegriffen, weil die Stadt um die Herrschaft auf See fürchtete, denn die zehn Schiffe waren nichts im Vergleich zu den Hunderten, welche die griechischen Küstenstädte mobilisieren konnten. Die eigentliche Gefahr lag darin, dass eine römische Präsenz zu Lande zu Streitigkeiten zwischen den griechischen Städten Süditaliens und zur Auflösung des Italiotischen Bundes führen konnte.[24] Die Furcht vor Rom veranlasste die Tarenter, jenseits der Adria bei Pyrrhos (lateinisch: Pyrrhus) von Epeiros Hilfe zu suchen. Er behauptete, von Achill abzustammen, so dass Anklänge an den Trojanischen Krieg mitzuschwingen schienen in seinem Feldzug gegen Rom, das sich inzwischen seiner Gründung durch Nachfahren des Trojaners Aeneas rühmte. Es ist zweifelhaft, ob Pyrrhos sich als zukünftigen Herrn des Mittelmeeres sah, der im Westen ein ebenso großes Reich aufzubauen hoffte, wie sein Vetter Alexander es für kurze Zeit im Osten erschaffen hatte. Möglicherweise brauchte er nur dringend das Geld, das die Griechen im Westen für eine furchterregende Armee zu zahlen bereit waren, die in geschlossenen Schlachtreihen operierte und mit Elefanten ausgestattet war. Wie die Tarenter gefürchtet hatten, optierte ein Teil der süditalienischen Städte für Rom und ein anderer Teil für Pyrrhos, und als Pyrrhos dann in Italien vorrückte, wechselten einige Städte, die sich ursprünglich Rom angeschlossen hatten, opportunistisch die Seiten. Von 280 bis 275 beherrschte Pyrrhos in Süd- und Mittelitalien die Szene. Seine Pyrrhussiege brachten ihm kaum etwas ein, und schon wenige Jahre nach seinem überstürzten Rückzug übernahm Rom die Herrschaft über Taras. Die griechischen Städte in Süditalien gingen weiterhin ihren eigenen Geschäften nach, mit einer gelegentlichen Verbeugung in Richtung Rom (wie etwa der Herausgabe einer Sondermünze mit dem Abbild der Göttin Roma).[25] Die Römer hatten nicht den Wunsch oder die Möglichkeit, die Städte tief im Süden zu kontrollieren, solange sie sich als eine in Latium verwurzelte Landmacht begriffen. Sie gründeten nur ein paar Siedlungen. Paestum südlich von Neapel, Cosa in Etrurien und Ariminum (Rimini) waren

Küstenstationen, die dem Schutz der Land- und Seewege entlang der Küsten Italiens dienen sollten, doch der Schwerpunkt lag auf der Verteidigung im Binnenland, etwa am Rand des samnitischen Territoriums, das durch die neue Kolonie Beneventum (Benevento) gezähmt werden sollte.[26]

Die Punischen Kriege holten Rom aus seinem Schneckenhaus hervor. Karthago hatte sich am Krieg gegen Pyrrhos beteiligt und 276 v. Chr. einen großen Sieg zur See errungen, als die eigene Flotte zwei Drittel der mehr als 100 Schiffe zählenden Flotte des Pyrrhos versenkte.[27] Der Erste Punische Krieg wurde auf Sizilien und in Afrika ausgefochten, und er erweiterte den römischen Einflussbereich erstmals in überseeische Gebiete hinein. Der (von Landfeldzügen beherrschte) Zweite Punische Krieg führte die Römer nach Spanien, auch wenn der Hauptkriegsschauplatz in Italien lag, nachdem Hannibal die Alpen überschritten hatte und dort eingefallen war. Der kurze Dritte Punische Krieg verwickelte Rom noch tiefer in afrikanische Angelegenheiten und gipfelte 146 v. Chr. in der Zerstörung Karthagos. Erstaunlich daran ist die Tatsache, dass zumindest in der Anfangszeit bei den Römern keine klaren Ziele zu erkennen waren. Die Römer hatten nicht die Absicht, Karthago zu vernichten. Sie standen in alten vertraglichen Beziehungen zu der Stadt, und es gab keine offenkundigen Interessenkonflikte.[28] Zwischen dem Ersten und dem Zweiten Punischen Krieg liegt eine Friedensperiode, in der die Beziehungen, wenn auch nicht das Vertrauen zwischen beiden Städten wiederhergestellt wurden. Doch am Ende dieser Entwicklung ist Rom eine mediterrane Macht, die ihre Herrschaft nicht nur über die Ruinen Karthagos, sondern noch im selben Jahr auch über weite Teile Griechenlands ausdehnte. Möglicherweise haben wir hier ein weiteres Beispiel dafür, dass ein Imperium »in einem Anfall von Geistesabwesenheit« geschaffen wurde (»in a fit of absence of mind«, wie es der Historiker John Robert Seeley für das Britische Empire konstatiert hat). Rom begann erst dann eine große Flotte zu bauen, als sich zeigte, dass dies für den Ersten Punischen Krieg unerlässlich war. Beide Städte wurden in eine Reihe von Konflikten hineingezogen, zu denen auch die größten Seeschlachten der Antike gehörten, mit Zehntausenden Toten zu Lande und zu Wasser. Nicht von ungefähr haben Historiker den Ausbruch dieses Krieges mit dem des Ersten Weltkriegs verglichen, bei dem eine Reihe relativ geringfügiger Vorfälle eine Lunte entzündete, die einen Steppenbrand auslöste.[29] Und wie der Erste Weltkrieg weit mehr war als ein Konflikt zwischen Deutschland und der anglo-französischen Allianz, so war der Punische Krieg mehr als ein Konflikt zwischen Karthago und Rom, denn schon bald kamen auch andere Interessen ins Spiel: iberische Städte, nordafrikanische Könige, sardische Klanchefs und – während des Ersten Punischen Krieges – die griechischen Städte auf Sizilien. Zu den Armeen Hannibals, die gegen Rom zogen, gehörten gallische, etruskische und samnitische Soldaten. Und zu der Flotte, die Rom gegen die Karthager schickte, gehörten zahlreiche Schiffe, wahrscheinlich sogar die Mehrheit, die von griechischen und anderen Verbündeten in Mittel- und Süditalien gestellt wurden. Es wäre falsch, wenn man sich durch die Bezeichnung »Punische Kriege« zu der Vorstellung verleiten ließe, diese Konflikte wären von einer durchgängigen Geschichte unerbittlicher Rivalität zwischen Karthago und Rom geprägt gewesen.[30]

IV

Antike Historiker waren erstaunt über Länge, Intensität und Brutalität der Punischen Kriege. Polybios, der griechische Historiker des römischen Aufstiegs und Schützling eines der Heerführer in den Punischen Kriegen, war der Ansicht, der Erste Punische Krieg sei damals der größte Krieg der Geschichte gewesen. Er dauerte von 264 bis 241 v. Chr. und war damit deutlich länger als der Trojanische Krieg. Auch der Zweite Punische Krieg war lang und erschöpfend und hatte verheerende Folgen im Bereich der Landwirtschaft.[31] Der Krieg mit Karthago hatte seinen Ursprung in Streitigkeiten fern von Rom, und in keiner der beiden Städte war man sich sicher, ob eine Intervention überhaupt im eigenen Interesse lag. Die Krise begann mit der Einnahme von Messana an der Nordostspitze Siziliens durch eine Gruppe kampanischer Söldner, die zuvor Agathokles, dem Tyrannen von Syrakus, gedient hatten und sich selbst »Mamertiner« (Söhne des Mars) nannten. Sie kamen in den 280er Jahren und wurden zu einer Landplage, da sie die Städte Ostsiziliens überfielen. Die Römer kamen ins Spiel, weil sie auf ihren Feldzügen in Süditalien gut vorangekommen waren und Rhegion (Reggio), die griechische Stadt gleich gegenüber von Messana, erreicht hatten, die sie 270 v. Chr. besetzten. Nun lag Sizilien in Sichtweite der Römer, aber das heißt nicht, dass sie die Absicht gehabt hätten, auf die Insel vorzudringen. Als der neue Herrscher von Syrakus, Hieron, die Mamertiner in einer Schlacht besiegte, gerieten die Söldner in Panik und schickten Gesandte nach Rom und Karthago, die dort um militärische Hilfe baten. Hieron war eine Macht, mit der man rechnen musste. Er unterhielt geschäftliche und diplomatische Beziehungen zu den ptolemäischen Herrschern Ägyptens, und in Fortsetzung einer alten Tradition förderte er nicht nur die Olympischen Spiele, sondern nahm auch daran teil.[32] Wie der Zufall es wollte, befand sich ganz in der Nähe, nämlich auf den Liparischen Inseln, eine karthagische Flotte, und ihr Admiral bewegte die Mamertiner, der Einrichtung einer karthagischen Garnison in Messana zuzustimmen.[33]

Den Mamertinern war es gar nicht recht, unter jemandes Knute zu stehen, und sie überlegten es sich anders. Sie wandten sich an die Römer und baten sie um Hilfe gegen die Karthager. Doch der Senat ließ sich nicht so leicht davon überzeugen, dass Rom sich in einen Konflikt außerhalb der Halbinsel einlassen sollte. Polybios schreibt, viele Römer hätten befürchtet, die Karthager könnten die vollständige Kontrolle über Sizilien gewinnen und sich dann daranmachen, auf dem italienischen Festland zu intervenieren.[34] Nach einer Version war der Senat nicht bereit zu handeln, und eine Volksversammlung entschloss sich zum Kampf. Dennoch war dies kein Krieg gegen Karthago. Der nach Sizilien entsandte römische General griff sowohl Hieron als auch die Karthager an. Er hatte den Auftrag, Messana vor den Feinden der Mamertiner zu schützen. Der Gedanke, er hätte Sizilien erobern und von punischen Kräften säubern wollen, ist unsinnig. Es ging darum, das Machtgleichgewicht in der Region wiederherzustellen. Den Mamertinern gelang es schließlich selbst, die karthagische Garnison aus Messana zu vertreiben, und der karthagische Kommandeur wurde nach seiner Rückkehr in die Heimat gekreuzigt, *pour encourager les autres* (nach der Schlacht von Menorca 1756 wurde Admiral John Byng hingerichtet, was Voltaire in *Candide* mit den Worten kommentierte: »Dans ce pays-ci, il est bon de tuer de temps en temps un amiral pour encourager les autres.« – »Hierzulande ist es gut, von Zeit zu Zeit einen Admiral zu erschießen, um den Mut der anderen zu heben.«). Für die Römer war es schwierig, die Straße von Messina zu überqueren, solange auf den Liparischen Inseln größere karthagische Flotten stationiert waren, und der römische Heerführer besaß keine Erfahrung mit den stürmischen Gewässern zwischen Italien und Sizilien. So kann es kaum überraschen, dass direkte römische Hilfe für die Mamertiner nur sporadisch erfolgte. Als sie dann eintraf, zwang sie lediglich Hieron von Syrakus und Karthago in eine unheilige Allianz. Das Haupthemmnis der Römer war der Mangel an Schiffen. Ihr Kommandeur Appius Claudius wandte sich an Taras, Velia, Neapel und andere griechische Städte, die ihm eine Flotte aus Trieren und Pentekonteren mit 50 Ruderern stellten.[35] Wie es heißt, wurde die römische Flotte von den Karthagern zerschlagen. Danach hätten sie eine hochmütige Botschaft nach Rom geschickt, in der es hieß, dass die Römer »nicht einmal die Hände im Meer zu waschen wagen dürften, wenn sie nicht Freundschaft mit ihnen hielten«.[36] Dennoch hoffte Karthago auf Frieden.

Die Römer waren allerdings zu stolz, um darauf einzugehen, und 263/262 v. Chr. hatten sie mindestens 40 000 Mann auf Sizilien unter Waffen. Hieron von Syrakus war beeindruckt. Er beschloss, sich auf die Seite des wahrscheinlichen Siegers zu stellen, und wechselte vom karthagischen ins römische Lager (wofür er später einen schönen Lohn erhielt). Noch wichtiger war indessen, dass die Römer herausgefunden hatten, wie sie große Mengen an Soldaten über das Meer bringen konnten – die durchaus nicht alle Römer oder Latiner waren, sondern zu erheblichen Teilen auch Verbündete aus Italien, während die Karthager zahlreiche iberische, gallische und ligurische Söldner in Akragas zusammenzogen.[37] Rom siegte, plünderte die Stadt, verkaufte deren 25 000 Einwohner in die Sklaverei und machte sich an die Ausführung eines heute durchaus realistisch erscheinenden Plans zur Vertreibung der Karthager aus Sizilien.[38] Das heißt nicht, dass die Römer sich als Herren eines kolonialen Sizilien gesehen hätten. Ihre Ziele waren bescheidener. Rom wäre schon mit einem sicheren Zugang zum sizilianischen Getreide zufrieden gewesen, da die Einwohnerzahl der Stadt gewaltig zunahm. Sosehr die römische Aristokratie späterer Generationen das Geschäftsleben auch verachtete, gab es damals gute kommerzielle Gründe für diesen Krieg, sobald es nur so schien, als könne man ihn gewinnen.[39]

Was Rom brauchte, war eine Kriegsflotte. Polybios behauptet, die Römer hätten erst jetzt begonnen, eine eigene Flotte zu bauen.[40] Es kam zu einem bedeutsamen Politikwechsel weg von der Abhängigkeit von Schiffen griechischer Verbündeter oder etruskischer Klienten und hin zu einer weitaus größeren Flotte als den zehn oder zwölf Schiffen der *duumviri navales*. Wie die Römer das bewerkstelligten, ist ein noch größeres Rätsel als im Fall der Spartaner. Sparta konnte sich immerhin auf die Erfahrungen benachbarter griechischer Städte stützen, von denen sich mehrere im Herrschaftsbereich der Stadt befanden. Nun, im Jahr 261 oder 260 v. Chr., wurde beschlossen, dass Rom 100 Quinqueremen und 20 Triremen bauen sollte. Die Römer hatten eine karthagische Quinquerere erbeutet und benutzten sie als Modell.[41] Wie die Römer diese neue Flotte bemannten; wie sie die Navigationskenntnisse erwarben, die erforderlich waren, um die Schiffe durch die heimtückischen Gewässer des Tyrrhenischen und Ionischen Meeres zu steuern; wie sie es schafften, das Puzzle der Balken und behauenen Hölzer zusammenzusetzen; und wie ihnen all das innerhalb von lediglich 60 Tagen zwischen dem Fällen der Bäume und der Fertigstellung der Schiffe gelang (wie Plinius der Ältere später behauptete), ist ein Rätsel – die Verwendung von so frischem, nicht abgelagertem Holz führte unvermeidlich zu Problemen, wenn das Holz trocknete und dabei schrumpfte. Wie Polybios glaubwürdig berichtet, waren die Schiffe »infolge des schlechten Baus schwer zu bewegen«.[42] Pech und Takelwerk mussten gekauft oder hergestellt werden. Es heißt, die römischen Schiffsbesatzungen hätten ausgiebig an Land trainiert und ihre Ruderfertigkeiten auf dem Trockenen erworben, bevor sie sich aufs Meer hinauswagten. Die Geschichte vom raschen Schiffsbau erhält etwas mehr Glaubwürdigkeit durch die Entdeckung der Überreste karthagischer Kriegsschiffe, deren Hölzer mit Buchstaben des punischen Alphabets markiert waren (die zugleich als Zahlen dienten), woraus man den Schluss ziehen kann, dass die karthagischen Schiffe nach Zahlen zusammengebaut wurden. Ob die römischen Werften sich in Ostia oder in griechischen Städten Süditaliens befanden, wissen wir nicht, doch mit Sicherheit war die ganze Operation sehr kostspielig. Nach anfänglichen Zweifeln ließen die Römer sich nun ganz auf den Krieg mit Karthago ein. Dennoch waren ihnen die Kriegsziele nicht ganz klar. Der Krieg war eine Frage der Ehre geworden.

Wie wirkungsvoll die neue Flotte war, ist eine offene Frage. Ihr erster Einsatz – in Lipari – war ein Desaster. Der römische Flottenkommandeur wurde im Hafen von Lipari eingeschlossen, und seine Besatzung war so verängstigt, dass sie desertierte. Doch schon bald folgte ein Erfolg in denselben Gewässern, bei Mylai, zum Teil ermöglicht durch eine neue Vorrichtung zum Entern feindlicher Schiffe, die sogenannte Krähe (*korax* oder lateinisch: *corvus*). Diese Vorrichtung bestand aus einer in verschiedenen Richtungen ausfahrbaren Rampe, die einen gewissen Ausgleich für die mangelnde Manövrierfähigkeit der römischen Schiffe bot. Unterhalb der Rampe befand sich ein schwerer eiserner Sporn, der das feindliche Schiff nicht nur festhielt, sondern auch aufschlitzte.[43] Diese Enterbrücke sollte es den römischen Seesoldaten ermöglichen, auf das feindliche Schiff zu gelangen und dort zu tun, was sie am besten konnten, nämlich Mann gegen Mann zu kämpfen. Die Römer misstrauten dem Meer immer noch und versuchten, Seeschlachten zwischen Schiffen, die mit Rammspornen ausgerüstet waren, in Ersatzlandschlachten zu verwandeln, bei denen die Schiffe als Plattformen für bewaffnete Soldaten dienten. Die auf beiden Seiten eingesetzten Flotten wurden von Jahr zu Jahr größer und tödlicher. Wie Polybios berichtet, trafen 256 v. Chr. in der großen Seeschlacht bei Eknomos an der sizilianischen Südküste 230 römische Schiffe auf 350 (wahrscheinlicher 200) karthagische Schiffe mit 150 000 Mann Besatzung. Nach Polybios war es »die wohl größte Seeschlacht der Geschichte«.[44] Bei einer entscheidenden Schlacht in den Gewässern um die Ägadischen Inseln vor der Westspitze Siziliens waren die Zahlen dann 241 v. Chr. nur geringfügig kleiner, was den Schluss zulässt, dass angesichts der Zerstörungen durch Schlachten und Stürme und angesichts des natürlichen Verschleißes der zu lange auf See gehaltenen Schiffe die Werften alle Hände voll zu tun hatten, um die Verluste zu ersetzen. Die Zahlen von mehreren hundert Schiffen sind sicher sehr eindrucksvoll und finden in späteren Jahrhunderten nicht mehr ihresgleichen. Dennoch zeigt die bei klassischen Autoren vielfach anzutreffende Verwirrung hinsichtlich dieser Zahlen, dass sie wohl oft übertrieben wurden. Auch moderne Historiker lassen sich gelegentlich von diesen Zahlen irreführen, die eigentlich nur plausibel erscheinen, wenn sie alle beteiligten Schiffe umfassten und nicht nur die schnittigen Triremen und Quinqueremen – nämlich auch die Schiffe für den Transport von Soldaten, Pferden und vor allem Proviant, denn die Kriegsschiffe kamen nicht länger als ein paar Tage ohne Nachschub an Trinkwasser und Lebensmitteln aus (der Proviant wurde zum Teil auch von Kaufleuten bereitgestellt, die sehr um Neutralität bemüht waren und sich in der Hoffnung auf rasche Profite in Sichtweite einer Schlacht an der Küste bereithielten).

Die Schlacht bei Eknomos endete – in erheblichem Maße auch wegen der neuen Enterbrücken – mit einem triumphalen Sieg der Römer. Die römische Flotte lernte zudem sehr schnell, wie sie Seeschlachten in enger Formation angehen konnte. Das Problem bestand dann darin, die Linien in der Hitze des Gefechts geschlossen zu halten. Diese Formationen folgten offensichtlich jenen Schlachtordnungen, welche die Römer bei Landschlachten bevorzugten. Dadurch gewann die römische Flotte einen Vorteil gegenüber der weiter verstreuten karthagischen Flotte, denn die punischen Admiräle verließen sich ganz auf die gute Manövrierfähigkeit und Schnelligkeit ihrer Schiffe. Die Geschwindigkeit war ihr Vorteil, und sie griffen gerne von der Seite oder von hinten an, um ihre Gegner zu rammen und zu versenken. Bei Eknomos hatte die punische Flotte wahrscheinlich beabsichtigt, die römische Flotte zu umgehen, um sie genau auf diese Weise zu vernichten.[45] Mit anderen Worten, die Schlacht bei Eknomos ist in der Geschichte des Seekriegs nicht nur wegen der Zahl der beteiligten Schiffe und Soldaten bedeutsam, sondern auch als äußerst aufschlussreiches Beispiel eines Zusammenstoßes zwischen Flotten mit völlig unterschiedlichen Vorstellungen von der Strategie und Taktik einer Seeschlacht.[46]

Der Sieg bei Eknomos öffnete der römischen Flotte die sizilianischen

Gewässer und Rom den Zugang nach Afrika. Der große Plan war nun, das Kernland des karthagischen Imperiums anzugreifen. Doch dabei hatten die Römer nicht die Absicht, die Stadt einzunehmen oder gar zu zerstören. Im Jahr 256 landete eine Flotte mit 15 000 Mann bei Aspis, ein wenig östlich von Karthago, und begann die Landgüter und Orte in der Umgebung zu plündern, wobei man angeblich 20 000 Sklaven nahm, bei denen es sich allerdings teilweise um römische und italienische Gefangene handelte, die nun befreit wurden. Doch die Römer vermochten ihre Stellung in Afrika nicht zu halten. Im Juli 255 segelten sie entmutigt wieder ab und nahmen 364 Schiffe mit zurück nach Sizilien.[47] Dort ereilte die Flotte aufgrund der seemännischen Unerfahrenheit ihrer Führung eine Katastrophe, die weitaus schlimmer war als alles, was die karthagische Flotte ihr hätte antun können. Die römischen Kommandeure missachteten den Rat ihrer – offenbar nicht aus Rom stammenden – Steuermänner, die darauf hingewiesen hatten, dass es gefährlich sei, in einer für plötzliche heftige Stürme berüchtigten Jahreszeit nahe an der sizilianischen Küste entlangzusegeln. Doch die Römer wollten Flagge zeigen und die Städte an der sizilianischen Südküste ängstigen, so dass sie sich unterwerfen würden. Schwere Brecher schlugen über die niedrigen Bordwände der Schiffe, und die gewaltige Flotte sank bis auf 80 Schiffe, wobei bis zu 100 000 Mann ertranken, gut 15 Prozent aller Soldaten Italiens: »Von einem größeren Verlust, der auf einmal zur See erlitten wurde, weiß die Geschichte kein Beispiel«, schrieb Polybios dazu.[48]

Der letzte Akt des Krieges war die Seeschlacht vor den Ägadischen Inseln an der Westspitze Siziliens, in der die inzwischen neu erbaute römische Flotte 241 v. Chr. etwa 120 karthagische Schiffe versenkte oder erbeutete. In Karthago erkannte man, dass man sich arrangieren musste. Rom forderte hohe Strafzahlungen, ohne jedoch das Existenzrecht der Stadt in Frage zu stellen. Die besiegte Stadt musste eine Strafe von 80 Tonnen (3200 Talenten) Silber zahlen, verteilt über einen Zeitraum von zehn Jahren, und – wichtiger noch – auf seine Interessen auf Sizilien und den vorgelagerten Inseln verzichten. Karthago versprach, weder weitere Kriegsschiffe in italienische Gewässer zu entsenden noch Hieron von Syrakus anzugreifen, einen Wendehals, der inzwischen ein treuer Verbündeter Roms war.[49] Tatsächlich war der größte Nutznießer Hieron, dem die Römer die alltägliche Kontrolle über Sizilien anvertrauten. Rom hatte kein Interesse an einer direkten Herrschaft über die Insel. Die Kriegsziele hatten nur langsam Gestalt angenommen, und selbst am Ende ging es den Römern lediglich um die Neutralisierung Karthagos. Die karthagische Handelsflotte durfte weiterhin das Mittelmeer durchpflügen, und das musste sie auch, wenn die Stadt die gewaltige Strafzahlung an Rom jemals aufbringen wollte.

V

Wir haben uns ein wenig länger beim Ersten Punischen Krieg aufhalten müssen, weil dieser Konflikt die Entstehung der römischen Flotte markiert. Der zweite Punische Krieg war, wie antike Historiker übereinstimmend erklären, die natürliche Folge des Ersten. Nach seiner Niederlage sah Karthago sich einem wachsenden Druck durch numidische Herrscher im afrikanischen Hinterland ausgesetzt und zudem auch einer ernsthaften Meuterei in seinem Söldnerheer auf Sardinien. Die Söldner töteten den karthagischen Kommandeur und alle Karthager, die sie auf der Insel zu finden vermochten, und als Karthago weitere Truppen zur Niederschlagung des Aufstands schickte, schlossen diese sich der Meuterei an. Wenig später jedoch wurden die Meuterer vertrieben. Sie flohen nach Etrurien und baten Rom um Hilfe, und der Senat war geneigt, ihrer Bitte zu entsprechen. Die Römer waren irritiert, weil die Karthager 500 italische Kaufleute festgesetzt hatten, denen man vorwarf, die Meuterer heimlich beliefert zu haben. Die Karthager hätten gerne ihre Herrschaft über die bislang kontrollierten Teile der Insel wiederhergestellt, doch angesichts der Entschlossenheit Roms gaben sie nach und boten den Römern 238 v. Chr. nicht nur 1200 Talente Silber, sondern Sardinien selbst an.[50] Damit hatte Rom innerhalb kurzer Zeit seinen Anspruch auf die zwei größten Inseln des Mittelmeeres durchgesetzt und Sardinien allein durch Drohungen gewonnen. Karthago war allzu erschöpft für einen Streit. Ob Roms Ansprüche sich auf mehr als ein paar von punischen Kaufleuten frequentierte Häfen und Küstenorte erstreckten, ist zweifelhaft. Sardinien mit seinen vielen tausend, um unabhängige Kriegsherren im Umkreis der *nuraghi* versammelten Gemeinschaften war nicht zu erobern. Die Sarden verhielten sich gegenüber den Römern nicht kooperativer als gegenüber den Karthagern. Erst 177 v. Chr. vermochten die Römer einen größeren Sieg gegen die Sarden zu erringen.[51] Rom war vor allem an der strategischen Lage der Insel interessiert, durch die sich die Kontrolle über tyrrhenische Gewässer sichern ließ. Nicht die Insel selbst war interessant, sondern ihre Küste mit sicheren, von Piraten und punischen Kriegsschiffen freien Häfen, von denen aus man die eigene Flotte versorgen konnte. So hatte denn Rom begonnen, eine auf das Mittelmeer ausgerichtete Strategie zu entwickeln, die ganz bewusst auf dem Prinzip der Seeherrschaft basierte.

VI

Die Einnahme Siziliens und Sardiniens durch Rom – oder vielmehr der Ausschluss der Karthager von den beiden Inseln – veranlasste Karthago, seine Ambitionen nach Westen zu verlegen. Der Stadt waren nun nur noch Malta, Ibiza und einige Handelsstationen in Nordafrika und Südspanien geblieben. In Südspanien errichtete Hamilkar Barkas ein Reich, dessen Größe und Ehrgeiz weit über das Netz der Handelsniederlassungen hinausgingen, das die Phönizier viele Jahrhunderte zuvor aufgebaut hatten. Hamilkar strebte nach einem Landreich, und schon antike Historiker fragten sich, ob es ihm um persönliche Herrschaft ging oder um einen neuen Schauplatz für eine karthagische Expansion, zu dem auch die Silberminen in Tartessos gehörten. Wahrscheinlich handelte es sich um eine Mischung aus beidem. Hamilkars Familie, die der Barkiden, war in Karthago außergewöhnlich mächtig, wenngleich sie ihren Einfluss wegen der republikanischen Verfassung der Stadt nicht uneingeschränkt zur Geltung bringen konnte. Man streitet über die Frage, ob die Münzen griechischen Stils, die in den spanischen Besitzungen Karthagos herausgegeben wurden, das Bild eines Gottes wie Melqart oder eines nicht identifizierbaren Herrschers hellenistischer Prägung tragen. Die Barkiden waren versucht, sich als Herrscher in der Nachfolge Alexanders darzustellen, die im Westen ein Territorialreich aufbauten.[52] Dass Hamilkar fest entschlossen war, Karthago aus den Fesseln Roms zu befreien, zeigt eine Geschichte, bei der es sich allerdings möglicherweise nur um eine Legende handelt. Bevor Hamilkar Spanien 237 v. Chr. verließ, brachte er dem Gott Baal Hamon ein Opfer dar. Er rief seinen jungen Sohn Hannibal zu sich und ließ ihn, die Hand auf das Opfertier gelegt, schwören, »den Römern niemals mit Wohlwollen zu begegnen«.[53]

Wie kaum anders zu erwarten, konzentrierte Hamilkar seine Bemühungen zunächst einmal darauf, die silberreichen Gebiete Südspaniens unter seine Kontrolle zu bringen. Wie im Falle Sardiniens ist der Ausdruck »Kontrolle« hier mit Vorsicht zu gebrauchen. Hamilkar schloss Bündnisse mit iberischen und keltischen Stammesfürsten und vergrößerte Schritt für Schritt seine Armeen, so dass er 228 v. Chr. vielleicht 56 000 Mann unter Waffen hatte. Das zweite Mittel, das die Barkiden einsetzten, um sich die Kontrolle über Südspanien zu sichern, war die Gründung von Städten (und wir müssen hier von den Barkiden reden, denn auf Hamilkar folgte in Spanien zunächst dessen Schwiegersohn Hasdrubal und dann, nach dessen Ermordung, sein Sohn Hannibal). Hamilkar sorgte für die Gründung von Akra Leuke, das nach allgemeiner Auffassung unter dem heutigen Alicante lag, und um 227 v. Chr. gründete Hasdrubal eine Stadt, die an der Küste noch weiter südlich und noch näher an den Silberminen lag. Die Karthager zeigten erstaunlich wenig Einfallsreichtum bei den Namen von Menschen und Orten. Es gab zahllose Hannibals und Hasdrubals. Und Hasdrubal nannte seine neue Stadt einfach »Neustadt«: *Qart Hadascht*, heute unter dem Namen Cartagena bekannt. Schon seit den Zeiten des Polybios nannten antike Historiker diese Stadt Neu-Karthago, »Neu-Neustadt«, um eine Verwechslung mit der Mutterstadt zu vermeiden.[54] Hasdrubal sorgte dafür, dass seine Präsenz auch sichtbar war, indem er auf einem der Hügel, auf dem die Stadt lag, für sich einen Palast erbauen ließ. Vor allem aber war Cartagena von Nordafrika aus leicht zu erreichen, so dass die Stadt zu einem wichtigen Bindeglied in der Kette der Häfen und Garnisonen wurde, die Karthago mit Spanien verbanden.

Der Konflikt zwischen Karthago und Rom flammte schließlich weiter nördlich in Spanien erneut auf, und zwar in dem nördlich des heutigen Valencia gelegenen Sagunt. Nach einer langen Belagerung plünderte Hannibal Ende 219 v. Chr. die Stadt, die sich selbst unter römischen Schutz begeben hatte. Dass die Römer Interesse an einer so weit von ihrem politischen und wirtschaftlichen Einflussbereich entfernten Stadt fanden, zeigt, dass sie 18 Jahre karthagischer Konsolidierung in Spanien mit Sorge beobachteten. Wieder einmal ging es in Wirklichkeit um strategische Fragen. Die Römer wollten nicht zulassen, dass die Karthager sich in ihrer Flanke festsetzten und ihre Position hinreichend stärkten, um wieder auf Sizilien und Sardinien Fuß zu fassen. Hasdrubal hatte sich zuvor schon einer Übereinkunft zwischen Karthago und Rom bezüglich der punischen Herrschaft über Teile Spaniens angeschlossen, wonach die Karthager südlich des Ebros bleiben sollten, der ein gutes Stück nördlich von Sagunt lag.[55] Rom fühlte sich gedrängt, ein Wiedererstarken der karthagischen Macht zu verhindern. Hannibals Entscheidung, mit seiner Armee die Alpen zu überqueren und den Krieg vor die Tore Roms zu bringen, war ein Versuch, den Konflikt sowohl vom Spanien der Barkiden als auch von den Gewässern fernzuhalten, in denen die Karthager 23 Jahre zuvor besiegt worden waren. Das hinderte die Römer indessen nicht, Spanien anzugreifen. Gnaeus Cornelius Scipio setzte mit 25 000 Mann nach Spanien über und landete bei der alten Handelsstadt Emporion. Es gelang ihm, ein Seegefecht mit den Karthagern für sich zu entscheiden, doch die Flotten waren winzig im Vergleich zu denen des Ersten Punischen Kriegs. Nur 35 Schiffe standen unter römischem Kommando. Wenig später gerieten die Römer jedoch in Bedrängnis, weil ihre keltischen Verbündeten sie im Stich ließen.

Ein weiterer neuer Kriegsschauplatz war Griechenland. Der makedonische Herrscher, Philipp V., war so beeindruckt von Hannibals großem Sieg über die Römer bei dem in Süditalien gelegenen Cannae (216. v. Chr.), dass er die Waffen gegen Rom erhob. Wie sich zeigte, war Rom nicht in der Lage, an so vielen Fronten gleichzeitig zu kämpfen, und Philipp konnte einige Erfolge in den Gewässern vor der albanischen Küste verzeichnen. Wieder einmal betrachteten die Römer das makedonische Problem aus der Sicht ihrer Strategie in Italien. Sie machten sich ernste Sorgen um ihre Kontrolle über die südadriatische Küste und schickten eine Armee nach Brundisium (Brindisi), die einer makedonischen Landung zuvorkommen sollte.[56] Doch die Makedonen ließen sich nicht einschüchtern, und es gelang Rom nicht, sie zur Unterwerfung zu zwingen. Die Römer mussten erfahren, dass ihre wachsenden Besitzungen im Mittelmeerraum sie in Kontakt und sogar in Konflikt mit Nachbarn brachten, die sie bislang nicht beachtet hatten.

Cicero schrieb über Sizilien, die Insel sei das erste Kronjuwel Roms und die erste Region, die als Provinz bezeichnet werden könne. Denn die Römer gelangten zu der Auffassung, dass die Ausübung informeller Macht in Gebieten wie Sizilien nicht mehr ihren Bedürfnissen entsprach. Sie behandelten Hieron von Syrakus mit Ehrerbietung und empfingen ihn 237 v. Chr. in Rom zu einem Staatsbesuch, wobei der Gast ihnen 200 000 Scheffel sizilianischen Getreides zum Geschenk machte. Man überließ ihm die Herrschaft über Süd- und Ostsizilien, doch den Norden und den Westen, die Schauplatz mehrerer erbitterter Seeschlachten mit den Karthagern gewesen waren, unterstellte man 227 v. Chr. römischen Prätoren. Man stationierte Garnisonen und Flotten auf der Insel, doch mussten diese ebenso versorgt werden wie die Schiffe, die im Gebiet des mittleren Mittelmeeres patrouillierten. So beschlossen denn die Römer, ein formaleres System zur Besteuerung des Getreides einzuführen. Nach dem Tod des betagten Hieron und dem Ausbruch von Unruhen in Syrakus 215 v. Chr. gerieten die Römer in Bedrängnis.[57] Romfeindliche Faktionen in der Stadt träumten von einer punischen Allianz, als ob Karthago dafür keinen Preis verlangt hätte.[58] Den Karthagern gelang es eindrucksvoll, mit Zehntausenden von Soldaten wieder auf der Insel Fuß zu fassen. Ihr wichtigster Stützpunkt war Akragas. Doch gegen Syrakus entfesselten die Römer 213 die ganze Macht ihrer Armeen und Flotten. Es war bei weitem die größte Stadt auf der Insel und Quelle der neuen Probleme, denen Rom sich zu stellen hatte. Als die Römer den Hafen der Stadt blockierten, lagen ihre Schiffe so weit auseinander, dass die karthagische Flotte ungehindert zwischen ihnen hindurchsegeln konnte. Ein Versuch der Karthager, im Jahr 212 einen riesigen Konvoi aus 700 Handelsschiffen unter dem Schutz von 150 Kriegsschiffen nach Syrakus zu geleiten, erwies sich indessen, wie kaum anders zu erwarten, als allzu ehrgeizig. Dennoch ließ sich eine Schiffsblockade zu dieser Zeit kaum durchsetzen, erst recht nicht bei einer Stadt wie Syrakus, die über eine breite Hafenöffnung und umfangreiche Mauern zum Meer hin verfügte. Syrakuser und Karthager zerschlugen die römische Flotte, wobei sie sich auf den Rat des großen Archimedes stützen konnten, dem es Vergnügen bereitete, neue Maschinen zu ersinnen, mit deren Hilfe man römische Schiffe aus dem Wasser heben und so heftig schütteln konnte, dass die Besatzung herausfiel, oder Spiegel, mit denen sich die sengende Sonne Siziliens bündeln und auf die hölzernen Schiffe des Gegners richten ließ, so dass sie in Brand gerieten. Am Ende jedoch siegte die römische Zähigkeit. Im Jahr 212 eroberten die Römer Syrakus, und Archimedes wurde angeblich niedergemacht, als er den Plan für eine seiner genialen Erfindungen in den Sand zeichnete.[59] Im folgenden Jahr fiel auch Akragas, und die Römer brüsteten sich wenig später, dass nun kein einziger freier Karthager mehr auf der Insel zu finden sei.[60] Der Lohn war nicht nur militärischer und politischer, sondern auch kultureller Art. Man plünderte die Schätze von Syrakus und brachte griechische Skulpturen im Triumph nach Rom, wo sie den Geschmack der Römer an der überlegenen Kultur der Hellenen stimulierten.

Der Krieg ging noch ein Jahrzehnt weiter und wurde schließlich durch Ereignisse außerhalb Siziliens entschieden, obwohl viel von dem, was die Römer erreichten, ohne die Erfolge auf Sizilien unmöglich gewesen wäre. Im Westen eroberte Publius Cornelius Scipio 209 Neu-Karthago, nachdem er bemerkt hatte, dass eine große Lagune am Rande der Stadt von seiner Armee durchwatet werden konnte. Der Konflikt konzentrierte sich jedoch immer stärker auf Nordafrika, wo die Römer schließlich 202 v. Chr. Hannibal in der Schlacht von Zama besiegten. Ihm war es nicht gelungen, seine Ziele in Italien zu erreichen, nachdem er viele Jahre kreuz und quer über die Halbinsel gezogen war und das Land verwüstet hatte. Die Fähigkeit der Römer, viele tausend Mann von Sizilien nach Afrika zu transportieren, war von entscheidender Bedeutung, obwohl auch Bündnisse mit den numidischen Königen zum Erfolg der Römer beitrugen. Jedenfalls hatte Rom die Seeherrschaft gewonnen, was auch der demütigende Vertrag bestätigte, der am Ende abgeschlossen wurde und der den Karthagern lediglich zehn Triremen erlaubte – aber nicht einmal eine einzige der großen Quinqueremen, für die sie berühmt waren. Wie Livius berichtet, wurden 500 Kriegsschiffe aus dem Hafen von Karthago geholt und verbrannt. Die Stadt musste erneut eine riesige Strafe zahlen und verlor all ihre Besitzungen außerhalb Afrikas sowie einen Teil der afrikanischen Ländereien, die den Numidern zugesprochen wurden. Die spanischen Besitzungen, die Hamilkar Barkas so eifrig angesammelt hatte, fielen an Rom. Karthago durfte nun außerhalb Afrikas keine Kriege mehr führen und wurde faktisch auf den Status eines römischen Satellitenstaates reduziert. Solche Bedingungen hatte Rom schon mehrfach italischen Nachbarn diktiert, doch für Karthago kamen sie einer Entmannung gleich.[61] Wieder einmal fand Rom sich in einer beherrschenden Stellung, ohne dieses Maß an Überlegenheit angestrebt zu haben.

VII

Auch nach dem Sieg über Hannibal stand Rom im mittleren Mittelmeerraum vor einer Reihe ungelöster Probleme. Man führte zwei weitere Kriege gegen die Makedonen, die schließlich gezwungen wurden, Rom als Schutzmacht anzuerkennen. Weiter südlich, in Mittelgriechenland, kämpften die Römer gegen den Aitolischen Bund und weiter östlich gegen die Armeen der Seleukiden, jener griechischen Generäle, die nach dem Tod Alexanders des Großen die Macht in Syrien übernommen hatten.[62] Im Jahr 187 v. Chr. reichte der Machtbereich der Römer von den ehemaligen Besitzungen der Barkiden in Spanien über das gesamte Mittelmeer hinweg bis zur Levante. Es gab immer noch potentielle Rivalen, etwa die Ptolemäer in Ägypten mit ihren gewaltigen Flotten, doch zum ersten Mal stand das gesamte Mittelmeer unter dem mächtigen politischen Einfluss eines einzelnen Staates, der römischen Republik. Inmitten dieser Konflikte blieb Karthago ruhig und hielt sich an die Bedingungen des Vertrags mit Rom. Bereitwillig stellten die Karthager während des römischen Konflikts mit Syrien ihre wenigen verbliebenen

Kriegsschiffe für den Krieg in den Gewässern ihrer fernen Vorfahren zur Verfügung. Sie versorgten Heere und Flotten der Römer mit Getreide aus den riesigen Landgütern in der Umgebung Karthagos.[63] Als die Karthager 151 v. Chr. die letzte Tranche ihrer Kriegsschuld an Rom beglichen hatten, kam es zu einem Konflikt mit dem 80-jährigen König von Numidien, Masinissa. Die Karthager hatten keine Zweifel, dass sie nun frei von den römischen Fesseln seien und selbst beschließen könnten, Masinissa anzugreifen. In Rom dachte man da ganz anders. Ein prosperierendes, wiedererstarktes Karthago, das seine eigene Politik verfolgte, galt dort nun als indirekte Bedrohung für die römische Herrschaft über weite Teile des Mittelmeeres, obwohl keine direkte Bedrohung für die römischen Besitzungen auf Sizilien, auf Sardinien oder in Spanien zu erkennen war. Nach einem Besuch in Karthago als offizieller Vermittler zwischen den Karthagern und Masinissa gelangte der Erztraditionalist Cato zu der obsessiven Überzeugung, dass die Zukunft Roms nur gesichert sei, wenn man Karthago zerstörte. In seinen Reden vor dem Senat griff er Karthago unermüdlich an und beendete jede Rede, auch solche, die nichts mit Karthago zu tun hatten, mit den Worten: »Im Übrigen bin ich der Auffassung, dass Karthago zerstört werden muss.«[64] Die Schikanen begannen. Zuerst befahl man Karthago, Geiseln zu stellen, was die Stadt auch tat. Dann verlangte Rom die Herausgabe der Waffen, darunter 2000 Katapulte, was gleichfalls geschah. Schließlich verlangte man von den Karthagern, ihre Stadt gänzlich aufzugeben und sich mindestens zehn Meilen landeinwärts an einem Platz ihrer Wahl niederzulassen.[65] Falls die Römer es für großzügig hielten, den Karthagern selbst zu überlassen, wo sie leben wollten, hatten sie sich getäuscht. Die Karthager weigerten sich, und es kam zum Krieg. Wie die letzte Forderung zeigte, ging es diesmal wie in keinem der früheren Kriege um das Überleben der Stadt. Unter dem Kommando des Scipio Aemilianus, eines Stiefsohns des großen Scipio, der gegen Hannibal angetreten war, setzten die Römer direkt nach Nordafrika über. Diesmal gab es kein Schattenboxen auf Sizilien oder in Spanien, die nun außerhalb des stark beschränkten karthagischen Einflussbereichs lagen. Obwohl es den Karthagern unter größten Anstrengungen gelang, eine neue Kriegsflotte zu bauen, wurde die Stadt von See her blockiert und von Land aus belagert und schließlich im Frühjahr 146 von den Römern erobert. Scipio machte die Einwohner zu Sklaven und zerstörte große Teile der Stadt (auch wenn nicht ganz klar ist, ob er wirklich Salz in den Boden streute zum Zeichen, dass Karthago niemals wiedererstehen sollte).

Die Punischen Kriege erstreckten sich über 120 Jahre. Ihre Bedeutung ging weit über das westliche und mittlere Mittelmeer hinaus. In dem Jahr, als Karthago fiel, festigte Rom seine Stellung in Griechenland und öffnete damit die Aussicht auf einen kraftvollen Wettbewerb mit den Herrschern Ägyptens und Syriens um die Herrschaft im östlichen Mittelmeer. Mehr als zwei Jahrzehnte des Kampfes mit den Makedonen und dann mit den griechischen Städtebünden gipfelten gleichfalls 146 v. Chr. in der Eroberung Korinths. Korinth galt als Zentrum des Widerstands gegen Rom, war aber wegen der zwei Häfen auch wirtschaftlich äußerst interessant. Die Römer behandelten die ganze Stadt skrupellos als Kriegsbeute. Alle Einwohner wurden versklavt. Die großartigen und oft sehr alten Kunstwerke wurden verkauft. Schiffsladungen voller Skulpturen und Bilder gingen nach Rom und verliehen dem aristokratischen Interesse an griechischer Kunst weiteren Auftrieb. Die kulturellen Auswirkungen der Zerstörung Korinths und Karthagos waren jeweils vollkommen verschieden. Die punische Zivilisation lebte nach dem Untergang der Stadt als Volkskultur in Nordafrika weiter, während die griechische Zivilisation nach dem Untergang Korinths nach Westen gelangte.[66] Auch in das römische Bewusstsein gingen beide Kriege in ganz unterschiedlicher Weise ein. Vergil beschrieb zu Zeiten des Augustus die schicksalhafte Begegnung zwischen Dido, der Gründerin und Königin Karthagos, und dem aus Troja geflohenen Aeneas. Es war eine stürmische Beziehung, die nur durch die Zerstörung Karthagos auf dem Scheiterhaufen gelöst werden konnte:

> »Wehgeschrei erfüllt den Palast; durch die erschütterte Stadt rast die Kunde. Von Jammern und Stöhnen und Heulen der Frauen gellen die Häuser, es widerhallt vom lauten Klagen der Himmel, nicht anders, als wenn der Feind einbräche und ganz Karthago zugrunde ginge oder das altehrwürdige Tyros, und als wenn überall rasende Flammen aufloderten aus Häusern der Menschen und Götter.«[67]

KAPITEL 8

»Unser Meer«

146 v. Chr. bis 150 n. Chr.

I

Das Verhältnis zwischen Rom und dem Mittelmeer hatte sich schon vor dem Untergang Karthagos und Korinths beträchtlich verändert. Dieses Verhältnis nahm zwei Formen an. Da war zunächst das politische Verhältnis. Schon vor dem Dritten Punischen Krieg war klar, dass der römische Einflussbereich von Spanien im Westen bis nach Rhodos im Osten reichte, auch wenn der römische Senat keine direkte Herrschaft über diese Küstenregionen und Inseln ausübte. Und dann war da das wirtschaftliche Verhältnis, das immer engere Bande zwischen den Kaufleuten Roms und allen Winkeln des Mittelmeeres entstehen ließ. Doch Senatoren und Kaufleute waren ganz verschiedene Menschen. Wie Homers Helden erhoben die römischen Aristokraten gerne den Anspruch, sich nicht die Hände mit Handelsgeschäften zu beschmutzen, die sie mit Lug und Trug und Ehrlosigkeit assoziierten. Wie konnte ein Kaufmann ohne Lügen, Täuschung und Bestechung Gewinne erzielen? Reiche Kaufleute waren erfolgreiche Spieler. Ihr Vermögen basierte auf Risiko und Glück.[1] Diese herablassende Haltung hinderte so große Römer wie Cato den Älteren oder Cicero jedoch nicht an geschäftlichen Aktivitäten, aber natürlich ließen sie diese Geschäfte durch Agenten tätigen, die meist Römer neuer Definition waren.

Als Rom die Herrschaft über Italien erlangte, gewährte es vielen Städten, die unter seine Herrschaft fielen, den Status von Verbündeten, gründete aber auch eigene Kolonien, in denen sich Kriegsveteranen ansiedelten. Das »Römertum« trennte sich daher zunehmend von der Erfahrung, in Rom zu leben, und außerdem galten nur Teile der römi-

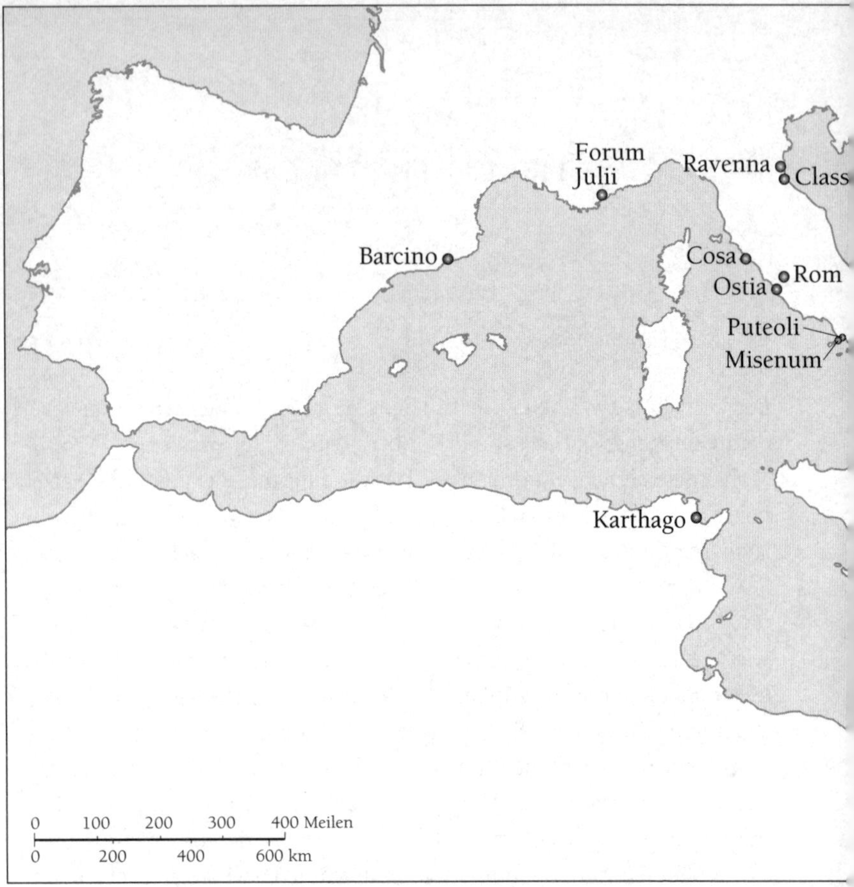

schen Bevölkerung als römische Bürger, die das Wahlrecht besaßen – das man Frauen und Sklaven ohnehin verwehrte. Um das Jahr 1 v. Chr. dürfte es an die 200 000 Sklaven in Rom gegeben haben, das entsprach einem Fünftel der Gesamtbevölkerung. Deren Erfahrung bildet einen wesentlichen Bestandteil der ethnischen Geschichte des Mittelmeerraums. Gefangene aus Karthago oder Korinth mussten zum Beispiel auf den Feldern arbeiten und führten ein schweres Leben fern von der Heimat, ohne zu wissen, was aus ihren Ehegatten oder Kindern geworden war. Iberische Gefangene arbeiteten unter unvorstellbaren Bedingungen

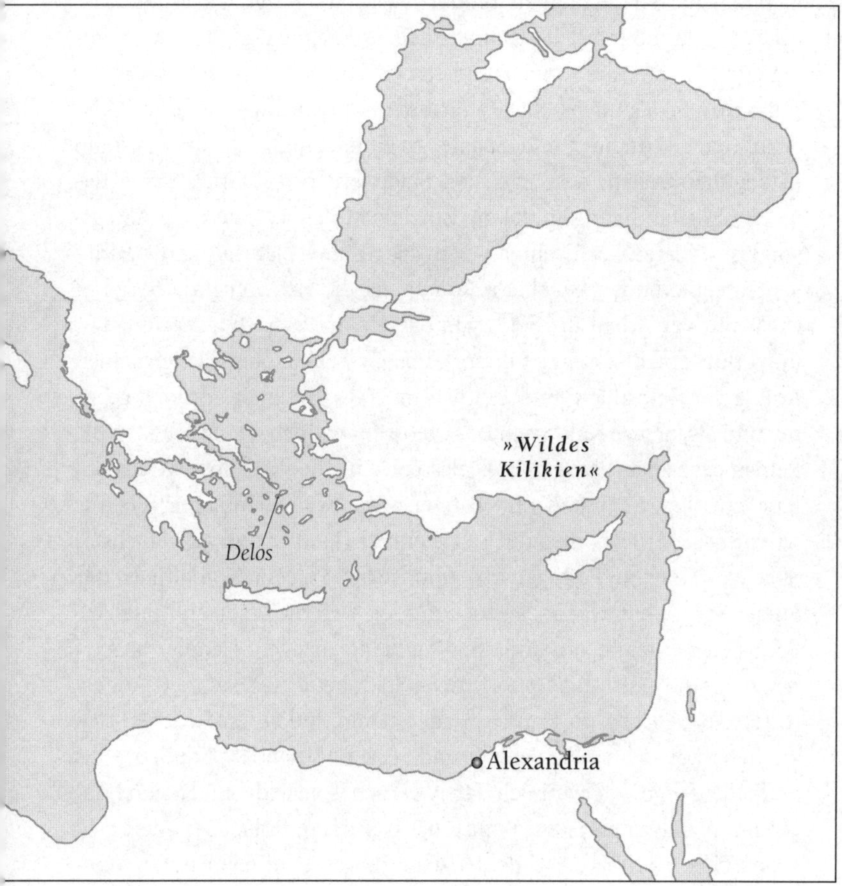

in den südspanischen Silberminen. Doch wer entsprechende Fähigkeiten vorweisen konnte, diente möglicherweise als Griechischlehrer in einem adligen Haushalt oder auch als Handelsagent für seinen Herrn. In dieser Funktion mochte er sogar ins Ausland reisen – trotz der Gefahr, dass er auf Nimmerwiedersehen in den Amüsierlokalen Alexandrias verschwand. Dank der Ansammlung von Geldmitteln im *peculium*, dem privaten Spargut des Sklaven, das rechtlich natürlich wie alles, was der Sklave besaß, Eigentum seines Herrn war, konnte er sich am Ende vielleicht sogar freikaufen, oder ein dankbarer Herr schenkte seinem

Lieblingssklaven die Freiheit, oft unter selbst festgelegten Bedingungen. Freigelassene konnten als Bankiers oder Kaufleute ein gutes Auskommen finden, und ihre Kinder genossen vielfach die meisten Vorzüge der römischen Staatsbürgerschaft. So nahm der Anteil zugewanderter Griechen, Syrer, Afrikaner und Spanier in Rom ständig zu, und es kann kaum überraschen, dass in vielen Stadtvierteln das Griechische, das übliche Verständigungsmittel im östlichen Mittelmeerraum, die Alltagssprache bildete. Der Dichter Lukan klagte im 1. Jahrhundert n. Chr.: »Nicht eigne Bürger bevölkern Rom, nein, die Hefe der Erde bewohnt es: Derart verdarben die Stadt wir, daß sie, trotz mächtigen Umfangs, Bürgerkrieg nicht mehr zu führen vermag.«[2] Sein Snobismus zeigt einen Anflug von Selbsthass. Er selbst war im südspanischen Córdoba geboren und als kleines Kind nach Rom gebracht worden. Doch selbst in die Reihen des Senats drangen Freigelassene ein, vor allem aber wohlgeborene Etrusker, Samniten und Latiner.[3] Der Komödiendichter Plautus würzte seine Stücke, die voller abgefeimter Händler und ausgefuchster Sklaven waren, mit Passagen in der punischen Sprache Nordafrikas. Der Sprachenwirrwarr war sogar noch größer, weil die Stadt und ihre Außenhäfen zahlreiche ausländische Kaufleute anzogen: Händler aus Tyros, denn die einst große phönizische Stadt hatte zu Zeiten des Augustus ihre Bedeutung im Handel wiedererlangt; Juden, unter denen sich zu dieser Zeit auch viele Schiffer und Seeleute befanden; Kaufleute aus Süditalien, denn wie wir noch sehen werden, spielte die Bucht von Neapel im Versorgungssystem Roms eine besondere Rolle. Der Ausdruck »römischer Kaufmann« bedeutet daher eher »Kaufmann unter römischem Schutz« als »Kaufmann römischer Abstammung«.

Der Aufstieg Roms basierte auf drei Voraussetzungen: auf einer ausreichenden Versorgung der riesigen Stadt; auf Häfen, über die sich diese Versorgung sicherstellen ließ; und auf der Sicherheit der Kaufleute – das heißt auf der erfolgreichen Bekämpfung der Piraten, die im östlichen Mittelmeer die Stabilität des um Alexandria, Delos und andere Partner Roms geknüpften Handelsnetzes bedrohten.

II

Piraten werden durch Reichtum angelockt. Der florierende Handel des 2. Jahrhunderts v. Chr. schuf ideale Bedingungen, von denen auch Piraten zu profitieren vermochten, zumal weder Rhodos noch Delos über ausreichende Seestreitkräfte verfügten, um das östliche Mittelmeer vor Seeräubern zu schützen. Die Piraten waren im Westen eine ebenso schlimme Plage wie im Osten. In den Jahren 123 bis 121 v. Chr. verdiente Metellus »Balearicus« sich seinen Beinamen durch die Unterdrückung einer Form von Seeräuberei, die sich seuchenartig auf den inzwischen unter römischer Herrschaft stehenden Balearen ausgebreitet hatte. Die Piraten paddelten dort in Booten, die kaum mehr als Flöße waren, aufs Meer hinaus, richteten aber dennoch beträchtlichen Schaden an.[4] Nach der Zerstörung der punischen Hauptstadt gab es keine karthagischen Kaufleute mehr, die auf dem Meer nach dem Rechten sahen. Den Römern wurde langsam klar, dass sie hier eine Verantwortung trugen, die sie nun auch ernst zu nehmen begannen. Im Jahr 74 v. Chr. wurde der junge Patrizier Gaius Julius Cäsar von Piraten gefangen, als er auf dem Weg nach Rhodos war, wo er Rhetorik studieren wollte (er war ein Mann von beträchtlicher Bildung). Als dicker Fisch, der ein großes Lösegeld einbringen konnte, wurde er von den Piraten zuvorkommend behandelt, aber schon vor seiner Freilassung hatte er den Mut, ihnen zu versprechen, das er zurückkehren und sie vernichten werde. Er stellte eine kleine Flotte zusammen, fing die Piraten ein und kreuzigte sie. Da sie sich so höflich verhalten hatten, ließ er ihnen die Kehle durchschneiden, bevor sie ans Kreuz gebunden wurden.[5]

Kleine, bewegliche Flotten lagen auf den Schiffsrouten auf Lauer. Als Operationsbasis dienten ihnen Stützpunkte auf Kreta, in Italien und an der felsigen Küste der südöstlichen Türkei, einem zerklüfteten, durchaus zu Recht das »wilde Kilikien« genannten, unmittelbar nördlich von Zypern und ein paar hundert Meilen östlich von Rhodos gelegenen Gebiet. Angesichts des Niedergangs der einstmals großen etruskischen Städte wandten die Schiffseigner Etruriens sich weniger orthodoxen Einkommensquellen zu. Eine Inschrift aus Rhodos erinnert an den Tod dreier Söhne des Timakrates, die bei Kämpfen gegen tyrrhenische, im östlichen Mittelmeer operierende Piraten ums Leben gekommen waren.[6] Gelegentlich beauftragten Kriegsflotten auch Freibeuter, in Seegebieten nach speziellen Feinden Ausschau zu halten. So ging Nabis, König von Sparta, um 200 v. Chr. eine unheilige Allianz mit kretischen Piraten ein, die Versorgungsschiffe auf dem Weg nach Rom überfielen.[7] Auf Sizilien baute der römische Rebellengeneral Sextus Pompeius, Sohn des berühmten Gnaeus Pompeius, eine eigene Flotte und versuchte, die Getreidelieferungen an Rom zu unterbinden – was ihm nicht schwerfiel, da er außer Sizilien auch Sardinien unter seine Herrschaft gebracht hatte.[8] Die Herren von Inseln und Hafenstädten verlangten Transitzölle von Handelsschiffen, die ihre Gewässer durchquerten, und reagierten auf jede Weigerung mit Gewalt. Seeräuber brauchten Orte, an denen sie sich ihrer aus Geld, Gütern und Sklaven bestehenden Beute entledigen konnten, und waren daher auf die bereitwillige Zusammenarbeit der Einwohner kleinerer Hafenstädte wie Attaleia angewiesen, die zahllose Gauner, Schieber und Schwindler anlockten. Den kilikischen Piraten gelang es, für den Unterhalt ganzer Gemeinschaften am südlichen Rand des Taurusgebirges zu sorgen. Sie sprachen luwisch und lebten in Klangesellschaften, in denen neben den männlichen auch die weiblichen Nachkommen etwas zählten und die von Ältesten oder *tyrannoi* regiert wurden.[9] Die Besatzungsmitglieder der Piratenschiffe waren Männer aus den Bergen, die an die Küste gingen und auf Schiffen anheuerten. Ihre seemännischen Fähigkeiten dürften sie allerdings kaum ohne die Hilfe von Seeleuten aus den Küstenstädten Side und Attaleia erlernt haben. Nach dem Geographen Strabon erlaubten die Einwohner von Side kilikischen Piraten, im Hafen Sklavenauktionen abzuhalten, obwohl sie wussten, dass die Gefangenen Freigeborene waren.[10] Plutarch beschreibt die leichten Schiffe, die sie so wirkungsvoll einsetzten:

> »Kränkender noch als ihre Gefährlichkeit war ihr dreister Übermut, wenn sie mit vergoldeten Flaggenstangen, purpurnen Vorhängen und silberbeschlagenen Rudern prunkten und sich so gleichsam mit ihren Verbrechen brüsteten. Flöten- und Saitenspiel, Gesänge und Trinkgelage an jedem Strand.«[11]

Um 67 v. Chr. trieben Piraten ihr Unwesen sogar vor der Haustür Roms, mit Angriffen auf Ostia und die umliegende Küste.[12] Plutarch schreibt:

> »Diese Macht [der Piraten] verbreitete sich über das ganze Mittelländische Meer, so daß die gesamte Handelsschiffahrt lahmgelegt wurde. Dies vor allem bewog die Römer, denen alle Zufuhr abgeschnitten wurde, so daß sie einem großen Mangel entgegensahen, Pompejus auszusenden, um den Piraten die Seeherrschaft zu entreißen.«[13]

Pompeius hatte sich bereits in den Machtkämpfen innerhalb Roms hervorgetan (oder sich Feinde gemacht, je nach der Seite, die man unterstützte).[14] Er strebte nach einer dauerhaften Gesamtlösung des Problems der Piraterie. Im Jahr 66 v. Chr. unterteilte er das Mittelmeer in drei Zonen, die er systematisch von Piraten zu säubern gedachte. Zunächst wandte er sich dem Problem vor der Haustür Roms zu und vernichtete die Seeräuber im Tyrrhenischen Meer. Er führte eine Flotte nach Sizilien, Nordafrika und Sardinien, richtete Garnisonen in »diesen drei Kornkammern unseres Staates« ein, wie Cicero diese Gebiete nannte, und sicherte so die für Rom lebenswichtigen Versorgungswege.[15] Dazu soll er 40 Tage gebraucht haben. Danach wandte er sich Kilikien zu, doch die Nachricht von seinen Erfolgen eilte seiner Flotte voraus, und sobald sie in Sichtweite der kilikischen Küste kam, begannen die dortigen Städte sich zu ergeben. Die Gefechte auf See und an Land hielten sich in Grenzen.[16] Er war vielleicht mit 50 Kriegs- und weiteren 50 Transportschiffen aufgekreuzt – keine sonderlich große Flotte, auch wenn die leichten Boote der Kiliker sich im Kampf nicht mit den römischen Schiffen messen konnten und das Volk von Rom ihm 500 Schiffe zugesagt hatte, falls er sie benötigte.[17] Pompeius verfolgte nicht das Ziel, die Piraten auszurotten, sondern der Piraterie ein Ende zu setzen. Statt seine Feinde zu massakrieren, nahm er ihre Kapitulation an und siedelte sie um, indem er ihnen bebaubares Land anbot.[18] Der Senat hatte versprochen, Pompeius drei Jahre lang zu unterstützen. Sein Feldzug dauerte nur drei Monate. Von nun an war die Piraterie keine große Plage mehr, die Roms Versorgungswege bedrohte, sondern allenfalls eine geringfügige Störung.

Pompeius nutzte den Krieg gegen die Piraten als Sprungbrett für den Aufbau einer großen Besitzung in Syrien und Palästina, deren Stabilität nicht allein auf römischen Armeen basierte, sondern auch auf der Einsicht lokaler Könige, dass ein Bündnis mit Rom die beste Garantie für ihre eigene Herrschaft darstellte.[19] Pompeius hatte jedoch nicht die Absicht, seine Aktivitäten auf den Osten zu beschränken. Die römischen Besitzungen im östlichen Mittelmeerraum waren ein Nebenprodukt der schlimmen Bürgerkriege, in denen Pompeius Magnus gegen Julius Cäsar, Brutus gegen Mark Anton sowie Oktavian und schließlich Mark Anton gegen Oktavian, den späteren Augustus Cäsar, kämpften. Im Jahr 48 v. Chr. trafen Pompeius und Gaius Julius Cäsar in der Schlacht von Pharsalos in Nordostgriechenland aufeinander. (»Sie haben es so gewollt!«, soll Cäsar beim Anblick der gefallenen Gegner gesagt haben.)[20] Pompeius floh nach Ägypten. Aber man lockte ihn in eine Falle, und er wurde erstochen, als er die vermeintlich sichere Küste erreichte. Das einzige größere Territorium im östlichen Mittelmeerraum, das sich noch nicht unter römischer Herrschaft befand, war Ägypten: »Ein Verlust, wenn es vernichtet, und ein Risiko, wenn man es annektieren würde. Es zu regieren war ein Problem.«[21] Auf seiner Verfolgungsjagd traf Cäsar zwei Tage nach der Ermordung seines Rivalen in Ägypten ein. Sogleich erkannte er die Chance, den römischen Einfluss in Ägypten zu erweitern, indem er der charmanten, intelligenten und schlauen (wenn auch wahrscheinlich nicht sonderlich schönen) Königin Kleopatra das Angebot machte, sie im Machtkampf mit ihrem Bruder, König Ptolemäus XIII., zu unterstützen. Wie bereits angemerkt, tat Cäsar das, indem er Alexandria beschießen ließ und dabei angeblich die gesamte Bibliothek oder zumindest Teile davon zerstörte. Er konnte römische Truppen in Ägypten stationieren, offiziell zum Schutz der immer noch unabhängigen Königin. Ob er nun Ägypten eroberte oder nicht, jedenfalls eroberte Kleopatra ihn, und sie gebar einen Sohn, Ptolemäus Cäsar, den die Königin mit sich nach Rom nahm und der allenthalben als Cäsars Sohn galt. Der Anblick eines römischen Feldherrn, dessen Sohn vielleicht einmal ein zukünftiger Pharao sein mochte, alarmierte römische Politiker, die befürchteten, dass Cäsar selbst monarchische Ambitionen entwickeln konnte – auch wenn die meisten Historiker wohl eher sagen: »Cäsar wurde für das ermordet, was er war, und nicht für das, was er vielleicht einmal werden mochte.«[22]

Nach Cäsars Ermordung im Jahr 44 v. Chr. drohte Ägypten aufgrund der Rivalitäten zwischen römischen Politikern dem Herrschaftsbereich Roms wieder zu entgleiten. Obwohl Cäsars Erbe Oktavian und Cäsars Freund Mark Anton dessen Tod 42 v. Chr. in der Schlacht bei Philippi rächten, verschlechterte sich ihr Verhältnis schon bald. Die siegreichen Führer ernannten sich selbst zu Triumvirn und teilten die römische Welt unter sich auf. Oktavian übernahm den Westen, Mark Anton Ägypten und den Osten, während Lepidus sich Afrikas annahm. Dahinter stand nicht der Gedanke, die römischen Besitzungen in drei Teile zu zerlegen, sondern das neue Regime zu festigen und die Provinzen neu zu ordnen. Mark Anton überließ Kleopatra mehrere Städte in Phönizien sowie im »wilden« Kilikien und außerdem ganz Zypern (das 58 v. Chr. annektiert worden war). Kilikien war wertvoll wegen seines Holzreichtums, ebenso Phönizien und Zypern. Antonius war der nächste große Römer, der dem Charme Kleopatras erlag, und seine Gegner behaupteten, er sehe sich selbst als zukünftigen König Ägyptens. Oder hatte er den Wunsch, Alexandria zur neuen Hauptstadt eines panmediterranen Reiches zu machen? Nach einem Feldzug gegen die Armenier veranstaltete er in den Straßen Alexandrias einen römischen Triumphzug, ein Schauspiel, das die Stadt noch nicht gesehen hatte.[23] Danach trat das Misstrauen zwischen Oktavian und Mark Anton zunehmend zutage, und aus ihrem Machtkampf wurde ein offener Krieg.

Oktavian errang seinen großen öffentlichen Sieg nicht in Ägypten, sondern in Nordwestgriechenland, und zwar 31 v. Chr. in der Seeschlacht bei Actium unweit der Ionischen Inseln. Antonius verfügte über die größere Flotte und ausgezeichnete Nachschubwege, die bis nach Ägypten reichten, aber was ihm fehlte, war die Loyalität seiner Verbündeten. Sie begannen zu desertieren, doch Antonius schaffte es, eine Blockade durch Oktavians Schiffe zu durchbrechen und mit 40 Schiffen nach Alexandria zu fliehen.[24] Ob es wirklich eine große Schlacht war, ist alles andere als sicher, doch Oktavian wusste, wie er sie für seine Propaganda nutzen konnte:

> »Da stand Cäsar Augustus, der seine Römer in den Kampf führte, mit Senat und Volk, den Penaten und mächtigen Göttern, stand auf dem hohen

> Heck. Sein herrliches Haupt versprüht zwei Feuergarben, und über seinem Scheitel erscheint das Gestirn seines Vaters.«

Auf der anderen Seite der abtrünnige Gegner:

> »Dort drüben führt, unterstützt durch Barbaren in ganz verschiedener Rüstung, Antonius siegessicher aus Auroras Gauen und vom Roten Meer Ägypter und die Streitmacht des Orients und die fernsten Baktrer heran. Ihm folgt, welch ein Greuel, seine ägyptische Frau! [*Sequitur nefas, Aegyptia coniunx.*]«[25]

So wird denn Actium seit Jahrtausenden als eine der wichtigsten Entscheidungsschlachten der Weltgeschichte gefeiert. Oktavian jedenfalls errang dort den Ruhm und den Rückhalt in der römischen Heimat, die ihm bis dahin gefehlt hatten. Sein Sieg stellte sicher, dass der östliche Mittelmeerraum für drei Jahrhunderte an Rom gebunden blieb, bis die Gründung des Neuen Rom in Konstantinopel ein neues Machtgleichgewicht schuf.

Antonius lebte noch ein Jahr in Ägypten, bis Oktavians Armeen von Osten und Westen einrückten. In der Schlacht besiegt, nahm er sich selbst das Leben, und wenige Tage später folgte ihm die letzte der Pharaonen, Kleopatra. Ob sie sich selbst durch einen Schlangenbiss vergiftete, ist ein Detail. Entscheidend ist, dass Oktavian nun Herr über Ägypten war. Er bewies sogleich, wie gut er das übernommene Erbe verstand. Er herrschte wie ein Pharao und behandelte Ägypten in jeder Hinsicht wie einen persönlichen Besitz. Er ließ das Land von einem Vizekönig regieren, der nur ihm gegenüber verantwortlich war, nicht aber dem Senat und dem Volk Roms, die offiziell die Oberhoheit innehatten.[26] Er hatte verstanden, dass der größte Reichtum Ägyptens nicht Smaragde oder Porphyre waren, sondern gewaltige Mengen Getreide aus dem Niltal.

Der Krieg gegen die Seeräuberei, der Erwerb großer Gebiete im östlichen Mittelmeer und die römischen Bürgerkriege hatten dramatische politische und ökonomische Auswirkungen auf den ganzen Mittelmeerraum. Die Römer garantierten nun die Sicherheit der Seewege von Gibraltar bis hin zu den Küsten Ägyptens, Syriens und Kleinasiens. Die Umwandlung des Mittelmeeres in ein römisches Meer war abgeschlossen. Der ganze Vorgang hatte 116 Jahre gedauert. Die erste Phase erstreckte sich vom Untergang Karthagos und Korinths bis zum kilikischen Feldzug im Jahr 66 v. Chr. Die zweite, weitaus kürzere Phase gipfelte in Oktavians Aneignung Ägyptens. Nach dem Sieg über seine Rivalen machte er sich zum Augustus Cäsar, zum *Princeps* oder Führer der römischen Welt. Sein Sieg in den Bürgerkriegen wird oft als der Augenblick verstanden, in dem mit propagandistischer Unterstützung durch Dichter und Historiker wie Vergil, Horaz und Livius eine neue Ordnung entstand: das kaiserliche Rom. Das Mittelmeer war *mare nostrum*, »unser Meer«, geworden, doch das »unser« verwies auf eine weit umfassendere Vorstellung von Rom als die Formel *Senatus Populusque Romanus*: »Senat und Volk Roms«. Römische Bürger, Freigelassene, Sklaven und Verbündete schwärmten aus und verbreiteten sich im ganzen Mittelmeergebiet. Händler, Soldaten und Gefangene fuhren kreuz und quer über das Meer. Mit sich nahmen sie eine vorwiegend hellenistische Kultur, die auch Rom zutiefst durchdrungen hatte (Dichter und Dramatiker wie Vergil, Plautus und Terenz verdankten ihre Konzepte, Inhalte und Versmaße griechischen Vorbildern). Es war eine Kultur, die immer stärker von Themen östlichen Ursprungs geprägt wurde – in den Straßen Alexandrias seit langem bekannt, aber nun auch in Rom selbst gängige Münze: der Isiskult, den Apuleius in seinem burlesken Roman *Der goldene Esel* porträtierte; der Kult des Gottes Israels, den jüdische Kaufleute und Gefangene schon vor der Zerstörung Jerusalems durch die Römer im Jahr 70 n. Chr. nach Rom gebracht hatten. Im Zentrum des Netzwerks lag Rom, eine quirlige, kosmopolitische Stadt, deren eine Million Einwohner ernährt werden mussten. Der Erwerb Ägyptens sicherte die Getreideversorgung und damit auch die Popularität der kaiserlichen Herrschaft.

III

Der Getreidehandel war nicht nur eine Quelle von Profit für die Kaufleute Roms. Im Jahr 5 n. Chr. verteilte Augustus Getreide an 320 000 männliche Bürger. Darauf verwies er stolz in einer großen öffentlichen Inschrift zum Gedenken an seine Siege und Leistungen, denn die Gunst der Römer zu gewinnen war ebenso wichtig wie Siege zu Lande und zu Wasser.[27] Das Zeitalter des »Brot und Spiele« begann, und die Pflege des römischen Volkes war eine Kunst, die viele Kaiser sehr gut beherrschten (gebackenes Brot wurde allerdings erst im 3. Jahrhundert n. Chr. verteilt, als Kaiser Aurelian Getreide durch Brot ersetzte).[28] Gegen Ende des 1. Jahrhunderts n. Chr. kontrollierte Rom einige der wichtigsten Getreideanbaugebiete des Mittelmeerraums, nämlich die auf Sizilien, auf Sardinien und in Nordafrika, die Pompeius so gut zu schützen verstanden hatte. Zu den Folgen gehörte möglicherweise ein Rückgang des Getreideanbaus in Mittelitalien. Schon im späten 2. Jahrhundert n. Chr. beklagte der römische Tribun Tiberius Gracchus, dass man Etrurien großen Gutsherren überließ, die auf ihren Landgütern lieber Vieh züchteten, als Feldfrüchte anzubauen.[29] Rom brauchte sich bei seiner Nahrungsmittelversorgung nicht länger auf die Unwägbarkeiten des italienischen Klimas zu verlassen, aber es war nicht leicht, Sizilien und Sardinien aus der Ferne zu kontrollieren, wie der Konflikt mit dem rebellischen Feldherrn Sextus Pompeius bewies. Man entwickelte immer ausgeklügeltere Tauschsysteme, um sicherzustellen, dass Getreide und andere Güter nach Rom strömten. Als Augustus die Stadt ummodelte und auf dem Palatin große Paläste errichtet wurden, wuchs auch der Bedarf nach Luxusartikeln – nach Seide, Parfüm, Elfenbein aus dem Gebiet des Indischen Ozeans, nach hochwertigen griechischen Skulpturen, Glaswaren und getriebenen Metallarbeiten aus dem östlichen Mittelmeerraum. Schon früher, 129 v. Chr., hatte Ptolemäus VIII., König von Ägypten, eine von Scipio, dem Eroberer Karthagos, geführte römische Delegation zutiefst schockiert, als er seine Gäste mit prunkvollen Festen unterhielt, auf denen er in einem durchsichtigen Gewand aus Seide (die wahrscheinlich aus China kam) erschien, durch das hindurch die Römer nicht nur seine stattliche Figur, sondern auch seine Genitalien sehen konnten. Doch Scipios nüchterne Strenge war schon damals im römischen Adel außer Mode gekommen.[30] Selbst der ebenso strenge ältere Cato (gest. 149 v. Chr.) kaufte gern zweiprozentige Anteile an Schiffsunternehmungen, verteilte seine Investitionen auf eine Reihe von Fahrten und schickte als Agenten seinen bevorzugten Freigelassenen Quintio mit auf die Reise.[31]

In der Zeit zwischen der Einrichtung von Delos als Freihafen (168/167 v. Chr.) und dem 2. Jahrhundert n. Chr. erlebte der Seehandel einen Boom. Wie schon erwähnt, verringerte sich das Problem der Piraterie nach 69 v. Chr. ganz beträchtlich. Die Seefahrt wurde sicherer. Es ist interessant, dass die meisten großen Schiffe (über 250 Tonnen) aus dem 2. und 1. Jahrhundert v. Chr. stammen, während die Mehrzahl der Schiffe zu allen Zeiten weniger als 75 Tonnen Wasser verdrängte. Größere Schiffe mit bewaffneten Wachleuten ließen sich besser gegen Piraten verteidigen, obwohl sie nicht die Geschwindigkeit kleinerer Schiffe erreichten. Mit dem Rückgang der Seeräuberei nahm auch die Zahl der kleineren Schiffe wieder zu. Diese kleinen Schiffe fassten maximal 1500 Amphoren, während die größeren 6000 und mehr Amphoren transportieren konnten. Erst im Spätmittelalter fanden sich dann wieder Schiffe ähnlicher Größe.[32] Die schiere Gleichförmigkeit der Ladung vermittelt ein Bild von der Regelmäßigkeit des Schiffsverkehrs. Etwa die Hälfte der Schiffe transportierte ein einziges Gut, ob nun Wein, Öl oder Getreide. Massengüter wurden in immer größeren Mengen über das Mittelmeer transportiert. Küstenregionen mit Zugang zu einem Hafen konnten sich auf einzelne Erzeugnisse spezialisieren, für die sich ihr Boden besonders gut eignete, und die sonstige Versorgung mit Grundnahrungsmitteln den Kaufleuten überlassen. Ihre Sicherheit gewährleistete *pax Romana*, der römische Frieden, der auf die Unterdrückung der Piraterie und die Ausdehnung der römischen Herrschaft über das gesamte Mittelmeer folgte.

Der kleine Hafen von Cosa auf einem Vorgebirge an der etruskischen Küste vermittelt eine eindrucksvolle Vorstellung von der Bewegung der Güter im damaligen Mittelmeergebiet. Die dortigen Werkstätten produzierten Tausende von Amphoren im Auftrag einer Adelsfamilie der frühen Kaiserzeit, der Sestii, die ihre Stadt zu einem erfolgreichen Produktionszentrum machten. Amphoren aus Cosa fand man in einem Wrack bei Grand-Congloué in der Nähe von Marseille. Die meisten von ihnen trugen die Buchstaben SES, die Töpfermarke der Familie. Ein weiteres, unter dem ersten liegendes Wrack stammt aus der Zeit um 190 bis 180 v. Chr. und enthielt Amphoren aus Rhodos und anderen Orten in der Ägäis sowie große Mengen süditalienischen Geschirrs, das für Südgallien oder Spanien bestimmt war. Erzeugnisse wie diese konnten auch weit ins Binnenland transportiert werden, während Massengüter wie Wein, Öl oder Getreide eher in der Nähe der Küste verbraucht wurden, da der Transport ins Binnenland – abgesehen von den Flüssen – zu schwierig und zu teuer war. Der Transport auf dem Wasser war unendlich viel billiger als der Transport über Land – ein Problem, mit dem, wie wir noch sehen werden, selbst eine Stadt wie das nicht weit vom Meer entfernte Rom zu kämpfen hatte.[33]

Getreide war das Hauptnahrungsmittel, vor allem *Triticum durum*, der Hartweizen aus Sizilien, Sardinien, Afrika und Ägypten (Hartweizen ist trockener als Weichweizen und daher haltbarer), obwohl echte Kenner *siligo* bevorzugten, einen feinen Weichweizen mit dünnschaligem Korn.[34] Das Brot sollte den Magen füllen, und als Beilage zum Brot *(companaticum)* gab es Käse, Fisch oder Gemüse. Gemüse, sofern nicht eingelegt, ließ sich schlecht über längere Strecken transportieren. Käse, Öl und Wein fanden dagegen auch Märkte in Übersee, während der Seetransport von Pökelfleisch weitgehend auf die römische Armee beschränkt blieb.[35] Wachsender Beliebtheit erfreute sich *Garum*, die stinkende, aus Fischinnereien hergestellte Sauce, die in Amphoren gefüllt und im ganzen Mittelmeerraum gehandelt wurde. In Barcelona stieß man bei Ausgrabungen unweit der Kathedrale auf eine recht große *Garum*-Fabrik inmitten der Gebäude einer mittelgroßen, aus der Kaiserzeit stammenden Stadt.[36] Bei günstigem Wind brauchte ein Schiff zehn Tage für die etwa 1500 Kilometer lange Fahrt von Rom nach Alexandria. Die Rückfahrt konnte bei schlechtem Wetter sechsmal so lange dauern, auch wenn die Schiffer in der Regel mit drei Wochen rechneten. In der Zeit von Mitte November bis Anfang März war die Schifffahrt stark behindert, und die Zeit von Mitte September bis Anfang November wie auch die von März bis Ende Mai galten als gefährlich. Diese saisonale Abhängigkeit der Schifffahrt behielt ihre Bedeutung bis ins Mittelalter hinein.[37]

Die lebhafte Darstellung einer gescheiterten winterlichen Schiffsreise bietet Paulus von Tarsus in der Apostelgeschichte. Als Gefangener der Römer wurde Paulus in Myra an der Südküste Anatoliens auf ein alexandrinisches Schiff gebracht, das mit einer Ladung Getreide auf dem

Weg nach Rom war. Doch es war schon spät in der Segelsaison, widrige Winde hielten das Schiff noch weiter auf, und als sie Kreta erreichten, war die See schon gefährlich geworden. Statt auf Kreta zu überwintern, wagte der törichte Kapitän sich auf das stürmische Meer hinaus, auf dem sein Schiff dann 14 Tage lang umhergetrieben wurde. Um das Schiff zu erleichtern, warf man einen Teil der Getreideladung über Bord. Es gelang den Seeleuten, das Schiff nach Malta zu steuern und es dort auf den Strand zu setzen, wobei es allerdings auseinanderbrach. Wie Paulus berichtet, wurden die Reisenden von den »Barbaren«, die auf der Insel lebten, gut behandelt. Niemand kam ums Leben, aber alle saßen drei Monate lang auf der Insel fest. Nach maltesischer Überlieferung nutzte Paulus die Zeit, um die Inselbewohner zu bekehren, doch er selbst beschreibt die Malteser eher als leichtgläubig und primitiv – er heilte den kranken Vater eines wohlhabenden Gutsherrn und wurde von den Eingeborenen für einen Gott gehalten. Als die Bedingungen auf dem Meer sich besserten, nahm ein Schiff aus Alexandria, das dort überwintert hatte, sie alle an Bord. Sie fuhren über Syrakus und Reggio an der Südspitze Italiens zu dem eine Tagesreise von Reggio entfernten Hafen Puteoli, der wahrscheinlich auch das Ziel des Getreideschiffs gewesen war. Von dort machte Paulus sich auf den Weg nach Rom (wo er nach christlicher Überlieferung später enthauptet wurde).[38]

Erstaunlicherweise schuf der römische Senat keine staatliche Handelsflotte ähnlich den Flotten der mittelalterlichen Republik Venedig. Die meisten Getreidetransporte nach Rom wurden von privaten Händlern organisiert, selbst wenn es sich um Getreide aus den kaiserlichen Landgütern in Ägypten oder anderswo handelte.[39] Um 200 n. Chr. besaßen die Getreideschiffe im Durchschnitt eine Wasserverdrängung von 340 bis 400 Tonnen und eine Ladekapazität von 50 000 *modii* oder Scheffel Getreide (eine Tonne entsprach etwa 150 *modii*). Einige wenige Schiffe erreichten 1000 Tonnen, aber es gab auch zahllose kleinere Schiffe. Rom benötigte im Jahr wahrscheinlich 40 Millionen Scheffel Getreide, so dass zwischen Frühjahr und Herbst alljährlich 800 Schiffsladungen durchschnittlicher Größe die Stadt erreichen mussten. Wie Josephus im 1. Jahrhundert n. Chr. berichtete, lieferte Afrika genügend Getreide für acht Monate, Ägypten für weitere vier.[40] All das war mehr als genug für die kostenlose Verteilung von zwölf Millionen Scheffeln Getreide an 200 000 männliche Bürger der Stadt.[41] Der mittlere Teil Nordafrikas hatte Rom seit dem Ende des Punischen Krieges versorgt, und die kurze Überfahrt nach Italien war deutlich sicherer als die lange Überfahrt von Alexandria aus.[42]

Zahlreiche Händler reisten aus den Getreideexporthäfen an der nordafrikanischen Küste nach Ostia, wo sie sich auf dem von Säulengängen umgebenen Platz versammelten, der heute Piazzale dei Corporazioni heißt.[43] Dürre und Erosion hatten die Böden Nordafrikas noch nicht verdorben, die von der idealen Abfolge regnerischer Winter und trockener Sommer profitierten.[44] Der Kaiser selbst witterte dort gute Chancen. Nero konfiszierte Ländereien der sechs größten Gutsbesitzer, und wie Plinius der Ältere berichtete, brachte er die Hälfte der Provinz Afrika in seinen Besitz (die etwa dem heutigen Tunesien entsprach).[45] Aus der prosperierenden Region, die hauptsächlich die eigenen Städte und vor allem Karthago versorgte, war eine Region geworden, die sehr viel größere Gebiete des Mittelmeerraums versorgte, vor allem Rom und Italien. Nicht nur Gebiete, die unter römischer Herrschaft standen, sondern auch die Territorien der autonomen Könige Mauretaniens wurden in dieses Versorgungsnetz einbezogen, und andere Erzeugnisse gelangten aus Afrika nach Rom: Feigen (die nach Cato dem Älteren drei Tage dafür brauchten), Trüffel und Granatäpfel für die Tische der reicheren Römer; außerdem Löwen und Leoparden für die römischen Amphitheater.[46] Ab dem 2. Jahrhundert n. Chr. ermunterten die Kaiser afrikanische Bauern, auch marginale Böden zu erschließen, denn die italienische Produktion ging zurück und reichte nicht einmal mehr für die italienische Bevölkerung, geschweige denn für das übrige Imperium. Hadrians Beamte in Nordafrika schrieben: »In dem unermüdlichen Eifer, mit dem unser Kaiser über die menschlichen Bedürfnisse wacht, hat er angeordnet, dass alle für den Anbau von Oliven oder Wein sowie Getreide geeigneten Flächen genutzt werden.«[47] Man baute Bewässerungssysteme und Dämme, die den Winterregen zurückhalten sollten, und diese Systeme verfielen erst nach arabischen Einfällen im 11. Jahrhundert n. Chr. Neben der Landwirtschaft blühte auch das Töpferhandwerk. Funde »Afrikanischer Rotschlickerkeramik«, die von dort exportiert wurde, geben heute Hinweise auf die Struktur der Handelsnetze im späteren Römischen Reich.[48] Intensivierung und Kommerzialisierung der afrikanischen Landwirtschaft gingen nicht erst auf römische Initiative zurück. Das Mittelmeergebiet war bereits ein hochgradig integrierter Handelsraum, als Macht und Einfluss Roms sich in jeden Winkel dieser Region ausbreiteten.

Im Hinblick auf die kaiserlichen Steuereinnahmen besaß das ägyptische Getreide einige Vorteile gegenüber dem afrikanischen. Es gelangte nicht ausschließlich nach Rom, denn Ägypten versorgte weiterhin große Teile des östlichen Mittelmeerraums und der Ägäis. Alexandria galt als äußerst zuverlässiger Getreidelieferant, da die alljährlichen Nilschwemmen eine stetige Produktion gewährleisteten, während die Lieferungen aus den Gebieten, in denen sich heute Marokko, Algerien, Tunesien und Libyen befinden, Schwankungen ausgesetzt waren und aus zahlreichen Zentren zusammengeholt werden mussten.[49] Vor allem aber basierte die Getreideversorgung des Römischen Reiches in Zeiten, in denen selbst fruchtbare Landstriche wie Sizilien gelegentlich von Hungersnöten heimgesucht wurden, nicht auf einer einzigen unsicheren Quelle. Selbst in Ägypten kam es, wenn auch selten, zu erschreckenden Hungersnöten.[50] Angesichts des Zugangs zur Getreideerzeugung im gesamten Mittelmeerraum wirkte die Gefahr solcher Verknappungen weniger bedrohlich. Rom wurde ernährt. Die Kaiser feierten die Getreideverteilung auf ihren Münzen. In den Jahren 64 bis 66 n. Chr. spielte Nero auf einigen (wie man es von diesem selbsternannten Schiedsrichter in Sachen Geschmack wohl erwarten durfte) außergewöhnlich eleganten Bronzemünzen direkt auf die Getreideversorgung an. Ceres hält Ähren in der Hand und blickt eine andere Figur an, Annona (»die Ernte«), die ein Füllhorn in Händen hält. In der Mitte steht ein Altar mit einem Getreidemaß, und im Hintergrund sieht man das Heck eines Getreideschiffs.[51]

IV

Wenn Getreide, Öl und Wein in Italien angelangt waren, mussten sie irgendwie in das 15 Kilometer vom Meer entfernt liegende Rom geschafft werden, ein Transport, der durch den gewundenen Lauf des Tibers und den Mangel an guten Kais in der Stadt selbst erschwert wurde. In den Zeiten des Augustus löste man das Problem, indem man das Getreide zunächst einmal in der Bucht von Neapel anlandete, wo es in Puteoli (heute Pozzuoli, ein Vorort von Neapel) einen großen, gut geschützten Hafen gab. Dort lud man das Getreide auf kleinere Schiffe um, die es an der kampanischen und latinischen Küste entlang zum Tiber brachten, denn zwischen Cosa in Etrurien und Gaeta an der Grenze zwischen Latium und Kampanien gab es keine Häfen. Nero (gest. 68 n. Chr.) plante deshalb den Bau eines breiten Kanals, in dem zwei Quinqueremen aneinander vorbeifahren konnten. Er sollte den Hafen von Ostia mit der Bucht von Neapel verbinden und so die beschwerliche und gelegentlich auch gefährliche Fahrt entlang der italienischen Küste unnötig machen. Als das gewaltige Projekt scheiterte, verwandte man einige Kraft auf die Vergrößerung der Häfen an der Tibermündung, vor allem des Hafens in Ostia, dessen umfangreiche Überreste von den Geschäftsbeziehungen nach Afrika, Gallien und dem Osten zeugen. Über Ostia später mehr.

Puteoli wurde im Voraus über die Ankunft von Getreideflotten informiert:

> »Plötzlich liefen bei uns heute Schiffe aus Alexandria ein, die gewöhnlich vorausgeschickt werden und ankündigen der nachfolgenden Flotte Ankunft: Postschiffe nennt man sie. Willkommen ist ihr Anblick in Kampanien; die ganze Bevölkerung von Puteoli steht auf der Mole und macht unmittelbar an der Takelage die Schiffe aus Alexandria in einer noch so großen Menge von Schiffen aus.«[52]

Das war möglich, weil nur Schiffe der Getreideflotte Alexandrias ein bestimmtes Segel setzen durften, »das auf hoher See alle Schiffe führen«. Kaiser Gaius Caligula (gest. 41 n. Chr.) war stolz auf die in Puteoli stationierte Alexandria-Flotte und riet dem jüdischen Fürsten Herodes Agrippa davon ab, über Brindisi, Griechenland und Syrien nach Judäa zurückzukehren. Stattdessen solle er in Puteoli ein Schiff nehmen – die alexandrinischen Kapitäne waren berühmt dafür, dass sie ihr Schiff wie Wagenlenker übers Meer steuerten. Wenige Tage nach seiner Abfahrt in Puteoli kam Herodes Agrippa bereits in Ägypten an.[53] Puteoli war auch berühmt für seinen Zement, der aus Vulkanasche hergestellt wurde und in Bauwerken in ganz Italien Verwendung fand. Vor allem nutzte man diesen Zement für den Bau von Landungsstegen und Molen, an denen selbst die größten Schiffe anlegen konnten.[54] Puteoli war bereits ein Zentrum für den Handel mit Luxusgütern wie griechischem Marmor oder ägyptischem Papyrus und Glas, als Ägypten in die Hände der Römer fiel. Kaufleute aus Puteoli betätigten sich auf Delos, wo sie ein lebhaftes Kontingent süditalienischer Händler stellten. Auf dem Weg über Delos und Puteoli kamen zahlreiche Sklaven nach Italien. Wie Rom selbst besaß die Stadt eine äußerst heterogene Bevölkerung, mit kleinen Kolonien phönizischer Kaufleute aus Tyros, Nabatäern aus der Wüste jenseits von Palästina und Ägyptern, die den Serapiskult mitgebracht hatten.[55] Die Phönizier waren einst eine große Macht in Puteoli gewesen, doch 174 n. Chr. gerieten sie in beträchtliche Schwierigkeiten und wandten sich an die Stadtväter von Tyros mit der Bitte, die hohen Mietkosten für ihre Kontore und Lagerhäuser zu übernehmen, die, wie sie schrieben, größer seien als die anderer Nationen:

> »In früheren Zeiten waren die in Puteoli lebenden Tyrer für deren Erhaltung verantwortlich, aber sie waren zahlreich und wohlhabend. Jetzt sind wir nur noch wenige, und da wir die Kosten für die Verehrung unsere Landesgottheiten, die hier Tempel haben, und die zu ihren Ehren abgehaltenen Opferfeste tragen müssen, verfügen wir nicht über die nötigen Mittel, um die Pacht für die Handelsstation zu zahlen, die sich auf 100 000 *denarii* jährlich beläuft.«[56]

Die Kaufleute, »die in Alexandria, Asien und Syrien Handel treiben«, bauten auch einen Tempel für Jupiter, Juno und Minerva.[57] Auf Kosten der reichsten Familien der Stadt wurden schöne öffentliche Gebäude errichtet. Puteoli dürfte die kampanische Stadt gewesen sein, in der Petronius, ein Höfling Neros, seinen Skandalroman *Satyricon* ansiedelte. Eine der Hauptfiguren, Trimalchio, ein freigelassener Sklave, machte sein

Vermögen auf See, verlor es wieder (»An einem Tag verschlang Neptun über drei Millionen«), begann wieder von vorn und setzte sich schließlich mit einem Vermögen von mehreren Millionen Sesterzen zur Ruhe.[58]

Ob es nun so erfolgreiche Freigelassene wie den fiktiven Trimalchio gab oder nicht, jedenfalls spielten Freigelassene offenbar eine wichtige Rolle im Geschäftsleben des Hafens. Eine bemerkenswerte Reihe von Wachstafeln, die in Pompeji gefunden wurden, zeugt von den finanziellen Aktivitäten der Sulpicii, einer Bankiersfamilie aus Puteoli. 127 Dokumente sind erhalten geblieben, die meisten aus der Zeit zwischen 35 und 55 n. Chr.[59] Eines der Dokumente betrifft ein Darlehen von 1000 *denarii*, das der Sklave Primus, ein Agent des Kaufmanns Publius Attius Severus, einem gewissen Menelaus, einem frei geborenen Griechen aus Caria in Kleinasien, gewährte. Der Name Severus taucht auch an einer ganz anderen Stelle nochmals auf: als Stempel auf einer Amphore mit Fischsauce, die von der Iberischen Halbinsel nach Rom exportiert worden war. Menelaus besaß ein eigenes Frachtschiff, und das Darlehen war offenbar eine Vorauszahlung für den Transport einer Ladung *Garum*, die von Puteoli nach Rom gebracht werden sollte.[60] All das zeigt, wie eng Puteoli in die Handelswelt des Mittelmeeres eingebunden war – ein griechischer Schiffseigner mit Geschäftsbeziehungen zu einem reichen römischen Kaufmann, der mit spanischer Fischsauce handelte. Dass hier ein Sklave als Agent des im fernen Rom beheimateten Kaufmanns Severus fungierte, war keineswegs ungewöhnlich. Schon in der Blütezeit Athens kannten griechische Bankiers sich gut mit den in Puteoli üblichen Banktechniken aus. Neu ist hier, dass solche Transaktionen den gesamten Mittelmeerraum umspannten, von den *Garum*-Produzenten in Spanien bis hin nach Ägypten. Kredite bestanden nicht nur aus Vorauszahlungen in Bargeld oder Waren. Das Wort »Kredit« (vom lateinischen *credit*) verweist auf Vertrauen. Im Zeitalter der *pax Romana* waren Vertrauen und Zusammenarbeit leichter und effektiver.

Doch seinen Reichtum verdankte Puteoli in erster Linie dem Getreide. Man schätzt, dass zu dieser Zeit jährlich 100 000 Tonnen den Hafen passierten.[61] Dabei fielen zahllose Arbeiten für Sklaven und bezahlte Arbeitskräfte an. Ob das Getreide nun in Säcken transportiert oder in Behältnisse gefüllt wurde, es musste im italienischen Bestimmungshafen entladen und für den Transport nach Rom auf kleinere Schiffe oder Frachtkähne umgeladen werden. Es musste entweder im Hafen oder in Rom selbst gelagert werden, und die Lagerung von Getreide war keine einfache Sache, da man es vor gefährlichen Pilzerregern, Insekten und Mäusen schützen musste, das heißt, man musste für Belüftung und die richtigen Temperaturen sorgen.[62] Die Getreidehändler mussten Räume in Lagerhäusern anmieten, die zum Teil gewaltige Ausmaße besaßen. Die Horrea Galbana in Rom boten mehr als 140 Lagerräume im Erdgeschoss, die Grandia Horrea an der Küste in Ostia 60 solcher Räume.[63] Puteoli war auch ein guter Marktplatz für Anbieter von Luxusgütern und Erzeugnissen des Indienhandels, die über Alexandria dorthin kamen, denn von dort war es nicht weit bis zu den Sommerresidenzen der Senatsaristokratie in Baiae, Herculaneum und Stabiae, und ganz in der Nähe lag das damals noch florierende Neapel samt Satellitenstädten wie Pompeji.

Das an der Tibermündung gelegene Ostia übernahm nach und nach die Führungsposition und verdrängte Puteoli als wichtigsten Hafen für Güter mit dem Ziel Rom. Die Ursprünge reichen bis ins 5. Jahrhundert v. Chr. zurück, als Rom und Veji um die Kontrolle der Salinen an der Tibermündung konkurrierten, doch lange Zeit war Ostia kaum mehr als eine Reede in einem Mündungsgebiet. Unter Augustus und Tiberius gab es Bauprojekte, doch erst unter Claudius unternahm man ernsthafte Anstrengungen zum Bau eines nahe bei Rom gelegenen Hafens, und 42 n. Chr. baute man drei Kilometer nördlich des Tibers einen neuen Hafen, dem man den schlichten Namen Portus gab. Es ging weniger darum, Puteoli zu verdrängen, als um die Sicherung der Getreideversorgung Roms. Leider erwiesen sich die Hafendämme und Molen des Claudius als untauglich. Im Jahr 62 n. Chr. zerstörte ein Sturm im Hafen 200 Schiffe. Innerhalb eines Jahrhunderts verstärkte Kaiser Trajan den Portus von Ostia, indem er einen sichereren und mit seiner sechseckigen Gestalt spektakulären Hafen innerhalb des alten, von Claudius geschaffenen Hafens baute. Unter seinem Nachfolger Hadrian wurden große Bereiche, in denen sich Lagerhäuser und Läden befanden, wiederaufgebaut. Nun gab es in Ostia zahlreiche mehrstöckige Wohnhäuser aus stabilen Ziegeln – eine Art Mittelschichtambiente, das sich bis ins 4. Jahrhundert hielt, während viele der ärmeren Einwanderer, die dort italienischen Boden betraten, in die Mietshäuser Roms weiterzogen.[64]

V

Als Oktavian an die Macht kam, befanden sich alle Küsten und Inseln des Mittelmeeres unter römischer Herrschaft oder zumindest im römischen Einflussbereich. Das Mittelmeer war für die Römer in der Tat *mare nostrum*.[65] Sein Sieg führte zu einer mehr als 200 Jahre währenden Friedenszeit im gesamten Mittelmeer. Natürlich flammte die Seeräuberei gelegentlich erneut auf, zum Beispiel durch die Mauretanier ganz im Westen Nordafrikas, einem Gebiet, in dem die römische Kontrolle relativ schwach war. In den Jahren 171 und 172 n. Chr. überfielen maurische Piraten Spanien und Afrika, und der Kaiser, Mark Aurel, verstärkte die römische Flotte, um dieser Bedrohung zu begegnen. Doch wenn die römische Kriegsflotte in Kriege verwickelt wurde, dann fast immer außerhalb des Mittelmeeres, denn Rom unterhielt auch fern vom Mittelmeer Flotten, etwa in Britannien oder auf Rhein und Donau, wo sie germanische Überfälle abwehren sollten. Auch Instabilität im Herzen des Imperiums zerstörte den Frieden im Mittelmeer nicht grundlegend. Selbst im turbulenten »Jahr der vier Kaiser« 68/69 n. Chr., nach Neros Selbstmord, heuerte Kaiser Otho Tausende von Seeleuten an, um die Bedrohung durch seinen Rivalen und späteren Nachfolger Vitellius abzuwehren. Dabei konnte Otho auf die Unterstützung der beiden Flotten rechnen, die in Ravenna und in dem nahe bei Puteoli gelegenen Misenum stationiert waren. Auch der letztendliche Sieger, Vespasian, setzte Seestreitkräfte ein, wenn auch in ganz anderer Weise. Von seinem ägyptischen Stützpunkt aus blockierte er zunächst die Weizenlieferungen nach Rom, und als er sich dann Rom näherte, zeigte er sich großzügig und gab die Lebensmittellieferungen an das römische Volk wieder frei, womit er die Unterstützung für Vitellius nachhaltig untergrub.[66] Später nutzten Kaiser die Flotte, wenn sie Soldaten zum Beispiel nach

Afrika transportierten, um regionale Aufstände niederzuschlagen. Trajan schickte Flotten in die Kyrenaika, nach Ägypten und nach Syrien, um 115 und 116 n. Chr. eine jüdische Rebellion zu beenden, die sich weit ausgebreitet hatte.[67] Gelegentlich wurde von Seeleuten erwartet, dass sie auch an Land kämpften, wenn sie ihr Ziel erreicht hatten, doch große Seeschlachten wie die der Punischen Kriege waren allenfalls literarische Stoffe, aber nichts, womit Seeleute damals wirklich zu rechnen hatten.

So ist es nicht verwunderlich, wenn die römische Flotte weniger Aufmerksamkeit erhalten hat als griechische Kriegsflotten oder jener andere unbarmherzige Arm des Staates, die römische Armee. Man nimmt an, dass die römische Kriegsflotte in den Zeiten der *pax Romana* keine sonderliche Rolle spielte. Der Dienst in der Flotte stand nicht in ähnlich hohem Ansehen wie der Dienst in der Armee. Im 2. Jahrhundert n. Chr. wechselte ein römischer Legionär aus eigenem Antrieb zur Flotte; er wurde wegen inakzeptablen Verhaltens bestraft.[68] Dennoch gab es viele, die stolz auf den Dienst in der Flotte waren. Auf einem ägyptischen Papyrus des frühen 2. Jahrhunderts n. Chr. ist von einem gewissen Sempronius die Rede, dem es großen Kummer bereitete, dass man seinen Sohn Gaius überredet hatte, nicht in die Flotte einzutreten, wie er es ursprünglich beabsichtigt hatte: »Sieh zu, dass du dich nicht dazu überreden lässt, sonst bist du nicht länger mein Sohn […] Du wirst gut daran tun, in einen ordentlichen Dienst zu treten.«[69] Doch die Rekrutierungspraxis der Flotte hatte beträchtliche soziale Auswirkungen. Die Seeleute der Kriegsflotte kamen aus der gesamten römischen Welt und selbst aus dem Binnenland wie dem (an der Donau gelegenen) Pannonien. Es gab natürlich sehr viele Griechen und eine große Zahl von Ägyptern – nicht nur Griechen, die sich in Ägypten niedergelassen hatten, sondern auch Ägypter einheimischer Abstammung. Diese Leute brachten ihre Götter mit, und so wurde Serapis von vielen Seeleuten der römischen Kriegsflotte verehrt, und zwar unabhängig davon, ob sie selbst aus Ägypten kamen: »Serapis ist groß auf dem Meer, und sowohl die Seeleute auf Handelsschiffen als auch die auf Kriegsschiffen lassen sich von diesem Gott leiten.«[70] Die Mischung der verschiedensten Götter war für die gesamte römische Welt typisch. Aber es gab auch einen

Druck in die entgegengesetzte Richtung. Wenn Rekruten in den Dienst einer Institution traten, in der Latein die Kommandosprache war, versuchten sie sich zu lateinisieren und zu romanisieren, indem sie lateinische Namen annahmen:

> »Apion, dem Epimachos, seinem Vater und Herrn, vielmals zum Gruß. Vor allem wünsche ich, dass Du gesund bist und [Dich] stets, indem es Dir gut geht, wohl befindest mitsamt meiner
> Schwester und ihrer Tochter und meinem Bruder. Ich danke dem Herrn Serapis, dass er, als ich in Seenot war,
> [mich] sofort errettet hat [...] Ich habe dir geschickt mein Bildchen durch Euktemon. Es ist mein Name Antonius Maximus.«[71]

Einige Jahre später war er verheiratet und hatte drei Kinder, zwei mit lateinischen und eines mit einem griechischen Namen. »Antonius Maximus« interessierte sich inzwischen nicht mehr so stark für Serapis, denn für das Wohlergehen seiner Schwester betete er nun zu den »hiesigen Göttern«.[72]

Die römische Kriegsflotte genoss weniger Ansehen, weil sie weniger eine kämpfende Einheit als eine Polizeitruppe war. Sie sorgte für die Sicherheit der Seewege, auch wenn sie Handelsschiffen keinen Geleitschutz bot – teils weil die Handelsschifffahrt privat organisiert war, teils weil dafür kaum eine Notwendigkeit bestand. Die bloße Anwesenheit der Flotte in Misenum bei Neapel, in Ravenna und in einer Reihe weiterer Stützpunkte wie Forum Julii (Fréjus) in der Provence reichte aus, um die Sicherheit zu gewährleisten. Karthago, das 29 v. Chr. als Handels- und Verwaltungszentrum wiederaufgebaut worden war und nun offiziell *Colonia Iulia Concordia Carthago* hieß, wurde von der Flotte nicht genutzt, obwohl es schon bald (abgesehen von Alexandria) die wichtigste römische Stadt in Nordafrika war.[73] Präsent war die Flotte dagegen in dem etwas weiter westlich gelegenen Caesarea (Cherchel), weil jenseits davon das gelegentlich turbulente Mauretanien lag.[74] Das bedeutete *pax Romana* für das Mittelmeer: eher eine segensreiche Präsenz als eine aktive Unterdrückung von Gegnern, denen man den Frieden des Siegers aufzuzwingen versucht hätte – »sie verwüsten das Land und nennen es Frieden«, wie Tacitus mit Blick auf römische Heere in

Nordeuropa ironisch bemerkte. Zumindest bis zur Mitte des 3. Jahrhunderts n. Chr. war man sich hinreichend der Notwendigkeit bewusst, die Flotte in einem guten Zustand zu erhalten. Bei den Schiffen handelte es sich um die traditionellen Quadriremen und Quinqueremen der spätklassischen Welt. Bis in byzantinische Zeit finden sich keine Hinweise auf wesentliche Neuerungen im Schiffsbau, und so standen die Flotten vor dem überkommenen Problem von Schiffen mit niedriger Bordwand, die sich in der Regel kaum vier Meter über den Wasserspiegel erhob, nämlich der Unfähigkeit, im Winter oder generell bei rauer See zu segeln.[75] Die Flotte wurde auch genutzt, um Staatsbeamte quer durch das ganze Reich zu transportieren, aber anders als mittelalterliche Schiffe wurden diese Galeeren nicht zugleich als Handelsschiffe eingesetzt, teils wegen ihrer Bauart und teils weil der Kaiser kein bloßer Händler sein wollte.

Die Idee, Misenum und Ravenna zu Kommandozentralen zu machen, lässt sich bis zu Augustus zurückverfolgen.[76] Misenum diente als Basis für Operationen im westlichen Mittelmeer, doch das Operationsgebiet erstreckte sich ebenfalls weit nach Osten. Da die Getreideschiffe aus Ägypten ganz in der Nähe in Puteoli ankamen, hielt Misenum auch ein Auge auf die Bewegungen entlang dieser Schiffsroute. Ein hinter Misenum gelegener Binnensee wurde vertieft und durch einen Kanal mit dem Meer verbunden, so dass die Flotte einen sicheren Innenhafen erhielt. Um den Hafen herum ließen reiche Römer sich Landhäuser errichten. Tiberius verbrachte dort einige seiner letzten Tage.[77] Von Ravenna aus hielt die Flotte ein Auge auf die dalmatinische Küste, die stets ein gutes Versteck für Piraten und Freibeuter war, und auch die Ägäis fiel in den Zuständigkeitsbereich dieses Stützpunkts. Ravenna war von Lagunen umgeben (die heutige Küstenlinie liegt mehrere Kilometer von der damaligen entfernt) und daher kein idealer Standort für einen Hafen. Deshalb baute man den Hafen drei Kilometer entfernt an einem Ort, den man Classis, das heißt »Flotte«, nannte und durch einen Kanal mit Ravenna verband. Dieser Hafen ist auf den aus dem 6. Jahrhundert n. Chr. stammenden Mosaiken in Ravenna abgebildet, denn er behielt noch lange seine Bedeutung. Vom Glanz dieser Hafenstadt sind heute nur noch die zahlreichen Mosaiken auf den Wänden der Kirche

Sant'Apollinare in Classe geblieben, die gleichfalls aus dem 6. Jahrhundert stammt.[78] Die Fähigkeit Roms, ein wachsames Auge auf das Mittelmeer zu halten, hauptsächlich von Stützpunkten im Tyrrhenischen Meer und der nördlichen Adria aus, war sehr eindrucksvoll.

Ein Händler des 2. Jahrhunderts n. Chr. mochte sich fragen, ob die Einheit des Mittelmeeres überhaupt erschüttert werden konnte. Es war eine politische Einheit unter Rom. Es war eine ökonomische Einheit, die es den Kaufleuten ermöglichte, ohne Störungen kreuz und quer über das Mittelmeer zu fahren. Es war eine kulturelle Einheit, die ihren Ausdruck entweder in griechischer oder in lateinischer Sprache fand. Es war in mancherlei Hinsicht sogar auch eine religiöse Einheit oder eine Einheit in Vielfalt, da die Menschen des Mittelmeerraums ihre Götter miteinander teilten, sofern sie keine Juden oder Christen waren. Die einheitliche Herrschaft über *mare nostrum* sicherte die Bewegungsfreiheit und führte zu einer kulturellen Durchmischung des Mittelmeerraums, wie man sie in solchem Ausmaß bis dahin noch nicht erlebt hatte.

KAPITEL 9

Alter und neuer Glaube

1 bis 450 n. Chr.

I

Wie in allen Hafenstädten der römischen Welt war die Bevölkerung auch in Ostia sehr gemischt. Beim Bau einer Straße, die Rom mit seinem neuen Tor zur Welt, dem Flughafen Fiumicino, verbinden sollte, machte man 1961 in den Außenbezirken Ostias eine bemerkenswerte Entdeckung: die Synagoge der Stadt, den ältesten Synagogenbau, der in Europa erhalten geblieben ist. Die frühesten Teile stammen aus dem 1. Jahrhundert n. Chr., doch das Gebäude wurde im 4. Jahrhundert renoviert oder teilweise neu erbaut. Über einen Zeitraum von mindestens 300 Jahren diente es als jüdisches Gebetshaus. Eine Inschrift aus dem 2. Jahrhundert erinnert an den Bau der Lade für die Gesetzesrollen auf Kosten eines gewissen Mindis Faustos. Die Inschrift ist hauptsächlich in griechischer Sprache verfasst und mit einigen lateinischen Ausdrücken durchsetzt, denn die Juden Roms mit ihren Verbindungen zum Orient benutzten das Griechische weiterhin als Umgangssprache. Der Bau bedeckt mit seinen Nebengebäuden eine Fläche von 856 Quadratmetern, und alles deutet darauf hin, dass dies die Synagoge einer wohlhabenden, mehrere hundert Mitglieder zählenden jüdischen Gemeinde war. Im 4. Jahrhundert gehörten dann auch ein Backofen, möglicherweise zum Backen von ungesäuertem Brot für das Pessachfest, und ein Badehaus für rituelle Waschungen zu diesem Gebäudekomplex. Es gab Nebenräume, die wahrscheinlich für Lehrzwecke und für Versammlungen des jüdischen Gemeinderates und des Rabbinergerichts genutzt wurden. Ein mit Reliefs verzierter Architrav zeigte den großen Leuchter, der im Tempel gestanden hatte, das zum Neujahrsfest geblasene Widder-

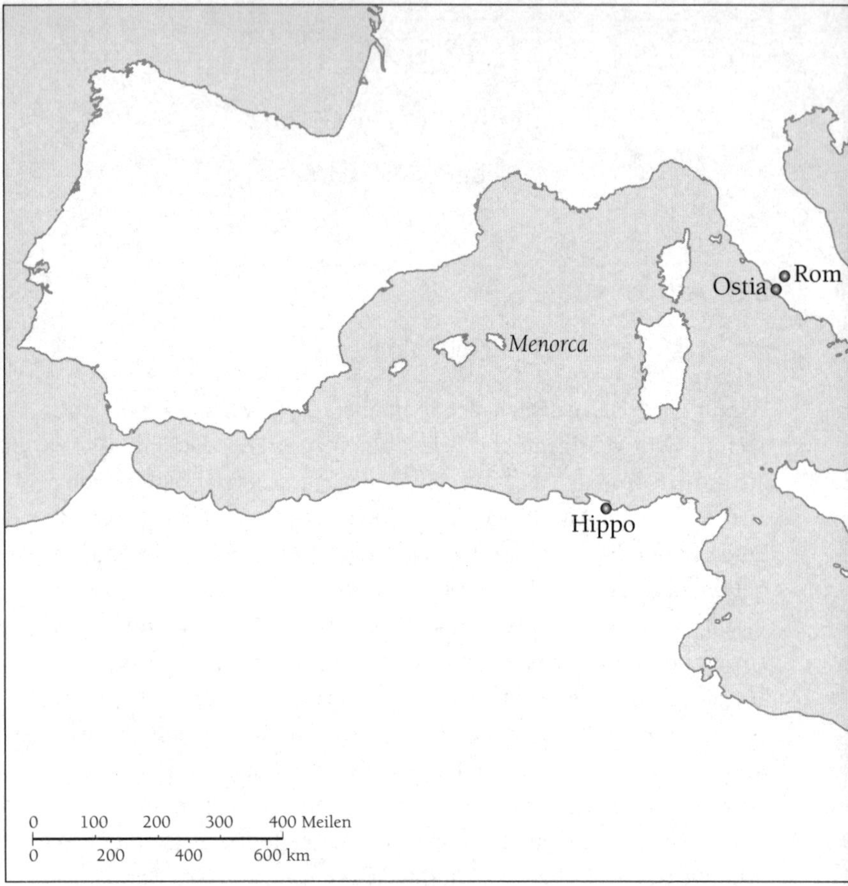

horn und die Symbole des Laubhüttenfestes, die Zitrone und den verzierten Palmzweig.[1] Die jüdische Religion war nicht der einzige aus dem Osten stammende Kult, der in Ostia zahlreiche Anhänger hatte. Ein kleines, aus Ziegeln errichtetes Heiligtum in einem anderen Teil der Stadt ist als Serapistempel identifiziert worden. Innerhalb des Tempelbezirks befand sich ein Hof, dessen Boden mit einem Schwarzweißmosaik gepflastert war, das Nilszenen zeigte. Zahlreiche Inschriften verweisen auf den Isiskult. Es gab mehrere Tempel für Mithras, der in der römischen Armee sehr beliebt war. Bei den ekstatischen Festen für die

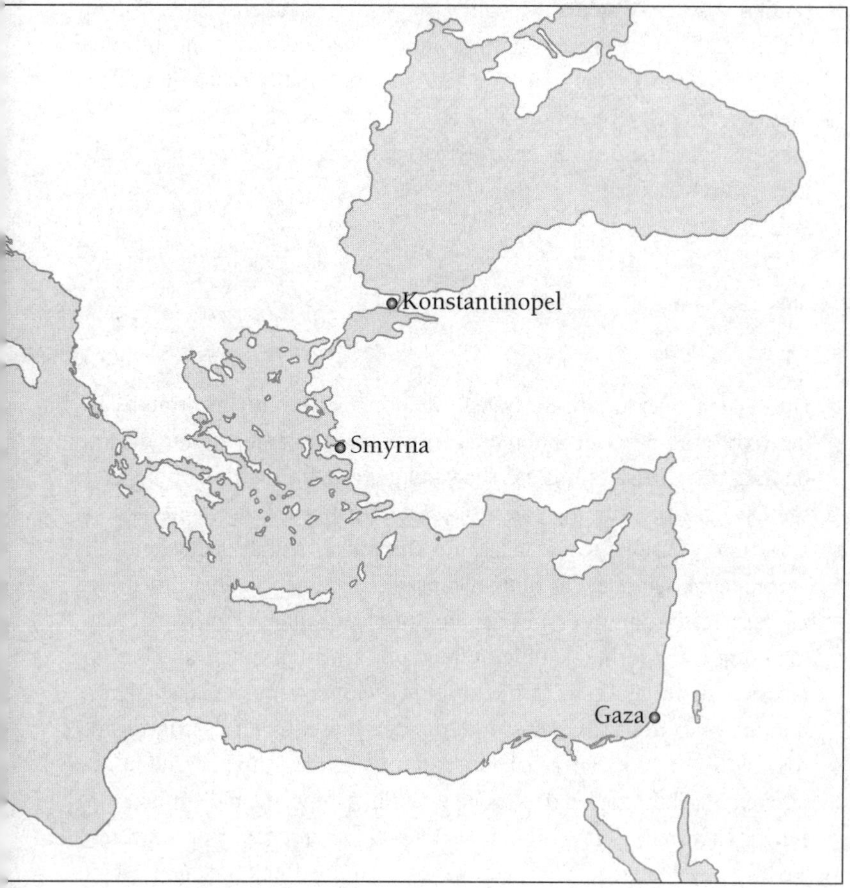

Muttergottheit Kybele sollen sich männliche Anhänger dieses Kultes entmannt haben.[2]

Auf den Handelsrouten gelangten alte Glaubenssysteme aus Judäa und dem Niltal nach Italien, wobei sie durch ihren Kontakt mit der hellenistischen Kultur des östlichen Mittelmeerraums verändert wurden. Gelegentlich fuhren auch einzelne Menschen über das Mittelmeer, die keinen alten, sondern einen neuen Glauben mitbrachten. Paulus von Tarsus sind wir bereits auf seinem Weg nach Rom begegnet, und dort entwickelte sich eine weitere Traditionslinie, die auf einen anderen Reisenden aus dem Osten zurückging, auf seinen Glaubensbruder Simon Petrus. Auf seinen Reisen durch Syrien, Kleinasien, Griechenland und Italien predigte Paulus, dass ein von seinen Anhängern als jüdischer Messias verehrter Mann tatsächlich eine Inkarnation Gottes sei. Die langsam reifende Saat einer großen religiösen Revolution im Mittelmeerraum war gelegt.

II

Die beiden offenkundigen Transformationen des Mittelmeerraums in der spätrömischen Zeit waren die germanischen Invasionen und die Erhebung des Christentums zur Staatsreligion durch die römischen Kaiser. Die Christianisierung nahm gegen den heftigen Widerstand heidnischer und jüdischer Kreise langsam Fahrt auf. Orientalische Religionen verbreiteten sich über das Mittelmeer sehr leicht, doch weder Judentum noch Christentum waren mit den heidnischen Kulten vergleichbar, wie die Römer sehr wohl erkannten. Juden und Christen galten als »Atheisten«, da sie die Existenz der heidnischen Götter geradeheraus leugneten. Sie weigerten sich, dem vergöttlichten Kaiser Opfer darzubringen. Als die Römer die Herrschaft über den östlichen Mittelmeerraum erlangten, machten sie bei den Juden eine Ausnahme, denn die Juden waren bereit, ihrem Gott zu Ehren des Kaisers Opfer darzubringen, womit sie ihre Loyalität gegenüber dem Kaiser zum Ausdruck brachten, wenn auch auf eine exzentrische Art und Weise. Von allen anderen Untertanen erwartete man dagegen die obligatorischen Opfer an den vergöttlichten Kaiser. Die Christen stellten sich mit ihrer Weigerung außerhalb des Gesetzes und liefen deshalb Gefahr, in den Amphitheatern eines gewaltsamen Todes zu sterben. Indem Paulus und seine Nachfolger das Wort Christi auch außerhalb der jüdischen Gemeinden mit großem Elan predigten, schufen sie eine wachsende christliche Gemeinde, in der die Römer nun keinen Zweig des jüdischen Volkes mehr erblicken konnten. Auch folgten sie nicht dem jüdischen Gesetz. Die Beschneidung galt ihnen als Sache des Herzens, nicht des Körpers, und das Verbot des Genusses von Schweinefleisch bedeutet für sie, dass man sich nicht wie Schweine verhalten dürfe. Die Verfolgung bestärkte die Christen nur in ihrer Entschlossenheit. Die von den Römern hingerichteten Glaubensbrüder verehrten sie als Märtyrer. Sie verwarfen die jüdische Vorstellung, wonach die Gebeine von Toten unrein sind, und entwickelten einen Kult der Märtyrerreliquien. Nach Ansicht mancher enthusiastischer Anhänger war deren Leiden allerdings eine Illusion, da Christus sie gegen die Pranken der Löwen immun gemacht habe. Andere begrüßten dagegen Schmerz und Leiden, weil sie darin einen Beweis erblickten, dass sie die Gnade Christi erlangt und das ewige Leben gewonnen hatten.[3]

Zwar gewährte man den Juden grundsätzlich das Recht auf die Ausübung ihrer Religion, doch die römische Politik war nicht konsistent. Zur Strafe für einen Betrug, den vier Gauner begangen hatten, die fälschlich vorgaben, Geld für den Tempel zu sammeln, hatte Kaiser Tiberius 4000 römische Juden nach Sardinien verbannt – ein traditionelles Exilland. Zu den Betrogenen gehörte auch die Frau eines Senators, die (nicht ungewöhnlich) mit dem Judentum sympathisierte. Claudius gab den Juden in Alexandria das Bürgerrecht zurück, das sie unter dem wahnsinnigen Kaiser Gaius Caligula verloren hatten, aber es gibt keine Belege dafür, dass die jüdischen Diasporagemeinden im Widerstand gegen die herrschenden Mächte vereint gewesen wären. Wenn es auf den Straßen von Alexandria zu Unruhen kam, so war das die Folge einer tiefverwurzelten Abneigung zwischen Juden und Griechen und nicht einer staatlichen Politik, die nach Ansicht der Griechen den Juden allzu freundlich gesonnen war. Der Druck auf die Juden in Palästina resultierte indessen aus der erzwungenen wie auch freiwilligen Ausbreitung der Juden im gesamten Mittelmeerraum. Aus der Sicht der Geschichte des Mittelmeeres liegt die Bedeutung der Zerstörung des Tempels durch Tiberius 70 n. Chr. und der Stadt Jerusalem durch Hadrian 131 n. Chr. in einem einzigen Wort: »Diaspora«. Wie der jüdische Historiker Josephus ausführte, ist es unwahrscheinlich, dass die Römer die Absicht hatten, den Tempel zu zerstören, als sie im Jahr 70 den jüdischen Aufstand niederschlugen. Doch als der Tempel bereits niedergebrannt und geplündert war, erkannten der neue Kaiser Vespasian und sein Sohn Titus die politischen Vorteile eines großen Triumphzuges, in dem sie die Tempelschätze vorführen konnten, und Titus ließ den Zug auf den berühmten Reliefs im Innern des Titusbogens verewigen, der heute noch am südlichen Ende des Forum Romanum steht.[4] Außerdem verschleppte man eine große Zahl jüdischer Sklaven nach Italien und darüber hinaus.

Ungewöhnlich war indessen, dass Rom eine Wiederaufnahme des jüdischen Opferkults in Jerusalem nicht zuließ. Nicht dass die Einnahme des Tempels zu einer vollständigen Zerstörung des riesigen Heiligtums und seiner von Kolonnaden gesäumten Höfe geführt hätte (weite Teile der Umfassungsmauer sind heute noch erhalten). Nach aufwendigen Reparaturarbeiten hätte der Kult durchaus wieder beginnen können. Der freundliche alte Kaiser Nerva (gest. 98 n. Chr.) befreite die Juden von einer Sondersteuer, die ihnen nach dem Jüdischen Krieg auferlegt worden war, und die Wiederaufnahme des Kults schien nicht mehr fern zu sein.[5] Doch sein soldatischer Nachfolger Trajan wechselte zu einer harten Politik, und gegen Ende seiner Regierungszeit schlug er jüdische Aufstände in Syrien, Ägypten und der Kyreneika (115–116 n. Chr.) schonungslos nieder. Mit der Ausbreitung der Juden über den gesamten Mittelmeerraum breiteten sich auch die Spannungen aus, die bis dahin weitgehend auf Palästina und Alexandria beschränkt gewesen waren. Tatsächlich blieb es in Palästina während dieser Aufstände relativ ruhig. Trajans Nachfolger Hadrian griff nach einer kompromisslosen Lösung. Er ließ Jerusalem unter dem Namen Aelia Capitolina als eine dem Jupiter Capitolinus geweihte Stadt wiederaufbauen. Und er verwehrte beschnittenen Männern den Zugang zu dieser Stadt. Sein Verhalten gegenüber den Juden und dem Gott Israels stand in deutlichem Gegensatz zur traditionellen römischen Achtung vor fremden Religionen. Der Aufstand, der 132 bis 136 n. Chr. in Palästina folgte, war heftig, aber aussichtslos. Kurzfristige Erfolge einschließlich der Rückeroberung Jerusalems und vielleicht auch der Wiederaufnahme des Opferkults führten letztlich doch zu einer gewaltigen Niederlage und grauenhaften Massakern durch Hadrians Armeen. Dabei verloren möglicherweise 600 000 Juden ihr Leben.[6] Auch diese Ereignisse hatten Auswirkungen auf andere Teile des Mittelmeerraums, denn in ihrem Gefolge wurden sehr viele Juden als Sklaven oder Flüchtlinge nach Westen verschlagen. Mit Sicherheit lebten ein Jahrhundert später Juden in Spanien.[7] Dabei hatte die Niederlage in Jerusalem nicht nur politische und demographische Auswirkungen. Schon in der letzten Tempelzeit veränderte sich der Charakter des Judentums, als Sekten wie die Pharisäer die Autorität der alten Tempelpriesterschaft in Frage stellten. Der Verlust des Tempels verlieh diesen Veränderungen neuen Schwung, unter Führung von Rabbinern, bei denen es sich eher um gebildete Laien als um Tempelpriester handelte. Und die Synagoge, die an sich keine Neuheit darstellte, wurde zum Brennpunkt der Gelehrsamkeit und des Gebets.

Auch die Christenverfolgung kam in Wellen. Im 1. Jahrhundert hatte Nero den Christen die Schuld an der großen Feuersbrunst gegeben, die ihm die Möglichkeit bot, Teile Roms in goldenem Glanz neu zu erbauen. Mitte des 3. Jahrhunderts nahmen die Kaiser die Verfolgung im ganzen Reich wieder auf. Kaiser Decius wurde im Hafen des toskanischen Cosa als *restituor sacrorum*, »Wiederhersteller der heiligen Dinge«, verewigt, offenbar wegen seiner entschlossenen Jagd auf Christen. Eine Möglichkeit, der Verfolgung zu entgehen, lag darin, dass man nach außen hin Kompromisse schloss und öffentlich die heidnischen Gottheiten verehrte, aber hinter verschlossenen Türen an seinem Glauben festhielt. Meinungsverschiedenheiten hinsichtlich der Zulässigkeit solch eines Vorgehens und – ernster noch – hinsichtlich der Gültigkeit des Priesteramtes bei jenen, die die Heiligen Schriften an die römischen Behörden »übergeben« hatten *(donaverunt)*, führten zu bitteren Vorwürfen und Schismen. Die Donatisten, die im 4. Jahrhundert in Afrika aktiv waren, sahen sich selbst mit Blick auf solche Beschwichtiger als Verfechter des wahren Glaubens. Ein weiterer Ausweg aus dem Dilemma bestand darin, sich gegenüber den römischen Behörden als Jude auszugeben: »Am Samstag in die Synagoge, am Sonntag in die Kirche« – ein Verhalten, das in Antiochia während der 390er Jahre in heftig antijüdischen Predigten verdammt wurde.[8] Zu dieser Zeit hatten die Christen natürlich bereits die Oberhand gewonnen, aber im gesamten Mittelmeerraum waren die Grenzen zwischen Christen und Juden für Außenstehende (und selbst für viele Christen und Juden) durchaus nicht so klar erkennbar, wie die zornigen Propheten christlicher Rechtgläubigkeit, zum Beispiel der hl. Cyprian, uns dies glauben machen wollten. Die gegen das Judentum geäußerten Schmähungen hatten ihren Grund in einem erbitterten Wettstreit und nicht in dem Wunsch, auf Menschen einzutreten, die bereits am Boden lagen. Keine Seite mochte hier nachgeben. Das breitere Publikum war allerdings kaum an den feinen dogmatischen Unterschieden interessiert, sondern fühlte sich wahrscheinlich eher von den ethischen Grundsätzen und religiösen Zielsetzungen angezogen, die sich nicht sonderlich stark voneinander unterschieden – Nächstenliebe und die Hoffnung auf göttlichen Lohn im Jenseits oder vielleicht sogar schon im Diesseits. Viele Juden waren wahrscheinlich noch recht liberal im Umgang mit den religiösen Gesetzen, die immer noch ihren Feinschliff in den Akademien Babyloniens erhielten, und das erleichterte den Wechsel zwischen Religionen und Sekten ganz beträchtlich.

In einer Darstellung des Lebens und Sterbens des christlichen Märtyrers Pionius, der im Rahmen der Christenverfolgungen des Decius in Smyrna sein Leben ließ, ist immer wieder von »Griechen, Juden und Frauen« die Rede, die sich auf öffentlichen Plätzen in Smyrna zu einer feindseligen Menge zusammengerottet hätten, als er inhaftiert wurde. Pionius verweigerte die Teilnahme am heidnischen Kult zu einer Zeit, als Juden und Heiden eines ihrer Feste feierten (möglicherweise das jüdische Purimfest und die heidnischen Dionysien, zwei Feste, bei denen Trunkenheit mehr als toleriert wurde). An solchen Tagen verschmolzen die Feste von Juden und Heiden fast unmerklich miteinander, sosehr die Rabbiner auch dagegen einzuschreiten versuchten.[9] In Smyrna und anderswo gab es große, angesehene jüdische Gemeinden, die zahlreiche Konvertiten, aber auch sogenannte Gottesfürchtige anzogen, die den jüdischen Riten beiwohnten, ohne zu konvertieren, so dass die jüdische Population ethnisch stark gemischt war.[10]

Als ähnliches Ärgernis wie den Erfolg der Juden empfanden viele Christen die Anwesenheit häretischer Christen. Aber natürlich, wer dem einen ein Häretiker, der ist dem anderen ein Rechtgläubiger. Dennoch gab es zweifellos einige sehr radikale Bewegungen. An seinem Kreuz hing Pionius Seite an Seite mit einem Anhänger des markionitischen Glaubensbekenntnisses, einer Bewegung christlichen Ursprungs, die den Gott der Juden für Satan hielt und die hebräische Bibel verwarf.[11] Bei allen Meinungsverschiedenheiten mit den Juden akzeptierten die Christen in ihrer Hauptströmung doch die hebräische Bibel und versuchten nicht, deren Text zu korrigieren. Da sich darin Prophezeiungen zum Kommen Christi fanden, schätzten sie die Bibel sehr, lasen sie jedoch völlig anders als die Juden. Für Augustinus (gest. 430) waren die Juden die Träger des heiligen Buches und befanden sich in der Position von Knechten, die den Auftrag hätten, nach dem Besitz ihres Herrn zu schauen, was jedoch nicht bedeute, dass sie auch verstünden, was sie da bewahrten.[12]

Auch auf dem Mittelmeer kamen Juden und Christen in Kontakt. Es gab jüdische Schiffseigner. Zu den von Juden frequentierten Häfen gehörte Gaza. Die Rabbiner debattierten über die Frage, ob die Juden von Gaza an dem dortigen, zu Ehren eines griechischen Gottes abgehaltenen Jahrmarkt teilnehmen durften, eine Debatte, die wieder einmal die oft verschwimmenden Grenzen zwischen jüdischen und heidnischen Gemeinschaften in der späthellenistischen und römischen Welt verdeutlicht.[13] Allerdings hielten sich manche jüdischen Seeleute sehr streng an die religiösen Gebote. Im Jahr 404 segelte ein Bischof aus Alexandria in sein Bistum in Kleinasien. In Alexandria waren die jüdischen *navicularii* in einer eigenen Gilde organisiert, und Juden besaßen und betrieben zahlreiche Schiffe. Der Kapitän seines Schiffs, ein gewisser Amarantus, und die Besatzung waren Juden, die der Bischof verhöhnte. Er fürchtete um sein Leben, als der Kapitän das Schiff am Freitag nach Einbruch der Dunkelheit treiben ließ. Es war der Abend vor dem Sabbat, und wie er dem Bischof erklärte, durfte er das Schiff nur segeln und steuern, wenn die Passagiere sich in Lebensgefahr befanden. In einem solchen Fall verloren nahezu alle jüdischen Gesetze ihre Geltung. Nach allem, was wir über das Schiff erfahren, können wir uns jedenfalls nur wundern, dass es überhaupt sein Ziel erreichte. Die Takelage war zerrissen, so dass man die Segel nicht hissen konnte; und der Kapitän hatte den Ersatzanker verkauft. Wie die im Talmud aufgezeichneten Diskussionen der Rabbiner zeigen, waren Juden es um diese Zeit gewöhnt, über das Große Meer zu fahren. Man setzte sich mit Fragen des Handelsrechts auseinander und erörterte die Frage, ob Juden am Sabbat zur See fahren durften und welche Tätigkeiten ihnen an diesem Ruhetag erlaubt waren (zum Beispiel Wasser schöpfen oder gar ein Spaziergang auf dem Schiffsdeck).[14]

III

Nach der Überlieferung soll Konstantin sich nach dem Sieg über seinen Rivalen Maxentius in der Schlacht an der Milvischen Brücke unweit von Rom im Oktober 312 zum Christentum bekehrt haben. Er brauchte weitere 13 Jahre, um sich die Alleinherrschaft über das Römische Reich zu sichern. Tatsächlich ließ er sich erst 337 auf dem Totenbett taufen, doch mit dem Edikt von Mailand hob er 313 das Verbot christlicher Gottesdienste auf, und das Neue Rom, das er in Konstantinopel schuf, sollte eine christliche, von heidnischen Tempeln freie Stadt sein. Er übernahm 325 den Vorsitz eines an Streitigkeiten reichen Kirchenkonzils in Nicäa, das unter Vermittlung des Kaisers (der kein Theologe war) schwierige theologische Fragen wie die der Dreifaltigkeit zu klären versuchte. Das Ergebnis war ein weiteres Schisma in einer bereits gespaltenen Kirche, auch wenn das Nicäische Glaubensbekenntnis danach zur Grundlage des orthodoxen Christentums wurde. Konstantin verstand sich als »Bischof der außerhalb der Kirche Stehenden«, aber er war auch der *pontifex maximus*, der oberste Priester des Reiches. Ob ihm nun bewusst war, dass religiöser Wandel nur schrittweise erfolgen konnte, oder ob er selbst christliche und heidnische Vorstellungen miteinander vermengte, jedenfalls beachtete Konstantin sowohl heidnische als auch christliche Praktiken, und das seltsamerweise sogar noch in den Einweihungszeremonien des Neuen Rom, wo man das Kreuz Christi auf den Wagen des Sonnengottes stellte. Auf seinem reichverzierten Triumphbogen im Alten Rom, der heute noch steht, verweist nichts auf den neuen Glauben, dem die Senatoren in jedem Fall feindlich gesonnen waren. Doch er legte auch das Fundament für die große christliche, dem hl. Petrus geweihte Basilika und durchschnitt damit rücksichtlos einen heidnischen Friedhof, der nun unter dem Renaissanceprachtbau der Peterskirche liegt. Und die Widersprüche lassen sich noch weiter treiben. So trugen seine Münzen die Inschrift »SOL INVICTVS« – »Unbesiegte Sonne«. Er verbot unter Androhung der Todesstrafe die Konsultation der *haruspices*, etruskischer Wahrsager, die in den Eingeweiden von Opfertieren lasen, ließ selbst aber *haruspices* befragen, ob ein kaiserlicher Palast in Rom vom Blitz getroffen werden würde. Es gab auch Versuche, Heiden und Christen zusammenzubringen. So erhielt die Armee den Befehl, ein Gebet an den Gott zu richten, der dem Kaiser und seinen gottesfürchtigen Söhnen den Sieg geschenkt hatte, ohne dass allerdings gesagt wurde, wer dieser Gott sein mochte. Es gab praktische Gründe für ein langsames Vorgehen. Der Kaiserkult war fest etabliert, und ein Kaiser, der fast 20 Jahre um die Macht gekämpft hatte, konnte seine heidnischen Anhänger nicht aus einem Kult entlassen, der lebendiger Ausdruck ihrer Treue zum vergöttlichten Kaiser war.[15]

Dass Konstantins Politik die Ausbreitung des Christentums im gesamten Mittelmeerraum beträchtlich erleichterte, versteht sich von selbst. Es gab jedoch auch Hindernisse. Ein Problem, mit dem das kaiserliche »Establishment« sich konfrontiert sah, war die Entstehung nichtorthodoxer Faktionen, die den von Konstantin in Nicäa diktierten Kompromiss nicht akzeptierten: Monophysiten in Syrien und Ägypten (vor allem die koptische Kirche); Arianer bei den Barbarenvölkern der europäischen Landmasse – alternative Kirchen, die nach Ansicht der Orthodoxen die Gleichwertigkeit des Vaters und des Sohnes innerhalb der Dreifaltigkeit leugneten. Und dann gab es noch zahlreiche kleine Gruppen wie die Markioniten und Donatisten, deren Streitigkeiten mit ihren christlichen Nachbarn auf Ereignisse zurückgingen, die vor Konstantins Legalisierung des Christentums lagen. All diese Bewegungen waren im Mittelmeerraum präsent und verbreiteten sich in dessen Umkreis, oft im Gefolge barbarischer Söldner und Invasoren, aber auch durch Pilger und Flüchtlinge, die der Verfolgung einer Kirche durch die andere in Karthago, Antiochia oder Alexandria entgehen wollten.

Ein weiteres Problem war der Fortbestand heidnischer Glaubensrichtungen. Nur einer der Nachfolger Konstantins, der schillernde Julian, gab das Christentum auf. Julian studierte in Athen die neuplatonische Philosophie, und als er 360 Kaiser wurde, hatte er dem Christentum den Rücken gekehrt. Aufgrund seiner Abneigung gegen das Christentum stand er jüdischen Forderungen nach einer Wiederaufnahme des Opferdienstes in Jerusalem ebenso positiv gegenüber wie der Forderung nach einer Wiedereröffnung heidnischer Tempel.[16] Er dachte an die Einrichtung einer heidnischen »Kirche« mit einem eigenen geistlichen Oberhaupt. Das war ein heimliches Kompliment an die christlichen Bischöfe, die vorgemacht hatten, wie man einen Kult im ganzen Reich organisierte.[17] Julians Herrschaft währte nur kurz und war geprägt von Kriegen mit den Persern im Osten. Aber die heidnischen Kulte starben nicht einfach aus. Erst im 6. Jahrhundert, als Justinian I. die alten Schulen und Akademien in Athen schließen ließ, fand das Studium philosophischer Texte aus heidnischer Perspektive ein Ende. Das »Heidentum« versteht man am besten nicht als einen Satz religiöser Überzeugungen, sondern als eine Vielzahl äußerst vielfältiger, synkretistischer, fließender lokaler Kulte ohne Glaubensbekenntnisse oder von Gott offenbarte Texte.[18] Dieses Heidentum im Sinne unterschiedlichster Kulte vermochte das Christentum nur schwer zu besiegen, trotz der Anziehungskraft des christlichen Sittenkodex, der Betonung der Mildtätigkeit und der Bereitschaft, »Juden und Griechen, Sklaven und Freie« einzuschließen. Auf lokaler Ebene übernahmen christliche Kulte heidnische Elemente, etwa wenn aus lokalen Göttern christliche Heilige wurden (die Kriegerheiligen der Ostkirchen weisen mehr als nur eine Spur von Herakles auf). Die Grenze zwischen Heidentum und Christentum war nicht scharf gezogen, und heidnische Kulte blieben in lokalen Gemeinschaften entlang der Küsten des Mittelmeeres eine wichtige Kraft. In Nordafrika und Spanien waren sie zur Zeit der islamischen Invasion um 700 fest verwurzelt.

Ein robuster Umgang mit Nichtchristen bestand in der Zerstörung ihrer Tempel und Synagogen. Um 400 war Gaza eine lebendige Hafenstadt, die zugleich auch ein geistiges Zentrum darstellte und von ihrer Lage an dem Handelsweg profitierte, der vom Mittelmeer über Beerscheba und Petra in die nabatäischen Städte der Arabischen Wüste führte.[19] Kaiserliche Befehle zur Schließung der Tempel ignorierte man in Gaza wie auch anderswo. Es war möglich, dass Anordnungen aus Konstantinopel hinter lokalen Interessen zurückstehen mussten, und die Einwohner von Gaza blieben in ihrer übergroßen Mehrheit Heiden.[20] Der extrem asketische Bischof der Stadt, Porphyrius, empfand es als Demütigung, dass ihm dort nur eine einzige Kirche zur Verfügung stand, während die Heiden über zahlreiche große Tempel verfügten, die der Sonne, Aphrodite, Athene und einem Gott namens Marnas geweiht waren, einer Manifestation des Zeus, dessen Tempel, das Marneion, besonders prachtvoll war: ein runder, von zwei Kolonnadenreihen umgebener Kuppelbau. Als Porphyrius sich darüber beim Patriarchen von Konstantinopel, dem wortgewaltigen Johannes Chrysostomos, beklagte, gab der Kaiser Befehl, die Tempel zu schließen, doch die kaiserlichen Gesandten ließen sich zum Glück bestechen und erlaubten, dass das Marneion geöffnet blieb. Porphyrius sah sich nun gezwungen, sich direkt an den Kaiser zu wenden. Er reiste nach Konstantinopel, wo er Kaiserin Eudoxia für sein Anliegen gewinnen konnte, so dass im Jahr 402 Truppen nach Gaza entsandt wurden. Zehn lange Tage verbrachten sie damit, kleinere Tempel niederzubrennen und sich der Tempelschätze zu bemächtigen. Dann wandten sie ihre Aufmerksamkeit dem Marneion zu, das die Heiden zu verteidigen versuchten, indem sie die großen Türen verbarrikadierten. Die kaiserlichen Soldaten schmierten die Tore mit Fett und Pech ein und setzten sie in Brand. Dann plünderten sie den Tempel, bevor sie alle Götzenfiguren zerstörten, die sie in der Stadt finden konnten. Kaiserin Eudoxia schickte Mittel für den Bau einer Kirche über den Ruinen des Marneion, und zur Empörung der Heiden benutzte man Marmorplatten aus dem Marneion in der neuen Kirche als Bodenplatten, so dass die Heiden über die Überreste ihres Heiligtums laufen mussten. Eudoxia schickte außerdem 32 grüne Marmorsäulen aus Euböa, und Ostern 407 wurde die Kirche geweiht. Inzwischen waren viele Heiden konvertiert, wie der Hagiograph des Porphyrius berichtet.[21] Gelegentlich griffen auch die Heiden zur Gewalt. Einmal war Porphyrius gezwungen, über die flachen Dächer der Stadt zu flüchten (er mag ein Asket gewesen sein, aber nach dem Martyrium stand ihm nicht der Sinn).[22] In Gaza war das Christentum nur einer von mehreren Kulten. Dort lebten auch zahlreiche Heiden, Juden und Samariter, und die Christen waren weder die zahlenmäßig stärkste noch die mächtigste Gruppe. Ihr Vorteil lag in der staatlichen Absegnung. Für die Heiden und Juden war die schiere Größe des Reichs von Vorteil. Was in Gaza oder auf den Balearen geschah, lag in der Regel weit außerhalb der Sichtweite Konstantinopels.

IV

Das dritte Hindernis für die Ausbreitung des Christentums war der fortdauernde Selbstbehauptungswille des Judentums. Es wird oft angenommen, das Judentum sei nach der Zerstörung Jerusalems durch Titus und Hadrian und nach Konstantins Entscheidung für das Christentum verbraucht gewesen. Doch sein Alter war weiterhin eindrucksvoll. Und sein Sittenkodex unterschied sich nicht sonderlich von dem des Christentums: »Was dir nicht lieb ist, dass tue auch deinem Nächsten nicht. Das ist die ganze Tora und alles andere ist nur die Erläuterung«, sagte einst Rabbi Hillel, ein Zeitgenosse Jesu. Konvertiten waren willkommen (auch Sklaven, die man häufig zur Bekehrung drängte), ohne dass man sonderliches Aufheben um das religiöse Wissen oder die Frömmigkeit des Konvertiten machte.[23] So kann es kaum überraschen, dass Judentum und Christentum im Mittelmeerraum noch im 5. Jahrhundert um die Vormachtstellung kämpften. Die christlichen Kaiser versuchten, die Beschneidung von Sklaven zu verhindern und den Juden die Ausübung ihrer Religion zu verbieten. Als einer »verbrauchten« Religion verbot die kaiserliche Gesetzgebung den Juden Anfang des 5. Jahrhunderts, neue Synagogen zu bauen, die bereits vorhandenen durften allerdings weiterhin benutzt werden.[24] Das Judentum sollte buchstäblich absterben.

Wie der Kampf um die Seelen in einem entlegenen Winkel des Mittelmeeres geführt wurde, illustriert ein bemerkenswerter Brief, in dem ein Freund des Augustinus von Hippo, Severus von Menorca, die Massenkonversion von 540 menorquinischen Juden im Jahr 418 n. Chr. beschreibt.[25] Nach Aussage des Severus waren die Juden die mächtigste Gruppe innerhalb der menorquinischen Gesellschaft, auch wenn die Insel Menorca kein sonderlich bedeutender Ort war: »eine gänzlich verlassene Gegend, aufgrund der Winzigkeit, der Trockenheit und der Rauheit der Insel«. Die Juden lebten hauptsächlich im Osten der Insel, in Magona, dem modernen Maó oder Mahón, während die Christen sich im Westen konzentrierten, in Jamona, dem heutigen Ciutadella. Severus behauptete, den Juden sei es physisch unmöglich, in Jamona zu leben – wenn sie es versuchten, würden sie von Krankheiten oder gar vom Blitz niedergestreckt. Wie dem auch gewesen sein mag, jedenfalls waren die prominentesten Gestalten auf der Insel Juden, insbesondere ein gewisser Theodorus, der in Magona »nach Reichtum und weltlichem Ansehen sowohl unter den Juden als auch unter den Christen herausragte«.[26] Meletius, der jüngere Bruder des Theodorus, heiratete Artemisia, die Tochter des Grafen Litorius, eines angesehenen Heerführers, der als Stellvertreter des bedeutendsten römischen Heerführers des 5. Jahrhunderts, Flavius Aëtius, in Gallien hunnische Söldnerheere zum Sieg führte.[27] Das heißt nicht, dass Litorius Jude war, zumal die damaligen Reichsgesetze es nicht zuließen, dass Juden so hohe Ämter bekleideten. Doch welcher Religion er auch angehangen haben mochte, seine Tochter bekannte sich zum jüdischen Glauben. Severus verweist mit Nachdruck auf die Spannungen, die auf der Insel zwischen Juden und Christen bestanden, und dennoch ist vollkommen klar, dass ihre Beziehungen bis 400 ausgesprochen friedlich waren. Severus spricht von »unserer althergebrachten Vertrautheit« und »unserer von alters her bestehenden Zuneigung«, auch wenn er betont, dass dieses Verhalten sündig sei.[28] Die in Konstantinopel erlassenen Gesetze verdrängten Theodorus und seine Familie jedenfalls nicht aus ihrer Führungsposition.

Es war eine Zeit großer Unsicherheit im westlichen Mittelmeer. Der Gotenkönig Alarich hatte 410 n. Chr. Rom geplündert, und anschließend hatten westgotischen Heere Spanien erobert. Auch andere Barbarenvölker – Vandalen, Sueben, Alanen – waren im Weströmischen Reich auf dem Vormarsch. Noch war keine dieser Gruppen eine Seemacht, doch auch auf Menorca breitete sich ein tiefes Gefühl der Bedrohung aus. Die Ankunft der gerade erst entdeckten Reliquien des hl. Stephanus auf Menorca im Jahr 416 löste bei den Christen in Magona, die diese Reliquien in ihre Obhut nahmen, einen Sturm der Begeisterung aus.[29] Der hl. Stephanus war der »erste Märtyrer« der Christenheit und galt als »der erste, der den Krieg des Herrn gegen die Juden eröffnet hatte«. Die Gebeine befanden sich auf einer Rundreise durch den Mittelmeerraum, von Jerusalem, wo sie kürzlich entdeckt worden waren, nach Spanien und Nordafrika. Und Menorca war die Station, auf der sie eine Revolution auslösten.[30] In Jerusalem nutzten die Christen die Entdeckung der Gebeine, um den Druck auf die dortigen Juden zu erhöhen. Kurz zuvor war Gamaliel, der Patriarch der Juden von Jerusalem, seines einem kaiserlichen Präfekten gleichgestellten Amtes enthoben und angewiesen worden, weder die Beschneidung weiterer Konvertiten noch den Bau neuer Synagogen zu erlauben. Im Jahr 414 soll der Patriarch von Alexandria die Juden aus seiner Stadt vertrieben haben, und im gesamten östlichen Mittelmeerraum kam es zu Zwangsbekehrungen und zur Enteignung von Synagogen.[31] Mit der Ankunft der Reliquien des hl. Stephanus wuchs die Zuversicht der dort lebenden Christen. Christen (darunter Severus) und der Jude Theodorus hatten Träume, wonach die Ankunft des Bischofs Vorbote einer Bekehrung der Juden war. Es herrschte eine apokalyptische Stimmung. Die Bekehrung der Juden galt als Vorzeichen für die Wiederkunft Christi. Severus schrieb:

> »Vielleicht ist ja die vom Apostel vorausgesagte Zeit tatsächlich gekommen, da das Schicksal der Heiden sich erfüllt und ganz Israel erlöst wird. Und vielleicht wollte der Herr, dass der Funke dazu am Ende der Erde entzündet wird, so dass das Feuer der Liebe die ganze Erde erfasst und den Wald des Unglaubens niederbrennt.«[32]

Die von den Christen eingesetzten Mittel waren nicht gerade subtil. Man beschuldigte die Juden, Waffen zu horten, um sie gegen die Christen einzusetzen. Am 2. Februar 417 sammelten sich die Christen in Magona und marschierten über die ganze Insel, gut 45 Kilometer, aber wie man uns versichert, war es ein schmerzfreier Marsch, da alle nur an das glorreiche Ziel dachten. Severus bat um die Erlaubnis, die Synagoge nach Waffen zu durchsuchen, was ihm auch widerwillig gewährt wurde, doch bevor die Durchsuchung beginnen konnte, kam es zum Ausbruch von Gewalt. Die Christen drangen in die Synagoge ein und setzten sie in Brand, achteten aber sehr darauf, die Kostbarkeiten an sich zu bringen – das Silber (das sie später zurückgaben) und die Torarollen (die sie behielten). Die Waffen erwiesen sich als bloße Phantasie. Severus räumt ein, dass die Ausschreitungen von einem räuberischen Christen ausgelöst wurden, »den nicht die Liebe zu Christus, sondern die Liebe zum Plündern bewegte«. Am folgenden Tag konvertierte der erste Jude, ein gewisser Reuben. Die übrigen Juden berieten drei Tage lang, und Theodorus versuchte, mit den Christen über die Wahrheit der beiden Glaubensrichtungen zu debattieren, doch am Ende ließ er sich von Argumenten überzeugen, die wohl eher praktischer als theologischer Art waren, denn Reuben drängte ihn: »Wenn du wirklich in Sicherheit, Ehre und Wohlstand leben willst, dann glaube an Christus!« Theodorus war zur Konversion bereit, sofern die übergroße Mehrzahl seiner Glaubensbrüder ihm darin folgte. Und so geschah es.[33] Manche schoben die Konversion etwas länger hinaus. Theodorus' Schwägerin Artemisia suchte Zuflucht in einer Höhle, weil sie an ihrem Glauben festhalten wollte, nachdem ihr Mann konvertiert war, doch als das Wasser, das eine Dienerin ihr schöpfte, nach Honig schmeckte, erkannte sie, dass ein Wunder geschehen war, und auch sie trat zum christlichen Glauben über.[34]

Da Severus die einzige Informationsquelle zu diesen Ereignissen ist, fällt es schwer, unter die Oberfläche des dort Gesagten zu dringen. Einige Punkte sind allerdings erstaunlich: die politische Bedeutung der Juden und die herausragende Rolle jüdischer Frauen. Dass der lange Marsch von Jamona nach Magona ursprünglich nicht mit aggressiven Absichten begonnen wurde, lässt sich aus der Bemerkung erschließen, dass auch Juden sich ihm »mit wunderbarer Sanftmut« anschlossen, als sie die Christen Psalm 9 singen hörten.[35] So wird man annehmen dürfen, dass Juden und Christen bis zur Ankunft des hl. Stephanus nicht nur in gutem Einvernehmen miteinander gelebt hatten, sondern dass auch die Grenzen zwischen Judentum und Christentum sehr durchlässig gewesen waren, und genau dies missfiel den Bischöfen. Die Juden von Menorca wurden mit Gewalt gezwungen, zum Christentum überzutreten, doch die wechselseitige Vertrautheit milderte den Schock der Konversion.[36] Ein Monotheismus nach dem Vorbild von Nicäa begann im Mittelmeerraum seinen Siegeszug anzutreten, doch dessen Ausschließlichkeitsanspruch brachte nicht nur Heiden, sondern auch Monotheisten anderer Ausrichtung in Bedrängnis.

KAPITEL 10

Auflösung
400 bis 600 n. Chr.

I

Seit Edward Gibbons *Decline and Fall of the Roman Empire* haben Historiker sich intensiv mit der Frage auseinandergesetzt, warum und wann dieses riesige Reich unterging und ob es überhaupt untergegangen ist. Man hat darauf hingewiesen, dass mindestens 210 Erklärungen angeboten worden sind, darunter auch einige offenkundig lächerliche (»Semitisierung«, Homosexualität, Niedergang der Männlichkeit).[1] Die These, wonach barbarische Invasoren Rom – die Stadt wie das Reich – zerstört hätten, verlor und gewann wieder an Zustimmung.[2] Manche Historiker behaupten, das ganze Konzept eines »Untergangs Roms« sei falsch, und betonen den Fortbestand des römischen Erbes.[3] Doch aus der Sicht des Mittelmeeres betrachtet, kann gar kein Zweifel bestehen, dass die Einheit des Großen Meeres spätestens um 800 n. Chr. zerstört war. So bleiben mehrere Jahrhunderte für den Auflösungsprozess und mehrere Verdächtige: die germanischen Barbaren ab dem 5. Jahrhundert, die arabischen Eroberer im 7. Jahrhundert, Karl der Große und seine fränkischen Heere im 8. Jahrhundert, ganz zu schweigen von den römischen Generälen, die miteinander um die Macht kämpften und entweder Regionalreiche zu errichten oder die Reichskrone selbst zu erlangen versuchten. Offensichtlich gab es keine einzelne »Ursache« für den Niedergang Roms. Gerade die Akkumulation Dutzender von Problemen brachte die alte Ordnung zu Fall und bereitete dem »Zweiten Mediterranen Zeitalter« ein Ende.

In der langen Zeit von 400 bis 800 n. Chr. spaltete der Mittelmeerraum sich sowohl in wirtschaftlicher als auch in politischer Hinsicht auf. Die römischen Kaiser erkannten, dass die Aufgabe, die Länder am Mittelmeer sowie weite Teile Europas westlich des Rheins und südlich der Donau zu regieren, die Fähigkeiten eines Einzelnen überstieg. Diokletian, der ab 284 regierte, machte das im Osten gelegene Nikomedia zu seinem Regierungssitz und vertraute die Regierung des Reichs einer Gruppe von Mitkaisern an, erst einem weiteren »Augustus« im Westen, dann, von 293 bis 305, zwei Stellvertretern oder »Cäsaren« – ein System, das als Tetrarchie bezeichnet wird.[4] Seine Residenz in Nikomedia war ein Vorspiel seinerseits zu Konstantins im Jahr 330 getroffener Entscheidung, ein Neues Rom zu bauen. Nachdem er sich den Ort angeschaut hatte, an dem einst Troja lag, der angebliche Ursprungsort des römischen Volkes, entschied er sich doch für die Handelsstadt Byzantion mit ihrem schönen Hafen und ihrer strategisch günstigen Lage an der Handelsroute zwischen dem Schwarzen Meer und dem Mittelmeer. Die zweite aufsehenerregende Veränderung war natürlich Konstantins offizielle Anerkennung des Christentums, das seit mehreren Jahrhunderten im Untergrund existierte. Die Basis für die weströmischen Kaiser blieb Italien bis 476 n. Chr., als der recht passend so genannte Romulus, das »Kaiserlein« (Augustulus), von dem germanischen Heerführer Odoaker abgesetzt wurde. Doch das Machtzentrum hatte sich nach Osten verlagert, und das entsprach nur den ökonomischen Realitäten des Mittelmeerraums. Denn im Osten florierte immer noch die Handelswelt der hellenistischen und ptolemäischen Zeiten, mit geschäftigen Häfen wie Alexandria, Gaza und Ephesos, geeint durch Handelsverbindungen und die gemeinsame griechische Kultur. Obwohl es eine übertriebene Vereinfachung wäre, wenn man einem vorwiegend städtischen Osten einen vorwiegend ländlichen Westen gegenüberstellte – denn die Länder im Osten waren immer noch hauptsächlich von Bauern und Hirten bewohnt –, sorgten die Konzentration der Städte an den Küsten des östlichen Mittelmeeres und die Vielzahl der landwirtschaftlichen Aktivitäten doch für eine komplexere Ökonomie. Die reichhaltigen Textilerzeugnisse des spätrömischen Ägypten sind heute noch in Museen zu bewundern, und Luxusgüter zirkulierten östlich von Sizilien in größeren Mengen. Auch bei den Grunderzeugnissen zeigte sich ein verändertes Verteilungsmuster. Eine Folge der Gründung Konstantinopels lag

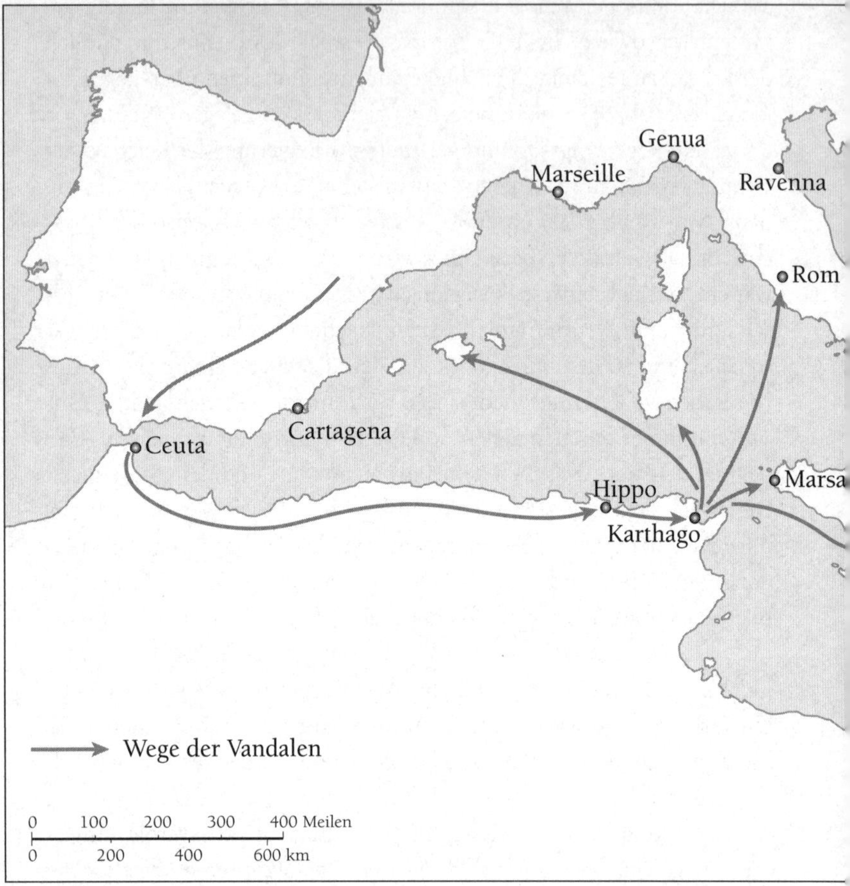

darin, dass nun das ägyptische Getreide vom Alten zum Neuen Rom umgeleitet wurde.[5] Um 330 erschien das als eine recht harmlose Veränderung, denn immer noch sicherte Nordafrika zwei Drittel der Getreideversorgung Roms. Die Region war wohlhabend und Karthago inzwischen nach Rom und Alexandria die größte Stadt des Mittelmeergebiets. Auch wenn die Bevölkerung des Reiches, wie es durchaus möglich ist, im späten 3. und im 4. Jahrhundert aufgrund von Seuchen abnahm, waren die nordafrikanischen Provinzen doch weiterhin stark genug, um die westliche Hauptstadt zu ernähren. Römische und karthagische Se-

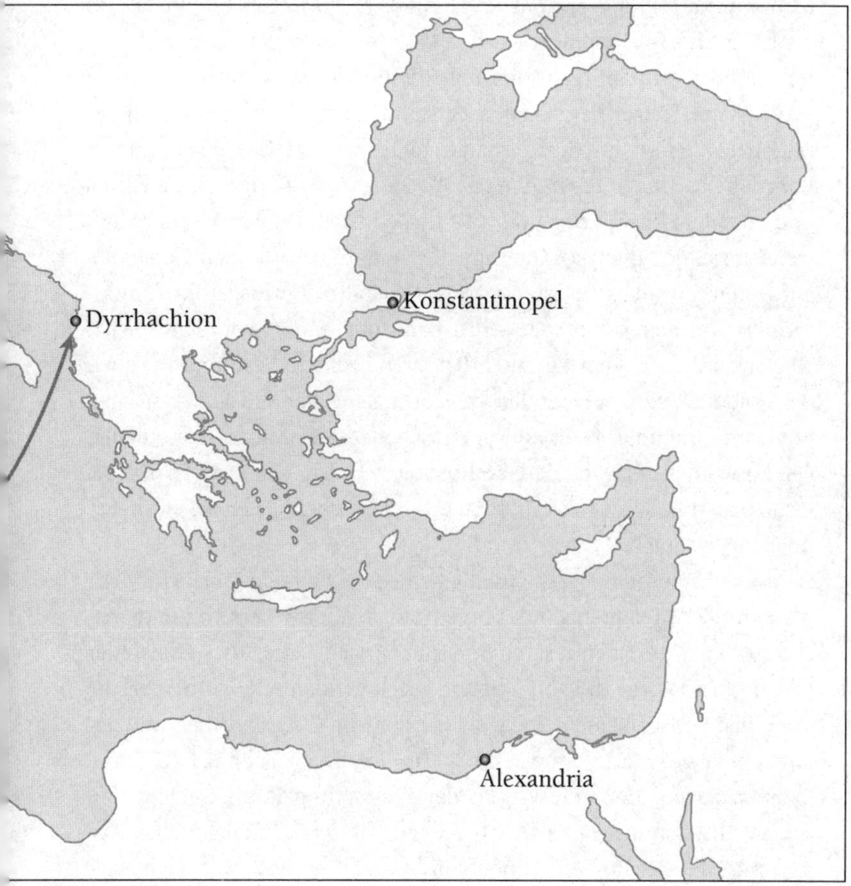

natoren und Ritter vergrößerten ihre afrikanischen Güter.[6] Erbliche Gilden von Schiffern oder *navicularii* wurden unter kaiserlichen Schutz gestellt. Ihre Mitglieder hatten Anspruch auf Steuerermäßigungen und wurden in den Ritterstand erhoben. Obwohl der kaiserliche Fiskus nicht direkt in die Schifffahrt eingriff, stellte die Förderung der *navicilarii* sicher, dass der Getreidehandel lebendig blieb. Afrikanische Bauern schätzten auch Oliven und Wein als Einnahmequellen. Die Region florierte als Exporteur von Wein und Öl nach Italien und in andere Gebiete. Die »afrikanische Rotschlickerkeramik« wurde zur Massenware nicht nur im Mittelmeerraum, sondern bis tief nach Gallien hinein und bis hinauf nach Britannien. Zu den Gütern, die in der Gegenrichtung transportiert wurden, gehörten italienische Ziegel. Nicht dass man in Afrika keine Ziegel herzustellen verstand, doch sie waren ein ausgezeichneter Ballast für die Getreideschiffe, die ihre Getreideladung in Italien gelöscht hatten und nach Afrika zurückkehrten.[7] Für Afrika und vor allem für Karthago war es eine Boomzeit. Die Straßen der Stadt waren regelmäßig angeordnet, und sie konnte mit schönen Gebäuden aufwarten. In ganz besonderem Maße liebten die Karthager ihr Amphitheater, und man konnte sie selbst dann nur schwer von den Spielen weglocken, wenn Angriffe durch Barbaren drohten. Berühmt war auch der Hafen, denn man hatte den kreisförmigen Hafen des alten Karthago renoviert, und unter Hadrian war ein schöner sechseckiger Außenhafen gebaut worden. Er glich dem sechseckigen Hafen, den er in Portus bei Ostia bauen ließ, und die Umrisse des »punischen Hafens« sind heute noch zu erkennen.[8]

Afrika war außerdem eine friedliche Region. Seit dem 3. Jahrhundert wurden die Außengrenzen des Imperiums immer wieder von Barbaren angegriffen. Im weit entfernten Britannien organisierten die »Grafen der sächsischen Küste« die Verteidigung gegen germanische Plünderer, die über die Nordsee kamen. Sogar als Horden von Goten, Sueben und anderen germanischen Stämmen um 400 n. Chr. durch Gallien, Italien und Spanien zogen, und selbst nach der Plünderung Roms im Jahr 410 schien Afrika immer noch sicher.[9] Ein afrikanischer Intellektueller, Augustinus, der Bischof von Hippo wurde und 430 starb, war nach eigenem Bekunden so schockiert von der Plünderung Roms, dass er sich davon zu seinem Meisterwerk, dem *Gottesstaat*, inspirieren ließ, in dem er aufzeigte, dass ein himmlischer Staat dem zerbrechlichen irdischen Staat des Römischen Reiches überlegen sei. Doch Hippo und Karthago schienen wenigstens durch das Meer geschützt zu sein. Die Barbaren waren als Soldaten, nicht als Seeleute bekannt. Die Goten saßen in Italien fest und vermochten nicht einmal von Kalabrien nach Sizilien überzusetzen. Andere Barbaren, Vandalen und Alanen, zogen westwärts in die Gebirgsregionen Spaniens, und es war kaum zu erkennen, welche Bedrohung sie darstellen mochten.

Die Vandalen waren Germanen und hatten eine Zeitlang in Gebieten gelebt, die heute im südlichen Polen liegen. Sie waren wie die meisten Barbarenvölker Anhänger des arianischen Christentums, dem der Sohn Gottes nicht als gleich ewig wie der Vater und als gleichrangig mit ihm galt. Den Ausdruck »Vandalismus«, der zum Synonym für »Zerstörung« geworden ist, prägte erst 1794 ein französischer Bischof mit Blick auf die von den Revolutionären angerichtete Zerstörung.[10] Die Vandalen häuften zweifellos gerne Schätze an, und die Vandalenkönige schleusten ihr angesammeltes Gold und Silber nur ungern wieder zurück in die Ökonomie – ein Vorgang, den Wirtschaftshistoriker als *Thesaurieren* bezeichnen. Die Alanen dagegen stammten aus dem Kaukasus und waren nach Südosteuropa eingewandert. Ihre Sprache war das Iranische, und in ihren Sitten unterschieden sie sich deutlich von den Vandalen – zum Beispiel hielten sie keine Sklaven. Diese unwahrscheinlichen Verbündeten drangen nach Spanien ein und teilten das Land untereinander auf, doch 416 wurden sie von dem gotischen Kriegsherrn Wallia im Namen eines gerade erst geschlossenen und äußerst kurzlebigen gotisch-römischen Bündnisses angegriffen und massakriert. Barbaren waren oft besser im Kampf gegen andere Barbaren als gegen Römer. Die Vandalen in Baetica, das etwa dem heutigen Andalusien entsprach, sollen dabei fast vollständig ausgerottet worden sein. Doch nach dieser folgenschweren Niederlage mussten die Überlebenden nach einer neuen Heimat suchen. Ihre Absicht war es, zu erobern und sich niederzulassen, nicht zu plündern und wieder zu verschwinden. Die Wahl, die sie trafen, nämlich Afrika, schien logisch, da der afrikanische Kontinent doch so nahe lag. Im Sommer 429 zogen die Vandalen unter Führung ihres lahmen, aber skrupellosen Königs Geiserich zur Straße von Gibraltar.

Das Gebiet um Tanger, Tingitania, wurde von Spanien aus regiert und war der einzige römische Stützpunkt in einer ansonsten von mauretanischen Königen kontrollierten Region, deren Verhältnis zu Rom in der Regel von vorsichtiger Höflichkeit geprägt war. Rom hielt dieses Gebiet für weniger wertvoll als andere Teile Nordafrikas und begnügte sich deshalb mit lockeren Bündnissen.[11] Auch Geiserich interessierte sich eher für die reichsten Gebiete der Region. Karthago lag inmitten eines Gelobten Landes voller Weizenfelder und Olivenhaine, das einen noch opulenteren Eindruck vermittelte als Südspanien.[12] Aber er musste 180 000 Soldaten, Frauen und Kinder über die Meerenge bringen (eine Zahl, die den Schluss nahelegt, dass die Geschichte von der fast vollständigen Ausrottung in Baetica übertrieben war).[13] Doch er hatte keine Schiffe, und viele der in diesen Gewässern aufzutreibenden Schiffe fassten bestenfalls 70 Personen. Wenn es ihm gelang, ein paar hundert kleine Schiffe zusammenzubringen, konnte er sein Volk in etwa einem Monat über die Meerenge bringen. Damit ist allerdings noch nicht geklärt, wo er all diese Schiffe auftrieb. Er überquerte die Straße von Gibraltar auf der Atlantikseite, von Tarifa, dem südlichsten Punkt Spaniens, hinüber an die Strände zwischen Tanger und Ceuta. Diese kurze Überfahrt, die sie immer wieder mit den vorhandenen Schiffen und in oft auch zur Sommerzeit unfreundlichen Gewässern absolvierten, brachte Vandalen und Alanen nach Tingitania, aber sie hielten sich dort nicht auf, sondern marschierten zu Lande weiter nach Osten und brauchten gut drei Monate bis nach Hippo, das sie im Mai oder Juni 430 erreichten.[14] Hippo leistete 14 Monate lang Widerstand, denn die Vandalen hatten keine große Erfahrung mit Belagerungen, und die Stadt war dank ihrer römischen Stadtmauern gut befestigt – ein gutes Beispiel für Weitblick, hätte man diese Befestigungsanlagen in den langen Zeiten der *pax Romana* doch auch leicht vernachlässigen können. Unter denen, die von der Stadtmauer herabschauten, war auch der Bischof der Stadt, Augustinus, der noch während der Belagerung starb. Er konnte sehen, dass die Zerstörung, die diese häretischen Barbaren einst über Rom gebracht hatten, nun auch seine eigene Provinz bedrohte.

Auf die Eroberung von Hippo folgte die Errichtung einer neuen arianischen Ordnung, in deren Rahmen nahezu 500 katholische Bischöfe aus ihren oft winzigen Bistümern vertrieben wurden, weil sie an den Lehren des Konzils von Nicäa festhielten. Dieses Vorgehen markierte einen Bruch mit der arianischen Praxis einer Tolerierung der Katholiken.[15] Die Eroberung von Karthago ließ noch auf sich warten, doch Geiserich war geduldig. Die Stadt fiel 439, auch wenn das umliegende Land sich schon vorher in der Hand der Vandalen befunden hatte. Karthago wurde die neue Hauptstadt des Königreichs. In Afrika waren die Vandalen keine Zerstörer, sondern übernahmen viel von der alten Ordnung.

Geiserich erkannte, dass er mehr sein musste als ein König seines Volkes – *rex Vandalorum et Alanorum*: »König der Vandalen und Alanen«, wie sein offizieller Titel lautete.[16] Im Jahr 442 schlossen die Vandalen einen Vertrag mit den Römern, der dem König volle territoriale Souveränität einräumte.[17] Es gibt keinerlei Hinweise darauf, dass die Vandalenherrschaft zu einem wirtschaftlichen Niedergang geführt hätte, auch wenn viel von dem Gold, das Geiserich ansammelte, in seinem Schatzhaus blieb. Es gab weiterhin Bauprojekte; orientalische Kaufleute kamen nach Karthago und brachten byzantinische Münzen mit; nordafrikanische Kaufleute reisten in den Orient; der schöne Handelshafen von Karthago wurde renoviert.[18] Die Zahl der aus dem östlichen Mittelmeerraum importierten Krüge nahm in Karthago während der Vandalenzeit deutlich zu. Die Karthager speisten außerdem von den besten Stücken ihrer einheimischen Rotschlickerkeramik. Die Tatsache, dass der nordafrikanische Weizen nicht mehr für den Export nach Rom beschlagnahmt wurde, sorgte für eine Belebung der Wirtschaftstätigkeit.[19] Die Vandalen schätzten Seide aus dem Orient, Badehäuser, Festmähler und Theateraufführungen, und sie fuhren gerne Kahn. Sie betätigten sich als Förderer lateinischer Poesie und waren ebenso romanisiert wie die Goten, die sich in Italien niederließen und mit der Verschönerung ihres Regierungszentrums in Ravenna begannen.[20] Wie die Goten gaben sie allerdings ihre germanischen Namen (Gunthamund, Thrasamund usw.) von einer Generation an die nächste weiter, obwohl das Lateinische und in geringerem Umfang auch das Punische in Nordafrika als *lingua franca* fungierte. Auf dem Lande wurde das Leben durch die Eroberung kaum verändert, wie aus den bemerkenswerten Aufzeichnungen eines Guts im Hinterland des Vandalenreichs, den *Tablettes Albertini*, hervorgeht.[21] Das alte System bestand nicht einfach nur fort; es war immer noch voller überkommener Kraft. Die römische, punische und maurische Bevölkerung Nordwestafrikas lieferte den Vandalen die Schiffe, die zur Erhaltung des Vandalenreichs erforderlich waren.[22] Schiffe brauchte man für den Handel und für den Transport von Soldaten, wenn die Umstände dies erforderten. Im Jahr 533 besaß König Gelimer 120 Schiffe, die er nach Sardinien schickte, damit sie dort den rebellischen Statthalter der Insel besiegten. Die Vandalen benötigten keine herkömmlichen

Kriegsschiffe. Wenn sie übers Meer fuhren, um andere Länder zu erobern, brauchten sie lediglich Transportmöglichkeiten für Soldaten, Pferde und Waffen.[23]

Das Königreich der Vandalen umfasste weit mehr als die afrikanischen Provinzen des Römischen Reiches. Schon vor der Invasion Afrikas hatten die Vandalen Raubzüge auf die Balearen unternommen, und 455 annektierten sie die Inseln.[24] Neue Chancen boten sich nach dem Tod des äußerst erfolgreichen römischen Heerführers Aetius im Jahr 454 und nach der Ermordung des deutlich weniger talentierten weströmischen Kaisers Valentinian III. ein Jahr später.[25] Ihre verwegenste Expedition führte die Armee der Vandalen im Juni 455 nach Rom. Das Ziel war kein heiliger Krieg der Arianer gegen die Katholiken, sondern das Plündern. Die Vandalen hatten nicht den Befehl, zu zerstören und zu töten, sondern Schätze aufzuspüren, vor allem solche des Kaisers. Sie machten reiche Beute, darunter auch sehr viele Sklaven (wobei sie ohne jede Rücksichtnahme Ehepartner sowie Eltern und ihre Kinder voneinander trennten). Nach manchen Berichten umfasste die Beute auch den großen Leuchter und andere goldene Gefäße, die Titus aus dem Tempel in Jerusalem geraubt hatte. Sie blieben angeblich als Trophäen in Karthago, bis die Byzantiner die Stadt 534 zurückeroberten.[26] Geiserich eroberte 455 oder 456 auch Korsika und nutzte die Insel als Holzlieferanten für seine Schiffe – einige verbannte Bischöfe waren gezwungen, dort als Holzfäller zu arbeiten. Zur selben Zeit versuchten die Vandalen, Sardinien zu erobern. Allerdings verloren sie die Insel um 468 wieder und eroberten sie erst um 482 zurück. Sie besiedelten die Insel mit Mauren aus Afrika, den »Barbarikinoi«, nach denen das wilde Barbagia-Gebirge in Nordostsardinien benannt ist. Die Vandalen scheuten sich auch nicht, Sizilien zu erobern. Schon 440 überquerten sie die Straße von Sizilien und dann nochmals 461 oder 462. Danach unternahmen sie alljährlich Raubzüge auf die Insel. Es gelang ihnen, den Römern eine Zeitlang die Herrschaft über die Insel streitig zu machen, doch kurz vor Geiserichs Tod (im Jahr 477, nach einem halben Jahrhundert Krieg) trafen sie eine Übereinkunft mit dem germanischen Heerführer Odoaker, der nur einige Monate zuvor den letzten weströmischen Kaiser abgesetzt und sich zum König von Italien gemacht hatte. Odoaker zahlte Tribut für Sizilien, ließ aber nur die Westspitze um Marsala unter direkter Kontrolle der Vandalen. Dennoch schien es eine Zeitlang, als kontrollierten die Vandalen die drei Kornkammern des westlichen Mittelmeeres: Afrika, Sizilien und Sardinien.[27] Als sie den Eindruck hatten, aus Sizilien und Sardinien so viel herausgeholt zu haben, wie sie nur hoffen konnten, begannen sie auch Raubzüge an die Küsten Griechenlands und Dalmatiens zu unternehmen und verwüsteten dabei in den letzten Jahren der Regierungszeit Geiserichs Zakynthos auf der gleichnamigen ionischen Insel.

Die Vandalen hatten ein Seereich ganz eigener Art geschaffen. Es gibt weder Hinweise darauf, dass sie die Seeräuberei auf hoher See förderten, noch darauf, dass ihre Könige sich für den Handel interessierten. Sie wussten, dass sie ihre Hand auf die Schlagadern Roms gelegt hatten, als sie die Kornkammern des Reiches unter ihre Kontrolle brachten, und Hungersnöte, die für die Zeit um 450 in Italien verzeichnet wurden, könnten durchaus von den Eingriffen der Vandalen in den Getreidehandel verschärft oder sogar ausgelöst worden sein. Sie ließen sich nicht oft auf Kämpfe mit den Flotten des Römischen Reiches ein, denn diese Form der Seekriegsführung war inzwischen selten geworden (allerdings gelang es Geiserich in den 460er Jahren, zwei byzantinische Flotten zu vernichten). Zwar erlebte das Vandalenreich seine Blütezeit unter seinem Gründer Geiserich, doch auch in den 60 Jahren nach dessen Tod 477 blieben die Vandalen eine bedeutende Macht. Um 500 herrschten arianische Ostgoten in Italien, arianische Vandalen in Afrika, arianische Westgoten in Spanien und Südgallien. Die politische, ethnische, und religiöse Geographie des Mittelmeerraums hatte sich in den anderthalb Jahrhunderten seit der Gründung des Neuen Rom ganz beträchtlich verändert. Die Auflösung war in vollem Gang.

II

Diese Auflösung ist in mehrfachem Sinne zu verstehen. Es gab eine schrittweise Loslösung des westlichen vom östlichen Mittelmeerraum, und es gab in beiden Regionen eine Reihe von Krisen, von denen die

Gebiete im Osten sich schneller und nachhaltiger erholten als die im Westen, obwohl auch sie stark in Mitleidenschaft gezogen wurden. Das Zeitalter der Invasionen hatte auch auf den frühen byzantinischen Staat beträchtliche Auswirkungen, aber im Westen führte es zum Verschwinden der kaiserlichen Macht, während das Kaisertum im Osten massive Einbrüche von Goten, Slawen, Persern und Arabern überlebte, in deren Verlauf Invasoren während des 7. Jahrhunderts sogar bis vor die uneinnehmbaren Mauern Konstantinopels gelangten. In dieser Zeit befanden sich weite Teile Griechenlands unter der Herrschaft slawischer Stämme. Aber die Wirtschaft des gesamten Mittelmeerraums war auch den Attacken eines gänzlich anderen Angreifers ausgesetzt. In den 540er Jahren brach eine Seuche aus, wahrscheinlich eine pathologisch mit dem Schwarzen Tod des 14. Jahrhunderts verwandte Beulen- und Lungenpest.[28] Wie der Schwarze Tod, so raffte auch die Pest der Justinianischen Zeit zahlreiche Menschen dahin, möglicherweise 30 Prozent der Bevölkerung von Byzanz, vor allem Stadtbewohner. Kalte, aber trockene Winter im östlichen Mittelmeerraum führten zu Dürre und Hungersnot, und möglicherweise setzten ähnliche Klimaveränderungen sehr viel weiter östlich die Pest in den Ländern Ostasiens frei, in denen sie endemisch war, und erlaubten es ihr, sich nach Westen auszubreiten.[29] Außerdem führte eine Kälteperiode in der Spätzeit des Römischen Reiches möglicherweise zu einer Verschlechterung der Böden, während die Aufgabe von Terrassen, die man für den Anbau von Wein und Oliven angelegt hatte, Erdrutsche auslöste und die Erosion verstärkte. Doch hier gibt es ein Henne-Ei-Problem. Die Aufgabe der Weinberge und Olivenhaine setzt einen Rückgang der Nachfrage voraus, und der muss eine Ursache gehabt haben. Nach einer anderen Erklärung führte die übermäßige Ausbeutung der Böden durch eine stark angewachsene, immer mehr Getreide benötigende Bevölkerung im Umkreis des Mittelmeeres dazu, dass man den Boden von Bäumen und anderen schützenden Bedeckungen entblößte, mit der Folge, dass die oberen Bodenschichten in die Flüsse geschwemmt wurden, was wiederum zu einer Versandung der Mündungsgebiete führte. Eine Reihe ökologisch folgenreicher Ereignisse (die die Menschen damals in ihren Folgen nicht einzuschätzen vermochten) zerstörte danach die lebensnotwendigen Böden und führte zu Dürreperioden und zu Hungersnöten. Deshalb sollte man annehmen, dass der Bevölkerungsrückgang im Umkreis des Mittelmeeres schon vor dem Ausbruch der Pest begonnen hatte. Die Pest traf danach auf eine Bevölkerung, deren Widerstandskraft durch Nahrungsmittelknappheit, lokale Epidemien und weniger virulente Krankheiten bereits geschwächt war.[30] All das mag recht theoretisch erscheinen, doch dass es zur Versandung von Flussmündungen kam, dafür gibt es hinreichende Belege in Nordafrika, im kleinasiatischen Ephesos, im griechischen Olympia, im sardischen Nora und im nordwestitalienischen Luni.[31]

Unter dem byzantinischen Kaiser Justinian I. (527–565) wurden trotz der Ausbreitung der Pest beträchtliche Anstrengungen unternommen, die römische Herrschaft im gesamten Mittelmeergebiet wiederherzustellen. Schon vor dem Ausbruch der Pest hatte Justinian die Kontrolle über Karthago wiedererlangt (534). Nun ging ein Geldregen auf die Stadt nieder. In dem berühmten runden Hafen errichtete man einen neuen Portikus, und man baute neue Stadtmauern und Gräben, denn wie die Ereignisse ein Jahrhundert zuvor gezeigt hatten, war auch eine nordafrikanische Stadt anfällig für Landangriffe. Auf den Zusammenbruch des Vandalenreichs folgten Kriege gegen die Goten in Italien. Unter Führung des brillanten Feldherrn Belisarius drangen byzantinische Armeen nach Sizilien vor, und nur zwei Jahre nach dem Fall Karthagos eroberten sie Neapel durch eine klassische List: Sie schlichen sich durch einen Tunnel in die Stadt. Für Justinian war die Rückeroberung Italiens in besonderem Maße eine Frage des Prestiges. Ravenna, die Residenz der Ostgotenkönige, wurde abermals zum Sitz kaiserlicher Beamter, der Exarchen, und der Außenhafen Classis war nun wieder ein Stützpunkt der byzantinischen Flotte. Der Hafen von Neapel wurde befestigt, denn Justinians gotische Feinde blieben auch weiterhin aktiv.[32] Der lange Arm von Byzanz reichte sogar bis zur Küste bei Genua – erste Anzeichen wirtschaftlicher Aktivitäten in einer Region, die eines der großen Zentren des mittelalterlichen Mittelmeerhandels werden sollte.[33] Justinian fürchtete sich nicht, an mehreren Fronten zugleich zu kämpfen. Er schickte Armeen nach Südspanien und erlangte die Kontrolle über das Gebiet um Cartagena, das sich in den Händen der westgotischen Opposition befand. Da Sardinien und die Balearen sich gleichfalls unter byzantinischer Herrschaft befanden, ergab sich eine Verbindungslinie, die von den Kernlanden in Byzanz bis hin nach Ceuta und zur Straße von Gibraltar führte.

Justinians Versuch, ein Römisches Reich wiederherzustellen, das sich über den gesamten Mittelmeerraum erstreckte, setzte die Ressourcen Konstantinopels in wirtschaftlich schwierigen Zeiten unter Druck. Italien hatte durch Krieg und Pest schweren Schaden genommen.[34] Trotz des demographischen Zusammenbruchs im Gefolge der Pest unternahm man auch weiterhin optimistische Bemühungen, Häfen und die Befestigungsanlagen von Hafenstädten zu verbessern. In der Hoffnung, die Verbindung zwischen Konstantinopel und Italien zu festigen, umgab man Dyrrhachion (das alte Epidamnos) mit einer Reihe von Mauern und Türmen, die in Teilen heute noch erhalten sind. Dyrrhachion lag am Ende der Fernstraße nach Konstantinopel, der Via Egnatia, doch der Zugang zur Ägäis wurde außerdem durch ähnliche Befestigungsanlagen in Korinth gesichert, obwohl ein Großteil der von der Pest stark dezimierten Bevölkerung der Stadt auf die Ägäisinsel Ägina ausgewichen war.[35] Ebenso gemischt war die Geschichte Karthagos. Die Renovierung des Hafens war noch keine Garantie für die wirtschaftliche Vitalität der Stadt. Die Zahl der aus dem Osten stammenden Amphoren ging in Karthago nach der byzantinischen Eroberung deutlich zurück. Paradoxerweise schwächten sich die wirtschaftlichen Verbindungen ins östliche Mittelmeer ab, als die politische Kontrolle aus dem Osten zunahm. Der Rückgang im Handel war möglicherweise die Folge neuer Bemühungen, den Getreidehandel unter staatliche Kontrolle zu bringen.[36]

Das 6. Jahrhundert war auch im Osten von höchst unterschiedlichen Entwicklungen geprägt. Ephesos erlebte einen dramatischen Niedergang, ebenso Athen und Delphi, während Alexandria bis Mitte des Jahrhunderts eine lebendige Stadt mit gut 100 000 Einwohnern blieb. Manche Gebiete erlebten dagegen einen Aufschwung. Die Stadt Gortyna auf Kreta schmückte sich nach einem Erdbeben mit schönen Bauwerken und wurde zum Zentrum eines erfolgreichen Töpfergewerbes. Ein Vorteil, den Kreta wie auch Zypern genoss, war der Umstand, dass die Insel von den slawischen Invasionen verschont blieb. Schätze aus Goldmünzen, die aus dem 7. Jahrhundert stammen, belegen den Wohlstand, der dort weiterhin herrschte. Mehrere Ägäisinseln wie Samos und Chios dienten als Zufluchtsstätte für Menschen, die vor den Slawen flohen, und in einer Zeit, da andernorts die Bevölkerungszahlen zurückgingen, erfuhren sie durch die Ankunft neuer Siedler eine Stärkung.[37] Das »Rhodische Seerecht« wurde in Byzanz und darüber hinaus zum herrschenden Seerecht.[38] Neben den Barbaren aus dem Norden sah Byzanz sich der erneuten Bedrohung durch einen alten Rivalen der griechischen Welt ausgesetzt: durch die persischen Kaiser. Ihre Einfälle hatten verheerende Auswirkungen auf die Städte an der Mittelmeerküste. Sardis war bis 616 eine imposante Regionalhauptstadt, mit marmorgepflasterten Straßen, Säulengängen und einer der größten Synagogen des Mittelmeerraums. Nach der Zerstörung durch die Perser war die Stadt nur noch ein rauchender Trümmerhaufen und wurde nie wieder aufgebaut. Das einst für seine Bibliothek berühmte Pergamon erlitt ein ähnliches Schicksal.[39]

Trotz dieser Kalamitäten blieben Teile des alten Handelsnetzes lebendig und gewannen sogar neue Stärke. Getreide aus dem Po-Tal wurde über Classis exportiert, als Byzanz dort wieder die Herrschaft übernahm. Neapel dagegen verlor seine Verbindungen nach Afrika, über die man dort früher große Mengen Getreide bezogen hatte. Das zeigt sich am Rückgang der afrikanischen Keramik, die in den Ausgrabungsschichten des 6. Jahrhunderts noch stark vertreten ist.[40] Statt afrikanischer Rotschlickerkeramik finden sich dort beträchtliche Mengen an Keramik aus dem östlichen Mittelmeerraum, darunter auch Krüge aus Samos, einer jener Inseln, die florierten, während das griechische Festland unter slawischer Herrschaft einen katastrophalen Zusammenbruch erlebte.[41] Tatsächlich tauchte Keramik aus Samos um 600 in Rom, Ravenna, Syrakus und Karthago auf, was darauf hindeutet, dass die Verbindungen zwischen dem östlichen Mittelmeer und den zurückeroberten Gebieten in Italien und Afrika aufrechterhalten und möglicherweise sogar verstärkt wurden. Süditalien und Sizilien hielten ihre Verbindungen zur Außenwelt aufrecht, und die langobardischen Herrscher Süditaliens waren sogar in der Lage, Goldmünzen zu prägen. Die Adria war ein vorgelagertes byzantinisches Meer, und in dieser Zeit lassen sich auch erste Aktivitäten einiger Häfen in den Sumpfgebieten an der oberen Adria erkennen: der Gemeinden, aus denen Venedig hervorgehen sollte. Weiter im Westen war die Lage schwieriger. Luni erlebte einen steilen Niedergang und erholte sich nie mehr davon. Um 600 vermochten die Einwohner nur noch Bleimünzen zu prägen.[42] Es gab einige Verbindungen zwischen Genua und Byzanz, aber sie waren wohl eher politischer als kommerzieller Natur. Marseille behielt eine führende Stellung unter den Handelszentren im westlichen Mittelmeer, war jedoch nur noch ein schwacher Schatten der einstmals großen griechischen Stadt. Die Zahl der aus dem Osten stammenden Amphoren ging im 6. Jahrhundert so weit zurück, dass sie um 600 nur noch ein Viertel der um 500 zu findenden Krüge ausmachten, und im 7. Jahrhundert verschwanden sie vollständig. Afrikanische Amphoren erlebten dagegen im 6. Jahrhundert einen erneuten Aufschwung, was darauf hindeutet, dass der auf mittlere Distanzen angelegte Handel im westlichen Mittelmeer weiterhin über Marseille lief. Auch waren die Kontakte zum Osten nicht vollständig abgebrochen. Bischof Gregor von Tours, Chronist der äußerst brutalen Merowingerkönige Galliens, erwähnt Wein aus den syrisch-palästinensischen Häfen Gaza und Laodicäa.[43] Eine überraschende Bestätigung fand diese Aussage in einem Wrack aus Gregors Zeiten, das man vor Port-Cros an der südfranzösischen Küste entdeckt hat. Es hatte Weinkrüge aus der Ägäis und aus Gaza geladen.[44]

Insgesamt hat man etwa 80 Schiffswracks aus dieser Zeit gefunden. Um 600 sank vor der südfranzösischen Küste ein Schiff, das Pech, nordafrikanische Keramik, Amphoren aus Gaza und Krüge mit Graffiti in griechischen Buchstaben geladen hatte. Da das Schiff schlecht gebaut war, mit zu dünnen Planken und schlecht sitzenden Verbindungen, kann es kaum verwundern, dass es sank. Es war nicht sonderlich groß. Mit einer Wasserverdrängung von 50 Tonnen konnte es höchstens 8000 *modii* Getreide laden – ein Bruchteil der Ladekapazität römischer Getreideschiffe.[45] Die Schiffe des 6. und 7. Jahrhunderts waren kleiner als ihre römischen Vorläufer. Ein vor der türkischen Küste bei Yassı Ada gefundenes Wrack aus der Zeit um 626 war mit dünneren Nägeln gebaut, als die Römer sie üblicherweise verwendeten. Mit einer Wasserverdrängung von mehr als 50 Tonnen war es ein billig gezimmertes

Fahrzeug, das »gerade lange genug hielt, um einen guten Gewinn einzufahren«.[46] Andererseits besaß es eine gut ausgerüstete und mit einem Ziegeldach versehene Kombüse, deren Ausstattung – Schüsseln, Teller und Becher – darauf schließen lässt, dass es aus der Ägäis oder aus Konstantinopel kam.[47] Gelegentlich sanken auch Schiffe mit einer kostbaren Fracht. Das vor der sizilianischen Küste entdeckte Marzameni-Wrack stammt aus der Zeit um 540 und hatte bis zu 300 Tonnen grünen und weißen Marmor geladen – die Innenausstattung einer ganzen Kirche, ähnlich denen in Ravenna und in Libyen. Diese schönen Stücke wurden als Werbung für religiöse Einheitlichkeit übers Meer geschickt: Der einheitliche Kirchenstil sollte Ausdruck der einheitlichen Theologie unter dem einen Kaiser, Justinian dem Großen, sein.[48] Die Schiffswracks im östlichen Mittelmeer sprechen für intensivere Kontakte, die Inseln und Küsten miteinander verbanden. Ein Schiff, das im späten 6. Jahrhundert bei Iskandil Burnu vor der türkischen Küste sank, hatte Wein aus Gaza geladen. Außerdem fand sich eine koschere Schmorpfanne, die darauf hindeutet, dass es einem Juden gehörte (wie in der Geschichte von Amarantus, dem jüdischen Kapitän zu Beginn des 5. Jahrhunderts).[49]

Die Bilanz für Byzanz verbindet also Belege für einen deutlichen wirtschaftlichen Niedergang mit solchen für eine fortbestehende Vitalität vor allem auf den Inseln im östlichen Mittelmeer. Das war zu erwarten nach dem demographischen Erdbeben der Beulenpest. Die Handelskarte des Mittelmeerraums wurde neu gezeichnet, während alte Zentren an Bedeutung verloren und neue an Kraft gewannen. Überlebende Knotenpunkte wirtschaftlicher Aktivität wirkten im byzantinischen Mittelmeergebiet wie Samenkörner, die das Wiederaufleben der Wirtschaftstätigkeit im 8. und 9. Jahrhundert ermöglichten. Weiter westlich erfolgte die Erholung sehr viel langsamer und gestaltete sich schwieriger.

TEIL III

Das Dritte Mediterrane Zeitalter

600 bis 1350

KAPITEL 1

Mediterrane Wellentäler
600 bis 900

I

Im 6. Jahrhundert war die Einheit des Mittelmeerraums erschüttert. Es war nicht länger *mare nostrum*, weder in politischer noch in wirtschaftlicher Hinsicht. Man hat zu zeigen versucht, dass zumindest die grundlegende Einheit des Mittelmeeres als Handelsraum bis in die Zeit der islamischen Eroberungen des 7. Jahrhunderts erhalten geblieben sei (die 711 in der Invasion Spaniens gipfelte) oder sogar bis zu der Zeit, als das Frankenreich des inzestuösen Massenmörders Karls des Großen die Herrschaft über Italien und Katalonien erlangte.[1] Andererseits hat man zu zeigen versucht, dass die Erholung viel früher begann, als Generationen von Historikern dies geglaubt hatten, und schon im 10. oder sogar schon im 9. Jahrhundert voll im Gang war.[2] Kaum bestreiten lässt sich diese These mit Blick auf den byzantinischen Osten, der bereits eine gewisse Widerstandskraft bewiesen hatte, und für die islamischen Regionen, die sich von Syrien und Ägypten bis nach Spanien und Portugal erstreckten, doch der Westen glich eher einem Puzzle. Es ist kaum übertrieben, wenn man sagt, dass manche Historiker einen Niedergang erblicken, wo andere eine Expansion zu erkennen glauben. Dazu kann man anmerken, dass es gewaltige regionale Unterschiede gab. Doch die Frage bleibt, ob und wann der Mittelmeerraum seine Einheit verlor und dann wiedergewann. Wie in der Antike die Integration des Mittelmeergebiets zu einem einzigen Handelsraum und nachfolgend zu einem einzigen politischen Raum viele Jahrhunderte gedauert hatte, von der Dunklen Zeit des 10. Jahrhunderts v. Chr. bis zur Entstehung des Römischen Reiches, so kam der Integrationsprozess auch im »Dritten

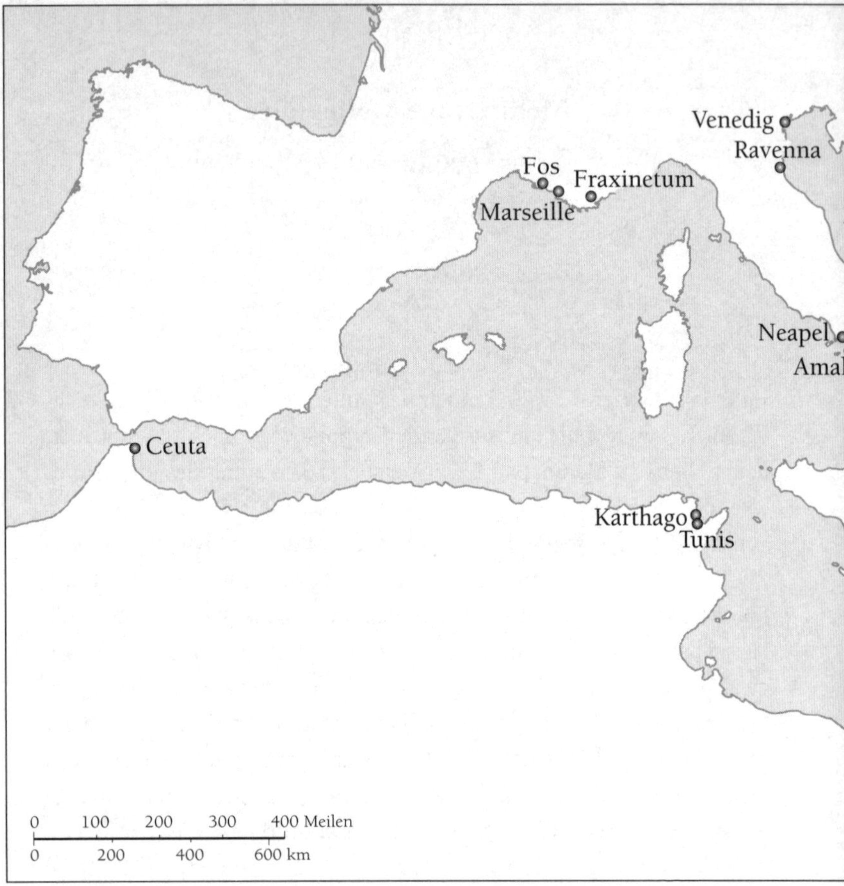

Mediterranen Zeitalter« schmerzlich langsam voran. Eine volle politische Integration wurde nie mehr erreicht, obwohl die Araber und später die Türken sich nach besten Kräften darum bemühten.

Auch nachdem Byzanz viele seiner Festlandsbesitzungen an die Slawen und andere Feinde verloren hatte, blieben dem Reich noch mehrere bemerkenswerte Aktivposten. Sizilien, Teile von Süditalien, Zypern und die Ägäisinseln standen weiterhin unter byzantinischer Herrschaft, und in einigen dieser Gebiete konnte das Reich Gold- und Silberminen für seine Zwecke ausbeuten.[3] Selbst Sardinien und Mallorca standen

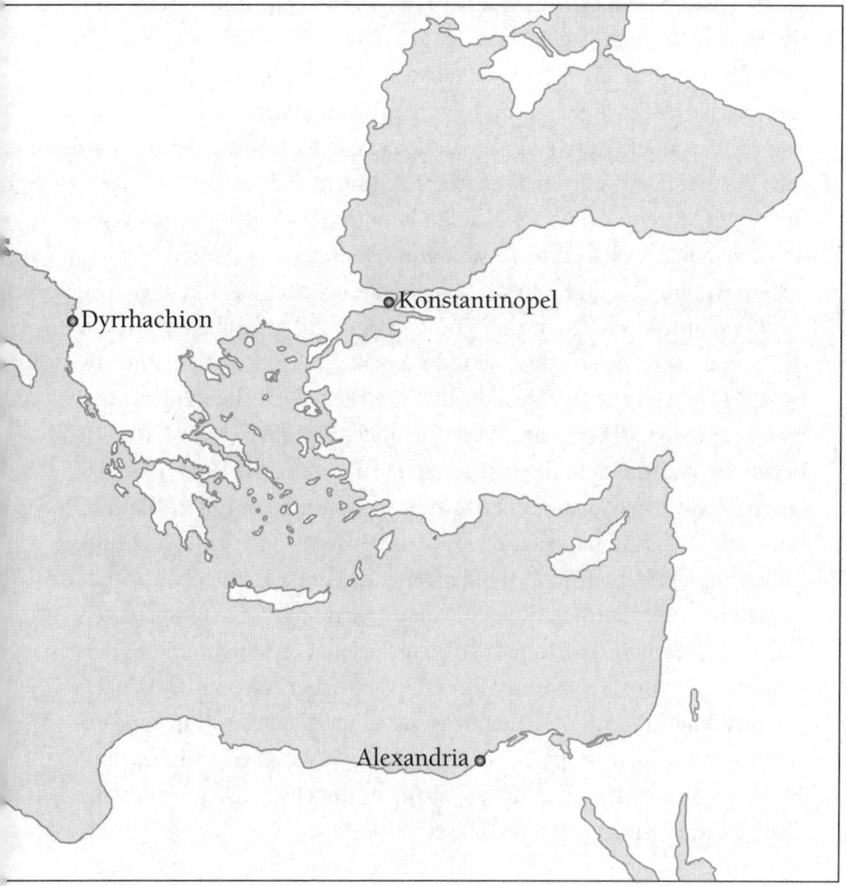

unter byzantinischer Oberhoheit, aber es ist nicht klar, ob im Mittelmeerraum noch ein funktionierendes Kommunikationssystem existierte. Konstantinopel behielt die Kontrolle über Ägypten, aus dem die Stadt immer noch einen großen Teil ihres Getreides bezog, auch wenn die Einwohnerzahl beträchtlich gesunken war. In westeuropäischen Chroniken werden neben jüdischen auch »syrische« Kaufleute erwähnt, woraus man schließen kann, dass diese Nachfahren der Phönizier immer noch eine Rolle in den transmediterranen Handelsnetzen spielten. Die Byzantiner erkannten, dass sie nicht nur von den barbarischen Völkern des Nordens, sondern auch von Feinden im Osten massiv bedroht wurden. Doch trotz der zeitweiligen persischen Besetzung Jerusalems im frühen 7. Jahrhundert war es nicht Persien, das die byzantinische Macht in Syrien und Ägypten erschütterte.

Ein gutes Stück Wegs entfernt auf den Handelsstraßen, über die syrische Kaufleute auf der Suche nach Duftstoffen und Gewürzen zogen, die sie im Mittelmeerraum verkaufen konnten, noch jenseits der Wüstengebiete der Nabatäer, nicht weit von den Küsten des Roten Meeres, war eine politische und religiöse Macht im Entstehen begriffen, welche die Beziehungen zwischen den nördlichen und den südlichen Küsten des Mittelmeeres nachhaltig verändern sollte. Zu Zeiten Mohammeds (gest. 632) verfolgten die Muslime das Ziel, die heidnischen Völker Arabiens und die arabisch-jüdischen Stämme zu unterwerfen oder zu bekehren. Auf die Vereinigung der Stämme unter dem Banner des Islam (das Wort bedeutet »Unterwerfung« – wenn nicht unter Allah, so doch zumindest unter jene, die zu Allah beten) folgte eine gewaltige militärische und politische Kraftanstrengung unter den frühen »Stellvertretern« oder *khalifas* (Kalifen), die Mohammed folgten und deren Heere nach seinem Tod innerhalb weniger Jahre Jerusalem und Syrien eroberten, bevor sie 641 unter ihrem Befehlshaber Amr ibn al-As nach Ägypten eindrangen. Und Ibn al-As lag schon damals – durchaus typisch – mit seinem Herrn, dem Kalifen, im Streit. Die Einzigkeit und Einheit Gottes war ein zentraler Glaubensartikel des Islam, doch die Einheit seiner Anhänger zerbrach schon sehr bald.

Der Islam entstand nicht im Mittelmeerraum, aber er stand schon früh in enger Wechselbeziehung zu den rivalisierenden monotheistischen Religionen des Judentums und des Christentums (auch zu den heidnischen Religionen, wenngleich in negativer Weise, da die Muslime es ablehnten, andere Religionen als die jüdische, die christliche und in Persien die zoroastrische zu tolerieren). Der Islam vermochte in Syrien Christen zu bekehren, weil dort viele den von der griechischen Kirche verfolgten Monophysitenkirchen angehörten. Viele Anhänger ostchristlicher Sekten empfanden manche Aspekte des Islam als vertraut, was nach und nach zu ihrer Assimilation in die neue Religion führte. Die Muslime akzeptierten Jesus oder Isa als den nach Mohammed größten

Propheten und auch die jungfräuliche Geburt, bestanden aber darauf, dass Isa nur ein Mensch gewesen sei.[4] Andere Aspekte des Islam erinnerten an jüdische Praktiken, etwa das Verbot, Schweinefleisch zu essen, das regelmäßige tägliche Beten (fünfmal im Islam, dreimal im Judentum) und das Fehlen einer Priesterkaste als Träger der religiösen Riten – sie war im Judentum nach der Zerstörung des Tempels nahezu vollständig verschwunden. Nach muslimischer Auffassung waren die hebräische Bibel und das Neue Testament entstellte Texte, aus denen die Voraussage der Ankunft des größten Propheten eliminiert worden war. Andererseits erkannte man an, dass Juden und Christen, die »Völker des Buches«, denselben Gott verehrten wie die Muslime. Daraus entstand das Konzept des *Dhimmi*, des unterworfenen Juden oder Christen, dem es gegen Zahlung einer Sondersteuer, der *Dschizya*, erlaubt war, seine Religion zu praktizieren, solange er nicht versuchte, Muslime zu seinem Glauben zu bekehren. Tatsächlich wurden die von den *Dhimmis* gezahlten Steuern zu einem der Stützpfeiler des islamischen Staates. Die *Dhimmis* waren vom Militärdienst ausgenommen (der war Muslimen vorbehalten), doch durch ihre Steuern trugen sie zur Unterhaltung des Militärapparats bei. Deshalb wäre die sofortige Konversion aller Kopten in Ägypten oder aller Berber in Nordafrika problematisch gewesen, denn dadurch wäre die fiskalische Grundlage des Kalifats weggebrochen. Es war sinnvoll, gegenüber den *Dhimmis* Toleranz walten zu lassen. Sie waren, wie der herausragende Historiker des Nahen und Mittleren Ostens Bernard Lewis einmal gesagt hat, »Bürger zweiter Klasse – aber Bürger«. Mit anderen Worten, sie galten als integraler Bestandteil der Gesellschaft und nicht als fremde Minderheit – tatsächlich bildeten sie außerhalb Arabiens im 7. und 8. Jahrhundert die Mehrheit, nämlich entlang der syrischen Küste, in Ägypten und auch im fernen Spanien, ganz zu schweigen von weiter östlich gelegenen Ländern wie Persien.

Dass Ägypten dem Ansturm einer vielleicht 12 000 Soldaten zählenden arabischen Armee erlag, wurde durch die Feindseligkeit der Kopten gegenüber dem orthodoxen Byzanz erleichtert. Die unmittelbare Folge für Konstantinopel war das Ausbleiben des Getreides aus dem Niltal. Später, 674 und 717, sollte Konstantinopel arabische Belagerungen erleben, doch für den Augenblick blieben die Araber in Afrika, und von Ägypten aus schauten sie nicht Richtung Mittelmeer, sondern südwärts nach Nubien. Eine Eroberung der am Roten Meer gelegenen Gebiete hätte ihre Herrschaft über Arabien gefestigt. Unmittelbar nach Mohammeds Tod richteten sich die arabischen Expansionsbestrebungen in erster Linie auf den Irak und den Iran, denn Persien war die stärkste Macht unmittelbar nördlich von Arabien. So hatten die Araber denn ursprünglich nicht das Ziel, ein Reich zu schaffen, das sich auf der Südseite des Mittelmeeres entlangzog. Ihre Eroberungen im Gebiet des Mittelmeeres waren nur ein Nebenkriegsschauplatz. Erst als sie in Nubien zurückgeworfen wurden, wandten sie sich nach Westen der Kyrenaika zu und drangen in das Gebiet der Berberstämme ein.[5]

Das erwies sich als kluge Entscheidung. Solange die Kyrenaika und die Provinz Afrika unter byzantinischer Herrschaft blieben, bestand ständig die Gefahr, dass sie als Basis für einen Krieg zur Rückeroberung Ägyptens genutzt wurden. Wenn die Araber das verhindern wollten, mussten sie die Kontrolle über die Küstenlinien und Häfen der nordafrikanischen Küste erlangen, und das war nur möglich mit Hilfe großer, neu aus dem Jemen eingetroffener Kontingente und mit Hilfe der Berber, der einheimischen Bevölkerung, die aus einem Gemisch romanisierter Stadtbewohner und ländlicher Stammesangehöriger unterschiedlicher Religionszugehörigkeit bestanden. Außerdem benötigten die Araber eine Flotte, und ein »arabischer« Sieg über die byzantinische Flotte in einer 654 vor Rhodos geschlagenen Seeschlacht kann nur bedeuten, dass es ihnen gelang, christliche Besatzungen anzuheuern. Wahrscheinlich bestand die Seeschlacht aus einem Scharmützel zwischen Griechen auf der einen sowie Griechen, Syrern und Kopten auf der anderen Seite. Die Beziehungen zu den Berbern waren nicht immer einfach. Heidnische Berberstämme traten zum Islam über, kehrten dann aber zu ihrem eigenen Glauben zurück, sobald die Araber hinter dem Horizont verschwunden waren. Ein Stamm soll sich auf diese Weise zwölfmal zum Islam bekehrt haben.[6] Außerdem gab es zahlreiche christliche und jüdische Berber, und Königin Kahina, möglicherweise eine jüdische Berberin, ist als tapfere Kriegerin in Erinnerung geblieben.[7] Die Islamisierung der nordafrikanischen Berbergebiete erfolgte rasch und auf leichte, wenn auch wenig dauerhafte Weise, doch das reichte aus, um beutesuchende Berbertruppen zur Beteiligung zu motivieren, als islamische Armeen sich den eigentlichen Zielen um das byzantinische Karthago näherten. In den 660er Jahren begannen sie, die Kontrolle über die kleineren Städte der alten römischen Provinz Afrika zu übernehmen, die sie Ifriqiya nannten, und mit dem nicht direkt am Mittelmeer gelegenen Qaywaran gründeten sie eine eigene Garnisonsstadt. Sie interessierten sich eher für das in der Umgebung gelegene Land, auf dem ihre Kamele weiden konnten, als für das Meer. Im Jahr 698 belagerte eine arabische Armee, deren 40 000 Soldaten man aus Syrien und anderen Regionen herangeführt hatte und die von 12 000 Berbern verstärkt wurde, das auf der Landseite abgeschnittene Karthago, das keine ausreichende Unterstützung aus Byzanz erfuhr. Die Einnahme Karthagos durch die Araber und nicht so sehr die römische Eroberung der Stadt fast 750 Jahre zuvor markierte das Ende seiner außergewöhnlichen Geschichte als Handelszentrum und Hauptstadt eines Reiches. Die Araber hatten keine Verwendung für Karthago und bauten in der Nähe eine neue Stadt: Tunis. Byzanz hatte ein weiteres seiner reichsten Territorien verloren. Die von Justinian eroberten Silberminen in Spanien hatten die Westgoten schon in den 630ern an sich gerissen und Byzanz wenig mehr als eine lockere Herrschaft über Ceuta, Mallorca und Sardinien gelassen. Im westlichen Mittelmeer war die byzantinische Macht zusammengebrochen.

II

Die islamischen Eroberungen konfrontieren den Historiker des Mittelmeerraums mit einem Paradoxon. Nach einer Ansicht waren es diese Eroberungen, die der Einheit des Mittelmeerraums ein Ende setzten, doch der Islam schuf auch eine neue, das Mittelmeer überspannende Einheit, die allerdings nicht das gesamte Mittelmeer umfasste, da die islamischen Handels- und Verkehrsnetze sich hauptsächlich auf dessen südliche und östliche Küsten beschränkten. Es entwickelten sich enge

Handelsbeziehungen mit Konstantinopel, Kleinasien und der byzantinischen Ägäis sowie mit mehreren italienischen Hafenstädten, die sich unter byzantinischer Oberhoheit befanden, vor allem Venedig und Amalfi, doch die Bewohner Südgalliens und Italiens erlebten muslimische Seeleute hauptsächlich in der unappetitlichen Gestalt von Sklavenfängern. Sklaven wurden zur wichtigsten Handelsware zwischen Westeuropa und der islamischen Welt, meist über das Mittelmeer (doch auch an Land entstanden Handelswege, auf denen Sklaven aus Osteuropa nach Spanien gebracht wurden – auf dem Umweg über Kastrationskliniken in flandrischen Klöstern). Die Existenz der Piraterie mag als Beweis für den Fortbestand des Handels gewertet werden, denn man kann in der Seeräuberei keine Profite erzielen, wenn es niemanden gibt, der die Beute abnimmt. Doch bei den meisten Opfern der »Sarazenen« dürfte es sich um Landratten gehandelt haben, die von den Sklavenfängern vor den Küsten Italiens und Südfrankreichs aufgegriffen wurden. Drei andere Güter, die über Jahrhunderte zu den wichtigsten Handelswaren gezählt hatten, nämlich Papyrus, Gold und Luxustextilien, fehlen nun auf den Listen. Mit Blick auf ihr Verschwinden hat der große belgische Historiker Henri Pirenne die These aufgestellt, das 7. und 8. Jahrhundert markierten im Mittelmeerraum den fundamentalen Bruch gegenüber der Antike. Der Handel sei zu einem »winzigen Rinnsal« verkommen.[8] Da Papyrus hauptsächlich in Ägypten produziert wurde, kann man das Verschwinden dieses alten Erzeugnisses in Westeuropa und seinen Ersatz durch lokal hergestelltes Pergament als Hinweis darauf interpretieren, dass er auf dem Mittelmeer nicht mehr gehandelt wurde. Die päpstliche Verwaltung war eine der letzten Institutionen, die bis ins 10. und 11. Jahrhundert hinein noch Papyrus verwendeten, und Rom hatte den Vorteil seiner Nähe zu den noch funktionierenden Häfen in der Bucht von Neapel und im Golf von Salerno, die Verbindungen nach Konstantinopel und in die islamische Welt unterhielten.

Es gibt durchaus Hinweise auf den Fortbestand eines allerdings nicht sonderlich regen Handels. Im Jahr 716 gewährte der fränkische König von Gallien, Chilperich II., den Mönchen von Corbie großzügige Steuerbefreiungen und erlaubte ihnen den Import von Papyrus über das im Rhônedelta gelegene Fos-sur-Mer. Da er damit jedoch nur ältere Privilegien bestätigte, lässt sich daraus nicht schließen, dass über Fos immer noch ein reger Handel abgewickelt wurde.[9] In der Blütezeit des Hafens transportierte man darüber nicht nur spanisches Leder und Papyrus in den Norden (50 Bogen im Jahr), sondern auch 10 000 Pfund Öl, 30 Fass Fischsauce, 30 Pfund Pfeffer, die fünffache Menge Kümmel sowie riesige Mengen Feigen, Mandeln und Oliven – sofern diese Zahlen denn jemals wirklich erreicht wurden.[10] Wie wir gesehen haben, war das in der Nähe gelegene Marseille einer der wenigen Häfen am nordwestlichen Mittelmeer, die nicht vollständig verfielen. Archäologische Funde beweisen, dass die Stadt im 6. Jahrhundert sogar noch wuchs und auch nach 600 noch intensive Kontakte mit Karthago und seiner Umgebung pflegte. Man prägte dort sogar Goldmünzen, was für Überseeverbindungen spricht, denn in Westeuropa gab es keine zuverlässigen Goldquellen.[11] Doch Ende des 7. Jahrhunderts geriet Marseille unter Druck. Durch den Verlust Karthagos an die Araber wurde die Verbindung dorthin gekappt. Der Nachschub an Gold versiegte, so dass man keine Goldmünzen mehr prägen konnte, und auch die Amphoren aus Nordafrika blieben aus.

Im 9. Jahrhundert beschrieb der arabische Autor Ibn Khordadbeh eine Gruppe unternehmungslustiger vielsprachiger jüdischer Händler, die als *Radhaniyya* oder »Radhaniten« bezeichnet wurden.[12] Er nennt vier Handelswege, auf denen diese Kaufleute reisten, einige über Land durch Gallien und an Prag vorbei in das Königreich der Weißen Bulgaren, das sich über die weiten offenen Räume im Norden des Schwarzen Meeres erstreckte, andere übers Meer von der Provence nach Ägypten und durch das Rote Meer nach Indien oder von Antiochia in der Levante über den Irak nach Indien und Ceylon und von dort wiederum per Schiff in den Fernen Osten. Einige reisten auch von Spanien an der nordafrikanischen Küste entlang in die Levante, ein Weg, den man wegen der Untiefen und wegen widriger Winde und Strömungen besser zu Lande zurücklegte.[13] Auf dem Rückweg aus dem Nildelta konnten die Radhaniten per Schiff nach Konstantinopel fahren, oder sie suchten einen Weg über Land. Nach Ibn Khordadbehs Darstellung handelten die Radhaniten mit Gewürzen, Duftstoffen und Arzneimitteln, doch durch ihre Kontakte in den Norden hatten sie auch die Möglichkeit,

Eisenwaffen, Pelze und Sklaven ans Mittelmeer zu bringen, wo ihnen Muslime, denen es an Eisen fehlte, gerne Schwerter aus dem Norden abkauften.[14] Außer den Radhaniten gab es noch viele andere christliche und muslimische Sklavenhändler. Im Jahr 961 lebten im muslimischen Córdoba 13750 *Saqaliba*, slawische Sklaven. Die kriegerischen Auseinandersetzungen zwischen germanischen und slawischen Völkern im Gebiet der Wenden, dem heutigen Ostdeutschland, sorgten für einen reichen und regelmäßigen Nachschub an Gefangenen, und der Ausdruck *sclavus* oder »Sklave« erinnert noch heute an die slawische Herkunft sehr vieler Sklaven. Sklaven aus dem slawischen Grenzland gelangten auch nach Syrien und Ägypten, neben Tscherkessen, die man über das Schwarze Meer dorthin brachte.[15] So schrecklich das Schicksal dieser Sklaven gewesen sein mag, und selbst jener, die das Trauma der Kastration überlebten, war es nicht immer mit dem Schicksal der Sklaven vergleichbar, die in späteren Jahrhunderten in großer Zahl über den Atlantik nach Amerika gebracht wurden. Stark wirkende junge Männer wurden nicht entmannt, sondern in die Garde des Emirs in Córdoba aufgenommen, wo manche von ihnen hohe Positionen erreichten. Frauen wurden möglicherweise in die geschlossene Welt des Harems aufgenommen, und schöne Knaben gelangten in den Besitz päderastischer Fürsten. Ein Kaufmann, der gut in das Raster der Radhaniten passt, war Abraham von Saragossa, ein spanischer Jude, der den persönlichen Schutz des fränkischen Kaisers, Ludwigs des Frommen, genoss. Er wirkte um 828 und war von der Zahlung der üblichen Steuern und Abgaben ausgenommen. Ihm war es ausdrücklich erlaubt, fremde Sklaven zu kaufen und innerhalb des Frankenreichs zu verkaufen, doch 846 erhob der Erzbischof von Lyon gegen jüdische Kaufleute den Vorwurf, ihren Nachschub an Sklaven in den Städten der Provence zu decken und in Córdoba Christen als Sklaven zu verkaufen.[16]

Während die römische Seemacht auf der Ausrottung der Piraterie basierte, hatte die muslimische Seemacht ihre Grundlage in der Ausübung der Piraterie. So war es möglich, dass in muslimischen Flotten Griechen, Kopten, Berber und Spanier Dienst taten, die ohne Zweifel die Besatzung der Schiffe stellten. Westliche Schiffe waren ein häufiges Beuteobjekt von Piraten, die im Dienst eines muslimischen Herrschers standen. Wie ein arabischer Autor des 9. Jahrhunderts schreibt, konnten christliche Schiffe auf dem Mittelmeer von muslimischen Piraten als legitime Ziele verfolgt werden, wenn sie auf dem Weg in ein anderes christliches Land waren. Erklärte der Kapitän eines gekaperten Schiffes, unter dem Schutz eines muslimischen Herrschers wie des Emirs von Andalusien zu fahren, verlangte man von ihm unter Umständen einen schriftlichen Beweis für diese Behauptung.[17] Zwar hatten Schiffe bei der Eroberung Spaniens durch arabische Heere und Berbertruppen – abgesehen von der Überquerung der Straße von Gibraltar – nur eine geringe Rolle gespielt, doch im Rest des 8. Jahrhunderts traten muslimische Flotten im westlichen Mittelmeer mit wachsendem Selbstvertrauen auf. Ein Ausbruch von Seeräuberei nach dem Fall Karthagos 698 konnte von der byzantinischen Flotte noch leicht unterdrückt werden, doch nach dem Verlust jeder wirkungsvollen byzantinischen Seemacht westlich von Sizilien hatten muslimische Flotten freie Hand vor den Inseln und Küstenstreifen, die noch zumindest entfernt die byzantinische Oberhoheit anerkannten: vor den Balearen, Sardinien und der ligurischen Küste.[18]

Um 800 verschlechterte sich die Sicherheitslage der Region ganz beträchtlich. Überall im westlichen Mittelmeer kam es immer häufiger zu Scharmützeln zwischen Seestreitkräften. Allgemein stellt man dieses Geschehen als einen Kampf gegen arabische Invasoren dar, die nach der Herrschaft über die Mittelmeerinseln strebten. Oft jedoch ging es den muslimischen Flotten eher um Beute (darunter Gefangene, die man verkaufen konnte) als um eine Erweiterung der Herrschaft des Islam. Den Christen ging es gleichfalls oft eher um Sklaven und Beute, auch wenn sie offensichtlich in der Defensive waren. Und gerade weil es im Westen nun eine Großmacht gab, die bereit war, die muslimischen Flotten zurückzuschlagen, wuchsen die Spannungen, und die Piraten wurden immer wagemutiger. Im Jahr 798 griffen muslimische Flotten die Balearen an, die bei der ursprünglichen Invasion Spaniens nicht zu ihren Zielen gehört hatten. Da die Bewohner der Inseln wussten, dass Konstantinopel ihnen nicht helfen konnte, wandten sie sich an den Herrscher Galliens und Norditaliens, Karl den Großen, und erkannten ihn als ihren Oberherren an. Karl der Große schickte Truppen, und als die Araber die

Inseln erneut überfielen, wurden sie zurückgeschlagen.[19] Er befahl seinem Sohn Ludwig, eine Flotte zur Verteidigung des Rhônedeltas zu bauen, und gab Anweisung zum Bau neuer Küstenbefestigungen zum Schutz der Häfen Südfrankreichs und Norditaliens. Hadumar, der fränkische Graf von Genua, führte eine Flotte gegen Araber, die Korsika zu erobern versuchten, und wurde bei dem Gefecht getötet. Weitere Gefechte folgten vor den Küsten Korsikas und Sardiniens, wobei ein fränkischer Admiral namens Burchard 13 feindliche Schiffe versenkte. Inzwischen patrouillierten die Venezianer (von denen gleich noch die Rede sein wird) in den Gewässern zwischen Sizilien und Nordafrika, und sie oder andere in byzantinischen Diensten stehende Schiffe errangen bemerkenswerte Siege gegen Schiffe aus al-Andalus, dem islamischen Spanien. Dreizehn arabische Schiffe, die die kleine, aber strategisch wichtige Insel Lampedusa zwischen Sizilien und Nordafrika angriffen, wurden von den Byzantinern 812 vernichtend geschlagen. Wenig später gelangten die Nordafrikaner zu der Auffassung, dass dies alles zu weit ging, und schlossen mit dem byzantinischen Statthalter Siziliens, Gregorios, einen zehnjährigen Waffenstillstand.[20] Christliche Flotten kontrollierten nun die Gewässer westlich von Sizilien, während die Byzantiner im mittleren Mittelmeer eine dringend benötigte Atempause erhielten – die arabischen Überfälle auf Sizilien und Kalabrien hatten in den exponierten Küstenstädten und Dörfern großen Schaden angerichtet.

Zum Leidwesen der Byzantiner beschlossen die Muslime, mehr von Sizilien zu wollen als Sklaven und Beute, und begannen 827 mit einer Invasion, durch die nach und nach die gesamte Insel unter die Herrschaft des Aghlabidenemirs von Nordafrika geriet. Sie nahmen ihre Angriffe auf Sardinien und Korsika wieder auf, und die Franken reagierten darauf mit einem ehrgeizigen Flottenangriff auf die afrikanische Küste. Das Problem war, dass die fränkische Flotte über keinen dauerhaften Stützpunkt verfügte, und obwohl sie eine Reihe von Seeschlachten gewann, genügte doch eine einzige Niederlage bei Sousse, um sie zum Rückzug aus Afrika zu zwingen. In jedem Fall hatte das Frankenreich mit dem Tod Karls des Großen im Jahr 814 seinen Zenit überschritten, und Karls Nachfolger Ludwig der Fromme wandte seine Aufmerksamkeit aufgrund interner Machtkämpfe vom Mittelmeer ab. So konnten die Araber in den 840er Jahren Marseille, Arles und Rom überfallen. Zur größten Empörung der Byzantiner und der Franken, die beide die Herrschaft über Süditalien beanspruchten, eroberte eine muslimische Flotte 847 den Seehafen von Bari und errichtete ein Emirat, das bis 871 bestand, als schließlich Franken und Byzantiner lernten, ausreichend zusammenzuarbeiten, um die Muslime zu vertreiben.[21] Nach einigen Versuchen im 9. entstanden im 10. Jahrhundert arabische Piratenstützpunkte an der Küste der Provence und etwas weiter landeinwärts in Fraxinetum (La Garde-Freinet). Die arabischen Piraten stellten eine erhebliche Gefahr für den christlichen Seehandel der Provence dar und versorgten die Muslime außerdem mit einem beständigen Nachschub an Sklaven und Kriegsbeute.[22]

III

Die Byzantiner bekämpften das Vorrücken der Muslime mit gemischtem Erfolg. Nachdem sie den Arabern vor den Mauern Konstantinopels 718 Einhalt geboten hatten, mobilisierten sie im frühen 8. Jahrhundert ihre Seestreitkräfte im Mittelmeer, doch lokale Aufstände, vor allem auf Sizilien, gefährdeten ihre Kontrolle über die Seewege im Mittelmeerraum. Seit dem 6. Jahrhundert setzte die byzantinische Flotte hauptsächlich Dromonen ein, eine Abart der Kriegsgaleere, die mit der Zeit immer größere Ausmaße annahm und zum Standardkriegsschiff avancierte, das bis ins 12. Jahrhundert hinein überall im Mittelmeer eingesetzt wurde. Typisch für die Dromone sind das lateinische statt des quadratischen Segels, Ruderbänke, die sich unter Deck befanden, und (möglicherweise) auch eine Skelettbauweise anstelle der Schalenkonstruktion beim Rumpf. Das ursprünglich mit einer kleinen Besatzung von 50 Ruderern bemannte Schiff, eine Ruderreihe auf jeder Seite (was sie zur Monoreme machte), entwickelte sich mit der Zeit zu einer Bireme, wobei jedes Ruder von zwei Männern bedient wurde und die Besatzung bis zu 150 Mann erreichen konnte.[23] Muslimische Flotten, die mit ähnlichen Schiffen ausgestattet waren, hatten mit einem großen Problem zu kämpfen: Wegen der Untiefen, Riffe und Sandbänke vor der Küste Nordafrikas war es schwierig, an der Küste entlangzufahren. Deshalb war man gezwungen, auf weiter nördlich gelegene Routen auszuweichen, die von Insel zu Insel führten, und das war neben der Piraterie und dem Sklavenfang ein wichtiger Grund, weshalb muslimische Flotten in die Gewässer um die Balearen, Sardinien und Sizilien eindrangen.[24] Wenn man sagte, diese Flotten hätten diese Gewässer »beherrscht«, so ist das allenfalls eine Kurzbeschreibung ihrer Operationsweise. Wenn diese Schiffe ein Seegebiet wirkungsvoll kontrollieren sollten, war es unerlässlich, dass sie Zugang zu befreundeten Häfen hatten, wo sie Proviant aufnehmen konnten. Eine Kontrolle, die sich auf die Entsendung von Flotten aus dem byzantinischen Kernland beschränkte, war unmöglich, und so bestand die beste Möglichkeit in der Einrichtung byzantinischer Stützpunkte an der Seegrenze.[25] Den Byzantinern gelang es, die Gewässer nördlich von Zypern und Kreta zu halten (die sie allerdings für eine gewisse Zeit an die Araber verloren). Das ermöglichte es ihnen, den Verkehr in der Ägäis und ein wenig darüber hinaus aufrechtzuerhalten, doch an den Rändern des Byzantinischen Reiches, vor allem in der Adria, war die Situation problematischer.

Ihre Schwierigkeiten in dieser Region begannen nicht mit den Arabern, die Bari erst relativ spät einnahmen, sondern bereits mit den Franken, die Ende des 8. Jahrhunderts weite Teile Italiens unter ihre Herrschaft brachten, darunter (751) die vormalige byzantinische Provinz (Exarchat), deren Hauptstadt Ravenna war. Fränkische Heere operierten in den 790er Jahren auch in der Nähe der Adria, wo Karl der Große das weiträumige, wohlhabende Reich der Awaren vernichtete und weite Teile Sloweniens, Ungarns und des nördlichen Balkans annektierte. 791 eroberten die Franken Istrien, die felsige Halbinsel am nördlichen Ende der Adria, die nominell immer noch unter byzantinischer Herrschaft stand.[26] Durch diese Feldzüge gerieten die fränkischen und die byzantinischen Interessen in Konflikt miteinander. Die Misshelligkeiten zwischen Franken und Byzantinern wurden noch verstärkt durch die Krönung Karls des Großen zum weströmischen Kaiser am

Weihnachtstag des Jahres 800 in Rom, auch wenn der neue Kaiser vorgab, diesem Ereignis keine große Bedeutung beizumessen. Byzanz beharrte empfindlich auf seinem Anspruch, der wahre Nachfolger des Römischen Reiches zu sein, an dem es bis zu seinem Untergang im Jahr 1453 festhielt. Berichte, wonach Karl der Große angeblich plante, Sizilien an sich zu bringen, verschärften noch die Missstimmung. Er schien sogar mit dem Abbasidenkalifen von Bagdad, Harun al-Raschid, zu konspirieren, der ihm zum Zeichen seiner Wertschätzung einen Elefanten schickte, nebst den Schlüsseln für die Grabeskirche in Jerusalem, als deren Schutzmacht Byzanz sich verstand.

Für Konstantinopel war die Adria die erste Verteidigungslinie gegen feindliche Heere und Flotten, die in die byzantinischen Kernlande einzudringen versuchten. Der Schutz der Via Egnatia, die von Dyrrhachion nach Thessaloniki führte, war auch von militärischer Bedeutung, ganz zu schweigen von ihrer Bedeutung als Handelsstraße.[27] Die Byzantiner verwandten daher viel Energie auf die Verteidigung der dalmatinischen und albanischen Küste gegen Franken, Slawen, Araber und andere Invasoren oder Räuber. Obwohl in Städten wie dem in Istrien gelegenen Poreč großartige frühbyzantinische Mosaiken erhalten geblieben sind, war dies doch eine Region, in der die Römische Kirche die Vorherrschaft besaß. Dort sprach man eine Form des Niederlateinischen, aus der sich die inzwischen untergegangene dalmatinische Sprache entwickelte.[28] Der byzantinische Einfluss reichte auch bis hinüber auf die italienische Seite der oberen Adria und erstreckte sich in einem großen Halbmond über die Lagunen und Marschen von Grado und auf italienischer Seite über eine Reihe von Sandbänken oder *lidi* bis hin zum Hafen Comacchio nicht weit nördlich von Ravenna. Der Verlust des Exarchats Ravenna hatte Byzanz nicht all seiner italienischen Besitzungen beraubt, und obwohl sie eher von Fischen als von Menschen bewohnt waren und mehr Salz als Weizen hervorbrachten, sollten sie sich als unerwartet wertvolles Kapital erweisen.

Es war eine instabile Welt, in der Wasser und Schlick miteinander um die Vorherrschaft kämpften, ein Gebiet, in dem Piave, Po, Etsch und viele kleinere Flüsse den mitgeführten Sand ablagerten. Wie Cassiodorus, ein Autor des 6. Jahrhunderts, berichtet, lebten die frühen Bewohner dieses Marschlandes »wie Wasservögel, bald auf dem Wasser, bald auf dem Land«, und ihr Reichtum bestand allein aus Fisch und Salz, auch wenn er einräumen musste, dass Salz in gewissem Sinne kostbarer war als Gold, denn jeder Mensch brauche Salz, aber es gebe gewiss Menschen, die kein Bedürfnis nach Gold verspürten. Cassiodorus idealisierte die Bewohner der Sumpfgebiete und behauptete: »Dieselbe Nahrung und ähnliche Häuser werden von allen geteilt, aus welchem Grund sie einander nicht um Heim und Herd zu beneiden vermögen und frei sind von den Lastern, welche die Welt regieren.«[29] Die Invasion der Barbaren veränderte diese Region nicht deshalb, weil die Lagunen besetzt worden wären, sondern weil sie zu einer Zufluchtsstätte für jene Menschen wurden, die vor den Herren des germanischen Stamms der Langobarden flohen. Diese Einwanderung erfolgte nicht in einem Zuge, vielmehr entstanden mit der Zeit mehrere Dörfer: Comacchio, Eraclea, Jesolo, Torcello, und ein Reihe kleiner Inseln um das »Hohe Ufer« oder Rivo Alto, später zusammengezogen zu Rialto. In der bis ins 7. Jahrhundert zurückreichenden kleinen Gemeinde Torcello gab es Glasbläsereien. Comacchio erhielt möglicherweise schon um 715 Privilegien von den langobardischen Herrschern. Eine der Inseln, Grado, wurde zum Sitz eines großartig so betitelten Patriarchen, dessen kirchlicher Zuständigkeitsbereich sich über sämtliche Lagunen erstreckte, obwohl es dort zahlreiche Bischöfe gab – jede Ansiedlung von einiger Größe hatte ihren eigenen Bischof, und im 8. und 9. Jahrhundert begann man eindrucksvolle Kirchen zu errichten, ein deutlicher Hinweis auf einen prosperierenden Handel.[30] Wie in Dalmatien folgten die Bischöfe dem lateinischen Ritus, obwohl die Region politisch zu Konstantinopel gehörte. Vor dem Fall des byzantinischen Exarchats suchten die Einwohner politische Führung und militärischen Schutz in Ravenna, und schon 697 bestimmte der Exarch einen Militärbefehlshaber oder *Dux*, dem der Schutz der Lagunen oblag.[31] Nach dem Fall des Exarchats im Jahr 751 bestand der Vorteil der Lagunen gerade in ihrer Abgelegenheit. Sie demonstrierten gleichsam die fortdauernde Präsenz des wahren Römischen Reiches in Norditalien.

Nach der Ankunft der Franken in Italien im späten 8. Jahrhundert waren die Bewohner der Lagunen versucht, sich dem neuen römischen

Kaiser Karl dem Großen anzuschließen. Seine Armeen standen ganz in der Nähe, und er vermochte sie mit dem Versprechen von Handelsprivilegien in der Lombardei und darüber hinaus zu locken. Außerdem hatten die Franken sich durch ihr Interesse an der antiken Kultur Achtung verschafft. Sie begannen die groben Kanten ihrer Barbarenidentität zu glätten. In den Lagunen und in Dalmatien entstanden profränkische und prodalmatinische Faktionen. Anfang des 9. Jahrhunderts waren die Byzantiner entschlossen, ihre Stellung zu halten, und schickten eine Flotte in die obere Adria, wodurch sie in diesen Gewässern in Konflikt mit den Franken gerieten. 807 eroberten die Byzantiner die meisten Lagunen, und zwei Jahre später belagerten sie das immer noch gegenüber den Franken loyale Comacchio. Das hatte die unglückliche Folge, dass die Franken mit einem Heer und einer Flotte dort aufkreuzten, die vom Sohn Karls des Großen, Pippin, dem König von Italien, geführt wurden. Pippin schlug die byzantinische Flotte in die Flucht, so dass die Lagunen nun gefährlich schutzlos dalagen, und er belagerte Malamocco in der Hoffnung, nach Rivo Alto und zu den Siedlungen an der Lagune durchstoßen zu können. Die Berichte weichen voneinander ab, aber wie es scheint, scheiterte er mit diesem Versuch. In einer Chronik, die der Doge Andrea Dandolo im 14. Jahrhundert verfasste, heißt es, die Bewohner hätten die Franken mit Brotlaiben bombardiert, um ihnen zu beweisen, dass die Belagerung ihnen nichts ausmachte und sie immer noch genug zu essen hätten, doch diese Geschichte wird von so vielen Belagerungen erzählt, dass man sie nicht unbedingt glauben muss.[32] Sowohl Franken als auch Byzantiner hielten diesen Krieg für eine Ablenkung von wichtigeren Fragen und waren daher darauf bedacht, Frieden zu schließen. Karl der Große erkannte, dass er die Byzantiner durch Konzessionen bewegen konnte, ihn – wenn auch widerwillig – als Kaiser anzuerkennen. 812 fand man eine Formel, die den byzantinischen Anspruch auf die Oberhoheit über die Lagunen zwar respektierte, deren Bewohner aber verpflichtete, an die Franken einen jährlichen Tribut von 36 Pfund Silber zu zahlen und Schiffe zur Abwehr der Slawen in Dalmatien zu stellen. Der Tribut war keine sonderliche Belastung, denn der Frieden brachte einen privilegierten Zugang zu den Märkten Italiens, und diese Ecke der Adria konnte als Brücke zwischen Westeuropa und Byzanz dienen, die zugleich den Schutz des westlichen und des östlichen Reiches genoss – eine einzigartige Position, deren Vorteile Kaufleute auch vollauf nutzten.

Aus den Lagunen und aus dem Adriatischen Krieg mit Karl dem Großen ging die Stadt Venedig als physikalische, politische und kaufmännische Entität hervor. Der Konflikt mit den Franken ermunterte die über die Lagunen verstreuten Menschen, sich auf einer Gruppe von Inseln zu sammeln, die sich verteidigen ließ, vor Angriffen von See her durch eine lange Sandbank geschützt, zugleich aber auch weit genug vom Land entfernt, um Angreifer von dieser Seite abzuschrecken. Schrittweise breiteten sich die Venezianer über die Rialto am nächsten gelegenen Inseln aus. Sie trieben hölzerne Pfähle in den sumpfigen Boden, auf denen sie mit Bauholz aus Istrien Holzhäuser errichteten. Das frühe Venedig war keine Stadt aus Marmor und hatte nicht einmal einen eigenen Bischof – der nächste Bischof residierte auf der Insel Castello am östlichen Rand der um Rialto gelegenen Siedlungen.[33] Die Venezianer befuhren das Podelta ebenso geschickt mit Barken und Schuten wie die Adria mit ihren Segelschiffen, doch einige Familien erlangten besondere Bedeutung, indem sie das Amt des *Dux* oder Dogen fest in ihren Reihen hielten. Dabei handelte es sich meist um Familien mit Landbesitz auf dem Festland, denn in Venedig besaß der Handel noch keine solche Vorrangstellung, dass die Eliten das Interesse an der Landwirtschaft verloren hätten.[34]

Doch schon bevor Venedig zu einer einzigen Stadt zusammenwuchs, begannen sich Handelsbeziehungen mit fernen Regionen zu entwickeln. Der Handel mit Salz, Fisch und Holz darf zwar nicht unterschätzt werden, doch darüber hinaus fanden die Venezianer auch eine Aufgabe als Unternehmer in einem begrenzten Handel mit Luxusgütern zwischen Ost und West. Konkurrenten gab es nur wenige. Im 8. Jahrhundert gelangten selbst nach Rom nur wenige Güter aus Übersee. Der Umfang des Handels mit Luxusgütern war gering, aber die Gewinne waren wegen der Risiken und wegen der Kostbarkeit der von den Venezianern gehandelten Waren sehr hoch: Seidenstoffe, Edelsteine, Goldgegenstände, Reliquien von Heiligen.[35] Sie verkauften diese Waren an langobardische Fürsten, fränkische Könige und luxusverliebte Bischöfe, vor allem im

Tal des Po und in benachbarten Regionen. So hat man an der oberen Adria byzantinische und zuweilen auch arabische Münzen gefunden. Einen aus der Zeit des fränkisch-byzantinischen Seekriegs stammenden Münzschatz entdeckte man in der Nähe von Bologna am Reno, einem der Flüsse, die in den Lagunen enden. Es handelt sich um eine Mischung aus byzantinischen, italienischen und islamischen Münzen. Die byzantinischen Münzen stammen aus Konstantinopel, und unter den islamischen Goldmünzen finden sich Stücke aus Ägypten und Nordafrika. Das legt die Vermutung nahe, dass dieses Geld sich auf dem Flussschiff eines Kaufmanns mit überseeischen Verbindungen befunden hatte. Venezianische Schiffe erhielten gelegentlich den Auftrag, Gesandte nach Konstantinopel zu bringen oder dort abzuholen.[36] Nun, da Marseille sich im Niedergang befand, war Venedig der wichtigste Hafen geworden, über den die – kommerziellen, diplomatischen, kirchlichen – Kontakte ins östliche Mittelmeer aufrechterhalten wurden.

Von allen Reisenden, die aus dem Orient nach Venedig gekommen waren, war der bei weitem bedeutendste der schon lange verstorbene Markus, der als Autor eines der vier Evangelien und als Gründer der Kirche von Alexandria galt. Einige venezianische Kaufleute stopften 828/829 die gestohlenen Markusreliquien in ein Fass, bedeckten die Knochen mit Schweinefleisch und schmuggelten ihre Ladung an muslimischen Zollbeamten vorbei, die es ablehnten, unter dem Schweinefleisch nachzusehen – wenn der Diebstahl einer Reliquie gelang, galt dies als sicheres Zeichen dafür, dass der betreffende Heilige diesen Diebstahl billigte.[37] Die Reliquien des hl. Markus wurden in einer Kapelle untergebracht, die man neben der Residenz des Dogen baute. Erst im 11. Jahrhundert erweiterte man diese Kapelle zu der großen Basilika, die bis ins 19. Jahrhundert keine Kathedrale, sondern die Kapelle des Dogen war. Mit den Reliquien wurde Venedig auf Kosten Alexandrias nicht nur zu einer wichtigen Pilgerstätte, sondern eignete sich auch einen Teil der alten Identität Alexandrias als eines der Sitze christlicher Patriarchen an.[38] Dank seiner Verbindungen zu Konstantinopel versuchte Venedig außerdem, etwas von der byzantinischen Kultur inmitten des verblassenden Glanzes des Weströmischen Reiches zu bewahren. Die Venezianer begannen, nicht nur eine auf dem Wasser gebaute

Stadt ganz eigener Art zu erschaffen, sondern auch eine besondere Kultur und eine Politik, die sich zwischen Westeuropa, Byzanz und dem Islam bewegte.

IV

Die Tatsache, dass Venedig und wenig später Amalfi zu den wichtigsten Zentren des beschränkten Verkehrs zwischen Ost und West wurden, zeigt, in welchem Maße die Kontinuität zerbrochen war. Beides waren neue Städte. Der Zusammenbruch des spätrömischen Reiches hatte solche Ausmaße erreicht, dass die alten Handelszentren im westlichen Mittelmeerraum von der Karte des Überseehandels verschwanden. Das galt nicht für den östlichen Mittelmeerraum, wo Alexandria die Krise des 6. Jahrhunderts überlebte und auch nach der islamischen Eroberung Ägyptens ein kraftvolles Handelszentrum blieb. Im späten 8. Jahrhundert gab es in Byzanz Anzeichen einer allgemeinen Erholung, doch der Westen erholte sich nur langsam. Die intensiven Überseekontakte, die floriert hatten, als Rom noch das gesamte Mittelmeer beherrschte, waren verlorengegangen. Unter römischer Herrschaft hatten sich diese Kontakte nicht auf Handelsbeziehungen beschränkt. Auch religiöse Ideen strömten damals aus dem Osten in die Hauptstadt des Reiches, man kopierte Kunststile, aus fernen Regionen kamen Soldaten und Sklaven. Auch im »Dunklen Zeitalter« gab es noch Sklavenströme in alle Richtungen, wenngleich in geringerem Umfang, doch die kulturellen Einflüsse des Ostens auf den Westen gewannen einen exotischen Charakter, wenn etwa Geschenke des Hofes in Konstantinopel auf unsicheren Seewegen an den Hof eines Barbarenkönigs gelangten, sofern Piraten und leckende Schiffe dies zuließen.

Wenn Historiker versuchen, den Umfang der Handelsströme über das Mittelmeer zu bestimmen, müssen sie zugeben, dass es im 8. Jahrhundert sehr viel weniger Bewegung gab als im 9. – und das nicht nur wegen des Verschwindens schriftlicher Quellen ab dem 8. Jahrhundert, denn auch Schiffswracks finden sich aus dieser Zeit deutlich weniger.[39]

Von 410 für diese zwei Jahrhunderte verzeichneten Bewegungen entfällt ein Viertel auf das 8. Jahrhundert, und dazu gehören auch Reisen von Missionaren, Pilgern, Flüchtlingen und Gesandten, die vielfach in spezieller Mission unternommen wurden. Nur 22 Handelsfahrten lassen sich identifizieren. Muslimische Kaufleute scheuten den Weg in die Länder der Ungläubigen, und bei den Händlern, von denen wir wissen, handelte es sich oft um Juden oder Syrer, wobei diese Ausdrücke inzwischen möglicherweise zu allgemeinen Bezeichnungen geworden waren, die kaum mehr als »Kaufleute« bedeuteten.[40] Gesandtschaften reisten zwischen Westeuropa und Byzanz hin und her, weil man hoffte, politische, kommerzielle, kirchliche oder kulturelle Kontakte knüpfen zu können, und nicht weil solche Kontakte bereits floriert hätten. Auch wenn man in Westeuropa arabische Münzen aus dem 8. und 9. Jahrhundert gefunden hat, trafen sie in größeren Mengen doch erst Ende das 8. Jahrhunderts dort ein, als Karl der Große sein neues Frankenreich aufbaute, das sich bis nach Nordspanien und Süditalien erstreckte; und byzantinische Münzen begannen in größerer Menge erst Mitte des 9. Jahrhunderts dort aufzutauchen.[41] Tatsächlich waren viele dieser arabischen Münzen in Europa, nämlich im muslimischen Spanien, geprägt worden.

Die Wiederherstellung der Kontakte zwischen den Ländern des westlichen und östlichen Mittelmeerraums wie auch zwischen den nördlichen und südlichen Küsten des Mittelmeeres sollten dann auf die Aktivitäten von Kaufmannsgruppen zurückgehen, denen es möglich war, das Mittelmeer ungehindert zu befahren. Diese Möglichkeit hing von zahlreichen Voraussetzungen ab: ihrer Religionszugehörigkeit; den rechtlichen Instrumenten, die sie einsetzen konnten, um das Risiko in Grenzen zu halten und ihren Gewinn zu sichern; sowie von ihrer Fähigkeit, über weite Strecken miteinander zu kommunizieren. Im 10. Jahrhundert entstanden solche Gruppen sowohl in islamischen Gebieten als auch in Teilen Italiens.

KAPITEL 2

Überschreitung der Grenzen zwischen Christentum und Islam 900 bis 1050

I

Die Ausdehnung der muslimischen Herrschaft auf Marokko, Spanien und schließlich auch Sizilien bedeutete, dass die südliche Hälfte des Mittelmeeres zu einem muslimisch beherrschten Meer wurde, das dem Handel großartige neue Möglichkeiten bot. Jüdische Kaufleute nehmen in den historischen Quellen eine herausragende Stellung ein. Ob das darauf zurückgeht, dass zufällig solche Quellen überlebt haben, oder ob Juden tatsächlich erfolgreicher waren als koptische und syrische Christen oder muslimische Bewohner Nordafrikas, Spaniens und Ägyptens, ist unklar. Es gibt Gründe für die Annahme, dass nichtmuslimische Kaufleute einen deutlichen Vorteil hatten. Muslime hatten rechtliche Beschränkungen zu beachten, die es ihnen verboten, in den Ländern der Ungläubigen zu leben oder auch nur Handel zu treiben. Über die Jahrhunderte führte das dazu, dass die Herrscher muslimischer Städte im Mittelmeerraum christlichen und jüdischen Kaufleuten die Tore öffneten, während die muslimischen Bewohner Bedenken hatten, sich nach Italien, Katalonien oder in die Provence zu wagen.

Über jüdische Händler wissen wir deshalb so viel, weil Hunderte von Briefen und Geschäftsdokumenten aus ihrem Tätigkeitsbereich in der Sammlung der sogenannten Kairoer Geniza erhalten geblieben sind. Mitte des 7. Jahrhunderts errichteten die arabischen Invasoren Ägyptens ihren Stützpunkt in Fustat (das bedeutet »Graben«) am Rande des modernen Kairo und verlegten wenig später ihre Hauptstadt in die Umgebung der großen Zitadelle von Neu-Kairo.[1] Alt-Kairo oder Fustat wurde zum Hauptwohnort der jüdischen und koptischen Bevölkerung der Stadt. Im 11. Jahrhundert baute eine Gruppe von Juden die Ben-Esra-Synagoge wieder auf, zu der im oberen Stockwerk auch ein Lagerraum (Geniza) gehörte, der nur über eine Leiter erreichbar war und in den sie ihre nicht mehr benötigten Papiere und Manuskripte stopften. Sie wollten vermeiden, irgendetwas zu vernichten, das den Namen Gottes trug, wobei sie diesen Gedanken schließlich auf alles ausdehnten, was in hebräischen Buchstaben geschrieben war. Man hat sehr zutreffend gesagt, die Geniza-Sammlung sei »das genaue Gegenteil eines Archivs«, da es darum ging, Dokumente wegzuwerfen, ohne sie zu zerstören, ja sie über dem Boden zu begraben, statt einen zugänglichen Raum zu schaffen, auf dessen Inhalte man systematisch zurückgreifen konnte.[2] Diese Manuskripte erregten die Aufmerksamkeit von Wissenschaftlern, als zwei Schottinnen eine Schrift nach Cambridge brachten, die den hebräischen Text des Weisheitsbuchs Jesus Sirach (oder Ecclesiasticus) zu enthalten schien, das bis dahin nur in der aus der griechischen Fassung übersetzten Version der *Septuaginta* erhalten geblieben war und von den Juden (wie später auch von den Protestanten) den nichtkanonischen Apokryphen zugeordnet wurde. Ob es sich nun um ein verlorenes hebräisches Original oder um die hebräische Übersetzung eines griechischen Originals handelte, in jedem Fall war es eine wichtige Entdeckung. In Cambridge war der Talmudgelehrte Solomon Schechter so begeistert davon, dass er nach Kairo reiste, über den Kauf des Inhalts dieser Synagogen-Geniza verhandelte und gut drei Viertel aller Manuskripte nach Cambridge holte, bei denen es sich vielfach nur um winzige Fetzen zerrissener, zertretener und zerknüllter Texte handelte, die sich in einem so chaotischen Zustand befanden, dass es ein ganzes Jahrhundert dauerte, sie zu sortieren (andere Stücke waren bereits einzeln auf den Markt gelangt und befanden sich an vielen Orten verstreut, von St. Petersburg bis nach New York).[3] Die Geniza enthielt zahlreiche (oft leider undatierte) Briefe von Kaufleuten sowie Korrespondenzen vieler großer Gestalten des mittelalterlichen Judentums, insbesondere des spanischen Philosophen Moses Maimonides und des spanischen Dichters Juda Halevi.[4]

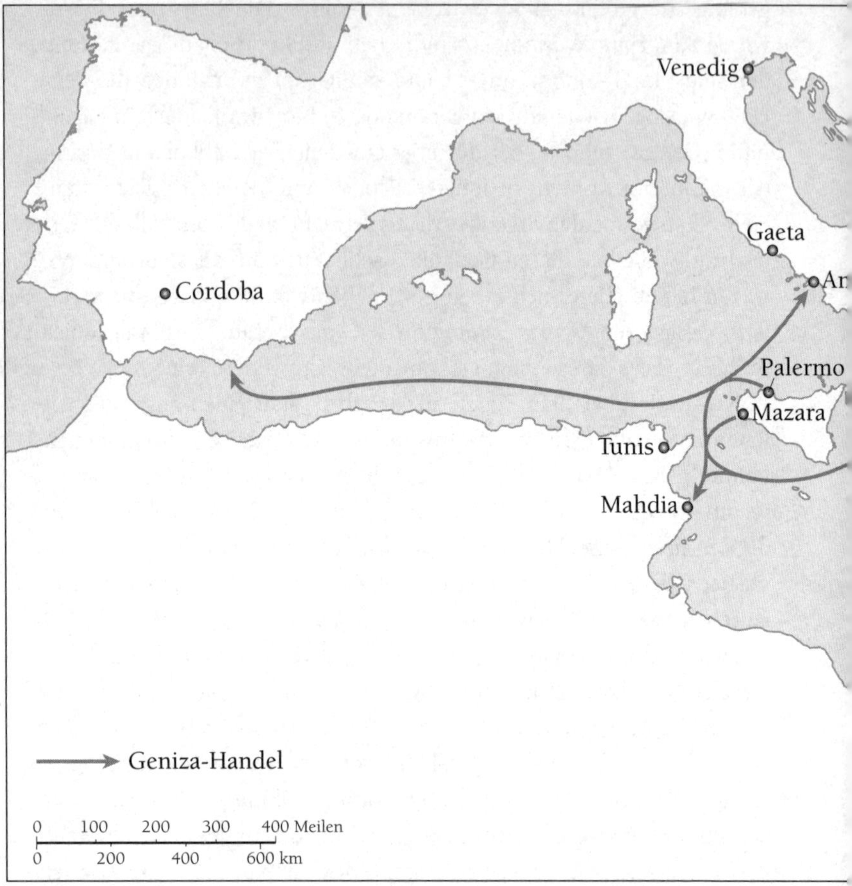

Bis zur Auswertung der Handelskorrespondenz in der Geniza-Sammlung musste man Informationen über das Wirtschaftsleben in der islamischen Welt des Mittelalters aus Hinweisen in Chroniken, aus Gerichtsakten und aus archäologischen Funden erschließen. Ebenso wichtig wie die Entdeckung und Bewahrung dieses Materials war daher der Entschluss Shlomo Dov Goiteins (der zunächst in Israel und dann in Princeton lebte), das Material in der Absicht zu erforschen, das soziale und ökonomische Leben einer, wie er es nannte »mediterranen Gesellschaft« zu rekonstruieren. Dieser Satz wirft die Frage auf, wie ty-

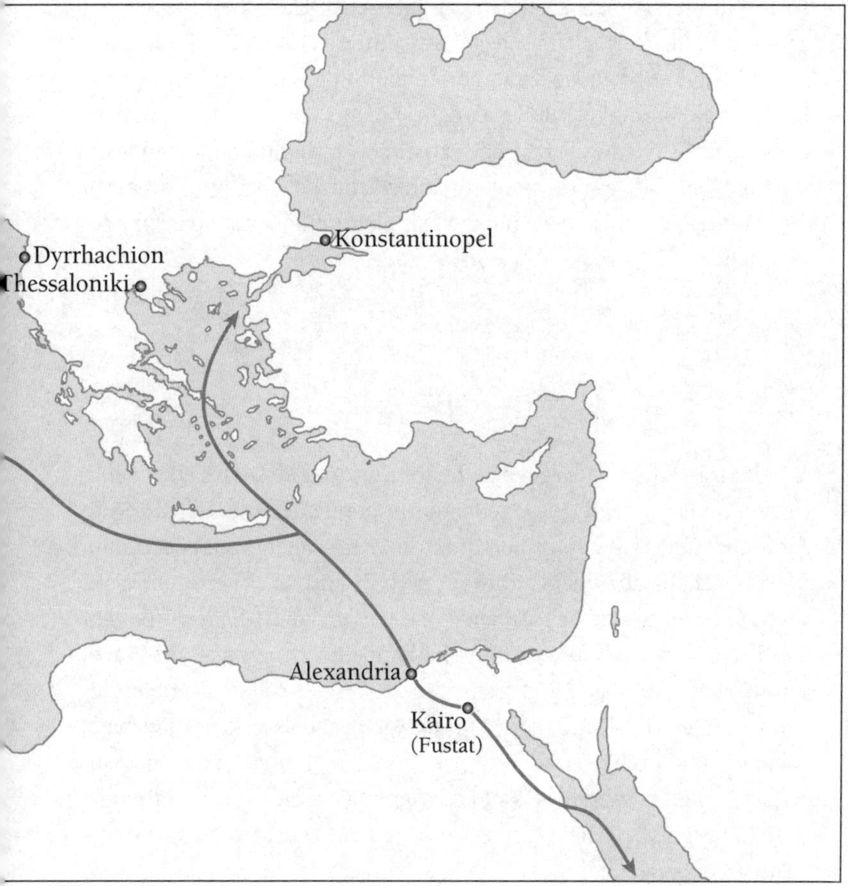

pisch die »Geniza-Juden« für die Handelsgesellschaften des Mittelmeerraums jener Zeit waren, aus der die meisten Dokumente stammen, nämlich etwa der Zeit von 950 bis 1150. Es ist nicht einmal sicher, dass die Mitglieder der Ben-Esra-Synagoge typisch für die ägyptischen Juden waren. Ihre Synagoge folgte der alten »palästinensischen« Liturgie, dem Vorläufer jener Liturgie, die später von Juden in Italien und Deutschland übernommen wurde. Eine andere Synagoge diente den Bedürfnissen der »babylonischen« Juden, zu denen nicht nur irakische Juden gehörten, sondern alle, die dieser rivalisierenden Liturgie folgten, nicht zuletzt die sephardischen Juden der Iberischen Halbinsel. In Ägypten gab es außerdem viele karäische Juden, die die Autorität des Talmud ablehnten, und auch einige Samariter. Immerhin gelang es den Ben-Esra-Juden, viele wohlhabende tunesische Juden, die in Fustat wohnten, zu bewegen, sich ihrer Synagoge anzuschließen. Das mag erklären, weshalb die Geniza-Dokumente mehr Informationen über Verbindungen nach Tunesien und Sizilien enthalten als über Kontakt mit Spanien oder dem Irak.

II

Die Geniza-Dokumente geben nicht nur Auskunft über das Leben derer, die in Fustat wohnten. Diese Juden korrespondierten mit Angehörigen, Freunden und Handelsagenten in fast dem gesamten Mittelmeerraum, von al-Andalus über Sizilien bis hin nach Byzanz, auch wenn die Kontakte mit Städten des christlichen Westens begrenzt waren.[5] Es gibt zahlreiche Hinweise auf muslimische Kaufleute, denen man oft Waren anvertraute, die über Land transportiert werden sollten (entlang der nordafrikanischen Küste herrschte ein reger Handelsverkehr). Das hatte seinen Grund in der Tatsache, dass viele Juden Skrupel hatten, am Sabbat über Land zu reisen, was nur schwer zu vermeiden war, wenn man eine Karawane begleitete. Seereisen waren am Sabbat weniger problematisch, solange man nicht gerade an diesem Tag in See stach.[6] Vielleicht war es diese einfache Tatsache, nämlich ihre Vorliebe für Seereisen, die aus den Geniza-Juden so unternehmungslustige Kaufleute machte, die bereit waren, das Mittelmeer zu überqueren. Sie schufen eine eng verflochtene Gemeinschaft mit eigenen Eliten und eigenen Bräuchen, die enge Verbindungen quer über das Mittelmeer knüpfte – so wurden Heiratsallianzen zwischen Familien in Fustat und in Palermo geschlossen, und manche Kaufleute besaßen in mehreren Häfen Häuser, aber auch Ehefrauen. Einen Hinweis auf die Reichweite dieser Kontakte gibt ein Brief, der im 11. Jahrhundert in Fustat abgeschickt wurde. Ein gewisser Ibn Yiju schrieb an seinen Bruder Joseph auf Sizilien, bot ihm die Hand seiner Tochter für dessen Sohn an und teilte ihm mit, dass sein eigener Sohn gestorben war, als er selbst im fernen Jemen weilte.[7] Es handelte sich also in der Tat um eine mediterrane Gesellschaft, die allerdings auch über die Grenzen des Mittelmeeres hinausreichte, denn Ägypten diente als Brücke zwischen den Handelsräumen des Mittelmeeres und des Indischen Ozeans, mit dem das Land über den kurzen Landweg nach Aidab am Roten Meer verbunden war. Kaufleute schufen hier ein erweitertes Handelsnetz, das den westlichen Mittelmeerraum mit dem Jemen und Indien verband. Auf diesem Wege gelangten Gewürze über Ägypten in den Mittelmeerraum.

Die Geniza-Juden waren bestens in der Lage, den neuen Reichtum zu nutzen, der sich in den muslimischen Gebieten des Mittelmeerraums entwickelte. Ägypten war das ökonomische Kraftwerk der Region. Alexandria wurde wieder zu einem dynamischen Zentrum des Seehandels und des Seeverkehrs. Kairo erlebte einen Boom als zentrales Glied in der Kette, die Alexandria über den Nil und die Wüste mit dem Roten Meer verband. Zugleich wurde Kairo zur Hauptstadt, als die Fatimidendynastie 969 ihr Machtzentrum von Tunesien dorthin verlegte. In Kairo herrschten sie als Kalifen, die mit den Abbasidenkalifen in Bagdad und den Umayyadenkalifen in Córdoba konkurrierten. Die Fatimiden waren Schiiten, aber ihnen war bewusst, dass sie über ein Volk herrschten, zu dem auch zahlreiche sunnitische Muslime und viele christliche Kopten und Juden gehörten, denen sie rücksichtsvoll begegneten. Sie schwangen das Banner der Schiiten hauptsächlich, um sich gegen ihre sunnitischen Rivalen im Westen und Osten zu behaupten. Die Fatimiden errangen die Vormachtstellung im Nahen Osten, indem sie die Handelsströme des Roten Meeres durch Ägypten führten und dadurch große Gewinne erzielten, die sich an ihren überaus schönen Goldmünzen ablesen lassen. Das erreichten sie auf Kosten der Abbasiden, die bis dahin sehr luxuriös von den über den Persischen Golf, den Tigris und den Euphrat führenden Handelsrouten gelebt hatten und deren Goldmünzen angesichts ihrer schrumpfenden Gewinne immer mehr an Qualität verloren. Ebendiese durch das Rote Meer laufenden Handelswege vermochten die Geniza-Kaufleute zu nutzen, wenn sie Luxusgüter aus dem Osten an ihre Kunden im Mittelmeergebiet verkauften.[8]

Diese jüdischen Kaufleute spezialisierten sich auf bestimmte Güter. Am Getreidehandel hatten sie keinen besonderen Anteil. Es muss jedoch einen sehr regen Getreidehandel gegeben haben, denn zu den markantesten Folgen der Schaffung der islamischen Welt gehörte der erneute Aufschwung der Städte in der Levante und in Nordafrika – tatsächlich wurden einige ganz neu gegründet, Garnisonsstädte wie Fustat und Qairawan, Hafenstädte wie Mahdia (al-Mahdiyyah) und Tunis, durch die das Gold der Sahara strömte. Zahlreiche Stadtbewohner waren auf eine externe Versorgung mit Grundnahrungsmitteln und auch mit Rohstoffen wie Textilfasern und Metallen angewiesen, die sie für ihre Gewerbe benötigten. In den Städten florierten Gruppen spezialisierter Handwerker, die Güter für den Export produzierten und aus großer Entfernung herangeschaffte Lebensmittel kauften. So kam es, dass die Tunesier von sizilianischem Getreide abhängig waren, aber sie selbst exportierten (direkt oder über die Geniza-Kaufleute) Leinen- und Baumwolltextilien, wobei die Baumwolle ihrerseits vielfach aus Sizilien stammte. Diese Symbiose zwischen Ländern, die durch das Mittelmeer voneinander getrennt waren, fand sich überall in diesem Raum. Das islamische Spanien bezog Getreide aus Marokko und verkaufte fertige Güter – Textilien, Keramik, Metallerzeugnisse – an die Marokkaner. Wenn die Verhältnisse es zuließen, wandten die Ägypter sich wie schon in früheren Zeiten an das byzantinische Zypern und Kleinasien, um dringend benötigtes Holz zu erhalten.[9]

Die Geniza-Kaufleute nutzten alle Chancen, die ihnen die ökonomische Expansion bot. Da sie mit den geschäftlichen Instrumenten, die ihnen das jüdische Gesetz vorschrieb, nicht zufrieden waren, folgten sie in der Regel muslimischen Geschäftspraktiken, die das Risiko einer Handelsfahrt dem zu Hause gebliebenen stillen Partner aufbürdete und nicht dem reisenden Agenten, wie die Rabbiner es verlangten.[10] Das bedeutete, dass jüngere Kaufleute ihre Karriere als Agenten oder Faktoristen im Dienste führender Kaufleute machen konnten, ohne den vollständigen Ruin zu riskieren, falls ihr Geschäft fehlschlug.[11] Für den Transfer von Zahlungen entwickelte man ausgefeilte Methoden. Man kannte Gutschriften, Wechsel und Schecks, die unverzichtbar waren, wenn ein Kaufmann auf Reisen Schulden begleichen, Waren kaufen und Ausgaben decken musste.[12] Die Geniza-Kaufleute handelten mit großen Mengen Flachs und Seide, und Seidenballen dienten oft als Investition, die man irgendwo lagerte, bis man Bargeld benötigte. Der Flachs kam aus Ägypten und wurde nach Sizilien und Tunesien exportiert, während Seide gelegentlich aus Spanien und Sizilien kam. In Sizilien produzierte man Imitate persischer Seide – die Praxis des Imitierens war in der islamischen Welt weit verbreitet und galt nicht als Fälschung, sondern als Zeichen des Respekts.[13] Die Geniza-Kaufleute waren Meister in der Unterscheidung verschiedener Qualitätsstufen bei Seide. Sie wussten, dass die beste spanische Seide beim Eintritt in den ägyptischen Bestimmungshafen 33 Dinar pro Pfund erzielte, während der Preis sizilianischer Seide minderer Qualität unter zwei Dinar pro Pfund sinken konnte.[14] Flachs wurde in sehr viel größeren Mengen gehandelt, teils gesponnen, teils ungesponnen, und es gab ein Leinenmischgewebe, das nach Fustat benannt war. Italienische Kaufleute benutzen die Bezeichnung bis heute für Leinen- und Baumwollgewebe jeglicher Herkunft, selbst aus Deutschland, und so fand das Wort Eingang in moderne europäische Sprachen: italienisch: *fustagno*, englisch: *fustian*; französisch: *futaine* (deutsch: Barchent).

Die Welt der Geniza-Kaufleute reichte bis an den westlichen Rand der damals bekannten Welt. Zwar war al-Andalus, das muslimische Spanien, kein besonderer Schwerpunkt der geschäftlichen Aktivitäten der Geniza-Kaufleute, aber es gibt dennoch zahlreiche Hinweise auf Kollegen, die aus Spanien kamen. Einige von ihnen, die mit dem Beinamen *al-Andalusi* oder *ha-Sefardi* (der Spanier) belegt wurden, bereisten den gesamten Mittelmeerraum, so etwa die Familie des Jacob al-Andalusi, die Mitte des 11. Jahrhunderts auf Sizilien, in Tunesien und in Ägypten lebte.[15] Der Großkaufmann Halfon ben Nethanel war von 1128 bis 1130 in Spanien, dann zwischen 1132 und 1134 in Indien und kehrte 1138 bzw. 1139 nach al-Andalus zurück.[16] Sizilien war einer der Knotenpunkte des Geniza-Netzwerks. Als die Muslime die Insel im 9. Jahrhundert eroberten, war die erste Stadt, die den Invasoren in die Hand fiel, das im Westen gelegene Mazara. Sie wurde der wichtigste Zielhafen für Schiffe aus Ägypten. Auf kleineren Schiffen transportierte man Waren aus Mahdia und anderen tunesischen Häfen nach Mazara, wo sie auf größere Schiffe umgeladen und ostwärts verfrachtet wurden. Einige der Schiffe, die zwischen al-Andalus, Sizilien und Ägypten verkehrten, waren sehr groß. So trafen im Jahr 1050 in Palermo zehn große Schiffe aus Alexandria ein, die etwa 500 Passagiere an Bord hatten. In Mazara gab es einen berühmten Markt für ägyptischen Flachs, und in Ägypten warteten Händler ängstlich auf Nachrichten über die dortigen Flachspreise, um beurteilen zu können, wie viel Flachs sie nach Westen schicken sollten. In der Gegenrichtung transportierte man Seide, die eine wichtige Rolle in der Aussteuer ägyptischer Bräute spielte, neben diversen anderen hochwertigen Textilien: Kissen, Bettdecken, Teppichen und einem Kleidungsstück, das *mandill* oder »Mantille« genannt wurde und das Haar der Braut bedecken sollte.[17] Auf Sizilien gab es große Weideflächen, und so kann es kaum erstaunen, dass hochwertiges Leder, zuweilen auch vergoldet, und Schafskäse zu den hochgeschätzten Exportgütern der Insel gehörten.[18] Den Käse transportierte man sogar bis nach Ägypten.

Das alles heißt nicht, dass auf ganz Sizilien Friede herrschte. Im Ostteil der Insel kam es zu byzantinischen Angriffen (der Kaiser war entschlossen, dieses Kronjuwel für Konstantinopel zurückzugewinnen), und es gab Kämpfe zwischen rivalisierenden Emiren. Ein ergreifender, im frühen 11. Jahrhundert nach Ägypten geschickter Brief beschreibt die schlimmen Erfahrungen eines gewissen Joseph ben Samuel zu Zeiten neuerlicher byzantinischer Angriffe auf Sizilien. Er war in Tunesien geboren, lebte aber in Ägypten und besaß ein Haus in Palermo. Ein Schiffbruch verschlug ihn nackt und mittellos an die nordafrikanische Küste. Zum Glück fand er in Tripolis einen Juden, der ihm etwas Geld schuldete, so dass er sich neue Kleider kaufen und auf den Weg nach Palermo machen konnte, wo er jedoch feststellen musste, dass ein Nachbar sein Haus abgerissen hatte. Er klagte, dass er nicht die Mittel habe, um vor Gericht zu gehen. Zugleich war er allerdings in der Lage, zehn Pfund Seide und eine Handvoll Goldmünzen nach Ägypten zu schicken. Er war bereit, sich der Bedrohung durch byzantinische Flotten auszusetzen, und hatte die Absicht, nach Ägypten zu kommen, um seine Frau und seinen Sohn nach Palermo zu holen, aber er fragte sich, ob sie dazu bereit war oder ob er sich von ihr scheiden lassen müsse. Es

1. In Mnajdra auf Malta finden sich mehrere Tempel aus dem 3. Jahrtausend v. Chr., eng beieinander und hoch über dem Meer gelegen. Der große Tempel in der Mitte wurde als letzter gebaut. Die Tempel auf Malta sind die ältesten Großbauwerke im Mittelmeerraum.

2. Die 16 Zentimeter lange »schlafende Frau«, die im Archäologischen Museum in Valletta aufbewahrt wird, stellt möglicherweise eine Göttin dar oder personifiziert vielleicht auch Malta und Gozo, wobei die Höcker für die beiden Inseln stehen.

3. Die meisten Figurinen von den Kykladen sind weiblich und stellen möglicherweise Begleiterinnen des Verstorbenen dar, entweder Mägde oder Geister im Jenseits.

4. Frauenkopf von der Kykladeninsel Keros, in der ersten Hälfte des 3. Jahrtausends v. Chr. aus einheimischem Marmor geschaffen. Reinheit und Klarheit der Figur täuschen, denn sie war höchstwahrscheinlich bunt bemalt.

5. Diese um 1500 v. Chr. auf Kreta hergestellte Vase ist eine von mehreren minoischen Gefäßen, die durch einen Oktopus eine flüssige, naturalistische Verzierung schaffen und dadurch einen eigenen, von ägyptischen und syrischen Vorbildern losgelösten Stil entwickeln.

6. Wandmalerei, um 1420 v. Chr., vom Grab des Wesirs Rechmire in Oberägypten. Zu den Aufgaben des Wesirs gehörte die Organisation der Entgegennahme von Tributen aus den Nachbarländern, die hier dargestellt ist. Voll Stolz heißt es dazu: »Alle Länder sind ihrer Hoheit untertan.« Manche Tribute wie die Krüge mit Öl oder Wein scheinen aus Kreta zu stammen, andere Objekte und Tiere aus Ländern im Süden.

7. Akrotiri auf Thera war eine wichtige Handels- und Hafenstadt, bevor es um 1500 v. Chr. durch einen gewaltigen Vulkanausbruch zerstört wurde. Dieses bemerkenswerte Fresko aus dem 16. Jahrhundert v. Chr. zeigt den Hafen und ein- oder ausfahrende Schiffe.

8. Goldene Totenmaske aus Mykene, um 1500 v. Chr., aus einem Fürstengrab. Das »goldreiche Mykene«, wie Homer es nannte, wurde von griechisch sprechenden Kriegerfürsten regiert, die schließlich dem Bann der minoischen Kultur erlagen. Möglichweise sind diese Masken Nachahmungen der unendlich prachtvolleren Totenmasken der Pharaonen.

9. Da es den frühen Philistern an dem Gold mangelte, mit dem ihre ägäischen Vorfahren die Toten bedeckten, formten sie tönerne Bildnisse ihrer Führer. Das Gesicht gehört zu einem Sarkophag, der in Beth She'an in Nordisrael gefunden wurde.

10. Diese Vase aus dem Mykene des 12. Jahrhunderts v. Chr. zeigt einen Trupp Soldaten mit gehörnten Helmen, wie sie typisch für die von den Ägyptern als Schardana bezeichneten Eindringlinge und Söldner waren. Andere Teile ihrer Ausrüstung ähneln der von Homer beschriebenen Rüstung seiner Helden.

11. Die Philister erscheinen auf Wandbildern des frühen 12. Jahrhunderts v. Chr. im Tempel von Medinet Habu in Oberägypten, dessen Friese angebliche Siege Ramses III. über die sogenannten Seevölker feiern.

12. Im späten 9. Jahrhundert v. Chr. gründeten phönizische Kaufleute im südsardischen Nora eine Siedlung. Die Widmung des Tempels ist eine der frühesten im semitischen Alphabet geschriebenen Inschriften des westlichen Mittelmeerraums.

13. Diese um 400 v. Chr. entstandene, mit einer Ritzzeichnung versehene Steintafel oder Stele zeigt wahrscheinlich einen Priester, erkennbar an seiner eigentümlichen Kopfbedeckung, der ein Kind zum Opferstein trägt.

14. Modell eines phönizischen Schiffs, als Lampe ausgebildet und dem Tempel des Zeus Beithmares im heutigen Libanon gewidmet. Obwohl recht spät, vermittelt es einen guten Eindruck von den phönizischen und karthagischen Schiffen.

15. Phönizische Silbermünze mit dem Bild eines Schiffs und des Seeungeheuers, das die Griechen Hippokampos nannten.

16. Schlacht zwischen griechischen Fußsoldaten oder Hopliten, abgebildet auf der bei Veji nördlich von Rom gefundenen Chigi-Kanne.

17. Tafel von den Bronzetoren des assyrischen Königspalastes im nordirakischen Balawat, 9. Jahrhundert v. Chr.; Phönizier bringen über Land und über See Tribute an den assyrischen Hof.

18. Schale aus dem späten 6. Jahrhundert v. Chr., in Schwarz auf rotem Grund von dem Athener Künstler Exekias verziert und ins etruskische Vulci exportiert, wo sie in einem Grab gefunden wurde. Der als flache Weinschale benutzte Krater zeigt die Geschichte der Gefangennahme des Weingottes Dionysos durch etruskische Piraten und die Verwandlung der Piraten in Delphine.

19. »Grab der Jagd und der Fischerei«, Tarquinia, spätes 6. Jahrhundert v. Chr.; die reizvollen Szenen auf diesem etruskischen Fresko verraten starke Einflüsse der griechisch-ionischen Kunst.

20. Tafel aus Marsiliana d'Albegna, Etrurien, 7. Jahrhundert v. Chr., wahrscheinlich für das Erlernen des Alphabets bestimmt. Die Tafel liefert den ersten Beleg für den Import des archaischen griechischen Alphabets nach Etrurien. Die Buchstaben wurden wie in der phönizischen Schrift von rechts nach links geschrieben. Das Alphabet enthält einige Buchstaben wie das *Delta*, die in der etruskischen Schrift weggelassen wurden, weil der betreffende Laut im Etruskischen nicht vorkommt.

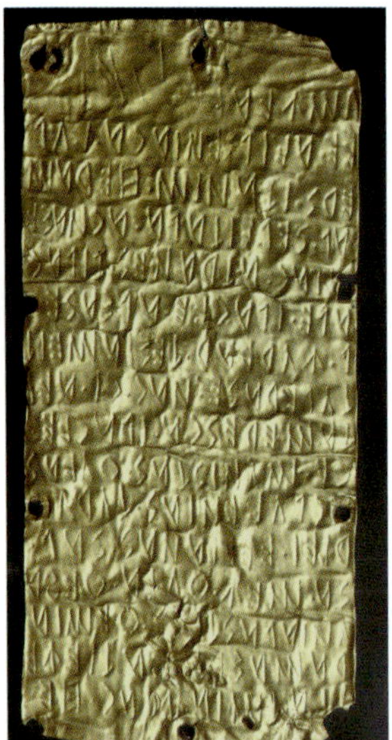

21. »Das ist der Tempel und der Ort der Statue, die König Thefarie Velianas der Uni-Astarte geweiht hat …« Eine von drei Goldtafeln, die 1964 in Pyrgos an der Küste Etruriens gefunden wurden, mit Widmungsinschriften (zwei etruskischen, einer phönizischen) des Königs von Caere, Ende des 6. Jahrhunderts n. Chr.

22. Nach seinem Sieg über die Etrusker in der Seeschlacht von Kyme bei Neapel 474 v. Chr. weihte der Tyrann Hieron von Syrakus dem Zeustempel in Olympia einen feindlichen Helm mit der Inschrift: »Hieron, Sohn des Deinomenes und der Syrakuser und des Zeus: Tyrsener aus Kyme«.

23. Der Wehrturm (*nuraghe*) von Orolo in Zentralsardinien gehört zu den besterhaltenen Beispielen dieser vorgeschichtlichen Burgen, die einst zu Tausenden über die ganze Insel verstreut lagen. Viele waren – wie auch dieser – von Dörfern umgeben. Die zwischen 1500 und 900 v. Chr. erbaute Anlage wurde viele Jahrhunderte lang genutzt.

24. Die frühen Sarden beuteten die Erzvorkommen ihrer Insel aus und waren geschickt in der Bearbeitung von Kupfer. Dieses um 600 v. Chr. entstandene Bronzeschiff dürfte als Lampe verwendet worden sein. Andere Beispiele fanden sich sogar im fernen Vetulonia in Etrurien.

26. Posthume Darstellung Alexanders des Großen als Sonnengott. Alexander besuchte den Tempel des ägyptischen Sonnengottes Amun-Re 331 v. Chr. und wollte, dass die Ägypter ihn als diesen Gott verehrten. Nach seinem Tod verschmolzen in Ägypten unter der Herrschaft der Ptolemäer altägyptische und griechische religiöse Vorstellungen miteinander.

25. Periandros herrschte in Korinth von 627 bis 585 v. Chr. und förderte aktiv die Wirtschaft. Sein Ruf als brutaler Tyrann wurde gemildert durch das Lob seiner Weisheit und Gerechtigkeit.

27. Die berühmteste altiberische Skulptur ist die »Dama de Elche«, die Büste einer mit kunstvollem Schmuck behangenen Priesterin oder Göttin aus dem 4. Jahrhundert v. Chr.; sie verrät griechische Einflüsse, hat aber auch große Ähnlichkeit mit anderen lebensgroßen Skulpturen der alten Iberer.

28. Der Serapiskult wurde von Ptolemäus I. in Ägypten gefördert. Der Gott war eine eklektische Mischung aus dem Stiergott Apis, dem Gott der Wiedergeburt Osiris und mehreren griechischen Göttern, darunter Zeus und Dionysos.

29. Im 3. Jahrhundert v. Chr. schuf sich der karthagische General Hamilkar Barkas, Hannibals Vater, in Spanien ein persönliches Reich und gab dort Münzen heraus, die entweder ihn oder den im griechischen Stil bekränzten Gott Melqart zeigen, wahrscheinlich um Hamilkar mit dem punischen Gott zu identifizieren, der als Pendant des griechischen Herakles galt.

30. Bronzemünze Neros (gest. 68 n. Chr.) zum Lob des Getreidehandels. Die Münze zeigt die Göttin Ceres mit Weizenähren und Annona (»Die Ernte«) mit einem Füllhorn. Außerdem erkennt man einen Altar, auf dem ein Getreidemaß steht, und das Heck eines Getreideschiffs.

31. Kleopatra, die letzte Ptolemäerin, war eine gebildete, wenn auch skrupellose Herrscherin Ägyptens. Ihre Affären mit Julius Cäsar und Mark Anton brachten Unglück über ihre Dynastie und führten zur römischen Besetzung ihres Landes.

32. Münze aus Neros Regierungszeit zum Gedenken an die Fertigstellung des neuen Hafens in Ostia. Bemerkenswert die Miniaturdarstellungen diverser Schiffstypen aus unterschiedlichen Blickwinkeln.

33. Ein großes römisches Kriegsschiff, eine Quinquereme, vor der Schlacht bei Actium 31 v. Chr.; das Relief stammt aus Praeneste, heute Palestrina, südöstlich von Rom.

34. Dieses erstaunliche Fresko, das einen Hafen bei Neapel, möglicherweise Puteoli, mit ein- und ausfahrenden Schiffen zeigt, zierte die Wände eines Hauses in Stabiae und wurde beim Ausbruch des Vesuvs 79 v. Chr. verschüttet.

35. Das Mosaik aus der Basilika Sant'Apollinare in Ravenna, 6. Jahrhundert n. Chr., zeigt die byzantinische Flotte in Classis, dem Außenhafen von Ravenna, und die eindrucksvollen Befestigungsanlagen des Hafens.

36. Gesims aus der Synagoge in Ostia mit einer Darstellung des Siebenarmigen Leuchters (*Menora*), eines der Symbole des Judentums im spätrömischen Reich. Die Synagoge blieb vom 1. bis zum 4. Jahrhundert in Benutzung.

37. Eine Inschrift aus dem 2. Jahrhundert n. Chr. erinnert an den Bau der Lade für die Torarollen in der Synagoge von Ostia, auf Kosten von Mindis Faustos. Die Inschrift ist in Griechisch verfasst, der Sprache, die damals zusammen mit ein paar Brocken Latein die Umgangssprache der Juden in Rom war.

38. Zu Beginn des 12. Jahrhunderts wurde im Markusdom in Venedig das prachtvolle, als Pala d'Oro oder »Goldene Standarte« bezeichnete Altarbild angebracht. Es zeigt das Schiff, das die Reliquien des heiligen Markus nach Venedig brachte, nachdem man sie 828 in Alexandria gestohlen hatte.

39. Auf der Fotografie von 1885 sieht man das eng am Steilhang der Halbinsel liegende Amalfi, das im frühen Mittelalter die Heimat einer lebendigen Kaufmannsgemeinde war. Selbst in seiner Blütezeit während des 11. Jahrhunderts war Amalfi, wo man die Schiffe wie auf dem Foto auf den Strand zog, kaum mehr als ein Dorf. Bis heute ist es eine winzige Stadt, auch wenn das Kloster oben am Hang inzwischen in ein Luxushotel umgewandelt wurde.

40. Die glasierten Becken (*bacini*) an der Außenseite mehrerer romanischer Kirchen in Pisa sollten in der Sonne glitzern und vom Erfolg der Pisaner Kaufleute in muslimischen Ländern künden, in denen man solche Objekte herzustellen verstand. Dieses *bacino*, wahrscheinlich aus Mallorca, zeigt ein muslimisches Schiff unter Segeln in Begleitung eines kleineren Bootes.

war üblich, dass reisende Kaufleute einen bedingten Scheidungsbrief aufsetzten für den Fall, dass sie ohne Zeugen starben und ihre Frauen deshalb nach jüdischem Recht nicht wieder heiraten durften. Solch eine Scheidung konnte seine Frau, wenn sie dies wünschte, nun in die Wege leiten, doch Joseph wandte ein, dass er seine Frau doch liebe und den Scheidungsbrief nur aus Furcht vor Gott und dem Schicksal geschrieben habe, das in der Ferne auf ihn warten mochte. Traurig fährt er fort:

> »Und dann, o Gott, o Gott, mein Herr, der kleine Junge! Kümmere dich um ihn gemäß den religiösen Geboten, die ich so gut kenne. Wenn er stärker wird, lass ihn Zeit mit einem Lehrer verbringen.«[19]

Die Geniza-Dokumente sind reich an Informationen über die Schifffahrt. Die meisten Schiffseigner waren Muslime. Es war gut, früh an Bord zu sein und ein Auge auf seine Ladung zu haben, bevor das Schiff in See stach. Es war üblich, einen Tag vor der Abfahrt an Bord zu gehen und die Nacht im Gebet und mit dem Schreiben von Briefen und letzten Anweisungen zu verbringen. Natürlich gab es keine festen Fahrpläne. Es kam vor, dass Schiffe im Hafen bleiben mussten, weil Stürme drohten, Nachrichten über Piraten eintrafen oder staatliche Maßnahmen getroffen wurden, die ein Auslaufen verhinderten, etwa wenn ein Schiff, das im Hafen von Palermo am Ende der Segelsaison nach Spanien auslaufen sollte, von den Behörden beschlagnahmt wurde und sämtliche Passagiere dort strandeten und den ganzen Winter über bleiben mussten. Einer beklagte sich, dass er »mit abgeschlagenen Händen und Füßen« in Palermo festsaß – wobei der Ausdruck nicht wörtlich zu nehmen war. Auch die Dauer einer Überfahrt ließ sich nicht vorhersagen. Im Jahr 1062 brauchte ein Schiff für die Fahrt von Alexandria nach Mazara 17 Tage, aber in einem anderen Brief heißt es, dass ein Kaufmann namens Parahya Yiju eine gute Woche unterwegs war, als er versuchte, von Palermo nach Messina zu segeln (das er nicht mochte und schmutzig fand). Ein kleines Schiff brauchte mehr als zwei Monate für die Fahrt von Alexandria nach Almería, ein anderes 50 Tage, um nach Palermo zu gelangen, aber 13 Tage waren ebenfalls möglich.[20] Die Passagiere brachten ihr eigenes Bettzeug, Geschirr und Besteck mit, und manche schliefen auf ihrer Ladung, was vielleicht nicht so unbequem war, wenn sie aus Flachs bestand. Es gab keine Kabinen, so dass man die Zeit an Deck verbrachte. Die Briefe geben uns nur wenig Information über die Verpflegung, die wahrscheinlich sehr einfach war.[21] Nach Goiteins Eindruck waren Schiffbrüche außergewöhnliche Ereignisse – sie erregen nur die Aufmerksamkeit der Historiker, weil die Berichte darüber unvermeidlich sehr farbig sind. Schiffe erreichten in aller Regel ihr Ziel, und die Geniza-Leute hatten keine Angst vor dem Meer. Seereisen waren wahrscheinlich nicht gefährlicher als Reisen über Land. Die Kapitäne versuchten, in Sichtweite der Küste zu bleiben, wenn sie an der nordafrikanischen Küste entlangsegelten, und es gab Wachtürme, von denen aus man den Schiffsverkehr im Auge behielt, und zwar offenbar auch zum Nutzen der Schiffe und nicht allein zur Überwachung von Zollpflichten. Man schickte Botschaften zurück nach Alexandria, um Schiffsbewegungen zu bestätigen, und Geschäftsleute erhielten die Nachricht, dass ihre Sendung auf dem Weg war.[22]

Es gibt zahlreiche Hinweise auf die Bewegung von – nach der Art der Quelle natürlich jüdischen – Büchern und Gelehrten, die verdeutlichen, dass man auf den Handelswegen nicht nur Flachs, sondern auch Ideen transportierte. Um 1007 schickte man eine Anfrage wegen eines religiösen Problems von Marokko nach Bagdad, die man einer Richtung Osten wandernden Karawane muslimischer Kaufleute mitgab.[23] Was den Juden möglich war, das fiel auch Muslimen nicht schwer, und Abschriften von Werken der griechischen Medizin und Philosophie gelangten über die gesamte Länge des Mittelmeeres bis nach Südspanien. Zwar verstand niemand die medizinische Schrift des Dioskorides, als sie im 10. Jahrhundert in Cordóba eintraf, auch wenn der Arzt des Kalifen, der Jude Hasdai ibn Schaprut, angeblich gemeinsam mit einem griechischen Mönch eine arabische Fassung erstellte. Es bestand ein gewisses Maß an ökonomischer, kultureller und religiöser Einheit entlang der Linie, die Spanien mit Ägypten und Syrien verband. Trotz der religiösen Spaltung in Schiiten und Sunniten und trotz der politischen Aufspaltung in die Herrschaftsbereiche der Umayyaden, Fatimiden und Abbasiden gab es innerhalb der muslimischen Welt Wechselwirkungen in Handel und Kultur. Verstärkt wurden diese noch durch den ständigen Strom muslimischer Pilger, die über das Mittelmeer nach Mekka reisten, wie auch durch die Aktivitäten von Kaufleuten diverser Religionszugehörigkeiten. Ausgenommen waren davon weitgehend die Einwohner des christlichen Westeuropa. Im 10. und 11. Jahrhundert wagten sich lateinische Kaufleute aus Italien und der Provence noch immer nur vorsichtig in diese Gewässer. Nur wenige christliche Städte schickten Schiffe in muslimische Meeresgebiete, wobei das Geheimnis des Erfolges, wie sie wussten, in der Kollaboration mit dem muslimischen Feind lag. Eine dieser Städte war Venedig, mit dessen Frühgeschichte wir uns bereits befasst haben. Eine weitere war die nicht weniger bemerkenswerte Hafenstadt Amalfi mit ihrer höchst ungewöhnlichen Lage an der felsigen Küste der sorrentinischen Halbinsel.

III

Amalfi ist eines der großen Rätsel der Geschichte des Mittelmeeres. Wenn irgendeine Stadt südlich von Rom prädestiniert war, zu einem großen italienischen Handelszentrum aufzusteigen, dann das quirlige Neapel mit seiner Leinenweberei, seinem Zugang zum Landesinneren und seiner schieren Größe. Außerdem konnte Neapel auf eine lange Geschichte als Handelszentrum zurückblicken und hatte im 6. und 7. Jahrhundert zwar einen Rückgang, aber keinen Zusammenbruch des Handels erlebt. Doch in den Zeiten seines Aufstiegs von ca. 850 bis ca. 1100 überflügelte Amalfi Neapel, obwohl es eine Stadt ohne Vergangenheit war, die sich erst im 6. und 7. Jahrhundert im Umkreis eines Wachturms entwickelt hatte.[24] Mit einer einzigen Hauptstraße, die sich den Berg hinaufwindet, und winzigen Gassen, die sich zwischen die Häuser und unter ihnen hindurchducken, erscheint es schwer vorstellbar, dass Amalfi eine ernstzunehmende Konkurrenz für Venedig war.[25] Am Morgen ist es fast unmöglich, überhaupt ein wenig Wind zu ergattern, was den Schiffsverkehr erheblich beeinträchtigt haben muss.[26] Das hat manche Historiker dazu veranlasst, von einem »Mythos Amalfi« zu sprechen und die Darstellung christlicher, jüdischer und vor allem muslimischer Autoren zu verwerfen, wonach die Stadt im 10. und 11. Jahrhundert das große Handelszentrum im Westen gewesen sein soll. Ein italienischer Historiker beschreibt Amalfi als eine Stadt »ohne Kaufleute«. Danach pflegten die Bewohner von Amalfi ihre Weinberge und Gärten an den felsigen Hängen und sahen im Handel lediglich eine zusätzliche Einkommensquelle.[27] Doch der Bau von Schiffen, die andere Kontinente erreichen konnten, war ein kostspieliges Unternehmen und lieferte den Impuls für die Ausweitung des Handels.

Das winzige Amalfi ist nur ein Teil der Geschichte. Das Etikett »aus Amalfi« war eine Sammelbezeichnung für eine Vielzahl von Händlern und Seeleuten aus ganz Süditalien, insbesondere auch für die Einwohner zahlreicher Kleinstädte an den steilen Abhängen der Halbinsel von Sorrent. Die über Amalfi hängenden Städtchen Ravello und Scala, die keine eigenen Häfen besaßen, schickten ihre Kaufleute auf Schiffen aus Amalfi übers Meer. Atrani ist zu Fuß nur fünf Minuten von Amalfi entfernt und lediglich durch eine Felsnase von der Hafenstadt getrennt. Maiori und Minori liegen an der kurzen Küstenstraße nach Salerno. Und Cetara wurde zum Stützpunkt für eine Fischereiflotte. Kurz, die ganze Südküste der sorrentinischen Halbinsel, von Positano bis zu dem großen, 1025 gegründeten Kloster der Santissima Trinità in La Cave, war »Amalfi«. Der Vergleich mit dem im Marschland gelegenen Venedig liegt näher, als es auf den ersten Blick erscheinen mag. Venedig war aus einer Ansammlung kleiner Gemeinden hervorgegangen, die nicht durch steile Berghänge und Felsabstürze, sondern durch Wasser voneinander getrennt waren und deshalb einen Eindruck von Uneinnehmbarkeit vermittelten. Beide Städte waren nach eigenem Bekunden als Zufluchtsstätten für Menschen entstanden, die vor eindringenden Barbaren flohen. Unter seinen Herzögen, die wie der Doge die ferne Oberhoheit der Byzantiner anerkannten, bildete Amalfi eine verstreute, fragmentierte Stadt. In einer Zeit ständiger Einfälle von Sarazenen aus Nordafrika verlieh diese Zerstreuung der Stadt einen ähnlichen Vorteil, wie die Zerstreuung Venedigs über die Inseln der Lagune ihn den Venezianern bot.

Die ersten Anzeichen, dass Amalfi eine Flotte aufzubieten vermochte, stammen bereits aus dem Jahr 812, als deren Bewohner neben Seeleuten aus Gaeta, einer weiteren Stadt, die im Mittelmeerhandel aktiv zu werden begann, vom byzantinischen Statthalter Siziliens aufgefordert wurden, den muslimischen Angriffen standzuhalten, die bis zu den küstennahen Inseln Ischia und Ponza reichten. Die Bedrohung wuchs, als muslimische Heere nach Sizilien vordrangen und muslimische Flotten freche Raubzüge bis nach Rom unternahmen und dort den Petersdom und die Basilika St. Paul vor den Mauern plünderten. Drei Jahre später gelang es einer süditalienischen Flotte mit Mühe, den Feind in einer Seeschlacht vor Ostia zu schlagen, und über Jahrhunderte galt dieses Ereignis als Rettung Roms – an die ein Fresko von Raffael im Apostolischen Palast erinnert, denn sein Förderer Papst Leo X. war der Namensvetter des zur Zeit dieses Sieges amtierenden Papstes Leo IV.[28] Der Papst versuchte, Amalfi auf seine Seite zu ziehen, und gewährte der Stadt freien Zugang zu den Häfen Roms. Doch was nützte ihnen der Handel mit Rom, dürften die Kaufleute von Amalfi sich gefragt haben, wenn sie zunächst einmal Zugang nach Sizilien, Tunesien und darüber hinaus haben mussten, um die Luxusgüter zu erwerben, nach denen der päpstliche Hof in Rom immer noch nachdrücklich verlangte? So schlossen denn Amalfi und Gaeta trotz päpstlicher Drohungen mit der Exkommunizierung einen Handel mit den Muslimen, der ihnen zwar keine spirituelle Erlösung, wohl aber die materielle Rettung einbrachte. Im Jahr 906 besaß der Konsul von Gaeta Gold-, Silber- und Bronzemünzen, Schmuck, Seide und Marmor für die Ausstattung einer Kirche sowie Ländereien und Vieh, die er sämtlich in seinem Testament aufführte.[29] Kaufleute aus Amalfi versorgten auch das Mutterhaus der Benediktiner auf dem Montecassino im süditalienischen Binnenland, für das sie bis nach Jerusalem als Agenten tätig waren. Sie förderten außerdem ein Benediktinerkloster, das mitten in den heiligen Bezirken am Berg Athos lag, zu einer Zeit, als die griechische und die römische Kirche noch den Anschein einer freundschaftlichen Beziehung erweckten.

Im fernen Konstantinopel war man glücklich, dem Herzog und führenden Bürgern von Amalfi in großsprecherischen Schreiben Titel wie *protospatarius* (wörtlich der Titel eines militärischen Befehlshabers) zu verleihen.[30] Eine Familie jedoch gewann das Ohr des Kaisers, nämlich die Pantaleoni. Im 11. Jahrhundert besorgte ein Mitglied der Familie prunkvolle Bronzetüren für das Kloster Montecassino, für die Kathedrale von Amalfi und für die Basilika St. Paul vor den Mauern.[31] Das waren nur die prachtvollsten Luxusartikel, die die Pantaleoni aus dem Osten holten. Die Kaufleute von Amalfi wünschten sich Stützpunkte auf byzantinischem Boden, von denen aus sie ihren Handel organisieren konnten, und verfügten während des 10. Jahrhunderts über Anlegeplätze und Lagerhäuser in Konstantinopel.[32] Im Adriaraum waren sie gemeinsam mit den Venezianern die wichtigsten Bewohner der mächtigen byzantinischen Festung Dyrrhachion.[33] Kaufleute aus Venedig und Amalfi waren gleichermaßen darauf erpicht, die Vorzüge der Fernstraße zu nutzen, die von Dyrrhachion über Thessaloniki nach Konstantinopel führte.

Weiter östlich, auf dem Gebiet der Fatimiden, hinterließ Amalfi einen bleibenden Eindruck. Männer aus Amalfi gründeten ein Hospiz in Jerusalem, einer Stadt, die Kaufleuten kaum etwas zu bieten hatte, abgesehen von den immer rareren Reliquien. Doch als Agenten des Klosters Montecassino ermöglichten sie es den Benediktinern, sich um die Pilger zu kümmern, die sich in Europa – oft über Häfen in Süditalien – auf den Weg ins Heilige Land machten. Aus kleinen Anfängen entwickelte sich dieses Hospiz zum Ritter- und Hospitalorden vom Heiligen Johannes zu Jerusalem, dessen kämpfende Mitglieder später Rhodos und Malta gegen die Türken verteidigten. Eine direkte Linie führt aus dem 11. Jahrhundert zum Souveränen Malteserorden, der heute seinen Sitz in Rom hat.[34] Eine Legende erzählt, dass Leute aus Amalfi in Jerusalem waren, als die Stadt vom Heer des Ersten Kreuzzugs 1099 belagert wurde. Als die Muslime ihnen befahlen, Steine auf die Angreifer zu werfen, habe man sie gezwungen, dieser Anordnung zu folgen. Doch wie durch ein Wunder hätten die Steine sich noch in der Luft in Brotlaibe verwandelt, die den christlichen Soldaten zur Nahrung dienten. Die Wahrheit war natürlich, dass die Kaufleute aus Amalfi gute Geschäfte machten, wenn sie es vermieden, in Konflikten zwischen Christen und Muslimen Partei zu ergreifen.

Im 10. Jahrhundert gab es auch in Fustat eine Kolonie von Kaufleuten aus Amalfi. Im Jahr 996 beschuldigte man sie, die Werften des Fatimidenkalifen in Brand gesteckt zu haben. Bei den nachfolgenden Krawallen wurden bis zu 160 Kaufleute ermordet.[35] In Fustat knüpften die

Kaufleute aus Amalfi Verbindungen zu jüdischen Kaufleuten, und in den Geniza-Dokumenten taucht hier und da ein Ort auf, der »Malf« genannt wurde. Geniza-Kaufleute reisten nach Amalfi, um dort Pfeffer zu verkaufen. Trotz des Pogroms bescherten die Verbindungen zu den Fatimiden den Kaufleuten aus Amalfi große Profite.[36] Aus den eingeschmolzenen Gewinnen ihres Afrikahandels konnten sie sogar eigene Goldmünzen prägen.

Der Westen erholte sich langsam, und wer wie die Kaufleute von Amalfi bereit war, mit dem muslimischen Feind Handel zu treiben, konnte dabei einigen Gewinn erzielen. Zwei andere italienische Städte, Genua und Pisa, demonstrierten unterdessen, dass eine aggressivere Politik sogar noch größere Profite abwerfen konnte.

KAPITEL 3

Der große Gezeitenwechsel

1000 bis 1100

I

Der Aufstieg Pisas und Genuas ist fast noch rätselhafter als der von Amalfi, und dieses Rätsel besteht in dem erstaunlichen Erfolg dieser beiden Städte bei der Säuberung des westlichen Mittelmeeres von Piraten und in der Schaffung von Handelsrouten samt dem Aufbau von Handels- und Siedlerkolonien bis ins Heilige Land, nach Ägypten und nach Byzanz. Dabei war die Ausgangslage der beiden Städte denkbar unterschiedlich. Genua war im 7. Jahrhundert Sitz eines byzantinischen Statthalters gewesen, doch danach wurde es zwei oder drei Jahrhunderte lang still um die Stadt, bis sie 934/935 von Sarazenen aus Nordafrika geplündert wurde.[1] Sie verfügte über keine erkennbaren Ressourcen und liegt, abgeschnitten von den getreidereichen Ebenen, am Rande der Ligurischen Alpen. Die Hauptererzeugnisse dieses Küstenstrichs sind Wein, Walnüsse, Kräuter und Olivenöl, und aus ihren Kräutern und dem Öl perfektionierte Genua die *pesto* genannte Basilikumsauce, ein Produkt, das eher für Armut als für Reichtum spricht. Der Hafen der Stadt erreichte nach mehreren Jahrhunderten schrittweiser Verbesserung erst Ende des Mittelalters eine ausreichende Qualität, doch die Genueser Schiffe waren am besten vor dem Wetter geschützt, wenn man sie östlich und westlich der Stadt auf die sandigen Strände zog, und dort wurden auch die meisten von ihnen gebaut.[2] Abgesehen vom Schiffsbau, war Genua kein Gewerbezentrum. Die Genueser mussten ums Überleben kämpfen und sahen schließlich in den Handelsfahrten den Schlüssel für das Überleben der Stadt. Mit der Stadt wuchs auch die Abhängigkeit von der externen Versorgung mit Weizen, gepökeltem Fleisch und Käse. Aus diesen bescheidenen Anfängen entwickelte sich eines der ehrgeizigsten Handelsnetze der vorindustriellen Welt.

Pisa befand sich in einer ganz anderen Situation. Die Stadt liegt am Arno, mehrere Kilometer vom Meer entfernt. Da das letzte Stück des Flusses bis zur Mündung verschlammt und sumpfig war, besaß die Stadt keinen guten Hafen. Ihr eigentliches Kapital lag in den ebenen Flächen, die sich bis zum Meer hinzogen und auf denen man Weizen anbaute und jene Schafe weiden ließ, die Pisa mit Wolle, Häuten, Fleisch und Milchprodukten versorgten. Die Bürger von Pisa hatten weniger Grund als die von Genua, um die Versorgung ihrer Stadt mit Nahrungsmitteln zu bangen. Andererseits war die flache toskanische Küste schutzloser als die felsige ligurische den Angriffen muslimischer Räuber ausgesetzt, die ihre Verstecke auf Sardinien und in der Provence hatten, und als die Stadt erstmals eine Flotte aufbaute, waren die Muslime der Hauptgegner. Im Jahr 982 begleiteten Schiffe aus Pisa das Heer des deutschen Kaisers Otto II. auf dessen Zug bis nach Kalabrien hinunter, weil sie hofften, muslimische Überfälle aus Sizilien verhindern zu können. Im folgenden Jahrhundert konzentrierten Pisa und Genua sich auf die Säuberung des Tyrrhenischen Meeres von sarazenischen Piraten. Um das zu erreichen, richteten sie Stützpunkte auf Sardinien ein, und beide Städte reagierten sehr schnell und massiv, als der spanisch-muslimische Kriegsherr Mudschahid, der Herrscher von Dénia und Mallorca, 1013 mit einem Heer auf Sardinien landete.[3] Mudschahids Macht reichte mit einiger Sicherheit niemals über ein paar Küstenstützpunkte auf Sardinien hinaus, ob er die Insel nun ganz in Besitz nehmen wollte oder nicht. Seine Vertreibung aus Sardinien im Jahr 1016 erhöhte das Ansehen der Pisaner und Genueser als Exponenten eines Heiligen Krieges gegen den muslimischen Feind beträchtlich. Das Machtgleichgewicht zwischen Christen und Muslimen veränderte sich langsam. Als die Zentralmacht im muslimischen Raum sich aufzuspalten begann, nutzten die Flotten Pisas und Genuas ihre Chance.

II

Je besser die beiden Städte Sardinien kennenlernten, desto deutlicher erkannten sie, welchen Wert die Insel für sie haben konnte. Es gab dort zahlreiche Schafe, und im 12. Jahrhundert begannen Pisaner und Genueser, in Sardinien eine Erweiterung ihres eigenen Umlands oder *contado* zu sehen. Es gab viel Getreide von leidlicher Qualität und im Süden große Lagunen, in denen man Salz gewinnen konnte. Pisaner und Genueser hielten die Sarden für primitiv und hatten keine Skrupel, sie zu Sklaven zu machen. Die Sarden sprachen eine Form von Spätlatein, die in sonderbaren Dokumenten aus Landgütern erhalten geblieben ist, in denen Schafe, Rinder und Pferde einer Gesellschaft aufgelistet werden, die sich seit den Tagen der *nuraghi* erstaunlich wenig verändert hatte. Sardinien war eine Hirtengesellschaft geblieben, die sich vom Meer abwandte: insular, aber nicht wirklich mediterran. Die politischen und religiösen Institutionen waren archaisch. Kleinkönige oder »Richter« waren im 10. Jahrhundert als letzte Vertreter der inzwischen vergangenen byzantinischen Staatsmacht aufgekommen. Doch in anderer Form lebte Byzanz fort. Die Kirchen der Insel folgten einer Version des griechischen Ritus, und vor 1100 wurden zumindest einige von ihnen im kreuzförmigen griechischen Stil erbaut. Der Papst eiferte gegen diese Bräuche und setzte sich dafür ein, dass Mönche vom Festland auf die Insel gingen, darunter auch Benediktiner vom Montecassino.[4] All das trug dazu bei, dass sich das Leben auf Sardinien veränderte. Mitglieder führender Familien, der sogenannten *maiorales*, heirateten Partner aus Pisa und Genua, und sie konnten nun leicht Erzeugnisse vom Festland erwerben, denn selbst Töpfe und Pfannen wurden importiert. Doch der Lebensstandard der sardischen Bauern, die unter Krankheiten, schlechter Ernährung und hoher Sterblichkeit litten, blieb extrem niedrig. Das bedeutete weniger Münder, die gestopft werden mussten, und daher mehr Getreide, das exportiert werden konnte. Es gibt nur eine korrekte Bezeichnung für den Umgang Pisas und Genuas mit Sardinien: Ausbeutung.

Im 12. Jahrhundert schickten die Genueser regelmäßig Schiffe zur Insel, dessen billige, aber lebenswichtige Erzeugnisse stets hohe Gewinne garantierten. Wer ein wenig Geld erübrigen konnte, zum Beispiel Witwen mit einem bescheidenen Erbe, konnte gefahrlos fünf oder zehn Pfund Genueser Silbergeld in Handelsexpeditionen nach Sardinien investieren und hoffen, ein paar Monate später sechs oder zwölf Pfund zurückzuerhalten.[5] Auf Sardinien sammelten Pisa und Genua ihre ersten kolonialen Erfahrungen. Die beiden Städte versuchten, die Herrschaft zu erlangen, indem sie sich die Loyalität der Richter sicherten. In den Jahren um 1100 erreichten sie das vielfach durch Vermittlung der großen Kirchen beider Städte. Mariano Torchitorio, Richter des im Süden gelegenen Cagliari, schenkte der Kathedrale San Lorenzo in Genua Land in Südsardinien. Doch er war ein weitsichtiger Mann und sorgte dafür, dass auch Pisa nicht leer ausging.[6] Dennoch brachte es allenfalls kurzfristigen Gewinn, wenn man beide Städte gegeneinander auszuspielen versuchte. Pisa und Genua waren zu mächtig, als dass man ihnen hätte widerstehen können. Die Pisaner erbauten Kathedralen und Klöster in ihrem auffälligen Baustil, mit Außenfassaden aus streifenförmig abwechselndem schwarzem und weißem Marmor. Nichts hätte die Herkunft deutlicher zum Ausdruck bringen können. Die Anfang des 12. Jahrhunderts errichtete Abtei Santa Trinità di Saccargia ist ein typisches nordsardisches Beispiel für diese Architektur mit ihren Zebrafassaden. Pisaner und Genueser bauten auch die ersten gut befestigten Städte seit den *nuraghi*. Im Judikat Cagliari besetzten die Pisaner den steilen Hügel über der Stadt, der heute noch schlicht und einfach Castello genannt wird, umgaben ihn mit hohen Mauern und machten ihn zu einer Festung, in der die Pisaner Soldaten und Kaufleute in Sicherheit leben konnten. Die Genueser Familie Doria soll um 1102 Alghero im Nordwesten Sardiniens gegründet haben. Im 12. und 13. Jahrhundert konnten Genua und Pisa ihre Herrschaft über Sardinien festigen, obwohl Päpste und Kaiser des Heiligen Römischen Reiches immer wieder (zumindest nominellen) Anspruch auf die Insel erhoben. Entscheidend war jedoch, wer tatsächlich dort war. Das Problem war nur, dass sowohl Genua als auch Pisa möglichst große Teile der Insel unter ihre Herrschaft zu bringen versuchten. Die Folge waren bittere Auseinandersetzungen. Nicht Streitigkeiten auf dem italienischen Festland, sondern Konflikte um Sardinien waren die häufigste Ursache für Kriege zwischen beiden Städten. Um 1200 waren die Gewässer um Sardinien weitgehend frei von muslimischen Piraten. Dafür gab es nun zahlreiche italienische Piraten – Pisaner machten Jagd auf Genueser und umgekehrt.

III

Ein Grund, weshalb Pisa und Genua eigene Flotten aufbauen konnten, war der Zusammenbruch der Zentralgewalt in Norditalien. Das »Königreich Italien« existierte kaum mehr als dem Namen nach, und sein Herrscher war seit dem 10. Jahrhundert der deutsche König, der zugleich Anspruch auf die Krone des Weströmischen Reiches hatte, das 962 mit der Krönung Ottos I. durch den Papst wiederbelebt worden war. Die Macht der kaiserlichen Statthalter schwand. In vielen Städten ging die faktische Regierungsgewalt in die Hände örtlicher Patrizier über. Anfang des 12. Jahrhunderts begannen sie sich als selbstregierte Gemeinschaften zu organisieren – Historiker benutzen Ausdrücke wie »Kommune« oder »Stadtrepublik«, doch sie selbst kannten eine Vielzahl von Bezeichnungen, darunter auch – wie etwa in Genua – »Kompagnie«, *compagna*, das heißt wörtlich: »die gemeinsam ihr Brot *[pane]* brechen«. Tatsächlich hatte die Regierung Genuas nach 1100 große Ähnlichkeit mit der Organisation einer Geschäftspartnerschaft. Die *compagna* wurde für den begrenzten Zeitraum einiger Jahre geschaffen, um bestimmte Probleme zu lösen, etwa den Bau einer Kreuzzugsflotte oder den Abbau politischer Spannungen, die in Genua gelegentlich zu Mordanschlägen und Straßenkämpfen führten. Die Kommune war in gewisser Hinsicht eine öffentliche, die gesamte Gemeinschaft umfassende Institution, in anderen, sehr wichtigen Hinsichten jedoch eine private Allianz, auch wenn die Unterscheidung zwischen »öffentlich« und »privat« den Genuesern des 12. Jahrhunderts nicht klar war. In der Stadt gab es zahllose private Enklaven, Besitzungen von Klöstern und Adeligen, kleine exterritoriale Gebiete, welche die leitenden Beamten der *compagna* nur sehr langsam unter ihre Kontrolle brachten. Diese Beamten erhielten den wohlklingenden Titel »Konsul«, der davon zeugt, dass man das Vorbild der Römischen Republik im Sinn hatte, wenngleich es bei der Gründung der ersten *compagna* gleich sechs solcher Konsuln gab.[7] Wie im antiken Rom wurde das Wahlrecht sorgsam von den realen Machthabern manipuliert, und in dieser Zeit kamen sie stets aus der Patrizierklasse.[8]

Diese Patrizier schufen das Handelsimperium Genuas, und ähnlich war es auch in Pisa. Es ist schwer zu sagen, wer sie waren – nicht wie sie hießen, denn ihre Namen: Doria und Spinola in Genua, Visconti und Alliata in Pisa, wurden ständig genannt. Unklar ist vielmehr, ob ihr Vermögen und ihre Macht aus dem Handel oder aus Landbesitz stammten. Die italienischen Stadtgemeinden führten den niederen Adel des umliegenden Landes, der dort schon lange seinen Wohnsitz genommen hatte, mit einer Gruppe relativ neureicher Bürger zusammen, deren Stellung auf dem in Handel, Textilgewerbe und Bankwesen erworbenen Reichtum basierte. Im frühen 12. Jahrhundert hatten diese Gruppen sich in Pisa und Genua bereits in erheblichem Maße durch Heiratsallianzen miteinander vermischt, die neues Geld in alte, dringend auf Bares angewiesene Familien brachten. Das Ansehen, das ihnen der Eintritt in Familien einbrachte, die sich auf dem Schlachtfeld oder in Seegefechten einen Namen gemacht hatten, übte große Anziehungskraft auf die reichsten Mitglieder der Kaufmannsgilde aus. So entstand eine neue Solidarität. Die Patrizier waren gewiss nicht bereit, ihre Macht mit Handwerkern und Seeleuten zu teilen, die einen großen Teil der Bürgerschaft ausmachten. Der Aufstieg der Kommune bedeutete nicht, dass die Städte zu Republiken wurden. Vielmehr bewies er, dass die Oligarchie gesiegt hatte – deshalb auch die erbitterten Faktionskämpfe auf den Straßen von Genua. Zwischen diesen Ausbrüchen von Gewalt gab es jedoch Gelegenheit, in bislang ungeahntem Ausmaß Geld zu verdienen. Die Elite investierte in den Überseehandel mit immer weiter entfernten Zielorten, erwarb Besitzungen in der Stadt und betrieb weiterhin ihre Landgüter oder vergrößerte sie sogar durch den Zukauf von Land auf Sardinien. Die Stadtregierung griff kaum in diese Aktivitäten ein, sofern internationale Allianzen nicht Auswirkungen auf den Handel hatten, doch diese Allianzen wurden von denselben Leuten geführt, die auch den Handel dominierten.[9]

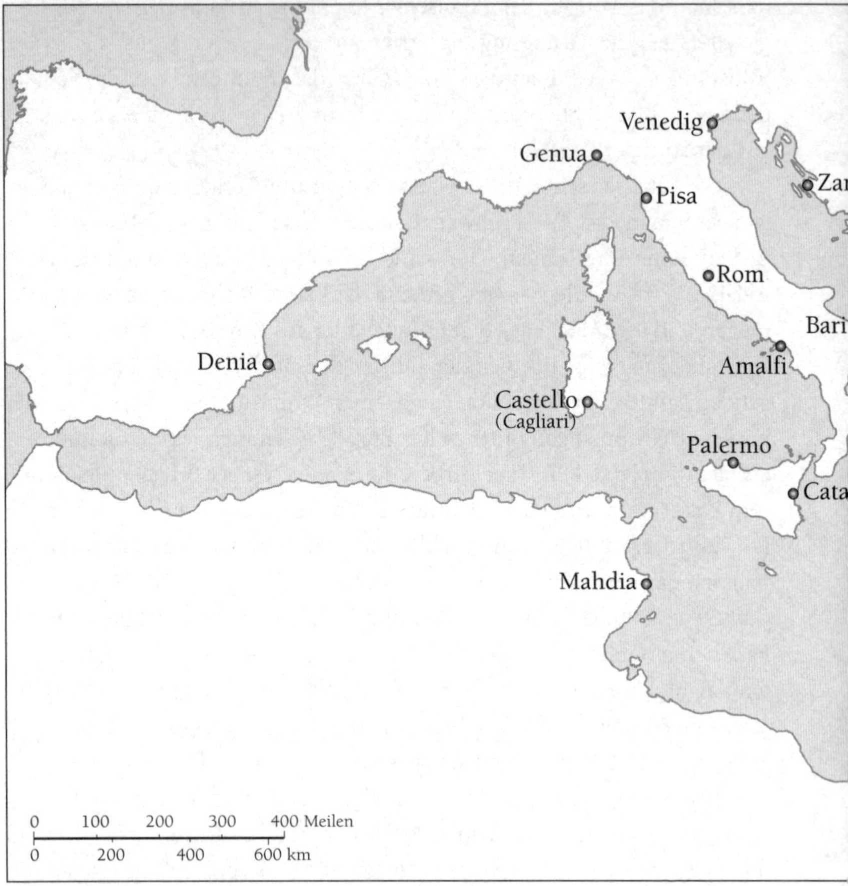

Diese Entwicklungen lassen sich in den Jahren um 1100 überall in Norditalien beobachten, doch Pisa und Genua gehörten zu den ersten Städten, die aristokratische Kommunen bildeten. Das Wachstum der im Binnenland und insbesondere in der großen lombardischen Ebene gelegenen Städte hatte gewaltige Auswirkungen auf das Mittelmeer, denn sie wurden zu Zentren der Nachfrage nach Luxusgütern aus Übersee, während die Eliten dieser Städte die Produktion immer feinerer Textil- und Metallerzeugnisse organisierten, die man im Überseehandel als Gegenleistung für die vermehrt nachgefragten Luxusgüter wie Seide und

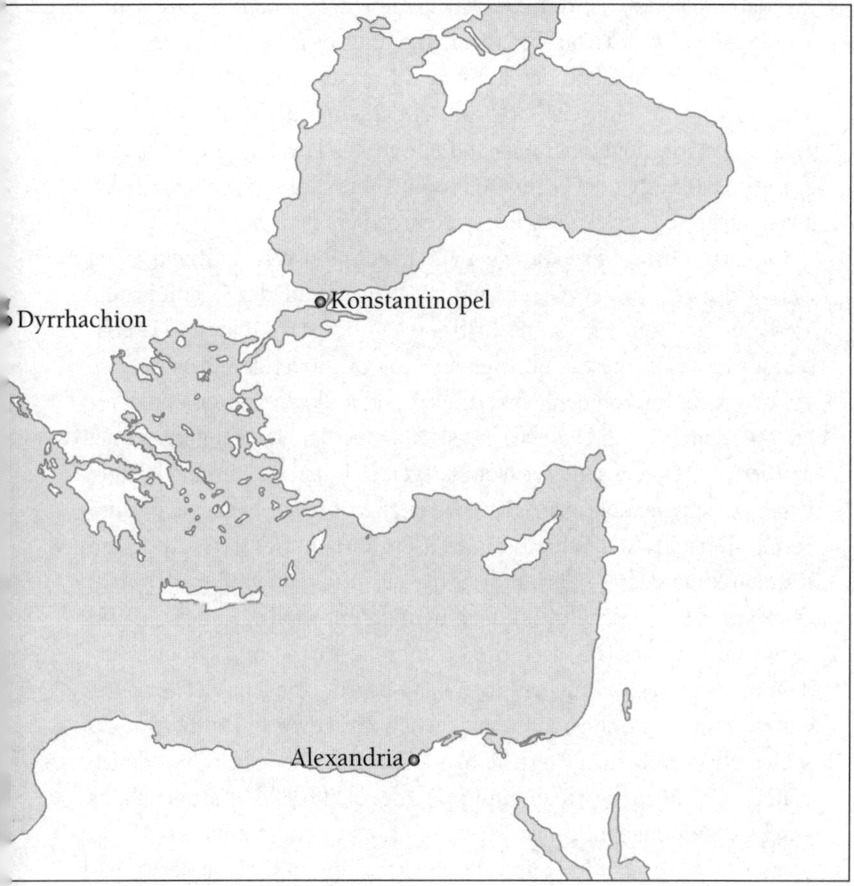

Gewürze einsetzen konnte. Genua und Pisa und das an der Ostküste gelegene Venedig sahen sich so in der Lage, die Bedürfnisse von Konsumenten zu befriedigen, mit denen die ältere Generation der Kaufleute aus Amalfi nicht in engen und regelmäßigen Kontakt hatte treten können. Außerdem richteten diese Städte ihren Blick nun zunehmend auch auf Gebiete jenseits der Alpen. Höfe und Städte in Süddeutschland nahmen gerne die Waren ab, die über Venedig dorthin gelangten, und im 12. Jahrhundert kamen deutsche Kaufleute nach Venedig und legten den Grundstein für den Fondaco dei Tedeschi, die deutsche Faktorei, die dann mehrere Jahrhunderte lang den dort lebenden deutschen Kaufleuten als Handelsniederlassung diente.[10] Genueser Kaufleute fuhren die Rhône hinauf zu den aufblühenden Jahrmärkten der Champagne, wo sie feine flämische Wollstoffe erwarben und über die Rhône ans Mittelmeer brachten. Hier entstand ein großes Handelsnetz, in dessen Zentrum der Seehandel Genuas, Pisas und Venedigs stand, aber mit Verzweigungen, die sich über ganz Westeuropa erstreckten.

Gestützt wurde diese kommerzielle Revolution von eindrucksvollen Entwicklungen in den Geschäftspraktiken und in der Buchführung. Tatsächlich wissen wir nur deshalb so viel über Wirtschaft und Gesellschaft Genuas in dieser Zeit, weil ab 1154 dicke Bände mit Verträgen, Testamenten, Immobilienkaufverträgen und anderen Transaktionen erhalten geblieben sind, die von den Notaren der Stadt aufgezeichnet wurden.[11] Das älteste dieser Notariatsverzeichnisse ist ein dickleibiger Band aus einem kräftigen, glatten Papier, das ein gewisser Giovanni Scriba (Johannes der Schreiber) aus Alexandria importierte, zu dessen Kunden Mitte des 12. Jahrhunderts die mächtigsten Familien der Stadt gehörten.[12] Die Geschäftspraktiken wurden immer ausgeklügelter, und zwar zum Teil deshalb, weil die katholische Kirche offiziell alles verdammte, was nach »Wucher« roch – ein Begriff, der sehr viel Verschiedenes bedeuten konnte, von überzogenen Zinsen bis hin zu bloßen geschäftlichen Profiten. So musste man Verfahren entwickeln, mit denen man der kirchlichen Verdammung entging, die im schlimmsten Fall bis zur Exkommunizierung reichen konnte. Man konnte etwa Kredite in einer Währung auszahlen und die Rückzahlung in einer anderen vereinbaren, so dass sich die Zinsen im Umrechnungskurs verstecken ließen. Oft aber vereinigten sich die Kaufleute einfach zu einer sogenannten *societas* oder »Partnerschaft«, wobei der stille Partner drei Viertel der Gesamtsumme, der andere ein Viertel investierte, dafür jedoch die Reise an das vereinbarte Ziel auf sich nahm, um dort Handel zu treiben. Bei seiner Rückkehr wurden die Gewinne dann hälftig aufgeteilt. Das war eine gute Möglichkeit für einen jungen Kaufmann, Kapital anzusammeln, doch ein weiteres Arrangement fand noch größere Verbreitung, die *commenda*, bei welcher der reisende Partner nur seine Fertigkeiten und Dienste einbrachte und am Ende ein Viertel des Profits erhielt.

Diese Arrangements trugen dazu bei, dass sich auch jenseits der Patrizierelite Vermögen bilden konnte. Eine geschäftstüchtige, ehrgeizige Kaufmannsschicht entwickelte sich, die sich nicht vor den Gefahren des Meeres und den Häfen in fremden Ländern fürchtete.[13] Genueser und Pisaner schauten übers Meer und sahen in jedem Winkel Chancen.

IV

Die Herrschaft über die nahe gelegenen Gewässer war das unverzichtbare Vorspiel für noch ehrgeizigere Unternehmungen in Byzanz und der islamischen Welt. Venedig musste muslimische Flotten aus der Adria vertreiben, während Bari (zwischen 847 und 871) von muslimischen Emiren gehalten wurde. Der byzantinische Kaiser belohnte die Stadt für ihre Bemühungen 880 mit einem Privileg. 992 kam Venedig den Byzantinern nochmals zu Hilfe und erhielt diesmal eine Reihe von Handelsrechten.[14] Pisa und Genua besaßen keinen so mächtigen Schutzherrn wie den griechischen Kaiser und verließen sich daher auf ihre eigene Kraft. 1063 überfiel eine Pisaner Flotte das muslimische Palermo, zerstörte einige Schiffe und bemächtigte sich der langen Kette, mit der man den Hafen abgesperrt hatte, um Eindringlinge wie sie abzuwehren. Sie drangen nicht weiter als bis zu den Kais vor, machten aber dennoch beträchtliche Beute.[15] Ihren Gewinn verwendeten sie zum Ruhme Gottes, denn einen Teil der Beute stifteten sie der großen Kathedrale Santa Maria, mit deren Bau sie gerade begonnen hatten, und wenn irgendetwas vom wachsenden Wohlstand der Stadt zeugte, dann diese prachtvolle Marmorkirche.

Diese Beutezüge vermittelten den Eindruck, sie würden im Rahmen eines Heiligen Krieges gegen die Muslime durchgeführt. Gott werde diese Bemühungen mit dem Sieg, mit Beute und mit einem noch nicht genau definierten spirituellen Lohn vergelten. Das zeigten überdeutlich die Ereignisse von 1087, als Pisaner und Genueser die Stadt Mahdia an der tunesischen Küste angriffen.[16] Das auf einem Vorgebirge gelegene Mahdia war von den Fatimiden gegründet worden, die schließlich die

Herrschaft in Ägypten übernahmen, und sie war eine der größeren Stationen auf dem Wege des Goldstaubs, den man an der Nigerschleife jenseits von Timbuktu gewann. Das Gold wurde von Karawanen durch die Sahara ans Mittelmeer transportiert, wo es in die Wirtschaft der islamischen Welt gepumpt wurde. Die Kontrolle über Mahdia konnte auch als Schlüssel für die Kontrolle der Straße von Sizilien und damit über den freien Durchgang zwischen westlichem und östlichem Mittelmeer gelten. Deshalb wurde die Stadt oft zum Ziel christlicher Eroberer – normannischer Könige im 12., französischer Kreuzfahrer im 14. Jahrhundert. Doch im späten 11. Jahrhundert befand sie sich auf dem Höhepunkt ihres Reichtums. Sie wurde auch von Geniza-Kaufleuten besucht, die dort Pfeffer aus dem Orient und ägyptischen Flachs verkauften.[17] Von 1062 bis 1108 wurde Mahdia von einem mächtigen Emir namens Tamin beherrscht, der sich nicht nur durch Handel, sondern auch durch Piratenüberfälle auf Nicotera in Kalabrien und Mazara auf Sizilien bereicherte.[18] Für seine Nachbarn war er eine schlimme Plage. Die Fatimiden waren so dumm, Beduinenheere (die Banu Hillal und die Banu Sulaym) zu entfesseln, die Tunesien wieder unter ägyptische Herrschaft bringen sollten. Am Ende vergrößerten die Beduinen nur die Unordnung und richteten nicht wiedergutzumachende Verwüstungen an, so dass die Einwohner Nordafrikas von sizilianischem Getreide abhängig wurden, nachdem Tunesien jahrhundertelang der Brotkorb des Mittelmeerraums gewesen war.[19] Nach dem Bericht Ibn al-Athirs, eines arabischen Autors des frühen 13. Jahrhunderts, versuchten die Christen, Roger, den normannischen Grafen von Sizilien, für ihren Feldzug gegen Mahdia zu gewinnen (er hatte das letzte Vierteljahrhundert damit verbracht, die christliche Herrschaft über die Insel zu erweitern), doch Roger »hob seinen Hintern, ließ einen kräftigen Furz« und verwies auf all die Schwierigkeiten, die daraus erwachsen konnten: »Der Handel mit Nahrungsmitteln wird aus den Händen der Sizilianer in ihre Hände übergehen, und ich werde an sie verlieren, was ich jedes Jahr durch den Verkauf von Getreide gewinne.«[20]

Doch auch ohne Graf Roger machten die italienischen Verbündeten sich 1087 mit Freuden auf ihren Feldzug. Papst Viktor III. empfing Mitglieder der Expedition in Rom, wo sie Pilgertaschen erwarben, die zeigten, dass sie das Grab des hl. Petrus besucht hatten. Das finden moderne Historiker der Kreuzzüge bemerkenswert, die zu Recht darauf hinweisen, dass die Kreuzfahrer seit den Predigten für den Ersten Kreuzzug 1095 als Wallfahrer behandelt wurden: »Wallfahrt und Heiliger Krieg gingen offenbar ineinander über.«[21] Wie in Palermo, so richteten die Italiener auch in Mahdia großen Schaden an, nahmen die Stadt aber nicht ein – und hatten dies wahrscheinlich auch gar nicht erwartet. Mit ihrer Beute vermochten sie den Bau der im Herzen von Pisa gelegenen Kirche San Sisto in Cortevecchia zu finanzieren, deren Fassade sie mit Keramikbecken verzierten, die sie in Mahdia erbeutet hatten.[22] Außerdem gaben die Pisaner ein lateinisches Siegespoem in Auftrag. Das »Lied über den Sieg der Pisaner« *(Carmen in victoriam Pisanorum)* ist voller biblischer Bilder, die an den Kampf der Kinder Israels gegen ihre heidnischen Nachbarn erinnern. Aus den Einwohnern von Mahdia, den *Madianiti*, werden im Gedicht die antiken Midiantiter, während die Pisaner selbst sich als Erben der Makkabäer oder sogar des Moses sahen:

> »Seht her! Nochmals verwüsten die Hebräer Ägypten und freuen sich des Sieges über den Pharao; sie durchqueren das Große Meer, als wäre es trockenstes Land; Moses schlägt Wasser aus dem härtesten Stein.«[23]

Das Gedicht beschwört eine fiebrige Atmosphäre, in der die heilige Sache des Kampfes gegen die Ungläubigen bloße kommerzielle Erwägungen in den Hintergrund drängt.

Dass die Beziehungen zwischen Pisa und den Muslimen nicht immer antagonistisch waren, beweisen die islamischen Keramikbecken, mit denen die Pisaner ihre Kirchen schmückten.[24] Diese kräftig glasierten und farbenprächtig verzierten Becken waren in einem ganz anderen Stil gehalten als die schlichteren Becken, die man in Westeuropa produzierte, und wenn man sie an der Kirchenfassade anbrachte, leuchteten sie in der Sonne wie Edelsteine.[25] Die großen, in Türme und Fassaden der Pisaner Kirchen eingelassenen Keramikbecken oder *bacini* erzählen eine faszinierende Geschichte, die nicht nur vom Krieg berichtet, sondern auch vom Handel und von der Faszination, die Objekte aus dem Orient ausübten. Im 11. Jahrhundert erbaute Kirchen zeigen in ihrem Außenbereich feinste ägyptische Keramikobjekte. Töpfe aus Sizilien und Tunesien gab es schon lange vor dem Mahdia-Feldzug und auch noch lange danach. Aus Marokko kam in großen Mengen eine schlichtere, in Grün und Braun gehaltene Keramik, die mit einer bläulichen Glasur überzogen war. Die Pisaner gewöhnten sich so sehr an diese Verzierungen, dass sie auch lange nachdem sie im 13. Jahrhundert eine eigene Produktion glasierter Keramik aufgebaut hatten, solche *baccini* an ihre Kirchtürme anbrachten. Denn nicht nur Keramik übernahmen die Italiener aus der muslimischen Welt, sondern auch die Technologie, die der Majolikaproduktion im Italien der Renaissance zugrunde lag.

Ein in die Fassade der Kirche San Piero a Grado bei Pisa eingelassenes Becken zeigt ein dreimastiges Schiff mit Dreieckssegeln, scharf geschwungenem Bug und steilem Poopdeck – die stark stilisierte Zeichnung eines Schiffs aus dem muslimischen Mallorca.[26] Dennoch vermittelt das Bild einen gewissen Eindruck von den bauchigen Segelschiffen, die zu Zeiten der muslimischen Vorherrschaft in den südlichen Gewässern des Mittelmeeres Güter zwischen Spanien, Afrika und Sizilien transportierten. Es entspricht der in Geniza-Briefen zu findenden Beschreibung geräumiger Schiffe, die *qunbar* genannt wurden und sowohl schwere Lasten als auch Passagiere beförderten.[27] Ein weiteres Becken zeigt ein kleineres, mit Rudern und einem Segel ausgestattetes Schiff, das neben einem Zweimaster liegt, und dabei könnte es sich um die Darstellung einer schnellen, langen, niedrigen, schlanken Galeere handeln.[28] Auch hier kommen uns Geniza-Briefe zu Hilfe. Dort ist von leichten, *ghurab* genannten Galeeren die Rede. Der Ausdruck bezeichnet die Schneide eines Schwerts und verweist auf die Fähigkeit des Schiffs, die Wellen zu durchschneiden. Das lange Schiff könnte auch eine *qarik* sein, eine seegängige Barke, mit der man auch den langen Weg von Tunesien nach Syrien zurücklegen konnte.[29]

V

Die Herausforderung der muslimischen Herrschaft über das Mittelmeer trat Ende des 11. Jahrhunderts in eine entscheidende Phase. Die christliche Expansion ins Mittelmeer hinein war seit den 1060er Jahren voll im Gange – im Gefolge der Besetzung Siziliens durch Heere Robert Guiskards und seines Bruders Roger von Hauteville, normannischer Ritter, die bereits Besitzungen in der Lombardei und den byzantinischen Territorien Süditaliens erobert hatten. 1061, zehn Jahre bevor sie die Kontrolle über Bari, die Hauptstadt der byzantinischen Provinz Langobardia, übernahmen, waren sie versucht, die Straße von Messina zu überqueren und in die erbitterten Streitigkeiten zwischen den drei Emiren einzugreifen, die Sizilien beherrschten und die normannische Bedrohung weitgehend ignorierten. Einer dieser Emire, Ibn al-Hawas, hielt seine eigene Schwester in der auf einem Berg gelegenen Stadt Enna in Schutzhaft. Sie war von ihrem Mann, dem mächtigen und wenig liebenswerten Emir von Catania, Ibn ath-Thimah, schwer misshandelt worden, und seine Versuche, sie mit Gewalt zurückzugewinnen, scheiterten. In seiner Not bat Ibn ath-Thimah die Normannen um Hilfe, eine Bitte, der Robert und Roger von Hauteville nachkamen. Zumindest nach außen erschienen sie nicht als Invasoren, sondern als militärische Unterstützer des Emirs von Catania auf der Insel, doch sie nutzten dieses Bündnis, um sich nach und nach der ganzen Insel zu bemächtigen, indem sie zunächst Messina und 1072 dann auch Palermo einnahmen (vollständig abgeschlossen war die Eroberung jedoch erst 1091 mit der Einnahme von Noto). Die Fähigkeit der beiden Normannen, Männer und Pferde über die Straße von Messina zu bringen, war eindrucksvoll. Roger wurde Graf von Sizilien und heiratete eine Adlige aus Savona in Nordwestitalien. Ihr folgten zahlreiche Siedler aus Ligurien und anderen Teilen Italiens nach Sizilien, die dann unter der Bezeichnung *Lombardi* bekannt wurden. Mit dieser Einwanderung begann die Latinisierung Siziliens, und noch im 20. Jahrhundert konnte man in einigen ostsizilianischen Städten Einwohner finden, die dem ligurischen Italienisch verwandte Dialekte sprachen.[30]

Dennoch veränderte sich der Charakter der Insel nur langsam. Im

12. Jahrhundert blieb Sizilien weitgehend die Heimat einer gemischten Bevölkerung. Um 1100 bestand sie in der Mehrzahl aus Muslimen, zu einem nur geringfügig kleineren Anteil aus Griechen und zu fünf Prozent aus Juden, während die lateinischen Siedler, ob nun Normannen oder »Langobarden«, lediglich ein Prozent der Bevölkerung ausmachten. Die Griechen waren stärker im Nordosten der Insel vertreten, in dem Val Demone genannten Gebiet um den Ätna und vor allem in Messina, das zur wichtigsten Werft des normannischen Sizilien wurde. Jeder Gruppe wurde ein beträchtliches Maß an Autonomie zugestanden: Religionsfreiheit, wie sie in den »Kapitulationsverträgen« festgeschrieben war, die eroberten Städten wie Enna auferlegt wurden; eine eigene Gerichtsbarkeit innerhalb der eigenen Religionsgruppe; eine Garantie des gräflichen Schutzes bei Zahlung einer *Gesia* genannten Kopfsteuer durch Muslime und Juden, die lediglich eine Fortsetzung der von Angehörigen der »Völker des Buches« zu zahlenden muslimischen *Dschitzya* darstellte, nur dass hier die Christen davon ausgenommen und die Muslime zahlungspflichtig waren.

Die Eroberung der byzantinischen Provinz in Süditalien und der benachbarten lombardischen Fürstentümer durch Robert Guiskard hatte inzwischen den Zorn des byzantinischen Kaisers erregt. Das Verhältnis zwischen dem Papst und der griechisch-orthodoxen Kirche hatte sich während des 11. Jahrhunderts beständig verschlechtert, da der Papst zunehmend seine Autorität über die gesamte Christenheit zu betonen begann und die normannischen Siege Süditalien auch dem Einflussbereich der griechischen Kirche zu entziehen drohten. Obwohl das »Morgenländische Schisma« von 1054 häufig als der entscheidende Augenblick im Bruch zwischen einem katholischen Westen und einem orthodoxen Osten angesehen wird, waren die Ereignisse dieses Jahres lediglich ein weiterer Schritt in einer langen Kette von Streitigkeiten. Der päpstliche Legat Humbert von Silva Candida schleuderte am Hochaltar der Hagia Sophia in Konstantinopel eine Exkommunizierungsbulle gegen den Patriarchen von Konstantinopel und dessen Herrn, den Kaiser. In den Küstenstädten Apuliens hatten die Byzantiner das lateinische und das griechische Gewicht geschickt austariert. Dort akzeptierten lateinische Bischöfe zumindest in politischen Fragen oft lieber die

Autorität Konstantinopels als die westlicher Herrscher, einschließlich des Papstes. Mit der Ankunft der Normannen wandten sich Lateiner gegen Lateiner und Griechen gegen Griechen. Durch die normannische Eroberung Kalabriens, der Stiefelspitze Italiens, und dann auch Siziliens gerieten viele tausend Griechen unter die Herrschaft von Roberts Bruder Roger. Nach dem Fall Baris 1071 verschärfte sich die normannische Feindseligkeit noch, denn Robert hatte die Absicht, auf byzantinische Territorien jenseits der Adria vorzudringen. Er sah in Dyrrhachion und den Ionischen Inseln Tore, durch die er mit Hilfe seines Sohnes, des blonden Hünen Bohemund, tief in byzantinisches Gebiet eindringen konnte. Roberts Rechtfertigung für seinen Feldzug gegen Byzanz war die Behauptung, er handle im Namen des abgesetzten und ins Exil getriebenen Kaisers Michael Dukas. Er begrüßte in seinem Gefolge einen entlaufenen Mönch, von dem er behauptete, dass er Michael sei. Diesen Mönch ließ er in kaiserlicher Tracht vor den Stadtmauern von Dyrrhachion paradieren, woraufhin die auf den Wehrgängen aufgereihten Bürger der Stadt ihn sogleich als Betrüger beschimpften (wie die Historikerin Anna Komnene berichtet). Man wird erwarten können, dass Anna Komnene dies sagte, war sie doch die Tochter des regierenden Kaisers Alexios Komnenos, des Begründers einer mächtigen Dynastie, dessen militärische und politische Erfolge Byzanz einen neuen Aufschwung bescherten. Anna äußerte den kaum von der Hand zu weisenden Verdacht, dass Robert selbst sich Hoffnungen auf den Thron von Konstantinopel machte. Der Angriff auf Albanien war nur der erste Schritt in einem Krieg, den er entlang der Via Egnatia bis ins Herz von Byzanz zu tragen gedachte.

In den Jahren 1081 und 1082 ließ Robert eine große Flotte bauen, die in der Lage war, riesige, mit Tierhäuten bespannte Belagerungstürme zu transportieren, mit denen er Dyrrhachion von See her angreifen wollte, während Bohemund an Land vorrücken sollte, nachdem er etwas weiter südlich bei Valona gelandet war. Es war Sommer, und die See hätte eigentlich ruhig sein sollen, doch Anna Komnene berichtet, Gott habe den Byzantinern beigestanden, indem er einen schweren Sturm schickte, der Roberts Flotte zerstreute und vernichtete. Durch den niederprasselnden Regen wurden die mit Wasser vollgesogenen

Tierhäute so schwer, dass die Belagerungstürme an Deck der Schiffe unter ihrem eigenen Gewicht zusammenbrachen. Die Schiffe liefen voll, und Robert hatte mit wenigen seiner Männer das Glück, an den Strand geworfen zu werden und zu überleben. Doch selbst diese Katastrophe habe den halsstarrigen Robert nicht zu der Einsicht gebracht, dass es sich um ein Gottesurteil handelte. Er war vielmehr entschlossen, den Angriff zu wiederholen.[31] Robert sammelte die ihm verbliebenen Streitkräfte und belagerte Dyrrhachion. Er brachte sogar noch größere Belagerungstürme heran, die höher als die Mauern waren. Diese Mauern waren so dick, dass auf ihrer Spitze zwei Streitwagen aneinander vorbeifahren konnten, wie byzantinische Autoren berichten – ein Bild, das eher an Homer denken lässt als an die Kriegführung des 11. Jahrhunderts, aus der Streitwagen längst vollständig verschwunden waren. Jedenfalls konnte Dyrrhachion nur durch Verrat fallen. Am Ende öffnete ein Kaufmann aus Amalfi den Belagerern die Tore.[32]

Alexios fand eine kluge Lösung für das Problem, wie er mit einem mächtigen Feind aus dem äußersten Westen seines Reiches fertig werden sollte. Seine Flotte war nicht in der Lage, so fern von der Heimat zu kämpfen und zu siegen. Die byzantinische Seemacht beschränkte sich auf die Ägäis, und Byzanz hatte schon an Land genügend Probleme. In Kleinasien attackierten seldschukische Türken, auf dem Balkan Slawen die Grenzen des Reiches – von den Faktionskämpfen in Konstantinopel selbst ganz zu schweigen. Die Byzantiner verließen sich lieber auf Diplomatie als auf kriegerische Auseinandersetzungen, doch mit Diplomatie allein war Robert Guiskard nicht zu bezwingen. Sie richteten ihre diplomatischen Bemühungen jedoch nicht auf ihn, sondern auf Venedig, dessen Kaufleute mit der Angst lebten, dass der Ausgang aus der Adria durch solche Konflikte unpassierbar werden könne. Ein normannischer Sieg in Albanien barg die Gefahr, dass süditalienische Flotten den Zugang zur Adria kontrollierten. Venedig war immer darauf bedacht, dass die Macht, die eine Seite der Adria kontrollierte, nicht auch die andere Seite beherrschte. Deshalb erklärten die Venezianer sich bereit, Schiffe für den Kampf gegen Guiskards vor Dyrrhachion liegende Flotte zu stellen. Sie rüsteten die Schiffe mit schweren, aus Baumstämmen gesägten und mit großen Nägeln besetzten Holzklötzen aus. Diese

Klötze warfen sie auf die Decks der feindlichen Schiffe und durchlöcherten sie auf diese Weise. Am Ende eroberten die Byzantiner Dyrrhachion zurück und zwangen dadurch Robert (der gleichzeitig auch in Italien in Bedrängnis geraten war) zum Rückzug, wobei Bohemund noch eine Weile in Albanien sein Unwesen trieb. Als Robert schließlich zurückkehrte, um erneut anzugreifen, war er alt und krank. Er starb auf diesem Feldzug 1085 auf Kefalonia, in der kleinen Hafenstadt Fiskardo, die heute noch seinen Spitznamen trägt: Guiskard der Verschlagene. Obwohl Alexios und sein Hof die Nachricht von Guiskards Tod mit Erleichterung aufnahmen, war dies nicht der letzte Versuch der Herrscher Süditaliens, über Albanien nach Byzanz vorzudringen.

Inzwischen schickten die Venezianer Boten zu Kaiser Alexios, und der erließ 1082 eine Goldene Bulle, die sie mit Geschenken überhäufte, zugleich aber auch betonte, dass sie seine *duli* oder Untertanen seien. Das kostbarste und umstrittenste dieser Geschenke war das Privileg, überall im byzantinischen Reich steuerfrei Handel treiben zu dürfen – mit Ausnahme des Schwarzen Meers und Zyperns. Diese Ausnahme zielte darauf ab, die besondere Rolle Konstantinopels als Verbindung zwischen dem Mittelmeerraum, aus dem das Reich Gewürze und Luxusgüter bezog, und dem Gebiet des Schwarzen Meeres zu bewahren, aus dem Kaufleute Pelze, Bernstein und andere Güter aus dem Norden holten. Die Venezianer erhielten sogar ein wenig Land am Goldenen Horn, mit einem eigenen Kai und einer Kirche (samt Bäckerei).[33] Das Privileg von 1082 wurde zum Vorbild im gesamten Mittelmeerraum. Wenn italienische Städte ein Bündnis mit einem Handelspartner schlossen, der Unterstützung durch Seestreitkräfte benötigte, orientierten sie sich an diesem Modell.

Es gibt unterschiedliche Auffassungen hinsichtlich des Ausmaßes, in dem die byzantinische Wirtschaft von venezianischen und anderen italienischen Kaufleuten dominiert wurde. Langfristig stimulierte die Anwesenheit der Italiener wahrscheinlich die Produktion landwirtschaftlicher Erzeugnisse und für den Export bestimmter Stoffe.[34] In den Jahren um 1100 war die Präsenz der Venezianer in Byzanz zweifellos noch sehr begrenzt. Die wichtigsten Zielorte venezianischer Händler innerhalb der byzantinischen Welt lagen erstaunlich nahe bei ihrer Heimatstadt: Dyrrhachion nach der Rückeroberung durch die Normannen und Korinth, das man erreichen konnte, ohne den Umweg über die Ägäis zu nehmen, wenn man den alten Hafen in Lechaion am Golf von Korinth benutzte. Von dort holten die Venezianer Wein, Öl, Salz und Getreide in ihre boomende Stadt, in der die Nachfrage nach diesen vergleichsweise bescheidenen Nahrungsmitteln ständig zunahm.[35] Für die meisten venezianischen Händler lag Konstantinopel mit seiner Seide, seinen Edelsteinen und Metallerzeugnissen jenseits des Horizonts. Aber sie begannen darüber nachzudenken, wie sie das volle Potential der ihnen gewährten Privilegien ausschöpfen konnten. Das war eine Frage der Berechtigung, denn sie sahen sich immer noch als Einwohner eines entlegenen Winkels des Oströmischen Reichs und waren stolz auf ihre Stellung als kaiserliche Untertanen. In aller Deutlichkeit zeigt sich das in der Architektur und der Verzierung des Markusdoms, der in der zweiten Hälfte des 11. Jahrhunderts nach dem Vorbild der Apostelkirche in Konstantinopel in einem eindeutig byzantinischen Stil wiederaufgebaut worden war. Der Markusdom sollte an eine ganze Reihe von Verbindungen zum Orient erinnern, verweist er doch auch voller Stolz auf die Verbindung nach Alexandria, dem Patriarchensitz jenes Heiligen, dessen Gebeine er birgt.[36]

Ende des 11. Jahrhunderts also hatten Pisa und Genua immer entschiedener zu den Waffen gegriffen, um das westliche Mittelmeer von muslimischen Piraten zu säubern, und beide Städte hatten sich eine eigene Besitzung auf Sardinien geschaffen, während die Venezianer die Grundlagen für eine einzigartige Stellung innerhalb des Byzantinischen Reiches gelegt hatten. Die Muslime herrschten nicht mehr unangefochten über das Mittelmeer, vor allem seit die Heere und Flotten des Ersten Kreuzzuges sich auf den Weg gemacht hatten.

KAPITEL 4

»Der gottgegebene Profit« 1100 bis 1200

I

Mit einer Predigt im mittelfranzösischen Clermont setzte Papst Urban II. 1095 eine Bewegung in Gang, die die politische, religiöse und ökonomische Landkarte des Mittelmeerraums und Europas verändern sollte. Gegenstand der Predigt war die Schande, die über die Christenheit gekommen sei durch die Unterdrückung der Christen im muslimischen Orient, die Niederlage christlicher Heere im Kampf gegen die Türken und den skandalösen Umstand, dass die Grabeskirche in Jerusalem, Ort der Kreuzigung und Auferstehung Christi, sich nun in den Händen von Ungläubigen befand.[1] Papst Urbans Appell an südfranzösische Freiwillige, nach Osten zu gehen und Byzanz im Kampf gegen die Türken zu unterstützen, wurde als Aufruf an die christliche Ritterschaft interpretiert, die wechselseitigen Streitereien (die ihr Seelenheil gefährdeten) zu beenden und ihre Kraft gegen die Ungläubigen zu wenden, vereint in einer heiligen Wallfahrt, unter Waffen und in dem sicheren Wissen, dass alle, die auf dieser großen Fahrt sterben würden, sich das ewige Leben verdienten. Hier bot sich eine Gelegenheit, von der Kirche auferlegte Bußübungen durch Taten zu ersetzen, zu denen niemand besser geeignet war als die Ritterschaft – kriegerische Taten, doch diesmal im Dienste Gottes. Nur schrittweise wurde der Gedanke eines Erlasses aller in der Vergangenheit begangenen Sünden für jene, die sich einem Kreuzzug anschlossen, zur offiziellen Doktrin. Doch das volkstümliche Verständnis dessen, was der Papst im Namen Christi angeboten hatte, eilte den vorsichtigeren Formulierungen der Kirchenrechtler voraus.

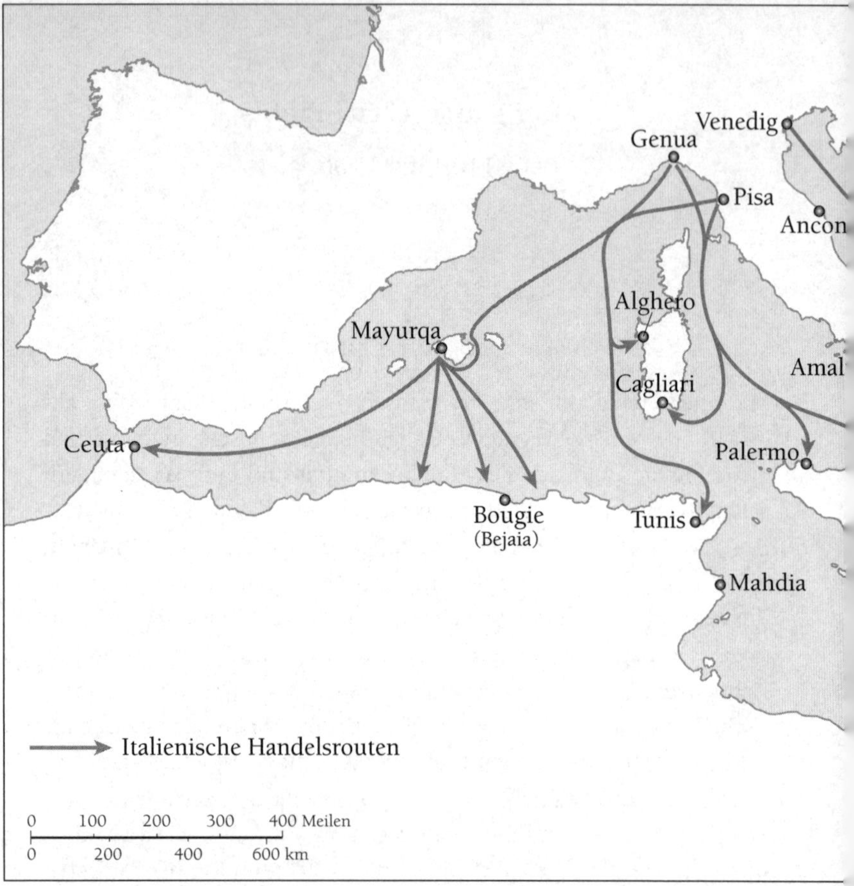

Die Hauptroute, die der Erste Kreuzzug nahm, umging das Mittelmeer und führte das Heer über Land durch den Balkan und Anatolien. Viele Kreuzritter sahen von der See nicht mehr als den Bosporus bei Konstantinopel, bevor das Heer, durch Krieg, Krankheit und Erschöpfung stark dezimiert, Syrien erreichte.[2] Und selbst im Orient war ihr Ziel keine am Meer gelegene Stadt, sondern Jerusalem, mit dessen Eroberung 1099 eine vom Meer abgeschnittene Enklave entstand – ein Problem, das, wie wir noch sehen werden, nur italienische Flotten zu lösen vermochten. Ein weiteres Heer machte sich von Apulien aus auf

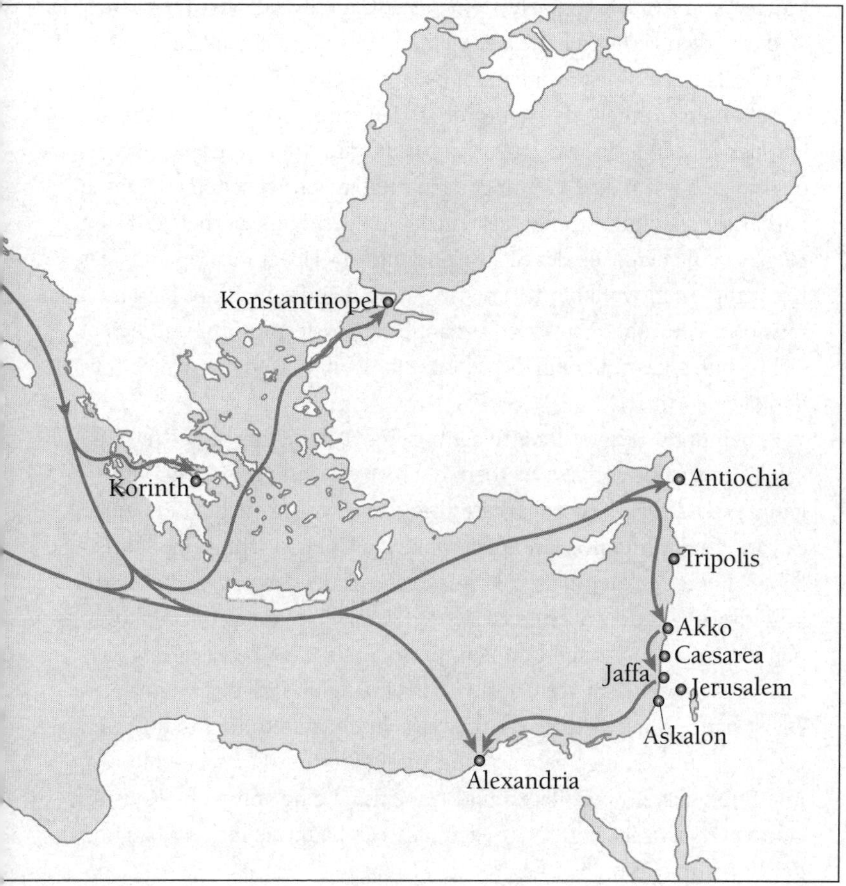

den Weg, wo es Robert Guiskards Sohn Bohemund gelang, eine Streitmacht zusammenzustellen. Die Byzantiner fragten sich, ob er nicht in Wirklichkeit die Pläne seines Vaters zur Eroberung byzantinischer Territorien wiederbeleben wollte. Als er Konstantinopel erreichte, drängte man ihn daher, die Autorität des Kaisers anzuerkennen und sein *lizios* oder Gefolgsmann zu werden – ein Begriff aus dem westlichen Feudalwesen, den man verwendete, weil man glaubte, Bohemund werde sich eher an einen nach seiner Sitte geleisteten Eid halten als an ein nach byzantinischem Recht gegebenes Versprechen. Als er sich 1098 selbst zum

Fürsten von Antiochia machte, einer Stadt, die Byzanz erst kurz zuvor an die Türken verloren hatte, verwies der kaiserliche Hof nachdrücklich darauf, dass sein Fürstentum unter byzantinischer Oberhoheit stand. Es ist schon erstaunlich, dass ein großer Haufen oft schlecht bewaffneter Männer in der Lage war, 1098 Antiochia und 1099 Jerusalem zu erobern, auch wenn die Byzantiner dazu neigten, darin eher einen typisch barbarischen Glückstreffer als einen von Christus herbeigeführten Sieg zu erblicken. Aus der Sicht Konstantinopels war das Ergebnis des Kreuzzugs nicht vollkommen negativ. Abendländische Ritter hatten im sensiblen Grenzland zwischen byzantinischem Territorium und einem Gebiet Fuß gefasst, in dem die seldschukischen Türken mit den Fatimidenkalifen stritten.

Bohemunds religiöse Motive für seine Beteiligung am Kreuzzug sollten nicht unterschätzt werden, doch er war ein Pragmatiker. Er erkannte, dass die Kreuzzugsheere ihre Eroberungen nicht ohne einen Zugang zum Mittelmeer und nicht ohne die Unterstützung einer christlichen Flotte würden halten können, die in der Lage war, die Nachschublinien aus dem Westen zu sichern. Deshalb musste er Kontakte zu den italienischen Flotten knüpfen. Er konnte auf die Begeisterung zählen, die die Nachricht von Papst Urbans Predigt in Pisa und Genua ausgelöst hatte. Nach Genua war diese Nachricht durch die Bischöfe von Grenoble und Orange gelangt, und die Bürger der Stadt beschlossen, ihre Streitigkeiten beizulegen und gemeinsam eine von sechs Konsuln geleitete *compagna* zu gründen, deren Zweck hauptsächlich im Bau und der Bewaffnung von Schiffen für den Kreuzzug bestand. Historiker behaupten seit langem, die Genueser hätten den Kreuzzug in erster Line als geschäftliche Chance gesehen und gehofft, sich in den von den Kreuzrittern eroberten Gebieten ähnliche Handelsprivilegien sichern zu können, wie die Venezianer sie kürzlich im Byzantinischen Reich erhalten hatten. Doch sie konnten das Ergebnis des Kreuzzugs nicht voraussehen. Sie waren bereit, ihre geschäftlichen Aktivitäten auszusetzen und ihre ganze Kraft auf den Bau von Schiffen zu verwenden, die mit einiger Wahrscheinlichkeit in fernen Gewässern durch Krieg und Stürme verlorengehen würden. Was sie bewegte, war religiöse Inbrunst. Nach dem Bericht des Genueser Chronisten Caffaro, der am Ersten Kreuzzug teilnahm, hatte schon vorher, nämlich 1083, ein Genueser Schiff namens *Pomella* den Grafen Robert von Flandern und Gottfried von Bouillon, den ersten lateinischen Herrscher Jerusalems, nach Alexandria gebracht. Von dort hatten sie sich unter großen Schwierigkeiten zum Heiligen Grab begeben und davon geträumt, es für die Christenheit zurückzuerobern.[3] Die Geschichte war frei erfunden, aber sie bringt das Gefühl der Genueser Elite zum Ausdruck, dass es ihrer Stadt bestimmt war, eine wichtige Rolle bei der Eroberung Jerusalems zu spielen.

Zwölf Galeeren und ein kleineres Schiff stachen im Juli 1097 in Genua in See. Die Besatzung bestand aus etwa 1200 Mann, einem beträchtlichen Anteil der männlichen Bevölkerung, denn die gesamte Einwohnerzahl der Stadt dürfte damals bei nur 10 000 gelegen haben.[4] Woher auch immer, die Seefahrer wussten, wo die Kreuzritter sich befanden, und nahmen vor der Nordküste Syriens Kontakt mit ihnen auf. Antiochia wurde noch belagert, und die Flotte lag vor dem Hafen St. Simeon, dem Außenhafen von Antiochia, der dieser Stadt seit der Bronzezeit als Tor zum Mittelmeer diente.[5] Nach dem Fall Antiochias im Juni 1098 belohnte Bohemund die Genueser in Antiochia mit einer Kirche, 30 in der Nähe gelegenen Häusern, einem Lagerhaus und einem Brunnen, die zusammen den Kern einer Kaufmannskolonie in der Stadt bildeten.[6] Dieses Geschenk war das erste von vielen, die man den Genuesern in den von den Kreuzrittern geschaffenen Staaten machte. Im Frühsommer 1099 ankerten Mitglieder einer prominenten Genueser Familie, der Embriachi, vor Jaffa und eilten den Jerusalem belagernden Kreuzrittern zu Hilfe. Sie zerlegten ihre eigenen Schiffe und brachten das Holz nach Jerusalem, damit man dort Belagerungsmaschinen daraus bauen konnte. Im August 1100 stachen dann in Genua 26 Galeeren und vier Versorgungsschiffe mit über 3000 Mann in See.[7] Sie nahmen Kontakt mit dem nordfranzösischen Herrscher des gerade geschaffenen Königreichs Jerusalem, Balduin I., auf und begannen mit der langsamen Eroberung eines Küstenstreifens, den man dringend benötigte, um das umkämpfte Königreich über Nachschublinien aus Westeuropa zu versorgen. Im Mai 1101 plünderten sie die antike Küstenstadt Caesarea.[8] Als die Führer der Genueser die Beute aufteilten, erhielt jeder Seemann zwei Pfund Pfeffer, woraus sich ersehen lässt, wie reich an Gewürzen selbst ein kleiner Hafen in der Levante damals war. Sie nahmen auch eine große grüne Schale mit, die in der Großen Moschee von Caesarea hing und von der sie glaubten, sie wäre beim Letzten Abendmahl benutzt worden und bestünde aus Smaragd (ein Irrtum, wie sich mehrere Jahrhunderte später herausstellte, als jemand sie fallen ließ und erkennen musste, dass sie aus Glas bestand).[9] Da die Schale höchstwahrscheinlich ein schönes Stück römischer Handwerkskunst aus dem 1. Jahrhundert war, dürften die Vermutungen über ihre Herkunft nicht ganz falsch gewesen sein. Man brachte sie im Triumphzug in die Kathedrale von Genua, wo sie noch heute gezeigt wird und als eine von mehreren Kandidaten für den Titel des Heiligen Grals gilt.[10]

Für die Genueser war die grüne Schale wahrscheinlich ein ebenso großer Lohn wie die vielen Handelsprivilegien, die in den Annalen der Stadt sämtlich als Zeichen göttlicher Gnade gefeiert wurden. Die Genueser schlossen Freundschaft mit den Herrschern aller Kreuzfahrerstaaten (Jerusalem, Tripolis, Antiochia), die Hilfe benötigten, um die Herrschaft über die Seehäfen Syriens und Palästinas zu erlangen. 1104 vergrößerte sich ihr Glück noch durch die Einnahme der Hafenstadt Akko, die über einen zureichenden Hafen und einen guten Zugang zum Binnenland verfügte. Im größten Teil der folgenden beiden Jahrhunderte diente Akko als Hauptstützpunkt der italienischen Kaufleute, die Handel mit dem Heiligen Land trieben. Die Genueser produzierten Dokumente, die angeblich bewiesen, dass die Herrscher von Jerusalem ihnen ein Drittel der Städte an der Küste Palästinas versprochen hatten, an deren Eroberung sie sich beteiligten. Zwar sind nicht alle von der Echtheit dieser Dokumente überzeugt, doch sie zeigen in jedem Fall, wie groß die Ambitionen der Genueser waren.[11] Man versprach ihnen sogar ein Drittel von »Babylonia«, wie man damals in Westeuropa Kairo nannte, denn es gab immer wieder Pläne, auch das Ägypten der Fatimiden zu erobern. Hinzu kamen noch rechtliche Befreiungen, die vom Strafrecht bis hin zu Eigentumsrechten reichten und die Genueser von der üblichen Rechtsprechung der königlichen Gerichte ausnahmen.[12] Die Genueser erhoben den Anspruch, in der Grabeskirche in Jerusalem eine Tafel aufhängen zu dürfen, auf der in goldenen Lettern ihre besonderen Privilegien verzeichnet waren. Ob diese Inschrift nun tatsächlich jemals dort hing oder nicht, die Forderung nach solch einer öffentlichen Aufzeichnung zeigt, wie entschlossen die Genueser an ihrer besonderen exterritorialen Stellung im Königreich Jerusalem festhielten, das niemals eine nennenswerte eigene Kriegsflotte aufbaute.[13]

II

Die Genueser hatten auch Konkurrenten. Die Pisaner begeisterten sich gleichfalls für den Kreuzzug und schickten 1099 eine Flotte, die unter der Führung ihres Erzbischofs Dagobert stand. Zum Lohn für ihre Hilfe bei der Eroberung von Jaffa 1099 erhielten sie das Recht, dort eine Handelsniederlassung zu gründen.[14] Am längsten von den drei italienischen Städten ließ sich Venedig Zeit mit der Unterstützung der Kreuzfahrer. Den Venezianern war klar, dass der byzantinische Kaiser die Ankunft von Horden hungriger und schlecht ausgerüsteter westeuropäischer Kreuzritter in Konstantinopel nicht mit Gleichmut betrachtete. Auch wollten sie nicht die venezianischen Kaufleute in Gefahr bringen, die im Alexandria der Fatimiden Handel trieben. Als sie jedoch sahen, welche Beute der Kreuzzug den Genuesern einbrachte, schickten sie schließlich 200 Schiffe gen Osten. Ihren ersten Halt machten sie bei der kleinen, verfallenen, im Südosten Kleinasiens gelegenen Stadt Myrna, wo sie nach Gebeinen des hl. Nikolaus, des Schutzpatrons der Seeleute, suchten. Die Venezianer waren neidisch darauf, dass es einer Gruppe von Seeleuten aus Bari 1087 gelungen war, Gebeine des hl. Nikolaus in Myrna zu stehlen, für die man in Bari dann eine prachtvolle Basilika aus weißem Stein errichtete. Danach war Bari, das einen ausgezeichneten Ausgangspunkt für Pilgerfahrten ins Heilige Land darstellte, selbst zu einem wichtigen Wallfahrtsort geworden. Die Venezianer fanden in Myrna noch genügend Gebeine, um für diese auf dem venezianischen Lido die Kirche San Niccolò zu erbauen.[15] Nach dem Zwischenaufenthalt in Myrna richteten sie ihre Aufmerksamkeit wieder auf den Kreuzzug. Ihre Hauptaufgabe war die Unterstützung der Kreuzfahrer beim Angriff auf Haifa. Die Plünderung der Stadt im Jahr 1100 ging mit grauenhaften

Massakern an der muslimischen und jüdischen Bevölkerung einher.[16] Dadurch erhielten die Kreuzfahrer die Kontrolle über die gesamte Bucht vom Berg Karmel bis nach Akko. Nun befand sich fast die ganze Küste Palästinas in ihren Händen, nur Askalon wurde bis 1153 von den Ägyptern gehalten.[17] Dass Askalon in der Hand der Ägypter blieb, lag im Interesse der Italiener, denn solange sich noch feindliche Kräfte an der Küste des Heiligen Landes aufhielten, wurden ihre Flotten dort gebraucht, und je mehr sie gebraucht wurden, desto größer fielen die Privilegien aus, die sie dafür dem königlichen Hof in Jerusalem abzupressen vermochten.

Die Italiener konnten sich glücklich schätzen. Der Handel florierte in Friedenszeiten, aber auch der Krieg bot ausgezeichnete geschäftliche Möglichkeiten: die Jagd nach Beute und Sklaven, die Lieferung von Rüstungsgütern (oft an beide Seiten), Piratenüberfälle auf feindliche Schiffe. Allerdings war es nicht leicht, die Unterstützung der lateinischen Könige von Jerusalem mit anderen Bindungen und Verpflichtungen, insbesondere solchen gegenüber Ägypten und Byzanz, in Einklang zu bringen. Der byzantinische Kaiser begann sich zu fragen, ob er den Venezianern nicht zu viel gegeben hatte. Im Jahr 1111 gewährte er den Pisanern eine begrenzte Reihe von Handelsprivilegien, und 1118 weigerte sich Johannes II., Sohn und Nachfolger von Alexios Komnenos, die den Venezianern 1082 gewährte Goldene Bulle zu erneuern. Er durfte sich nicht wundern, dass die Venezianer sich anderweitig orientierten. Sie zeigten erneute Begeisterung für den Kreuzzug und folgten einem Aufruf, zur See Hilfe bereitzustellen, indem sie eine gewaltige Flotte ins Heilige Land schickten. 1123 wurde die Kriegsflotte der Fatimiden vor Askalon weitgehend vernichtet.[18] Das gab den Venezianern die Möglichkeit, Tyros zu belagern, das sich immer noch in muslimischer Hand befand, aber im folgenden Jahr fiel. Dort sicherten die Venezianer sich eine hochgradig privilegierte Position. Sie erhielten nicht nur ein Drittel der Stadt, sondern auch außerhalb von Tyros gelegene Landgüter sowie das Recht auf eine Kirche, einen Platz, einen Backofen und eine Straße in jeder weiteren Stadt, an deren Eroberung sie sich beteiligten. Sie sollten von allen Handelsabgaben ausgenommen sein und erhielten die Zusicherung: »In jedem Land des Königs oder seiner Barone soll jeder Venezianer so frei sein wie in Venedig selbst.«[19] Tyros wurde ihr wichtigster Stützpunkt an der syrisch-palästinensischen Küste. Das hinderte die Flotte der Fatimiden zwar nicht an gelegentlichen Überfällen, doch die Ägypter fanden dort nun keinen Stützpunkt mehr, an dem sie sich mit Nachschub versorgen konnten. Einmal wurden ägyptische Seeleute, die auf der Suche nach Wasser an Land zu kommen versuchten, von loyalen Bogenschützen des Lateinischen Königreichs vertrieben.[20] Die Fatimiden verloren den Zugang zu den Wäldern des Libanon, die den Schiffsbauern der Levante seit Jahrtausenden als lebenswichtige Ressource dienten. Obwohl bei der Seeschlacht vor Askalon nicht die gesamte Flotte der Fatimiden vernichtet worden war, markierte die Schlacht doch einen Wendepunkt: Die muslimischen Flotten waren nicht mehr in der Lage, die Vorherrschaft der christlichen Flotten in Frage zu stellen. Die Herrschaft über die Seewege im östlichen Mittelmeer lag nun in den Händen der Pisaner, Genueser und Venezianer. Die Beteiligung an den frühen Kreuzzügen hatte ihnen nicht nur eigene Viertel in den Städten des Heiligen Landes, sondern auch die Herrschaft über den Schiffsverkehr in weiten Teilen des Mittelmeeres eingebracht.

Am Ende erkannte der byzantinische Kaiser, dass er den Venezianern nicht im Wege stehen konnte. Widerwillig bestätigte er 1126 deren Privilegien.[21] Die Anwesenheit der Venezianer stimulierte die byzantinische Wirtschaft.[22] Zwar zahlten die Venezianer selbst keine Steuern an den kaiserlichen Fiskus, wohl aber die byzantinischen Untertanen, mit denen sie Handel trieben, und langfristig stiegen daher die Steuereinnahmen aus Handelsgeschäften, statt zu fallen. Aber die Kaiser vermochten nicht immer über ihre unmittelbaren fiskalischen Interessen hinauszublicken. Die Existenz einer hochgradig privilegierten Gruppe, die keinerlei Steuern zahlte, löste fremdenfeindliche Reaktionen aus.[23] In den 1140er Jahren erneuerte Kaiser Manuel I. Komnenos die Angriffe auf die Venezianer, wobei er sich verschiedener Taktiken bediente. Er stellte fest, dass die Italiener in großer Zahl in die Stadt gekommen waren. Einige waren zu ständigen Bewohnern geworden, die sich in das alltägliche Leben integrierten (die *burgesioi* oder Bürger), während andere, die größere Probleme bereiteten, hauptsächlich wegen des Überseehandels gekommen waren. Er richtete ein umschlossenes Gebiet in der Nähe des Goldenen Horns ein, wofür er deutschen und französischen Kaufleuten Land wegnahm, und schuf ein venezianisches Viertel, um die venezianischen Kaufleute leichter kontrollieren zu können.

III

Der Aufstieg der Norditaliener führte zum Niedergang anderer Gruppen von Kaufleuten, die im 11. Jahrhundert im Mittelmeerraum erfolgreich Handel getrieben hatten: der Kaufleute von Amalfi und der *Geniza*-Kaufleute. Amalfi verlor die Gunst des byzantinischen Hofes, und man zwang sogar die in Konstantinopel lebenden Kaufleute aus Amalfi, Abgaben an die Venezianer zu zahlen. Ein offenkundiger Grund war die Tatsache, dass Amalfi nicht zu bieten vermochte, was die Venezianer anboten: eine große Flotte, die in der Lage war, Robert Guiskard zu besiegen. Obwohl es Amalfi bis 1131 gelang, weitgehend unabhängig von normannischer Herrschaft zu bleiben, wurde die Stellung der Stadt in den Augen der Byzantiner doch erheblich dadurch kompromittiert, dass sie in solch großer Nähe zu den Hochburgen der normannischen Eroberer Süditaliens lag – Salerno befindet sich nur eine kurze Bootsfahrt entfernt.[24] Doch Amalfi war nicht bedeutungslos geworden. 1127 schlossen Amalfi und Pisa einen Freundschaftsvertrag. 1135 beteiligten sich allerdings die Pisaner an einer deutschen Invasion des gerade erst geschaffenen normannischen Königreichs Süditalien und Sizilien. Roger von Sizilien erlaubte es Schiffen aus Amalfi, jedes feindliche Schiff anzugreifen, das sie finden konnten – und ohne Zweifel träumten seine neuen Untertanen davon, Schiffe aufzubringen, die Pisaner Kaufleute bis an den Rand mit kostbaren Waren beladen hatten. Doch während der Abwesenheit der Flotte von Amalfi drang die Pisaner Flotte in den Hafen der Stadt ein und plünderte sie. Die Pisaner machten dabei reiche Beute, und 1137 griffen sie erneut an.[25] Der Seehandel Amalfis schrumpfte und umfasste lediglich noch die Gewässer des Tyrrhenischen Meeres einschließlich Palermos, Messinas und Sardiniens, während der Handel mit dem süditalienischen Binnenland sich gut entwickelte, so dass dort in einigen Städten wie Benevento kleine Kolonien von Händlern aus Amalfi entstanden.[26] Um 1400 fungierte Amalfi als Lieferant wenig aufregender, aber wichtiger Grundnahrungsmittel wie Wein, Öl oder Schmalz und von Grunderzeugnissen wie Woll- und Baumwollstoffen, machte sich aber auch einen Namen als Lieferant guten Papiers.[27] Abgesehen von dieser Veränderung bestand eine erstaunliche Kontinuität. Die Bewohner Amalfis und der umgebenden Orte hatten das Meer nie als einzige Quelle ihres Lebensunterhalts verstanden. Sie bauten an den steilen Hängen der Halbinsel Sorrent weiterhin Wein an und sahen sich nicht einfach nur als Berufskaufleute.[28]

Weitere Veränderungen, die das Mittelmeer im 12. Jahrhundert trafen, drängten Amalfi in eine Randposition. Es lag zu weit ab von den neuen Geschäftszentren in Norditalien und jenseits der Alpen. Genueser, Pisaner und Venezianer konnten sich leichter Zugang nach Frankreich und Deutschland verschaffen, ganz zu schweigen von der lombardischen Ebene, und sie konnten Handelsbeziehungen zu den großen Textilstädten im fernen Flandern knüpfen, so dass der Verkauf feiner flämischer Wollstoffe an Kunden in Ägypten für Genua zu einer regelmäßigen lukrativen Einnahmequelle wurde. Amalfi stand für eine ältere Ordnung, einen Kleinhandel, bei dem eine kleine Zahl von Kaufleuten teure Luxusgüter in begrenzter Menge aus den Zentren der Hochkultur in der islamischen Welt und Byzanz an eine ebenso begrenzte Anzahl weltlicher Fürsten und kirchlicher Würdenträger in Westeuropa verkaufte. Von nun an nutzte die Elite von Amalfi, Ravello und der benachbarten Städte ihre von den Vorfahren übernommenen Kenntnisse in Aktenführung und Buchhaltung, um Zugang zum Staatsdienst des Königreichs Sizilien zu finden, in dem einige eine höchst erfolgreiche Karriere durchliefen. Diese Elite verlor ihren Sinn für orientalische Motive nicht. Die Familie Rufolo aus Ravello baute im 13. Jahrhundert einen Palazzo, der deutliche Anleihen bei islamischen Baustilen aufweist, und der Dom von Amalfi mit seinem berühmten »Paradies-Kreuzgang« erinnert sowohl an islamische als auch byzantinische Stile.[29] Die Entscheidung zur Übernahme orientalischer Motive zeugt jedoch nicht von besonderer Offenheit gegenüber anderen Religionen und Kulturen. Wie in Venedig demonstrierten exotische Stile Reichtum, Ansehen und Familienstolz und waren Ausdruck nostalgischer Erinnerungen an jene Zeit, als Amalfi (zusammen mit Venedig) den Handel zwischen Orient und Okzident dominierte.

In dieselbe Zeit fällt auch der Niedergang einer anderen Gruppe von Händlern und Reisenden, der Geniza-Kaufleute. Um 1150 begann der Strom der in der Kairoer Geniza abgelegten Handelskorrespondenz zu versiegen.[30] Nach 1200 verschwinden außerägyptische Inhalte nahezu vollständig aus den Dokumenten. Die weite Welt dieser Kaufleute, die sich von al-Andalus bis zum Jemen und bis nach Indien erstreckte, beschränkte sich nun auf das Tal und das Delta des Nils. Politische Katastrophen begünstigten den Aufstieg der Almohadensekte in Marokko und Spanien, die sich gegenüber dem Judentum intolerant verhielt. Unter den jüdischen Flüchtlingen aus dem von den Almohaden beherrschten Westen befand sich auch der Philosoph und Arzt Moses Maimonides.[31] Doch das größte Problem für die Geniza-Kaufleute war der Aufstieg der Italiener. Venedig und Genua erschwerten die Niederlassung von Juden – nach Angaben eines spanisch-jüdischen Reisenden gab es 1160 in Genua nur zwei Juden, die aus Ceuta in Marokko dorthin ausgewandert waren.[32] Als die Italiener ihre Herrschaft über die Handelsrouten im Mittelmeerraum ausbauten und die muslimischen Handelsschiffe immer häufiger zum Ziel christlicher Angriffe wurden, verloren die alten Seewege für die Geniza-Kaufleute an Attraktivität. Und aufgrund der wachsenden Seemacht der Italiener fielen sogar die Seewege zwischen Byzanz und Ägypten, auf denen die Geniza-Kaufleute in der Vergangenheit gereist waren, in die Hände italienischer Schiffseigner, die sich auf Privilegien der byzantinischen Kaiser wie auch der Fatimidenkalifen stützen konnten.

Es gab noch einen weiteren wichtigen Grund, weshalb der Einfluss jüdischer Kaufleute schwand. Im späten 12. Jahrhundert entstand ein *Karimi* genanntes Konsortium muslimischer Kaufleute, das die Kontrolle über die Handelsrouten übernahm, die über das Rote Meer nach Jemen und Indien führten und auf denen die Juden in den voraufgegangenen zwei Jahrhunderten große Aktivitäten entfaltet hatten. Auf diesen Handelswegen gelangten Gewürze und Duftstoffe nach Aidab an der ägyptischen Küste des Roten Meeres und wurden über Land nach Kairo und von dort über den Nil nach Alexandria transportiert. Nach mehreren Versuchen des rebellischen Kreuzritters Reynaud de Châtillon in den 1180er Jahren, eine Flotte im Roten Meer zu stationieren (mit deren Hilfe er Medina und Mekka zu plündern gedachte), wurde das Rote Meer für nichtmuslimische Reisende gesperrt. Die Karimi beherrschten den dortigen Handel bis ins frühe 15. Jahrhundert hinein.[33] Eine bedeutende von den ägyptischen Herrschern vermittelte Partnerschaft verband die Italiener mit den Karimi und stellte sicher, dass Pfeffer und andere Gewürze regelmäßig ihren Weg in den Mittelmeerraum fanden. Handelsnetze, über die der einzelne Kaufmann von Südspanien bis nach Indien reisen konnte, wurden nun in zwei Teile gespalten. Der im Mittelmeer gelegene Teil war christlich, der im Indischen Ozean gelegene Teil muslimisch.

Die Fatimiden und ihre Nachfolger, die Ayyubiden (deren berühmtester der kurdische Kriegsherr Saladin war), entwickelten zunehmend Interesse an den Einkünften, die sie aus dem Handel beziehen konnten. Dahinter steckte kein merkantiler Geist, sondern die Erkenntnis, dass sie mit den Einnahmen aus dem Handel und insbesondere aus dem Gewürzhandel ihre Kriegsausgaben finanzieren konnten. In den Jahren 1191 und 1192 belief sich die bei christlichen Kaufleuten in den Nilhäfen erhobene Fünftelsteuer *(khums)* innerhalb von zwölf Monaten auf insgesamt 28613 Golddinare. Das heißt, der Export über diese Häfen erreichte einen Wert von mehr als 100000 Dinaren, und das selbst in diesen schlechten Zeiten – Saladin hatte Jerusalem erobert, der Dritte Kreuzzug war im Gange, und die italienischen Städte schickten ebenso wie südfranzösische und katalanische Städte Flotten ins Heilige Land.[34] Ungeachtet ihres Namens betrug diese Steuer bei Gewürzen wie Kümmel und Koriander mehr als ein Fünftel des Warenwerts, denn die ägyptische Regierung wusste sehr wohl, wie begehrt diese Erzeugnisse in Westeuropa waren. Im späten 11. Jahrhundert verfasste ein arabischer Zollbeamter namens Al-Makhzumi ein Steuerhandbuch, in dem er die durch ägyptische Häfen gehenden Waren auflistete. Die Hafenstadt Damietta (heute Damiette) exportierte Hühner, Getreide und Alaun – auf Letzteres hatte der ägyptische Staat ein Handelsmonopol. Alaun wurde in wachsenden Mengen von den westeuropäischen Textilproduzenten benötigt, die das unscheinbare graue Pulver als Fixier- und Reinigungsmittel einsetzten.[35] Ägypten lieferte außerdem Flachs, der mit hohen Steuern belegt wurde; Smaragde, über deren Handel der Staat eine wachsende Kontrolle ausübte; Gold, das aus der Plünderung von Pharaonengräbern stammte; und ein sehr teures Heilmittel, das aus zu Pulver zerriebenen Mumien bestand. In den Häfen des Nildeltas wurde Holz angelandet, an dem in Ägypten großer Mangel bestand. Über Alexandria kamen Eisen, Korallen, Öl und Safran ins Land, die von italienischen Kaufleuten aus dem Westen dorthin verschifft wurden.[36] Einige dieser Waren konnten auch als Kriegsmaterial eingestuft werden, und der päpstliche Hof zeigte sich zunehmend besorgt über die Rolle der norditalienischen Flotten, die das lateinische Königreich Jerusalem schützten (oder vorgaben, dies zu tun), aber auch Waffen an Muslime lieferten. Bei arabischen Autoren finden sich Hinweise auf einen Schild, der *janawiyah*, »Genua«, genannt wurde, was den Schluss nahelegt, dass zumindest einige dieser Schilde illegal aus Italien eingeführt wurden.[37]

Gelegentlich kochten die Spannungen über, und italienische Kaufleute wurden inhaftiert, doch Fatimiden und Ayyubiden konnten es sich nicht leisten, ihre Staatsfinanzen in Gefahr zu bringen. Einmal griffen Pisaner Seeleute an Bord eines Pisaner Schiffes muslimische Passagiere an. Sie töteten die Männer, verkauften Frauen und Kinder als Sklaven und stahlen die gesamte Ladung. Zur Vergeltung inhaftierte die ägyptische Regierung alle Pisaner Kaufleute, die sich in Ägypten aufhielten. Wenig später, 1154/1155, schickten die Pisaner einen Gesandten nach Ägypten. Die Beziehungen wurden gekittet, und man vereinbarte sicheres Geleit für Kaufleute.[38] Die Pisaner waren nicht die Einzigen, die Ägypten dem Heiligen Land vorzogen. Von nahezu 400 venezianischen Handelskontrakten, die aus der Zeit vor 1171 erhalten geblieben sind, betrifft, wie man erwarten durfte, mehr als die Hälfte Geschäfte in Konstantinopel, aber 71 Verträge betreffen Ägypten, deutlich mehr als das Königreich Jerusalem.[39] Das liegt nicht am zufälligen Überleben dieser Verträge in der Masse der untergegangenen Dokumente, sondern zeugt von dem Reiz, den der Orient ausübte.

Auch Nordwestafrika war für italienische Kaufleute reizvoll, wenn der Zugang zu Konstantinopel, Alexandria, Akko oder Palermo durch Streitigkeiten mit den dortigen Machthabern versperrt war. Pisaner und Genueser besuchten die Häfen des Maghreb, um Leder, Wolle, hochwertige Keramik und in wachsender Menge auch Getreide aus Marokko zu kaufen. Besonders wichtig war die Versorgung mit Gold in Gestalt des Goldstaubs, der auf den durch die Sahara führenden Karawanenrouten in die Städte des Maghreb gelangte.[40] In der Mitte des 12. Jahrhunderts geriet diese Region in den Herrschaftsbereich der kompromisslosen islamischen Almohadensekte. Der Almohadenislam hatte seine eigenen Berberkalifen und galt den sunnitischen Muslimen (wie etwa den Almoraviden, die in der Sahara und Marokko von den Almohaden weitgehend verdrängt wurden) als häretisch. Wichtigstes Ziel der Almohaden war die Rückkehr zu einem reinen und unverdorbenen Islam, dessen Grundprinzip in der Einzigkeit Gottes bestand – selbst die Nennung seiner Attribute wie etwa der Güte galt als falsches Verständnis seines wahren Seins. Obwohl die Almohadenkalifen sich gegenüber ihren jüdischen und christlichen Minderheiten feindselig verhielten, schätzten sie doch die Anwesenheit ausländischer Kaufleute in Spanien und Nordafrika. Die Genueser schickten 1161 einen Gesandten zum Almohadenkalifen in Marokko. Man schloss einen 15 Jahre währenden Friedensvertrag, und die Genueser erhielten die Zusicherung, dass sie im gesamten Gebiet der Almohaden mit ihren Waren umherreisen durften, ohne Belästigungen befürchten zu müssen. Im Jahr 1182 entfielen auf Ceuta 29 Prozent des gesamten Genueser Handels. Damit lag die Stadt knapp vor dem normannischen Sizilien, doch nimmt man Bejaia (Bougie) und Tunis zusammen, dominierte Nordafrika mit 37 Prozent den Handel Genuas.[41]

Die Genueser erwarben *Fonduks* – Lagerhäuser mit Hauptquartier und Wohnungen – in Tunis, Bejaia, Mahdia und anderen Städten an der nordafrikanischen Küste. Die bis heute in Tunis erhalten gebliebenen Fonduks stammen aus dem 17. Jahrhundert und gehörten den italienischen, deutschen, österreichischen und französischen Kaufleuten.[42] Die Fonduks der Italiener und Katalanen erreichten gelegentlich die Größe eines ganzen Kaufmannsviertels. Die Akten des Genueser Notars Pietro Battifoglio zeugen von einer großen, lebendigen Genueser Gemeinde in

Tunis, die aus Kaufleuten, Soldaten, Geistlichen und Prostituierten bestand und stolz auf ihre Tavernen voller Weinfässer war, deren Besteuerung selbst den Almohaden Freude bereitete.

IV

Mit Hilfe der Handelskontrakte können wir das Leben und die Karriere mehrerer erfolgreicher Genueser und venezianischer Kaufleute rekonstruieren. An der Spitze der sozialen Stufenleiter standen große Patrizierfamilien wie die della Volta, deren Mitglieder oft hohe Ämter wie das des Konsuls innehatten und die Außenpolitik der Republik bestimmten – indem sie etwa über Krieg oder Frieden mit dem normannischen Sizilien, Byzanz oder den spanischen Muslimen entschieden. Da sie sich mit ihren Investitionen auch aktiv am Seehandel beteiligten, hatten sie einen großen Vorteil und konnten politische Verträge aushandeln, die ihnen die erhofften Gewinne einbrachten.[43] Die großen Genueser Familien waren in festen Klans organisiert, und die Interessen des Klans standen über denen einzelner Personen.[44] Der Preis, den Genua dafür zu zahlen hatte, bestand in heftigen Faktionskämpfen, wenn rivalisierende Klans das Konsulat und andere Ämter für sich zu gewinnen versuchten. Die venezianischen Patrizierfamilien vermochten die internen Streitigkeiten dagegen in Grenzen zu halten, indem sie die Autorität des Dogen als *primus inter pares* anerkannten. Auch dort dominierten große Familien wie die Ziani, die Tiepolo oder die Dandolo sowohl die Vergabe hoher Ämter als auch den einträglichen Handel mit Städten wie Konstantinopel und Alexandria. Ihr Erfolg nutzte auch dem Wohlstand einer städtischen Oberschicht, zu der viele sehr erfolgreiche Kaufleute gehörten. Nicht nur die Herkunft unterschied die großen Patrizierhäuser von den plebejischen Kaufleuten. Sie stützten sich auf ein weiter gestreutes Vermögen und konnten in Kriegszeiten, in denen der Handel zurückging, auf Einnahmen aus städtischem oder ländlichem Grundbesitz und aus Pachthöfen zurückgreifen. Ihre Stellung war weniger gefährdet als die gewöhnlicher Kaufleute. Sie besaßen ein größeres Beharrungsvermögen. Die kommerzielle Revolution verhalf nicht nur vielen zu raschem Reichtum, sondern steigerte auch das Vermögen der Elite und stärkte deren beherrschende Stellung in den großen italienischen Seestädten des 12. Jahrhunderts.

Zwei dieser »neuen Männer« sind gut dokumentiert. Romano Mairano aus Venedig begann in den 1140er Jahren noch ganz klein mit Handelsexpeditionen nach Griechenland, wobei er die venezianische Kolonie in Konstantinopel als Basis benutzte.[45] Dann wandte er sich ehrgeizigeren Zielen zu, darunter Alexandria und das Heilige Land. Seine Karriere zeigt, dass die Venezianer die Kontrolle über die Seewege zwischen Byzanz und den islamischen Ländern übernommen hatten. Auch im byzantinischen Binnenhandel waren sie stark vertreten und hielten den Kontakt zwischen Konstantinopel und weniger wichtigen griechischen Städten aufrecht.[46] Um 1158 florierten Romanos Geschäfte. Er lieferte 50 000 Pfund Eisen an die Tempelritter im Heiligen Land. Er war nicht nur Kaufmann, sondern wurde ein bedeutender Schiffseigner. Sein Stern schien immer noch im Aufstieg begriffen, als der byzantinische Kaiser Manuel I. sich gegen die Venezianer wandte, die er verdächtigte, Sympathien für seinen Feind, den König von Sizilien, zu hegen, und die ohnehin bei den Griechen zunehmend auf Ressentiments stießen wegen der mächtigen Stellung, die sie – tatsächlich oder angeblich – in der byzantinischen Wirtschaft einnahmen. Mairano war sich dieser Entwicklung bewusst und begann deshalb in den 1160er Jahren, sein Geschäft in Venedig aufzubauen. Nach dem Tod seiner ersten Frau heiratete er erneut und vergrößerte sein Vermögen durch die beträchtliche Mitgift, die ihm dadurch zufiel. In Zusammenarbeit mit Sebastiano Ziani, einem zukünftigen Dogen, baute er das größte Schiff der venezianischen Handelsflotte, die *Totus Mundus* oder auf Griechisch: *Kosmos*, und fuhr darauf nach Konstantinopel. Die Beziehungen zum Kaiser schienen sich zu bessern. Manuel I. gab sogar einen Erlass heraus, in dem er jedermann zu hängen drohte, der die Venezianer belästigte. Doch damit wollte er sie nur in falscher Sicherheit wiegen, und im März 1171 entfesselte er ein Pogrom gegen die Venezianer, bei dem er sich der Unterstützung durch das Volk sicher sein konnte. Tausende von Venezianern wurden in ihren Vierteln eingesperrt, Hunderte wurden getötet, und ihre Vermögen wurden beschlagnahmt. Wer konnte, floh in den Hafen, wo die *Kosmos* zum Auslaufen bereitlag, vor Brandpfeilen und Katapultsteinen durch in Essig getauchte Tierhäute geschützt. Es gelang der *Kosmos*, Akko zu erreichen und von der Katastrophe Nachricht zu geben, doch Romano Mairano hatte sein gesamtes übriges Vermögen verloren und war nach dem Bau des großen Schiffs wahrscheinlich hoch verschuldet. Zwei Jahre später tauchte sein Schiff wieder vor Ancona auf, das seine Treue zu Manuel Komnenos erklärt hatte und nun von dem deutschen Kaiser Friedrich Barbarossa belagert wurde. Wie zu erwarten, gaben die Venezianer Barbarossa den Vorzug gegenüber Manuel, ganz abgesehen von ihrer Sorge, Ancona könnte zu einem Rivalen innerhalb der Adria aufsteigen. Sie halfen bereitwillig bei der Bombardierung Anconas, doch die Stadt hielt den Deutschen stand.[47]

Mairano war inzwischen etwa 50 Jahre alt und musste sein Geschäft vollkommen neu aufbauen. Dazu wandte er sich noch einmal an die Patrizierfamilie Ziani. Pietro, der Sohn des verstorbenen Dogen, investierte eine beträchtliche Summe in eine Handelsreise, die Romano nach Alexandria unternahm. Unter Missachtung des päpstlichen Verbots, kriegswichtiges Material zu verkaufen, nahm er eine große Menge Holz mit auf die Reise. Solange die Beziehungen zwischen Venedig und Konstantinopel so schlecht waren, schickte er Schiffe nach Nordafrika, Ägypten und ins Königreich Jerusalem, wobei er mit Pfeffer und Alaun handelte. Er war bereit, nach Konstantinopel zurückzukehren, als ein neuer Kaiser die Venezianer 1187 bis 1189 wieder willkommen hieß und ihnen ausgezeichnete Bedingungen bot. Noch in hohem Alter investierte Romano weiterhin in den Handel mit Ägypten und Apulien, auch wenn ihm 1201 die Mittel ausgingen und er sich bei einem Vetter Geld leihen musste. Wenig später starb er.[48] Seine Karriere mit ihrem Auf und Ab ist bemerkenswert wegen ihrer Erfolge, aber auch wegen des katastrophalen Zusammenbruchs seines Geschäfts und seiner dramatischen Flucht in der mittleren Phase seiner Laufbahn.

Eine weitere Karriere, die nicht glatt verlief, war die des Salomon von Salerno. Obwohl er aus Süditalien stammte, betrieb er seine Geschäfte von Genua aus, wo er wie Mairano über enge Kontakte zu den Patrizierfamilien verfügte.[49] Er stand auch in persönlicher Verbindung zum König von Sizilien, dessen treuer Untertan (*fidelis*) er gewesen sein soll. Er zeigte allerdings, dass er als Genueser angesehen werden wollte, indem er Land außerhalb der Stadt erwarb, und er bemühte sich um ein Heiratsbündnis zwischen seiner Tochter und einer der Patrizierfamilien. Er hatte seiner Heimatstadt Salerno den Rücken gekehrt. Ihm war klar, dass Salerno, Amalfi und die benachbarten Städte zunehmend von den aggressiveren Handelsstädten Genua, Pisa und Venedig in den Schatten gestellt wurden, und er suchte nun in Genua sein Glück. Aus Salerno brachte er seine Frau Eliadar mit, die gleichfalls begierig Handel trieb, denn in Genua gab es für Frauen kein Hindernis, ihr Geld in Handelsgeschäfte zu investieren. Salomon und Eliadar waren ein großartiges Paar, dessen Blicke sich auf den gesamten Mittelmeerraum richteten. Wie Romano war Salomon bereit, auf der Suche nach Reichtum in die fernsten Winkel dieser Weltgegenden zu reisen. Goldene Möglichkeiten boten sich 1156 in Ägypten, auf Sizilien und im Westen. Im Sommer dieses Jahres beschloss er, die größere Offenheit der Fatimiden zu nutzen. Er erklärte sich bereit, für eine Gruppe von Investoren nach Alexandria und von dort den Nil hinauf nach Kairo zu fahren, um orientalische Gewürze zu kaufen sowie Lackharz, das man zur Herstellung von Firnissen und Farbstoffen benötigte, und Brasilholz, aus dem ein roter Farbstoff gewonnen wurde. Salomon verfolgte zahlreiche weitere Interessen, die in andere Richtungen führten. Im selben Jahr versuchte er zweimal, zwei Drittel Pfund Gold in sizilianischen Goldmünzen, eine damals ganz beträchtliche Summe, von einem Genueser zurückzuholen, der sich nach Sizilien abgesetzt hatte, während Abgesandte Genuas dort mit dem König über einen Vertrag verhandelten.[50] Fast zwei Jahre verbrachte er im Orient und überließ es Eliadar, daheim ein Handelsdreieck zu managen, das Genua, Fréjus und Palermo miteinander verband.

Nach seiner Rückkehr aus dem Orient richtete er seinen Blick nach Westen. Er trieb Handel mit Mallorca und Spanien sowie mit Sizilien und seinem alten Favoriten Ägypten, wo er beträchtliche Summen investierte. Ein Dokument beschreibt eine Rundreise, die er in Auftrag gab und die typisch für die ehrgeizigeren Handelsunternehmungen der Zeit war: »nach Spanien, von dort nach Sizilien oder der Provence oder

Genua, von der Provence nach Genua oder Sizilien oder, falls er dies wünscht, von Sizilien nach Romania [das Byzantinische Reich] und dann nach Genua oder von Sizilien nach Genua«.[51] Große Genueser Patrizier investierten begierig Geld in eine seiner Expeditionen nach Ägypten, wobei sie über eine Vertragsklausel hinwegsahen, die es ihm freistellte, das Schiff in Ägypten zu verkaufen. Denn die Italiener lieferten nicht nur Holz an Werften in Alexandria, sondern ganze Schiffe, die in der Flotte der Fatimiden eingesetzt werden konnten. Salomon befand sich auf dem Gipfel seines Erfolgs. Obwohl er ein Außenseiter war, wurde seine Tochter Alda mit dem Sohn eines mächtigen Mitglieds des Mallone-Klans verlobt. Salomon besaß ein eigenes Notariat zur Aufzeichnung seiner Geschäftsabschlüsse, und in Dokumenten ist großsprecherisch die Rede vom »Hof des Salomon«, was darauf hindeutet, dass er auf großem Fuße lebte. Doch wie Romano Mairano war er den Wechselfällen politischer Veränderungen ausgesetzt, über die er keinerlei Kontrolle besaß. Nachdem die Stadt 1156 Freundschaft mit dem sizilianischen König geschlossen hatte, wurde sie 1162 gezwungen, ein einst sehr einträgliches Bündnis aufzugeben, das den Zugang zu gewaltigen Mengen an Getreide und Baumwolle eröffnet hatte. Der deutsche Kaiser Friedrich Barbarossa drohte den Genuesern, und sie fühlten sich verpflichtet, sich seiner Invasionsarmee anzuschließen, die nach Sizilien vordrang. Ansaldo Mallone löste die sehr vorteilhafte Verlobung mit Salomons Tochter. Plötzlich erschien das Imperium Salomons und Eliadars sehr zerbrechlich.

Dennoch waren gewisse Kontakte zu Sizilien immer noch möglich. Im September 1162, wenige Monate nachdem die Genueser Sizilien zugunsten Deutschlands hatten fallenlassen, empfing Salomon Emissäre eines bedeutenden sizilianischen Muslims, des Führers der muslimischen Gemeinschaft auf Sizilien Ibn Hammud, der ihm gegen Sicherheiten wie einen Hermelinmantel, Silberschalen und andere kostbare Güter eine Geldsumme vorschoss. Ein arabisch-sizilianischer Autor schrieb über Ibn Hammud, dass er »voll von Akten der Nächstenliebe sei wie dem Loskaufen von Gefangenen«. Er war sehr reich. Unter Ausnutzung von Anschuldigungen, er sei nicht loyal, erlegte der König von Sizilien ihm eine Strafe von 250 Pfund Gold auf – eine gewaltige

Summe.[52] Kontakte wie diese ermöglichten es Salomon, im Geschäft zu bleiben, doch für einen Mann mit seinen Interessen und Kenntnissen waren die Verhältnisse sehr schlecht. Streitigkeiten zwischen Genua und dem König von Jerusalem behinderten den Handel mit dem Heiligen Land ganz beträchtlich, und der Zugang zum östlichen Mittelmeer wurde durch den Bruch mit dem König von Sizilien erschwert, dessen Flotten die Durchgänge zwischen dem westlichen und dem östlichen Mittelmeer kontrollierten. Wie andere Genueser Kaufleute wandten Salomon und seine Frau sich nun dem westlichen Mittelmeer zu und trieben Handel mit dem bedeutenden Hafen Bejaia im heutigen Algerien. Salomon muss irgendwann um 1170 gestorben sein. Sein Wunsch, durch ein Heiratsbündnis Zugang zum Genueser Patriziat zu erlangen, wurde von den politischen Ereignissen vereitelt. Seine Stellung blieb gefährdet, solange er und seine Erben nicht in das Patriziat aufgenommen wurden. Das Land, das er außerhalb der Stadt erwarb, war nicht sonderlich viel wert, und sein Vermögen bestand hauptsächlich aus Bargeld, Krediten, Investitionen und Spekulationen, während der Reichtum der Patrizier fest auf städtischem und ländlichem Grundbesitz gründete. Dadurch erhielten sie jenes Beharrungsvermögen, das Männern wie Salomon von Salerno und Romano Mairano fehlte. Dennoch führten Patrizier und Kaufleute durch ihre Zusammenarbeit jene kommerzielle Revolution herbei, die damals zu verzeichnen war.

KAPITEL 5

Wege übers Meer

1160 bis 1185

I

Es gibt keine Tage- oder Logbücher von Kapitänen aus dem 12. Jahrhundert, dafür aber lebendige Darstellungen jüdischer und muslimischer Pilger, die damals von Spanien aus übers Mittelmeer in den Orient fuhren. Benjamin von Tudela war Rabbi in einer Stadt in Navarra und begann seine Reise um 1160.[1] In seinem Tagebuch wollte er für ein jüdisches Publikum in hebräischer Sprache die Länder am Mittelmeer, weite Teile Europas und Asien bis hin nach China beschreiben, und sorgfältig verzeichnet er für jede besuchte Stadt die Zahl der dort lebenden Juden. Sein Buch berichtet von einer authentischen Reise über das Mittelmeer, durch Konstantinopel und die syrische Küste hinunter, während seine Beschreibungen fernerer Gebiete jenseits des Mittelmeeres eindeutig auf Berichten und Gerüchten basieren, die immer phantastischer werden, je weiter er in seiner Vorstellung vordringt. Offensichtlich besuchte er Jerusalem und äußerte seine Bewunderung für das mutmaßliche Grab König Davids auf dem Berg Zion. Mit der wachsenden christlichen Begeisterung für das Heilige Land richtete sich auch die Aufmerksamkeit jüdischer Pilger unter dem Einfluss der von ihnen verachteten Kreuzfahrer verstärkt auf diese Region.[2] Benjamins Reiseweg führte ihn von Navarra durch das Königreich Aragón und am Ebro entlang nach Tarragona, dessen antike Festungsanlagen mit »riesengroßen griechischen Bauten« ihn beeindruckten.[3] Von dort reiste er nach Barcelona, »eine kleine, aber schöne Stadt am Ufer des Meeres«, mit weisen Rabbis und Kaufleuten aus aller Herren Länder, zum Beispiel aus Griechenland, Pisa, Genua, Sizilien, Alexandria, dem Heiligen Land und Afrika. Benjamin gibt wertvolle Hinweise darauf, dass Barcelona Kontakte über das Mittelmeer zu knüpfen begann.[4] Ein weiterer Ort, der Kaufleute aus aller Welt und, wie Benjamin schreibt, sogar aus England anzog, war Montpellier: »Dorthin kommen die Kaufleute aus allen Gegenden, um […] durch Vermittlung von Genuesern und Pisanern Handel [zu] treiben.«[5] Er brauchte vier Tage, um von Marseille aus über das Meer nach Genua zu gelangen.[6] Genua, so schreibt Benjamin, »ist von einer Mauer umgeben. Kein König herrscht über ihre Bewohner, sondern Richter, die jene nach ihrem Willen einsetzen.« Außerdem behauptet er: »Die Genuesen sind die Herren auf dem Meere.« Dabei denkt er nicht nur an Seehandel, sondern auch an Piraterie, denn er erwähnt ihre Überfälle auf muslimische und christliche Lande (einschließlich Byzanz) und zeigt sich beeindruckt von der Beute, die sie heimbringen. Zwei Tagesreisen entfernt lag Pisa, mit dem die Genueser sich ständig im Krieg befanden. In Pisa gebe es »zehntausend Türme, von denen aus zur Zeit des Streites gekämpft wird«.[7] Er reiste nach Bari, fand die Stadt aber verlassen, da König Wilhelm I. sie 1156 zerstört hatte (zu diesem später mehr).[8] Er setzte nach Korfu über, das damals nach seinen Angaben unter sizilianischer Herrschaft stand, reiste von dort über Land nach Theben und Konstantinopel und erreichte das Meer erst wieder in Gallipoli. Von dort durchquerte er, von Insel zu Insel springend, die Ägäis und gelangte schließlich nach Zypern, wo er sich schockiert zeigte über das Verhalten einiger »häretischer Juden, Epiqorsim [Epikureer] genannt. Die Juden exkommunizieren sie überall«, weil der Sabbat bei ihnen nicht den Freitagabend, dafür aber den Samstagabend umfasste.[9] Ihre Anwesenheit erinnert an die zahllosen kleinen Sekten, die im östlichen Mittelmeerraum immer noch florierten. Auf seinem Weg entlang der libanesischen Küste begegnete Benjamin einer gefährlicheren Sekte, »die al-Haschischim [die Haschischraucher] heißt«, den ismaelitischen Assassinen, aber er konnte ihnen aus dem Weg gehen und erreichte schließlich Gibelet (Byblos), einen Stützpunkt der Genueser in der Levante, der damals, wie Benjamin zutreffend bemerkt, von einem Mitglied der Adelsfamilie Embriaco regiert wurde. Fasziniert berichtet er von einem alten Heiligtum mit einer auf einem Thron sitzenden, von zwei weiblichen Figuren flankierten Sta-

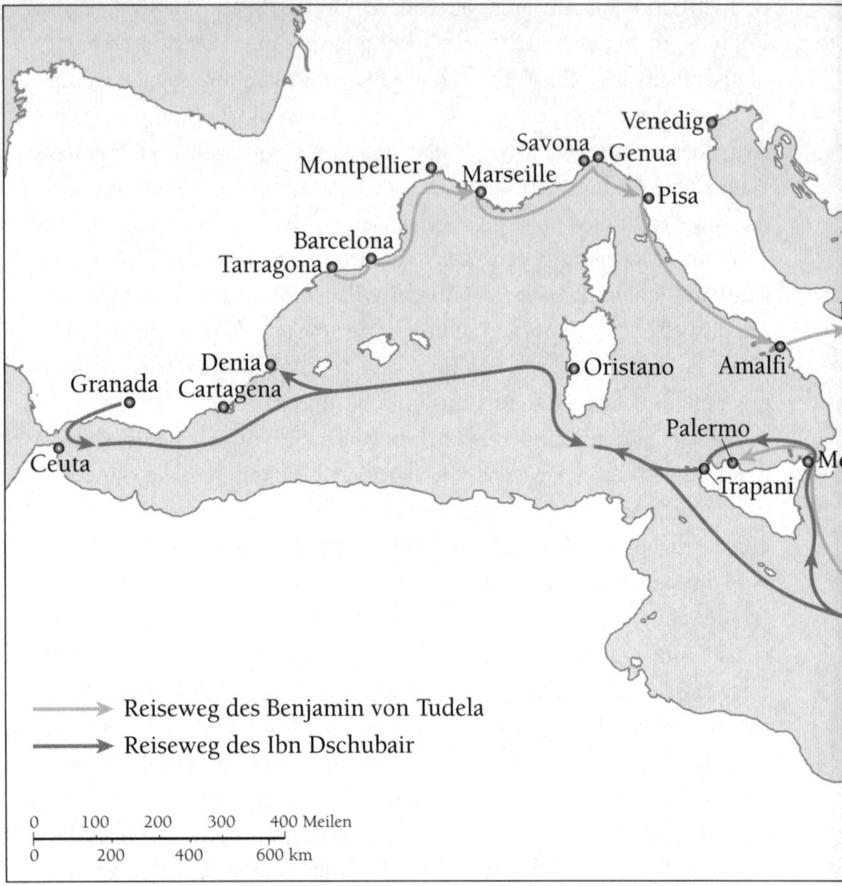

tue – Beweise alter heidnischer Praktiken, gegen die einst die Israeliten gekämpft hatten. Aber es gab auch zeitgenössische Heiden, denn auf seiner Weiterreise musste er das Gebiet der Drusen durchqueren, die er als gesetzlose Heiden beschreibt, weil sie angeblich Inzest und Frauentausch praktizierten.[10]

Irgendwann auf seiner Reise gelangte Benjamin nach Ägypten, und er war sehr beeindruckt von den Hafenanlagen in Alexandria. Da war der Leuchtturm, den man schon aus hundert Meilen Entfernung sehen konnte, und da waren die Kaufleute aus der ganzen Welt: »aus allen

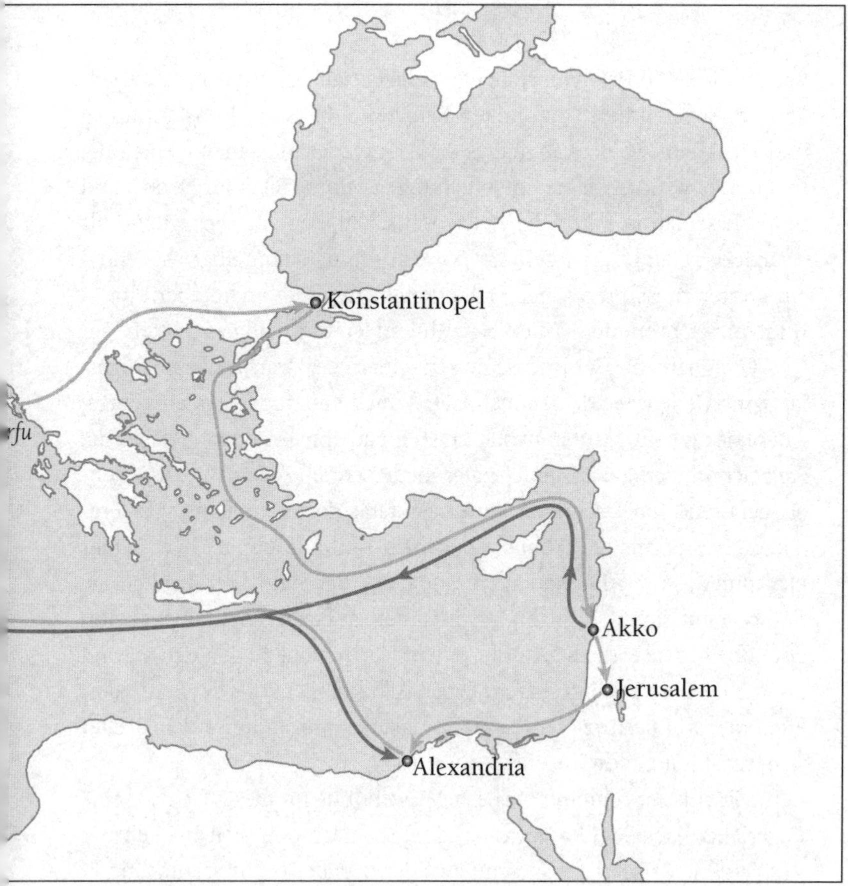

christlichen Reichen«, darunter Venedig, die Toskana, Amalfi, Sizilien, Griechenland, Deutschland, Frankreich und England, Spanien, die Provence und zahlreiche muslimische Länder wie al-Andalus und der Maghreb.[11] »Die Kaufleute aus Indien bringen Gewürze aller Art dorthin, und die Kaufleute aus den christlichen Ländern kaufen sie von ihnen.« Und: »Jede Nation hat dort ein eigenes Geschäftshaus.«[12] Benjamin reiste über Sizilien zurück in seine Heimat; von seiner Beschreibung des glanzvollen sizilianischen Hofes wird im nächsten Kapitel die Rede sein.

II

Benjamin von Tudela würde heute vielleicht als Altertumskundler gelten. Er war fasziniert von antiken Bauwerken in Rom, Konstantinopel und Jerusalem. Sein zwanghaftes Auflisten jeder jüdischen Gemeinde, in die er kam, findet seine Entsprechung in seinem Blick für Details und seiner Faszination durch die vielen Menschen, denen er begegnete. Als er über das Heilige Land schreibt, wird aus ihm – kaum überraschend – ein Führer zu den jüdischen Heiligtümern und Rabbinergräbern in Jerusalem, Hebron und Tiberias, während er die heiligen Stätten der Christen übergeht. Der private Zweck seiner Reise war wohl eine Pilgerfahrt ins Heilige Land, dennoch treten auch andere Interessen zutage. Ähnliches gilt für Muhammad Ibn Achmad Ibn Dschubair, der seine Aufzeichnungen gut 25 Jahre später niederschrieb.[13] Der 1145 in Valencia geborene Ibn Dschubair wurde Sekretär des Statthalters von Granada, eines Sohns des Almohadenkalifen Abd al-Mu'min. Trotz seiner Herkunft aus der Almohadendynastie liebte der Statthalter Trinkgelage und bestand darauf, dass Ibn Dschubair einen Becher Wein kostete. Ibn Dschubair hatte tödliche Angst, seinem Herrn nicht zu gehorchen, und trank zum ersten Mal in seinem Leben Alkohol. Doch als der Statthalter erkannte, wie bestürzt sein Sekretär darüber war, füllte er den Becher siebenmal mit Goldmünzen.

Ibn Dschubair schreibt, die beste Verwendung für dieses Geld sei eine Pilgerfahrt nach Mekka gewesen, und so machte er sich im Februar 1183 auf die Reise, die insgesamt zwei Jahre dauerte.[14] In Ceuta fand er ein Schiff, das sich bereitmachte, nach Alexandria zu segeln. Die erste Etappe führte ihn nordwärts an der Küste Andalusiens entlang nach Dénia, von wo das Schiff zunächst nach Ibiza, Mallorca und Menorca und von dort nach Sardinien fuhr, und das alles innerhalb von 14 Tagen – »eine bemerkenswert schnelle Fahrt«.[15] Und diese Fahrt führte ihn zugleich auch über politische Grenzen hinweg: vom Marokko der Almohaden zu den Balearen, die unter der Herrschaft der erbitterten Gegner der Almohaden, der sunnitischen Almoraviden, standen, und hinüber nach Sardinien, über das die Pisaner die Oberhoheit ausübten. Aber nicht der Mensch, sondern die Natur stellte die eigentliche Bedrohung dar. Vor Sardinien geriet das Schiff in einen schweren Sturm, doch schließlich erreichte es das an der Westküste der Insel gelegene Oristano, wo einige Passagiere von Bord gingen, um Proviant zu besorgen. Einer von ihnen, ein Muslim, musste bekümmert mit ansehen, wie 80 muslimische Männer und Frauen auf dem dortigen Markt als Sklaven zum Verkauf angeboten wurden.[16] Ibn Dschubairs Schiff nutzte einen günstigen Wind, um den Hafen rasch zu verlassen. Das war ein Fehler. Ein weiterer Sturm erhob sich, und der war so heftig, dass man die Hauptsegel nicht hissen konnte. Ein kleineres Segel wurde zerfetzt und ging samt dem Mast über Bord. »Die Kapitäne der Rûm [Christen] und die seekundigen Muslime [stimmten] überein, daß sie niemals zuvor ein solches Unwetter erlebt hatten. Keine Beschreibung vermag die Wirklichkeit auch nur annähernd zu schildern.«[17] Trotz dieser Unbilden erreichten sie ihr Ziel, Sizilien, denn das Schiff folgte der sogenannten Inselroute, einer nach Westen führenden Route, welche die dortigen Strömungen und Winde bestmöglich ausnutzte.[18] Im Winter hätten die nordwestlichen Winde ihre Fahrt begünstigt, doch im Frühjahr war das Wetter nicht vorhersagbar, und die vorherrschenden Winde wechselten gelegentlich die Richtung.[19] Sie fuhren an Sizilien vorbei, erblickten den Ätna und machten sich auf den Weg nach Kreta, wo sie des Nachts anlangten, vier Wochen nach der Abfahrt in Ceuta. Von dort fuhren sie über das Libysche Meer nach Nordafrika hinüber, und am 29. März erblickten sie in der Ferne den Leuchtturm von Alexandria. Die ganze Reise dauerte 30 Tage – nicht sonderlich lang im Vergleich zu Fahrten, über die in Geniza-Briefen berichtet wird.[20]

Nicht nur auf hoher See warteten Drangsale, sondern auch an Land. In Alexandria kamen Zollbeamte an Bord, notierten die persönlichen Daten der Passagiere und erstellten eine genaue Liste der Ladung. Die Muslime mussten die »Zakat« genannte Almosensteuer entrichten, obwohl sie nicht mehr mit sich führten, als sie für die Hadsch benötigten. Einen anderen herausragenden Passagier, den aus Granada stammenden Arzt Ahmad ibn Hassan, nahm man mit zum Gouverneur und zur Amtsstelle, wo man ihn nach den neuesten Ereignissen im Westen und nach den an Bord mitgeführten Waren befragte. Solch eine Befragung wichtiger Passagiere war eine übliche Praxis in den Mittelmeerhäfen – Ibn Dschubair musste später eine noch genauere Befragung über sich ergehen lassen, als er auf dem Rückweg nach Spanien in Palermo Station machte.[21] Schließlich unterzogen übertrieben sorgfältige Zollbeamte die Passagiere einer demütigenden Durchsuchung:

> »Dann wurde einer nach dem anderen aufgerufen, und die Stücke eines jeden wurden zum Zoll transportiert. Dort herrschte schon ein wildes Getümmel. Alle Gepäckstücke, ob groß, ob klein, wurden durchsucht und völlig durcheinandergeworfen. Bei der Vernehmung schob man die Hände sogar unter die Gürtel der Reisenden. Dann mußten die Eigentümer unter Eid erklären, ob sie noch andere Sachen dabeihätten, außer denen, die schon offen dalagen. Während dieser Zeit verschwanden viele Dinge in dem Durcheinander der Hände und dem ständig wachsenden Gedränge.«[22]

Wenn man all dies doch dem gerechten und gnädigen Sultan Saladin zur Kenntnis brächte, klagt Ibn Dschubair im Stillen, der würde diesem Treiben gewiss Einhalt gebieten.

Dennoch empfand Ibn Dschubair große Bewunderung für Alexandria. Heute ist über der Erde nur noch wenig von der antiken und der mittelalterlichen Stadt erhalten geblieben. Aber schon zu Ibn Dschubairs Zeiten war das unterirdische Alexandria eindrucksvoller als das überirdische: »Doch das Wunderbare an der Bauweise der Stadt ist, daß die Bauten unter der Erde genauso großartig sind wie die überirdischen, wenn nicht gar edler und solider«, mit all den Brunnen und den Wasserläufen, die unter den Häusern und Straßen hindurchführten. In einigen Straßen sah er Säulen, »die bis in den Himmel reichen, Säulen, deren Sinn man nicht errät, noch den Grund ihrer Errichtung«. Man sagte ihm, darauf hätte man in längst vergangenen Zeiten Gebäude für Philosophen errichtet, doch er hielt es für wahrscheinlicher, dass es sich um Sternwarten gehandelt hatte. Die Bibliothek von Alexandria war inzwischen nur noch eine Legende. Einen tiefen Eindruck machte der Leuchtturm auf ihn. Auf dessen oberster Ebene befand sich eine Moschee, die er besuchte, um seine Gebete dort zu verrichten. Er hörte, dass es in Alexandria an die 12 000 – das heißt sehr viele – Moscheen gab, deren Imame vom Staat bezahlt wurden. Wie es sich für eine islamische Großstadt gehörte, gab es dort zahlreiche Madrasas, Hospize und Badehäuser. Der Staat sorgte dafür, dass Kranke zu Hause besucht und dann Ärzten gemeldet wurden, die sich um sie kümmern mussten. Tagtäglich verteilte man 2000 Laibe Brot an Reisende. Wenn die Staatseinnahmen dafür nicht ausreichten, beglich Saladin die Kosten aus seiner Privatschatulle.[23] Die Steuern waren sehr niedrig, auch wenn Christen und Juden die übliche *Dhimmi*-Steuer zahlen mussten. Ibn Dschubair lobt den Ayyubidensultan erstaunlich überschwänglich, dessen sunnitischer Islam doch recht weit vom Glauben der Almohaden entfernt und dessen Verhältnis zu den Almohaden nicht einfach war.

Von Alexandria aus fuhr Ibn Dschubair den Nil hinauf ans Rote Meer und nach Mekka, bevor er dann im September 1184 ans Mittelmeer zurückkehrte, und zwar über Damaskus und die Golanhöhen nach Akko im Lateinischen Königreich Jerusalem. Dabei reiste er durch Landstriche, die von Muslimen bewohnt wurden, aber unter der Herrschaft von Franken standen. Tibnin, so schreibt er, »gehört der Sau, die Königin genannt wird; sie ist die Mutter des Königs, des Schweins, des Herrn von Akka«, das heißt der Königinmutter des Lateinischen Königreichs Jerusalem.[24] Fest entschlossen, jeder Versuchung zu widerstehen, kamen Ibn Dschubair und seine Mitpilger am 18. September nach Akko, und er äußert die Hoffnung, dass Gott die Stadt zerstören möge. Auch hier schickte man die Besucher zum Zollhaus, dessen großer Hof die gerade eingetroffenen Karawanen aufzunehmen vermochte. Vor der Tür standen Steinbänke, auf denen christliche Bedienstete mit goldverziertem Ebenholzschreibzeug saßen, die arabisch sprachen und schrieben. Sie arbeiteten für einen Steuerpächter, der dem König eine große Summe für die Konzession zum Betrieb des Zollamtes zahlte. Das war die übliche Praxis im mittelalterlichen Mittelmeerraum, und das Gebäude, das Ibn Dschubair besuchte, war mit einiger Sicherheit das Khan al-'Umdan, ein großer, mit Arkaden versehener und um einen Hof angelegter Bau, der heute noch in der Nähe des Hafens steht, in türkischer Zeit allerdings beträchtlich umgebaut wurde.[25] In den oberen Stockwerken befanden sich Räume, in denen die Waren nach der Prüfung durch den Zoll gelagert werden konnten, aber die Zöllner verfuhren sehr sorgfältig und prüften selbst das Gepäck der Reisenden, die angaben, keine

Waren mit sich zu führen. Im Unterschied zu Alexandria geschah all das hier »mit Höflichkeit und Respekt, ohne Härte und Ungerechtigkeit«.[26]

Schon 1184 war Akko ein großer Hafen, und er sollte noch größer werden, als italienische und andere europäische Kaufleute nach 1190 eine Vielzahl von Privilegien erhielten. Diese Privilegien waren der Lohn für die Hilfe, die deren Heimatländer in der großen Notzeit nach der Eroberung Jerusalems und des größten Teils des Kreuzritterreichs durch Saladin im Jahr 1187 geleistet hatten. Die Pisaner konnten nun ihre Geschäfte von Jaffa, das für den Levantehandel zu weit südlich lag, nach Akko verlagern, das gute Verbindungen nach Damaskus und ins Binnenland bot. Nicht dass Akko über einen besonders guten Hafen verfügt hätte. Die Schiffe ankerten vor der Hafeneinfahrt, die (wie bei den meisten mittelalterlichen Häfen) mit einer Kette versperrt werden konnte, und die Waren mussten mit Boten an Land gebracht werden. Akko, schreibt Ibn Dschubair, kann »große Schiffe nicht aufnehmen, die müssen draußen vor Anker gehen, nur kleine Schiffe können hineinfahren«. Bei schlechtem Wetter musste man die Schiffe auf den Strand ziehen. Ein guter Hafen war für mittelalterliche Kaufleute keine unabdingbare Voraussetzung bei der Wahl ihrer Handelsstationen, das beweisen Städte wie Barcelona, Pisa und Messina. Doch Ibn Dschubair schreibt über Akko: »In seiner Größe ähnelt es Konstantinopel«, womit er allerdings nicht die bloße Ausdehnung oder Bevölkerungszahl meinte, sondern die Bedeutung der Stadt als Ort, an dem muslimische und christliche Kaufleute, Schiffe und Karawanen zusammenströmten: »Wege und Straßen ersticken unter dem Gedränge der Menschen, so daß es schwer ist, einen Fuß auf den Boden zu setzen.« Und wie stets verbirgt Ibn Dschubair seine Bewunderung rasch hinter Verwünschungen: »Unglauben und Unfrömmigkeit herrschen dort, Schweine und Kreuze gibt es im Überfluss«, wobei mit den »Schweinen« ebenso die unreinen Christen wie die unsauberen Tiere gemeint waren. »Es stinkt und ist dreckig, voller Abfälle und Exkremente.«[27] Natürlich beklagt er, dass die Kreuzritter die Moscheen in Kirchen umgewandelt hatten, doch er vermerkt auch, dass es in der ehemaligen Hauptmoschee immer noch eine Gebetsnische gab, die von den Muslimen benutzt werden durfte. Denn das Verhältnis zwischen den fränkischen Siedlern und der einheimischen Bevölkerung war weniger spannungsgeladen, als der Almohade Ibn Dschubair oder gerade erst eingetroffene Kreuzritter sich dies gewünscht haben mögen. Diese Kreuzritter wunderten sich über den ungezwungenen Umgang, den beide Seiten miteinander pflegten. Der aus Schaizar in Nordsyrien stammende Emir Usama ibn Munqidh (1095–1188) zeichnete in seinen Lebenserinnerungen ein Bild seiner Zeit, das auch freundliche Beziehungen über die christlich-muslimischen Trennungslinien hinweg zuließ. Er war gut bekannt mit einem fränkischen Ritter, von dem er sagt: »Er war gern in meiner Gesellschaft und wurde mein ständiger Begleiter, wobei er mich als Bruder anredete und uns eine enge Freundschaft verband.«[28] Die Franken im Königreich Jerusalem übernahmen nur wenig von der muslimischen Kultur, verglichen etwa mit den umfangreichen kulturellen Kontakten, zu denen es damals in Spanien oder auf Sizilien kam, doch man erreichte immerhin eine gewisse praktische *convivencia*. Ibn Dschubair war sehr unglücklich über die Anwesenheit von Muslimen in diesem christlichen Königreich. »In den Augen Gottes«, so schrieb er, »gibt es keine Entschuldigung für einen Muslim, in irgendeinem ungläubigen Land zu bleiben, außer wenn er hindurchreist.«[29]

Dennoch galt die christliche Seefahrt als die sicherste und zuverlässigste, und so wählte Ibn Dschubair für seine Rückkehr ein Schiff unter dem Kommando eines Genueser Seemanns, »der scharfsichtig in seiner Kunst und geübt in den Aufgaben eines Seekapitäns war«. Es ging darum, die Ostwinde zu nutzen, die im Oktober gut zwei Wochen lang bliesen, denn im Rest des Jahres mit Ausnahme der Zeit von Mitte April bis Ende Mai kam der Wind vornehmlich aus dem Westen. Am 6. Oktober schiffte Ibn Dschubair sich gemeinsam mit anderen Muslimen und 2000 christlichen Pilgern ein, die aus Jerusalem nach Akko gekommen waren – wobei diese von Ibn Dschubair geschätzte Zahl unmöglich hoch für ein einzelnes Schiff erscheint. Christen und Muslime teilten sich den Platz an Bord des Schiffs, gingen einander jedoch aus dem Weg: »Die Muslime auf dem Schiff suchten Plätze entfernt von den Franken.« Und Ibn Dschubair äußert die Hoffnung, Gott möge sie bald von der Gesellschaft der Christen befreien. Er und die übrigen Muslime verstauten ihr Gepäck, und während das Schiff auf einen günstigen

Wind wartete, gingen sie jeden Abend an Land, um die Nacht in größerer Bequemlichkeit am Strand zu verbringen. Diese Entscheidung hätte fast zu einer Katastrophe geführt. Am 18. Oktober schien das Wetter nicht günstig für die Abfahrt, und Ibn Dschubair schlief noch, als das Schiff dennoch die Segel setzte. In ihrer Verzweiflung mieteten er und seine Freunde ein großes, mit vier Rudern ausgestattetes Boot und machten sich an die Verfolgung des Schiffs, auf dem sich ihr Gepäck befand und auf dem sie außerdem schon ihre Überfahrt bezahlt hatten. Es war eine gefährliche Verfolgungsjagd durch eine raue See, doch am Abend holten sie das Genueser Schiff ein. Fünf Tage lang segelten sie nun mit günstigen Winden, bis am sechsten Tag der Wind umschlug und aus Westen zu wehen begann. Der Kapitän verlegte sich aufs Kreuzen, um die schlimmsten Auswirkungen abzuwenden, aber am 27. Oktober erfasste der Westwind das Schiff mit ganzer Kraft, und ein Segel samt Spiere ging über Bord, doch es gelang, ein anderes Segel zu setzen.[30] Als der Wind sich legte, war die See »wie eine Burg, getäfelt mit Glas« – Worte, die Ibn Dschubair dem Koran entnahm.[31] In der Nacht zum 1. November feierten die Christen das Allerheiligenfest. Jung und Alt, Männer und Frauen trugen Kerzen und lauschten den Gebeten und Predigten der Priester. »Das ganze Schiff war von oben bis unten von angezündeten Lampen erleuchtet.«[32] Wieder einmal war Ibn Dschubair deutlich beeindruckt, wollte dies aber wie üblich nicht zugeben.

Ibn Dschubairs Tagebuch bietet unvergleichliche Einblicke in das damalige Leben an Bord von Schiffen. Er beschreibt, wie Muslime und Christen, die an Bord starben, bestattet wurden, indem man sie nach uralter Sitte ins Meer warf. Nach dem Genueser Seerecht fielen die Habseligkeiten der an Bord Verstorbenen dem Kapitän zu: »Es gibt keine Möglichkeit für den eigentlichen Erben, den Nachlaß zu erhalten; darüber waren wir sehr erstaunt.«[33] Das Schiff legte keine Zwischenstopps ein, bei denen man den Proviant hätte auffrischen können, so dass viele Pilger beider Glaubensrichtungen nach einigen Tagen in Schwierigkeiten gerieten. Dennoch habe man auf dem Schiff ausreichend Lebensmittel kaufen können, »als sei es eine mit allen Waren versorgte Stadt«. Es gab Brot, Trinkwasser, Obst (darunter Wassermelonen, Feigen, Quitten und Granatäpfel), Walnüsse, Kichererbsen, Bohnen, Käse, Fisch und vieles andere. Erfahrene Genueser Seeleute wussten offenbar, dass es auf ihren Schiffen für zusätzlich geladene Vorräte einen künstlich verknappten Markt gab. Als das Schiff an die Küste einer unter byzantinischer Herrschaft stehenden Insel verschlagen wurde, kauften die Passagiere von den Einwohnern Fleisch und Brot. Weitere Stürme begleiteten das Schiff auf seiner Fahrt an Kreta vorbei, und die Passagiere begannen zu befürchten, sie müssten auf einer der griechischen Inseln oder an der nordafrikanischen Küste überwintern, sofern sie denn überhaupt überlebten. Tatsächlich hatte der Sturm sie einfach nach Kreta zurückgetrieben. Ibn Dschubair zitiert bewegt den Ausspruch eines arabischen Dichters: »Das Meer ist von bitterem Geschmack und eigensinnig.«[34] Nachdem er angemerkt hat, dass es im Herbst eine Zeit gebe, in der eine sichere Fahrt von Ost nach West möglich wäre, schreibt Ibn Dschubair:

> »Alle Reisen haben ihre geeigneten Jahreszeiten; eine Reise zur See sollte im richtigen Moment und in der anerkannten Periode vorgenommen werden. Es sollte kein leichtfertiges Wagnis in den Wintermonaten geben, so wie wir es unternommen hatten. Vom Anfang bis zum Ende ist die Sache in Gottes Händen!«[35]

Sein Pessimismus war unberechtigt. Innerhalb kurzer Zeit tauchten fünf weitere, aus Alexandria kommende Schiffe auf, und die kleine Flotte lief in den Hafen einer der ionischen Inseln ein, wo man Fleisch, Öl und ein schwarz gebackenes Brot kaufte, das aus Weizen und Gerste bestand. »Die Leute drängten sich danach – trotz des hohen Preises. In der Tat gab es nichts Billiges zu erwerben. Sie dankten Gott für das, was er ihnen gewährte.«[36]

Als die Schiffe den Hafen wieder verließen, ging der November bereits seinem Ende entgegen, und mit dem Einbruch des Winters gestaltete sich die Seefahrt noch schwieriger. Vor der süditalienischen Küste berichtet Ibn Dschubair: »Flutmassen schlugen ständig auf uns ein, die Wellenkronen ließen die Herzen zerspringen.« Endlich stießen sie auf die kalabrische Küste, wo viele der Christen an Land gingen, weil sie genug hatten, zumal sie nicht nur unter Stürmen, sondern auch unter Hunger hatten leiden müssen. Ibn Dschubair und seine Gefährten lebten von kaum mehr als einem Pfund angefeuchteten Schiffszwiebacks pro Tag. Wer an Land ging, verkaufte den gesamten Rest seines Proviants an die an Bord Bleibenden, und die Muslime waren bereit, für ein einziges Brot einen ganzen Silber-Dirham zu zahlen.[37] Die Erleichterung, die sie empfunden hatten, schwand rasch, als sie in die Nähe Siziliens gelangten. In der Straße von Messina kochte das Wasser, da das Meer zwischen das Festland und die Insel gezwängt wurde. In der Nähe von Messina trieben starke Winde das Schiff auf die Küste zu, und eines der Segel klemmte, so dass man es nicht einholen konnte. Den Wind im Rücken, geriet das Schiff in eine Untiefe, lief auf und steckte fest. Ein Ruder brach, und die Anker erwiesen sich als wirkungslos. Alle an Bord, Muslime wie Christen, empfahlen ihre Seele Gott. Einige wichtige Passagiere wurden mit einem Beiboot in Sicherheit gebracht, doch es wurde zerschmettert, als es zum Schiff zurückzukehren versuchte. Am Morgen schwärmten kleine Boote aus, um den Passagieren zu Hilfe zu eilen, wenn auch nicht mit den besten Motiven. Die Eigner verlangten einen hohen Preis für die Rettung. Die Nachricht von dem Schiffbruch erreichte auch den König von Sizilien, der sich gerade in Messina aufhielt, um den Bau seiner Kriegsflotte zu beaufsichtigen. Er sah der Rettungsaktion zu. Empört über das Verhalten der Bootsleute, gab er den Befehl, ihnen je 100 Tari (kleine Goldmünzen) zu zahlen, damit sie auch die Muslime an Land holten, die nicht genug Geld hatten, um den geforderten Preis für ihre Rettung zu zahlen. Ibn Dschubair bewunderte die Weitsicht Gottes, der den König nach Messina geführt hätte, und dankte »Gott für Seinen Schutz«.[38] Und König Wilhelm hatte tatsächlich die noch an Bord befindlichen Passagiere gerettet, denn am folgenden Tag brach das Schiff auseinander.

Trotz der schrecklichen Erfahrung staunte Ibn Dschubair über die gute Zugänglichkeit des Hafens von Messina. Die Schiffe konnten bis an die Küste heranfahren, und man benötigte keine Boote, um Passagiere und Ladung an Land zu bringen – dazu bedurfte es lediglich einer Planke. »Man wird Schiffe den ganzen Kai entlang beobachten wie Pferde, die an ihren Pflöcken oder in ihren Ställen angebunden sind.«[39] Um nach Andalusien zu gelangen, musste er jedoch die Insel durchqueren und nach Trapani gehen, wo er nach einem Genueser Schiff Ausschau hielt, das auf dem Weg nach Spanien war. Normalerweise wäre das kein Problem gewesen, doch der König hatte ein Auslaufverbot für alle Schiffe erlassen, »wegen der Flotte, die er hatte bauen und ausrüsten lassen [...] Kein Schiff sollte lossegeln, bis sie ausgelaufen wäre. Möge Gott seine Ziele vereiteln!« Er nahm an, das Ziel dieser Flotte sei das Byzantinische Reich, denn alle auf der Insel sprachen über den jungen Mann, den König Wilhelm an seinem Hofe beherbergte und den er auf den byzantinischen Thron setzen wollte – eine Wiederaufnahme der Pläne, die Robert Guiskard ein Jahrhundert zuvor verfolgt hatte.[40] Das Auslaufverbot war lästig, doch es gab von jeher Mittel, Einfluss auf die königlichen Beamten zu nehmen. Es gelang Ibn Dschubair, sich einen Platz auf einem von drei Schiffen zu sichern, die Richtung Westen segeln sollten, und die Genueser Schiffseigner bestachen den königlichen Beamten, der daraufhin bei ihrer Abfahrt wegschaute. Am 14. März 1185 verließen die Schiffe den Hafen. Auf den westlich von Trapani gelegenen Ägadischen Inseln machten sie halt in der kleinen Hafenstadt Favignana, wo sie den Weg des Schiffs eines Genuesers namens Marco kreuzten, das nordafrikanische Pilger aus Alexandria an Bord hatte, Leute, denen Ibn Dschubair vor Monaten in Mekka begegnet war. Alte Freunde fanden wieder zusammen, und gemeinsam feierten sie das Wiedersehen. Nun machten sich vier Schiffe auf den Weg nach Spanien, doch der Wind schien mit ihnen zu spielen, denn er trieb sie nach Sardinien und von dort südwärts. Dann aber gelang es ihnen, an Sardinien vorbei nach Ibiza, Dénia und Cartagena zu fahren, wo Ibn Dschubair seinen Fuß endlich wieder auf spanischen Boden setzte, und am 25. April 1185 traf er in Granada ein. Er schloss seinen Bericht mit den Worten eines arabischen Dichters: »Sie warf all ihr Zeug weg, und da blieb sie, wie der Reisende es am Ende seiner Reise tut.«[41]

Ibn Dschubair hatte großes Pech, und auch der Schiffbruch bei Messina war keine alltägliche Unbill. Zweifellos übertrieb er die Gefahren, die er durchleben musste, wie auch die Zahlen und Nöte der Passagiere an Bord der Schiffe. Doch in vielerlei Hinsicht dürfte seine Reise durchaus typisch für die Zeit gewesen sein, insbesondere die Tatsache, dass sowohl muslimische als auch christliche Pilger Genueser Schiffe benutzten. Er schreibt, die Genueser Kapitäne hätten ihre Schiffe »beherrscht«, doch Schiffe dieser Größe befanden sich meist nicht im Besitz der Kapitäne. Genueser Investoren erwarben Anteile, die oft gerade ein Vierundsechzigstel ausmachten. Das Eigentum an diesen Schiffen war daher vielfach breit gestreut. Aktive Investoren verteilten ihr Risiko gerne und erwarben Anteile an mehreren Schiffen. Diese Anteile wurden als *loca* (Orte) bezeichnet, und sie konnten wie moderne Kapitalanteile gehandelt und vererbt werden.[42] Es gab keine festen Preise, da jedes Schiff anders war, und dasselbe galt für die Zahl der Anteile, in die der Wert eines Schiffes aufgeteilt wurde. Der Wert eines Anteils mochte zum Beispiel 30 Genueser Pfund betragen, was etwa der Summe entsprach, die ein zur Mittelschicht gehöriger Genueser erbte und in solche Geschäfte investieren konnte. Auch Frauen fanden sich gelegentlich unter den Anteilseignern. Viele von ihnen gehörten zu den Kreisen, die in der Politik der Stadt das Sagen hatten, darunter Mitglieder führender Familien wie der della Volta und der Embriachi. Mit diesen Investitionen erwarb man Ansprüche auf Anteile an den Einnahmen aus dem Passagiergeschäft und aus der Vermietung von Frachtraum an Kaufleute. Der Gesamtwert der Anteile mochte 2480 Genueser Pfund betragen, wie in einem Beispiel aus dem Jahr 1192, oder auch nur 90 Pfund – zweifellos bei einem Schiff, dessen Lebenszeit sich dem Ende näherte oder das einer kostspieligen Reparatur bedurfte.[43]

Bei den Schiffen lassen sich zwei Hauptgruppen unterscheiden. Leichte Galeeren setzte man für den Seekrieg und für die Fahrt von Gesandten an fremde Höfe ein, doch wie schon in der Antike eigneten sie sich nur schlecht für raue See und mussten generell in Sichtweite des Landes segeln, wobei man die Ruder gewöhnlich nur bei Flaute und bei der Einfahrt in die Häfen benutzte. Die Galeeren besaßen nur einen einzigen Mast mit einem Lateinersegel und einem Schnabel oder einem leichten Sporn statt eines Rammsporns am Bug. Sie waren mit 20 bis 80 Ruderern bemannt, bei denen es sich um freie Bürger handelte. Die Ruderer saßen jeweils zu zweit auf einer Bank und waren nicht – wie ab dem 16. Jahrhundert üblich – mit einem schweren Ruder, sondern mit zwei Riemen unterschiedlicher Länge ausgestattet – ein Rudersystem, das in Venedig *alla sensile* genannt wurde.[44] Ihr Vorteil lag in der Geschwindigkeit, denn sie überholten mit Leichtigkeit jedes Rundschiff. Viele Galeeren befanden sich in privatem Besitz und wurden in Kriegszeiten von der Kommune requiriert – wahrscheinlich gegen eine großzügige Entschädigung.[45] In Genueser Dokumenten finden bauchige Segelschiffe, die einfach mit dem lateinischen Wort für Schiff, *navis*, bezeichnet wurden, sehr viel häufiger Erwähnung als Galeeren, und nur selten werden kleinere, zum Beispiel als *barca* bezeichnete Schiffe erwähnt, denn diese Schiffe unternahmen nur kurze Fahrten an der Küste entlang oder nach Korsika und Sardinien hinüber. Sie beförderten nur kleine Lasten und erforderten nur geringe Investitionen.[46] Große *naves* konnten eine Länge von 24 Metern und eine Breite von 7,5 Metern erreichen. Anfang des 13. Jahrhunderts waren sie mit zwei oder sogar drei Masten ausgestattet, an denen man Lateinersegel aufzog. Allerdings berichtet Ibn Dschubair, dass man auch zu quadratischen Segeln wechselte, wenn der Wind dies erforderte. Nach 1200 begann man, diese Schiffe höher zu bauen und mit zwei oder drei Decks auszustatten, doch die unteren Decks waren sehr eng und sollten eher die Ladekapazität vergrößern als den Komfort der Passagiere erhöhen.[47] Heckruder waren damals im Mittelmeer noch nicht in Gebrach, dort herrschte immer noch das von Griechen und Etruskern bevorzugte Seitenruder vor. Wie lange ein Schiff hielt, ist unbekannt. Stabile römische Galeeren erfreuten sich als Getreidefrachter eines langen Lebens, doch die mittelalterlichen Schiffe waren leichter gebaut und mussten häufig an Land geholt und repariert werden.

Die meisten Schiffe erreichten sicher ihr Ziel und waren daher kein schlechtes Investitionsobjekt, sofern man das Risiko streute. Das heißt, dass Städte, die nur wenige Schiffe übers Meer schickten, wie Amalfi oder das unweit von Genua gelegene Savona, mit dem Nachteil zu kämpfen hatten, dass ihre Kaufleute ihre Investitionen nicht breit zu streuen vermochten. Deshalb gingen einige dieser Kaufleute wie Salomon von Salerno nach Genua, Pisa oder Venedig, weil sie dort bessere Geschäfte machen konnten. Das hatte mehrere Auswirkungen. Der Handel dieser Städte florierte, und potentielle Rivalen konnten nicht mithalten. Der Siegeszug der Genueser und Pisaner in ihrem Teil des Mittelmeeres wurde gekrönt von der im 12. Jahrhundert durchgesetzten Forderung, dass Schiffe aus den provenzalischen Häfen nur Pilger und andere Passagiere, aber keine Fracht in die Levante transportieren durften.[48]

An Bord war alles dicht gepackt und zusammengedrängt, die Passagiere schliefen unter freiem Himmel und benutzten ihr Reisegepäck als Kopfkissen. Im 13. Jahrhundert verstaute man die Ladung teilweise unter Deck, und an beiden Enden des Schiffs richtete man Kabinen ein, so dass Angehörige der mittelalterlichen Oberschicht dort mehr Komfort genossen, wenn sie die geforderten Preise bezahlten.[49] Was viele der Seereisenden trotz der schlimmen Bedingungen auf den Schiffen über das Mittelmeer trieb, war der Glaube – der Glaube der Pilger, die in den Gefahren des Meeres eine Probe ihrer Glaubensstärke erblickten und dadurch den Segen Gottes zu erlangen hofften, und der Glaube der Kaufleute an ihre Fähigkeit, kalkulierte Risiken einzugehen und Profite aus den Expeditionen in die teilweise gefährlichen Regionen des südlichen und östlichen Mittelmeeres zu schlagen. Den Kaufleuten war nur allzu bewusst, dass ihr Gewinn ganz von der Gnade Gottes abhing. Er war *proficuum quod Deus dederit*, »der gottgegebene Profit«.

KAPITEL 6

Aufstieg und Untergang von Reichen
1130 bis 1260

I

Die Flotten von Pisa, Genua und Venedig waren nicht die einzigen, die in italienischen Gewässern kreuzten. Die Eroberung Siziliens durch Roger I., den »Großen Grafen«, war 1091 abgeschlossen. Unter normannischer Herrschaft blühte die Insel auf. Messina zog italienische Kaufleute an und diente als Zwischenstation an den Handelsrouten, die Genua und Pisa mit Akko und Alexandria verbanden. Ibn Dschubair bezeichnete die Stadt als »das Handelszentrum der ungläubigen Kaufleute, Ziel von Schiffen aus aller Welt« und beschreibt sie als großes Arsenal, in dem die sizilianische Kriegsflotte gebaut wurde.[1] Der Herrscher behielt sich die Nutzung des in seinen Landen produzierten Pechs, Eisens und Stahls selbst vor, denn für den Bau seiner Schiffe war es wichtig, dass er die Kontrolle über diese Rohstoffe behielt.[2] Sein skrupelloser und talentierter Nachfolger, Roger II., übernahm von seinem Vetter die Herrschaft über weite Teile Süditaliens, vor allem aber erlangte er die vom Papst neu geschaffene Würde eines Königs von Sizilien. Er war ein Mann von mediterranem Ehrgeiz, sah sich als Nachfolger der griechischen Tyrannen und behauptete, nicht der Usurpator eines antiken Reiches zu sein, sondern es wiederbelebt zu haben.[3] In der Öffentlichkeit erschien er in kaiserlich-byzantinischen Gewändern oder in der Tracht arabischer Emire. Er schmückte seine Schlosskapelle mit schönen griechischen Mosaiken und einer kunstvollen, von arabischen Handwerkern geschaffenen hölzernen Decke. Er gab bei Idrisi, einem aus Ceuta geflohenen Prinzen, eine geographische Weltbeschreibung in Auftrag, die es ihm (auch dank der beigefügten Karten) ermöglichte, den Mittelmeerraum und die angrenzenden Regionen in außergewöhnlicher Detailvielfalt zu betrachten.

Seine Taten blieben hinter seiner Propaganda nicht zurück. 1147 und 1148, zur Zeit des Zweiten Kreuzzugs, richtete er seine Aufmerksamkeit auf das Byzantinische Reich. Der Papst hatte 1147 zu diesem Kreuzzug aufgerufen, nachdem der Kreuzfahrerstaat Edessa in Nordsyrien von den Muslimen erobert worden war. Roger bot seine Flotte an, doch unter dem Druck des deutschen Herrschers Konrad III. wurde das Angebot abgelehnt. Roger wusste seine Flotte indessen anders zu verwenden. 1148 machte er sich die Tatsache zunutze, dass der byzantinische Kaiser Manuel Komnenos abgelenkt war, weil Kreuzfahrerheere sein Reich durchquerten. Rogers Flotte nahm Korfu ein und griff Korinth sowie Athen an, während seine Truppen ins Binnenland eindrangen und aus Theben Dutzende von jüdischen Seidenwebern entführten, die er nun in seinen eigenen Werkstätten beschäftigte. Ein byzantinischer Chronist beschreibt beredt die Rückkehr sizilianischer Galeeren:

> »Wer die sizilianischen Triremen gesehen hätte, die mit so vielen schönen Objekten beladen waren und bis zu den Rudern im Wasser lagen, der hätte sie gewiss nicht für Piratenschiffe, sondern für Handelsschiffe voller Güter jeglicher Art gehalten.«[4]

Wie zu erwarten, kam es zu einer Gegenreaktion. Die Venezianer waren alarmiert, weil Roger nun den Ausgang des Adriatischen Meeres kontrollierte, und schickten Manuel Komnenos Kriegsschiffe zu Hilfe, der keine andere Wahl hatte, als die bereits als übertrieben angesehenen Handelsprivilegien zu erneuern. Sein Misstrauen gegenüber den Venezianern wuchs noch an, als man ihm zutrug, wie sie sich bei der Belagerung von Korfu die Zeit vertrieben. Um sich über Manuels dunklen Teint lustig zu machen, kleideten sie einen Schwarzafrikaner in prunkvolle Gewänder, setzten ihn auf eines der kaiserlichen Flaggschiffe und äfften vor ihm die geheiligten Zeremonien des byzantinischen Hofes nach.[5] Unwissentlich zwang Roger Byzantiner und Venezianer zu der Erkenntnis, wie wenig sie einander mochten. Seine Angriffe auf Griechenland waren Blitzüberfälle, doch er versuchte auch ein dauerhaftes Reich zu errichten, und zwar in Nordafrika.[6] Dort nutzte er die politischen und ökonomischen Wirren geschickt für seine Zwecke. Während einer schweren Hungersnot nötigte er durch das Versprechen, sizilianisches Getreide zu liefern, einen afrikanischen Emir nach dem anderen, seine Oberhoheit anzuerkennen, und 1146 schickte er eine Flotte nach Tripolis, die diese Stadt ohne Schwierigkeiten einnahm.[7] Als sich zwei Jahre später Al-Hasan, der Emir von Mahdia, unbotmäßig zeigte, entsandte er rasch eine Flotte unter dem Kommando des Admirals Georg von Antiochia, eines äußerst mobilen und außergewöhnlich fähigen griechischen Christen, der zuvor dem Herrscher von Mahdia gedient hatte. Vor der kleinen Insel Pantelleria traf die Flotte auf ein Schiff aus Mahdia, das Brieftauben an Bord hatte. Georg zwang den Kapitän, eine Botschaft nach Madhia zu schicken, in der er dem Emir mitteilte, dass er zwar tatsächlich eine sizilianische Flotte angetroffen habe, diese aber auf dem Weg ins Byzantinische Reich sei. Al-Hasan hielt das für durchaus plausibel und war entsetzt, als er am Morgen des 22. Juni 1148 die sizilianischen Schiffe am Horizont auftauchen sah. Er floh aus der Stadt, Mahdia wurde problemlos eingenommen, und Georg erlaubte seinen Soldaten, zwei Stunden lang zu plündern.

Danach dehnte er den königlichen Schutz auf die Bewohner von Mahdia aus und gewährte dortigen Kaufleuten sogar selbst Kredite, damit sie ihre Geschäfte möglichst rasch wiederaufnehmen konnten. Er bestellte Richter aus der dortigen Gemeinschaft, um sicherzustellen, dass die Muslime weiterhin nach ihren eigenen Gesetzen leben konnten. Ausländische Kaufleute trafen ein, und der Wohlstand kehrte zurück. Roger sah in diesen Eroberungen den ersten Schritt zur Schaffung eines teilweise rechristianisierten »Königreichs Afrika«. Er versuchte, Christen in Mahdia anzusiedeln, denn das Christentum war dort in den vergangenen 500 Jahren weitgehend verschwunden.[8] Aber er verfolgte auch weiterreichende strategische Pläne. Er wollte die Kontrolle über die Seegebiete im Umkreis seines Königreichs erlangen – 1127 hatte er bereits Malta zurückerobert (das sein Vater erstmals 1090 besetzt hatte), und er strebte danach, seinen Einfluss auf die Ionischen Inseln vor der Westküste Griechenlands auszudehnen.[9] Der Besitz all dieser Punkte sollte es ihm ermöglichen, einen *cordon sanitaire* um sein Königreich zu legen und dadurch sicherzustellen, dass keine feindlichen Flotten – ob

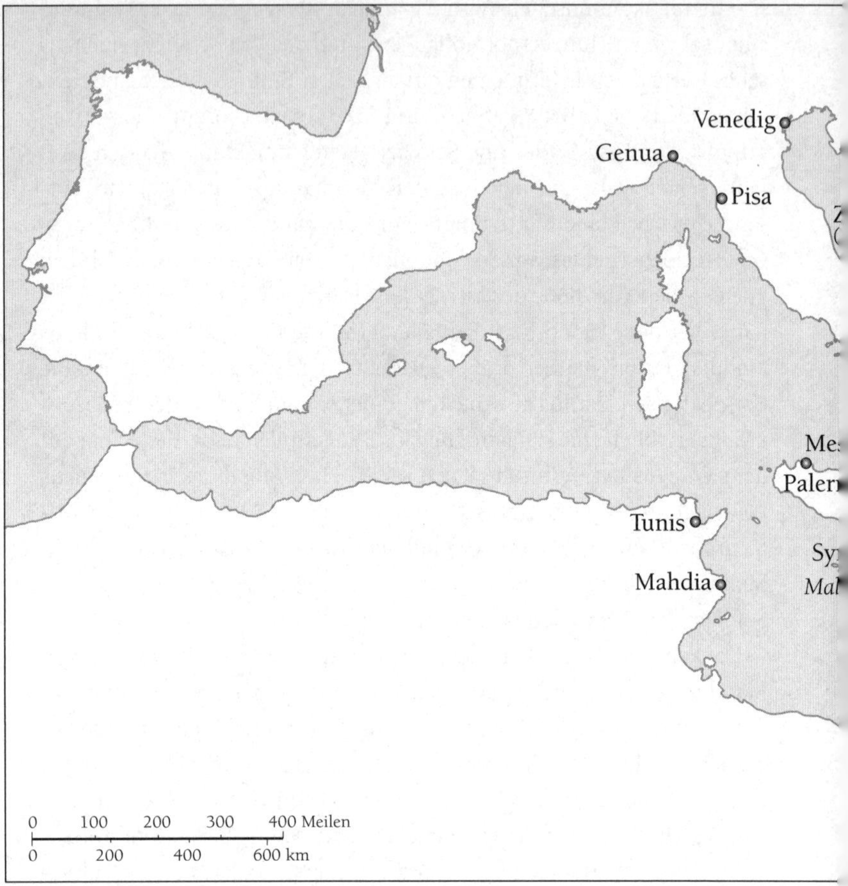

nun venezianische in byzantinischen Diensten oder Pisaner im Dienst des deutschen Kaisers – seine Länder angreifen konnten. Auch interessierten ihn Pläne für maritime Kriegszüge in den Gewässern vor Spanien. Als er 1154 starb, war er daher kurz davor, eine große Thalassokratie zu begründen.[10] Roger segelte nicht selbst mit seiner Flotte, sondern unterstellte sie dem Kommando seines wichtigsten Verwalters Georg von Antiochia, der sich inzwischen mit dem Titel »Emir der Emire« schmückte. Später wurde ein gewisser Wilhelm von Modica zum Emir oder *amiratus* »der glücklichen königlichen Flotte« ernannt,

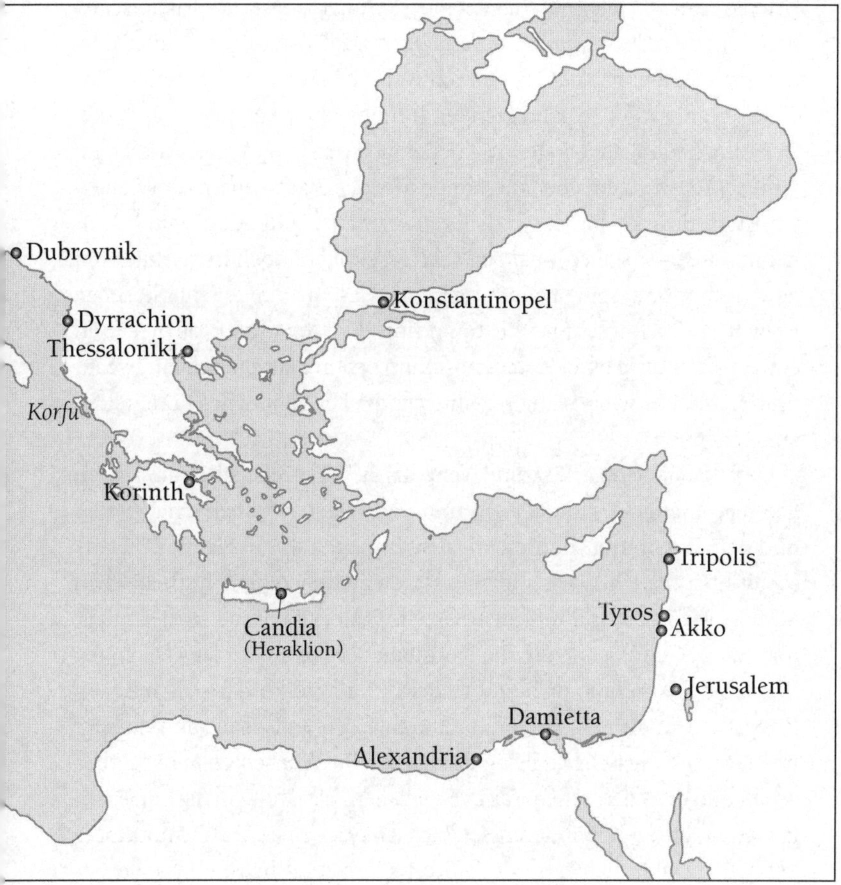

und in diesem speziellen nautischen Sinne kam die Bezeichnung *amiratus* oder »Admiral« im 13. Jahrhundert in Frankreich, Spanien und anderswo in Gebrauch. Es war ein Begriff sizilianisch-arabischer Herkunft, in dem die Vormachtstellung der sizilianischen Flotte im zentralen Mittelmeer des 12. Jahrhunderts zum Ausdruck kam.[11]

Nach 1154 vermochte Rogers Sohn Wilhelm »der Böse« das Geflecht des Reiches nicht mehr so erfolgreich zusammenzuhalten wie sein Vater. Angesichts der Invasion Apuliens durch Byzanz, bei der die Venezianer Flottenhilfe leisteten, bewies Wilhelm wahrscheinlich ein gutes

Urteilsvermögen, als er zu dem Schluss gelangte, dass die afrikanischen Besitzungen nicht zu halten waren. Die nordafrikanischen Städte spürten, dass Wilhelm zu Hause in Schwierigkeiten war, und suchten ihr Glück bei der rasch expandierenden Almohadenbewegung in Marokko. Der Almohadenkalif leitete 1159 persönlich den Angriff auf Mahdia. Im Januar 1160 durchbrachen die Almohaden die Stadtmauern und stellten Christen wie auch Juden vor die Wahl zwischen Tod oder Islam.[12] Wilhelm wurde für seinen Rückzug sehr gescholten, doch in Wirklichkeit bewiesen er bzw. seine Berater durchaus Geschick in außenpolitischen Fragen. Wilhelm schlug die byzantinischen Invasoren zurück und einigte sich mit Manuel Komnenos. Zum ersten Mal sah sich ein byzantinischer Kaiser widerwillig gezwungen, die Legitimität des Königreichs anzuerkennen.

Gerade als Genua, Pisa und Venedig die Kontrolle über die langen Seewege erlangten, auf denen Waren und Pilger zwischen dem Westen und dem Orient transportiert wurden, errangen die Sizilianer die Herrschaft über die lebenswichtigen Passagen zwischen dem Tyrrhenischen Meer sowie der Adria und dem Osten. Die sizilianische Seeherrschaft über diese Gewässer stellte die Norditaliener vor ein ernstes Dilemma. Wenn sie ihre Schiffe nicht auf Gedeih und Verderb der sizilianischen Kriegsflotte aussetzen wollten, mussten sie Freundschaft mit dem Hof in Palermo schließen. Zugleich drängte sie ihr Wunsch, dem byzantinischen und dem deutschen Kaiser zu gefallen, beständig in die entgegengesetzte Richtung. 1156 schlossen die Genueser einen Vertrag mit König Wilhelm I., über den es in der Chronik der Stadt heißt: »Er sollte für lange Zeit gelten, und kluge Leute in aller Welt sagten davon, dass die Genueser darin Größeres und Besseres erhielten, als sie gaben.«[13] König Wilhelm brauchte die Zusicherung, dass die Genueser ihre Flotte nicht in den Dienst feindlicher Invasoren seines Reiches stellten.[14] Der Vertrag gewährte den Genuesern verringerte Steuersätze auf Waren aus Alexandria und dem Heiligen Land, die ihren Weg über Messina nahmen, denn das Abkommen befasste sich ebenso mit der Sicherheit der Seewege in den Orient wie mit dem Recht, gewisse Waren aus Sizilien auszuführen. Außerdem brauchte Genua bestimmte sizilianische Erzeugnisse. Die Stadt musste eine wachsende Zahl von Einwohnern ernähren, und der sizilianische Weizen war von besserer Qualität und in größeren Mengen verfügbar als der sardische, um den die Genueser in jedem Fall mit den Pisanern konkurrierten. Der Vertrag legte fest, dass die Genueser Weizen, gepökeltes Schweinefleisch (aus dem weitgehend christlichen Nordwesten der Insel), Wolle, Lammfelle und Baumwolle (hauptsächlich aus der Region um Agrigent) erwerben konnten.[15] Über Jahrhunderte sollten die Genueser auf Getreide aus Sizilien angewiesen sein, das sie billig erwerben und mit geringen Kosten in ihre Heimatstadt bringen konnten, und mit dem Import großer Mengen sizilianischer Rohbaumwolle schufen sie die Grundlage für eine Textilindustrie, die während des ganzen Mittelalters florieren sollte.[16] Eine Baumwolle bester Qualität kam aus Malta, das unter der Herrschaft des Königs von Sizilien stand, und schon für 1164 ist diese Baumwolle in Genua dokumentiert.[17] Schrittweise wurde der sizilianische Handel umgestellt, und die traditionell engen Verbindungen nach Afrika wurden ersetzt durch solche nach Norditalien. Unter normannischer Herrschaft fand Sizilien Eingang in das europäische Wirtschaftsgeflecht. Doch noch war die Insel ein exotisches Land, in dem Kaufleute nicht nur Getreide fanden, sondern auch Zucker und Indigo – traditionelle Erzeugnisse des islamischen Mittelmeerraums, die nach 1200 aus der Mode kamen und durch noch größere Mengen an Getreide ersetzt wurden, da die Zahl der muslimischen Anbauer zurückging. Weil die Genueser immer größere Mengen italienischer und sogar flämischer Wollstoffe nach Sizilien brachten, um damit den Weizen, die Baumwolle und andere Güter zu bezahlen, wurde die Verbindung zwischen dem Norden und dem Süden immer enger, und es begann sich ein Komplementärverhältnis zwischen Nord- und Süditalien zu entwickeln, in dem Sizilien Rohstoffe und Nahrungsmittel, Norditalien dagegen Endprodukte lieferte. Der Herrscher Siziliens konnte als Herr über große Landgüter auf Sizilien beträchtlichen Reichtum aus seinen schlichten, aber lebenswichtigen Besitzungen ziehen.[18]

König Wilhelm II. (»der Gute«) schenkte dem politischen Geschehen im Mittelmeerraum große Aufmerksamkeit und nutzte die Tatsache, dass er über eine starke Kriegsflotte verfügte. Er erweiterte seine Herrschaft über die Adria, indem er die dalmatinische Stadt Dubrovnik

(Ragusa) unter seine Kontrolle brachte, deren Hafen zunehmend an Bedeutung gewann.[19] Aber er blickte auch weit über die Adria hinaus. 1174 begann er mit einem massiven Angriff auf Alexandria; 1182 schickte er seine Flotte nach Mallorca, wo sie allerdings nichts auszurichten vermochte. Drei Jahre später nahm er sich Byzanz zum Ziel, und kurz vor seinem Tod plante er, den belagerten Kreuzfahrerstaaten zu helfen. Er verstand sich als Kämpfer für das Christentum gegen die Muslime wie auch die Griechen. Sein ehrgeizigster Feldzug führte die sizilianische Flotte 1185 tief in das Byzantinische Reich hinein. Er konnte auf die Hilfe der italienischen Kaufleute zählen, denn in einem hässlichen Gewaltausbruch, zu dem der neue Kaiser Andronikos Komnenos ermunterte, wurden die Lateiner in Konstantinopel 1182 massakriert. Die Nachricht von dem Massaker verbreitete sich, als ein venezianisches Schiff bei der Einfahrt in die Ägäis vor Kap Malea einem anderen venezianischen Schiff begegnete, dessen Besatzung herüberrief: »Warum kommt ihr hierher? Wenn ihr nicht flieht, seid ihr alle des Todes, denn wir und alle Lateiner sind aus Konstantinopel vertrieben worden.«[20] Die meisten Opfer waren allerdings Pisaner und Genueser – die Venezianer lagen gerade wieder einmal im Streit mit Konstantinopel, so dass sie dort nicht sonderlich stark vertreten waren.

Um 1185 fand Wilhelm den Vorwand, den er benötigte. Ein reisender Betrüger war an seinen Hof gekommen, der von sich behauptete, der abgesetzte Kaiser zu sein, und Wilhelm übernahm die edle Aufgabe, dieser wenig überzeugenden Gestalt wieder auf den Thron zu verhelfen.[21] Als die Zeit zum Handeln gekommen war, folgte seine Flotte einem Muster, das Robert Guiskard ein Jahrhundert zuvor bereits vorgegeben hatte. Sie eroberte Dyrrhachion und setzte ein Heer an Land, das bis nach Thessaloniki vordrang. Es nahm die Stadt ein und plünderte sie mit Hilfe der Flotte, die dazu eigens um die Peloponnes herumgesegelt war. Der Fall der zweiten Stadt im Byzantinischen Reich schreckte die Griechen auf.[22] Die Sizilianer vermochten die Stadt zwar nicht zu halten, doch der Angriff vertiefte nur den Hass der Byzantiner auf den Westen.[23] Wilhelms Ambitionen umfassten zwar das gesamte Mittelmeer, doch was ihm fehlte, war dauerhafter Erfolg. Das gelang den Norditalienern weitaus besser.

II

In den letzten Jahren des 12. und zu Beginn des 13. Jahrhunderts kam es zu einer Reihe politischer Umwälzungen, die dauerhaft die politische Geographie des Mittelmeerraums veränderten, auch wenn die italienischen Seerepubliken diese Veränderungen nutzten, um ihre Kontrolle über die Seewege im Mittelmeer weiter zu festigen. 1169 verrechnete sich der König von Jerusalem, Amalrich I., gründlich, als er ein Bündnis mit Manuel Komnenos schloss, um das Ägypten der Fatimiden anzugreifen. Manuel sollte für eine massive Flottenunterstützung sorgen, was die Vermutung nahelegt, dass die Byzantiner, wenn sie nur wollten, durchaus noch eine große Kriegsflotte zusammenbringen konnten. Amalrich wollte das fränkische Heer einsetzen, und gemeinsam sollten sie das Nildelta und Kairo angreifen. Am Ende erreichte zwar ein fränkisches Heer Kairo, doch der Versuch, dort eine Marionettenregierung einzusetzen, führte zu einem Volksaufstand. Die Fatimiden wurden abgesetzt, und Ägypten wurde kein willfähriger Verbündeter, sondern zum Brennpunkt des Widerstands gegen das Lateinische Königreich.[24] Schon bald erkannte ein neuer Ayyubidensultan, Saladin, ein sunnitischer Muslim kurdischer Abstammung, dass der Kampf um die drittheiligste Stadt des Islam die Muslime des Nahen und Mittleren Ostens gegen die Franken vereinigen konnte.[25] Die Bedrohung für das fränkische Jerusalem war deshalb besonders groß, weil Saladin sowohl das muslimische Syrien als auch Ägypten kontrollierte und damit die traditionelle Strategie der Franken durchkreuzte, die stets die Herrscher Syriens gegen die Fatimiden in Ägypten ausgespielt hatten. Sein gewaltiger Sieg über ein schlecht geführtes Frankenheer im Jahr 1187 bei den Hörnern von Hattin in der Nähe von Tiberias führte zur Einnahme Jerusalems und der Küste Palästinas einschließlich des großen Hafens Akko. Nur Tyros hielt stand.

Die westliche Reaktion war massiv, verfehlte aber ihre Ziele. Der Dritte Kreuzzug, der 1189 begann, stützte sich in erheblichem Maße auf Seestreitkräfte. Schiffe aus Marseille halfen, das Heer Richards I., König von England und Herzog der Normandie, in die Levante zu bringen, und zwar über Sizilien, wo seine Einmischung (weitgehend im Zusammenhang mit unlauteren Versuchen, die Mitgift seiner Frau zurückzuerlangen, die mit dem verstorbenen König Wilhelm II. verheiratet gewesen war) zu einem Aufstand und zu Kämpfen zwischen den Griechen und den Lateinern in Messina führte. Richard gelang es, Zypern zu erobern, das sich in der Hand eines rebellierenden Mitglieds der Komnenosdynastie befand, und eroberte schließlich auch Akko zurück, samt einem schmalen Streifen Land an der Küste des heutigen Israel und des Libanon, nicht aber Jerusalem. In den Straßen Akkos drängten sich nun noch mehr italienische Seemänner und Kaufleute. Da die fränkischen Herrscher dringend auf Seeunterstützung angewiesen waren, überschütteten sie ausländische Kaufleute mit Handelsprivilegien in Akko und Tyros – die Kaufleute aus Marseille, Montpellier und Barcelona erhielten den »Grünen Palast«, ein Gebäude in Tyros, als Stützpunkt und brauchten keine Zölle zu entrichten.[26]

Akko war nun eine Stadt mit vielen Herren, die entschieden auf ihren Rechten bestanden. Venezianer und Pisaner verfügten über eigene, selbstverwaltete Viertel in der Nähe des Hafens, und gleich hinter diesen Enklaven befand sich ein großes Genueser Viertel. Mitte des 13. Jahrhunderts gab es in dem von einer Mauer umschlossenen venezianischen Viertel Kirchen, die dem hl. Markus und dem hl. Demetrius geweiht waren; einen Palazzo für den Gouverneur oder *Bailli* der Gemeinde; eine Zisterne und ein Fonduk mit 17 Läden im Erdgeschoss, Lagerräumen auf drei Etagen und Wohnraum für den Priester der Markuskirche. Die italienischen Viertel waren recht überfüllt – im Genueser Viertel dürfte es etwa 60 Häuser gegeben haben.[27] Es kam zu bewaffneten Auseinandersetzungen zwischen verschiedenen Gemeinden. Der Krieg von St. Sabas begann mit einem Streit um die Grenzen zwischen dem Genueser und dem venezianischen Viertel, der außer Kontrolle geriet und damit endete, dass die Genueser die Stadt verließen. Sie verlegten ihr Hauptquartier nach Tyros, während die Venezianer, die zuvor in Tyros den Ton angegeben hatten, sich noch fester in Akko etablierten. Die rivalisierenden Republiken fixierten sich so wahnhaft aufeinander, dass sie die ständige Bedrohung des Königreichs durch die muslimischen Gegner zu übersehen schienen, womit sie allerdings dem streitlustigen fränkischen Adel im lateinischen Osten in nichts nachstanden.

Die Ritterorden der Templer und der Hospitaliter (Johanniter) besaßen gleichfalls große Viertel in Akko, und auch sie bestanden auf ihrer politischen Autonomie.[28] Nimmt man noch die Besitzungen des Patriarchen von Jerusalem und anderer hoher Herren hinzu, blieb dem fränkischen König kaum etwas von Akko, aber er verfügte über die boomenden Einnahmen aus den Handelssteuern – auch die von Steuerzahlungen befreiten Kaufleute mussten ja mit Kaufleuten aus dem Binnenland Handel treiben, die den vollen Steuersatz zu zahlen hatten, darunter auch die Standardsteuer mit dem merkwürdigen Satz von 11 5⁄24 Prozent. Die Herrscher des mittelalterlichen Mittelmeerraums wussten sehr wohl, dass niedrigere Steuern den Handel stimulierten und ihnen nicht weniger, sondern mehr einbrachten.[29]

Saladin war nicht minder als seine fränkischen Rivalen darauf bedacht, italienische Besucher zu ermuntern. Sie waren einfach zu wertvoll als Einnahmequelle – und wenn niemand hinschaute, auch als Waffenlieferanten.[30] Ägypten kaufte immer mehr europäische Güter, vor allem feine Stoffe aus der Lombardei und Flandern. Die Nachfrage resultierte nicht allein aus dem Wunsch nach prachtvoller und (für Ägypten) exotischer Kleidung, oft aus den feinsten und weichsten englischen Wollstoffen gefertigt und gefärbt mit teurem Indigo aus dem Orient oder mit *grana*, einem roten, dem Karmin ähnelnden und aus Spanien stammenden Farbstoff. Das Textilgewerbe befand sich im Nahen Osten im Niedergang. Die Gründe sind nicht ganz klar. Im islamischen Mittelmeerraum gab es immer noch zahlreiche Städte, und einige von ihnen wie Kairo, Damaskus und Alexandria waren sehr groß. Klar ist indessen, dass die Italiener ihre Chance nutzten.

Pisa diente als Tor für andere Händler aus der Toskana. Sie durften in Pisaner Vierteln in Übersee leben, solange sie sich den Pisaner Richtern unterwarfen und die den Pisanern auferlegten Steuern zahlten. Dann galten sie als Pisaner und genossen auch die Privilegien, die der dortige Herrscher den Pisanern eingeräumt hatte. Eine Stadt, die ihr Produkt gut im Orient verkaufen konnte, war das vieltürmige San Gimignano im toskanischen Hinterland, der größte Safranproduzent in Westeuropa. Safran, der aus den zarten Blütenstempeln einer Krokusart gewonnen wird, war ein kostbares Gewürz, das in Westeuropa in höherer Qualität erzeugt werden konnte als in den Ländern des Orients. Er wurde als Farbstoff, als Gewürz und als Heilmittel verwendet, und seine Herstellung war sehr arbeitsintensiv, so dass er einen sehr hohen Preis hatte.[31] Männer aus San Gimignano brachten den Safran nach Akko und drangen von dort tief auf muslimisches Gebiet vor, bis hin nach Aleppo. Die von Genuesern, Pisanern und Venezianern initiierte kommerzielle Revolution begann auch die Bewohner anderer Städte zu erfassen, die nicht direkt an der Küste des Mittelmeeres lagen. Auch Florenz war sehr erfolgreich. Die Kaufleute der Stadt kauften feine französische und flämische Stoffe, die sie in ihren Werkstätten verarbeiteten und später in Form von Imitaten auch selbst produzierten. Florentiner Geschäftsleute begannen durch ihre Aktivitäten in Tunis, Akko und anderen Städten große Mengen Gold anzusammeln, und das nicht nur durch den Handel mit Stoffen, sondern auch durch den Tausch von Gold gegen Silber, das sich besser für kleinere Zahlungen eignete, an dem aber im islamischen Westen Mangel herrschte. 1252 hatten Genueser und Florentiner genug Gold beisammen, um eigene Goldmünzen zu prägen, die ersten, die in Westeuropa seit den Zeiten Karls des Großen geschlagen wurden (wenn man einmal von Sizilien, Süditalien und Spanien absieht).[32] Um 1300 konnte man den Florentiner Florin in allen Winkeln des Mittelmeerraums antreffen. Er zeugte von der Vorherrschaft der Italiener und der wachsenden Integration dieser Region zu einem einzigen Handelsraum.

III

Noch dramatischer als der Sturz der Fatimiden war der Zusammenbruch des Königreichs Sizilien. Während Saladin das alte Herrschaftssystem einschließlich der Ausübung lukrativer Monopole aufrechterhalten konnte, fielen Sizilien und Süditalien in den 1190er Jahren in die Hände raffgieriger Barone, die im Zentrum des Mittelmeerraums für eine gewaltige Instabilität sorgten. Gegen den erbitterten Widerstand der meisten sizilianischen Barone eroberte der deutsche Kaiser Heinrich VI. von Hohenstaufen mit opportunistischer Unterstützung durch Flotten aus Pisa und Genua die Insel, auf die er für seine Frau (eine posthume Tochter Rogers II.) Anspruch erhob.[33] Er konnte sich seiner Eroberung nur drei Jahre lang erfreuen, von 1194 bis 1197, und in dieser Zeit plante er einen Kreuzzug und einen Krieg zur Eroberung Konstantinopels. Seine Witwe Konstanze versuchte in dem Jahr, das sie noch zu leben hatte, das alte Gleichgewicht auf Sizilien wiederherzustellen, doch der Zerfall hatte bereits begonnen. In Westsizilien rebellierten die Muslime, und ihr Aufstand sollte noch ein Vierteljahrhundert fortdauern. Nach Konstanzes Tod wurde ihr kleiner Sohn Friedrich zum Spielball rivalisierender Faktionen in Palermo, und die Barone und Bischöfe auf dem süditalienischen Festland nutzten die Gelegenheit, um ohne ernsthaften Widerstand die Herrschaft über Kronlande an sich zu reißen.

Die Herrschaft über die sizilianischen Gewässer geriet in die Hände norditalienischer Piraten. Genueser und Pisaner beschlossen, selber einige der großzügigen Versprechen zu verwirklichen, mit denen Kaiser Heinrich sie in ein Bündnis gelockt hatte. Den Genuesern war Syrakus versprochen worden, und so übernahm denn der Genueser Pirat Alamanno da Costa die Stadt als »Graf von Syrakus«. Pisaner Schiffe waren nun in sizilianischen Gewässern ständigen Angriffen durch Genueser Piraten ausgesetzt, und das mit Zustimmung der Stadt Genua.[34] Inzwischen hatte Alamannos Genueser Freund Enrico Pescatore (»der Fischer«) sich zum Grafen von Malta gemacht. Heinrich, Graf von Malta, war einer der gefährlichsten Freibeuter auf hoher See, mit eigener Flottille und großen Ambitionen – 1205 schickte er zwei Galeeren mit 300 Mann Besatzung aus Genua und Malta in griechische Gewässer, wo sie zwei venezianische Handelsschiffe kaperten, die mit Münzen, Waffen und 200 Ballen europäischen Tuchs auf dem Weg nach Konstantinopel waren. Nach diesem internationalen Zwischenfall drangen sie bis nach Tripolis im Libanon vor, das sie belagerten, bis dessen christlicher Graf sich fügte und den Genuesern Handelsrechte einräumte als Gegenleistung für deren Hilfe gegen die syrischen Muslime.[35] Der große Troubadour Peire Vidal, der zu Heinrichs Gefolge gehörte, besang dessen Leistungen in einem Gedicht:

> »Er ist großzügig und unerschrocken und ritterlich, der Stern der Genueser, und alle Feinde zu Lande und zu Wasser erzittern vor ihm [...] Und mein geliebter Sohn Graf Heinrich hat all seine Feinde vernichtet und bietet seinen Freunden so sicheren Schutz, dass jeder, der nur mag, ohne Zweifel oder Furcht kommen oder gehen kann.«[36]

So versuchten denn die Genueser Piraten selbst bei der Verfolgung privater Ziele noch dem Wohl ihrer Heimatstadt zu dienen, die sie kaum fallenlassen würde, solange man glaubte, sie handelten im Interesse der Republik.

Heinrichs nächstes Abenteuer, sein Versuch, Kreta zu erobern, folgte auf den Zusammenbruch einer anderen Großmacht im Mittelmeerraum. Nach dem Tod Manuels I. Komnenos im Jahr 1180 nahmen Nachfolgestreitigkeiten die politische Energie des byzantinischen Adels voll in Anspruch. Auch rangen sie noch mit den Nachwirkungen der schweren Niederlage gegen türkische Truppen in der Schlacht von Myriokephalon vier Jahre zuvor, bei der Manuel selbst nur mit knapper Not dem Tode entronnen war.[37] Italienische Piraten sicherten sich Stützpunkte in der Ägäis. Korfu fiel in die Hände eines Genueser Piraten, der nun venezianische Schiffe am Ausgang der Adria nach Belieben überfallen konnte.[38] Pisaner und Genueser sannen auf Rache an den Griechen für das 1182 in Konstantinopel verübte Massaker an ihren Landsleuten, von dem oben bereits die Rede war.[39] Eine der schlimmsten Übeltaten beging der Genueser Pirat Guglielmo Grasso, der mit einem Pisaner Piraten namens Fortis verbündet war. Nach einem straflosen Überfall auf Rhodos 1187 griff er ein venezianisches Schiff an, das Saladin an den byzantinischen Kaiser Isaak Angelos geschickt hatte. Außer Saladins Gesandten befanden sich wilde Tiere, Edelhölzer, kostbare Metalle und als besonderes Geschenk des Sultans ein Splitter vom »wahren Kreuz« an Bord des Schiffes. Die Piraten töteten alle an Bord außer einigen Pisaner und Genueser Kaufleuten, und Fortis nahm die Reliquie an sich. Er brachte sie in die von Felsen umgebene Stadt Bonifacio im Süden Korsikas, die damals von den Pisanern gehalten wurde. Die Genueser waren der Ansicht, größere Ansprüche auf das wahre Kreuz zu haben, überfielen Bonifacio und bemächtigten sich der Reliquie samt der Stadt, die sie anschließend als Basis für ihre Handelsaktivitäten in Nordsardinien benutzten.[40] Im Westen hielt sich das Bedauern über den Angriff auf Saladins Gesandte in Grenzen, denn deren Reise galt als Beweis dafür, dass Byzantiner und Ayyubiden ein Bündnis gegen das Königreich Jerusalem schmiedeten.

Probleme bedrängten Byzanz an allen Fronten. In Südosteuropa, in Bulgarien und Serbien, forderten Kriegsherren die byzantinische Macht heraus. Mitglieder der vom Kaiserthron verdrängten Komnenosfamilie gründeten eigene Staaten in Trapezunt am Schwarzen Meer und auf Zypern. Byzanz wurde schon vor seiner Eroberung zerschlagen. Als man 1202 einen neuen Kreuzzug plante, nahm man an, das Ziel sei Saladins ökonomische Machtbasis Alexandria. Wenn man Alexandria einnahm, konnte man es gegen die verlorenen Städte des Königreichs Jerusalem eintauschen oder als vorgeschobene Stellung benutzen, um die Macht der Ayyubiden zu zerstören. Die Geschichte des Vierten Kreuzzugs ist oft erzählt worden. Die Kreuzfahrer mieteten in Venedig Schiffe, die sie jedoch nicht bezahlen konnten, so dass die Venezianer sie überredeten, als Gegenleistung bei der Einnahme von Zadar (italienisch: Zara) an der dalmatinischen Küste zu helfen. Die Kreuzfahrer erklärten sich dann bereit, weiter nach Konstantinopel zu ziehen, um ihren Schützling Alexios Angelos auf den Kaiserthron zu heben. Die Feindseligkeiten zwischen den Kreuzfahrern, vor allem den Venezianern, und den Griechen eskalierten 1203 mit der wachsenden Abneigung der Griechen gegen Alexios. Der Kaiser wurde abgesetzt, und die Kreuzfahrer antworteten mit einem Angriff auf Konstantinopel. Im April 1204 überwanden sie die hohen Stadtmauern, eroberten die einst uneinnehmbare Stadt und brandschatzten sie innerhalb weniger Tage.[41] Die Venezianer füllten die Schatzkammer des Markusdoms mit edelsteinbesetzten Schalen, Wasserkrügen aus Bergkristall, vergoldeten und emaillierten Buchdeckeln, Reliquien und anderen prachtvollen Beutestücken aus dem Kaiserpalast und den großen Kirchen der Stadt. Viele dieser Objekte befinden sich heute noch im Markusdom, so etwa die lebensgroßen Pferde aus dem Hippodrom von Konstantinopel. Die Stadt des hl. Markus war nun das neue Konstantinopel wie auch das neue Alexandria.[42]

Die größten Nutznießer der Eroberung Konstantinopels waren die Venezianer, die nun die Kontrolle über die großen Handelswege im Byzantinischen Reich erlangten und ihre Rivalen nach Belieben davon ausschließen konnten. Das Reich wurde aufgeteilt. Thessaloniki und der Anspruch auf Kreta gingen an einen Führer der Kreuzfahrer, den nordwestitalienischen Adligen Bonifatius von Montferrat, während die Krone an Balduin, Graf von Flandern fiel. Griechische Fürsten leisteten weiterhin Widerstand in Kleinasien, in Nikaia (Nicäa) und auf dem westlichen Balkan, in Epeiros. Kaiser Balduin verbrachte viel Zeit mit der Abwehr der Bulgaren, gegen die er mit nur geringen Kräften kämpfte. Die griechischen Rumpfstaaten bemühten sich hartnäckig, das byzantinische Kernland zurückzuerobern, und schließlich zerschlug der Herrscher von Nikaia, Michael Palaiologos, der die Hauptstadt 1261 eroberte, das verarmte Lateinische Kaiserreich Konstantinopel.[43] Auf der anderen Seite erklärte Venedig sich zum »Herrn über eineinhalb Viertel des Reiches von Romania« (das heißt des Byzantinischen Reiches). Der venezianische Anteil vergrößerte sich zumindest nominell, als Bonifatius, der unter ebenso großem Druck stand wie Kaiser Balduin, beschloss, Kreta für 1000 Silbermark an die Republik zu verkaufen. Da er die Kontrolle über die Insel nicht wirklich ausübte, mussten die Venezianer sie selbst in Besitz nehmen. Dafür gab es ausgezeichnete Gründe, lag Kreta doch direkt an den Seewegen in den Orient, und außerdem kannten venezianische Kaufleute die Insel als Lieferanten von Getreide, Öl und Wein.

Bevor die Venezianer handeln konnten, begann Heinrich, Graf von Malta, einen ehrgeizigen Angriff auf die Insel und versuchte, sich zum König der Insel zu machen, heimlich unterstützt von den Genuesern, die keinen Anteil an der Beute des Vierten Kreuzzugs erhalten hatten. 1206 besetzte er Candia (Heraklion) und 14 weitere Festungen auf der Insel. Er war so kühn, einen Gesandten an Papst Innozenz III. zu schicken, mit der Bitte, ihn zum König von Kreta zu ernennen, doch der Papst lehnte ab. Genua, das bislang so getan hatte, als beteiligte es sich nicht an Heinrichs großem Unternehmen, begann 1208, offen Interesse zu zeigen. Es unterstützte Heinrich mit Schiffen, Männern und Lebensmitteln, und wenig später versprach der den Genuesern Lagerhäuser, Backöfen, Bäder und Kirchen in den Städten der Insel. Nach einem schleppenden Beginn reagierten die Venezianer mit Soldaten und Waffen. Ein Mitglied der Familie Tiepolo wurde zum Herzog von Kreta ernannt – ein Posten, der später oft als Vorbereitung auf das Amt des Dogen von Venedig diente. Die Genueser hatten keine Lust auf einen langen Krieg mit Venedig und schlossen 1212 einen Vertrag mit der Stadt. Es dauerte allerdings weitere sechs Jahre, bis man auch der Piraterie der Genueser Grafen von Malta und Syrakus Herr wurde.[44] Danach bot Heinrich seine Dienste ungeniert Friedrich an, dem König von Sizilien und (ab 1220) Kaiser des Heiligen Römischen Reiches, und wurde dessen Admiral. Der Wilddieb war zum Jagdaufseher geworden.

Wir dürfen die Bedeutung dieses kleinen Konflikts nicht unterschätzen. Er war die erste große Konfrontation zwischen Genua und Venedig, die nun zu Rivalen auf der Handelsroute nach Akko wurden, wo sie, wie bereits angemerkt, zwischen 1256 und 1261 ständig im Streit miteinander lagen. Die Genueser verübelten den Venezianern die Kontrolle über den Handel mit dem ehemaligen Byzantinischen Reich, und so kann es kaum überraschen, dass sie Michael Palaiologos Flottenunterstützung anboten, als der 1261 Konstantinopel zurückeroberte, natürlich gegen hübsche Vergünstigungen. Doch nach 1212 geriet Kreta unter venezianische Herrschaft, und die Venezianer sahen sich als Herren über eine Bevölkerung, die keine besonderen Sympathien für die Republik hegte (1363 kam es zu einem großen Aufstand). Andererseits hatte Venedig damit seine Versorgungslinien im östlichen Mittelmeer gesichert. Nach und nach lernten Griechen und Venezianer zusammenzuarbeiten, und auf der Insel entwickelte sich eine Mischkultur mit Heiraten zwischen Venezianern und einheimischen Kretern – selbst die Grenzen zwischen katholischen und orthodoxen Christen wurden verwischt.[45]

IV

Trotz dieser lokalen Interaktionen auf Kreta lässt sich die Bedeutung der italienischen Gemeinden für die kulturellen Entwicklungen innerhalb des lateinischen Ostens oder in Übersee nur schwer ermessen. Man hat mehrere, aus dem Königreich Jerusalem des 13. Jahrhunderts stammende illuminierte Handschriften gefunden, die belegen, dass Künstler im Orient Vorstellungen aus der byzantinischen Bildwelt in ähnlicher Weise übernahmen, wie dies auch in der Toskana und auf Sizilien geschah. Durch den Fall Konstantinopels 1204 gelangten noch mehr byzantinische Objekte in den Westen, die den byzantinischen Einfluss auf die italienische Kunst stärkten und Venezianern, die sich für antike Schriften interessierten, Möglichkeiten erschlossen, solche Texte zu erwerben und zu studieren.[46] Islamische Motive waren für dekorative Zwecke interessant und tauchten an venezianischen und süditalienischen Bauwerken auf, doch die Neugier auf die Kultur, die sie hervorgebracht hatte, hielt sich in Grenzen. Das Interesse an den Kulturen des Ostens war weitgehend praktischer Natur. Im Konstantinopel des 12. Jahrhunderts gab es einen oder zwei Übersetzer, deren Bemühungen, Werke der griechischen Philosophie zu übersetzen, über ihre eigentlichen Aufgaben hinausgegangen sein dürften – nämlich die Übersetzung offizieller Korrespondenz mit dem Westen aus dem Lateinischen ins Griechische und umgekehrt. Jakob der Pisaner diente Kaiser Isaak Angelos 1194 als Dolmetscher.[47] Der Pisaner Maimon, Sohn des Wilhelm, dessen Name auf eine gemischte Herkunft hinweist, half bei den Verhandlungen mit den Almohaden Nordafrikas. Pisaner Schreiber korrespondierten mit den Almohaden in arabischer Sprache. Die Pisaner schauten sich bei den Nordafrikanern ein paar Buchführungstechniken ab. Der Pisaner Kaufmann Leonardo Fibonacci lebte eine Zeitlang in Bejaia und schrieb Anfang des 13. Jahrhunderts eine berühmte Abhandlung über arabische Zahlen.[48] Doch der Konservatismus der Notare sorgte dafür, dass Berechnungen weiterhin eine langwierige Aufgabe blieben, die man mit lateinischen Zahlzeichen durchführte.

Auf den mediterranen Handelsrouten dürfte auch eine Reihe ganz anderer Ideen nach Westen gelangt sein, die Südfrankreich nach 1209 für Jahrzehnte entflammten. Im 11. Jahrhundert hatten die byzantinischen Kaiser aktiv die Häresie der Bogomilen unterdrückt, die ein dualistisches Weltbild vertraten, in dem ein in spirituellen Sphären herrschender Gott gegen den die fleischliche Welt beherrschenden Satan kämpfte. Nach Ansicht von Historikern kamen Kreuzfahrer des Ersten und des Zweiten Kreuzzugs auf ihrem Weg durch Konstantinopel oder auch italienische Kaufleute aus Pisa in Berührung mit den Bogomilen und brachten deren Gedankengut nach Europa, wo sich daraus im 12. Jahrhundert im Languedoc die häretische Bewegung der Katharer entwickelte.[49] Die italienischen Katharer, die in der Regel gemäßigter in ihren Anschauungen waren, standen möglicherweise unter dem Einfluss von Häretikern auf dem Balkan, die ihre Ideen auf dem Weg über Dubrovnik und die benachbarten Städte über die Adria brachten. Problematisch an der These, wonach diese Ideen Westeuropa über die Seehandelsrouten erreichten, ist allerdings die Tatsache, dass sie nicht in den Hafenstädten Fuß fassten. Montpellier war im Mittelalter ein bedeutendes Handelszentrum, galt aber allgemein als frei von häretischen Bewegungen, und es fällt sehr schwer, Genueser Katharer zu finden. Die Genueser waren allzu sehr damit beschäftigt, Gewinne zu machen und sich auf die fleischliche Welt einzulassen – *Genuensis, ergo mercator*, wie man damals sagte: »Genueser, also Kaufmann«.

KAPITEL 7

Kaufleute, Söldner und Missionare 1220 bis 1300

I

Dem Zusammenbruch von Reichen im mittleren und östlichen Mittelmeer entsprach im fernen Westen die Auflösung der Almohadenmacht. Die Kalifen verloren ihre Begeisterung für die extremistischen Lehren der Almohaden und setzten sich dem Vorwurf aus, die Prinzipien ihrer Bewegung zu verraten. Nach der militärischen Niederlage gegen christliche Könige Spaniens bei Las Navas de Tolosa im Jahr 1212 soll der Kalif von einem seiner Sklaven erdrosselt worden sein. Die Territorien der Almohaden in Spanien und Tunesien fielen in die Hände einer neuen Generation lokaler Könige, die dem Gedankengut der Almohaden nur noch Lippenbekenntnisse zollten. Die Hafsidenherrscher, die in Tunis an die Macht kamen, erklärten sich zu Nachfolgern des Almohadenkalifats, allerdings eher aus Gründen der Legitimation als aus innerer Überzeugung. Die Berberdynastie der Mariniden brach Mitte des 13. Jahrhunderts nach langem Kampf die Macht der Almohaden in Marokko. Zur selben Zeit etablierte sich die Nasridendynastie in Granada, wo sie bis 1492 herrschte. Sie hing nicht dem Almohadismus an, sondern hielt sich streng an den sunnitischen Islam. Im 13. Jahrhundert kam es auch im christlichen Teil des westlichen Mittelmeerraums zu tiefgreifenden Veränderungen. Die Rivalität Pisas mit Genua um die Vorherrschaft in den Gewässern um Korsika und Sardinien kulminierte in der Niederlage Pisas in der Seeschlacht bei Meloria und im Verlust der eisenreichen Insel Elba 1284.[1] Zwar verlor Pisa noch nicht die Kontrolle über weite Teile Sardiniens und eroberte sogar Elba zurück, doch nun erschien für beide Städte ein neuer Rivale auf der Bildfläche – keine

Seerepublik, sondern eine Gruppe von Städten unter Führung von Barcelona, hinter der auch die wachsende Macht des Königs von Aragón und Grafen von Katalonien stand, nämlich Jakobs I., genannt »der Eroberer«.

Die mediterrane Berufung der Könige von Aragón lag vor dem 13. Jahrhundert keineswegs auf der Hand. Als Herrscher über ein gebirgiges Königreich, das 1118 lediglich den muslimischen Emir von Saragossa überwand, verschwendeten sie einen Großteil ihrer Kraft auf Einmischungsversuche im christlichen Kastilien und Navarra. Doch 1134 starb König Alfons »der Streitbare« von Aragón, ohne einen Erben zu hinterlassen. Sein Bruder, ein Mönch, wurde gezwungen, das Kloster zu verlassen, um einen Nachkommen zu zeugen. Ihm wurde eine Tochter geboren, die schließlich den Grafen von Barcelona heiratete. In der Folge blieben die Grafschaft Barcelona und das Königreich Aragón ab der Mitte des 12. Jahrhunderts zusammen, doch es handelte sich um eine Personalunion, verkörpert durch den Herrscher, und der war in Katalonien auch weiterhin ein (nominell unter der Oberhoheit des französischen Königs stehender) Graf und nur im Hochland von Aragón ein König. Außerdem wurde der Graf von Barcelona durch regionale Konflikte innerhalb Kataloniens abgelenkt, wo er bestenfalls als *primus inter pares* galt. Allerdings reichte der Horizont des Grafen über Katalonien hinaus, da er jenseits der Pyrenäen, im Languedoc und im Roussillon, einige Verbündete und Vasallen besaß. 1209 ließ sich der König von Aragón und Graf von Katalonien aufgrund seiner Verwicklung in südfranzösische Angelegenheiten in den vom Papst ausgerufenen Kreuzzug gegen die Katharer, den Albigenserkreuzzug, hineinziehen. Obwohl mehrere seiner südfranzösischen Vasallen beschuldigt wurden, die Häretiker zu unterstützen oder sogar selbst Häretiker zu sein, kam der Graf und König Peter II. seinen Verpflichtungen als Oberherr nach und unterstützte sie gegen eine nordfranzösische Invasionsarmee unter Führung des Simon von Montfort. Peter wurde in der Schlacht von Muret bei Toulouse 1213 getötet und hinterließ einen jungen Erben, Jakob, in Montpellier. Diese Ereignisse sorgten für eine weitere Destabilisierung Kataloniens.[2]

Barcelona war auch zu Zeiten des Benjamin von Tudela noch eine

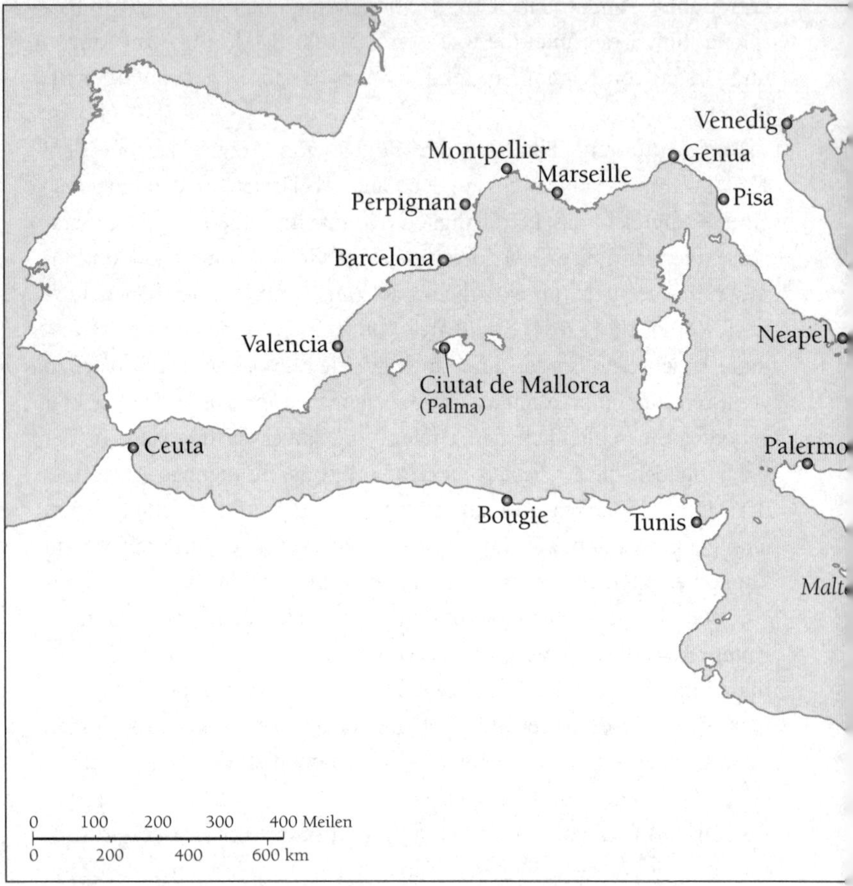

»kleine, aber schöne Stadt«, auch wenn er darauf hinweist, dass sie 1160 von Kaufleuten aus Italien und dem ganzen Mittelmeergebiet besucht wurde.[3] Das war allerdings ein Tiefpunkt in der Geschichte der Stadt, denn wenn es an der Mittelmeerküste eine spanische Stadt gab, die im 11. Jahrhundert vor einem Boom zu stehen schien, dann das christliche Barcelona.[4] Unter seinen energischen und kriegslustigen Grafen, die gerne Drohungen gegen die in Südspanien verstreuten muslimischen Fürstentümer ausstießen und Raubzüge dorthin unternahmen, kamen hohe Tributzahlungen herein, und es floss viel Gold in die

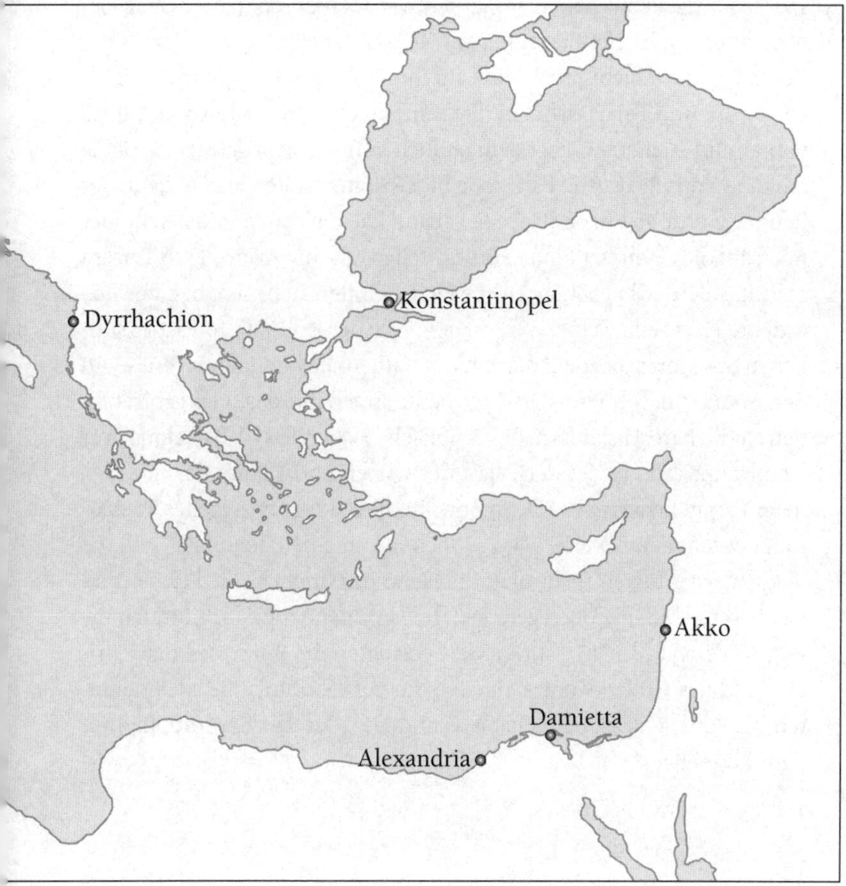

Wirtschaft der Stadt, was wohlhabende Geschäftsleute wie Ricart Guillem veranlasste, viel Geld in Weinberge, Obstgärten und andere Besitzungen am westlichen Rand der Stadt (in der Nähe der heutigen Ramblas) zu investieren. Ricart, Sohn eines Kastellans, war ein aufsteigender Stern in Barcelona. Er kämpfte 1090 gegen den lästigen Söldner El Cid und reiste in das muslimische Saragossa, um dort mit Gold und Silber zu handeln. Doch diese erste Blüte Barcelonas währte nur kurz, und ihr folgte ein langer Winter. Die Tributzahlungen versiegten Ende des 11. Jahrhunderts, nachdem die Almoraviden ihre Herrschaft auf Südspanien ausgedehnt hatten.[5] Dadurch wie auch durch den Aufstieg Genuas und Pisas geriet Barcelona an den Rand, weil es etwas abseits der Route lag, die italienische Schiffe auf ihrem Weg zu so begehrten Zielen wie Ceuta und Bejaia nahmen. Sie fuhren lieber an Mallorca und Ibiza vorbei und stießen erst bei dem südlich von Valencia gelegenen Dénia auf die spanische Küste. Barcelona besaß keinen guten Hafen, denn der heutige wurde erst in der Neuzeit gebaut. Die Katalanen mussten immer noch auf die Genueser Flotte zurückgreifen, als ihre Armee 1148 Tortosa angriff. Doch sie begannen, eigene kleine Flotten zu bauen. In Barcelona errichteten sie eine Schiffswerft in der Nähe des Regomir-Tores, des südlichen Stadttores, bei dem die von der Kathedrale kommende Straße auf den Strand stieß (dieser Ort liegt heute innerhalb des Stadtgebiets, in den südlichen Ausläufern des »Gotischen Viertels«).[6] Barcelona war eine Hauptstadt, in der der Palast des Grafen und Königs das nordöstliche Viertel beherrschte. Denn obwohl die Stadt ein geregeltes Verwaltungssystem entwickelte, war sie doch nie eine freie Republik, und die Stadtväter verfügten nicht über die Handlungsfreiheit, die Pisaner und Genueser besaßen.[7] Doch gerade darin lag einer der Gründe für den Erfolg Barcelonas. Im 13. Jahrhundert gelangten die Interessen der Patrizier und des Grafen-Königs zunehmend zur Deckung. Sie alle erkannten die Vorteile des Überseehandels und kriegerischer Expeditionen auf dem Mittelmeer.

II

In den langen Jahren, in denen der noch minderjährige Jakob I. bei seiner Mutter im fernen Montpellier weilte, lagen die katalanischen Herren in ständigem Streit miteinander. Dennoch wurden die königlichen Rechte nicht nachhaltig untergraben, denn zu Jakobs Unterstützern gehörten auch Granden wie der Graf von Roussillon, der erkannte, dass eine Stützung der königlichen Autorität auch seine eigene Stellung festigte. In den 1220er Jahren war der junge König darauf bedacht, sich als Kreuzzugsheld zu profilieren. Er griff seit langem bestehende Pläne zur

Eroberung des muslimischen Mallorca wieder auf, das sein Vorfahr Raimund Berengar III. 1114 dank Pisaner Flottenhilfe kurzgehalten hatte. Jakob hatte allerdings die Absicht, die Insel mit eigenen Flottenverbänden anzugreifen. Tatsächlich waren Pisaner und Genueser auf Mallorca fest verwurzelt, denn sie unterhielten dort eigene Handelsstationen und betrachteten Jakobs Ambitionen ohne jede Sympathie.[8] Auf einem großen Bankett in Tarragona, das der prominente Reeder Pere Martell für ihn ausgerichtet hatte, begann der König seine Untertanen zu konsultieren, und Martell begrüßte das Unternehmen als gerecht und gewinnträchtig:

> »So halten wir es denn aus zwei Gründen für richtig, dass Ihr diese Insel erobert: Der eine lautet, dass Ihr und wir dadurch größere Macht erlangen; der andere, dass alle, die von der Eroberung hören, staunen werden, dass Ihr Land und ein Königreich im Meer, wo Gott es hingesetzt hat, einnehmen könnt.«[9]

Damit war klar, dass die Interessen des Königs und die der Kaufleute auf einer Linie lagen.

Neben katalanischen Schiffen konnte Jakob auch auf die Ressourcen von Marseille zählen, denn die Grafen der Provence gehörten zu einem Nebenzweig des Hauses Barcelona. Im Mai 1229 versammelte er 150 große und eine Reihe kleinerer Schiffe. Wie Jakob behauptet, schien »das ganze Meer weiß von Segeln zu sein, so groß war die Flotte«.[10] Nach einer schwierigen Überfahrt landeten die Katalanen und ihre Verbündeten auf Mallorca, und bis Ende des Jahres eroberten sie dessen Hauptstadt Madina Mayurqa (das moderne Palma, das von den Katalanen Ciutat de Mallorca genannt wurde). Die katalanischen Städte sowie Marseille und Montpellier erhielten zum Lohn für ihre Hilfe städtische Besitzungen und Ländereien außerhalb der Stadtmauern. Da der König um die Empfindlichkeiten der Pisaner und Genueser wusste, gewährte er den italienischen Kaufleuten auf Mallorca Handelsprivilegien, obwohl sie sich seinem Unternehmen widersetzt hatten. Damit legte er das Fundament für die kommerzielle Expansion von Ciutat de Mallorca. Jakob benötigte jedoch noch viele weitere Monate, um den Rest der Insel zu erobern. 1231 veranlasste er Menorca durch ein Täuschungsmanöver zur Kapitulation. Er sammelte seine Truppen im Osten der Insel in Sichtweite Menorcas, und bei einbrechender Dunkelheit entzündete jeder der Soldaten zwei Fackeln. Die Muslime auf Menorca glaubten, dort stünde eine riesige Armee zum Angriff bereit, und schickten ein Kapitulationsangebot. Gegen eine jährliche Tributzahlung erhielten sie die Zusicherung, sich weiterhin selbst regieren und ihre Religion ausüben zu dürfen.[11] Ibiza wurde 1235 von einem privaten Expeditionskorps erobert, das zwar der König autorisiert, aber der Erzbischof von Tarragona organisiert hatte.

Wie die Eroberung von Ibiza zeigt, interessierte Jakob sich nicht sonderlich für die Regierung der Insel. Die überließ er gerne einem iberischen Fürsten, Peter von Portugal, im Austausch gegen strategisch bedeutsame Territorien in den Pyrenäen, auf die Peter Anspruch hatte. Jakob blickte immer noch eher Richtung Land als Richtung Meer. Doch im Gefolge seines Mallorca-Feldzugs waren die Balearen nun zu einer vorgeschobenen Stellung für christliche Flotten geworden, und Jakob feierte seinen Sieg mit der Aufzeichnung seiner Taten in einer Autobiographie, dem ersten Werk dieser Art aus der Hand eines mittelalterlichen Königs, das uns erhalten geblieben ist. Sie war in Katalanisch geschrieben, einer Sprache, die nun von Kaufleuten und Eroberern übers Meer und die spanische Küste hinunter bis nach Mallorca getragen wurde, und dann, als Jakob 1238 Valencia eroberte, in eine weitere neue christliche Besitzung. Am Ende seines Lebens hielt er es für richtig, dem einen seiner beiden noch lebenden Söhne, Peter, Aragón, Katalonien und Valencia zu geben und für seinen jüngeren Sohn Jakob ein erweitertes Königreich Mallorca zu schaffen. Zu diesem neuen Königreich, das von 1276 bis 1343 bestand, gehörten wertvolle Besitzungen, die Jakob jenseits der Pyrenäen hielt: Roussillon, Cerdagne und Montpellier, ein wichtiges Handelszentrum, welches das Mittelmeer mit Nordfrankreich verband. Ob beabsichtigt oder nicht, hatte er ein Königreich geschaffen, das vom Meer leben sollte.

Ein Problem, das seine Eroberungen aufwarfen, war die Frage, wie er mit den muslimischen Bewohnern umgehen sollte. In Jakobs Augen waren die Muslime wirtschaftlich von Vorteil. Auf Mallorca blieben sie auf ihrem Land; nur die Oberhoheit wechselte zu christlichen Herren.

Doch langsam schrumpfte die muslimische Gemeinde. Einige wanderten aus, andere konvertierten. Dennoch leerte sich das Land nicht. Aus Katalonien oder der Provence wanderten Christen ein, und der Charakter der Inselbevölkerung veränderte sich rasch. Um 1300 stellten die Muslime eine bedrängte Minderheit dar.[12] In Valencia versuchte der König dagegen, sich als christlicher Herrscher über ein muslimisches Königreich zu präsentieren. Zwar wurde der Stadtkern von Valencia von Muslimen entvölkert, doch es entstand eine florierende muslimische Vorstadt, und im ganzen ehemals muslimischen Königreich Valencia erhielten muslimische Gemeinden das Recht, nach ihren Gesetzen zu leben und ihre Religion auszuüben und sogar (wie auf Menorca) Christen und Juden zu verwehren, sich in ihren Kleinstädten und Dörfern niederzulassen. Es gab bedeutende Produktionszentren, die oft auf jene landwirtschaftlichen Erzeugnisse und Handwerkszweige spezialisiert waren, welche die Araber einst in der Frühzeit der islamischen Eroberungen nach Westen gebracht hatten. Keramik, Getreide (einschließlich Reis), Trockenobst und feine Stoffe waren überall erhältlich und brachten dem König wie auch den adligen Landbesitzern hohe Einnahmen aus der Besteuerung des Handels über Land und über das Mittelmeer.[13] Die den Muslimen angebotenen Kapitulationsbedingungen ließen oft kaum erkennen, dass sie besiegt worden waren, sondern lasen sich eher wie Verträge zwischen Gleichen.[14] Doch das erschien als ein gutes Mittel zur Sicherung der Stabilität, zumindest bis die Muslime in Valencia in den 1260er Jahren rebellierten und ihnen schärfere Bedingungen auferlegt wurden. Die königliche Toleranz war real, aber an Bedingungen geknüpft und zerbrechlich.

Bei den Juden sah Jakob ein spezielles Potential, obwohl die große jüdische Gemeinde in Barcelona sich nicht sonderlich für den Seehandel (oder, entgegen dem üblichen Klischee, für das Geldverleihen) interessierte.[15] Er lud Juden aus Katalonien, der Provence und Nordafrika ein, sich auf Mallorca niederzulassen. Besonderes Augenmerk legte er auf einen Juden aus Sijilmasa, einer Stadt am Nordrand der Sahara, in der viele Karawanen mit Gold aus der Region am Nigerbogen ankamen. Das war Salomon ben Ammar, der sich um 1240 in Handel und Finanzwesen engagierte und in Ciutat de Mallorca Besitz erwarb. Solche Leute vermochten problemlos Zugang zu den Märkten Nordafrikas zu finden und machten Mallorca zu einer Brücke zwischen Katalonien und den islamischen Mittelmeergebieten. Wie auch viele Juden auf dem spanischen Festland hatten sie den Vorteil, dass sie über arabische Sprachkenntnisse verfügten. So ist es denn kein Zufall, wenn im folgenden Jahrhundert Juden und konvertierte Juden auf Mallorca kartographische Werkstätten aufbauten, in denen sie exaktes geographisches Wissen aus muslimischen wie auch christlichen Quellen zur Herstellung der berühmten Portolane nutzten, die heute noch durch ihre detaillierte Darstellung der Küstenlinien des Mittelmeeres und der angrenzenden Meere beeindrucken.[16]

In Spanien nahm die Begegnung zwischen den drei abrahamitischen Religionen unterschiedliche Formen an. In Toledo, tief in Kastilien, förderte Alfons X. Übersetzungen arabischer Schriften (einschließlich ins Arabische übertragener griechischer Texte), wobei er auf jüdische Übersetzer zurückgriff. An der Mittelmeerküste hielten sich solche Aktivitäten in Grenzen. Bei Jakob I. von Aragón standen eher praktische Ziele im Vordergrund, etwa die Frage, wie er die Kontrolle über eine potentiell widerspenstige muslimische Bevölkerung in Valencia und anderen Teilen seines Reiches sichern konnte, aber auch die religionspolitische Frage, ob und wie er seinen jüdischen und muslimischen Untertanen Gelegenheit geben sollte, zum Christentum überzutreten. Da er großen Nutzen aus den diesen Bevölkerungsgruppen auferlegten Sondersteuern zog, stand er vor demselben Dilemma wie die frühen muslimischen Eroberer der Küstengebiete am südlichen Mittelmeer. Wenn er darauf bestand, dass seine jüdischen Untertanen die Synagoge besuchten, um sich dort die Predigten christlicher Missionare anzuhören, war er insgeheim doch froh, wenn sie ihm eine besondere Steuer zahlten, um dieser Forderung nicht nachkommen zu müssen. Dennoch stellte er seine Unterstützung öffentlich zur Schau. Ramon de Penyafort, Ordensgeneral der Dominikaner, gab der Missionierung katalanischer Juden und nordafrikanischer Muslime hohe Priorität. Eine seiner Leistungen war die Gründung einer Sprachenschule, in der die Missionare auf höchstem Niveau Arabisch und Hebräisch lernen und den Talmud und den Hadith studieren konnten, damit sie in der Lage waren, mit Rabbinern und

Imamen über die Ansichten ihrer Gegner zu disputieren.[17] 1263 betätigte König Jakob sich in Barcelona als Gastgeber einer öffentlichen Disputation, bei welcher der herausragende Rabbi Nachmanides aus Gerona und Paul der Christ, der aus dem Judentum konvertiert war, heftig darüber stritten, ob der Messias tatsächlich gekommen sei. Beide Seiten beanspruchten den Sieg für sich, doch Nachmanides wusste, dass er nun ein gezeichneter Mann war und Katalonien verlassen musste. Auf der Flucht nach Akko verlor er am Strand seinen Siegelring. Er wurde gefunden und ist heute im Israel-Museum in Jerusalem ausgestellt.[18]

Ein wenig vom Charakter der alltäglichen Begegnungen zwischen Menschen unterschiedlichen Glaubens vermittelt ein Bericht über eine weitere, bescheidenere Disputation zwischen einem Juden und dem prominenten Genueser Kaufmann Ingheto Contardo, die 1286 in der Genueser Niederlassung auf Mallorca stattfand. Ein örtlicher Rabbi kam oft dorthin, um sich mit seinem Genueser Bekannten zu unterhalten. Contardo behandelte den Rabbi nicht als Feind, sondern als einen der Aufklärung und Erlösung bedürftigen Freund. Er erklärte, wenn er einen Juden finde, der friere, werde er gerne ein hölzernes Kreuz abhängen und Brennholz daraus machen, um den Juden zu wärmen.[19] Der Rabbi stellte Contardo spöttisch die Frage, warum denn, wenn der Messias gekommen sei, die Welt sich im Krieg befinde und warum die Genueser so erbittert mit den Pisanern im Streit lägen. Diese Zeit bitterer Konflikte bietet auch den Hintergrund, vor dem man versuchen kann, die Karriere eines charismatischen Kabbalisten zu ergründen, der im ganzen Mittelmeerraum umherreiste und sich mit christlicher und muslimischer Mystik auskannte: Abraham ben Samuel Abulafia, der im hebräischen Jahr 5000 (1239–1240) in Saragossa geboren wurde.[20] Abulafia befasste sich mit der Heraufkunft der Endzeit – das Thema eines Messias, der sich in Gegenwart des Papstes offenbarte, war in der Disputation von 1263 in Barcelona angesprochen worden.[21] Abulafia bereiste das Mittelmeer von einem Ende zum anderen. Aus Italien kommend, versuchte er 1260, über Akko hinaus vorzudringen, doch der Weg durch das Heilige Land zu dem legendären Sabbatfluss (Sambatjon), an dem die Zehn Verlorenen Stämme Israels wohnen sollten, war durch Kämpfe zwischen Franken, Muslimen und Mongolen versperrt.

Abulafia kehrte nach Barcelona zurück, machte sich in seiner Ruhelosigkeit jedoch in den 1270er Jahren wieder auf den Weg, lehrte seine Doktrinen in Patras und Theben in Griechenland, erregte den Zorn der Juden von Trani in Süditalien und reiste an den päpstlichen Hof, wo er seine messianische Mission zu offenbaren gedachte, wobei er allenthalben visionäre Bücher verfasste. In seinen Schriften entwickelte er ein eigenständiges ekstatisches kabbalistisches System, das von seiner Überzeugung geprägt war, das hebräische Alphabet eröffne über eine ausgeklügelte Kombinatorik einen spirituellen Weg zu Gott. Er glaubte zeigen zu können, dass die Seele, in die Betrachtung Gottes versenkt, ihre materielle Präsenz hinter sich zu lassen und die unerschöpfliche Herrlichkeit Gottes zu schauen vermöge. Zum Glück für ihn starb der Papst wenige Tage vor der in Aussicht gestellten Audienz, und nach einem Monat im Kerker, wo es ihm lediglich gelang, seine franziskanischen Kerkermeister in Erstaunen zu versetzen, kehrte er, umgeben von gläubigen Anhängern, nach Süditalien und Sizilien zurück. Zum letzten Mal trat er auf der zwischen Malta und Gozo gelegenen Insel Comino in Erscheinung, und zwar 1291, einer in diesen Gewässern höchst bewegten Zeit.

Abulafias Karriere zeigt, wie radikale religiöse Ideen durch Reisen im Mittelmeerraum verbreitet wurden, teils durch den Neuerer selbst, teils durch seine Anhänger. Sie zeigt auch, in welcher Weise Vorstellungen, wie man Gott nahekommen konnte, unter Mystikern zwischen den Anhängern aller Offenbarungsreligionen ausgetauscht wurden. Ein sehr produktiver katalanischer Autor und Missionar, Ramon Llull (1232–1316), versuchte, die Glaubensüberzeugungen der Juden, Christen und Muslime, seine eigenen mystischen Theorien und die Theologie der Dreifaltigkeit zu einem System oder einer »Kunst« zusammenzufügen, die er auf ähnlich ehrgeizigen Reisen wie denen Abraham Abulafias im ganzen Mittelmeerraum verbreitete. Llull stammte aus dem mallorquinischen Zweig einer angesehenen, in Barcelona beheimateten Familie. In der neuen Gesellschaft auf Mallorca führte er, wie er selbst schreibt, ein sündiges und ausschweifendes Leben als königlicher Höfling. Durch ein mystisches Erlebnis auf dem Puig de Randa auf Mallorca gelangte er 1274 zu der Überzeugung, dass er seine Fähigkeiten für die Bekehrung der Ungläubigen einsetzen müsse.[22] Er versuchte, Arabisch und Hebräisch zu lernen, und gründete in Miramar, im Bergland Mallorcas, eine Sprachenschule für Missionare. Er schrieb Hunderte von Büchern und besuchte mehrmals Nordafrika (wo man ihn allerdings wegen Beleidigung des Propheten auswies), doch es ist nicht bekannt, ob er jemals auch nur einen einzigen Menschen bekehrte. Vielleicht war seine »Kunst« zu schwierig und allenfalls für die kleine Schar seiner Anhänger verständlich. Sie lässt sich möglicherweise erklären, wenn man sie als Versuch begreift, alles Seiende in Kategorien einzuteilen und das Verhältnis zwischen den Kategorien zu verstehen. So definiert er neun »absolute« Prinzipien (die Zahl schwankt in seinem Werk allerdings), darunter Güte, Größe, Macht und Weisheit, und neun »relative« wie Anfang, Mitte und Ende. Wegen der Vielzahl an Chiffren, Diagrammen und Symbolen erscheinen einige seiner Bücher auf den ersten Blick unzugänglich, obwohl er auch Erzählungen zum Thema Bekehrung für ein breiteres Publikum schrieb.[23]

Llull unterschied sich von anderen christlichen Missionaren durch die These, dass Juden, Christen und Muslime denselben Gott verehrten, und er wandte sich gegen den wachsenden Trend, in den Rivalen des Christentums Anhänger des Teufels zu sehen. In seinem *Buch vom Heiden und den drei Weisen* gibt er eine weitestgehend faire und wohlinformierte Darstellung des Glaubens der Juden, Christen und Muslime und überlässt es einem jüdischen Gesprächspartner, die Beweise für die Existenz Gottes vorzutragen. Er schreibt: »Denn genauso wie wir einen Gott, einen Schöpfer, einen Herrn haben, sollten wir auch einen Glauben, eine Religion, eine Lehre haben und nur auf eine Art und Weise Gott lieben und ehren. Wir sollten einander lieben und unterstützen …«[24] Er versuchte auch zu praktizieren, was er predigte. So schrieb er ein kurzes Handbuch für Kaufleute, die Alexandria und andere muslimische Gebiete besuchten, in dem er darlegte, wie sie mit den dortigen Bewohnern über die jeweiligen Vorzüge des Christentums und des Islam diskutieren sollten. Doch die interessierten sich weit mehr für Diskussionen über Pfefferpreise und wussten sehr wohl, dass jede Kritik am Islam die Gefahr heraufbeschwor, inhaftiert, deportiert oder sogar hingerichtet zu werden. Llulls erster Versuch, 1293 von Genua nach Afrika zu reisen, scheiterte, weil selbst ihn der Mut verließ. Er hatte bereits seine Bücher und andere Habseligkeiten auf das Schiff gebracht, als er von Angst gelähmt die Reise abbrach, zur Empörung derer, die er mit seinen schönen Worten beeindruckt hatte. Doch wenig später reiste er tatsächlich nach Tunis, und dort erklärte er den Muslimen, er sei bereit, sich zu ihrem Glauben zu bekehren, wenn sie ihn von dessen Wahrheit zu überzeugen vermöchten – ein Kunstgriff, mit dem er sie in eine Debatte verwickeln wollte. Mit seinen verbalen Schlachten erregte er die Aufmerksamkeit des Sultans. Der setzte ihn auf ein Genueser Schiff und drohte ihm mit dem Tode, falls er jemals zurückkehren sollte. Solche Drohungen ließen Missionare oft vom Märtyrertum träumen.[25] Nachdem er seine Lehren nach Neapel und Zypern getragen hatte, kehrte er 1307 nach Nordafrika zurück, diesmal nach Bejaia, und stellte sich auf einen Marktplatz, um gegen den Islam zu predigen. Als er verhaftet wurde, erklärte er: »Der wahre Diener Christi, der die Lehren des katholischen Glaubens kennt, darf die Gefahren des leiblichen Todes nicht fürchten, wenn er für die Seele der Ungläubigen die Gnade des geistlichen Lebens erlangen kann.« Ramon Llull hatte indessen die Genueser und katalanischen Kaufleute für sich eingenommen, die über einigen Einfluss bei Hofe verfügten und nun dafür sorgten, dass er nicht hingerichtet wurde. 1314 kehrte er nach Tunis zurück, zu einer Zeit, als der Sultan gerade ein uraltes Spiel spielte. Um seine Position gegenüber seinen Rivalen zu stärken, suchte er die Unterstützung der Katalanen und ließ das Gerücht verbreiten, er trage sich mit dem Gedanken, zum Christentum überzutreten. Llull war nun endlich willkommen, doch er war bereits ein alter Mann und starb wahrscheinlich an Bord eines Schiffes, das ihn im Frühjahr 1316 nach Mallorca zurückbringen sollte.[26]

Der Sultan war eher an Söldnern als an Missionaren interessiert. Katalanische Milizen halfen den maghrebinischen Herrschern, ihre Macht zu bewahren, doch auch die Könige von Aragón schätzten ihre Anwesenheit. Sie boten die Gewähr, dass die nordafrikanischen Sultane sich nicht in die erbitterten Streitigkeiten einmischten, von denen die christlichen Monarchien des westlichen Mittelmeerraums, wie wir noch sehen werden, im späten 13. und frühen 14. Jahrhundert erschüttert wurden. Einige dieser Söldner, etwa Heinrich, Infant von Kastilien, waren Abenteurer, denen es nicht gelungen war, sich ein Herrschaftsgebiet in Europa zu sichern.[27] Sie waren keine neue Erscheinung. Im späten 11. Jahrhundert hatte Papst Gregor VII. beschwichtigende Briefe an nordafrikanische Emire geschrieben, in denen er sich für die religiösen Belange christlicher Soldaten in muslimischen Heeren einsetzte. Um 1300 jedoch waren die Söldner Teil einer umfassenden Strategie, die Nordafrika fast zu Protektoraten Aragón-Kataloniens machen sollte.

III

Ein weiteres Gebiet, auf dem die Katalanen sich auskannten, war die Seefahrt. Ende des 13. Jahrhunderts genossen katalanische Schiffe hohes Ansehen wegen ihrer Sicherheit und Zuverlässigkeit. Wenn ein Kaufmann zum Beispiel in Palermo ein Schiff für den Transport seiner Waren suchte, tat er gut daran, ein katalanisches Schiff zu wählen, etwa die große *Sanctus Franciscus*, die Mateu Oliverdar gehörte und die dort 1298 im Hafen lag.[28] Während die Genueser das Eigentum an größeren Schiffen gerne aufteilten, besaßen die Katalanen große Schiffe oft allein. Sie vermieteten Laderaum an toskanische Getreidehändler oder an Sklavenhändler und suchten nach reichen Kaufleuten, die bereit waren, das ganze Schiff oder zumindest einen großen Teil zu chartern.[29] Schiffseigner und Kaufleute aus Barcelona und Mallorca drängten an Orte, an denen der Handel bislang von den Italienern dominiert worden war. In den 1270er Jahren trieb die zur Mittelschicht gehörende Witwe Maria de Malla aus Barcelona Handel mit Konstantinopel und der Ägäis. Sie schickte ihre Söhne aus, damit sie Mastix aufkauften (damals als Kaugummi sehr beliebt). Sie exportierte feine Stoffe in den Orient, darunter Leinen aus Châlons in Nordfrankreich. Die große Spezialität der Familie de Malla war der Handel mit Pelzen, auch solchen von Wölfen und Füchsen.[30] Die Katalanen erhielten das Recht, in Tunis, Bejaia und anderen nordafrikanischen Städten Fonduks einzurichten, die von eigenen Konsuln regiert wurden. Die Konsulate in Übersee boten die Möglichkeit, große Gewinne zu machen. Jakob I. war empört, als er 1259 entdeckte, wie wenig Pacht ihm der katalanische Konsul in Tunis zahlte.

Prompt erhöhte er den Betrag auf das Dreifache.[31] Ein weiterer Brennpunkt katalanischer Expansion war Alexandria. In den 1290er Jahren suchten die de Mallas dort nach Leinsamen und Pfeffer. Im 14. Jahrhundert versuchte König Jakob II. von Aragón, den Sultan von Ägypten zu bewegen, ihm die Schutzherrschaft über einige heilige Stätten der Christenheit in Palästina zu überlassen, und der Sultan versprach ihm Reliquien von der Passion Christi, wenn Jakob ihm »große Schiffe mit zahlreichen Gütern« schickte.[32] Der Papst versuchte mit äußerlicher Unterstützung des Königs von Aragón, den schwunghaften Handel der Katalanen und Italiener mit Ägypten zu unterbinden. Wer mit dem muslimischen Feind Handel trieb, sollte exkommuniziert werden. Doch der König sorgte gegen Zahlung einer ganz beträchtlichen Gebühr dafür, dass zwei katalanische Äbte den Kaufleuten, die mit Ägypten Handel trieben, Absolution erteilten. Diese Ablassgebühr entwickelte sich zu einer echten Handelssteuer, die dem König erhebliche Einnahmen bescherte. 1302 ging fast die Hälfte der registrierten königlichen Einnahmen aus Katalonien auf diese Gebühr für den Handel mit Alexandria zurück. Statt den Handel zu unterbinden, beteiligten die Könige von Aragón sich daran.[33]

Natürlich wollten die Katalanen dem italienischen Monopol auf den Gewürzhandel mit dem Orient ein Ende setzen. Doch ihre eigentliche Stärke lag in dem Handelsnetz, das sie im westlichen Mittelmeerraum schufen. Katalanen, Pisaner und Genueser drängten sich in den Straßen des großen Ausländerviertels in Tunis, einem Konzessionsgebiet voller Fonduks, Tavernen und Kirchen. Der Zugang zu den nordafrikanischen Häfen bedeutete zugleich auch den Zugang zu den Karawanenstraßen, auf denen Gold durch die Sahara an die Küste transportiert wurde. In diese Region brachten die Katalanen Leinen- und Wollstoffe aus Flandern und Nordfrankreich und, als ihre eigene Textilindustrie nach 1300 expandierte, auch feine Stoffe aus Barcelona und Lleida. Außerdem brachten sie Salz, das es auf dem katalanischen Ibiza, in Südsardinien und Westsizilien in großen Mengen gab, das in den Wüstenregionen des Südens jedoch Mangelware war und gelegentlich sogar als Währung verwendet wurde. Als Barcelona im 13. Jahrhundert zu boomen begann, stellte man dort sicher, dass es eine ausreichende Nahrungsmittelversorgung für eine wachsende Bevölkerung gab. Sizilien geriet schon früh in den Brennpunkt des katalanischen Handels mit Weizen, der in großen, bauchigen Rundschiffen transportiert wurde, und die Katalanen waren darin so erfolgreich, dass sie schon in den 1260er Jahren begannen, auch andere Teile des Mittelmeerraums mit sizilianischem Weizen zu versorgen: Tunis, das sich nie von der Verwüstung der nordafrikanischen Landschaft durch arabische Stämme im 11. Jahrhundert erholt hatte; Genua und Pisa, die ihre Versorgung eigentlich selbst hätten sicherstellen können; und die Städte der Provence.[34] In einem Geschäftsvertrag aus den späten 1280er Jahren heißt es, die *Bonaventura*, die kürzlich im Hafen von Palermo gelegen habe, solle nach Agrigent segeln und dort »so viel Weizen laden, wie sie aufnehmen und tragen kann«.

Die Katalanen spezialisierten sich auch auf eine weitere wichtige Ladung: Sklaven. Bei den je nach Hautfarbe als »schwarz«, »olivenfarben« oder »weiß« bezeichneten Sklaven handelte es sich meist um muslimische Gefangene aus Nordafrika. Man verkaufte sie auf Mallorca, in Palermo oder in Valencia, und sie arbeiteten als unfreie Knechte oder Mägde in den Haushalten ihrer katalanischen und italienischen Besitzer. 1287 beschuldigte der König die Einwohner von Menorca des Betrugs, erklärte den Kapitulationsvertrag von 1231 für nichtig, besetzte die Insel und schickte die gesamte Bevölkerung in die Sklaverei. Sie wurde über das ganze Mittelmeergebiet verstreut, und eine Zeitlang herrschte ein Überangebot auf den Sklavenmärkten.[35] Wer unter den Sklaven Glück hatte oder über bessere Beziehungen verfügte, wurde von Glaubensgenossen freigekauft – Muslime, Juden und Christen sammelten Mittel für den Freikauf von Glaubensbrüdern, und zwei religiöse Orden, die Trinitarier und die Mercedarier, die in Katalonien und der Provence gut vertreten waren, spezialisierten sich auf den Loskauf von Christen aus muslimischer Sklaverei.[36] Das Bild der an den Küsten Südfrankreichs von Sarazenen geraubten jungen Frau gehörte zum festen Bestand der mittelalterlichen Literatur, doch die Katalanen waren vollauf bereit, es den Muslimen in gleicher Münze heimzuzahlen. Als sie sich in die Handelsnetze des Mittelmeerraums drängten, taten sie dies mit Piraterie geradeso wie mit ehrbaren Geschäften.

Inzwischen sorgten Schiffe aus Mallorca für einen stetigen Warenstrom zwischen Nordafrika und Spanien. Aus einer bemerkenswerten Folge von Auslaufgenehmigungen für Schiffe, die Mallorca 1284 verließen, geht hervor, dass dort fast an jedem Tag des Jahres Schiffe ausliefen, selbst noch in der zweiten Januarhälfte, und dass es keine Jahreszeit gab, in der gar keine Schiffe verkehrten, auch wenn der Verkehr in den warmen Monaten reger war. Bei einigen dieser Schiffe handelte es sich um kleinere, als *barques* bezeichnete Fahrzeuge mit weniger als einem Dutzend Mann Besatzung, die rasch zwischen der Insel und dem Festland pendeln konnten. Typischer war die größere *leny* – wörtlich »Holz«. Sie eignete sich gut für die etwas längere Fahrt über das offene Meer nach Nordafrika hinüber.[37] Die Mallorquiner waren auch Pioniere. 1281 erreichten zwei Genueser und ein mallorquinisches Schiff den Londoner Hafen, wo das Schiff aus Mallorca 267 Sack englische Wolle an Bord nahm, und die Mallorquiner trieben bis weit ins 14. Jahrhundert hinein regelmäßig Handel mit England. Den Phöniziern war es nie schwergefallen, durch die Straße von Gibraltar nach Tartessos zu fahren, doch mittelalterliche Schiffe hatten mit der aus dem Atlantik kommenden Strömung, dem Nebel und den widrigen Winden zwischen Gibraltar und Ceuta zu kämpfen. Sie kämpften allerdings auch mit den Herrschern an den einander gegenüberliegenden Küsten: den marinidischen Berbern in Marokko und den nasridischen Herren Granadas in Südspanien. Es waren unwirtliche Gewässer, und die Öffnung des Seewegs aus dem Mittelmeer hinaus war gleichermaßen ein diplomatischer und ein technischer Triumph. Nun konnte man Rohwolle und flämische Stoffe direkt und relativ kostengünstig auf dem Seeweg nach Florenz, Barcelona und in andere Städte bringen, in deren Werkstätten sie weiterverarbeitet wurden. Und Alaun aus Phokaia an der kleinasiatischen Küste konnte man direkt in die Färbereien von Brügge, Gent und Ypern transportieren, ohne den teuren und beschwerlichen Weg über die Landstraßen und Flüsse Ostfrankreichs oder Deutschlands nehmen zu müssen. Die Schifffahrt auf dem Mittelmeer und die auf dem Atlantik begannen langsam zusammenzuwachsen, auch wenn es immer wieder zu Krisen kam und katalanische Kriegsflotten häufig in den Meerengen patrouillieren mussten. Im frühen

14. Jahrhundert ahmten Werften im Mittelmeerraum die breiten, bauchigen Formen der nordeuropäischen Koggen nach, großer Frachtschiffe, die in Ost- und Nordsee verkehrten, und sie übernahmen sogar deren Namen: *cocka*. Auch an der marokkanischen Atlantikküste stießen katalanische und Genueser Schiffe auf Märkte mit einem großen Angebot an dem begehrten Getreide und mit Menschen, die darauf erpicht waren, italienische und katalanische Textilien zu kaufen. In den 1340er Jahren waren Schiffe schon bis zu den Kanarischen Inseln vorgedrungen, die die Mallorquiner (vergeblich) zu erobern versuchten.[38]

Wie zu erwarten, wünschten die mallorquinischen Kaufleute, die ab 1276 unter einem eigenen König lebten, eigene Konsulate und Fonduks. Das war eine der vielen Ursachen für die Spannungen zwischen den Brüdern Peter von Aragón und Jakob von Mallorca, zwischen denen Jakob I. sein Reich aufgeteilt hatte. Seefahrer und Kaufleute nutzten diese Spannungen gerne aus. 1299 wurde ein Gauner namens Pere de Grau, der ein Schiff besaß, beschuldigt, einem Genueser Zimmermann im westsizilianischen Hafen Trapani einen Werkzeugkasten gestohlen zu haben. Im Gegenzug behauptete de Grau, der Zimmermann habe ihm sein Beiboot gestohlen. Der Streitfall wurde vor den katalanischen Konsul gebracht, doch de Grau erklärte frech: »Dieser Konsul hat keine Jurisdiktion über Bürger von Mallorca, sondern nur über Untertanen des Königs von Aragón.«[39] Ebenso rasch, wie die Katalanen ihr Handelsnetz im Mittelmeerraum ausbauten, drohte es auch zu zerfallen.

IV

Diese Fragmentierung betraf den gesamten Mittelmeerraum. Mitte des 13. Jahrhunderts sorgten dramatische politische Umwälzungen erneut für eine Veränderung des regionalen Machtgleichgewichts. Kreuzfahrerexpeditionen versuchten vergeblich, den stets gefährdeten schmalen Küstenstreifen zu schützen, der von Akko aus regiert wurde und sich als Königreich Jerusalem bezeichnete. Je kleiner es wurde, desto heftiger tobte der Streit zwischen den Faktionen, denn die Monarchie war sehr schwach, und andere streitsüchtige Parteien, darunter die italienischen Gemeinden und die Ritterorden der Hospitaliter und der Templer, waren sehr stark. Westliche Herrscher waren sich durchaus der Bedrohung bewusst, die Ägypten für das Königreich darstellte, und so hatte denn auch eine Reihe seegestützter Expeditionen Ägypten zum Ziel. Der Fünfte Kreuzzug brachte 1219 bis 1221 für kurze Zeit die Kontrolle über das im Nildelta gelegene Damietta, und auch Ludwig IX. von Frankreich belagerte die Stadt während eines Kreuzzugs, der einen verheerenden Ausgang nahm. Beide Male hofften die Kreuzfahrer, ihre Eroberung gegen Jerusalem eintauschen zu können oder gar Ägypten und das Heilige Land unter ihre Herrschaft zu bringen – ein vergeblicher Traum. Doch zunehmend wurden christliche Könige durch Konflikte in ihrer näheren Umgebung vom Kreuzzugsgedanken abgelenkt, etwa durch den Kampf um Sizilien, von dem später in diesem Kapitel noch die Rede sein wird. Es gab viel Kreuzzugsrhetorik, und es gab ein paar kleine seegestützte Expeditionen, doch nach 1248 fand das Zeitalter der großen Kreuzzüge ins Heilige Land sein Ende.[40] Militärkommandeure slawischer Herkunft übernahmen die Macht in den Ayyubidenbesitzungen und kontrollierten Ägypten und Syrien von 1250 bis 1517. Diese Mamluken verlängerten die zwischen den italienischen Kaufleuten und Ägypten geschlossenen Handelsabkommen, waren aber auch fest entschlossen, das Lateinische Königreich Jerusalem von der Landkarte zu tilgen. Akko fiel 1291 inmitten grausamer Massaker in die Hände der Mamluken, worauf zahlreiche Flüchtlinge sich auf die letzten Schiffe drängten und sich nach Zypern in Sicherheit bringen konnten. Akko verschwand als internationales Handelszentrum von der Landkarte, und die lateinische Herrschaft im Osten beschränkte sich fortan auf Zypern.

Wie wir bereits gesehen haben, bestand ein Vermächtnis der Kreuzzüge in einem schwachen fränkischen Regime in Konstantinopel, das die Griechen von Nicäa mit Genueser Hilfe 1261 zurückeroberten – zum Lohn erhielt Genua hübsche Handelsprivilegien, die auch den Zugang zum Getreide, den Sklaven, dem Wachs und den Pelzen aus dem Gebiet des Schwarzen Meeres umfassten. Zu beträchtlichen Veränderungen kam es auch auf Sizilien, wo Friedrich II. das normannische Regierungssystem wiederbelebte und stärkte. Eine seiner Leistungen war der Bau einer sizilianischen Flotte, die er 1235 auf eine Kampagne gegen das nordafrikanische Dscherba schickte.[41] Als der Papst sich seiner vereinigten Herrschaft über Deutschland, Sizilien und Teile Norditaliens widersetzte, nutzte Friedrich seine Flotte 1241, um eine ganze Delegation aus Kardinälen und Bischöfen gefangen zu nehmen, die auf dem Weg zu einem päpstlichen Konzil waren.[42] Es ist eine Ironie, dass auch Friedrichs Admiral, Ansaldo de' Mari, ein Genueser war, denn die Genueser waren sich wie stets nicht einig, ob sie Friedrich unterstützen oder bekämpfen sollten. Zwar gehören die erbitterten Kämpfe zwischen Friedrich und dem Papst nicht im strengen Sinne zur Geschichte des Mittelmeeres, doch die Jahre nach seinem Tod 1250 hatten beträchtliche Auswirkungen auf den gesamten Mittelmeerraum. 1266 bis 1268 wurden Friedrichs Erben in Sizilien und Norditalien besiegt und fast vollständig ausgerottet durch den Günstling des Papstes Karl, Graf von Anjou und der Provence, den Bruder des Kreuzfahrers König Ludwig IX. von Frankreich.

Karl versuchte, ein Mittelmeerreich zu errichten, nicht nur für sich selbst, sondern auch für seine angevinischen Erben. Im Mittelpunkt sollte dabei das Königreich Sizilien und Süditalien stehen, das wiederum von einem maritimen Sicherheitsgürtel umgeben sein sollte, der die Gewässer zwischen Sizilien und Afrika sowie die zwischen Süditalien und Albanien bzw. Sardinien unter Kontrolle hielt. Schon als junger Mann hatte Karl den Aragonesen die Provence weggeschnappt, indem er eine Erbin dieses Landes heiratete. Er zwang die rebellischen Patrizier von Marseille, seine Herrschaft anzuerkennen, und er machte den Hafen der Stadt zu seinem großen Arsenal.[43] Er verfolgte den Plan, seinen Sohn Philipp gegen den Widerstand Jakobs I. von Aragón 1269 zum König von Sardinien wählen zu lassen.[44] 1277 kaufte er der Prinzessin von Antiochia den Titel des schrumpfenden Königreichs Jerusalem ab, obwohl der König von Zypern einen weithin anerkannten Gegenanspruch darauf besaß. Karl sah sich als Kreuzfahrer gegen die Muslime, ob nun in Tunis oder im Orient, aber sein Hauptinteresse im Osten galt dem ehemaligen Byzantinischen Reich. Er beanspruchte Gebiete in Albanien, die von den Hohenstaufen erworben worden waren, und eroberte

Dyrrhachion. Danach nahm er mit Billigung einiger albanischer Kriegsherren den Titel »König von Albanien« an.[45] Nach der Wiederinbesitznahme Konstantinopels durch die Griechen träumte er davon, die fränkische Dynastie dort wieder auf den Thron zu bringen und die Hand des fränkischen Kaisers für seine Tochter zu gewinnen. Er war überzeugt davon, dass der griechische Kaiser Michael VIII. Palaiologos nicht ernsthaft an einer Wiedervereinigung der griechischen und der lateinischen Kirche unter Führung des Papstes interessiert war. In seinen Augen konnte man die abtrünnigen Griechen nur mit Gewalt unter die Autorität des Papstes zwingen.

Karl plante, gemeinsam mit den Venezianern eine große Flotte gegen Konstantinopel zu schicken, und Dyrrhachion sollte ihm dabei als Stützpunkt dienen, von dem aus er auf der Via Egnatia tief nach Byzanz eindringen wollte. Er holte die alten Schlachtpläne Robert Guiskards und Wilhelms des Guten wieder aus der Schublade und entstaubte sie. Die Hälfte seiner beträchtlichen Einnahmen verwandte er auf den Bau seiner Flotte, die aus 50 oder 60 Galeeren und vielleicht 30 Hilfsschiffen bestand. Die Galeeren waren großartige Schiffe, die dank ihrer Größe und Stabilität angeblich auch bei rauer See einsatzfähig waren.[46] Der Betrieb solch einer Flotte hätte mindestens 30000 und möglicherweise sogar 50000 Unzen Gold gekostet.[47] Aber er erlag einem gewaltigen Fehlurteil hinsichtlich der Leidensbereitschaft seiner unter der Steuerlast ächzenden Untertanen. Der Druck wurde zu groß und es kam zur Explosion. In einem großen Aufstand, der Sizilianischen Vesper, erhoben sich in Palermo Nachfahren der lateinischen Siedler, die seit dem späten 11. Jahrhundert ins Land gekommen waren, im März 1282 gegen Karls angevinische Soldaten.[48] Ihr Schlachtruf lautete: »Tod den Franzosen!« Doch ein ebenso wichtiges Ziel ihrer Feindseligkeit bildeten die Bürokraten aus Amalfi und aus der Bucht von Neapel, die – von Genuesern und Pisanern aus dem Mittelmeerhandel verdrängt – ihre Buchhaltungskenntnisse in den Dienst Friedrichs II. und später Karls I. stellten.[49] Ihre Begeisterung für die Feinheiten des Steuersystems trug zur Lähmung der sizilianischen Eliten bei. Die Rebellen eroberten in kurzer Zeit die Insel und schufen dort eine Föderation aus drei Republiken. Nachdem Karls großer Verbündeter, der Papst, an den sie sich in ihrer

Naivität gewandt hatten, ihr Hilfeersuchen abgewiesen hatte, wandten sie sich an den Gatten der Enkelin Friedrichs II., der letzten Überlebenden der Hohenstauferdynastie, König Peter III. von Aragón, den Sohn Jakobs des Eroberers.

Es traf sich, dass Peters Flotte sich im August 1282 ganz in der Nähe befand, und zwar, wie Peter behauptete, auf einem Kreuzzug gegen die nordafrikanische Stadt Alkol. Über die Frage, ob das nur vorgeschoben war und er in Wirklichkeit eine Eroberung Siziliens plante, ist viel debattiert worden. Die Ereignisse in Palermo, die ihren Anfang mit Unruhen wegen eines französischen Soldaten nahmen, der einer jungen sizilianischen Hausfrau sexuelle Avancen gemacht haben sollte, waren offenbar kaum koordiniert, wenn nicht chaotisch. Als Peter im September auf Sizilien eintraf, gewann er oder vielmehr seine Frau Konstanze die Unterstützung des größten Teils der sizilianischen Elite. Schließlich kam er, um ihren Anspruch auf Sizilien geltend zu machen, und er hätte auch Süditalien eingenommen, wenn man sich dort dem Aufstand angeschlossen und er über die Mittel verfügt hätte, die gut ausgestatteten Heere Karls von Anjou zu besiegen (Karl erhielt Kredite von Florentiner Bankiers, die dadurch die Versorgung der wachsenden Bevölkerung in Florenz mit Getreide aus Apulien sicherstellten).[50] Die Angeviner überredeten 1283 den König von Frankreich, in Aragón einzumarschieren (ein Desaster für Frankreich). Die Aragoneser unterstützten die antipapistischen Faktionen in Italien und bildeten einen der Loyalitätsbrennpunkte im Streit zwischen den pro Anjou eingestellten Guelfen und den pro Aragón eingestellten Ghibellinen in den toskanischen und lombardischen Städten.[51] Das Ergebnis war eine Pattsituation. 1285, beim Tode Peters III. und Karls I., hielten der König von Aragon Sizilien und Karl von Anjou Süditalien, doch beide nannten sich »König von Sizilien«. (Das Reich auf dem Festland wird aus praktischen Gründen oft »Königreich Neapel« genannt.) Trotz päpstlicher Vermittlungsversuche im Jahr 1302 und danach dauerte die Rivalität zwischen Anjou und Aragón während des ganzen 14. Jahrhunderts fort, verschlang kostbare finanzielle Ressourcen und explodierte auch gelegentlich.

Der Konflikt wurde sowohl auf See als auch an Land ausgetragen. Karl von Anjou hielt die kleinere katalanische Flotte wahrscheinlich für einen schwachen Gegner. Das war ein Irrtum, vor allem nachdem König Peter den aus Kalabrien stammenden Adligen Roger de Lauria zum Admiral der Flotte ernannt hatte. Er war einer der größten Flottenkommandeure in der Geschichte des Mittelmeeres, ein neuer Lysander.[52] Im Gegensatz zu der kompakten, gut geführten katalanischen Flotte verfügte Karls Flotte zwar über eine eindrucksvolle Ausrüstung, doch es fehlte ihr an Zusammenhalt. Sie war ein zusammengewürfelter Haufen aus Süditalienern, Pisanern und Provenzalen. Im Oktober 1282 überwältigte Roger de Lauria Karls Flotte vor der kalabrischen Küste bei Nicotera. Er kaperte 20 angevinische und zwei Pisaner Galeeren und drängte Karl auch auf dem süditalienischen Festland in die Defensive.[53] Doch wenn Karl jemals Sizilien wiedererlangen wollte, musste er auch die Seeherrschaft über die zwischen Nordafrika und der Insel gelegene Straße von Sizilien erringen. Wiederum trat ihm Roger de Lauria in den Weg, und das Schlachtfeld waren die Gewässer um Malta, um die eine angevinische Garnison und eine aragonesische Invasionsstreitmacht kämpften. Im Juni 1283 traf eine aus 18 Galeeren bestehende provenzalische Flotte im »Großen Hafen« von Malta ein, verfolgt von Laurias aus 21 Galeeren bestehender Flotte. Die Schlacht tobte den ganzen Tag, und bis zum Abend hatten viele angevinische Schiffe kapitulieren müssen, und einige andere waren gesunken. Nicht weniger groß waren die angevinischen Verluste. Die Aragoneser hatten an die 3500 angevinische Soldaten niedergemetzelt und mehrere hundert gefangen genommen, darunter auch Adlige. Die meisten Opfer stammten wahrscheinlich aus Marseille. Die Stadt verlor nahezu ein Fünftel ihrer Bevölkerung in dieser Schlacht.[54] Als die Franzosen 1283 in Katalonien eindrangen, waren gleichfalls katalonische Flotten zur Stelle und nahmen vor Roses die Hälfte der französischen Flotte gefangen. Roger erklärte: »Keine Galeere, kein Schiff und, ich glaube, nicht einmal ein Fisch kann sich auf dem Meer bewegen, wenn sie nicht die Zeichen des Königs von Aragón tragen.«[55]

Die Angeviner waren nun nicht mehr in der Lage, die Küsten Süditaliens vor den ständigen katalanischen Überfällen zu schützen, und ihr Verlust der Seeherrschaft im Gebiet des Tyrrhenischen Meeres bestätigte sich im Juni 1284, als Karls Sohn Karl, Fürst von Salerno, unklug genug war, vor Neapel eine angevinische Flotte gegen Roger de Laurias Schiffe zu führen. Viele neapolitanische Seeleute mussten mit Waffengewalt gezwungen werden, an Bord zu gehen, da sie wussten, was sie erwartete. Diesmal nahm das Desaster eine andere Form an. Die neapolitanische Flotte wurde zwar nicht vernichtet, doch Roger brachte mehrere provenzalische Galeeren in seine Gewalt, und auf einer davon befand sich Karl von Salerno.[56] Er sollte bis 1289 in aragonesischer Gefangenschaft bleiben, obwohl sein Vater 1285 starb und er damit (zumindest in den Augen Anjous) König von Sizilien und Graf der Provence wurde. In den folgenden Jahren erweiterte die katalanische Flotte ihren Operationsbereich frech auf das ganze Mittelmeer und überfiel Kephalonia (das sich in neapolitanischem Besitz befand) sowie die Kykladen und Chios. Außerdem brachte sie Dscherba und Kerkenna an der tunesischen Küste wieder unter sizilianische Kontrolle. Niemand vermochte Roger de Lauria zu widerstehen. Seine ununterbrochene Folge von Siegen sorgte dafür, dass Sizilien unter aragonesischer Herrschaft blieb.

Mallorca war ein anderes Problem. Peter III. war von Anfang an gegen die von seinem Vater vorgenommene Aufteilung seiner Besitzungen zwischen dem König von Aragón und dem König von Mallorca gewesen. Als sein jüngerer Bruder Jakob II. von Mallorca Verrat beging und sich auf die Seite Anjous schlug, marschierte er in das Roussillon ein, und während er im Königspalast in Perpignan vergeblich gegen Jakobs Schlafzimmertür hämmerte, entwich der durch einen schmutzigen Abwasserkanal und floh außer Landes. Er erhielt seine Krone erst 1298 durch Vermittlung des Papstes zurück.[57] Doch Peter traf eine ähnliche Entscheidung wie sein Vater, als er das gerade eroberte Sizilien von seinen übrigen Landen abtrennte und seinem jüngeren Sohn als gesondertes Gebilde vermachte. Damit trug er einer für ihn unangenehmen Tatsache Rechnung: Die Sizilianer hatten nicht für das Haus Barcelona, sondern für die Hohenstaufen gekämpft. Außerdem war Sizilien weit von Barcelona entfernt und ließ sich von dort nur schwer oder gar nicht regieren. Doch die Insel war äußerst begehrenswert. Schon lange vor der Vesper waren katalanische Händler in großer Zahl nach Palermo, Trapani und anderen Hafenstädten geströmt, um Getreide und Wolle zu kaufen. Peter verfolgte jedoch das Ziel, die dynastischen Ansprüche seiner Frau geltend zu machen und nicht die Interessen seiner Kaufleute zu schützen. Nach Peters Tod litten die Interessen der Kaufleute zwischen drei aragonesischen Königen – den Herrschern von Aragón-Katalonien, Mallorca und Sizilien.

Trotz der politischen Spaltungen und trotz gelegentlicher Embargos innerhalb der katalanisch-aragonesischen Welt hatten die Katalanen sich einen Platz neben den Italienern geschaffen. Sie traten gerade noch rechtzeitig ein in den Wettkampf um die Herrschaft über das Mittelmeer, denn Genua, Pisa und Venedig hatten noch nicht vollständig die Kontrolle über die Seewege errungen, als Barcelona sich am Kampf um den Zugang nach Afrika, Sizilien und dem Orient zu beteiligen begann. Die Katalanen verfügten über eindrucksvolle Kenntnisse auf dem Gebiet der Seefahrt einschließlich der Kartographie. Doch sie hatten auch einen Vorteil, den ihre Rivalen nicht besaßen. Unter dem Schutz des Königs von Aragón fanden sie leicht Zutritt zu den Höfen in Tunis, Tlemcen und Alexandria. Späteren Generationen galt deshalb die Zeit Jakobs des Eroberers und Peters des Großen als das heroische Zeitalter Kataloniens.

KAPITEL 8

Serrata – Schließung
1291 bis 1350

I

Der Fall Akkos im Jahr 1291 schockierte ganz Westeuropa, das in Wirklichkeit in den vergangenen Jahrzehnten kaum etwas für den Schutz der Stadt getan hatte. Man schmiedete zahllose Pläne für neue Expeditionen, und ein besonders begeisterter Anhänger solcher Pläne war Karl II. von Neapel nach seiner Freilassung aus seinem katalanischen Gefängnis. Doch das war nur Gerede. Er war viel zu sehr mit dem Versuch beschäftigt, die Aragoneser zu besiegen, als dass er einen Kreuzzug hätte unternehmen können, und außerdem besaß er gar nicht die dafür nötigen Mittel.[1] Die italienischen Kaufleute diversifizierten ihre Interessen, um den verlorenen Zugang zu der Seide und den Gewürzen auszugleichen, die sie über Akko importiert hatten. In Ägypten übernahm Venedig schrittweise die Führung, während Genua sich nach der Einrichtung einer Genueser Kolonie in Konstantinopel 1261 eher auf Massengüter aus der Ägäis und dem Schwarzmeerraum konzentrierte. Doch die byzantinischen Kaiser beobachteten die Genueser mit Argwohn. Sie liehen auch den Venezianern ihre Gunst, wenngleich in geringerem Maße, damit die Genueser nicht meinten, sie könnten tun, was sie wollten. Michael VIII. und sein Sohn Andronikos II. beschränkten die Genueser auf das hochgelegene, Pera oder Galata genannte Stadtgebiet nördlich des Goldenen Horns, wo heute noch ein massiver, von den Genuesern erbauter Turm die Skyline des nordwestlichen Istanbul beherrscht. Doch sie gewährten ihnen auch das Recht auf Selbstverwaltung, weshalb die Genueser Kolonie so rasch wuchs, dass sie schon bald erweitert werden musste. Mitte des 14. Jahrhunderts übertrafen die

Handelseinnahmen des genuesischen Pera die des griechischen Konstantinopel bereits um ein Zehnfaches. Die Kaiser überließen die Kontrolle über die Ägäis und das Schwarze Meer faktisch den Genuesern, und Andronikos legte die aus etwa 80 Schiffen bestehende Flotte seines Vaters still. Man unterstellte, dass Gott Konstantinopel schützen werde, zum Lohn für die Zurückweisung jeglichen Versuchs, die heilige orthodoxe Kirche mit der unheiligen katholischen zu vereinen.[2]

Die Genueser tolerierten in der Regel die Anwesenheit der Venezianer, denn Krieg schadete dem Handel und verschlang wertvolle Res-

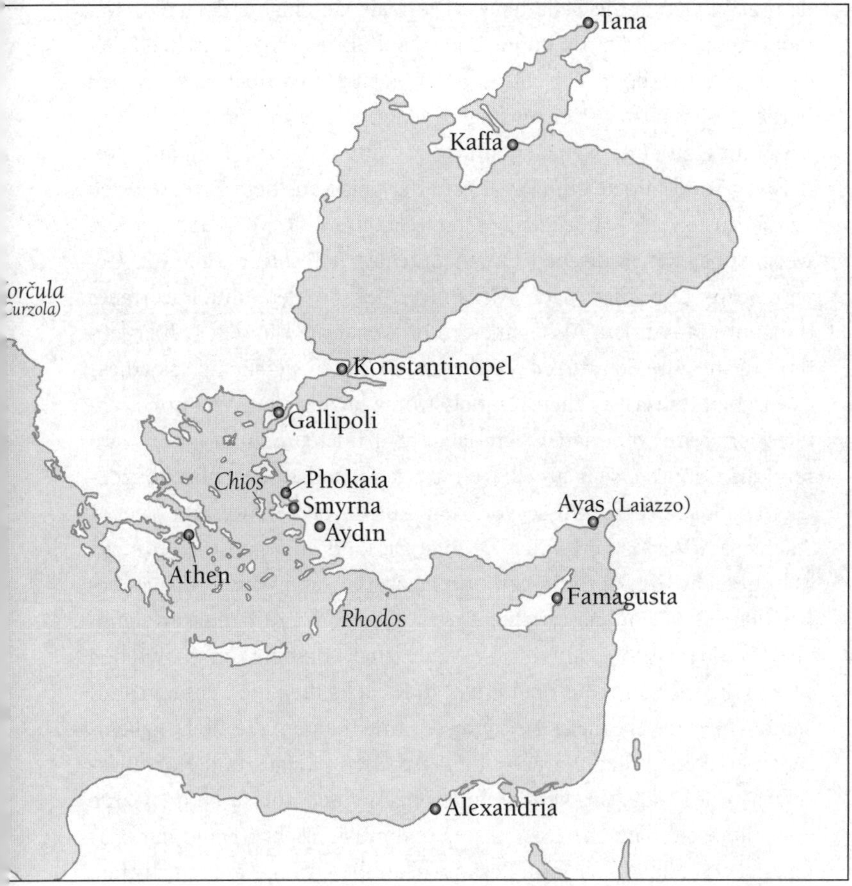

sourcen. Gelegentlich – wie etwa 1298 – lösten Piratenüberfälle eine Krise aus, und die beiden Städte zogen gegeneinander in den Krieg. In der Seeschlacht bei Curzola (heute: Korčula) kämpften 1298 etwa 80 Genueser Galeeren gegen mehr als 90 venezianische. Die Venezianer befanden sich – tief in der Adria – in heimischen Gewässern. Doch die Genueser entschieden die Schlacht durch ihre Hartnäckigkeit für sich und nahmen Hunderte von Venezianern gefangen, darunter (wie es heißt) auch Marco Polo, der seine außergewöhnlichen Erzählungen über China und den Orient einem Pisaner Troubadour diktierte, mit dem er in Genua die Zelle teilte.[3] Die reale Geschichte der Polos war nicht einfach nur die von kühnen oder tollkühnen venezianischen Edelsteinhändlern, die in Begleitung des jungen Marco über Akko in den Fernen Osten reisten. Der Aufstieg des Mongolenreichs im 13. Jahrhundert führte zu einer Neuausrichtung der durch Asien führenden Handelswege und öffnete eine Route, auf der Seide aus dem Fernen Osten an die Küsten des Schwarzen Meeres gelangte, auch wenn auf den Seewegen über den Indischen Ozean und das Rote Meer weiterhin Gewürze aus Ostindien nach Alexandria und in den Mittelmeerraum transportiert wurden. Als Genueser und Venezianer in den 1260er Jahren Zugang zum Schwarzen Meer erhalten hatten, versuchten sie, diese exotischen transasiatischen Handelsströme anzuzapfen. Wie üblich interessierten die Venezianer sich dabei eher für teure Luxusgüter, während die Genueser sich auf Sklaven, Getreide und Trockenobst konzentrierten, lokale Erzeugnisse von den Küsten des Schwarzen Meeres. Auch nach Wachs von guter Qualität bestand eine große Nachfrage. Man brauchte ihn, um Kirchen und Paläste in ganz Westeuropa zu beleuchten. Die Genueser errichteten in Kaffa auf der Krim eine erfolgreiche Handelsstation, während die Venezianer von dem am Asowschen Meer gelegenen Tana aus operierten. In Kaffa kauften die Genueser Tausende von Sklaven, meist Tscherkessen und Tataren, die sie in italienischen Städten verkauften, wo sie für Arbeiten in Haus und Hof eingesetzt wurden, oder an die Mamluken in Ägypten, die sie in die Garde des Sultans aufnahmen. Dass Genua den muslimischen Feind mit erstklassigen Soldaten belieferte, löste verständlicherweise am päpstlichen Hof Besorgnisse und Unmut aus.

Die Genueser lieferten Getreide aus dem Schwarzmeerraum auch weit über Konstantinopel hinaus und sorgten für eine Wiederbelebung des Schwarzmeer-Getreidehandels, der einst zur Ernährung des antiken Athen beigetragen hatte. Mit wachsender Größe bezogen die italienischen Städte ihr Getreide aus immer ferneren Regionen: aus Marokko, von den Küsten Bulgariens und Rumäniens, von der Krim und aus der Ukraine. Die Produktionskosten waren dort deutlich niedriger als in Norditalien, so dass man Getreide aus diesen Regionen trotz der zusätzlichen Transportkosten zu Preisen anbieten konnte, die nicht über denen der Importe aus Sizilien oder Sardinien lagen, nach denen weiterhin eine große Nachfrage bestand. Die Genueser vertrieben Getreide aus all diesen Herkunftsgebieten im gesamten Mittelmeerraum. Sie und die Katalanen belieferten Tunis, und sie brachten Getreide aus Sizilien nach Norditalien.[4] Eine Stadt mit beständiger Nachfrage war Florenz, das sich erst jetzt zu einem wirtschaftlichen Kraftzentrum entwickelte, einem Zentrum der Erzeugung und Veredelung von Stoffen. Obwohl die Stadt tief im Binnenland liegt, war sie doch bei der Belieferung mit Wolle und der Versorgung mit Nahrungsmitteln stark vom Mittelmeer abhängig. Sie kontrollierte nur ein kleines Territorium in ihrer Umgebung, mit deren Getreideproduktion man die Stadt in fünf von zwölf Monaten des Jahres ernähren konnte. Die Böden der Toskana waren in aller Regel arm, und das dort erzeugte Getreide erreichte nicht die Qualität des aus dem Ausland importierten Hartweizens. Eine Lösung des Versorgungsproblems lag in der regelmäßigen Gewährung von Krediten an den angevinischen König von Neapel, mit denen sie sich Zugang zu den scheinbar unerschöpflichen Weizenvorräten Apuliens verschafften.[5]

In diesen Entwicklungen spiegelten sich massive Veränderungen in Gesellschaft und Wirtschaft der Länder im Umkreis des Mittelmeeres wider. Um 1280 oder 1300 wuchs dort die Bevölkerung, und entsprechend stiegen auch die Getreidepreise. Es kam nun häufiger zu lokalen Hungersnöten, und die Städte mussten in immer größerer Entfernung nach den benötigten Nahrungsmitteln suchen. Die kommerzielle Revolution in Europa beschleunigte das Wachstum der Städte, da die dortigen Beschäftigungsaussichten immer mehr Arbeiter vom Land in die Stadt lockten. Die Städte begannen die Wirtschaft des westeuropäischen Mittelmeerraums in einem Maße zu dominieren, wie es in der Geschichte bis dahin noch nie der Fall gewesen war: Valencia, Mallorca, Barcelona, Perpignan, Narbonne, Montpellier, Aigues-Mortes, Marseille, Savona, Genua, Pisa und Florenz mit seinem weithin gebräuchlichen und vielfach imitierten Goldflorin – um hier nur die wichtigsten Zentren in dem großen Bogen zu nennen, der sich von Katalonien bis in die Toskana erstreckte. Das salzreiche Aigues-Mortes, dessen Aussehen sich seit dem frühen 14. Jahrhundert kaum verändert hat, wurde in den

1240er Jahren als kommerzielles Tor zum Mittelmeer für das Königreich Frankreich gegründet, das gerade erst die Herrschaft über das Languedoc erlangt hatte. König Ludwig IX. betrachtete mit Sorge das blühende Montpellier, ein Zentrum des Handels, der Banken und der Manufakturen, das im Rahmen eines komplizierten Feudalarrangements unter der Oberhoheit des Königs von Aragón stand. Er hoffte, geschäftliche Aktivitäten von dort auf seinen neuen Hafen in den Salzlagunen umlenken zu können, den er auch als Ausgangspunkt für seinen verheerenden Kreuzzug von 1248 nutzte. Schließlich wurde Aigues-Mortes schon bald zu einem Außenhafen für Montpellier, das sich ein weiteres Jahrhundert lang der Kontrolle durch den französischen König entzog.[6] Die Venezianer fanden ihre eigene Lösung für das Problem, 100 000 Einwohner zu ernähren. Sie versuchten, das gesamte Getreide, das in die obere Adria gebracht wurde, in ihre Stadt zu lenken. Die Venezianer hatten die erste Wahl, und nur was übrig blieb, ging an hungrige Nachbarn wie Ravenna, Ferrara und Rimini. Die Venezianer versuchten, aus der Adria einen »Golf von Venedig« zu machen. Sie verhandelten hart mit Karl von Anjou und seinen Nachfolgern, um sich den Zugang zum apulischen Weizen zu sichern, und boten Karl I. sogar Unterstützung bei seinem Feldzug gegen Konstantinopel an, der 1282, im Jahr der Sizilianischen Vesper, beginnen sollte.

Außer Nahrungsmitteln transportierten die großen Rundschiffe der Genueser und Venezianer auch Alaun aus Kleinasien in den Westen. Die Genueser richteten eigene Enklaven am Rande der alaunproduzierenden Region ein, zunächst – und nur für kurze Zeit – an der Küste Kleinasiens, wo der Genueser Abenteurer Benedetto Zaccaria 1297 ein »Königreich Asien« aufzubauen versuchte, und dann ganz in der Nähe auf Chios, das 1346 von einem Konsortium Genueser Kaufmannsfamilien wiedererobert (und bis 1566 gehalten) wurde. Chios bot nicht nur Zugang zum Alaun Phokaias, sondern erzeugte auch Trockenobst und Mastix. Wichtiger noch als Chios war Famagusta auf Zypern, das die durch den Fall von Akko gerissene Lücke schloss. Zypern wurde von der aus Frankreich stammenden Adelsfamilie Lusignan beherrscht, obwohl die meisten Einwohner byzantinische Griechen waren. Die Herrscher der Insel ließen sich oft in Faktionskämpfe verwickeln, doch es gelang der Dynastie, sich zwei weitere Jahrhunderte lang zu halten, nicht zuletzt dank des Wohlstands der Insel, der auf intensiven Handelsbeziehungen mit den Nachbarländern basierte.[7] Große Gemeinden ausländischer Kaufleute ließen sich auf der Insel nieder. Famagusta diente als Stützpunkt für Kaufleute aus Venedig, Genua, Barcelona, Ancona, Narbonne, Messina, Montpellier, Marseille und anderen Orten. Die verfallenen gotischen Kirchen der Stadt zeugen heute noch von dem Reichtum, den die Kaufleute dort einst ansammelten.[8]

Von Zypern aus führten Handelsrouten in ein anderes christliches Königreich, das Kilikisch-Armenische Reich an der Südostküste der heutigen Türkei. Kaufleute aus dem Westen lieferten über Zypern Weizen nach Armenien und nutzten das Land als Tor zu exotischen und beschwerlichen Handelswegen, die sie weg vom Mittelmeer und hin zu den Seidenmärkten im persischen Täbris oder noch darüber hinaus führten. Zypern besaß auch enge Verbindungen nach Beirut, wo christlich-syrische Kaufleute sich als Agenten für Geschäftsleute aus Ancona und Venedig betätigten und ihnen große Mengen Rohbaumwolle lieferten, die dann in Italien oder sogar in Deutschland weiterverarbeitet wurde – ein deutlicher Hinweis darauf, dass der Mittelmeerraum zu einem einzigen, die Grenzen zwischen Christentum und Islam überschreitenden Wirtschaftssystem zusammenwuchs. Ein Teil der Baumwollstoffe gelangte schließlich zurück in den Orient und wurde in Ägypten oder Syrien verkauft. Handel und Politik waren in den Augen der Könige aus dem Hause Lusignan auf schicksalhafte Weise ineinander verschränkt. Als König Peter I. von Zypern 1365 einen ehrgeizigen Kreuzzug gegen Alexandria unternahm, gehörte zu seinen Plänen auch die Herstellung einer christlichen Hegemonie über die Häfen Südanatoliens (von denen er bereits einige erobert hatte) und Syriens, doch ein längerer Feldzug in Ägypten überstieg seine Kräfte. So verwandelte sich seine Expedition in eine unheilvolle Plünderung Alexandrias und bewies letztlich, dass hinter seinem angeblich heiligen Krieg materielle Motive standen. Kurz nach seiner Rückkehr nach Zypern wurde König Peter, der es verstand, sich Feinde zu machen, ermordet.[9]

II

Die kommerzielle Überlegenheit der italienischen und katalanischen Kaufleute basierte auf ihrer maritimen Überlegenheit. Die großen, bauchigen Segelschiffe konnten nur deshalb frei zwischen christlichen und muslimischen Ländern verkehren, weil lange, mit Rudern ausgestattete Galeeren auf See patrouillierten. Die Galeeren waren gut achtmal so lang wie breit und verfügten sowohl über Ruder als auch über Segel. Auf den Ruderbänken saßen vier oder sechs Mann einander gegenüber, je zwei oder drei pro Riemen. Als Handelsschiffe eigneten sie sich gut zum Transport kleiner Mengen hochwertiger Güter wie Gewürze, denn der Laderaum war sehr begrenzt. Sie waren schnell und beweglich, aber bei schwerer See immer noch anfällig. Als die Flandernroute sich entwickelte, baute man die für den Atlantik bestimmten Schiffe länger, breiter und (vor allem) höher, so dass die neuen »Großgaleeren« dem Wind und den Strömungen im Golf von Biskaya standzuhalten vermochten.[10] Zu den Rundschiffen gehörten einige wenige venezianische und Genueser Fahrzeuge von der Größe der in den 1260er Jahren gebauten *Roccaforte*, eines großen Schiffes, das mit 500 Tonnen mehr als doppelt so viel Ladung aufnehmen konnte wie die meisten Rundschiffe.[11]

Manche Flotten, vor allem jene, die in die Levante oder nach Flandern segelten, fuhren im Konvoi unter bewaffnetem Schutz (das in Venedig so genannte *Muda*-System). Dennoch konnte die grassierende Piraterie durch muslimische oder christliche Korsaren den Schiffsverkehr für lange Zeit lahmlegen. 1297 bemächtigte sich eine rebellierende Faktion aus Genua unter Führung eines Angehörigen der Familie Grimaldi, der angeblich wegen seiner Gewohnheit, eine Kapuze zu tragen, »der Mönch« genannt wurde, des Felsens von Monaco im äußersten Westen der Genueser Landbesitzungen (in Wirklichkeit geht der Name *Monoikos* auf antike Siedler aus Phokaia zurück und hat nichts mit einem Mönch oder *monaco* zu tun). Die Seeleute von Monaco trieben jahrzehntelang ihr Unwesen und unterstützten auch den angevinischen König von Neapel, Robert den Weisen, der 1318 die Oberhoheit über Genua erlangt hatte. 1336 kaperten monegassische Piraten zwei Galeeren, die mit Handelsgütern beladen aus Flandern zurückkehrten. Der Senat der Stadt sah sich gezwungen, alle Fahrten nach Flandern einzustellen, und nahm sie erst 20 Jahre später wieder auf. Die Grimaldis hielten sich, trieben weiterhin ihr Unwesen und sind bis heute die Herrscher Monacos, auch wenn sie etwas achtbarere Einnahmequellen als die Piraterie fanden.[12]

Der Handel ließ eine erfolgreiche Kaufmannsklasse entstehen, stärkte aber auch die Macht der Patrizierfamilien. In Venedig beherrschte der Adel die einträglichsten Handelsrouten und überließ den Handel mit Getreide, Salz und Wein den zur Mittelschicht gehörenden Kaufleuten mit ihren Rundschiffen. Wer nun genau zum Adel gehörte, war nicht leicht zu bestimmen, auch wenn es einige alte Familien wie die Dandolos gab, die seit Jahrhunderten an der Spitze der gesellschaftlichen Stufenleiter standen. Die Frage war, wer auf dieser Stufenleiter aufsteigen durfte in Zeiten wachsenden Wohlstands, wenn viele neue Männer großen Reichtum erwarben und für sich das Recht beanspruchten, darüber zu bestimmen, wohin die Galeerenkonvois segelten und mit welchen ausländischen Königen man Verträge abschloss – Entscheidungen, die (im frühen 14. Jahrhundert) vom aristokratischen Senat getroffen wurden. Die Lösung, die man 1297 fand, bestand darin, die Mitgliedschaft im Großen Rat, aus dessen Kreis die Mitglieder des Senats und der höheren Ausschüsse gewählt wurden, auf die damaligen Mitglieder und deren Nachkommen zu beschränken – etwa 200 Familien, darunter viele führende Kaufmannsfamilien wie die Tiepolos. Diese »Schließung« oder *Serrata* sollte mehr oder weniger endgültig sein, auch wenn über die Jahre einige Familien durch die Hintertür in den Adelsstand erhoben wurden.[13] Die *Serrata* bot die Möglichkeit, die Vorherrschaft des Adels in Politik, Handel und Gesellschaft zu sichern.

III

Auch die Katalanen genossen ihre Erfolge zu Beginn des 14. Jahrhunderts. Nach der formalen Beendigung des Kriegs der Sizilianischen Vesper im Jahr 1302 waren die Seewege zwischen Sizilien, Mallorca und Barcelona wieder offen. Vor allem aber beschloss der König von Aragón, einen Anspruch auf Sardinien geltend zu machen, den der Papst 1297 Jakob II. von Aragón zugesprochen hatte, im Austausch gegen Sizilien, wie der Papst hoffte.[14] Jakobs Bruder Friedrich widersetzte sich dem jedoch, indem er an Sizilien als dessen unabhängiger Monarch festhielt, und erst 1323 wagte König Alfons IV. eine Invasion Sardiniens. Zwar trieben ihn dazu hauptsächlich dynastische Motive, doch die katalanischen Kaufleute glaubten, beträchtliche Vorteile aus der Eroberung einer an Getreide, Salz, Käse, Leder und – vor allem – Silber so reichen Insel ziehen zu können.[15] Die Möchtegern-Eroberer hatten allerdings die uralte Abneigung der einheimischen Sarden gegen jede Fremdherrschaft übersehen. Die Katalanen verbunkerten sich in den Städten, hauptsächlich an der Küste (ihre katalanisch sprechenden Nachfahren leben heute noch in Alghero), und sorgten dafür, dass die Sarden draußen vor den Stadtmauern blieben. Inzwischen sahen Pisaner und Genueser in der katalanischen Invasion einen Verstoß gegen ihre eigenen Hoheitsrechte. Die Pisaner durften am Ende ihre Landgüter im Süden Sardiniens behalten, doch die Stadt war eine im Niedergang begriffene Macht – nicht lange zuvor hatte man dort sogar überlegt, ob man sich freiwillig Jakob II. von Aragón unterwerfen sollte. Die Genueser stellten da schon ein ernsteres Problem dar. Sie reagierten mit hinterhältigen Angriffen auf katalanische Schiffe, und die Katalanen antworteten mit ebenso brutalen Mitteln. Die Gewässer um die Insel wurden gefährlich. Sardinien war eine umkämpfte Insel – einerseits zwischen seinen Möchtegern-Herren und den alteingesessenen Einwohnern, andererseits zwischen verschiedenen Möchtegern-Eroberern. Im späten 14. Jahrhundert gipfelte der einheimische Widerstand in der Schaffung eines dynamischen Königreichs, dessen Zentrum sich in Arborea im westlichen Mittelteil der Insel befand. Dessen Königin Eleonora genoss hohes Ansehen als Gesetzgeberin.[16]

Nachdem 1337 der ehrgeizige, kleinwüchsige Peter IV., genannt »der Zeremoniöse«, den Thron von Aragón bestiegen hatte, entwickelte der Aragoneser Hof so etwas wie eine imperiale Strategie. Gleich zu Beginn seiner Herrschaft beschloss er, das Problem anzugehen, das sein Vetter durch sein Verhalten auf Mallorca darstellte. König Jakob III. von Mallorca erweckt aus heutiger Sicht den Eindruck einer psychisch instabilen Persönlichkeit. Er opponierte entschieden gegen den Anspruch Peters IV., wonach der König von Mallorca ein Vasall des Königs von Aragón war, kam aber dennoch nach Barcelona, um über ihr gespanntes Verhältnis zu sprechen. Seine Schiffe machten vor den Mauern eines am Meer gelegenen Palastes fest, und auf sein Betreiben hin wurde ein überdeckter Steg zwischen dem Palast und seinem Schiff gelegt. Dann lockte er Peter an Bord, und es geht das Gerücht, er hätte den König von Aragón entführen wollen. Die mallorquinischen Kaufleute waren davon nicht angetan, da sie auf enge Beziehungen zu den Kaufleuten in Barcelona angewiesen waren. So war es denn für sie eine Erleichterung, als der König von Aragón Jakob für ungehorsam erklärte und Mallorca 1343 besetzte. Die katalanische Flotte umfasste 116 Schiffe, darunter 22 Galeeren.[17] Jakob starb wenig später bei dem Versuch, sein Land zurückzuerobern. Gegen Ende seines Lebens (er regierte ein halbes Jahrhundert lang) bemühte Peter sich um eine Heiratsallianz, durch die Sizilien wieder an Aragón fallen sollte. Sein imperialer Traum begann, Wirklichkeit zu werden. Endlich entstand ein katalanisch-aragonesisches »Reich«, aus dem die katalanischen Kaufleute großen Profit zu schöpfen hofften. 1380 erläuterte Peter die Bedeutung dieser das Mittelmeer überspannenden Verbindungen, während er über die Notwendigkeit nachdachte, die Kontrolle über das von Kriegen zerrissene Sardinien zu behalten:

> »Wenn Sardinien verlorengeht, wird auch Mallorca verlorengehen, weil Mallorca dann nicht mehr wie bisher die Nahrungsmittel aus Sizilien und Sardinien erhalten wird, so dass die Insel sich entvölkern und verlorengehen wird.«[18]

Es entstand ein Netzwerk, das Sizilien, Sardinien, Mallorca und Katalonien miteinander verband und in dem die italienischen Inseln Mallorca und Barcelona regelmäßig mit Nahrungsmitteln versorgten.

Die Unterhaltung der Flotte bereitete Kopfzerbrechen. Im 13. Jahrhundert erbaute man in Barcelona ein großes Arsenal, dessen Hülle heute das Marinemuseum birgt. Dort arbeiteten die Schiffszimmerleute unter dem Schutz eines Daches, und an den Bögen befestigte man große Eisenringe, an denen man den Schiffsrumpf mit Kloben und Hebezeug anheben konnte. Doch die Kosten für den Bau eines Arsenals, das 25 Galeeren fassen konnte, wurden von einem königlichen Berater auf 2000 Unzen Gold geschätzt – mehr als der König von Aragón aufzubringen vermochte. Noch gar nicht eingerechnet waren hier die Kosten für die Wartung der Schiffe und die Ausstattung der Seeleute mit Proviant, Waffen und sonstiger Ausrüstung. Die Nahrung der Seeleute auf den katalanischen Schiffen war eintönig und bestand aus Schiffszwieback, Pökelfleisch, Käse, Bohnen, Öl und Wein sowie Kichererbsen und Dicken Bohnen. Der Hauptunterschied zur Verpflegung Genueser, venezianischer und neapolitanischer Seeleute lag im Mengenverhältnis der verschiedenen Bestandteile. Die Venezianer erhielten weniger Schiffszwieback und Käse und dafür mehr Pökelfleisch, während in der neapolitanischen Flotte reichlich Wein ausgegeben wurde – ist das der Grund für ihre schlechten Leistungen?[19] Aus Knoblauch, Zwiebeln und Gewürzen konnte man einen einigermaßen schmackhaften Aufstrich für das Brot herstellen, und man glaubte, dass Knoblauch und Zwiebeln Schutz vor Krankheiten wie Skorbut boten. Der Zwieback war, wie das Wort schon sagt, doppelt gebacken und deshalb hart, aber leicht, haltbar und nahrhaft.[20] Das Fehlen gesalzenen Fischs erscheint merkwürdig. Gesalzener Fisch bildete in Barcelona einen wichtigen Teil der Ernährung. Es gab in großen Mengen Sardellen aus einheimischen Gewässern, und auch aus dem Atlantik schaffte man Fische dorthin, vor allem in der Fastenzeit, wenn es Christen verboten war, Fleisch zu essen. Andererseits hatte die Krone keinen Grund, für Fische zu zahlen, die es doch unter dem Kiel der Schiffe in großen Mengen gab. Außerdem erhöhten gesalzene Lebensmittel den Trinkwasserbedarf, dessen Deckung ein ständiges Problem darstellte. Jedes Besatzungsmitglied brauchte etwa acht Liter am Tag, vor allem wenn bei großer Hitze gerudert werden musste. Die Schiffe konnten mehr als 5000 Liter Trinkwasser mitnehmen, das jedoch leicht verdarb und gereinigt und zur Geschmacksverbesserung mit Essig versetzt werden musste. Doch die Wasservorräte mussten oft aufgefrischt werden – ein Problem, das man in der Antike durch häufige Landgänge gelöst hatte.[21] Die Lösung solcher Probleme gehörte zu den Kernaufgaben des Admirals. Er war weit mehr als ein Flottenkommandeur.

Einige Gebiete im westlichen Mittelmeer waren für den Schiffsverkehr gesperrt. Um 1340 stritten Genueser, Katalanen und die marokkanischen Mariniden um die Kontrolle der Straße von Gibraltar.[22] Verschärft wurde das Problem noch durch die Furcht vor einer marokkanischen Invasion Südspaniens – eine Neuauflage der Invasionen aus Marokko, die im 11. und 12. Jahrhundert solch eine Bedrohung für die christlichen Königreiche auf der Iberischen Halbinsel dargestellt hatten. Zum Glück für die christlichen Mächte waren die muslimischen Könige von Granada generell ebenso sehr wie die Christen darauf bedacht, eine Herrschaft der Mariniden zu verhindern. Dennoch verbündeten sie sich noch in den 1330er Jahren mit den Marokkanern und brachten damit den Durchgang durch die Meerengen in große Gefahr. Nicht zum ersten Mal versuchte der König von Kastilien, die Kontrolle über die Straße zu erringen, indem er Gibraltar belagerte, doch er wurde selbst von muslimischen Truppen belagert und zog sich widerwillig zurück.[23] 1340 wurde die kastilische Flotte von einer wiedererstarkten marokkanischen Flotte vor Gibraltar besiegt und verlor 32 Kriegsschiffe. Der Schock der Niederlage ihrer christlichen Brüder veranlasste die Aragoneser, Frieden mit den Kastiliern zu schließen, mit denen sie seit langem schon im Streit lagen. Der König von Aragón hoffte, mindestens 60 Galeeren ausrüsten zu können, doch er musste seine Ständeversammlungen, die Cortes, um die Bewilligung der nötigen Gelder bitten. Die Ständeversammlung von Valencia bot 20, der streitlustige König von Mallorca 15 Galeeren an. Inzwischen hatten die Marokkaner freie Bahn für ihre Invasion Spaniens, doch im Oktober 1340 bereiteten die Kastilier, diesmal mit portugiesischer Unterstützung, einem marokkanischen Heer in der Schlacht am Salado in Südspanien eine vernichtende Niederlage. Die erbeuteten Feldzeichen der Mariniden sind heute noch in der Schatzkammer der Kathedrale von Toledo zu besichtigen. Der Sieg bedeutete jedoch noch nicht das Ende des Krieges, und mehrfach schickte man kleine Flottenverbände aus zehn oder 20 Galeeren in die Meerengen. Das war sehr wenig im Vergleich zu den Marokkanern, die es 1340 irgendwie geschafft hatten, eine Flotte von 250 Schiffen, darunter 60 Galeeren, aufzubieten.[24] Ein Ende fand der Krieg erst 1344, als König Alfons XI. von Kastilien in Algeciras einmarschierte, mit der

Folge, dass ein christlicher König nun die Nordseite der Meerenge hielt, obwohl das gleich nebenan liegende Gibraltar unerobert blieb.[25]

Auch im östlichen Mittelmeer verstärkten die Muslime wieder ihre Aktivitäten zur See. Zum Teil war dies eine Reaktion auf christliche Erfolge in den Gewässern vor der Türkei. 1310 eroberten die zwei Jahrzehnte zuvor aus Akko vertriebenen und nun von Zypern aus operierenden Hospitaliter (Johanniter) Rhodos, das nominell unter byzantinischer Oberhoheit stand und seit mehreren Jahren das Ziel türkischer Überfälle gewesen war.[26] Die Hospitaliter verlegten ihren Hauptsitz nach Rhodos und bauten eine große Flotte, mit der sie sich aktiv an der Piraterie beteiligten. Sie verhandelten endlos mit westlichen Königen wie denen von Frankreich und von Neapel, um sie zur Beteiligung an einer gewaltigen Kreuzfahrerflotte zu bewegen. Doch das Ziel dieser Flotte sollten nicht nur das Heilige Land und der Mamlukenstaat in Ägypten und Syrien sein. Die Aufmerksamkeit galt zunehmend auch den Türken, deren Eintreffen an den Küsten Kleinasiens die Spielregeln veränderte. Die Türken hatten den seit langem bestehenden byzantinischen *Sicherheitsgürtel* durchbrochen, der sie auf das Anatolische Hochland beschränkte, und wie die Hospitaliter erwarben sie mit Hilfe griechischer Seeleute aus der ehemaligen kaiserlichen Flotte maritime Fähigkeiten. Michael VIII. hatte die byzantinische Flotte 1284 aufgelöst, um Geld zu sparen, denn er glaubte, auf den Schutz italienischer Flotten rechnen zu können und vor Karl von Anjou sicher zu sein, dessen Kräfte durch den Kampf gegen die Aufständischen auf Sizilien gebunden waren. Entlang der kleinasiatischen Küsten entstand eine Reihe türkischer Fürstentümer, deren bedeutendstes das Emirat Aydın am Ägäischen Meer war. Zum Glück für die Christen verwandten diese Emirate ebenso viel Kraft und Zeit auf Streitigkeiten untereinander wie auf Einfälle in christliche Gebiete. Dennoch wurde Aydın 1318 zu einer ernsthaften Gefahr für seine christlichen Nachbarn, als der Emir Umur Pascha ein Bündnis mit katalanischen Söldnern schloss, die ein paar Jahre zuvor die Herrschaft über Athen an sich gerissen und sich nominell der Hoheit des aragonesischen Königs von Sizilien unterworfen hatten.[27] Damit entstand eine sonderbare Allianz zwischen diesen Katalanen und den Türken von Aydın. Das irritierte nun wiederum die Venezianer zutiefst, denn die Insel Santorini, die sich im Feudalbesitz eines venezianischen Adligen befand, wurde zweimal angegriffen, und die Venezianer befürchteten, das Bündnis könne als Nächstes Kreta bedrohen.[28]

Die Lösung für die türkische Bedrohung schien in einem gut ausgerüsteten und hinreichend finanzierten Kreuzzug zu liegen, durch den Hospitaliter, italienische Flotten, der angevinische König von Neapel und Franzosen gemeinsam die vollständige Kontrolle über die Ägäis erringen sollten. Das entsprach auch den Zielen der Venezianer und Genueser, deren Hauptinteresse in der Sicherung ihrer Handelsrouten und ihrer Besitzungen in dieser Region bestand. Eine »Heilige Liga« westlicher Kriegsflotten, an der sich schließlich auch die Venezianer beteiligten, säuberte 1334 die Ägäis zeitweilig von Piraten.[29] Doch das Problem verschwand nicht, und der Papst initiierte eifrig einen weiteren Kreuzzug, dem es 1344 gelang, Umur Pascha Smyrna zu entreißen. Der Smyrna-Kreuzzug war jedoch nur ein zeitweiliger Erfolg. Den Christen war es gerade einmal gelungen, eine Flotte von gut 30 Galeeren zusammenzubringen. Ihre Begeisterung war eher theoretischer als praktischer Natur.[30] Die Kreuzfahrer konnten zwar die Zitadelle der Stadt erobern, die sie bemerkenswerterweise zu halten vermochten, bis der große Timur sie 1402 eroberte, nicht aber das Hinterland der Stadt. So wurde aus dem wertvollen Handelszentrum eine belagerte Garnisonsstadt. Tatsächlich verfügten die Kreuzfahrer über zu geringe Ressourcen. Herrscher wie Robert der Weise, der angevinische König von Neapel, erhoben seit langem schon Kreuzzugsabgaben und rüsteten damit auch Kreuzzugsflotten aus, die sich dann aber wundersamerweise in die entgegengesetzte Richtung wandten und vom König in seinen Kriegen gegen die Genueser Ghibellinen oder die Aragoneser auf Sizilien eingesetzt wurden.

Die Instabilität der Region verschärfte sich noch durch die Verstärkung der Genueser Präsenz nach der Eroberung von Chios durch eine Genueser Kapitalgesellschaft im Jahr 1346. Die Insel befand sich damit im Besitz von Genueser Investoren und wurde von der Gesellschaft (*Mahona*) verwaltet. Die wichtigsten Einnahmequellen waren Alaun, Mastix und Trockenobst, und die Gesellschaft hatte kein Interesse an weiteren Abenteuern westlicher Flotten. Selbst bei den Hospitalitern schwand langsam der Kreuzzugseifer, und sie konzentrierten sich zunehmend auf die Nutzung der Vorteile, die ihnen die ausgezeichnete Lage von Rhodos an den Handelsrouten bot. Östlich davon hinterließ der Sieg über Aydın in Anatolien ein Machtvakuum, das eine aufsteigende, bislang im Nordwesten eingeschlossene Gruppe von Türken nun rasch füllte. Die osmanischen Türken waren begeisterte Anhänger des heiligen *Dschihad* gegen Byzanz (sie eroberten 1331 Nicäa), doch wie alle Türken dieser Zeit waren sie auch bereit, ihre Dienste christlichen Herrschern anzubieten, die Söldner benötigten. So erlaubte ihnen der griechische Kaiser Johannes VI. Kantakuzenos, sich auf der europäischen Seite der Dardanellen niederzulassen, und zwar in Gallipoli, ihrem ersten Brückenkopf auf dem Balkan.

Der Aufstieg der christlichen Flotten blieb also selbst noch Mitte des 14. Jahrhunderts nicht unangefochten. Die Katalanen bemühten sich, eine Flotte aufzustellen, die groß genug war, um muslimische Anwärter auf die Herrschaft über die Straße von Gibraltar in Schach zu halten. Dennoch hatte das Bündnis des Königs von Aragón mit den katalanischen Kaufleuten ein gut integriertes Netzwerk geschaffen, das in der Lage war, die Länder des westlichen Mittelmeerraums sowohl mit lebensnotwendigen Waren als auch mit Luxusgütern zu versorgen. Trotz kurzer Unterbrechungen und mancher Vorboten kommenden Unheils hielt der Frieden zwischen Venedig und Genua von 1299 bis 1350. Genueser Admiräle auf der Suche nach einem ordentlichen Krieg fanden andere Auftraggeber. Im 13. Jahrhundert hatten sie bereits Friedrich II. gedient; um 1300 brachten sie den Kastiliern bei, wie man im Mittelmeer und im Atlantik Flotten einsetzte; und sie legten das Fundament für die portugiesische Flotte. Doch einen weiteren mörderischen Eindringling, der nach 700 bis 800 Jahren in den Mittelmeerraum zurückkehrte, vermochten sie nicht abzuwehren.

IV

Der Schwarze Tod gilt manchen als natürliches Gegengewicht zum allzu raschen Wachstum der Wirtschaft Europas und des Mittelmeerraums im Hochmittelalter. Die Bevölkerung wuchs so schnell, dass der Boden unter einen unerträglichen Druck geriet, die Getreidepreise in die Höhe stiegen und immer mehr anspruchsvolle Lebensmittel wie Eier und Hühner erzeugt wurden. Marginale Böden mit geringem Ertrag wurden unter den Pflug genommen, jeder Weizenhalm zählte. Immer häufiger kam es zu Hungersnöten, vor allem in stark urbanisierten Regionen wie der Toskana, doch in Nordeuropa herrschte noch weit größere Knappheit, wie vor allem die Große Hungersnot von 1315 zeigte, die südlich der Alpen nur geringe Auswirkungen hatte.[31] Man kann indessen auch ein optimistischeres Bild zeichnen. Um 1340 hatte das Bevölkerungswachstum seinen Höhepunkt erreicht, vor allem in Westeuropa und Byzanz. Von 1329 bis 1343 schrumpfte die Bevölkerung von Malta um 23 Prozent, und ähnliche Zahlen lassen sich auch für Städte in der Provence und anderswo anführen.[32] Eine wachsende Spezialisierung stimulierte die Handelsnetze und brachte lebensnotwendige Güter im Austausch gegen kommerzielle Erzeugnisse in die Städte. Schon 1280 gaben die Pisaner den mittelmäßigen Getreideanbau an der Mündung des Arno zugunsten der Schafzucht auf. Sie tauschten Leder, Fleisch, Käse und Wolle gegen Weizen aus Übersee ein, denn beim Schaf gibt es kaum einen Teil, den man nicht nutzen könnte. Die toskanische Kleinstadt San Gimignano spezialisierte sich auf kommerzielle landwirtschaftliche Produkte wie Safran und Wein und vermochte so eine größere Bevölkerung zu ernähren als jemals zuvor im 12. Jahrhundert. Das Handelsnetz der Stadt reichte weit in den Mittelmeerraum hinein, und Kaufleute aus San Gimignano verkauften den dort erzeugten Safran, wie wir bereits gesehen haben, bis ins ferne Aleppo. Dieser auch in Nordeuropa erkennbare Trend zur »Kommerzialisierung« nahm viele Entwicklungen vorweg, zu denen es nach der Großen Pest kam.

Doch ob die Wirtschaft sich um 1340 von einer Krise erholte oder nicht, der Schwarze Tod brachte Europa und die islamische Welt jedenfalls aus dem Gleichgewicht. In den um das Mittelmeer herum gelegenen Ländern kam bis zur Hälfte der Bevölkerung ums Leben, und das hatte gewaltige Auswirkungen auf das soziale, ökonomische, religiöse und politische Leben der dort lebenden Völker. Es war ebenso ein psychischer wie ein ökonomischer Schock.[33] Doch die Pest führte nicht zu einem lang anhaltenden Dunklen Zeitalter wie am Ende der Bronzezeit und beim Zusammenbruch der römischen Einheit im Mittelmeerraum. Die Pest hatte die Probleme im spätrömischen Reich verstärkt und die Erholung verzögert, aber sie war nicht die einzige Ursache der tiefgreifenden Rezession gewesen. Im 14. Jahrhundert war sie dagegen der Hauptauslöser der Veränderungen innerhalb des Mittelmeerraums und der angrenzenden Regionen und führte zur Entstehung einer neuen Ordnung.

Die Genueser waren unwissentlich verantwortlich für die Ankunft des Schwarzen Todes im Mittelmeerraum. Die Beulenpest gelangte nicht durch Kaufleute in ihre Handelsniederlassung Kaffa auf der Krim, sondern durch die Mongolenheere, die 1347 die Stadt belagerten.[34] Damals gelang es mehreren italienischen Schiffen, dem Krieg auf der Krim zu entkommen. Ihr Weg führte sie nach Konstantinopel, und auch wenn die Seeleute selbst nicht infiziert waren, gab es auf ihren Schiffen doch blinde Passagiere, Hausratten nämlich, die sich von dem Getreide in den Laderäumen der Schwarzmeerflotte ernährten und infizierte Flöhe auf sich trugen, wie man sie auch in den Tuchballen an Bord der Schiffe finden konnte. Im September 1347 wütete die Beulenpest in der byzantinischen Hauptstadt, und die aus Konstantinopel fliehenden Bürger nahmen die Seuche mit. Aus dem Schwarzen Meer fuhr ein Sklavenschiff mit mehr als 300 Menschen an Bord Richtung Alexandria. Wie der arabische Historiker Al-Maqrizi berichtet, lebten nur noch 45 von ihnen, als das Schiff Alexandria erreichte, und auch sie starben wenig später.[35] Es kann kaum überraschen, dass Alexandria zum Ausgangspunkt für die Ausbreitung der Pest im östlichen Mittelmeerraum wurde. Im Frühjahr 1348 erreichte sie Gaza. Der erste Hafen im Westen, in dem die Seuche auftrat, war Messina. Ein sizilianischer Chronist gab die Schuld an der Ankunft der Pest zwölf Genueser Galeeren, die aus dem Osten geflohen waren und im Oktober 1347 Sizilien erreichten. Die Einwohner von Messina flüchteten aus der Stadt und verbreiteten den Erreger auf der ganzen Insel. Wenig später sprang die Pest auch über die Meerenge nach Reggio und erreichte im Mai 1348 Neapel.[36] Im Frühjahr 1348 hatte die Seuche Mallorca fest im Griff, und von dort aus verbreitete sie sich auf den klassischen Handelsrouten in der gesamten katalanischen Welt, nach Perpignan, Barcelona und Valencia und von dort bis hinunter ins Königreich Granada. Im Mai 1348 erreichte sie Almería.[37] Im selben Monat zogen die Einwohner von Barcelona auf Prozessionen mit ihren Reliquien und Statuen durch die Stadt und beteten zu Gott um ein Ende der Pest, doch solche Prozessionen trugen natürlich eher noch zur Verbreitung der Seuche als zu deren Beendigung bei.[38] Im April 1348 wurde Tunis angesteckt, wahrscheinlich aus Sizilien. Weitere Infektionsquellen waren die katalanischen Schiffe, die aus Mallorca in die Häfen Marokkos und Algeriens fuhren.[39] Aufgrund des Booms der Städte vom 12. bis zum 14. Jahrhundert waren die Küsten des westlichen Mittelmeeres ebenso anfällig für die Pest wie die einwohnerreichen Städte des Nahen Ostens. Allerorten raffte sie unglaublich viele Menschen dahin: ein Drittel bis zur Hälfte der Bevölkerung und in einigen Teilen des westlichen Mittelmeerraums wie etwa in Katalonien sogar bis zu 60 oder 70 Prozent.[40] Mit ihrer Ausbreitung verschärfte sich die Seuche sogar noch und nahm die Form der Lungenpest an, die einen Menschen innerhalb weniger Stunden nach der Infektion töten konnte.

Der Verlust von bis zur Hälfte der Bevölkerung Europas und des Mittelmeerraums hatte dramatische Auswirkungen auf die wirtschaftlichen Beziehungen. Die Nachfrage nach Nahrungsmitteln ging deutlich zurück, obwohl im Gefolge der Pest vielerorts Hungersnöte auftraten, weil die Felder auf Sizilien und anderswo unbestellt blieben, da die nötigen Arbeitskräfte gestorben waren oder sich zerstreut hatten. Die Bevölkerung der großen Handelszentren brach zusammen, denn auf den Straßen und Kanälen Genuas, Venedigs und anderer Handelsstädte breitete die Seuche sich besonders leicht aus.[41] Der Schwarze Tod war kein einmaliges Ereignis. Auch im späten 14. Jahrhundert flammte die Pest mehrfach wieder auf und dezimierte erneut die Gesamtbevölkerung, als sie sich gerade zu erholen begann. Besonders hart trafen die erneuten Ausbrüche die Jungen, denn die Alten hatten die Pestjahre überstanden und eine gewisse Resistenz aufgebaut. In den hundert Jahren nach der

Sizilianischen Vesper verlor Sizilien möglicherweise 60 Prozent seiner Bevölkerung. Die Einwohnerzahl sank von 850 000 auf 350 000. Entscheidende Bedeutung hatten dabei die Pest von 1347 und ein weiterer Ausbruch im Jahr 1366.[42] Nach den Verheerungen und dem Schrecken des Schwarzen Todes war nichts mehr wie zuvor. Doch obwohl die Pest den Mittelmeerraum veränderte, führte sie doch nicht zu einer dauerhaften Rezession. Alte Institutionen wie die Fonduks der Kaufleute hatten weiterhin Bestand. Genueser, Venezianer und Katalanen stritten weiter miteinander, und Christen schmiedeten erneut Pläne für Kreuzzüge gegen die Mamluken, deren Macht zunächst unangetastet blieb. Doch unter der Oberfläche waren subtile, aber bedeutsame Veränderungen in der Funktionsweise der alten Netzwerke in Gang gekommen, die erstmals zutage traten, als jenseits der Straße von Gibraltar eine rivalisierende Handelszone entstand. Aus dieser Erholung ging Ende des 14. Jahrhunderts das Vierte Mediterrane Zeitalter hervor.

TEIL IV

Das Vierte Mediterrane Zeitalter

1350 bis 1830

KAPITEL 1

Träume von einer Erneuerung des Römischen Reiches 1350 bis 1480

I

Im Gefolge der Pest und des nachfolgenden Bevölkerungsrückgangs verringerte sich der Druck auf die Nahrungsmittelressourcen im Mittelmeerraum. Das bedeutete nicht, dass der alte Getreidehandel in dieser Region zusammenbrach. In Wirklichkeit florierte er. Dank der Umwandlung minderwertiger Böden in Weideland und der Nutzung weiterer Flächen für die Erzeugung anderer Produkte wie Zucker und Farbstoffe wurde das Wirtschaftsleben an den Küsten des Mittelmeeres vielgestaltiger. Die zunehmende Spezialisierung stimulierte den Handel mit vielfältigen Gütern. Die Wirtschaft des Mittelmeerraums begann neue Formen anzunehmen. Lokale Kontakte traten in den Vordergrund. Man verschiffte Erzeugnisse wie Holz entlang der katalanischen Küsten, Wolle aus Apulien wurde über die Adria in die aufblühenden Städte Dalmatiens und aus dem (für seine Schafe berühmten) Menorca in die Toskana geschickt, wo um 1400 der »Kaufmann von Prato«, Francesco di Marco Datini, geradezu besessen dafür sorgte, dass jeder Warenballen verzeichnet und jedes Stück Korrespondenz – an die 150 000 Briefe – aufbewahrt wurde, zum gewaltigen Nutzen späterer Historiker.[1] Einer seiner Agenten auf Ibiza klagte: »Dies Land ist ungesund, das Brot ist schlecht, der Wein ist schlecht, Gott vergib mir, nichts ist gut hier! Ich habe Angst, daß ich hier draufgehe.«[2] Doch die Erfordernisse des Geschäfts gingen über die des persönlichen Komforts.

Der Kaufmann von Prato hatte auch toskanische Agenten in San Mateu an der spanischen Küste, wo sie die beste aragonesische Wolle aufkauften, während tief im spanischen Binnenland Schafe die Meseta er-

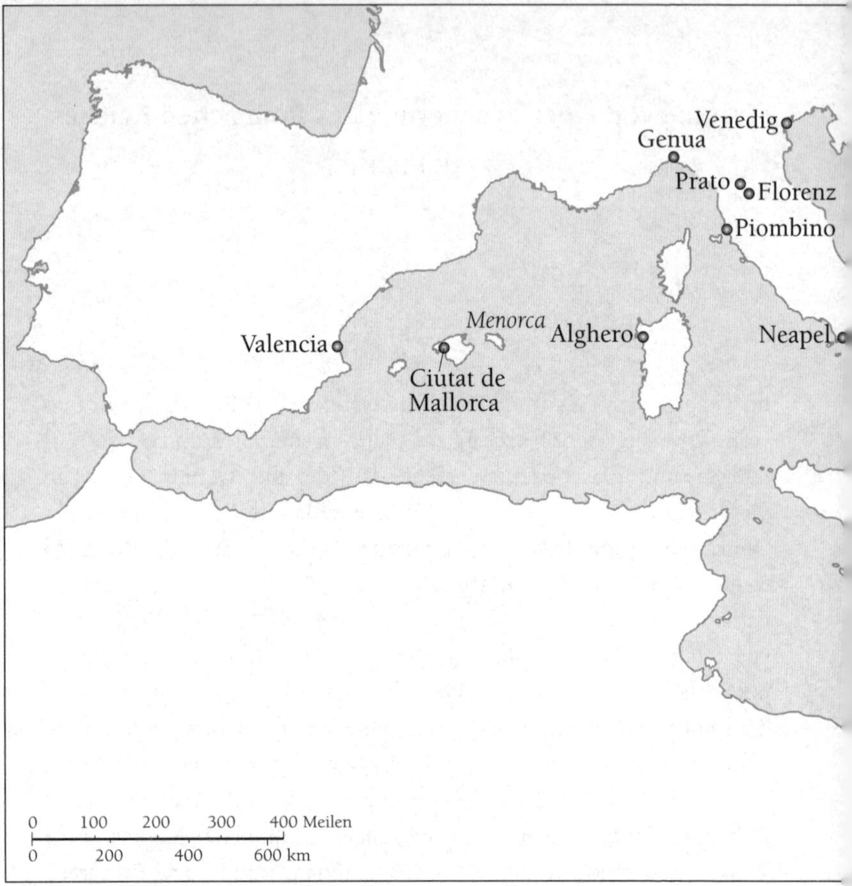

oberten. Dort weideten Millionen von Schafen im Sommer in den Hochlagen und den Winter über im Flachland. Datinis Handelsbeziehungen reichten in den Maghreb hinein und im Osten bis auf den Balkan und zum Schwarzen Meer. In den 1390er Jahren beteiligte er sich am Sklavenhandel, zu einer Zeit, als Tscherkessen aus dem Schwarzmeergebiet und Berber aus Nordafrika auf den Sklavenmärkten Mallorcas und Siziliens verkauft wurden.[3] Aus den Ländern des Orients jenseits der Mittelmeerküste bezog er Indigo, Brasilholz, Pfeffer, Aloe, Weiße Curcuma sowie Zypergras und aus Gebieten innerhalb des Mit-

telmeerraums Baumwolle, Mastix und raffinierten Zucker. Aus Spanien und Marokko importierte er neben großen Mengen Rohbaumwolle auch Pfauenfedern, Elfenbein, Reis, Mandeln und Datteln. Er bestellte ein Tafelservice aus Valencia, dessen Teile – damals eine durchaus übliche Praxis – sämtlich mit seinem Wappen verziert waren, und als er ein paar Jahre später eine Nachbestellung tätigte, war er verärgert, dass man dort nicht mehr wusste, wie dieses Wappen aussah.[4]

Datini war ein Oligarch und kein für das späte 14. Jahrhundert typischer Geschäftsmann, doch seine Karriere ist ein ausgezeichneter Beleg für die fortbestehende Vitalität des Handels. Selbst unter widrigsten Umständen vermochte er Geschäfte abzuschließen, sogar als der Herzog von Mailand 1402 um die Toskana herumstrich und alle größeren Städte außer Florenz unter seine Herrschaft brachte. Die Kaufleute des Mittelmeerraums hatten stets gewusst, wie man sowohl aus dem Krieg als auch aus dem Frieden Profite schlug. Doch es gab eine bedeutsame Veränderung. Im frühen 14. Jahrhundert hatten die großen Florentiner Bankhäuser der Bardi, Peruzzi und Acciaiuoli enge Beziehungen zu den Königen von Neapel, den Hospitalitern auf Rhodos und zu Herrschern im nördlichen Europa aufgebaut, die in allzu große Abhängigkeit von ihren Krediten gerieten. Doch kurz vor der Großen Pest waren die Bankhäuser zusammengebrochen, als ruchbar wurde, dass sie allzu viele toxische Anleihen (bei denen die Rückzahlung ungewiss ist) angesammelt hatten (vor allem Kredite an den englischen König). Die internationalen Banken, die an ihre Stelle traten, achteten sehr darauf, sich nicht zu übernehmen, und beschränkten sich auf bescheidenere Geschäfte. Das galt auch für die Medici-Bank, und zwar trotz der politischen Macht und des Ansehens der Familie, die sie beherrschte.[5] Größere Vorsicht sorgte für stabile Profite. Auch die Ambitionen waren bescheidener. Die Katalanen schickten nun weniger Schiffe nach Flandern und England, und Marseille, einst ein wichtiges Handelszentrum, verlor an Bedeutung. So entstanden neue Strukturen, die von neuen Einstellungen zusammengehalten wurden.[6] Das städtische Leben wurde nicht nur von der wachsenden Spezialisierung stimuliert, sondern auch von der Zuwanderung aus ländlichen Gebieten, deren Dörfer aus Mangel an Arbeitskräften nicht mehr funktionsfähig waren. In Ägypten führte die Aufgabe bebauter Flächen zu einer Vernachlässigung der Bewässerungssysteme, die einst die ökologische Stabilität im Nildelta aufrechterhalten hatten. Das Delta verarmte, und die Löhne sanken, während sie an den europäischen Küsten aufgrund des Mangels an Arbeitskräften eher stiegen.[7] Dennoch wuchs die Bevölkerung der Städte und lag um 1400 in vielen Fällen sogar wieder auf dem vor der Pest erreichten Niveau. Das ermunterte Genueser, Venezianer und Katalanen, weiterhin die Kornkammern des Mittelmeerraums und des Schwarzen Meeres zu erkunden.

Wenn die Pest bei den Christen das Gefühl weckte, sie müssten ihre Sünden bereuen, gehörte der Krieg offensichtlich nicht zu diesen Sünden. Venedig und Genua gingen einander 1350 bis 1355 an die Kehle und dann nochmals 1378 bis 1381 (im Chioggia-Krieg). Den Anlass bildeten in beiden Fällen Streitigkeiten um den Zugang zum Schwarzen Meer aus der Ägäis. Während des ersten Konflikts verbündeten die Venezianer sich mit dem König von Aragón, der mit den Genuesern um die Kontrolle über Sardinien konkurrierte. Die Venezianer schickten eine Flotte ins westliche Mittelmeer und errangen vor dem in Nordsardinien gelegenen Alghero einen Sieg über die Genueser, während die Katalanen eine Flotte in den Bosporus entsandten und dabei in der Schlacht einen ihrer Admiräle verloren. Doch der Krieg brachte keiner Seite einen Gewinn. Die Venezianer waren gezwungen, nach 350 Jahren Herrschaft den Verlust des Herzogtums Dalmatien an Ungarn zu akzeptieren, und in Genua kam es zu einem Bürgerkrieg. Die Stadt fiel in die Hände der Visconti-Herrscher von Mailand, die zu der Einsicht gelangten, dass die Ressourcen der Stadt erschöpft waren, und sie schlossen 1355 Frieden mit dem gleichermaßen erschöpften Venedig.[8]

Als es 1378 erneut zum Krieg kam, konzentrierte die Aufmerksamkeit sich zunächst auf die kleine Insel Tenedos, deren Kontrolle als Garant für die Herrschaft über den Seeweg durch die Dardanellen galt. Einige Jahre zuvor hatte ein byzantinischer Usurpator die Insel den Genuesern zum Lohn für ihre Hilfe geschenkt, doch die Venezianer rangen einem seiner Rivalen das Versprechen ab, sie dürften die Kontrolle über die Insel übernehmen.[9] Die Bereitschaft Genuas und Venedigs, in den Krieg zu ziehen, verwundert umso mehr, als die Große Pest die Zahl der verfügbaren Soldaten und Seeleute drastisch vermindert hatte, so dass die Venezianer einen großen Teil der Ruderer in Dalmatien rekrutieren mussten. Und es gab weitere ernste Schwierigkeiten. Zwischen diesen Kriegen sahen sich die Venezianer 1363 mit einer Rebellion auf Kreta konfrontiert, an der sich nicht nur die einheimischen Griechen beteiligten, sondern auch einige venezianische Adlige, darunter Mitglieder der großen und alten Familie Gradenigo.[10] Die Rebellion gefährdete die Versorgung Venedigs, denn die Stadt, der ein ausreichend großes Hinterland in Nordostitalien fehlte, beutete die Insel – offenbar übermäßig –

aus, um sich mit Getreide, Wein, Öl und Gemüse zu versorgen. Während dieses zweijährigen Krieges erwuchs der Stadt eine weitere und weitaus größere Gefahr, als Genua und Venedig in der Adria aneinandergerieten, in die sich Genueser Flotten bis dahin nur selten vorgewagt hatten. 1378 bis 1380 stand Venedig gefährlich ungeschützt da, denn der König von Ungarn kontrollierte nun die Ostseite der Adria. Für die Stadt war es ein ständiges Problem, dass ihre imperialen Ambitionen im östlichen Mittelmeer nur dann zu sichern waren, wenn die Republik auch die in unmittelbarer Nähe liegenden Gewässer beherrschte.

Als dann die Genueser sich die Unterstützung des Königs von Ungarn und des nächsten Nachbarn Venedigs, des von den Carrara beherrschten Padua, sichern konnten, fand die Stadt sich umzingelt. 1379 brannten die Genueser die auf dem venezianischen Lido gelegenen Dörfer nieder, und die Streitkräfte der Verbündeten stürmten die Stadt Chioggia am südlichen Ende der venezianischen Lagune. Die Verbündeten prahlten, sie würden nicht ruhen, bis sie auch den vier Bronzepferden über dem Portikus des Markusdoms Zügel angelegt hätten. Die Stadt war in so großer Gefahr wie seit dem Beginn des 9. Jahrhunderts nicht mehr, als die Karolinger die Lagune belagert hatten. Doch es gelang Venedig, der Belagerung standzuhalten, und am Ende waren es die Genueser, die sich als Belagerte empfanden, denn ihre Vorräte gingen zur Neige. Im Juni 1380 erkannten die Genueser, dass ihre Position unhaltbar war, und sie schlossen Frieden. Ein wichtiger Aspekt dieses Konflikts ist die Tatsache, dass die Venezianer in großen Mengen Schießpulver einsetzten, und zwar in Kanonen, die sie auf dem Vorderdeck ihrer Schiffe aufstellten. Der Befehlshaber der Genueser, Pietro Doria, kam ums Leben, als eine Kanonenkugel einen Turm traf, der daraufhin über ihm zusammenstürzte.[11]

Historiker Venedigs verbuchen den Chioggia-Krieg gerne als venezianischen Sieg, doch die Ankunft der Genueser auf den Sandbänken des Lido war eine gewaltige Demütigung. Venedig verlor Tenedos, scheiterte mit der Rückeroberung Dalmatiens, musste Genueser Rechte auf Zypern anerkennen (daher die Rolle der Genueser im Zuckerhandel) und hatte sogar seine Dependance auf dem Festland, Treviso, an den Herzog von Österreich abzutreten, wodurch die Stadt selbst noch die geringe Getreideanbaufläche verlor, die sie in Nordostitalien besaß. Der Schatten Habsburgs sollte bis zum Ende des Ersten Weltkriegs über Teilen Nordostitaliens liegen.[12] Sowohl im Krieg von 1350 als auch in dem von 1378 verlor Venedig an Territorium und Ansehen mehr, als es gewann. Doch so ernst diese Konflikte auch waren, letztlich stellten sie doch nur dramatische Unterbrechungen ansonsten recht friedlicher Beziehungen dar, und die Schiffe beider Städte trieben Seite an Seite Handel in der Ägäis und über Konstantinopel bis hin zu den Kornkammern der Krim. Nach 1381 bemühten sich beide Städte, Verwicklungen zu vermeiden, indem sie ihre Handelssphären und ihre kommerziellen Interessen sorgfältig abgrenzten. Venedig blieb das Hauptzentrum des Levantehandels und schickte seine Galeeren nach Alexandria und Beirut, wo der Handel mit Gewürzen im Vordergrund stand. Genua legte größeres Gewicht auf Massengüter wie Alaun, Getreide und Trockenobst, die man in Rundschiffen aus Kleinasien, Griechenland und dem Schwarzmeerraum holte. »Korinthen« sind nach Korinth benannt, und der unabhängige griechische Staat Trapezunt an der Südküste des Schwarzen Meeres war der unangefochtene Spitzenreiter im Export von Haselnüssen. Ehrgeizige Handelsreisen, wie Genueser und Venezianer sie um 1300 bis tief nach Persien hinein oder gar bis nach China unternommen hatten, unterließ man nun. Die Kaufleute konzentrierten sich lieber auf die Wiederherstellung lebenswichtiger Seeverbindungen.[13]

Ein Element der Stabilität waren die effizienten venezianischen Werften, der größte Produktionszweig der Stadt und wahrscheinlich der bestorganisierte im ganzen Mittelmeerraum. Das Arsenal, das neben der großen, Tana genannten Seilerei lag, war schon im frühen 14. Jahrhundert eine etablierte Einrichtung, als Dante aus dessen dunklen Tiefen die Echos der Hölle zu hören glaubte.

»Als ob wir in Venedigs Zeughaus wären,
Wo man das zähe Pech im Winter braut,
Die seeuntüchtigen Schiffe auszuteeren,
Sie können jetzt nicht fahren; dafür baut
Der eine neu sein Fahrzeug; der verstopft
Des Schiffes Lecke, das die Welt geschaut:

> Am Achter und am Bug wird da geklopft;
> Der legt ans Ruder, der ans Seil die Hände;
> Am Besan und am Klüver wird gestopft …«[14]

Es gab ein Altes Arsenal mit Docks für zwölf Galeeren und ein Neues Arsenal, das dreimal so groß war. Ende des 14. Jahrhunderts hatte sich ein effizientes Produktionssystem entwickelt, das unter der Leitung eines Admirals stand. Das Arsenal konnte etwa drei große Handelsgaleeren pro Jahr bauen, was nicht sonderlich viel erscheinen mag, sofern man nicht bedenkt, dass die Galeeren deutlich größer geworden waren, seit man ab den 1340er Jahren regelmäßiger in die Levante und nach Flandern segelte. Die großen Galeeren waren lateinisch getakelte Triremen, die bis zu 150 Tonnen Ladung aufnehmen konnten, obwohl sie über eine große Besatzung von vielleicht 200 Mann verfügten. Nur Bürger von Venedig durften Güter auf diese Schiffe laden, die im Konvoi, oft in Begleitung kleinerer bewaffneter Galeeren, auf Routen fuhren, die der Senat sorgsam ausgewählt und gebilligt hatte. Es dauerte 25 Jahre, bis man das Bürgerrecht erhielt, und die profitabelsten Fahrten, auf denen man Seide und Gewürze einkaufte, wurden von venezianischen Adligen finanziert. Für den Transport bescheidener Güter benutzten die Venezianer bauchige Handelskoggen mit quadratischen Segeln, die in privaten Werften gebaut wurden und weniger strengen Konstruktionsvorschriften unterworfen waren. Die größte Kogge, die wir aus dem 15. Jahrhundert kennen, war fast 30 Meter lang und hatte eine Wasserverdrängung von 720 Tonnen.[15] Den Fähigkeiten im Schiffsbau entsprachen die Fähigkeiten auf dem Gebiet der Navigation, und Venedig galt neben Genua und Mallorca als wichtiges Zentrum der Kartographie. Die venezianischen Seefahrer besaßen sehr genaue Informationen über die Küsten des Mittelmeeres. Durch den vermehrten Einsatz des Kompasses war es außerdem möglich, mit größerem Zutrauen zu segeln und die Segelsaison auf den größten Teil des Jahres auszudehnen.[16]

II

Ein Geschäftszweig, der weiterhin florierte, war der Transport von Pilgern ins Heilige Land. Der Verlust der letzten christlichen Vorposten in Palästina hatte den Pilgerfahrten kein Ende gesetzt. Die Könige von Aragón wetteiferten mit anderen bezüglich der Sicherung vager Schutzrechte über christliche Heiligtümer im Heiligen Land, und die Mamlukensultane verstanden es, die Karte des Heiligen Landes auszuspielen, wenn sie mit westlichen Herrschern über politische und kommerzielle Abmachungen verhandelten. Felix Fabri war ein Dominikanermönch, der 1480 von Deutschland aus ins Heilige Land reiste und einen lebendigen Bericht über den Gestank, die Unbequemlichkeit und den Dreck an Bord der Schiffe hinterließ: Fleisch voller Maden, ungenießbares Wasser und überall Ungeziefer. Auf der Rückfahrt aus Alexandria, außerhalb der Segelsaison, war er Winden und Wellen ausgesetzt, wie schon Ibn Dschubair und andere frühere Pilger sie erlebt hatten. Er lernte indessen, dass der beste Platz zum Schlafen unter Deck war, auf den harten Säcken mit Gewürzen.[17] 1358 wurde Petrarca von seinem Freund Giovanni Mandelli eingeladen, mit ihm ans Heilige Grab zu reisen. In der Überzeugung, dass es unendlich sicherer war, zu Hause zu bleiben, verfasste er für Mandelli ein kleines Buch, in dem er die Route über das Mittelmeer beschrieb. Darin verzeichnete er alle Orte, die Odysseus besucht hatte. Er wies Mandelli auf den Tempel der Juno Lacinia im süditalienischen Crotone hin, merkte an, dass in Kilikien Pompeius einst Piratenbanden besiegt hatte, und hielt kurz inne, um den Ort der Kreuzigung Christi zu betrachten (»aus keinem anderen Grund schließlich hast du so viel Mühe und Aufwand auf dich genommen, als um […] mit den Augen zu sehen, was du im Geist schon gesehen hast«). Aber am Ende ließ er Mandelli nicht in Jerusalem zurück, sondern in Alexandria, und dieser lag nicht auf Säcken mit Gewürzen, sondern stand vor dem Grab Alexanders und der Urne des Pompeius.[18] Der Kulturtourismus zu den Stätten der klassischen Antike stand kurz vor seinem Beginn. Mehr als 40 Abschriften des Reisebuchs von Petrarca sind erhalten geblieben und beweisen, wie beliebt das Buch war, vor allem im Neapel des 15. Jahrhunderts, denn Mandelli wurde von Petrarca mit Informationen über antike Stätten entlang der süditalienischen Küste überschüttet, und vornehmlich diesen Orten (statt der Heiligen Stätten) galt das Interesse der Leser.

Petrarcas Antikentourismus verwirklichte in den 1420er Jahren ein Kaufmann aus Ancona, der fasziniert vom Anblick antiker Monumente war, zunächst in seiner Heimatstadt und dann im gesamten Mittelmeerraum. Cyriacus von Ancona hatte auch politische Motive. Er suchte die Bekanntschaft des osmanischen Sultans, der nicht bemerkte, dass es Cyriacus unter anderem um die Sammlung von Informationen ging, die sich für einen Kreuzzug gegen die Türken nutzen ließen. Doch empfand dieser auch echtes Vergnügen am Anblick materieller Überreste der Antike und reiste nach Delphi, wo er 1436 zur Verwunderung der Einwohner einer weitgehend überwachsenen Stadt sechs Tage voller Begeisterung in der Betrachtung des, wie er fälschlich glaubte, Haupttempels, des Theaters und des Stadions verbrachte, Inschriften kopierte und Grundrisse zeichnete.[19] Obwohl die meisten, die sich für die antike Vergangenheit interessierten, lieber zu Hause in ihrem Lehnstuhl blieben wie Petrarca, zeigt die Karriere des Cyriacus dennoch, dass Mittelmeerreisen nicht mehr nur ausschließlich aus religiösen oder kommerziellen Gründen unternommen wurden.

Nur sehr wenige derer, die tatsächlich reisten, ließen sich wirklich auf ihre Reiseziele ein und versenkten sich in Glauben und Sitten der Menschen, die an den jenseitigen Ufern lebten. Da ist der außergewöhnliche Anselmo Turmeda, ein Mönch aus Mallorca, der in Bologna die Lehren des Islam für sich entdeckte und nach Nordafrika reiste, wo er konvertierte und unter dem Namen Abdulla at-Tarjuman ein angesehener muslimischer Gelehrter des frühen 15. Jahrhunderts wurde. Sein Grab findet sich heute noch in Tunis. Ein Jahrhundert später wurde der aus Granada stammende Gelehrte und Diplomat Al-Hasan ibn Muhammad al-Wazzan, auch Leo Africanus genannt, von christlichen Piraten gefangen genommen und nach Rom gebracht. Dort wurde er ein Schützling Papst Leos X. und verfasste eine Geographie Afrikas. Hier haben wir einen Mann, der dem westlichen Publikum auch die physikalische Realität der islamischen Welt weit jenseits des Mittelmeerraums vermitteln konnte, einen Mann, der vom Islam zum Christentum und wieder zurück zum Islam wechselte.[20]

III

Das Schicksal der Könige von Aragón und der vielen unter ihrer Herrschaft stehenden Reiche ist ein ausgezeichneter Führer zum weiteren Schicksal des Mittelmeerraums im späten 14. und im 15. Jahrhundert. Der katalanische Einfluss reichte weit über das Mittelmeer bis nach Alexandria und Rhodos, und Ende des Jahrhunderts spielte der König von Aragón sowohl auf der Iberischen Halbinsel als auch in der weiteren europäischen Politik eine dominierende Rolle. Martin der Jüngere, Sohn und Erbe König Martins von Aragón, heiratete die zuvor offensichtlich nach Spanien entführte Erbin Siziliens, was dem König hinreichend Anlass bot, die Insel 1392 zu besetzen. Im 15. Jahrhundert wurde Sizilien von Vizekönigen regiert, die sich gegenüber dortigen Ständeversammlungen verantworten mussten, und die gesonderte Linie zunehmend ineffizienter aragonesischer Könige auf Sizilien verschwand. Der Frieden war offenbar gut für die Sizilianer, und er war ebenso gut für jene, die dort Getreide kaufen wollten. Katalanische Adlige begannen, auf Sizilien umfangreiche Landgüter zu erwerben und sich dort niederzulassen.[21] Die letzte Leistung Martins des Jüngeren, bevor er auf Sardinien der Malaria zum Opfer fiel, war die Wiedererlangung der katalanisch-aragonesischen Kontrolle über weite Teile auch dieser Insel – woraufhin dort die kulturellen Einflüsse Kataloniens zum Beispiel in der Kunst zur Vorherrschaft gelangten.[22]

Das neue Selbstbewusstsein der Herrscher von Aragón demonstrierte am kraftvollsten Alfons V., der 1416 den Thron bestieg und einer der großen Monarchen des 15. Jahrhunderts werden sollte.[23] Die männliche Linie des Hauses Barcelona war ausgestorben, und Alfons kam aus Kastilien. Dennoch richtete er seinen Blick auf die See, und seine Pläne betrafen das ganze Mittelmeer. Wie alle aragonesischen Könige erhielt er einen Beinamen, »der Großmütige«, und dieser zeugt von seinem Wunsch, als großzügiger Schirmherr gesehen zu werden, ausgestattet mit den fürstlichen Qualitäten, von denen er in den Werken seines spanischen Landsmanns Seneca, des Philosophen der antiken römischen Kaiser, gelesen hatte, denn er las leidenschaftlich gerne antike Schriften und hatte großes Interesse an heroischen Darstellungen antiker Kriege.

Er wusste, dass die beiden erfolgreichsten römischen Kaiser, Trajan und Hadrian, spanischer Herkunft gewesen waren.[24] Alfons träumte davon, angesichts der wachsenden türkischen Bedrohung das Römische Reich im Mittelmeerraum wiederherzustellen. Schon früh in seiner Regierungszeit griff er Korsika an, das der Papst einst 1297 dem König von Aragón zusammen mit Sardinien angeboten hatte. Es gelang ihm kaum mehr, als sich die Festung Calvi zu sichern, doch seine Feldzüge zeigen, dass seine Ambitionen sich keineswegs auf seine spanischen Erblande beschränkten. In Verfolgung seiner römisch-imperialen Träume blickte er nach Italien hinüber und bot seine Dienste der verwirrten Königin von Neapel an, Johanna II., der er sogar das Versprechen abrang, ihn zu ihrem Erben einzusetzen (trotz eines bewegten Lebens war sie ohne Söhne geblieben). Leider hatte sie auch dem Herzog von Anjou und Grafen der Provence, René von Anjou, versprochen, ihm ihr zunehmend von Unruhen heimgesuchtes Königreich zu hinterlassen. *Le bon roi René* teilte mit Alfons eine Leidenschaft für das Rittertum und die Förderung der Künste, aber auch den Wunsch, möglichst viele Königreiche zu sammeln. Am Ende seines Lebens im Jahr 1480 besaß er gar keines mehr, während Alfons bei seinem Tod 1458 über sechs oder sieben Königreiche und ein Fürstentum herrschte.[25] Der immer wieder aufflammende Streit mit René um die Herrschaft über Süditalien währte mehr als 20 Jahre und zehrte an den königlichen Ressourcen, denn die Unterhaltung der mächtigen Flotte war außerordentlich kostspielig. Die finanziellen Reserven der Monarchie waren gefährlich gering, weshalb Alfons gezwungen war, als Bittsteller vor seine Stände zu treten und ihnen so die Möglichkeit zu bieten, die begehrtesten Privilegien auszuhandeln.[26] Zum Glück war René von Anjou noch ärmer, doch es gelang ihm, die Genueser Flotte zu mobilisieren. Die Feindseligkeit der Genueser gegen die Katalanen war nicht geschwunden seit der katalanischen Invasion Sardiniens vor mehr als einem Jahrhundert.

Alfons erlebte auch Augenblicke größter Gefahr. 1435 führte er seine Flotte vor der Insel Ponza gegen die Genueser. Er wurde besiegt, gefangengenommen und nach Genua gebracht. Die Genueser fühlten sich verpflichtet, den Gefangenen ihrem Oberherren, dem Herzog von Mailand, Filippo Maria Visconti, zu überstellen, der von Alfons beeindruckt war und die Verhältnisse auf den Kopf stellte, indem er ein Bündnis mit ihm schloss. Der Herzog von Mailand dachte sogar daran, Alfons sein Herzogtum zu hinterlassen, der sich durch seine Pläne zur Herrschaft über Italien von seinen spanischen Angelegenheiten ablenken ließ. Der lange und kostspielige Krieg gegen René gipfelte in der Eroberung von Neapel, das Alfons 1442 einnahm, indem er Tunnel unter der Stadtmauer hindurchgraben ließ. Selbst nach der Vertreibung aus dem, wie er glaubte, ihm zustehenden Königreich Neapel hielt René den Druck auf die siegreichen Aragoneser aufrecht, und Genua blieb bis weit in die 1460er Jahre hinein Ausgangspunkt feindlicher Einfälle nach Süditalien.[27] Auch waren die Italienfeldzüge mit dem Fall von Neapel nicht zu Ende. 1448 klopfte Alfons an die Tore des nicht sonderlich großen, aber strategisch günstig gelegenen Kleinstaats Piombino, zu dem auch die eisenreiche Insel Elba gehörte und der eine eigene Flotte besaß, die Handelsreisen und Raubzüge bis hin nach Tunis unternahm.[28] Von Piombino aus hätte er die Schiffsbewegungen zwischen Genua und Neapel kontrollieren können, und zugleich konnte es als Sprungbrett für die Invasion der Toskana dienen. Wie sich zeigte, war Piombino eine allzu harte Nuss, auch wenn der Herr der Stadt so klug war, einen jährlichen Tribut in Gestalt eines goldenen Pokals zu zahlen, um Alfons seinen guten Willen zu beweisen, und über die Jahre fielen mehrere Stützpunkte an der Küste nördlich und südlich von Elba unter aragonesische und im 16. Jahrhundert dann unter spanische Herrschaft.[29] Mitte des 15. Jahrhunderts war der größte Teil Italiens unter fünf Großmächten aufgeteilt: Mailand, Florenz, Venedig, dem Papst und dem König von Aragón. Obwohl der König von Aragón das weitaus größte Territorium kontrollierte (selbst wenn man die beiden italienischen Inseln hinzurechnete), war er gezwungen, seinen Traum von der Herrschaft über die Halbinsel aufzugeben, als die vier übrigen Mächte sich 1454 auf den Frieden von Lodi einigten, den Alfons im Frühjahr des folgenden Jahres gleichfalls unterzeichnete. Dieser Vertrag sicherte den Frieden (mit einigen nennenswerten Unterbrechungen) für das nächste halbe Jahrhundert, und eines seiner Ziele bestand darin, die Kräfte der Unterzeichner auf die dringende Aufgabe eines Kampfes gegen die Türken zu lenken.

Ein Jahr vor dem Friedensschluss war Konstantinopel an Mehmed den Eroberer gefallen. Das ganze Gerede über die Abwehr der Türken hatte zu nichts geführt. Tatsächlich drangen sie immer entschlossener über den Balkan vor. Schon 1447 hatte Alfons dem bedrängten König von Ungarn, Johann Hunyadi, Hilfe versprochen. Er hob auch die versprochenen Truppen aus, setzte sie dann aber lieber in seinem Krieg in der Toskana ein. Er war jedoch kein bloßer Zyniker, wenn es um den Kreuzzug gegen die Türken ging.[30] Er verstand sich selbst als königlicher Retter und Krieger für Christus – als der neue Galahad, ein Sujet, das in den großartigen Skulpturen seines Triumphbogens in Neapel aufgegriffen wurde. Großzügig bot er Skanderbeg, dem großen albanischen Rebellen gegen die Türken, seine Hilfe an, denn wenn Albanien an die Osmanen fiele, befänden sich deren Flotten und Heere in Sichtweite Norditaliens.[31] Alfons' Ehrgeiz reichte sogar bis Kastellorizo, einer kleinen Insel östlich von Rhodos, die zu einem Stützpunkt für Operationen der aragonesischen Flotte tief im östlichen Mittelmeer wurde (heute ist sie die am weitesten vorgeschobene Besitzung Griechenlands).[32] Kurz vor dem Fall Konstantinopels arbeiteten er und der griechische Prinz Demetrios Palaiologos an Plänen, dem letzten byzantinischen Kaiser Konstantin XI. in Konstantinopel die Macht zu entreißen, und Alfons hatte seinen eigenen Vizekönig auf der Peloponnes. An diese grandiosen Pläne zur Abwehr der Türken und zur Wiedererlangung der Länder im östlichen Mittelmeer erinnert Joanot Martorells lebendiger Roman vom weißen Ritter *Tirant lo Blanc*.[33] In vielerlei Hinsicht ist der verwegene Held Tirant eine Alfons-Gestalt oder vielmehr die Gestalt, die der König hatte werden wollen, und (inmitten oft expliziter Liebesszenen) finden sich zahlreiche Ratschläge über die besten Möglichkeiten, ein türkisches Heer zu besiegen oder auch die Genueser, die Alfons für heimliche Verbündete der Osmanen hielt.[34] In *Tirant lo Blanc* versuchen die Genueser, das Heer der Hospitaliter zu schwächen, die Rhodos gegen die Türken verteidigen:

> »Ich muß Eurer Hoheit mitteilen, daß zwei Brüder unseres Ordens, zwei Genuesen, uns verkauft und verraten haben. Auf ihren Rat hin sind all die Schiffe der verruchten Genuesen gekommen, mit einer gewaltigen Menge Kriegsvolk und wenig Waren. Und diese treulosen Gesellen, die hier in

> unserer Burg hausen, haben ein weiteres Schurkenstück begangen: In der Rüstkammer haben sie an allen Armbrüsten die Sperrnuß entfernt und durch ein Stück Seife oder Käse ersetzt.«[35]

Das Verhalten der Genueser bei der abschließenden Belagerung Konstantinopels 1453 gab Anlass zu ähnlichen Verdächtigungen.[36]

IV

Im Jahr 1453 hatten die Osmanen, gestützt durch eine starke Verwaltung und Begeisterung für die heilige Sache des Dschihads, bereits rivalisierende Kleinstaaten entlang der Küste Kleinasiens ausgelöscht, vor allem die Piratenfestung Aydın. Von einer massiven Niederlage gegen den zentralasiatischen Kriegsherrn Timur (Tamerlan) im Jahr 1402 hatten sie sich rasch erholt. In den 1420er Jahren waren sie erneut auf dem Balkan aktiv geworden. Der byzantinische Kaiser verkaufte Thessaloniki 1423 an Venedig. Doch obwohl die Venezianer sich so lange nach der Herrschaft über diese Stadt gesehnt hatten, vermochten sie sie nur sieben Jahre zu halten, bevor sie den Armeen Sultan Murads II. erlag. Die Thronbesteigung des jungen Mehmed II. beendete den Streit zwischen den relativ vorsichtigen Beratern, die vor einer allzu raschen Expansion warnten, und der verwegeneren Faktion, die in Mehmed den Führer eines wiederbelebten Römischen Reiches unter der Kontrolle muslimischer Türken sahen, welche römisch-byzantinische, türkische und islamische Vorstellungen von Herrschaft miteinander verbanden. Mehmeds Ziel war es eher, das Römische Reich wiederherzustellen und zu vollenden, als es zu zerstören. Seine griechischen Schreiber verfassten Dokumente, die ihn als Mehmed, Basileus und Autokrat der Römer, darstellten – ein Titel, den auch die byzantinischen Kaiser getragen hatten.[37] Doch sein imperialer Traum begnügte sich nicht mit dem Neuen Rom. Er wollte auch Herr über das Alte Rom werden. Aber auch praktische politische Fragen rückten den Westen in sein Blickfeld. Skanderbegs Rebellion in Albanien ließ den Sultan erkennen, dass die überkommene Politik, die Herrschaft über den Balkan christlichen Vasallen zu überlassen, ihre Gefahren barg. Selbst wer am Hof des Sultans muslimisch erzogen worden war wie Skanderbeg, konnte zum Renegaten werden. Es bedurfte einer direkten osmanischen Herrschaft, und so drang die osmanische Macht bis an die Küsten der Adria vor. Skanderbeg starb 1468, und danach verlief die albanische Rebellion im Sande. 1478 eroberte Mehmed das an der albanischen Küste gelegene Valona (albanisch: Vlorë), und wenige Monate später nahm er den Venezianern die von dem stark befestigten Hügel Rozafa überragte Stadt Scutari (albanisch: Shkodër) ab.[38] Durazzo, das alte Dyrrhachion, blieb bis zum Beginn des 15. Jahrhunderts in venezianischen Händen, und der tief in einem Fjord in Montenegro gelegene Hafen Kotor (italienisch: Cattaro) genoss den Schutz der Venezianer. Doch der Rest der venezianischen Besitzungen in diesem Teil der Adria fiel an die Osmanen.[39]

Die Venezianer verhielten sich halbherzig gegenüber Skanderbeg, denn sie befürchteten, eine Unterstützung der Rebellen könnte ihren Handelsinteressen in Konstantinopel schaden. Der Verlust der albanischen Küste war ein hoher Preis, nicht nur weil sie als Salzlieferant von Nutzen war, sondern auch weil die Venezianer bei der Ausfahrt aus der Adria an der albanischen Küste vorbeifahren mussten. Auch die weiter im Inneren verlaufenden Routen waren wertvoll, weil sie den Zugang zu Sklaven, zu Silber und anderen Erzeugnissen des gebirgigen albanischen Binnenlandes ermöglichten. Die Schwierigkeiten verschlimmerten sich noch durch türkische Angriffe auf venezianische Flottenstützpunkte in der Ägäis. Limnos und Negroponte fielen in die Hände der Osmanen. Mit klugem Blick auf die Folgen gewährte die Hohe Pforte (wie der osmanische Hof oft genannt wurde) den Venezianern weiterhin Handelsprivilegien. Die Botschaft war klar: Die Osmanen konnten christliche Kaufleute aus Übersee tolerieren, wie muslimische Herrscher im gesamten Mittelmeerraum dies seit Jahrhunderten getan hatten, doch venezianischer oder Genueser Territorialbesitz innerhalb des Akdeniz oder Weißen Meeres war unannehmbar für sie.[40]

Gegen Ende seiner Regierungszeit war Mehmed entschlossen, den christlichen Mächten im Mittelmeerraum entgegenzutreten. Ein naheliegender Mittelpunkt türkischer Aufmerksamkeit war das Hauptquartier der Hospitaliter auf Rhodos, das der Ritterorden 1310 besetzt hatte.

Von dort aus unternahmen sie Piratenüberfälle auf muslimische Schiffe und gewannen sogar die Kontrolle über einige Küstenstationen in Kleinasien, vor allem Bodrum, dessen Hospitaliterburg aus den Steinen des großen Mausoleums von Halikarnassos erbaut wurde. Rhodos zog Mehmed auch deshalb an, weil es eine der berühmten Städte der antiken Welt gewesen war.[41] Ein sächsischer Kanonengießer, ein gewisser Meister Georg, der in Istanbul lebte, bot den Türken wertwolle Informationen über Details der Festungsanlage an, doch 1480 erwiesen sich die Mauern von Rhodos selbst für die von den besten Fachleuten gegossenen türkischen Kanonen als uneinnehmbar. Keine Seite zeigte Gnade. Die Hospitaliter machten bei nächtlichen Ausfällen Jagd auf Türken, deren Köpfe sie anschließend auf Prozessionen in der Stadt zur Schau stellten, um den Mut der Verteidiger zu heben. Entmutigt von dem entschlossenen Widerstand, schlossen die Türken Frieden mit dem Ritterorden, der seinerseits versprach, die Überfälle auf muslimische Schiffe einzustellen.[42] Die Sultane vergaßen diese Niederlage nicht, doch Rhodos blieb für weitere 42 Jahre im Besitz der Hospitaliter. Und auch die Westeuropäer vergaßen nicht, was auf Rhodos geschehen war, brauchten sie doch ein wenig Aufmunterung in diesen Zeiten einer ernsten Bedrohung durch die Türken. Schon wenig später war eine Holzschnittdarstellung der Belagerung ein früher Bestseller in Venedig, Ulm, Salamanca, Paris, Brügge und London.

Zur selben Zeit bedrohten türkische Flotten den Westen. Süditalien war natürlich ein Ziel, weil Albanien nicht fern war und weil eine osmanische Kontrolle über beide Seiten der Einfahrt in die Adria die Venezianer zwingen konnte, sich dem Willen des Sultans zu beugen. Venedig wollte nicht den Eindruck erwecken, sich den Türken zu widersetzen. Als die Türken 1480 Otranto angriffen, halfen venezianische Schiffe, türkische Soldaten aus Albanien nach Italien zu bringen, obwohl Venedig dies offiziell missbilligte. Auf 140 osmanischen Schiffen, darunter 40 Galeeren, überquerten 18 000 Soldaten die Meerenge. Als die Bewohner von Otranto eine Kapitulation ablehnten, machte der türkische Befehlshaber Gedik Ahmed Pascha deutlich, was mit den Überlebenden geschehen würde, und begann mit dem Angriff. Die Stadt besaß nur unzureichende Verteidigungsanlagen und gar keine Kanonen, das Ergebnis war daher absehbar. Nach der Einnahme der Stadt ließ Ahmed Pascha die gesamte männliche Bevölkerung hinschlachten, nur 10 000 von insgesamt etwa 22 000 blieben am Leben, und davon schickte man 8000 als Sklaven nach Albanien hinüber. Der schon betagte Erzbischof wurde vor dem Hochaltar des Doms von Otranto niedergestreckt. Anschließend schwärmten die Türken in Südapulien aus und plünderten benachbarte Städte. Der König von Neapel, Ferdinand, der Sohn Alfons V., hatte seine Armeen gerade erst in die Toskana geschickt, doch als seine Truppen und Schiffe bereitstanden, konnte er mit einem erfolgreichen Gegenangriff beginnen. Als die Türken sich zurückzogen, machten sie deutlich, dass sie zurückkehren würden, um die apulischen Häfen zu erobern. Daraus entstand dann das Gerücht, in Albanien stünde ein riesiges Heer bereit, das Italien und Sizilien angreifen solle.[43]

Die Belagerung von Otranto war ein gewaltiger Schock für Westeuropa. Alle christlichen Mächte des Mittelmeerraums boten ihre Hilfe gegen die Türken an, vor allem Ferdinand II., König von Aragón und Vetter Ferdinands von Neapel. Eine auffällige Ausnahme bildete Venedig. Dort erklärte man, allzu erschöpft von jahrzehntelangen Auseinandersetzungen mit den Heeren und Flotten des Sultans zu sein. Türkische Stoßtrupps unternahmen Raubzüge in Friaul, einer Region im Nordosten Italiens, die teilweise unter venezianischer Herrschaft stand. Zu Lande wie zur See waren die Türken bedrohlich nahe gerückt, und die Venezianer setzten lieber auf Beschwichtigung.[44] Der venezianische Konsul in Apulien erhielt die Anweisung, gegenüber dem König von Neapel seine Befriedigung über den christlichen Sieg nicht schriftlich, sondern nur mündlich zum Ausdruck zu bringen. Schriftliche Botschaften wurden oft von Spionen gestohlen, und die Serenessima Repubblica befürchtete, der Sultan könne ein entwendetes Gratulationsschreiben in die Hände bekommen und den Venezianern Vorwürfe wegen ihrer Doppelzüngigkeit machen.

Die unmittelbare Gefahr eines weiteren Angriffs auf Süditalien schwand mit Mehmeds Tod im Mai 1481. Er war nur 49 Jahre alt geworden. In den folgenden Jahren machten westliche Herrscher wie Karl VIII. von Frankreich und Ferdinand von Aragón den Kampf gegen die Türken zu einem zentralen Anliegen ihrer Politik. Beide glaubten, wenn sie Süditalien kontrollierten, würden sie über die nötigen Ressourcen für einen großen Kreuzzug verfügen und könnten Apulien als Ausgangspunkt für Angriffe auf osmanische Gebiete nutzen, die nun ganz in der Nähe lagen. Doch beide erhoben auch rivalisierende Ansprüche auf den Thron Neapels, obwohl es dort eine lokale Dynastie aragonesischer Herkunft gab. Durch seine Invasion Süditaliens 1494/1495 erlangte Karl VIII. zwar die Herrschaft über Neapel, doch seine Stellung erwies sich als unhaltbar, und schon bald musste er sich zurückziehen. Kreuzzüge gegen Türken hätten nur den Verkehr in den Gewässern vor der albanischen Küste gefährdet. Deshalb übernahmen die Venezianer Ende des 15. Jahrhunderts die Kontrolle über eine Reihe apulischer Häfen, um den freien Durchgang durch die Adria sicherzustellen.[45] Begleitet von fürchterlichen Massakern und brutalen Vergewaltigungen entrissen die Venezianer den Franzosen 1495 Monopoli und überredeten anschließend den König von Neapel, Ferdinand II., ihnen ohne Blutvergießen Trani, Brindisi und Otranto zu überlassen, die sie bis 1509 hielten. Der König brauchte Verbündete, und die Venezianer benötigten Apulien, aus dem sie Getreide, Wein, Salz, Öl, Gemüse und Salpeter für ihre Kanonen bezogen.[46] Doch durch den Verlust Durazzos an die Türken 1502 verloren die Venezianer ihren wichtigsten Horchposten auf der albanischen Seite der Meerenge. Sie hatten gerade erst neue Festungen errichtet, die heute noch stehen. Das Mittelmeer war nun in zwei Hälften geteilt, einen osmanischen Osten und einen christlichen Westen. Es stellte sich die Frage, welche Seite den Sieg davontragen würde, aber auch die Frage, welche christliche Macht die Gewässer des westlichen Mittelmeeres künftig beherrschen sollte.

V

Zwischen den beiden Welten bestanden auch einige Brücken. Der osmanische Hof war fasziniert von der westlichen Kultur, was angesichts des Traums von der Herrschaft über das alte Römische Reich durchaus verständlich ist. Zugleich waren die Westeuropäer bemüht, die Türken zu verstehen, und sie erwarben weiterhin exotische orientalische Güter.[47] Der Künstler Gentile Bellini reiste von Venedig nach Konstantinopel, wo er die berühmten Porträts Mehmeds II. malte, die sich heute in der Londoner Nationalgalerie befinden.[48] Der Druck auf den Westen ließ nur selten nach (vor allem dann, wenn die Sultane ihre Aufmerksamkeit stattdessen auf Persien richteten), doch die Osmanen erkannten, wie wichtig es war, eine neutrale Zone zwischen ihren Gebieten und Westeuropa zu schaffen, über die Kaufleute Zugang zu den rivalisierenden Welten der westlichen Christenheit und der Türken finden konnten. Diese Zone war die kleine, aber sehr lebendige Handelsrepublik Dubrovnik, die im Westen Ragusa genannt wurde. Wie Venedig und Amalfi ging Ragusa auf eine Gruppe von Flüchtlingen zurück, die vor Barbareninvasionen auf ein felsiges Vorgebirge in Süddalmatien geflohen waren, das durch eine Gebirgskette vor slawischen Einfällen geschützt war. Zu den lateinischen Ragusanern gesellte sich schon bald eine slawische Bevölkerung, und Ende des 12. Jahrhunderts war die Stadt zweisprachig. Ein Teil der Einwohner sprach südslawische Dialekte, der andere Dalmatinisch, eine romanische, eng mit dem Italienischen verwandte Sprache. Im Slawischen wurden die Einwohner als *dubrovčani* bezeichnet, als »die aus den Wäldern«. Obwohl sie vertragliche Regelungen mit selbstbewussten serbischen und bosnischen Fürsten im Binnenland schlossen, benötigten die Ragusaner Schutz und fanden ihn zunächst bei den normannischen Königen von Sizilien, dann bei den Venezianern, die ihre Kontrolle über Süddalmatien nach dem Vierten Kreuzzug 1202 bis 1204 festigten.[49]

Als der ungarische König Dalmatien nach seiner Intervention in den genuesisch-venezianischen Krieg von 1350 den Venezianern entriss, fiel die Stadt 1358 unter ungarische Oberhoheit.[50] Das ermöglichte es den Ragusanern, ohne größere Einmischung von außen eigene Institutionen und ein eigenes Handelsnetz aufzubauen. Es entstand ein Kaufmannspatriziat, das den Zugang zu dem an Silber und Sklaven reichen bosnischen Binnenland zu nutzen verstand. Dubrovnik wurde das wichtigste Zentrum des Salzhandels in der Region.[51] Die Nachfrage nach Silber war im östlichen Mittelmeer immer schon groß gewesen, weil es dort an eigenen Vorkommen mangelte, und Kaufleute aus Ragusa erlangten dadurch einen gewissen Zugang zu den byzantinischen und türkischen Gebieten im Osten.[52] Auch von den Chancen, die sich nach der Großen Pest ergaben, konnten die Kaufleute aus Dubrovnik profitieren. Der lokale Handel florierte – tatsächlich hätten weder Dubrovnik noch dessen Nachbarn ohne den Weizen, das Öl, das Pökelfleisch, den Wein, das Obst und das Gemüse überleben können, die regelmäßig aus Apulien nach Dalmatien gebracht wurden. Selbst Fisch wurde aus Süditalien importiert, so unwahrscheinlich das bei einer am Meer gelegenen Stadt erscheinen mag.[53] Es gab kaum Land, das sich für den Anbau irgendeiner Frucht eignete. Ein Autor des 15. Jahrhunderts, Philippus de Diversis, beschrieb die wesentlichen Merkmale seiner Heimatstadt:

> »Das Gebiet von Ragusa lebt wegen seiner Unfruchtbarkeit und der großen Einwohnerzahl nur von geringen Einnahmen, so dass niemand von seinen eigenen Besitzungen zu leben vermag, sofern er nicht über andere Einnahmequellen verfügt, und das ist der Grund, weshalb man sich auf den Handel verlegen muss.«[54]

Es war ihm peinlich, dass die Patrizier der Stadt sich am Handel beteiligten, war dies doch, wie er wusste, ein von den Patriziern des alten Rom gemiedenes Tabu. Andererseits stimulierte der Mangel an lokalen Ressourcen die Entwicklung wichtiger Produktionszweige. Rohwolle aus Süditalien und Spanien wurde zu Wollstoffen verarbeitet, und Mitte des 16. Jahrhunderts war Dubrovnik ein beachtliches Textilzentrum. Die Verbindungen über die Adria zu den Städten in Süditalien waren von wesentlicher Bedeutung. Dubrovnik versorgte die Könige von Neapel mit wertvollen Informationen über das Geschehen in den osmanischen Gebieten. Im Gegenzug halfen diese Könige bei der Bekämpfung der Piraterie in der Adria und befreiten die Ragusaner von Hafenzöllen.[55] Schiffe aus Ragusa durften die Gewässer vor Apulien dominieren. Das war der Beginn einer Expansionsphase, in deren Verlauf die Ragusaner Flotte zu einer der größten Handelsflotten des Mittelmeeres werden sollte. Dubrovnik und nicht der Argonaut Jason schenkte der englischen Sprache den Ausdruck *argosy* (Flotte), eine Ableitung von »Ragusa«. Ein Patrizier aus Ragusa, Benedetto Cotrugli oder Kotruljević, wurde Münzmeister in Neapel, doch bekannt wurde er durch seine

Abhandlung über die Kunst des Handels, in der er erfolgreiche Geschäftspraktiken beschreibt. Zu seinen weisen Ratschlägen für Kaufleute gehört auch die Mahnung, Glücksspiel und Karten zu meiden und nicht zu viel zu essen oder zu trinken.[56]

Eine Seerepublik, die in unmittelbarer Nähe der von slawischen Fürsten beherrschten Territorien lag, konnte deren Einmischungsversuchen nicht entgehen, weshalb die Ragusaner Schutzmächten den Vorzug gaben, die etwas weiter entfernt waren – selbst wenn es sich um die Türken handelte. Mitte des 15. Jahrhunderts verschärften sich die Probleme der Stadt, als slawische und türkische Feinde aus mehreren Richtungen auf sie eindrangen. Die Stadt war nun rundum eingeschlossen in ihren eindrucksvollen Stadtmauern, die heute noch stehen. Einer dieser Feinde war Stjepan Vukčić, *Herceg* (oder Herzog) des im Binnenland hinter Dubrovnik gelegenen Landes, der heutigen Herzegowina. Sein Titel war vom osmanischen Hof bestätigt worden, dennoch war er sehr auf seine Unabhängigkeit bedacht und sah in der Unterwerfung unter die Hohe Pforte einen Weg, seine Macht eher zu sichern als zu gefährden. Er beschloss, Mittel aufzutreiben, um am Eingang der Bucht von Kotor eine Handelsstation mit Namen Herceg Novi zu errichten, die Dubrovnik überflügeln sollte. Die Einnahmequelle sollte nicht in exotischen Gütern aus dem Orient bestehen, sondern in dem traditionell über Dubrovnik laufenden Salzhandel.[57] Die Ragusaner waren nicht frei von territorialen Ambitionen. Natürlich wollten sie Herceg Novi und sogar die weiter im Inneren Herzegowinas gelegene serbische Stadt Trebinje gewinnen. 1451 verkündeten Herolde in der Stadt, wer den *Herceg* (der zudem der Häresie verdächtigt wurde) töte, solle mit 15 000 Dukaten und der Erhebung ins Patriziat belohnt werden.

Diese Drohung erschreckte Vukčić so sehr, dass er seine Truppen aus dem Territorium Ragusas zurückzog, doch nur wenig später drohte eine neue Gefahr in Gestalt Mehmeds des Eroberers, der seine Herrschaft siegreich über die Balkanfürstentümer ausdehnte. So machten sich denn 1458 Gesandte aus Ragusa auf den Weg an den Hof des Sultans in Skopje und boten ihm die Unterwerfung der Stadt an, für die sie im Gegenzug eine Bestätigung ihrer Handelsprivilegien erhofften. Es bedurfte einigen Geschachers, doch ab 1472 zahlten sie einen jährlichen

Tribut von 10 000 Dukaten, der später noch stieg.[58] Regelmäßige Tributzahlungen boten größere Sicherheit als die festen Mauern der Stadt. So entwickelte sich eine merkwürdige Situation. Die Ragusaner trieben Handel mit osmanisch regierten Ländern und unterstützten dennoch Feinde der Türken wie Skanderbeg, als der von Albanien nach Süditalien wechselte und in den Dienst des belagerten Königs Ferdinand von Neapel trat. Sie kümmerten sich um Vukčić, als der von den Türken abgesetzt wurde, und vergaßen offenbar, dass sie ihn einst hatten töten wollen. Doch die Türken bedrängten Dubrovnik nur selten, da sie die Mittlerfunktion der Stadt zu schätzen wussten, aus der Güter und Tribute an die Hohe Pforte flossen. Um 1500 vermochte Ragusa auch von der unangenehmen Lage der Venezianer zu profitieren, die osmanische Vorstöße entlang der albanischen Küste abzuwehren versuchten. Venedig konnte nicht länger Handel mit Konstantinopel treiben, doch die Schiffe aus Ragusa vermochten weiterhin ungehindert ihre Flagge in türkischen Gewässern zu zeigen und Waren zwischen Ost und West zu transportieren. Die Ragusaner verdrängten die Tatsache, dass sie dem osmanischen Sultan Tribute zahlten, und prahlten stolz mit dem Bild der freien Stadt, das in dem schlichten Wahlspruch LIBERTAS zusammengefasst war.

KAPITEL 2

Veränderungen im Westen
1391 bis 1500

I

Während Ragusa von seinen besonderen Beziehungen zu den Türken profitierte, ließen Genua und Venedig beim Aufbau von Verbindungen zum osmanischen Hof größere Vorsicht walten. Der Sultan war zwar sehr darauf bedacht, sie nicht abzuschrecken, doch in ihren Augen erwies sich das östliche Mittelmeer zunehmend als gefährlich. Verschärft wurden die Probleme noch durch gelegentliche Streitigkeiten zwischen den Venezianern und den Mamlukensultanen von Ägypten, die immer höhere Steuern erhoben, um ihr Regime zu stärken. Die Mamluken stellten auch regional eine Bedrohung dar. 1424 bis 1426 eroberten sie Zypern und entführten neben weiteren 6000 Gefangenen auch König Janus. Erst gegen Zahlung eines Lösegelds von 200 000 Dukaten konnte Janus auf den Thron zurückkehren, und es heißt, er habe danach nie mehr gelacht. 1444 belagerten sie Rhodos. 1460 unterstützten sie Jakob von Lusignan, einen Bastard, in seinem Anspruch auf den zypriotischen Thron und schickten 80 Schiffe gegen die Insel, zum Entsetzen der Christenheit, denn niemand verstand, weshalb Jakob sich ägyptischer Hilfe bediente, um einen Thron zu erlangen, auf den er gar keinen Anspruch hatte.[1]

Als der Druck der Osmanen und Mamluken auf die Region unerträglich wurde, richteten die Genueser und ihre Rivalen ihre Aufmerksamkeit verstärkt auf den Westen. Sie kauften nun Zucker auf Sizilien und in Spanien sowie Getreide auf Sizilien und in Marokko. Mitte des 15. Jahrhunderts erlebte Genua auf wirtschaftlichem Gebiet eine wahrhafte Renaissance, und das gegen jede Wahrscheinlichkeit. Die Stadt wurde immer noch von internen Streitigkeiten heimgesucht, doch weite Teile der Bevölkerung vermochten vom Handel und von den Investitionen zu profitieren, und es kam zu einem Boom. Besonders attraktiv waren Anteile an der neuen öffentlichen Bank, dem Banco di San Giorgio, der schließlich die Herrschaft über Korsika erlangte.[2] Dass Genua den Zugang zu den Alaunminen im kleinasiatischen Phokaia verlor, wurde 1464 durch die Entdeckung von Alaunvorkommen in Tolfa, gleich vor der Haustür Roms, ausgeglichen. Papst Pius II. bezeichnete diese Entdeckung als »unseren größten Sieg über den Türken«. Sie verringerte die Abhängigkeit von den Türken, nicht aber die von den Genuesern, die nun ihre Aufmerksamkeit nach Mittelitalien verlagerten und dort ein neues Alaunmonopol aufbauten. Die Technologie der Zuckerproduktion wanderte den Kaufleuten voraus nach Westen, und die Zuckerproduktion im Osten begann zurückzugehen.[3] Auf Sizilien entwickelte man ausgeklügelte Zuckermühlen, die *trappeti*. In Valencia, dem am weitesten nördlich gelegenen Gebiet, in dem man Zuckerrohr anbauen konnte, richteten Geschäftsleute aus so fernen Regionen wie Deutschland Plantagen ein. Die Nachfrage nach Keramikgefäßen für die Verarbeitung des Rohzuckers stimulierte auch die lokale Keramikindustrie, die der Stadt weiteren Ruhm in Gestalt der heute in vielen Museen zu findenden »Hispano-moresken Keramik« einbrachte.[4] Der Drang nach Westen war so stark, dass er sich auch durch die Straße von Gibraltar in den Atlantik hinein fortsetzte und in den 1420er Jahren Madeira, dann die Azoren, die Kanarischen Inseln, die Kapverden und São Tomé erreichte – in der Mehrzahl portugiesische Besitzungen, doch Kapital und Know-how stammten von den Genuesern, und die ersten Zuckerrohrpflanzen auf Madeira sollen aus Sizilien gekommen sein.[5]

Stützpunkte auf dem Weg in den Atlantik erlangten neue Bedeutung. Granada, wenngleich bis 1492 ein muslimischer Staat, wurde zu einem Operationszentrum für Kaufleute aus Genua, Florenz und Katalonien, die regelmäßig Almería und Málaga besuchten, um dort Seide, Trockenobst und Keramik zu kaufen. Es ist kaum zu ersehen, wie die Nasridensultane von Granada sich ohne die finanzielle Hilfe christlicher Kaufleute an der Macht hätten halten (oder gar die Paläste der Alhambra hätten bauen) können. Sie glaubten gerne, ihr inbrünstiger Islam hielte

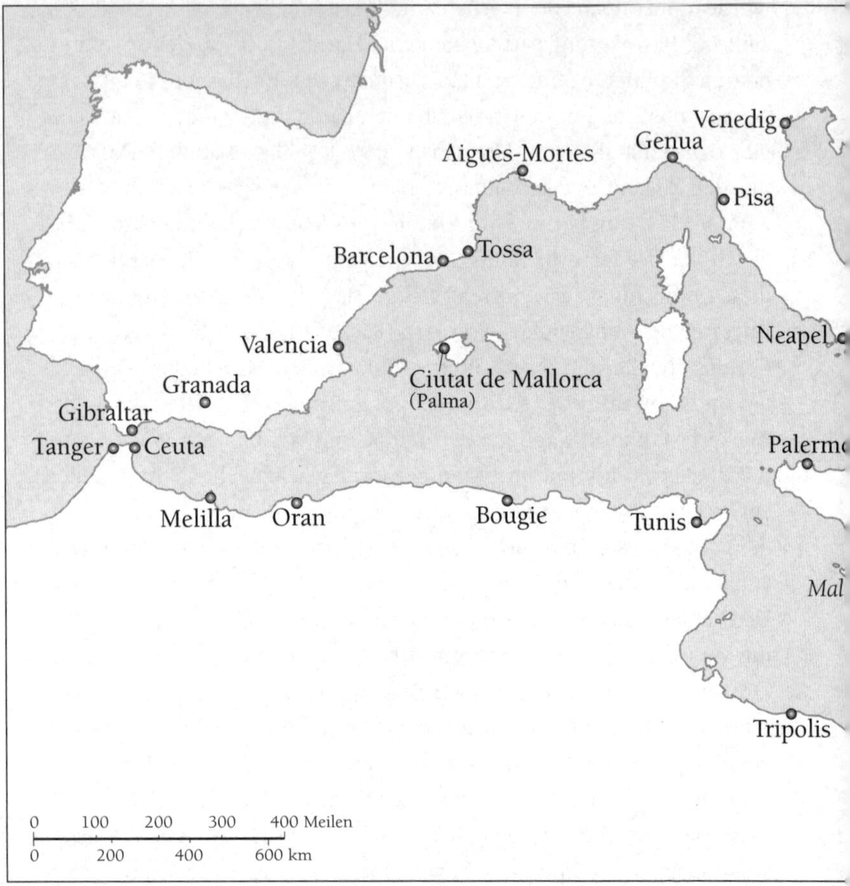

Granada zusammen, doch die ausländischen Geldmittel waren nicht weniger bedeutsam.[6] Granada wurde außerdem durch die Könige von Kastilien neutralisiert, denen es gelegentlich gelang, den Sultanen Tributzahlungen aufzuerlegen. An den Grenzen zwischen Kastilien und Granada kam es immer wieder zu kriegerischen Auseinandersetzungen, auch wenn sie eher die Form eines lang anhaltenden Turniers annahmen und weniger zu Territorialgewinnen führten als zu spanischen Balladen über schöne Maurenprinzessinnen.

Diese fragile Stabilität geriet im August 1415 in Gefahr, als die Portu-

giesen 100 Schiffe gegen Ceuta schickten und die Stadt nach einer Belagerung eroberten, bei der des Königs Sohn Heinrich, der später den Beinamen »der Seefahrer« erhielt, sich die ersten Sporen verdiente. Es war ein bemerkenswerter Sieg. Die Portugiesen kannten sich kaum mit den komplizierten Strömungen in der Straße von Gibraltar aus, und ihre Flotte geriet in schwere Stürme, so dass ein Teil zurück nach Spanien verschlagen wurde. So hatte der Statthalter von Ceuta Zeit, marokkanische Verstärkung anzufordern, doch dann war er so töricht, seine Bitte zurückzuziehen. Die Portugiesen schwankten, ob sie an ihren ur-

sprünglichen Plänen festhalten oder stattdessen das auf dem Territorium Granadas befindliche Gibraltar angreifen sollten. In vielerlei Hinsicht war Gibraltar das naheliegende Ziel, denn nach einer Rebellion im Jahr 1410 hatte der Besitz des Felsens zwischen Fez und Granada hin und her gewechselt. Doch Ceuta war größer und reicher und liegt in einem weniger felsigen Gebiet auf einer schmalen Landenge, die den recht niedrigen Monte Hacho mit dem afrikanischen Festland verbindet. Die Eroberung der Stadt versetzte die europäischen Zeitgenossen in Erstaunen. Niemand vermochte sich recht vorzustellen, was der portugiesische Hof im Sinn hatte. Das Erstaunen wurde noch verstärkt durch die Geheimhaltung der Portugiesen. Es war bekannt, dass sie eine Flotte bauten und ausländische Seeleute anheuerten, doch man nahm weithin an, der Angriff solle dem Territorium Granadas gelten, obwohl der König von Kastilien darauf bestand, dass solche Angriffe ihm vorbehalten seien.[7]

So war denn die Ankunft der Portugiesen in der Straße von Gibraltar den Mariniden Marokkos, den Nasriden Granadas und dem König von Kastilien gleichermaßen unwillkommen. Obwohl es die Portugiesen auf den Reichtum Ceutas abgesehen hatten, vermochten sie ihn nicht zu sichern. Muslimische Kaufleute mieden Ceuta, das zu einer Geisterstadt wurde, die hauptsächlich von portugiesischen Garnisonssoldaten und von dorthin verbannten Strafgefangenen bewohnt wurde. Die Portugiesen hatten wahrscheinlich gehofft, die Eroberung Ceutas werde ihnen den Zugang zu den Weizenfeldern des atlantischen Marokko eröffnen, doch der Feldzug zeitigte genau die entgegengesetzte Wirkung. Ceuta wurde zu einem Mühlstein am Halse der Portugiesen. Sie waren jedoch zu stolz, die Stadt aufzugeben, und hofften sogar, noch mehr marokkanisches Territorium erobern zu können. 1437 scheiterte schmachvoll ein Versuch, Tanger zu erobern (erst sehr viel später, 1471, gelang es ihnen, die Stadt einzunehmen). Prinz Heinrichs Bruder Ferdinand wurde als Geisel nach Fez geschickt und sollte wieder freigelassen werden, wenn die Portugiesen Ceuta zurückgegeben hatten. Heinrich stimmte zu, widerrief dann aber zu seiner ewigen Schande die Übereinkunft, so dass sein Bruder im Kerker starb.[8] Die langfristige Folge dieser Entscheidung war, dass Ceuta in portugiesischen und dann, ab 1668, in spanischen Händen blieb.[9] Seit dem 16. Jahrhundert, als Luis de Camões sein großes Epos über die portugiesische Expansion, *Die Lusiaden*, schrieb, gilt die Eroberung von Ceuta als erster Schritt der portugiesischen Expansion entlang der afrikanischen Küste:

> »Sieh! tausend Vögel schwimmen in dem Silber
> Der wildbewegten, unruhvollen Tethys,
> Dem Wind die aufgeblähten Segel öffnend,
> Wo der Alcide [Herakles] sich sein Ziel gesetzt.«[10]

Aber natürlich konnten die Portugiesen damals noch nicht die Öffnung des Seeweges um Afrika herum nach Indien voraussehen – Ptolemäus hatte in seiner Geographie die Möglichkeit, vom Atlantik in den Indischen Ozean zu gelangen, entschieden ausgeschlossen.

Die Gewässer des Mittelmeeres und nicht die fernen Ozeane waren das unmittelbare Ziel der portugiesischen Seefahrer.[11] Zu den Merkmalen der großen Umstrukturierung nach dem Schwarzen Tod gehört die Entstehung neuer Geschäftszentren und neuer Gruppen von Kaufleuten. Besucher vom Atlantik wie die Portugiesen fanden sich im Mittelmeer nun häufiger. Ein Großteil dieses Handels beschränkte sich auf kurze, regelmäßig befahrene Routen, die intensiv genutzt wurden. Portugiesen, Basken, Kantabrier und Galicier betrieben ihren Handel mit gesalzenem Fisch bis nach Valencia und Barcelona.[12] Es gab auch einige ehrgeizigere Fernreisen. Ein englisches Schiff wurde 1412 auf Ibiza registriert. König Ferdinand von Neapel schloss 1468 ein Handelsabkommen mit Eduard IV. von England.[13] Die ambitioniertesten englischen Expeditionen unternahmen Kaufleute aus Bristol. 1457 segelte Robert Sturmy mit drei Schiffen in die Levante, doch auf der Rückfahrt griffen Genueser seine Schiffe vor Malta an und versenkten zwei von ihnen. Als die Nachricht davon England erreichte, gab es einen heftigen Aufschrei gegen die Genueser, die nordeuropäische Bemühungen um einen Anteil am Mittelmeerhandel zu blockieren versuchten. Der Bürgermeister von Southampton ließ alle Genueser verhaften, deren er habhaft werden konnte.[14] Das waren die gewalttätigen Anfänge der Verbindungen Englands zum Mittelmeer, die diesen Raum in späteren Jahrhunderten noch verändern sollten.

Es ist nicht erstaunlich, dass französische Schiffe sich von Mittelmeerhäfen aus eine Nische im Gewürzhandel mit Alexandria zu sichern versuchten.[15] Jacques Cœur aus Bourges, Sohn eines reichen Pelzhändlers, reiste 1432 aus Narbonne nach Alexandria und Damaskus und war fasziniert von den Handelsmöglichkeiten in der Levante. Er trat in königliche Dienste, wo man seine Fähigkeiten rasch erkannte. Er diente König Karl VII. als Quartiermeister oder *argentier*, der für die Versorgung des königlichen Hofes mit Gütern, darunter auch Luxusgüter, verantwortlich war. In den 1440er und 1450er Jahren begann er seinen Traum eines Aufbaus von Beziehungen zwischen Frankreich und Ägypten wie auch Nordafrika zu erfüllen. Er rüstete mindestens vier Galeeren aus und war, wie ein zeitgenössischer Autor schreibt, »der erste aller Franzosen seiner Zeit, der Galeeren ausrüstete und bewaffnete, die, mit wollener Kleidung und anderen Erzeugnissen aus französischen Werkstätten beladen, an den Küsten Afrikas und des Orients entlangreisten«.[16] Er sah in dem zwischen Salzseen eingezwängten Aigues-Mortes bei Montpellier einen guten Standort für ein ehrgeiziges Schiffsbauprogramm. Der Stadtrat von Barcelona beobachtete mit Besorgnis, dass er den Gewürzhandel dorthin umleitete und ein königlich-französisches Monopol zu schaffen versuchte. In Wirklichkeit ist nicht ganz klar, ob die französischen Galeeren dem König von Frankreich oder dessen äußerst ehrgeizigem *argentier* gehörten. Vielleicht war das auch gar nicht so wichtig, denn der König und sein Finanzier teilten sich die Gewinne. Jacques Cœurs Netzwerk aus Handelsagenten erhielt beträchtlich Auftrieb durch erfolgreiche Bemühungen, die Gunst der Mamlukensultane in Ägypten zu erlangen, die ihm besonders vorteilhafte Handelsbedingungen gewährten. Er gilt als Prototyp eines Merkantilisten, der um die politischen Vorteile einer aktiven Handelspolitik im Mittelmeerraum wusste.[17] Seine Erfolge erweckten Neid, während seine Kontakte zu unterschiedlichsten ausländischen Mächten wie dem Mamlukensultan und René von Anjou, dem Herrscher der Provence, den Eindruck erweckten, er betreibe eine eigene Außenpolitik. 1451 holten seine Feinde zum Schlag gegen ihn aus. Er wurde unter der Anschuldigung der Unterschlagung und des Verrats inhaftiert, gefoltert und ins Exil verbannt. Obwohl sein Handelsnetz seine Einkerkerung nicht überlebte, illustriert Jacques Cœurs Karriere doch die neuen Chancen, die sich ehrgeizigen Geschäftsleuten im Mittelmeerraum des 15. Jahrhunderts boten.

II

Der gesamte Schiffsverkehr durch die Straße von Gibraltar musste an dem großen Felsen vorbei. Kastilische Abenteurer waren entschlossen, die Stadt einzunehmen, die im 14. Jahrhundert für kurze Zeit von ihren Landsleuten gehalten worden war. 1436 ertrank der Graf von Niebla mit 40 Gefährten auf der Rückfahrt von einem gescheiterten Angriff auf Gibraltar. Seine sterblichen Überreste wurden schmachvoll in einem Weidenkorb zur Schau gestellt, einer *barcina*, die bis heute einem der Stadttore von Gibraltar seinen Namen gibt. 1462 eroberte schließlich der Herzog von Medina Sidonia den Felsen und machte sich dabei die Abwesenheit führender Bürger der Stadt zunutze, die nach Granada gereist waren, um dem Sultan ihre Ehrerbietung zu bezeugen. Als äußerst mächtige Adlige, die über eine eigene Kriegsflotte verfügten, glaubten die Herzöge von Medina Sidonia, mit dem Felsen tun zu können, was ihnen beliebte. Dazu gehörte auch die Entscheidung, die alte gegen eine neue Bevölkerung auszutauschen. Und so ließen sich 1474 insgesamt 4350 *conversos*, Neuchristen jüdischer Herkunft, in Gibraltar nieder. Sie hofften dadurch der Drangsal zu entgehen, der sie in ihrer Heimat Córdoba ausgesetzt gewesen waren, und sie boten an, die Garnison der Stadt aus eigenen Mitteln zu finanzieren. Doch der Herzog gelangte schon bald zu der Überzeugung, die *conversos* wollten die Stadt dem König und der Königin anbieten, die Sympathien für Konvertiten besaßen. Er hatte eine Expedition gegen das portugiesische Ceuta geplant (von dieser Art war seine Liebe zu seinen christlichen Nachbarn), doch nun schickte er die Flottille nach Gibraltar, das sie rasch eroberte. Diesmal mussten die *conversos* die Stadt verlassen. Der Felsen blieb bis 1501 im Besitz der Herzöge von Medina Sidonia, dann erklärte Königin Isabella von Kastilien, dass eine strategisch so wichtige Position sich unter königlicher Kontrolle befinden müsse.[18]

Kastilien verfügte nur über ein kleines Stück Mittelmeerküste, das hauptsächlich aus dem im 13. Jahrhundert eroberten alten muslimischen Königreich Murcia bestand. Im 15. Jahrhundert erlebten sowohl Kastilien als auch Aragón eine Zeit heftiger interner Streitigkeiten, die in den 1470er Jahren in einem Streit zwischen Isabella und dem König von Portugal um die kastilische Krone gipfelten. Isabella war inzwischen mit Ferdinand II., König von Aragón und Sizilien, verheiratet. Die Krone von Aragón hatte wie die Kastiliens erst kürzlich eine Zeit des Bürgerkriegs hinter sich gelassen. Alfons V. von Aragón, der 1458 in Neapel starb, betrachtete sein süditalienisches Königreich als verfügbares Eigentum und vermachte es seinem unehelichen Sohn Ferdinand. Alle übrigen Gebiete – die auf dem spanischen Festland, die Balearen, Sardinien und Sizilien – gingen an seinen Bruder Johann, der durch Heirat bereits König von Navarra geworden war. Er weigerte sich, Navarra an seinen beliebten Erben, Karl, Prinz von Viana, abzutreten, dessen Anhänger in Navarra wie auch in ganz Katalonien in ihm ihren Helden erblickten, und das erst recht, als er unter verdächtigen Umständen starb (möglicherweise wurde er vergiftet). Der Bürgerkrieg in Navarra war das Vorspiel zum Bürgerkrieg in Katalonien. Die Ursache für diesen Konflikt lag in sozialen Spannungen in den Städten wie auf dem Lande, die in den großen wirtschaftlichen Veränderungen nach dem Schwarzen Tod wurzelten.[19]

In Barcelona forderten die unter dem Namen *Busca* bekannten Volksfaktionen niedrigere Steuern, eine Beteiligung an der Stadtregierung, niedrigere Höchstgrenzen für die Honorare von Anwälten und Ärzten sowie Beschränkungen für den Import ausländischer Textilien und für den Einsatz ausländischer Schiffe.[20] Ihre Botschaft (die der in Geldnöten befindlichen Monarchie gefiel) ließ sich in einem einzigen Wort zusammenfassen: *redreç*, was sich am besten mit »wirtschaftliche Erholung« übersetzen lässt. Die *Busca* errangen die Macht im Stadtrat, erwiesen sich aber als unfähig, die Probleme Barcelonas zu lösen. Zu Zeiten Alfons V. wetteiferten die *Busca* ständig mit den *Biga* um die Macht, die einen lockeren Verbund alter Patrizierfamilien darstellten. Beim Ausbruch des Katalanischen Bürgerkriegs 1462 war Barcelona immer noch eine gespaltene Stadt. Auch Mallorca war eine gespaltene Gesellschaft. Während des 15. Jahrhunderts kam es dort wiederholt zu politischen Eruptionen aufgrund der Rivalität zwischen den Einwohnern der Hauptstadt und den *forenses* (den »Außenstehenden«), die den Rest der Insel bewohnten. Als Alfonso sich außerhalb seiner spanischen Gebiete aufhielt, verschärfte sich der Konflikt beträchtlich. Die *forenses* belagerten Ciutat de Mallorca. Außerdem suchte die Pest die Insel in der zweiten Hälfte des 15. Jahrhunderts mehrfach erneut heim (1467, 1481 und 1493).[21]

Doch das Bild ist nicht ganz so düster, wie es nach dieser Darstellung erscheinen mag. Auf Mallorca gaben wohlhabende Schirmherren eindrucksvolle Kunstwerke in Auftrag. Es war die Zeit, in der die Bürger von Mallorca, Valencia, Barcelona und Perpignan prunkvolle *Llotjas* oder Loggias errichteten, und zwar als Sitz der Seehandelsbörse, in der vielfältige geschäftliche Transaktionen abgewickelt wurden, zum Beispiel die Registrierung von Versicherungsverträgen für Überseefahrten, der Verkauf von Anteilsscheinen und der Tausch von Währungen.[22] Die in den 1430ern erbaute *Llotja* von Mallorca war das Werk des herausragenden katalanischen Architekten Guillem Sagrera, der auch Alfons' große Halle in der massiven Festung Castelnuovo in Neapel entwarf, womit der spätgotische Stil Spaniens nach Übersee gelangte. Die atemberaubende Konstruktion seiner *Llotja* mit ihren hoch aufragenden Pfeilern findet sich teilweise auch in der von Pere Compte zwischen 1483 und 1498 erbauten *Llotja* von Valencia wieder. Dort gibt es auch eine bemerkenswerte Inschrift, die im Inneren des Gebäudes am oberen Rand der Wände entlangläuft:

> »Ich bin ein illustres Haus, das in fünfzehn Jahren erbaut wurde. Mitbürger, genießt und seht, welch eine gute Sache Geschäfte sind, wenn sie nicht zur Lüge verleiten, wenn sie ehrlich gegen den Nachbarn sind und ihn nicht betrügen, wenn sie nicht Geld dem Wucher überantworten. Der Kaufmann, der so handelt, wird über alle Maßen prosperieren und am Ende ins ewige Leben eingehen.«

Auf den ersten Blick scheint dies keine Zeit gewesen zu sein, in der die Länder der Krone Aragóns »über alle Maßen prosperieren« konnten.[23] Bankzusammenbrüche in den 1380er Jahren dämpften die finanzielle

Initiative, und italienisches Kapital, in früheren Zeiten weitgehend ferngehalten, begann den Handel an der spanischen Küste zu dominieren.[24] Die Geschäftselite Barcelonas war des Handels mit all seinen Risiken überdrüssig und investierte mit wachsender Vorliebe in Beteiligungen mit einigermaßen sicheren Gewinnen. Verstärkt wurde diese Entwicklung noch, als 1401 in der unmittelbar am Wasser gelegenen *Llotja* von Barcelona eine neue öffentliche Bank, die *Taula de Canvi* (»Wechseltisch«), gegründet wurde. Zudem entzog König Alfons durch den Finanzbedarf für seine kriegerischen Unternehmungen den spanischen Ländern weitere Finanzmittel. Dennoch gab es auch gute Nachrichten. Die Handelsnetze der aragonesischen Krone zerfielen keineswegs, sondern erwachten sogar zu neuem Leben. Zwischen 1404 und 1464 machten sich in Barcelona fast jedes Jahr Schiffe auf den Weg ins östliche Mittelmeer, und die meisten waren nicht ausländischer, sondern katalanischer Herkunft. 1411 segelten elf katalanische Schiffe in die Levante, 1432 waren es sieben, und 1453 acht. Die Zahlen mögen gering erscheinen, doch diese Schiffe sollten hochwertige Waren wie Gewürze holen, die traditionell nur in kleinen Mengen gehandelt wurden. Nachdem die Katalanen ihren Levantehandel über mehrere Jahrzehnte sorgsam aufgebaut hatten, nahmen sie dort hinter Venezianern und Genuesen den dritten Platz ein. Sie trieben Handel in Beirut und unterhielten in Damaskus ein Konsulat.[25] Außerdem stachen in Barcelona regelmäßig (meist ausländische) Schiffe nach Flandern und England in See.[26]

Das waren die prestigeträchtigen Routen, auf denen die großen Galeeren verkehrten, doch besonders rege war der Schiffsverkehr mit den stabilen, bauchigen Koggen, auf denen man Getreide, Trockenobst, Öl, Salz und Sklaven transportierte. Es sind Aufzeichnungen über nahezu 2000 Abfahrten von Schiffen in Barcelona erhalten geblieben, davon gut ein Viertel nach Sizilien, etwa 15 Prozent nach Sardinien und mehr als zehn Prozent nach Süditalien – mit anderen Worten, zu den italienischen Besitzungen der aragonesischen Krone. Auch Rhodos wurde von zahlreichen katalanischen Schiffen angelaufen (insgesamt 129 in dieser Zeitspanne), denn die Stadt war nicht nur eine Festung der Ordensritter, sondern auch Drehscheibe eines Handelsnetzes, das den Zugang in die Türkei, nach Ägypten und nach Syrien eröffnete.[27] Die katalanische Kontrolle über den Textilhandel Süditaliens ging in erheblichem Maße auf König Alfons zurück, der nach der Einnahme Neapels 1441 die Florentiner Kaufleute vertrieb, die unter den angevinischen Königen das Geschäftsleben der Stadt dominiert hatten. Die Katalanen nutzten die Gelegenheit und traten an die Stelle ihrer Rivalen. Um 1457 wimmelte es in Neapel von katalanischen Kaufleuten, die alle übrigen an Zahl übertrafen.[28] Sie überschwemmten Süditalien so erfolgreich mit billigen Wolltextilien, dass König Ferdinand von Neapel, obwohl ein Neffe des damaligen Königs von Aragón, deren Import 1465 zu verbieten versuchte.[29]

Indessen gab es im 15. Jahrhundert noch weitere kleine, aber bedeutsame Veränderungen im katalanischen Handel. Gut integrierte lokale Handelsnetze erlangten immer größere Bedeutung. Die Schiffe fuhren nun in der Regel nicht mehr so weit auf der Suche nach benötigten Gütern. Es gab einen regen Schiffsverkehr zwischen der (vielleicht 300 Einwohner zählenden) Kleinstadt Tossa und Barcelona, der große Mengen Holz aus den katalanischen Wäldern nach Barcelona brachte.[30] Ein noch wichtigerer Holzlieferant war Mataró, in dessen Kirche sich das bemerkenswerte Modell eines Rundschiffs *(Nao)* befand. Das heute in Rotterdam aufbewahrte Modell legt ein eindrucksvolles Zeugnis von den Schiffsbaufähigkeiten der Katalanen im 15. Jahrhundert ab.[31] Eine weitere allgemeine, aber wichtige Handelsware war gesalzener Fisch. Wie Zollverzeichnisse für das Jahr 1434 zeigen, wurden während der Fastenzeit in großen Mengen gesalzene Sardinen aus der Bucht von Biskaya nach Barcelona gebracht. Außerdem war die Stadt ein großer Abnehmer von Seehecht, Thunfisch und Aal. Aus den Gebieten entlang der spanischen Küste kamen Öl, Honig, Holz, Metalle, Leder, Häute, Farbstoffe – ein ganzes Spektrum lokaler Erzeugnisse, die nach der Großen Pest die Grundlage für eine wirtschaftliche Erholung legten.[32]

Im Jahrzehnt nach 1462 lag der Handel in Barcelona wegen des Katalanischen Bürgerkriegs danieder, erholte sich nach 1472 jedoch rasch wieder.[33] In den 1470er Jahren ernannte man Konsuln, die sich in großen und kleinen Häfen des gesamten Mittelmeerraums um die katalanischen Belange kümmern sollten, in der Adria etwa in Dubrovnik und

Venedig, im Königreich Sizilien in Trapani, in Syrakus und auf Malta. Aus Deutschland und Savoyen kamen Kaufleute nach Barcelona.[34] Die Chancen mehrten sich wieder. Auch auf Mallorca belebte sich die Wirtschaft trotz internationaler Krisen. Von dort schwärmten Schiffe nach Nordafrika, Barcelona, Valencia, Neapel, Sardinien und gelegentlich sogar bis nach Rhodos und Alexandria aus. Von den nahezu 400 Fahrten zwischen Mallorca und Nordafrika, die für die erste Hälfte des 15. Jahrhunderts verzeichnet sind, entfielen 80 Prozent auf mallorquinische Schiffe. Wie schon in früheren Jahrhunderten, war Mallorca ein Brennpunkt des katalanischen Handels mit Nordafrika, das wegen des Zugangs zu Goldvorkommen einen begehrten Handelsplatz darstellte. Auf Mallorca trieb der jüdische Geschäftsmann Astruch Xibili rege Geschäfte als Versicherungsagent für den Handel mit dem spanischen Festland, Südfrankreich und Nordafrika.[35] Hier wie in Barcelona nahm man Seehandelsversicherungen immer ernster, was durchaus den Realitäten der Zeit entsprach: muslimische Piraterie gegen christliche Schiffe, Konflikte zwischen christlichen Staaten, Aufstände in diversen Städten. Dennoch erstaunt die Beharrlichkeit, ja der Optimismus derer, die in dieser Zeit Seehandel betrieben.

Eine der Städte in den Ländern der aragonesischen Krone erlebte einen wahren Boom: Valencia. Der herausragende britische Historiker John Elliott schreibt: »Für Valencia war das 15. Jahrhundert so etwas wie ein Goldenes Zeitalter.« Und das blieb so während des gesamten Jahrhunderts »mit der Beständigkeit eines Kreisels«.[36] Alfons V. wählte die Stadt als seine bevorzugte Residenz, bis er nach Italien ging, und das zeigte sich in der Vielzahl der dort hervorgebrachten Kunstwerke und in ehrgeizigen Bauprojekten. Valencia spielte eine wichtige Rolle in der Entwicklung kommerzieller Institutionen. In der prunkvollen *Llotja* amtierten die Seekonsuln, die bei see- und handelsrechtlichen Streitigkeiten als königliche Richter fungierten. Sie wurden unter den »fähigsten, kompetentesten und erfahrensten« Mitgliedern der Kaufmannsgemeinschaft ausgewählt und sollten in Streitfällen rasch und ohne pompöses Zeremoniell Arm und Reich unparteiisch Gerechtigkeit widerfahren lassen. Doch sie gaben außergerichtlichen Vergleichen den Vorzug, denn es ging ihnen nicht um Konfrontation, sondern um die

Aufrechterhaltung der Harmonie innerhalb der Gemeinschaft.[37] Das Konsulat in Valencia erlangte besondere Berühmtheit durch sein umfassendes Gesetzbuch, das 1494 gedruckt wurde und weite Verbreitung fand.

Das Gesetzbuch regelte uralte Probleme des Seerechts:

> »Wenn Waren oder sonstiger Besitz an Bord eines Schiffes von Ratten beschädigt werden und der Schiffsführer hat es versäumt, eine Katze zum Schutz vor den Ratten zu besorgen, soll er den Schaden bezahlen. Es wird jedoch nicht erklärt, was geschehen soll, wenn bei der Beladung des Schiffes Katzen an Bord waren, die aber auf der Reise starben, und Ratten die Ladung beschädigten, bevor das Schiff einen Hafen erreichte, wo der Schiffsführer eine neue Katze hätte kaufen können. Falls der Schiffsführer in dem ersten Hafen, in dem dies möglich ist, neue Katzen an Bord nimmt, kann er nicht für den Schaden haftbar gemacht werden, da der Schaden nicht durch eine Nachlässigkeit von seiner Seite verursacht wurde.«[38]

Wenn der Schiffsführer bei einem Sturm zu der Überzeugung gelangte, das Schiff werde sinken, sofern man nicht einen Teil der Ladung über Bord werfe, musste er die Kaufleute zusammenrufen und ihnen erklären:

> »›Meine Herren Kaufleute, wenn wir das Schiff nicht erleichtern, bringen wir uns alle selbst in Gefahr und riskieren den totalen Verlust von allem, was sich an Bord befindet, einschließlich der Ladung und der Waren und allen sonstigen Besitzes. Wenn Sie, meine Herren Kaufleute, aber damit einverstanden sind, dass wir die Ladung verringern, werden wir mit Gottes Hilfe alle Menschen an Bord und den größten Teil der Ladung retten …‹ Es ist offensichtlich vernünftiger, einen Teil der Ladung aufzugeben als Menschenleben, das Schiff und die gesamte Ladung zu opfern.«[39]

Das Grundprinzip, das hinter den oft pedantischen Regelungen des Seekonsulats sichtbar wird, ist der Gedanke, dass Verantwortung übernommen werden muss und alle Vertragsparteien ein Anrecht auf den Schutz ihrer Interessen haben. Wenn zum Beispiel ein Schiffsführer früher in See stach, als er dies gegenüber einem Passagier erklärt hatte, musste er ihm den vollen Reisepreis erstatten und für den entstandenen Schaden aufkommen. Auch die Passagiere hatten ihre Verpflichtungen, etwa die Einhaltung der Zollbestimmungen und sonstiger Regelungen.[40] Da Valencia hochwertige Keramik exportierte (darunter auch Tafelservice für König Eduard IV. von England und die Medici in Florenz), kann es nicht verwundern, dass man auch auf den Einsatz fähiger Schauerleute achtete, die wussten, wie man Keramik verlädt. Machten die Schauerleute ihre Arbeit gut und es ging dennoch etwas zu Bruch, hatten die Kaufleute und nicht die Schiffseigner den Schaden zu tragen.[41] Die Seeleute hatten an Sonntagen, Dienstagen und Donnerstagen Anrecht auf Fleisch, an den übrigen Tagen auf Eintopf und jeden Abend auf Schiffszwieback mit Käse, Zwiebeln, Sardinen oder anderem Fisch. Es gab außerdem eine Weinration, wobei man den Wein auch an Bord aus Rosinen oder sogar Feigen herstellen durfte (die man in Wasser legte, so dass ein süßes, trübes Gebräu entstand).[42]

Valencia profitierte von den Schwierigkeiten in Barcelona – den Bankenkrisen, dem politischen Streit zwischen *Biga* und *Busca* und vor allem den häufigen Versuchen des dortigen Patriziats, ausländischen Banken den Zugang zu verwehren.[43] Außerdem profitierte die Stadt von ihrer günstigeren Lage an den Handelsrouten zwischen Norditalien und dem Atlantik.[44] Die Genueser und Florentiner Galeeren fuhren meist an Ibiza vorbei und umgingen Barcelona. In Valencia konnten sie dann die hochwertigen landwirtschaftlichen Erzeugnisse aufnehmen, die eine Spezialität der immer noch recht großen muslimischen Bevölkerung der zu Valencia gehörigen *horta* (der ländlichen Gebiete) darstellten: Trockenobst, Zucker und Reis, die am englischen Hof sehr geschätzt wurden, wo man aus dem Reis zusammen mit Minzehuhn und Zucker ein weißliches Dessert namens *Blancmange* (Mandelsulz) herstellte.[45] In Valencia dominierte ausländisches Kapital, das die Wirtschaft anregte und den Vorsprung gegenüber dem eher fremdenfeindlichen Barcelona vergrößerte. Es gab lebendige Gemeinschaften von Genuesern, Mailändern, Venezianern, Toskanern, Flamen und Deutschen, die Valencia als Stützpunkt im westlichen Mittelmeer benutzten.[46] Die Mailänder importierten Waffen und andere Metallerzeugnisse. Kaufleute aus dem Languedoc kauften große Mengen Wolle, die auf der kastilischen Hochebene erzeugt wurde, ein Handel, an dem Juden aus Toledo großen Anteil hatten.[47] Muslimische Kaufleute aus Valencia trieben Handel mit dem Nasridenreich Granada.[48] Gegen Ende des 15. Jahrhunderts verlangsamte König Ferdinand das Wachstum Valencias durch habgierige Bemühungen, höhere Steuereinnahmen zu erzielen.[49] Dennoch war die Bilanz für die Krone von Aragón bemerkenswert positiv, vor allem wenn man auch die Erholung in den italienischen Besitzungen berücksichtigt: dem an Weizen und Zucker reichen Sizilien und dem an Weizen und Salz reichen Sardinien.[50] Der katalanisch-aragonesische »Commonwealth« florierte und profitierte von der radikalen Neustrukturierung der Wirtschaft nach der Großen Pest.

III

Ein Element war ungewöhnlich am Erfolg Valencias: das Fehlen praktizierender Juden. Eine Besonderheit der iberischen Königreiche des 15. Jahrhunderts gegenüber anderen westeuropäischen Staaten lag in der Tatsache, dass dort Christen, Juden und Muslime lebten. In Spanien waren die alltäglichen Beziehungen zwischen Juden, Christen und Muslimen zuweilen herzlich, es kam zu Heiraten zwischen Mitgliedern der drei Gruppen, und in Valencia betrieben Muslime und Christen gemeinsam Werkstätten. Doch im späten 14. Jahrhundert war die *convivencia* durch eine Atmosphäre des Misstrauens verdrängt worden. Man gab den Juden die Schuld an der Ausbreitung der Pest, was in Barcelona und andernorts zu gewalttätigen Angriffen auf die jüdischen Viertel führte.[51] Eine Folge der Pest war die Entstehung einer neuen Mittelschicht, deren Mitglieder in den Juden gelegentlich geschäftliche Rivalen erblickten. Im späten 14. Jahrhundert predigte Ferran Martínez, Erzdiakon von Ecija in Südspanien, mit großer Inbrunst gegen die Juden und forderte, deren Synagogen zu zerstören und ihnen die Schriftrollen und Bücher zu nehmen. Die kastilische Krone erwies sich als unfähig, die dadurch freigesetzten Kräfte zu zügeln, und 1391 kam es mit Unterstützung des Erzdiakons in Sevilla zu Volksunruhen, die sich nach Norden und Osten in die Gebiete der aragonesischen Krone ausbreiteten, begleitet von Massakern an den Juden und von Massenbekehrungen.

Der Funke sprang auch auf andere Länder im westlichen Mittelmeer über und führte 1392 im aragonesischen Sizilien zu Angriffen auf die Juden.[52] In Valencia hörte das jüdische Viertel auf zu existieren, denn nur 200 bekennende Juden überlebten die Ermordung oder Konversion der verbliebenen 2500 Juden der Stadt. In Barcelona, wo seit dem 8. Jahrhundert Juden lebten, war der Schock ebenso groß. Das im nordwestlichen Teil der Stadt gelegene jüdische Viertel *(Call)* wurde verwüstet. Auf Mallorca geriet ein Protest der Landbevölkerung gegen den Vizegouverneur außer Kontrolle. Als es den Bauern nicht gelang, in die Burg Bellver bei Palma de Mallorca einzudringen, wandten sie sich dem Judenviertel zu und ermordeten viele der Bewohner. Für weiteren Druck sorgten König Ferdinand I. von Aragón und Papst Benedikt XIII., als sie 1413 bis 1414 in Tortosa eine öffentliche Disputation zwischen Juden und Christen veranstalteten. Es war keine Debatte zwischen Gleichgestellten, sondern eine Gelegenheit, viele führende Juden zur Konversion zu nötigen.[53] Die Zahl der bekennenden Juden in den Ländern der aragonesischen Krone schrumpfte, auch wenn viele Konvertiten hinter verschlossenen Türen an ihrem überkommenen Glauben festhielten. In den 1480er Jahren wurde solche Geheimhaltung mit der Wiedereinführung der Inquisition in den spanischen Königreichen noch wichtiger. Im Bereich der Krone von Aragón schien das jüdische Leben an sein Ende zu gelangen, nicht infolge einer Massenvertreibung, sondern wegen des unerträglichen Drucks in Iberien.

Die Massenkonversionen von 1391 und 1413/1414 erweckten den Eindruck, die meisten Juden seien unter Druck bereit, zum Christentum zu konvertieren. Als Ferdinand II. 1479 den Thron von Aragón bestieg, kehrte er schrittweise zur harten Politik seines Großvaters und Namensvetters zurück. Um des Problems der konvertierten Juden Herr zu werden, die an ihren alten religiösen Praktiken festhielten (häufig als »Marranos« bezeichnet), setzte er die aragonesische Inquisition wieder ein und erweiterte sie auf ganz Spanien, wo sie selbst von alteingesessenen christlichen Familien vielfach als Instrument königlicher Einmischung angesehen wurde.[54] Die für die Inquisition zuständigen Dominikanermönche überzeugten Ferdinand davon, dass sie ihr Ziel niemals erreichen könnten, wenn man Konvertiten und Juden nicht vollständig voneinander trennte, indem man alle bekennenden Juden aus dem Lande wies.[55] Ferdinand hoffte, die meisten Juden würden konvertieren statt wegzugehen (er empfand keine Abneigung gegen Menschen jüdischer Herkunft und schätzte aufrichtige *conversos*). Doch die Dekrete führten zu einer massenhaften Auswanderung. Sehr viele Juden – vielleicht 75 000 – verließen Spanien, auch wenn die Mehrzahl aus Kastilien kam, da schon nach den Pogromen von 1391 viele katalanische und aragonesische Gemeinden verschwunden waren. Dennoch waren es die Häfen im Bereich der Krone von Aragón, von denen aus viele spanische Juden aus Aragón wie aus Kastilien sich auf den Weg machten, um andernorts Zuflucht zu suchen.

Die Flüchtlinge wurden manchmal recht gut und manchmal abscheulich behandelt. Es gibt keinen Grund, Berichte für unglaubwürdig zu halten, wonach ganze Schiffsladungen voll Juden von Kapitänen und Besatzungen ins Meer geworfen wurden.[56] Der Sultan von Marokko wollte sie nicht haben, womit das nächstgelegene muslimische Land als Zufluchtsort ausfiel. Obwohl viele Juden auf Genueser Schiffen auswanderten, waren sie in Genua nicht willkommen, denn die Stadt hatte niemals jüdische Ansiedlungen in ihren Mauern gefördert. Den Juden, die dort ankamen, wies man ein Stück Land zu, das voller Bauschutt und sonstigem Müll war. Da ein harter Winter drohte, waren viele versucht zu konvertieren.[57] Da war es sinnvoller, in Süditalien nach einer neuen Heimat zu suchen, wo Ferdinands gleichnamiger Vetter sie mit offenen Armen empfing. Er wies seine Beamten an, bei jedem Einwanderer festzustellen, wo seine besonderen Fähigkeiten als Kaufmann oder Handwerker lagen, und die Juden *humanamente* zu behandeln. Wenige Monate später hieß Ferdinand eine zweite Welle jüdischer Einwanderer aus dem aragonesischen Sizilien willkommen. Dort hatte man sie gleichfalls ausgewiesen, gegen die Einwände des Stadtrats von Palermo, der die wirtschaftlichen Folgen dieses Exodus fürchtete.[58] König Ferdinand von Aragón vertrieb auch weiterhin die Juden, wenn er neue Länder in Übersee eroberte – so aus Oran 1509 und aus Neapel 1510.[59]

Bedeutsamer als die Zahl der Vertriebenen war die Wirkung der Vertreibung auf den gesamten Mittelmeerraum. Die Vertriebenen zogen durch Süditalien, und als sie auch von dort vertrieben wurden, verteilten sie sich in alle Himmelsrichtungen. Einige gingen nach Norden an die Höfe freundlich gesinnter Fürsten in Ferrara und Mantua, andere zogen ins Osmanenreich, wo der Sultan sein Glück gar nicht zu fassen vermochte angesichts des Zustroms von Textilhandwerkern, Kaufleuten und Ärzten. Ein französischer Agent am Hof der Osmanen schrieb im 16. Jahrhundert, unter den Juden befänden sich

> »ausgezeichnete Vertreter aller Künste und Handwerke und zahlreiche erst kürzlich aus Spanien ausgewiesene und vertriebene Marranen, die zum großen Schaden der Christenheit die Türken diverse kriegswichtige Erfindungen, Handwerke und Maschinen lehren, etwa wie man Kanonen, Arkebusen, Schießpulver, Schrot und andere Munition herstellt. Sie haben auch den Buchdruck mitgebracht, den man hier bislang noch nicht kannte, und bringen in schönem Druck diverse Bücher in diversen Sprachen wie Griechisch, Latein, Italienisch, Spanisch und in der ihnen eigenen hebräischen Sprache heraus.«[60]

Die Osmanen, in deren Reich die Muslime vielfach in der Minderheit waren, hatten keine Probleme mit der Anwesenheit von Juden, die wie üblich den Beschränkungen des *Dhimmi*-Status unterworfen waren. Saloniki (Thessaloniki) wurde zu einem besonderen Schwerpunkt ihrer Ansiedlung.

Viele Exilierte sahen in der Vertreibung aus Spanien ein Zeichen dafür, dass die Heimsuchungen nicht noch schlimmer würden, sondern mit der Erlösung der Juden unter Führung des Messias bald ein Ende fänden. In diesem Geiste machten einige sich auf den Weg in das Land ihrer fernen Vorfahren und ließen sich in Safed in den Hügeln Galiläas nieder, wo sie auch Webereien und andere Werkstätten aufbauten. Sie vertieften sich in kabbalistische Texte und schufen eine liturgische Poesie, die weite Verbreitung im gesamten Mittelmeerraum und darüber hinaus fand. Einer ihrer Rabbiner, Jacob Berab, war aus Maqueda bei Toledo über Zwischenstationen in Fez und Ägypten nach Safed gekommen und träumte davon, eine alte jüdische Einrichtung, den Hohen Rat oder Sanhedrin, wiederherzustellen, als Vorspiel zum Zeitalter des Messias.[61] Auf ihrem Weg nach Osten brachten die Vertriebenen Erinnerungen an Spanien mit, das im hebräischen *Sepharad* heißt. Viele dieser sephardischen Juden hielten jahrhundertelang an ihrem aus dem 15. Jahrhundert stammenden Spanisch fest, das sie in den jüdischen Gemeinden im Osmanischen Reich und in Nordafrika verbreiteten. Diese Sprache wird oft »Ladino« genannt, obwohl sich darin auch Wörter aus anderen Sprachen finden, etwa aus dem Türkischen. Die verbreitete Übernahme des Ladino durch die Juden des Mittelmeerraums war Teil eines Kulturimperialismus, in dessen Rahmen die Sephardim auch ihre Liturgie und ihre Praktiken den Juden Griechenlands, Nordafrikas und weiter Teile Italiens aufzwangen. Denn die Sephardim verstanden sich als Abkömmlinge eines den *Hidalgos* vergleichbaren jüdischen Adels, die in Spanien in Prunk und Glanz gelebt hätten. Und hatte nicht der Prophet Obadja von den »Verbannten von Jerusalem in Sepharad« gesprochen?

Im Jahr 1492 fand auch die muslimische Herrschaft in Spanien ihr endgültiges Ende, als Boabdil, König von Granada, am 2. Januar seine Stadt an Ferdinand und Isabella abtrat, nach einem langen schmerzvollen Krieg, der Isabellas fragwürdige Ansprüche auf den Thron von Kastilien zu bekräftigen half. Im Kapitulationsvertrag erhielten die Muslime das Recht, in ihrem einstigen Königreich zu bleiben, und wenn sie das Land verlassen wollten, sollten der König und die Königin die Kosten für die Überfahrt tragen. Die Muslime wurden erst 1502 aus Granada und allen kastilischen Landen vertrieben, als Folge eines Aufstands in den Bergen um Granada drei Jahre zuvor. Nichts dergleichen geschah jedoch in den Ländern der aragonesischen Krone, deren muslimische Bevölkerung im Königreich Valencia und im südlichen Teil von Aragón konzentriert war. Im 15. Jahrhundert bestand vielleicht ein Drittel der Bevölkerung des Königreichs Valencia aus Muslimen, doch ihr Anteil schwand mit dem Vorrücken der christlichen Besiedlung und dem Übertritt muslimischer Familien zum vorherrschenden Glauben. Das berühmte Wassergericht, das heute noch jeden Donnerstag vor den Toren der Kathedrale von Valencia zusammentritt, um über die Verteilung des Wassers auf den Feldern vor der Stadt zu entscheiden, erinnert an einige Grundsätze und Verfahren der muslimischen Bauern des Spätmittelalters.[62] Doch wegen der Isolierung von der übrigen muslimischen Welt und wegen des Verlusts ihrer Elite hatten die Muslime von

Aragón und Valencia um ihr religiöses Wissen und in manchen Regionen auch um die arabische Sprache zu kämpfen.[63] Ferdinand war ein umsichtiger Herrscher, der erkannte, dass eine Vertreibung der Muslime zu wirtschaftlichem Chaos und zur Entvölkerung des Königreichs führen musste, dessen Wohlstand schon während der Regierungszeit seines Vaters durch den Bürgerkrieg in Mitleidenschaft gezogen worden war. Erst 1525, neun Jahre nach seinem Tod, wurde der Versuch unternommen, alle spanischen Muslime zum Christentum zu bekehren, und erst ab 1609 wurden die »Moriscos«, wie man sie nun nannte, rücksichtlos aus Spanien vertrieben.[64]

IV

Innerhalb Kastiliens und Granadas besaß Ferdinand fast denselben Status wie seine Frau Isabella, obwohl sie in Aragón nur die Gemahlin des Königs war. Doch nach ihrem Tod 1504 verwehrte die kastilische Ständeversammlung (Cortes) Ferdinand mehrere Jahre lang die Regentschaft, was ihn veranlasste, seine Aufmerksamkeit verstärkt auf das Mittelmeer und die Wiederbelebung des Mittelmeerreichs seines Onkels Alfons zu richten. Seine Sorge galt nun hauptsächlich der Krone von Aragón, und er nahm an, dass Kastilien und Aragón nach seinem Tod wieder getrennte Wege gehen würden. Mit Hilfe des »Gran Capitán« Gonzalo Fernández de Córdoba stellte er 1503 die unmittelbare aragonesische Herrschaft über Neapel wieder her, nach kurzem Kampf mit den Franzosen, die unter König Ludwig XII. nach Italien zurückgekehrt waren, weniger um die Türken zu vernichten, als in der Hoffnung, Ludwigs Anspruch auf das Herzogtum Mailand zu bekräftigen.[65] Wie schon bei Alfons, war Neapel kein Selbstzweck. Ferdinand, dessen Politik oft einen stark messianischen Zug aufwies, hoffte einen Kreuzzug gegen die Türken und zur Wiedereroberung Jerusalems unternehmen zu können, und tatsächlich kam es zu einigen Expeditionen Richtung Osten; so fuhr eine Flottille unter dem Befehl des »Gran Capitán« nach Kephalonia – das zugegeben nicht sonderlich weit von der Hacke des italienischen Stiefels entfernt liegt.[66] Diese Tagträume wurden noch weiter angeregt von den Thesen eines exzentrischen Genueser Seefahrers namens Kolumbus, der behauptete, er werde in Indien genug Gold finden, um alles bezahlen zu können, was Ferdinands Herz nur begehrte.[67]

Ferdinand sah es lieber, wenn seine katalanischen Untertanen das Mittelmeer statt den Atlantik befuhren. Dahinter stand die von seinem Onkel Alfons entwickelte Idee eines Gemeinsamen Katalanischen Marktes, der Sizilien, Sardinien, Neapel, Mallorca und neuerworbene Besitzungen in Nordafrika umfassen sollte. Schon 1497 hatte der Herzog von Medina Sidonia bewiesen, wie leicht es war, das an der marokkanischen Küste gelegene Melilla zu erobern. Die Stadt gehört bis heute zu Spanien. Mit Hilfe des mächtigen Kardinals Cisneros fügte Ferdinand 1509 Oran seinen Besitzungen hinzu. Ein silbernes Kreuz schwingend, war der betagte Kirchenmann dem spanischen Heer auf einem Maultier vorausgeritten und hatte die Soldaten gleichsam gezwungen, für Christus zu kämpfen. Sein Eifer war auch durch die Eroberung Granadas noch nicht befriedigt, wo er in seiner Verachtung für den Islam arabische Bücher auf großen Scheiterhaufen verbrennen ließ und damit die Menschheit fröhlich reichhaltiger Wissensbestände beraubte. Auf den Fall von Oran folgte 1510 die Eroberung von Bejaia und Tripolis.[68] Die Existenz spanischer Garnisonen an der Küste Nordafrikas bis hin nach Libyen stärkte den Zugriff der Christenheit auf das westliche und mittlere Mittelmeer, entfachte aber auch das Feuer diverser muslimischer Feinde, die entschlossen waren, die von Spanien gehaltenen Städte zurückzuerobern. Ferdinand freute sich über die Fortschritte in seinem Heiligen Krieg gegen den Islam, doch seine afrikanischen Ambitionen besaßen durchaus auch eine praktische Dimension. Die Kontrolle über die nordafrikanische Küste vermochte katalanischen und anderen Schiffen auf dem Weg in den Orient einen gewissen Schutz zu bieten, und zwar nicht, weil die Seewege der europäischen Schiffe an der Küste entlanggeführt hätten, sondern weil die spanische Präsenz muslimische Piraten abschreckte.

Wie bedeutsam das Mittelmeer in seinem Denken war, bewies Ferdinand, als er nach Isabellas Tod mehrere Monate in Neapel verbrachte, um das vom Krieg gezeichnete süditalienische Königreich wieder auf die Beine zu bringen. Er heiratete erneut, und zwar die fähige und gebildete, aus den Pyrenäen stammende Prinzessin Germaine de Foix, in der Hoffnung auf einen männlichen Erben für die Krone von Aragón.[69] Doch all seine grandiosen Pläne wurden durch das Aussterben der männlichen Linie vereitelt. Der Sohn Ferdinands und Isabellas, der Infant Johann, starb schon vor seinen Eltern. Und auch Germaine de Foix schenkte ihm keinen überlebenden Erben. So fielen Kastilien und Aragón über Ferdinands geisteskranke Tochter Johanna an seinen Enkel, den Habsburgerprinzen Karl von Gent.[70] Unter Karl verlagerte sich die Macht in Spanien wieder deutlich von Aragón zurück nach Kastilien. Mit der Öffnung der Handelswege in die Neue Welt kam es in Kastilien und vor allem in Sevilla zu einem Boom, während die katalanischen Handelsnetze im Mittelmeer in Erstarrung versanken. In Italien verfolgte man zwar weiterhin die traditionellen aragonesischen Interessen, doch in wachsendem Maße übernahmen Kastilier das einst von Barcelona und Valencia beherrschte Mittelmeerreich.[71]

KAPITEL 3

Heilige Ligen und unheilige Allianzen

1500 bis 1550

I

Die Umstrukturierung des Mittelmeerraums im Gefolge der Großen Pest war ein langsamer Prozess. Neben den politischen Veränderungen, insbesondere der Expansion der osmanischen Macht, sollten die Ereignisse jenseits der Straße von Gibraltar das Leben der Menschen, die an den Küsten und auf den Inseln des Mittelmeeres lebten, auf lange Sicht ganz beträchtlich verändern. Die Öffnung des Atlantik hatte schon im Jahrzehnt vor der Großen Pest mit Fahrten entlang der afrikanischen Westküste bis zu den Kanarischen Inseln begonnen und setzte sich im frühen 15. Jahrhundert fort mit der Entdeckung und Besiedlung von Madeira und den Azoren durch die Portugiesen.[1] Nach der Anlage von Zuckerrohrplantagen auf Madeira wurde es möglich, Flandern und andere Teile Nordeuropas direkt aus dem Atlantik mit einem der teuren Erzeugnisse zu beliefern, die man zuvor aus dem Mittelmeerraum bezogen hatte. Mit der Einrichtung der portugiesischen Festung São Jorge da Mina (heute Elmina) in Westafrika nur wenig nördlich des Äquators gelangte nun auch Gold nach Europa, ohne den Weg über die muslimischen Häfen im Maghreb nehmen zu müssen. Der Beginn dieses Guineahandels entschädigte für die Enttäuschung, dass sich das Festhalten an Ceuta nicht auszahlte. Der Atlantik lieferte zunehmend Sklaven für die Sklavenhalter des Mittelmeerraums: Einwohner der Kanarischen Inseln, Berber von der Westküste Afrikas und zunehmend auch schwarze Sklaven aus Elmina. Viele von ihnen gelangten über Lissabon auch nach Valencia, Mallorca und in andere Mittelmeerhäfen.[2]

Als dann Kolumbus im Oktober 1492 die Karibischen Inseln er-

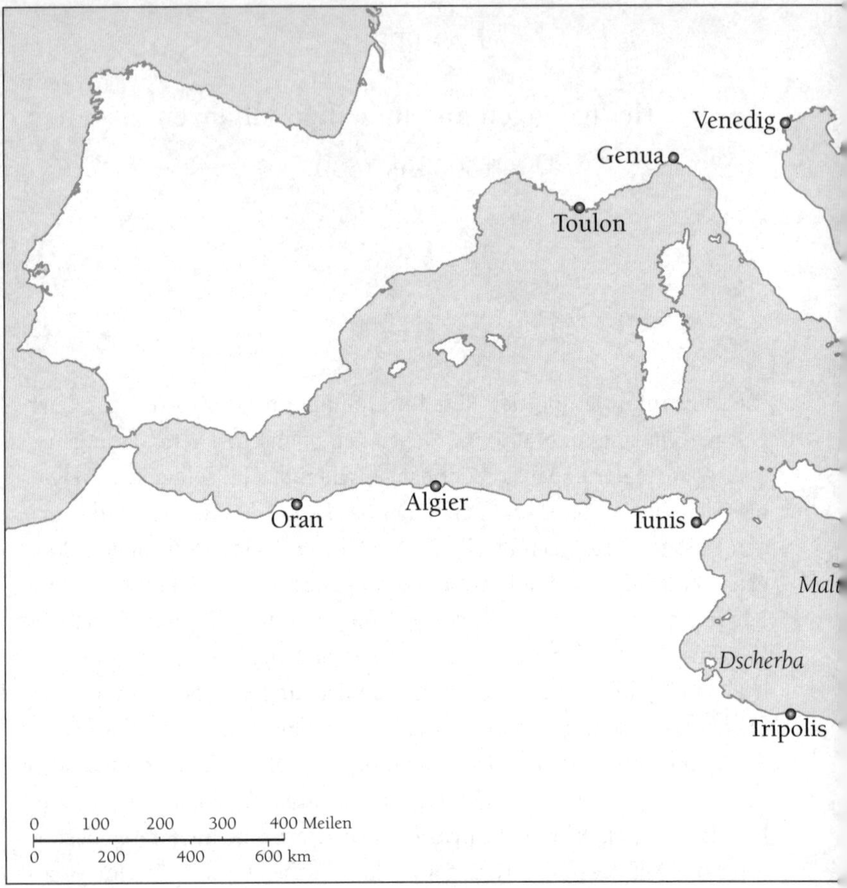

reichte, verfügte Kastilien über eine Quelle kostbarer Metalle, die man rücksichtslos ausbeutete, indem man den Indianern hohe, in Gold zu zahlende Steuern auferlegte, obwohl sie formell freie Untertanen der Krone waren. Die Genueser waren zwar in Spanien unbeliebt, ließen sich aber dennoch in Sevilla nieder und betrieben von dort aus mit königlicher Billigung den transatlantischen Handel. Zugleich wandten sie sich dem Finanzierungsgeschäft zu. Der türkische Druck auf die Genueser Besitzungen im östlichen Mittelmeer nahm zu, und so suchten diese ein engeres Bündnis mit Spanien, jener Macht, die am ehesten in der

Lage zu sein schien, den Türken Paroli zu bieten. Als die Schifffahrt im Mittelmeer gefährlicher wurde, überdachten auch die Venezianer ihre Optionen. Mitte des 15. Jahrhunderts hatte Venedig sich in die qualvolle Politik im Italien der Renaissance verwickelt und unter dem Doge Francesco Foscari auf dem Festland Besitzungen erworben, die weit größer waren als der schmale Streifen Land, den die Stadt ein Jahrhundert zuvor kontrolliert hatte. Das Herrschaftsgebiet Venedigs reichte im Westen bis nach Bergamo, wo der Löwe von San Marco auf die Schlange von Mailand stieß. Das heißt nicht, dass Venedig seine Interessen im

Mittelmeer aufgegeben hätte, doch die *Serenissima Repubblica* begann, auf der *Terrafirma*, dem italienischen Festland, die Besitzungen zu erwerben, die es ihr im 16. und 17. Jahrhundert ermöglichten, in diese Richtung zu expandieren, nachdem sie ihre Besitzungen im östlichen Mittelmeer nach und nach an die Osmanen verlor.[3] Venedig sah sich zunehmend in einer exponierten Lage, und die Führer der Stadt wussten, dass die mangelnde Bereitschaft, ihre Flotte gegen die Osmanen einzusetzen, sie im Westen dem Vorwurf der Heuchelei und des Opportunismus aussetzte.

Das Gefühl wachsender Unsicherheit auf dem Meer war durchaus keine Täuschung. Ab dem Ende des 15. Jahrhunderts trieben Piraten verstärkt ihr Unwesen auf dem Mittelmeer, überfielen Schiffe, Küsten und Inseln, von wo sie alljährlich Tausende von Sklaven entführten.[4] Zu den christlichen Gebieten, die am stärksten von der Piraterie betroffen waren, gehörten Kalabrien, Sizilien und Mallorca. Dort hatte man seit den Sarazenenüberfällen des 9. und 10. Jahrhunderts keine muslimische Seeräuberei solchen Ausmaßes mehr erlebt. Die Piraterie wurde endemisch, und die lange Zeit von italienischen und katalanischen Kaufleuten ausgeübte Kontrolle über die Seewege war bald nur noch Erinnerung. Es gab sowohl christliche als auch muslimische Piraten. Unter den Christen waren die Johanniter (Hospitaliter) von Rhodos die aktivsten. Sie hielten an ihrem Ideal eines Heiligen Krieges gegen den Islam fest und nutzten ihren Landbesitz in Westeuropa, um den Betrieb von vielleicht einem halben Dutzend gut ausgerüsteter Galeeren zu finanzieren. Auf der anderen Seite bedrohten Korsaren drei Jahrhunderte lang die Christenheit. Sie genossen die Unterstützung des osmanischen Hofs und errichteten sichere Stützpunkte an der nordafrikanischen Küste. Sie wurden von energischen und fähigen Kommandeuren befehligt und trugen den Krieg zwischen christlichen und muslimischen Flotten weit ins westliche Mittelmeer hinein.[5]

Das östliche Mittelmeer wurde im ersten Viertel des 16. Jahrhunderts zu einem osmanischen Binnensee. Eine offenkundige Erklärung für die osmanische Expansion ist das Bestreben, den Glauben zu verbreiten, und die Sultane vergaßen nicht ihre Vorfahren, die als *Ghazis*, als Heilige Krieger für den Islam, gegen die Byzantiner gekämpft hatten. Auf dem Balkan zogen sie es dagegen vor, ihre christlichen und jüdischen Untertanen in Ruhe zu lassen, weil sie wie die arabischen Kalifen des frühen Mittelalters in den »Völkern des Buches« wertvolle Einnahmequellen sahen. Sie bemühten sich, den Handel zu schützen, teils um die Versorgung ihres prunkvollen Hofes und der geschäftigen Hauptstadt mit Seide, Schmuck, Gold und gemeineren Gütern wie Getreide sicherzustellen, und teils weil sie erkannten, dass funktionsfähige Handelswege eine weitere sprudelnde Einnahmequelle darstellten – daher ihre Bereitschaft, die Ragusaner zu beschützen und Venedig wie auch Genua Handelsverträge anzubieten.[6] Anderswo versuchten sie dagegen, ihren Willen durchzusetzen. 1516 überrollten osmanische Heere die Mamluken in Syrien und öffneten damit den Weg für eine rasche und leichte Eroberung Ägyptens. Den Christen blieb nur noch die Herrschaft über einige verstreute Inseln. Über mehrere Jahrzehnte nahmen sich die Osmanen diverse italienische Herren (oft selbst Piraten) auf Inseln der Ägäis vor und vertrieben sie. Zypern blieb in venezianischen, Chios in Genueser Händen, doch Rhodos wurde nach einer langen und harten Belagerung 1522 erobert. Das gab dem neuen osmanischen Sultan Süleyman Gelegenheit, seine militärischen Fähigkeiten unter Beweis zu stellen. Er kam persönlich nach Rhodos, um die Niederlage von 1480 zu rächen. Die Zitadelle hatte man in Erwartung einer türkischen Belagerung zwar beträchtlich verstärkt, doch die Zahl der aktiven Verteidiger war gering – nur 300 Ritter, auch wenn viele Soldaten geringeren Rangs hinzukamen. Süleyman lehnte es ab, die Belagerung abzubrechen, als das Wetter umschlug, und zwang Rhodos zur Aufgabe. Im Dezember 1522 kapitulierten die Ordensritter und erhielten großzügige Bedingungen, denn zuweilen erwiesen die Osmanen Gegnern Respekt, die ritterlich gegen sie gekämpft hatten.[7]

Die nun heimatlosen Hospitaliter waren entschlossen, den Kampf gegen die Muslime andernorts fortzusetzen. Zum Glück hatte Karl V., Kaiser des Heiligen Römischen Reiches und Herrscher über die Länder der Krone von Aragón (einschließlich Siziliens), eine Lösung parat. In einer feierlichen Erklärung führte er im März 1530 aus, sie seien nun mehrere Jahre auf der Suche nach einem »festen Sitz« umhergewandert, und er sei bereit, ihnen mehrere Besitzungen des Königreichs Sizilien zu überlassen: Tripolis an der nordafrikanischen Küste sowie Malta und Gozo. Als Gegenleistung erwarte er lediglich alljährlich zu Allerheiligen einen Falken als Geschenk an den Vizekönig von Sizilien. Ferdinand der Katholische hatte 1510 in Tripolis eine spanische Garnison eingerichtet, doch es hatte sich als schwierig erwiesen, die Stadt gegen die Berber zu verteidigen, die auf beiden Seiten von Land her dagegen anstürmten.[8] Für Karl zählte die Verteidigung der Stadt. Sie ging 1551 verloren, und danach zeigte sich, dass es ebenso bedeutsam war, Malta zu halten.

Die Korsaren unterschieden sich auf den ersten Blick sehr deutlich von den hochorganisierten Hospitalitern. Doch auch Erstere waren Krieger, die weit gereist waren, um sich ihren Ruf zu verdienen. Einige von ihnen stammten von Griechen ab, die vom christlichen Glauben abgefallen waren. Andere waren kalabrischer, albanischer, jüdischer, Genueser und sogar ungarischer Herkunft.[9] Sie waren durchaus keine vagabundierenden Psychopathen (oder zumindest nicht alle), denen es allein um den Profit und ihr Vergnügen ging. In ihren Reihen fanden sich auch fähige Seefahrer, vor allem Piri Reis, dessen detailreiche Karten des Mittelmeeres und der weiteren Welt den osmanischen Hof im Zeitalter der Entdeckungen mit präzisen Informationen versorgten.[10] Doch der berühmteste Korsar war Barbarossa, der im Westen wegen seines roten Haars so genannt wurde. Tatsächlich handelte es sich nicht um einen, sondern um zwei Piraten: Uruj oder Oruç und seinen jüngeren Bruder Hizir oder Khizir. Um diese beiden Männer rankte sich eine Reihe von Geschichten, bei denen nicht immer klar ist, inwiefern es sich um Fabeln handelt. Als gesichert gilt, dass beide auf Lesbos geboren wurden, in den Zeiten Mehmeds des Eroberers, der die Insel dem italienischen Herzog Niccolò Giustiniani abnahm. Ihr Vater war wahrscheinlich als Christ geboren worden, hatte dann als muslimischer Janitschar im osmanischen Heer gedient und sich schließlich mit einer christlichen Frau niedergelassen. Er hatte in der gesamten Ägäis und bis hinauf nach Konstantinopel mit Keramik gehandelt und seine beiden Söhne mit auf die Reise genommen. Auf diesen Reisen erwarben die beiden Söhne ihre seefahrerischen Fähigkeiten. Auf einer dieser Reisen holte Oruç Holz von der anatolischen Küste und wurde auf der Rückfahrt von der Hospitaliter-Galeere *Unserer Lieben Frau von der Unbefleck-*

ten Empfängnis aus Rhodos verfolgt. Oruç wurde gefangengenommen und musste als Galeerensklave arbeiten, wurde nach mehreren Jahren jedoch wieder freigelassen – eine damals nicht unübliche Praxis. Dennoch begann man von einer heldenhaften Flucht zu erzählen. Er kehrte glücklich auf das Meer zurück und verbrachte seine Zeit gemeinsam mit Khizir in den Gewässern zwischen Spanien und dem Maghreb. Es heißt, sie hätten 1492 Juden und Muslimen bei der Flucht aus Spanien geholfen.[11]

Ihr erstes Schiff war eine leichte Galeere mit einer Besatzung aus gut 100 Freiwilligen, alle auf der Suche nach Beute und Ruhm, und um 1502 machten sie Dscherba zu ihrem Stützpunkt, das seit langem schon ein Piratennest und Schauplatz von Konflikten zwischen christlichen Eindringlingen und muslimischen Verteidigern war. Sie knüpften Verbindungen zum Hof in Tunis und operierten als lizenzierte Piraten der Hafsidensultane. 1504 segelten sie nach Elba, dessen tiefe Buchten Piraten eine gute Deckung boten, und stießen auf zwei Galeeren, die, wie sich herausstellte, im Dienste des Papstes Julius II. segelten, sowie ein spanisches Schiff mit 300 Soldaten und 60 Aragoneser Adligen, das sich auf dem Weg nach Neapel befand. Sie bemächtigten sich problemlos der Galeeren und steigerten damit beträchtlich ihren Ruf als Helden in Tunis und als furchterregende Feinde in Rom. Um 1506 besaßen sie acht Schiffe, doch ihre Erfolge hatten ihnen so viel Ruhm eingebracht, dass der osmanische Sultan ihnen den Ehrentitel »Beschützer des Glaubens« – *Khair ad-Din* oder türkisch: *Hayrettin* – verlieh. Es kam zu einem Zermürbungskrieg zwischen muslimischen Korsaren und ihren christlichen Gegnern. Nicht nur Genueser und katalanische Seeleute (ob nun Kaufleute oder Piraten), sondern auch Portugiesen und Spanier setzten sich in Küstenforts an der Mittelmeer- und der Atlantikküste Marokkos fest. Trotz ihrer Erfolge in Melilla und Oran vermochten die Spanier sich in Algier nur ein paar Felsen vor der Hafeneinfahrt zu sichern, die 1510 durch Geschützstellungen befestigt wurden, aber keinen Ersatz für eine Kontrolle über die Stadt darstellten.[12]

In diesen Auseinandersetzungen hatten die Muslime einen Vorteil – sie konnten mit der Unterstützung kriegerischer Stammesführer im marokkanischen Hinterland um Tétouan rechnen. Während des Sommers unternahmen sie Raubzüge nach Spanien und entführten Tausende von Sklaven, die sie beim Bau der Befestigungsanlagen in Tétouan einsetzten. Khizir behauptete, in einem einzigen Monat 21 Handelsschiffe aufgebracht und 3800 christliche Sklaven (darunter Frauen und Kinder) erbeutet zu haben. Die Brüder unternahmen unablässig Raubzüge nach Mallorca, Menorca, Sardinien und Sizilien, und die Wirkung ihrer Überfälle lässt sich an der Zahl der Städte und Dörfer ablesen, die auf den Inseln des westlichen Mittelmeeres von den gefährdeten Küsten weg und mehrere Kilometer ins Binnenland hinein verlegt wurden.[13] Oruç erwarb sich den Ruf eines blutrünstigen Mannes, der einem Opfer wie ein tollwütiger Hund die Kehle durchbeißen konnte, doch er war ein geschickter Politiker und nutzte seinen Ruf für politische Zwecke. Er schuf sich ein eigenes kleines Reich, angefangen bei der Stadt Dschidschal (Jijel) an der algerischen Küste. Deren Bewohner, die Schwierigkeiten hatten, an ausreichend Getreide zu gelangen, waren beeindruckt, als er eine mit Weizen beladene sizilianische Galeere kaperte. Sie boten ihm an, die Stadt zu übernehmen, und wenig später unternahm er einen Angriff auf Algier. 1517 nutzte er eine Nachfolgekrise in Tlemcen, einer bedeutenden, ein wenig entfernt von der Küste gelegenen Stadt, um dort die Herrschaft an sich zu bringen. Bei den Spaniern in Oran, die sich bemüht hatten, gute Beziehungen zu den lokalen Stammesführern aufzubauen, löste all das große Besorgnis aus.[14] Der neue Herrscher Spaniens, Karl von Habsburg, erkannte die Notwendigkeit, Truppen in seine nordafrikanischen Besitzungen zu schicken. Zum Glück für ihn lösten die Bewohner von Tlemcen das Problem, indem sie Oruç vertrieben, da sie ihn für einen Agenten der türkischen Herrscher hielten. Er wurde von spanischen Soldaten gestellt und im Kampf getötet.

Der zweite Barbarossa, Khizir, oft auch Hayrettin genannt, erlangte nun einen noch furchterregenderen Ruf als Oruç. Um zu demonstrieren, dass er die Nachfolge seines älteren, rotbärtigen Bruders angetreten hatte, färbte er sich seinen Bart rot. Er festigte seine Herrschaft über die Küstenstädte des Maghreb, und es gelang ihm sogar 1529, den Spaniern die Forts auf der Insel vor der Hafeneinfahrt von Algier abzunehmen.[15] Noch im selben Jahr besiegte er eine spanische Flottille vor der Baleareninsel Formentera, die er nun leicht erreichen konnte, und entführte sieben Galeeren samt ihren Kapitänen. Als er sich über sie ärgerte, ließ er sie mit scharfen Messern in Stücke schneiden.[16] Algier wurde nun Barbarossas Hauptstadt, aber er achtete auch darauf, den Schutz des osmanischen Sultans zu suchen. Er war weit genug von Konstantinopel entfernt, um sich seine Unabhängigkeit bewahren zu können, und er war für den osmanischen Sultan wertvoll genug, um materielle Unterstützung von der Hohen Pforte zu erhalten. Die osmanischen Sultane richteten ihre Aufmerksamkeit abwechselnd auf den Balkan und auf Persien, und ihre Kämpfe mit den Safawidenschahs im Osten lenkten sie häufig von den mediterranen Angelegenheiten ab. Es war durchaus sinnvoll, sich Hayrettin Barbarossas zu bedienen, statt all ihre Ressourcen auf einen dieser Kriegsschauplätze zu werfen. Barbarossa erhielt die offizielle Anerkennung als Emir von Algier und nannte sich gerne *Kapudan Pascha*, »Oberster Kapitän«. Sultan Selim I. schickte ihm eine türkische Standarte, Kanonen, Kriegsmunition und dazu 2000 Janitscharen.

Anfang der 1530er Jahre hatte Hayrettin das Vertrauen Süleymans, des Nachfolgers von Selim, erworben, und man rief ihn sogar an den Hof in Konstantinopel, um seinen Rat hinsichtlich der Strategie im westlichen Mittelmeer zu hören, denn die große Frage lautete, wie stark der Druck der Türken auf ihre spanischen Rivalen ausfallen sollte. Der Großwesir Ibrahim Pascha soll Barbarossa zu einem waghalsigen Angriff auf das südlich von Rom an der italienischen Küste gelegene Fondi ermuntert haben, in der Hoffnung, die schöne Witwe Giulia Gonzaga fangen zu können, deren Gatte der Herr der Region gewesen war. Nach einer Legende konnte sie halbnackt entkommen, als die Türken an das Stadttor pochten, aber in Wirklichkeit war sie in dieser Nacht gar nicht in Fondi.[17] Der Vizekönig von Neapel vertrat die düstere Ansicht, Süditalien sei das neue Rhodos, der letzte Vorposten an der Grenze zu den Türken.[18] Hayrettin kommandierte auch eine Flotte, die der osmanische Sultan 1534 nach Tunis schickte, als dort nach dem Tod des Königs, der für sein Misstrauen gegenüber den Türken bekannt gewesen war, ein Streit um die Nachfolge entbrannte. Barbarossa nahm die Stadt ein, doch Karl V. begann mit einem Gegenangriff, von dem er auch nicht abließ, als Barbarossa drohte, die 20 000 christlichen Sklaven abzuschlachten, die in Tunis gefangen gehalten wurden. Karl eroberte Tunis 1535 zurück und vertraute die Stadt pragmatisch dem jüngsten Sohn des verstorbenen Königs an, allerdings gegen eine gewaltige Tributzahlung: 12 000 Goldstücke, zwölf Falken und sechs edle Pferde.[19] Doch falls Karl geglaubt haben sollte, er verdiene für seinen Sieg in Tunis die Glückwünsche seiner Untertanen, wäre das allzu optimistisch gewesen. Nur wenige Monate später verließ eine kleine Flotte Algier und machte sich auf den Weg nach Menorca, wo Barbarossas Leute hinterhältig spanische Flaggen an ihren Masten hissten und dreist in den riesigen natürlichen Hafen von Mahón einfuhren. Sie plünderten die Stadt und entführten 1800 Sklaven.[20]

II

Die christlichen Reaktionen auf die Erweiterung des türkischen Einflusses in das westliche Mittelmeer hinein nahmen zwei Formen an: Konfrontation und Anpassung. Der französische König Franz I. zeigte sich zur Zusammenarbeit mit den Türken bereit, zur Empörung seiner zahlreichen Rivalen. In Spanien dagegen galt der Kampf mit den Osmanen als Fortsetzung und Verstärkung des großen Kreuzzugs, den die Christen seit langem schon gegen die Mauren führten. Karl V. suchte »die Hilfe und Führung unseres Schöpfers«, in der Hoffnung, mit göttlichem Beistand werde er das wirksamste Mittel gegen Barbarossa finden.[21] Unter dem Genueser Admiral Andrea Doria begann ein christlicher Gegenangriff.[22] Dorias Familie hatte viele der großen Genueser Admiräle der letzten Jahrhunderte hervorgebracht, und Andrea war sein eigener Herr. Er demonstrierte seine Unabhängigkeit, indem er nicht persönlich an einem von Franz I. 1528 befohlenen Angriff auf Neapel teilnahm und dann die Seiten wechselte, von Franz zu Karl V. Aber wahrscheinlich trat er eher des Geldes wegen in die Dienste Karls V. als aus grundsätzlichen Erwägungen. Er verfügte über eine eigene Flotte, hatte aber auch Zugang zu den Docks seiner Heimatstadt Genua. Die Besatzung seiner Schiffe bestand aus Freiwilligen und zu einem kleineren Teil aus verurteilten Straftätern. Die Serie seiner Erfolge verschaffte ihm Beliebtheit bei den Freiwilligen, obwohl er ein moralisches Regime einführte, in dem Blasphemie streng verboten war.[23] In vielerlei Hinsicht ist er ein Spiegelbild Hayrettin Barbarossas. Wie dieser verband er eine gewisse Unabhängigkeit mit der Bereitschaft, sich für eine Sache einzusetzen. Als Karl V. ihn 1532 gegen Griechenland schickte, bewies er seinen Wert für seinen neuen Herrn durch die brillant durchgeführte Einnahme des Marinestützpunkts Coron (griechisch Koroni) an der Südspitze der Peloponnes. Doria durchbrach einen türkischen Kordon und setzte seine Truppen zur Verwunderung des Gegners an Land. In ihrer Blütezeit waren Coron und Modon »die beiden Augen des venezianischen Imperiums« gewesen und hatten die Seewege zwischen dem Ionischen Meer und dem Orient gesichert. Die Eroberung Corons von den Türken war ein großer strategischer Sieg. Süleyman schickte 60 Galeeren, die die Festung zurückerobern sollten, doch Doria schlug sie in die Flucht.[24]

Die Sorgen im Westen wuchsen, als Süleyman 1537 Hayrettin mit 25 000 Mann gegen Korfu schickte. Eine türkische Belagerung Korfus war eine offenkundige Bedrohung für den Westen, denn wenn die Türken die Insel eroberten, verfügten sie über ein Sprungbrett für Angriffe auf Italien und konnten den Schiffsverkehr am Eingang zur Adria kontrollieren. In Nizza gründete man unter der Schirmherrschaft des Papstes eine Heilige Liga, in der Doria, die Spanier und das in seinem Umgang mit der Hohen Pforte so vorsichtige Venedig zusammenkamen. Anfang 1538 reagierte Hayrettin mit einer Reihe von Angriffen auf venezianische Stützpunkte im östlichen Mittelmeer, darunter auch Nafplio und Monemvasia auf der Peloponnes. Das war kein bloßes Geplänkel. Zusammen boten die unter venezianischer Herrschaft stehenden Inseln und Küstenstationen Nachschublinien und Schutz für die westliche Schifffahrt. Die Osmanen behaupteten, den Venezianern 25 Inseln entrissen zu haben, die sie teils plünderten, teils zu Tributzahlungen verpflichteten.[25] Der Eindruck, dass Doria letztlich sein eigener Herr war, bestätigte sich in seiner glanzlosen Vorstellung, als die massierten Seestreitkräfte der Heiligen Liga – 36 päpstliche Galeeren, zehn Hospitaliterschiffe, 50 portugiesische und ebenso viele Genueser Schiffe – am 28. September 1538 in der Seeschlacht von Prevezza vor Korfu auf die von Hayrettin befehligte osmanische Flotte trafen.[26] Als Doria sah, dass die westliche Flotte Verluste erlitt, zog er sich zurück, statt weiterzukämpfen. Als Genueser hatte er kein sonderliches Interesse an der Verteidigung venezianischer Interessen – obwohl er um die Bedrohung wusste, die Süleyman und Hayrettin darstellten. Seine Priorität galt dem Schutz des westlichen Mittelmeeres. Ein zeitgenössischer französischer Beobachter verglich Doria und Barbarossa mit Wölfen, die einander nicht fressen, oder mit Krähen, »die sich gegenseitig kein Auge aushacken«.[27]

III

Der König von Frankreich bot eine andere Lösung für den Umgang mit den Türken an. Franz I. war in einem Streit mit Karl V. um alte Ansprüche auf Teile Italiens gefangen – das Herzogtum Mailand, auf das sein Vorgänger Ludwig XII. einen Anspruch besaß, und das Königreich Neapel, das sowohl Karl VIII. als auch Ludwig XII. bereits einmal erobert hatten. Während Karl in der Eroberung Neapels 1495 den ersten Schritt eines erfolgreichen Kreuzzugs nach Konstantinopel und Jerusalem sah, galt die Aufmerksamkeit Ludwigs XII., der von 1498 bis 1515 regierte, einem engeren Horizont. Er unternahm eine Marineexpedition nach Lesbos, die jedoch in einer Katastrophe endete und ihn von allen Ambitionen im östlichen Mittelmeer kurierte. 1507 mischte er sich in die immer turbulenteren innenpolitischen Zwistigkeiten in Genua ein und schlug einen Aufstand in der Stadt nieder, doch auch hier ging es ihm eher um die Festigung seiner Stellung in Nordwestitalien als um die Vorbereitung eines großen französischen Angriffs auf die Türken. Er unterschätzte die Fähigkeit Ferdinands von Aragón, den Widerstand in der Region zu mobilisieren. Eine Niederlage bei Ravenna 1511 zwang ihn zum Rückzug aus Italien. Dennoch beschloss sein Nachfolger Franz, Rache an seinen Habsburger Gegnern zu nehmen. Zuerst eroberte er Mailand zurück und entwickelte dann immer ehrgeizigere Pläne, die in seiner Niederlage und Gefangennahme in der großen

Schlacht von Pavia 1525 gipfelten.[28] Nach seiner Freilassung aus dem Madrider Gefängnis brach Franz schon bald sein Versprechen, in Frieden neben seinen habsburgischen Nachbarn zu leben, denn Frankreich war auf allen Seiten von Ländern umgeben, die in unterschiedlichem Maße gegenüber Karl V. in der Pflicht standen. Einige dieser Nachbarn verhielten sich nicht sonderlich loyal gegenüber Karl, und Franz hatte eigentlich weniger Grund, eine Einkreisung zu befürchten, als er offenbar glaubte, doch er wusste auch, dass er seinen Traum von einem Reich in Italien nur weiterverfolgen konnte, wenn er den Druck auf die Habsburger aufrechterhielt.[29]

Der französische König versuchte, seine Probleme in Westeuropa zu lösen, indem er sich in die kriegerischen Auseinandersetzungen zwischen Spaniern und Türken im Mittelmeer einmischte.[30] Letztlich ging es ihm bei der Suche nach einem Bündnis mit den Türken nicht um Frieden, sondern um die Schädigung seiner Gegner. 1520 schickte er einen Gesandten nach Tunis und drängte die Korsaren, »dem Kaiser in seinem Königreich Neapel möglichst große Schwierigkeiten zu bereiten« – ein Plan, der kaum Rücksicht auf die Interessen der Menschen in Süditalien nahm, deren König Franz werden wollte.[31] Für den Augenblick blieb sein Bündnis mit den Türken geheim, und die Einmischung konzentrierte sich auf den Balkan, wo französische Agenten christliche Kriegsherren ermunterten, gemeinsam mit den Türken Habsburger Territorien anzugreifen. Franz schickte 1529 Gesandtschaften zu Süleyman, um sich nach dessen Seitenwechsel an Andrea Doria zu rächen. Im selben Jahr lieferten die Franzosen Geschütze, die bei der Zerstörung der spanischen Festung an der Einfahrt des Hafens von Algier eingesetzt wurden. Sieben Jahre später erhielt Karl V. Berichte, wonach der französische und der osmanische Hof sich darauf verständigt hatten, gleichzeitig die Besitzungen der Habsburger anzugreifen. Karl versuchte, Franz in die Ecke zu drängen, indem er zur Schaffung einer Heiligen Liga gegen die Türken aufrief, denn wenn es dazu käme, wäre der französische König gezwungen, sich öffentlich zwischen einem Bündnis mit den Türken und einer christlichen Allianz zu entscheiden. Franz dagegen dachte an das Machtgleichgewicht, denn er glaubte, die Osmanen als Gegengewicht zu den Habsburgern benutzen zu können.[32] Man fragt sich, was er wohl getan hätte, wenn Süleyman mit seinem Angriff auf Wien 1529 erfolgreich gewesen wäre. In einer Botschaft an Süleyman brachte Franz 1532 seine Prioritäten rücksichtslos zum Ausdruck. Er drängte Süleyman, sich lieber auf Italien als auf Ungarn und Österreich zu konzentrieren. Franz glaubte, die türkischen Truppen könnten die Habsburger von der Halbinsel vertreiben. Danach wollte er das Banner Christi erheben und als von Gott gesandter Retter nach Italien ziehen. Doch Süleyman wurde zunehmend durch den Konflikt mit dem Schah von Persien abgelenkt und überließ den Krieg im Mittelmeer Hayrettin Barbarossa in Nordafrika. Das Verhalten des französischen Königs war, so hat man den Eindruck, von reinem Zynismus geprägt. 1553 war das Bündnis kein Geheimnis mehr. In Frankreich empfing man Hayrettins Gesandtschaften, und wenige Monate später trafen dort elf prachtvolle türkische Galeeren mit einer Gesandtschaft des Sultans ein. Die Verhandlungen führten schließlich zum Abschluss eines Handelsvertrags, den »Capitulations«, die ein politisches Bündnis verschleiern sollten.[33]

Die französische Unterstützung der Türken war schamlos. 1537 stachen zwölf französische Galeeren mit Versorgungsgütern für 100 türkische Schiffe in See, durchstreiften das mittlere Mittelmeer auf der Suche nach Hayrettins Flotte und taten dabei alles, um den Schiffen des Malteserordens aus dem Weg zu gehen. 1543 begleitete ein französischer Gesandter Hayrettins Flotte auf einem Raubzug entlang der süditalienischen Küste, bei dem auch die Tochter des Gouverneurs von Reggio in Gefangenschaft geriet. Der Sultan bot dem französischen König sogar an, ihm Barbarossas Schiffe zu leihen. Barbarossas Schiffe wurden in Marseille mit Fanfaren und öffentlichen Feierlichkeiten empfangen. Franz war glücklich, nicht nur die Speisen für das große Fest zu Ehren der türkischen Flotte bereitzustellen, sondern auch Hayrettins Kriegsflotte zu versorgen, damit er »Herr über das Meer« sein könne. Anschließend vergnügten sich Türken mit Raubzügen entlang der im Norden gelegenen Küste, die nicht unter französischer Herrschaft stand, sondern dem Herzog von Savoyen gehörte, einem Vasallen des Kaisers. Sie belagerten Nizza und entführten die Nonnen von Antibes, die sie in die Sklaverei verkauften.

An diesem Punkt kam es zu dem außergewöhnlichsten Ereignis in dieser sonderbaren Geschichte der türkisch-französischen Allianz. Franz öffnete Toulon für die türkischen Schiffe und lud Hayrettins Männer ein, dort zu überwintern. Er schenkte Barbarossa eine Uhr und einen silbernen Teller. Dreißigtausend Türken wurden über die Stadt und ihre Vororte verstreut, und man verwandelte die Kathedrale der Stadt in eine Moschee. Ein Sklavenmarkt wurde eingerichtet, denn die Türken griffen in der Umgebung weiterhin Männer und Frauen auf und zwangen die Männer zum Dienst auf den Galeeren. Statt französischer Münzen zirkulierten nun türkische. Der Stadtrat klagte, die Türken äßen zu viele Oliven, und in der mit natürlichen Ressourcen nicht gerade reich gesegneten Region wurden Nahrung und Brennholz knapp. Barbarossa wusste um den Streit, der sich wegen seiner Anwesenheit in Frankreich entwickelte, und machte sich auch wegen der mangelnden Verpflegung Sorgen. Er überredete den König, ihm 800 000 Écus zu zahlen, und segelte im Mai 1544 ab. Es folgten weitere brutale Raubzüge, nachdem Barbarossa Toulon verlassen und die französische Flotte bewegt hatte, sich ihm anzuschließen. Sie plünderten Talamone an der toskanischen Küste und verwüsteten Ischia, nachdem die Einwohner es abgelehnt hatten, sich durch Geld und die Auslieferung von Jungen und Mädchen an die Angreifer loszukaufen, all das unter den Augen des peinlich berührten französischen Gesandten Le Paulin.[34] Später im selben Jahr schloss Franz reumütig Frieden mit Karl V. und versprach, sich mit Spanien gegen die Türken zu verbünden, doch in Wirklichkeit hatten Franz und sein Nachfolger Heinrich III. keine Skrupel, gemeinsam mit türkischen Flotten und auch den Korsaren Raubzüge in Gebieten des gemeinsamen habsburgischen Feindes zu unternehmen. Noch in den 1550er Jahren unternahmen Flotten aus Frankreich und aus Algier gemeinsam Angriffe auf das stets gefährdete und verletzliche Menorca und auf das in Sichtweite von Neapel gelegene Sorrent.

Karl V. war nicht so prinzipientreu, dass er nicht gelegentlich zur Zusammenarbeit mit muslimischen Herrschern im Mittelmeerraum bereit gewesen wäre, am offenkundigsten mit dem Herrscher von Tunis. Auch Venedig kannte eine Tradition der Beschwichtigung osmanischer Herrscher im Dienste kommerzieller Interessen. Dubrovnik bewahrte sich seine Neutralität durch Tributzahlungen an die Hohe Pforte. Doch König Franz verfolgte seine Interessen skrupelloser als seine christlichen Gegenspieler, und zwar in der Hoffnung, Gebiete in Italien zu gewinnen und Ruhm als militärischer Befehlshaber zu erlangen. Karl V. war dagegen nüchterner und bedachte sorgfältig seine Politik, die hauptsächlich reaktiver Natur war. Er beobachtete die Expansion des Islam im Mittelmeerraum und zugleich die Ausbreitung des Protestantismus in Europa, während Frankreich die Vormachtstellung des Heiligen Römischen Reiches und der spanischen Königreiche in Frage stellte, die zu Karls Herrschaftsgebiet gehörten. Seine politische Leidenschaft war geprägt von den Konflikten mit Süleyman dem Prächtigen wie auch mit Martin Luther und dessen Nachfolgern. Als er 1556 kurz vor seinem Tod abdankte, war das Machtgleichgewicht im Mittelmeerraum immer noch prekär. In den folgenden 16 Jahren sollten drei Ereignisse die Teilung des Mittelmeeres in einen teilweise christlichen Westen und einen hauptsächlich muslimischen Osten bekräftigen: die Belagerung Maltas, die Eroberung Zyperns durch die Osmanen und die Seeschlacht von Lepanto.

IV

Ein Blick auf die während des 16. Jahrhunderts im Mittelmeer operierenden Seestreitkräfte zeigt, dass die Ankunft der Osmanen eine neue Lage geschaffen hatte, die noch am ehesten an die Frühzeit des Islam erinnerte. Erneut versuchte ein muslimisches Reich, seine Macht zu Lande wie auf dem Meer zu erweitern. Flotten, die unter muslimischem Befehl standen, erlangten die Kontrolle über die Gewässer des östlichen Mittelmeeres und forderten im westlichen Mittelmeer über Stellvertreter, die Herrscher der Barbareskenküste, christliche Flotten heraus. Es war eine außergewöhnliche Veränderung. Nach Jahrhunderten, in denen muslimische Flotten nur die Gewässer in unmittelbarer Nähe der jeweiligen islamischen Staaten kontrolliert hatten (Mamlukenflotten vor Ägypten und Syrien, marokkanische Schiffe im äußersten Westen, türkische Emire innerhalb der Ägäis), kam es zu einer massiven Expansion der muslimischen Seemacht.[35] Konstantinopel wurde zur Kommandozentrale einer riesigen Flotte, in deutlichem Gegensatz zur byzantinischen Zeit, als die Seeherrschaft zunehmend in die Hände Genuas und Venedigs gefallen war. Fähige Admirale wurden zu Experten in der Kunst des Seekriegs. Dabei ging es nicht nur um militärische Macht. Die Sultane waren auch eifrig darauf bedacht, ihre Hauptstadt mit Weizen für eine ständig wachsende Bevölkerung und mit Luxusgütern für den kaiserlichen Hof zu versorgen.[36] Im Westen stützte sich die spanische Seemacht verstärkt auf italienische Ressourcen. Die meisten »spanischen« Schiffe, die bei Malta und Lepanto gegen die Türken kämpften und von denen im nächsten Kapitel die Rede sein wird, stellten die zu Spanien gehörigen Königreiche von Neapel und Sizilien.[37] Das Arsenal in Messina war seit Jahrhunderten in Betrieb. Doch Sizilien und Süditalien hatten im Kampf um die Seeherrschaft auf dem Mittelmeer nicht mehr eine so bedeutende Rolle gespielt, seit Karl von Anjou im 13. Jahrhundert versucht hatte, ein Seereich zu schaffen.

Neben den Veränderungen gab es auch Konservatismus. Zu den außergewöhnlichen Aspekten der Geschichte des Mittelmeeres gehört die Langlebigkeit der Galeere. Das einzelne Schiff hielt nicht so lange wie die römischen Getreideschiffe der Antike, vor allem wenn es wie bei den Osmanen aus frischem, nicht abgelagertem Holz gebaut wurde. Doch die Grundkonstruktion der Galeere hatte sich kaum verändert, wenn man einmal von den riesigen, in Venedig gebauten Galeassen absieht – langsame und schwerfällige Schiffe, die auf ihre Gefechtspositionen geschleppt werden mussten und aus den großen Handelsgaleeren entwickelt worden waren, die im Spätmittelalter für den Flandern- und Levantehandel gebaut wurden.[38] Spanische Galeeren konnten etwa 40 Meter lang und nur fünf oder sechs Meter breit sein, was einem Verhältnis von 8:1 entspricht. Wie in der Antike gab es über die ganze Länge des Schiffs ein erhöhtes Deck, während die Ruderbänke sich auf einer tieferen Ebene befanden. Ein Schiff dieser Größe war normalerweise mit 25 Ruderbänken auf jeder Seite ausgestattet, auf denen je fünf Ruderer saßen.[39] Bei Bedarf konnte man auch Segel setzen, und im westlichen Mittelmeer bevorzugte man größere Segel als in Venedig und im Osmanischen Reich. Das entsprach dem Umstand, dass man im westlichen Mittelmeer häufiger über das offene Meer segelte, während die Galeeren in der Adria, im Ionischen Meer und in der Ägäis häufiger von Insel zu Insel oder an den stark gezackten Küstenlinien entlangfuhren – in der osmanischen Ägäis gab es ein enges, mit Galeeren betriebenes Kommunikationsnetz.[40] Unter Segel erreichten die Schiffe beträchtliche Geschwindigkeiten von zehn oder sogar zwölf Knoten, mit den Rudern bei normaler Fahrt dagegen nur drei Knoten, die sich allerdings verdoppeln ließen, wenn bei der Verfolgung eines Schiffs oder bei der Flucht ein schneller Spurt erforderlich war. Natürlich konnten die Ruderer hohe Geschwindigkeiten nicht lange durchhalten. Eine hohe Schlagzahl von 26 Schlägen pro Minute ließ sich wahrscheinlich nur 20 Minuten lang aufrechterhalten. Die alten Probleme bestanden auch weiterhin: Die niedrigen Bordwände wurden bei hohem Seegang leicht überspült, und es war schwierig, die Ruderer mit ausreichend Wasser und Nahrung zu versorgen, wenn man nicht häufig einen Zwischenstopp einlegte.[41] Diese Probleme ließen sich lösen, wenn man sich bei rauem Wetter nicht allzu weit vom Land entfernte, weshalb denn die Galeeren weiterhin meist in Küstennähe blieben. Ihr großer Vorteil war jedoch ihre Manövrierfähigkeit, da sie nicht allein auf die häufig wechselnden Winde angewiesen waren, und eine gut ausgebildete Mannschaft konnte ihr Schiff auf engstem Raum wenden.

Die Mannschaften bestanden gewöhnlich teils aus Sklaven, teils aus Freien. Beim Umgang mit der Besatzung kam es natürlich darauf an, ein Gefühl für Teamarbeit zu entwickeln. Es war gängige Praxis, freie und unfreie Ruderer nebeneinanderzusetzen. Freie Ruderer genossen Privilegien und konnten für die Überwachung ihrer unfreien Nebenmänner eingesetzt werden, die in aller Regel Fesseln trugen. Osmanische Flotten waren gelegentlich aus Schiffen zusammengesetzt, deren Besatzung aus Sklaven, und solchen, deren Besatzung aus Freien bestand. Ein Bericht aus dem 16. Jahrhundert beschreibt eine Flotte aus 130 Schiffen, von denen 40 von Sklaven gerudert wurden, 50 von freien muslimischen Wehrpflichtigen, die einen Sold erhielten, und weitere 40 von christlichen Freiwilligen, die gleichfalls bezahlt wurden. Der Bericht betont auch, dass man in Kriegszeiten Wert auf die Rekrutierung freier Muslime legte, weil man nur ihnen rückhaltlos vertrauen konnte.

Dörfer mussten Wehrpflichtige stellen und für deren Unterhalt aufkommen. Dabei entfiel jeweils ein Ruderer auf 20 bis 30 Haushalte.[42] Venedig hatte seine *Milizia da Mar*, eine 1545 gegründete staatliche Einrichtung, die für die Aushebung in Venedig und den Besitzungen der Stadt zuständig war. Die Gilden und Zünfte verfügten über nahezu 4000 Ruderer, und jederzeit standen mehr als 10 000 Wehrpflichtige in den Büchern, aus denen die Galeerenbesatzungen durch Los ausgewählt wurden.[43] Freie und unfreie Ruderer waren einer strengen Disziplin unterworfen, ob sie nun auf christlichen oder auf muslimischen Schiffen dienten. Es war natürlich entscheidend, dass alle im Takt ruderten und das Gewicht des Ruders hoben (bei manchen Galeeren gab es Riemen für einzelne Ruderer, doch viele waren Quinqueremen, bei denen fünf Mann einen massiven Riemen bewegten). Die an Bord herrschenden Bedingungen waren sehr unerquicklich, wenn das Schiff sich auf See befand. So mussten die Ruderer ihre Notdurft auf ihrem Platz verrichten, auch wenn ein vernünftiger Schiffsführer dafür sorgte, dass die Fäkalien und anderer Müll alle paar Tage entfernt wurden. In der Zwischenzeit herrschte ein unerträglicher Gestank. Es gab nur wenig Platz, um Güter zu verstauen und sich des Nachts unter den Ruderbänken oder in den Gängen niederzulegen. Gefesselte Sklaven hatte keine Chance zu entkommen, wenn eine Galeere voll Wasser lief und sank. In der großen Schlacht von Lepanto 1571 ereilte dieses Schicksal eine gewaltige Zahl von Ruderern auf beiden Seiten. Auf See ruderten viele fast nackt. In der sommerlichen Hitze des Mittelmeeres war Dehydrierung ein Problem, und manche starben in ihren Winkeln; doch ein Kapitän, der auch nur einen Funken Verstand besaß, wusste, dass er es sich nicht leisten konnte, seine Ruderer zu verlieren. Ein Schichtsystem sorgte dafür, dass die Ruderer Zeit erhielten, wieder zu Kräften zu kommen. Wer sich am kooperativsten erwies, konnte in der Mannschaftshierarchie aufsteigen und sich vom Schmutz und der Langeweile unter Deck befreien, indem er den Takt vorgab oder andere wichtige Funktionen übernahm. Bis zu einem gewissen Punkt bedarf das Bild des Elends an Bord der Galeeren daher einer Korrektur, auch wenn es ebenso falsch wäre, die Behandlung der Sklaven und selbst der Freiwilligen als positiv oder umsichtig zu beschreiben. Es herrschte eiserne Disziplin.

In der osmanischen Flotte waren die Sklaven an ihrem geschorenen Schädel erkennbar, wobei man muslimischen Sklaven auf der linken Seite eine Locke beließ. Sie trugen zum Zeichen ihrer Gefangenschaft einen Eisenring an einem Fuß und waren an Land daher leicht zu erkennen. Und sie verbrachten einen großen Teil der Zeit an Land. Obwohl auch Winterfahrten keine Seltenheit darstellten (Transport von Gesandtschaften, blitzartige Überfälle und dergleichen), verbrachten Galeerensklaven den Winter meist nicht an Bord, sondern wurden oft auch für Tätigkeiten eingesetzt, die nichts mit dem Meer zu tun hatten, etwa als Hilfskräfte in Gärten und Werkstätten. Manche trieben sogar auf eigene Rechnung Handel – formell verboten (zumindest in Venedig), aber unerlässlich, um das Geld zu verdienen, mit dem sie sich freikaufen konnten. Selbst in der Segelsaison waren sie häufiger an Land und warteten auf den Einsatzbefehl. Sie waren in besonderen Quartieren, den *Bagni*, untergebracht, die oft aus Höhlen oder Zellen tief in den Stadtmauern bestanden und eine abgeschlossene Welt mit eigenen Läden und Märkten bildeten. Die in den *Bagni* herrschenden Bedingungen variierten von erträglich bis elend. Homosexuelle Vergewaltigungen waren keine Seltenheit. Andererseits gab es in den *Bagni* oft auch Gebetsräume: eine Moschee im *Bagno* von Livorno, einen Raum für Gottesdienste im *Bagno* von Algier. Die Toleranz gegenüber verschiedenen Religionen wurde in manchen Regionen wie etwa Nordafrika konterkariert durch ein gewisses Bestreben, die Religion zu wechseln, um die Freiheit wiederzuerlangen. So spielten christliche Renegaten in der Korsarenflotte eine große Rolle und gelangten häufig sogar in Kommandopositionen.[44]

Die Ruderer wurden offenbar ausreichend ernährt, um ihre schwere Arbeit zu verrichten, was die Notwenigkeit verstärkte, häufiger Häfen anzulaufen, um den Proviant aufzufüllen. Die Verpflegung war wie schon in früheren Jahrhunderten in den verschiedenen Flotten von unterschiedlicher Zusammensetzung. 1538 bestand die Ration eines Ruderers oder *Ciurma* auf den sizilianischen Galeeren der spanischen Flotte aus umgerechnet 750 Gramm Brot und an drei Tagen der Woche aus 110 Gramm Fleisch, das an den übrigen Tagen durch Eintopf (meist einen Gemüseeintopf) ersetzt wurde. Auf Schiffen aus Spanien gab man

Kichererbsen den Vorzug, und die Fleischration sank im Laufe des 16. Jahrhunderts. In dieser Zeit wurden immer größere Galeeren gebaut, und in ganz Westeuropa stiegen die Lebensmittelpreise. Im späten 16. Jahrhundert waren die Kosten für die Versorgung der Galeeren daher geradezu unerschwinglich: »Der Appetit der mediterranen Kriegsgaleere überstieg wie einst beim Tyrannosaurus Rex die Fähigkeit der Umwelt, ihn zu befriedigen.«[45] Angesichts der gewaltigen Ausgaben für die Feldzüge der Türken auf dem Balkan und in Persien wie auch der Spanier in den Niederlanden, die sich unter Karls Sohn und Nachfolger Philipp II. erhoben, blieb kaum noch Geld für die Mittelmeerflotten beider Seiten, für die nun eine Zeit der Stagnation begann.

KAPITEL 4

Akdeniz – der Kampf um das Weiße Meer 1550 bis 1571

I

Jean de la Valette war ein Ritter des Johanniterordens, der zu Zeiten, als die Hospitaliter noch auf Rhodos residierten, Sklavenraubzüge unternommen hatte. Mehrere Jahre nach dem Abzug von der Insel Rhodos, deren Kapitulation er miterlebt hatte, wurde er zum Gouverneur von Tripolis ernannt, das der König dem Orden neben Malta überlassen hatte. 1541 geriet seine Galeere, die *San Giovanni*, in eine Auseinandersetzung mit türkischen Piraten. Er wurde gefangen genommen und noch im (für die damalige Zeit) reifen Alter von 47 Jahren als Galeerensklave eingesetzt. Ein Jahr lang ertrug er diese Demütigung, bis die Johanniter und die Türken einen Gefangenenaustausch vornahmen. Wieder in Malta, stieg er in der Hierarchie des Ordens auf. Er war bekannt für seine gelegentlichen Zornausbrüche, wurde aber auch als tapfere, imposante Gestalt bewundert. Er galt bereits als möglicher Führer des Ordens, als die türkische Macht immer näher an Malta und sogar an Sizilien heranrückte. 1546 eroberte Turgut oder Dragut, einer der fähigsten Seekommandeure in türkischen Diensten, das an der tunesischen Küste gelegene Mahdia, das die Spanier allerdings 1550 zurückeroberten. Turgut traf vor Dscherba auf Andrea Dorias Flotte, doch er konnte entkommen, obwohl er bereits in der Falle zu sitzen schien. Er segelte nach Malta und Gozo weiter, verwüstete die Heimatinsel der Ordensritter und begann einen siegreichen Angriff auf Tripolis, das nach mehr als 40 Jahren christlicher Besetzung wieder verlorenging.[1] Die Spanier versuchten, das Blatt zu wenden, und entsandten 1560 eine Flotte, die aus gut 100 Schiffen (davon die Hälfte Galeeren) bestand und Dscherba erobern sollte. Andrea

Doria war schon zu alt, und so übertrug man das Kommando nach dem üblichen Nepotismus seinem Erben und Großneffen Gian Andrea Doria. Dieser war jedoch unfähig, bei seinen Kapitänen die strenge Disziplin durchzusetzen, die notwendig war, um den Gegenangriffen der türkischen Flotte standzuhalten, die von Piale, einem talentierten jungen Admiral mit christlichen Vorfahren, geführt wurde. Manche behaupteten, Piales Befehl, die Segel zu setzen und die spanische Flotte zu überrennen, gehöre zu den »großen Blitzentscheidungen in der Geschichte des Seekriegs«.[2] Nur wenige spanische Galeeren entgingen in der nachfolgenden Schlacht bei Dscherba der Zerstörung.[3] Die sizilianische und die päpstliche Flotte brauchten Jahre, um sich von dieser Niederlage zu erholen. Ebenso verheerend wie der Verlust an Schiffen war der Blutzoll in der spanischen und italienischen Offiziersklasse sowie bei hochqualifizierten Seeleuten und Handwerkern (Schiffszimmerleuten, Bootsmännern, Marinesoldaten) – Spanien verlor gut 600 seiner besten Männer.[4] Der Sieg stärkte das Selbstvertrauen der Türken gewaltig. Sie hatten guten Grund für das Gefühl, kurz vor dem Durchbruch zu stehen.

Es ging um nichts Geringeres als die Herrschaft über das gesamte Mittelmeer. Wer den Seeweg zwischen dem westlichen und dem östlichen Mittelmeer kontrollieren wollte, musste die Straße von Sizilien beherrschen. Als Tripolis gefallen war und die Herrschaft über Tunesien in Frage stand, erkannte die Christenheit immer deutlicher, wie wichtig es war, Malta zu halten. Türkische Autoren äußerten sich mit Ungeduld über den, wie sie sagten, »verfluchten Felsen« und drängten den Sultan Süleyman, Malta möglichst bald zu erobern, damit der Verkehr zwischen dem Maghreb und der Ägäis ungehindert fließen konnte.[5] Ihr Drängen verstärkte sich noch nach Piratenüberfällen durch die Flotte der Hospitaliter. Der berüchtigtste unter den in Malteser Diensten stehenden Kommandeuren war Romegas. Anfang Juni 1564 überfiel er vor der westgriechischen Küste die große türkische Galeone *Sultana*, die auf dem Weg nach Venedig war, und erbeutete Waren im Wert von 80 000 Dukaten. Danach bemächtigte er sich der Gouverneure von Kairo und Alexandria sowie einer hochbetagten und sehr beliebten Amme aus dem Harem des Sultans, die angeblich 107 Jahre alt war. Süleyman benannte seine Ziele in aller Deutlichkeit:

> »Ich habe die Absicht, die Insel Malta zu erobern, und habe Mustafa Pascha zum Kommandeur dieses Feldzugs bestimmt. Die Insel Malta ist ein Hauptquartier der Ungläubigen. Die Malteser blockieren die Route, die Pilger und Kaufleute im östlichen Teil des Weißen Meers auf ihrem Weg nach Ägypten nehmen. Ich habe Piale Pascha befohlen, mit der Kaiserlichen Flotte an dem Feldzug teilzunehmen.«[6]

Am 30. März 1565 verließ eine gewaltige türkische Flotte Konstantinopel, in der festen Überzeugung, die Tore ins westliche Mittelmeer öffnen zu können. Am 18. Mai erschien die Flotte vor Malta. Sie bestand aus 170 Kriegsschiffen und mehr als 200 Transportschiffen mit 30 000 Soldaten an Bord.[7] Eine scheinbar unbesiegbare Armada – der Horizont war weiß von Segeln.[8] Weitere Schiffe unter Führung des bereits betagten Turgut, der seinen Stützpunkt in Tripolis hatte, waren auf dem Weg. Der osmanische Zangenangriff würde Malta zweifellos erobern und zermalmen.

Dass dies nicht geschah, war zum Teil das Ergebnis einer Reihe türkischer Fehlentscheidungen und zum Teil eine Folge der Treue der Malteser zu ihren neuen Herren, den Ordensrittern. Der Malteser Adel verbarrikadierte sich in seinen steinernen Palästen in der alten, im Innern der Insel gelegenen Hauptstadt Mdina. Viele Malteser niederer Herkunft identifizierten sich jedoch voller Begeisterung mit der Sache der Christenheit; sie dienten als Boten und durchschwammen gefährliche Gewässer, um Nachrichten in belagerte Garnisonen zu bringen. Der Konflikt konzentrierte sich auf den Großen Hafen und seine Zugänge. Die moderne Hauptstadt Valletta wurde erst nach der Belagerung erbaut. An ihrer Stelle befand sich das felsige Vorgebirge des Sciberras-Berges, an dessen Spitze die von relativ niedrigen Mauerringen umgebene Festung St. Elmo lag. Gegenüber von St. Elmo hatten die Ordensritter ihren Stützpunkt in Vittoriosa, dem alten Hafen von Malta (heute Birgu genannt), wo sie ihren auf Rhodos gepflegten Lebensstil weiterführten, indem sie Hauptquartiere für jede ihrer Untergliederungen, die sogenannten Zungen, errichteten (in der »Zunge« des inzwischen von einer protestantischen Königin regierten England befand sich nur ein einziger Ritter). Jenseits von Vittoriosa wachte die massive Burg St. Angelo über den Hafen. Gegenüber lag die Vorstadt Senglea, von der die Burg durch eine schmale Zufahrt getrennt war. Dies waren die am stärksten befestigten Bereiche, und so kann es kaum verwundern, dass die Türken sich davon anziehen ließen. Ein italienischer Soldat, der sich an der Verteidigung Maltas beteiligte, Francisco Balbi di Correggio, verfasste einen Bericht über die Belagerung und beschrieb darin – offenbar zutreffend – die Diskussionen zwischen den beiden Befehlshabern, Mustafa Pascha, der die Landstreitkräfte befehligte, und dem viel jüngeren Piale Pascha, dem die Seestreitkräfte unterstanden. Balbi behauptet kühn, wenn man Mustafas Rat, Mdina einzunehmen, befolgt hätte, »wären wir zweifellos verloren gewesen, denn unser ganzer Nachschub erreichte uns über Mdina. Doch der Allmächtige ließ nicht zu, dass es so kam, denn es war sein Wille, dass die beiden Paschas heftig und voller Eifersucht miteinander stritten – wie wir von Deserteuren erfuhren.«[9] Stattdessen beschlossen die Türken, St. Elmo einzunehmen, um von dort die Stellungen der Ordensritter am Großen Hafen anzugreifen und die Herrschaft über den nördlichen Zugang des Marsamuscetto (des Kanals zwischen dem modernen Valletta und dem modernen Sliema) zu erlangen, wo sie einen Großteil ihrer Flotte in Sicherheit zu bringen gedachten. Sie glaubten, St. Elmo in weniger als zwei Wochen erobern zu können.

Doch die Türken unterschätzten die Entschlossenheit ihrer Gegner und hatten zudem mit den Nachteilen des desolaten Geländes zu kämpfen, in dem sie Aufstellung nahmen: einer felsigen Insel ohne schützenden Baumbewuchs, die ihre riesige Armee kaum zu fassen vermochte. Die Festung St. Elmo wurde von 800 Soldaten verteidigt, die bestens mit Fleisch (einschließlich lebendem Vieh), Brot, Wein und Käse versorgt waren.[10] Die Festung wurde unablässig beschossen, doch die Ordensritter beantworteten türkische Erstürmungsversuche mit Strohreifen, die man in Brand steckte und auf die Angreifer schleuderte. Den Türken wurde langsam klar, dass Malta keineswegs so verwundbar war, wie sie angenommen hatten. St. Elmo hielt bis zum 23. Juni stand – eine bemerkenswerte Leistung. Zum Teil verdankte sich diese Hartnäckigkeit der Hingabe der Ordensritter an die christliche Sache, die sie zu verteidigen gedachten. Sie waren bereit, inmitten des grauenhaften Gemetzels bis zum Tode zu kämpfen. Balbi berichtet, das Wasser im Großen Hafen

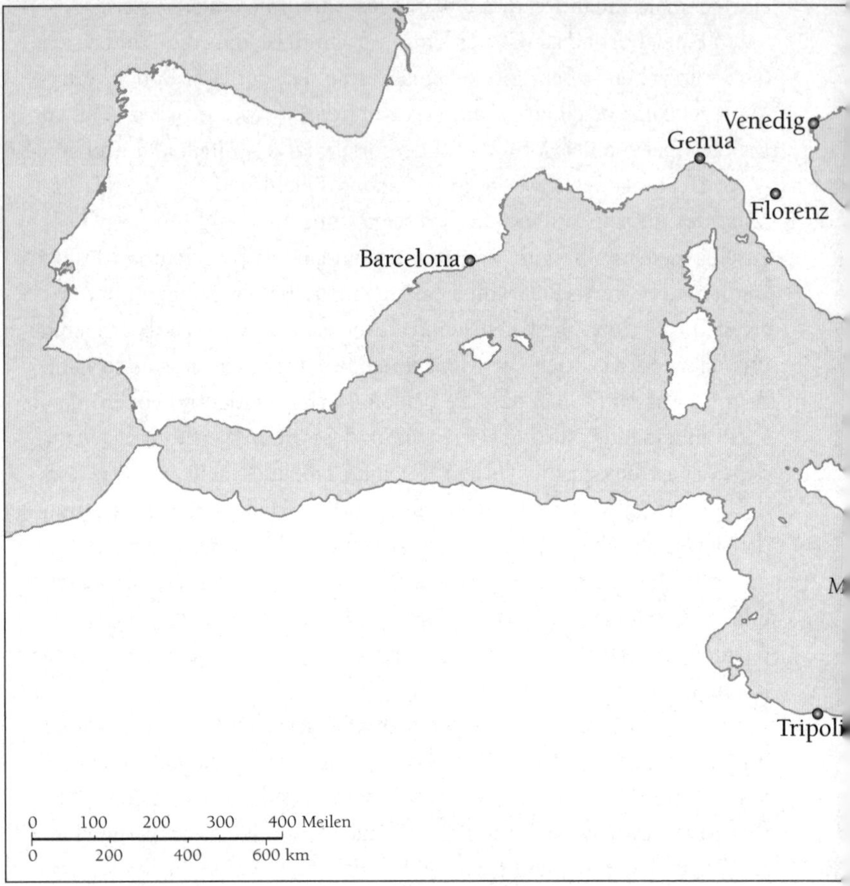

sei rot von Blut gewesen. Neunundachtzig Ritter verloren während der Belagerung ihr Leben, doch sie waren nur die Elite einer weit größeren Streitmacht. Mit ihnen starben 1500 französische, italienische und spanische Soldaten. Die osmanischen Verluste waren sogar noch größer. Auf jeden europäischen Toten kamen etwa vier tote türkische Soldaten.[11] Jean de la Valette, inzwischen Großmeister des Ordens, stärkte die Moral der Verteidiger, indem er scheinbar überall auftauchte und offenbar niemals schlief. Christliche Nachschubschiffe aus Sizilien vermochten indessen nur wenig auszurichten, auch wenn es Anfang Juli gelang,

700 Mann Verstärkung nach Vittoriosa zu bringen. Es bedurfte weitaus größerer Hilfe, um die Türken von der Insel zu vertreiben, doch die europäischen Höfe erkannten nur langsam, welche Folgen ein osmanischer Sieg haben konnte. Jean de la Valette schickte ständig Botschaften nach Sizilien, in denen er um Hilfe bat, aber der spanische König befürchtete, seine Flotte auf See zu verlieren, wie es vor Dscherba geschehen war. Gelegentlich betrachtete Philipp den Konflikt mit den wachsamen Augen eines Buchhalters, obwohl auch er fest davon überzeugt war, dass es seine Pflicht sei, die Osmanen ins östliche Mittelmeer zu-

rückzuwerfen. Schließlich billigte er einen Vorschlag des Vizekönigs von Sizilien, Don García de Toledo, unverzüglich eine große Flotte nach Malta zu schicken. Doch die schlechte Kommunikation zwischen Madrid und Palermo führte zu einer weiteren Verzögerung, ebenso wie der Mangel an Galeeren auf Sizilien (Don García verfügte Ende Juni nur über 25 und zwei Monate später über 100 Galeeren).[12]

Die Einnahme von St. Elmo ermöglichte es den Türken, nun mit großer Verzögerung die Stellungen der Ordensritter in Senglea und Vittoriosa anzugreifen, und zwar mit Hilfe von Geschützen, die Mustafa Pascha oberhalb der beiden Orte in Stellung bringen ließ. Es folgten Wochen fortwährender Beschießung und grauenhaften Gemetzels. Doch die Verteidiger hatten Glück, oder, wie sie es sahen, Gott rettete sie und die Insel. Anfang August überfiel eine Malteser Einheit das Lager der Türken bei Senglea. Die von ihnen Getöteten waren zu krank zum Kämpfen gewesen, doch das Chaos, das die Angreifer hervorriefen, wurde noch verstärkt durch die Annahme, sie seien die seit langem erwartete Verstärkung aus Sizilien. In Wirklichkeit waren sie aus Mdina gekommen, wohin sie auch zurückkehrten. Als die Türken schließlich eigene Einheiten nach Mdina schickten, waren sie erstaunt, wie gut befestigt die alte Hauptstadt war. Dies und andere Ereignisse führten zu weiteren Streitigkeiten zwischen Piale und Mustafa Pascha, von denen Balbi berichtet. Piale behauptete, von der Ankunft einer großen christlichen Entsatzstreitmacht gehört zu haben. »Wenn das zutraf, hielt er es für seine Pflicht, die Flotte zu retten. ›Dem Sultan‹, so erklärte er, ›ist seine Flotte wichtiger als ein Armee wie diese.‹ Und damit ging er davon.«[13] Das fürchterliche Gemetzel wurde noch einen weiteren Monat fortgesetzt, während die Türken Vittoriosa in die Luft zu sprengen versuchten und die Stadt in Schutt und Asche legten. Mustafa Pascha geriet in Verlegenheit durch Briefe, in denen Süleyman Auskunft über den Stand der Belagerung verlangte, die, wie er meinte, doch längst zu einem siegreichen Abschluss gebracht worden sein müsste.

Einen Augenblick lang schien es, als begünstigte das Glück die Türken. Sommerstürme verschlugen die aus Sizilien zum Entsatz geschickten Truppen in einem großen Bogen von Syrakus an der Insel Pantelleria vorbei nach Trapani, von wo aus die Flotte endlich direkt nach Gozo segelte, um am 6. September 1565 Malta zu erreichen. Die Nachricht von der Landung der Entsatztruppen aus Sizilien führte zu weiteren Zwistigkeiten zwischen Mustafa Pascha und Piale:

> »Nach einem langen, bitteren Streitgespräch äußerte Mustafa seine Ansicht, da nun mit Sicherheit ein starkes Heer gelandet war, sei es das Beste, die Insel unverzüglich zu verlassen. Doch Piale erwiderte: ›Was willst du denn dem Sultan sagen, Mustafa? Wird er dich nicht köpfen lassen, wenn du abziehst, noch bevor du den Feind zu Gesicht bekommen hast? Wenn du sie nicht gesehen hast, wirst du ihm nicht einmal sagen können, vor welcher Streitmacht du geflohen bist.‹«[14]

So willigte Mustafa denn ein, zu bleiben und zu kämpfen, doch seine Soldaten waren nicht dieser Meinung. Zehntausend Mann aus der Entsatzarmee rieben Mustafas Heer bei Mdina auf, und die Türken flohen zu Piales Schiffen. Bis zum 12. September waren alle Türken, die noch lebten, verschwunden. Viele tausend hatte man in rasch ausgehobenen Gräbern auf dem Berg Sciberras zurückgelassen. Balbi berichtet, bei der Belagerung hätten 35 000 türkische Soldaten ihr Leben gelassen – wenn die Zahl zutrifft, weit mehr als die gesamte ursprüngliche Invasionsarmee.[15]

Die Wirkung der Belagerung Maltas auf den Westen sollte nicht unterschätzt werden. Die Nachricht vom Sieg über die Türken erreichte den päpstlichen Hof etwa eine Woche später. Der Papst erklärte in einer Audienz, der Sieg sei von Gott und den Ordensrittern errungen worden – König Philipp erwähnte er nicht.[16] Mit dem Sieg auf Malta war eine Serie von Niederlagen gegen Süleyman und die Korsaren gebrochen: der Verlust von Rhodos, die Seeschlacht von Preveza, die peinliche Niederlage vor Dscherba. Die Spanier fühlten sich wie verjüngt und begannen in Katalonien, Süditalien und Sizilien eine neue Flotte zu bauen, denn sie waren sich sicher, dass die Osmanen mit neuer Macht zurückkehren würden. Doch nun hatten sie die nötige Energie und Zuversicht für den Versuch, einem türkischen Gegenangriff nicht nur aus dem Weg zu gehen, sondern ihn abzuwehren. Die Osmanen scheinen in der Niederlage eher einen lästigen Rückschlag erblickt zu haben als das Ende des türkischen Aufstiegs im Mittelmeerraum. Der Sultan verfügte immer noch über gewaltige Reserven an Soldaten, und er hatte auch nicht wirklich seine Flotte verloren. Weder Piale noch Mustafa Pascha wurden enthauptet, auch wenn Mustafa seines Amtes enthoben wurde. Doch gegen alle Erwartungen war es den Johannitern gelungen, einen entscheidenden Durchbruch der Osmanen ins westliche Mittelmeer zu verhindern. Natürlich hatten die Türken dort bereits Verbündete unter den nordafrikanischen Emiren, welche die osmanische Oberhoheit anerkannten. Die Osmanen hofften jedoch, auch auf spanischem Boden Verbündete zu finden unter den konvertierten Muslimen, den Moriscos, von denen viele immer noch dem Islam anhingen und entschiedene Gegner der Versuche waren, »maurische Praktiken« in Religion und Alltagsleben zu unterdrücken. Ende 1568 kam es unter den Morisken zu einem Aufstand, der erst nach zwei Jahren blutiger Kämpfe niedergeschlagen wurde und auch mit Hilfe aus den Barbareskenstaaten rechnen konnte – was nicht sonderlich schwerfiel, denn »in Spanien gab es damals keine Galeeren, weil die Streitkräfte des Königs an vielen fernen Orten beschäftigt waren«.[17] Ein osmanischer Durchbruch hätte die spanische Krone in einem Raum in die Defensive gedrängt, den sie trotz der Anwesenheit muslimischer Korsaren als ihr eigenes Seegebiet ansah. Stattdessen wandte die Hohe Pforte ihre Aufmerksamkeit dem östlichen Mittelmeer und der Tatsache zu, dass die äußerst wichtigen Inseln Chios, Zypern und Kreta sich immer noch in den Händen von Genuesern und Venezianern befanden.

II

Die Ordensritter hielten sich fern von dem Volk, das sie regierten. Sie waren französische, spanische und italienische Adlige. Zumindest offiziell hatten sie keine Nachkommen. Und es heißt, der niederste Ordensritter habe bei ihnen mehr gegolten als der höchste maltesische Adelige.[18] Nach 1565 wurden sie als Retter der Christenheit gepriesen, denn durch ihre unter den fürchterlichsten Bedingungen bewiesene Standhaftigkeit hatten sie sich bis ins ferne protestantische Europa hinein Respekt erworben – und widerwillig selbst im osmanischen Konstantinopel. Doch die strategisch günstige Lage Maltas im Herzen des Mittelmeeres zeigte sich auch in anderen Dingen als der Tatsache, dass die Insel zum Angriffsziel osmanischer Heere und Flotten wurde. Die Ankunft der Ordensritter und der Umstand, dass sie nicht Mdina, sondern Vittoriosa zum Sitz ihrer Ordenszentrale machten, stimulierte das Leben in einem Ort, der bis dahin lediglich ein kleiner Fischerhafen gewesen war. Seit den Zeiten auf Rhodos hatte die Piraterie zu den Einnahmequellen der Ordensritter gehört, doch sie ermunterten auch Malteser Kapitäne zum Erwerb von Kaperbriefen. Sie durften die Flagge des Ordens führen (ein weißes Kreuz auf rotem Grund) und mussten zehn Prozent ihres Gewinns an den Großmeister abführen. Doch die Ausrüstung eines Schiffs, zu der auch wirkungsvolle Geschütze gehörten, war eine kostspielige Angelegenheit. Piratenflottillen bestanden oft aus Schiffen des Ordens und aus Schiffen einheimischer Piraten.[19] Freibeuter wie Romegas brachten häufig erbeutete Schiffe nach Malta, um sie dort zu verkaufen.[20] Und die kostbarste Beute bestand oft in Sklaven, die zum Dienst auf den Galeeren des Ordens gezwungen wurden. Im späten 16. Jahrhundert gab es auf Malta einen riesigen Sklavenmarkt. Als der Hafen von Vittoriosa sich zu einer bedeutenden Zwischenstation auf den transmediterranen Fahrten entwickelte, nutzten christliche Kapitäne den dortigen Sklavenmarkt zunehmend, um Gefangene zu ersetzen, die auf der bisherigen Fahrt gestorben oder geflohen waren. Wie in vorangegangenen Jahrhunderten ließen sich gute Gewinne auch mit dem Freikauf von Sklaven machen, um die sich in deren Heimat jemand kümmerte.[21]

In Zeiten relativen Friedens trieben die Malteser Handel in den Gewässern der Umgebung, hauptsächlich mit Sizilien, das zwischen 1564, unmittelbar vor der Großen Belagerung, und 1600 für 80 Prozent der von Malta abgehenden Schiffe das Ziel bildete. In absoluten Zahlen entsprach das insgesamt 4700 Fahrten nach Sizilien – woraus sich die Intensität dieser Aktivitäten ersehen lässt. Doch es wurden auch nahezu 300 Fahrten nach Marseille und fast 250 nach Neapel verzeichnet, außerdem gelegentliche Handelsfahrten nach Ägypten, Syrien, Libyen, Konstantinopel, Algier, Dalmatien und in die Nordsee bis hin nach England und Flandern. Zugleich machte die Anwesenheit der Ordensritter Malta zu einem Anziehungspunkt für Siedler aus Übersee. Im Gefolge der Ritter hatten sich griechische Kaufleute aus Rhodos dort niedergelassen. Weiter unten auf der sozialen Stufenleiter rangierten einheimische Malteser Geschäftsleute, die im internationalen Handel nur eine geringe Rolle spielten, kleine Koggen in der großen Maschinerie, die Nahrungsmittel im gesamten Mittelmeerraum verteilte. Einwohner aus Dörfern wie Naxxar oder Zebbug investierten kleine Summen Gold in Handelsunternehmungen, deren Ziel es war, sizilianisches Getreide nach Malta zu holen. Ein weiteres, auf Malta knappes Gut war Wolle, und die Anwesenheit des Ritterordens vergrößerte beträchtlich den Bedarf an Holz, denn der Orden war in erster Linie eine Seemacht.[22] Ihre Fähigkeit, die Insel mit Holz zu versorgen, ist fast ebenso eindrucksvoll wie die gewaltigen Bauvorhaben, die Jean de la Valette in Angriff nahm und die am Ende zum Bau des Großen Hafens in seiner heutigen Gestalt führten. Als Erben des Ritter- und Hospitalordens vom Heiligen Johannes in Jerusalem vergaßen die Malteser Ordensritter auch ihre Verpflichtung nicht, den Kranken zu helfen. Die große Krankenstation ihres Hospitals war die größte Halle im Europa der frühen Neuzeit. Die Versorgung der Kranken erforderte einen ständigen Nachschub an vielfach teuren und exotischen Gewürzen und selbst an Luxusmetallen. Die Praxis, das Essen auf Silbertellern zu servieren, war nicht Ausdruck eines übertriebenen Luxus, sondern einer Ahnung, dass Silber hygienischer war als Tongeschirr.

Malta war nicht der einzige Ort im zentralen Mittelmeer, der im 16. Jahrhundert einen wirtschaftlichen Aufschwung erlebte. Das war die Zeit, da an den östlichen wie auch westlichen Küsten Italiens »Freihäfen« entstanden. Es entwickelten sich zwei Arten von Freihäfen: solche, in denen Menschen aller Religionen und jeglicher Herkunft willkommen waren und Schutz vor der Inquisition genossen, und Häfen, die im modernen Sinne frei waren, das heißt, in denen entweder gar keine Zölle erhoben wurden oder reduzierte Steuersätze galten, um den Handel zu fördern. Ein gutes Beispiel für die erstgenannte Art ist der an der Westküste der Adria gelegene Hafen von Ancona, das damals zum Kirchenstaat gehörte.[23] Obwohl Ancona sich auf den Handel quer über die Adria, vor allem mit Dubrovnik, konzentrierte, gelang es der Stadt im Spätmittelalter doch auch, im transmediterranen Handel Fuß zu fassen, eifersüchtig beobachtet von den auf ihr Monopol bedachten Venezianern, aber unter dem Schutz ihrer päpstlichen Oberherren. Um 1500 schickte man jährlich zwei oder drei Schiffe in die Levante, um Rohseide, Baumwolle und Gewürze zu kaufen, die man dann von Ancona und von Dubrovnik aus weiter vertrieb. Unter den aus Ancona in den Orient verschifften Gütern befanden sich Seife, Öl und Wein, aber auch Stoffe, die man auf dem Landweg aus Florenz und Siena bezogen hatte, sowie als berühmtes Nebenprodukt der Tuchproduktion Papier aus Fabriano, das die Italiener nach einem aus dem Orient übernommenen Verfahren aus Hadern herstellten – ein Beleg dafür, dass sich um 1500 im Westen Techniken aus dem Orient durchzusetzen begannen.[24] Um diese Zeit konzentrierten die Florentiner ihre Richtung Osten gehenden Tuchexporte in Ancona, und das betraf nicht allein in Florenz produzierte Seiden- und Samtstoffe, sondern Waren aus ganz Westeuropa. So kamen aus Reims Leinenstoffe, die man auf Flüssen und Straßen zunächst nach Lyon brachte, inzwischen ein florierendes Handelszentrum, das Nord- und Südeuropa miteinander verband. Ziel war es, die reichen Märkte Konstantinopels und des Osmanischen Reiches zu beliefern. Ab den 1520er Jahren brauchten die Florentiner nicht mehr so weit zu reisen, um ihre Kunden auf dem Balkan zu erreichen, denn türkische, ragusanische, griechische und jüdische Kaufleute kamen in Ancona zusammen, das sich rasch zu einem Freihafen für alle Länder und Religionen entwickelte. Die jüdischen Kaufleute teilten sich in zwei Gruppen: in *Ponentini*, Sepharden aus dem westlichen Mittelmeerraum, die weitgehend von Marranen abstammten (zum Teil zumindest nominell immer noch katholisch waren und recht mehrdeutig »Portugiesen« genannt wurden), und in *Levantini*, Sepharden, die sich im Osmanischen Reich niedergelassen hatten und von Konstantinopel, Saloniki und Smyrna aus Handel trieben. Die eine Gruppe hatte sich eher dem westlichen, die andere eher dem türkischen Lebensstil angeglichen.

Vom Balkan kamen in großen Mengen Felle, und als Ancona wuchs und florierte, musste die Stadt sich außerhalb Italiens nach Getreide umsehen, das die Ragusaner bereitwillig aus ihren Bezugsquellen auf Sizilien, in Süditalien, der Ägäis und Albanien zur Verfügung stellten (von wo auch Hirse geliefert wurde).[25] Die Getreideversorgung geriet im späten 16. Jahrhundert unter Druck, weil wegen des Bevölkerungsrückgangs in Italien und auf der Iberischen Halbinsel Flächen zunehmend für den Anbau von Wein und Oliven genutzt wurden, mit der Folge, dass man Getreide nur noch für den lokalen Bedarf produzierte und das Interesse an den internationalen Märkten verlor. Das wurde für jene Städte zum Problem, die auf Getreideüberschüsse in anderen Teilen des Mittelmeerraums angewiesen waren. Dieses Problem gehörte zu einer Reihe weiterer Schwierigkeiten, die nicht nur den Charakter des Überseehandels im Mittelmeer, sondern auch die Landwirtschaft an dessen Küsten veränderten.[26] Als im späten 16. Jahrhundert der Handel mit Florentiner Tuchen wegen politischer Wirren in Mittelitalien zurückging, importierte Ancona Wollstoffe aus dem fernen London, die man nach Dubrovnik, Herceg Novi und Kotor lieferte, zum weiteren Vertrieb auf dem Balkan.[27] Der Aufstieg Anconas war daher kein Phänomen, das sich auf einen kleinen Winkel Italiens beschränkte. Vielmehr entstand ein ganzes Netzwerk von Verbindungen, das zwar im Adriaraum am dichtesten war, aber auch weit darüber hinausreichte. Ancona war eine »echte Grenze« zwischen Islam und Christenheit, an der Kaufleute aus vielen Ländern einander begegneten.[28]

Anconas Geschäftspartner Dubrovnik erreichte den Höhepunkt seiner Blüte genau in dieser Zeit erbitterter Spannungen zwischen Osmanen und Spaniern, denn der Senat der Stadt steuerte geschickt zwischen den verfeindeten Flotten hindurch. Man zahlte weiterhin Tribut an die Hohe Pforte, und dennoch unterstützten 1588 auch Schiffe aus Ragusa bereitwillig die spanische Armada bei deren verhängnisvollem Versuch einer Invasion Englands. Man nimmt an, dass es sich bei dem vor der schottischen Küste gefundenen »Tobermory-Wrack« um ein Schiff aus Dubrovnik handelt.[29] Es war eine außergewöhnliche Leistung, dass eine Republik, die hauptsächlich aus einer von festen Mauern umschlossenen Stadt bestand, schon um 1530 eine Flotte von 180 Schiffen unterhalten konnte. Für die 1580er Jahre schätzt man die gesamte Ladekapazität auf 40 000 Tonnen.[30] Dubrovnik zog vollen Nutzen aus der Tatsache, dass es eine katholische Stadt und zugleich ein osmanischer

Vasall war. Doch es begann auch, seine Tore für nichtchristliche Kaufleute zu öffnen. Die Stadtväter hatten anfangs, als die Zahl der Juden in der Stadt nach deren Vertreibung aus Spanien und Süditalien Ende des 15. und Anfang des 16. Jahrhunderts anwuchs, die Ansiedlung weiterer Juden in der Stadt verbieten wollen. Doch um 1532 begannen sie in den jüdischen Kaufleuten ein lebenswichtiges Bindeglied zwischen ihnen und Ancona zu erblicken, wo man die Ansiedlung von Juden beträchtlich förderte. Nun senkten die Stadtväter die Zölle für jüdische Kaufleute in der Hoffnung, das Geschäftsleben dadurch anzuregen. Unter den hereinströmenden jüdischen Siedlern befand sich auch eine Reihe von Ärzten. 1546 richtete man ein kleines Getto ein, doch nicht an einem wenig ansprechenden und abgelegenen Ort wie in Venedig, sondern in der Nähe des Sponza-Palastes, des Zollhauses, gleich neben dem Stradun oder der Placa, der attraktiven Hauptstraße der Stadt. Obwohl dieser Teil der Stadt nach einem schweren Erdbeben 1667 in weiten Teilen neu erbaut wurde, ist das Getto mit seiner alten Synagoge heute noch zu erkennen.[31]

Dubrovnik wurde zu einer kosmopolitischen Stadt. Es war eine Zeit kulturellen Aufblühens, in der das Studium lateinischer Schriften mit der Entstehung einer kroatischen Literatur einherging – der Dramatiker Marin Držić, der sich von dem antiken römischen Stückeschreiber Plautus inspirieren ließ, wurde in neuerer Zeit viel beachtet, und zwar nicht nur von nationalistischen Kroaten, sondern auch von titoistischen Jugoslawen, die in ihm einen Vorboten des Sozialismus erblickten. Darüber hinaus bauten Franziskaner und Dominikaner große Bibliotheken auf, die bis heute erhalten geblieben sind, und Kunststile, die denen der italienischen Marken und Venedigs nachempfunden sind, bieten ein weiteres Zeugnis für die tiefgreifenden Einflüsse, die in Dubrovnik damals neben der kroatischen auch die italienische Kultur ausübte.[32] Und tatsächlich blieb das Italienische weiterhin die Verwaltungssprache. Die Hafenstädte der Adria (einschließlich Venedigs) waren Orte, an denen die Kulturen des Westens und des Ostens eine bunte Mischung hervorbrachten.

Dubrovnik war sowohl auf das Meer als auch zum Land hin ausgerichtet. Die Stadt war eine Lieferantin von Fellen aus dem bosnischen

Binnenland und importierte Häute aus dem nahe gelegenen Trebinje wie aus den weiter entfernten Städten Mostar und Novi Pazar, doch die Ragusaner holten über das Marmarameer, die Ägäis und das Ionische Meer auch Felle von der bulgarischen Schwarzmeerküste.[33] Im frühen 16. Jahrhundert waren sie große Spezialisten im Handel mit europäischen Wollstoffen (einschließlich der eigenen, aus Wolle vom Balkan hergestellten), mussten dann aber in der zweiten Hälfte des Jahrhunderts feststellen, dass ein großer Teil des Wollhandels auf dem Landweg über den Balkan abgewickelt wurde. Teilweise war dies die Folge des Wettbewerbs mit den Venezianern, die ihre eigenen Geschäfte von Dubrovnik weg und hin zu ihrem neuen Außenposten in Split verlegten, von dem gleich noch die Rede sein wird. Ein weiteres Problem für Ragusaner und Venezianer war das Erscheinen neuer Konkurrenten aus dem Norden: der Holländer und der Engländer (auch darüber gleich mehr).[34] Die florierende Ragusaner Kolonie in London verlor in der zweiten Hälfte des 16. Jahrhunderts an Bedeutung, als der Seeweg durch das westliche Mittelmeer immer unsicherer wurde. Selbst ihr neutraler Status vermochte sie nicht vor den untragbar hohen Versicherungsprämien zu schützen.[35] Und wie wir noch sehen werden, sorgte die Piraterie ihrer kroatischen Landsleute, der Uskoken, die ihre Stützpunkte an der zerklüfteten Küste unmittelbar nördlich von Dubrovnik hatten, für ständige Unruhe.

Es gab jedoch während des 16. Jahrhunderts einen Rückgang des Schiffsverkehrs, dem auf der anderen Seite ein Bedeutungszuwachs der Landwege entsprach.[36] Braudel sah darin weitgehend eine Entwicklung des späten 16. Jahrhunderts, doch sie begann schon deutlich früher, als Ancona, Dubrovnik und einige andere Zentren zu Bindegliedern zwischen der osmanischen Welt und Westeuropa wurden, denn beide Seiten bewahrten sich auch in Zeiten des Konflikts ihren Hunger nach Gütern der jeweils anderen Seite. Braudel behauptet, ein Faktor für den Rückgang des Schiffsverkehrs sei die massenhafte Zucht von Maultieren auf Zypern, in Andalusien, Neapel und anderswo gewesen, doch das hieße wahrscheinlich, den Wagen vor das Pferd zu spannen (um die Metaphern hier ein wenig zu mischen). Weshalb sollten Maultiere statt der Schiffe zum bevorzugten Transportmittel geworden sein? Eine mögliche Antwort lautet, die Sicherheit auf dem Meer sei so weit zurückgegangen, dass der lange als langsam und teuer angesehene Landtransport einen relativen Vorteil gegenüber dem Seetransport erlangte. So brachte man Ende des 16. Jahrhunderts Rohseide von Neapel nach Livorno und transportierte sie von dort auf dem Landweg nach Deutschland und Flandern. Dubrovnik engagierte sich verstärkt in dem über Bosnien-Herzegowina führenden Balkanhandel und zeigte weniger Begeisterung für den Überseehandel mit fernen Zielen wie England, dem Schwarzen Meer und der Levante.[37] Selbst in der Entstehung neuer Handelszentren an den Küsten des Mittelmeeres sah Braudel eher einen Beweis für die Vitalität der Land- statt der Seewege. Er verweist in diesem Zusammenhang auf den Aufstieg Smyrnas zu Beginn des 17. Jahrhunderts, das über Anatolien Zugang zu den Reichtümern Persiens fand, und auf die Bemühungen Venedigs, seinen Handel über Kotor und den »Schwarzen Berg«, Montenegro, auszubauen. Besonders bemerkenswert war hier der Vorschlag des Marranen Daniel Rodriguez, Split zum Stapelplatz Venedigs an der Ostküste der Adria auszubauen. In der Folge wurde die antike Stadt neu aufgebaut, und bis 1600 entstand dort ein dynamisches Handelszentrum, das sich auf orientalische Erzeugnisse wie Seide, Teppiche und Wachs spezialisierte.[38] Die Osmanen reagierten begeistert auf solche Pläne und richteten an den durch den Balkan führenden Straßen Wachstationen ein. Die Venezianer schickten ihre großen Galeeren nur noch auf die kurze Fahrt ein Drittel des Weges an der Adriaküste entlang bis nach Split statt aus der Adria hinaus nach Alexandria oder Southampton, doch selbst diese kurze Strecke war anfällig für Störungen durch kroatische Piraten.[39] Der Trend zu kürzeren Seewegen hatte schon vor der Großen Pest begonnen (auf eine ähnliche Entwicklung in spanischen Gewässern habe ich oben bereits hingewiesen). Der Niedergang der Fernhandelswege war ein langsamer Prozess. Die Bedeutung des Mittelmeeres als Verkehrsweg begann zu schwinden.[40]

Auch unabhängig von den Auswirkungen des Krieges und der Piraterie stimulierte die Öffnung des Atlantik das Wirtschaftsleben der nordeuropäischen Länder. Roggen aus dem Baltikum wurde im Norden zu einer wichtigen Handelsware. Die wachsende Inflation in Spanien und Westeuropa wird gelegentlich auf den massiven Zustrom amerikanischen Silbers zurückgeführt.[41] Im Vierten Mediterranen Zeitalter wurde der Mittelmeerraum nicht nur durch den Konflikt zwischen Habsburgern und Osmanen gespalten, er wurde auch infolge des gewaltigen Wirtschaftswachstums im atlantischen Raum an den Rand gedrängt. Doch das Bild hatte nicht nur düstere Seiten. Barcelona zum Beispiel war nicht von der Landkarte des Handels verschwunden, auch wenn die meisten Darstellungen der Geschichte dieser Stadt das Interesse zu verlieren scheinen, wenn ihr mittelalterlicher Glanz sich dem Ende nähert. Der Bedarf an neuen Schiffen für den Kampf gegen Türken und Korsaren bescherte der Stadt zahlreiche Aufträge für deren Bau. Katalanische Stoffe fanden neue Abnehmer in der Neuen Welt. Das Handelsvolumen der Stadt dürfte sich während des 16. Jahrhunderts sogar noch vergrößert haben, auch wenn der Handel sich eher dem spanischen Binnenland zuwandte als dem Meer, wie es dem allgemeinen Trend zu einer Verlagerung von den Seewegen zu den Landrouten entsprach. Auf dem Meer übernahmen immer mehr die Kaufleute aus Genua und Südfrankreich die Führung, und die Genueser beherrschten nun immer mehr auch das Geschäftsleben auf den Inseln im westlichen Mittelmeer, das drei Jahrhunderte lang die Katalanen dominiert hatten. 1591 wurden Forderungen laut, die Genueser aus Barcelona zu vertreiben, aber Feindseligkeiten gegen italienische Kaufleute waren in Spanien nichts Neues. Auf der anderen Seite kamen zahlreiche französische Siedler nach Barcelona, so dass nach einer Schätzung um 1637 zehn Prozent der Einwohner französischer Herkunft waren.[42] In Süditalien übernahmen die Genueser weitgehend den Fernhandel und finanzierten auch das spanische Neapel.[43] Tatsächlich wurde Genua zum Bankier des Spanischen Reiches und vergab dringend benötigte Kredite an die spanische Krone, wobei zukünftige Silberlieferungen aus Amerika als Sicherheit dienten.[44]

III

Zu jenen Menschen, die auf den Weiten des Mittelmeeres eine neue Bestimmung fanden, gehörten die aus Spanien und Portugal vertriebenen Juden. Zwei von ihnen erlangten einen internationalen Ruf und waren unmittelbar in jene Folge von Ereignissen verwickelt, die im Verlust Zyperns an die Osmanen und in der großen Seeschlacht von Lepanto gipfelten. Beatrice Mendes de Luna wurde um 1510 in Portugal geboren, mehrere Jahre nach der erzwungenen Massenkonversion der portugiesischen Juden 1497. Sie lebte in Flandern, das wie Spanien zum Reich Karls V. gehörte, und ihre Familie geriet in den Verdacht der Häresie, obwohl mehrere Mitglieder mit der kaiserlichen Familie verbunden waren. Die Ansammlung so großer Reichtümer brachte eine trügerische Sicherheit mit sich, denn ob aus heiligen oder weniger heiligen Gründen – wohlhabende Marranen wurden leicht zur Zielscheibe.[45] Karl V. war der Überzeugung, dass all diese fragwürdigen Konvertiten aus dem Judentum etwas mit der Ausbreitung des Protestantismus in seinen deutschen Reichsteilen zu tun haben mussten. 1545 verließ Beatrice de Luna mit einigen engen Verwandten Flandern überstürzt und ging nach Venedig. Dort geriet sie allerdings gleichfalls in den Verdacht »zu judaisieren«, und einen sicheren Hafen fand sie erst in Ferrara, wo die Este eine positivere Einstellung gegenüber den neuchristlichen Siedlern pflegten, die Wohlstand, medizinische Fähigkeiten und schöne Musik in ihre immer prachtvollere Stadt gebracht hatten. Beatrice de Luna baute abermals ein Vermögen auf und erfand sich neu – oder entdeckte sich wieder – als Gracia Nasi, eine Identität, in der sie offen als Jüdin lebte und Marranen unterstützte, die vor der Inquisition geflohen waren. Die erste hebräische Bibel, die im Druck erschien, die »Ladino-Bibel von Ferrara«, war ihr gewidmet und richtete sich gleichermaßen an jüdische und christliche Leser.[46] 1552 hatte sie die Aufmerksamkeit der Inquisition wieder so stark auf sich gezogen, dass sie sich in Italien nicht mehr sicher fühlte. Mit einem Gefolge aus 40 Reitern machte sie sich über den Balkan auf den Weg nach Konstantinopel. Die Regierung von Ragusa war so weitsichtig, sie willkommen zu heißen, denn als sie erst einmal in Konstantinopel war, entfalteten ihre Agenten in Dubrovnik eine rege

Geschäftstätigkeit.[47] Der Sultan erlaubte ihr und ihrem Gefolge, sich weiterhin im venezianischen Stil zu kleiden, und forderte nicht, dass sie die den Juden vorgeschriebene Kleidung trug. Doch sie hatte dem Westen nicht den Rücken gekehrt. Doña Gracia bewahrte sich ihr Interesse an Italien und dem Mittelmeerraum, da sie entschlossen war, ihren Glaubensgenossen auch weiterhin zu helfen.

Wie groß diese Entschlossenheit war, zeigte sich, als die päpstliche Inquisition 1555 nach Ancona kam, um unter den etwas mehr als hundert »Portugiesen«, die man in der Vergangenheit ermuntert hatte, sich dort niederzulassen, nach Häretikern zu suchen. Die Verfolgung der Marranen war Ausdruck einer verschärften Politik unter Papst Paul IV., der auch die Juden Roms in ein enges Getto sperrte. Er war schockiert über die Ausbreitung des »Unglaubens« in einer Handelsstadt, die der päpstlichen Jurisdiktion unterlag. In diesem Geiste inhaftierten seine Agenten Portugiesen, konfiszierten deren Besitz (angeblich im Gesamtwert von 300 000 Dukaten) und ließen 26 von ihnen auf dem Scheiterhaufen hinrichten. Doña Gracia fand beim Sultan Gehör, und im März 1556 ließ Süleyman der Prächtige dem Papst über einen Gesandten seines Verbündeten, des französischen Königs, einen geharnischten Brief zustellen, in dem er die Freilassung jener jüdischen Gefangenen verlangte, die zu seinen Untertanen gehörten. Er wies darauf hin, dass seiner Schatulle 400 000 Dukaten entgangen seien, war aber höflich genug, sich selbst als »Großkaiser aller übrigen Kaiser« und den Papst als »Hohen und Mächtigen Herrn der Sippe des Messias Jesus« zu bezeichnen.[48] Der Papst antwortete ihm, er sei bereit, Leben und Eigentum türkischer Untertanen zu schützen, aber die Verfolgung der übrigen Neuchristen werde weitergehen. Seinen guten Willen gegenüber den nichtkonvertierten Juden habe er durch die Schaffung eines allein für sie bestimmten Gettos in Ancona bewiesen, fügte er hinzu (und das war keineswegs ironisch gemeint). Als die Nachricht davon in Konstantinopel eintraf, begann der Kreis um Doña Gracia, einen Handelsboykott gegen Ancona zu organisieren. Eine Reihe von Marranen war nordwärts in die Hafenstadt Pesaro geflohen, die sich im Herrschaftsgebiet des Herzogs von Urbino befand. So musste man denn in Ancona voller Unmut mit ansehen, dass ein Teil der Geschäfte aus dem eigenen, im vergangenen halben Jahrhundert so erfolgreichen Hafen abgezogen wurde und an den bis dahin bedeutungslosen Rivalen ging.[49]

Pesaro verfügte jedoch über weitaus schlechtere Hafenanlagen, und jene Juden in Ancona, die keine Marranen waren, fürchteten, gemeinsam mit ihren christlichen Nachbarn unter einem türkischen Boykott zu leiden. Aber auch im Osmanischen Reich entbrannte ein Streit, denn die sephardischen Rabbiner lehnten es ab, sich von einer reichen, dominanten Frau führen zu lassen, die als portugiesische Christin aufgewachsen war. Sie sahen in ihr keine neue Esther, die jüdische Kaufleute beschützte und rettete, obwohl sie im ganzen Reich großzügig Synagogen und Schulen stiftete. Der Boykott versandete. Ancona überlebte. Eine einzelne Frau vermochte die Stadt nicht zu strangulieren, doch die Stadtväter wussten, dass ein von sephardischen Juden angeführter türkischer Boykott das Ende ihres Wohlstands bedeuten musste. Sie erkannten, welch großen Einfluss diese weltkluge Gruppe besaß mit ihrer Fähigkeit, politische, kulturelle und religiöse Grenzen zu überschreiten, und dies trotz der ständigen Gefahr lokaler Verfolgung. Die aus Spanien und Portugal Vertriebenen waren Richtung Osten (und zum Teil auch nordwärts in die Niederlande) gezogen, doch ihre Diaspora nahm nicht die Form neuer Siedlungen jenseits der Iberischen Halbinsel an. Es entstand ein maritimes Netzwerk, das von Brasilien und Westindien auf der einen bis nach Goa und Kalikut auf der anderen Seite reichte.[50] Diese jüdischen Kaufleute lebten in einer weitaus größeren Handelswelt als ihre Vorgänger, die Geniza-Kaufleute, fünf Jahrhunderte zuvor. Die Vertreibung der Juden aus Spanien war für diejenigen, die davon getroffen wurden, eine Tragödie und eine Katastrophe. Doch die nachfolgende Generation verwandelte die Zerstörung in Erneuerung.

Doña Gracia wurde in Konstantinopel von ihrem Neffen und Schwiegersohn João Miguez unterstützt, der nach seiner Beschneidung den Namen Joseph Nasi annahm (was ganz bescheiden »Fürst« heißt). Seine Laufbahn verlief noch dramatischer als die seiner Tante. Er hatte das Glück, in dem Machtkampf, der nach dem Tod Süleymans des Prächtigen 1566 entbrannte, den Sieger unterstützt zu haben, und wurde ein vertrauter Ratgeber des Sultans Selim II., genannt »Selim der Säufer«, da er die Flasche dem Krieg vorzog.[51] Mit Wein machte Joseph

Nasi sein Vermögen, und der Wein beschleunigte auch den Untergang seines Herrn. Obwohl Süleyman in Konstantinopel den Verkauf von Wein im Einklang mit dem islamischen Gesetz verboten hatte, erhielt Joseph Nasi ein Monopol auf den Transport von Wein aus dem venezianischen Kreta über Konstantinopel nach Moldawien. Das brachte dem Fiskus jährlich die Summe von 2000 Dukaten an Steuern ein. Nasis Einnahmen vergrößerten sich noch, als das Weinverbot in Konstantinopel gelockert wurde, um Juden und Christen den Handel damit zu ermöglichen, was natürlich bedeutete, dass er auch Eingang in die weitere Wirtschaft fand (im Topkapı-Palast floss er bereits in Strömen).[52] Ein Ort, den schon die klassische Antike wegen seines Weins gerühmt hatte, war die Insel des Dionysos, das zu den Kykladen gehörende Naxos, und so war es denn nur angemessen, dass Joseph den Titel »Herzog von Naxos« erhielt, als Selim den Thron bestieg. Die Insel hatte bis 1536 unter lockerer Oberhoheit der Venezianer gestanden. Danach übernahmen die Türken dort die Herrschaft, erlaubten aber dem lateinischen Herzog, dort zu bleiben, solange er Tribut zahlte. Die griechisch-orthodoxen Bewohner der Insel beklagten sich bei der Hohen Pforte über die schlechte Regierung, und Selim meinte, ein jüdischer Herzog wäre auch nicht weniger erträglich als ein katholischer. In Wirklichkeit waren die Bewohner von Naxos gegen jede von außen aufgezwungene Regierung, auch wenn Nasi sich die meiste Zeit in Konstantinopel aufhielt, wo er in großem Stil und voller Stolz auf seinen Titel lebte.

Joseph schaute über die Ägäis hinaus. Er entwickelte einen Plan zur Förderung jüdischer Ansiedlungen in Tiberias in Galiläa.[53] Den mystisch gesinnten sephardischen Juden im benachbarten Safed mangelte es an einer zuverlässigen Einkommensquelle, obwohl sie sich im Textilgewerbe und im Druckerhandwerk versuchten. Der Herzog von Naxos sah ihr Heil in der Seide und riet ihnen, Maulbeerbäume anzupflanzen. Er sorgte auch dafür, dass Wolle aus Spanien übers Mittelmeer nach Tiberias geliefert wurde, in der Hoffnung, dort nach dem Vorbild der venezianischen Tuchindustrie die Produktion von Wollstoffen anzuregen.[54] Er wollte Siedler aus dem fernen Italien dorthin holen, denn eine erneute Verfolgungswelle im Kirchenstaat veranlasste Hunderte von Juden, in die toleranteren Länder des Osmanischen Reiches auszuwandern. In einem Brief, der in jüdischen Gemeinden des Mittelmeerraums zirkulierte, heißt es vollmundig:

> »Wir haben aus dem Lande die Loblieder auf den Gerechten, den Nasi [Fürsten], den vorgenannten Herrn, vernommen, der Geld aus seiner Börse gegeben und an vielen Orten wie Venedig und Ancona Schiffe und Hilfe bereitgestellt hat, um den Klagen des Gefangenen ein Ende zu bereiten.«[55]

Es war nicht leicht, nach Tiberias zu gelangen. Ein Schiff voller Einwanderer wurde von den Rittern des Johanniterordens aufgebracht, und sie verkauften die Passagiere als Sklaven. Durch die erneute Besiedlung der antiken heiligen Städte Palästinas hofften die Siedler das Kommen des Messias zu beschleunigen. Weder sie noch Joseph Nasi dachten daran, einen jüdischen Staat oder ein jüdisches Fürstentum zu errichten. Schließlich verlief die Tiberias-Initiative im Sande, denn die Region war immer noch unsicher. Erst Mitte des 18. Jahrhunderts kehrten jüdische Siedler zurück, um diesmal auf Dauer zu bleiben.[56]

IV

Der Herzog von Naxos besaß großen Einfluss am osmanischen Hof. 1568 bemühte er sich voller Eifer, beträchtliche Teile seine Vermögens und seines Geldes zurückzugewinnen, die in Frankreich beschlagnahmt worden waren. Er überredete Selim zu einem Erlass, der bestimmte, dass ein Drittel der Waren an Bord französischer Schiffe konfisziert wurde, bis die Ansprüche des Herzogs befriedigt waren. Dieser Erlass galt eigentlich dem über Alexandria abgewickelten Levantehandel, löste aber einige Verwirrung aus, als ägyptische Zollbeamte meinten, er beziehe sich auch auf Schiffe aus Venedig und Dubrovnik. Der französische Hof war schockiert über den, wie man es dort empfand, Bruch eines seit langem bestehenden Bündnisses mit den Türken, und all das im Interesse eines einzigen Mannes, der behauptete, ihm sei Unrecht geschehen, und der überdies noch Jude war. Obwohl die Beziehungen zwischen dem König von Frankreich und dem Sultan des Osmanischen Reiches nach einer Weile wieder gekittet wurden, konnte Joseph Nasi seine Ansprüche niemals voll realisieren.[57] Der Sultan war allerdings bereit, ihn nochmals anzuhören, als die Osmanen sich 1569 auf die Invasion Zyperns vorbereiteten. Als eine gewaltige Explosion im September desselben Jahres den Pulverturm und vier Galeeren im Arsenal von Venedig zerstörte, kamen wilde Gerüchte auf, die die Schuld an diesem Vorfall, bei dem es sich offensichtlich um einen Unfall handelte, bösartigen Machenschaften des Juden von Naxos zuwiesen. Er hegte durchaus Groll gegen Venedig, das seine berühmte Tante so schlecht behandelt hatte und nach der Herrschaft über seine Inseln in den Kykladen strebte. Selim der Säufer soll ihm im Suff den höchsten Lohn versprochen haben: Zypern, das die Osmanen den Venezianern zu entreißen beschlossen hatten, und diese Geschichte wurde noch weiter ausgeschmückt mit Behauptungen, wonach Nasi für den großen Tag des Triumphes eine Krone in Auftrag gab und ein Banner mit der Inschrift »Joseph Nasi, König von Zypern« anfertigen ließ. Venezianische Beobachter glaubten, Joseph Nasi dränge darauf, Zypern anzugreifen, obwohl der Großwesir Mehmed Sokollu davon abriet.[58] Wie gewöhnlich brauchten die Türken viel Zeit, um ihre Politik festzulegen, und es gab eloquente Kriegs- und Friedensparteien. Dennoch verbreitete sich das Gerücht von einem bevorstehenden türkischen Angriff auf Zypern schon im Januar 1566, als der für seine Landsleute in Konstantinopel zuständige venezianische *Bailo* berichtete, dass es entsprechende Pläne gebe. Im September 1568 verstärkten sich die Befürchtungen der Venezianer noch durch die – offiziell als Freundschaftsbesuch deklarierte – Ankunft einer aus 60 Schiffen bestehenden türkischen Flotte auf Zypern. Die Türken, die sich ihrer Sache nicht sonderlich sicher waren, sahen sich die Befestigungen der beiden Städte an, die sie einnehmen mussten: Nikosia im Binnenland und Famagusta an der Ostküste. Unter den Besuchern befand sich der Herzog von Naxos.[59]

Zypern war ein naheliegendes Ziel, handelte es sich doch um eine christliche Besitzung in einer entfernten Ecke des östlichen Mittelmeeres. Die Türken hatten erst kürzlich (1566) die Genueser von ihrem letzten Stützpunkt in der Ägäis, der Insel Chios, vertrieben. Diese christlichen

Enklaven lenkten die Osmanen von anderen drängenden Erfordernissen ab, etwa vom Kampf gegen die Safawidenschahs von Persien und dem Wunsch, den Indischen Ozean von ihren neuen Rivalen, den Schiffen der portugiesischen Indienflotte, freizuhalten. Zypern bot christlichen Piraten Unterschlupf, die Jagd auf Getreideschiffe machten, und in Zeiten, da die Getreideproduktion zurückging, mussten die Seewege, auf denen man Getreide nach Konstantinopel und in andere große Städte transportierte, geschützt werden. Eine weitere echte Plage waren christliche Überfälle auf die Schiffe muslimischer Pilger, die in diesen Gewässern zu den heiligen Stätten des Islam in Arabien unterwegs waren. Islamische Kriegsbefürworter konnten darauf verweisen, dass die Insel schon früher von den Muslimen erobert und beherrscht worden war oder zumindest Tribute gezahlt hatte. Es galt als fundamentales Gesetz, dass jedes Land, das einst Teil des *Dar al-Islam* gewesen war, nach Möglichkeit zurückerobert werden sollte. Tatsächlich erwiderte Sokollu, als die Venezianer sich über die wachsende Bedrohung Zyperns beklagten, die Angelegenheit liege nun in den Händen der islamischen Rechtsgelehrten, und er ließ sich auch nicht durch den Hinweis beeindrucken, die Türken hätten doch viele Jahrzehnte lange, gute Beziehungen zu Venedig unterhalten.[60] Nun aber stellte die Hohe Pforte den Venezianern ein Ultimatum, in dem sie die Übergabe der Insel forderte, wenn ein Krieg noch verhindert werden sollte.

Nicht nur die Haltung der Osmanen, sondern auch die Philipps II. verhärtete sich, obwohl er wie üblich nicht recht wusste, woher er die Mittel für den Bau einer Flotte nehmen sollte. Seine Truppen steckten in Flandern buchstäblich im Morast fest, wo sie gegen die Protestanten und andere Gegner der spanischen Krone kämpften. Philipp hoffte, der Papst werde Geld für diesen Krieg beschaffen. Er bot an, die Hälfte der Kosten des Feldzugs zu übernehmen, während Venedig ein Viertel tragen sollte.[61] Es folgten endlose Verhandlungen, nicht nur über die Finanzierung, sondern auch über die Befehlsgewalt. Philipp wurde nicht mehr so stark von den Ereignissen in den Niederlanden abgelenkt, als der Herzog von Alba dort einen harten, unsicheren Frieden durchsetzte.[62] In Spanien selbst nahm ein Aufstand unter den Morisken, von denen viele weiterhin an ihrem alten Glauben festhielten, die spanischen Kräfte in Anspruch und verzögerte Philipps Antwort auf den Aufruf zur Bildung einer Heiligen Liga. Andererseits ließ der Aufstand die Bildung dieser Liga nur noch dringlicher erscheinen, da die Gefahr eines von den Herrschern der Barbareskenstaaten und den Morisken unterstützten türkischen Angriffs auf Spanien die Befürchtung aufkommen ließ, islamische Heere stünden bereit, um auf spanischen Boden zurückzukehren.

All dieses Zaudern gab den Türken die Möglichkeit, sich auf Zypern zu stürzen. Anfang Juli 1570 brachten sie auf einer Flotte aus 400 Schiffen, darunter 160 Galeeren, eine gewaltige, an die 100 000 Mann zählende Armee auf die Insel.[63] Die Türken beschlossen, sich zunächst dem im Landesinnern gelegenen Nikosia zuzuwenden, obwohl die Venezianer begonnen hatten, die Schanzen und Mauern zu reparieren und auszubauen. Nikosia hielt eine Weile stand, doch nach verzweifelten Gefechten innerhalb der Stadtmauern erhielten die türkischen Soldaten ihren grauenhaften Lohn, die Erlaubnis nämlich, die Bewohner zu töten, zu vergewaltigen und auszurauben. Währenddessen setzten die westlichen Mächte ihre Streitereien fort und ignorierten die Ereignisse auf Zypern. Schließlich machte sich Mitte September eine aus nicht einmal 200 Schiffen bestehende Flotte auf den Weg nach Zypern. Noch während sie ostwärts segelte, kam die Nachricht vom Fall Nikosias und löste neuen Streit zwischen Philipps Admiral Gian Andrea Doria und dem päpstlichen Befehlshaber Marcantonio Colonna hinsichtlich des weiteren Vorgehens aus. Man unternahm nichts, um die Türken in Nikosia anzugreifen, und das aus guten Gründen, denn Doria hatte eindeutig recht. Man konnte unmöglich hoffen, eine im Binnenland gelegene Stadt ohne ein starkes Heer und eine weitaus größere Flotte zurückzuerobern. Die Belagerung von Malta hatte sich auf den äußersten Rand einer kleinen Insel konzentriert. Auf Zypern war die Lage anders.[64] Die einzige Hoffnung war Famagusta, das von den Türken noch nicht eingenommen worden war, weil es starke Verteidigungsanlagen besaß und zumindest theoretisch von See her versorgt werden konnte. Eine Gelegenheit schien sich im Winter 1571 zu bieten, als die türkische Flotte sich weitgehend aus den Gewässern um Famagusta zurückgezogen hatte. Ein venezianisches Geschwader durchbrach die schwachen türkischen Linien, ließ aber nur 1319 Soldaten zurück, was die Zahl der Verteidiger auf 8100 erhöhte. In Konstantinopel gelangte Mehmed Sokollu zu der Auffassung, dies sei eine gute Gelegenheit, um Friedensverhandlungen mit den Venezianern aufzunehmen, wobei Famagusta natürlich kapitulieren musste. Er bezweifelte, dass Venedig wirklich die erforderlichen Mittel oder den nötigen Kampfeswillen besaß.[65] Doch die Venezianer befanden sich in einer draufgängerischen Stimmung – es gelang ihnen sogar, Durazzo zu erobern, das sie zu Beginn des Jahrhunderts verloren hatten und das strategisch für sie ebenso günstig lag wie Zypern für die Türken. Venedig lehnte das Angebot einer Handelsstation in Famagusta als Gegenleistung für die Aufgabe der Insel ab. An anderer Stelle gelangten Verhandlungen dagegen zu einem Abschluss. Die Heilige Liga wurde gegründet, eine äußerst ehrgeizige Kreuzzugsstreitmacht, die den Papst, Venedig und Spanien zusammenführte, wobei Philipp die Zusicherung erhielt, dass einige der ihm wichtigsten Ziele, vor allem der Krieg in Nordwestafrika, zu den permanenten Zielsetzungen der Liga gehören sollten.[66] Als Befehlshaber war der uneheliche Sohn Karls V., der junge, aber energische Don Juan de Austria, vorgesehen.

Der Bau der für die Heilige Liga erforderlichen großen Flotte wurde fortgesetzt, während Famagusta sich hielt. Die Türken schickten eine Flotte ins Ionische Meer und in die Adria, vorbei an dem von Venedig gehaltenen Kreta, das sie überfielen, und lenkten so die venezianische Flotte von ihren sonstigen Aufgaben ab. Zu den Küstenfestungen, die nun in türkische Hand fielen, gehörte Ulcinj, unmittelbar nördlich der heutigen Grenze zwischen Montenegro und Albanien. Auf ihrem Beutezug stieß die Flotte nordwärts bis nach Korčula und Dubrovnik vor (den Ragusanern gelang es allerdings, ihre Neutralität zu wahren, die von beiden Seiten sorgsam beachtet wurde).[67] Dann nahmen die Türken Kurs auf Zadar an der nordöstlichen Adriaküste, das gefährlich nah bei Venedig lag und dort Erinnerungen an den Chioggia-Krieg 180 Jahre zuvor geweckt haben dürfte. Dennoch ging es den Türken eher darum, Venedig einzuschüchtern, als es zu vernichten – den Venezianern vor Augen zu führen, dass ihr Reich verwundbar und Widerstand gegen die osmanische Macht nutzlos sei. Nach monatelangem Beschuss war nun auch das in Trümmern liegende Famagusta zur Kapitulation bereit. Anfang August erschien der venezianische Kommandeur Bragadin im Zelt des türkischen Befehlshabers Lala Mustafa. Die Stimmung verdüsterte sich, als Mustafa erfuhr, dass 50 von den Venezianern gefangen gehaltene Muslime inzwischen hingerichtet worden waren. Lala Mustafas Unmut verwandelte sich in Zorn. Bragadins Begleiter wurden auf der Stelle getötet, während man Bragadin selbst verstümmelte. Zehn Tage später häutete man ihn bei lebendigem Leibe, zog mit seiner ausgestopften Haut im Triumph durch Zypern und stellte sie schließlich in Konstantinopel zur Schau.[68] Das war eine Botschaft, die sich ebenso an den osmanischen Hof und vor allem Mehmed Sokollu richtete wie an die Venezianer. Durch sein schändliches Verhalten hoffte Lala Mustafa all jene zu entmutigen, die noch an die Möglichkeit eines Friedensschlusses mit Venedig glaubten.[69] Doch es bestand gar keine Notwendigkeit für einen derart brutalen Überzeugungsversuch, denn die Flotte der Heiligen Liga war fast aufbruchsbereit. Auf See vor Korfu erfuhr die christliche Flotte, dass Famagusta gefallen war. Doch diese Nachricht stärkte nur ihre Entschlossenheit.[70]

Die große Seeschlacht von Lepanto am Eingang zum Golf von Korinth, die nun folgte, galt lange als eine der folgenreichsten Seeschlachten der Geschichte: »Lepanto war das aufsehenerregendste Militärereignis im Mittelmeerraum während des 16. Jahrhunderts«, erklärte Braudel, dessen Studie über die mediterrane Welt im Zeitalter Philipps II. in der Beschreibung dieser Schlacht gipfelt. »Es besteht kein Zweifel, daß Don Juan hier zum Werkzeug des Schicksals wurde«, schrieb Braudel salbungsvoll und ein wenig mysteriös. Eine Schlacht am Eingang der Adria hatte andere Implikationen als eine Belagerung in der Straße von Sizilien. Die Türken hatten in den voraufgegangenen Monaten gezeigt, dass sie die Herrschaft über die Adria zu erringen gedachten, und ihre Seeüberfälle durch Landvorstöße über Türkisch-Bosnien in Richtung der venezianischen Besitzungen in der nördlichen Adria ergänzt. Bei diesen Überfällen ging es ihnen nicht allein um die Erweiterung des Reiches oder die Ausbreitung der islamischen Herrschaft. Wie noch deutlich werden wird, waren sie auch verärgert über christlich-slawische Piraten und Banditen in Norddalmatien, die zum Kreuzzug bereiten Uskoken.

Das Gleichgewicht zwischen den rivalisierenden Streitkräften war prekär. Die Zahl der Soldaten an Bord der Schiffe war auf beiden Seiten etwa dieselbe: um 30 000, wobei die türkischen Soldaten möglicherweise über die größere Erfahrung verfügten.[71] Es gab mehr türkische als christliche Schiffe: nur 200 auf christlicher und vielleicht 300 auf türkischer Seite, die der osmanische Admiral Müezzinzâde Ali in einer sichelförmigen Aufstellung auffahren ließ, in der Hoffnung, die christlichen Schiffe mit seiner Flotte umfassen und sie im Zentrum in verdauliche Stücke zerschlagen zu können.[72] Die westlichen Schiffe waren allerdings für eine längere Lebensdauer konstruiert, während die Türken ihre Schiffe zum Teil aus frischem Holz bauten, so dass sie allenfalls ein paar Jahre in Dienst blieben und dann abgewrackt wurden. Die osmanische Flotte bestand hauptsächlich aus leichten Galeeren mit geringem Tiefgang, was ihre Verwundbarkeit erhöhte, sie aber auch in die Lage versetzte, in flacheren küstennahen Gewässern zu operieren und die schwereren christlichen Schiffe zu umgehen und in die Zange zu nehmen. Auch Venedig gab relativ leichten Galeeren den Vorzug.[73] Die christliche Flotte verfügte über doppelt so viele Kanonen wie die türkische, doch die Türken hatten zahlreiche Bogenschützen an Bord. Gewehre erzielten eine verheerende Wirkung, ließen sich aber nur langsam nachladen, während die Bogenschützen sehr schnell nachlegen konnten.[74] Beide Seiten benutzten Luntenschloss-Arkebusen, Gewehre mit relativ geringer Zielgenauigkeit, die aber recht schnell nachgeladen werden konnten und an die Stelle der tödlichen Armbrüste des Spätmittelalters getreten waren.[75] An Bord des spanischen Flaggschiffs, der *Real*, befanden sich 400 sardische Arkebusiere, an Bord der türkischen, der *Sultana*, dagegen nur halb so viele.[76] Außerdem bereitete die Enge des Kriegsschauplatzes Probleme, denn die schmalen Kanäle der Kurzolaris-Inseln östlich von Ithaka behinderten die rasche Aufstellung der christlichen Galeeren.[77]

Unter diesen Umständen kann es kaum verwundern, dass die Schlacht einen fürchterlichen Blutzoll forderte. Die Flotte der Heiligen Liga war der Überzeugung, dass der entscheidende Augenblick im Kampf gegen die Türken gekommen war, und eindrucksvolle Heldentaten unter türkischem Feuer führten zu zahlreichen Todesopfern. Der venezianische Befehlshaber Agostino Barbarigo bewies eine nahezu vollkommene Missachtung der Sicherheit seines Schiffes, als er das Flaggschiff der *Serenissima Repubblica* in Richtung der vorrückenden osmanischen Galeeren lenkte und sich ihnen in den Weg zu stellen versuchte. Ein venezianischer Kapitän nach dem anderen verlor sein Leben – Mitglieder großer venezianischer Dynastien wie der Querini und der Contarini. Barbarigo stürmte bedenkenlos nach vorn, war dann aber so dumm, sein Visier zu öffnen, als ein Pfeilhagel auf sein Schiff niederging. Er wurde von einem Pfeil ins Auge getroffen und starb wenig später. Doch päpstliche und neapolitanische Galeeren folgten dem venezianischen Geschwader und drängten die Türken immer weiter zurück.[78] Schweres Geschützfeuer aus den Kanonen am Bug der venezianischen Galeassen schlug die türkischen Schiffe in Stücke, und die an ihre Bänke gefesselten Galeerensklaven versanken mit den Trümmern ihrer Galeeren im Meer. Der Rauch aus den Kanonen nahm den türkischen Bogenschützen die Sicht. Das Gemetzel war endlos, grauenhaft und fanatisch.[79] Schließlich enterten christliche Soldaten das Flaggschiff Müezzinzâde Alis, der im Nahkampf ums Leben kam. Man spießte seinen Kopf auf eine Lanze und hob so die Moral der Christen.[80] Doch damit war die Schlacht noch nicht beendet, denn nun griffen algerische Schiffe in den Kampf ein. Als die Nacht hereinbrach, verließ die Flotte der Heiligen Liga die vom Blut roten Gewässer und suchte Schutz vor einem aufziehenden Unwetter. Am nächsten Morgen bewies der schiere Umfang des Todes und der Zerstörung, dass die Heilige Liga nicht nur einen gewaltigen Sieg errungen hatte, auch die türkischen Toten waren kaum zu zählen. Vielleicht 25 000 oder sogar 35 000 Männer waren auf türkischer Seite gefallen, darunter nicht nur Galeerensklaven, sondern Kapitäne und Kommandeure, während die Verluste der Christen niedriger lagen, bei 8000 Toten und einer noch größeren Zahl an Verwundeten (von denen schon bald weitere 4000 starben). Etwa zwei Drittel der Toten waren Venezianer, ein Schlag, an dem die Stadt sicher schwer zu tragen hatte. Auf der anderen Seite wurden mindestens 12 000 christliche Gefangene befreit, die sich an Bord der türkischen Schiffe befunden hatten.[81]

In Venedig linderte die Nachricht von diesem Sieg trotz der gewaltigen Verluste die Verzweiflung über den Verlust Zyperns. Das Ausmaß des Sieges wurde den Venezianern deutlich, als ein Schiff aus Lepanto eintraf, das mit den Kriegsfahnen des besiegten Feindes geschmückt war. In Venedig und Rom wie auch in ganz Italien und Spanien feierte man den Sieg nicht nur mit Freudenfeuern und Festen, sondern auch dauerhafter auf Fresken und Gemälden im Dogenpalast und an anderen öffentlichen Orten.[82] Und dennoch führte der Sieg, strategisch betrachtet, allenfalls zu einer Pattsituation, denn in den folgenden Jahren sollte keine Seite die Mannschaften, das Holz und die Ausrüstung besitzen, die nötig gewesen wäre, um neue Flotten dieser Größenordnung aufzubauen oder sie zumindest in großen Seeschlachten aufs Spiel zu setzen.[83] Don Juan de Austria wäre im Taumel des Erfolgs gerne nach Konstantinopel gesegelt, doch Philipp II. hielt es in der für ihn typischen Vorsicht für besser, wenn der Rest der Flotte in Italien überwinterte.[84] Es stimmt, dass der Sieg bei Lepanto, wie Braudel behauptet, dazu beitrug, Italien und Sizilien vor weiteren Angriffen zu schützen, doch schon während der Belagerung von Malta hatten die Christen die Seeherrschaft in den Gewässern vor Sizilien gesichert. Die politische Landkarte des Mittelmeerraums war in den Jahren und Wochen, die zum 7. Oktober 1571 führten, neu gezeichnet worden. Famagusta war gefallen, und die Venezianer konnten nicht weiter hoffen, Zypern zurückzuerobern. Malta hatte standgehalten, und die Türken mussten sich genau überlegen, ob sie die Festung der Ordensritter nochmals angreifen wollten, auch wenn sie in diese Gewässer zurückkehrten und 1574 ihre Stellung in Tunis sicherten. Entscheidend war, dass Europa, wie Braudel anmerkt, »nicht länger im Bann der türkischen Macht« stand.[85] Lepanto festigte eine Position, die bereits bestand. Das Mittelmeer war nun zwischen zwei Seemächten aufgeteilt, den Türken im Osten, die alle wichtigen Küstenstriche und Inseln außer dem venezianischen Kreta hielten, und den Spaniern im Westen, die von den Flotten Maltas und Italiens unterstützt wurden.

KAPITEL 5

Störenfriede und Eindringlinge
1571 bis 1650

I

Die Zeit zwischen der Seeschlacht von Lepanto und der Mitte des 17. Jahrhunderts besitzt eine gewisse Einheitlichkeit. Die Korsaren verschwanden nicht, sondern verstärkten sogar noch ihre Aktivitäten, denn die Osmanen gaben ihnen nun noch freiere Hand, da sie nicht mehr erwarteten, ihren Herrschaftsbereich tief ins westliche Mittelmeer hinein ausdehnen zu können.[1] Außerdem trieben im westlichen Mittelmeer auch christliche Freibeuter ihr Unwesen – zu den Malteser Ordensrittern gesellte sich nun der Ritterorden des Heiligen Stephan, eine Ansammlung toskanischer Piraten und Heiliger Krieger, deren Orden der Medici-Herzog der Toskana 1562 gegründet hatte. Wie die Venezianer brachten sie einige osmanische Kriegsfahnen aus der siegreichen Schlacht bei Lepanto mit, die noch heute (unzeitgemäß) in ihrer Kirche in Pisa hängen und umgeben vom Weihrauch katholischer Rituale täglich vom Sieg über den Islam künden. Es wäre müßig, all die sagenhaften Erzählungen von Überfällen und Vergeltungsangriffen zu wiederholen, in denen die christlichen Ritter des Johanniter- und des Stephanordens Punkte gegen die muslimischen Korsaren sammelten. Die unglücklichsten Opfer waren stets jene, die an Bord gekaperter Handelsschiffe oder an den Küsten Italiens, Spaniens und Afrikas gefangen genommen und in die Sklaverei verkauft wurden (die Franzosen waren wegen ihrer Bande zum osmanischen Hof vergleichsweise sicher vor den Überfällen muslimischer Korsaren). Galeeren aus Sizilien patrouillierten weiterhin auf dem Meer, um die italienischen Besitzungen des spanischen Königs vor Überfällen durch Seeräuber zu schützen, doch zu großen, mit Galeeren geführten Seeschlachten kam es nicht mehr, und das nicht nur, weil neue Schiffstypen nun als wirkungsvoller galten, sondern weil die Kosten des Baus und der Unterhaltung von Galeeren untragbar hoch waren. Dennoch bauten die Osmanen ihre Flotte unmittelbar nach Lepanto wieder auf. Im Westen gab es Warner, die der festen Überzeugung waren, dass die Osmanen einen zweiten Großangriff auf ein christliches Ziel starten würden.

Doch die Hohe Pforte hatte den Geschmack am Seekrieg verloren, überließ den Spaniern das Feld und konzentrierte sich wieder auf die traditionelle Rivalität mit den schiitischen Schahs von Persien. Das war äußerst praktisch, denn auch die Spanier wandten ihre Aufmerksamkeit vom Mittelmeer ab. Philipps großer Ehrgeiz war der Sieg über eine neue Art von Ungläubigen, die sich in ganz Nordeuropa ausbreiteten: die Protestanten. Philipp war vollauf beschäftigt mit Kriegen gegen Elisabeth von England und seine rebellischen Untertanen in den Niederlanden. Er hatte nicht nur die Osmanen vertrieben, sondern auch die Morisken, deren Gebiete in Andalusien entvölkert und aufgegeben worden waren.[2] Außerdem war ihm ein unerwarteter Preis in Gestalt Portugals und seiner Überseebesitzungen zugefallen. In seinem Kreuzzugseifer hatte der jugendliche König Sebastian von Portugal seine Streitkräfte 1578 in Marokko in eine gewaltige Niederlage geführt. Ihm folgte das letzte Mitglied des Hauses Avis, Kardinal Heinrich, und als der 1580 ohne einen Erben starb, fiel die portugiesische Krone an Philipp von Spanien, der den alten portugiesischen Traum von einer Zähmung Marokkos nicht aktiv weiterverfolgte.[3] Das Mittelmeer wirkte recht klein in dem riesigen Konglomerat von Ländern in der Alten und der Neuen Welt, über die Philipp herrschte. Der italienische Staatstheoretiker Giovanni Botero veröffentliche 1589 ein Werk über die *Staatsräson*, das sich in Spanien besonderer Beliebtheit erfreute. Darin erklärte er, territorial zerstreute Staaten seien ihrem Wesen nach schwach, doch die Spanier hätten diese Schwäche durch den flexiblen Einsatz der Flotte überwunden. Innerhalb des spanischen Reichs sei »kein Land so weit entfernt, dass man ihm nicht durch Seestreitkräfte helfen könnte«. So sei es katalanischen, baskischen und portugiesischen Seeleuten möglich, Iberien, König Philipps italienische Staaten und selbst noch die Nieder-

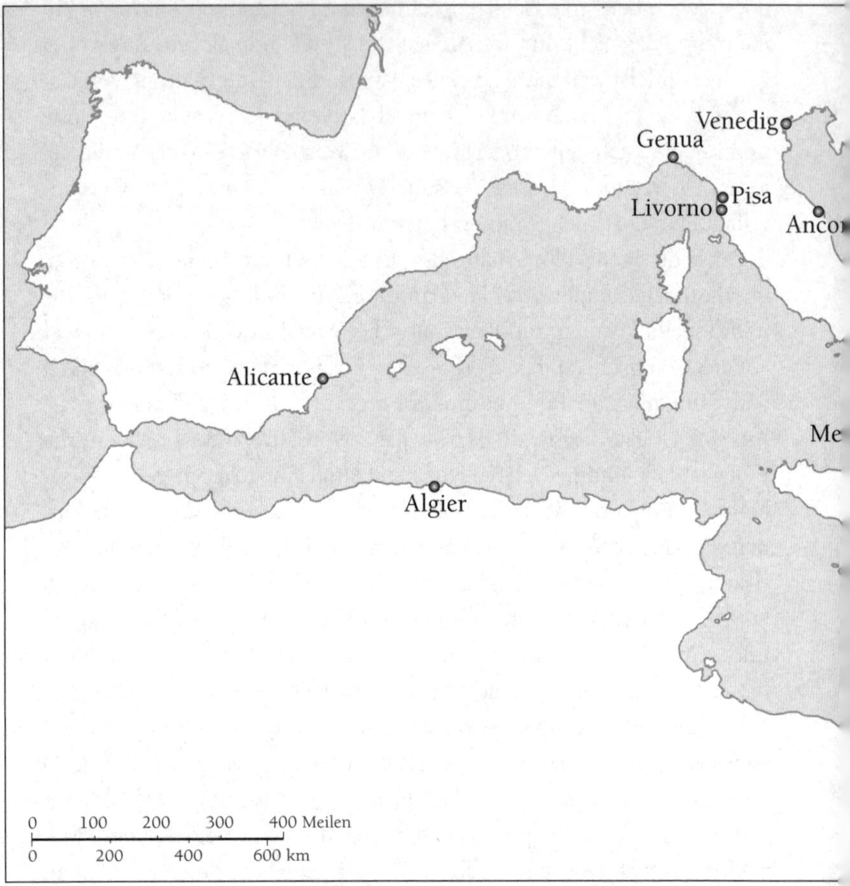

lande zu einer Einheit zusammenzufassen: »Das Reich, das ansonsten als verstreut und schwerfällig erscheinen könnte, muss daher angesichts der in den Händen solcher Männer befindlichen Seestreitkräfte als geeint und kompakt angesehen werden.«[4]

Die Ruhe, die nun im Mittelmeerraum einkehrte, beruhte auf dem Vergleich, zu dem Osmanen und Spanier stillschweigend gelangt waren. Doch die Überfahrt über das Mittelmeer war noch gefährlicher geworden, seit die spanischen Patrouillen sich auf den Schutz der Küstengewässer Süditaliens, Siziliens und Spaniens beschränkten. Jüdische und

muslimische Kaufleute mussten immer wieder erleben, dass ihre Waren von christlichen Piraten geraubt wurden. Die Gefahr nahm noch zu, als neue störende Gruppen von Seeleuten im Mittelmeer auftauchten. Mit dem neuerlichen Aufschwung der atlantischen Wirtschaft drangen holländische, deutsche und englische Seeleute tief ins Mittelmeer ein, ob nun zum Zweck des Handels oder der Piraterie. Als die nordeuropäischen Kaufleute einen großen Teil des Getreide- und Gewürzhandels im Mittelmeer wie auch im Atlantik an sich brachten, intensivierten sich die Beziehungen zwischen den beiden Meeren, die sich seit 1300 schrittweise entwickelt hatten. Über diese Besucher wird gleich noch mehr zu sagen sein, doch es gab auch Eindringlinge aus dem Mittelmeerraum selbst, die eine beträchtliche Gefahr für die von den traditionellen Mächten beherrschte Schifffahrt darstellten. Die Uskoken von Senj operierten von Stützpunkten aus, die gut versteckt zwischen den kleinen Inseln und schmalen Durchfahrten hinter den norddalmatinischen Inseln Cres, Krk und Rab lagen. Was heute als malerischer Küstenstrich gilt, flößte im späten 16. Jahrhundert Furcht ein: das Grenzland zwischen den osmanischen Territorien auf dem Balkan und den Habsburger Besitzungen im heutigen Slowenien und Kroatien sowie den venezianischen Besitzungen an der Ostküste der Adria. In dieser Umgebung konnten entschlossene, auf Unabhängigkeit bedachte Banditen und Freibeuter ungestört ihr Unwesen treiben, zumal sie sich als zuverlässige Verbündete im Kreuzzug gegen die Türken präsentierten, die sich für die Interessen der Christenheit und des habsburgischen Österreich einsetzten.[5]

Die Uskoken wurden zu den Robin-Hood-Figuren der kroatischen Volkserzählungen, und obwohl sie nur gering an Zahl waren und nur über kleine Schiffe verfügten, gelang es ihnen, Venedig in eine Ecke der Adria zurückzudrängen. Das machte sie im modernen Jugoslawien zu Helden einer zunächst nationalistischen und später dann sozialistischen Historikerschule.[6] Doch man sollte sich im Blick auf die Uskoken keinen allzu romantischen Vorstellungen hingeben. Sie hatten ihre eigenen, aus Patrizierfamilien stammenden Führer und unterschieden sich nicht sonderlich von den Piraten und Räuberbanden an den christlichen wie auch muslimischen Küsten des Großen Meeres. Der Ausdruck *uskok* bedeutet »Flüchtling«, und wie die muslimischen Korsaren bildeten sie eine ethnisch gemischte Gruppe. Sie kamen aus den venezianischen Kolonien an der Adriaküste, aus Dubrovnik und Albanien, zum Teil waren sie auch italienische Seeleute oder muslimische Renegaten. Manche waren als Untertanen der Habsburger, andere als solche der Osmanen oder Venedigs geboren worden. Ihre Zusammensetzung veränderte sich mit der Zeit, so dass in den 1590er Jahren ein großer Teil aus dem dalmatinischen Binnenland hinter Zadar und Split stammte, einer Region, die während der langen, zu Lande geführten Auseinandersetzung zwischen Osmanen und Habsburgern unter starkem Druck gestanden hatte.[7] Die Venezianer sahen in den Uskoken »ehemalige Untertanen der Türken, die nach Senj flohen, weil sie die Tyrannei der Türken nicht länger ertragen wollten«.[8] Senj schien die Chance für ein besseres Leben zu bieten. Männer, »die Hacke und Pflug verlassen hatten, schlecht gekleidet und barfuß, werden dort in kurzer Zeit fett und wohlhabend«.[9]

Senj bot keinen natürlichen Hafen. Wenn der starke, Bora genannte Wind blies, musste man die Schiffe auf den Strand ziehen und fest vertäuen, damit sie nicht fortgetragen wurden. Die Stadt selbst war auf der Landseite durch steile Felsen und dichte Wälder geschützt.[10] Auf dem Höhepunkt ihres Einflusses, zwischen Lepanto und etwa 1610, waren die Uskoken in der Lage, um Senj Außenposten einzurichten, im Süden sogar an der Mündung der Neretva, von der es nicht mehr weit bis nach Dubrovnik ist.[11] Sie waren eine unverbesserliche Horde. Wenn die Österreicher Frieden mit ihren Gegnern schlossen, hinderte das die Uskoken nicht, venezianische oder türkische Schiffe anzugreifen, falls die Gelegenheit sich ergab.[12] In den 1590er Jahren hießen die Venezianer die Uskoken durchaus nicht als christliche Flüchtlinge vor den Osmanen willkommen, sondern behandelten sie weiterhin als gefährliche Kriminelle, errichteten eine Blockade um Senj und richteten viele Uskoken hin (obwohl die Zahl der Bewaffneten dort 1596 nur bei 1000 und ansonsten bei 600 lag).[13] Die Venezianer tolerierten sie nur, wenn sie ihr kriminelles Treiben aufgaben und treu auf den Galeeren der *Serenissima Repubblica* dienten.[14]

Schon in den 1520er Jahren hatten Freibeuter aus Senj begonnen, türkische Schiffe in der Adria zu überfallen. Auch die Venezianer waren eine leichte Beute, da sie bereitwillig Abkommen mit den Türken schlossen und im slowenischen Grenzland gelegentlich mit den Habsburgern in Konflikt gerieten. In der Anfangszeit begnügten die Uskoken sich mit dem Raub von Fisch, Wein, Öl und Käse, die im lokalen Handel auf Küstenschiffen transportiert wurden. Doch schon bald griffen sie auch große Rundschiffe an, die sich auf dem Weg nach Dubrovnik und Ancona befanden, und bedrohten die Land- und Seewege zwischen der Toskana und Konstantinopel.[15] 1599 waren die Venezianer der Uskoken so überdrüssig, dass sie in die von ihnen heimgesuchten Gewässer eine Ladung vergifteten Weins schickten und sie kapern ließen, in der Hoffnung, die Uskoken würden den Wein trinken und daran sterben. Da diese jedoch am Leben blieben, hatte die List offenbar ihr Ziel verfehlt. Auch das Verhältnis der Uskoken zu Dubrovnik (italienisch: Ragusa) war belastet. Die Ragusaner galten als Kollaborateure der Türken, und die Stadtväter von Dubrovnik wussten, dass die Türken eine Zusammenarbeit zwischen der Stadt und den Uskoken nicht dulden würden. Einmal schmückten die Ragusaner eines ihrer Stadttore mit den Köpfen hingerichteter Uskoken und demonstrierten damit deutlich ihre Haltung gegenüber den Uskoken wie auch gegenüber den Osmanen. Das Ergebnis war absehbar. In einem Ragusaner Bericht heißt es: »Sie betrachten uns genauso wie die Türken.«[16]

Dennoch interessierten die Uskoken sich eher für Ladungen, die Juden oder Muslimen gehörten, als für solche von Christen und konfiszierten auf gekaperten Schiffen nur die Waren von »Ungläubigen«. So kam es, dass jüdische Kaufleute siebenmal häufiger Ansprüche auf Versicherungsleistungen anmeldeten als christliche. Auch den Muslimen erging es übel. Einmal versicherte ein Kapitän aus Perast, einem florierenden Hafen in der Bucht von Kotor, seinen Passagieren, als sein Schiff 1581 von Uskoken gekapert wurde, er werde sich um sie kümmern, doch er segelte nach Senj und feierte dort mit den Freibeutern, während seine Passagiere als Sklaven verkauft wurden.[17] Jüdische und muslimische Kaufleute in Italien probierten diverse Tricks aus. Die Markierung der Ladung mit einem Kreuz war allzu offensichtlich, die Führung eines gefälschten Bordbuchs neben dem echten war eine weitere List. Inzwischen bestätigte der Bischof von Senj nur allzu gerne, dass christliche Kaufleute, die – vor allem im Waffenhandel – mit den Türken zusammenarbeiteten, die Exkommunizierung verdienten – was ja nichts anderes hieß, als dass man den Heiligen Kriegern von Senj keinen Vorwurf machen konnte, wenn sie deren Ladung an sich brachten.

II

Diese Entwicklungen bestätigten einen umfassenden Trend im politischen und wirtschaftlichen Leben Venedigs, der sich seit der Mitte des 15. Jahrhunderts zeigte: den Rückzug aus dem Levantehandel und die Einbindung der Stadt in das Leben Norditaliens. Auch abgesehen von den Folgen der Piraterie hatten sich die Venezianer der Tatsache zu stellen, dass die Portugiesen 1497 einen neuen Seeweg nach Osten geöffnet hatten. In Konstantinopel waren die Venezianer auch weiterhin stark vertreten – um 1560 mit zwölf Handelshäusern, wenngleich die Zahl seit den Blütezeiten des mittelalterlichen Handels deutlich zurückgegangen war.[18] Neben den Patriziern, die den venezianischen Levantehandel traditionell dominiert hatten, waren auch andere Geschäftsleute aktiv, vor allem die Juden, die sich im 16. Jahrhundert in Venedig niederließen. Sie waren eine gemischte Gesellschaft. Es gab deutsche und italienische Juden, die sich mit Erlaubnis der Stadtregierung auf das Pfandleihgeschäft konzentrierten und in der »Neuen Gießerei«, dem Getto Nuovo, im Norden der Stadt wohnen mussten. In ihrer direkten Nachbarschaft gab es Gemeinschaften, die stärker in den Mittelmeerhandel involviert waren, vor allem in den über den Balkan abgewickelten Überlandhandel mit Saloniki und Konstantinopel – die Sephardim, die wie in Ancona in die »Levantiner« aus dem Osmanischen Reich und die »Ponentiner« unterteilt waren, die westliche Juden, in der Mehrzahl portugiesische Marranen, die vielfach einen großen Teil ihres Lebens zumindest äußerlich als Christen verbracht hatten. Die Ponentiner hatten die venezianische Inquisition zu fürchten, doch insgesamt übertraf das Interesse der Venezianer am Levantehandel mögliche Bedenken hinsichtlich der Treue zur katholischen Orthodoxie.[19] Der Pragmatismus der Venezianer zeigte sich auch in der Bereitschaft der Stadtregierung, den Bau einer griechisch-orthodoxen Kirche, San Giorgio dei Greci, zu genehmigen, denn alle übrigen griechischen Kirchen in Italien gehörten bis dahin den Uniaten, die die päpstliche Autorität anerkannten.[20]

Der »Niedergang« Venedigs wird allzu leicht mit dem Niedergang der venezianischen Seemacht gleichgesetzt.[21] Tatsächlich bewies die Stadt im 16. Jahrhundert eine bemerkenswerte Anpassungsfähigkeit. Alte Gewerbe wie die Glasherstellung expandierten, und die Produktion von Wollstoffen nahm beträchtlich zu. 1516 produzierte man weniger als 2000 Ballen, 1565 dagegen mehr als zehnmal so viel.[22] Dabei profitierte die Stadt vom Rückgang der Produktion ähnlicher Stoffe in Florenz und von der regelmäßigen Versorgung mit spanischer Rohwolle. Dadurch erlangten die Richtung Westen führenden Handelsrouten größere Bedeutung, und zwar sowohl die Land- als auch die Seewege, auch wenn es weiterhin dringend erforderlich war, die Versorgung mit Getreide, Öl und Wein aus den venezianischen Besitzungen auf den Ionischen Inseln und Kreta sicherzustellen. Der Verlust Zyperns verringerte zwar den Umfang der venezianischen Schifffahrt, doch der wiederhergestellte Frieden mit den Osmanen sorgte dafür, dass Kreta für den Augenblick unter venezianischer Herrschaft blieb – wobei die Hauptgefahr nicht von Türken ausging, sondern von der rebellischen einheimischen Bevölkerung.

Der Umbau Venedigs (ein treffenderer Ausdruck als »Niedergang«) bot anderen die Möglichkeit, in den Levantehandel einzudringen. Der Rückzug der Venezianer wurde durch eine Wiederbelebung der geschäftlichen Aktivitäten der Griechen kompensiert, die den Handel innerhalb des Osmanischen Reiches in der Ägäis und zwischen Kleinasien und Ägypten übernahmen.[23] Andererseits war das Eintreffen der Engländer eine Nebenfolge der großen Rivalität zwischen dem König von Spanien und der Königin von England, zwischen dem katholischen Monarchen und seiner protestantischen Gegenspielerin. Elisabeth war aus politischen Gründen versucht, Kontakt mit der Hohen Pforte aufzunehmen (da »der Türke« gleichfalls ein Gegner Philipps II. war), aber auch aus wirtschaftlichen Motiven. 1578 verfasste ihr Minister Walsingham eine Abhandlung über den »Handel mit der Türkei«, in der er die Auffassung vertrat, es sei an der Zeit, einen »geeigneten Mann« mit Schreiben von Königin Elisabeth zum osmanischen Sultan zu schicken. 1580 wurde eine »Turkey Company« gegründet, die den Handel mit den osmanischen Ländern fördern sollte.[24] Darin spiegelte sich auch eine neue Aggressivität englischer Kaufleute in traditionell von italienischen Kaufleuten beherrschten Märkten, die England mit exotischen

Gütern belieferten. Durch der Erhöhung der Zölle und Abgaben für venezianische Schiffe und deren Ladungen verdeutlichte die Königin ihre Absicht, einheimische Kaufleute im Handel mit dem Mittelmeerraum zu begünstigen, obwohl sie ihre Abkommen mit Venedig 1582 erneuerte und venezianische Galeonen bis zum Ende ihrer Regierung nach England kamen.[25] Ein Ziel der Engländer war Marokko, wo Kaufleute der Barbary Company bereits vor Elisabeths Thronbesteigung 1558 aktiv gewesen waren. Zu den exportierten Gütern gehörten auch Waffen, die, wie die englischen Kaufleute hofften, gegen Spanier und Portugiesen eingesetzt werden sollten.[26]

All das hinderte indessen die Engländer nicht, auch nach anderen Routen zu suchen, die das Mittelmeer gänzlich umgingen und über eine Nordwest- oder Nordostpassage Gewürze nach Nordeuropa bringen sollten – eine kältere, aber, wie man hoffte, schnellere Verbindung als der portugiesische Seeweg um die Südspitze Afrikas herum. In der Folge beteiligten sich die Engländer auch am Moskowienhandel. Da die begehrten Gewürze ausblieben, wandten sie sich wieder dem Mittelmeer zu und nutzten jene Kombination aus Piraterie und Kommerz, für welche die elisabethanischen Freibeuter berühmt geworden sind. Viele Teilhaber der Turkey Company (die bald unter dem Namen Levant Company bekannt wurde) investierten auch in die Muscovy Company.[27] Den Venezianern war diese Entwicklung gar nicht recht. Die englischen Handelsschiffe, die in türkische Gewässer eindrangen, nahmen den Venezianern die Einnahmen, die sie bislang durch die Lieferung englischer Stoffe in osmanische Gebiete erzielt hatten. Eine Übereinkunft zwischen Elisabeth und dem osmanischen Sultan war eine schlechte Nachricht. Und auch ihre Religionspolitik war den Venezianern ein Dorn im Auge. Venedig gehörte gewiss nicht zu den eifrigsten Anhängern des Papsttums, aber einen offiziellen Botschafter entsandten sie erst 1603 – Elisabeths Todesjahr – nach England.[28] Dennoch gab es auch Entwicklungen, von denen die *Serenissima Repubblica* profitierte. Englische Schiffe begannen, bis nach Venedig zu segeln, mit der Folge, dass die Stadt wichtige nordeuropäische Erzeugnisse erhielt, von denen ihr Überleben zunehmend abhing, vor allem Getreide. Der Handel mit nordeuropäischem Getreide nahm zu, weil im Mittelmeerraum immer weniger Flächen für den Getreideanbau genutzt wurden und die Knappheit, die sich bereits 1587 abzuzeichnen begann, zu einer Reihe von Hungersnöten führte. Getrockneter und gesalzener Fisch aus dem Atlantik – *stoccafisso* (Stockfisch) – wurde und blieb ein wichtiger Bestandteil der venezianischen Küche.

Engländer und Holländer kamen, um zu kaufen und zu verkaufen.[29] Anfangs galt das Interesse der Engländer weniger Gewürzen wie Pfeffer und Ingwer als Erzeugnissen, die auf Inseln im venezianischen Hoheitsbereich angebaut wurden, auf Zante und Kephalonia, die zu den Ionischen Inseln gehören. Seit dem Spätmittelalter waren die Engländer ganz versessen auf Johannisbeeren, Rosinen und Sultaninen, und der Konkurrenzkampf mit den Venezianern um die von den Italienern *uva passa* (»getrocknete Trauben«) genannten Früchte führte zu manchem hässlichen Vorfall. Die venezianische Regierung versuchte, die Inselbewohner von Geschäften mit den ausländischen Kaufleuten abzuhalten – ein Verbot, über das Einwohner der betroffenen Inseln sich wortreich beklagten und das sie weitgehend ignorierten.[30]

Die Engländer hatten keine Skrupel, venezianische Schiffe anzugreifen, vor allem wenn sie Handel mit Spanien trieben, das die in Venedig so dringend benötigte Wolle lieferte. Im Oktober 1589 geriet ein englischer Kapitän im Hafen von Korfu mit einem venezianischen Kapitän in Streit. Der Italiener forderte den Engländer zum Duell und nannte ihn einen unverschämten Hund. Als das venezianische Schiff den Hafen verließ, machte der englische Kapitän sich frech an die Verfolgung. Nach einem kurzen Schusswechsel mit Kanonen gab der Italiener auf und flüchtete mit dem Beiboot von seinem Schiff, doch selbst dann ließ der englische Kapitän nicht von ihm ab und verfolgte das Boot noch fast bis in den Hafen von Korfu hinein. Diese Piraten machten vor niemandem halt. 1591 kaperte ein englisches Schiff, das man im Hafen von Algier willkommen geheißen hatte, in der Meerenge zwischen den Balearen und Barcelona ein Ragusaner Schiff, das auf dem Weg nach Livorno war. Den nordafrikanischen Herrschern war es oft ganz recht, dass die Piraten ihre Häfen benutzten, solange die ihre Beute mit ihnen teilten. In manchen Fällen bestand die Mannschaft zur Hälfte aus Muslimen und zur Hälfte aus Engländern.[31] Ein englischer Exilant, John Ward, hatte schließlich 300 Mann unter seinem Kommando. 1607 bewegte er den Kapitän eines venezianischen Gewürzschiffs durch Drohungen zur Aufgabe und verkaufte die Ladung in Tunis für 70 000 Kronen. In der Folge bemächtigte er sich weiterer Waren im Wert von 400 000 Kronen.[32] Erzürnt über die Behandlung von Protestanten, die der Inquisition in die Hände fielen, entweihten englische Piraten katholische Kirchen auf Inseln, die zum venezianischen Hoheitsgebiet gehörten.[33]

Einen Großteil ihrer Erfolge verdankten die Piraten neuen Technologien. Sie brachten hochbordige Segelschiffe ins Mittelmeer, die von den Italienern *Bertoni* genannt wurden. Sie hatten Ähnlichkeit mit den Galeonen, die in der spanischen und der venezianischen Flotte Mode wurden, aber sie verfügten über einen tiefen, starken Kiel und ließen sich mit drei quadratischen Segeln bestens manövrieren. Sie waren nicht besonders groß und kamen mit gut 60 Mann Besatzung aus, wobei auf je drei Mann eine Kanone kam. Wenn ihre Rivalen solche Schiffe kapern konnten, nutzten sie sie gern für ihre Zwecke, und manche kauften sie sogar den englischen oder holländischen Kapitänen ab. Doch Venedig war merkwürdig konservativ. Mit Lateinsegeln ausgestattete Galeeren hatten den Handel und die Besitzungen der Stadt jahrhundertelang beschützt, und Versuche, die venezianische Regierung davon zu überzeugen, dass der neue Schiffstyp entscheidende Bedeutung für die Verteidigung der Republik besaß, stießen auf taube Ohren. Die venezianische Elite verstand nicht, warum im 17. Jahrhundert nicht mehr funktionieren sollte, was im 13. bestens funktioniert hatte. *Bertoni* wurden in Venedig erst im frühen 17. Jahrhundert zum alltäglichen Anblick, als die Republik England und Holland anflehte, ihr im Kampf gegen die österreichischen Habsburger zu helfen. 1619 besaß die venezianische Flotte neben 50 Galeeren auch 50 *Bertoni*. Doch auch wenn venezianische Kapitäne solche *Bertoni* befehligten, schienen sie nicht an die überlegenen Fähigkeiten der Seeleute aus dem Norden heranzureichen. 1603 wurde eine venezianische *Bertone*, die *Santa Maria della Grazia*, die auf dem Weg nach Alexandria war, vor Korfu – venezianischem Territorium – gekapert. Nach der Freilassung wurde das Schiff dann nachts in der Adria erneut gekapert und seiner Kanonen beraubt. Die Italiener waren auf See nicht mehr nahezu unbesiegbar.

Nordeuropäer griffen sich aber auch untereinander an. Das Verhältnis zwischen Engländern und Holländern schwankte im späten 16. und frühen 17. Jahrhundert heftig. 1603 griff Thomas Sherley, der eine aus englischen, italienischen und griechischen Seeleuten zusammengewürfelte Mannschaft befehligte, zwei holländische Schiffe an, die ägäisches Getreide von den Kykladen nach Genua transportierten. Sherley gab sich gerne als Agent des Medici-Herzogs der Toskana und als Kreuzfahrer gegen die Türken aus, auch wenn rätselhaft bleibt, wie ein Angriff auf holländische Schiffe dazu passen sollte. Sherley musste dem Herzog schreiben und sein Tun rechtfertigen, denn er hatte eindeutig überzogen. Die Medici kauften den Engländern gerne *Bertoni* ab und nahmen englische Seeleute in ihre Dienste. Der Herzog bezog sogar sein Schießpulver aus England. Er fragte sich, ob es vielleicht gut sei, John Ward für seine Dienste zu gewinnen, weil der ein so erfolgreicher Freibeuter war. Der Herzog von Savoyen, dessen Territorium sich bis nach Nizza erstreckte, stellte seine Flagge und seinen Hafen in Villefranche nur zu gern allen möglichen fragwürdigen Seeleuten zur Verfügung.[34] Alberto Tenenti schreibt dazu: »Ende des 16. Jahrhunderts kam es im Mittelmeerraum zu einem echten Wandel psychologischer, nautischer und kommerzieller Art.« An die Stelle des Kreuzzugsgedankens war ein Zynismus getreten, der sich gelegentlich noch in die Sprache des Heiligen Krieges kleidete, die aber die Piraten durch ihre Zusammenarbeit mit Türken und Mauren Lügen straften.[35] Den deutlichsten Beweis dafür lieferten die Ritter vom Orden des Heiligen Stephan. Im 17. Jahrhundert hatten sie sich zu Freibeutern entwickelt, die von den Konzessionen, die ihnen die Medici-Herzöge der Toskana gewährten, gewinnbringend Gebrauch machten.

Die Nordeuropäer fanden, dass sie das harte Leben an Bord – fauliges Wasser, von Maden durchsetztes Brot, strenge Disziplin – ein wenig erleichtern konnten, wenn sie in mediterranen Gewässern segelten. John Baltharpe war ein englischer Seemann, der 1670 in Knittelversen über seine Fahrten im Mittelmeer berichtete. In Messina fand »täglich an Bord ein Markt statt«, auf dem er mancherlei kaufen konnte:

»Seidenstrümpfe, Teppiche, Brandewein,
Seidene Halstücher, gleichfalls fein:
Kohl, Karotten, Rüben, Nüsse,
Von Huren auch so manche Küsse:
Limonen, Orangen und gute Feigen
Samt Eiern und Syrakuser Weinen.«

In Livorno vergnügte Baltharpe sich an ausgezeichnetem Fisch, »bei Italienern stets ein gut Gericht«, während es in »Cales« oder Cagliari »an nichts fehlte«. Selbst in Alicante, wo Fleisch knapp war und man »statt englischem Käse und Butter ein wenig Öl bekam, weiß Gott viel schlechter«, konnte man sich mit Rotwein in Mengen trösten, diesem »Bullenblut«: »Süß, köstlich und verlockend ist er, die Flasch nur allzu bald ist leer.«[36] Später, um 1800, bemühte Lord Nelson sich, seine Leute mit sizilianischen Zitronen zu versorgen (30 000 Gallonen jährlich für die gesamte britische Kriegsflotte), und sorgte so dafür, dass die Mannschaften im Mittelmeer und anderswo nicht an Skorbut litten.[37]

Gefördert wurde das Interesse der Nordeuropäer am Mittelmeer auch durch den im 16. Jahrhundert wachsenden Lebensstandard, und obwohl der im 17. Jahrhundert stagnierte, waren die Nordeuropäer nach Lepanto dort ständig präsent. Ihre Herkunft wechselte. Die Vertreter der Deutschen Hanse waren Pioniere (sie kamen, als es im Mittelmeerraum 1587 zu einer Missernte kam), hielten aber keine starke Präsenz aufrecht, während die »Flamen« in wachsendem Maße von protestantischen Holländern aus den rebellischen Nordprovinzen der Spanischen Niederlande statt von Katholiken aus dem eigentlichen Flandern gestellt wurden.[38] Der Aufstieg der holländischen Flotten begann mit der Entwicklung Antwerpens zur Drehscheibe des portugiesischen Gewürzhandels mit dem Orient, doch der holländische Reichtum basierte ebenso auf Gewinnen aus dem Handel und der Piraterie im Mittelmeer wie auf den Einnahmen aus den Aktivitäten im Atlantik und im Indischen Ozean.[39] Als die Vereinigten Provinzen *de facto* ihre Unabhängigkeit von Spanien erlangten, verlagerte sich das Geschäft zunehmend auf holländische Werften. Im Mittelmeer gab es anfangs eine gewisse Zusammenarbeit mit französischen Kaufleuten, die nach Nordafrika vorzudringen begannen, und gelegentlich erhielten holländische Schiffe die Erlaubnis, unter französischer Flagge zu segeln (was ihnen Sicherheit in osmanischen Gewässern gewährte).[40] Man wechselte also bei Bedarf die Flagge, je nachdem, welche Nation die betreffenden Gewässer und Küstenstriche beherrschte.

III

Unter all jenen, die im Mittelmeer unterwegs waren, erregte »die portugiesische Nation«, vor allem Marranen, besondere Aufmerksamkeit. Die portugiesische Inquisition hatte (auf Befehl des Königs) in den Jahren nach der Unterdrückung des Judentums in Portugal (1497) auf eine Verfolgung der Neuchristen verzichtet, doch 1547 wandte sie sich gegen diese Gruppe, mit der Folge, dass viele ihr Heil in freundlicheren Ländern suchten. Den unklaren Status der Ponentiner machten sich Herrscher wie die Herzöge der Toskana zunutze, die gerne jedem Kaufmann ihren Schutz angedeihen ließen, der ihre Einnahmen vergrößern half. Als die Herzöge ihre Gunst auch auf die »Portugiesen« ausdehnten, ging es ihnen durchaus nicht um die Emanzipation aller Juden in ihren Besitzungen. Tatsächlich schlossen sie 1570 die Juden von Florenz in ein Getto.[41] Dennoch erkannten sie nach und nach die Vorzüge eines Freihafens, in dem nicht nur Marranen mit zweifelhafter Treue zum christlichen Glauben, sondern auch levantinische Juden, Muslime und Nordeuropäer die Vorteile eines Niederlassungsrechts und reduzierter Steuersätze genießen konnten. Herzog Cosimo I., der 1574 starb, machte aus dem verschlafenen Fischerdorf Livorno eines der großen Zentren des Mittelmeerhandels. Gegen Ende seines Lebens hatte man den Hafen beträchtlich verbessert und einen Kanal gegraben, der die Stadt mit dem Arno verband und den Warentransport von und nach Pisa und Florenz erleichterte. Unter seinem Nachfolger Francesco I. erhielt Livorno seine eindrucksvolle fünfeckige Befestigungsanlage. Innerhalb des davon umschlossenen Gebiets legte man die Straßen nach den besten städtebaulichen Grundsätzen der Renaissance in einem Rechteckmuster an.[42] Schrittweise wuchs die Bevölkerung. 1601 hatte

Livorno nahezu 5000 Einwohner, darunter 762 Soldaten, 114 Juden und 76 junge Prostituierte – ein trauriger Hinweis auf die sexuellen Dienste, für die in jedem Mittelmeerhafen Bedarf bestand. Nach dem Ausbau der Hafenanlagen begann für die Stadt ein Boom.[43]

Das Recht von Fremden, in Livorno zu leben, wurde in einer Reihe von Privilegien niedergelegt, den *Leggi Livornine*, die das Verhältnis zwischen den Medici-Herrschern und ihren nichtkatholischen Untertanen mehr als zwei Jahrhunderte lang regelten. In dem berühmtesten dieser Privilegien aus dem Jahr 1593 heißt der Herzog »Kaufleute aus allen Ländern« willkommen: »Levantiner und Ponentiner, Spanier und Portugiesen, Griechen, Deutsche und Italiener, Juden, Türken und Mauren, Armenier, Perser und andere«.[44] Es ist bemerkenswert, wie weit unten in dieser Liste die Italiener rangierten, und das in einer italienischen Stadt. Aufschlussreich ist auch die Tatsache, dass dieses Dokument immer wieder die Marranen willkommen heißt: als Ponentiner, als iberische Kaufleute, als Juden. Ponentiner mussten sich trotz ihrer christlichen Maske als Juden ausgeben, um der Inquisition zu entgehen, und das heißt, dass sie ständig die Identität wechseln mussten, vor allem wenn sie häufig Handel mit Spanien und Portugal trieben, doch darin hatten sie Erfahrung.[45] Für ihre ökonomischen Aktivitäten gab es relativ wenige Einschränkungen. Nur in Italien durften sie Land erwerben. Obwohl sie in der Regel nahe bei der Synagoge wohnten, die im 18. Jahrhundert ein großes, opulentes Gebäude darstellte, gab es kein offizielles Judenviertel. Es gab auch eine Kirche für armenische Kaufleute aus dem östlichen Mittelmeerraum. Drei Moscheen befanden sich im Banjo, dem Quartier der Galeerensklaven, wobei auch freie muslimische Kaufleute in wachsender Zahl nach Livorno kamen. Außerdem erlaubte man die Anlage eines muslimischen Friedhofs.[46] In alledem spiegelte sich die Öffnung von Handelswegen zwischen Livorno und islamischen Ländern. In den Jahren um 1590 trafen dort Schiffe aus Alexandria ein, doch die eigentliche Erfolgsgeschichte war die Öffnung von Handelsrouten nach Nordafrika zwischen 1573 und 1593, einer Zeit, für die Braudel und Romano die Ankunft von 45 Schiffen aus einem breiten Küstenstrich zwischen Larache in Marokko und Tunis registrieren. Diese Kontakte wären unmöglich gewesen ohne die Beteiligung sephardischer Kaufleute oder ohne eine Zusammenarbeit zwischen den Herrschern der Barbareskenstaaten und den Medici. Auch Holländer beteiligten sich an diesem Handel mit der Bereitstellung von Versicherungen und zusätzlichen Schiffen. Die Routen waren von lebenswichtiger Bedeutung für die Versorgung der Toskana, die aus Nordafrika Weizen, Wachs, Leder, Wolle und Zucker bezog.[47] Weitere Grunderzeugnisse wie Zinn, Pinienkerne, Thunfisch und Sardellen kamen aus Spanien und Portugal, oft auf Schiffen, deren Heimathäfen in Südfrankreich lagen. Etwas allerdings hatte sich verändert an der Geographie des Spanienhandels. Barcelona verfügte über weniger Kontakte als Livorno, und Valencia spielte nur noch eine bescheidene Rolle, während Alicante, das einen ausgezeichneten Hafen besaß und über gute Straßen Zugang zu den Erzeugnissen des spanischen Hinterlandes bot, der bevorzugte Hafen an der spanischen Mittelmeerküste war. Alicante selbst produzierte nur wenig außer Seife, die aus einheimischem Olivenöl hergestellt wurde, und Wein. Die Stadt »bewahrte sich bis in moderne Zeiten hinein etwas vom Flair einer Kolonialfabrik jener Art, wie man sie im schläfrigen Hinterland Asiens oder Afrikas finden konnte«.[48] Auf der Route zwischen Alicante und Livorno (wie auch auf der konkurrierenden Route zwischen Alicante und Genua) wickelten Schiffe aus Ragusa den Hauptteil des Verkehrs ab und transportierten Cochenille und Kermes, zwei aus winzigen Insekten hergestellte rote Farbstoffe, sowie Reis, Seide, Honig, Zucker und vor allem Wolle – ein Handel, in dem jüdische Kaufleute eine bedeutende Rolle spielten, obwohl es ihnen verboten war, ihre Religion innerhalb des Spanischen Königreichs auszuüben.[49]

Livorno unterhielt auch Beziehungen zu Orten jenseits der Straße von Gibraltar – zu Cádiz, das sich zu einem wichtigen spanischen Handelszentrum am Atlantik entwickelte, zu Lissabon und zu den Ländern an der Nordsee. Die Holländer wurden von Livorno angezogen wie Bienen von einer Blüte. Obwohl die *Leggi Livornine* die Niederlassung von Protestanten nicht besonders ermutigte, stellten holländische Kaufleute doch fest, dass sie dort in Frieden und mit einer gewissen Diskretion leben konnten. Livorno war der Knotenpunkt des holländischen Netzwerks innerhalb des Mittelmeerraums und das Ziel zahlreicher holländischer Schiffe, die aus atlantischen Gewässern kamen. Trotz der Intensivierung des Handels mit Nordafrika und trotz gelegentlich guter Ernten bestand in der Toskana weiterhin großer Bedarf nach Getreide aus dem Ostsseeraum. Es wurde häufig gelobt, weil es von besserer Qualität sei als das Getreide aus dem Mittelmeerraum, und war trotz der Transportkosten in der Regel billiger. Wie wir gesehen haben, war dies auch Folge des Rückgangs der Anbauflächen an den Küsten des Mittelmeeres. Die Italiener entwickelten Geschmack an dem Roggen aus dem Norden. 1620 hatte ein Fünftel der holländischen Schiffe, die Getreide nach Livorno brachten, ausschließlich Roggen geladen. Die Medici-Herzöge handelten mit den Holländern günstige Preise aus, damit ihre Untertanen sich ausreichend Nahrung leisten konnten. Und wenn im Mittelmeergebiet Getreide in großen Mengen verfügbar war, konnten die Italiener immer noch geräucherte und getrocknete Heringe, Sardinen, Dorsche und sogar Kaviar erwerben.[50] Die holländischen Kaufleute, die das Getreide brachten, transportierten nicht ausschließlich Güter von und nach Nordeuropa. Sie stiegen auch in das Transportgeschäft innerhalb des Mittelmeerraums ein und beluden ihre Schiffe mit süditalienischem Getreide und Salz, das sie nach Norditalien transportierten. Wenn in Nordeuropa eine Hungersnot herrschte wie etwa 1630, waren holländische Kapitäne bereit, Getreide aus der Ägäis nach Livorno zu holen, obwohl die Osmanen jedem, der illegal Getreide exportierte, androhten, ihn an einen Pfahl zu binden und dort verhungern zu lassen. Wenn das Mittelmeergebiet ausreichend mit Getreide versorgt war, fuhren die Holländer umher, luden zum Beispiel Salz und Wolle in Alicante, Wein und Trockenobst auf den Ionischen Inseln, Seide in der Ägäis und versuchten, ihre Beziehungen zu den großen Handelszentren in der Levante auszubauen – Aleppo war inzwischen zum wichtigsten Handelsplatz in Syrien aufgestiegen, und dort gab es einen holländischen Konsul, der sich auch um Palästina und Zypern kümmerte. Da Aleppo im Binnenland liegt, liefen die Schiffe Alexandretta an, und die Waren wurden über Land transportiert. Dazu gehörten so exotische Erzeugnisse wie Indigo und Rhabarber, der wegen seiner Heilwirkung geschätzt wurde.[51]

Großherzog Ferdinando I. erlaubte der »Flämisch-deutschen Nation« 1608, eine der Mutter Maria geweihte Kapelle samt einer Gruft zu bauen, in der flämische und deutsche Kaufleute beigesetzt werden konnten. Protestanten zogen es natürlich vor, außerhalb katholischer Friedhöfe begraben zu werden, und sie erhielten die Erlaubnis, private Gärten dafür zu nutzen. Andererseits waren einige prominente Mitglieder der »Nation« fromme Katholiken – so etwa Bernard van den Broecke, Schatzmeister der Marienkapelle, der seine Geschäfte von einem großen, an der Hauptstraße, der Via Ferdinanda, gelegenen Haus aus betrieb. In diesem Haus befanden sich zehn Schlafzimmer und ein Empfangsraum mit einem Dutzend Gemälden an den Wänden, einem Papagei in einem Käfig, einem Backgammontisch und kostbaren Möbeln. Im Garten gab es einen Brunnen und eine große Orangerie. Von Livorno aus lenkte van den Broecke ein ganzes Geschäftsnetz, das den Hof des Herzogs der Toskana, Neapel, Sizilien, Venedig und natürlich auch Nordeuropa umfasste. 1624 entwickelte er sogar Pläne für eine Route, auf der er Kabeljau aus Neufundland direkt nach Neapel bringen wollte, wurde aber von den Engländern an der weiteren Verfolgung dieses Plans gehindert. Sein Kabeljau wurde beschlagnahmt, weil der englische König wieder einmal mit Spanien im Krieg lag, das über Neapel herrschte. Dennoch arbeiteten Engländer und Holländer (einschließlich van den Broeckes) im Spanienhandel zusammen und nutzten die toskanische Flagge als Deckmantel. Van den Broecke hatte keine Skrupel, sich auch im mediterranen Sklavenhandel zu engagieren, wobei er sich allerdings darauf konzentrierte, Lösegeld von den Familien gutbetuchter Gefangener zu erpressen. Er sorgte dafür, dass Sklaven in seinem Haushalt ordentlich behandelt wurden, damit er sie in gutem Zustand zurückgeben konnte. Er gab Anweisung, sie »ausreichend zu ernähren und zu kleiden, ohne sie zu verwöhnen«.[52] Van den Broeckes Handelshaus florierte bis in die 1630er Jahre hinein, als politische Schwierigkeiten mit Spanien, die Konkurrenz mit England und Seuchen das Leben zunehmend erschwerten. Doch die Stadt Livorno behielt ihre Vorrangstellung im Mittelmeerhandel, vor allem weil die sephardischen Juden sie weiterhin als Bindeglied zu anderen bedeutenden sephardischen Niederlassungen nutzten: zu Aleppo, Saloniki und zunehmend auch zu Smyrna.

IV

Der große Erfolg Livornos war keine Ausnahme. Auch Genua versuchte im 17. Jahrhundert, einen Freihafen einzurichten. 1590 begann man bei den Lebensmitteln und dehnte die Steuerbefreiung dann 1609 auf sämtliche Waren aus. Es war eine andere Art von Freihafen als in Livorno. Dort legte man das Schwergewicht auf den freien Durchgang von Waren, während man sich in Livorno vor allem bemühte, Kaufleute anzuziehen, die sich dort ohne Einschränkungen niederlassen und ihren Geschäften nachgehen konnten. Der Charakter Genuas und seiner Geschäftswelt hatte sich beträchtlich verändert gegenüber jener Zeit, als die Stadt mit Pisa, Venedig und Barcelona um die Herrschaft über das Mittelmeer konkurrierte. Die Verlagerung des Interessenschwerpunkts vom Handel auf die Finanzierung des spanischen Hofes hatte Auswirkungen auf die gesamte Genueser Gesellschaft, obwohl die Finanziers der spanischen Krone nicht zu den Elitefamilien der Stadt gehörten. In den 1560er Jahren hatten sie das Interesse am Besitz von Schiffen verloren.[53] Genueser Schiffe wurden zu einer Minderheit unter den im Hafen von Genua eintreffenden Schiffen. Nach 1596 stammten 70 Prozent der dort ein- und auslaufenden Schiffe aus dem Ausland. Wie zu erwarten, waren die Ragusaner sehr aktiv, aber auch Schiffe der Hanse aus Deutschland und den Niederlanden, wobei die Niederländer im 17. Jahrhundert eine immer größere Bedeutung erlangten.[54] Im späten 16. Jahrhundert erwarben Genueser Kaufleute häufig Anteile an Ragusaner Schiffen, doch das unterstreicht nur die Größe der Veränderungen. Noch zwei Jahrhunderte zuvor hätte man nur gelacht über die Vorstellung, eine kleine adriatische Republik könne »la Superba«, die stolze Republik Genua, in den Schatten stellen.

Die Genueser verstanden sich als Verbündete der spanischen Krone. Der spanische König sah in ihnen dagegen eher Untertanen, doch wenn er darauf herumritt, konnte das nur der Genueser Zuneigung zum Bündnis mit Spanien Abbruch tun. Um den Genuesern vor Augen zu führen, wo ihr Platz war, bestimmten die Spanier 1606 und 1611, dass die ihnen tributpflichtigen Ritter des Malteserordens in der Schlacht hinsichtlich der Befehlsgewalt über den Genuesern standen, woraus diese zu Recht den Schluss zogen, dass die Spanier sie für ihre Untertanen hielten. Der Streit über diese Frage erreichte einen Punkt, an dem Genueser und Malteser Galeeren, die sich zur Schlacht aufstellten, beinahe die Kanonen gegeneinander gerichtet hätten, so dass spanische Admiräle sie zum Einlenken zwingen mussten. Doch die Spanier waren in ihren Finanzen dringend auf die Genueser angewiesen, deren Galeeren Gold und Silber aus Spanien nach Genua brachten – nahezu 70 Millionen Acht-Real-Münzen in der Zeit von 1600 bis 1640. Die Genueser Kredite an die spanische Krone wurden mit dem Gold und Silber aus der Neuen Welt zurückgezahlt.[55] Andere Galeeren wurden im lukrativen Handel mit Rohseide aus Messina eingesetzt. Seide war eine der Grundlagen des ein Jahrhundert zuvor neubelebten Wohlstands der Stadt und symbolisierte das enge, aber problematische Verhältnis zu Spanien, kam sie doch aus Sizilien, einer spanischen Besitzung, neben dem sizilianischen Weizen, der von der spanischen Regierung mit hohen Abgaben belegt wurde, um den Kaufleuten möglichst viel Geld abzupressen.[56]

Die Genueser teilten mit den Venezianern ein nostalgisches Gefühl für vergangene Zeiten, in denen Genua Größe erlangt und seine Galeeren nicht nur über das Mittelmeer, sondern auch in andere Meere geschickt hatte. 1642 verfasste der Genueser Adlige Antonio Giulio Brignole Sale eine Abhandlung, in der er Argumente für und gegen den Bau einer neuen Galeerenflotte prüfte, mit der die Stadtväter die alte Größe wiederzuerlangen hofften. In seinen Augen war das Mittelmeer das ideale Operationsgebiet, denn dort gebe es »zahlreichere und unterschiedlichere Provinzen mit vielen Häfen, so dass jeder leichter Beschäftigung findet«. Der Bau von Galeeren werde es ermöglichen, »die alten Levanterouten« wiederzubeleben, die der »besondere Schauplatz für die Erwerbungen und den Ruhm der Genueser« gewesen seien, wie er mehrfach betonte. Dabei überging er freilich nicht die Argumente der Gegner, wonach das Mittelmeer nicht mehr dasselbe sei wie im Mittelalter und der Bau von Galeeren im mittelalterlichen Stil die verlorene Welt nicht zurückbringen werde.[57]

Im späten 16. und im 17. Jahrhundert litt das Mittelmeer unter einer gewissen Desorientierung. Trotz der Bemühungen Genuas um eine Wiederbelebung des Levantehandels verlor das Mittelmeer seine Vorrangstellung im westeuropäischen Handelsverkehr an die Kaufleute des atlantischen Raums, für die das Mittelmeer nur eines von mehreren – und nicht unbedingt das interessanteste oder wichtigste – Betätigungsfeld darstellte, das sich von Holland bis nach Brasilien und Ostindien oder von England bis nach Neufundland und Moskowien erstreckte.[58] Das ursprüngliche Versprechen des 15. und frühen 16. Jahrhunderts hatte sich nicht erfüllt.

KAPITEL 6

Verzweiflung in der Diaspora
1560 bis 1700

I

Osmanische Sultane und spanische Könige samt den zuständigen Steuerbeamten interessierten sich sehr für die Religionszugehörigkeit jener Menschen, die unter ihrer Herrschaft stehende Gebiete des Mittelmeerraums durchquerten. Gelegentlich, in Zeiten eines direkten Zusammenstoßes zwischen christlichen und muslimischen Reichen, schien das Mittelmeer deutlich zwischen zwei Religionen aufgeteilt zu sein. Dabei hatten die Osmanen lange Zeit die Anwesenheit christlicher Mehrheiten in von ihnen beherrschten Ländern akzeptiert; aber es gab auch Gruppen, die (bildlich gesprochen) zwischen den Religionszugehörigkeiten hin und her segelten. Wir sind bereits den sephardischen Juden begegnet, mit ihrer erstaunlichen Fähigkeit, sich nominell in christliche »Portugiesen« zu verwandeln, wenn sie in spanische Mittelmeerhäfen kamen. Diese Existenz zwischen den Welten entfaltete ihre eigenen Spannungen im 17. Jahrhundert, als viele Sepharden einen verblendeten Juden aus Smyrna als Messias bejubelten. Ähnliche Spannungen fanden sich bei den Überresten der muslimischen Bevölkerung Spaniens. Die tragische Geschichte der Morisken ereignete sich weitgehend fern vom Mittelmeer in der Zeit zwischen der Konversion der letzten offen praktizierenden Muslime 1525 und dem letzten Akt der Vertreibung 1609. Gerade ihre Isolation von der islamischen Welt verlieh diesen Menschen ihre besondere, gleichfalls zwischen den Religionen schwebende Identität.

Die Welt, in der diese Morisken lebten, unterschied sich in wichtigen Aspekten von der Welt, in der sich die *conversos* jüdischer Abstammung bewegten. Zwar hatte die Inquisition einige auch schon vorher behelligt, doch die spanischen Behörden sahen anfangs über die weitere Ausübung des Islam hinweg. Gelegentlich war es möglich, eine Zahlung an die Krone zu leisten, die Schutz vor der Inquisition gewährte, was wiederum die Inquisition verärgerte, die nun nicht die Hand auf das Vermögen solcherart freigestellter Verdächtiger legen konnte.[1] In vielen Moriskengemeinden gab es keine christlichen Priester, so dass die weitere Ausübung der alten Religion kaum überraschen konnte. Selbst in Gebieten, in denen eine Christianisierung durchgeführt wurde, entstand gelegentlich ein islamisiertes Christentum, wie es sich etwa in den bemerkenswerten Bleitafeln von Sacromonte bei Granada zeigt. Darauf finden sich Prophezeiungen, wonach »die Araber in der Endzeit dem Glauben helfen werden«, und geheimnisvolle Hinweise auf einen christlichen Kalifen oder Nachfolger (Jesu, nicht Mohammeds).[2] In vielerlei Hinsicht verfolgte die Krone eher politische als religiöse Ziele. Ein christlicher spanischer Autor berichtet, die Morisken von Granada hätten heimlich mit den Herrschern der Barbareskenstaaten verhandelt, in der Hoffnung, unter ihrem Schutz einen Kleinstaat errichten zu können, doch das war ein aussichtsloses Unterfangen, da es ihnen an Schiffen und Ausrüstung mangelte. Außerdem wirkten die spanischen Küstenstationen in Nordafrika als Barrieren zwischen den Barbareskenstaaten und den Morisken, und die Korsaren von Algier seien »weitaus besser darin, entlang der Küsten Piraterie und Handel zu treiben, als schwierige Landfeldzüge zu unternehmen«.[3] Dennoch gab es keinen Grund für Selbstgefälligkeit. Die Morisken konnten die osmanischen Sultane unterstützen, indem sie innerhalb Spaniens für Unruhe sorgten, während Armeen und Flotten des katholischen Königs in fernen Ländern beschäftigt waren – nicht nur in Lepanto und auf Malta, sondern auch in den Niederlanden. Wie sein Vater Karl V. neigte Philipp II. zu einer Schwarzweißsicht, wenn es um das Problem des Unglaubens ging, so dass die Anwesenheit der widerspenstigen Morisken in seinen Augen letztlich Teil desselben Problems war wie die Anwesenheit widerspenstiger Calvinisten in seiner nördlichsten Besitzung: »Ich habe gegenüber Gott und der Welt eine besondere Verpflichtung zu handeln«, schrieb er, denn »wenn die Häretiker obsiegten (was Gott hoffentlich nicht zu-

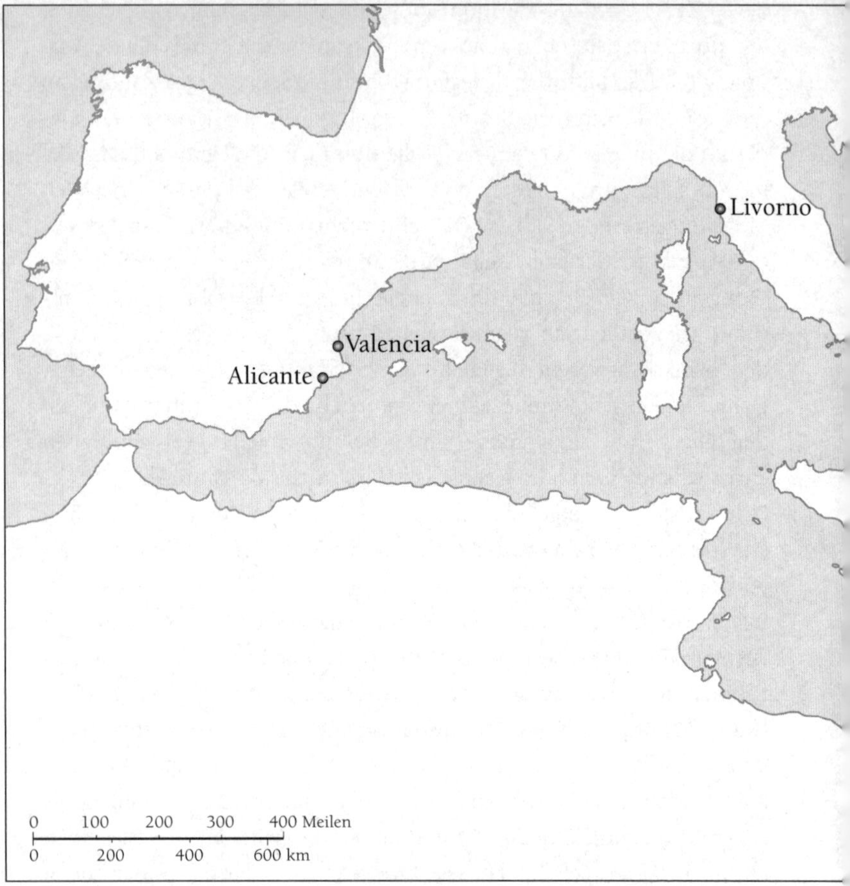

lassen wird), könnte das die Tore für schlimmste Schäden und Gefahren öffnen und zum Krieg in der Heimat führen.«[4]

Diese Befürchtungen schienen in den letzten Tagen des Jahres 1568 Wirklichkeit zu werden, als es bei den Morisken Granadas zu einer gewalttätigen Erhebung kam, weil Staat und Inquisition Versuche unternahmen, sie zwangsweise zu echten Christen zu machen. Man befahl ihnen, kastilisch statt arabisch zu sprechen, und verbot ihnen, die »Maurenkleidung« zu tragen, »auf die sie so stolz sind«. Die Frauen mussten den Schleier ablegen und ihre Gesichter zeigen. Man unter-

sagte ihnen, in öffentlichen Bädern zusammenzukommen, und verbot die maurischen Tänze bei Hochzeiten und anderen Festen.[5] Zwei Jahre lang wütete ein grauenhaft blutiger Krieg zwischen den Streitparteien, die beide nicht bereit waren, auch nur einen Schritt zurückzuweichen. Wie befürchtet, kamen Türken und Berber aus Nordafrika, um den Rebellen ihre Unterstützung anzubieten, und man nahm diplomatische Verbindungen zur Hohen Pforte und zu den nordafrikanischen Herrschern auf.[6] Doch auch diese Unterstützung vermochte der Entschlossenheit der spanischen Truppen unter Don Juan de Austria nichts anzuhaben, dessen Skrupellosigkeit ihm schon bald den Oberbefehl über die christliche Flotte in Lepanto einbringen sollte. Das Problem der Morisken:

> »Statt sich auf die eigene Kraft zu verlassen, hielten sie (gegen jegliche Realität) an der Illusion fest, aus den Barbareskenstaaten kämen große Armeen, um ihnen zu helfen, oder, falls das nicht geschah, große Flotten träfen ein, um sie, ihre Familien und ihre Habe wie durch ein Wunder von hier wegzuführen.«[7]

In Wirklichkeit gelangte der türkische Hof zu der Auffassung, Spanien liege jenseits seiner Reichweite, und wandte seine Aufmerksamkeit einem leichter zugänglichen und leichter zu erbeutenden Ziel zu: Zypern.[8] Die Probleme der Morisken wurden noch dadurch verschärft, dass der Aufstand sein Zentrum fern von der Küste im Bergland der Alpujarras und in Granada hatte. Nach der Niederschlagung des Aufstands wurden die Morisken, etwa 50 000 an der Zahl, über ganz Kastilien verstreut, und es gab eine größere Konzentration von Muslimen nur noch in Valencia.[9] Doch auch das galt nur als vorübergehende Lösung. Als Philipp II. 1580 den portugiesischen Thron bestieg, schien die Chance zu bestehen, auf der gesamten Iberischen Halbinsel religiöse Gleichförmigkeit zu erzwingen. So erwog man die Möglichkeit, die Morisken auf Schiffen aufs Meer hinauszubringen und die Schiffe dann zu versenken, da es keinen Sinn hatte, die Bevölkerung im feindlichen Nordafrika zu vergrößern. Der Bischof von Segorbe machte den eiskalten Vorschlag, die Morisken nach Neufundland zu schicken, denn »dort werden sie vollständig aussterben«, zumal man die Männer vorher kastriert und die Frauen sterilisiert hätte.[10] Die Möglichkeit einer Massenvertreibung stand also bereits in den 1580er Jahren auf der Tagesordnung, 30 Jahre vor ihrer Verwirklichung. Die Frage war nicht, *ob* die Morisken vertrieben werden sollten, sondern in welcher Weise. Dabei unterstellte man, dass alle Morisken potentielle Verräter und politische wie auch religiöse Feinde des Christentums waren, und man übersah die beträchtliche Anzahl an Konvertiten, die sich in die christliche Gesellschaft integriert hatten (einige waren sogar Priester geworden). Außerdem bedachte niemand, welche Auswirkungen die

Vertreibung auf das damals bereits mit wachsenden wirtschaftlichen Schwierigkeiten kämpfende Spanien haben musste, vor allem in den Kernlanden der Morisken im Königreich Valencia. Denn der Niedergang der Stadt Valencia war inzwischen nicht mehr zu übersehen. Es herrschte berechtigte Besorgnis über den Zustand der Seiden- und Zuckerproduktion, und man befürchtete, die Bewässerungssysteme könnten zusammenbrechen, was die bereits unzureichende Versorgung der Stadt aus ihrem Hinterland noch weiter beeinträchtigt hätte.[11] Die *Corte*, die Ständeversammlung Valencias, hatte keine Zweifel daran, dass eine Vertreibung der Morisken die Grundherren der Stadt, darunter auch Kirchen und Klöster, ruinieren werde, und man schickte Gesandte zum König, die ihm verdeutlichen sollten, dass die Krone die Einnahmen verlieren werde, die sie für den Schutz der Küste erhielt. All das spielte keine Rolle – als die Gesandten bei König Philipp III. eintrafen, hatte der den Vertreibungserlass vom August 1609 bereits unterzeichnet.[12]

Am Ende hatte das Argument obsiegt, es sei einfacher, diese Menschen nach Nordafrika zu schicken, und so begann der Erlass denn auch mit dem Hinweis auf die verräterischen Beziehungen der Morisken zu den Herrschern der Barbareskenstaaten und der Türkei.[13] Obwohl das Dekret eine sofortige Evakuierung auf Schiffen der Krone vorsah, erwies sich die Durchführung als langwierig und zog sich bis 1614 hin. Den ökonomischen Einwänden gegen die Vertreibung trug man teilweise Rechnung. Sechs von 100 Morisken durften bleiben, sofern sie Bauern waren und Sympathien für das Christentum zeigten. Man erwartete von ihnen, »dass sie denen, die ihren Besitz übernehmen, unter anderem zeigen, wie man die Zuckermühlen und Bewässerungsanlagen betreibt«. Mit penibler Genauigkeit (die moderne Beobachter an die berüchtigte Wannseekonferenz erinnert) kennzeichnet das Dekret die Menschen, die das Land verlassen mussten, denn es gab auch gemischte Familien, so dass sich die Frage stellte, wie man mit Menschen verfahren sollte, die einen altchristlichen Elternteil hatten.[14] Auch die Häfen, von denen aus die Deportation erfolgen sollte, werden genannt, darunter Alicante, Valencia und Tortosa. Man begann eine Predigtkampagne, in der behauptet wurde, die Morisken seien dabei, eine osmanische Flotte nach Spanien zu holen, und hätten 150 000 Soldaten zur Unterstützung der Türken angeboten. Die Morisken waren versucht, Widerstand zu leisten, gaben jedoch jede Hoffnung auf, als sie sahen, wie groß die spanischen Streitkräfte waren, die man heranführte, um sie aus ihrer Heimat zu vertreiben. Tatsächlich beschlossen die Morisken, dass niemand sich freiwillig zu jener Gruppe melden sollte, die bleiben dürfte, um den Christen zu zeigen, wie sie das Land ausbeuten konnten. Die Solidarität der Morisken ist eindrucksvoll. Im Königreich Valencia musste der Herzog von Dénía verzweifelt zur Kenntnis nehmen, dass niemand bleiben wollte, um die Zuckerproduktion auf seinen Gütern aufrechtzuerhalten. Für ihn wie für die Morisken war das, was da geschah, eine Katastrophe. Am 2. Oktober 1609 schifften sich 4000 Morisken in Dénía ein, die meisten auf neapolitanischen Schiffen, die sie in die Barbareskenstaaten bringen sollten. Die Zahl stieg noch weiter, und schließlich wurden 28 000 Morisken innerhalb kurzer Zeit nach Nordafrika gebracht. Es war nicht schwer für die spanischen Schiffe, sie dort an Land zu setzen. Das erste Schiff ging nach Oran, immer noch eine spanische Besitzung, und nach ihrer Ankunft verhandelten die Morisken mit dem Herrscher von Tlemcen über das Recht, sich auf muslimischem Gebiet niederzulassen. Andere Flüchtlinge schlugen das spanische Angebot eines kostenlosen Transports aus und kümmerten sich selbst um die Überfahrt. In Valencia schifften sich 14 500 Morisken ein, in Sichtweite der christlichen Bürger, die herbeiströmten und ihnen auf diesem erzwungenen »riesigen Flohmarkt« Seide und Spitzen zu Spottpreisen abkauften.[15] Manche Morisken machten deutlich, dass sie in den Ereignissen eher eine Befreiung als eine Verfolgung sahen. Die Fürsten der Barbareskenstaaten »werden uns als Mauren leben lassen und nicht als Sklaven, wie unsere Herren uns behandelt haben«.

Es gibt Hinweise, wonach mehr als 150 000 Morisken Spanien verließen, auch wenn zeitgenössische Schätzungen unter dieser Zahl blieben. So nannte die Inquisition in Valencia eine Zahl von insgesamt 100 565, davon 17 766, die sich im Hafen von Valencia einschifften, darunter wiederum 3269, die weniger als zwölf Jahre alt waren, und 1339 Säuglinge und noch nicht entwöhnte Kleinkinder.[16] Aus dem früheren Königreich Aragón wurden 74 000 Morisken vertrieben und eine geringere Zahl aus

41. Fonduks waren in der Regel zweistöckige, mit Arkaden versehene und um einen quadratischen Hof angelegte Gebäude. Das königliche Fonduk im Akko der Kreuzfahrer, das heute den Namen »Säulenherberge« (*Khan al-'Umdan*) trägt und in dem man früher die Zölle auf die eingehenden Waren einnahm, wurde von den Türken unter Bewahrung der Form wieder aufgebaut. Die italienischen Kaufleute besaßen ihre eigenen Fonduks in anderen Vierteln der Stadt.

42. Vier prachtvolle Pferde, die von der Kunstfertigkeit antiker griechischer Handwerker zeugen, schmückten das Hippodrom in Konstantinopel und gehörten zu der Beute, die einst die Venezianer mitnahmen, als sie die Stadt während des Vierten Kreuzzugs eroberten. Bis die Witterung ihnen allzu sehr zusetzte, standen sie stolz über dem Portal des Markusdoms.

43. Der muslimische Gelehrte und Prinz Idrisi aus Ceuta diente den normannischen Königen von Sizilien als Geograph. Von seinem Werk sind zwar keine Manuskripte aus dem 12. Jahrhundert erhalten geblieben, doch diese spätmittelalterliche Weltkarte ist wahrscheinlich eine Kopie der von Idrisi gezeichneten. Der Süden ist auf dieser Karte oben, so dass sich das Mittelmeer im unteren rechten Segment findet. Das Adriatische Meer schneidet tief in die europäische Landmasse ein.

44. Ausschnitt aus einer auf Mallorca gezeichneten Portolankarte des frühen 14. Jahrhunderts. In der Mitte ist Sardinien zu erkennen, und Mallorca sticht hervor, weil es die Flagge des katalanischen Königs trägt. An den Küsten drängen sich die Ortsnamen.

45. Die aus dem 13. Jahrhundert stammende Wandmalerei zeigt die Eroberung von Mallorca-Stadt durch Truppen König Jakobs I. von Aragón. Dieses Ereignis feierte König Jakob auch in seinem in katalanischer Sprache verfassten »Buch der Taten«, der ersten königlichen Autobiographie des Mittelalters.

46. Aigues-Mortes (»Tote Gewässer«) wurde am Rande der Camargue als Stützpunkt für den französischen Mittelmeerhandel und Ausgangspunkt für Kreuzzüge in den Orient gegründet. Die gut erhaltenen Gebäude stammen größtenteils vom Beginn des 14. Jahrhunderts, als die Stadt als Außenhafen für den einstigen Rivalen, das unter katalanischer Herrschaft stehende Montpellier, diente.

47. Genua liegt eingezwängt zwischen den Ligurischen Alpen und dem Meer. Die Abbildung aus Hartmann Schedels Nürnberger *Weltchronik* zeigt sehr gut die eng gedrängte Masse der Häuser, Türme und Kirchen einschließlich des imposanten Stadttors (oben Mitte), das gebaut wurde, als die Stadt Mitte des 11. Jahrhunderts vom Deutschen Kaiser Friedrich Barbarossa bedroht wurde.

48. Dubrovnik, von Südosten aus gesehen, mit der eindrucksvollen Stadtmauer aus dem 15. Jahrhundert. Der gerade noch sichtbare Hafen liegt auf der anderen Seite der Stadt, und das große Gebäude auf der Rechten war der Getreidespeicher. Die Placa oder Stradun genannte Straße teilt die Stadt in zwei Hälften und endet rechts am Sponza-Palast, der ursprünglich als Zoll- und Münzamt diente und heute die reichhaltigen Archive der Stadt beherbergt. Das jüdische Viertel befand sich links von diesem Palast.

49. Im 15. Jahrhundert war das im Hinterland von Valencia gelegene Manises das große Zentrum für die Herstellung reich verzierter glasierter Keramik. Diese Schale trägt das Wappen der Florentiner Familie degli Agli. Italienische Patrizier waren eifrige Käufer dieser Hispano-moresken Keramik. Christliche Handwerker übernahmen die maurische Technologie und waren bald führend in diesem Produktionszweig, doch es gab auch einige Werkstätten, in denen Christen und Muslime Seite an Seite arbeiteten.

50. Dieses Votivmodell eines Handelsschiffs, das einzige aus dem Mittelalter erhalten gebliebene Stück dieser Art, stand ursprünglich in einer Kirche im katalanischen Mataró. Es ist fast 120 Zentimeter lang und 50 Zentimeter breit, entstand um 1420 und besteht zum Teil aus dem Holz des Maulbeerbaums. Die Planken des Rumpfs sind, wie im Mittelmeerraum üblich, auf Stoß verlegt.

51. Die prachtvolle Seehandelsbörse (*Llotja*) in Valencia, erbaut von 1483 bis 1498. In der Halle mit den aufstrebenden Säulen wurden Handelsgeschäfte abgeschlossen, in einem anderen Raum tagte das Handelsgericht der Stadt. Die Inschrift, die den ehrlichen Handel preist, läuft oben über den Sims.

52. Das Seekonsulat oder Handelsrecht von Valencia war maßgeblich für den Handel in Valencia und zwischen katalanischen Kaufleuten in Übersee. Eine gedruckte Fassung erschien 1494. Diese frühere handschriftliche Fassung zeigt König Alfons den Großmütigen (gest. 1548) umgeben von seinen Höflingen – ein Zeichen, dass der König und die Kaufleute eng zusammenarbeiteten, um ein politisches und kommerzielles Imperium im Mittelmeerraum aufzubauen.

53. Der Osmanische Sultan Mehmed II., der in Anerkennung seiner Eroberung Konstantinopels »der Eroberer« (*Fatih*) genannt wurde. Er war fasziniert von der italienischen Kultur und rief Gentile Bellini an seinen Hof, der Mehmeds Porträt nicht lange vor dessen Tod 1481 malte.

54. Am Ende seines Lebens unternahm Mehmed ehrgeizige Expeditionen gegen die lateinische Christenheit und schickte Flotten nach Otranto in Süditalien, das er eroberte, während er mit dem Versuch, Rhodos einzunehmen, 1480 scheiterte. Ein französischer Miniaturmaler feiert hier die Niederlage der Türken, die sich mit dem Ritterorden der Hospitaliter einigen mussten, deren Flagge allenthalben auf den Wehrtürmen und auf der Seefestung zu sehen sind.

55. und 56. Khizir (links), auch Hayrettin oder Barbarossa genannt (gest. 1546), war einer der skrupellosesten Korsaren. Von Algier aus unternahm er Angriffe auf Menorca und Süditalien und überwinterte mit seiner Flotte auf Einladung des Königs von Frankreich Franz I. in Toulon. Das Gemälde stammt von Nakkep Reis Haydar, der selbst auf See gedient hatte. Andrea Doria (rechts) stammte aus einer der prominentesten Familien Genuas. Er trat in die Dienste des Königs von Frankreich, wechselte aber 1528 zu Karl V. Er war ein harter Rivale Hayrettin Barbarossas und errang bedeutende Siege, so etwa 1532 die Rückeroberung von Coron in Südgriechenland.

57. Hayrettin befehligte eine osmanische Flotte, die 1534 nach dem Ausbruch eines Nachfolgestreits nach Tunis entsandt wurde. Karl V. intervenierte und eroberte Tunis 1535 zurück. Die Spanier bauten eine Festung im Lac de Tunis bei Goleta, die heute noch steht. Diese Entwurfszeichnung für eine Reihe von Wandteppichen zeigt die spanische Eroberung von Goleta.

58. Etwa 150 000 Spanier muslimischer Abstammung, die Morisken, wurden zwischen 1609 und 1614 aus Spanien vertrieben, obwohl manche sich als gläubige Christen bezeichneten. Das Gemälde zeigt ihre Einschiffung in Vinaròs, einer blühenden Hafenstadt nördlich von Valencia.

59. Venezianisches Gemälde mit der Darstellung des Sieges eines kleinen venezianischen Geschwaders über 17 türkische Schiffe vor Kreta im Mai 1661. Damals hatten die Venezianer bereits die zweit- und die drittgrößte Stadt der Insel verloren und vermochten auch Candia (Heraklion) nur unter größten Schwierigkeiten zu halten. Sie verloren die Insel dann endgültig 1669.

60. Französischer Angriff auf Mahón auf dem von den Briten gehaltenen Menorca 1756. Im Vordergrund die Festung San Felipe, die die Einfahrt zum größten natürlichen Hafen des Mittelmeers schützt. Frankreich sah in der Anwesenheit der Briten in so geringer Entfernung von Toulon eine direkte Bedrohung seiner Mittelmeerflotte.

61. Hinrichtung Admiral Byngs am 14. März 1757 auf dem Achterdeck der HMS *Monarch*. Byng diente der britischen Regierung und der Admiralität als Sündenbock, die ihn mit zu wenig Schiffen und Soldaten auf eine unmögliche Mission, die Rückeroberung Menorcas, geschickt hatten.

62. Admiral Fjodor Uschakow (1744–1817), Kommandeur der russischen Mittelmeerflotte, der die Ionischen Inseln von den Franzosen eroberte. Im Jahr 2000 wurde er zum Schutzpatron der russischen Marine ernannt.

63. Viscount Hood, Kommandeur der britischen Mittelmeerflotte ab 1793. Wie Nelson war er der Sohn eines Geistlichen. Unter seinem Kommando besetzten die Briten Toulon und brachten Korsika unter die Herrschaft der britischen Krone.

64. Der deutsche Adlige Ferdinand von Hompesch war der letzte Großmeister des Souveränen Ritter- und Hospitalordens vom Heiligen Johannes zu Jerusalem, auch Hospitaliter-, Johanniter- oder Malteserorden genannt, der auf Malta residierte. Er wurde im Juli 1797 gewählt, und seine Herrschaft währte nur ein Jahr, bevor Napoleon die Insel eroberte.

65. Stephen Decatur war der erste amerikanische Seeheld, und noch heute tragen amerikanische Kriegsschiffe seinen Namen. 1803 und 1804 befehligte er gefeierte Angriffe auf den Hafen von Tripolis in Libyen. Seine unerschrockenen Taten symbolisierten den Sieg amerikanischen Muts über die rohe Stärke der nordafrikanischen Korsaren.

66. Port Said wurde eigens für den Suezkanal erbaut. Auf dieser Fotografie sind Schiffe zu sehen, die darauf warten, in den Kanal einzufahren. In der linken Mitte ein eisenbeschlagenes Schiff, das Segel und Dampfkraft nutzt.

67. Über Triest mit seiner Mischbevölkerung aus Deutsch-, Italienisch- und Slawischsprachigen, aus Christen und Juden, hatte Österreich-Ungarn Zugang zum Mittelmeer. Die um 1890 entstandene Fotografie zeigt den Kai des Österreichischen Lloyd, der wichtigsten Schifffahrtsgesellschaft der Stadt, deren größte Anteilseigner unterschiedlichster ethnischer Herkunft waren.

68. Der Große Platz oder Mehmed-Ali-Platz in Alexandria um 1915. Der Platz ist ein deutlicher Ausdruck des Wunsches, Alexandria zu einer europäischen Stadt am Rande Afrikas zu machen. Hier stand der mit handelsrechtlichen Fällen befasste multinationale Gerichtshof, und hier hielt Nasser 1956 eine mitreißende Rede, in der er die Verstaatlichung des Suezkanals ankündigte.

69. Italienische Bemühungen, die Besetzung Türkisch-Libyens als Teil einer europäischen Zivilisierungsmission darzustellen, wurden von Illustrationen wie dieser gestützt, die im Oktober 1911 in einer französischen Zeitschrift erschien. Die bloße Anwesenheit italienischer Offiziere, inspiriert von einer Göttin, die in der Hand die Fackel der Freiheit hält, reicht aus, um die feigen und primitiven Einheimischen in die Flucht zu schlagen.

70. Die Weigerung der französischen Flotte, sich der britischen anzuschließen oder sich in neutrale Gewässer zurückzuziehen, veranlasste Churchill im Oktober 1940, den Angriff auf die in Mers-el-Kébir vertäuten französischen Kriegsschiffe zu autorisieren. Die britische Aktion führte nicht nur zum endgültigen diplomatischen Bruch zwischen dem besiegten Frankreich und Großbritannien, sondern vergiftete auch für den größten Teil des Zweiten Weltkriegs die beiderseitigen Beziehungen.

71. Im Juli 1943 landeten britische Truppen auf Sizilien und eröffneten damit die erste Phase eines Feldzugs, in dem die alliierten Armeen sich langsam nordwärts vorkämpften. Die Deutschen ließen sich durch Scheinangriffe auf Sardinien täuschen und glaubten, die Landung sei dort statt auf Sizilien geplant.

72. Ein Schiff mit 4500 jüdischen Flüchtlingen aus Mittel- und Osteuropa trifft am 7. Oktober 1947 nach der Beschlagnahme durch britische Behörden in Haifa ein. Viele von denen, die nach Palästina zu kommen versuchten, wurden in Lager auf Zypern geschickt.

73. Charles de Gaulle, der während des Zweiten Weltkriegs die Freien Französischen Streitkräfte geführt hatte, ergriff 1958 die Macht, als die Dritte Republik die Herrschaft über Algerien aufgeben musste, das de Gaulle anfangs zu halten versprach. Das Foto zeigt ihn in Algerien, das er im Juni 1958 zur Freude der französischen Siedler besuchte.

74. Seit den 1960er Jahren nutzte Spanien die wachsende Zahl der Pauschalurlauber, litt aber schon bald unter den negativen Folgen des Massentourismus: Bettenburgen, Restaurants und Bars an den Küsten und überlaufene Strände wie dieser bei Lloret de Mar in Katalonien. Ähnliche Bilder kann man inzwischen auch in Teilen Frankreichs, Italiens, Griechenlands, Zyperns und Israels sehen.

75. Ende des 20. Jahrhunderts waren die Mittelmeerländer der Europäischen Union zu einer streng bewachten Grenze geworden, an der die Bewegung von Einwanderern aus Afrika und Asien einer strikten Kontrolle unterworfen wurde. Hier eine Gruppe von Migranten aus Afrika, die nahe der Straße von Gibraltar auf spanischen Boden zu gelangen versuchen.

Katalonien. Viele verließen das Land über die Hafenstadt Tortosa, während andere sich unter fürchterlichen Bedingungen über die Pyrenäen nach Frankreich durchschlugen. König Heinrich IV. von Frankreich bestand jedoch darauf, dass fast alle nach Nordafrika gebracht wurden.[17] Die französisch-osmanische Allianz erstreckte sich nicht auf den Schutz der spanischen Muslime, und Heinrich, der nach erbitterten Kämpfen zwischen Protestanten und Katholiken den Sieg davongetragen hatte, war nicht bereit, weitere religiöse Vielfalt in ein Königreich zu bringen, das er gewonnen hatte, indem er selbst vom Protestantismus zum Katholizismus übergetreten war.[18] Dennoch waren die Franzosen bestürzt über das, was sie sahen. Kardinal Richelieu bezeichnete die Vertreibung als den »unglaublichsten und barbarischsten Akt in den Annalen der Menschheit«, obwohl es ihm wahrscheinlich eher darum ging, die spanischen Christen zu verurteilen, als die spanischen Muslime zu verteidigen.[19] Inzwischen wandte die spanische Krone ihre Aufmerksamkeit Kastilien zu, und 1614 teilte der Staatsrat Philipp III. mit, dass die Arbeit getan sei.[20] Nimmt man alle spanischen Königreiche zusammen, dürften an die 300 000 Morisken vertrieben worden sein.[21]

Aus christlich-spanischer Perspektive war die Vertreibung eine Aktion gegen Ungläubige, auch wenn einige gut assimilierte Christen muslimischer Abstammung trotz der Zusicherung vertrieben wurden, wer freiwillig das Sakrament annehme, dürfe bleiben. Die seltsame Konsequenz dieses brutalen Verhaltens der spanischen Krone war die Tatsache, dass nun in den Barbareskenstaaten eine gemischte, auf die spanische Politik zornige Bevölkerung entstand und Morisken ihre Kraft in den Dienst von Korsarenüberfällen auf die spanische Küste stellten. Neben Rachegedanken gab es auch nostalgische Gefühle gegenüber einer romantisch verklärten Vergangenheit. Die Musik von al-Andalus wurde teils von den Morisken und teils von früheren Exilantengruppen bewahrt – von Flüchtlingen, die vor den Problemen in Granada und anderswo geflohen waren und sich in nordafrikanischen Städten niedergelassen hatten. Die einheimischen Bewohner der nordafrikanischen Küstenregionen hießen die Morisken weniger freundlich willkommen, als diese es gehofft hatten. Nach Jahrzehnten christlicher Kampagnen gegen »maurische Praktiken« hatten viele Morisken sich offenbar in

Sprache, Kleidung und Sitten allzu sehr hispanisiert, und so sonderten sie sich von der maghrebinischen Bevölkerung ab. Die meisten Morisken, die sich in Tunesien niederließen, sprachen spanisch, und viele trugen spanische Namen. Sie brachten sogar amerikanische Früchte wie die Kaktusfeige nach Nordafrika, die man seit 1492 in Spanien kennengelernt hatte.[22] Wenn sie nach Menschen suchten, die sie verstanden, wandten sie sich gelegentlich eher an die sephardischen Juden, die mit ihnen die nostalgische Erinnerung an das Spanien der drei Religionen teilten, ihrerseits Abstand zu den einheimischen jüdischen Gemeinden hielten und eine Abwandlung der kastilischen Sprache sprachen. So entstand zwischen sephardischen Juden und andalusischen Muslimen im Exil in Nordafrika ein Gefühl der Verwandtschaft.

II

Auch die sephardischen Juden gerieten Ende des Jahrhunderts in eine tiefe Krise, deren Ausgangspunkt Smyrna (oder türkisch Izmir) war. Smyrna und Livorno gehörten zu einem binären System, das Italien mit der osmanischen Welt verband.[23] Beide Städte waren noch im frühen 16. Jahrhundert ohne sonderliche Bedeutung gewesen. Doch 1621 besuchte Baron de Courmenin Smyrna und schrieb:

> »Heute ist Izmir ein großer Umschlagplatz für Wolle, Bienenwachs, Baumwolle und Seide, die von den Armeniern dorthin gebracht werden statt nach Aleppo. Für sie ist es vorteilhafter, nach Izmir zu gehen, weil sie dort nicht so hohe Gebühren zu zahlen haben. Es gibt einige Kaufleute, mehr Franzosen als Venezianer, Engländer oder Holländer, die in großer Freiheit leben.«[24]

Wie bei den Trockenfrüchten der Ionischen Inseln waren es lokale Erzeugnisse, die die Aufmerksamkeit ausländischer Kaufleute auf Smyrna lenkten. Andere Kaufleute bemerkten, dass immer mehr Seide aus Persien dort eintraf, die von Armeniern über Anatolien dorthin gebracht wurde. Die Türken hatten weniger Probleme mit europäischen Seidenhändlern als mit europäischen Kaufleuten, die Getreide und Obst zu kaufen versuchten, denn danach hungerte auch Konstantinopel.

Nach 1566 geriet der Handel mit der Ägäis durch den Verlust der letzten Genueser Besitzung in dieser Region, der Insel Chios, aus dem Gleichgewicht. Ohne einen starken Genueser Stützpunkt gleich vor den eigenen Küsten begann Smyrna sich zu entwickeln und bot nun in der Region erzeugte Baumwolle und auch neuere Produkte an, zum Beispiel Tabak, dem die Hohe Pforte allerdings skeptisch gegenüberstand, und zwar nicht weil man den Tabaksrauch dort nicht gemocht hätte. Vielmehr galt, dass umso weniger Nahrungsmittel produziert werden konnten, je mehr Tabak man in der Region anbaute, und die osmanische Hauptstadt war ständig auf der Suche nach einer regelmäßigen Nahrungsmittelversorgung.[25] Fast unmittelbar nach dem Fall von Chios (1569) sicherte Karl IX. von Frankreich sich in Smyrna Handelsrechte für französische Kaufleute; Elisabeth I. sicherte sich 1580 Handelsprivilegien, von denen vor allem die englische Levant Company profitierte; und den Holländern gewährte man 1612 ähnliche Privilegien.[26] Die ausländischen Kaufleute schätzten die Lage Smyrnas am Ende einer tiefen Bucht, die Schutz vor Überraschungsangriffen von Piraten bot, und ihre Anwesenheit zog zahlreiche Juden, Griechen, Araber und Armenier in die Stadt.[27] In einem Reisebericht aus dem Jahr 1675 heißt es, in der Stadt lebten 15 000 Juden – eine kaum glaubwürdige Zahl, die wohl auf ein paar tausend korrigiert werden muss. Diese Juden kamen aus dem gesamten Mittelmeerraum und noch ferneren Regionen. Es gab Sephardim, sowohl Levantiner als auch Portugiesen, Romanioten (griechische Juden) und Aschkenasim aus Osteuropa. Die rechtliche Stellung der portugiesischen Juden wechselte, denn sie suchten jeweils nach Schutzherren, von deren Steuerprivilegien sie profitieren konnten. Zu einer Zeit Ende des 17. Jahrhunderts erbaten sie (gemeinsam mit Dänen und Venezianern) den Schutz der Engländer, dann wandten sie sich den Ragusanern zu, und schließlich nahm der Sultan sie unter seinen Schutz, wodurch ihnen zahlreiche Steuererleichterungen verlorengingen, was wiederum ihren Konkurrenten gefiel – so erklärte die Levant Company 1695: »Unsere größten Rivalen in Smyrna sind die Juden.«[28]

Der besondere Charakter Smyrnas während des 17. Jahrhunderts zeigte sich vor allem am Hafen in der Straße der Franken. Dort fanden sich deren elegant eingerichtete Häuser. Über die Gärten auf der Rückseite, die man auch als Durchgänge für den Transport von Waren benutzte, gelangte man auf den Kai. Terrassen führten hinauf zu den Dächern der europäischen Lagerhäuser.[29] Ein französischer Beobachter notierte 1700:

> »Türken sieht man nur selten in der Straße der Franken, die sich durch die ganze Stadt hindurchzieht. Auf der Straße hat man den Eindruck, in einer christlichen Stadt zu sein. Dort wird nur italienisch oder spanisch, englisch oder holländisch gesprochen. Jeder lüftet den Hut, wenn er andere grüßt.«

Doch am häufigsten hörte man auf der Straße der Franken das Provenzalische der Kaufleute aus Marseille, »denn es gibt dort mehr aus der Provence als aus irgendeinem anderen Teil«. Die Christen betrieben ihre eigenen Schankwirtschaften, und zwar recht taktlos, denn sie hielten sie Tag und Nacht geöffnet. Bemerkenswert war auch ihre Freiheit bei der Religionsausübung: »Sie singen öffentlich in den Kirchen, sie singen Psalmen, predigen und halten ohne Probleme ihre Gottesdienste.«[30] Hier war ein funktionierender Hafen entstanden, in dem es die Erfordernisse des Handels Muslimen, Juden und einer Vielzahl christlicher Sekten ermöglichten, Seite an Seite zu leben. Es gab drei von Westeuropäern besuchte Kirchen, zwei für die Griechen und eine armenische Kirche. Es gab mehrere Synagogen, doch die portugiesische Synagoge wurde Schauplatz von Ereignissen, die in den 1660er Jahren die jüdische Welt entflammen sollten. Und die Hitze dieser Flammen war bei Christen und Muslimen ebenso zu spüren wie bei Juden.

Die verschiedenen ethnischen und religiösen Gruppen in Smyrna arbeiteten im Geschäftsleben zusammen. Die Kaufleute der englischen Levant Company beschäftigten oft jüdische Agenten, und darunter befand sich auch ein Handelsagent namens Mordechai Zwi (oft auch »Sevi«, »Tsvi« oder »Sebi« geschrieben), ein griechischer Jude, der seine frühen Jahre mit der gemeinen Tätigkeit des Eierhandels verbracht hatte.[31] Er hatte drei Söhne. Zwei davon wurden gleichfalls Handelsagenten, doch der dritte, Sabbatai (auch »Schabbtai«), begann außergewöhnliche Visionen zu haben und versenkte sich in die abstruseren Bereiche jüdischer Gelehrsamkeit. Kabbalistische Studien florierten schon lange, zunächst unter den Juden Spaniens und seit 1492 unter den Sephardim von Safed in Palästina. Die Rabbiner hielten es für gefährlich, die Kabbala zu studieren, bevor man das Alter von 40 Jahren erreicht hatte, weil man erst dann das nötige Hintergrundwissen und die erforderliche Reife besaß. Doch davon ließ Sabbatai Zwi sich nicht abhalten, er wandte sich schon als sehr junger Mann im Selbststudium der Kabbala zu. »Er lernte alles allein, denn er war einer der Vier, die von allein zur Kenntnis ihres Schöpfers kommen.« Die übrigen drei waren der Patriarch Abraham, Hesekia, König der Juden, und Hiob.[32] Beschreibungen seiner Stimmungswechsel und seines Verhaltens lassen keinen Zweifel daran, dass er eine bipolare Persönlichkeit besaß. Selbstzweifel und Introspektion wechselten mit Ekstase und Größenwahn. Wenn er mit den Worten Jesajas erklärte: »Ich steige weit über die Wolken hinauf«, glaubte er wirklich daran und forderte seine Freunde auf, ihm zu bestätigen, dass er tatsächlich die Fähigkeit der Levitation besaß. Als sie dies nicht taten, warf er ihnen vor: »Ihr wart nicht würdig, diesen großen Augenblick zu sehen, weil ihr nicht geläutert seid gleich mir.«[33]

Die Zeit schien reif für die Erlösung des Volkes Israel. In den 1640er Jahren lösten schreckliche Massaker durch die Kosaken in Osteuropa selbst noch bei den Juden im Mittelmeerraum das Gefühl einer tiefen Krise aus, als Flüchtlinge die Nachricht von den Ereignissen in den Orten des Osmanischen Reiches verbreiteten, in denen sie sicheren Unterschlupf fanden. Das Gefühl der Krise war fast ebenso akut wie 1492, als die Vertreibung aus Spanien schon einmal messianische Inbrunst geweckt hatte. Sabbatai, inzwischen Anfang 20, begann sich als messianische Gestalt zu offenbaren, auch wenn nicht ganz klar ist, was genau er zu sein behauptete. Er verwarf jahrhundertealte Traditionen und sprach in der Synagoge den aus vier Buchstaben bestehenden Namen Gottes aus (den Juden stets durch den Ausdruck Adonai, »mein Herr«, ersetzen). Und er verwarf Gebote, die sich in der Tora finden, zum Beispiel das Gebot, nicht von dem Fett zu essen, dass sich um die Nieren eines Tieres herum befindet, da dieses Fett den Tempelopfern vorbehalten war. Er sprach sogar folgendes Gebet, als er von dieser verbotenen

Speise aß: »Gesegnet seist Du, Herr, unser Gott und König des Universums, der Du erlaubst, was verboten ist.« Sein Privatleben war recht kompliziert. Seine Frau Sarah war – offen gesprochen – eine Hure und hatte sich ein wenig Geld als Wahrsagerin verdient, doch damit wiederholte er nur die Laufbahn des Propheten Hosea, der eine Prostituierte geheiratet hatte.[34] In Saloniki, wo er sich eine Zeitlang aufhielt, begann er Anhänger um sich zu scharen, die von seiner prophetischen Gabe und seiner Selbstsicherheit beeindruckt waren. Er reiste im östlichen Mittelmeerraum umher, offensichtlich in der Hoffnung, die palästinensischen Rabbiner für sich zu gewinnen, die in der gesamten jüdischen Welt Achtung genossen. Sein prominentester Anhänger war ein lautstarker Jude aus Gaza namens Nathan, der zu seinem unentwegtesten Fürsprecher wurde. Leider weigerte Sabbatai sich, irgendwelche Wunder zu vollbringen, nicht einmal für seine Anhänger in Hebron, wo der führende sephardische Rabbi Haim Abulafia erklärte: »Ich glaube nicht, daß der Messias auf diesem Wege kommt.«[35] Schließlich konnte Sabbatai nicht darauf verweisen, aus dem Haus König Davids zu stammen.

Zurück in Smyrna, stürmten er und seine »sabbatianischen« Anhänger am 12. Dezember 1665 die portugiesische Synagoge und warfen die alte Führung hinaus. Als er und seine Gefolgsleute erst einmal über eine Basis verfügten, führten sie neue Feste ein und schafften alte ab (vor allem das Sommerfest zur Erinnerung an den Untergang des Tempels, für das natürlich kein Bedarf mehr bestand, da die Erlösung, für die die Juden so lange gebetet hatten, nahe war). Er lud Frauen zu den Toralesungen ein, was damals nicht üblich war, und unterhielt die Gemeinde, indem er die jüdisch-spanische, erotische Romanze »Meliselda« sang, in der die schöne Tochter eines Kaisers sich einem jungen Mann hingibt: »Ihr Gesicht ein schimmerndes Schwert aus Licht / Ihre Lippen wie Korallen rot und leuchtend / Ihre Haut wie Milch so hell und weiß.«[36] Auch wenn dies vor ihm noch niemand bemerkt hatte, war dieses Lied offenbar eine Allegorie auf die enge Bindung zwischen dem Messias und der Tora, die für die Gegenwart Gottes stand. Der Messias sollte ein echter König sein, nicht nur ein religiöser Führer. Deshalb beanspruchte Sabbatai eine kaiserliche Autorität und begann, seine Gefolgsleute zu

Königen und Kaisern von Ländern wie Portugal, der Türkei und Rom zu ernennen (die beiden letztgenannten Ämter behielt er seinen Brüdern vor). Es versteht sich von selbst, dass er prachtvoll gekleidet und verzückt als »König der Juden« auftrat. Die Nachricht von seinen Leistungen, sofern man sie denn so nennen darf, drangen durch Briefe sephardischer und christlicher Kaufleute bis nach Amsterdam.[37] Statt ihren Zorn zu erregen, bestärkten solche Taten seine Anhänger nur in der Überzeugung, dass er der versprochene Messias war.

Für Christen, die das Geschehen mit Interesse verfolgten, hatten diese Ereignisse eine ganz andere Bedeutung: »Gott allein weiß, ob er das Mittel zur Bekehrung dieser halsstarrigen Generation sein kann.«[38] Das Interesse christlicher Kaufleute an der wachsenden Unruhe unter den Juden des östlichen Mittelmeerraums (die bald auch nach Italien hinübersprang) lässt sich leichter verstehen, wenn wir den Wurzeln der sabbatianischen Bewegung nachgehen. Die Art und Weise, wie Sabbatai sich als Messias darstellte, der die Macht und die Autorität besaß, das alte Gesetz in Teilen außer Kraft zu setzen, erinnert an die Darstellung des Jesus von Nazareth in den Evangelien. Der junge Sabbatai hatte über die Geschäftsbeziehungen seines Vaters Kontakt zu englischen und anderen christlichen Kaufleuten in Smyrna. Unter ihnen hatten sich apokalyptische Vorstellungen ausgebreitet, denn in den 1640er Jahren war England ein Ort religiöser Gärung, und enthusiastische protestantische Sekten rangen um ihre Positionen, wobei einige auch eigene apokalyptische Ideen vertraten (gegen die Oliver Cromwell keineswegs immun war). Diese Sekten lasen ihr Altes Testament sehr genau und achteten dabei besonders auf Passagen, die angeblich die Wiederkehr Christi prophezeiten. Zu diesen Sekten gehörten auch die Quintomonarchisten, Vorläufer der Quäker, deren Ursprünge gleichfalls stark von apokalyptischen Erwartungen geprägt waren.[39] Eine weitere Bewegung, die christliche Kaufleute und indirekt auch Sabattai Zwi beeinflusste, war die der Rosenkreuzer – ein abstruses, mit Elementen der Alchimie angereichertes Denksystem, das sich im frühen 17. Jahrhundert über Druckwerke ausbreitete.[40] Die Ursprünge dieser Bewegung lagen in dem vom Dreißigjährigen Krieg verwüsteten Deutschland, doch sie zog Gelehrte in ganz Nordeuropa an. Auf den Handelswegen, die Baumwolle aus Smyrna nach England brachten, gelangten in der Gegenrichtung auch esoterische Ideen nach Kleinasien.

Da Sabbatai Zwis Aktivitäten ihren Schwerpunkt in den osmanischen Teilen des östlichen Mittelmeerraums hatten, kann es kaum verwundern, dass sie auch dem Sultan zu Ohren kamen. Da war ein jüdischer Untertan, der seinen Bruder zum »König der Türkei« ausgerufen hatte. Und in den Synagogen hatten seine Anhänger das traditionelle Gebet für den Souverän so abgeändert, dass die Gemeinde nun nicht mehr für den Sultan betete, sondern für »unseren Messias, den Gesalbten des Gottes Josephs, den himmlischen Löwen und himmlischen Hirsch, den Messias der Gerechtigkeit, den König der Könige, den Sultan Sabbatai Zwi«.[41] Der Großwesir Fazıl Ahmed Pascha war dem Einfluss eines puritanischen Zweiges des Islam erlegen, der andere Religionen verachtete. Er war mit dem Krieg gegen die Venezianer auf Kreta beschäftigt gewesen, doch nun lenkte er die Aufmerksamkeit des Sultans auf diesen lästigen Propheten.[42] Sabbatai hatte seine eigenen Pläne, die ihn näher zu Fazıl Ahmed führten. Am 30. Dezember 1665 bestieg Sabbatai mit einigen Gefolgsleuten in Smyrna ein Schiff nach Konstantinopel, wo er sein Reich errichten wollte. Eine Reise außerhalb der Segelsaison war gefährlich, selbst auf dieser kurzen Strecke innerhalb der Ägäis, doch die Worte aus Psalm 107 genügten, um dem aufziehenden Sturm Ruhe zu gebieten: »Er stillte den Sturm zu sanfterem Wehen, und ruhig wurden die Wogen des Meeres.« Fast 40 Tage war er auf dem Meer. Die Juden des Osmanischen Reiches hatten sich in großer Zahl eingefunden, um ihn zu begrüßen. Doch auch die türkischen Behörden erwarteten ihn. Man führte ihn ab, und seine Anhänger machten den Weg in die Gefangenschaft zu einer großen öffentlichen Prozession. Auch im Gefängnis konnte er weithin Hof halten. Sultan Mehmed IV. hielt sich in dem an der Straße in den Balkan gelegenen Adrianopel (Edirne) auf, und es dauerte eine Weile, bis man ihm Sabbatai vorführen konnte. Der Sultan stellte ihn vor die Wahl, entweder ein Wunder zu bewirken oder zum Islam überzutreten. Das Wunder sollte darin bestehen, dass türkische Bogenschützen mit Pfeilen auf seinen nackten Körper schießen und die Pfeile ihn wundersam durchdringen sollten, ohne ihn zu verletzen. Sabbatai gab nach. Er wollte lieber »Türke werden«, und das tat er denn auch ohne weitere Umstände.[43]

Sabbatai Zwis Apostasie war umso dramatischer, als die Juden von Adrianopel mit großen Erwartungen zusammengekommen waren, um Zeugen seiner Ankunft am Hof des Sultans zu werden. Stattdessen scheint er seine Anhänger angeprangert zu haben. Er nahm den Namen Mehmed Effendi an und erhielt das Ehrenamt eines »Hüters des Palasttores«. Für die jüdischen Gemeinden in der Türkei, in Italien und anderswo war dies ein gewaltiger Schock. In der gesamten jüdischen Welt gab es solche, die in seinem Verhalten den Beweis erblickten, dass er ein Betrüger war; solche, die sich von den Ereignissen ernüchtern und entmutigen ließen; und solche, die sein Tun als weiteren Schritt seiner Offenbarung gegenüber der Welt erblickten: Vielleicht musste der Messias scheinbar Türke werden, bevor er sich offenbarte. Einige seiner Anhänger folgten ihm und traten zum Islam über, hielten insgeheim aber an ihrem Judentum fest und schufen die Dönme-Sekte, die es in Teilen der Türkei heute noch gibt. Obwohl ein französischer Jesuit behauptete, man habe bei Sabbatai eine große Menge Kekse gefunden, mit denen er sich bei langem Fasten stärkte, gibt es keinen Grund zu der Annahme, er sei einfach nur ein Betrüger gewesen. Er war verblendet, größenwahnsinnig und unklug, doch selbst seine Gegner räumten ein, dass er und sein Anwalt, Nathan von Gaza, gebildete Männer waren.[44] »Doch ein wenig Bildung ist eine gefährliche Sache« – und nirgendwo so sehr wie in der esoterischen Welt der Kabbala. Seine Reisen und die Verbreitung, die seine Bewegung fand, enthüllten bedeutsame Facetten des Netzwerks, das die Häfen des Mittelmeerraums miteinander verband. Von Smyrna aus sickerten seine Ideen nach Saloniki, Livorno, auf den Balkan und ins italienische Binnenland ein. Sie wuchsen nicht allein auf jüdischem Boden, sondern wurden auch bewässert von der apokalyptischen Begeisterung protestantischer Kaufleute, die ihre eigenen Ideen aus England, Holland und Mitteleuropa nach Smyrna gebracht hatten. Die Nordeuropäer halfen, die religiöse und kommerzielle Karte des Mittelmeerraums neu zu zeichnen.

III

Im 17. Jahrhundert war das Mittelmeer mit seinen abtrünnigen Korsaren, vertriebenen Morisken, sabbatianischen Konvertiten und »portugiesischen« Kaufleuten ein Raum, in dem religiöse Identitäten ständig verzerrt und umgestaltet wurden. Auch christliche Gemeinden standen unter beträchtlichem Druck, wie das Beispiel Kretas zeigt. Dort führten die Venezianer einen langen Kampf um die weitere Herrschaft über ihre letzte größere Überseebesitzung. Kreta wurde für Venedig eine beträchtliche finanzielle Belastung, und die Republik fragte sich, wann (und nicht ob) sie eine große Flotte dorthin schicken musste, um die Insel vor den Türken zu beschützen, denn es war klar, dass auf die Eroberung Zyperns 1571 unvermeidlich ein türkischer Angriff auf Kreta folgen musste. Das war nicht einfach nur ein Kampf mit den Türken. Die Kreter – Nachfahren von Griechen und Venezianern, die sich mit der einheimischen Bevölkerung vermischt hatten – nutzten die Chancen, die der Wein- und Olivenölhandel im späten 16. Jahrhundert bot, und pflanzten auf der gesamten Insel Weinstöcke und Olivenbäume an. Mitte des 17. Jahrhunderts waren Wein und Öl zu den Hauptexportgütern Kretas geworden, und kretischer Wein löschte den Durst von Konsumenten in der osmanischen Ägäis und im Nildelta. Der Getreideanbau ging so stark zurück, dass die Insel fast schon Schwierigkeiten hatte, sich selbst zu versorgen – eine erstaunliche Entwicklung, war die Insel doch lange Zeit ein wichtiger Weizenlieferant für Venedig gewesen. Die Kreter begannen, ihren Weizen aus osmanischen Gebieten zu importieren, was auch gut funktionierte, solange die Venezianer den türkischen Sultan hofierten und der nicht den Eindruck hatte, dass die Getreideversorgung seines eigenen Landes in Gefahr war. Die Verbindungen zwischen Kreta und der osmanischen Welt waren also auch schon vor der Machtübernahme der Türken auf Kreta Mitte des 17. Jahrhunderts immer enger geworden.[45] Der einzige Grund, weshalb die Türken die venezianische Herrschaft über Kreta tolerierten, war der Wunsch nach intensiven Handelsbeziehungen zwischen Venedig und dem Osmanischen Reich. Als aber Venedig sich schrittweise aus dem Levantehandel zurückzog, verlor die Hohe Pforte das Interesse an seinen besonderen Beziehungen zur *Se-*

renissima Repubblica. Den Türken blieb auch nicht verborgen, dass sämtliche europäischen Mächte einander an die Kehle gingen in jenem Krieg, der als Dreißigjähriger Krieg in die Geschichte eingehen sollte, und so bestand kaum die Gefahr, dass die christlichen Nationen gemeinsam reagierten, wenn die Türken Kreta angriffen. Außerdem waren die Osmanen nicht mehr durch den Krieg mit Persien abgelenkt, der ihre Ressourcen zwischen 1624 und 1639 aufgezehrt hatte.[46]

Der *casus belli* für den langwierigen Kretischen Krieg war die Kaperung eines türkischen Schiffs Ende 1644, das von Konstantinopel nach Rhodos und von dort nach Ägypten fahren sollte. An Bord befanden sich der Obereunuch des Harems und der neue Richter von Mekka. Die Piraten kamen aus Malta. Sie töteten den Obereunuchen und nahmen den Richter gefangen. Außerdem machten sie reiche Beute. Obwohl die Venezianer bei dem Angriff keine Rolle gespielt hatten, behauptete der türkische Hof, die Malteser hätten venezianische Häfen auf Kreta und Kephalonia genutzt. Ende Juni 1645 erschien eine große osmanische Flotte vor Kreta.[47] Die christlichen Flotten im westlichen Mittelmeer wurden in Bewegung gesetzt, und Neapel, Malta sowie der Kirchenstaat schickten ein paar Schiffe. Natürlich mobilisierte auch Venedig seine Flotte und bestimmte den 80-jährigen Dogen zu deren Befehlshaber, doch all diese Anstrengungen waren vergebens. Innerhalb weniger Monate eroberten die Türken die zweit- und die drittgrößte Stadt, Chania und Rethymnon, und weite Teile des Landesinnern.[48] Zum Glück für Venedig war die Hauptstadt Candia gut mit Gräben, Mauern, Wällen und Schanzen befestigt, die dem neuesten Stand der Militärtechnik entsprachen und allem zu widerstehen vermochten, was die Türken dagegen einzusetzen hatten. Die Strategie der Verbündeten lief darauf hinaus, die osmanische Flotte weit von Kreta entfernt und ganz in der Nähe des osmanischen Kernlands in Gefechte zu verwickeln. So wurden die Dardanellen schon früh zu einem Brennpunkt dieses Konflikts, und ab 1654 kam es dort zu mehreren erbitterten Gefechten, in denen die Venezianer versuchten, türkischen Flotten den Zugang zur Ägäis zu versperren, damit sie den Kretafeldzug nicht zu unterstützen vermochten.[49] Dennoch wuchs der Druck auf Candia, und 1669 wurde die Lage kritisch. Der spanische König versprach Hilfe, doch seine Flotte war kein

Gegner für die osmanische Flotte. Ein schneller, leichter Sieg der Türken schlug die Verbündeten in die Flucht, so dass Candia ungeschützt dalag. Am 6. September 1669 ließen die Venezianer die Stadt kapitulieren und erkannten die Oberhoheit der Osmanen über Kreta an. Außerdem nutzten sie in der für sie typischen Art die Chance, einen Friedensvertrag mit den Osmanen abzuschließen.[50] Den Venezianern war klar, dass eine große Epoche in ihrer Geschichte zu Ende gegangen war, denn sie hatten Kreta seit dem frühen 13. Jahrhundert regiert. Bei der Kapitulation erklärten die venezianischen Gesandten: »Wir sind gekommen, um eine Festung zu übergeben, die in der ganzen Welt nicht ihresgleichen hat. Sie ist eine kostbare Perle, wie kein Sultan sie besitzt.« Wenig später freilich besaß der Sultan sie.

Die Ankunft der Osmanen führte auf Kreta nicht zu einer Revolution.[51] Candia wurde zum Zentrum eines regionalen Handelsnetzes, während das im Westen der Insel gelegene Chania der bevorzugte Hafen für den internationalen Handel wurde. Wo einst Venezianer Handel getrieben hatten, traten nun Franzosen bereitwillig an deren Stelle und nutzten dabei die lange Geschichte ihrer guten Beziehungen zur Hohen Pforte. Selbst die Ausbreitung des Islam setzte dem Weinanbau auf Kreta kein Ende. Sowohl französische als auch kretische Kaufleute exportierten Wein (den süßen Malvasier), Olivenöl, Trockenobst, Käse, Honig und Wachs von der Insel, gelegentlich auch Weizen, vor allem wenn die gegenüberliegenden Küsten Nordafrikas von Hungersnöten heimgesucht wurden. Die Mönche des Klosters Arkadi erzeugten einen »reichen, rassigen, kräftigen, dunklen« Wein mit ausgezeichnetem Duft, wie ein französischer Besucher 1699 schrieb. Die Kreter fanden inzwischen Geschmack an Kaffee, den sie sich bis heute bewahrt haben. Er kam aus dem Jemen, und zwar über das osmanische Ägypten, das nun zum wichtigsten Markt für kretische Produkte wurde. Auffällig ist auch der Aufstieg einheimischer Kaufleute, die unter venezianischer Herrschaft nur eine bescheidene Rolle gespielt, aber schon vor der türkischen Eroberung begonnen hatten, größere Bedeutung zu erlangen. So gab es denn, als die Türken die Insel übernahmen, dort eine solide einheimische Basis erfahrener Geschäftsleute, die sich daranmachten, das Osmanische Reich mit kretischen Gütern zu versorgen.[52]

Griechische Seeleute und Händler waren nun ein häufigerer Anblick, doch im eroberten Candia waren die meisten Kaufleute Muslime. Daraus könnte man leicht den Schluss ziehen, die Stadt wäre neu bevölkert worden, doch bei der Mehrzahl dieser Kaufleute handelte es sich um Einheimische, die nicht zugewandert waren, sondern die Religion gewechselt hatten. 1751 befanden sich fast alle 48 Schiffe der Handelsflotte Candias im Besitz von Muslimen.[53] Die bereitwillige Übernahme des Islam in allen kretischen Städten ist bemerkenswert. Die einheimische Bevölkerung sorgte dafür, dass die Vergangenheit nicht ausgelöscht wurde. Nicht Türkisch, sondern Griechisch war die gemeinsame Sprache der Insel, die von Muslimen ebenso benutzt wurde wie von Griechisch-Orthodoxen. Die Kreter wurden von regelmäßigen Kontakten mit der römischen Kirche abgeschnitten, die in venezianischer Zeit die Hierarchie auf der Insel kontrolliert hatte. Die Venezianer hatten orthodoxen Bischöfen verboten, die Insel zu betreten, wobei orthodoxe Kirchen und Klöster weiterhin unter dem Schutz der Regierung standen. Kretische Mönche genossen auch außerhalb der Insel großes Ansehen, und einige von ihnen wurden sogar Äbte des Katharinenklosters auf dem Sinai. Die osmanischen Eroberer nutzten die Chance, die Unterstützung der orthodoxen Christen zu gewinnen, indem sie einen Erzbischof von Kreta ernannten, noch bevor sie die Herrschaft über Candia erlangt hatten.[54] Ebenso bedeutsam wie die Ankunft des Islam auf der Insel war daher die Bestätigung der Vorherrschaft der orthodoxen Kirche in dem Teil der Bevölkerung, der nicht zu dem neuen Glauben übertrat. Mit seinen Verbindungen auf den Sinai wurde Kreta zum Zentrum einer Wiederbelebung der griechisch-orthodoxen Kirche im östlichen Mittelmeerraum.

IV

Der Eindruck, dass die Bewohner der Hafenstädte, Küstenstriche und Inseln des Mittelmeeres eine einzige Gemeinschaft bildeten, wird noch verstärkt durch die Tatsache, dass man sich einer gemeinsamen Sprache bediente, der *lingua franca* (der »fränkischen Sprache«).[55] Sprachen, die es Menschen von den verschiedenen Küsten ermöglichte, miteinander zu kommunizieren, gab es bereits in der Antike, als das Punische, das Griechische und eventuell auch das Niederlateinische sich über weite Teile des Mittelmeerraums verbreiteten.[56] Viele dürften sich in grobschlächtigen Pidgin-Sprachen verständigt haben, die ebenso auf Gesten wie auf Lauten basierten. Unter den sephardischen Juden war das Ladino (das Spaniolische) von der Levante bis nach Marokko weit genug verbreitet, um die Verständigung zwischen Kaufleuten, Pilgern und anderen Reisenden zu ermöglichen, und es wurde sogar von den griechischsprachigen Romanioten übernommen. Während Sprecher romanischer Sprachen generell keine großen Schwierigkeiten haben, miteinander zu kommunizieren (wie jeder weiß, der einmal in Spanien an einer auch von Italienern besuchten Konferenz teilgenommen hat), bestanden sehr viel höhere Barrieren zwischen den auf dem Latein basierenden Sprachen und dem Arabischen oder Türkischen in den muslimischen Gebieten. In der frühen Neuzeit benutzten die Türken ein nautisches Vokabular, das aus dem Italienischen und dem Griechischen abgeleitet war – was einiges über die Quellen aussagt, deren Schiffe und Ausrüstung sie kopierten.[57] Dem Kommunikationsbedürfnis der Seemänner und Kaufleute entsprach der Wunsch der Sklavenhalter, ihren Gefangenen Befehle erteilen zu können, und auch die *Bagni*, die Sklavenquartiere, waren Orte, an denen Türken und Europäer ihre Befehle in jenem seltsamen Sprachgemisch erteilten, dessen Kern in der Regel eine Kombination aus Italienisch und Spanisch bildete. Die tunesische *lingua franca* stand dem Italienischen näher, die von Algier dem Spanischen. Ihren Grund hatten diese Unterschiede sowohl in der geographischen Nähe als auch in politischen Faktoren.[58] Von einem Pascha, der im 18. Jahrhundert in Algier lebte, heißt es: »Er verstand und sprach die *lingua franca*, hielt es aber für unter seiner Würde, sie im Verkehr mit freien Christen zu verwenden.« Häufig benutzt wurde sie von abtrünnigen Korsaren, denen es schwerfiel, fließend Türkisch und Arabisch zu lernen. Wörter innerhalb der *lingua franca* erlebten vielfach einen Bedeutungswandel. So bedeutete das aus dem Italienischen stammende *forti* bei den Türken nicht »stark«, sondern »freundlich«, und *todo mangiado* nicht »ganz aufgegessen«, sondern allgemeiner »verschwunden«.[59] Es wäre falsch, in der *lingua franca* eine Sprache mit festen Regeln und einem anerkannten Wortschatz zu erblicken. Vielmehr brachte gerade ihr fließender und veränderlicher Charakter am deutlichsten die in ständiger Veränderung begriffene Identität der Menschen im Mittelmeerraum der frühen Neuzeit zum Ausdruck.

KAPITEL 7

Ermutigung für andere

1650 bis 1780

I

Im Verlauf des 17. Jahrhunderts veränderte sich der Charakter der Beziehungen zwischen den europäischen Staaten dramatisch, mit bedeutsamen Folgen für den Mittelmeerraum. Bis zum Ende des Dreißigjährigen Krieges 1648 standen Katholiken und Protestanten einander unversöhnlich gegenüber, und die konfessionelle Identität war von überragender Bedeutung für die konkurrierenden Mächte in Europa. Nach 1648 begann sich ein höheres Maß an politischem Realismus beziehungsweise zynischer Berechnung einzustellen. Schon wenige Jahre später war es dem Erzprotestanten Oliver Cromwell möglich, mit dem spanischen König zusammenzuarbeiten, während englisches Misstrauen gegenüber den Holländern in der Nordsee zum Konflikt führte. Der Charakter der englischen Präsenz im Mittelmeer veränderte sich. Königliche Flotten begannen dort zu intervenieren, und die Engländer (nach der Union mit Schottland 1707 die Briten) bemühten sich, dauerhafte Stützpunkte im westlichen Mittelmeer zu gewinnen: zuerst Tanger, dann Gibraltar, Menorca und 1800 Malta. Die Zeit von 1648 bis zu den Napoleonischen Kriegen war daher geprägt von häufigen Richtungsänderungen. Die Engländer wechselten zwischen Bündnissen mit Spanien und solchen mit Frankreich, und die gesamte Frage der spanischen Thronfolge spaltete Europa und eröffnete im Mittelmeer die Aussicht auf Beute im zerfallenden Reich der Spanier. Während die Schwierigkeiten Spaniens auf der Hand lagen, war weniger klar, dass auch das Osmanische Reich seinen Zenit überschritten hatte. Die Belagerung Wiens 1683 war erfolglos geblieben, doch im Mittelmeer stellten türkische Galeeren immer noch eine beträchtliche Bedrohung dar, und sie konnten sich auf die Unterstützung der Barbareskenstaaten verlassen, falls es auf See zu Konflikten kam.

Dennoch gelang es den Venezianern, für mehrere Jahre die Kontrolle über Morea (die Peloponnes) zu erlangen, und interessanterweise waren sie dort die Angreifer. Kühner als in früheren Zeiten, verfolgte Venedig das ehrgeizige Ziel, die türkische Macht in den Gebieten in unmittelbarer Näher ihrer Seewege zu brechen. 1685 und 1686 eroberten und zerstörten sie mehrere türkische Festungen auf beiden Seiten der Morea und nahmen am 30. August 1686 sogar Nafplio ein. Doch das war nur das Vorspiel zu dem Versuch, die dalmatinische Küste zu säubern, angefangen bei dem türkischen Stützpunkt in Herceg Novi, den sie im September 1687 einnahmen. Die Türken arrangierten sich 1698 und erkannten die venezianische Herrschaft über Dalmatien und die Morea an. Der Frieden währte jedoch nicht lange, denn schon im Juli 1718 verlor Venedig wieder einen großen Teil der Morea, als die venezianische Flotte vor der westgriechischen Küste bei Kap Matapan mit einer großen türkischen Flotte zusammenstieß. Beide Seiten erlitten beträchtliche Verluste, doch die Türken erkannten, dass sie nicht die Oberhand gewinnen konnten, und zogen sich zurück. Ein neuer Vertrag sicherte für ein halbes Jahrhundert den Frieden mit den Osmanen, und darauf waren die Venezianer dringend angewiesen in einer Zeit, da ihre Macht und ihr Einfluss stetig schwanden. Das Hauptproblem Venedigs war nicht mehr der Schutz des Levantehandels, in dem Rivalen von außerhalb des Mittelmeerraums inzwischen eine bedeutende Rolle spielten, sondern der Schutz der Besitzungen in Dalmatien. Doch die *Serenissima Repubblica* hatte bewiesen, dass sie keine abgewirtschaftete Macht war, und die Türken mussten um jeden Zoll Land kämpfen.[1]

II

Im späten 17. und im 18. Jahrhundert hatten auch Ereignisse fern im Westen Auswirkungen auf das Mittelmeer, indem sie Konflikte zwi-

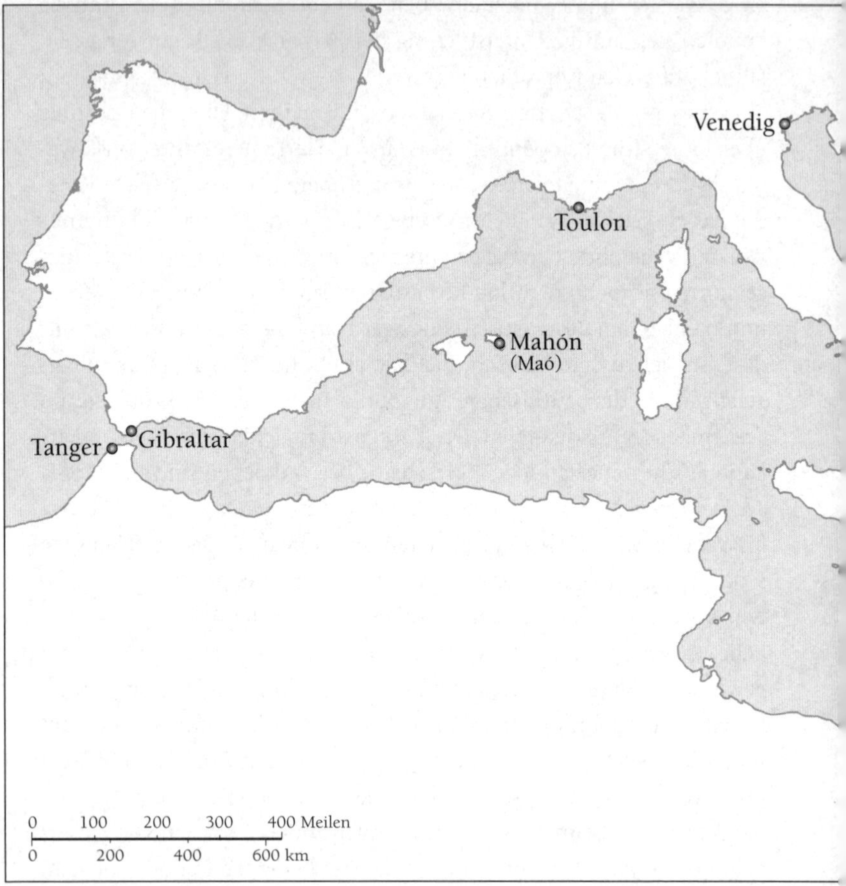

schen Engländern und Spaniern und später dann zwischen Briten und Franzosen auslösten. 1655 verwandelte die englische Eroberung Jamaikas, das die Spanier im Gefolge der Kolumbusreisen besetzt hatten, die spanische Freundschaft mit dem Lord Protector of the Commonwealth in spanischen Zorn über dessen Unterstützung für eine Aktion, welche die Sicherheit der Schatzflotte zu gefährden drohte. Als die Kriegswolken heraufzogen, segelten englische Schiffe nach Cádiz, um die Kriegsflotte König Philipps IV. auszuspionieren. Es gab zwei Sorgen: Der spanische König könnte versuchen, Jamaika mit einer gewaltigen Flotte

zurückzuerobern, und der Zugang zum Mittelmeer könnte für englische Handelsschiffe durch spanische Angriffe gesperrt werden. Falls es möglich gewesen wäre, am Eingang des Mittelmeeres einen englischen Stützpunkt zu errichten, hätte das zahlreiche strategische Vorteile gehabt. Cromwells Spion Montague berichtete, das beste Ziel sei eigentlich Gibraltar, das aber sehr stark befestigt sei. Daher sei es vielleicht besser, sich an der nordafrikanischen Küste umzusehen. Er meinte, mit »einem Dutzend oder 15 kleinen Fregatten« und einem Fort könne man die Straße von Gibraltar für den englischen Handel offen halten. Mögliche Kandidaten für eine Übernahme seien Ceuta, das von den Spaniern gehalten wurde, und Tanger, ein Kommandoposten der Portugiesen. Cromwell gab weiterhin dem Gedanken den Vorzug, Gibraltar einzunehmen, und der spätere Marineminister Samuel Pepys drängte ihn, ein Schiff mit Schubkarren und Spaten dort hinzuschicken, damit man die Landenge zwischen dem Felsen und dem Festland durchstechen könne, doch das Schiff wurde gekapert.[2]

Auch als in England unter Karl II. die Monarchie wiederhergestellt war, geriet die Idee, die englische Flagge am Eingang zum Mittelmeer aufzupflanzen, nicht in Vergessenheit. Die perfekte Gelegenheit dazu ergab sich schon sehr bald, nämlich 1661, mit der Erneuerung des alten Bündnisses zwischen England und dem inzwischen wieder von Spanien unabhängigen Portugal, das nicht nur Katharina von Braganza als Karls lange Zeit leidende Königin nach England führte, sondern als deren Mitgift auch Bombay und Tanger. Ohne einen Schuss abzugeben, erhielt England auf diese Weise seinen Stützpunkt, auch wenn der portugiesische Gouverneur von dem Befehl verärgert war, Tanger an die Engländer zu übergeben. Er glaubte, dadurch seine fernen Vorfahren zu entehren, die die Stadt seit 1471 gehalten hatten.[3] Auch ausländische Beobachter waren bestürzt. König Ludwig XIV. schrieb an seinen Botschafter in London und klagte, die Engländer versuchten, die Kontrolle über die Straße von Gibraltar zu erlangen – er dachte, sie könnten womöglich Schiffe, die durch die Meerenge fuhren, mit einem Zoll belegen, wie es die Dänen am Eingang zur Ostsee taten.[4]

Die Engländer wiederum waren enttäuscht vom heruntergekommenen Zustand der Stadt und machten sich Sorgen wegen der Wasserversorgung: »Kein Wasser außer Fountain Fort, von dem uns die Mauren, falls sie es wüssten und wollten, abschneiden könnten«, berichtete Pepys.[5] Sie hatten irrtümlich angenommen, die Stadt wäre eine glänzende neue Perle in Karls Krone. Tanger war fast menschenleer und musste neu bevölkert werden. Eine Idee, die man Jahrhunderte zuvor realisiert hatte, als die Portugiesen das benachbarte Ceuta eroberten, war es, Strafgefangene dorthin zu bringen, eine andere, bizarrere, ein Drittel der schottischen Bevölkerung dort zu entsorgen. Man hoffte, der Erwerb der Stadt werde den Handel mit der marokkanischen Atlantikküste wie auch mit den Barbareskenstaaten innerhalb des Mittelmeeres fördern.[6] Wollte man das erreichen, musste man unbedingt ein gutes Verhältnis zum Herrscher des Gebiets außerhalb der Stadtmauern entwickeln. Das war Abdallah Ghaylan, den die Engländer Gayland nannten. Seine Autorität erstreckte sich über vier arabische Stämme in der Ebene und 18 Berberstämme im Bergland. Er soll plump, durchtrieben und lüstern gewesen sein, dazu »vorsichtig und unbeherrscht, ein Widerspruch in sich«.[7] Er schwankte zwischen Freundschaft oder zumindest dem Versprechen dazu und Feindseligkeit. So lehnte er das Ersuchen der Engländer ab, außerhalb der Stadt Feuerholz sammeln zu dürfen. Durch diese Wechselhaftigkeit gelang es ihm, dem englischen Gouverneur zahlreiche Zugeständnisse abzuringen, denn der wollte die Sicherheit der neuen Kolonie nicht aufs Spiel setzen, noch bevor sie sich fest etabliert hatte. Schließlich wurden seine Forderungen allzu unverschämt (er verlangte 50 Fass Schießpulver und die Erlaubnis, englische Schiffe zu benutzen), und schon bald waren marokkanische Truppen in Viehdiebstähle und in Scharmützel mit englischen Soldaten verwickelt. Mehr als 600 englische Soldaten kamen ums Leben, darunter auch der Gouverneur Lord Tevior, bevor der Wind sich drehte und Ghaylan wieder Freundschaft mit den Engländern schloss.[8]

Das englische Tanger entwickelte sich zu einer lebendigen Hafenstadt. Die leeren Räume, die der erste Gouverneur vorfand, füllten sich schon bald mit Menschen unterschiedlichster Herkunft. Außer der 1200 bis 2000 Mann starken Garnison lebten dort 600 Zivilisten, darunter zu verschiedenen Zeiten holländische Kaufleute, portugiesische Mönche, muslimische Sklaven sowie europäische und nordafrikanische Juden. Den Juden begegnete man mit Misstrauen wegen ihrer Kontakte zu den Muslimen, mit denen sie regen Handel trieben. Samuel Pepys erzählt die Geschichte von einem »armen Juden und seiner Frau, die aus Spanien kamen, um der Inquisition zu entgehen«. Der Befehlshaber der Garnison hatte jedoch kein Erbarmen mit ihnen. »Er fluchte: ›Gott verdamme ihn, er sollte verbrannt werden.‹ Man übergab die beiden der Inquisition, und sie wurden verbrannt.«[9] Andere Besucher waren da schon eher willkommen. Pepys beschreibt die Ankunft türkischer oder armenischer Kaufleute aus dem fernen Smyrna, die ihre Waren auf den

Sand legten, »damit sie zum Verkauf nach Fez gebracht wurden«.[10] Kaufleute, die nach einem sicheren Hafen suchten, wurden von den eindrucksvollen Befestigungen ermutigt, die nun die Stadt umgaben. Auch die Mole war eindrucksvoll, obwohl Christopher Wren es abgelehnt hatte, sie zu entwerfen.[11]

In England gingen die Ansichten über den Nutzen Tangers auseinander, doch als Lord Belasyse dort 1665 als Teviots Nachfolger eintraf, strich er die Vorzüge der Stadt heraus:

> »Seine Majestät schätzte die Stadt gewiss mehr als alle seine übrigen Besitzungen, wenn er hier wäre und sähe die Aussicht über die Straße hinüber nach Spanien, die Schiffe, die hindurchfahren, das fruchtbare Bergland Afrikas, die duftenden Blumen, seltenen Früchte und Salate, das Fleisch und den Wein, die dieser Ort offensichtlich bietet oder bieten soll.«[12]

Das war optimistisch. Es drohte ein Krieg mit Holland. Die Holländer versuchten, eine Mittelmeerflotte zusammenzustellen, und die Engländer reagierten darauf mit der Stärkung ihrer politischen und kommerziellen Verbindungen zu Tunis und Tripolis. Dann zerstörten die Holländer die Flottille, die dringend benötigten Nachschub nach Tanger bringen sollte, und wenige Monate später, Anfang 1666, beschloss Ludwig XIV., das calvinistische Holland gegen England zu unterstützen. Sein Erster Minister, Colbert, der sich sehr um die Förderung des Handels und der Manufakturen in Frankreich bemühte, schickte Schiffe gegen die Engländer im Mittelmeer. Doch die englischen Piraten aus Tanger erwiesen sich als sehr erfolgreich im Kampf gegen die Franzosen und Holländer und brachten die gekaperten Schiffe und deren Ladung nach Tanger, wo sie verkauft wurden.[13] Die Kolonie erwies sich als recht widerstandsfähig. In mancherlei Hinsicht lag ihr eigentliches Problem in London und nicht im Umkreis der Straße von Gibraltar. Die Kosten des Unternehmens Tanger waren ein beständiger Anlass zur Sorge für einen Hof, der an mehreren Fronten in Konflikte verwickelt war. Solange Tanger einen Beitrag zum Krieg gegen die Holländer leistete, erschien die englische Präsenz dort sinnvoll. Auch war klar, dass Tanger eine gute Basis für die Zusammenarbeit mit den Herrschern der Barbareskenstaaten, vor allem Algier, darstellte, aber auch für Operationen gegen Korsaren, die sich nicht an die mit England geschlossenen Verträge hielten. Doch nicht alle waren davon überzeugt, dass England einen Stützpunkt am Eingang zum Mittelmeer brauchte, zumal Ghaylan ein so unberechenbarer Nachbar war, der die Garnison der Stadt zwang, Ressourcen an Menschen und Material zu verbrauchen, die England dringend andernorts benötigte.

Solche Erwägungen veranlassten Karl II. 1683, seine Politik zu überdenken. Inzwischen war er finanziell abhängig von seinem früheren Feind Ludwig XIV., der lange ein Gegner der englischen Kolonie gewesen war, und er konnte sich weitere Feldzüge gegen die Marokkaner schlicht und einfach nicht leisten. Karl II. beschloss, die Garnison in Tanger aus seiner Privatschatulle zu bezahlen. Das kostete ihn 70 000 Pfund im Jahr, insgesamt 1,6 Millionen Pfund, aber er wusste, dass er sich das nicht endlos leisten konnte.[14] Man erwog, die Stadt an die Portugiesen zurückzugeben (die wie auch viele englische Kaufleute auf deren Bedeutung für die Bekämpfung der Piraterie hinwiesen) oder sie dem neuen französischen Verbündeten zu überlassen (dessen Flotte inzwischen gefährliche Ausmaße annahm – 1683 insgesamt 276 Schiffe). Doch schließlich gab man dem letzten Gouverneur, Lord Dartmouth, 1683 ausdrücklich die Anweisung mit auf den Weg, die Stadt einzuebnen und die Mole zu zerstören. So gaben die Engländer denn Tanger 1684 auf und hinterließen nur einen Trümmerhaufen.[15] Was blieb, war jedoch der Wunsch, die Straße von Gibraltar zu halten. Karl II. hatte Tanger mit Bedauern aufgegeben, und es vergingen nur Jahre, bis England sich die Stadt am Mittelmeer (Gibraltar) aneignete, über der bis heute die britische Flagge weht.

III

Der Erwerb von Gibraltar war indessen kein sorgfältig geplanter Versuch, den Gedanken eines englischen Stützpunkts am Eingang zum Mittelmeer zu realisieren. Er erfolgte vielmehr »in a fit of absence of mind« (»in einem Anfall von Geistesabwesenheit«), um Sir John Robert

Seeleys berühmten Ausspruch zu zitieren. In den 1690er Jahren war klar, dass eine Nachfolgekrise Spanien zerreißen würde. Der letzte spanische Habsburger, Karl II. (der 1700 starb), hatte keinen Erben und galt als geisteskrank. Die bei den Habsburgern in den letzten 200 Jahren betriebene Inzucht hatte ihre Spuren hinterlassen. In seinem Testament bestimmte er Philipp von Bourbon, Herzog von Anjou, den Enkel Ludwigs XIV., zu seinem Nachfolger. Wie kaum anders zu erwarten, waren Frankreichs Nachbarn der Ansicht, es werde verheerende Folgen haben, wenn ein französischer Prinz das riesige spanische Reich in Europa, dem Mittelmeerraum und Amerika erbte. Frankreich würde dadurch zu einer Weltmacht von noch größerem Einfluss aufsteigen, als Spanien ihn auf der Höhe seiner Macht besessen hatte. Die Alternative schien die Erhaltung der Habsburger Linie in Spanien zu sein, indem man ein Mitglied des österreichischen Zweiges auf den spanischen Thron setzte. Da ein Holländer, Wilhelm von Oranien, inzwischen König von England war, konvergierten die holländischen und die englischen Interessen, auch wenn die Engländer – wie es wohl auch die Holländer getan hätten – gerne betonten, sie ließen sich »von keinen anderen Interessen leiten als denen ihres Handels und ihrer Schifffahrt«. Würde ein französischer Prinz König von Spanien, »ginge der Mittelmeerhandel vollständig verloren, wann immer ein französischer König dies für sinnvoll hielte, wäre er doch Herr über die Straße von Gibraltar und aller von Frankreich unterstützten Länder und Häfen an diesem Meer«.[16] König Wilhelm ging noch weiter und erklärte:

> »Mit Blick auf den Mittelmeerhandel wird es erforderlich sein, über die Häfen an der Küste der Barbareskenstaaten zu verfügen, zum Beispiel über Ceuta und Oran sowie über einige Häfen an der spanischen Küste wie Mahón auf der Insel Menorca, das einen sehr guten Hafen besitzen soll. Vielleicht sollten wir die ganze Insel haben, um die Sicherheit des Hafens zu gewährleisten.«

Doch Ludwig XIV. war entschieden der Auffassung, dass spanische Territorien wie Ceuta, Oran und Menorca keinesfalls von England besetzt werden durften, das keinerlei Anspruch auf die spanische Thronfolge besaß. Menorca gehörte zwar nicht zur Iberischen Halbinsel, doch mit dessen Besitz würden die Engländer »zu Herren über den gesamten Mittelmeerhandel, und sie würden alle anderen Nationen vollständig davon ausschließen«, mit Ausnahme der Holländer. Wenn Engländer oder Holländer Mahón besäßen, wäre die Stellung Toulons als Kommandozentrale der französischen Kriegsflotte gefährdet – ein Problem, das besonders ernst erschien, da Colbert inzwischen verstorben war und die Unterhaltung der französischen Flotte nicht mehr so energisch betrieben wurde.[17]

Die Engländer begriffen den Spanischen Erbfolgekrieg (1701–1714) zwischen dem Bourbonen Philipp von Anjou und dem österreichischen Habsburger Karl III. als Chance, die Krise in Spanien für ihre Zwecke zu nutzen. In der Karibik gab es Inseln, die man erobern konnte, und Schatzschiffe, die sich kapern ließen. Die Engländer überlegten, ob sie Cádiz oder Gibraltar angreifen sollten, doch dabei ging es ihnen ebenso um die Störung der spanischen Atlantikverbindungen wie um den vielberedeten Schutz des englischen Mittelmeerhandels. Cádiz war größer und reicher, aber Gibraltar war wegen seiner strategischen Lage interessanter.[18] Im Juli 1704 hielt man auf dem Flaggschiff des englischen Admirals Rooke einen Kriegsrat ab und beschloss, dass eine Armee unter Führung des Prinzen Georg von Hessen-Darmstadt Gibraltar angreifen sollte. Das Ziel war, die Stadt »unter die Hoheit des Königs von Spanien zu bringen«, nicht, sie für England zu erobern.[19] Natürlich war damit nur *ein* König von Spanien gemeint: der österreichische Thronprätendent. In einem bombastischen königlichen Schreiben wurden die Einwohner von Gibraltar eingeladen, Karl III. als ihren König anzuerkennen, doch sie erklärten sehr höflich, aber ebenso stur, dass sie »treue und ergebene Untertanen König Philipps V.«, des französischen Thronprätendenten, seien, bevor sie Georg von Hessen-Darmstadt ein langes Leben wünschten. Gibraltar war durch seine Befestigungsanlagen und hochwertige Kanonen bestens geschützt, doch was den Verteidigern im Unterschied zu den Angreifern fehlte, waren Soldaten. Als die Angreifer die Frauen und Kinder der Stadt in deren Zufluchtsort, der an der Südspitze des Felsens gelegenen Kapelle Unserer Lieben Frau von Europa, einschlossen, gelangten Stadtrat und Militärgouverneur zu der Auffassung, dass es »Seiner Majestät eher gefällt, wenn sie verhandeln und kapitulieren, statt sinnlos auszuhalten und großen Schaden für die Stadt und seine Untertanen anzurichten«, wobei mit »Seiner Majestät« natürlich wiederum Philipp und nicht Karl gemeint war.[20] Gibraltar kapitulierte und erhielt Garantien. Die Eroberer versprachen, der Stadt nicht den Protestantismus aufzuzwingen – schließlich hatten sie diese im Namen eines katholischen Königs eingenommen. Die einheimische Bevölkerung zog in das weiter im Inland gelegene San Roque, eine Stadt, die sich heute noch als Heimat der ursprünglichen Gibraltarer versteht.[21]

Diskussionen über die Frage, wer den Felsen regieren sollte, brachten klar und eindeutig zum Ausdruck, dass die Eroberung durch englische Truppen im Namen des rechtmäßigen Königs von Spanien erfolgt sei: »England möchte nicht den Anspruch erheben, eine Eroberung [für sich selbst] gemacht zu haben.«[22] Georg von Hessen-Darmstadt hoffte, Gibraltar als Tor nach Spanien benutzen zu können. Ein Plan, Katalonien von Gibraltar aus über das Meer anzugreifen, wurde gebilligt, und Karl III. begab sich dorthin, um den Plan umzusetzen. Es liegt eine gewisse Ironie in der Tatsache, dass er damit sein erstes Stückchen Spanien in Besitz nahm, das aber schon bald für immer an die britische Königin verlorengehen sollte. Inzwischen begann man zu argumentieren, Gibraltar werde »keine Flotte vor einer größeren schützen, aber es wird einzelnen Schiffen oder vier oder fünf Kriegsschiffen Sicherheit bieten und dadurch von großem Nutzen für unseren Handel sein«.[23] Die Engländer erkannten langsam, dass der Besitz Gibraltars bessere Möglichkeiten zur Kontrolle des westlichen Mittelmeeres eröffnete. Der englische Botschafter in Lissabon, Methuen, warnte, wenn es Karl III. nicht gelänge, seinen Anspruch auf den spanischen Thron durchzusetzen, dürfe England »niemals aus Gibraltar abziehen, das immer ein Unterpfand unseres Handels und unserer Privilegien in Spanien sein wird«. In England lobten Propagandisten die Vorzüge Gibraltars und seiner günstigen Lage »genau im Zentrum unseres Handels, an der Mündung der Straße, die es von Küste zu Küste beherrscht, während es dank unserer Kreuzer dem gesamten Verkehr zwischen Ostfrankreich und Cádiz Ehrfurcht einflößt«.[24]

Das Machtgleichgewicht verschob sich beträchtlich, als Joseph I., Kaiser des Heiligen Römischen Reiches und Bruder Karls III., 1711 starb. Karl konnte erwarten, zum Kaiser gewählt zu werden, und dann wäre es ihm möglich, beim Krieg um Spanien noch mehr Ressourcen aus den Habsburger Landen im Osten einzusetzen. Doch niemand wollte zum Doppelreich Karls V. zurück. So war es denn nicht allzu schwierig, die britische Regierung zu einem Handel zu bewegen, der vorsah, dass Philipp als spanischer König anerkannt wurde, sofern dieser (von Paris aus betrachtet) unbedeutende Fortsatz fern im Süden Spaniens in englischen Händen blieb. Die Verhandlungen zogen sich endlos hin und waren sehr kompliziert. Zwischendurch wiesen die Franzosen im Namen Philipps V. den Gedanken von sich, auch nur »der geringste Teil Spaniens« könnte jemals an irgendjemanden abgetreten werden. Dann begannen sie über die Frage zu streiten, was denn die Abtretung Gibraltars überhaupt bedeutete. Nach der minimalistischen Ansicht betraf die Abtretung nur die Burg, die Stadt und den Hafen, aber kein Land in der Umgebung, nicht einmal den Felsen.[25] Die Frage war, was denn unter Gibraltar zu verstehen sei.

Der am 11. April 1713 abgeschlossene Vertrag von Utrecht sollte all diese Fragen regeln. In Artikel 10 übergab Philipp V., der von den Briten nun als König von Frankreich anerkannt wurde,

> »das volle und ganze Eigentum an der Stadt und Burg von Gibraltar, zusammen mit dem Hafen, den Befestigungsanlagen und den zugehörigen Forts; und er gibt besagtes Eigentum auf, damit es ohne Ausnahme und ohne Einschränkung gehalten und genossen werden kann.«

Die Katholiken durften ihre Religion in Gibraltar frei ausüben, doch auf Wunsch König Philipps bestimmte die britische Königin, dass Juden und Mauren nicht in Gibraltar leben durften, auch wenn Handelsschiffe aus Marokko dort einlaufen konnten.[26] Das war allerdings ein Versprechen, das der neue Souverän der Stadt durchaus zu brechen gewillt war, und in der Zeit zwischen der Eroberung Gibraltars 1704 und dem Vertrag von Utrecht 1713 waren bereits jüdische Handelsagenten aus Marokko eingetroffen. Sie erfreuten sich wachsender Wertschätzung wegen ihrer Dienste bei der Versorgung der Flotte mit Lebensmitteln und Ausrüstung. Dennoch dauerte es mehrere Jahrzehnte, bis das Potential, das in Gibraltar steckte, geschätzt und genutzt wurde. Es gab zahlreiche

Klagen, dass es auf dem Felsen zu wenige Werkstätten und nur unzureichende Möglichkeiten zur Reparatur von Schiffen gab. Während des 18. Jahrhunderts gesellten sich immer mehr Genueser zu den Juden. Es entstand eine eigentümliche Gesellschaft, die weitgehend aus Handelsagenten, Kleinhändlern und Schiffsausrüstern bestand. Doch dominiert wurde Gibraltar von einer ständig wechselnden Bevölkerung aus bis zu 5000 Seeleuten, und ein großer Teil der Zivilbevölkerung lebte in Verhältnissen, die man nur als elend bezeichnen kann.[27]

IV

Durch den Vertrag von Utrecht fiel noch ein weiterer Teil spanischen Bodens an Großbritannien: Menorca. Britische Schiffe, die sich Scharmützel mit Korsaren lieferten, hatten die Insel in den 1670er Jahren mit spanischer Erlaubnis als Proviantstation benutzt, aber es gab zu wenig Lagerhäuser und zu viele Ratten, auch wenn Baltharpe schrieb: »Brot, Wein, Hühner, Eier sind billig zu haben, und für ein Schaf sind nur acht Real zu zahlen.«[28] 1708 besetzten die Briten die Insel, doch ihr Verbündeter Karl III. war nicht bereit, ihnen die Oberhoheit zu überlassen. Als die Briten beschlossen, Verhandlungen mit Philipp V. aufzunehmen, erklärte der bourbonische Thronprätendent sich bereit, die Insel trotz der Nachteile für Frankreich abzutreten – eine Konzession, die er schon sehr bald bereuen sollte.[29] Der Herzog von Marlborough erkannte die Bedeutung Menorcas, wobei Gibraltar als Station auf dem Weg dorthin dienen konnte – in ersten Zügen entwickelte sich hier eine umfassende Strategie zur Schaffung britischer Stützpunkte im Mittelmeergebiet.[30] Doch der Mangel an Ressourcen auf der Insel war ein Problem. Wenn eine Armee dort ihr Lager aufschlug, war Menorca nicht in der Lage, alle zu ernähren, produzierte die Insel doch kaum genug Getreide für die einheimische Bevölkerung, und das Fleisch der dort lebenden Tiere erwies sich als zäh. Teile der Insel waren nicht bewaldet, so dass auch Holz schwer aufzutreiben war. Man hatte sogar Schwierigkeiten, Unterkünfte für die Soldaten zu finden.[31] Der Dienst auf der heißen, trockenen Insel galt als Prüfung. Andererseits besaß Mahón den besten natürlichen Hafen im ganzen Mittelmeer. Er ist fast fünf Kilometer lang und an manchen Stellen mehr als einen Kilometer breit. Die Hafeneinfahrt hat eine Breite von 200 Metern, so dass es feindlichen Schiffen schwerfiel, dort einzudringen und Unheil anzurichten. Außerdem wurde die Einfahrt von einem starken Fort geschützt, der Festung San Felipe. Ebenso wichtig wie der Hafen war der strategische Vorteil, einen Stützpunkt nahe der südfranzösischen Küste zu besitzen. Die französische Flotte in Toulon lag nur 220 Meilen nordöstlich. Der Kommandeur der britischen Streitkräfte in Spanien, Stanhope, schrieb: »England sollte die Insel nie mehr aufgeben, denn sie wird das Mittelmeer sowohl in Kriegs- als auch in Friedenzeiten beherrschen.« Das gelte insbesondere mit Blick auf die Franzosen. Wie die Briten Dünkirchen hielten, um die Franzosen im Kanal zu zähmen, so bräuchten sie Menorca, um sie im Mittelmeer im Zaum zu halten.[32]

Die Briten begannen sich zu fragen, ob Menorca nicht ungenutzte Potentiale barg. Mit einem so großen Hafen konnte die Insel ein Stapelplatz für den Mittelmeerhandel werden, und die Einwohner hatten die Chance, zu einem »reichen und blühenden Volk« aufzusteigen, wenn man den Handel förderte.[33] Richard Kane, der fähigste Vizegouverneur der Insel, initiierte mehrere Projekte, die neuen Wohlstand brachten. Sümpfe wurden trockengelegt und in Obstgärten umgewandelt (eine Pflaumensorte namens *Quen*, eine Ableitung von »Kane«, wird dort heute noch angebaut), und man importierte Vieh aus Nordafrika, um Größe und Qualität der auf der Insel gezüchteten Tiere zu verbessern. Kane teilte die Ansichten der führenden landwirtschaftlichen Neuerer im England des 18. Jahrhunderts. 1719 wurde eine Straße fertiggestellt, die Mahón mit Ciutadella verband – der Bau nahm zwei Jahre in Anspruch, und die Straße heißt heute noch *Camí d'En Kane*, »Straße des Herrn Kane«.[34] Mahón wurde zur neuen Hauptstadt bestimmt, anstelle des rivalisierenden, an der Westküste gelegenen Ciutadella (des alten Jamona). Dadurch vertiefte sich die Kluft zwischen den Einheimischen, vor allem dem Inseladel, und den britischen Behörden, denen die Inselbewohner oft als undankbar und unkooperativ erschienen. Vizegouverneur Murray schrieb 1777 an die Magistrate *(jurats)* der Insel und fragte sie, ob sie die Inquisition oder die Korsaren zurückhaben wollten, vor denen sie nun geschützt seien, zumal die Briten sie auch aus ihrer früheren Armut herausgeführt hätten.[35] Mahón selbst wurde zum Brennpunkt der britischen Bemühungen um eine Verbesserung der Verhältnisse. Man baute neue Docks und legte die geraden Straßen an, die heute noch das Stadtbild bestimmen. Die architektonischen Einflüsse der Briten sind an den Schiebefenstern der Häuser zu erkennen, die eher an Orte an der südenglischen als an der spanischen Küste erinnern.

Doch trotz dieser klugen Projekte gelangte Menorca nicht in die erste Reihe der Handelshäfen am Mittelmeer, sondern blieb vornehmlich ein Flottenstützpunkt. Die Rivalität zwischen Briten und Franzosen (wie auch die zwischen Briten und Holländern) wurde ebenso im Handel wie im Krieg ausgefochten, und obwohl der britische Mittelmeerhandel recht gut abschnitt, waren die Franzosen doch in weiten Teilen des 18. Jahrhunderts die Marktführer. Französische Stoffe entsprachen eher den Bedürfnissen der levantinischen Märkte, das heißt dem Geschmack und dem Klima der türkischen Welt, weil sie leichter und heller waren. Nach den Erfolgen des vorangegangenen Jahrhunderts ging der englische Türkeihandel deutlich zurück, der Wert der Exporte fiel zwischen 1700 und 1774 von 223 000 auf 79 000 Pfund Sterling. Die Franzosen sicherten sich im 18. Jahrhundert den Löwenanteil am Handel mit Smyrna, der über Marseille abgewickelt wurde, und sie machten Smyrna zum wichtigsten Zentrum des osmanischen Handels mit dem Westen, obwohl sie auch in Syrien, auf Zypern, in Alexandria und Saloniki, an der nordafrikanischen Küste und in Konstantinopel sehr aktiv waren (mit kurzen Unterbrechungen wie etwa 1720, als es in Marseille zu einem schweren Ausbruch der Beulenpest kam). Der britische Handel mit dem Mittelmeerraum nahm in dieser Zeit insgesamt zu, wuchs jedoch nicht so schnell wie der Handel mit Amerika, Afrika und Asien. Außerdem wurde er durch Konflikte innerhalb des Mittelmeergebiets – mit Frankreich wie auch mit Spanien – beeinträchtigt. Bewundernswerte Bemühungen, Menorca zum Zentrum des Getreidehandels im westlichen Mittelmeer zu machen, eine einheimische Baumwollindustrie zu entwickeln oder Salinen zu bauen, blieben ohne größere Wirkung.[36]

Der Wunsch, die Wirtschaft zu fördern, hatte andere wichtige Auswirkungen auf die Inselgesellschaft. Von Anfang an gab es unter der britischen Besatzung einen Platz für Protestanten, Juden und Griechen. Die Briten versprachen, die Rechte der katholischen Kirche zu schützen, obwohl der Verdacht bestand, Katholiken könnten sich illoyal gegenüber der britischen Krone verhalten (obwohl doch in den britischen Streitkräften zahlreiche katholische Iren Dienst taten). In der katholischen Kirche nahm man es den Briten übel, dass uralte Institutionen wie die Inquisition in Gebieten, die unter britischer Herrschaft standen, keinen Platz hatten. 1715 und dann nochmals 1721 erließ Gouverneur Kane Dekrete, in denen er ausländische katholische Priester der Insel verwies und kirchlichen Gerichten Beschränkungen auferlegte. Schließlich glaubte Kane, dass es an der Zeit sei, auf Menorca anglikanische Kirchen zu bauen – die allerersten im gesamten Mittelmeergebiet, wie man damals hervorhob. Anders als in Gibraltar hatten die Briten nie versprochen, Juden und Mauren aus Menorca fernzuhalten, und so gab es 1781 eine 500 Mitglieder zählende jüdische Gemeinde mit einer eigenen Synagoge. Die ethnische und kulturelle Vielfalt der Insel vergrößerte sich noch durch den Zuzug mehrerer hundert Griechen, die allerdings nicht von weither kamen, sondern aus einer griechischen Flüchtlingsgemeinde auf Korsika. Die Griechen erhielten die Erlaubnis, eine Kirche zu bauen, doch die feindlich gesinnten Christen weigerten sich zunächst, ihnen das dafür nötige Land zu verkaufen, obwohl ihre religiösen Führer griechische Uniaten waren, die zwar die Autorität des Papstes anerkannten, aber der griechischen Liturgie folgten. Nach mehreren Jahrhunderten Inquisition hatte die einheimische Bevölkerung von Menorca keine Geduld mit abweichenden Praktiken, und so sorgten die Briten mit ihren Bemühungen um den Schutz der freien Religionsausübung unvermeidlich für neue Spannungen.[37]

Die in mehreren Gemeinschaften, den *universitats*, organisierte Elite Menorcas sah in den Briten weiterhin unwillkommene Besatzer. Einheimische Adlige achteten darauf, dass ihre Töchter nicht mit britischen Offizieren verkehrten, von denen manche die irritierende Gewohnheit entwickelt hatten, Klöster zu besuchen, um sich mit schönen Nonnen zu unterhalten. 1749 entfernten sich drei Nonnen auf der Suche nach

Abenteuern heimlich aus ihrem Kloster und landeten im Haus eines britischen Offiziers. Sie konvertierten zum Anglikanismus und heirateten britische Offiziere, was bei den einheimischen Magistraten einen Skandal auslöste, obwohl der Gouverneur in einem Erlass anordnete, dass seine Männer sich nicht mit den Nonnen der Insel einlassen sollten.[38] Ansonsten bestanden recht wenige soziale Kontakte zwischen Angehörigen der Kolonialmacht und Einheimischen. Die britische Besatzung dauerte jedoch lange genug, um gewisse Abdrücke zu hinterlassen (ganz buchstäblich, denn ein Import aus London war die Druckerpresse). Das auf Menorca gesprochene Katalanisch übernahm englische Wörter aus dem Bereich des Schiffsbaus: *móguini* für *mahogany* (Mahagoni), *escru* für *screw* (Schraube), *rul* für *ruler* (Lineal). Selbst die Küche Menorcas übernahm englische Elemente, etwa Bratensauce, *grevi* (englisch *gravy*) und einen Wacholderschnaps, dessen Vorbild Londoner Gin war. Der Kriegsruf kleiner Kinder auf Menorca, *Faithim!*, ist aus dem englischen *Fight him!* abgeleitet.[39]

Den Briten war durchaus klar, dass die Verteidigung der Insel Probleme bereiten konnte. Zwar war das Fort San Felipe eine der stärksten Festungen im Britischen Empire, mit einem großen Netz tiefer Tunnel, in denen Soldaten Schutz fanden und Vorräte trocken gelagert werden konnten, doch es blieb ein entscheidendes Problem, das nur die Regierung in London zu lösen vermochte: der Mangel an Soldaten.[40] Dies und eine unzureichende Unterstützung durch Seestreitkräfte sollte sich noch als fatal für die britische Herrschaft und (am Ende ganz persönlich) auch für Admiral Byng erweisen, der 1756 zu dem Schluss gelangte, dass er Menorca nicht vor der französischen Invasion würde schützen können. Das nachfolgende Kriegsgerichtsverfahren gegen ihn und seine Hinrichtung überschatten die Ereignisse, durch die Menorca unter französische Herrschaft geriet. Der Siebenjährige Krieg nahm seinen Anfang nicht im Mittelmeer, sondern am Ohio River, an dem die Franzosen eine Kette von Forts zu errichten versuchten, die Louisiana im Süden mit den Great Lakes im Norden verbinden sollte. Damit hätte Frankreich die 13 britischen Kolonien auf die amerikanische Ostküste beschränken können. Auch im Mittelmeer versuchten die Franzosen, Großbritannien einzuschnüren, indem sie ihre Aufmerksamkeit auf die

Gewässer vor Toulon, dem Heimathafen ihrer Mittelmeerflotte, richteten. In London trafen Berichte ein, wonach die Franzosen dort 16 oder 17 Kriegsschiffe zum Auslaufen klarmachten. Der britische Konsul in Cartagena schien zu wissen, was da vor sich ging:

> »Ich habe Nachricht erhalten, dass 100 Bataillone äußerst unauffällig ins Roussillon marschieren und dass diese Truppen für den Einsatz gegen Menorca bestimmt sind. Sie sollen mit Handelsschiffen, die sich jetzt noch in Marseille befinden, dorthin gebracht werden, begleitet von allen Kriegsschiffen in Toulon.«[41]

Anfangs war also das Mittelmeer ein Nebenkriegsschauplatz des Siebenjährigen Krieges, doch schon bald zeigte sich, dass die Briten hofften, Menorca als Stützpunkt zu benutzen, von dem aus sie den Levantehandel der Franzosen stören konnten.

Die Briten reagierten – zum Teil aus Geldmangel – nur schwach auf die französische Bedrohung. Admiral Byng war ein äußerst kompetenter Befehlshaber, doch er wusste, dass er eine unmögliche Aufgabe übernahm, als man ihm ein Geschwader aus lediglich zehn Schiffen zuwies, wobei ihm sogar noch 722 Mann fehlten. Dann gab es eine weitere Verzögerung, weil man andere Schiffe auf Missionen in den Atlantik schickte. Byngs Aufgabe lautete, herauszufinden, ob Menorca von den Franzosen besetzt worden war, und die Insel zu befreien oder, falls sie nicht besetzt worden war, nach Toulon zu segeln und den dortigen Hafen zu blockieren.[42] Er hatte im April 1756 kaum Portsmouth verlassen und sich auf den Weg ins Mittelmeer gemacht, als die französische Flotte Menorca angriff. Der Befehlshaber der Flotte war der Marquis de Galissonière, während das militärische Oberkommando dem Herzog von Richelieu oblag. Richelieu war der Großneffe des brillanten und skrupellosen Kardinals, der Ludwig XIII. gedient hatte, Galissonnière ein fähiger Marineoffizier, der in seiner Karriere nur langsam vorangekommen war (wahrscheinlich weil er klein war und einen Buckel hatte). Galissonnière hatte sichergestellt, dass die französische Flotte die für das Unternehmen nötige Größe hatte: 163 Transportschiffe für 15000 Soldaten. Zu seinen Kriegsschiffen gehörte die *Foudroyant*, die über 84 Kanonen verfügte und mit der sich im britischen Geschwader (das nun aus 14 Schiffen bestand) nichts vergleichen konnte, nicht einmal das Flaggschiff, die *Ramilles*.[43] Die Franzosen hatten keine Schwierigkeiten, in Ciutadella zu landen und die Menorquiner zu überwinden, die nur allzu froh waren, die protestantischen Briten los zu sein. Die gute Straße, die Vizegouverneur Kane hatte bauen lassen, versprach ein rasches Vorankommen Richtung Mahón, auch wenn die Briten eine aus Juden und Griechen bestehende Arbeitskolonne losschickten, die die wertvolle Straßendecke zerstörten, was den Vormarsch der mit schweren Geschützen ausgerüsteten Franzosen sehr erschwerte. Dennoch hielten die britischen Truppen schon nach wenigen Tagen nur noch das Fort San Felipe.[44]

So kam es, dass Byng, als er Mitte Mai 1756 auf der Höhe der Balearen erschien, vor der Aufgabe stand, San Felipe zu entsetzen. Auf einem Kriegsrat mit seinen höchsten Offizieren stellte er die Schlüsselfragen, von deren Beantwortung die Strategie seines Geschwaders abhing: Gab es eine Chance, Menorca durch einen Angriff auf die französische Flotte zu entsetzen? Eindeutig nicht. Und wenn es keine französische Flotte dort gäbe, wäre es dann möglich, die Insel den Franzosen zu entreißen? Auch dann nicht, glaubte man. Aber wenn sie nun von den Franzosen besiegt wurden, war dann nicht Gibraltar in Gefahr? Es war in Gefahr. Und so gelangte man zu dem Schluss: »Wir sind einhellig der Meinung, dass die Flotte unverzüglich nach Gibraltar segeln soll.«[45] So überließ man es dem Vizegouverneur, San Felipe mannhaft zu verteidigen, was er denn auch tat, solange es ihm möglich war. Was Byng anging, so machte man ihn zum Sündenbock für die zögerliche und von Geiz bestimmte Politik der britischen Regierung, die einer erzürnten Öffentlichkeit erklären musste, wie eine britische Besitzung im Mittelmeer in die Hände des alten Feindes hatte fallen können. Nach einem Kriegsgerichtsprozess, in dem Byng sich geschickt gegen den Vorwurf der Fahnenflucht verteidigte, wurde er dennoch für schuldig befunden und am 14. März 1757 hingerichtet. Es war sicher nicht seine Schuld, dass Menorca verlorenging.[46] Zu denen, die sich für ihn einsetzten, gehörten auch der Herzog von Richelieu – als ritterlicher Gegner – und dessen Briefpartner Voltaire, der in seinem berühmtesten Werk die Ankunft Candides in Portsmouth beschreibt, wo er Zeuge der Hinrichtung eines britischen Admirals wird: »Hierzulande ist es gut, von Zeit zu Zeit einen Admiral zu erschießen, um den Mut der anderen zu heben.«

Die Franzosen hielten Menorca nur wenige Jahre. Nach dem Friedensschluss mit England stand die Insel wieder unter britischer Herrschaft von 1763 bis 1782 und nach einem kurzen spanischen Zwischenspiel von 1798 bis 1802, als Menorca im Kampf gegen Napoleon erneut strategische Bedeutung erlangte. Doch die Briten waren nie ganz glücklich mit der Insel, obwohl ihnen klar war, welche strategischen Vorteile ein Stützpunkt im westlichen Mittelmeer bot. Einerseits fanden sie die Insel trocken und öde und trotz der Nähe zu Frankreich, Spanien und Afrika seltsam entlegen (wie viele Jahrhunderte zuvor schon Bischof Severus geklagt hatte). Andererseits fragten sie sich, ob sie sie nicht als Köder verwenden und an einen potentiellen Verbündeten abtreten konnten, in der Hoffnung, dadurch eine feste Freundschaft mit einer anderen Mittelmeermacht schließen zu können.[47] Solche Gespräche führte man 1780, und zwar mit Russland. Um zu verstehen, wieso Russland plötzlich zu einer Mittelmeermacht geworden war, müssen wir ein paar Jahre zurückgehen.

KAPITEL 8

Der Blick durch die russische Brille

1760 bis 1805

I

Die wachsende Schwäche des Osmanischen Reiches lenkte die Aufmerksamkeit des Zaren auf das Mittelmeer. Seit dem Ende des 17. Jahrhunderts breitete die russische Macht sich südwärts Richtung Kaukasus und Asowsches Meer aus. Peter der Große eignete sich Teile des Persischen Reiches an, und die Osmanen, denen die Krim gehörte, fühlten sich bedroht.[1] Für den Augenblick waren die Russen durch Konflikte mit den Schweden um die Vorherrschaft in der Ostsee abgelenkt, doch Peter suchte auch freien Zugang zum Schwarzen Meer. Diese Pläne rochen ebenso nach dem alten Russland, das Peter reformieren wollte, wie nach dem neuen technokratischen Russland, das er zu schaffen versuchte. Den Gedanken, dass der Zar der religiöse und sogar politische Erbe des byzantinischen Kaisers – und Moskau daher das »Dritte Rom« – sei, hatte Peter nicht aufgegeben, als er an der Ostsee seine neue Hauptstadt St. Petersburg erbaute. Auch vermochten die Russen inzwischen Hunderte von Schiffen gegen die Ansprüche der Türken im Schwarzen Meer aufzubringen, auch wenn sie durchaus noch keinen Seekrieg führen konnten und die Schiffe selbst schlecht gebaut waren – trotz Peters berühmter Reise zu den Werften Westeuropas, die er unter dem Decknamen Pjotr Michailowitsch unternahm. Insgesamt bescheinigte man seiner Flotte »schlechte Disziplin, Ausbildung und Moral, geringe Manövrierfähigkeit, schlechte Verwaltung und eine schlechte Ausrüstung«. Wie ein Zeitgenosse anmerkte, litt »nichts so sehr unter schlechter Verwaltung wie die russische Kriegsflotte«, denn in den Arsenalen der kaiserlichen Marine mangelte es an Hanf, Pech und Nägeln.

Die Russen nahmen schottische Admiräle in ihre Dienste, um eine moderne Kommandostruktur aufzubauen, und sie beschafften sich fehlendes Material bei britischen Schiffsausrüstern. Gestärkt wurde das Verhältnis zwischen Großbritannien und Russland noch durch die intensiven Handelsbeziehungen, die während des gesamten 18. Jahrhunderts florierten, während der britische Levantehandel zurückging. Im letzten Drittel dieses Jahrhunderts segelten in keinem Jahr mehr als 27 britische Schiffe in die Levante, während 700 Schiffe nach Russland fuhren.[2] Denn im Bereich der Nord- und Ostsee wie auch des Atlantik war die Wirtschaft weiterhin gewachsen, während das Mittelmeer im Vergleich dazu fast zu einem Nebenmeer geworden war.

So kann es kaum verwundern, dass nicht Ereignisse im Mittelmeer oder im Schwarzen Meer dazu führten, dass russische Flotten im Mittelmeer auftauchten. Fern im Nordosten Europas präsentierte die Zarin Katharina die Große ihren eigenen Anwärter auf den polnischen Thron. Überfälle auf Gegner des neuen Königs schwappten auch auf osmanisches Gebiet über, und 1768 kam es zu einem türkisch-russischen Krieg.[3] Die Briten hatten 1766 einen Handelsvertrag mit Katharina geschlossen und glaubten, die Zarin könne ihnen zahlreiche Vorteile bieten, wenn man sorgsam mit ihr umging. Die britische Regierung nahm an, die maritime Expansion der Russen werde deren Abhängigkeit von den Briten nur verstärken, da diese Expansion nicht ohne britische Hilfe möglich war. Außerdem glaubte die Regierung, am Ende würden französische Kaufleute ins Schwarze Meer eindringen, wenn ihnen nicht ein erfolgreicher russischer Feldzug gegen die Türken Einhalt gebot. In der politischen Vorstellungswelt der Briten entwickelte sich die Idee eines Stellvertreterkrieges, in dem russische Flotten das Mittelmeer von Gefahren für britische Interessen säubern sollten. De Broglie, Minister Ludwigs XV., sah das Problem ganz ähnlich. Er warnte, ein russischer Seesieg über die Türken werde den französischen Levantehandel in Gefahr bringen.[4]

Dennoch schienen die Chancen gering, dass die Russen im Mittelmeer irgendetwas auszurichten vermochten. Da der Schwarzmeerflotte ein Durchbruch durch den Bosporus vorbei an der osmanischen Hauptstadt gewiss nicht gelingen würde, beschlossen die Russen, fünf Ge-

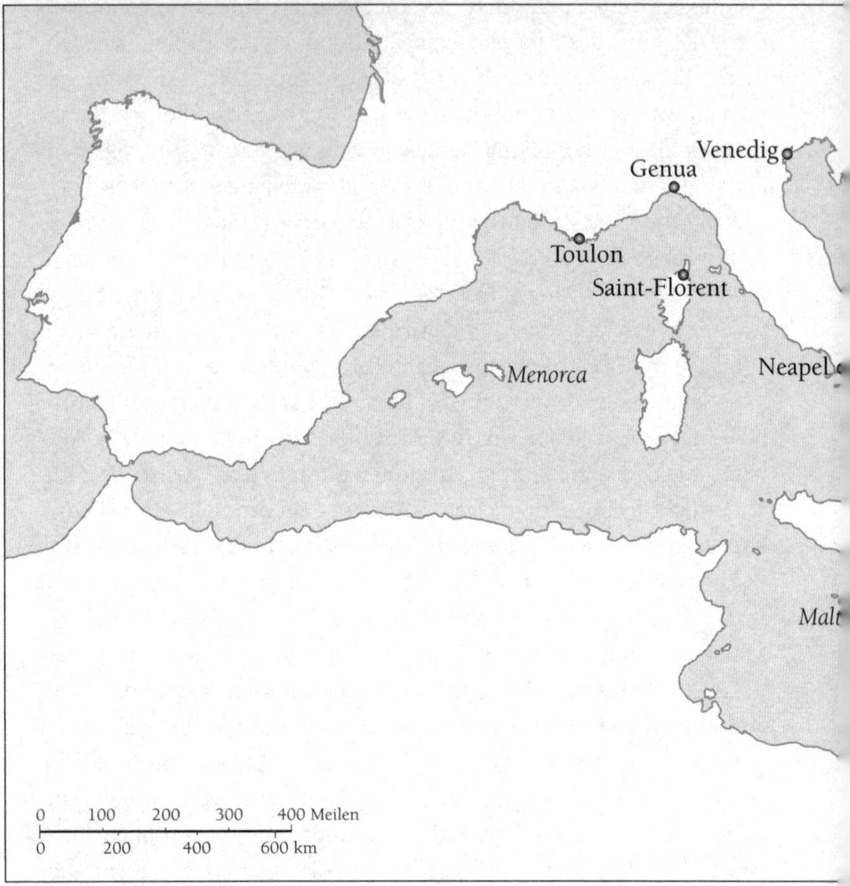

schwader aus der Ostsee durch die Straße von Gibraltar ins Mittelmeer zu entsenden. Dazu war es unerlässlich für die Russen, sowohl in der Nordsee als auch im Mittelmeer von Marineeinrichtungen einer befreundeten Macht Gebrauch zu machen. Einige ihrer Schiffe befanden sich in einem Zustand, der einen mehrmonatigen Aufenthalt auf See kaum zuließ (schon bei der Ankunft im englischen Hafen Hull mussten an zwei großen Schiffen Reparaturen vorgenommen werden, und eines von ihnen lief vor der Küste Südenglands auf Grund). Die Briten achteten zwar sehr auf ihre vorgebliche Neutralität, doch die Admiralität gab

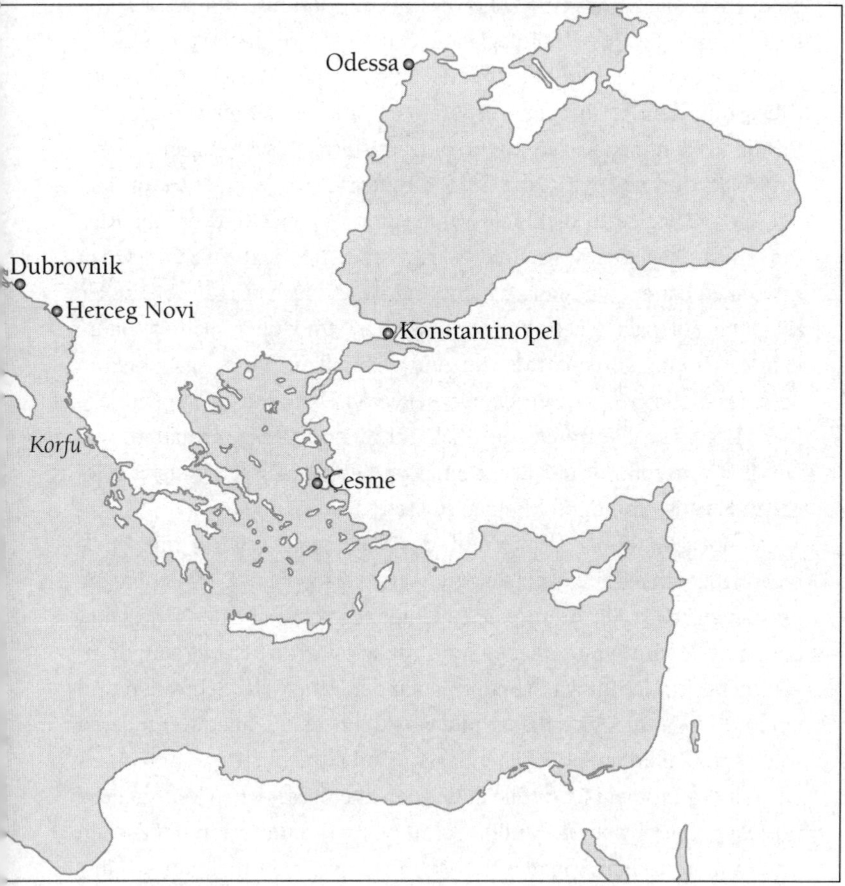

Order, dass die Russen in Gibraltar und auf Menorca kaufen durften, was sie benötigten. Im Januar 1770 wurden in Mahón vier russische Schiffe seeklar gemacht, und die Russen ernannten einen griechischen Geschäftsmann zu ihrem dortigen Konsul.[5]

Während die Türken sich über die britische Unterstützung für die russische Flotte beklagten, drangen die Russen nach Osten vor und verwickelten die türkische Flotte am 6. Juli 1770 bei dem hinter Chios gelegenen Çesme in eine Seeschlacht. Zu Beginn der Schlacht gerieten die Russen in Schwierigkeiten, denn eines ihrer Schiffe explodierte, als der brennende Mast eines türkischen Schiffs auf dessen Deck stürzte. Am Ende hatten die Russen einfach nur Glück. Ein starker Westwind begünstigte ihren Einsatz von Brandschiffen in der Meerenge zwischen Chios und dem türkischen Festland, so dass sie zahlreiche türkische Schiffe in Flammen setzen konnten. Der österreichische Kaiser war beeindruckt und besorgt: Ganz Europa müsse dieses Volk im Zaum halten, die Türken seien nichts im Vergleich mit ihnen.[6] Obwohl die Russen einen Sieg errungen und in gewissem Sinne die Seeherrschaft gewonnen hatten, wussten sie nicht, was sie als Nächstes tun sollten. Sie richteten ein paar Nachschubstationen ein, und über mehrere Jahre kam es zu einigen Scharmützeln und Überfällen in der Ägäis bis hin nach Damietta, wo sie den Gouverneur von Damaskus gefangen nahmen. Doch wie die Briten mit Blick auf Menorca erkannt hatten, war wirklich wertvoll nur der Besitz eines großen, strategisch günstig gelegenen Hafens, und der fehlte den Russen.

Dennoch hatte man das Gefühl, das Machtgleichgewicht im Mittelmeer habe sich auf unvorhersehbare Weise verschoben. Der Niedergang der osmanischen Macht und die zunehmende Schwäche der Venezianer hatten ein Vakuum hinterlassen, und wie wir noch sehen werden, drangen nicht nur die Russen, sondern auch die Dänen, die Schweden und am Ende sogar die Amerikaner in das Mittelmeer ein, auch wenn deren Interessen auf anderen Gebieten lagen. Und tatsächlich war genau dies ein Teil des Problems: Für alle außer den alteingesessenen Venezianern und Ragusanern war das Mittelmeer nur eine von mehreren politischen und kommerziellen Sphären, in denen sie operieren mussten – selbst die Korsaren von der nordafrikanischen Küste dehnten ihre Überfälle ungestraft auf den Atlantik aus. Dank der Tatenlosigkeit Frankreichs gegenüber der britischen Gegenbedrohung hatten die Russen freie Hand im östlichen Mittelmeer.[7] Ab 1774 gab es kaum noch Gefechte, denn die Russen hatten gegen jede Wahrscheinlichkeit die Kontrolle über die levantinischen Gewässer erlangt. Allerdings war es ihnen nicht gelungen, große Ägäisinseln wie Limnos und Imbros zu erobern, die den Zugang zu den Dardanellen kontrollierten, und es war kaum zu erkennen, wie sie eine dauerhafte Präsenz im Mittelmeer sichern sollten, wenn sie nur über Gibraltar dorthin gelangen konnten.[8] Die Russen mussten immer noch herausfinden, welche Vorteile sie aus ihrer Präsenz im Mittelmeer ziehen wollten. Die Herrschaft über das östliche Mittelmeer war kein eigenständiges Ziel, wie sich zeigte, als die Russen 1774 Frieden mit den Türken schlossen. Im Vertrag von Küçük Kaynarca erkannten die Türken erstmals die russische Herrschaft über Teile der Schwarzmeerküste an. Außerdem sicherte Russland sich das Recht, Handelsschiffe durch den Bosporus ins Mittelmeer zu schicken, was die Aussicht auf eine Wiederbelebung der alten Handelsrouten zwischen der Nordküste des Schwarzen Meeres und dem Mittelmeer eröffnete. Katharina II. begann sich nun auch der Pflichten des orthodoxen Russland gegenüber den orthodoxen Völkern Osteuropas und insbesondere gegenüber den Griechen zu besinnen. Die Russen entfachten 1770 einen ernsthaften, aber erfolglosen griechischen Aufstand auf der Morea. Die Hilfe für die unterdrückten Orthodoxen im osmanisch beherrschten Griechenland war Teil eines größeren Ideals, der Rückeroberung Konstantinopels für die orthodoxe Christenheit, jener »Großen Idee«, der die russischen Zaren noch lange anhängen sollten.[9]

II

Einige erfolgreiche Jahre in der Ägäis verstärkten den russischen Appetit auf weitere Abenteuer im Mittelmeer. Ein durchgängiges Moment dieser Projekte war die Tatsache, dass sie ihren Ursprung außerhalb des Mittelmeerraums hatten. 1780 war die britische Regierung ganz mit ihrem Krieg gegen die rebellischen amerikanischen Kolonien beschäftigt, der noch gefährlicher geworden war, seit Frankreich und Spanien die Vereinigten Staaten unterstützten. Von 1779 bis 1783 erlebte Gibraltar erneut Blockaden und schließlich auch eine anhaltende Beschießung, gegen die Gouverneur Eliott den Stützpunkt beherzt verteidigte.[10] Unter solchem Druck war es wichtig für Großbritannien, Verbündete zu finden, vorzüglich solche mit Schiffen, und Russland erwies sich als Freund. Dennoch musste man diese Freundschaft erkaufen. Der britische Minister Stormont versuchte, Katharina zu einem gemeinsamen

Angriff auf Mallorca zu überreden: »Der Vorteil eines so gelegenen Hafens für Russland ist allzu offenkundig, als dass man lange darüber reden müsste.« Er meinte: »Peter der Große hätte diesen Gedanken sogleich aufgenommen.« Und er erklärte, die britische Regierung werde nur Freude empfinden, wenn Russland Mallorca erwerbe. Stormont war besorgt über Gerüchte, wonach die Feinde Großbritanniens versucht hatten, die Russen auf ihre Seite zu ziehen, indem sie ihnen Puerto Rico oder Trinidad anboten. Die Briten erkannten, dass das Mittelmeer die Russen auf geheimnisvolle Weise anzog. Die Russen spotteten über Angebote, ihnen karibische Inseln zu überlassen, ob sie nun von Spanien oder von Großbritannien kamen. Katharinas Minister Potemkin erklärte herablassend gegenüber Sir James Harris, dem britischen Botschafter in Sankt Petersburg: »Sie würden uns ruinieren, wenn Sie uns ferne Kolonien gäben. Sie wissen, dass unsere Schiffe es kaum aus der Ostsee heraus schaffen. Wie sollten sie da den Atlantik überqueren?« Sir James gewann den sicheren Eindruck, »die einzige Abtretung, die die Zarin bewegen könnte, sich mit uns zu verbünden, wäre die von Menorca«, denn das wäre »ein Pfeiler im Ruhm der Zarin«. Potemkins Vision zielte nicht darauf, die Unterstützung der Menorquiner zu gewinnen. Er hatte die Absicht, sie alle zu vertreiben und die Insel mit Griechen neu zu besiedeln. Menorca sollte eine Bastion der orthodoxen Kirche im westlichen Mittelmeer werden, ein Vorposten im russischen Kampf gegen die Osmanen.

Harris stand vor dem Problem, dass dies lediglich ein Vorschlag war, an dem Potemkin und seine eigene Regierung ein gewisses Interesse bekundet hatten. Die britische Regierung hatte ihn nicht zu einem offiziellen Angebot ermächtigt, und die Russen nutzten gerne die Gelegenheit, als Strippenzieher in einem gespaltenen Europa aufzutreten. Einerseits war Katharina durchaus an Menorca interessiert, aber ihr war auch klar, dass die Briten dafür eine substantielle Gegenleistung erwarteten, nämlich die russische Unterstützung zur See. Ihr war außerdem klar, dass Menorca sich nur schwer gegen spanische oder französische Angriffe verteidigen ließ. Sie erklärte: »Ich werde der Versuchung nicht erliegen.« Sie sah ihre Aufgabe eher darin, die Kriegsparteien zum Frieden zu bewegen, als den Konflikt in Atlantik und Mittelmeer weiter anzuheizen. Ihr praktischer Common Sense hatte gesiegt, und die Ereignisse sollten ihr schon bald recht geben, denn nicht einmal ein Jahr später richteten die Spanier ihre Aufmerksamkeit auf Menorca und nahmen den Briten die Insel 1782 wieder ab.[11] Einen prägnanten Kommentar zu den Verhandlungen mit der Zarin lieferte ein anonymer Autor, bei dem es sich möglicherweise um Edmund Burke handelt:

> »England hatte genügend Zeit, über diese absurde und blinde Politik nachzudenken, und allen Grund, dieses Vorgehen zu missbilligen, mit dem das Land einen unsicheren Verbündeten und einen stets mit Misstrauen zu beobachtenden Freund aus dem hintersten Bottnischen Meerbusen gewann, um eine neue Seeherrschaft im Mittelmeer und der Ägäis zu errichten.«[12]

Das wurde ein paar Jahre später geschrieben, als die britische Regierung ihre frühere Unterstützung für Russland zu bereuen begann. Nun, 1788, fragte sie sich, ob Ludwig XVI. nicht an einer gemeinsamen Blockade des Kanals interessiert war, die den Russen den Weg ins Mittelmeer versperren sollte.[13]

Obwohl Katharina das Angebot Menorcas ablehnte, zeigten die Verhandlung und die nachfolgende Abkühlung der britischen Gefühle für Russland doch, dass die Russen im Mittelmeerraum eine bedeutende Rolle in Krieg und Diplomatie gewonnen hatten, die sie sich noch lange zu bewahren versuchten. Die Annexion der Krim 1783 und die weitere Expansion der russischen Herrschaft an der Schwarzmeerküste (die zur Gründung Odessas führte) förderten die russischen Ambitionen im Mittelmeer, denn die Zarin verfügte nun über einen Stützpunkt für Handels- und Marineunternehmungen in Richtung der Dardanellen. Dabei hing viel von den Beziehungen zu den Türken ab. Als die Zarin sich 1789 mit der Hohen Pforte im Krieg befand, machten griechische Freibeuter mit Erlaubnis Russlands Adria und Ägäis unsicher. Sie genossen auch die Unterstützung Venedigs, das sich um diese Zeit zum letzten Mal als unabhängige Republik zu behaupten versuchte. Ein griechischer Kapitän namens Katzones erhielt die Genehmigung, das venezianische Korfu als Stützpunkt zu benutzen, wodurch die Insel in den Augen der Russen zu einem potentiellen Ziel im Mittelmeer wurde. Katzones machte den Türken das Leben schwer. Er eroberte die Burg von Herceg Novi in der Bucht von Kotor und dehnte seine Raubzüge bis nach Zypern aus. 1789 erregten drei unter russischer Flagge segelnde »undisziplinierte, weitgehend unorganisierte und in die Nähe von Piraten kommende Geschwader« die Osmanen.[14] Ihre Raubzüge machten deutlich, wie instabil das Mittelmeer geworden war.

Wie man wieder für Stabilität sorgen konnte, war klar. Durch Friedensverträge löste man zumindest auf kurze Sicht Territorialstreitigkeiten und sicherte die Handelswege. Als man 1792 den Vertrag mit den Türken unterzeichnet hatte, begann der russische Mittelmeerhandel zu expandieren – zum Teil wegen der günstigen Lage Odessas, das weitgehend eisfrei war und über einen guten Zugang zu den offenen Räumen der Ukraine und Südpolens verfügte. Schon im Jahr der offiziellen Gründung – 1796 – besuchten 49 türkische, 34 russische und drei österreichische Schiffe den Hafen, und die Stadt zog Siedler aus Griechenland, Albanien und den südslawischen Gebieten an. Aus Korfu, Neapel, Genua und Tripolis kamen Kaufleute. 1802 und 1803 importierte Odessa bereits riesige Mengen Olivenöl, Wein, Trockenobst und Wolle aus Griechenland, Italien und Spanien, hauptsächlich auf griechischen und italienischen Schiffen, die je nach Bedarf unter türkischer, russischer oder österreichischer Flagge segelten. Inzwischen exportierten die Häfen am Schwarzen Meer Getreide im doppelten Wert der importierten Erzeugnisse (1805 erreichten die Getreideexporte den erstaunlichen Wert von 5,7 Millionen Rubel).[15] Diese kommerziellen Erfolge wären undenkbar gewesen ohne die freie Durchfahrt durch Bosporus und Dardanellen, die Russland sich nur durch einen Vertrag mit den Türken sichern konnte oder – noch bedenklicher – durch einen Sieg über die Osmanen, der Konstantinopel den Türken entrissen und seinen orthodoxen Herren zurückerstattet hätte.

Im Jahr der Gründung Odessas bestieg Katharinas Sohn Paul den Zarenthron, und seine Ambitionen übertrafen die seiner Mutter beträchtlich, war sie doch so klug gewesen, die Grenzen der russischen Macht zu erkennen. Er hatte den Mittelmeerraum schon 1782 besucht. Unter dem Decknamen »Graf des Nordens« war er in Neapel, Venedig und Genua gewesen, und seine Erfahrungen dort hatten den Wunsch in ihm geweckt, dass Russland in der Region Fuß fassen sollte.[16] In seiner kurzen, nur fünfjährigen Regierungszeit drängte Russland erneut ins Herz des Mittelmeeres. Die Russen suchten dort immer noch nach einer Insel, die ihnen als Stützpunkt dienen konnte, doch Zar Pauls Aufmerksamkeit richtete sich nicht auf Menorca, sondern weiter östlich auf Malta. Wie zuvor lösten auch diesmal Umstände fernab vom Mittelmeer die russische Intervention aus, und Pauls Interesse galt ursprünglich nicht der Insel, sondern den Ordensrittern. Die Verbindungen zwischen Russland und dem Malteserorden reichten viele Jahre zurück. Peter der Große hatte seinen General Boris Scheremetow 1697 auf die Insel geschickt, um den Ordensrittern einen gemeinsamen Feldzug gegen die Osmanen vorzuschlagen. Russische Schiffe sollten die Osmanen im Schwarzen Meer angreifen, während die kleine, aber schlagkräftige Flotte der Malteser sie in der Ägäis angegriffen hätte. Der Großmeister war jedoch nicht bereit, sein Glück auf das noch wenig bekannte Russische Reich zu setzen, das schließlich immer noch die Bastion des orthodoxen Christentums war. Allerdings waren die Ordensritter sehr beeindruckt von der tränenreichen Bewunderung, die Scheremetow für die Reliquie Johannes des Täufers bewies, als man sie während des Pfingstgottesdienstes, an dem dieser Besucher aus einer anderen christlichen Welt zur Begeisterung der Ordensritter teilnahm, in die großartige Kathedrale des Ordens in Valletta überführte.[17]

Auch unter Katharina gab es Dinge zwischen den Ordensrittern und dem Zarenhof zu regeln. Sie gingen auf das komplizierte Vermächtnis eines polnischen Adligen zurück, das zur Gründung eines Hospitaliterpriorats in den von Russland beherrschten Teilen Polens führte.[18] Katharina hoffte, die Ordensritter gegen ihre Gegner in Polen einsetzen zu können, und hieß 1769 einen alten Bekannten, den italienischen Ordensritter Michele Sagromoso, an ihrem Hof willkommen, der Botschaften des Großmeisters und des Papstes überbrachte, die natürlich nur zu gerne im Russischen Reich katholische Einrichtungen gegründet hätten. Dann kamen jedoch religiöse Fragen ins Spiel, als Katharina einen dubiosen italienischen Schützling, den possenhaften Marquis Cavalcabó, als ihren Beauftragten nach Malta schickte. Die Sache fing nicht gut an. Die Ordensritter wandten sich gegen die Anwesenheit eines von einer nichtkatholischen Macht bestellten *chargé d'affaires*, und Cavalcabó war eine wenig vertrauenswürdige Figur, die man im Verdacht hatte, mit der starken französischen Partei innerhalb des Ordens zu konspirieren. Denn viele Ordensritter waren Franzosen, und der Orden verfügte in Frankreich über große Ländereien.[19] Cavalcabó hatte die Aufgabe, der russischen Flotte, die zu dieser Zeit immer noch im östlichen Mittelmeer operierte, Zugang zu Malta zu verschaffen. 1775 mauschelte der frustrierte Agent der Zarin mit dem alten einheimischen Adel, den die Ordensritter seit langem an den Rand drängten – in der vergeblichen Hoffnung, diese Adligen könnten einen Aufstand gegen ihre tyrannischen Herren anführen und ihre Insel an Zarin Katharina übergeben. Die Ordensritter zeigten sich zunehmend irritiert durch das sonderbare Verhalten, das der Beauftragte der Zarin an den Tag legte. Sie durchsuchten sein Haus in Floriana, einem Vorort von Valletta, und fanden dort zahlreiche Waffen. Cavalcabó wurde des Landes verwiesen, fiel schließlich in Ungnade und verbrachte seine letzten Tage in Frankreich, ständig in Angst, wegen Betrugs verhaftet zu werden.[20]

Dass Zar Paul sich an die Malteser wandte, kam daher nicht vollständig überraschend.[21] Paul hatte als junger Mann die Geschichte des Ordens studiert, und romantisierend sah er in ihm ein Bollwerk gegen die Revolution. Da waren Adlige von reinem Geblüt, die, in christlichem Eifer vereint, die kleinlichen Differenzen zwischen den christlichen Staaten seiner Zeit überbrückten. Dass es sich um einen katholischen Orden handelte, bereitete ihm keine Sorgen, und niemals bezweifelte er, dass er als der größte orthodoxe Fürst eng mit ihnen zusammenarbeiten konnte.[22] Er stellte sich vor, dass die Ordensritter ihn an zwei Fronten unterstützten. Ein polnisch-russisches Priorat sollte Geld und Männer für den Kampf gegen die Türken in Osteuropa bereitstellen, während die Flotte des Ordens gemeinsam mit russischen Geschwadern den Türken im Mittelmeer zusetzte. Schon bald werde man die orthodoxe Herrschaft in den alten byzantinischen Landen wiederherstellen. Doch der Verwirklichung dieses großen Traums stand ein unüberwindliches Hindernis im Wege. Und dieses Hindernis hieß Napoleon Bonaparte.

III

Die Revolutionskriege und die darauf folgenden Napoleonischen Kriege hatten Auswirkungen auf den gesamten Mittelmeerraum. 1793, kurz nachdem die französische Revolutionsregierung Großbritannien den Krieg erklärt hatte, schien es, als wäre die britische Flotte in der Lage, die französische Flotte an jeglichen Operationen im Mittelmeer zu hindern. Als der Krieg zwischen Frankreich und seinen Nachbarn sich verschärfte, brachen als Begleiterscheinung zu der blutigen Unterdrückung all derer, die sich den radikalen Jakobinern widersetzten, in der französischen Provinz Aufstände aus. Die Bürger von Toulon vertrieben die Jakobiner aus ihren Ämtern und appellierten an die Briten, sie vor den nach Süden vorrückenden Revolutionstruppen zu retten. Flüchtlinge strömten in die Stadt, und die Lebensmittel wurden knapp. Zu der Zeit hatten britische Schiffe unter dem Befehl von Lord Hood bereits eine Blockade Toulons vorgenommen und damit die Lebensmittelknappheit in der Stadt noch verschärft. Am 23. August erklärte Hood sich bereit, die Stadt zu übernehmen, sofern die Einwohner König Ludwig XVII. als Thronerben anerkannten. Daran hatten die Bürger schwer zu schlucken, stimmten jedoch zu, denn die Angst vor den Jakobinern glich die mangelnde Begeisterung für die Monarchie aus. Durch die Besetzung geriet die Hälfte der französischen Flotte unter britische Kontrolle. Doch es fehlte Hood an Bodentruppen, und erst als die von Napoleon Bonaparte befehligte Revolutionsarmee das »Petit Gibraltar« genannte Fort an der Hafeneinfahrt eingenommen hatte, erkannte Hood, dass die Stellung der Briten unhaltbar war. Auf ihrem Rückzug zerstörten die Briten neun französische Linienschiffe sowie drei Fregatten und sprengten Holzlager in die Luft, von denen die Zukunft der französischen Flotte abhing. Außerdem entführten sie zwölf weitere Schiffe, die dann in die britische und die spanische Kriegsflotte eingegliedert wurden.[23]

Das war einer der stärksten Schläge gegen die französische Flotte während dieses Krieges, mindestens ebenso verheerend wie die französischen Verluste bei Trafalgar. Und dennoch schuf die Aufgabe von Toulon einen Berg von Problemen für die Briten. Jeder britische Kommandeur beobachtete Toulon geradezu besessen, solange Napoleon aktiv war.[24] Die britischen Befehlshaber mussten nach neuen Möglichkeiten suchen, dort der französischen Flotte entgegenzutreten. Eine Lösung war die Rückeroberung Menorcas als vorgeschobener Stellung in der Nähe Südfrankreichs, was denn 1798 auch gelang. Davor hatte sich allerdings eine andere verlockende Möglichkeit angeboten. 1768 hatte die französische Krone den Genuesern Korsika abgenommen, die freilich schon vorher die tatsächliche Kontrolle über die Insel an die von dem redegewandten und Begeisterung weckenden Pasquale Paoli geführten nationalistischen Kräfte verloren hatten. Kurz bevor Frankreich Großbritannien den Krieg erklärte, kursierten in Livorno Berichte, wonach die Revolutionsregierung kein Interesse an Korsika habe und die Insel deshalb zum Verkauf stehe. Es hieß, die Russen seien bereit, ein Angebot Genuas zum Rückkauf der Insel zu finanzieren, da sie darin einen potentiellen Marinestützpunkt im westlichen Mittelmeer erblickten.[25] Diese Gerüchte weckten das britische Interesse an Korsika, das mit der Kriegserklärung durch Frankreich nur noch größer wurde.

Als Toulon sich in den Händen der Briten befand, begeisterte Pasquale Paoli sich für eine korsische Allianz mit Großbritannien. Er verstand, welche Bedeutung der Verlust von Toulon für die Briten hatte, und notierte: »Die Einnahme von Toulon ist ein Glück, denn sie zwingt die Briten, uns zu befreien.« Allerdings überschätzte Paoli hier den Nutzen Korsikas. Die Insel kommt in diesem Buch einfach deshalb nicht so häufig vor wie Sardinien, Mallorca, Kreta oder Zypern, weil sie der transmediterranen Schifffahrt weniger Möglichkeiten und weniger eigene Erzeugnisse bot als andere Inseln. Es gab zwar etwas Getreide in der Balagne, einer Region im Norden, die ausgebeutet worden war, seit die Pisaner im 12. Jahrhundert dort die Herrschaft übernommen hatten, doch das war eine nach innen gerichtete, isolierte, konservative Gesellschaft, zu der man nur schwer Zugang fand. So kann es kaum überraschen, dass die Genueser schließlich den Versuch aufgaben, die Insel zu halten.[26] Die Briten dagegen begannen zu glauben, die Insel berge ein ungenutztes Potenzial als Marinestützpunkt. Vielleicht, so spekulierte man, könne Ajaccio zu einem Hafen von ähnlicher Bedeutung wie Livorno und zu einem Handelsplatz werden, »der alle Märkte des Mittelmeerraums und der Levante beherrscht«. 1794 eroberten die Briten das in der Balagne gelegene

Saint-Florent, und wenige Wochen später stimmte das korsische Parlament für eine Union mit Großbritannien. Die Insel sollte eine autonome Gemeinschaft unter der Hoheit Georgs III. werden. Die Korsen sollten eine eigene Flagge führen dürfen, die neben dem königlichen Wappen den Kopf eines Mauren und den Wahlspruch tragen würde: *Amici e non di ventura*, »Freunde und nicht durch Zufall«.[27]

Doch die Stimmung zwischen Briten und Korsen schlug um. Paoli war bald schon desillusioniert, und Revolutionsausschüsse entfalteten zusehends stärkere Aktivitäten, als Napoleon immer mehr Aktivisten auf seine Heimatinsel schickte. 1796 gelangte die Regierung William Pitts zu der Auffassung, dass die Stellung der Briten auf Korsika unhaltbar sei. Die Union mit Korsika wurde aufgelöst, und Großbritannien zog seine Truppen ab. Die Hoffnungen hinsichtlich des möglichen Nutzens der Insel waren rasch enttäuscht worden. Pitt fragte sich, ob Katharina die Große vielleicht bereit wäre, Korsika gegen das Versprechen eines besonderen Zugangsrechts für britische Schiffe zu übernehmen. Er wollte ihr einreden, die Insel ließe sich mit 6000 Soldaten und dem Wohlwollen des korsischen Parlaments halten. Doch Katharina starb, bevor der Vorschlag sie erreichte. Was die russische Präsenz im Mittelmeer anging, durften die Russen in den Augen der Briten als nützliche Idioten dienen, die für die Briten zweitrangige Aufgaben übernahmen, während die Briten ihre Anstrengungen und Ressourcen auf den Kampf gegen das revolutionäre Frankreich und später gegen Napoleon konzentrierten.

Nelson und seine äußerst fähigen Kollegen – Hood, Collingwood, Troubridge und andere – hatten nun die Aufgabe, den Franzosen die Herrschaft über das Mittelmeer abzunehmen. Ein wichtiges Ziel bestand darin, Napoleons Versuche zu verhindern, einen französischen Stützpunkt in Ägypten zu errichten, von dem aus er imperiale Projekte weiter östlich stören konnte, in Indien nämlich, denn die Briten bauten dort ihre Macht seit der Mitte des 18. Jahrhunderts aus. Ein von den Briten abgefangener französischer Brief beschreibt die Ziele des Ägyptenfeldzugs:

> »Die Regierung hat ihr Auge auf Ägypten und Syrien geworfen: Länder, die dank ihres Klimas und dank der Güte und Fruchtbarkeit ihrer Böden zu Kornkammern und Füllhörnern des französischen Handels werden

> können und im Laufe der Zeit auch zu Warenlagern für die Reichtümer Indiens. Es steht fast außer Frage, dass wir, wenn wir uns erst in den Besitz dieser Länder gebracht und sie entsprechend organisiert haben, unsere Blicke noch weiter richten und den englischen Indienhandel zerstören, ihn zu unseren Gunsten umlenken und uns zu Herren über Indien, Afrika und Asien aufschwingen werden. All diese Erwägungen haben unsere Regierung veranlasst, die Expedition nach Ägypten zu versuchen.«[28]

Nelson war ein äußerst brillanter Kommandeur, doch es war sein Gegner, Napoleon, der den Konflikt zwischen Großbritannien und Frankreich tief ins Mittelmeer hineintrug, und auch hier ist es eine gute, wenn auch unorthodoxe Möglichkeit, den Gang der Ereignisse zu beleuchten, indem wir sie aus russischer und maltesischer Sicht betrachten.

Bonaparte erkannte sogleich, dass es sich lohnte, Malta zu erobern. Noch in Diensten des Direktoriums schrieb er 1797 an seine Vorgesetzten: »Die Insel Malta ist für uns von großem Interesse«, und er wies darauf hin, dass es für Frankreich wichtig sei, sich um die Ernennung eines Frankreich freundlich gesinnten Großmeisters zu bemühen. Das lasse sich mit einer halben Million Franc bewerkstelligen. Der damalige Großmeister hatte sich von einem Schlaganfall nicht mehr erholt, und man erwartete, dass der Deutsche von Hompesch seine Nachfolge antrat:

> »Valletta hat 37 000 Einwohner, die den Franzosen sehr freundlich gesinnt sind. Es gibt keine Engländer mehr im Mittelmeer. Weshalb sollte unsere oder die spanische Flotte, bevor sie in den Atlantik fährt, nicht nach Valletta segeln und die Stadt besetzen? Es gibt dort nur 500 Ritter, und das Regiment des Ordens ist nur 600 Mann stark. Falls wir das nicht tun, wird Malta in die Hand des Königs von Neapel fallen. Die Insel ist für uns jeden Preis wert.«[29]

Das waren scharfsinnige Argumente, auch wenn Napoleon den Wert Maltas als Versorgungsstation überschätzte, wenn man bedenkt, dass es kaum Holz und Wasser auf der Insel gab. Die großartigen Befestigungen von Valletta waren eine Maske, hinter der sich nur eine schwache Armee von Verteidigern verbarg, Männer, die zudem vielfach dem Wohlleben erlegen waren – die leidenschaftlichen und oft sogar fanatischen Ideale der früheren Hospitaliter waren stark verwässert, auch wenn der Kampf gegen die ungläubigen Türken weiterhin das Hauptziel der Malteser Freibeuter war.[30] Außerdem besaß die Gefahr einer Übernahme der Insel durch Neapel durchaus eine überregionale Bedeutung. Der »König beider Sizilien« unterhielt enge Beziehungen zu Nelson und Großbritannien, und selbst der Großmeister zollte seinem historischen Anspruch als Oberherr der Inselgruppe Anerkennung durch die Zahlung einer jährlichen Tributleistung in Gestalt eines Falken.

Von Hompesch wurde wie erwartet im Juli 1797 zum Großmeister gewählt. Er erblickte im russischen Zaren einen Verbündeten, der dem Orden über das polnisch-russische Priorat von Nutzen sein konnte, und er hoffte zugleich auf die Unterstützung des österreichischen Kaisers, in dessen Hoheitsgebiet er geboren war, wie auch der französischen Ordensritter, die voller Abscheu das Geschehen in Frankreich beobachteten, wo der Orden über großen Landbesitz verfügte.[31] Von Hompesch nahm zu Recht an, dass Napoleons eigentliche Ziele anderswo lagen. Doch Napoleon war fest davon überzeugt, dass er zur Verwirklichung seiner Ziele im östlichen Mittelmeer Malta unter seine Kontrolle bringen musste. Als im Mai 1798 eine riesige französische Flotte Toulon verließ, um über Malta nach Ägypten zu segeln, setzte er sein Vertrauen immer noch auf Russen und Österreicher, als könnten die ihm tatsächlich helfen. Doublet, der dem vorausgegangenen Großmeister als Sekretär gedient hatte, schrieb: »Noch nie hatte Malta eine so große Flotte in seinen Gewässern gesehen.« Und die Führer der einheimischen Malteser sannen über die Ironie nach, die darin lag, dass nicht die türkische, sondern eine westeuropäische Flotte Malta den Ordensrittern abnehmen sollte.[32] Als die französische Flotte Malta erreichte, bestand der Großmeister darauf, dass jeweils nur vier Schiffe in den Hafen einfuhren, und der Emissär klagte: »Wie lange würde es dauern, bis 500 oder 600 Schiffe auf diese Weise das Trinkwasser und andere dringend benötigte Dinge aufgenommen hätten?« Und er beklagte sich weiter, dass man in jüngster Vergangenheit den Briten weitaus größere Gunst erwiesen habe.[33] Doch das war die Antwort, die Bonaparte sich wünschte, hatte er doch nun hinreichend Grund, 15 000 Mann an Land zu setzen und die Insel einzunehmen. Von Hompesch erkannte, dass er gegen diese Übermacht keine Chance hatte. Er kapitulierte, und am 13. Juni verwies Napoleon die Ordensritter der Insel. Er schmolz große Mengen Silber ein und beschlagnahmte auch das Archiv des Ordens, nicht um die dort gesammelten Schriften zu lesen, sondern weil Patronen meist mit Papier gestopft wurden. So verloren die Ordensritter ihre Identität und waren auf die Gnade christlicher Mächte angewiesen, wie es schon nach dem Fall von Akko und dem von Rhodos geschehen war. Wieder einmal war der Fortbestand des Ordens stark gefährdet.

Die Einnahme Maltas festigte nur die Entschlossenheit Zar Pauls, die russische Flotte wieder ins Mittelmeer zu bringen. Dass er den Nutzen der Insel als Holzlieferant und Trinkwasserquelle überschätzte, ist unbestreitbar. Doch er hatte darüber hinaus die Absicht, Malta als Ausgangspunkt für bedeutsamere Eroberungen zu nutzen.[34] In einem ersten Schritt überredete er den russischen Prior des Ordens, von Hompesch für abgesetzt zu erklären und den Zaren im November 1797 zum neuen Großmeister zu wählen.[35] In dieser Eigenschaft ernannte Paul zahlreiche russisch-orthodoxe Adlige zu Ordensrittern und trug nun jeden Tag das Ordensgewand, um den Eindruck zu erwecken, er sei ebenso stolz auf das (umstrittene) Amt des Großmeisters wie auf seine Stellung als Zar. Er sah sich als Inbegriff des Rittertums. Im Augenblick gelte die ganze Aufmerksamkeit des Zaren Malta, meinte ein österreichischer Minister.[36]

Zu den vielen Überraschungen, die Zar Paul für seine Zeitgenossen bereithielt, gehörte auch sein Bündnis mit den Osmanen. Vorausgegangen war Admiral Nelsons großer Sieg über Napoleons Flotte in der Bucht von Abukir bei Alexandria im Sommer 1798. Danach gelang es den Briten, die französischen Armeen aus Ägypten zu vertreiben, allerdings erst nachdem Napoleon dem Land eine gewaltige Zahl von Altertümern geraubt hatte.[37] Die Hohe Pforte war seit dem 16. Jahrhundert weitgehend zufrieden mit ihrem französischen Verbündeten gewesen. Eine französische Landung im osmanischen Ägypten konnte sie jedoch nicht hinnehmen. Außerdem gab es auf dem Balkan Ruhestörer, die gefährliche Sympathien für Frankreich zu hegen schienen, vor allem der große albanische Kriegsherr und Herrscher von Ioannina, Ali Pascha. Nun war es für den Sultan offensichtlich an der Zeit, sich gegen die Franzosen zu wenden, die in der Levante größere Ambitionen entwickelten, als die Osmanen zulassen konnten, und die anscheinend verwundbarer waren, als Beobachter der Napoleonischen Flotten und Armeen dies erwartet hätten. Das wichtigste Element des türkisch-russischen Bündnisses war die vorläufige, nur wenige Wochen nach Abukir unterzeichnete Erlaubnis für die russische Kriegsflotte, durch den Bosporus ins Mittelmeer zu fahren.[38] Zum Glück konnten Türken und Russen sich auf ein gemeinsames Ziel einigen: die Ionischen Inseln, die Napoleon kurz zuvor erobert hatte, als er nach der Einnahme Venedigs im Mai 1797 die Überreste des venezianischen Reiches einsammelte. Die Türken hatten den Verdacht, die Franzosen wollten Ancona als Ausgangspunkt für eine Invasion des Balkans nutzen, und sahen in der Kontrolle über Korfu und die Nachbarinseln eine notwendige Voraussetzung für eine Blockade der Adria. Beiden Seiten gelang es, das tiefe wechselseitige Misstrauen beiseitezulegen. Der Oberbefehlshaber der russischen Marine, der bäurische, einsprachige Admiral Uschakow, sparte seine Eifersucht ganz für Nelson auf, denn er wollte nicht, dass der Brite den gesamten Ruhm einheimste. Und Nelson war entschlossen, diese unwahrscheinlichen Verbündeten auf das östliche Mittelmeer zu beschränken und Malta sowie Korfu für die Briten zu gewinnen. »Ich hasse die Russen«, schrieb er und nannte Uschakow einen »Schurken«.[39] Die Türken verfügten über eine Flotte aus gut gebauten, modernen französischen Schiffen, doch die Besatzungen, die zu einem großen Teil aus griechischen Seeleuten bestanden, hatten wenig Disziplin. Die russischen Werften am Schwarzen Meer waren ihrerseits nicht in der Lage, Schiffe zu bauen, die stark genug für einen langen, fern der Heimat zu führenden Krieg waren.[40] Dennoch hatten die vereinigten Streitkräfte der Türken und Russen Anfang März 1799 die Kontrolle über die Ionischen Inseln erlangt. Zar Paul erinnerte sich an den Malteserorden und belohnte Uschakow damit, dass er ihn zum Ritter des Ordens ernannte. Die für die Regierung der Ionischen Inseln gewählte Lösung war ungewöhnlich. Die sieben Inseln bildeten eine aristokratische »Sieben-Insel-Republik«, die unter türkischer Oberhoheit stand, auf die jedoch Russland als Schutzmacht großen Einfluss ausüben sollte.[41]

Nelson schob alle Zweifel hinsichtlich des Kommandeurs der russischen Flotte und ihrer Seetüchtigkeit beiseite und trat mit dem Vorschlag eines gemeinsamen Angriffs auf Korfu an ihn heran – eine Aussicht, die nun realistischer erschien, da eine russische Armee von Turin aus nach Süden vorstieß. Nelson befürchtete, es könnte zu einer von den Briten unterstützten russischen Invasion kommen. So erklärte er: »Auch wenn eine Macht ein paar Leute mehr auf der Insel hat als die andere, dürfen sie kein Übergewicht erlangen. Sobald die französische Flagge eingeholt ist, darf nur die Flagge des Ordens gehisst werden und keine andere.«[42] Wie ein Historiker anmerkt: »Niemals waren die russischen Aussichten im Mittelmeer besser als im Oktober 1799.« Das wusste auch Uschakow, und so war er schockiert, als er einen Ukas erhielt, aus dem hervorging, dass der Zar seine Meinung geändert hätte. Er befahl ihm, das Mittelmeer unverzüglich zu verlassen und sich mit der gesamten Flotte ins Schwarze Meer zurückzuziehen. Die russischen Stellungen auf Korfu sollten direkt an die Türken übergeben werden, in der Erwartung, das werde den Sultan dazu bewegen, die Durchfahrt einer russischen Flotte aus der Ägäis ins Schwarze Meer zu gestatten. Der Rückzug kam keinen Augenblick zu früh. Die russische Intervention auf den Ionischen Inseln drohte eine Gefahr für die Kontrolle der Habsburger über die Adria zu werden, und die Österreicher gewöhnten sich gerade an den Besitz Venedigs, das Napoleon ihnen gleichsam als Zuckerbrot übergeben hatte. Pauls Kalkulationen waren fern jeder Realität. Er überließ dem Kaiser des Heiligen Römischen Reiches großspurig die Wahl zwischen Venedig und den Niederlanden, als er das nachrevolutionäre Europa phantasievoll unter den gegen Napoleon Verbündeten aufteilte.[43]

Wie weit Pauls Ambitionen von der Wirklichkeit entfernt waren, zeigte sich auch, als Uschakow sich außerstande sah, mit seiner zerfallenden Flotte in das östliche Mittelmeer zu segeln, und deshalb gezwungen war, auf Korfu zu überwintern. Die Russen sahen ohnmächtig der Belagerung Maltas durch die Briten zu und verließen Korfu erst im Sommer 1800 Richtung Schwarzes Meer. Napoleon hatte keine Hoffnung, Malta halten zu können, und so bot er die Insel, »um Zwietracht zwischen den Feinden zu säen«, Zar Paul als Geschenk an. Der Zar ging in die Falle und nahm das Geschenk an, um dann im November 1800 zu erfahren, dass die Briten die Insel ein paar Monate zuvor eingenommen hatten.[44] Die Briten beschlossen, ihre erklärte Absicht, den Malteserorden wieder in seine Rechte einzusetzen, einfach zu vergessen, und sorgten auch nicht dafür, dass die Flaggen ihrer Verbündeten gehisst wurden, als sie Valletta erobert hatten: weder die des Zaren und Großmeisters noch die des Malteserordens, noch auch die des Königs von Neapel, des vormaligen Oberherren der Insel. Das Foreign Office in London murmelte in bester Foreign-Office-Manier etwas von Regelverletzung und äußerte wegen der Beleidigung des Zaren als des »anerkannten Großmeisters« ängstlich Befürchtungen (was indessen übertrieben war). Doch vor Ort, auf Malta, scherten sich weder die britische Armee noch die britische Marine um solche Bedenken.[45] Es war die britische Flagge, die mehr als anderthalb Jahrhunderte lang über Malta wehen sollte. Von dem, was dann geschah, hätte Napoleon gewiss nicht einmal zu träumen gewagt. Mit der Unterstützung Dänemarks, Schwedens und Preußens schuf der Zar eine »bewaffnete Neutralität des Nordens« und erließ ein Embargo gegen alle britischen Schiffe. Dann wurde aus Napoleons Traum ein Albtraum. In Nord- und Ostsee kam es zum Konflikt. Nelson, obwohl formell nur stellvertretender Kommandeur, ging im April 1801 erneut als glanzvoller Sieger aus der Seeschlacht von Kopenhagen hervor, in der er die dänische Flotte vollständig zerschlug.[46] Etwa eine Woche zuvor hatten erzürnte russische Offiziere sich gewaltsam Zugang zum Schlafgemach des Zaren verschafft und Paul I. erdrosselt. Die Briten waren erleichtert, als sie vom Tod dieses unberechenbaren Verbündeten erfuhren. Napoleon, der in Paul den geistesverwandten Megalomanen erkannte, war tief bewegt und glaubte, dass eine britische Verschwörung hinter dem Mordanschlag steckte. Doch Paul war selbst sein schlimmster Feind gewesen.

IV

Pauls Nachfolger, Alexander I., begann seine Regierungszeit mit größerer Vorsicht. Als der Vorschlag kam, Russland solle nach gesamteuropäischen Friedensverhandlungen mit Frankreich 1801 als Garant einer maltesischen Autonomie unter einer wiederhergestellten Herrschaft des Malteserordens fungieren, lehnte er höflich ab. Wer anders als der König beider Sizilien solle in seiner Eigenschaft als Oberherr der Insel die Autonomie Maltas garantieren?[47] Andererseits war Alexander darauf bedacht, das russische Interesse an den Ionischen Inseln zu reaktivieren, zumal das Osmanische Reich ins Wanken zu geraten schien (es sollte ein langes Wanken werden). Der Berater des Zaren, Czartoryski, nannte die Türken »in wesentlichen und lebenswichtigen Teilen verfault und brandig«.[48] Sollte das Osmanische Reich sich auflösen, riet Czartoryski zu einer Aufteilung des europäischen Teils zwischen den Romanows und den Habsburgern, mit Anteilen für Großbritannien und Frankreich in der Ägäis, Kleinasien und Nordafrika sowie einer Unabhängigkeit für die Griechen. Der Habsburger-Kaiser sollte die dalmatinische Küste einschließlich Dubrovnik erhalten, Russland Kotor und Korfu sowie natürlich Konstantinopel. Auch praktische Schritte wurden unternommen. Angesichts einer französischen Bedrohung aus Süditalien verstärkte man die Verteidigung der Ionischen Inseln, und man schickte Konsuln in Städte wie Kotor, um dort Sympathien für Russland zu wecken.[49] Doch der Frieden von Amiens ging 1803 zu Bruch (zum Teil, weil die Briten sich weigerten, Malta aufzugeben), und Napoleon, der sich schon bald selbst zum Kaiser von Frankreich krönte, begann auf dem Festland wieder seine Muskeln spielen zu lassen.[50] Diese Ereignisse veranlassten Alexander, seine Schiffe abermals ins Mittelmeer zu schicken. Erleichtert wurde dieses Unterfangen durch den »glorreichen Sieg«, den Lord Nelson am 21. Oktober 1805 bei Trafalgar, unmittelbar außerhalb des Mittelmeeres, errang.[51] Das Mittelmeer war nun sicherer für Schiffe aus Ländern, die zu den Gegnern Frankreichs gehörten, doch der tote Kriegsheld Nelson war nicht mehr da, um vor den unzuverlässigen Russen zu warnen, die sich tatsächlich sehr um eine Verbesserung der Seetüchtigkeit ihrer Flotte bemüht hatten.

Unter Alexander war das russische Interesse am Mittelmeer wie schon bei seinen Vorgängern eng verbunden mit der russischen Sympathie für die orthodoxen Slawen, die der Zar nun unter seinen Schutz zu nehmen versuchte. Deshalb schickte er Schiffe nach Kotor, das den Zugang zu dem von Gebirgen umschlossenen orthodoxen Fürstentum

Montenegro eröffnete, einem Gebiet, um dessen vollständige Kontrolle die Türken sich niemals bemüht hatten. Für Russland war Montenegro nicht von praktischer, sondern von ideologischer Bedeutung, obwohl es heißt, dass Kotor der Heimathafen von 400 Handelsschiffen gewesen sei, wobei manche allerdings wohl nicht größer als eine Segeljolle waren.[52] Auch beim russischen Umgang mit Dubrovnik stand die religiöse Frage im Vordergrund. Aus Furcht vor den Serben hatten die Ragusaner der orthodoxen Kirche auf dem kleinen Herrschaftsgebiet der Stadt von jeher Hindernisse in den Weg gelegt, und 1803 ließ der Senat sogar die Kapelle des russischen Konsulats schließen. Im März 1806 stieß eine französische Armee entlang der dalmatinischen Küste nach Süden vor, und die Regierung von Ragusa gab widerwillig die Erlaubnis, dass russische Soldaten die Festungsanlagen der Stadt bemannten, falls die Franzosen kamen. Doch als die Franzosen Ende Mai in Ragusaner Territorium eindrangen, beschloss der Senat, dass französische Katholiken russischen Orthodoxen vorzuziehen seien, womit er einen Kampf auslöste, der über seinen Kopf hinweg zwischen Franzosen und russischen, von Montenegriner Slawen unterstützten Truppen geführt wurde. Obwohl es den Russen gelang, ihren Einfluss entlang der dalmatinischen Küste eine Zeitlang auszudehnen, blieb Dubrovnik ein französischer Stützpunkt, und 1808 ging die republikanische Regierung ohne sonderlichen Widerstand den Weg, den zuvor schon die Republik Venedig gegangen war. Ein Vertreter des französischen Kommandanten Marmont erklärte: »Meine Herren, die Republik Ragusa und ihre Regierung sind aufgelöst, die neue Verwaltung ist eingesetzt.« Dubrovnik wurde zunächst der Herrschaft des napoleonischen Italien und dann der neugeschaffenen Provinz Illyrien unterstellt. Marmont wurde mit dem gleichfalls neugeschaffenen Titel *Duc de Raguse* belohnt.[53] Der Zusammenbruch war nicht nur politischen Charakters, denn obwohl Dubrovnik 1806 der Heimathafen von 277 Segelschiffen gewesen war, sank die Zahl bis 1810 auf lediglich 49.[54] Die Republik war in Kriege hineingezogen worden, die unmöglich in ihrem Interesse liegen konnten. Wegen der schwindenden Macht der Osmanen standen die Ragusaner ohne die traditionelle osmanische Garantie ihrer Neutralität und Sicherheit da. Ein Versuch, die Unterstützung der Türken zu gewinnen, blieb erfolglos, denn die Osmanen waren zu dieser Zeit eher den Franzosen verbunden.[55] Es war ein schmachvolles Ende für eine Republik, die sich optimistisch LIBERTAS zum Wahlspruch erkoren hatte.

Und zugleich war es der Anfang vom Ende der russischen Intervention im Mittelmeer. Den Russen fiel es immer noch schwer, so fern von Sankt Petersburg die Kontrolle über ihre Operationen zu behalten. Diese Operationen wurden erschwert durch den Zusammenbruch der russisch-türkischen Entente Ende 1806 im Gefolge tiefgreifender Meinungsverschiedenheiten bezüglich der im heutigen Rumänien gelegenen Walachei. Zu ihrer eigenen Überraschung befanden Russland und die Türkei sich im Krieg miteinander. Mit einigen Bedenken gewährte Großbritannien den Russen eine gewisse Unterstützung, doch es war die russische Flotte, die Ende Juni und Anfang Juli 1807 vor dem Berg Athos eine der großen Seeschlachten der Napoleonischen Kriege schlug, um den Durchgang durch die Dardanellen zu öffnen.[56] Auf dem Papier war es ein russischer Sieg, doch in Wirklichkeit vermochte die türkische Flotte auch weiterhin die Dardanellen zu sperren, und in jedem Fall hatte der Zar mehr als genug. Die lukrativen Handelsströme aus dem Schwarzen Meer in den Mittelmeerraum waren während des Konflikts ausgetrocknet. Nach Niederlagen in Europa schloss der Zar 1807 in Tilsit Frieden mit Napoleon und verzichtete auf seine Ambitionen im Mittelmeer. Und auch seine Mittelmeerflotte gab er auf. Die russischen Schiffe saßen dort nun einfach fest. Die Schiffe, die in den Atlantik zu fliehen versuchten, wurden von den Briten problemlos aufgebracht. Mehrere Schiffe segelten nach Triest, Venedig oder Korfu, aber auch dort gab es keine Hilfe, und sie wurden abgetreten, aufgegeben oder gar versenkt. Andere erreichten Toulon und schlossen sich der französischen Flotte an. Napoleon hatte gehofft, ein Vorteil des mit Russland geschlossenen Friedens werde der Erwerb der russischen Flotte sein. Französische Offiziere machten sich rasch auf den Weg nach Korfu und hissten dort die französische statt der russischen Flagge.[57] Die Intervention im Mittelmeer hatte Russland sehr viel Geld gekostet, aber am Ende keinen dauerhaften Vorteil eingebracht.

KAPITEL 9

Deys, Beys und Paschas
1800 bis 1830

I

Nach der Seeschlacht bei Trafalgar war das Mittelmeer offen für britische Schiffe, doch Großbritannien hatte damit noch nicht die unanfechtbare Herrschaft über die Seewege erlangt. Der erbitterte Kampf um die Kontrolle über Sizilien und Süditalien zwischen Großbritannien, das König Ferdinand von Neapel unterstützte, und Napoleons Armee, die Marschall Murat unterstützte, der den neapolitanischen Thron zu usurpieren versuchte, erreichte im Juli 1806 mit der Schlacht von Maida (einem britischen Sieg tief in Kalabrien) einen Höhepunkt.[1] Maida bewies, dass Napoleon einen Fehler begangen hatte, als er zuließ, dass so viele Truppen unter elenden Lebensbedingungen fern von jenen Regionen in Nord- und Mittelitalien gebunden wurden, denen sein eigentliches Interesse galt. Frühere Träume, Tarent als Basis für die Kontrolle über Süditalien und als Tor zur Adria wie auch zum Ionischen Meer zu nutzen, lösten sich in Luft auf.[2] Doch die britische Flotte stand unter sehr viel höherem Druck, als die Geschichte ihrer Siege es ahnen lässt. Die Briten mussten unbedingt die Verbindung zwischen Malta und Triest offen halten, denn Triest war zu einer wichtigen Station für Lieferungen aus dem österreichischen Kaiserreich geworden, seit der Weg über Deutschland durch Napoleons Armeen versperrt war.[3] Und um 1808 schienen die Franzosen auch wieder nach der Seeherrschaft im Mittelmeer zu greifen. Sie hatten ihre Flotte in Toulon wiederaufgebaut, und es gab Befürchtungen, dass diese Flotte Neapel und Sizilien angreifen könnte.

Die britische Regierung fragte sich, ob es überhaupt sinnvoll war, den

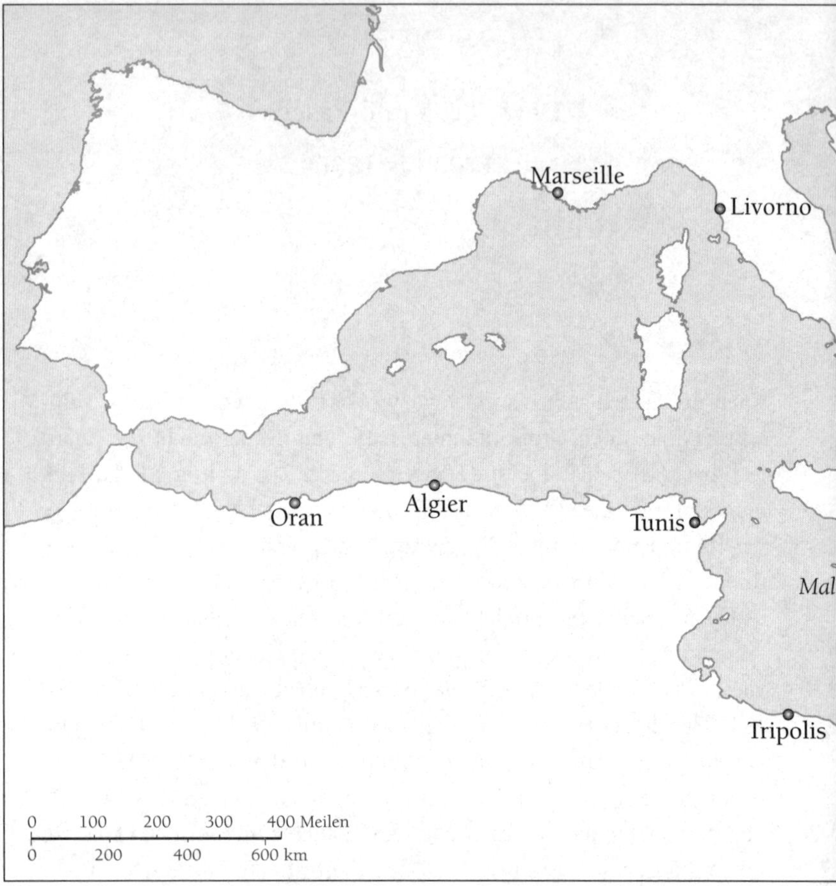

Krieg im Mittelmeer fortzuführen. Weitere Sorgen kamen hinzu: Die Franzosen versuchten, die Kontrolle über Spanien zu erlangen, und mit dem Ausbruch der Napoleonischen Kriege auf der Iberischen Halbinsel verlagerte sich die Aufmerksamkeit auf schwierige Landfeldzüge. Wie schwierig die Lage war, lässt sich aus der geringen Größe der britischen Flotte ersehen, die zahlreiche weitere Aufgaben in der Umgebung Englands, in der Karibik und anderswo zu erledigen hatte. Am 8. März 1808 befanden sich 15 Linienschiffe unter dem Kommando Admiral Collingwoods, des fähigen Nachfolgers Lord Nelsons: Eines lag in Syrakus,

eines in Messina und eines vor Korfu; die übrigen zwölf hielten Wache vor Cadíz. Diese großen Kriegsschiffe wurden im Mittelmeer von 38 Fregatten, Sloops, Briggs und Mörserschiffen unterstützt, die meisten von ihnen auf Patrouille- und Aufklärungsfahrten bis in die Adria und Ägäis. In früheren Phasen der Napoleonischen Kriege war die britische Kriegsflotte sogar noch kleiner gewesen: elf Linienschiffe im Juli 1803, zehn im Juli 1805.[4] Verglichen mit den riesigen Kriegsflotten der Antike oder bei Lepanto, erscheinen die Anfang des 19. Jahrhunderts miteinander konkurrierenden Kriegsflotten geradezu winzig. Andererseits waren die britischen Schiffe den französischen oder spanischen eindeutig überlegen, vor allem an Feuerkraft.[5] Die britische Regierung musste ständig entscheiden, wo sie ihre Marineressourcen konzentrieren wollte, und diese Entscheidungen traf man mit großer zeitlicher Verzögerung und in großer Entfernung von der im Mittelmeer operierenden Flotte. Überlegungen zu Blockaden der Toskana, Neapels oder Dubrovniks gehörten unter solchen Umständen ins Reich der Phantasie.[6]

Die Briten brauchten Verbündete. Die Ambitionen der Russen hatten ihnen nützliche Hilfe zur See eingebracht. 1809 bemühten sich die Briten, den albanischen Kriegsherrn Ali Pascha zu bewegen, für sie die Ionischen Inseln einzunehmen. Außerdem versuchten sie, die Unterstützung griechischer Rebellen gegen die Osmanen zu gewinnen, doch die waren nahezu instinktive Gegner Ali Paschas. Die britische Regierung befürchtete auch, übermäßige Probleme in den westlichen Teilen des Osmanischen Reiches könnten die Türken so sehr schwächen, dass ihr Reich implodierte. Das entsprach nicht den britischen Interessen während eines Krieges gegen Napoleon, von dem das Überleben des Vereinigten Königreichs abhing. Admiral Collingwood landete mit 2000 Soldaten, deren bloße Ankunft auf den Ionischen Inseln die Franzosen zu einer schmachvollen Kapitulation bewegte. Der österreichische Minister Graf Stadion glaubte, damit seien die Briten nun Herr über die Adria.[7]

Am Ende der Napoleonischen Kriege hatte Großbritannien bekommen, was es wollte: Malta, Korfu und Sizilien. Sizilien war in den letzten Phasen der Napoleonischen Kriege, von 1806 bis 1815, faktisch zu einem britischen Protektorat geworden. König Ferdinand grollte über seine Abhängigkeit von britischer Hilfe, doch die Briten hatten Sizilien fest im Griff. Sie brauchten Marinestützpunkte und benötigten wichtige Nachschubgüter für ihre Flotte.[8] Die britische Anwesenheit auf der Insel sorgte 1810 dafür, dass Murat keine Invasion wagte, obwohl Napoleon ihm dazu den Befehl gegeben hatte und obwohl er bis zur Straße von Messina marschiert war.[9] Die Briten hatten verstanden, dass eine permanente Anwesenheit im Mittelmeer notwendig war, um die Franzosen zurückzudrängen und sie vor allem von Ägypten und den nach Indien führenden Routen fernzuhalten. Trotz eines allgemeinen Rückgangs des Mittelmeerhandels spielten auch kommerzielle Erwägungen eine Rolle, und die Märkte des Mittelmeerraums konnten nur an Attraktivität gewinnen, wenn die Briten ungehinderten Zugang dazu hatten. Die Napoleonischen Kriege brachten noch weitere dramatische Veränderungen mit sich. Die 1797 von Napoleon verfügte Auslöschung der venezianischen Republik wurde im übrigen Europa nicht sonderlich bedauert, und auch die Ragusaner vermochten nach dem endgültigen Sieg über Napoleon niemanden davon zu überzeugen, dass ihre Privilegien wiederhergestellt werden müssten. Die alten Handelsmächte des Mittelmeeres verschwanden von der Landkarte.

II

Der Rückgang der Geschäftstätigkeit Venedigs und Ragusas bot auch Schiffen aus Ländern Chancen, die nicht am Mittelmeer liegen. Auch wenn der Handel insgesamt zurückging, gab es doch weiterhin zahlreiche geschäftliche Möglichkeiten. Sizilien hatte zwar tatsächlich seine jahrhundertealte Stellung als große Kornkammer eingebüßt, die das ganze Mittelmeergebiet belieferte. Während des 18. Jahrhunderts wuchs die Bevölkerung der Insel um etwa die Hälfte, doch ein großer Teil dieses Bevölkerungszuwachses entfiel auf die Städte, vor allem auf Palermo. Zugleich nahm die Getreideproduktion ab, zum Teil weil man die Ernteerträge nicht zu maximieren vermochte und zum Teil weil man Anbauflächen stilllegte. Im 17. Jahrhundert hatte Sizilien jährlich bis zu 40 000 Tonnen Getreide exportiert, doch die klimatischen Bedingungen verschlechterten sich. Das feuchtere Klima der sogenannten Kleinen Eiszeit war dabei nur *ein* Faktor, denn die Produzenten im Mittelmeerraum standen im Wettbewerb mit solchen aus dem Ostseeraum und anderen Regionen.[10] Im 19. Jahrhundert förderten britische Unternehmer wie Woodhouse und Whitaker in Westsizilien den Anbau von Wein zur Erzeugung von schwerem Marsalawein. Es gab immer noch Güter, die man am leichtesten im Mittelmeergebiet beschaffen konnte: Korallen aus Sardinien und Nordafrika, Trockenfrüchte aus Griechenland und der Türkei, Kaffee, der über die Handelsrouten des Osmanischen Reiches kam. Dänen, Norweger und Schweden, wohlausgestattet mit den Gewinnen aus dem Nordeuropahandel, erschienen vor der nordafrikanischen Küste, in den »Regentschaften« Nordafrikas (so genannt, weil die Deys, Beys und Paschas, die dort herrschten, nominell Vertreter des osmanischen Sultans waren). Ab 1769 hatten die Dänen durch »Geschenke« den Schutz des Dey von Algier für ihre Schiffe erkauft. Trotzdem beschloss der Dey, hin und wieder höhere Zuwendungen zu fordern, und setzte diese Forderung durch, indem er skandinavische Schiffe plünderte. Um 1800 führte dies Algerier und Dänen an den Rand eines Krieges. Zur selben Zeit fühlte der Bey von Tunis sich durch die mindere Qualität der dänischen Geschenke in solchem Maße beleidigt, dass er einige dänische Schiffe beschlagnahmte, und im folgenden Monat ließ er den Fahnenmast des dänischen Konsulats fällen, wodurch er einen kurzen Krieg auslöste, der Dänen und Schweden bald gänzlich seiner Gnade auslieferte.[11]

Diese Probleme wurden auf diplomatischem Wege gelöst. Die Beys und Deys wünschten Geschenke, mit denen sie ihre Finanzen aufbessern konnten. Ihre Politik bestehe darin, so hieß es in einem Bericht an den Kongress der Vereinigten Staaten von Amerika, alle in mediterranen Gewässern aktiven Staaten zu Handelsverträgen zu zwingen »und dann jeden einzelnen Vertrag so oft wie möglich zu brechen«.[12] Durch allzu viele Verträge mit europäischen Mächten nahmen die Barbareskenstaaten sich selbst die Möglichkeit, auf ausländischen Schiffen Waren zu erbeuten und Gefangene zu nehmen. Für Gefangene konnte man Lösegeld fordern, man konnte sie aber auch als diplomatische Faustpfänder benutzen, um Geschenke zu erpressen. Und während die Gefangenen unter elenden Bedingungen in nordafrikanischen Gefängnissen dahinvegetierten, konnte man ihre Arbeitskraft nutzen (wobei Offiziere allerdings in der Regel weit besser behandelt wurden). Einfache Matrosen wurden nachts angekettet, und in Tripolis erhielten sie als tägliche Essensration ein aus Gerste und Bohnen gebackenes Brot voller Verunreinigungen, etwas Ziegenfleisch, ein wenig Öl und Wasser. Sie wurden bei Arbeiten an den Stadtmauern eingesetzt, versklavte Gefangene wurden gelegentlich gezwungen, ohne Kopfbedeckung in der sengenden Sonne zu arbeiten, sie wurden als »Christenhunde« beschimpft und mit Peitschen geschlagen.[13] Die nordafrikanischen Herrscher wussten natürlich, dass die christlichen Staaten sich sehr bemühen würden, diese Männer zu befreien und auch die Frauen, die man immer noch an den Küsten Sardiniens, Siziliens und der Balearen raubte.

Inzwischen gab es eine neue Nation, deren Schiffe den Barbareskenstaaten neue Einnahmequellen versprachen: die Vereinigten Staaten von Amerika. Der amerikanische Konflikt mit Tripolis war der erste Krieg, den die heranwachsende Union gegen eine ausländische Macht führte, und er gab den Anlass zur Schaffung der amerikanischen Kriegsmarine.[14] Amerikanische Autoren stellten die Nordafrikaner als unzivilisierte »Barbaren« dar, was nahelag, da die englische Bezeichnung für den Maghreb »Barbary« lautete.[15] Die Berichte amerikanischer Konsuln aus Tripolis und anderen Orten bestätigten die Ansicht, dass die Beys, Deys und Paschas unbeherrschte Tyrannen waren, deren Einstellungen zur Regierungskunst sich an den geköpften oder verstümmelten Delinquenten ablesen ließ, von denen amerikanische Gesandte berichteten. George Washington äußerte 1786 in einem Brief an Lafayette entschiedene Ansichten über die Korsaren aus den Barbareskenstaaten:

> »Wie ist es in einem so aufgeklärten, so liberalen Zeitalter möglich, dass die großen Seemächte Europas bereit sind, den kleinen Piratenstaaten in Nordafrika jährliche Tribute zu zahlen? Hätten wir doch eine Kriegsflotte, die in der Läge wäre, diese Feinde der Menschheit zu läutern oder zu vernichten.«[16]

Die von manchen Historikern vertretene Ansicht, wonach der amerikanische Krieg gegen die Barbareskenstaaten ein christlicher Kampf gegen die »Barbarei« des Islam gewesen sei, entspricht nicht den Tatsachen. Wie Frank Lambert anmerkt, ging es in diesem Krieg »hauptsächlich um Handel und nicht um Theologie«. In dem 1797 mit Tripolis geschlossenen Vertrag heißt es ausdrücklich, dass die Vereinigten Staaten kein konstitutionell christliches Land seien, und Präsident Madison war der Überzeugung, dass diese Feststellung die Beziehungen zu den muslimischen Staaten Nordafrikas erleichtert habe, weil sie die religiösen Unterschiede aus den zu klärenden Fragen ausblendete.[17] Denn »es handelte sich nicht um Heilige Kriege, sondern um eine Fortsetzung des

Amerikanischen Unabhängigkeitskriegs«.[18] Auf dem Papier hatte der Unabhängigkeitskrieg sein Ende gefunden, als die Briten 1783 die Loslösung der Dreizehn Kolonien anerkannten. In Wirklichkeit gab es zahlreiche ungelöste Fragen, insbesondere bezüglich des Rechts amerikanischer Schiffe, zu Handelszwecken ungehindert den Atlantik und das Mittelmeer zu befahren. Und für das Prinzip, dass Bürger der neuen Nation in ausländischen Häfen ebenso behandelt werden sollten wie solche der alten europäischen Nationen, waren die Amerikaner bereit zu kämpfen. Für Großbritannien waren die amerikanischen Kolonien integraler Bestandteil eines geschlossenen Kolonialsystems gewesen, in dem die Besitzungen jenseits des Atlantik Großbritannien mit Rohstoffen beliefern und den wachsenden Ausstoß der britischen Industrie aufnehmen sollten. Das ganze System wurde durch ein Netz von Handelszöllen geschützt, das typisch für die merkantilistischen Vorstellungen des 18. Jahrhunderts war. Der amerikanische Widerstand trat 1773 in der Bostoner Tea Party zutage, und es erwies sich für beide Seiten als schwierig, sich aus dieser Beziehung zu lösen. 1766, zehn Jahre vor der Amerikanischen Revolution, berichtete die *Pennsylvania Gazette*, dass eine von britischen Behörden genehmigte »Zusage für eine Zugangsberechtigung zum Mittelmeer« in einem Kaffeehaus in Philadelphia voller Verachtung verbrannt worden war.[19]

Die Amerikaner stellte der Handel mit dem Mittelmeerraum vor zwei – allerdings miteinander verbundene – Probleme. Selbst nach 1783 konnte es vorkommen, dass britische Häfen wie Gibraltar amerikanische Schiffe nur widerwillig aufnahmen, und mancher britische Kapitän nutzte jede Gelegenheit, um amerikanische Schiffe aufzubringen. Britische Kapitäne waren besonders erpicht darauf, amerikanische Schiffsbesatzungen in britische Dienste zu zwingen, vor allem, als Großbritannien mit Frankreich im Krieg lag. Britische Politiker wie Lord Sheffield sahen in den Amerikanern potentielle Rivalen auf dem Gebiet des Handels, auch wenn man anmerkte, dass ihre Erfolgschancen im Mittelmeerhandel dank der Korsaren nur begrenzt waren. Das zweite Problem war die Beziehung zu den Herrschern in Nordafrika. Die Amerikaner wünschten freien Zugang zu den dortigen Häfen und die Zusicherung, dass ihre Schiffe auf hoher See nicht von Korsaren aus Algier, Tunis oder

Tripolis angegriffen wurden. Darin war Jefferson einer Meinung mit Lord Sheffield, wenn er feststellte, dass die Europäer im Mittelmeer bereits eine hohe Präsenz besaßen, während die Amerikaner schmale Meerengen passieren mussten, in denen Piraten »höchst effektiv beobachten können, was hereinkommt«.[20]

So war denn klar, dass der amerikanische Handel im Volumen niemals mit dem der etablierten europäischen Mächte konkurrieren konnte, allen voran Frankreich, das Ende des 18. Jahrhunderts die führende Rolle im Mittelmeerhandel spielte. Dennoch hatte die amerikanische Intervention beträchtliche Folgen für die Barbareskenstaaten und veränderte deren Verhältnis zu den nichtmuslimischen Seemächten. Die Barbareskenkriege waren die erste Phase in einer Folge von Ereignissen, die in der französischen Eroberung Algeriens ab 1830 gipfelten. Zu den Hauptakteuren gehörte die Familie Bacri, jüdische Finanziers, die von Algier aus operierten. Die Bacris versorgten den Dey mit Krediten, trieben Handel mit Livorno und unterhielten enge Geschäftsbeziehungen zu Glaubensbrüdern in den britischen Stützpunkten Gibraltar und Menorca. Ihr Einfluss auf den Hof des Dey ist umso erstaunlicher, als die Juden in Algerien schlecht behandelt wurden, wie amerikanische Beobachter anmerkten. Doch der Dey hatte erkannt, dass er die jüdischen Bankiers als Mittelsmänner in seinen Geschäften mit den Europäern benutzen konnte und dass sie seiner Gnade vollständig ausgeliefert waren. Der Dey von Algier ließ 1811 David Cohen Bacri hinrichten, nachdem ein rivalisierender jüdischer Führer, David Duran, dessen Vorfahren nach den Pogromen von 1391 aus Mallorca eingewandert waren, ihn skrupellos des Verrats beschuldigt hatte. Duran hoffte, dadurch Bacris Ehrenplatz einnehmen zu können, doch schon bald ereilte ihn ein ähnliches Schicksal.

So suchte eine kleine Elite jüdischer Familien die Nähe zum Dey und zog gelegentlich feindselige Kommentare von Personen wie dem amerikanischen Konsul in Tunis, William Eaton, auf sich.[21] 1805 richtete Eaton einen Aufruf an die Einwohner von Tunis und teilte ihnen mit, dass die Amerikaner einen rivalisierenden Anwärter auf das Amt des Paschas unterstützten. Er wies sie darauf hin, dass die Amerikaner »Menschen aller Nationen, aller Sprachen und aller Glaubensrichtungen« seien, die

»an den äußersten Grenzen des Westens« lebten. Der gegenwärtige Pascha, Jussuf Karamanli, so erklärte er, sei »ein eidbrüchiger Erzverräter, sein Flottenkommandeur ein betrunkener Renegat und sein wichtigster Berater ein raffgieriger Jude«. Der erwähnte Flottenkommandeur, Murad Reis, war entschieden antiamerikanisch eingestellt. Er war ein Schotte, der sehr gerne trank, und hieß, als er nach Algier kam, noch Peter Lisle. Er war zum Islam konvertiert und hatte die Tochter des Paschas geheiratet, aber auch dann sein starkes Trinken nicht aufgegeben.[22] »Ich versichere Ihnen«, schrieb Eaton weiter, »dass der Gott der Amerikaner und der Mohammedaner derselbe ist, der eine und allmächtige Gott.«[23] Er empfand Tunis und dessen Umgebung als undurchdringliche Welt. In einem Punkt jedoch hatte sie bei ihm eine aufklärerische Wirkung. Er stellte die Richtigkeit der Sklaverei in Frage, als er die zahllosen weißen und schwarzen Sklaven im muslimischen Nordafrika sah:

> »Reue erfasst meine ganze Seele, wenn ich bedenke, dass dies nur ein Abbild ebenjener Barbarei ist, die meine Augen in meinem Heimatland gesehen haben. Und dennoch brüsten wir uns unserer Freiheit und natürlichen Gerechtigkeit.«[24]

Eaton stellte fest, dass in Tunis wie auch in Algier jüdische Kaufleute den Handel dominierten. Er beschrieb eine jüdische Handelsgesellschaft namens *Giornata*, die dem Bey von Tunis alljährlich 60 000 Piaster zahlte und in Livorno eine Faktorei besaß. Nach seinen Angaben exportierte Tunis 250 000 Häute im Jahr und große Mengen an Wachs. Außerdem verschiffte man Öl, Weizen, Gerste, Bohnen, Datteln, Salz, Vieh und Pferde nach Europa, wobei man sich auf dem Höhepunkt des Krieges zwischen Großbritannien und Frankreich der Ragusaner bediente, die damals noch von ihrer Sonderstellung als Untertanen der Hohen Pforte profitierten. Auf der anderen Seite hungerten die Suks von Tunis genau nach jenen Waren, welche die Amerikaner nach Nordafrika bringen konnten: »Musselin, Stoffe, feines Tuch, Eisen, Kaffee, Zucker, Pfeffer und Gewürze aller Art, Kerzen aus weißem Wachs, Cochenille, Stockfisch und Bauholz.« Eaton sagte voraus, dass diese Waren in Tunis einen dreimal so hohen Preis wie in den Vereinigten Staaten erzielen würden.[25] Aus seinen Bemerkungen geht hervor, dass er nicht nur an den direkten Handel zwischen den Vereinigten Staaten und Nordafrika dachte, sondern auch eine Chance sah, in das Frachtgeschäft im Bereich des Mittelmeeres und des Atlantik einzusteigen. Seine Darstellung bestätigt, dass es in Tunis, Algier und Tripolis an produzierendem Gewerbe fehlte. Selbst Kerzen mussten eingeführt werden, obwohl man Wachs in gewaltigen Mengen exportierte. Doch der in Nordafrika herrschende Mangel an gutem Holz blieb weiterhin ein großes Problem, vor allem für Staaten, die eigene Piratenflotten unterhielten. In gewissem Umfang glich man diesen Mangel durch den Kauf oder die Beschlagnahme ausländischer Schiffe aus, doch die Flotten der Barbareskenstaaten waren seit dem Ende des 17. Jahrhunderts unter dem Druck der Briten und Holländer geschrumpft. Um 1800 war jeder dieser Staaten froh, wenn er ein Dutzend Korsarenschiffe mobilisieren konnte. Zum Handel mit Nordafrika kam noch der Handel mit anderen Winkeln des Mittelmeerraums hinzu, der gleichfalls nur möglich war, wenn zwischen den Vereinigten Staaten und den Barbareskenstaaten Frieden herrschte. Thomas Jefferson verzeichnete beträchtliche Exporte an amerikanischem Weizen und Mehl sowie an Reis, Stockfisch und eingelegtem Fisch in den Mittelmeerraum, genug jedenfalls, um damit jährlich 100 Schiffe zu beladen. Doch »es war klar für unsere Kaufleute, dass sie bei ihren Vorstößen in dieses Meer den Raubzügen der Piratenstaaten an der nordafrikanischen Küste ausgesetzt wären«.[26]

III

Sobald die Vereinigten Staaten ihre Unabhängigkeit gewonnen hatten, widmeten sie sich dem Problem der nordafrikanischen Korsaren. Im Mai 1784 ermächtigte der Kongress die Regierung zu Verhandlungen mit den Barbareskenstaaten. Der marokkanische Sultan war der erste Herrscher, der die Unabhängigkeit der Vereinigten Staaten anerkannte. Zwischen 1786 und 1797 unterzeichneten die Amerikaner Abkommen mit Marokko, Algier, Tripolis und Tunis. In dem im Dezember 1794 mit Algier geschlossenen Vertrag versprachen die Amerikaner dem Dey eine Sofortzahlung von 642 500 Dollar sowie die jährliche Lieferung von Schiffsausrüstungen im Wert von 21 600 Dollar, darunter Pulver und Schrot, Kiefernmasten und Eichenplanken. Außerdem schenkten sie ihm ein goldenes Teeservice. Das war deutlich weniger als die ursprüngliche Forderung des Deys, die sich auf eine Sofortzahlung von 2 247 000 Dollar und zwei Fregatten mit kupferbeschlagenem Rumpf belief. Doch damit waren die Schwierigkeiten noch nicht beseitigt, denn der Dey klagte, das ihm geschuldete Geld sei noch nicht eingetroffen, und so war es nötig, ihm ein neues Geschenk anzubieten: »ein neues amerikanisches Schiff mit 20 Kanonen, das sehr schnell segeln kann, als Präsent für seine Tochter« – doch der Dey verlangte ein Schiff mit 36 Kanonen, mit Erfolg.[27] Die nordafrikanischen Herrscher beschwerten sich fortwährend bei den Amerikanern und Europäern wegen der schlechten Qualität und der unzureichenden Menge der versprochenen Waren. Die christlichen Mächte gaben sich keine sonderliche Mühe, denn sie hielten diese Forderungen schlicht für Räuberei.

Im Jahr 1800 traf die *George Washington*, ein schwerfälliges amerikanisches Kriegsschiff, zu dem man ein zuvor im Ostindienhandel eingesetztes Frachtschiff umgebaut hatte, im Hafen von Algier ein, an Bord Geschenke für den dortigen Herrscher sowie Zucker, Kaffee und Hering. Nach den üblichen Beschwerden, die amerikanischen Geschenke träfen verspätet ein, verlangte der Dey kategorisch, der Kapitän solle mit einem algerischen Gesandten nach Konstantinopel segeln – ein Ansinnen, das der Kapitän nicht abzulehnen wagte. Seine sonderbare Ladung – wegen der sein Schiff als »Arche Noah« bezeichnet worden ist – umfasste nicht nur Pferde, Rinder und 150 Schafe, sondern auch vier Löwen, vier Tiger, vier Antilopen und zwölf Papageien, außerdem 100 schwarze Sklaven, die als Tribut an den osmanischen Sultan gingen, und das ebenso große Gefolge des Gesandten. Der Kapitän erhielt den Befehl, die algerische Flagge zu hissen, kehrte bald aber wieder zur amerikanischen zurück. Es wird berichtet, die Seeleute hätten sich über den Islam lustig gemacht und das Schiff während der muslimischen Gebetszeiten hin und her wenden lassen, damit die Beter nicht mehr wussten, in welcher Richtung Mekka lag.[28] Die Amerikaner waren empört, als sie aus den Zeitungen von der Demütigung durch den Dey erfuhren, doch die prekären Beziehungen zum Dey waren gerettet. Während das Verhältnis zu Algier einigermaßen funktionsfähig blieb, verschlechterten sich die Beziehungen zu Tripolis, als der dortige Pascha weitere Tributzahlungen forderte. Als er daraufhin gar keine mehr erhielt, schickte er seine Leute zum amerikanischen Konsulat und ließ den Fahnenmast mit den Stars and Stripes umstürzen. Dann sandte er Schiffe aus, die nach Beute suchen sollten. Übrigens gehörte zu seiner Flottille neben einem gekaperten schwedischen Schiff auch die in Boston beheimatete *Betsy*, die einige Jahre zuvor den Amerikanern abgenommen und in *Meschuda* umbenannt worden war.[29]

Von Oktober 1801 bis Mai 1803 herrschte zwischen Frankreich und Großbritannien Frieden, und in dieser Zeit versuchten Amerikaner und Skandinavier, die relative Ruhe im Mittelmeer für kommerzielle Zwecke zu nutzen. Doch dem standen immer wieder die Barbareskenstaaten im Wege, und so sahen sich die Vereinigten Staaten zum ersten Mal veranlasst, Krieg gegen eine ausländische Macht zu führen. 1802 beteiligten sich die Schweden, die ihrerseits einiges zu beklagen hatten, erfreut an einer amerikanischen Blockade von Tripolis. Schon damit artete die Konfrontation zu einem größeren Konflikt aus, und er nahm noch größere Ausmaße an, als der marokkanische Kaiser den Vereinigten Staaten den Krieg erklärte, weil er erzürnt darüber war, dass die Amerikaner sich weigerten, seinen Schiffen, die Getreide nach Tripolis bringen sollten, freie Durchfahrt zu garantieren.[30] Dann, im Oktober 1803, lief die Fregatte USS *Philadelphia*, die an der Blockade von Tripolis teilnahm, bei der Verfolgung eines aus Tripolis stammenden Schiffs auf Grund. Sie wurde von den Leuten des Paschas gekapert, und die 307 Mann zählende Besatzung wurde gefangen genommen. Der Pascha glaubte, damit 450 000 Dollar Lösegeld erpressen zu können. Der Kommandeur der amerikanischen Flotte, Pebble, der weiter an einer militärischen Lösung festhielt, war der Ansicht, der Besitz der *Philadelphia* werde seinen Gegnern den Vorteil verschaffen, den sie zur See benötigten. Und auch in Friedenszeiten konnten sie das Schiff für Kaperfahrten oder als Unterpfand benutzen, mit dem sie den Amerikanern und Europäern noch mehr Geld abzupressen vermochten. Deshalb musste das Schiff zerstört oder – besser noch – zurückerobert werden. Er entwickelte einen waghalsigen Plan zu einem nächtlichen Angriff auf die *Philadelphia* und schickte die Ketsch *Intrepid* am 16. Februar nach Einbruch der Nacht unter britischer Flagge und dem Kommando des Leutnants Stephen Decatur nach Tripolis. Die *Intrepid* segelte ungehindert in den Hafen von Tripolis, man begrüßte den Hafenlotsen in der *lingua franca* und erklärte ihm, das Schiff bringe Nachschub. Die schlafende Flotte von Tripolis bemerkte von alledem nichts. Decatur wurde zur Legende, indem er den Angriff auf die *Philadelphia* anführte, der allerdings dadurch erleichtert wurde, dass die meisten feindlichen Seeleute flüchteten. Als die Amerikaner erkannten, dass sie keine Chance hatten, das Schiff zu ihren eigenen Linien zurückzubringen, setzten sie es kaum eine Viertelstunde nach der Einnahme in Brand. Der Schein des Feuers soll ganz Tripolis in helles Licht getaucht haben.[31] Ein späterer, im August 1804 ausgeführter Angriff auf den Hafen von Tripolis brachte Decatur noch größeren Ruhm ein. Er soll sich einen riesigen türkischen Mamluken ausgesucht haben, der zuvor seinen Bruder getötet hatte. Er schlug sich mit ihm und gab nicht einmal auf, als sein Entermesser zerbrach. Schließlich gelang es ihm, den Türken aus kurzer Entfernung zu erschießen (nachdem ihm ein selbstloser Seemann, der den eigentlich Decatur geltenden tödlichen Schlag abfing, das Leben gerettet hatte). Das Ereignis wurde später in den gesamten Vereinigten Staaten in Bildern und Druckwerken gefeiert. Sie zeigten, wie amerikanischer Mut über rohe Gewalt siegte: der kleine, freie und entschlossene Decatur über den finsteren und hässlichen Mamlukensklaven. Dieser kleine Sieg in Tripolis stärkte das amerikanische Selbstbewusstsein beträchtlich.[32]

Dennoch gelang es nicht, den Willen des Paschas zu brechen, und so griffen die Amerikaner auf einen anderen Plan zurück, für den William Eaton schon lange eingetreten war. Eaton segelte nach Alexandria und suchte Hamet auf, den Anwärter auf den Thron von Tripolis, der von seinem jüngeren Bruder Jussuf beiseitegedrängt worden war. Wenig später führte Eaton unter schwierigen Bedingungen eine (hauptsächlich aus Arabern bestehende) Armee über Land von Ägypten nach Tripolis. Er brauchte sechs Wochen, um die 600 Kilometer bis Derne zurückzulegen – eine Küstenstadt, von der man annahm, dass sie Hamet als Herrscher anerkennen würde. Am Ende gelang es den Vereinigten Staaten nicht, ihren Schützling in Tripolis zu installieren, doch schon die Gefahr, dass Hamet zurückkehren könnte, zwang den Pascha zu Verhandlungen. Er war bereit, sich mit bescheidenen Vertragsbedingungen zufriedenzugeben, nämlich mit einem Lösegeld von 60 000 Dollar – nichts im Vergleich zu den Beträgen, die andere nordafrikanische Herrscher erpresst hatten.[33]

IV

Algier erwies sich als störrischer. In dem Wissen, dass die Vereinigten Staaten und Großbritannien im Krieg miteinander lagen, beschloss der Dey von Algier 1812, den Druck auf die Amerikaner zu erhöhen, die nicht in der Lage waren, eine Flotte ins Mittelmeer zu schicken. Er erklärte, die an Bord der *Allegheny* eingetroffenen Geschenke seien von schlechter Qualität. Außerdem hatte er um 27 starke Taue gebeten, aber nur vier erhalten. Er forderte 27 000 Dollar, und als die Amerikaner dies ablehnten, verwies er sie aus der Stadt, bis zur Bezahlung der Summe, die der Konsul zu einem Zinssatz von 25 Prozent bei den Bacri leihen musste.[34] Die Algerier hatten inzwischen die amerikanische Brigg *Edwin* gekapert, die sich am Handel mit Konterbande durch die Straße von Gibraltar zur Unterstützung der britischen Armee in Spanien beteiligt hatte (ohne von der gravierenden Verschlechterung der britisch-amerikanischen Beziehungen zu wissen). Die *Edwin* wurde samt Besatzung in Algier festgehalten, und die amerikanische Regierung, die vollauf mit dem Krieg an ihrer Atlantikküste beschäftigt war, schickte einen Gesandten in den Maghreb, in der Hoffnung, die Verhandlungen könnten immer noch zu einem erfolgreichen Abschluss gebracht werden. Man ernannte Mordecai Noah zum amerikanischen Konsul in Tunis. Er war ein bemerkenswerter Mann, der seinen jüdischen Mitbrüdern zeigen wollte, dass sie einen Platz in der amerikanischen Gesellschaft hatten, und der davon sprach, die »jüdische Nation« zu ermuntern, ihr Vermögen aus der Alten Welt über den Atlantik zu bringen und so das Allgemeinwohl aller Amerikaner zu fördern. Die amerikanische Regierung wusste bestens über die Familie Bacri Bescheid, und Noah konnte möglicherweise über seine Glaubensbrüder wertvolle Kontakte zum Dey herstellen. Im Winter 1814 machte er auf seinem Weg nach Algier Zwischenstation in Gibraltar, wo er von einem führenden Mitglied der dortigen jüdischen Gemeinde ein Empfehlungsschreiben für die Bacri erhielt. Doch am Ende konnte er nur die Freilassung einer Handvoll amerikanischer Gefangener erreichen.[35]

Präsident Madison war kein Kriegstreiber, doch die Vereinigten Staaten hatten im Krieg gegen Tripolis Blut geleckt und sahen im Krieg gegen Algier die zweite Phase eines Konflikts, der den Belästigungen durch die Herrscher der Barbareskenstaaten ein Ende setzen sollte. Am 17. Februar 1815 schlossen die Vereinigten Staaten und Großbritannien Frieden. Eine Woche später bat Madison den Kongress, Algier den Krieg zu erklären, und die Amerikaner stellten die größte Flotte zusammen, die sie jemals mobilisiert hatten (auch wenn sie nur zehn Kriegsschiffe umfasste). Der Nationalheld Stephen Decatur wurde mit der Führung der Expedition betraut.[36] Er entsprach voll den in ihn gesetzten Erwartungen und kaperte bereits auf dem Weg nach Algier mehrere algerische Schiffe. So war er in einer ausgezeichneten Position, dem Dey, der erst kurz im Amt war (die beiden vorangegangenen Amtsinhaber waren ermordet worden), Bedingungen zu diktieren. Als der Gesandte des Dey Decatur wegen der Vertragsbedingungen um Bedenkzeit bat, antwortete der: »Keine Minute!«[37] Dem Vertrag mit Algier folgten schon bald Verträge mit Tunis und Tripolis. Der Vertrag mit Algier sah die Rückkehr der amerikanischen Gefangenen vor und definierte die Funktionen des amerikanischen Konsuls, doch seine eigentliche Bedeutung für die Geschichte des Mittelmeeres liegt in seinem zweiten Artikel, in dem festgelegt ist, dass es niemals wieder Geschenke und Tributzahlungen geben sollte. Das war die eigentliche Leistung der von Decatur angeführten Expedition. Man hatte einen Präzedenzfall geschaffen, dessen Bedeutung die europäischen Mächte durchaus verstanden. Sie betrachteten die Vereinigten Staaten nun mit weit größerem Respekt als zuvor. Die Amerikaner beglückwünschten sich selbst. John Quincy Adams schrieb: »Unsere Marineexpedition ins Mittelmeer gehört zu den glanzvollsten Ereignissen in unseren Annalen seit der Gründung unserer

Nation.« Das war zwar noch nicht lange her, doch dadurch wurde der Sieg dieser völlig neuen Kriegsflotte nur umso eindrucksvoller.[38] Die Siege über die Barbareskenstaaten waren ein prägender Augenblick in der Entstehung einer amerikanischen Identität.

V

Auch im Orient war eine neue Ordnung im Entstehen begriffen. Um 1800 musste der osmanische Sultan feststellen, dass seine ägyptischen und griechischen Untertanen immer schwerer zu regieren waren. Der Kriegsherr Muhammad Ali nutzte das durch Napoleons Einmarsch und Rückzug entstandene Chaos, um die Mamlukenfunktionäre des osmanischen Staates abzusetzen und sich 1805 selbst zum Herrscher zu machen. Obwohl er die osmanische Oberhoheit anerkannte und offiziell als Vizekönig fungierte, war er doch weitgehend sein eigener Herr. Er war ein Albaner, der Albanisch und Türkisch, aber kein Arabisch sprach, und er blickte über das Osmanische Reich hinaus und versuchte, vom Wissen und der Technologie Westeuropas, vor allem Frankreichs, zu lernen – er war für Ägypten, was Peter der Große für Russland gewesen war. Er hielt ökonomische Verbesserungen für den Schlüssel zum Erfolg seiner Pläne, überführte Grund und Boden in Staatseigentum und baute eine Kriegsflotte. Seine Politik hatte verblüffende Ähnlichkeit mit derjenigen der Ptolemäer zwei Jahrtausende zuvor. Er förderte die Landwirtschaft, unter anderem auch durch Bewässerungsprojekte, denn er wusste um die große westeuropäische Nachfrage nach guter Baumwolle. Doch er bemühte sich auch um die Schaffung einer industriellen Grundlage, damit Ägypten kein bloßer Exporteur von Rohstoffen für reichere Nationen blieb.[39] Er wollte, dass Ägypten von den Vorteilen des Wirtschaftswachstums profitierte, das Europa zu Beginn des 19. Jahrhunderts veränderte. Er sah durchaus, in welch große Armut Alexandria gefallen war. Die Stadt war fast auf die Größe eines Dorfes geschrumpft, und der Fernhandel hatte kaum noch Bedeutung. Die Wiedergeburt der Stadt begann mit der Ankunft von Einwanderern aus dem gesamten östlichen Mittelmeerraum: Türken, Griechen, Juden, Syrer.[40]

Muhammad Alis wachsendes Selbstbewusstsein zeigte sich während der 1820er Jahre in seinen Bemühungen um die Anerkennung der ägyptischen Oberhoheit über Kreta und Syrien. Wenn er Ägypten zu einer modernen Seemacht machen wollte, brauchte er den Zugang zu gutem Bauholz, und wie in der Vergangenheit hieß das, er brauchte die Kontrolle über Wälder mit guten Waldbeständen. Das Problem, mit dem er sich in den 1820er Jahren konfrontiert sah, lag in der Tatsache, dass die Osmanen in ihren europäischen Gebieten sogar noch erfolgloser operierten als in ihren nordafrikanischen. 1821 brachen Aufstände auf der Morea aus, wo die Geographie die Rebellen begünstigte, die schon bald das Land kontrollierten, während den Türken nur die Herrschaft über ihre Marinestützpunkte in Nafplio, Modon und Coron blieb. Dennoch übernahmen die Türken nicht die Seeherrschaft. Inseln wie Hydra und Samos wurden zu weiteren Zentren des Widerstands. Die griechischen Kaufmannsgemeinschaften, die seit dem 17. Jahrhundert immer aktiver geworden waren, schusterten eine Flotte zusammen, die weitgehend aus Handelsschiffen bestand, die man mit Kanonen bestückt hatte. Eine dieser griechischen Flotten umfasste 37 Schiffe, eine andere ein Dutzend, und beide unterstanden Kommandeuren von der Insel Hydra. Ende April hatten diese griechischen Seebären vier türkische Kriegsschiffe gekapert, darunter zwei große, was den Griechen den Mut gab, in der Ägäis zu patrouillieren und der türkischen Flotte an der Einfahrt zu den Dardanellen entgegenzutreten. Obwohl die griechische Flotte sich nicht als ebenbürtiger Gegner der Türken erwies, zogen die Griechen sich ohne große Verluste zurück. 1822 war die türkische Regierung der griechischen Überfälle überdrüssig und mobilisierte eine weitaus größere Flotte, die hauptsächlich aus Schiffen der Barbareskenstaaten bestand. Im April intervenierten die Türken auf Chios, wo ein griechisches Expeditionsheer die Zitadelle zu erobern versuchte. Die griechischen Truppen wurden vertrieben, und die Türken massakrierten einen Großteil der Bevölkerung in einem Blutbad, das verständlicherweise Eingang in die Heldengeschichte des griechischen Widerstands gegen die Türken fand und das kraftvolle Sujet eines Gemäldes von Eugène Delacroix bildete.[41] Die Griechen ihrerseits hatten bereits im September 1821 ein ähnliches Massaker begangen, als sie die Muslime und die Juden in dem auf der Morea gelegenen Tripolis töteten. Über die Jahrhunderte waren viele Griechen zu Muslimen geworden und viele Türken hatten sich hellenisiert. Die Massaker und ethnischen Säuberungen des Griechisch-Türkischen Kriegs, der anderthalb Jahrhunderte währte, basierten auf einer tragischen Verleugnung des gemeinsamen Erbes der Griechen und Türken im östlichen Mittelmeerraum.

Das hinderte indessen Beobachter in Großbritannien, Frankreich und Deutschland nicht, die Erfolge der Griechen zu feiern, sahen sie in ihnen doch die Erben der klassischen Antike, deren Geschichte, Philosophie und Literatur sie in der Schule studierten. Die Regierungen bewiesen da schon größere Vorsicht bei der Unterstützung der Rebellen. Die britische Regierung fragte sich pragmatisch, ob ein Zerfall des Osmanischen Reiches zu diesem Zeitpunkt in ihrem Interesse lag, eine Frage, die sich auch Muhammad Ali stellte. Allerdings glaubte kaum jemand, dass das Osmanische Reich noch von Dauer sein würde. Das Problem war, dass ein Auseinanderbrechen des Balkans das Machtgleichgewicht in Europa komplett verändern würde, jenes zerbrechliche »Konzert der europäischen Mächte«, das man nach dem endgültigen Sieg über Napoleon in der Schlacht bei Waterloo geschaffen hatte. Eine Quelle der Besorgnis war Österreich, das seine Handelsinteressen schützte, indem es im Mittelmeer eine größere (aus 22 Kriegsschiffen bestehende) Kriegsflotte unterhielt als Großbritannien. Die Österreicher waren in den Augen der Griechen durch ihre Bereitschaft kompromittiert, mit den Türken Handel zu treiben, obwohl sie eigentlich nur die uralten, über Dubrovnik und dessen Nachbarn führenden Handelsbeziehungen zwischen Dalmatien und dem östlichen Mittelmeerraum fortführten.[42] Erst 1827 gewährten die europäischen Mächte den Griechen substantielle Hilfe. Inzwischen sah Muhammad Ali in der Rebellion eine Chance, selbst einige reife Früchte zu pflücken, und beschloss Anfang 1825, eine Flotte nach Griechenland zu schicken. Er hatte die Absicht, Kreta, Zypern, Syrien und die Morea für sein eigenes Reich zu gewinnen, und stellte sich vor, er könne Griechenland halten, wenn er sämtliche Griechen vertrieb und Südgriechenland mit ägyptischen

Fellachen besiedelte. Sein Ziel war letztlich die Herrschaft über das gesamte östliche Mittelmeer. Er scheute keine Kosten und schickte 62 Schiffe in die Gewässer östlich von Kreta, in der Hoffnung, die griechischen Seestreitkräfte aus der südlichen Ägäis zu vertreiben.[43]

Im Oktober 1827 – zwischen den Streitparteien waren bereits Verhandlungen im Gang – geriet eine Flotte aus zwölf britischen, acht russischen und sieben französischen Kriegsschiffen, die vor Navarino lagen, fast schon zufällig mit einer aus 60 Schiffen bestehenden Flotte zusammen, die aus der Türkei, aus Ägypten und aus Tunis stammten, darunter drei große Schlachtschiffe (ihre Gegner verfügten über zehn). Trotz eines Waffenstillstands verwehrten die Türken der alliierten Flotte die Einfahrt in die Bucht von Navarino. Die Alliierten beschlossen, Stärke zu zeigen, und daraus entwickelte sich eine Seeschlacht, in deren Verlauf die türkische Flotte zerschlagen wurde. Einige Schiffe flohen nach Alexandria, andere wurden versenkt. Auch die Alliierten, vor allem die Flaggschiffe der Briten, Russen und Franzosen, erlitten Verluste, und 182 Mann wurden getötet. Die Alliierten wussten nicht recht, was sie mit ihrem Sieg anfangen sollten. Der osmanische Sultan rief den Heiligen Krieg gegen die Ungläubigen aus, und Briten und Franzosen, die um die chaotischen internen Kämpfe unter den Griechen wussten, schickten ihre Schiffe gegen unabhängig agierende griechische Kapitäne, die weiterhin das Meer unsicher machten.[44] Doch die Schlacht von Navarino war ein entscheidender Schritt auf dem Weg zu einem Vertrag, der 1828 die Unabhängigkeit Südgriechenlands unter lockerer osmanischer Oberhoheit anerkannte. Muhammad Ali wusste nun, dass die besten Zukunftsaussichten in einer Wiederbelebung des über Alexandria abgewickelten Handels mit Großbritannien und Frankreich lagen. In den folgenden Jahren verbesserte er deshalb die Werften und zog Nutzen aus dem Mahmudiyya-Kanal, der Alexandria mit dem Nildelta verband. Der Kanal war zehn Jahre zuvor gebaut worden.[45] Nun war es an der Zeit, seine Vorteile zu genießen.

VI

Die französische Invasion Algeriens war gleichfalls die Folge unvorhergesehener Ereignisse, in deren Zentrum nicht, wie man erwarten sollte, die Korsaren der Barbareskenstaaten standen, sondern Aktivitäten der Bankiersfamilie Bacri. Die Franzosen hatten niemals sonderliches Interesse an den Zahlungsrückständen gezeigt, die durch die Lieferung von algerischem Getreide an die französische Armee seit dem Beginn der Revolutionskriege aufgelaufen waren. 1827 gerieten die Bacris in Geldnot und verlangten von der algerischen Regierung, für die Schulden einzuspringen, bis die Franzosen sie beglichen. Der Dey war der Überzeugung, die Bacri und die Franzosen hätten sich verschworen, um ihm Geld abzupressen.[46] Die jüngere Geschichte hatte natürlich gezeigt, dass die Deys lieber selbst anderen Leuten Geld abpressten. Der Dey hegte auch deshalb Misstrauen gegenüber den Franzosen, weil die begonnen hatten, zwei ihrer Handelsniederlassungen in Algerien zu befestigen. So kam es am 29. April 1827 zu einem Streit zwischen dem Dey und dem französischen Konsul, in dessen Verlauf der Dey in solchen Zorn geriet, dass er dem Konsul mit einer Fliegenklatsche ins Gesicht schlug. Die Franzosen verlangten zur Wiedergutmachung einen Ehrensalut für die französische Flagge, doch der Dey war zu diesem symbolischen Akt nicht bereit und ließ stattdessen seine Freibeuter auf französische Schiffe los. Im Sommer 1829 blockierten die Franzosen den Hafen von Algier. Dennoch hielten sie die Eroberung Algeriens nicht für die nächstliegende Lösung ihres Problems, sondern glaubten zunächst, es sei besser, die Sache Muhammad Ali zu überlassen, der ihnen recht freundlich gesonnen war.

Die Kaufleute in Marseille brachten mehrere kommerzielle Argumente für eine Eroberung Algiers vor. Der Handel mit Algerien litt unter der Blockade, während die griechische Rebellion gegen die Türken den Handel mit der Levante erschwert hatte. Die Geschäftsleute in Marseille wünschten sich sichere und zuverlässige Handelspartner, die unter französischer Kontrolle standen. Es lag auf der Hand, dass das direkt südlich von Marseille liegende Algier das Ziel sein sollte. Und wie sich zeigte, war die Stadt sehr leicht zu erobern. Der Dey ging im Juli 1830 ins Exil nach Neapel, musste aber den größten Teil seines Vermögens zurücklassen. Die kleineren Städte seines Reiches, Oran und Constantine, gingen an befreundete tunesische Fürsten – nach fast 300 Jahren Besatzung waren die Spanier zu dem Schluss gelangt, dass Oran zu teuer war, und hatten die Stadt 1792 an die Muslime verkauft.[47] Dennoch waren die Franzosen sich durchaus noch nicht im Klaren, was sie mit Algerien anfangen sollten. Es kam dahin, dass sie Ziele im Osten und Westen des Landes angriffen. Der von ihnen in Constantine eingesetzte Herrscher hatte seine eigenen Vorstellungen, wie er die Stadt zu einem Zentrum des Handels mit den Europäern machen konnte, und es gab Probleme in Annaba östlich von Algier. In den 1830er Jahren wurden die Franzosen tiefer in das Land hineingezogen, als sie vorausgesehen hatten. Die Osmanen waren nicht bereit, den um Hilfe nachsuchenden nordafrikanischen Herrschern beizustehen, teils aus Mangel an Ressourcen, teils aus Mangel an Willenskraft. Doch trotz endemischer Konflikte in mehreren Provinzen zog Algerien Kolonisatoren aus Frankreich und Spanien an. 1847 kamen fast 110 000 Siedler, und sie ließen sich nicht nur in den Städten nieder, denn viele hofften, Landgüter erwerben zu können, die sich zuvor in Staatsbesitz befunden hatten.[48] Die Städte erlebten in den folgenden Jahrzehnten eine rege Bautätigkeit, und Algier verwandelte sich in ein neues Marseille, mit breiten Straßen und soliden, stattlichen Gebäuden. Die Eroberung von Algier war der erste Schritt in einer Reihe kolonialer Eroberungen, in deren Verlauf viele strategische Schlüsselpositionen im Mittelmeerraum zwischen Frankreich, Großbritannien, Spanien und Italien (das 1830 noch gar nicht geboren war) aufgeteilt wurden.

Die Geschichte des Vierten Mediterranen Zeitalters hatte in einer Zeit begonnen, als venezianische, genuesische und katalanische Galeeren noch das Meer durchpflügten auf ihrem Weg nach der Stadt des Alexander. Es endete, als Ägypten auf eine Weise das Tor zum Osten wurde, von der frühere Herrscher nicht einmal geträumt hatten. Als die letzten Bagger ihre Arbeit getan hatten und der Suezkanal eröffnet wurde, nicht nur für Segelschiffe, sondern nun auch für Dampfschiffe, begann zugleich auch ein neues Zeitalter in der Geschichte des Mittelmeeres: das Fünfte Mediterrane Zeitalter.

TEIL V

Das Fünfte Mediterrane Zeitalter

1830 bis 2010

KAPITEL 1

Und sie werden zueinanderfinden 1830 bis 1900

I

Von dem englischen Dichter des Empire Rudyard Kipling stammt der vielzitierte Satz: »Ost ist Ost und West ist West, und niemals werden beide zueinanderfinden.« Auch wenn Anfang des 20. Jahrhunderts europäische Beobachter überwältigt waren von den scheinbar fundamentalen Unterschieden in den Einstellungen und Lebensstilen in Ost und West, galt das doch nicht für das 19. Jahrhundert. Damals war das Idealbild die Vereinigung des Ostens und des Westens: eine physikalische durch den Suezkanal, aber auch eine kulturelle, denn Westeuropäer fanden großen Gefallen an den Kulturen des Nahen Ostens, und dessen Herrscher – die osmanischen Sultane und deren weitestgehend autonomen Vizekönige in Ägypten – suchten ihrerseits in Frankreich und Großbritannien nach Vorbildern, mit deren Hilfe sie die stagnierende Wirtschaft in ihren Besitzungen wiederbeleben konnten. Diese Beziehung beruhte also auf Gegenseitigkeit. Auch wenn behauptet wird, der »Orientalismus« sei Ausdruck des westlichen Imperialismus gewesen, suchten die Herrscher des östlichen Mittelmeerraums doch aktiv den Kontakt mit dem Westen und sahen sich als Mitglieder einer Monarchengemeinschaft, die Europa und das Mittelmeer umfasste.[1] Ismail Pascha, von 1863 bis 1879 Vizekönig von Ägypten, kleidete sich stets europäisch, auch wenn er seinen Bratenrock gelegentlich mit Epauletten verzierte und um einen Fez ergänzte. Er sprach nicht arabisch, sondern türkisch. Auch die osmanischen Sultane und mehr noch deren Höflinge, die wie Ismail vielfach Albaner waren, trugen häufig westliche Kleidung. Bei westlichen Ideen verfuhren sie natürlich selektiv. Die

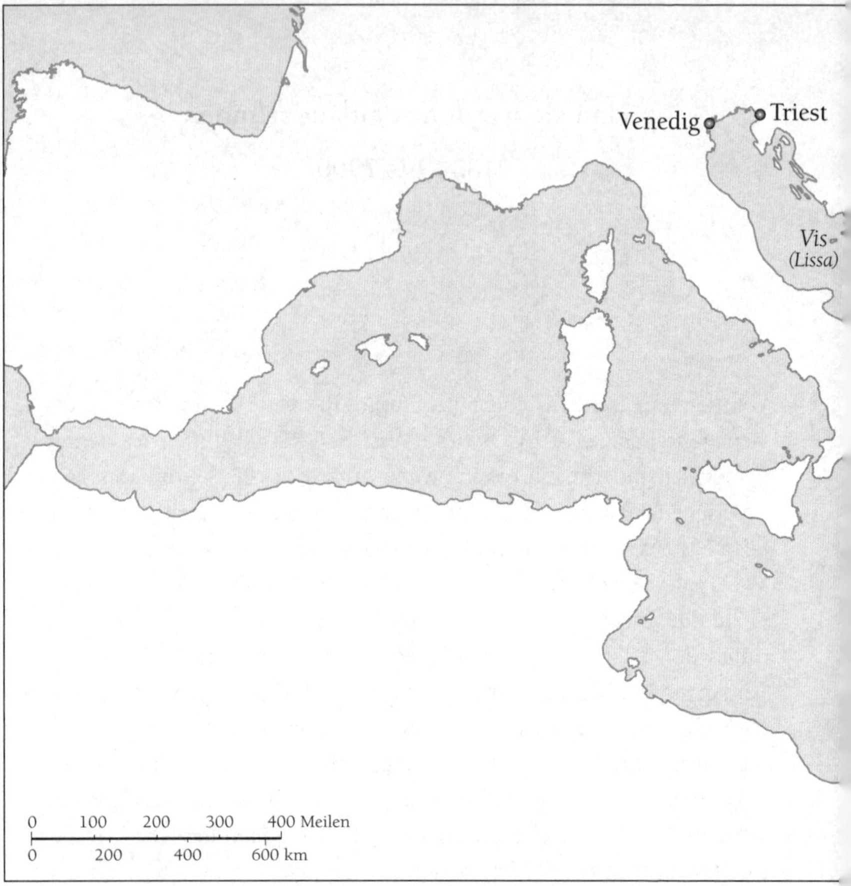

ägyptischen Vizekönige schickten gerne gescheite Untertanen zum Studium an die *École polytechnique* in Paris, eine napoleonische Gründung. Zugleich trugen sie Sorge darum, dass sie nicht allzu viel in französischen Salons verkehrten. Ihr Wunsch galt dem Import technologischen Wissens, nicht politischer Ideen. Fast vollständig verschwunden war schon im frühen 19. Jahrhundert das Bild des Osmanischen Reichs als Heimat eroberungsversessener Gotteskrieger. Als die Osmanen im östlichen Mittelmeer ihre militärische Überlegenheit zu Lande und zur See eingebüßt hatten, waren sie nicht mehr Gegenstand von Ängsten, son-

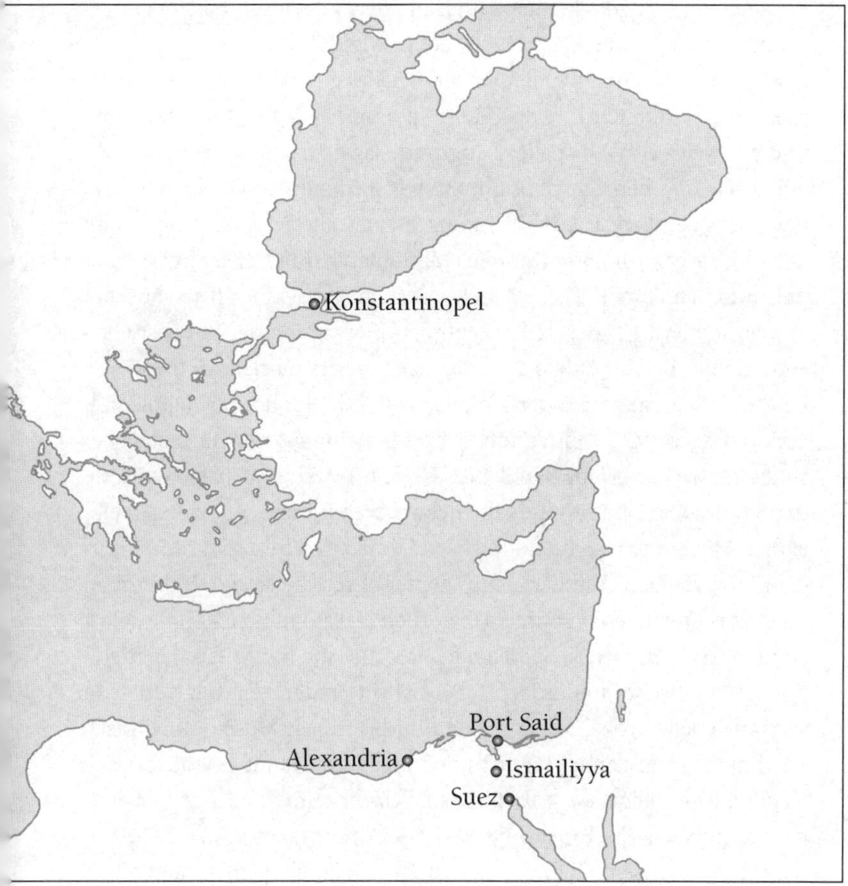

dern von Faszination. Traditionelle Lebensweisen erregten die Aufmerksamkeit westlicher Künstler wie Delacroix, doch andere Europäer, namentlich Ferdinand de Lesseps, der Erbauer des Suezkanals, waren darauf bedacht, die Modernisierung voranzubringen. Auch die ägyptischen Herrscher selbst waren sehr darauf bedacht, Ägypten nach Europa zu führen. Sie sahen keinen Widerspruch zwischen der Lage des Landes am afrikanischen Ende der Levante und einer europäischen Bestimmung. Europa war (und ist) eher eine Idee und ein Ideal als ein Ort.[2]

Napoleons Orientfeldzüge hatten bei den Franzosen bereits ein gewaltiges Interesse an Ägypten geweckt. Wie das alte Ägypten der Sitz eines glanzvollen und wohlhabenden Reiches gewesen war, so sollte das moderne Frankreich dieselbe Rolle in Europa, dem Mittelmeerraum und der weiteren Welt spielen. Zugrunde lag dem das Konzept der »Zivilisation«, das heute noch bestimmt, wie die Franzosen ihre Stellung in der Welt begreifen. Die Begeisterung für das alte Ägypten begann mit der sorgfältigen Aufnahme antiker Monumente durch Zeichner der napoleonischen Armee. Diese Arbeit war durchaus kein schwelgerischer Luxus, sondern Ausdruck der zentralen Zielsetzung der französischen Unternehmung im östlichen Mittelmeer, bei der Frankreich sich als Erbe der Pharaonen und der Ptolemäer ausgab. Auch nach Napoleon I. verloren ägyptische Motive nicht ihre Anziehungskraft. In der Regierungszeit seines Neffen, Napoleons III., von 1848 bis 1870, kanonisierte der Stil des »Second Empire« die dekorativen Formen Ägyptens in eleganten Möbeln und architektonischen Details. Erschwert wurde der Zugang zur geistigen Welt der alten Ägypter durch die Tatsache, dass man ihre Schrift nicht lesen konnte. Doch auch dieses Problem konnte gelöst werden, als französische Soldaten bei Rosetta eine Inschrift in Hieroglyphen, demotischer und griechischer Schrift entdeckten, die Napoleon sich aneignete (wobei sie sich heute im Britischen Museum befindet). Die Entzifferung der ägyptischen Schrift durch das junge französische Genie Champollion öffnete 1822 ein Fenster zum alten Ägypten und trug ebenso wie die Eroberung Algiers ein paar Jahre später dazu bei, dass die Franzosen glaubten, sie hätten in den ehemals osmanischen Gebieten des Mittelmeerraums eine Mission zu erfüllen.

Es gab Enthusiasten, die geradezu besessen vom Orient waren. Um 1830 wurde Barthélemy-Prosper Enfantin zum selbsternannten Propheten einer neuen Sekte, die sich die Herstellung einer neuen Verbindung zwischen dem Mittelmeer und dem Roten Meer zur Aufgabe machte. Und das war in ihren Augen durchaus nicht nur eine Frage des Handels und der Ingenieurskunst. Für Enfantin war die physische Begegnung zwischen Ost und West die Herstellung einer neuen Weltordnung, in der das männliche Prinzip, verkörpert im rationalen Geist des Westens, eine Verbindung mit dem weiblichen Prinzip einging, das er in den geheimnisvollen Lebenskräften des Ostens verkörpert sah. Ihm ging es darum, »das Mittelmeer zum Hochzeitsbett für die Vereinigung von Ost und West zu machen und diese Ehe zu vollziehen, indem wir den Isthmus von Suez mit einem Kanal durchstoßen«. Aus dieser Vereinigung sollte eine Welt des Friedens hervorgehen, in der Enfantin einem Halbgott gleich als Erbe des Paulus, wie auch Mosis, Jesu und Mohammeds, gefeiert würde. Dies war nur ein Aspekt seines Denkens, der Aufmerksamkeit erregte. Sein Drängen, dass man den Frauen den nötigen Respekt erweisen solle, stieß in Konstantinopel und Kairo auf einiges Unverständnis. Sein absonderlicher himmelblauer Anzug mit weiten Hosen hätte ihn in Paris auch leicht zum Gespött machen können. Doch er fand Zugang zu französischen Salons und erkundete das Gebiet zwischen dem Mittelmeer und Suez, bevor er von Muhammad Ali empfangen wurde, der sich seine Pläne zum Bau eines Ost und West verbindenden Kanals höflich anhörte.[3] Der Vizekönig von Ägypten war ein begeisterter Anhänger des Gedankens, die Wirtschaft seines Landes zu verbessern, doch der Bau eines Kanals mitten durch die Wüste schien ihm eher Ressourcen abzuziehen, als Vorteile für sein Land zu bringen. Er fürchtete, der Kanal werde den Handel um das ägyptische Kernland herumlenken und Städten wie Alexandria oder Kairo (die nun über den Nil und den Mahmudiyya-Kanal miteinander verbunden waren) keinen Vorteil bringen, wohl aber jenen westeuropäischen Geschäftsleuten gewaltige Profite bescheren, die den Handel zwischen Frankreich oder England und Indien zu erleichtern versuchten.

Enfantins Exzentrik war in seiner Heimat Frankreich anscheinend leichter zu ertragen, weil er einer Vorstellung farbigen Ausdruck verlieh, die das gesellschaftliche und ökonomische Denken Frankreichs zu bestimmen begann. Unter dem Einfluss der Schriften Saint-Simons erkannten Enfantin und seine Zeitgenossen die Notwendigkeit einer fortschreitenden Verbesserung sowohl der materiellen als auch der geistig-moralischen Bedingungen. Neue Technologien wie Eisenbahn und Dampfschiff begannen die europäische Ökonomie zu verändern, auch wenn die dunkleren Seiten der Industrialisierung in England bereits sichtbar wurden. Doch in den Pariser Salons regierte die Theorie und zehrte auch weiterhin vom Ethos des revolutionären Frankreich. Der

Fortschritt war zum Ideal geworden. Und das nicht nur im Frankreich Louis-Philippes, sondern in gleichem Maße auch in Muhammad Alis Ägypten. Das Ideal Wirklichkeit werden zu lassen war im Falle des Suezkanals das Werk des Ferdinand de Lesseps. Er verband ein hohes Maß an diplomatischer Erfahrung mit jenen Detailkenntnissen, die nötig waren, um eine Kanalgesellschaft zu gründen, deren Anteile zu verkaufen (allerdings nicht genug) und unbeirrt für sein Projekt zu werben, bis die Gegner seines Plans in ihrem Widerstand erlahmten. Unermüdlich reiste er mit dem Dampfschiff zwischen Frankreich und der Levante hin und her sowie nach Spanien, England und sogar nach Odessa und sorgte so dafür, dass er ständig über die neuesten Entwicklungen in dem komplizierten Netzwerk aus Politikern, Investoren und fachkundigen Ingenieuren informiert war, von denen sein Kanalprojekt abhing. Er hatte den großen Vorteil, dass er in familiären Beziehungen zu Louis-Napoléon stand, ab 1848 Präsident der Republik und von 1852 bis 1870 französischer Kaiser: Seine Kusine war die Mutter der Kaiserin.

Es gab viele, die von sich behaupteten, der Kanal sei ihre Idee gewesen, obwohl sich in der steinigen Wüste des westlichen Sinai Spuren antiker Kanäle fanden, die das Mittelmeer mit dem Roten Meer verbanden. Im 3. Jahrhundert v. Chr. hatte Ptolemäus II. Philodelphos die Überreste eines Kanals erneuert und ausgebaut, der 500 v. Chr. von den Persern erbaut worden war. Die Verbindung zwischen dem Nil und dem Roten Meer blieb mit Unterbrechungen bis in die frühe arabische Zeit erhalten. Die Ziele waren jedoch stets beschränkt gewesen. Amr ibn al-As, der arabische Eroberer Ägyptens, hatte das Kanalsystem genutzt, um ägyptischen Weizen nach Mekka zu bringen.[4] Einen Kanal zu bauen, der die Handelsrouten des Mittelmeeres mit denen des Indischen Ozeans verband, erwog man ernsthaft erst im 19. Jahrhundert, und das aus einem guten Grund: Ägypten war in allererster Linie die Wasserstraße, die der Nil darstellte, und hätte man parallel dazu eine Wasserstraße durch die Wüste gebaut, wären den Herrschern des Landes die Steuereinnahmen weggebrochen, auf die Ptolemäer, Fatimiden und Mamluken so dringend angewiesen waren.

Es gab auch andere Vorstellungen, wie man einen Handelsweg zwischen beiden Meeren schaffen konnte. In den 1820er Jahren bemerkte der junge englische Unternehmer Thomas Waghorn die langen Verzögerungen, die eintraten, wenn er Post von Indien nach England schickte, und erkannte das Potential einer Route von Bombay nach Suez für jene Reisenden, die bereit waren, die Hitze und Unbequemlichkeit einer Kutschfahrt vom Roten Meer an den Nil auf sich zu nehmen. Wer dort erleichtert ankam, musste sich allerdings noch mit den zahllosen Ratten, Schaben, Fliegen und Flöhen herumschlagen, mit denen die Dampfschiffe und Segler verseucht waren, die Passagiere den Fluss hinabtransportierten. Danach war es vergleichsweise leicht, nach England weiterzureisen, denn ein monatlich verkehrendes Dampfpostschiff verband Alexandria mit Malta und Falmouth in Cornwall – von diesen Dampfschifflinien wird später noch die Rede sein.[5] Als Lesseps mit Waghorn zusammentraf, war er von ihm beeindruckt und schrieb, er sei ein Vorbild nicht nur für Unternehmergeist und Mut, sondern auch für die Notwendigkeit, eine brauchbare Verbindung zwischen dem Roten Meer und dem Mittelmeer zu schaffen.[6] Die Briten hielten jedoch daran fest, dass der Nilroute der Vorzug zu geben sei. Lord Palmerston widersetzte sich als Premierminister Lesseps' Plänen ganz entschieden. Es gebe technische Probleme, die auch noch so viele Erkundungen des Terrains nicht adäquat zu lösen vermöchten. Hatten die Wasserspiegel des Roten Meeres und des Mittelmeeres dieselbe Höhe? Schließlich wolle man einen Kanal bauen und keinen Wasserfall. Die Unterschiede in der Bodenbeschaffenheit – Sandwüste, Felswüste, Sümpfe – erschwerten das Projekt noch zusätzlich. Doch die Gründe für Palmerstons Widerstand waren nicht nur technischer Natur. War das Projekt erfolgreich, erhielten die Franzosen einen Seeweg nach Indien, ihr Ansehen in Ägypten stiege ins Unermessliche, und die britischen Interessen im Mittelmeer würden beträchtlichen Schaden nehmen.

Auch der osmanische Sultan war sich keineswegs sicher, ob er zulassen sollte, dass ein Kanal zum Roten Meer gebaut wurde. Das war zum Teil eine politische Frage. Lesseps drängte die Vizekönige, selbst über den Bau des Kanals zu entscheiden und jene Stimmen zu ignorieren, die behaupteten, dazu bedürfe es der Genehmigung des osmanischen

Sultans. Der erste Vizekönig, der sich von dem Projekt überzeugen ließ, war Said, der unter Fettleibigkeit leidende Sohn Muhammad Alis, der schon als Kind seinen Vater durch seine allzu große Vorliebe für Makkaroni zur Verzweiflung getrieben hatte. In Wirklichkeit war er jedoch ein kluger Politiker, der bereit war, Vermessungsarbeiten in Auftrag zu geben, in großem Umfang Anteile an Lesseps' Kanalgesellschaft zu erwerben und sogar die Zeitschrift der Suez Canal Company zu finanzieren. Es stimmt, dass Said schwankte, doch je mehr er sich auf die Sache einließ, desto klarer wurde, dass er unerträgliche Verluste hinzunehmen hätte, falls das Projekt scheiterte. Das Geld war natürlich das Hauptproblem, vor allem als es Lesseps 1865 nicht gelang, sich mit Jacob de Rothschild zu einigen.[7] Lesseps suchte sich eine andere Finanzierungsquelle und bot weltweit Anteile an der Kanalgesellschaft an, worauf jedoch nur der ägyptische Vizekönig und einige Franzosen halbwegs begeistert reagierten. Lesseps war ein überzeugender Mann, wie Said feststellen konnte, als der ihm die nicht verkauften Anteile aufbürdete. Doch Said erhielt auch Belohnungen. So sollte der neue Hafen am nördlichen Ende des Kanals nach ihm benannt werden. Obwohl es sich anfangs um kaum mehr als einen Lagerplatz handelte, wuchs der Hafen doch rasch mit dem Fortschreiten der Kanalbauarbeiten, und als der Kanal eröffnet wurde, verfügte Port Said über eine eindrucksvolle Mole aus großen Betonblöcken, die man im Meer versenkt hatte. Als Said im Januar 1863 starb, hatte das Projekt bereits beträchtliche Fortschritte gemacht, doch es war keineswegs sicher, ob man den geplanten Termin für die Fertigstellung im Jahr 1869 einhalten konnte. Man hatte gewaltige Erdmassen zu bewegen und Einschnitte durch die höher gelegenen Teile des Terrains zu legen. Bei den Arbeitskräften hatte man sich zunächst auf Zwangsarbeiter verlassen, die Said nach dem uralten, seit den Zeiten der Kinder Israels praktizierten System der Frondienste rekrutierte. Diese Fronarbeit erregte in Europa Unwillen, weil sie allzu sehr an Sklaverei erinnerte und weil sie ineffizient war, da ständig Arbeitskräfte vom Nil an den Kanal und zurückgebracht werden mussten.

All das änderte sich mit dem neuen Vizekönig, Saids fähigem und effizientem Neffen Ismail. Er war bis dahin kein Befürworter des Kanals gewesen, denn er besaß große Ländereien, und das Fronsystem missfiel ihm, weil es Fellachen von den Feldern abzog, und das oft gerade in den Monaten, in denen sie dort am dringendsten benötigt wurden. Er hatte seine Ausbildung an der Militärakademie Saint Cyr absolviert und war mit dem westlichen Denken vertraut. Er hatte nicht die Absicht, seine Monarchie zu demokratisieren, sondern hielt den Frondienst (wie Zar Alexander II.) in einer auf Modernisierung ausgerichteten Gesellschaft für einen Anachronismus. Er war es, der sagte: »Ägypten muss ein Teil Europas werden.«[8] Als er den Frondienst aufhob, stand Lesseps vor dem Problem, Arbeitskräfte beschaffen zu müssen, doch Aufrufe bis hin nach China blieben ohne ausreichende Reaktionen. Die für Modernisierer durchaus typische Antwort lautete Mechanisierung, und Ende 1863 machte die Firma Borel, Lavalley & Co. sich an die Entwicklung eines breiten Spektrums von Maschinen, die sich für die unterschiedlichen Böden entlang der Kanalroute eigneten. Drei Viertel des beim Bau des Kanals bewegten Bodens wurden mit solchen Maschinen abgetragen, hauptsächlich in den letzten beiden Jahren der Bauarbeiten von 1867 bis 1869, doch es gab immer wieder unvorhergesehene Hindernisse. Noch am letzten Tag stieß man auf einen riesigen Felsblock, der in den Kanal hineinragte und jedes Schiff von einiger Größe gefährdet hätte, so dass man ihn sprengen musste.[9] Der Einsatz von Maschinen verdoppelte zwar die Kosten, doch ohne Mechanisierung wäre der Kanal niemals rechtzeitig fertig geworden, und eine rasche Fertigstellung war entscheidend für die Zustimmung des Vizekönigs, des Sultans und des französischen Kaisers.

Ismail war überzeugt davon, seine Beiträge zum Bau des Kanals mit seinen beträchtlichen Einnahmen aus der Baumwollproduktion zahlen zu können. In den 1860er Jahren war Ägypten in der Lage, von der weltweiten Nachfrage nach Baumwolle zu profitieren, die deshalb gestiegen war, weil in den Vereinigten Staaten, dem traditionellen Hauptlieferanten jenseits des Atlantik, Bürgerkrieg herrschte. Langfristig waren die Aussichten nicht so gut, das wusste Ismail, doch wie allzu viele Politiker glaubte er nicht, dass auf den Boom ein gewaltiger Abschwung folgte. Schon 1866 geriet er in Geldnot, und Lesseps verschaffte ihm in Paris zu einem stolzen Zinssatz einen Kredit, ohne ihn auch nur zu konsultieren.

Am Ende hatte Ismail Pascha insgesamt 240 Millionen Franc in den Kanalbau investiert.[10] In politischer Hinsicht glaubte Ismail einen vorsichtigen Kurs steuern zu müssen. Er überredete die Hohe Pforte, ihm einen neuen Titel und einen automatischen Anspruch des ältesten Sohns auf die Thronfolge zu gewähren, und sah darin mit einigem Recht die Anerkennung als unabhängiger Souverän. Die Türken gruben widerwillig einen alten persischen Titel, *Khedive*, wieder aus, von dem niemand so recht wusste, was er bedeutete, der aber königliche Autorität auszustrahlen schien. Andererseits hatte Ismail allen Grund, besorgt über die Entwicklung der Macht der Suez Canal Company zu sein, die in der Kanalzone zumindest gegenüber europäischen Siedlern als autonome Regierung auftrat. Die Erosion der ägyptischen Kontrolle über den Kanal hatte bereits begonnen.

Die Feierlichkeiten zur Eröffnung des Kanals im November 1869 brachten sehr klar den Wunsch des Khediven zum Ausdruck, unter den Herrschern Europas akzeptiert zu werden. Zu den Gästen gehörten Kaiserin Eugénie von Frankreich auf dem Schaufelraddampfer *L'Aigle*, der Kaiser von Österreich, Franz Joseph, sowie Prinzen aus den Niederlanden und Preußen. Auch religiöse Zeremonien nach muslimischen wie auch christlichen Riten wurden zu diesem Anlass abgehalten. Der Beichtvater der Kaiserin erklärte: »Heute werden zwei Welten zu einer gemacht […] Heute ist ein großes Fest für die ganze Menschheit.« Die Botschaft von der Bruderschaft aller Menschen, die Enfantin gewiss gebilligt hätte, entsprach auch dem von Ismail angestrebten Ziel. Der Beichtvater hielt auch eine Lobrede auf Lesseps und verglich ihn mit Kolumbus, während Lesseps die Überzeugung äußerte, dass es noch nie zuvor solch eine gemeinsame muslimische und christliche Zeremonie gegeben habe.[11] Am 17. November machte sich in Port Said eine aus mehr als 30 Schiffen bestehende Prozession auf den Weg durch den Kanal, unterbrochen durch prunkvolle Zwischenstopps zur Erfrischung und Unterhaltung der Ehrengäste. Der Schaufelraddampfer der Kaiserin erreichte das Rote Meer am 20. November und wurde mit 21 Salutschüssen begrüßt. Lesseps hatte Afrika zu einer Insel gemacht, wie *The Times* berichtete.[12]

Nun hing alles davon ab, welchen Umfang der Schiffsverkehr durch den Kanal erreichte, aus dem der Khedive große Einnahmen zu erzielen hoffte. Er hatte Anspruch auf 15 Prozent der Gewinne. Es kann nicht überraschen, dass Reeder und Händler ein paar Jahre brauchten, um sich an die Existenz einer neuen Expressroute in den Orient zu gewöhnen. 1870 wurden 400 000 Tonnen Güter auf nahezu 500 Schiffen durch den Kanal transportiert. 1871 waren es 750 000 Tonnen. Doch der Khedive hatte geglaubt, die Einnahmen aus einem jährlichen Transportvolumen von fünf Millionen Tonnen zu erhalten, und es dauerte eine ganze Weile, bis diese Zahl erreicht war. Schon während des Kanalbaus kamen zahlreiche französische (46) und viele ägyptische Dampfschiffe wie auch eine große Zahl türkischer Segelschiffe nach Port Said. Österreichische Segelschiffe brachten Kohle aus Wales und Südfrankreich, Holz aus Korsika und Istrien und Wein aus der Provence, als Trost für die europäischen Siedler in den kargen Randgebieten des Sinai.[13] Der Unterschied zwischen den Zahlen vor und nach der Eröffnung des Kanals gibt einen realistischen Eindruck von den Veränderungen, die der Kanal bewirkte. Auf lange Sicht kam es zu einem gewaltigen Wachstum. 1870 passierten 486 Schiffe den Kanal, 1871 waren es 765, und im Rest des Jahrzehnts pendelten die Zahlen sich um 1400 ein, wobei die Grenze von 2000 Passagen 1880 überschritten und der Höhepunkt mit 3600 Schiffen 1885 erreicht wurde. Danach gingen die Zahlen wieder leicht zurück. Trotz der kühlen Zurückhaltung der britischen Regierung gegenüber dem Projekt erkannten britische Geschäftsleute rasch die Vorzüge des Kanals, und 1870 wurden bereits zwei Drittel des Verkehrs von britischen Investoren abgewickelt. In den 20 Jahren von 1870 bis 1890 nahm der britische Anteil stetig zu, und 1889 entfielen von den insgesamt 6,8 Millionen Tonnen Fracht fünf Millionen Tonnen auf Großbritannien. Auf Frankreich entfiel nur ein winziger Anteil (362 000 Tonnen), und noch geringer waren die Anteile Deutschlands, Italiens und Österreichs (hauptsächlich Triest). Die Handelskammer in London erklärte: »Der Handel zwischen Europa und dem Osten fließt mehr und mehr durch den Kanal, und auf die britische Flagge entfällt ein immer größerer Anteil dieses Handels.«[14]

Das war eine strahlende Zukunft, doch 1870 konnten die Anteilseigner nur hoffen, und ihre Unsicherheit wuchs, als die Kanalgesellschaft sich unfähig zeigte, eine Dividende auszuschütten oder, wie es in einem französischen Pamphlet hieß: »Die Agonie des Suezkanals – Null Ergebnisse – Demnächst der Bankrott!«[15] Lesseps beschloss, seine Aufmerksamkeit auf ein anderes Kanalprojekt zu konzentrieren, einen Kanal durch Panama (ein Projekt, das seine technischen und finanziellen Möglichkeiten überstieg), und der französische Kaiser musste nach seiner Niederlage im Krieg gegen Preußen ins Exil gehen, während Paris von den Kommunarden übernommen wurde. Als die Ordnung in Paris wiederhergestellt war, erklärte die Dritte Republik ihre entschiedene Unterstützung für den Suezkanal, war jedoch nicht in der Lage, den unglücklichen Investoren unter die Arme zu greifen. Ismail stand weitgehend allein da, und als ihm 1872 die Mittel ausgingen, musste er einen Kredit von 800 Millionen Franc aufnehmen. 1875 hatten seine Schulden die Gesamtsumme von drei Milliarden Franc überstiegen, und allein der Schuldendienst von jährlich mehr als 150 Millionen Franc ließ seine Ressourcen schneller schmelzen, als er sie erneuern konnte – 1863 hatten die gesamten Steuereinnahmen des ägyptischen Staates unter dieser Summe gelegen. Für Kreditgeber blieb er dennoch interessant, weil er beträchtliche Anteile an der Kanalgesellschaft hielt, darunter auch jene, die Lesseps ihm aufgenötigt hatte, als ausländische Investoren sich unwillig gezeigt hatten, Anteile zu erwerben. Er hatte Ägypten zu größerer politischer Unabhängigkeit geführt, doch die finanziellen Belastungen waren so hoch, dass sie diese Unabhängigkeit wieder gefährdeten. 1875 schien es keine andere Möglichkeit mehr zu geben, als die ägyptischen Anteile zu verkaufen. Französische Käufer waren bereit einzuspringen. Dann erhielt Benjamin Disraeli Kenntnis von diesen Vorgängen und erkannte, dass sich ihm für vier Millionen Pfund Sterling die Möglichkeit bot, teilweise die Kontrolle über die Mittelmeerroute nach Indien zu erlangen. Er informierte Königin Viktoria, ein Kauf der Anteile, »eine Sache von Millionen«, werde »dem Besitzer einen gewaltigen, um nicht zu sagen überragenden Einfluss auf die Verwaltung des Kanals sichern. Es ist zu diesem Zeitpunkt von entscheidender Bedeutung für die Autorität und Macht Eurer Majestät, dass der Kanal England gehört.« Ende 1875 befand sich die britische Regierung im Besitz von 44 Prozent der Anteile, wodurch sie zum größten Anteilseigner aufstieg. Disraeli teilte der Königin mit: »Soeben hat es sich entschieden; Sie haben ihn, Madame.«[16]

Dieser Kauf hatte gewaltige Folgen für Ägypten und den Mittelmeerraum. Man richtete eine gemischte britisch-französische Kontrollkommission ein, die die ägyptischen Staatsfinanzen beaufsichtigen und für Haushaltsdisziplin sorgen sollte, wodurch sich der Einfluss Großbritanniens auf die ägyptische Politik beträchtlich verstärkte. Doch die Kommission erteilte die Genehmigung, dass die Anrechte des Khediven auf 15 Prozent der Einnahmen aus dem Kanal zu einem Schnäppchenpreis an eine französische Bank verkauft wurden, was die Stellung des Khediven nicht gerade festigte. Der osmanische Sultan sah darin durchaus zu Recht den ersten Schritt zu einer Übernahme Ägyptens durch Engländer und Franzosen, während Ismails Abhängigkeit von ausländischen Krediten die jährliche Tributzahlung des Khediven an Konstantinopel gefährdete. Ismail träumte davon, im Sudan neue Einnahmequellen zu erschließen, doch die Entsendung von Armeen in den Süden überstieg seine finanziellen Möglichkeiten. Er geriet immer stärker in Isolation. 1879 entfernte der Sultan ihn aus dem Amt, wobei er in diesen freundlicheren Zeiten lediglich mit einem Exil in der Bucht von Neapel bestraft wurde. Doch mit Ismails Absetzung beugte der Sultan sich nur dem Druck der gemischten Kontrollkommission, und mit der Thronbesteigung Tawfiqs, Ismails Sohn, der den europäischen Mächten freundlich gesonnen war, geriet Ägypten nur noch tiefer in das britische Netz hinein. 1882 stand Tawfiq zu Hause unter beträchtlichem Druck. Durch einen Militärputsch gelangte eine arabisch geführte Regierung an die Macht, die der alten türkisch-albanischen Elite mit Feindseligkeit begegnete. Im Spätsommer 1882 beschossen britische Truppen mit Hilfe einer aus England entsandten Armee Alexandria, wo es zur Empörung der Europäer zu Massakern an Ausländern gekommen war. Die Briten sicherten den Suezkanal und rückten auf Kairo vor, mit dem öffentlich bekundeten Ziel, Tawfiq wieder auf den Thron zu setzen.[17] Nun war Ägypten ein britisches Protektorat, auch wenn man dem Khediven (und später seinen Nachfolgern, den Königen von Ägypten) eine beträchtliche Autonomie einräumte. Durch Ismails Absetzung hatte der Sultan eine Kette von Ereignissen ausgelöst, die schließlich zum Verlust Ägyptens für das Osmanische Reich führten, doch in Wirklichkeit hatte diese Ereigniskette begonnen, als Lesseps' Arbeiter den ersten Spatenstich zum Bau des Suezkanals setzten.

II

Die zweite Veränderung, zu der es Mitte des 19. Jahrhunderts im Mittelmeer kam, war die Ankunft der Dampfschiffe, gefolgt von Schiffen mit eisenbeschlagenem Rumpf. Die ersten Versuche, Dampfschiffe zu bauen, reichen bis in die 1780er Jahre in den Vereinigten Staaten und Frankreich zurück. Die fundamental neuen Qualitäten der Dampfschifffahrt waren Geschwindigkeit, Zuverlässigkeit und Regelmäßigkeit. Die Geschwindigkeit sollte allerdings nicht überschätzt werden. Acht Knoten galten bereits als schnell. Dennoch benötigten die Schiffe auf der 1837 eingerichteten Linie zwischen Triest und Konstantinopel nur noch zwei Wochen gegenüber einem Monat oder gar 40 Tagen mit dem Segelschiff, und Ende des Jahrhunderts erreichten größere, mit einem eisenbeschlagenen Rumpf und Schraubenantrieb ausgestattete Dampfschiffe die türkische Hauptstadt in weniger als einer Woche. Dampfschiffe brauchten bei widrigen Winden nicht zu kreuzen und konnten das Mittelmeer in allen Jahreszeiten befahren. Die Schifffahrt war nicht mehr auf die traditionellen Routen beschränkt, die den vorherrschenden Winden und Strömungen folgten. Mit anderen Worten, die Verbindungen zwischen zwei Punkten wurden direkter, und man konnte mit einiger Sicherheit vorhersagen, wann ein Schiff im Zielhafen ankam. Andererseits waren Dampfschiffe sehr teuer, und während es auf Segelschiffen unter Deck keinerlei Maschinen gab, war der Rumpf eines Dampfschiffs angefüllt mit Brennstoff (in Form von Kohle), ganz zu schweigen von der Dampfmaschine mit ihren Kesseln, die mittschiffs den meisten Raum beanspruchte, sowie den Unterkünften für die Besatzung und den Kabinen für die Passagiere. Außerdem führten Dampfschiffe auch Segel mit sich, die bei Bedarf an die Stelle des Dampfantriebs treten konnten. In einem Bericht heißt es: »Dampfschiffe werden und können niemals Frachtschiffe sein.« Da sie auf Expresslinien eingesetzt wurden, lagen sie zum Be- und Entladen der Fracht nicht längere Zeit im Hafen, wie dies bei Segelschiffen der Fall war.[18]

Wie sich zeigte, erbrachten Dampfschiffe den größten Nutzen beim Transport von Post und Banküberweisungen. Anders gesagt, sie konnten wichtige Hilfsdienste für den Handel leisten, indem sie den Zahlungsverkehr und die Verbreitung kommerziell bedeutsamer Informationen beschleunigten und zugleich Raum für Passagiere bereitstellten, denen Postdampfschiffe größeren Komfort boten. Die französische Regierung plante schon 1831 die Einrichtung von Postdampfschiffrouten. Damals wurde eine Linie zwischen Marseille und Süditalien eröffnet.[19] Nun konnte man auch Fahrpläne erstellen. 1837 schloss die österreichische Regierung einen Vertrag mit dem in Triest beheimateten Österreichischen Lloyd über monatlich zwei Fahrten von Triest nach Konstantinopel und Alexandria, mit Zwischenstationen in Korfu, Patras, Athen, Kreta und Smyrna, für den Transport von Münzgeld, Post und Passagieren.[20] Vier Jahre zuvor hatte eine Gruppe von Seetransportversicherungen das Unternehmen in Triest unter dem Namen Lloyd Austriaco gegründet – der Name erinnerte an das Londoner Kaffeehaus, in dem im 18. Jahrhundert eine ähnliche Kooperation von Versicherungsgesellschaften entstanden war. 1835 gründete der Österreichische Lloyd eine Dampfschiffgesellschaft, weil man um den großen Nutzen aktueller Informationen wusste. Sechzig Prozent der Anteile am Österreichischen Lloyd hielten die Rothschilds in Wien, und der Londoner Zweig der Rothschild-Bank war bei der Beschaffung von Schiffen und Dampfmaschinen aus England behilflich.[21] 1838 bestand die Flotte des Österreichischen Lloyd aus zehn Schiffen, deren größtes, die *Mahmudié*, eine Wasserverdrängung von 410 Tonnen besaß und in bewusster Anspielung nach dem Kanal benannt war, der Alexandria mit dem Nil verband. Die Maschinen hatten eine Leistung von 120 Pferdestärken. Der britische Konsul in Triest beschrieb die Flotte als »gut gebaut, gut ausgerüstet und gut bemannt«.[22]

Außerhalb des Mittelmeeres richtete die Peninsular Steam Navigation Company einen Dienst ein, der von England aus durch die Straße von Gibraltar führte. Das Unternehmen hatte bereits begonnen, sich auf den Postdienst zwischen England und der Iberischen Halbinsel zu spezialisieren (dafür stand das »Peninsular« im Namen der Firma, aus dem später Peninsular & Oriental, P & O, wurde), und übernahm die Farben der damaligen spanischen und portugiesischen Flagge, Rot und Gold bzw. Blau und Weiß. Die Rivalität zwischen P & O und dem Österreichischen Lloyd sorgte für einigen Ärger. 1845 eröffnete das britische Unternehmen eine Linie quer durchs Mittelmeer und ins Schwarze Meer bis hin nach Trapezunt. Im Schwarzen Meer drohten die Briten noch heftiger mit den geschäftlichen Interessen österreichischer Dampfschiffgesellschaften zusammenzustoßen, die die Donau hinauf- und hinunter- und an den Schwarzmeerküsten entlangfuhren.[23] Die Dampfschifffahrt war zu einer Erfolgsgeschichte geworden. Die europäischen Mächte konkurrierten um den Zugang zu den großen Handelsrouten, doch diese Konkurrenz blieb bemerkenswert friedlich. Mitte des 19. Jahrhunderts kam es auf dem Mittelmeer zu einigen Konflikten, aber die Bedrohung durch Seeräuber war seit den amerikanischen und französischen Siegen über die Barbareskenstaaten weitgehend geschwunden, und nach dem Griechischen Unabhängigkeitskrieg kam es auf See nur noch selten zu bewaffneten Zusammenstößen.

Eine Ausnahme bildete da jener Konflikt, der im Juli 1866 in einem österreichischen Seesieg über die neugeschaffene italienische Flotte bei Lissa (der heutigen Insel Vis) gipfelte. Durch die Übernahme Venedigs nach den Napoleonischen Kriegen gelangte die venezianische Flotte unter österreichische Herrschaft, und eine Zeitlang kontrollierten die Österreicher auch Flotten in der Toskana, die kurze Zeit von den Habsburgern gehalten wurde. Bis 1848 war Italienisch die Kommandosprache in der Habsburger-Kriegsflotte, und die Mehrzahl der Seeleute waren Italiener, während 1866 etwa 60 Prozent der Besatzungen aus Deutschen bestanden.[24] Die Flotte der Habsburger wurde gut geführt; der Bruder des Kaisers, Ferdinand Maximilian, der später in Mexiko als Kaiser Maximilian ein tragisches Schicksal erleiden sollte, war von 1854 bis 1864 Oberbefehlshaber der Flotte und schätzte nicht nur die Vorteile von Dampfschiffen, sondern auch die von eisenbeschlagenen Schiffsrümpfen. Als er die Flotte übernahm, bestand sie aus Segelschiffen und einigen Raddampfern. Er gab schraubengetriebene Schoner in Auftrag und später dann gepanzerte Fregatten, die besonders teuer waren – 1861 waren österreichische Gießereien nicht in der Lage, kurzfristig Eisenplatten in ausreichenden Mengen herzustellen, und so musste man die Platten im Loire-Tal bestellen und in großer Geheimhaltung über Marseille ausliefern lassen. Die Dampfmaschinen wurden jedoch bereits in einer neuen Fabrik in Triest hergestellt, an der auch der Kaiser finanziell beteiligt war. Er überließ es seinem Bruder, so viel auszugeben, wie der es für nötig hielt.[25]

Durch die Herrschaft über Gebiete in Norditalien war der Habsburger-Kaiser in Konflikt mit Kräften geraten, die nach einer Einigung der Halbinsel unter dem Haus Savoyen strebten. Ein Bündnis zwischen Preußen und dem Königreich Italien bedrohte die österreichische Herrschaft über Venedig und den Nordosten Italiens. Als die österreichische und die italienische Flotte vor der kroatischen Küste bei der Insel Lissa aufeinanderstießen, waren die Österreicher in der Unterzahl. Die Italiener verfügten über zehn gepanzerte Dampfschiffe, die Österreicher nur über sieben. Auch die Zahl der unbewaffneten Dampfschiffe war auf italienischer Seite etwas höher. Die Italiener hatten sich wenig Gedanken gemacht, wie man unter solchen Umständen vorgehen konnte. Eine Seeschlacht zwischen Panzerschiffen war etwas Neues, und die Österreicher hielten es (in einem Rückgriff auf antike Vorbilder) für die beste Taktik, die gegnerischen Schiffe zu rammen. Auch wenn das ihren eigenen Schiffen nicht guttat, gelang es ihnen doch, zwei italienische Panzerschiffe zu versenken. Der österreichische Befehlshaber räumte ein, es sei ein riesiges Durcheinander und daher ein Wunder gewesen, dass er kein einziges Schiff verloren habe. Gegen jede Wahrscheinlichkeit hatten die Österreicher gesiegt.[26] Der Sieg sicherte ihnen zwar nicht Venedig, das sie an das italienische Königreich abtreten mussten, aber er verhinderte, dass die Italiener auch die Kontrolle über die dalmatinische Küste errangen (von der ein Teil der »österreichischen« Seeleute stammte).[27] Der Verlust Venedigs stärkte letztlich nur die Bedeutung von Triest als Tor des Habsburgerreiches zum Mittelmeer.

Unter der Herrschaft der Habsburger erlebte Triest einen Boom. Dreißig Jahre vor der Eröffnung des Suezkanals pries ein amerikanischer Diplomat in Wien die Stadt gegenüber dem Außenministerium in Washington in höchsten Tönen:

> »Triest ist eine wunderschöne und in weiten Teilen neue Stadt – und wie so oft in neuen Städten gibt es viel Aktivität und ein reges Geschäftsleben. Der Hafen ist ausgezeichnet und für fast alle Schiffe tief genug. Die Stadt hat 50 000 Einwohner, die hauptsächlich im Handel tätig sind, der angeblich lukrativ ist und rasch wächst. Die Importe belaufen sich auf 50 Millionen Florin [100 Millionen Dollar], die Exporte auf 40 Millionen.«[28]

Triest stand vor zahlreichen Herausforderungen. Die Qualität der aus dem Habsburger-Hinterland um Wien und Prag kommenden Waren war nicht sonderlich gut, so dass es für Triest schwierig war, österreichische Waren im Mittelmeerraum zu verkaufen, während der Zugang zu den österreichischen Kernlanden von den Alpen versperrt wurde. Andererseits war Triest ein Freihafen, der sich zahlreicher Befreiungen von den üblichen Steuern und Zöllen erfreute. Schon 1717 hatte Kaiser Karl VI. von Österreich der Stadt Privilegien gewährt, und dahinter lag eine lange Tradition von Handelsbeziehungen mit dem adriatischen Raum – Karl V. hatte den Kaufleuten von Triest 1518 Sonderrechte in Süditalien eingeräumt. In diesen Jahrhunderten war Triest noch sehr klein gewesen und hatte ganz im Schatten von Venedig gestanden, aus dessen politischer Bevormundung die Stadt sich im 14. Jahrhundert befreit hatte. Es dauerte lange, bis sie sich auch aus der ökonomischen Vorherrschaft Venedigs befreien konnte. Ende des 18. Jahrhunderts verschifften venezianische Kaufleute Güter über Triest, um von der Stellung des Hafens als Freihafen zu profitieren. Weitere Privilegien sowie ein Seerecht erhielt Triest Ende des 18. Jahrhunderts unter Kaiserin Maria Theresia, und die Stadt vermochte ihre Stellung sogar noch besser zu nutzen, als Venedig 1797 seine Unabhängigkeit verlor. 1805 waren in Triest 5537 Schiffe registriert, die große Mehrzahl davon befand sich im Besitz von Venezianern.[29]

Und noch eine Besonderheit zeichnete Triest aus. Im Wissen um die Erfolge Livornos schuf Karl VI. dort eine Enklave, in der Geschäftsleute aller Glaubensrichtungen sich niederlassen und Wohlstand erwerben konnten. Nachdem Joseph II. in den 1780er Jahren sein Toleranzpatent erlassen hatte, garantierte man die Sicherheit der Juden und anderer ethnischer Gruppen.[30] Das am Hang unterhalb der Burg eingezwängte Getto von Triest wurde 1785 aufgehoben. Ein jüdischer Autor, der zugleich Seidenproduzent war, pries Maria Theresia als die »tüchtige Frau«, von der im Buch der Sprüche die Rede ist, denn sie habe den Handel zum Nutzen ihrer Untertanen erblühen lassen: »Offene Häfen, verkürzte Straßen, bequem und leicht, die Flagge zur See geachtet und sicher.« Zu den übrigen religiösen Gruppen, die sich in Triest fanden, gehörten Armenier, Griechisch-Orthodoxe, Lutheraner, Calvinisten und Serbisch-Orthodoxe. All diese Gruppen waren als »Nationen« organisiert, von denen man erwartete, dass sie beim Zuzug weiterer Mitglieder darauf achteten, dass wirtschaftlich nützliche Siedler und keine Vagabunden kamen. Hinter den religiösen Etiketten verbargen sich die unterschiedlichsten ethnischen Gruppen, darunter Slowenen und Kroaten aus der nächsten Umgebung, aber auch deutsche, holländische, englische, albanische und türkische Zuwanderer oder Besucher – eine *guazzabuglia*, ein ungeordnetes Gemisch aus Völkern und Sprachen, auch wenn im öffentlichen Leben Italienisch und Deutsch dominierten.[31]

Besonders berühmt ist die Stadt Italo Svevos für ihre jüdische Gemeinde, die um die 1830er Jahre gut in die örtliche Gesellschaft integriert war, dabei aber über eigene Schulen und andere Einrichtungen verfügte. Die Rabbiner der Stadt erlangten große Übung in der Beurteilung der Einhaltung religiöser Gebote, etwa in Hinblick auf Verstöße gegen die Sabbatruhe oder lasche Einstellungen gegenüber den jüdischen Ernährungsvorschriften.[32] Die jüdische Bevölkerung wuchs beträchtlich, von wenig mehr als 100 im Jahr 1735, als die Gesamtbevölkerung noch unter 4000 lag, auf 2400 im Jahr 1818, als die Stadt insgesamt 33 000 Einwohner zählte. Da die Juden in Triest weniger Einschränkungen ausgesetzt waren als in anderen Regionen des Habsburgerreiches, spielten sie eine wesentliche Rolle in der wirtschaftlichen Entwicklung der Stadt, und das sowohl hinsichtlich der Theorie als auch der Praxis. So schrieb G. V. Bolaffio ein Buch über den Geldumtausch und Samuel Vital eines über Versicherungen, während Juden aus Triest sich in späteren Jahrzehnten durch Studien zur Buchführung, zur Ökonomie und zum Handelsrecht hervortaten. Juden beteiligten sich auch aktiv an der *Borsa*, der Börse, und an der Gründung des Österreichischen Lloyd. Zu dessen Gründern gehörten die Juden Rodrigues da Costa und Kohen, der Grieche Apostopoulo, der Slawe Vučetić, der Rheinländer Bruck und der Ligurer Sartorio – an den beiden Letztgenannten fand die Monarchie solchen Gefallen, dass sie sie in den Adelsstand erhob.[33] Dieses Völkergemisch war kulturell anregend. Ende des Jahrhunderts war Triest berühmt für seine literarischen Cafés, angefangen beim 1837 gegründeten Caffé degli Specchi, dem »Spiegelcafé«. Gleichfalls Ende des 19. Jahrhunderts wurde das intellektuelle und politische Leben der Stadt von der Frage beherrscht, ob Triest zu Italien oder zu Österreich gehörte – ungeachtet der immer selbstbewussteren slowenischen Bevölkerungsgruppe.[34]

Aus der Sicht Wiens – einer weiteren Stadt, in der zahlreiche Völker mit unterschiedlichen Graden an Spannung zusammenlebten – war Triest das ideale Tor zum Osten. In den drei Jahrzehnten nach 1830 wuchs der über den Triester Hafen abgewickelte Handel schrittweise an. Die Importe nahmen nach der Tonnage auf mehr als das Doppelte zu, während die Zahl der Dampfschiffe sich auf Kosten der Segelschiffe vergrößerte, woraus sich ersehen lässt, dass auch die Dampfschiffe zunehmend Platz für Fracht fanden. 1852 trafen fast 80 Prozent der Handelsgüter auf Segelschiffen ein, 1857 waren es nur noch zwei Drittel. Der wichtigste Handelspartner für Triest war das Osmanische Reich, auf das in den 1860er Jahren etwa ein Drittel der Exporte entfiel, doch auch zu den Vereinigten Staaten, Brasilien, Ägypten, England und Griechenland bestanden regelmäßige Kontakte. Im Handel mit Alexandria nahmen die Schiffe der Stadt den dritten Platz ein, nach Großbritannien und Frankreich, aber vor der Türkei und Italien, und auch im späten 19. Jahrhundert ging dieser Handel nicht zurück. Das Spektrum der Güter ist gleichfalls eindrucksvoll, auch wenn die meisten einfach nur weiter nach Wien und in die Habsburger-Kernlande transportiert wurden: Kaffee, Tee und Kakao, große Mengen Pfeffer, Reis und Baumwolle.[35] In der Zeit zwischen der Eröffnung des Suezkanals und 1899 vervierfachte sich die Menge der abgefertigten Waren nahezu.[36]

Die Geschichte Triests und des Österreichischen Lloyd zeigt die

Chancen und Enttäuschungen derer, die im 19. Jahrhundert versuchten, die neuen Verhältnisse im Mittelmeerraum für sich zu nutzen. Die Schifffahrt auf dem Mittelmeer hatte sich so stark verändert, dass sie kaum noch wiederzuerkennen war. Das Große Meer war nun ein Durchgangsweg zum Indischen Ozean, und wer diesen Weg nahm, machte ganz andere Erfahrungen als die Menschen in früheren Jahrhunderten. Mit dem Ausbau des Postnetzes wurden immer mehr Nachrichten in alle Richtungen geschickt. Es gab ein höheres Maß an Frieden und Sicherheit als jemals seit der Blütezeit des Römischen Reiches. Doch weder die Österreicher noch die Türken oder die Franzosen beherrschten das Mittelmeer, sondern das imperiale Britannien.

KAPITEL 2

Das Griechische und das Ungriechische 1830 bis 1920

I

Einen wichtigen Aspekt des Fünften Mediterranen Zeitalters bildeten die Entdeckung des Ersten und die Wiederentdeckung des Zweiten Mediterranen Zeitalters. Zur griechischen Welt gehörten nun auch die von Homer beschriebenen bronzezeitlichen Helden auf ihren Streitwagen, und die römische Welt hatte, wie man herausfand, tiefe Wurzeln in der wenig bekannten Welt der Etrusker. So eröffneten sich im 19. und frühen 20. Jahrhundert ganz neue Perspektiven auf die Geschichte des Mittelmeerraums. Ein erstes Anzeichen war das wachsende Interesse am alten Ägypten, von dem im letzten Kapitel die Rede war, auch wenn dieses Interesse eng mit der klassischen Bibelforschung verbunden war. Im 18. Jahrhundert führte die »Grand Tour« gutbetuchte Reisende aus Nordeuropa zu den antiken Überresten in Rom und auf Sizilien, und Engländer sahen darin eine attraktive Alternative zu Oxford und Cambridge, wo sich diejenigen, die sich überhaupt sorgfältig ihren Studien widmeten, eher mit antiken Schriften als mit antiken Objekten befassten.[1] Auf der anderen Seite erfreuten sich antike Kunstwerke im 18. Jahrhundert wieder wachsender Wertschätzung, als der deutsche Kunsthistoriker Winckelmann seinen Lesern eine Liebe zu den Formen der griechischen Kunst vermittelte und behauptete, die Griechen hätten sich (im Unterschied zu den Römern) der Darstellung des Schönen gewidmet. Seine *Geschichte der Kunst des Alterthums*, die 1764 in Deutsch und wenig später auch in französischer Übersetzung erschien, war äußerst einflussreich.

Entdeckungen in Pompeji und Herculaneum, an denen Nelsons gehörnter Gastgeber Sir William Hamilton (dessen Ehefrau Emma war Nelsons Geliebte) großen Anteil hatte, und dann in Etrurien verstärkten in den folgenden Jahrzehnten noch das nordeuropäische Interesse an der antiken Kunst. Sie versorgten Innenarchitekten mit einem reichen Spektrum an Mustern und Sammler mit einer Vielzahl von Sammlerstücken – als die Gräber in Etrurien geöffnet wurden, verschiffte man massenhaft »etruskische Vasen« aus Italien, bei denen es sich in Wirklichkeit allerdings fast ausnahmslos um griechische Arbeiten handelte. In Griechenland musste man die Genehmigung der osmanischen Behörden einholen, bevor man mit Ausgrabungen begann und Funde exportierte. Auf den berühmtesten Export, den der Parthenonskulpturen zu Beginn des 19. Jahrhunderts, folgten weitere Erwerbungen nordeuropäischer Museen. Der Pergamonaltar ging nach Berlin, die Verkleidung des Schatzhauses des Atreus in Mykene an das Britische Museum usw. Das Überleben so vieler Skulpturen nackter Männer und Frauen weckte nicht nur ästhetische, sondern – kaum überraschend – auch erotische Gefühle. Bald war es möglich, statt eines Besuchs der antiken Stätten im Mittelmeergebiet eine Wanderung durch die großen Museen Englands, Frankreichs und Deutschlands zu unternehmen, deren Antikensammlungen nach Winckelmanns Grundsätzen gestaltet wurden, wonach es für das Verständnis der klassischen Kunst wesentlich war, deren Schönheit zu würdigen.[2] Daneben wurde die mediterrane Welt auch durch phantasievolle Rekonstruktionen der klassischen Vergangenheit nach Nordeuropa übertragen, wie sie in England etwa Lawrence Alma-Tadema und J. W. Waterhouse malten. Alma-Tadema wurde wegen der nahezu fotografischen Aufmerksamkeit populär, die er sorgfältig recherchierten Details zukommen ließ, aber zweifellos auch wegen der nackten Frauen, die er in einige seiner Gemälde einfügte.[3]

Es galt nicht als unerlässlich, selbst auf dem Boden des antiken Hellas zu wandeln, denn Legenden um Troja waren Mythen über nicht existierende Götter und Helden. Allerdings gewannen romantische Vorstellungen über Griechenland und die Griechen an Kraft, als die Griechen sich von der osmanischen Herrschaft befreiten. Der berühmteste Vertreter dieser romantischen Liebe war Lord Byron, der 1824 in Griechenland während eines Feldzugs gegen die Türken an einem Fieber starb.

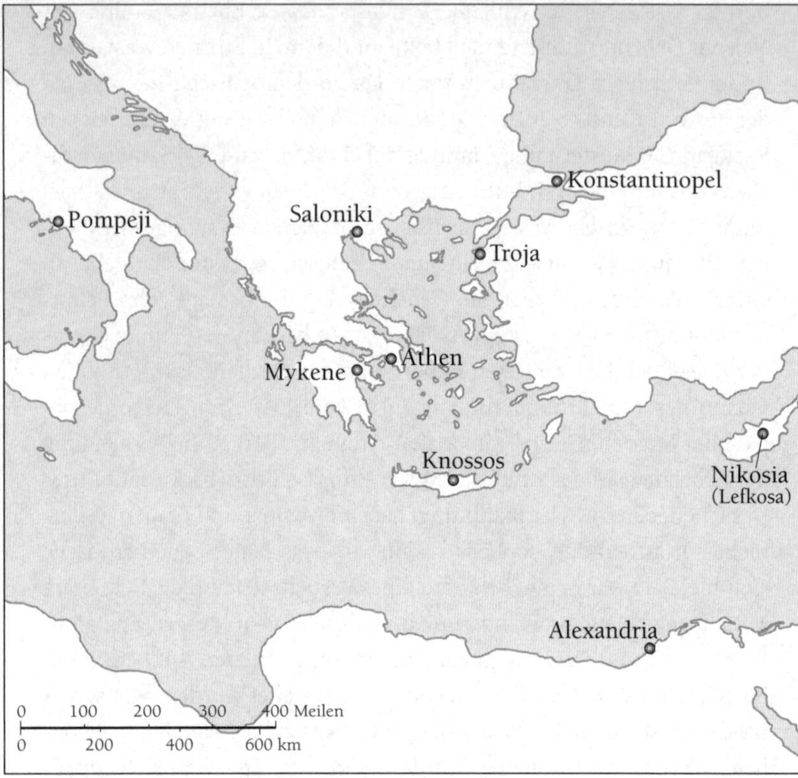

Er war ein Jahrzehnt zuvor auf einer »Grand Tour« durch weite Teile des nördlichen Mittelmeerraums – Italien, Albanien, Griechenland – ausgiebig mit der klassischen Vergangenheit in Kontakt gekommen. Doch sein Interesse an Griechenland war eher von einer romantischen Freiheitsliebe geprägt als von tiefer Liebe zur Antike. In Wirklichkeit konnten die Briten sehr unromantisch sein, wenn es um Griechenland ging. Zwischen 1848 und 1850 ließ Lord Palmerston, der die griechische Unabhängigkeit mit Wohlwollen betrachtete, die griechische Regierung seinen ganzen Zorn spüren, weil sie es unterließ, dem in Gibraltar ansässigen Juden Don Pacifico die Schäden an seinem Eigentum zu ersetzen, die ihm durch einen randalierenden Mob zugefügt worden waren. Die Royal Navy verhängte eine Blockade über Athen, bis die Griechen nachgaben, zur Empörung der Franzosen und der Russen, die gemeinsam mit den Briten als Garantiemächte der griechischen Unabhängigkeit auftraten. Doch Palmerston wusste es besser und verwies mit großen Worten auf die Antike, um das Verhalten der Griechen zu geißeln:

> »Wie der Römer sich in alten Zeiten vor Beleidigungen schützte, indem er sagte: *civis romanum sum*, so kann auch ein britischer Staatsbürger, wo immer er sich aufhalten mag, sicher sein, dass das wachsame Auge und der starke Arm Englands ihn vor Ungerechtigkeit und Unrecht schützen.«

Etwas vom Geist des antiken Hellas schien auch in der griechischen Freiheitsliebe fortzuleben, doch es war nicht leicht, in den Griechen des frühen 19. Jahrhunderts die Nachfahren eines Perikles oder Platon zu erkennen. Und wer ein wahrhafter Römer sein wollte, brauchte sich nur an die Briten zu halten.

II

Es gab einige wenige, die an die Erzählungen über Troja glaubten. Die Entdeckung der Zivilisationen in der bronzezeitlichen Ägäis begann, wie wir gesehen haben, mit der auf eine buchstäbliche Deutung fixierten Obsession Heinrich Schliemanns, der Troja erstmals 1868 besuchte und fünf Jahre später den von ihm so genannten »Schatz des Priamos« entdeckte. Zu einer Zeit, als die Prinzipien der Stratigraphie und der Datierung noch nicht entwickelt worden waren, nutzte Schliemann munter seinen Instinkt bei der Identifizierung seiner Funde. Auf seinem Weg durch Ithaka zog er eine Reihe antiker Urnen aus dem Boden, und für ihn war es nicht die Frage, ob sich darin tatsächlich die Asche von Verwandten des Odysseus befand, sondern welche Urne die Asche welchen Familienmitglieds barg.[4] Schon 1876 unternahm er Ausgrabungen in Mykene, das leichter zu identifizieren war als Troja, da das Löwentor über die Jahrtausende teilweise sichtbar geblieben war. Dort stieß er natürlich auf das Grab des Agamemnon und seiner Familie. Er interessierte sich mehr für die Bestätigung Homers als für die politischen Implikationen seiner Entdeckungen, doch schon bald nutzten Rassentheoretiker diese Entdeckungen für die Behauptung, die Gründer der ersten griechischen Zivilisation und damit der europäischen Hochkultur seien blonde, blauäugige Arier gewesen.[5] In wissenschaftlichen Kreisen dauerte es jedoch lange, nämlich 80 Jahre, bis alle sich der Überzeugung anschlossen, dass die Mykener eng mit den späteren Griechen verwandt waren und sogar eine Frühform des Griechischen sprachen. Diese These stützte sich auf eigenartige Inschriften, die Ausgräber in Griechenland und auf Kreta fanden. Winzige Hieroglyphen, an deren Anblick Sir Arthur Evans' kurzsichtige Augen bestens gewöhnt waren, lenkten seine Aufmerksamkeit auf Kreta und führten ihn zur Entdeckung wie auch – wichtiger noch – zur Rekonstruktion des von ihm so genannten »Palastes des Minos in Knossos«.

Evans' Karriere auf Kreta lässt sich am ehesten vor dem Hintergrund der politischen und sozialen Veränderungen verstehen, zu denen es Ende des 19. und Anfang des 20. Jahrhunderts auf der Insel kam. Um 1900 waren gut 30 Prozent der Kreter Muslime, meist griechischer Sprache und Abstammung. Zu den Muslimen gehörten auch die Großgrundbesitzer und ein großer Teil der Kaufleute. Die muslimische Bevölkerung war in den Städten konzentriert, während die Christen traditionell verstreut auf dem Lande lebten.[6] Als die Griechen auf dem Festland ihre Unabhängigkeit errangen, kam bei den christlichen Kretern die Hoffnung auf, sich dem neuen Königreich anschließen zu können. Ihr Ziel war *Enôsis*, »Vereinigung«, und nach einem Aufstand gegen die Osmanen 1821, der fast neun Jahre dauerte, köchelten die Unruhen auf Kreta während des ganzen Jahrhunderts weiter. Griechische Historiker verweisen auf die brutalen Vergeltungsaktionen der Türken, doch keine Seite hatte saubere Hände – Ende des Jahrhunderts erfuhren die Muslime im Osten der Insel furchtbares Leid. Die europäischen Mächte erkannten, dass man Kreta nicht einfach dem griechischen Königreich zuschlagen konnte. Mit Einwilligung der Türken übergab man die Insel Muhammad Ali, und ab 1830 wurde Kreta ein Jahrzehnt lang von Ägypten regiert. Ein aus Griechen bestehendes Komitee bot die Insel den Briten an, doch die hatten kein Interesse daran, Kreta zu regieren oder die Unruhe im östlichen Mittelmeer zu schüren.[7]

Die Osmanen waren sich der Notwendigkeit von Kompromissen durchaus bewusst und gewährten den Kretern ab 1868 eine immer größere Autonomie, auch wenn die Anhänger der *Enôsis* sich damit nicht zufriedengaben. 1897 rekrutierten sie sogar in Skandinavien, Großbritannien und Russland Freiwillige für ihre Sache.

1898 erhielt das vom Krieg zerrissene Kreta schließlich die volle Autonomie unter einem Hochkommissar, Prinz Georg von Griechenland, und dem Schutz Frankreichs, Italiens und Großbritanniens, doch der Sultan in Konstantinopel blieb nominell Oberherr der Insel. Er wollte unter keinen Umständen auf einen Teil seines Reichs verzichten, zumal die Hauptnutznießer christliche Griechen waren. Die Regierung der Insel, in der beide Volksgruppen vertreten waren, bemühte sich sehr, die Wirtschaft wieder in Schwung zu bringen, doch nun, da Frieden herrschte, verließen zahlreiche Muslime Kreta, wobei viele schon in den Zeiten des Bürgerkriegs geflohen waren. Man war der Ansicht, dass zum Wiederaufbau der Wirtschaft auch eine Rekonstruktion der kretischen Identität gehörte. 1898 benötigte Arthur Evans zahlreiche Hände, die bei der Ausgrabung von Knossos halfen, und zu den ersten Amtshandlungen der griechischen Regierung gehörte die Verabschiedung einer Reihe von Gesetzen, die ausländische archäologische Projekte förderten und sogar den Export von Artefakten erlaubten.[8] Die Kreter sahen darin eine Werbeaktion für ihr Land, eine Chance für Kreta, sich durch die Ausstellung seiner Vergangenheit in den Museen der Schutzmächte bekannt zu machen.

Kreta war eine Insel auf der Suche nach Frieden, und während die Ausgräber Knossos freilegten, zeichnete Evans bei dem Versuch, die verwirrenden Ruinen zu interpretieren, genau dieses Bild, das eines friedlichen Kreta. Sein Kreta war ein Königreich, dessen Herrscher, wie er glaubte, Minos geheißen hatte. Seine Interpretation war ebenso sehr Ausdruck seiner guten Wünsche für die Zukunft der Insel wie seiner Annahmen über deren Vergangenheit. In seinen Augen war das minoische Kreta eine sanftmütige, naturliebende, matriarchalische Gesellschaft, in der selbst die Höflinge des Königs verweiblicht erscheinen als große Modeliebhaber, die wie die Hofdamen voller Entzücken ihre Pirouetten auf dem von ihm als solchem identifizierten »Tanzboden«

drehten. In dem Bemühen, den Zauber des minoischen Kreta wiederzuerwecken, veranlasste er seine Arbeiter, für ihn zu tanzen.[9] Aus kleinen Bruchstücken minoischer Fresken rekonstruierte er große, gewagte Gemälde von friedliebenden Prinzen und schwatzenden Hofdamen. Der rekonstruierte Palast in Knossos, der Evans' fruchtbarer Phantasie so viel verdankte, wurde auf diese Weise zu einem modernistischen Friedenstempel.

III

Zypern, dessen Geschichte in vielerlei Hinsicht ein Spiegelbild der kretischen darstellt, war eine weitere Insel, auf der die Türken unter wachsendem Druck standen, auch wenn der muslimische Bevölkerungsanteil etwas niedriger lag. Dort hatten die Ereignisse auf dem griechischen Festland beträchtliche Auswirkungen. Ab 1821 zeigten die griechischen Zyprioten sich widerspenstig, und der türkische Gouverneur verbot allen Nichtmuslimen, Waffen zu tragen. In den 1830er Jahren verließen bis zu 25 000 Zyprioten die Insel und gingen nach Griechenland, um die griechische Staatsbürgerschaft zu erwerben und dann als Untertanen des griechischen Königs nach Zypern zurückzukehren, wo sie nun den Schutz der Konsuln Großbritanniens, Russlands und Frankreichs als der Garantiemächte der griechischen Unabhängigkeit genossen, was natürlich den osmanischen Behörden keineswegs gefiel.[10] Dennoch sollte man das Gefühl des »Griechentums« bei der orthodoxen Mehrheit auf Zypern nicht überschätzen. Ideen zu einer Vereinigung mit dem griechischen Mutterland kamen eher in Griechenland auf als in Zypern, wo die Beziehungen zwischen den verschiedenen Volksgruppen lange Zeit recht friedlich gewesen waren. Das britische Konsulat auf Zypern arbeitete mit den türkischen Behörden zusammen, um sicherzustellen, dass man griechische Verfechter der *Enôsis* unter Kontrolle behielt. 1854 lieferte der britische Vizekonsul dem Gouverneur Informationen über ein verräterisches Pamphlet, das dem Leiter des griechischen Gymnasiums in Nikosia zugeschrieben wurde. Die freundlichen Beziehungen zwischen dem Vizekonsul und dem Gouverneur zeigten sich auch in einer Einladung des Gouverneurs zur Feier der Beschneidung seines Sohnes 1864: »Ich möchte Sie für die ganze Dauer des Fests einladen, das am Montag beginnen und sich bis Donnerstag fortsetzen wird, und auch zum Dinner an den vier Tagen.«[11] Angesichts der geographischen Lage Zyperns zwischen Anatolien, Syrien und Ägypten war die Insel hauptsächlich von strategischer Bedeutung. Sie erzeugte einen Überschuss bei einigen landwirtschaftlichen Produkten wie Gerste, die nach Syrien, und Johannisbrotmehl, das nach Alexandria exportiert wurde, doch der Lebensstandard war nicht sonderlich hoch und, wie ein Besucher im späten 18. Jahrhundert anmerkte: »Die Importe waren recht gering, denn Zypern importierte gerade genug für die Bedürfnisse seiner wenigen Einwohner« – geringe Mengen an feinen Stoffen, Zinn, Eisen, Pfeffer und Farbstoffe.[12] Im späten 19. Jahrhundert nutzte man die Farbstoffe in eigenen Färbereien, in denen weiße englische Kattunstoffe, die man aus Beirut auf die Insel holte, gefärbt wurden. Außerdem entwickelte sich eine recht aktive Seidenindustrie. Zypern war jedoch Teil eines lokalen, auf den östlichen Mittelmeerraum beschränkten Netzes, und die internationalen Beziehungen blieben begrenzt.[13] Aufgrund des wachsenden Interesses an Altertümern begann sich allerdings auch ein neuer, weitgehend illegaler Handel mit Sammlerstücken aus Zypern zu entwickeln. Von 1865 bis 1875 gehörte der amerikanische Konsul, General Louis Palma di Cesnola, zu den eifrigsten Sammlern jener Objekte, die er »meine Schätze« nannte. Ein großer Teil seiner auf der großartigen Ausgrabungsstätte in Kurion geraubten Stücke fand später den Weg in das Metropolitan Museum in New York.[14]

Die Schwäche der Osmanen im östlichen Mittelmeerraum trat noch deutlicher zutage, als die Briten den Sultan 1878 überredeten, ihnen die Verwaltung der Insel zu überlassen. Sultan Abdülhamid wusste, dass er die Briten brauchte, um Russland in Schach zu halten, denn die Russen hofften immer noch, sich eine ständige Präsenz im Mittelmeer sichern zu können, und das war nur möglich, wenn sie freie Durchfahrt durch Bosporus und Dardanellen hatten. Die britische Unterstützung für die Osmanen begann zu bröckeln, als Nachrichten von türkischen Massakern an Armeniern und anderen Gegnern der türkischen Herrschaft

Großbritannien erreichten. Und die britische Sympathie für die außerhalb des unabhängigen Königreichs lebenden Griechen blieb gleichfalls stark.[15] So wurde Zypern als Preis für den Fortbestand der Freundschaft angesehen. In typisch osmanischer Manier behielt die Hohe Pforte nominell die Souveränität über die Insel, und die Briten hatten alle Gewinne aus der Verwaltung der Insel an Konstantinopel abzuführen (erst als Briten und Türken im Ersten Weltkrieg auf verschiedenen Seiten standen, annektierte Großbritannien die Insel, und erst 1925 wurde sie Kronkolonie). Das britische Interesse an Zypern war nach dem Erwerb eines großen britischen Anteils am Suezkanal rein strategischer Natur, und die Insel wurde noch wertvoller, als Großbritannien 1882 die Herrschaft über Ägypten übernahm. Mit der Kontrolle über Zypern verfügte Großbritannien über eine Kette von Stützpunkten, die von Gibraltar über Malta bis zur Levante reichte. Doch die Briten hatten einen Dampfkessel erworben, in dem die Konflikte zwischen den Zyprioten der beiden Glaubensrichtungen durch das gemeinsame Leben unter der Herrschaft einer dritten Partei nicht gedämpft, sondern noch verschärft wurden. Die griechischen Zyprioten bestanden immer entschiedener darauf, dass die Zukunft der Insel innerhalb Griechenlands liege, während die türkischen Zyprioten befürchteten, dass ihnen dasselbe Schicksal bevorstünde wie den Türken auf Kreta. Zu Beginn des 20. Jahrhunderts verfolgten die türkischen Zyprioten mit großem Interesse die Reformbewegung der Jungtürken im Osmanischen Reich, und es begann sich ein Gefühl nationaler Identität zu entwickeln, das durch die Konkurrenz mit dem griechischen Nationalismus noch verstärkt wurde.[16] So war denn die Erosion des Osmanischen Reiches begleitet von immer nachdrücklicheren Äußerungen nationaler Identität, die Gesellschaften zu zerreißen drohten, in denen verschiedene ethnische und religiöse Gruppen in einer gewissen Harmonie miteinander gelebt hatten.

IV

Nationale Identitäten entwickelten sich in solchen Teilen des Osmanischen Reiches, in denen ethnische und religiöse Gruppen verstreut und miteinander vermischt lebten. Es ist kein Wunder, dass die größte Mischung der Völker und Religionen sich in Hafenstädten wie Saloniki, Alexandria und Smyrna fand. Vor allem Saloniki wurde zum Schlachtfeld zwischen Türken, Slawen und Griechen, obwohl 1912 die Juden die größte Einwohnergruppe stellten. Es gab dort so viele jüdische Schauerleute, dass die Docks samstags geschlossen wurden.[17] Wie Mark Mazower anmerkt, waren in der Stadt vier Schriften und vier Kalender in Gebrauch, so dass die Frage »Wann ist heute Mittag?« durchaus einen gewissen Sinn besessen habe.[18] In weiten Teilen der Stadt war das nach 1492 von sephardischen Juden mitgebrachte Ladino die wichtigste Sprache. Die Namen der Synagogen erinnerten immer noch an die Herkunft der Juden von Saloniki. Es gab eine Synagoge der Katalanen, eine von »Saragossa« (in Wirklichkeit Syrakus auf Sizilien), und eine dritte trug den Beinamen *Macarron*, weil sie von Juden apulischer Herkunft frequentiert wurde, von denen man glaubte, sie teilten die Vorliebe der Italiener für Makkaroni.[19]

Es wäre ein Fehler, wenn man Saloniki romantisierte. So hieß es 1911 in der Ladino-Zeitung *La Solidad Ovradera*:

> »Saloniki ist nicht eine Stadt, sondern ein Nebeneinander aus winzigen Dörfern. Juden, Türken, Dönmehs [Anhänger Sabbatai Zwis], Griechen, Bulgaren, Westeuropäer, Zigeuner – all diese Gruppen, die man heute ›Nationen‹ nennt, halten sich voneinander fern, als fürchteten sie eine Ansteckung.«[20]

Zugegeben, eine Zeitung mit dem Namen »Arbeitersolidarität« mag vielleicht nicht das objektivste Bild des Verhältnisses zwischen den Volksgruppen gezeichnet haben, da es ihr darum ging, die nationalen Gefühle zu überwinden und eine einzige proletarische Gemeinschaft zu schaffen. Einen Eindruck vom alltäglichen Umgang zwischen Juden, Türken und anderen Volksgruppen kann man jedoch durch Leon Sciakys Bericht über seine Kindheit im Saloniki des späten 19. Jahrhunderts gewinnen. Dort pflegte eine wohlhabende jüdische Familie freundschaftliche Beziehungen zu bulgarischen Bauern, von denen Sciakys Vater jenes Getreide bezog, mit dem er handelte, während der junge Sciaky auf den Straßen der Stadt viel Freundlichkeit seitens muslimischer und christlicher Nachbarn erlebte, die oft bereit waren, Mitgliedern anderer Gemeinschaften zu helfen, wenn es zu Gewaltausbrüchen kam.[21]

Die sephardischen Juden waren von jeher offener für die Kulturen in ihrer Umgebung als die Angehörigen der häufig strengeren Formen von Judentum, die im aschkenasischen Osteuropa praktiziert wurden. Als die westlichen Einflüsse in der osmanischen Welt immer stärker wurden, verwestlichten sich auch die jüdischen Eliten in Sprache und Sitten. Es bestand eine gewisse Unsicherheit hinsichtlich der sephardischen Identität. Dem Ideal nach verband sie westliche Weltgewandtheit mit einem Schuss orientalischer Exotik, wie auch Disraeli in Großbritannien dies empfand. Selbst als Kind trug Leon Sciaky westliche Kleidung, ein deutliches Zeichen der sozialen und wirtschaftlichen Stellung wie auch der kulturellen Ansprüche seiner Familie, während die reichste jüdische Familie Salonikis, die Familie Allatini, sich zu Hause mit den besten Möbeln aus Ost und West umgab.[22] Ab 1873 gewann das Französische dank der neuen Schulen der Alliance Israélite Universelle (AIU) rasch an Bedeutung bei den Juden Salonikis und verdrängte dort das Ladino, das manchen als Sprache der Unterschichten galt (auch in Alexandria wurde das Französische zur Modesprache und bei der jüdischen Elite zu einem Muss). 1912 betreute die AIU über 4000 Schüler, mehr als die Hälfte der Kinder in den jüdischen Schulen der Stadt.[23] In Saloniki und Alexandria machte man sich keine Sorgen wegen des französischen Kulturimperialismus. Nicht nur die Juden, sondern alle wohlhabenden Städter im Osmanischen Reich empfanden das Französische als Ausweis ihrer besonderen gesellschaftlichen Stellung.

Als die Türken noch in Saloniki herrschten, war ihnen bewusst, dass sie die Oberhand behielten, obwohl sie in der Minderheit waren. Sciaky berichtet, dass es 1876 zu Gewalttätigkeiten kam, als ein bulgarischer Vater sich an ausländische Konsuln wandte, um zu verhindern, dass seine Tochter einen Türken heiratete. Der französische und der deutsche Konsul begingen einen fatalen Fehler, als sie in diesen Zeiten aufgeputschter Gefühle in eine Moschee gingen – wo sie gelyncht wurden.[24] Um 1900 verschärften sich die Unruhen zwischen verschiedenen Gemeinschaften. Die Griechen ließen sich durch die wachsende Bildung anstacheln. Die Kinder lernten nun ihre Sprache in eigenen Schulen, und wenn sie nach Süden blickten, sahen sie, dass ihre Landsleute in einem unabhängigen Königreich Griechenland lebten. Die Slawen wurden ausgesprochen widerspenstig. In den 1890er Jahren organisierten sich die Bulgaren in der Inneren Makedonischen Revolutionären Organisation (IMRO) und strebten nach Unabhängigkeit für den breiten Streifen osmanischer Provinzen zwischen Saloniki und Skopje, doch in Saloniki sahen sie ihre natürliche Hauptstadt, und sie waren entschlossen, dem Land eine bulgarische kulturelle Identität zu geben. Das war für die Griechen in Saloniki unannehmbar, und sie versorgten die Türken mit Informationen über die Aktivitäten der IMRO.[25] Schon nach kurzer Zeit gelangte die IMRO zu der Auffassung, dass es Zeit für drastische Aktionen sei. Im Januar 1903 kauften ihre Agenten einen kleinen Lebensmittelladen gegenüber der Osmanischen Bank und besetzten den Laden mit einem mürrischen Bulgaren, der gar nicht gewillt schien, das dürftige Angebot auch zu verkaufen. Des Nachts erwachte der Laden zum Leben, denn dann grub eine Gruppe von Aktivisten einen Tunnel unter der Straße hindurch bis unter das stattliche Gebäude der türkischen Bank, die sie in die Luft zu sprengen gedachten. Beinahe wären die Tunnelbauer erwischt worden, da sie einen Abwasserkanal blockierten, der ihnen im Weg lag, worauf sich das nahegelegene Hotel Colombo beklagte, weil das Wasser nicht mehr ablief. Am 28. April zündete die Gruppe ihre Bomben und beschädigte die Bank sowie einige benachbarte Gebäude.[26]

Saloniki spürte die deutlichen Veränderungen innerhalb der türkischen Regierung, als die Jungtürken auf den Plan traten und politische Veränderungen in der Luft lagen. Die politischen Unruhen im Mittelmeer beraubten die Stadt ihrer Lebensgrundlage. Italienische Güter wurden boykottiert, nachdem die Italiener 1911 Tripolitanien besetzt hatten, und der Handel mit Triest wurde boykottiert, weil die Österreicher die Herrschaft über Bosnien an sich rissen. Die wohlhabenden Allatini hatten genug und gingen nach Italien. Die osmanische Macht bröckelte rascher als jemals zuvor, und so war es keine Überraschung, als die Griechen 1912 in Saloniki einmarschierten und die Stadt für das Mutterland reklamierten. Unglücklicherweise trafen auch bulgarische Truppen ein und waren nicht bereit, wieder abzuziehen. Als man sie schließlich dazu bewegen konnte, kam es außerhalb der Stadt zu Scharmützeln zwischen griechischen und bulgarischen Einheiten. Die Griechen hielten nun Saloniki, doch die Bulgaren stellten eine reale Bedrohung dar, und die Stadt verlor ihr fruchtbares Hinterland, aus dem Sciakys Vater noch sein Getreide bezogen hatte. 1913 lebten immer noch fast 46 000 Muslime und mehr als 61 000 Juden in Saloniki, aber nur 40 000 orthodoxe Christen, doch griechische Aktivisten versuchten den übrigen Volksgruppen deutlich zu machen, dass sie nicht willkommen waren.[27] Friedhöfe wurden verwüstet und Läden geplündert. Premierminister Venizelos, ein Held der kretischen Revolution, war ein entschiedener Verfechter der Idee eines von orthodoxen Griechen bewohnten Griechenland. Wo da die Juden bleiben sollten, denen Venizelos misstraute, war ungewiss. Im August 1917 zerstörte ein gewaltiger Brand weite Teile der Stadt und legte die jüdischen und muslimischen Viertel in Asche. Der Brand und die Emigration vieler Juden und Muslime boten den griechischen Behörden die Gelegenheit, den Wiederaufbau Salonikis als einer griechischen, von Griechen bewohnten Stadt zu betreiben. Das Ziel war klar. Saloniki sollte wieder die christliche Stadt des heiligen Demetrius werden und als Thessaloniki wiederauferstehen.

KAPITEL 3

Der Abgang der Osmanen
1900 bis 1918

I

Ich habe die Geschichte des Mittelmeeres in diesem Buch als eine Abfolge von Phasen dargestellt, in denen der Mittelmeerraum auf ökonomischem und sogar auf politischem Gebiet in stärkerem oder geringerem Maße zu einem einzigen Raum integriert wurde. Mit dem Beginn des Fünften Mediterranen Zeitalters veränderte sich nun der Charakter dieses Prozesses. Das Mittelmeer wurde zu einer großen Schlagader, über die Waren, Kriegsschiffe, Migranten und andere Reisende aus dem Atlantik in den Indischen Ozean gelangten. Die sinkende Produktivität der Böden im Umkreis des Mittelmeeres und die Aufnahme eines umfangreichen Handels mit Getreide aus Kanada und mit Tabak aus den Vereinigten Staaten (um nur zwei Beispiele zu nennen) verringerten das Interesse der Geschäftsleute am Mittelmeerraum. Selbst der wiederbelebte Handel mit ägyptischer Baumwolle hatte sich der Konkurrenz aus Indien und dem Süden der Vereinigten Staaten zu stellen. Dampfschifflinien führten von Genua durch das westliche Mittelmeer über den Atlantik und brachten Hunderttausende von Auswanderern in die Neue Welt, die sich in den Jahren um 1900 in New York, Chicago, Buenos Aires, São Paulo und anderen boomenden Städten Nord- und Südamerikas niederließen. Die italienischen Auswanderer kamen vor allem aus dem Süden des Landes, denn die Bewohner der dortigen Dörfer bemerkten nichts von dem steigenden Lebensstandard, der Mailand und andere Städte im Norden zu verändern begann.

Franzosen dagegen hatten die Möglichkeit, im Mittelmeerraum nach einem neuen Leben zu suchen. Algerien wurde zum Schwerpunkt der

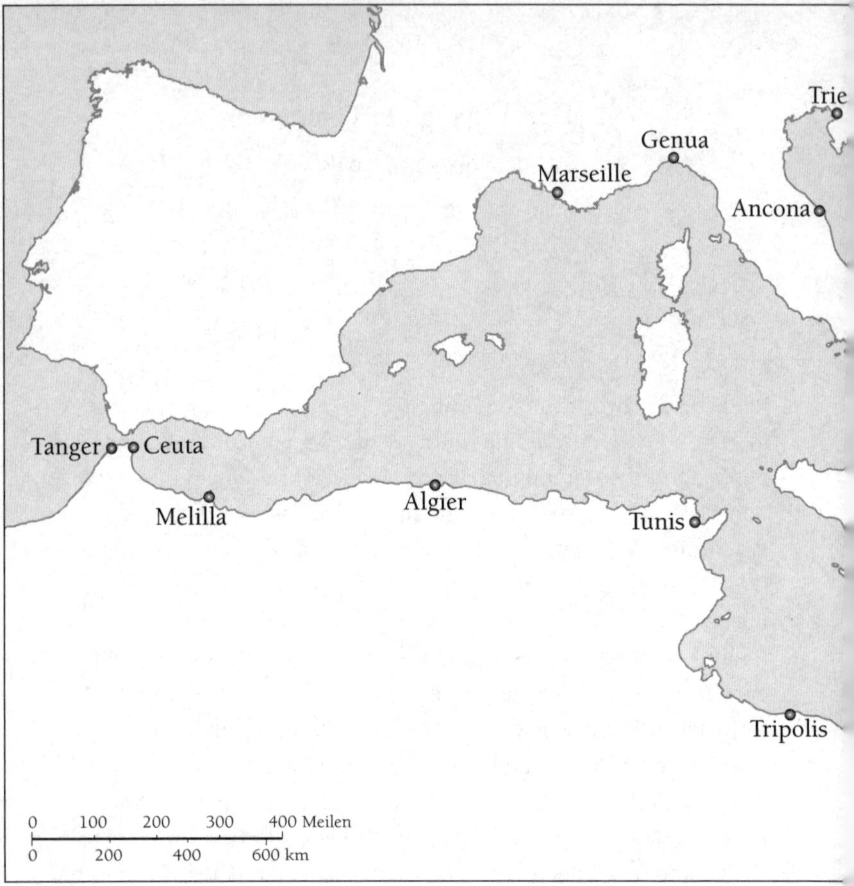

französischen Auswanderung, denn man hatte die Vorstellung, an den Küsten Nordafrikas ein neues Frankreich zu schaffen und dabei das wildere Innere des Landes weiterhin unter Kolonialherrschaft zu halten. Zwei Zeichen dieser Politik waren der Wiederaufbau weiter Teile Algiers als einer europäischen Stadt und die kollektive Ausdehnung der französischen Staatsbürgerschaft auf 35 000 algerische Juden im Jahr 1870. Die Juden galten als *évolués*, »entwickelt«, denn sie hatten die Möglichkeiten genutzt, die ihnen das französische Recht einräumte, und unter Führung der Alliance Israélite Universelle moderne Schulen eröffnet,

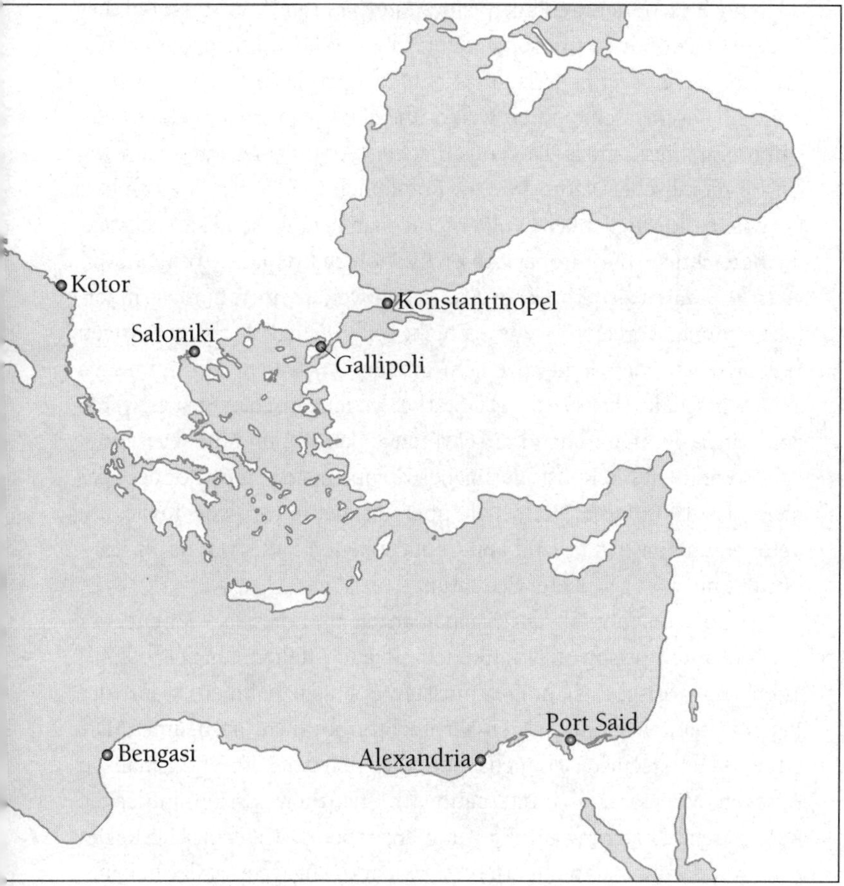

die eine jüdische Erziehung nach europäischem Vorbild bieten sollten. Außerdem waren sie dabei, sich in eine neue Klasse von Selbständigen zu verwandeln.[1] Nachdem die Franzosen Tunesien 1881 unter ihre Kontrolle gebracht hatten, zog auch dieses Land französische Kolonisten an, wenn auch langsamer. Um 1900 war Tunesien für italienische Auswanderer ein attraktiveres Ziel als für französische. Auch das Königreich Italien blickte nach Nordafrika, da dessen politische Führer die Chance witterten, ihr Land zu einer ähnlichen Kolonialmacht im Mittelmeerraum zu machen wie Frankreich. Die Italiener formulierten jedoch noch nicht den Gedanken eines *Mare nostrum*, wie Mussolini dies in den 1930er Jahren tun sollte, denn es war offensichtlich, dass Großbritannien das Meer beherrschte, doch die öffentliche Meinung Italiens und italienische Demokraten waren überzeugt von der imperialen Bestimmung ihres Landes. Die vorgebrachten Argumente waren zum Teil geistig-moralischer Natur. Wie für Frankreich in Algerien bot sich hier für Italien die Möglichkeit, Völkern, die man herablassend als rückständig bezeichnete, die europäische Zivilisation zu bringen. Zu einem weiteren Teil waren sie politischer Art. Italien werde seinen Einfluss innerhalb Europas verlieren, wenn es nicht seine Fähigkeit zu großartigen Leistungen bewies. Und zu einem großen Teil waren die Argumente auch wirtschaftlicher Natur. Die Stärke des italienischen Staates werde von seinen ökonomischen Fortschritten abhängen, und die seien möglich, wenn man die Rohstoffe eigener Kolonien ausbeuten könne. Spanien, das 1904 seine Herrschaft über die marokkanische Küste um Tétouan und das Hinterland von Ceuta erweitert hatte, war da als Konkurrent nur von geringerer Bedeutung.[2]

Der Zusammenbruch der Staatsfinanzen in Tunesien während der 1860er Jahre bot sowohl Frankreich als auch Italien Chancen. Zahlreiche französische Gläubiger mussten Schaden nehmen, wenn der Bey und seine Regierung ihren Verpflichtungen nicht nachkamen. Die Situation unterschied sich nicht sonderlich von der Saids und Ismails in Ägypten. Man schuf eine internationale Finanzkommission, in der die französische Regierung die Führung anstrebte. Die italienische Regierung war darüber gar nicht erfreut. Das starke Engagement der Italiener in der tunesischen Wirtschaft und die große Zahl italienischer Siedler veranlassten Italien, die Kontrolle über ganze Teilbereiche der tunesischen Wirtschaft zu fordern, etwa über die Produktion und den Export von Tabak und über die Eisenbahnen. Um 1883 hatten die Franzosen sich jedoch eine dominierende Stellung gesichert und einigten sich mit dem Bey auf die Schaffung einer französischen Schutzherrschaft über Tunesien.[3] Die italienische Regierung musste sich anderweitig umschauen und erkannte schon bald, dass sich ganz ähnliche Möglichkeiten in dem unter osmanischer Herrschaft stehenden Libyen boten. Franzosen und Briten, die den Mittelmeerraum unter sich aufzuteilen gedachten, kamen 1902 überein, dass man den Italienern dort freie Hand geben wollte – ein gutes Mittel, Italien in ein umfassendes politisches Bündnis gegen zukünftige Feinde einzubinden. Wer diese Feinde sein könnten, wurde schon bald deutlich. Deutsche Banken begannen in Libyen zu investieren und traten dabei in Konkurrenz zur Banco di Roma. 1911 erhielten Deutsche, nicht aber Italiener die Erlaubnis, in Libyen Land zu erwerben. Die Spannungen zwischen Rom und Konstantinopel nahmen zu, und die Türken versuchten, Italien mit wirtschaftlichen Konzessionen zu besänftigen. Doch es war zu spät. Die Italiener hatten beschlossen, dass zum Eintritt Italiens in die Reihen der europäischen Nationen auf jeden Fall auch eine imperiale Mission gehörte. Die Schwäche des Osmanischen Reiches, vor allem in seinen abgelegenen Provinzen, zeigte sich von Tag zu Tag deutlicher. Ende September 1911 erklärte die italienische Regierung der Türkei den Krieg, und Ende Oktober hatte die italienische Flotte in Tripolis, Bengasi und anderen größeren Städten eine 60 000 Soldaten umfassende Besatzungsarmee abgesetzt. Das war der leichtere Teil, doch der lokale Widerstand ließ nicht nach, und als die italienischen Verluste stiegen, ließ die italienische Regierung sich auf Friedensverhandlungen mit Konstantinopel ein. Wie stets war der osmanische Sultan nicht bereit, die nominelle türkische Oberhoheit über seine einstigen Untertanen aufzugeben. Ein Jahr nach der Invasion erkannte er die italienische Herrschaft über ein nominell osmanisches Libyen an.[4] Die Italiener waren nicht in der Lage, auch das Hinterland zu kontrollieren, doch sie waren wie die Franzosen in Algier entschlossen, die von ihnen kontrollierten Teile zu europäisieren, und sie begannen Tripolis zu einer modernen italienischen Stadt umzubauen.

Beim Ausbruch des Ersten Weltkriegs befand sich damit die gesamte Kette der nordafrikanischen Städte, von Ceuta im Westen bis nach Port Said im Osten, unter der Herrschaft oder der Schutzherrschaft Spaniens, Frankreichs, Italiens und Großbritanniens. Der Deutsche Kaiser besuchte 1905 Tanger und beklagte sich über den wachsenden Einfluss der Franzosen in Marokko, doch die Deutschen vermochten in Marokko ebenso wenig Fuß zu fassen wie in Libyen. Tatsächlich wurde Tanger zu einer besonderen Enklave, in der sich der Sultan von Marokko die Macht mit den ausländischen Konsuln teilte. Eine besonders wichtige Gestalt war der Polizeichef, der die Verbindung zwischen dem Sultan und den Konsuln aufrechterhielt. Er ist das seltene Beispiel einer Schweizer Präsenz im Mittelmeerraum, denn es kam darauf an, jemanden für diesen Posten zu finden, dessen Neutralität gesichert erschien. So hatten denn die Türken auch die letzten Reste ihrer Herrschaft in Nordafrika verloren, die Deutschen hatten nirgendwo Fuß fassen können, und die Österreicher waren auf Triest sowie die dalmatinische Küste beschränkt und hatten keinen Anteil am Gerangel um Nordafrika. Die Briten dagegen beherrschten das Meer von Gibraltar bis hin zum Suezkanal.

II

Eine weitere wertvolle Beute für Italien waren Rhodos und die übrigen Dodekanes. Die Bewohner dieser Inseln, hauptsächlich Griechen, hatten versucht, sich von der osmanischen Herrschaft zu befreien, und die Aussichten auf eine »Föderation der Dodekanes-Inseln« schienen gar nicht schlecht zu sein. Ihre günstige Lage an den Handelsrouten brachte den dort lebenden Griechen und Juden einen gewissen Wohlstand. Doch die Italiener schätzten die strategische Lage der Inseln in der Nähe des osmanischen Machtzentrums und nutzten den Libyenkrieg, um sich 1912 der Inseln zu bemächtigen. Italien bemühte sich, die Wirtschaft seiner ersten Kolonie zu fördern. Die Dodekanes waren etwas ganz anderes als Libyen oder das Reich, das Italien in Abessinien zu errichten gedachte, zumal die Italiener eher bereit waren, die Bewohner der Dodekanes als ebenbürtig anzuerkennen.[5] Diese Eroberung markierte die erste Stufe in den Bemühungen europäischer Mächte, das Osmanische Reich endgültig zu zerschlagen. Dabei handelte es sich kaum um einen koordinierten Prozess. Tatsächlich kam die Initiative weitgehend aus osmanischen Territorien, denn selbst das traditionell gegenüber Konstantinopel recht loyale Albanien war 1912 zu einem Brennpunkt der Unzufriedenheit geworden. Der Erste Weltkrieg verstärkte nur den rasch wachsenden Trend zur Loslösung der osmanischen Provinzen. Dass die Türken sich auf die Seite Deutschlands stellten, war durchaus nicht unvermeidlich. Als die Wolken des Krieges sich über Europa zusammenzogen, zeigten die Türken deutliches Interesse an einem neuen Vertrag mit Großbritannien, in dem sie weiterhin ihren natürlichen Verbündeten gegen russische Versuche erblickten, vom Schwarzen ins Weiße Meer durchzubrechen. Außerdem war ihnen klar, dass das griechische Abenteurertum, das König Georg von Griechenland bis nach Saloniki gebracht hatte, auch ihre Hauptstadt bedrohte – die *Megali Idea*, die »Große Idee« des Premierministers Venizelos, sah vor, Athen durch Konstantinopel als Hauptstadt des Landes zu ersetzen. Doch das auffälligste Kennzeichen des Mittelmeerraums im August 1914 war die extreme Unbeständigkeit aller politischen Beziehungen. Würde Großbritannien sich mit der Türkei auf einen Handel einigen? Oder doch mit Russland? Was sollte mit Griechenland geschehen? Wie es schien, ging der Sultan dem Deutschen Kaiser ins Netz, aber im Grunde war nichts sicher. Zwei deutsche Kriegsschiffe durften am 10. August 1914 in das Goldene Horn einfahren, und die türkische Regierung erklärte, falls britische Schiffe sie verfolgten, würden Küstenbatterien das Feuer auf sie eröffnen. Inzwischen wurden zwei Schiffe, die in Großbritannien zum Preis von 7,5 Millionen Pfund für die osmanische Flotte gebaut worden waren, an die Royal Navy übergeben, was in der türkischen Presse zu heftigen Vorwürfen gegen Großbritannien führte.[6]

Einer von denen, die sich entschieden gegen die Türken wandten, war der damalige Marineminister Winston Churchill. Premierminister Asquith notierte am 21. August, Churchill sei »ein erbitterter Gegner der Türken«. Doch hinter dieser Rhetorik verbarg sich eine ganz bestimmte und durchaus kühne Politik. Ein Sieg über das Osmanische Reich konnte die britischen Interessen nicht nur im Mittelmeer, sondern auch im Indischen Ozean sichern, wo die Perser sich zu wichtigen Lieferanten von Erdöl entwickelten, das durch den Suezkanal transportiert wurde. Als Russland in den Krieg gegen Deutschland eintrat, wurden die Dardanellen zu einem lebenswichtigen Durchgang, über den Russland Waffen erhalten und zum Ausgleich seiner Handelsbilanz ukrainisches Getreide ausführen konnte.[7] Im März 1915 akzeptierte die britische Regierung aus Angst vor einem russisch-deutschen Waffenstillstand, dass Russland die Kontrolle über Konstantinopel, die Dardanellen, Südthrakien und die den Dardanellen am nächsten gelegenen ägäischen Inseln erhielt.[8]

Churchills leidenschaftliches Eintreten für die Eroberung der Dardanellen führte zur bedeutendsten Seeoffensive, die während des Ersten Weltkriegs im Mittelmeer unternommen wurde. Anders als im Zweiten Weltkrieg geschah im Mittelmeer während des Ersten Weltkriegs vergleichsweise wenig, und die österreichische Flotte wagte sich nur selten einmal aus der Adria heraus, die sie entschlossen verteidigte. An den Rändern des Mittelmeeres fanden jedoch einige bedeutende Landfeldzüge statt, vor allem in Palästina und Norditalien. Allein schon die Gefahr eines türkischen Angriffs auf den Suezkanal reichte den Briten, um einen eigenen Kandidaten als Khediven von Ägypten durchzusetzen und das Land zu einem britischen Protektorat zu erklären – von nun an vergaß man dort wie auf Zypern, dass diese Länder unter dem Schirm des Sultans standen.[9] An der Oberfläche blieb das Mittelmeer recht unbewegt, doch unter Wasser lauerten in wachsender Zahl U-Boote, die ihre Fähigkeit, den Flotten des Empire Schaden zuzufügen, am deutlichsten im Atlantik bewiesen. Diese relative Ruhe erklärte sich zum Teil durch die Tatsache, dass die britischen und deutschen Schiffe für, wie man glaubte, dringendere Aufgaben in den nördlichen Meeren gebraucht wurden.

Die äußerst umstrittene Ausnahme war der Gallipolifeldzug von 1915. Im Januar 1915 beklagte sich Fisher, der First Sea Lord und Generalstabschef der Marine, bei seinem Kollegen Lord Jellicoe:

> »Das Kabinett hat beschlossen, die Dardanellen allein mit der Navy einzunehmen, unter Einsatz von 15 Schlachtschiffen und 32 weiteren Fahrzeugen, und dafür drei Schlachtkreuzer und eine Flottille von Zerstörern bereitzuhalten – *die sämtlich dringend auf dem entscheidenden Schauplatz zu Hause benötigt werden.* Es gibt nur einen Ausweg, und das ist der Rücktritt. Aber Sie sagen nein. Das heißt nichts anderes, als dass ich einer Sache zustimme, die ich vollkommen missbillige. *Ich bin mit keinem einzigen dieser Schritte einverstanden.*«[10]

Obwohl Fisher sich fügte, schrieb er an Churchill: »Je mehr ich über die Dardanellen nachdenke, desto weniger gefällt es mir.«[11] Er war der festen Überzeugung, dass der Konflikt zur See auf der Nordsee entschieden werden musste. Der Gallipolifeldzug ist vor allem in Erinnerung geblieben wegen der erbitterten Gefechte zwischen den Türken sowie den britischen, australischen und neuseeländischen Truppen auf der Landzunge, die sich auf europäischer Seite an der Meerenge der Dardanellen entlangzieht. Ursprünglich sollten britische und französische Schiffe die Durchfahrt erzwingen. Als sich zeigte, dass dies unmöglich war, beschloss man, 50 000 Soldaten in der Bucht von Mudros, einem riesigen natürlichen Hafen auf der Südseite der Insel Limnos unweit der Halbinsel Gallipoli, an Land zu setzen. In Mudros fehlte es an den nötigen Einrichtungen für die Royal Navy, und es gab weder Wasser noch geeignete Unterkünfte für die Soldaten. Da sie im Februar eintrafen, hatten sie unter den ungünstigen winterlichen Bedingungen zu leiden.[12] Bei einem Angriff auf den Eingang der Dardanellen am 18. März 1915 verloren die Briten drei Schlachtschiffe, wobei die türkischen Küstenbatterien ihre gesamte Munition verschossen und die Verminung der Meerenge sich als die größere Gefahr erwies.[13] Die Briten hatten gehofft, die russische Schwarzmeerflotte werde mit 47 000 Soldaten gegen Konstantinopel vorrücken, doch die Russen beschossen lediglich aus sicherer Entfernung türkische Stellungen an der Zufahrt zum Bosporus. Sie erkannten, dass die Zeit für die Rückeroberung Konstantinopels durch die Orthodoxie noch nicht gekommen war.[14] Churchills Entlassung durch die Admiralität führte zu weiteren Katastrophen, doch inzwischen steckten die Truppen längst in unhaltbaren Stellungen fest:

»An den Rändern einer zerklüfteten Küste
Liegt ein Ort, nun öde und verlassen,
Ein Ort der Gräber, durchtränkt mit Blut,
Den Zeit und Gedächtnis heiligen werden.
Dort liegt die Asche der großen Toten,
Der Jugend, die erhellte die Dunkelheit,
Die für Freiheit kämpfte und im Stahlgewitter
Erlangte ewigen Ruhm und Unsterblichkeit.«[15]

Großbritannien, das Britische Empire und Frankreich hatten 265 000 Gefallene zu beklagen, die Türken vielleicht 300 000, doch trotz der fürchterlichen Verluste hielten die Türken die Stellung, und nach neun Monaten traten die Angreifer den Rückzug an. Aus britischer Sicht brachte Gallipoli dennoch einige Vorteile. Die Türken waren gezwungen, einen Großteil ihrer besten Truppen aus Palästina abzuziehen, wodurch sich der Druck auf Ägypten und den Suezkanal verringerte.[16]

III

Während des Ersten Weltkriegs blieb es in weiten Teilen des Mittelmeerraums ruhig. Kurz vor Ausbruch des Kriegs hatten Briten und Franzosen gehofft, König Alfons von Spanien zu einem Bündnis bewegen zu können, und die britische Admiralität sah in Ceuta einen passenden Stützpunkt für U-Boote und Torpedoboote, während die Franzosen hofften, die Balearen als Zwischenstation für den Transport von Truppen aus dem französischen Nordafrika nutzen zu können. Vielleicht wären die Verhandlungen weitergeführt worden, hätte der spanische König nicht skrupellos die Möglichkeit ins Spiel gebracht, als Gegenleistung für eine mögliche Unterstützung Frankreichs und Großbritanniens die in Unordnung versinkende Republik Portugal zu erhalten.[17] Doch wenigstens blieb er neutral, und die spanischen Gewässer blieben für die Schifffahrt sicher. Im mittleren Mittelmeer lag das Zentrum der Aktivitäten in der Adria, wo die österreichische Flotte stationiert war. Italienische Irredentisten warfen gierige Blicke auf die Küsten Istriens und Dalmatiens, während die Österreicher in Kotor einen unverzichtbaren Marinestützpunkt erblickten, der ihnen ermöglichte, die Ostküste der Adria zu halten. Im Februar 1918 bewies eine Meuterei in Kotor, dass man den Lebensbedingungen der dort stationierten habsburgischen Seeleute größere Aufmerksamkeit hätte schenken sollen. Die Seeleute klagten, die Offiziere ließen es sich gutgehen, oft in Begleitung ihrer Ehefrauen oder Mätressen, und ein Seemann behauptete, er habe seine Seifenration darauf verwenden müssen, den Hund des Kapitäns zu waschen. Schlimmer noch, die Matrosen mussten mit abgetragener Kleidung auskommen und erhielten schlechtes Essen aus verfaultem Fleisch und minderwertigem Brot, während die Offiziere mit gutem Fleisch, Gemüse und Obst verköstigt wurden. Da das Fliegen eine ganz neue Erfahrung war, kann es schließlich kaum verwundern, dass Offiziere, die junge Krankenschwestern beeindrucken wollten, sie auf Ausflüge im Flugzeug mitnahmen oder dass Marineflugzeuge gelegentlich österreichische Offiziere in ein Edelbordell nach Dubrovnik brachten. Nach der Niederschlagung der Meuterei ließ man nur die offenkundigen Rädelsführer erschießen, da man erkannte, dass es höchste Zeit für eine tiefgreifende Reform der Kriegsmarine war (unter dem gerade erst beförderten ungarischen Admiral Horthy, der diesen Titel voller Stolz auch Jahre später noch führte, nachdem er Staatsoberhaupt des inzwischen auf das Binnenland beschränkten Ungarn geworden war).[18]

Zu Beginn des Krieges waren die Bedingungen in Kotor noch nicht so schlecht. Der Hafen liegt tief in einem Fjord hinter der Meerenge des Bocche di Cattaro, im Rücken die steilen Berge Montenegros. Um möglichst große Sicherheit zu gewährleisten, mussten die Österreicher Montenegro zähmen, dessen Herrscher aus Sympathie für seine serbischen Landsleute Österreich-Ungarn kurz nach der Ermordung Franz Ferdinands den Krieg erklärt hatte. Im Spätsommer 1914 begann die österreichische Kriegsflotte mit dem Beschuss des montenegrinischen Hafens Bar, und die Franzosen reagierten darauf mit der Entsendung einer ansehnlichen Flotte aus Malta: 14 Kriegsschiffe und mehrere kleinere Fahrzeuge. Die französische Flotte vertrieb die Österreicher von der Küste vor Bar und beschoss nun ihrerseits die Festungen am Bocche di Cattaro, ohne allerdings Kotor zu treffen. Doch sie befand sich in einer prekären Lage, denn bis Italien im Mai 1915 Österreich-Ungarn den Krieg erklärte, verfügten die Franzosen über keinen näher gelegenen Stützpunkt als das britische Malta, und weit im Norden, an der Marne, standen französische Soldaten in schweren Kämpfen.[19] Die Österreicher wurden nun kühner und attackierten frech italienische Küstenstädte wie Senigallia, Rimini und Ancona, wo sie den Hauptbahnhof sowie Kohle- und Öllager zerstörten und mehrere öffentliche Gebäude beschädigten, darunter auch ein Krankenhaus. Achtundsechzig Menschen kamen ums Leben. Dennoch hielten die Österreicher sich von Tarent fern, dem wichtigsten italienischen Marinestützpunkt. Sie suchten keine Seeschlacht. Die Italiener reagierten mit der Entsendung ihrer Flotte aus Apulien nach Süddalmatien und der Zerstörung der Eisenbahnlinie zwischen Dubrovnik und Kotor. Diese Geplänkel wurden mit Angriffen deutscher U-Boote auf italienische Schiffe fortgeführt. Da Italien sich noch nicht im Krieg mit Deutschland befand, hissten die U-Boote schamlos die österreichische Flagge. Im November 1915 führte die heimliche deutsche Präsenz zu hässlichen Konsequenzen. Ein deutsches U-Boot versenkte vor der nordafrikanischen Küste den Passagierdampfer *Ancona*, der sich auf dem Weg von Sizilien nach New York befand. Dabei kamen zahlreiche Menschen ums Leben, und der amerikanische Präsident protestierte wortreich gegen einen Akt, für den die Österreicher natürlich sogleich die Deutschen verantwortlich machten.[20] Nach einer erneuten Beschießung von See aus rückten österreichische Truppen schließlich in Montenegro ein und eroberten Anfang 1916 dessen Hauptstadt Cetinje.[21] Dieser Kampf betraf nur die Herrschaft in einem Winkel des Mittelmeeres. Im Frühjahr 1917 konzentrierten sich die Aktivitäten auf die Meerenge zwischen Otranto und Albanien, wo die Österreicher Durazzo hielten. Alle neuen Technologien, die zur Verfügung standen, fanden größtmöglichen Einsatz. Beide Seiten setzten Marineflieger ein, die Bomben auf feindliche Schiffe warfen, ohne sonderlichen Schaden anzurichten, und die Briten richteten in Brindisi einen neuen Stützpunkt für Marineflugzeuge ein. Man entwickelte Netze gegen österreichische und deutsche U-Boote, doch auch wenn sie ein U-Boot zu stoppen vermochten, Torpedos abfangen konnten sie nicht. Verstärkung traf ein, Unterstützung aus Großbritannien, Italien und Frankreich. Vierzehn japanische Zerstörer und ein Kreuzer spielten eine entscheidende Rolle beim Schutz vor deutschen Unterseebooten. Auch sechs australische Kreuzer erschienen im Mittelmeer, und als Griechenland im Juli 1917 in den Krieg eintrat, stand auch eine ansehnliche griechische Flotte zur Verfügung.[22] Die Bedeutung des relativ begrenzten Konflikts mit den Österreichern liegt in der Erprobung neuer Methoden zur Sicherung der Seeherrschaft: Flugzeuge, die ihren Wert erst beweisen mussten, und U-Boote, die dies rasch taten. Auch einige neue Gefahren waren sichtbar geworden. Handelsschiffe wurden von U-Booten bedroht, und 1917 hatten Briten und Franzosen ein wirkungsvolles System zum Schutz der von Gibraltar ostwärts fahrenden Handelsschiffe entwickelt: den Geleitzug.[23] In diesen Kriegszeiten war nach einem Jahrhundert relativen Friedens ein heimtückischerer Feind als die Korsaren aufgetaucht: unsichtbar, tödlich und in einer Weise auf bloße Zerstörung bedacht, wie die Korsaren dies auf ihrer Suche nach Beute und Gefangenen niemals gewesen waren.

KAPITEL 4

Eine Geschichte von viereinhalb Städten

1900 bis 1940

I

Aus der Sicht des Mittelmeeres war der Erste Weltkrieg nur Teil einer Serie von Krisen, die den Todeskampf des Osmanischen Reiches markierten: der Verlust Zyperns, Ägyptens, Libyens, der Dodekanes, dann der Krieg selbst mit dem Verlust Palästinas, das unter britische Kontrolle geriet, gefolgt von einem französischen Mandat über Syrien. All diese Veränderungen hatten teilweise dramatische Folgen für die Küstenstädte, in denen verschiedene ethnische und religiöse Gruppen über Jahrhunderte zusammengelebt hatten, vor allem für Saloniki, Smyrna, Alexandria und Jaffa. Nach Kriegsende wurden die osmanischen Kernlande unter den Siegermächten aufgeteilt, und selbst in Konstantinopel wimmelte es von britischen Soldaten.[1] Der Sultan war politisch gelähmt und bot den türkischen Radikalen zahlreiche Möglichkeiten, vor allem Mustafa Kemal, der bei den Kämpfen in Gallipoli großes Ansehen erworben hatte. Dem Misstrauen der Alliierten gegen die Türken entsprach auch die öffentliche Meinung. Die Massendeportationen von Armeniern im Frühjahr und Sommer 1915 hatten bei amerikanischen Diplomaten in Konstantinopel und Smyrna Entsetzen ausgelöst. Bei ihrem Marsch über das anatolische Hochland unter sengender Sonne, angetrieben von brutalen Aufsehern, brachen Männer, Frauen und Kinder zusammen und starben oder wurden aus bloßer Lust am Töten ermordet, während die osmanische Regierung vage von Verratsplänen redete, die in armenischen Kreisen geschmiedet worden seien. Die Absicht war, »alle Männer unter 50 auszurotten«.[2] Griechen, Juden und ausländische Kaufleute waren besorgt, die »Säuberung« Anatoliens werde sich möglicherweise nicht auf die Verfolgung der Armenier beschränken. In seinen letzten Tagen hatte der osmanische Staat sich von seinem alten Ideal der Koexistenz abgewandt. Auch in der Türkei hatten starke nationalistische Gefühle die Toleranz vergangener Zeiten verdrängt, wie die radikalen Jungtürken vielfach bewiesen.

Smyrna überstand den Krieg physisch intakt, und der größte Teil der Bevölkerung blieb von Verfolgungen verschont, und das zum Teil deshalb, weil der *Vali* oder Gouverneur der Stadt, Rahmi Bey, dem türkischen Bündnis mit Deutschland und Österreich skeptisch gegenüberstand und erkannt hatte, dass der Wohlstand seiner Stadt auf ihrer gemischten Bevölkerung aus Griechen, Armeniern, Juden, europäischen Kaufleuten und Türken basierte.[3] Als er den Befehl erhielt, die Armenier an die osmanischen Behörden auszuliefern, spielte er auf Zeit, dennoch musste er etwa einhundert »Ehrlose« einem ungewissen Schicksal überlassen.[4] Die Griechen stellten in Smyrna die Mehrheit der Bevölkerung. Tatsächlich lebten dort mehr Griechen als in Athen, und sie blieben dem orthodoxen Glauben eng verbunden, der eine wichtige Rolle in den griechischen Schulen und bei öffentlichen Festlichkeiten spielte. Allerdings begannen aus Griechenland auch nationalistische Ideen einzusickern. Die Griechen waren sehr aktiv im Handel mit Trockenfrüchten, und die Ankunft der Feigenernte aus dem Landesinnern war im Hafenviertel von Smyrna stets ein großes Ereignis. Die Ladino sprechende jüdische Gemeinde war nicht so bedeutend wie in Saloniki, doch wie dort begannen sich auch in Smyrna westliche Kleidermoden durchzusetzen. Als der Gouverneur einmal die Schule der Alliance Israélite Universelle besuchte, meinte er, die Juden sollten einen Fez tragen und keine Hüte westlichen Stils, wie sie dies nun taten. »Sie sind nicht in Frankreich oder Deutschland, Sie sind in der Türkei, Sie sind Untertanen seiner Majestät des Sultans.«[5]

Smyrna besaß einen ausgezeichneten Hafen und florierte seit dem Ende des 18. Jahrhunderts, als andere osmanische Häfen einen Rückgang des Handels verzeichneten. Um 1800 dominierte Frankreich den osmanischen Handel mit Europa und versorgte die Stadt nicht nur mit europäischen Stoffen, sondern auch mit Kolonialprodukten wie Zucker, Kaffee, Cochenille und Indigo. Selbst die Türken in Smyrna kauften

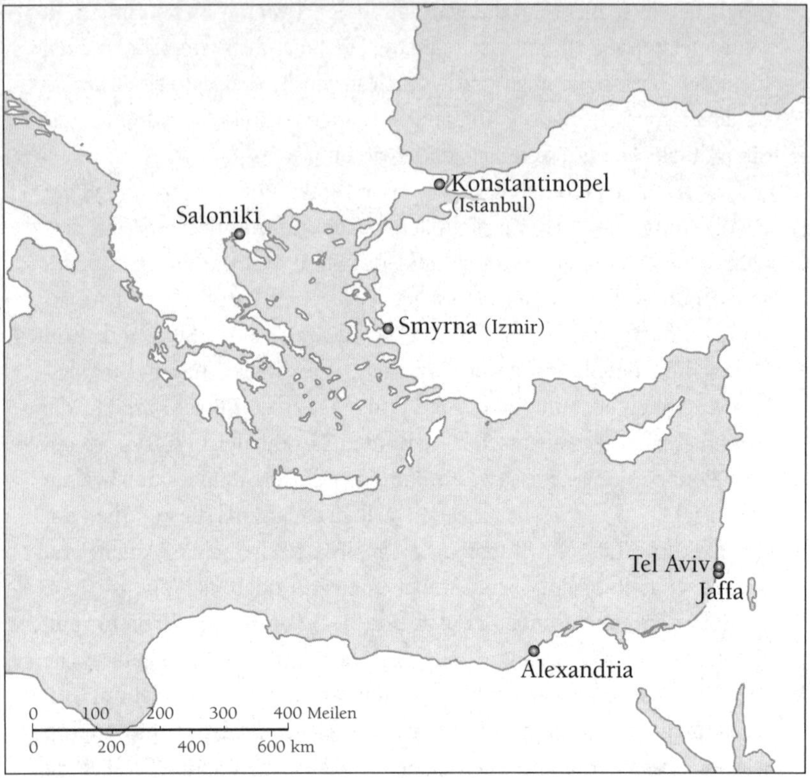

Feze, die in Frankreich hergestellt waren.[6] Unter den Europäern gab es eine lebendige Gemeinde aus Kaufmannsfamilien britischer, französischer und italienischer Herkunft, die in Smyrna während des ganzen 19. Jahrhunderts für ein reges Geschäftsleben sorgten. Damals wurde das wirtschaftliche Leben der Stadt von Familien wie den Whittalls, großen Früchteexporteuren, und den Girauds beherrscht, die in ihren Teppichfabriken 150 000 Menschen beschäftigten. Zu den Neuankömmlingen gehörten die Amerikaner, die Smyrna als Zwischenstation für den Handelsverkehr der Standard Oil Company of New Jersey benutzten.[7] Einige Kilometer außerhalb der Stadt errichtete man weitläufige Vorstädte – eine davon hatte den passenden Namen »Paradies« – mit den stattlichen Häusern der Levantiner Familien und durch Eisenbahnen oder Bootslinien mit der Innenstadt von Smyrna verbunden.[8] Selbst während des Kriegs gelang es den »Levantinern«, wie man sie nannte, ihr gewohntes Leben fortzuführen, da Rahmi Bey keinen Grund sah, die ausländischen Kaufleute als feindliche Ausländer zu behandeln – die meisten von ihnen waren in Smyrna geboren und noch nie in dem Land gewesen, dessen Pass sie bei sich trugen.

Die britische Regierung war blind für die Interessen der Levantiner Kaufleute von Smyrna. Dort pflegte man eine erbittert feindselige Einstellung gegenüber den Türken. Lord Curzon, der Außenminister, hielt die Osmanen für die »schädlichsten Wurzeln des Übels« auf Erden, und Premierminister Lloyd George hatte sich mehrere Jahre für die edlen Leistungen der antiken griechischen Zivilisation begeistert, im Unterschied zur miserablen Unfähigkeit der Türken, und verstieg sich zu dem gewaltigen Fehlurteil, Kemal sei nur »ein Teppichhändler auf einem Basar«. Das veranlasste ihn, Venizelos' Traum von der Wiederherstellung eines griechischen Herrschaftsbereichs zu unterstützen, der die gesamte Ägäis und die Küstenregion Kleinasiens umfassen sollte. Für Venizelos lag dort das Kernland der griechischen Kultur: das alte Ionien, dessen griechische Bewohner, wie er erklärte, »den reinsten Teil der hellenischen Rasse bilden« und deren Zahl er optimistisch auf 800 000 Seelen schätzte.[9] Großbritannien war dankbar für die militärische Hilfe, die die Griechen 1919 im Kampf gegen die bolschewistischen Revolutionäre in Russland geleistet hatten. Diese griechischen Freiheitskämpfer, so meinte man, verdienten einen Lohn. Die Briten freuten sich, den Griechen Smyrna samt Hinterland anzubieten, obwohl die auf der Pariser Friedenskonferenz von 1919 versammelten Amerikaner und Kontinentalmächte da nicht so sicher waren und die Whittalls aus Smyrna auf der Konferenz darlegten, dass die Einwohner der Stadt nicht von den Griechen regiert werden wollten. Sie alle, Griechen, Türken, Juden und Armenier, schätzten die in der Stadt herrschende Harmonie und wünschten sich eine lokale Selbstverwaltung. Lloyd George überzeugte die meisten seiner Verbündeten davon, dass Smyrna und sein Hinterland an Venizelos übergeben werden sollten und dass dieser unverzüglich griechische Schiffe dorthin schicken müsse, um die ionische Küste zu besetzen. Zu den erbitterten Gegnern dieser Entwicklungen gehörte der amerikanische Hochkommissar in Konstantinopel, Admiral Bristol, ein Mann, dessen Vorurteile ihn kaum für die vor ihm liegenden Aufgaben geeignet erschienen ließen. So behauptete er: »Die Armenier sind eine ähnliche Rasse wie die Juden. Sie haben keine oder nur wenig nationale Gesinnung und einen schlechten Charakter.« Doch sein größter Zorn galt den Briten, denn er glaubte nicht, dass Lloyd George sich von hohen moralischen Motiven leiten ließ – in seinen Augen ging es ihm allein um Öl.[10]

Im Mai 1919 landeten 13 000 griechische Soldaten in Smyrna. Nach einem ruhigen Beginn häuften sich die Zwischenfälle. Türkische Dörfer wurden geplündert, und in Smyrna kamen 400 Türken und 100 Griechen ums Leben. Der neue griechische Gouverneur Aristides Sterghiades legte Wert auf Distanz und hielt sich vom gesellschaftlichen Leben der städtischen Elite fern. Er bemühte sich um Fairness und stellte sich bei Streitigkeiten zwischen Türken und Griechen oft auf die Seite der Türken. Der Preis, den er dafür zu zahlen hatte, war die Verachtung der Griechen, deren triumphales Gehabe alles bedrohte, was das Besondere an Smyrna ausmachte. Andererseits kehrte durch seine Politik der Handel nach Smyrna zurück. Immer ernster wurden die Probleme dagegen im Hinterland der Stadt. Das Rote Kreuz sammelte Beweise für eine ethnische Säuberung der von Türken bewohnten Gebiete durch Griechen. Ein griechischer Offizier antwortete auf die Frage eines Vertreters des Roten Kreuzes, warum er zulasse, dass seine Leute Türken töteten: »Weil es mir Spaß macht.« Tatsächlich war die Gewalt das Markenzeichen beider Seiten. Doch Mustafa Kemal sammelte seine Streitmacht, und als die Griechen 1921 nach Osten ins Hochland vorzustoßen versuchten, weil sie hofften, auf der westlichen Hochebene eine Grenze zwischen Griechenland und der Türkei ziehen zu können, kam es nach ersten Erfolgen zu einem massiven türkischen Gegenschlag – die Griechen waren zu tief nach Anatolien vorgestoßen. Die Flucht der Griechen ermöglichte es den türkischen Armeen, kaskadenförmig auf Smyrna vorzurücken, das sie am 9. September 1922 erreichten, doch zuvor waren etwa 50 000 geschlagene griechische Soldaten und 150 000 Griechen aus dem Landesinneren dorthin geströmt.

Das war der Beginn einer Katastrophe, die sich ins kollektive Gedächtnis der Griechen einbrennen sollte. Die ersten Truppen, die in Smyrna eindrangen, gehörten zwar zur disziplinierten Kavallerie, doch sie wurden von *Chettes* oder Freikorpssoldaten begleitet, die bei Massakern in Westanatolien bereits viel griechisches Blut geleckt hatten. In der von Flüchtlingen überfüllten Stadt wurden Massaker, Vergewaltigungen und Plünderungen, hauptsächlich, aber nicht ausschließlich durch Freikorps, fast zur Alltäglichkeit, angefangen bei den verhasstesten Feinden – nicht den Griechen, sondern den Armeniern. Weder der neue türkische Gouverneur noch – nach seinem Eintreffen – Mustafa Kemal schienen besorgt über dieses grauenhafte Geschehen, das sie wohl für unvermeidliche Begleiterscheinungen des Krieges hielten. Offenbar war in der gerade entstehenden neuen Türkei kein Platz für Griechen und Armenier. Nach der Plünderung des Armenierviertels breitete die Gewalt sich über die gesamte Stadt aus, nur das türkische Viertel blieb verschont. Die Vorortvillen der Levantiner Kaufleute wurden geplündert. Die meisten Levantiner (sofern sie denn überlebten) verloren ihren gesamten Besitz, und ihre Handelsunternehmen stellten die Arbeit ein. Schließlich vergoss man überall auf den Straßen und in den Häusern Benzin (wiederum angefangen im Armenierviertel), und am 13. September wurde die Stadt in Brand gesteckt. Dadurch wuchs die Zahl der Flüchtlinge auf 700 000 an, denn nun waren auch die griechischen und armenischen Einwohner Smyrnas gezwungen, im Hafen Zuflucht zu suchen. Dort erwartete sie ein peinigender Anblick. Im Hafen lagen britische, französische, italienische und amerikanische Kriegsschiffe, und alle waren nervös darauf bedacht, die Interessen ihres jeweiligen Heimatlandes zu schützen. Das Feuer näherte sich den Kais, vernichtete die Lagerhäuser und Büros der großen Handelsunternehmen, und das Stadtzentrum brannte völlig nieder, während eine gewaltige Menschenmenge, in der viele an Verletzungen, Durst und Erschöpfung starben, verzweifelt um Rettung betete.

Die Haltung der Großmächte war von eiskalter Mitleidslosigkeit geprägt. Admiral Bristol hatte zwei amerikanische Journalisten bereits instruiert, dass sie nicht über türkische Gräueltaten schreiben durften, während Franzosen und Italiener erklärten, ihre »Neutralität« hindere sie, Flüchtlinge an Bord zu nehmen – und daran hielt man sich so unerbittlich, dass man Menschen, die zu den Kriegsschiffen hinausschwammen, ertrinken ließ. Als man von einem amerikanischen Schiff aus einen Jungen und ein Mädchen im Wasser bemerkte, erklärten die Matrosen gegenüber Asa Jennings, einem Mitarbeiter der Young Men's Christian Association, der eine großangelegte Evakuierung zu organisieren versuchte, sosehr sie auch helfen wollten, es verstoße gegen ihre Befehle, da dadurch die amerikanische Neutralität kompromittiert würde. Jennings weigerte sich, das zu akzeptieren – die Kinder wurden gerettet, und wie sich zeigte, waren sie Geschwister.[11] An Bord der britischen Kriegsschiffe ließ man während des Essens in der Offiziersmesse schwungvolle Seemannslieder spielen, um die schrecklichen Schreie zu übertönen, die von den nur wenige hundert Meter entfernten Kais herüberdrangen. Schließlich gab der britische Admiral den inständigen Bitten nach, und der bewundernswert hartnäckige Jennings konnte die im benachbarten Lesbos stationierte griechische Flotte zu Hilfe holen. Zwanzigtausend wurden auf alliierten Schiffen gerettet und sehr viel mehr noch auf Jennings griechischer Flottille. Dennoch wurden in Smyrna und Umgebung an die 100 000 Menschen getötet, und mindestens ebenso viele wurden ins Innere Anatoliens deportiert, wo die meisten zugrunde gingen.

Die Gefühllosigkeit der Kommandeure in der Bucht von Smyrna und die schiere Feindseligkeit Admiral Bristols in Konstantinopel waren Ausdruck der Tatsache, dass man über humanitäre Katastrophen anders dachte als Anfang des 21. Jahrhunderts. Damals verstand man unter »Neutralität«, dass man sich heraushielt, und nicht, dass neutrale Mächte am ehesten in der Lage seien, vertriebenen und vom Tode bedrohten Opfern ethnischer Gewalt zu helfen. Abgesehen von der mangelnden Interventionsbereitschaft war man sich damals bewusst, dass Lloyd Georges Unterstützung für Venizelos eine Kette von Ereignissen ausgelöst hatte, die weder Griechenland noch Großbritannien zu steuern vermochten. Die meisten Menschen waren aus Smyrna geflohen. Smyrna selbst hatte aufgehört zu existieren, da der Brand die Stadt zerstört hatte, und die neue türkische Stadt Izmir vermochte nie mehr die alte Bedeutung als Handelszentrum wiederzugewinnen. Die Lücken, die Griechen und Armenier hinterließen, wurden mit Türken gefüllt, die aus Kreta und Nordgriechenland in die Türkei strömten. Schließlich kam es nach Maßgabe des Lausanner Vertrags von 1923 zu einem massiven Bevölkerungsaustausch zwischen Griechenland und der Türkei – 30 000 Muslime verließen allein Kreta. Die Flucht des letzten Sultans aus Istanbul im November 1922 beseitigte das letzte, sehr schwache Hindernis für die Schaffung einer neuen, nach Westen ausgerichteten Türkei mit einer neuen Hauptstadt, einem neuen Alphabet und einer säkularen Verfassung. Die griechische *Megali Idea* war tot, aber auch der multinationale Charakter des türkischen Reiches war Vergangenheit. Trotz der Spannungen und sogar des Hasses zwischen Völkern und Religionen, die gelegentlich zu Gewaltausbrüchen geführt hatten, und trotz häufiger Versuche, Christen und Juden durch diverse finanzielle und soziale Benachteiligungen zu demütigen, war es dem osmanischen System doch über Jahrhunderte gelungen, unterschiedliche Völker zusammenzuhalten. An seine Stelle trat eine Reihe von Ländern, deren Führer scharf nationalistische Töne anschlugen und kaum bereit waren, nach einem Ausgleich mit den nun als Fremde eingestuften Gruppen zu suchen – mit Griechen und Armeniern in der Türkei, mit Juden und Muslimen in Griechenland.

II

Alexandria ist eine weitere Stadt, in der verschiedene Kulturen einander begegneten und sich mischten. Die Stadt erhielt ihr modernes Gesicht im späten 19. und frühen 20. Jahrhundert, als man neben einer neugeschaffenen Uferpromenade auch breitere Straßen mit großen Wohn- und Bürogebäuden schuf. Dazu gehörten die schon in den 1850er Jahren erbaute pseudokoptische Anglikanische Kathedrale und die außergewöhnliche Gruppe von Gebäuden, die der in Ägypten geborene Architekt Alessandro Loria entwarf, der in Italien studiert hatte und in den 1920er Jahren in Alexandria umschwärmt wurde. Seine Ägyptische Nationalbank sieht wie ein venezianischer Palazzo aus. Er baute auch das jüdische und das italienische Krankenhaus, was durchaus nahelag, da er Jude und Italiener war, doch sein meistbesuchtes Bauwerk ist das berühmte Cecil Hotel, das Winston Churchill und Lawrence Durrell (wie auch die Hauptfigur in seinem Roman *Justine*) besonders schätzten.[12] Die griechischen, jüdischen, italienischen, koptischen und türkischen Einwohner der Stadt waren äußerst stolz auf Alexandria. In ihren Augen bedeutete der klassische Ausdruck *Alexandria ad Aegyptum*, dass es eine europäische Stadt war, die nicht in, sondern bei Ägypten lag.[13] Jasper Brinton, ein Amerikaner, der in den frühen 1920er Jahren als Berufungsrichter an den Gemischten Gerichtshöfen in Ägypten arbeitete, begeisterte sich für Alexandria, das »weitaus glanzvoller und feinsinniger als alle anderen Städte des Mittelmeerraums« sei. Musikliebhaber wurden in den größten Theatern der Stadt von Toscanini, Pawlowa und den besten Stimmen der Mailänder Scala unterhalten.[14] Es hieß, die Straßen seien so sauber gewesen, dass man davon essen konnte – was heute gewiss niemand mehr versuchen sollte.

Natürlich war das kosmopolitische Alexandria nicht das ganze Alexandria, und die Elite, von der noch die Rede sein wird, lebte völlig anders als die Mehrzahl der Griechen, Italiener, Juden und Kopten, die in den nördlichen Stadtteilen wohnten. Auf Stadtplänen des 19. Jahrhunderts wird die Südseite der schmalen, langgezogenen Stadt als *Ville arabe* bezeichnet, doch deren Einfluss auf die Mittelschicht der Stadt beschränkte sich weitgehend darauf, dass sie Köche, Hausmädchen und Straßenbahnfahrer stellte. Die Europäer machten nur 15 Prozent der Gesamtbevölkerung aus, besaßen jedoch die größte wirtschaftliche Macht. 1927 lebten etwa 49 000 Griechen in der Stadt, von denen 37 000 die griechische Staatsbürgerschaft besaßen, außerdem 24 000 Italiener und 4700 Malteser. Die 25 000 Juden der Stadt gehörten unterschiedlichen Nationen an. Nahezu 5000 besaßen einen italienischen Pass, viele waren jedoch staatenlos. Zahlreiche Griechen hatten einen nichtgriechischen Pass. Manche waren Zyprioten (und damit Briten) oder Bürger von Rhodos (und damit Italiener) oder – selbst nach 1923 – türkische Staatsbürger.[15] Die Mehrheit der einflussreichen muslimischen Familien, darunter auch die königliche Familie, stammte aus der Türkei, aus Albanien, aus Syrien oder dem Libanon. Wie in Saloniki und Smyrna, so lebten auch in Alexandria zahlreiche Franzosen, obwohl

Ägypten ein britisches Protektorat war. Ein dort lebender Exilant bekannte, seine Lesefähigkeit im Arabischen habe sich auf Speisekarten und die Schlagzeilen der Tageszeitungen beschränkt: »Für mich waren immer Englisch und Französisch meine Muttersprachen.« Seine Frau erzählt eine andere Geschichte: »Meine Mutter sprach ausschließlich französisch und mein Vater ausschließlich italienisch. Ich weiß nicht, wie sie einander verstanden haben, aber sie taten es.«[16] Das Arabische, das man allenfalls radebrechen konnte, galt nur im Umgang mit Bediensteten als nützlich. In einer Zeit wachsenden Nationalismus sollte diese Ablehnung jeder »orientalischen« Identität sich noch als fatal für das Überleben dieser Gemeinschaften erweisen.

Wie zahlreiche Einwohner der Stadt damals dachten, zeigen die fiktiven Lebenserinnerungen aus Alexandria, die André Aciman verfasst hat. Acimans Familie war 1905 aus Konstantinopel nach Alexandria gekommen, doch sein Onkel Vili fühlte sich Alexandria und Europa verbunden:

> »Wie die meisten jungen Juden, die gegen Ende des letzten Jahrhunderts in der Türkei geboren wurden, verachtete Vili alles, was mit osmanischer Kultur zu tun hatte; er dürstete nach dem Westen und wurde schließlich ›Italiener‹, wie es die meisten Juden in der Türkei machten: indem er behauptete, aus Livorno zu stammen, wo sich im sechzehnten Jahrhundert aus Spanien vertriebene Juden niedergelassen hatten.«[17]

Der Architekt Loria und seine Familie trugen gerne die schwarzen Hemden der Faschisten, spendeten aber auch regelmäßig für die Synagoge von Alexandria. Die einflussreichste jüdische Familie war die des Barons Félix de Menasce, der einen kaiserlich-österreichischen Adelstitel führte, obwohl sein in Kairo ansässiger Großvater sein Vermögen als Bankier des Khediven Ismail gemacht hatte. Zu Félix' Zeiten bezog diese schillernde Familie ihren Wohlstand nicht mehr nur aus Bankgeschäften, sondern auch aus dem Handel mit Triest. Er gründete Schulen und Krankenhäuser und baute sogar eine eigene Synagoge samt Friedhof, weil er sich mit den Führern der imposanten neuen Synagoge in der Nebi-Daniel-Straße zerstritten hatte. Obwohl er ein profanes Leben führte, in dem die Beachtung religiöser Vorschriften keine besondere Rolle spielte, war er entsetzt, als er erfuhr, dass sein Sohn Jean, der in Paris studierte, zum Katholizismus übergetreten war. Noch schlimmer war in seinen Augen, dass sein Sohn in den Dominikanerorden eintrat und nach Alexandria kam, um dort zu predigen. Félix de Menasce war ein enger Freund des Zionistenführers Chaim Weizmann, der die Stadt im März 1918 besuchte und in Menesces imposanter Residenz wohnte. Baron Félix nutzte seine Kontakte zu den Arabern in Palästina, um ein zweiseitiges Abkommen zwischen Juden und Arabern über die Zukunft Palästinas auszuhandeln, doch die Briten, die nun für Palästina zuständig waren, hatten kein Interesse.[18]

Diese Verbindungen inspirierten Lawrence Durrell zu seiner Beschreibung des unermesslich reichen Alexandriner Bankiers Nessim, der in seinem Roman allerdings kein Jude, sondern ein Kopte ist. Durrell schrieb den ersten Band seines Alexandria-Quartetts Anfang der 1950er Jahre in Bellapais auf Zypern, doch über seine zweite Frau, Eve Cohen, hatte er enge Verbindungen zu alexandrinischen Juden, und mehr noch durch seine dritte Frau, Claude Vincendon, eine Enkelin von Félix de Menasce.[19] Die Menasces unterhielten enge gesellschaftliche Beziehungen zu einer anderen herausragenden Familie, den Zoghebs, melkitische Christen aus Syrien und Mitglieder einer Gemeinschaft, zu der zahlreiche wohlhabende Kaufleute gehörten, die mit Seide, Holz, Obst und Tabak handelten.[20] Man konnte den glanzvollen Lebensstil der Menasces und anderer Familien ihres Standes nicht wirklich mit dem großbürgerlichen Leben der Levantiner in Smyrna vergleichen, zumal die Alexandriner Elite das Ohr des Königs hatte und vor allem das von Omar Toussoun, einem vielbewunderten Mitglied der königlichen Familie, der wusste, wie wichtig es war, Beziehungen zu den verschiedenen Gemeinschaften in Alexandria zu pflegen. So konnte man ihn bei Preisverleihungen an Kinder der jüdischen Schule oder an solche der Alexandriner Elite am Victoria College finden, das man nach dem Vorbild privater englischer Eliteschulen geschaffen hatte. Er war Ehrenpräsident der Koptischen Archäologischen Gesellschaft und spendete beträchtliche Summen für das koptische Krankenhaus. Zugleich bekundete er großes Interesse an der lokalen Wirtschaft und bemühte sich sehr um eine Stabilisierung des Baumwollpreises.[21]

Das tägliche Leben der ausländischen Gemeinschaften kreiste um das Geschäftsleben und die Kaffeehäuser, deren bekannteste die der Griechen waren, allen voran das Café Pastrudis. Dort konnte man auch Mitglieder der griechischen Intelligenzija finden, deren namhaftester der Dichter Kavafis war.[22] Der englische Romancier E. M. Forster, der während des Ersten Weltkriegs die meiste Zeit in der Stadt verbrachte (und sich dort in einen arabischen Straßenbahnfahrer verliebte), machte Kavafis' Poesie auch über Alexandria hinaus bekannt, während der Dichter selbst die Stadt immer wieder zum Gegenstand seiner Lyrik machte. Allerdings war es das antike Alexandria, zu dem seine Gedanken fortwährend zurückkehrten, statt dass er sich der modernen Stadt zuwandte, die keinen sonderlichen Reiz auf ihn ausübte.[23] Von allen Hafenstädten am östlichen Mittelmeer nahm Alexandria den geringsten Schaden im Zuge der politischen Veränderungen, die dem Sturz der Osmanen folgten, denn es verdankte seine Wiedergeburt ausländischen Zuwanderern, die auf Initiative der Khediven und nicht der Sultane dorthin kamen.

III

Alexandria war eine alte Stadt, die umgebaut wurde. Nicht weit davon entfernt, in Palästina, entstand eine völlig neue. Dort fanden die Briten sich in einer ganz anderen politischen Umgebung als in Ägypten. Die arabische Revolte während des Ersten Weltkriegs – zum Teil von T. E. Lawrence gefördert – hatte den Briten wertvolle Verbündete gegen die Türken eingebracht. Zugleich führten zionistische Forderungen nach einem jüdischen Heimatland zu wachsenden Spannungen zwischen Juden und Arabern in Palästina, vor allem nachdem die Briten 1917 in der Balfour-Erklärung ihre Sympathien für die Idee einer nationalen Heimstätte für die Juden bekundet hatten. Die jüdischen Bestrebungen drückten sich in der Idee einer Rückkehr nach Palästina aus, und idealistische Siedler aus Mittel- und Osteuropa gründeten dort landwirtschaftliche Siedlungen – die Kibbuzbewegung wollte die Juden aus den Städten heraus- und aufs Land führen. Doch es gab im Zionismus auch eine Strömung, die in der Gründung einer westlich geprägten, von Juden bewohnten Stadt in Palästina eine fundamentale Aufgabe erblickte. 1909 erwarb eine Gruppe von Juden, hauptsächlich europäische Aschkenasim, ein paar Sanddünen wenige Kilometer nördlich der alten Hafenstadt Jaffa und unterteilte das Land in 66 Grundstücke, die durch Losentscheid zugeteilt wurden – ein Zeichen ihres Idealismus, denn eine Verlosung stellte sicher, dass niemand für ein Grundstück in besserer Lage bieten konnte, so dass Reich und Arm nebeneinander leben würden.[24] Ihre Absicht war es, eine geräumige Gartenstadt zu errichten oder eher eine Garten-Vorstadt, denn anfangs weigerten sie sich, auch Geschäfte in ihre Planung aufzunehmen. Sie gingen davon aus, dass die Einwohner nach Jaffa fahren würden, wenn sie etwas brauchten. Auf der Suche nach einem Namen erörterten die Siedler zahlreiche Alternativen, darunter das stramm zionistische Herzliya, nach dem Gründer der zionistischen Bewegung benannt, und das herrlich wohlklingende Yefifia (»sehr schön«). Am Ende gewann Theodor Herzl, denn Tel Aviv war der hebräische Titel seines Romans über die Wiederherstellung Zions, *Altneuland*: »Tel« bezeichnet die antiken Überreste, die den Besucher an die jüdische Präsenz in vergangenen Jahrtausenden erinnerten, und »aviv« steht für die ersten grünen Triebe des Weizens und im weiteren Sinne für »Frühling«.[25]

So wurde geboren, was die erste größere Stadt werden sollte, die am Mittelmeer seit jenen frühmittelalterlichen Zeiten entstand, als Tunis gegründet wurde, um Karthago zu ersetzen, und Venedig aus seinen Lagunen hervorkam. Die Entstehung Tel Avivs bietet eine andere, mediterrane Sicht auf die verworrene Geschichte der Gründung Israels. Die neue Stadt erregte die Gemüter ihrer arabischen Nachbarn heftig – auf Karten des Nahen Ostens, die in arabischen Ländern hergestellt werden, ist sie bis heute nicht zu finden.[26] Den Gründern von Tel Aviv war vollkommen klar, dass sie eine jüdische Siedlung gründen wollten und dass diese Siedlung europäisch geprägt sein sollte, im Unterschied zu Jaffa, das sie als unangenehm »orientalisch« empfanden. Der Wunsch nach europäischer Modernität war in Jaffa nicht neu. Mit viel Sinn für Ordnung hatte eine deutsche protestantische Sekte, die sich Templer nannte, in den 1880er Jahren außerhalb von Jaffa zwei Siedlungen aufgebaut: »Angesichts ihrer breiten Straßen und ihrer eleganten Gebäude mochte man vergessen, dass man in einem öden Landstrich war, und sich vorstellen, man wäre in einer der zivilisierten Städte Europas.«[27] Die wohlhabenden Araber Jaffas bauten gleichfalls komfortable Villen in den Vororten. Auch war Tel Aviv nicht der erste jüdische Vorort von Jaffa. Der wohlhabende algerische Jude Aharon Chelouche, der seit 1838 in Palästina lebte, kaufte in den 1880er Jahren bei Jaffa Land, auf dem der Vorort Neve Tzedek entstand. Wer Neve Tzedek sah, war beeindruckt von dem klaren und großzügigen Grundriss, und die Häuser zählten zu den schönsten in ganz Jaffa.[28] Neve Tzedek zog Siedler unterschiedlichster Herkunft an – neben den aus Nordafrika stammenden Chelouches lebten dort Aschkenasim aus Mitteleuropa, während Solomon Abulafia, der dort Bürgermeister wurde, aus dem nahe gelegenen Tiberias kam – er und seine aschkenasische Frau, Rebecca Freimann, zogen 1909 um und schlossen sich den Gründern von Tel Aviv an. Auf Fotografien – und das ist nicht weiter erstaunlich – sieht man ihn im Stresemann-Anzug, mit Krawatte und gestreiften Hosen, Emblemen der Modernisierung, wie auch seine gesellschaftlich vergleichbaren türkischen und arabischen Mitbürger sie trugen.[29] Der Schriftsteller Agnon lebte eine Weile in Abulafias Haus in Neve Tzedek, und bevor Tel Aviv zu einem Zentrum hebräischer Kultur wurde, fand sich dort eine Schriftsteller- und Künstlerkolonie zusammen.

Auch Jaffa war im Aufstieg begriffen. Die Stadt war der bedeutendste Hafen in Palästina und der wichtigste Zugang Jerusalems zum Meer, obwohl Schiffe von einiger Größe nicht bis ans Ufer heranfahren konnten, so dass die Reisenden mit Schuten oder auf dem Rücken von Trägern an Land gebracht werden mussten. Der osmanische Sultan schenkte Jaffa ein beredtes Symbol der Moderne, indem er einen Uhrenturm erbauen ließ, der heute noch steht. Unmittelbar vor dem Ersten Weltkrieg lebten in Jaffa mehr als 40 000 Einwohner, Muslime, Christen und Juden (Letztere machten gut ein Viertel der Gesamtbevölkerung aus). Während des Kriegs wurden Araber und Juden aus der Stadt evakuiert, da die Türken fürchteten, diese Volksgruppen könnten mit den vorrückenden Briten kollaborieren. Doch Jaffa und seine Vororte wurden von den Türken nicht geplündert (größere Schäden richteten australische Soldaten an, die eine Zeitlang in der leeren Stadt hausten), und nach dem Krieg kam Jaffa wieder auf die Beine.[30] Von dort konnte man mit der Eisenbahn Richtung Norden nach Beirut und Richtung Süden oder Westen nach Kairo – und sogar bis nach Khartum – reisen. Jaffa lebte nicht nur vom Handel mit Waren, die über das Mittelmeer kamen und ins Binnenland gingen, sondern auch von ausgezeichneten Orangen, die im Osmanischen Reich und in Westeuropa vertrieben wurden. Außerdem war Jaffa – und nicht Jerusalem – das kulturelle Zentrum Palästinas, und das wachsende Identitätsgefühl der arabischen Bevölkerung zeigte sich etwa in Titel und Inhalten einer in christlichem Besitz befindlichen Tageszeitung: *Falastin*, »Palästina«.[31] Das heißt nicht, dass das kulturelle Leben Jaffas mit dem von Alexandria hätte konkurrieren können. Abgesehen von den mürrischen deutschen Protestanten, die dort lebten, war es eine arabischsprachige Stadt, und die Chelouches standen in regem gesellschaftlichem Verkehr mit ihren arabischen Freunden und Nachbarn.[32] Doch die Gründung Tel Avivs sorgte für neue Spannungen. In den 1920er Jahren besuchten Christen und Muslime aus Jaffa gern die neue Siedlung – dort gab es einige Attraktionen wie das Kino Eden, ganz zu schweigen von den Spielhöllen und Bordellen, die aus dem Boden zu schießen begannen. Ab 1921 vergifteten Ausbrüche von Gewalt zwischen Juden und Arabern die Beziehungen zwischen den beiden Gruppen. Zu den ersten gewalttätigen Übergriffen kam es, als Muslime in Jaffa in dem bereits angespannten Klima eine kommunistische Demonstration in Tel Aviv fälschlich für einen Mob hielten, der nach Jaffa ziehen wolle. Neunundvierzig Juden wurden getötet, darunter auch die Bewohner einer am Stadtrand gelegenen Schriftstellerkolonie.[33]

Ursache der Spannungen war das Eintreffen ganzer Schiffsladungen jüdischer Einwanderer. Ende 1919 traf in Jaffa das russische Schiff *Ruslan* aus Odessa mit 670 Passagieren ein. Auch wenn diese aschkenasischen Einwanderer den inneren Charakter des alten Jaffa nicht veränderten, da sie nach Tel Aviv oder ins palästinensische Hinterland gingen, verschob sich das Gleichgewicht zwischen Jaffa und Tel Aviv rasch und erkennbar. 1923 hatte Tel Aviv bereits 20 000 Einwohner, fast alle Juden. Danach begann es, das eigentliche Jaffa zu überholen. Ein

Jahr später zählte Tel Aviv 46 000 Einwohner, 1930 waren es 150 000 und 1948, im Jahr der Gründung Israels, 244 000. Schrittweise emanzipierte Tel Aviv sich von der Stadt Jaffa, genoss ab 1921 interne Autonomie, absorbierte die übrigen jüdischen Viertel von Jaffa, zum Beispiel Neve Tzedek, und wurde schließlich 1934 zu einer eigenständigen Stadt.[34] Ein frühes Projekt in Tel Aviv war die Gründung des Herzliya-Gymnasiums, dessen imposantes modernes Gebäude (das unverständlicherweise inzwischen abgerissen und durch ein hässliches Hochhaus ersetzt worden ist) als wichtiges Kulturzentrum diente.[35] Auf der anderen Seite zog das Gymnasium Schüler aus den gemischten Schulen in Jaffa ab, die vielfach von Nonnen geführt und in denen Juden, Christen und Muslime Seite an Seite unterrichtet wurden.

Zu den wichtigsten Projekten gehörte der Bau eines Hafens. Bis zum erneuten Ausbruch von Gewalttätigkeiten 1936 hatte Jaffa Tel Aviv als Hafen gedient. Dann, inmitten arabischer Boykotte jüdischer Geschäfte und jüdischer Boykotte arabischer Geschäfte, bat der Stadtrat von Tel Aviv die britischen Behörden um die Erlaubnis, nördlich der wachsenden Stadt einen eigenen Hafen zu bauen. Der jüdische Führer David Ben-Gurion erklärte: »Ich will ein jüdisches Meer. Das Meer ist eine Fortsetzung Palästinas.« In Jaffa spürte man rasch die Auswirkungen des rivalisierenden Hafens. 1935 importierte Jaffa Güter im Wert von 7,7 Millionen Pfund, die im folgenden Jahr auf 3,2 Millionen Pfund zurückgingen, von denen 602 000 auf Tel Aviv entfielen. 1939 importierte Jaffa nur noch Güter im Wert von 1,3 Millionen Pfund, Tel Aviv dagegen Waren im Wert von 4,1 Millionen Pfund. Da arabische Arbeitskräfte in der Krise von 1936 nicht zu haben waren, wich man in Tel Aviv auf Arbeiter aus Saloniki aus, das berühmt war für seine jüdischen Schauerleute.[36] Auch eine Reihe von Levantemessen trug zum Wohlstand Tel Avivs bei. Aus bescheidenen Anfängen 1924 entwickelten sich diese Messen so gut, dass 1932 insgesamt 831 ausländische Unternehmen dort ihre Erzeugnisse ausstellten. Die Vision, die man damals propagierte, war die von Tel Aviv als einem neuen Drehkreuz zwischen dem Mittelmeer und dem Nahen Osten, und als sich zeigte, dass dies durchaus möglich war, zogen die Messen Aussteller aus Syrien, Ägypten und dem neugeschaffenen Königreich Transjordanien an.[37]

Begleitet wurde dieses Wachstum von der Entstehung Tel Avis als realer Stadt, auch wenn die Grenzen zu Jaffa unscharf und Gegenstand von Streitereien blieben. Der Bau der Stadt war eine Mischung aus privater Initiative und einem gewissen Maß an zentraler Planung – genug jedenfalls, um eine breite, baumbestandene Allee zu bauen, die man nach den Rothschilds benannte (weil man hoffte, größere finanzielle Unterstützung zu erhalten, als dies dann tatsächlich geschah). In den 1930er Jahren erarbeitete der schottische Architekt Geddes einen Stadtentwicklungsplan, der die Stadt stärker auf die langgezogene Uferzone auszurichten versuchte. In der Innenstadt brachten eindrucksvolle Bauhausgebäude den Wunsch ihrer wohlhabenden Bewohner zum Ausdruck, als Träger der modernen westlichen Kultur angesehen zu werden. Die »Weiße Stadt«, die sie erbauten, galt als bemerkenswert genug, um ihr 2003 den Status des UNESCO-Weltkulturerbes zu verleihen. Gleichfalls Ausdruck der Suche nach einer westlichen, europäischen Identität sind das Habima-Theater sowie die literarische, künstlerische und musikalische Kultur der Stadt. Ähnliche Entwicklungen fanden sich in Alexandria, Saloniki und Beirut wie auch in Jaffa. Ein Unterschied, den viele Beobachter bemerkten, lag allerdings darin, dass Tel Aviv zuweilen mehr mit osteuropäischen Städten wie Odessa und Wien gemeinsam zu haben schien als mit Mittelmeerstädten wie Neapel und Marseille.

Die Verwirrung der Jaffaner über ihre jüdischen Nachbarn in Zeiten wachsender Spannung lässt sich aus einer Karikatur in der arabischen Tageszeitung *Falastin* aus dem Jahr 1936 ersehen. Von der Kanzel herab ermahnt ein anglikanischer Erzbischof einen beleibten John Bull, der am Ende mit zwei Ehefrauen dasteht, die eine von ihnen eine züchtige palästinensische Araberin, die zwar Gesicht und Haar offen trägt, sich aber in die traditionelle palästinensische Tracht kleidet und in der Hand einen Käfig mit einer Taube hält. Die zweite Ehefrau ist eine langbeinige israelische Pionierin mit sehr kurzen Shorts und einer engen Bluse, die eine Zigarette raucht. John Bull erklärt, die schwierigen Umstände des Großen Krieges hätten ihn dazu gebracht, zweimal zu heiraten, und der Erzbischof besteht darauf, dass er sich von seiner jüdischen Frau scheiden lassen müsse. Die politische Botschaft ist klar, aber auch die Mi-

The man of the two wives

JOHN BULL :— My Lord, I married first an Arab woman and then a Jewess and for the last 16 years I have had no peace at home ..

THE ARCHBISHOP :— How did you manage to have two wives, are you not a Christian ?

JOHN BULL :— It was the pressure of the Great war, my Lord ...

THE ARCHBISHOP :— Well my son, if you are sincerely looking for peace you must divorce your second wife, because your marriage to her is illegal ...

الرجل ذو المرأتين

جون بول : اني يا سيدنا تزوجت امرأة عربية اولا ثم تزوجت عليها امرأة يهودية ومنذ ١٦ سنة حتى الآن والخصام قائم في بيتي...

رئيس الاساقفة : وكيف تزوجت اثنتين ألست مسيحيا ؟؟

جون بول : كان ذلك تحت ضغط الحرب العظمى يا سيدنا...

رئيس الاساقفة : اذن عليك يا ولدي اذا كنت حقيقة ترغب في السلام ان تطلق الثانية لان زواجك بها غير شرعي ...

schung aus Faszination und Unbehagen über das Verhalten der neuen jüdischen Siedler.[38] Die zwanglose Vertrautheit zwischen Juden und Arabern in den Zeiten, als die Chelouches Neve Tzedek gründeten, war Vergangenheit. Die Erbauer von Tel Aviv hatten allzu sehr auf dem Unterschied zwischen dem, was sie zu schaffen gedachten, und dem, was sie in Jaffa zurückließen, bestanden. Die bloßen Modernisierer, die Neve Tzedek gründeten, waren von Einwandern überschwemmt worden, denen der Orient vollkommen fremd war. Solche Veränderungen ergaben sich ganz natürlich aus dem Druck, dem Tel Aviv durch die vielen tausend Neuankömmlinge ausgesetzt war, die vor der Verfolgung in Mittel- und Osteuropa flohen. Zugleich priesen mehrere zionistische Führer die Vorzüge der Schaffung einer jüdischen Stadt – der ersten gänzlich jüdischen Stadt seit 1900 Jahren, wie sie betonten. Es ist eine Ironie, dass genau zu dieser Zeit die Verfolgung in Europa eine neue und beispiellose Intensität erreichte und jene osteuropäischen Städte verwüstete, in denen die Juden die Mehrheit oder nahezu die Mehrheit bildeten. Eine dieser Städte war Saloniki.

IV

Wir haben bereits gesehen, wie Saloniki in die Auflösung des Osmanischen Reiches verwickelt wurde. Ab 1915 wurde es sogar zur Frontstadt, als französische und britische Truppen dort eintrafen, in der (bald aufgegebenen) Hoffnung, serbische Armeen, die gegen Österreich kämpften, unterstützen zu können. Die Alliierten setzten sich in Saloniki und Umgebung fest, ein Gebiet, das die Briten »the Birdcage« (Vogelkäfig) nannten. Die Anwesenheit der Alliierten hatte beunruhigende politische Folgen. Großbritannien und Frankreich vertieften die bestehende Spaltung innerhalb der griechischen Politik, als sie Venizelos gegen den griechischen König unterstützten – als Venizelos 1916 nach Saloniki kam, brachen Kämpfe zwischen seinen Anhängern und Royalisten aus, während die Alliierten einige Schiffe der Königlich-Hellenischen Marine in ihre Gewalt brachten.[39] Dann, nach dem Brand von

1917 und dem Ende des Krieges, zog die Stadt die Aufmerksamkeit der griechischen und der türkischen Regierung wegen des großen muslimischen Bevölkerungsanteils auf sich. Im Juli 1923 lebten dort immer noch etwa 18 000 Muslime. Eine Million Christen kam aus der Türkei nach Griechenland, Flüchtlinge vor dem Krieg, der Smyrna zerstörte, gefolgt von jenen, die im Rahmen des in Lausanne verabredeten Bevölkerungsaustauschs vertrieben wurden. Davon sollten sich 92 000 in Saloniki niederlassen. Die Muslime waren aus der Stadt und ihrer Umgebung vertrieben worden, während man den Christen aus Kleinasien die von den Türken verlassenen Häuser und landwirtschaftlichen Flächen zuwies oder sie in den nach dem Brand wiederaufgebauten Vierteln ansiedelte. Die Einwohner von Saloniki mussten erstaunt feststellen, dass viele anatolische Flüchtlinge türkisch sprachen. Ihre Identität beruhte nicht auf der griechischen Sprache, sondern auf der griechisch-orthodoxen Kirche. Ihre Sitten und Gebräuche unterschieden sich kaum von denen der türkischen Muslime, unter denen sie 900 Jahre lang gelebt hatten.[40]

In Saloniki lebten immer noch 70 000 Juden. Der griechische Staat förderte ihre Hellenisierung, insbesondere durch Griechischunterricht in den Schulen. Das führte gelegentlich zu Spannungen, etwa als die Regierung, wie sie dies nannte, »enge religiöse Vorstellungen« in Frage stellte und die Möglichkeit abschaffte, dass jüdische Geschäfte samstags schlossen und stattdessen sonntags öffneten.[41] Dennoch wurde der Versöhnungstag (Jom Kippur) in Saloniki zu einem allgemeinen öffentlichen Feiertag erhoben, und alle wussten, dass die wirtschaftliche Stabilität der Stadt von einer guten Zusammenarbeit zwischen Griechen und Juden abhing. Es gab eine gewisse jüdische Emigration nach Frankreich, Italien und in die Vereinigten Staaten, und in Haifa oder Tel Aviv wurden jüdische Hafenarbeiter geschätzt. Doch allgemein hatte man das Gefühl, dass trotz gewaltiger politischer Veränderungen keine Gefahr bestand. Wenn überhaupt, war die Gefahr sogar zurückgegangen, seit die Grenzen zwischen Griechenland, der Türkei, Bulgarien und Jugoslawien festgelegt worden waren.

Wie falsch diese Einschätzung war, zeigte sich im Zweiten Weltkrieg, als die Deutschen die Stadt im April 1941 besetzten. Es gab gelegentliche Übergriffe wie die Beschlagnahme wertvoller jüdischer Manuskripte und Artefakte, doch fast zwei Jahre lang waren die den Juden auferlegten Restriktionen weniger streng als anderswo in Hitlers Reich. Das hatte seinen Grund zum Teil in der Tatsache, dass die Wirtschaft dem Zusammenbruch nahe war und große Lebensmittelknappheit herrschte, so dass die Deutschen davor zurückscheuten, die noch verbliebenen wirtschaftlichen Aktivitäten zu stören.[42] Die Nazis behandelten die spanischsprechenden Sephardim nicht anders als die Aschkenasim aus Mittel- und Osteuropa. Als die Nazis sich erst einmal zum Handeln entschlossen hatten, taten sie dies rasch und effizient – dahinter steckte die niederträchtige Hand Adolf Eichmanns. Im Februar 1943 wurden die Juden in Gettos verbannt. Man verbreitete das Gerücht, sie würden nach Krakau deportiert, wo sie in Gummifabriken arbeiten sollten, und am 15. März fuhr der erste Zug vollgepackt mit Opfern Richtung Polen. Im August war die Stadt fast vollkommen »judenrein«, um den zeitgenössischen deutschen Sprachgebrauch zu zitieren. Innerhalb weniger Wochen wurden 43 850 Juden aus Saloniki ermordet. Die meisten wurden unmittelbar nach der Ankunft in Auschwitz vergast.[43] Der italienische Konsul rettete einige, und einzelne Griechen, darunter auch Geistliche, taten oft, was sie konnten. Die spanischen Behörden waren gelegentlich bereit, solchen Juden zu helfen, in denen sie uralte Landsleute erblickten. Dennoch gelang es den Nazis in Griechenland, 85 Prozent der jüdischen Bevölkerung zu vernichten.

So hörte denn nach dreieinhalb Jahrhunderten das alte Saloniki auf zu existieren. Smyrna war die erste unter den großen Hafenstädten, die untergingen. Die Zerstörung Smyrnas kostete etwa 100 000 Menschen das Leben. Saloniki erlebte den zusätzlichen Schrecken einer industrialisierten Tötungsmaschinerie. Die Zerstörung der Hafenstädte am östlichen Mittelmeer sollte auch nach dem Zweiten Weltkrieg weitergehen, wenn auch nicht mit so gewaltigen Zahlen an Todesopfern. Sie alle nahmen eine ausschließliche Identität an, als griechische, türkische, jüdische oder ägyptische Stadt. Auch weiter im Westen erlebten Hafenstädte, die Menschen unterschiedlicher Kulturen und Religionen zusammengeführt hatten, ihren Niedergang. Livorno war schon lange vor diesen Ereignissen im geeinten Italien aufgegangen, und bereits Mitte des 19. Jahrhunderts hatte die Elite der Stadt, die sich (gleich welcher Herkunft) mit *Italia* identifizierte, freie und andere nichtkaufmännische Berufe angestrebt, während Livorno seine Privilegien einbüßte und hinter Genua und anderen Rivalen zurückblieb.[44] Nach dem Ersten Weltkrieg wurde Triest von Österreich-Ungarn abgetrennt, und die einst vorteilhafte Lage der Stadt verwandelte sich in einen Nachteil, da sie von dem neuen Königreich der Serben, Kroaten und Slowenen eingezwängt wurde, während Österreich nur noch ein kleiner, unbedeutender Staat jenseits der Alpen war, der nicht recht wusste, worin seine kulturelle und politische Identität bestand. Nach dem Zweiten Weltkrieg wurde Triest zu einem Zankapfel zwischen Italien und Jugoslawien und erhielt bis 1954 zusammen mit seinem Umland den unscharfen Status eines »Freien Territoriums«. Seine eigentümliche kulturelle Identität oder vielmehr Pluralität von Identitäten vermochte diese politischen und ökonomischen Veränderungen nicht zu überdauern.

Jaffa veränderte sich in noch kürzerer Zeit, auch wenn es seine pluralistische Identität bereits verloren hatte, als Tel Aviv sich zu einer eigenständigen nichtarabischen Stadt entwickelte. Im Frühjahr 1948, kurz vor der Geburt Israels, flohen innerhalb weniger Wochen Zehntausende von Arabern aus Jaffa über Land oder über das Meer nach Gaza, Beirut und anderswohin. Die Vereinten Nationen hatten Jaffa zu einer Exklave des vorgeschlagenen arabischen Staates erklärt, der mit einem jüdischen Staat in Palästina koexistieren sollte. Nach einer Beschießung der Stadt durch jüdische Streitkräfte Ende April schrumpfte die Bevölkerung. Die Führer der arabischen Gemeinde, die nur noch etwa 5000 Seelen zählte, kapitulierten am 13. Mai, einen Tag bevor am anderen Ende des Rothschild-Boulevards in Tel Aviv der Staat Israel ausgerufen wurde.[45] Danach wurde Jaffa zu einem Stadtteil von Tel Aviv, mit einer arabischen Minderheit, womit die Situation, die 40 Jahre zuvor bestanden hatte, gleichsam umgekehrt wurde, während die Geflohenen keine Möglichkeit zur Rückkehr fanden. In Alexandria verzögerte sich der letzte Akt bis 1956, als Italiener, Juden und andere nach der Verstaatlichung des Suezkanals auf Befehl Gamal Abdel Nassers enteignet und vertrieben wurden. Alexandria wurde nun eine arabische Großstadt, doch die Wirtschaft stürzte ab. Etwas vom alten Alexandria ist erhalten geblieben, wenn auch hauptsächlich in Gestalt der Friedhöfe von Griechen, Katholiken, Juden und Kopten. Was die Friedhöfe in Saloniki anging, so war der große jüdische samt seinen Gräbern und allem übrigen schon von den Nazis verwüstet worden. Heute bedeckt ihn der große Campus der Aristoteles-Universität Thessaloniki: »doch manche von ihnen sind ohne Gedenken«.[46]

KAPITEL 5

Mare nostrum – nochmals

1918 bis 1945

I

Auch wenn der Seekrieg sich während des Ersten Weltkriegs hauptsächlich auf das östliche Mittelmeer und die Adria konzentrierte, auf Gewässer in der Nähe der zerfallenden Reiche der Osmanen und der Habsburger, wurde doch das gesamte Mittelmeer von 1918 bis 1939 zum Schauplatz von Rivalitäten.[1] Im Mittelpunkt des Kampfes um die Vorherrschaft im Mittelmeer stand Benito Mussolini, der 1922 in Italien die Macht übernahm. Seine Einstellung zum Mittelmeer schwankte. Manchmal träumte er von einem italienischen Imperium, das sich »bis zu den Weltmeeren« erstreckte und dem Land »einen Platz an der Sonne« sichern sollte. 1936 versuchte er, diesen Traum durch die Invasion Abessiniens zu verwirklichen, die sich – abgesehen von den Schwierigkeiten eines militärischen Feldzugs – als ein politisches Desaster erwies, da sie ihn bei Briten und Franzosen jegliche Achtung kostete, die er bis dahin genossen haben mochte. Dann wieder galt seine Aufmerksamkeit ganz dem Mittelmeer selbst. Italien, sagte er, ist »eine Insel, die ins Mittelmeer ragt«. Doch es sei, wie der Große Faschistische Rat unheilverheißend erklärte, eine eingekerkerte Insel: »Die Gitter dieses Kerkers sind Korsika, Tunesien, Malta und Zypern. Die Wächter dieses Kerkers sind Gibraltar und Suez.«[2]

Die italienischen Ambitionen waren von den Friedensverträgen am Ende des Ersten Weltkriegs genährt worden. Italien behielt nicht nur die Dodekanes, zudem wurden die Österreicher in Nordostitalien zurückgedrängt, und Italien erhielt große Teile der *Italia irredenta*, des »unerlösten Italien«, und zwar in Gestalt von Triest, Istrien und dem an

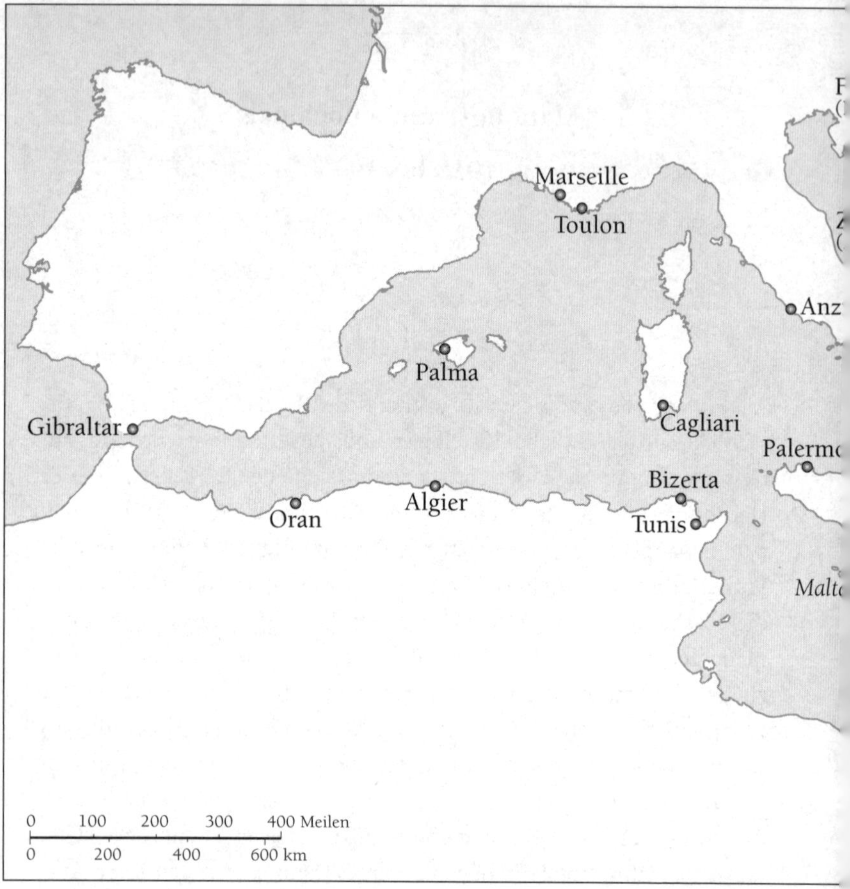

der dalmatinischen Küste gelegenen Zara (Zadar), das für den ausgezeichneten Kirschlikör der Familie Luxardo berühmt wurde. Fiume (kroatisch Rijeka) in Istrien wurde 1919 von der pöbelhaften Privatarmee des nationalistischen Dichters D'Annunzio eingenommen, der die Stadt zum Sitz der »Italienischen Regentschaft am Quarnero« erklärte. 1924 hatte das faschistische Italien dieses Territorium dem Vaterland einverleibt. Eine seltsame Manifestation, die zeigt, welche Bedeutung die Vergangenheit für den faschistischen Traum besaß, war die Schaffung von Einrichtungen zur ernsthaften Erforschung der Geschichte

Korsikas, Maltas und Dalmatiens (und der *italianitá*, des italienischen Charakters dieser Regionen). Wer die am Forum Romanum vorbei quer durch das Herz des antiken Rom gelegte Prachtstraße entlangging, konnte dort große Karten des Römischen Reiches bewundern, die zeigten, wie aus der winzigen Siedlung auf dem Palatin Schritt für Schritt das Reich des Trajan hervorgegangen war, das den gesamten Mittelmeerraum und auch Länder weit jenseits dieses Meeres umfasste. Auch Albanien, das seit 1913 eine stets gefährdete Unabhängigkeit genoss, geriet ins Blickfeld Italiens. Die albanische Zentralbank befand sich in

Rom. Der neue Herrscher des Landes, König Zog, war dringend auf die finanzielle und politische Unterstützung Italiens angewiesen – ein Problem, das die Italiener im April 1939 ungeduldig lösten, indem sie das Land besetzten. Schon davor hatte Italien auf Saseno, einer kleinen Insel vor der albanischen Küste, einen wichtigen U-Boot-Stützpunkt unterhalten. Unterseeboote galten als Schlüssel für den zukünftigen Erfolg Italiens im Mittelmeer, wenn erst die Zeit gekommen war, die Vorherrschaft Großbritanniens in Frage zu stellen. 1935 erklärte Marschall Badoglio, Oberbefehlshaber der italienischen Streitkräfte, Italien brauche keine schweren Schlachtschiffe, sondern könne die Seeherrschaft mit modernen Mitteln erringen. Tatsächlich war die italienische Flotte keineswegs eindrucksvoll. »Sie hinkte in fast allen Bereichen der Seekriegsführung hinterher, war technologisch rückständig, operativ unausgeglichen und wurde phantasielos geführt.«[3]

Wie die Besetzung Albaniens und die fortdauernde Unterdrückung der Aufständischen in Libyen bewiesen, war die Vorstellung von einem Mittelmeerreich jedoch kein bloßes Gerede, obwohl viele Beobachter Mussolini für eine fast schon komische Figur hielten, wenn er mit vorgerecktem Kinn seine grandiosen Sprüche von der Wiederherstellung des römischen *Mare nostrum* hervorstieß. Durch die Eroberung Libyens war eine Nordsüdachse quer über das Mittelmeer entstanden, und Nordafrika sollte zur »vierten Küste« Italiens werden. Das britische Malta, das die Gewässer zwischen Sizilien und dieser »vierten Küste« beherrschte, war daher mehr als eine Unannehmlichkeit – es war ein Hindernis. Mussolini inszenierte 1937 einen triumphalen Besuch in Tripolis, um dort die Eröffnung der ersten echten, mehr als anderthalbtausend Kilometer an der libyschen Küste entlangführenden Straße und den Wiederaufbau von Teilen der Hauptstadt als moderner europäischer Stadt zu feiern.[4] Ein weiterer Beweis für die Absicht der Faschisten, Großbritannien – mit welchen Mitteln auch immer – zu verdrängen, war ihre finanzielle Unterstützung des skrupellosen Großmuftis von Jerusalem, der 1936 den arabischen Aufruhr in Palästina nutzte, um seinen politischen Einfluss als religiöser Führer der sunnitischen Muslime in Palästina zu vergrößern. Faschistische Milizen – Grün- und Blauhemden (die einander natürlich verachteten) – wurden in Ägypten geschaffen, wo es unter den Italienern in Alexandria ohnehin zahlreiche Schwarzhemden gab.[5]

1936 boten die Italiener den Falangisten in Spanien unter der skrupellosen, durchaus nicht charismatischen, aber effizienten Führung General Francos ihre Hilfe an. Außer 50 000 Soldaten gewährte das faschistische Italien Luft- und Seeunterstützung und spielte eine wichtige Rolle in der Schlacht um die Balearen. Mussolini erhob keine Ansprüche auf das spanische Festland, doch die Inseln waren etwas anderes. Die Italiener landeten auf Mallorca und vertrieben bis September 1936 die Republikaner von der Insel. Sie exekutierten etwa 3000 Mallorquiner wegen angeblicher Sympathien für die Kommunisten. In den beiden folgenden Jahren wurde die Insel zum Ausgangspunkt für massive Luftangriffe auf wichtige republikanische Zentren wie Valencia und Barcelona. Wahrscheinlich hätte Mussolini Mallorca gerne behalten, doch er hatte immerhin, was er wollte: ein Operationszentrum im westlichen Mittelmeer, nahe genug an Toulon und Oran, um als Warnung für die dort stationierte französische Flotte zu dienen, auch wenn seine eigentliche Obsession weiterhin der britischen Flotte galt. Auch in der Realität sorgten die Italiener dafür, dass ihre Anwesenheit spürbar war. Die Hauptstraße in Palma de Mallorca wurde in Via Roma umbenannt, und deren Einstieg schmückte man mit den Statuen zweier Jünglinge, auf deren Schultern römische Adler saßen.[6] Nach 15 Jahrhunderten erstreckte sich *Mare nostrum* wieder von Italien bis in spanische Gewässer.

Großbritannien wusste nicht recht, was es im Mittelmeer wollte. 1939 passierten nur noch neun Prozent der britischen Importe den Suezkanal, und Malta war durchaus keine sonderlich brauchbare Nachschubbasis, weil es vor Ort an Ressourcen mangelte (angefangen beim Trinkwasser), so dass der Nachschub ständig erneuert werden musste. Die Insel war eine nützliche Zwischenstation für das Auftanken von Flugzeugen, die zwischen Gibraltar und Alexandria unterwegs waren. Abgesehen von den ausgezeichneten Befestigungsanlagen aus dem 16. Jahrhundert, war Malta nicht sonderlich gut geschützt. Bei Kriegsbeginn beschränkte sich der Schutz auf drei einmotorige Doppeldecker namens *Faith*, *Hope* und *Charity*, die mit leichten 7,7-mm-Maschinengewehren ausgerüstet waren.[7] Strategisch besaß Malta den Vorzug und zugleich auch Nachteil, dass es nur ein paar Flugminuten von Sizilien entfernt liegt. Die Insel befand sich in einer äußerst exponierten Lage, doch Großbritannien war nicht bereit, leichthin eine Stellung aufzugeben, von der aus sich die Meerengen im mittleren Mittelmeer kontrollieren ließen. Dennoch entschieden sich die Briten, ihre Mittelmeerflotte in Alexandria zu konzentrieren, obwohl der Hafen sich dafür weitaus weniger eignete als der von Valletta.[8] Was die übrigen britischen Besitzungen im Mittelmeer anging, so hatte man Zypern noch nie als Marinestützpunkt genutzt, seit man die Insel von den Osmanen übernommen hatte, während die Bucht von Haifa einen besonderen strategischen Wert als Endpunkt der großen Ölpipeline aus dem Irak besaß. Gibraltar erwies sich als ein geringeres Problem im Verhältnis zu Spanien, als die britische Regierung erwartet hatte, und das selbst noch, als der Krieg mit Deutschland begann. Franco lehnte es zu Hitlers Entrüstung ab, sich in den Krieg hineinziehen zu lassen, zum Teil weil er befürchtete, die Briten würden dann die Kanarischen Inseln besetzen. Hitler beschimpfte Franco wegen seiner Undankbarkeit nach der jahrelangen Unterstützung während des Bürgerkriegs und äußerte den Verdacht, er müsse jüdisches Blut in sich haben.[9] Dennoch benötigte Großbritannien eine ungehinderte Durchfahrt von West nach Ost und insbesondere zum Suezkanal.

Auch als Briten und Franzosen Deutschland im September 1939 den Krieg erklärten, gab es keinen Grund für die Annahme, ein zum Schutz Polens geführter Krieg könne verheerende Auswirkungen auf das Mittelmeer haben. Die meisten Beteiligten glaubten an eine Wiederholung der großen, während des Ersten Weltkriegs in Flandern geschlagenen Landschlachten. Mussolini zeigte wenig Neigung, sich an Hitlers Seite zu stellen, auch wenn sein Propagandaministerium routinemäßig großsprecherische Verlautbarungen herausgab. So erklärte ein Sprecher am 21. April 1940, »das ganze Mittelmeer sei unter Kontrolle der italienischen Luft- und Seestreitkräfte, und wenn Großbritannien es wagte, den Kampf zu beginnen, werde man es sogleich vertreiben«.[10] Erst als die Niederlage Frankreichs sich abzeichnete, beschloss Mussolini am 10. Juni opportunistisch, in den Krieg einzutreten. Das brachte ihm ein kleines Stück besetztes Frankreich ein, nicht aber den Hafen, den er sich eigentlich wünschte, nämlich Nizza.

II

Frankreich und nicht Italien war das Hauptproblem der Briten im Mittelmeer. Die meisten französischen Kommandeure sahen, erschüttert von der Niederlage, das Heil ihres Landes in Pétains demütigendem Handel mit Hitler. Sie versteckten ihre Scham hinter einem intensiven Patriotismus, der sich nicht so sehr gegen Deutschland als vielmehr gegen Großbritannien richtete, hatten die Briten in ihren Augen doch zu wenige Leute in den Kampf geschickt und dadurch *la Patrie* einer unverdienten Niederlage ausgesetzt. Bevor es zu Auseinandersetzungen mit den Italienern kam, die britische Konvois zu bedrohen begannen, musste die britische Marine herausfinden, wie sie zur französischen Flotte stand, die in Teilen unter der Bezeichnung »Force X« in Alexandria geparkt war. Obwohl effektiv auf britischem Territorium, weigerten sich die Franzosen, den Briten ihre Schiffe anzubieten, erklärten sich aber bereit, sie einzumotten, und obwohl die französischen Seeleute ihre Loyalität gegenüber Pétains Regime in Vichy bekundeten, gab es kaum Schwierigkeiten.[11] Doch der Stolz der französischen Marine lag in Oran, hauptsächlich im Hafen Mers el-Kebir, darunter zwei der weltweit am besten bestückten Schlachtkreuzer, die *Dunkerque* und die *Strasbourg*. Admiral Darlan erwies sich als leidenschaftlicher Verfechter der französischen Interessen, wie er sie verstand, und es dauerte Jahre, bis seine Loyalität gegenüber Vichy ins Wanken geriet. Die Briten boten ihm eine Reihe von Optionen an, die von der Eingliederung der Flotte in die britische Marine bis hin zu einer Überführung in die Karibik reichten, wo die Flotte für den Rest des Krieges stillgelegt werden sollte. Darlan war jedoch der Ansicht, dass sie Franzosen waren und bleiben würden. Die Briten machten ihm klar, dass der Royal Navy sonst keine andere Wahl blieb, als die Schiffe anzugreifen, was sie denn auch am 3. Juli 1940 taten, ohne Pardon zu gewähren. Zwar konnte die *Strasbourg* entkommen, doch die Briten erreichten ihr wichtigstes militärisches Ziel. Die französischen Schiffe wurden zerstört, wobei allerdings 1300 Franzosen ihr Leben verloren.[12] Die Briten hatten jedoch einen politischen Preis zu zahlen, denn nun zerbrachen auch die heimlichen diplomatischen Verbindungen zu Vichy-Frankreich. Darlans Abscheu gegenüber den Briten wurde vollauf bestätigt. Hitler konnte nun sehen, dass die französischen Land- und Seestreitkräfte in Nordafrika und Französisch-Syrien von Männern geführt wurden, die dem Vichy-Regime die Treue bewahren würden. Sie mochten von einem gewissen Nutzen gegen die Briten sein, doch waren die Verhältnisse unklar. Frankreich war der Auffassung, dass es sich nicht mehr im Krieg befand. Mers el-Kebir bestärkte Hitler in seiner Vorstellung, dass er sich in seinem Krieg auf Nordeuropa konzentrieren sollte. Mussolini sollte sich im Mittelmeer die Reste nehmen, die er haben wollte, auch wenn Tunesien nicht in Frage kam. Die Deutschen waren der Ansicht, dass Nordafrika in den Händen einer willfährigen Vichy-Regierung sicherer wäre, und lachten über Außenminister Cianos Anspruch auf Nizza, Korsika, Malta, Tunesien und Teile von Algerien.[13]

So gerieten denn die Briten im Mittelmeer als Nächstes mit den Italienern aneinander, die Sidi Barrani im äußersten Westen Ägyptens einnahmen, wenn auch nicht für lange. Im November 1940 verdienten die Briten sich ihre Sporen in Tarent, wo Flugzeuge, die von dem britischen Flugzeugträger *Illustrious* gestartet waren, die *Littorio*, das stärkste Schiff der italienischen Kriegsmarine, beschädigten und das Schlachtschiff *Cavour* versenkten.[14] Der rasche und leichte Sieg der Briten nahm den Italienern den Mut, zur See die Schlacht zu suchen, und bestätigte vor allem, dass selbst geringe Luftstreitkräfte den Stolz einer feindlichen Flotte vernichten konnten. Die Frage war nur, ob sich mit Luftstreitkräften auch Inseln erobern ließen. Malta hatte nahezu seit Beginn des Kriegs zwischen Großbritannien und Italien unter Luftangriffen zu leiden, auch wenn die kleinen Flugzeuge *Faith*, *Hope* und *Charity* sich dank des neu entwickelten Radars als erstaunlich wirkungsvoll in der Abwehr der italienischen Regia Aeronautica erwiesen, bis schließlich eine Staffel moderner Hurricane-Maschinen zur Stärkung der britischen Luftverteidigung eintraf. Anfang 1941 beschädigten deutsche und italienische Flugzeuge die *Illustrious* östlich von Gibraltar schwer. Es gelang ihr jedoch, sich in den Großen Hafen von Malta zu retten.[15] Die Bombardierung Maltas wurde verstärkt, und die Deutschen flogen fast täglich Luftangriffe, die Valletta und die »Drei Städte« auf der gegenüberliegenden Seite des Großen Hafens verwüsteten und Hunderten von

Zivilisten das Leben kosteten, die wie die auf der Insel stationierten britischen Soldaten ständig unter Lebensmittelknappheit und dem Mangel an anderen wichtigen Versorgungsgütern zu leiden hatten. Die Lage verschlimmerte sich sogar noch ab Dezember 1941, denn die Deutschen nahmen das Mittelmeer nun ernster. Der fanatische Kesselring wurde zum Oberbefehlshaber der im Mittelmeer operierenden deutschen Verbände ernannt und unternahm konzertierte Anstrengungen, um die britischen Konvois, die auf dem Weg nach Malta waren, zu zerstören. Mit wachsender deutscher Präsenz wuchs jedoch auch der Druck von anderen Seiten, zumal Nazideutschland und Sowjetrussland sich nun im Krieg miteinander befanden. Ab Herbst 1941 konnten die Briten mit Bombenangriffen auf Sizilien und Nordafrika reagieren, und britische Unterseeboote machten Jagd auf italienische und deutsche Schiffe, die Nachschub für die Achsenmächte in Nordafrika transportierten. Deutsche und Italiener waren so irritiert, dass sie bei der dritten Achsenmacht, Japan, Rat einholten, wie man am besten eine Insel erobert, denn damit hatten die Japaner im Pazifik ihre Erfahrungen gemacht. Eine der von den Japanern vorgeschlagenen Möglichkeiten lautete Aushungern.[16]

Auf Malta war der Große Hafen inzwischen angefüllt mit Schiffstrümmern, den Leichen ertrunkener Soldaten und Öl aus den gesunkenen Schiffen (das Feuer zu fangen drohte). Zu den Leistungen der Verteidiger gehörte es, dass Malta weiterhin als Stützpunkt für Flugzeuge und U-Boote diente, die dem Feind Nadelstiche beibringen und den Transport von Truppen und Nachschub nach Nordafrika stören konnten. So kann es kaum verwundern, dass die zweite Große Belagerung Maltas sich ebenso tief in das kollektive Gedächtnis der Malteser einbrannte wie die Große Belagerung von 1565.[17] Churchill befürchtete, die Lage sei inzwischen so schlimm, dass die Achsenmächte die Insel nicht einmal mehr zu besetzen bräuchten, sondern sie allein durch ihre Luftangriffe unterwerfen könnten. Die britischen Konvois standen in den Gewässern südlich von Mallorca unter gewaltigem Druck durch Unterseeboote und dann durch italienische Kreuzer sowie deutsche und italienische Flugzeuge, wenn sie an Tunis vorbeifuhren – im August 1942 erreichten nur fünf von ursprünglich 14 Schiffen eines aus Gibraltar kommenden Geleitzugs den Hafen von Malta.[18] Zum Glück konnten die Deutschen sich nicht recht entscheiden, ob sie die Insel einnehmen wollten, zumal sie dazu mit den italienischen Streitkräften hätten zusammenarbeiten müssen, die bei ihnen seit den jüngsten Erfahrungen in Nordafrika immer weniger Respekt genossen. Außerdem meinte Mussolini, die Insel für sich beanspruchen zu können, wenn die Briten erst an allen Fronten kapituliert hätten.[19] Zum Glück richteten die Deutschen ihren Ehrgeiz zudem immer obsessiver auf Nordafrika, als Rommel ostwärts auf Tobruk vorrückte, und so schien denn Malta im Mai 1942 nur noch am Rande einer Überlegung wert. Die Achsenmächte waren der Überzeugung, dass der Krieg im Mittelmeer an Land entschieden würde und nicht durch die Eroberung einer kleinen, staubigen Insel. Auch britische Kommandeure waren der Ansicht, es sei »besser, Malta als Ägypten zu verlieren«.[20] Doch seine Rettung verdankte Malta zweifellos auch der standhaften Weigerung aller auf der Insel, sich durch die ständigen Luftangriffe und die monatelange Not zur Aufgabe zwingen zu lassen, was König Georg VI. anerkannte, indem er der gesamten Insel das Georgskreuz verlieh. Die Medaille ist heute noch zur Erinnerung an den heldenhaften Widerstand der Insel auf der Flagge Maltas zu sehen: 30 000 Gebäude wurden beschädigt oder zerstört, und 1300 Zivilisten verloren durch die Luftangriffe ihr Leben.[21]

Malta hielt stand, doch 1941 wurden die Briten in der Schlacht um Kreta geschlagen, auch wenn der strategische Wert der Insel für die Deutschen nicht auf der Hand lag.[22] Das deutsche Oberkommando besaß nur ein zusammenhangloses Bild von der Bedeutung des Mittelmeeres. Die Deutschen betrachteten es aus der Perspektive des Balkans. Wer auf lange Sicht die Seewege kontrollierte, war in ihren Augen eine Sache zwischen Italien und Großbritannien. Da deutsche und italienische Streitkräfte gemeinsam in Nordafrika kämpften, mussten die Achsenmächte die von Norden nach Süden verlaufenden Nachschubwege über das Mittelmeer sichern. Doch wie der »Führer« dies tat, war umstritten. Als Hitler beschloss, U-Boote ins Mittelmeer zu schicken (ein gefährliches Unterfangen, da sie die Straße von Gibraltar passieren mussten), wandte Admiral Raeder ein, dies gefährde die deutschen Kriegsanstrengungen im Atlantik. Die Achsenmächte wussten, dass sie über das Mittelmeer und den Suezkanal Zugang zum Erdöl des Mittleren Ostens erhalten konnten, doch es war nicht zu erwarten, dass man diesen Weg rasch zu öffnen vermochte. Allerdings gingen die Ölvorräte der Achsenmächte zur Neige. Im Sommer 1942 stand die italienische Flotte ohne Öl da, und die Deutschen weigerten sich angesichts ihres eigenen Bedarfs, den Italienern Öl zu liefern. Deshalb wies Hitler einen anderen Weg zum Öl, und zwar über die offenen Ebenen Russlands nach Persien hinein, was umso sinnvoller erschien, als der Krieg mit Russland 1941 im Gang war. Dieser führte seine Armee nach Stalingrad, wo sie steckenblieb und dann eine gewaltige Niederlage erlitt. Die wachsende Bedeutung des Mittelmeeres kam für die Deutschen überraschend. Und *wie* bedeutsam diese Region tatsächlich war, zeigte sich, als die Alliierten – nun einschließlich der Amerikaner – im November 1942 auf denselben Stränden landeten, die 1830 die Franzosen für ihre Invasion Algeriens benutzt hatten.[23]

Der Angriff auf Algerien (»Operation Torch«) wurde von Landungen in Marokko und einem Vorstoß ostwärts Richtung Tunesien begleitet. Die Deutschen waren schon im Juli 1942 in El Alamein geprüft und im November von Montgomerys »Desert Rats« entscheidend zurückgeschlagen worden. Doch die Anwesenheit von Vichy-Kommandeuren und insbesondere Darlans komplizierte die Lage nun ganz beträchtlich. Darlan war allein an der Unterstützung der siegreichen Seite interessiert. Er sah sich als rechtmäßigen Erben Marschall Pétains. Er war bereit, mit den Alliierten zu verhandeln, sosehr diese auch einen Mann verachteten, den viele für einen feigen Verräter hielten. Aber er befürchtete immer noch, die Alliierten könnten vielleicht zurückgeschlagen werden, und dann würde herauskommen, dass er ein doppeltes Spiel getrieben hatte. Im November 1942 traf General Eisenhower mit Darlan in Algier zusammen, wo der Admiral äußerst aufwendig residierte. Eisenhower hoffte, ihn bewegen zu können, die französische Flotte aus Toulon nach Nordafrika zu holen, wo sie sich den amerikanischen Kriegsanstrengungen anschließen sollte. Darlan stimmte vage zu, obwohl er wusste, dass der in Toulon zuständige Admiral, ein alter Rivale, gar nicht daran dachte, diesem Plan zuzustimmen, und selbst die in Alexandria liegenden französischen Schiffe lehnten ab, obwohl zwischen deren Besatzungen und den Engländern ein gutes Verhältnis bestand. Ein undurchsichtiger Kompromiss erlaubte es Darlan, Pétains Gesandter in Nordafrika zu bleiben, was bei Briten und Amerikanern Empörung auslöste. Darlan wurde als Quisling und Antisemit beschimpft, und der CBS-Moderator Ed Murrow fragte: »Kämpfen wir gegen die Nazis, oder schlafen wir mit ihnen?« Das Problem Darlan fand seine Lösung, als sich am Weihnachtsabend ein fanatischer Monarchist in das Regierungsgebäude in Algier schlich, wartete, bis der selbstgerechte Admiral von einem guten Abendessen zurückkehrte, und ihn erschoss.[24]

Der Kampf um die Herrschaft über das Mittelmeer wurde immer erbitterter. Der Sieg der Alliierten war keineswegs sicher. Im Dezember 1942 übergab der Vichy-Kommandeur in Tunesien den Achsenmächten den gut ausgerüsteten französischen Marinestützpunkt in Bizerta. Kurz zuvor, im November, hatte Hitler beschlossen, den geteilten Status Frankreichs zu beenden, indem er auch den bislang unter der Kontrolle von Vichy stehenden Teil besetzte. Mussolini durfte sich nun Nizzas bemächtigen und schickte auch ein paar Verbände nach Korsika, die dort die italienische Flagge hissten. Vichy-Kommandeure spielten in den militärischen und politischen Auseinandersetzungen um das Mittelmeer eine undurchsichtige Rolle und nutzten ihren unbestimmten Status als Repräsentanten eines Staates, der sich nicht offiziell im Krieg befand, um zwischen beiden Seiten hin- und herzuwechseln. Als die Alliierten einen kaum bekannten französischen General namens Henri Giraud mit einem U-Boot aus Vichy-Frankreich nach Algier schmuggelten, mussten sie feststellen, dass er denselben Stolz und Dünkel besaß wie Darlan. Er wollte kein Pudel der Alliierten sein, hatte kein Interesse an der Aufhebung der antisemitischen Gesetze, ließ die »üblichen Verdächtigen« verhaften und internierte sie außerhalb der Sichtweite der Alliierten in Konzentrationslagern. Seine große Hoffnung war es, sein Vaterland durch einen Großangriff von der Schmach der deutschen Besetzung zu befreien.[25] Im Atlantik oder im Pazifik waren die Fronten zwischen den Gegnern weitaus klarer als im Mittelmeer.

III

Das politische Durcheinander im Mittelmeerraum nahm 1943 sogar noch zu. Im März wurden Rommels Truppen von den Alliierten bei Medenine vernichtend geschlagen und zogen sich aus Tunesien zurück. Am 8. Mai fielen Tunis und Bizerta in die Hände der Alliierten, zusammen mit 250 000 italienischen und deutschen Soldaten. Die Einnahme Tunesiens machte das Mittelmeer sicherer für die alliierten Schiffe, und nun fuhren riesige, bis zu 100 Fahrzeuge zählende Konvois von Gibraltar über Malta nach Alexandria und zurück. Die Einheit des Mittelmeeres als eines weitgehend britisch kontrollierten Meeres war vielleicht noch nicht ganz wiederhergestellt, stand aber immerhin in Aussicht. Im Juni 1943 fuhr König Georg VI. über das offene Meer von Tripolis nach Malta, wo er von zahlreichen jubelnden Maltesern empfangen wurde. Damit wollte er nicht nur die Moral der Malteser heben, sondern auch dem gesamten Empire zeigen, dass man unabwendbare Fortschritte hin zum endgültigen Sieg machte.[26]

Für die Achsenmächte gab es weitere schlechte Nachrichten. Griechenland versank im Bürgerkrieg, und in Jugoslawien formierte sich der Widerstand.[27] Innerhalb der Achsenmächte wuchs der Verdacht, Sardinien sei als Ausgangspunkt für eine massierte alliierte Invasion Europas über Südfrankreich gewählt worden. Cagliari zahlte einen hohen Preis für diese Fehlinformation, die Spuren der alliierten Bombardierungen sind dort heute noch zu sehen. Die eigentliche Frage lautete, ob Südfrankreich oder Italien der »weiche Unterleib« der Achsenmächte war (um Churchills Ausdruck zu benutzen). Im Juni 1943 eroberten die Alliierten das erste Stückchen Italien: die kleine, aber strategisch bedeutsame Insel Pantelleria westlich von Malta, auf der 12 000 demoralisierte italienische Soldaten der intensiven Bombardierung schließlich nicht mehr standzuhalten vermochten.[28] Als die Alliierten entgegen früheren Erwartungen im Juli auf Sizilien landeten, wandte sich eine Sondersitzung des Großen Faschistischen Rates gegen Mussolini. Auf seiner nächsten Audienz bei König Viktor Emanuel wurde er nicht zum Rücktritt aufgefordert – man teilte ihm vielmehr mit, dass er bereits durch Marschall Badoglio ersetzt worden war, und als er den Quirinalspalast verließ, drängte man ihn in einen Polizeiwagen und brachte ihn in ein Gefängnis. Obwohl nicht klar war, welche Richtung Badoglios Regierung einschlagen würde, verstärkten die Deutschen ihre Truppen in Italien und warteten darauf, dass die Alliierten auf das Festland übersetzten. Am 22. Juli besetzten die Amerikaner unter Führung von General Patton Palermo. Als die Alliierten am 17. August in Messina eintrafen, lag die Stadt bereits in Trümmern, und 60 000 deutsche sowie 75 000 italienische Soldaten waren entkommen. Diese Italiener waren nicht darauf erpicht weiterzukämpfen, und ihre Stimmung entsprach der des ganzen Landes. Anfang September wurde Badoglio gedrängt, einen Waffenstillstand mit den Alliierten zu unterzeichnen. Als deutsche Flugzeuge das italienische Schlachtschiff *Roma* bombardierten und dabei zahlreiche Besatzungsmitglieder töteten, schickten die Italiener das Schiff, das den ganzen Stolz der italienischen Marine bildete, nach Malta und übergaben es den Briten. Den großen Hafen von Tarent überließ man freiwillig den Alliierten. Auf den Inseln war die Lage verworrener. Britischen Truppen gelang es, die kleineren Inseln der Dodekanes zu besetzen. Auf Kephalonia töteten die Deutschen skrupellos 6000 italienische Soldaten. Auf Korsika kam es zu einem gewaltigen Chaos, als Deutsche, Italiener, Freie Franzosen und korsische Widerstandskämpfer ihre Herrschaft über Teile der Insel zu erringen oder zu behaupten versuchten.[29] So schuf die Kapitulation Italiens zunächst neue Unsicherheit im gesamten Mittelmeerraum.

Die ersten Versuche, einen alliierten Brückenkopf in Italien zu erobern, führten Ende 1943 zur erfolgreichen Landung einer gewaltigen Zahl alliierter Soldaten bei Anzio südlich von Rom. Danach mussten die Alliierten sich nach Norden durchkämpfen. Die politische Situation in Italien wurde durch Mussolinis Flucht und seine Zustimmung zur Gründung der unter der Kontrolle der Nazis stehenden Italienischen Sozialrepublik im Norden kompliziert. Obwohl man nur langsam vorankam, waren die Freien Franzosen (kaum überraschend) und die Amerikaner darauf bedacht, auch in Südfrankreich zu landen, zur Unterstützung der alliierten Landung in der Normandie im Juni 1944. Toulon fiel am 26. August an die Alliierten – früher, als man es für möglich gehalten hatte. Dadurch wurden Kräfte für den Angriff auf Marseille frei, das am 28. August erobert wurde.[30]

Schon bald begann man über die Zukunft des Mittelmeerraums nach dem endgültigen Sieg über Deutschland nachzudenken. Zu den großen Fragen gehörten Palästina, Jugoslawien und Griechenland, wo ein kommunistischer Aufstand das Land zu zerreißen begann. Im Oktober 1944 war Churchill in Moskau und erläuterte Stalin die britische Position: Großbritannien »muss die führende Macht im Mittelmeer sein«. Stalin sah das ein und verstand die Schwierigkeiten, die sich für die Briten ergeben hatten, als die Deutschen die Transitrouten über das Mittelmeer störten. Er versicherte Churchill sogar, dass er hinsichtlich Italiens stillhalten werde. Ihm ging es in erster Linie um die Zustimmung der Briten zu einer sowjetischen Vorherrschaft im slawischen Europa einschließlich Serbien.[31] Der Augenblick war noch nicht gekommen, da die Russen wieder den Anspruch erhoben, eine Mittelmeermacht zu sein.

KAPITEL 6

Ein fragmentiertes Mittelmeer
1945 bis 1990

I

Nach dem Sieg der Alliierten über Deutschland im Zweiten Weltkrieg kehrte wie schon nach dem Ersten Weltkrieg im Mittelmeerraum keine Ruhe ein. In Griechenland war aus dem Bürgerkrieg gerade erst eine prowestliche Regierung hervorgegangen, da begann es auf Zypern immer heftiger zu rumoren, weil die auf *Enôsis*, die Vereinigung mit Griechenland drängende Bewegung wieder an Zulauf gewann. Gerade weil die Griechen sich auf die Seite des Westens stellten und die Türken sich aus dem Krieg herausgehalten hatten, begannen die Vereinigten Staaten in den späten 1940er Jahren, das Mittelmeer als eine vorgeschobene Stellung im Kampf gegen die expandierende Macht der Sowjetunion zu betrachten. Das explizite Thema war die Verteidigung der Demokratie gegen die kommunistische Tyrannei.[1] Stalin hatte in realistischer Einschätzung der Lage darauf verzichtet, den kommunistischen Aufstand in Griechenland zu unterstützen, aber er suchte dringend nach Möglichkeiten, über die Dardanellen freien Zugang zum Mittelmeer zu erhalten. In London und Washington hielt man es für eine reale Gefahr, dass sich an den Küsten des Mittelmeeres sowjetische Verbündete etablierten, hatte doch der jugoslawische Partisanenführer Tito in der letzten Phase des Krieges die richtigen Karten gespielt und sogar die Unterstützung der Briten gewonnen. Außerdem hatten die Italiener Zadar samt der Marinebasis in Kotor und jenen Teilen Dalmatiens verloren, die sie während des Krieges gierig an sich gerissen hatten. Darüber hinaus hatte Albanien nach einer qualvollen Besetzung durch die Italiener und später durch die Deutschen seine Unabhängigkeit wiedererlangt, unter dem kommunistischen Führer Enver Hodscha, der in Frankreich studiert hatte und dessen kompromisslose Haltung das Land immer tiefer in die Isolation führen sollte.

Als Hodscha die Macht ergriff, glaubte er, sein Land werde Teil einer brüderlichen Gemeinschaft sozialistischer Staaten sein, neben Titos wiedererstandenem Jugoslawien und der Sowjetunion. Enge Verbindungen zu Jugoslawien wurden durch Handelsabkommen besiegelt, die zeigten, dass Tito hoffte, Albanien in die jugoslawische Föderation einbinden zu können. Doch Hodscha hatte andere Absichten, und in seinen Augen erstreckte sich das Recht Albaniens, jeden Quadratzentimeter seines Territoriums zu verteidigen, auch auf die Gewässer vor der albanischen Küste. Er ließ den seit langem als Wasserstraße zwischen Griechenland und der Adria benutzten Korfukanal verminen, um die Durchfahrt ausländischer Schiffe zu verhindern. Daraufhin beschlossen die Briten, Kriegsschiffe durch den Kanal zu schicken und damit ihr Recht zu demonstrieren, für die Nationen der Welt die Ordnung im Mittelmeer aufrechtzuerhalten. Am 22. Oktober 1946 liefen zwei britische Kriegsschiffe vor Saranda, einem nördlich von Korfu gelegenen albanischen Hafen, auf Minen, wodurch 44 Seeleute ums Leben kamen.[2] Wer die Minen gelegt hatte, ist umstritten. Bei der nachfolgenden Minenräumung zeigte sich, dass die in der Meerenge gefundenen Minen noch keinen Rost angesetzt hatten und die Ankerketten frisch geschmiert waren, auch wenn die Minen selbst aus älterer Produktion stammten. Deshalb nimmt man an, dass sie in Hodschas Auftrag von Titos Marine gelegt wurden, denn die Albaner besaßen keine für das Minenlegen geeigneten Boote.[3] Hodscha entschuldigte sich nicht, sondern verwies auf die Griechen, deren Urheberschaft aber höchst unwahrscheinlich ist. Dieser Vorfall bedeutete das Ende aller Bemühungen, diplomatische Beziehungen zwischen Großbritannien und Hodschas Albanien herzustellen. Auf der anderen Seite verübelte es Tito den Sowjets, dass sie Jugoslawien als Satelliten zu behandeln versuchten, und verweigerte der Sowjetunion die Marinestützpunkte, über die sie in Dalmatien so gerne verfügt hätte.

Auf dem Papier war der britische Einfluss im Mittelmeer immer noch groß. Man hatte Libyen den Italienern abgenommen und unter britische Schutzherrschaft gestellt, auch wenn die durch den Krieg verarmten

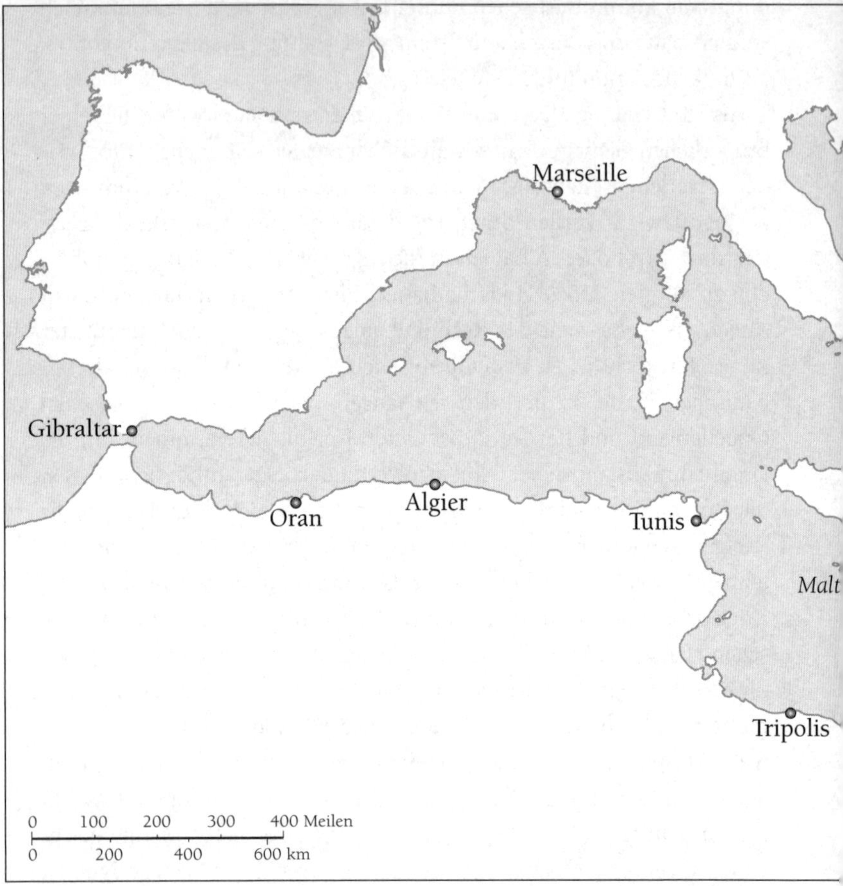

Briten darauf bedacht waren, das Land so schnell wie möglich wieder loszuwerden. Die Amerikaner erhielten das uneingeschränkte Nutzungsrecht des weiträumigen Luftwaffenstützpunkts Mellaha (Wheelus Field) bei Tripolis, das heißt, sie hatten weitaus mehr von Libyen als die Briten – die Exploration der Ölfelder begann erst in den späten 1950er Jahren.[4] Doch die Unfähigkeit der Briten, die Zukunft des Mittelmeerraums zu gestalten, zeigte sich am deutlichsten in der Krise in Palästina, wo die britischen Mandatsbehörden die Gewalt zwischen Juden und Arabern nicht länger im Zaum zu halten vermochten und britische Sol-

daten zunehmend ins Visier extremistischer Gruppen gerieten.[5] Der amerikanische Verteidigungsminister James Forrestal war besessen von dem Gedanken, das Mittelmeer zu einer vorgeschobenen Stellung gegen die Sowjetunion zu machen, aber ebenso obsessiv galt seine Aufmerksamkeit Palästina und vor allem den Juden. Er behauptete, die Kräfte, die Präsident Truman drängten, die Gründung eines jüdischen Staates in Palästina zu unterstützen, fügten den amerikanischen Interessen im Mittelmeerraum schweren Schaden zu. Solch eine Politik führe zu einer Entfremdung anderer Mächte, so etwa der arabischen Staaten, auf deren Zusammenarbeit die Vereinigten Staaten angewiesen waren, wenn sie im Mittelmeer Marinestützpunkte einrichten wollten. Auch war klar, dass Stalin Palästina für seine eigenen Zwecke nutzte, indem er zunächst zum Aufstand ermunterte und dann, im Mai 1948, die Vereinigten Staaten zu einer raschen Anerkennung des Staates Israel drängte, den er sogleich durch seinen Satelliten, die Tschechoslowakei, mit Waffen beliefern ließ. Differenzen über solche Fragen verärgerten den Präsidenten, der seinen Verteidigungsminister schließlich 1949 zum Rücktritt zwang. Wenig später nahm Forrestal, der unter Depressionen litt, sich das Leben.[6]

Die Bedeutung Israels im Mittelmeerraum war demographischer und politischer Natur. Wie wir gesehen haben, schrumpfte die Bevölkerung Jaffas, der größten arabischen Stadt in Palästina, schon vor ihrer Einnahme durch die Hagana, die zukünftige Armee Israels. Der zweite wichtige Hafen war Haifa, mit einer gemischten Bevölkerung aus Arabern und Juden, in der Anfang 1948 etwa 70 000 Araber lebten. Am Ende des Unabhängigkeitskriegs lebten höchstens noch 4000 Araber in der Stadt. Die Lage war natürlich sehr verworren. Einige arabische Führer gaben den Kampf schon früh auf und verließen im April 1948 die Stadt, wodurch sie die Zurückbleibenden demoralisierten. Wie es schien, wollte das arabische Oberkommando, dass die Araber die Stadt verließen, weil man befürchtete, sie könnten nach dem endgültigen Abzug der Briten im Mai als Geiseln benutzt werden. Die Hagana beschoss die Stadt, und die arabischen Bewohner flohen in Panik und unter weiterem Beschuss nach Akko und Beirut. Ziel des Beschusses war es, die arabischen Führer in Haifa zu einer raschen Kapitulation zu zwingen. Gegen diese harte Politik wandten sich einige jüdische Führer, die der Ansicht waren, die Zukunft der Stadt müsse eine gemeinsame Unternehmung von Juden und Arabern sein – eine jüdische Delegation ging in die arabischen Viertel und drängte die Bewohner, die Stadt nicht zu verlassen. In britischen Geheimdienstberichten heißt es: »Die Juden unternehmen umfangreiche Anstrengungen, um eine vollkommene Evakuierung zu verhindern, doch bislang zeigt ihre Propaganda offenbar nur sehr wenig Wirkung.«[7] Als die Nachricht von der Evakuierung sich ausbreitete, begannen Araber auch andere Gebiete zu verlassen, in denen die Hagana vorrückte, insbesondere Jaffa, aber auch die Städte im Landesinneren Galiläas. Es kam, wie es in einem Bericht der Hagana heißt, zu einer »Fluchtpsychose«, die durch Berichte von Vertreibungen aus Dörfern im Landesinneren noch verstärkt wurde.[8]

Während die jüdischen Siedler in früheren Jahrzehnten des 20. Jahrhunderts sich von zionistischen Idealen hatten leiten lassen, suchten die meisten, die vor, während und nach der Verfolgung durch die Nazis ins Land kamen, nach einem Zufluchtsort. Die von den Briten ab 1938 eingeführten Beschränkungen gingen auf den unermüdlichen Widerstand arabischer Führer zurück und machten es schwer, diesen Zufluchtsort zu erreichen. Die vehemente arabische Ablehnung eines jüdischen Staates beschränkte sich nicht auf Palästina, sondern hatte auch den seltsamen Effekt, dass die Bevölkerung Israels weiter stieg, als ab 1948 ein neuer Exodus an Fahrt gewann, diesmal von Juden aus arabischen Ländern. Nach gut einem Jahrzehnt konzentrierte sich die jüdische Gemeinschaft des Mittelmeerraums weitestgehend in Israel. In Nordafrika führte die Gründung des Staates Israel zu antijüdischen Ausschreitungen und in der Folge zu einem stetigen Exodus Hunderttausender von Juden aus Marokko, Algerien, Tunesien und Libyen, wenngleich die reicheren und stärker westlich orientierten Familien eher nach Frankreich oder Italien gingen. So gab es bei den Juden eine Bewegung von Süd nach Nord und eine von West nach Ost. 1967 fand sich der einzige jüdische Bevölkerungsschwerpunkt des Mittelmeerraums außerhalb Israels in Südfrankreich, und zwar infolge der Einwanderung aus Nordafrika. Ansonsten schien es, als wären 1900 Jahre mediterraner Diaspora mit einem Schlage rückgängig gemacht.

Nun erst begannen Großbritannien, Frankreich und Italien, die Kontrolle über ihre Besitzungen im östlichen und südlichen Mittelmeerraum zu verlieren. Die Libanesen hatten schon 1943 (nicht der beste Augenblick) angefangen, für die Unabhängigkeit von Frankreich zu agitieren, doch 1946 wurde eine merkwürdige Verfassung verabschiedet, die sowohl die Rechte der Christen als auch die der Muslime garantierte. Mit der Unabhängigkeit stellte sich ein wirtschaftlicher Aufschwung ein, und das stark westlich geprägte Beirut wurde zum wichtigsten Hafen und Bankenzentrum in der arabischen Levante. In Ägypten nahm der Bruch mit der Vergangenheit eine andere Form an. 1952 ergriff eine Gruppe arabischer Offiziere die Macht. König Faruk ging ins Exil und markierte damit in Alexandria die erste Phase der Auflösung jener gemischten Gesellschaft, über die seine Dynastie allzu prunkvoll geherrscht hatte. Durch die Agitation in Französisch- und Spanisch-Marokko, Algerien und Tunesien gerieten die Kolonialmächte noch weiter unter Druck. Die direkte britische Kontrolle reduzierte sich auf eine Linie, die von Gibraltar über Malta und Zypern bis zum Suezkanal reichte. Doch das war nun nicht mehr so bedeutsam, wie es während des Krieges gewesen wäre. Indien erlangte seine Unabhängigkeit zwei Jahre nach dem Ende des Krieges, und obwohl die Briten Malaya, Singapur und Hongkong behielten, verlor der Suezkanal an militärischer und politischer Bedeutung. All das hieß, dass Churchills Hoffnung, die britische Herrschaft über das Mittelmeer wiederherstellen zu können, irrelevant wurde, es sei denn, die Sowjetunion fand dort doch noch Verbündete. Und genau das geschah 1956.

II

Die Revolution, die König Faruk ins Exil trieb, löste weitere Sorgen aus. Der neue ägyptische Führer, Gamal Abdel Nasser, begann sich der arabischen Welt als ein Mann zu präsentieren, der den arabischen Nationen wieder zu Selbstachtung verhelfen würde (begleitet von der üblichen Behauptung, sie alle gehörten letztlich einer einzigen panarabischen Nation an). Zwar regte Nasser 1954 einen geheimen Dialog mit Israel an, doch keine Seite traute der anderen, und aus halbherzigen Versuchen einer Annäherung wurde Feindseligkeit.[9] Großbritannien und Frankreich hatten ihre Truppen 1954 aus der Kanalzone zurückgezogen und dürften nicht sonderlich überrascht gewesen sein, als Nasser 1956 in einer Rede in Alexandria die Verstaatlichung des Kanals ankündigte. Was sie beunruhigte, war wohl eher der scharfe Ton, in dem er die Kolonialmächte verurteilte. Der britische Premierminister Anthony Eden gelangte zu der Auffassung, dass er es mit einem »Hitler am Nil«

zu tun hätte. Hinter diesen Befürchtungen steckten andere, geopolitische Sorgen. Als die Vereinigten Staaten ihre Unterstützung für den Bau des Assuan-Staudamms einstellten, der dem Land Wohlstand bringen sollte, wandte Nasser sich an die Sowjetunion. Die Gefahr, dass er seinem neuen Verbündeten einen Marinestützpunkt am Mittelmeer anbot, war nicht zu übersehen.

Briten und Franzosen nahmen an, dass die Ägypter beim Betrieb des Kanals Chaos anrichten würden, während die Israelis verstärkt darauf drängten, dem ägyptischen Beschuss von Siedlungen in der Wüste Negev und den Überfällen arabischer Fedajin aus dem von Ägypten besetzten Gaza auf Israel mit Gewalt ein Ende zu setzen. Im Oktober 1956 verstärkte Nasser seine Truppen in Gaza und richtete scharfe Verbalattacken gegen Israel, in denen er drohte, das Land von der Landkarte zu tilgen – was sein Ansehen in der arabischen Welt noch weiter hob.[10] Auf einem Geheimtreffen bei Paris im Oktober 1956 forderte der israelische Premierminister David Ben-Gurion Franzosen und Briten auf, gemeinsam gegen Ägypten vorzugehen, und er entwickelte einige phantastische Ideen über eine Stabilisierung des Nahen Ostens mit Hilfe eines freundlich gesinnten christlichen Libanon, einer halbautonomen Westbank unter israelischer Schutzherrschaft und einer britischen Vormachtstellung in Jordanien und dem Irak. Der britische Außenminister Selwyn Lloyd hielt das für allzu ambitioniert und glaubte immer noch, dass Reden besser sei als Krieg, sofern Nasser nur zuhörte. Andererseits meinte er, wenn es denn zum Krieg käme, müsse das Ziel »die Eroberung der Kanalzone und die Vernichtung Nassers« sein. Wenn Israel Ägypten angriff, würden Frankreich und Großbritannien eingreifen, um den Kanal zu schützen, was ihnen die Chance bot, das verlorene Territorium erneut zu besetzen; doch offen an die Seite Israels zu treten war ausgeschlossen.[11]

Damit war die Bühne bereitet für das große Fiasko, das der Welt das Ende der britischen und französischen Macht im Mittelmeer verkündete. Israel griff Ägypten an und eroberte rasch Gaza und den Sinai. Britische und französische Truppen landeten in der Kanalzone, angeblich um den Kanal zu schützen und die Kriegsparteien voneinander zu trennen. Doch Präsident Eisenhowers Missbilligung sorgte für ein rasches

Ende des Feldzugs. Israel musste sich vom Sinai zurückziehen und erhielt kaum mehr als das Versprechen eines freien Zugangs durch das Rote Meer nach Eilat (aber nicht durch den Suezkanal) und eine stillschweigende Übereinkunft, dass die von Ägypten geduldeten Überfälle der Fedajin ein Ende fänden. Nasser wirkte stärker als jemals zuvor, während Eden nur noch ein paar Monate im Amt des Premierministers blieb. Europäische Befürchtungen hinsichtlich der Wartung und des Betriebs des Suezkanals erwiesen sich als unbegründet, doch die Krise hatte den einstigen Herrscher über das Mittelmeer in seinen Grundfesten erschüttert.[12] In den folgenden elf Jahren nahm der sowjetische Einfluss in Ägypten beträchtlich zu, desgleichen in Syrien, das sich für kurze Zeit mit Ägypten zur »Vereinigten Arabischen Republik« verband. Die UdSSR versorgte Nasser mit »Beratern«, während die ägyptischen Schmähungen gegen Israel immer geschmackloser wurden und auch zahlreiche antisemitische Karikaturen in der staatlich kontrollierten Presse umfassten.

Durch seine antiisraelische Rhetorik konnte Nasser seine Vormachtstellung in der arabischen Welt festigen, doch er ließ sich von seinen eigenen Worten hinreißen, wenn im ganzen Nahen Osten Massen zusammenströmten, um ihm zuzujubeln und Israel zu beschimpfen. Im Frühsommer 1967 versprach er, über Israel eine Seeblockade zu verhängen, allerdings nicht im Mittelmeer, sondern im Roten Meer.[13] Ein Präventivschlag Israels am 5. Juni gipfelte nach nur sechs Tagen in der Besetzung Gazas, des Sinai, der Golanhöhen und auch der jordanischen Teile Palästinas (als König Hussein von Jordanien den Fehler beging, sich zu beteiligen). Infolge dieser Ereignisse war der Suezkanal zehn Jahre lang gesperrt und wurde zur Frontlinie zwischen israelischen und ägyptischen Streitkräften, die an den Ufern des Kanals einen Zermürbungskrieg führten, bis die Ägypter im Oktober 1973 einen Überraschungsangriff starteten (Jom-Kippur-Krieg), dessen Ziel es diesmal nicht war, »Israel ins Meer zu werfen«, sondern – realistischer – den Sinai zurückzuerobern. Trotz gewisser Anfangserfolge wurden die Ägypter schließlich über den Kanal zurückgedrängt, und es dauerte vier Jahre, bis man ernsthafte Friedensverhandlungen aufnahm, gefolgt von Präsident Sadats mutigem Entschluss, sich in die Höhle des Löwen zu wagen und im israelischen Parlament zu sprechen, wofür er wenig später mit seinem Leben bezahlte. Danach wurde der Kanal wieder für Schiffe aus allen Ländern einschließlich Israels geöffnet. Doch ein zweites Ergebnis des Sechstagekriegs war die Verhärtung der sowjetischen Haltung gegenüber Israel. Während des Kriegs brachen alle Länder des sowjetisch kontrollierten Ostblocks außer dem unberechenbaren Rumänien ihre diplomatischen Beziehungen mit Israel ab, um Anerkennung in der arabischen Welt zu finden und deutlich zu machen, dass die Freunde Israels die bürgerlich-kapitalistischen Mächte Großbritannien, Frankreich und vor allem die Vereinigten Staaten waren. Die Sowjets lieferten große Mengen Waffen an Ägypten und Syrien, während die Amerikaner ihrerseits Waffen über amerikanische Stützpunkte auf den Azoren heranschafften. Für weiteres Unheil sorgten die Sowjets durch ihre Unterstützung gewalttätiger palästinensischer Radikaler, von denen einige – wie die Volksfront für die Befreiung Palästinas – bequem in Damaskus saßen und eine Version der marxistischen Lehren verbreiteten.

III

Der Eintritt der Sowjetunion in die Politik des Mittelmeerraums verlief durchaus nicht glatt. Stalin hatte akzeptiert, dass Italien und Griechenland in der westlichen Sphäre blieben, und 1952 traten Griechenland und die Türkei dem neuen Bündnis bei, das die Vereinigten Staaten, Großbritannien und Frankreich drei Jahre zuvor gegründet hatten: der Nordatlantikpakt-Organisation – eine irreführende Bezeichnung für eine Allianz, die auch damals bereits Italien umfasste. Doch die NATO verstand das Mittelmeer inzwischen als Frontlinie gegen die sowjetische Expansion. Sowohl Frankreich mit seinen nordafrikanischen Besitzungen als auch Großbritannien mit seinen Stützpunkten in Gibraltar, Malta und Zypern waren Mittelmeermächte. Und die Vereinigten Staaten, immer noch präsent auf dem Luftwaffenstützpunkt Wheelus Field, hatten ihre eigenen Vorstellungen davon, wie man das Mittelmeer vor sowjetischen Ambitionen schützen sollte. 1952 besuchte die Sechste

Flotte der U. S. Navy acht spanische Häfen, darunter Barcelona und Palma de Mallorca, und verhalf damit dem Generalissimo Franco zu Ansehen, während der noch munter Gegner seines Regimes ins Jenseits beförderte. Obwohl der Beitritt Spaniens zur NATO noch bis nach dem Tod des Diktators im Jahr 1975 warten musste, begannen die Vereinigten Staaten schon lange davor mit dem Aufbau von Militärstützpunkten in Spanien.

In den 1950er Jahren wandte Frankreich sich zunehmend vom Mittelmeer ab. Das hatte seinen Grund zum Teil in der Tatsache, dass nun das Gravitationszentrum Europas eindeutiger als je zuvor in Nordeuropa lag. Die Gründung der Europäischen Wirtschaftsgemeinschaft 1957 wurde nicht nur als Instrument zur Förderung der wirtschaftlichen Zusammenarbeit verstanden, sondern auch als Mittel zur Verhinderung neuer Konflikte zwischen Frankreich und Deutschland. Die Mitgliedschaft Italiens verlieh der EWG auch eine mediterrane Dimension, die allerdings nicht überschätzt werden sollte. Italien verdankte seine Mitgliedschaft Industriestädten wie Mailand und Turin, die fernab vom Mittelmeer liegen, und in den ersten 15 Jahren der EWG war Italien der ärmste Staat der Gemeinschaft, dessen in Armut verharrender Süden von einem geringen Alphabetisierungsgrad, landwirtschaftlicher Rückständigkeit und mangelnder Industrialisierung geprägt war.[14] Ein weiterer Beleg für die Abwendung Frankreichs vom Mittelmeer ist die bewegte französische Entkolonisierung. Frankreich gewährte den unruhigen Marokkanern und Tunesiern zunächst Autonomie und dann die Unabhängigkeit, glaubte jedoch, Algerien halten zu können, dessen nördlicher Teil in das Mutterland integriert worden war. Der bereits schmutzige Krieg zwischen französischen Truppen und der nationalistischen *Front de Libération Nationale* (FLN) wurde noch kompliziert durch das Eingreifen von Aktivisten der *Organisation de l'armée secrète* (OAS), die sowohl die algerischen Nationalisten als auch die französische Regierung bekämpfte, um die, wie sie es sah, französischen Interessen in Algerien zu verteidigen. Die Algerienfrage spaltete sowohl die Öffentlichkeit als auch die Politik in Frankreich. Der Staatsstreich der Generäle, durch den die Vierte Republik abgeschafft wurde und General de Gaulle 1958 an die Macht kam, begann mit der Besetzung staatlicher

Gebäude in Algier durch französische Siedler und nahm seinen Fortgang mit der Landung von Truppen auf Korsika. General de Gaulle kam an die Macht, weil er erklärte, Algerien müsse französisch bleiben, doch wenig später räumte er ein, dass dies unmöglich sei, weshalb mehrere seiner Generalskollegen ihm Verrat vorwarfen und sich gegen ihn verschworen. Unbeeindruckt von solchen Drohungen, entließ de Gaulle Algerien 1962 in die Unabhängigkeit. Die Folgen waren absehbar und bestanden in einer weiteren massenhaften Bevölkerungsbewegung. Jene Europäer, die Algerien noch nicht verlassen hatten, wurden dazu durch das »Massaker von Oran« am 5. Juli 1962 gedrängt. An dem Tag, an dem das Land die Unabhängigkeit erhielt, wurden die europäischen Viertel in Oran von Nationalisten überfallen, die eine umstrittene Zahl von Zivilisten töteten (die niedrigsten Schätzungen liegen bei 100), aber dadurch Hunderttausende von Europäern zur Flucht bewegten. Die französischen Truppen, die immer noch in Oran präsent waren, hatten den Befehl, sich neutral zu verhalten, und griffen nicht ein. Vielleicht 900 000 französische Algerier verließen das Land vor und nach der Unabhängigkeit, darunter sowohl Nachfahren von Siedlern als auch algerische Juden, die sich größtenteils in Südfrankreich niederließen. Ihnen folgte eine Welle von gebürtigen Algeriern und von Einwanderern aus Marokko und Tunesien, die das Gesicht Marseilles und anderer Städte veränderten. Statt zu einer neuen *convivencia* zu führen, löste die Anwesenheit einer starken nordafrikanischen Bevölkerungsgruppe in Südfrankreich hässliche fremdenfeindliche Ressentiments aus, die von der Erinnerung an den Terrorismus der FLN noch verstärkt wurden.

Auch Großbritannien sah sich in seinen Mittelmeerbesitzungen mit leidenschaftlichen Forderungen nach Unabhängigkeit konfrontiert. Die Malteser hatten drei Möglichkeiten: einen Anschluss an Italien, ein Gedanke, der vor dem Krieg in Mode, aber nach der Belagerung unvorstellbar war; eine verstärkte Bindung an ihre Herren durch eine Union mit Großbritannien; und die Unabhängigkeit. Die zweite Möglichkeit fand große Unterstützung, aber es zeigte sich, dass die Royal Navy immer weniger Verwendung für die Werften auf Malta hatte, da Großbritannien seine Präsenz im Mittelmeer reduzierte, und 1964 hatte die Unabhängigkeitsbewegung gesiegt, auch wenn Königin Elisabeth für weitere zehn Jahre das Staatsoberhaupt blieb und die Insel weiterhin zum Commonwealth gehörte. Später, unter der sozialistischen Regierung Dom Mintoff, betonte Malta seinen blockfreien Status und suchte in der Region nach Verbündeten, zu denen auch der unberechenbare Oberst Gaddafi gehörte, der 1969 in Libyen die Macht ergriff. Die Insel bewahrte sich ein sonderbares Erbe: *fish and chips*, klebrige Brötchen und die englische Sprache, wenn auch jetzt an zweiter Stelle hinter dem Maltesischen. Späteren maltesischen Regierungen bereitete es einiges Kopfzerbrechen, wie man die Anlagen im Großen Hafen nutzen sollte, nachdem die britische Flotte abgezogen war. Wegen der Blockfreiheit der Insel durfte die russische Flotte nicht erwarten, sonderlichen Nutzen aus Malta zu ziehen, doch die Chinesen begannen Chancen zu wittern, als ihre Beziehungen zur Sowjetunion in ideologische Beschimpfungen ausarteten. Das winzige Malta nahm feierlich diplomatische Beziehungen zu der riesigen Volksrepublik auf, und die Chinesen investierten in den Ausbau maltesischer Trockendocks. Andererseits erfreute China sich bis in die späten 1970er Jahre des Zugangs zu den Hafenanlagen Albaniens, ihres einzigen engen Verbündeten in Europa, der seine Häfen nun für die »revisionistischen Sozialfaschisten« in Moskau schloss.[15] Für Großbritannien war Malta eine allenfalls lästige Mücke, Zypern dagegen ein Hornissennest. Die griechischen Zyprioten forderten die Vereinigung mit Griechenland, und die wachsende Kluft zwischen griechischen und türkischen Zyprioten hatte voraussehbare Folgen: Die türkische Regierung erklärte, ein griechisches Zypern stelle eine strategische Bedrohung für den Süden der Türkei dar. Doch nicht nur die jeweils andere Volksgruppe stand im Brennpunkt des Widerstands. Auch die Kolonialmacht wurde von gewalttätigen griechischen Nationalisten angegriffen, zu denen immer mehr radikalisierte Schüler gehörten. Sie glaubten, den Unabhängigkeitskampf der Griechen gegen die Osmanen wiederzubeleben, und viele von ihnen schlossen sich der Tausende von Mitgliedern zählenden *Ethniki Organôsis Kypriôn Agonistôn* (EOKA) an, der »Nationalen Organisation Zypriotischer Kämpfer«. Deren Jugendorganisation verlangte von ihren Mitgliedern, im Namen der Heiligen Dreifaltigkeit zu schwören, »daß ich mit meiner ganzen Kraft für die Befreiung Zyperns vom englischen Joch arbeiten und sogar mein

Leben dafür einsetzen werde«.[16] Doch das war kein Spiel. Der EOKA-Kommandeur Georgios Grivas war ein fanatischer Nationalist, der kein Pardon gab. Auf dem Höhepunkt des Ausnahmezustands starben auf den Straßen Nikosias täglich britische Soldaten (insgesamt 100) wie auch Türken. Die griechische und die türkische Volksgruppe verschanzten sich in eigenen, mit Stacheldraht abgegrenzten und von Milizen geschützten Gebieten.[17]

Lawrence Durrell, der an einer griechischen Schule unterrichtete und dann als Presseberater auf Zypern arbeitete, erinnert sich an die Unentschlossenheit der britischen Kolonialbehörden, als die Unruhen begannen:

> »Sollte man sich zum Beispiel so verhalten, als seien die Griechen wirklich Griechen? Und die griechische Nationalhymne – sollte sie am Unabhängigkeitstag gespielt werden, während Radio Athen beleidigendes und aufrührerisches Material verbreitete und die Griechen zum Aufstand aufwiegelte? Ich konnte in all dem keine klare Linie entdecken und war daher gezwungen, vorerst einen Kurs zwischen Liebenswürdigkeiten und Vorwürfen zu steuern.«[18]

Die Anrufung der Heiligen Dreifaltigkeit im Schwur der EOKA unterstreicht die Rolle der griechisch-orthodoxen Kirche im Kampf um *Enôsis*, denn die griechische Kirche und nicht das Gefühl, Erben des Perikles zu sein, bildete den Brennpunkt der griechischen Identität – die Türken waren da zwangloser in ihrem Bekenntnis zum Islam. Erzbischof Makarios stand als »Ethnarch« an der Spitze der griechischen Gemeinde, obwohl die britischen Behörden ihn 1956 außer Landes brachten und drei Jahre lang auf den Seychellen internierten. Er war ein entschiedener Verfechter der Dekolonisierung, auf welche die *Enôsis* folgen sollte, und die Türken stellten dem die These entgegen, die einzige Möglichkeit, die Spannung zwischen Türken und Griechen zu mindern, sei eine Teilung der Insel. Es war schwer zu ersehen, wie das bewerkstelligt werden konnte, denn die Türken lebten über die ganze Insel verstreut. Außerdem waren die führenden wirtschaftlichen Positionen meist von Griechen besetzt, und die türkischen Viertel innerhalb gemischter Dörfer blieben oft arm.

Die Republik Zypern wurde 1960 gegründet, mit Makarios als ihrem Präsidenten, doch sie bedurfte sorgfältiger Fürsorge. Griechenland, die Türkei und Großbritannien fungierten als Garantiemächte, mit einem Recht auf Intervention, falls Zypern bedroht sein sollte. Die Briten behielten zwei unregelmäßig geformte Militärbasen in Dhekelia und Akrotiri, mit einer Gesamtfläche von 250 Quadratkilometern, die britisches Hoheitsgebiet waren. Sie wurden für die NATO zu wichtigen militärischen Horchposten. Nach der zypriotischen Verfassung stellten die Türken einen Vizepräsidenten und besaßen (nach Ansicht der Griechen) einen größeren politischen Einfluss, als es ihrem Bevölkerungsanteil entsprach. Aber natürlich sollte die Verfassung sicherstellen, dass die Griechen die Insel nicht mit Griechenland vereinigten. Zwar hatte Makarios 1960 akzeptiert, dass Zypern eine eigenständige Republik werden sollte, doch die Vereinigung mit Griechenland blieb das Ziel der griechischen Zyprioten, bis 1967 in Athen ein brutales, extrem nationalistisches Militärregime an die Macht kam. Auf Zypern stationierte griechische Offiziere sorgten im Sommer 1974 für Unruhe, und Präsident Makarios wurde durch einen Staatsstreich gestürzt. Wie es schien, wollten die griechischen Obristen die Vereinigung mit Griechenland gewaltsam herbeiführen. Ende Juli intervenierte die türkische Regierung unter Berufung auf die Stellung der Türkei als Garantiemacht. 30 000 türkische Soldaten landeten auf der Insel und besetzten das nördliche Drittel, während das gründlich in Misskredit geratene Militärregime in Athen zusammenbrach. Die Folgen für die Menschen auf Zypern waren absehbar. Etwa 190 000 griechische Zyprioten flohen aus Kyrenia, Famagusta und kleineren Städten oder Dörfern südwärts in die griechisch kontrollierten Gebiete, und Zehntausende türkischer Zyprioten suchten im Norden den Schutz der türkischen Armee. Damit war die Insel am Ende doch in ethnischer Hinsicht geteilt, aber es blieben tiefe Narben physischer und mentaler Natur. Die Hotels, die Griechen am Strand von Famagusta erbaut hatten, um den relativen Frieden nach der Unabhängigkeit zu nutzen, lagen nun in der Nähe der türkischen Frontlinie und wurden zu einer verlassenen Geisterstadt, wie einst das alte Famagusta mit seinen gotischen Kirchenruinen nach der Beschießung durch die Türken 400 Jahre zuvor. Quer über die Insel trennten Streifen von Niemandsland unter Aufsicht der Vereinten Nationen die beiden Seiten. Nikosia war schon 1963 zwischen Türken und Griechen aufgeteilt worden, wobei die Türken sich in ihren Vierteln verbarrikadiert hatten.[19] Die Grenze zwischen Türken und Griechen verlief mitten durch die Altstadt. Erst im April 2008 wurde in Alt-Nikosia eine Übergangsstelle eröffnet.

Die Türken verwirklichten nun die Politik, für die sie seit langem schon im Blick auf die *Enôsis* eingetreten waren. 1983 wurde die »Türkische Republik Nordzypern« geschaffen. Sie wurde international von niemandem anerkannt außer von der Türkei, die dort beträchtliche Streitkräfte unterhielt und Zehntausende anatolischer Türken ermunterte, in Türkisch-Zypern ein neues Leben zu beginnen. Die politischen Veränderungen auf Zypern lassen sich an den veränderten Ortsnamen, an den vielen nicht mehr genutzten Gotteshäusern und natürlich an den zahllosen Fahnen allerorten ablesen – in Nordzypern die türkische Fahne neben ihrem nordzypriotischen Pendant, weiß mit rotem Halbmond; im Süden die griechische Fahne neben der Flagge der Republik Zypern. Faktisch stand Zypern unter vierfacher Hoheit: der griechisch-zypriotischen Republik, der türkisch-zypriotischen Republik, Großbritanniens und der Vereinten Nationen. Der Beitritt des griechischen Teils von Zypern zur Europäischen Union im Jahr 2004 war von Bemühungen begleitet, beide Seiten zusammenzubringen, und da die Republik Zypern in den Augen der Europäischen Union die gesamte Insel umfasst, profitierten auch Projekte in Türkisch-Nikosia, Kyrenia und anderen Teile Nordzyperns von Fördergeldern der EU. Wie zu erwarten, trat Griechenland entschieden für den Beitritt Zyperns zur EU ein, weil man darin die Chance sah, eine zweite hellenische Stimme an den EU-Tisch zu holen, die Union stärker in die griechisch-türkischen Rivalitäten zu verwickeln und die Frage des geteilten Zypern auf die internationale Tagesordnung zu bringen.[20] Während die türkische Bevölkerung weitgehend bereit ist, Pläne für ein vereinigtes föderales Zypern zu akzeptieren, lehnen die griechischen Zyprioten es ab, den Verlust ihres Besitzes in Nordzypern hinzunehmen, und Hoffnungen, das Problem könnte und würde im Umfeld des zypriotischen EU-Beitritts gelöst, erwiesen sich als allzu optimistisch. Der wichtigste Faktor, der Nordzypern zu einer Lösung des Konflikts drängt, ist die schwierige wirtschaftliche Position eines Staates, der international nicht anerkannt wird und extrem abhängig von türkischer Wirtschafts- und Militärhilfe ist.[21]

Das dritte und kleinste britische Territorium im Mittelmeerraum hatte keine Chance auf Dekolonisierung – und auch nicht den Wunsch dazu. Großbritannien sah in Gibraltar auch unmittelbar nach dem Zweiten Weltkrieg einen lebenswichtigen Marinestützpunkt, wenngleich seine Bedeutung mit dem Rückgang des britischen Engagements im Mittelmeer schwand und die Amerikaner keine Verwendung dafür hatten, als sie sich mit Franco über die Nutzung von Militärbasen in Südspanien geeinigt hatten. Franco glaubte, er könne Gibraltar bekommen, wenn er nur genügend Lärm machte. Doch um 1950 hatten die Briten kein Interesse an der Entwicklung von Beziehungen zur spanischen Regierung, die wegen ihrer Unterdrückungspolitik in denkbar schlechtem Ruf stand. Auch bei den Vereinten Nationen konnte Spanien sich kein Gehör verschaffen, da das Land erst 1955 aufgenommen wurde.[22] Ein Jahr davor besuchte die neue Königin Elisabeth Gibraltar zum Abschluss ihrer sechsmonatigen Weltreise, was Franco zum Anlass nahm, Massenkundgebungen auf den Straßen von Madrid veranstalten zu lassen. Spanien argumentierte, es habe Anspruch auf jeden Zoll spanischen Bodens. Viele Bewohner Gibraltars seien ebenso Ausländer wie die Briten, und das wahre Gibraltar finde sich unter den Einwohnern der nahe gelegenen spanischen Kleinstadt San Roque, in die einst 1704 die ursprünglichen Bewohner des Felsens umgesiedelt worden waren.[23] Anders als bei sonstigen Dekolonisierungsforderungen ging es hier nicht um das Selbstbestimmungsrecht der Einwohner, sondern in einem eher traditionellen Sinne um die Frage nach den natürlichen Grenzen (was das für marokkanische Ansprüche auf die spanischen Außenposten in Ceuta und Melilla bedeutete, wurde nicht näher ausgeführt). Nach dem Besuch der Königin sorgte Franco für immer schärfere Restriktionen im Verkehr zwischen Spanien und dem Felsen. Ein ehemaliger Pilot der U. S. Airforce schrieb:

»Ich flog in den späten 1970er und frühen 1980er Jahren mehrmals von Neapel und Sizilien nach Gibraltar. Der Anflug gehörte zu den schwierigsten, die ich kenne, weil die spanische Flugsicherung für Anflüge von Osten nur extrem schmale Korridore zuwies.«[24]

Großbritannien schwankte in dieser Frage, weil Gibraltar nicht mehr so nützlich schien wie zu den glorreichen Zeiten der Royal Navy, aber man war beeindruckt von den fortwährenden Loyalitätsbekundungen der Einwohner von Gibraltar gegenüber Großbritannien.[25]

Großbritannien verwies darauf, dass die Wünsche der Einwohner wichtiger seien als territoriale Integrität. Im Mai 1969 erklärte die britische Regierung: »Die Regierung Ihrer Majestät wird niemals einem Arrangement zustimmen, bei dem das Volk von Gibraltar gegen seinen frei und demokratisch zum Ausdruck gebrachten Willen unter die Hoheit eines anderen Staates geriete.«[26] Enttäuscht und empört schloss Franco, der seine Bereitschaft, andere zu drangsalieren, niemals verloren hatte, die Grenze nach Gibraltar nun vollständig. Dreizehn Jahre lang blieb sie geschlossen, bis weit in die Zeit des demokratischen Spanien hinein, und wurde erst wieder vollständig geöffnet, als Spanien 1986 der Europäischen Gemeinschaft beitrat. In dieser Zeit waren spanische Arbeitskräfte, die in Gibraltar gearbeitet hatten, von ihren Arbeitsstellen abgeschnitten, und die Einwohner von Gibraltar konnten Spanien nur auf dem Umweg über Tanger besuchen. Die spanischen Empfindlichkeiten nahmen gelegentlich außergewöhnliche Formen an. So drohte Spanien 1965, die Wahl der Miss World zu boykottieren, falls die Miss Gibraltar daran teilnehmen durfte. Doch jeder Gedanke des britischen Außenministeriums, dem spanischen Wunsch nachzugeben, wurde durch die Weigerung nahezu aller Einwohner Gibraltars, die Bande zu Großbritannien zu lösen, im Keim erstickt.[27] Mit seiner gemischten Bevölkerung aus Briten, Spaniern, Genuesern, Maltesern, Juden, Hindus und neuerdings auch Muslimen kann Gibraltar als einer der letzten Überlebenden einer einstmals weitverbreiteten Erscheinung gelten: der mediterranen Hafenstadt.

KAPITEL 7

Das letzte Mediterrane Zeitalter 1950 bis 2010

I

Das späte 20. Jahrhundert war im Mittelmeerraum eine Zeit großer Wanderungsbewegungen. Von der Auswanderung aus Nordafrika und der (jüdischen) Einwanderung nach und (arabischen) Auswanderung aus Israel war im letzten Kapitel die Rede. Die Geschichte der Auswanderung aus Sizilien und Süditalien begann schon im späten 19. Jahrhundert, und sie erfolgte weitgehend nach Nord- und Südamerika. In den 1950er und 1960er Jahren waren dann vor allem die Städte Norditaliens das Ziel dieser Wanderungsbewegungen. Die süditalienische Landwirtschaft, die bereits unter Vernachlässigung und mangelnden Investitionen litt, verfiel noch weiter, als ganze Dörfer aufgegeben wurden. Andernorts waren koloniale Verbindungen bedeutsam. So entstanden aufgrund der britischen Herrschaft über Zypern in Nordlondon große griechische und türkische Gemeinschaften. Mit diesen Migranten kam auch deren Küche. In den 1970er Jahren wurde die Pizza in London zu einer vertrauten Erscheinung, und die griechischen Restaurants hatten einen zypriotischen Einschlag. Wie zu erwarten, war die süditalienische Küche bei den italienischen Emigranten am stärksten vertreten. Trenette al pesto, eine sublime Schöpfung Genueser Köche, war bis zu den 1970er Jahren außerhalb Italiens oder selbst außerhalb Liguriens kaum bekannt. Doch die ersten Anzeichen einer nordeuropäischen Begeisterung für die mediterrane Küche fanden sich bereits in den 1950er Jahren, als Elizabeth Davids *Book of Mediterranean Food* erschien.[1] Bei der Abfassung dieses Buchs griff die Autorin auf Erfahrungen während ihrer oft haarsträubenden Reisen rund ums Mittelmeer zurück, auf denen sie während des Zweiten Weltkriegs dem Feind vielfach nur knapp voraus war. Anfangs weckte das Buch eher Wünsche, als dass man wirklich danach hätte kochen können. In Großbritannien gab es immer noch die Lebensmittelrationierung der Nachkriegszeit, und selbst Olivenöl war nur schwer zu finden. Mit wachsendem Wohlstand in Nordeuropa wuchs auch der Markt für außergewöhnliche mediterrane Erzeugnisse, und 1965 schließlich wagte es Mrs. David sogar, ein eigenes Lebensmittelgeschäft zu eröffnen. 1970 war es dann nicht mehr schwer, in den Lebensmittelgeschäften Großbritanniens, Deutschlands oder Hollands Auberginen oder Avocados zu finden. Und um 2000 war der Gedanke, dass eine an Fisch, Olivenöl und Gemüse reiche mediterrane Kost gesünder sei als die traditionelle, oft auf Schweinefleisch und Speck basierende nordeuropäische Ernährung fast schon Gemeingut geworden. Das Interesse an regionalen Ausprägungen der mediterranen Küche verbreitete sich in ganz Europa und Nordamerika – nicht nur italienische, sondern römische Küche, und nicht nur römische Küche, sondern die der römischen Juden und so weiter.[2] Auch das Interesse an Weinen aus dem Mittelmeerraum bis hin nach Apulien oder Alicante wuchs unter dem Einfluss des ausgeklügelten kalifornischen Weinbaus und des ständigen Redens über vielversprechende neue Weinbaugebiete entlang der kroatischen Küste oder in der Türkei, ganz zu schweigen von den alten und neuen Weinbergen im Bekaatal und auf den Golanhöhen. Langweilige nordeuropäische Speisen (Frankreich und Belgien ausgenommen) waren nur noch ferne Erinnerungen. Dieser Veränderungen in der Ernährung haben weit mehr als nur anekdotische Bedeutung. Mit der Globalisierung der mediterranen Küche zerbrachen zugleich auch alte ethnische Identitäten.

In gewisser Weise ist das Mittelmeer zum Kulturbesitz aller Menschen geworden. Auch Wanderungsbewegungen, deren Ausgangspunkte weit jenseits der Mittelmeerküsten lagen, hatten bedeutsame politische und soziale Auswirkungen. Neue, nichtmediterrane Bevölkerungsgruppen ließen sich zeitweilig oder auf Dauer in Städten des Mittelmeerraums nieder oder verdingten sich als billige Arbeitskräfte auf dem Lande. Viele der afrikanischen oder asiatischen Migranten, die den Mittelmeerraum in den Jahren um 2000 erreichten, versuchten dort le-

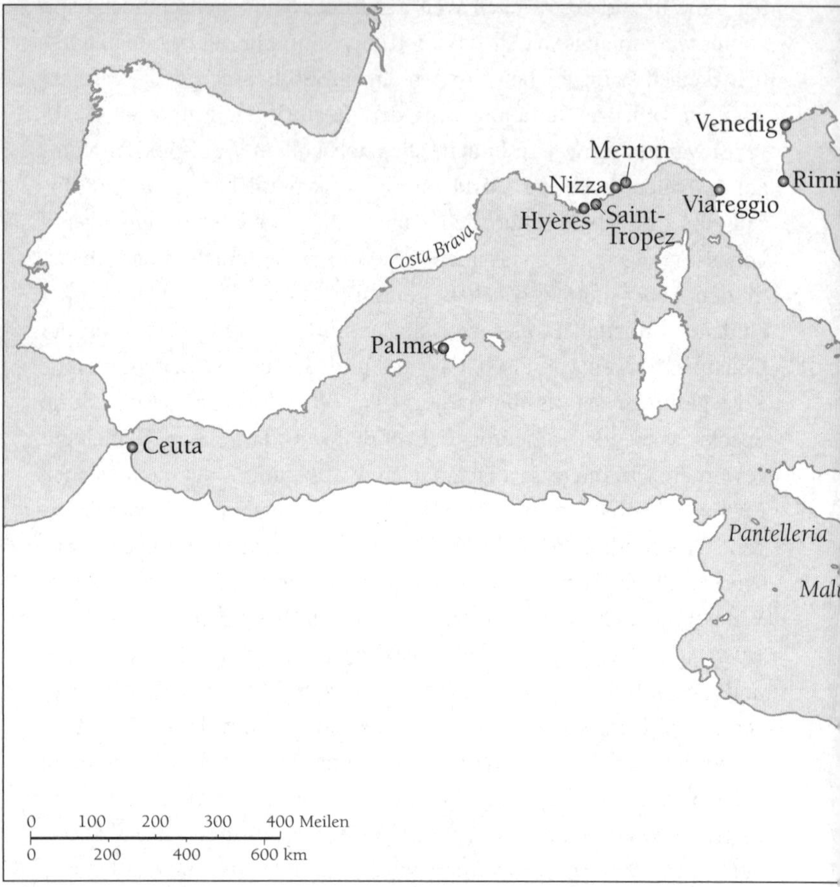

diglich den Fuß auf europäischen Boden Fuß zu setzen, um dann weiter nordwärts nach Frankreich, Deutschland oder England zu ziehen, obwohl auch italienische Großstädte große Anziehungskraft entfalteten. Jedenfalls hatten die Mittelmeerländer der Europäischen Union als Erste mit dem Zustrom fertig zu werden, als die Zahlen anstiegen. Neben Ceuta sind die kleinen, zwischen Nordafrika und Sizilien gelegenen Inseln – Lampedusa, Pantelleria, Malta – zu bevorzugten Eintrittspunkten geworden. Das Flüchtlingskommissariat der Vereinten Nationen UNHCR tadelte Italien im Mai 2009, weil man dort ganze Schiffsladun-

gen an Flüchtlingen zurück nach Libyen schickte. 2008 trafen 36900 Asylsuchende in Italien ein, 75 Prozent mehr als im Vorjahr. Und nach Malta kamen 2008 insgesamt 2775 Asylsuchende, das entspricht einem Migranten auf 148 Malteser. Doch das war der Spitzenwert in der Neunjahresperiode von 2002 bis 2010. Tatsächlich ging die Zahl 2010 deutlich zurück, weil Malta von einem Asylabkommen zwischen Libyen und Italien, dem eigentlichen Ziel vieler Migranten, profitierte und vielleicht auch weil Europa wegen der Wirtschaftskrise an Attraktivität verloren hatte.[3] Das Problem stellte sich nicht nur den Staaten am westlichen

Mittelmeer. Die Dodekanes gehören zu den bevorzugten Zugangspforten für Migranten, die über die Türkei aus Asien kommen.

Ein auffälliges Merkmal dieser neuen Wanderungsbewegung ist die hohe Zahl der Muslime, was zu Streitigkeiten über den Bau von Moscheen geführt hat – alte Empfindlichkeiten, aber auch Vorurteile sind in Andalusien und auf Sizilien immer noch stark ausgeprägt, und gelegentliche extremistische Forderungen nach der Rückgewinnung aller einstmals islamischen Regionen für eine erneuertes Kalifat sind gleichfalls nicht hilfreich. Auf der anderen Seite steht die alte Realität der Migration. Mit wachsendem Lebensstandard wälzte man niedere Tätigkeiten auf Migranten ab, die in Hotels als Zimmermädchen, Kellner oder Reinigungskräfte oder auch als Bauarbeiter beim Bau ebendieser Hotels beschäftigt wurden. Der einzige Wirtschaftszweig, der im Mittelmeerraum nach dem Krieg einen beispiellosen Aufschwung erlebt hat, ist der Tourismus samt den dadurch geschaffenen Jobs.

II

In der zweiten Hälfte des 20. Jahrhunderts fand das Mittelmeer, das nun keine bedeutende Rolle mehr für den Handel oder auf militärischem Gebiet spielte, zu einer neuen Berufung: dem Massentourismus.[4] Als Phänomen trat der Massentourismus erstmals im Mittelmeerraum auf, der heute jährlich 230 Millionen Besucher anlockt.[5] Die zeitweilige Migration von Millionen Europäern, Amerikanern und Japanern auf der Suche nach Sonne oder Kultur oder beidem wird ergänzt durch die dauerhaftere Immigration deutscher, britischer und skandinavischer Pensionäre, die ihre letzten Tage in Apartments und Villen an der spanischen Küste oder auf Mallorca, Malta und Zypern verbringen möchten und eigenständige Gemeinden mit eigenen Clubs und Pubs und Bierkellern bilden – und auf Mallorca sogar mit einer eigenen politischen Partei für Deutsche.[6] Illegale Bauten und – im Fall Nordzyperns – umstrittene Besitzverhältnisse machen den Lebensabend am Mittelmeer nicht immer zu einer angenehmen Erfahrung, vor allem wenn Häuser wie in Spanien von erzürnten Behörden ohne Umschweife abgerissen werden. Diese Zuwanderung hat in Südeuropa zudem ernste Folgen für die Umwelt, da sie eine starke Belastung für die begrenzten Wasser- und Energievorräte darstellt (vor allem auf Zypern) und hinreißende Ausblicke auf Küsten und Berge durch monotone, architektonisch armselige, weiße Betonklötze ersetzt hat (vor allem in Spanien).

Wenn wir verstehen wollen, wie der Tourismus im Mittelmeerraum zu solcher Blüte gelangte, müssen wir auf Entwicklungen weit vor dem Zweiten Weltkrieg zurückblicken. Das Zeitalter der Grand Tour, die britische oder deutsche Reisende in die Bucht von Neapel und an andere Orte des Mittelmeergebiets führte, entsprach den Bedürfnissen einer kleinen Elite. Das Mittelmeer wurde leichter zugänglich, als die Eisenbahn durch ganz Frankreich führte und Königin Viktoria im späten 19. Jahrhundert Menton und Hyères zu modischen Winterurlaubsorten machte. An den Promenaden in Nizza und Cannes wurden monumentale Hotels gebaut, und ein kleiner Streifen der Mittelmeerküste, die Côte d'Azur, wurde zum Tummelplatz der Reichen im Sommer wie im Winter, auch wenn der Aufstieg Monte Carlos etwas länger dauerte und erst richtig begann, als der Fürst von Monaco eine *Société des Bains de Mer* gründete, der es mehr ums Glücksspiel als ums Baden ging, dessen gesundheitsfördernde Wirkung die Briten gerne hervorhoben.[7] In Italien entwickelten sich Bäder wie Montecatini oder Abano im Binnenland oder das an der Küste gelegene Rimini, die hauptsächlich von Briten besucht wurden – Ströme britischer Touristen, wie E. M. Forster sie in seinen Romanen beschrieb, trafen in Florenz ein und nahmen oft für Monate in *pensioni* Wohnung, doch das Meer übte noch keine sonderliche Anziehungskraft auf sie aus.[8] Was sich im späten 20. Jahrhundert dramatisch veränderte, waren Zahl und Ziele der Besucher wie auch die Leichtigkeit, mit der sie jeden Winkel des Mittelmeerraums erreichen konnten. An die Stelle des Reisenden trat der Tourist.

Drei Faktoren waren entscheidend für den Aufschwung des Tourismus. Im Mittelmeerraum selbst erkannten Landes-, Regional- und Stadtregierungen im Tourismus eine Chance, ausländisches Geld ins Land zu holen und die einheimische Industrie zu fördern. So verabschiedete man in Israel 1976, 1987 und 1996 drei nationale Entwicklungspläne zur Förderung des Tourismus, der sich dort auf vier Gruppen stützen konnte: auf jüdische Besucher, christliche Pilger, einheimische Touristen und ausländische Urlauber, die von den Stränden und den Sehenswürdigkeiten angezogen wurden. Um 2000 war der Strand in Tel Aviv von Jaffa aus nordwärts gesäumt von riesigen neuen Vier- oder Fünfsternehotels, deren Architektur allerdings kaum als schön gelten kann.[9] Außerhalb des Mittelmeergebiets gab es große Reiseunternehmen wie Thomson und Hapag Lloyd, die das Mittelmeer aggressiv vermarkteten und ihre Repräsentanten an die Küsten Spaniens, Italiens, Griechenlands und Tunesiens schickten, damit sie dort nach Hotels suchten, die Besuchern aus England, Deutschland und anderen Ländern gefallen mochten. Und schließlich, ebenso wichtig, waren da noch die Kunden, die in den 1950er und 1960er Jahren zwei Wochen Urlaub an den Küsten des Mittelmeeres als Abwechslung von ihrem grauen Alltag in Nordeuropa empfanden. Viele wünschten sich nicht mehr als eine Sonnenliege am Strand oder am Hotelpool, und manche waren sich nicht sicher, ob sie die einheimischen Speisen essen wollten, die man ihnen dort vorsetzte. So finden denn britische Urlauber in Griechisch-Zypern problemlos Cadbury-Schokolade und englisches Toastbrot.[10] Und holländische Urlauber sind bekannt dafür, dass sie Säcke voll heimischer Kartoffeln mitbringen. Die Franzosen, die ja über eine eigene Mittelmeerküste verfügen, sind weitaus kreativer als ihre nordeuropäischen Nachbarn. Der Club Méditerranée betätigte sich ab 1950 als Pionier auf dem Gebiet des Pauschalurlaubs und begann mit Strandhütten auf Mallorca, die romantische Bilder von einsamen Inseln heraufbeschwören sollten. Zu den Urlaubszielen des Clubs im Mittelmeerraum gehörten auch viele vom Massentourismus noch unberührte Gegenden wie die marokkanische Mittelmeerküste. Zu den innovativen Methoden gehörte auch der Direktverkauf an die Endkunden, doch die besten Zeiten des Unternehmens lagen in den Jahren vor 1990. Danach gingen die Umsätze wegen der Wirtschaftslage und aufgrund von Managementproblemen zurück.[11]

Anfangs hielt die Invasion aus dem Norden sich noch in Grenzen. Rimini besaß schon 1938 einen Flugplatz. Damals zog die Stadt eine wohlhabende Klientel an, Fliegen war noch sehr kostspielig, und der

Krieg hielt schon bald ausländische Touristen fern. Nach dem Krieg schlug Rimini einen populistischen Weg ein.[12] Dort und andernorts blühten die Geschäfte, da das Reisen mit Flugzeug, Bahn oder Auto immer billiger und einfacher wurde. In den 1950er Jahren begannen ganze Züge voll mit Briten und Deutschen in Rimini einzutreffen. Die Satellitenstädte dehnten sich aus, und bald konkurrierten Riccione oder Milano Marittima mit Rimini selbst. Ihr Markenzeichen waren lange Zeit die in engen Reihen aufgestellten Liegen und Sonnenschirme, die den Strandabschnitt der einzelnen Bettenburgen markierten. Ähnliche Entwicklungen fanden sich in der Nähe von Pisa, wo Viareggio zu einem wichtigen Zentrum des Tourismus in der Toskana wurde, bestimmt für eine Klientel, die sich offenbar weniger für die wunderbaren Kunstwerke in Florenz und anderen toskanischen Städten als für einen Strandurlaub interessierte (einschließlich einer Tagesfahrt nach Pisa, um sich den Schiefen Turm anzuschauen). Der Massentourismus spielte aufgrund der neuen Hotels und des Baus der nötigen Infrastruktur eine bedeutende Rolle beim wirtschaftlichen Wiederaufschwung Italiens, Spaniens und Griechenlands.

Doch die eigentliche Veränderung kam mit dem Flugverkehr.[13] Es dauerte eine Weile, bis der billige, sichere und schnelle Flugverkehr sich durchsetzte. Auf diesem Gebiet spielte England eine Vorreiterrolle, und das allein schon wegen der Unannehmlichkeit, keine direkte Bahnverbindung zum Mittelmeer zu besitzen. Großbritannien verfügte über eine starke Luftfahrtindustrie und nutzte die neuen, im Zweiten Weltkrieg entwickelten Flugzeugtechnologien zum Bau der effizienten und eleganten Passagierflugzeuge der späten 1950er und frühen 1960er Jahre wie der Vickers Viscount oder der Britannia. So gingen denn die Briten und nach ihnen die Deutschen und die Skandinavier in die Luft. In den 1950er Jahren richtete Thomson Holidays die ersten regelmäßigen Flugverbindungen nach Mallorca ein, das nun zum ersten Ziel eines intensiven Flugtourismus wurde. Ansonsten war eine Reise von England nach Mallorca äußerst lang und ermüdend: Bahn, Schiff, Bahn, dann nochmals Bahn (beim Wechsel auf die spanische Spurbreite) und schließlich per Schiff auf die Insel.[14] Ende der 1960er Jahre explodierte dann der Flugverkehr mit der Einführung schnellerer und noch ruhigerer Passagierjets wie der BAC 1–11, und der Flughafen von Palma ist bis heute zumindest im Sommer einer der verkehrsreichsten Europas. Von 1960 bis 1973 stieg die Zahl der Besucher auf Mallorca sprunghaft von 600 000 auf 3,6 Millionen jährlich.[15] Zu Beginn des 21. Jahrhunderts entfielen 84 Prozent der mallorquinischen Wirtschaftsleistung auf den Tourismus. Ganze Betonstädte wie Palma Nova wurden für den Tourismus aus dem Boden gestampft. Doch die Wurzeln dieses Erfolgs reichen bis in Francos Zeiten zurück. Auf Mallorca und Spanien (ohne die Kanarischen Inseln) entfielen 1967 25 Prozent der britischen Auslandsurlaube, und 1972 waren es 36 Prozent, während Italien bei den Urlaubszielen von 16 auf elf Prozent zurückfiel.[16] Kein Land konnte mit Spanien konkurrieren, und genau das hatte Francos Regime gewollt. In einem 1959 verabschiedeten »Stabilisierungsplan« ging es weniger um eine Stabilisierung als um die Expansion des Tourismus an den spanischen Mittelmeerküsten, auf den Balearen und auf den Kanarischen Inseln.[17] Riesige Bettenburgen an der spanischen Mittelmeerküste brachten zwar einen gewissen Wohlstand, nahmen aber kaum Rücksicht auf die Schönheit der Natur an der Costa Brava und den übrigen Mittelmeerküsten. Für den Augenblick traten die kulturellen Schätze Spaniens – Toledo, Segovia, Córdoba, Granada – hinter die Küstenstriche zurück, die von neuen Straßen, guter Beleuchtung und anderen wichtigen Verbesserungen profitierten, auch wenn die Eisenbahn noch lange ärgerlich langsam blieb.

Das Reisen wurde demokratisiert und globalisiert. Der Gedanke, eine Urlaubsreise von Großbritannien nach Spanien zu unternehmen, wurde für immer mehr Menschen aus allen Schichten attraktiv, wobei die Erfindung der Pauschalreise die Sache noch erleichterte. Der Tourist war nun kein Abenteurer mehr, der sich seinen Weg durch Städte und Landschaften der Mittelmeerländer suchte, hatte er nun doch die Möglichkeit, Flüge, Hotels, Mahlzeiten und selbst Tagesausflüge im sicheren Komfort eines Wohnzimmers in England oder Deutschland aus dem Katalog auszuwählen, in dem Wissen, dass Vertreter der Reisegesellschaft, die der Sprache des Gastes mächtig waren, am Zielort bereitstanden, um alle Probleme mit Einheimischen auszuräumen. Was die Menschen sich wünschten, war eine »Urlaubsreise von der Stange«.[18] Und falls der Gedanke, sich im Ausland aufzuhalten, allzu bedrohlich erschien, gab es immer noch die Annehmlichkeiten der Menge wie auch die Bereitschaft der Einheimischen, den exzentrischen Wünschen der ausländischen Besucher entgegenzukommen: *fish and chips* für die Briten, Bratwurst für die Deutschen.

Wer Urlaub am Mittelmeer machte, wollte das nach der Rückkehr aus Spanien oder Italien auch allen durch eine gut gebräunte Haut kundtun. Schon 1947 strichen französische Werbebroschüren für die Côte d'Azur die Freuden des Strandlebens heraus.[19] Die Bräune wurde zu einem Ausweis für Wohlstand und Gesundheit, denn man wusste mehr über die Vorzüge von Vitamin D als über die Nachteile der UVA- und UVB-Strahlen. Blässe wurde nun mit Schwindsucht und Schreibtischarbeit assoziiert. Die große Modeschöpferin Coco Chanel beschloss nach einer Mittelmeerkreuzfahrt in den 1920er Jahren, ihre Sonnenbräune zu einem Modeaccessoire zu machen, und setzte damit Maßstäbe für Generationen von Frauen. Doch das Interesse an gebräunter Haut ging auch mit einem Wandel der Moralvorstellungen einher.[20] Schon vor dem Zweiten Weltkrieg durfte man am Strand Körperteile enthüllen, die ansonsten in der Öffentlichkeit sorgfältig verborgen wurden. Es wurde möglich, immer größere Teile des weiblichen (wie auch des männlichen) Körpers zu enthüllen. 1946 wurde auf einer Modenschau in Paris erstmals der nach einem für Atomwaffentests benutzten Südseeatoll benannte Bikini vorgestellt, doch es dauerte noch ein paar Jahrzehnte, bis er sich weitestgehend durchsetzte – selbst seine Designer erwarteten so etwas wie eine Kernreaktion bei den Gegnern dieses Kleidungsstücks. Mit der Zeit wurden die Bikinis immer gewagter, so dass der ursprünglich noch bedeckte Nabel inzwischen stets frei bleibt.[21] Die angebliche Unsittlichkeit des Bikinis veranlasste Italiener und Spanier, ihn 1948 (mit lautstarker Unterstützung durch den Vatikan) zu verbieten, doch das ließ sich unmöglich durchhalten, als immer mehr ausländische Touristen ins Land strömten. Ein Teil des Reizes basiert auf dem Material, aus dem man den Bikini in den 1960er Jahren herstellte, Elastan oder Lycra, ein Mischgewebe aus Kunstfasern und natürlichen Fasern, das kein Wasser aufnimmt. Selbst bei einteiligen Badeanzügen enthüllt der eng anliegende Stoff mehr vom weiblichen

Körper, als Konservative dies wünschen. Die Zurschaustellung des eigenen Körpers ist ein wichtiges Moment im Umgang mit Bademoden, und oft ist der Pool ein Ort, an dem im Stillen viel geschaut, aber wenig geschwommen wird.[22] So veränderten denn das Flugzeug und der Bikini, zwei Erfindungen, die in technologischer Hinsicht nicht weiter voneinander entfernt sein könnten, in der zweiten Hälfte des 20. Jahrhunderts die Beziehungen zwischen dem Mittelmeerraum und dem Norden Europas.[23]

Natürlich verwunderte die Ankunft von Touristen auf der Suche nach Sonnenbräune die Einheimischen, fanden sie doch, dass man die Sonne um die Mittagszeit meiden sollte. Verstärkt wurde diese Verwunderung noch durch das Verhalten der Touristen. Der körperliche Kontakt zwischen Männern und Frauen, vor allem wenn sie nicht sonderlich viel Kleidung trugen, konnte von Griechen, Tunesiern und anderen als schockierend empfunden werden. Im kommunistischen Albanien galt das Verhalten der Touristen als Zeichen westlicher Dekadenz. Enver Hodscha beklagte sich über das Treiben der Touristen in den Nachbarländern »mit Hosen oder ganz ohne Hosen«. Was immer er damit meinte (wahrscheinlich war es ein Angriff auf den jugoslawischen Liberalismus), er sorgte dafür, dass außer Mitgliedern marxistisch-leninistisch-maoistischer Parteien nur wenige westliche Touristen ins Land kommen durften. Der Hedonismus und die Permissivität der Nordeuropäer beeinflussten vor allem ab den 1960er Jahren auch die Menschen, mit denen sie in ihren Gastländern zusammentrafen, insbesondere junge Männer, die fasziniert waren von dem Anblick, der sich ihnen bot.[24] Der Zusammenstoß der Kulturen wurde in den 1980er Jahren noch deutlicher, als es für immer mehr Frauen normal wurde, am Strand ihre Brust zu entblößen. Der Kult der körperlichen Schönheit in Frankreich mit seiner großen Kosmetikindustrie machte es unausweichlich, dass Saint-Tropez darin zum Vorreiter wurde. Italienische und spanische Urlaubsgebiete folgten schon bald. Was die einen als Liberalisierung empfanden, war für andere ein Dilemma, und die Reaktionen fielen ganz verschieden aus. Eine Nonne, der die Aufgabe zufiel, Besuchern mit ungebührlicher Kleidung den Zutritt zum Markusdom in Venedig zu verwehren, empfand diese Arbeit als so belastend, dass sie schließlich einen Nervenzusammenbruch erlitt. In Spanien ist Ibiza inzwischen bekannt als Zentrum des Schwulentourismus, ein Zeichen, wie sehr das Land sich seit Francos Zeiten verändert hat. Ein Land, das die Gelegenheit ergriff, sehr erfolgreich vom Tourismus zu profitieren, war Jugoslawien, das dank entschlossener Bemühungen bald für einen preisgünstigen, gut organisierten Hotelurlaub bekannt war und sich besonderer Beliebtheit bei Deutschen erfreute, wobei eine Spezialität des Landes in den Naturistencamps bestand. Sie wurden von Titos Regime clever gefördert, weil man wusste, dass man damit vor allem eifrige Anhänger der deutschen und skandinavischen Freikörperkultur anziehen konnte, die am ganzen Körper braun werden wollten.

Billige Flüge und billiger Alkohol können den Tourismus jedoch auch ruinieren. Malia auf Kreta und Ayia Napa in Griechisch-Zypern besitzen inzwischen einen schlimmen Ruf, und junge britische Touristen haben den größten Anteil daran. Sie interessieren sich nicht für die einheimische Kultur, sondern wollen nur die Chance nutzen, »in kürzerer Zeit mehr Spaß zu haben, als das zu Hause möglich wäre«. »Spaß« meint natürlich hauptsächlich Sex und Alkohol, und 2003 behaupteten britische Zeitungen, beides sei von den Repräsentanten des Reiseveranstalters Club 18–30 aktiv gefördert worden.[25] So kann es nicht überraschen, dass man auf Mallorca Versuche zu einer Anhebung der Qualität unternommen hat. Denn auch wenn die Zahl der Touristen dadurch sinkt, geben wohlhabende Besucher pro Kopf doch mehr aus. Manche Regionen wie Apulien und Teile Sardiniens werden bewusst als »Qualitätsurlaubsziele« vermarktet, und kleine Hotels beginnen, Gäste von den gigantischen Hotelkomplexen abzuziehen. Der Tourismus hat Wohlstand in Regionen gebracht, die früher arm und unproduktiv waren. Doch der Preis für die Umwelt ist sehr hoch. Die Belastung der Wasservorräte, der Beitrag der Klimaanlagen zu den Kohlendioxidemissionen, ganz zu schweigen von den Flugzeugen und der Verschmutzung des Meeres in der Nähe der Hotelkomplexe, all das hat zur Verschlechterung der Umwelt im Mittelmeerraum beigetragen. Auch einheimische Traditionen leiden, weil Feste kommerzialisiert werden. So hat man den lange todgeweihten venezianischen Karneval wiederbelebt und vermarktet ihn als Höhepunkt des venezianischen Kalenders – es ist kein

Zufall, dass er in eine magere Jahreszeit fällt, in der ansonsten kaum Touristen in der Stadt wären. Der Einfluss der Medien auf die Nachfrage lässt sich in Kephalonia beobachten, das nach dem Erscheinen des Bestsellers *Corellis Mandoline* von Louis de Bernières entsprechend beworben wurde, oder auf den griechischen Inseln nach dem riesigen Erfolg des Spielfilms *Mamma Mia!* im Jahr 2008.[26]

Lange Zeit war der Mittelmeerraum neben Portugal und den Kanarischen Inseln fast der alleinige Nutznießer dieser Expansion des Massentourismus. Erst in den 1990er Jahren wurden Fernreisen nach Kuba, Florida oder in die Dominikanische Republik zu ernsthaften Konkurrenten auf diesem Markt. In den späten 1990er Jahren kam es auch zu einem beträchtlichen Zuwachs bei Kurzurlauben und Städtereisen, als der Preiskrieg zwischen den Fluggesellschaften zur Gründung von Billigfluglinien führte, unter denen britische und irische Gesellschaften an erster Stelle rangieren. Die in irischem Besitz befindliche Ryanair, die Flughäfen in Großbritannien, Belgien, Deutschland und Italien bedient, wurde zur größten Fluggesellschaft Europas. Diese Airlines sind nicht nur für Preisbewusste interessant, sondern auch für die Besitzer von Ferienwohnungen in Südfrankreich, der Toskana oder Spanien. Neben dem Flugverkehr haben auch Seereisen einen deutlichen Aufschwung erlebt, wobei die Reedereien ihr Geschäft zuweilen mit dem zynischen Argument ankurbeln, Kreuzfahrten seien umweltfreundlicher als Flüge. Dubrovnik wird inzwischen von so vielen Kreuzfahrtschiffen angelaufen, dass in der Hochsaison Verkehrspolizisten den Strom der Touristengruppen durch die Altstadt regulieren müssen.

Der Tourismus im Mittelmeerraum beschränkt sich natürlich nicht auf Europäer. Zwei »Invasionen« aus weiter entfernten Weltgegenden sind besonders bedeutsam: durch Amerikaner und durch Japaner. Amerikaner waren auch vor dem Zweiten Weltkrieg durchaus nicht unbekannt in den Kneipen des Mittelmeerraums (D. H. Lawrence besuchte gemeinsam mit einem amerikanischen Freund etruskische Gräber), doch die Aufnahme historischer Monumente in Italien, Griechenland, Südfrankreich und Ägypten in die Liste der touristischen Sehenswürdigkeiten ist Ausdruck der Tatsache, dass dank niedrigerer Flugpreise und verbesserter Verkehrsnetze das Mittelmeer für Flugreisende von jenseits des Atlantik nun leichter erreichbar ist. Die Japaner suchen die Erklärung für die wirtschaftlichen Erfolge Westeuropas in der europäischen Kultur und Geschichte. Zudem haben diese Kontakte die bereits rasche Verwestlichung Japans noch beschleunigt. Der Strom japanischer Touristen schwoll an, wenn die japanische Wirtschaft wuchs, und nahm ab, wenn sie schrumpfte. Eine weitere Randbedingung für den Tourismus sind politische Unruhen. Die einst blühenden Urlaubsorte an der wunderschönen Küste Dalmatiens erholten sich nur langsam von der Auflösung Jugoslawiens in den 1990er Jahren. Doch wie es im mittelalterlichen Mittelmeerraum den Handelswegen erging, so ergeht es heute den Touristenströmen. Wenn Korsika oder Israel unsicher sind, erlangen andere Orte einen relativen Vorteil – Zypern, Malta, die Türkei und so weiter.

III

Der Untergang des Kommunismus und die Auflösung der Sowjetunion verringerten manche Spannungen, weil Moskau nicht länger versuchte, eine stark antiamerikanische, aus Syrien, Libyen und anderen Verbündeten bestehende Fraktion zu schaffen. Freilich nahmen diese Länder weiterhin eine feindselige Haltung gegenüber Israel ein, das sich seinerseits als halbherzig in seinen Friedensangeboten erwies und keine Bereitschaft zeigte, die Siedlungen auf der Westbank aufzugeben, trotz des Rückzugs aus Gaza 2005 (in dessen Gefolge das Gebiet unter die Herrschaft der islamistischen Hamasbewegung geriet). Enge militärische und wirtschaftliche Verbindungen zwischen der Türkei und Israel lösten sich 2010 auf, offiziell wegen eines israelischen Angriffs auf Schiffe, die Hilfslieferungen in das unter strikter israelischer Blockade stehende Gaza bringen sollten. Es war jedoch auch deutlich, dass die Türkei auf der Suche nach einer neuen Aufgabe im Nahen und Mittleren Osten war, einem »neuen Osmanentum«, was zum Teil wiederum die Folge der Zurückweisung durch die Europäische Union gewesen sein dürfte, in der einige der mächtigsten Mitglieder einen Betritt der Türkei ablehnten und niemand eine für die Türken annehmbare Lösung der Zypernfrage anbieten konnte.

Dennoch versuchte die Europäische Union, angefangen beim »Barcelona-Prozess« 1995, alle Mittelmeerländer zur Verfolgung gemeinsamer politischer, ökonomischer und kultureller Ziele zu bewegen. Aus den Verträgen von 1995 entwickelte sich 2008 eine Union pour la Méditerranée, an der die gesamte EU und alle Mittelmeeranrainer teilnehmen sollten und in deren Rahmen die beteiligten Länder vorsichtig beginnen konnten, nicht die Differenzen in den Vordergrund zu stellen, sondern gemeinsame Interessen zu erkennen. Aber diese Union gilt Mittelmeerländern außerhalb der EU wie der Türkei nur als schwacher Ersatz für eine volle EU-Mitgliedschaft. Andere hoffen auf den Tag, da aus der Europäischen Union eine Europäisch-Mediterrane Union wird, zu der alle Mittelmeeranrainer Zutritt erhalten, doch angesichts zahlloser Probleme mit politischen Rivalitäten und wirtschaftlichen Disparitäten, die zuvor gelöst werden müssten (von der Zukunft Europas gar nicht zu reden), mag das wie ein utopischer Traum klingen. Zu den drängenden, aber vernachlässigten Zielen gehört die Hebung der Wasserqualität im Mittelmeer, wo unkontrollierte Verschmutzung und ständige Überfischung etwa durch die Thunfischindustrie schwere Schäden verursacht haben – drei Viertel des im Mittelmeer gefangenen Thunfischs gehen nach Japan.

Die überhöhte Staatsverschuldung führte Ende 2009 in der Eurozone zu einer Rezession, die Auswirkungen auf den gesamten Mittelmeerraum hatte. Dadurch wurde die Zusammenarbeit zwischen den Ländern an den Nord- und Südküsten zunehmend erschwert, da die Regierungen Spaniens, Italiens, Maltas, Griechenlands und Zyperns sich in erster Linie um ihre eigenen wirtschaftlichen Probleme kümmerten – hohe Arbeitslosigkeit, Banken am Rande des Zusammenbruchs, ausbleibendes Wirtschaftswachstum und eine strenge Sparpolitik. Die Unfähigkeit dieser Staaten, ihre wirtschaftlichen Probleme angesichts der Bindung an den Euro eigenständig in den Griff zu bekommen, hat die Erholung von der Krise zweifellos beträchtlich erschwert. Eine weitere Dimension dieses Problems war die Überzeugung dieser Staaten – die auf den jeweiligen Zeitpunkt des Beitritts zum Euro zurückgeht –, das deutsche Wirtschaftsmodell sei auch auf ihre Wirtschaft anwendbar. Die einzigen Länder des Mittelmeerraums, die 2012 ein Wachstum verzeichneten, gehören nicht zur Europäischen Union: die Türkei und insbesondere Israel. Das einzige EU-Territorium im Mittelmeerraum, das ein Wachstum verzeichnet, ist das winzige Gibraltar, das jedoch in der Kritik steht – wegen seiner Finanzdienstleistungen und wegen seiner politischen Sonderstellung. Diese wird mit zunehmender Schärfe von der spanischen Regierung in Frage gestellt, weil sie die Aufmerksamkeit von der Wirtschaftskrise im eigenen Land ablenken möchte. Denn die Krise hat separatistische Forderungen in Katalonien wiederaufleben lassen, dessen Städte derzeit über und über mit katalanischen Fahnen behängt sind.

Man hätte meinen können, diese Situation hätte die Möglichkeit eröffnet, sich von Brüssel und Frankfurt abzuwenden und engere wirtschaftliche und kulturelle Beziehungen zwischen den europäischen Mittelmeerländern und Nordafrika sowie der Levante zu entwickeln. Doch der Aufbau von Beziehungen über das Mittelmeer hinweg wird auch durch die ungewisse Zukunft der arabischen Länder an der Süd- und Ostküste behindert, von denen nur Marokko Stabilitäten bewahren konnte. Der Arabische Frühling hielt als erstes im wohlhabendsten Land Nordafrikas Einzug, in Tunesien; aber danach wurde in Ägypten, wo man rücksichtslos militärische Macht anwendete, der Präsident abgesetzt. Bei der Intervention der Vereinten Nationen in Libyen, die zum Sturz des libyschen Diktators führte, beteiligte sich erstmals in der Geschichte des Mittelmeerraums eine größere Zahl von weiblichen Marineangehörigen aus Großbritannien und anderen Ländern an einem militärischen Konflikt. Doch die Intervention brachte keine Stabilität – sondern eher eine Rückkehr zu Stammesloyalitäten. Zu den mörderischsten Gewaltausbrüchen kam es in Syrien: In jenen Städten, die einst für ihre Toleranz gegenüber christlichen Minderheiten gerühmt wurden, schließen sich diese nun den große Fluchtbewegungen aus dem Land heraus an. Immer mehr politische und Wirtschaftsflüchtlinge erreichen Malta und die italienischen Inseln. Manche verloren ihr Leben, als ihre undichten Boote kenterten, und frühere Abkommen zur Begrenzung der Flüchtlingsströme durch Libyen sind null und nichtig.

Wie die Entwicklungen zu Beginn des 21. Jahrhunderts erkennen lassen, hat sich das Fünfte Mediterrane Zeitalter bereits aufgelöst, und in der Weltwirtschaft des 21. Jahrhunderts besitzt ein integrierter Mittelmeerraum eher lokale als globale Bedeutung. Der Mittelmeerraum hat seine Funktion als Treffpunkt der Zivilisationen und als eine Region mit engen wirtschaftlichen Verflechtungen eingebüßt. Dank der verbesserten Möglichkeiten, rund um den Erdball Verbindungen aufzunehmen (physisch durch den Flugverkehr, virtuell über das Internet), lassen sich politische, kommerzielle und kulturelle Kontakte heute sehr schnell über große Entfernungen hinweg aufbauen. In diesem Sinne ist die Welt ein einziger großer Mittelmeerraum geworden, und das Fünfte Mediterrane Zeitalter war das letzte, von dem man sagen konnte, dass die Welt sich um das Große Meer gedreht habe. Meere verbinden und trennen, und manchmal tun sie das eine mehr als das andere. Das Mittelmeer, das die meiste Zeit drei Kontinente miteinander verbunden hat, ist heute eine Grenze, die diese Kontinente voneinander trennt.

SCHLUSS

Übers Meer

Es ist verlockend, den Versuch zu unternehmen, die Geschichte des Mittelmeeres auf einige wenige Aspekte zu reduzieren, eine »mediterrane Identität« zu definieren oder die These aufzustellen, gewisse physikalische Eigenheiten der Region hätten die Erfahrungen der Menschen dort geprägt (wie Braudel entschieden behauptet hat).[1] Doch die Suche nach einer fundamentalen Einheit basiert auf einer Fehleinschätzung dessen, was das Mittelmeer für die Menschen bedeutete, die an seinen Küsten und auf seinen Inseln lebten oder die dieses Meer befuhren. Statt nach Einheit sollten wir nach Vielfalt suchen. Die bei den Menschen anzutreffende ethnische, sprachliche, religiöse und politische Vielfalt war unablässig äußeren Einflüssen aus Übersee ausgesetzt und befand sich daher ständig im Fluss. Von den ersten Kapiteln dieses Buches, in den von den ersten Siedlern auf Sizilien die Rede war, bis hin zu den Bettenburgen an den spanischen Küsten waren die Ränder des Mittelmeeres stets Treffpunkt von Menschen unterschiedlichster Herkunft, die ihre Ressourcen nutzten und in manchen Fällen lernten, ihren Lebensunterhalt mit dem Transport von Erzeugnissen aus bessergestellten in weniger gutgestellte Regionen zu verdienen. Aus dem Wasser kamen Fisch und Salz, zwei Zutaten für *Garum*, die im antiken Rom so beliebte Fischsauce, und später Grundlage für den frühen Wohlstand einer der größten Mittelmeerstädte: Venedig. Wie im Vorwort bereits angekündigt, spielen die Fischer in diesem Buch keine herausragende Rolle, und das zum Teil, weil sie oft kaum Spuren hinterlassen haben, aber auch weil Fischer definitionsgemäß nach etwas suchen, das sich unter der Wasseroberfläche befindet, und weil sie seltener Kontakt zu Gesellschaften an den jenseitigen Küsten des Mittelmeeres aufnahmen. Die große Ausnahme bildete hier die Umgebung von Malta, wo die Genueser in dem an der tunesischen Küste gelegenen Tabarka von 1540 bis 1742 eine Kolonie unterhielten, die auf das Korallenfischen spezialisiert war, und wo heute tunesische Fischer zusammen mit sizilianischen Fangflotten die *matanza* veranstalten, das große alljährliche Abschlachten der Thunfische. Mehr noch als Fisch, der sich nur hielt, wenn man ihn einsalzte oder trocknete, war lange Zeit Getreide das wichtigste Erzeugnis, das über das Mittelmeer transportiert wurde, ursprünglich an den Küsten dieses Meeres angebaut oder aus der Schwarzmeerregion herangeschafft, doch ab dem 17. Jahrhundert zunehmend auch nordeuropäischen Ursprungs. Der Zugang zu lebenswichtigen Nahrungsmitteln und anderen Rohstoffen ermöglichte es Städten, zu wachsen, ob nun Korinth, Athen oder Rom in der Antike oder Genua, Venedig und Barcelona im Mittelalter. Für diese und viele andere Städte kam es einer Strangulation gleich, wenn Feinde ihnen den Zugang zu diesen Ressourcen versperrten. Der Handel mit Weizen, Holz und Wolle war zwar weniger glanzvoll als der berühmtere und besser dokumentierte Gewürzhandel, doch er schuf eine Grundlage, auf der das Geschäft mit Seide, Gold und Pfeffer aufbauen konnte, die oft fern von den Küsten des Mittelmeeres erzeugt wurden. Der Kampf um den Zugang zu diesen Waren führte häufig zu blutigen Konflikten zwischen Rivalen, und je mehr Schiffe mit kostbarer Fracht kreuz und quer über das Mittelmeer fuhren, desto häufiger lauerten ihnen Piraten auf, ob nun Etrusker in der Antike oder Korsaren und Uskoken in der frühen Neuzeit.

Die Sicherung des Meeres gehörte daher zu den wichtigen Staatsaufgaben. Man konnte für Sicherheit sorgen, indem man – wie die Römer – entschlossene Feldzüge unternahm und dann das Meer überwachte. Und in Zeiten, da niemand weite Teile des Meeres beherrschte, konnten Handelsflotten sich des Schutzes bewaffneter Geleitzüge wie der venezianischen *muda* versichern. Mit den Piratenstaaten an der nordafrikanischen Küste konnte man verhandeln, in der Hoffnung, dass die dortigen Herrscher für die Sicherheit ihrer Vertragspartner garantierten, oder man trat ihnen aggressiv entgegen, wie es die Amerikaner Anfang des 19. Jahrhunderts taten. Die Schifffahrt wurde auch dann gefährlicher, wenn große Landreiche an die Küsten des Mittelmeeres heranrückten und den Schiffsverkehr zu stören begannen: in der Antike die Perser, ab dem späten 14. Jahrhundert die Osmanen und im 18. Jahrhundert die Russen (auch wenn deren Bemühungen um dauerhafte Stützpunkte scheiterten). Der außergewöhnlichste Fall einer imperialen Expansion im Mittelmeerraum ist das Beispiel Großbritanniens, das fern vom Mittelmeer liegt und dank seiner Besitzungen, die sich von Gibraltar bis nach Suez erstreckten, ein Maß an Kontrolle auszuüben vermochte, das den Zorn und Neid von direkten Anrainern wie Frankreich erregte. Dieses Buch ist eine Geschichte von Konflikten und Kontakten.

Die Herrschaft über das Mittelmeer muss als Herrschaft über die wichtigsten Seewege verstanden werden. Dazu war es erforderlich, Stützpunkte einzurichten, an denen man Schiffe mit frischen Lebensmitteln und Trinkwasser versorgen und von denen aus man Patrouillen gegen Piraten und andere Störenfriede aussenden konnte. So dienten Siedlungen auf vorgelagerten Inseln schon in frühesten Zeiten Händlern als Zwischenstationen auf ihren Fahrten tiefer hinein in mediterrane Gewässer. Andererseits konnte der Verlust der Herrschaft über Küstenregionen bedeuten, dass man auch den Zugang zu Holz und anderen für den Bau von Kriegs- oder Handelsflotten erforderlichen Materialien verlor, wie es die Herrscher Ägyptens erleben mussten. Die Kontrolle über die Seewege war besonders schwierig, wenn rivalisierende Mächte die Küsten und Inseln des Mittelmeeres beherrschten. In römischer Zeit schuf ein einzelner politischer Herrschaftsbereich einen einzigen einheitlichen Wirtschaftsraum. Doch das war ein einmaliger Fall.

Die Geschichte des Mittelmeeres ist auch die Geschichte der Hafenstädte unterschiedlichster politischer Zugehörigkeit, in denen Kaufleute und Siedler aus dem gesamten Mittelmeerraum und darüber hinaus zusammenkamen und miteinander interagierten. Eine Hafenstadt, die in diesem Buch immer wieder auftaucht, ist Alexandria, das von Anfang an eine gemischte Identität besaß und diese Identität erst in der zweiten Hälfte des 20. Jahrhunderts verlor, als der zunehmende Nationalismus die kosmopolitischen Gemeinschaften im Mittelmeerraum zerstörte.

Diese Hafenstädte sorgten zugleich für die Verbreitung von Ideen einschließlich religiöser Überzeugungen, wenn sie etwa griechische Götter ins etruskische Tarquinia brachten und später dann als Brennpunkte für die Ausbreitung des Judentums, des Christentums und des Islam dienten, die alle außerordentlich prägende Einflüsse auf die Gesellschaften des Mittelmeerraums entfalten sollten.

Die Einzelpersonen, welche die mediterrane Welt veränderten, waren gelegentlich Visionäre wie Alexander der Große oder Paulus, um zwei ganz unterschiedliche Beispiele zu nennen. Es fällt auf, dass es sich hauptsächlich um Männer zu handeln scheint. In einer Zeit, da das Geschlecht in den Mittelpunkt so vieler historischer Debatten gerückt ist, könnte man die Frage stellen: Wie männlich ist das Mittelmeer? Sesshafte Kaufleute waren gelegentlich Frauen wie bei den Juden im Ägypten des 11. und den Christen im Genua des 12. Jahrhunderts. In dieser Zeit zumindest begleiteten Frauen ihre Männer nicht auf Handelsreisen, und erst recht unternahmen sie nicht selbst solche Handelsreisen, auch wenn die Einstellungen zur Teilnahme von Frauen am Geschäftsleben zwischen Juden, Christen und Muslimen variierten. In der Genueser Handelskolonie in Tunis konnte man im späten 13. Jahrhundert auch einige Frauen finden, die meist den christlichen Geschäftsleuten sexuelle Dienste anboten. Die Beteiligung von Frauen am Seekrieg – eine Erscheinung des 21. Jahrhunderts – hat man im Mittelmeerraum nicht erprobt. Doch bei den Migranten, ob nun Alanen oder Vandalen zu Zeiten des Augustinus oder den 1492 aus Spanien vertriebenen Sephardim, gab es oft, wenn auch nicht immer, einen großen Frauenanteil – selbst die frühen Kreuzzugsheere wurden sowohl von adligen Frauen als auch von zahllosen Prostituierten begleitet. Pilgerinnen finden sich in der Geschichte schon in den ersten Jahrzehnten des Christlich-Römischen Reiches. Ein Fragment aus dem späten 4. Jahrhundert verzeichnet die Reise der unerschrockenen Egeria (oder Aetheria) aus Gallien oder Nordspanien ins Heilige Land. Weniger bekannt ist, ob die als »Seevölker« bezeichneten bronzezeitlichen Plünderer sich in Begleitung von Frauen in Ländern wie Syrien oder Palästina niederließen. Tatsächlich lautet eine plausible Erklärung für die rasche Aufgabe der ägäischen Kultur durch die Philister, dass sie sich mit den Kanaanitern vermischten, deren Götter übernahmen und deren Sprache erlernten. Eine Gruppe von Frauen besitzt indessen eine besondere Bedeutung für die Geschichte des Mittelmeerraums: Sklavinnen, deren Schicksal äußerst unterschiedlich ausfallen konnte – von der außergewöhnlichen Macht, die sie in einem osmanischen Harem ausüben mochten, bis hin zur traurigen Ausbeutung und Erniedrigung derer, die für sexuelle Dienste benutzt wurden oder niedere Arbeiten in den Villen reicher Römer verrichten mussten. Während des Mittelalters holte man viele Sklaven und Sklavinnen aus dem Schwarzmeerraum, aber auch die Bewohner der Mittelmeerküsten kannten im Zeitalter der Korsaren (und in vielen anderen Zeiten) den Schrecken der Banden, die an der Küste Menschen raubten – Christen an den Küsten Italiens, Frankreichs und Spaniens, Muslime an denen Marokkos, Algeriens und Tunesiens. Als König Franz I. von Frankreich den Türken 1543 erlaubte, Marseille zu besuchen und Toulon zu besetzen, entführten sie die Nonnen von Antibes und viele andere Opfer. Dennoch ist der vergleichsweise männliche Charakter des befahrenen Mittelmeeres bedenkenswert – die Italiener scheinen recht zu haben, wenn sie *il mare* sagen, im Unterschied zum französischen *la mer* oder auch zum neutralen lateinischen *mare*. Und die wichtigsten griechischen, etruskischen und römischen Meeresgötter – Poseidon, Nethuns und Neptun – waren männlich.

Von all denen, die das Mittelmeer befuhren, liefern uns die Kaufleute die besten Aufschlüsse, und zwar aus mehreren Gründen. Der erste liegt einfach in der Tatsache, dass Händler – seit phönizische Kaufleute einst die Kunst der Alphabetschrift im ganzen Mittelmeerraum verbreiteten – eifrig darauf bedacht waren, ihre Transaktionen aufzuzeichnen, so dass wir recht viel über sie wissen, ob nun im römischen Puteoli bei Neapel, im mittelalterlichen Genua und Venedig oder im neuzeitlichen Smyrna und Livorno. Doch als Pionier ist der Kaufmann fast schon definitionsgemäß ein Außenseiter, jemand, der kulturelle und physikalische Grenzen überschreitet, neuen Göttern begegnet, andere Sprachen hört und sich der Kritik der Bewohner jener Orte ausgesetzt sieht, in denen er nach Gütern sucht, die es in seiner Heimat nicht gibt. Dieses ambivalente Bild des Händlers als eines erwünschten Außenseiters findet sich schon in unseren ältesten Quellen. Wie wir gesehen haben, mochte Homer die Kaufleute nicht, er verachtete die bloßen Händler Phöniziens und behauptete, sie seien betrügerisch und unheroisch, obwohl sie doch paradoxerweise im Listenreichtum des Odysseus brillierten. Das etwas heuchlerische Gefühl, mit dem Handel mache man sich die Hände schmutzig, war auch bei Homers Lesern unter den römischen Patriziern stark verbreitet. Doch es waren Phönizier, die sich bis nach Südspanien wagten und ganz in der Nähe, aber doch abgesondert von der einheimischen Bevölkerung im westlichen Mittelmeer Kolonien gründeten – in der Regel auf vorgelagerten Inseln, die sich gut verteidigen ließen, wusste man doch nie, wie lange die Beziehungen zu den Nachbarvölkern freundlich blieben. Als dann die phönizische Kolonie Karthago selbst zu einer politischen und ökonomischen Macht wurde, entwickelte sich diese boomende Stadt zum Zentrum eines neuen Verkehrsnetzes, zu einem kosmopolitischen Treffpunkt der levantinischen und der nordafrikanischen Kultur, einem Ort, an dem verschiedene Kulturen miteinander verschmolzen und eine neue Identität entstand, auch wenn die Elite der Stadt sich weiterhin als »Tyrener« bezeichnete. Auch die griechische Kultur fand in Karthago eine Heimstatt, als dessen Bewohner den phönizischen Gott Melqart mit Herakles identifizierten. Mit den Kaufleuten fuhren auch Götter und Göttinnen kreuz und quer über das ganze Mittelmeer. Außerdem wirkte die Anwesenheit von Phöniziern und Griechen, Menschen mit einer eigenen kulturellen Identität, an den Küsten Italiens wie ein Ferment, das die Dörfer des ländlich geprägten Etrurien in Städte verwandelte, deren wohlhabendere Einwohner einen unstillbaren Hunger nach Fremdem entwickelten: nach griechischen Vasen, phönizischen Silberschalen oder sardischen Bronzefiguren. Außer den Kaufleuten, die wegen der Metalle nach Italien kamen, finden wir dort bald auch Handwerker, die nach Westen wanderten, um sich im Land der *barbaroi* niederzulassen, weil sie wussten, dass sie dort wahrscheinlich größere Wertschätzung genossen als in ihrer Heimat, wo jeder von ihnen nur einer von vielen war.

Auch in späteren Jahrhunderten finden sich erstaunliche Parallelen. Ausländische Kaufleute sind ein offenkundiges Merkmal des mittelalterlichen Mittelmeerraums, in dem uns das verwirrende Phänomen des gettoisierten Händlers begegnet, der islamische oder byzantinische

Länder besucht, eingeschlossen in eine Herberge oder einen Fonduk, die zugleich als Lagerhaus, als Kapelle, als Backhaus und als Badehaus dienten, mit jeweils eigenen Herbergen für jede größere »Nation«: Genueser, Venezianer, Katalanen und so weiter. Die Befürchtung, diese Kaufleute könnten zu Quellen religiöser Kontaminierung und politischer Subversion werden, veranlasste die Herrscher Ägyptens, die Tore dieser Herbergen nachts zu verschließen (wobei die Schlüssel von Muslimen außerhalb der Herberge aufbewahrt wurden). Das stärkte indessen nur die Solidarität und das Gemeinschaftsgefühl dieser Kaufleute, betonte zugleich aber auch die Unterschiede zwischen den verschiedenen Gruppen unter den Italienern und Katalanen, deren Rivalität muslimische Emire für ihre Zwecke zu nutzen verstanden. Auch die Byzantiner sonderten italienische Kaufleute im 12. Jahrhundert in einem von Mauern umgebenen Komplex ab und schürten die Fremdenfeindlichkeit in ihrer Hauptstadt, mit der hässlichen Folge antilateinischer Pogrome. Die Idee, gesonderte Gemeinschaften hinter Mauern einzuschließen, war also nicht sonderlich neu, als der König von Aragón um 1300 erstmals die mallorquinischen Juden segregierte, und sie war sogar schon recht alt, als die venezianische Regierung die Juden 1516 im *Ghetto nuovo* einschloss. Die Kaufmannsgemeinschaften boten ein brauchbares Modell für das Getto. Die abgeschlossenen Areale, ob nun für Juden oder für europäische Kaufleute, waren Orte, an denen gewisse Privilegien – Selbstverwaltung, freie Ausübung der Religion, Steuerbefreiungen – ihr Gegengewicht in Einschränkungen fanden: in der Beschränkung der Bewegungsfreiheit und in der Abhängigkeit von oftmals launenhaften staatlichen Behörden, auf deren Schutz sie angewiesen waren.

Von den Juden sprechen heißt von Händlern sprechen, die eine ungewöhnliche Fähigkeit besaßen, die Grenzen zwischen den Kulturen zu überschreiten, ob nun in der Frühzeit des Islam, zu Zeiten des Aufstiegs der Geniza-Juden in Kairo mit ihren Verbindungen im Mittelmeerraum und darüber hinaus oder in der Zeit der kommerziellen Expansion in Katalonien. Damals konnten die Juden ihre familiären und geschäftlichen Beziehungen zu Glaubensbrüdern nutzen, um tief in die Sahara einzudringen auf der Suche nach Gold, Pfauenfedern und anderen afrikanischen Erzeugnissen, zu denen ihre christlichen Landsleute keinen Zugang hatten, weil sie immer noch in ihren Handelsniederlassungen eingeschlossen waren. Die Prominenz und Mobilität dieser Minderheit ist verblüffend. Die jüdischen Kaufleute konnten Informationen aus der Welt jenseits der Mittelmeerhäfen mitbringen, die dann in den bemerkenswerten, auf dem mittelalterlichen Mallorca hergestellten Portolanen und Weltkarten aufgezeichnet und im gesamten europäischen Mittelmeerraum und darüber hinaus verbreitet wurden. Wie die Kaufleute umherreisten, so fanden auch Informationen über die physische Welt ihren Weg.

Wer das Mittelmeer als »gläubiges Meer« begreifen möchte, wie es im Titel einer kürzlich erschienenen Aufsatzsammlung heißt, der muss berücksichtigen, dass nicht nur arme und namenlose Pilger über dieses Meer fuhren, sondern auch charismatische Missionare wie Ramon Llull, der 1316 starb, nachdem er in Hunderten von Büchern und Pamphleten dargelegt hatte, wie man Muslime, Juden und Griechen zum wahren Glauben bekehren konnte, ohne dass er allerdings jemals selbst irgendjemanden bekehrte.[2] Llulls Laufbahn erinnert uns jedoch daran, dass religiöse Reibungen und Konflikte nur einen Teil des Bildes ausmachen. Er imitierte Sufi-Gedichte und verkehrte gerne mit Kabbalisten. Er war zugleich ein eifriger Missionar und ein Anhänger der altmodischen iberischen *convivencia*, und er erkannte im Gott der drei abrahamitischen Religionen ein und denselben Gott. Eine ganz andere Art von *convivencia* existierte in den Köpfen der Mitglieder jener religiösen Gemeinschaften, die vertrieben oder zur Konversion gezwungen wurden, als Spanien sich 1492 und danach bemühte, seine katholische Identität zu demonstrieren: bei den Marranen und Morisken, den Juden und Muslimen, die privat an ihrem alten Glauben festhalten mochten oder nicht, während sie sich öffentlich zum Katholizismus bekennen mussten. Der Aufstieg der sephardischen Kaufleute im Mittelmeerraum der frühen Neuzeit ist in jeder Hinsicht erstaunlich, vor allem ihre Fähigkeit, unterschiedliche Identitäten anzunehmen, um als »Portugiesen« auf die Iberische Halbinsel reisen und als Juden in Livorno oder Ancona leben zu können – eine Fähigkeit, kulturelle, religiöse oder politische Grenzen zu überschreiten, die an ihre Vorläufer in der Geniza von Kairo fünf

Jahrhunderte zuvor erinnert. Diese multiple Identität ist der Extremfall eines im Mittelmeerraum weiter verbreiteten Phänomens: Es gab Orte, an denen Kulturen einander begegneten und sich miteinander vermischten, aber es gab auch einzelne Menschen, in denen verschiedene Identitäten zusammenkamen und sich miteinander vermischten, und das oft nicht ohne Probleme.

Es gibt eine verständliche Neigung, diese Orte der Begegnung im Mittelmeerraum zu romantisieren, doch auch die dunkleren Realitäten, die solche Kontakte zum Beispiel in der frühen Neuzeit kennzeichneten, sollten nicht übersehen werden: der Aufstieg der nordafrikanischen Korsaren zwischen dem 15. und dem frühen 19. Jahrhundert und die enge Verbindung zwischen Piraterie und Handel. Vor dem endgültigen Sieg über die Korsaren war das Mittelmeer nur einmal wirklich frei von den Gefahren der Seeräuberei gewesen, nämlich während des Römischen Kaiserreichs, als Rom nahezu alle Küsten und Inseln des Mittelmeeres beherrschte. Zugleich bot die Piraterie aber auch die außergewöhnlichsten Beispiele gemischter Identität: Korsaren aus fernen Ländern wie Schottland und England, die zumindest nach außen den Islam annahmen und Jagd auf Schiffe jener Länder machten, aus denen sie selbst kamen. Zu dieser dunkleren Seite der Geschichte des Mittelmeeres gehört auch die bereits erwähnte Geschichte der von Piraten erbeuteten männlichen und weiblichen Gefangenen und Sklaven, wenngleich auch sie – wie etwa der Geschichtsschreiber Polybios – eine bedeutsame Rolle in der kulturellen Begegnung zwischen den entgegengesetzten Küsten des Mittelmeeres spielen konnten.

Die Einheit der Geschichte des Mittelmeeres liegt daher paradoxerweise in ihrer schwindelerregenden Veränderlichkeit, in den Diasporagemeinschaften der Kaufleute und Exilanten, in den Menschen, die versuchten, dieses Meer möglichst schnell zu überqueren und nur kurz darauf zu verweilen, vor allem im Winter, wenn Seereisen gefährlich waren, wie wir bei den leidensfähigen Pilgern Ibn Dschubair und Felix Fabri gesehen haben. Die einander gegenüberliegenden Küsten sind nahe genug beieinander, um leichte Kontakte zu ermöglichen, und weit genug voneinander entfernt, um es den Gesellschaften zu erlauben, sich auf eigene Weise unter dem Einfluss ihres Hinterlandes und der übrigen

Anrainer zu entwickeln. Die Menschen, die das Meer befahren, sind oft nicht gerade typisch für die Gesellschaften, aus denen sie kommen. Sie sind zwar keine Außenseiter, wenn sie sich auf den Weg machen, aber sie werden leicht zu solchen, wenn sie jenseits des Meeres in fremde Gesellschaften gelangen, ob nun als Händler, als Sklaven oder als Pilger. Doch ihre Anwesenheit vermag diese fremden Gesellschaften zu verändern und etwas von der Kultur des einen Kontinents in einen anderen zu bringen, zumindest an dessen Rändern. So wurde der Mittelmeerraum zu der Region, in der es zu den weltweit wohl intensivsten Wechselwirkungen zwischen verschiedenen Gesellschaften kam. Und in der Geschichte der menschlichen Zivilisation spielte das Mittelmeer eine größere Rolle als jedes andere Meer.

ZUR WEITEREN LEKTÜRE

Eine auf diesem Buch basierende Bibliographie wäre riesig und formlos. Deshalb möchte ich hier lediglich einige Werke nennen, die das Mittelmeer als Ganzes behandeln, wenn auch meist eher die Länder in seinem Umkreis als das Meer selbst. Peregrine Hordens und Nicholas Purcells *The Corrupting Sea. A Study of Mediterranean History*, Oxford 2000, ist der erste Teil einer ehrgeizigen und vielseitigen Darstellung der Örtlichkeiten rund ums Mittelmeer und ihrer Interaktion. Im Zentrum stehen Antike und frühes Mittelalter. Eine wertvolle, von William Harris herausgegebene Aufsatzsammlung diskutiert deren Thesen: *Rethinking the Mediterranean*, Oxford 2005. Fernand Braudels *La Méditerranée et le monde méditerranéen à l'époque de Philippe II*, Paris 1949 (dt.: *Das Mittelmeer und die mediterrane Welt in der Epoche Philipps II.*, 3 Bde., Frankfurt am Main 1990) hat die Forschung zum Mittelmeer nicht nur des Spätmittelalters und der frühen Neuzeit eine ganze Generation lang geprägt. Braudels Vorstellungswelt wird gut erläutert in E. Paris, *La génèse intellectuelle de l'œuvre de Fernand Braudel: »La Méditerranée et le monde méditerranéen à l'époque de Philippe II« (1921–1947)*, Athen 1999. Weitere Perspektiven auf die Geschichtsschreibung des Mittelmeeres bietet S. Guarracino, *Mediterraneo. Immagini, storie e teorie da Omero a Braudel*, Mailand 2007. Eine vielseitige Studie zu den ökonomischen und ökologischen Veränderung des Mittelmeerraums von etwa 1350 bis 1900 ist F. Tabaks, *The Waning of the Mediterranean 1550–1870. A Geohistorical Approach*, Baltimore, MD, 2008, wobei die im Titel angegebenen Daten nicht ganz dem tatsächlich abgedeckten Zeitraum entsprechen.

A. Groves und O. Rackhams *The Nature of Mediterranean Europe. An Ecological History*, New Haven, CT, 2001, ist eine besonders wertvolle und anregende Studie zur Ökologie des Mittelmeerraums. Ein kurzes, aber wichtiges Buch in der Tradition Braudels ist J. Pryors *Geography, Technology, and War. Studies in the Maritime History of the Mediterranean 649–1571*, Cambridge 1988.

Neben der von Harris herausgegebenen seien hier noch mehrere weitere Aufsatzsammlungen genannt: Mein eigenes *The Mediterranean in History*, London und New York 2003, das auch ins Französische, Spanische, Türkische, Griechische und Deutsche (*Mittelmeer. Kultur und Geschichte*, Stuttgart 2003) übersetzt worden ist, mit ausgezeichneten Beiträgen von Torelli, Balard, Greene und anderen; sowie J. Carpentiers und F. Lebruns *Histoire de la Méditerranée*, Paris 1998, das sich stärker mit der Neuzeit befasst, aber lebendiges Quellenmaterial enthält. Zu den religiösen Verhältnissen siehe die Aufsatzsammlung von A. Husain und K. Fleming (Hg.), *A Faithful Sea. The Religious Cultures of the Mediterranean, 1200–1700*, Oxford 2007. Stärker spezialisiert ist A. Cowans *Mediterranean Urban Culture 1400–1700*, Exeter 2000, mit ausgezeichneten Beiträgen von Sakellariou, Arbel, Amelang und anderen, sowie *Trade and Cultural Exchange in the Early Modern Mediterranean*, hg. von M. Fusaro, C. Heywood und M.-S. Omri, London 2010. Es gibt eine wunderbare Quellensammlung in englischer Übersetzung, hg. von miriam cooke (sic!), E. Göknar und G. Parker, *Mediterranean Passages. Readings from Dido to Derrida*, Chapel Hill, NC, 2008.

Oft gut illustrierte, populärere Darstellungen des Mittelmeerraums sind Sarah Arensons *The Encircled Sea. The Mediterranean Maritime Civilisation*, London 1990, das guten Gebrauch von den Ergebnissen der Meeresarchäologie macht, und David Attenboroughs *The First Eden. The Mediterranean World and Man*, London 1987 (dt.: *Das erste Eden … oder das verschenkte Paradies. Der Mittelmeerraum und der Mensch*, Hamburg 1988), dessen eigentliche Stärke in den Illustrationen liegt. Bestechende Überlegungen zum Mittelmeerraum bietet P. Matvejević, *Mediterranean. A Cultural Landscape*, Berkeley und Los Angeles, CA, 1999. John Julius Norwichs *The Middle Sea. A History of the Mediterranean*, London 2006, entfernt sich recht weit von den Küsten des Mittelmeeres und ist nicht mein Favorit unter den Büchern dieses Autors. P. Mansels *Levant. Splendour and Catastrophe on the Mediterranean*, London 2010, wirft einen Blick auf Smyrna, Alexandria und Beirut in den Zeiten ethnischer und religiöser Koexistenz.

Lebendige Reiseberichte aus dem gesamten Mittelmeerraum stammen von dem stets lesenswerten Paul Theroux, *The Pillars of Hercules. A Grand Tour of the Mediterranean*, London 1995 (dt.: *An den Gestaden des Mittelmeeres*, Reinbek bei Hamburg 1998), von Eric Newby, *On the Shores of the Mediterranean*, London 1984, und von Robert Fox, *The Inner Sea. The Mediterranean and its People*, London 1991. Und schließlich kann niemand, der das Mittelmeer liebt, das Kochbuch von Elizabeth David, *A Book of Mediterranean Food*, London 1950, übersehen (dt.: *Küche von Cannes bis Kairo. Köstlichkeiten rund ums Mittelmeer*, Hamburg 1983), aber auch neuere Darstellungen der mediterranen Küche wie Claudia Rodens *Mediterranean Cookery*, London 1987.

ANMERKUNGEN

EINLEITUNG
Ein Meer mit vielen Namen

1 Fernand Braudel, *La Méditerranée et le monde méditerranéen à l'époque de Philippe II*, Paris 1949; dt.: *Das Mittelmeer und die mediterrane Welt in der Epoche Philipps II.*, 3 Bde., Frankfurt am Main 1990, Bd. 1, S. 20, und Bd. 3, S. 460; P. Horden und N. Purcell, *The Corrupting Sea. A Study of Mediterranean History*, Oxford 2000, S. 36.

2 E. Paris, *La genèse intellectuelle de l'œuvre de Fernand Braudel: »La Méditerranée et le monde méditerranéen à l'époque de Philippe II«*, Athen 1999, S. 64, 316.

3 J. Pryor, *Geography, Technology, and War. Studies in the Maritime History of the Mediterranean 649–1571*, Cambridge 1988, S. 7, 21–24; Horden und Purcell, *The Corrupting Sea*, a. a. O., S. 138–139.

4 Pryor, *Geography, Technology, and War*, a. a. O., S. 12–13.

5 Ebd., S. 14, Abb. 2.

6 Ebd., S. 19.

7 Ebd., S. 12–24; C. Delano Smith, *Western Mediterranean Europe. A Historical Geography of Italy, Spain and Southern France since the Neolithic*, London 1979.

8 Siehe F. Tabak, *The Waning of the Mediterranean 1550–1870. A Geohistorical Approach*, Baltimore, MD, 2008; und Braudel, *Das Mittelmeer*, a. a. O., Bd. 1, S. 385–392. C. Vita-Finzi, *The Mediterranean Valleys. Geological Change in Historical Times*, Cambridge 1969.

9 A. Grove und O. Rackham, *The Nature of Mediterranean Europe. An Ecological History*, New Haven, CT, 2001; O. Rackham, »The physical setting«, in D. Abulafia (Hg.), *The Mediterranean in History*, London und New York

2003; dt.: »Geographische Lage«, in D. Abulafia (Hg.), *Mittelmeer. Kultur und Geschichte*, Stuttgart 2003, S. 33–65.

10 Pryor, *Geography, Technology, and War*, a. a. O., S. 75–86.

11 S. Orvietani Busch, *Medieval Mediterranean Ports. The Catalan and Tuscan Coasts, 1100–1235*, Leiden 2001.

TEIL I
Das Erste Mediterrane Zeitalter
22 000 bis 1000 v. Chr.

KAPITEL 1
Isolation und Insellage
22 000 bis 3000 v. Chr.

1 D. Trump, *The Prehistory of the Mediterranean*, Harmondsworth 1980, S. 12–13.

2 E. Panagopoulou und T. Strasser in *Hesperia* 79 (2010).

3 C. Finlayson, *The Humans Who Went Extinct. Why Neanderthals Died out and We Survived*, Oxford 2009, S. 143–155.

4 L. Bernabò Brea, *Sicily before the Greeks*, London 1957, S. 23–36; R. Leighton, *Sicily before History. An Archaeological Survey from Palaeolithic to the Iron Age*, London 1999.

5 Trump, *Prehistory of the Mediterranean*, a. a. O., S. 19.

6 Ebd., S. 20.

7 S. Wachsmann, »Paddled and oared ships before the Iron Age«, in J. Morrison (Hg.), *The Age of the Galley*, London 1995, S. 10; C. Perlès, *The Early Neolithic in Greece. The First Farming Communities in Europe*, Cambridge 2001, S. 36; R. Torrence, *Production and Exchange of Stone Tools. Prehistoric Obsidian in the Aegean*, Cambridge 1986, S. 96; C. Broodbank, *An Island Archaeology of the Early Cyclades*, Cambridge 2000, S. 114–115.

8 W. F. Albright, *The Archaeology of Palestine*, Harmondsworth 1949; dt.: *Archäologie in Palästina*, Einsiedeln, Zürich und Köln 1962, S. 39, 61–62; Trump, *Prehistory of the Mediterranean*, a. a. O., S. 24–26.

9 C. F. Macdonald, *Knossos*, London 2005, S. 3.

10 Torrence, *Production and Exchange of Stone Tools*, a. a. O., S. 140–163.

11 C. Renfrew in D. Cilia (Hg.), *Malta before History. The World's Oldest Free-standing Stone Architecture*, Sliema 2004, S. 10.
12 A. Pace, »The building of Megalithic Malta«, in Cilia (Hg.), *Malta Before History*, a. a. O., S. 19–40.
13 J. Evans, *Malta*, London 1959; dt.: *Malta*, Köln 1963, S. 105.
14 A. Pace, »The sites«, in Cilia (Hg.), *Malta before History*, a. a. O., S. 72–74, 82–83, 272–279.
15 Evans, *Malta*, a. a. O., S. 133.
16 D. Trump, »Prehistoric Pottery«, in Cilia (Hg.), *Malta before History*, a. a. O., S. 243–247.
17 Bernabò Brea, *Sicily*, a. a. O., S. 38–57; Leighton, *Sicily before History*, a. a. O., S. 51–85.
18 Ebd., S. 65.
19 Trump, *Prehistory of the Mediterranean*, a. a. O., S. 80.
20 Wachsmann, »Paddled and oared ships«, a. a. O., S. 10; C. Broodbank und T. Strasser, »Migrant farmers and the neolithic colonization of Crete«, *Antiquity* 65 (1991), S. 233–245; Broodbank, *Island Archaeology*, a. a. O., S. 96–105.
21 Trump, *Prehistory of the Mediterranean*, a. a. O., S. 55–56.

KAPITEL 2
Kupfer und Bronze
3000 bis 1500 v. Chr.

1 R. L. N. Barber, *The Cyclades in the Bronze Age*, London 1987, S. 26–33.
2 C. Broodbank, *An Island Archaeology of the Early Cyclades*, Cambridge 2000, S. 301–306; Barber, *Cyclades*, a. a. O., S. 136–137.
3 C. Renfrew, *The Cycladic Spirit*, London 1991, S. 18; J. L. Fitton, *Cycladic Art*, London 1989.
4 F. Matz, *Kreta und frühes Griechenland*, Baden-Baden 1962, S. 54.
5 Broodbank, *Island Archaeology*, a. a. O., S. 99–102; Renfrew, *Cycladic Spirit*, a. a. O., S. 62.
6 C. Moorehead, *The Lost Treasures of Troy*, London 1994, S. 84–86; J. Latacz, *Troia und Homer. Der Weg zur Lösung eines alten Rätsels*, 5. erw. Ausg., Leipzig 2005.
7 C. Blegen, »Troy«, *Cambridge Ancient History*, Vorabdruck der Bde. 1 und 2 in Auszügen, Cambridge 1961, S. 4.

8 D. Easton, »Introduction« in C. Blegen, *Troy*, 2. Ausg., London 2005, S. XXII.

9 Blegen, *Troy*, a. a. O., S. 25–41; T. Bryce, *The Trojans and Their Neighbours*, London 2006, S. 39–40.

10 Blegen, *Troy*, a. a. O., S. 40; Bryce, *Trojans*, a. a. O., S. 40; Matz, Kreta, a. a. O., S. 32; L. Bernabò Brea, *Poliochni, città preistorica nell'isola di Lemnos*, 2 Bde., Rom 1964–1971; S. Tiné, *Poliochni, the Earliest Town in Europe*, Athen 2001.

11 Latacz, *Troia und Homer*, a. a. O., S. 59–60.

12 Blegen, *Troy*, a. a. O., S. 47–48, 55.

13 Ebd.

14 Moorehead, *Lost Treasures*, a. a. O., S. 128–130.

15 Bryce, *Trojans*, a. a. O., S. 51–56; *Blegen*, *Troy*, a. a. O., S. 56–61, 77–84, Hinweis auf Eastons Kommentare ebd., S. XVII.

16 Thukydides, *Der Peloponnesische Krieg*, übers. von A. Horneffer, Wiesbaden 2010, S. 67 (1:4).

17 Matz, *Kreta*, a. a. O., S. 55–56, 68.

18 A. Morpurgo Davis, »The linguistic evidence: Is there any?«, in G. Cadogan (Hg.), *The End of the Early Bronze Age in the Aegean*, Leiden 1986, S. 93–123.

19 R. Castleden, *Minoans. Life in Bronze Age Crete*, London 1990, S. 4–7; C. F. Macdonald, *Knossos*, London 2005, S. 25–30.

20 Matz, *Kreta*, a. a. O., S. 55; Castleden, *Minoans*, a. a. O., S. 29; Macdonald, *Knossos*, a. a. O., S. 43–47.

21 Macdonald, *Knossos*, a. a. O., S. 50–52; Castleden, *Minoans*, a. a. O., S. 69, Abb. 18 (Stadtplan von Gournia), S. 112.

22 Berichtet in *Archaeology* (Archaeological Institute of America) 63 (2010), S. 44–47.

23 Macdonald, *Knossos*, a. a. O., S. 58–59, 87–88; Castleden, *Minoans*, a. a. O., S. 169–172.

24 C. Gere, *Knossos and the Prophets of Modernism*, Chicago, IL, 2009; siehe unten die Diskussion im 2. Kapitel des 5. Teils.

25 Macdonald, *Knossos*, a. a. O., S. 134, 173; Castleden, *Minoans*, a. a. O., S. 12.

26 Morpurgo Davis, »The linguistic evidence«, a. a. O.; L. R. Palmer, *Mycenaeans and Minoans. Aegean Prehistory in the Light of the Linear B Tablets*, 2. Ausg., London 1965.

27 L. Casson, »Bronze Age Ships: The evidence of the Thera wall-paintings«, *International Journal of Archaeology* 4 (1975), S. 3–10; Barber, *Cyclades*, a. a. O., S. 159–178, 193, 196–199.

28 Ebd., S. 209–218.

29 Macdonald, *Knossos*, a. a. O., S. 171–172, 192.

KAPITEL 3
Kaufleute und Heroen
1500 bis 1250 v. Chr.

1 W. D. Taylour, *The Mycenaeans*, London 1964, S. 76.

2 Homer, *Ilias*, in ders., *Ilias/Odyssee*, München 1976, S. 35–42 (2:494–760).

3 J. Chadwick, *The Decipherment of Linear B*, Cambridge 1958.

4 F. Matz, *Kreta und frühes Griechenland*, Baden-Baden 1962, S. 117, Abb. 30; Taylour, *Mycenaeans*, a. a. O., Tafeln 3–4.

5 Ebd., S. 139–148.

6 Ebd., S. 100.

7 T. Bryce, *The Trojans and Their Neighbours*, London 2006, S. 100–102; J. Latacz, *Troia und Homer. Der Weg zur Lösung eines alten Rätsels*, 5. erw. Ausg., Leipzig 2005, S. 159; vgl. O. R. Gurney, *The Hittites*, London 1952, S. 46–58; dt.: *Die Hethiter. Ein Überblick über Kunst, Errungenschaften und gesellschaftlichen Aufbau eines großen Volkes in Kleinasien im 2. Jahrtausend vor unserer Zeitrechnung*, Dresden 1969, S. 57–67; A. Yasur-Landau, *The Philistines and Aegean Migration and the End of the Late Bronze Age*, Cambridge 2010, S. 180.

8 G. F. Bass, »Cape Gelidonya: A Bronze Age shipwreck«, *Transactions of the American Philosophical Society* 57, Teil 8 (1967); ders., »A Bronze Age shipwreck at Ulu Burun (Kas): 1984 campaign«, *American Journal of Archaeology* 90 (1986), S. 269–296.

9 R. Leighton, *Sicily before History. An Archaeological Survey from Palaeolithic to the Iron Age*, London 1999, S. 141, 144, 147–148; vgl. Bernabò Brea, *Sicily before the Greeks*, London 1957, S. 103–108.

10 Taylour, *Mycenaeans*, a. a. O., S. 152–153.

11 W. D. Taylour, *Mycenaean Pottery in Italy and Adjacent Areas*, Cambridge 1958; R. Holloway, *Italy and the Aegean 3000–700 BC*, Louvain-la-Neuve 1981.

12 Bernabò Brea, *Sicily*, a. a. O., S. 138–139; Holloway, *Italy and the Aegean*, a. a. O., S. 71–74.

13 Ebd., S. 87, 95.

14 Taylour, *Mycenaean Pottery*, a. a. O.; Holloway, *Italy and the Aegean*, a. a. O., S. 85–86.

15 Ebd., S. 67, 87–89.

16 F. Stubbings, *Mycenaean Pottery from the Levant*, Cambridge 1951.

17 W. Culican, *The First Merchant Venturers. The Ancient Levant in History and Commerce*, London 1966, S. 46–49.

18 Ebd., S. 41–42, 49–50; W. F. Albright, *The Archaeology of Palestine*, Har-

mondsworth 1949; dt.: *Archäologie in Palästina*, Einsiedeln, Zürich und Köln 1962, S. 100–104.

19 Taylour, *Mycenaeans*, a. a. O., S. 131, 159.

20 D. Fabre, *Seafaring in Ancient Egypt*, London 2004–2005, S. 39–42.

21 A. Gardiner, *Egypt of the Pharaohs. An Introduction*, Oxford 1961; dt.: *Geschichte des Alten Ägypten. Eine Einführung*, Stuttgart 1965, S. 180–188.

22 Fabre, *Seafaring in Ancient Egypt*, a. a. O., S. 158–173.

23 Ebd., S. 12–13.

24 Ebd., S. 65–70.

25 Bryce, *Trojans*, a. a. O., S. 89.

26 »Der Reisebericht des Wen-Amun«, in E. Blumenthal (Hg.), *Altägyptische Reiseerzählungen*, Leipzig 1985, S. 29–53.

27 Ebd., S. 29–30.

28 Ebd., S. 31.

29 Ebd., S. 32–33.

30 Ebd., S. 37.

31 Ebd., S. 38.

32 Ebd., S. 41.

33 Gardiner, *Geschichte des Alten Ägypten*, a. a. O., S. 287–292; N. Sandars, *The Sea Peoples. Warriors of the Ancient Mediterranean 1250–1150* BC, London 1978, S. 29–32; R. Drews, *The End of the Bronze Age. Changes in Warfare and the Catastrophe ca. 1200 BC*, Princeton, NJ, 1993, S. 130–134.

KAPITEL 4
Seevölker und Landvölker
1250 bis 1100 v. Chr.

1 C. Blegen, *Troy*, 2. Ausg., London 2005, S. 92–94; T. Bryce, *The Trojans and Their Neighbours*, London 2006, S. 58–61.

2 J. Latacz, *Troia und Homer. Der Weg zur Lösung eines alten Rätsels*, 5. erw. Ausg., Leipzig 2005, S. 36–55; vgl. Bryce, *Trojans*, a. a. O., S. 62–64.

3 Ebd., S. 117.

4 Latacz, *Troia und Homer*, a. a. O., S. 67–70, 90–91.

5 Ebd., S. 64, Abb. 10 (Karte der Land- und Seehandelsrouten).

6 Bryce, *Trojans*, a. a. O., S. 104, 111.

7 O. R. Gurney, *The Hittites*, London 1952; dt.: *Die Hethiter. Ein Überblick über Kunst, Errungenschaften und gesellschaftlichen Aufbau eines großen Volkes*

in Kleinasien im 2. Jahrtausend vor unserer Zeitrechnung, Dresden 1969, S. 57–67; Bryce, *Trojans*, a. a. O., S. 110–111.

8 Gurney, *Hethiter*, a. a. O., S. 62; Bryce, *Trojans*, a. a. O., S. 100.

9 Latacz, *Troja und Homer*, a. a. O., S. 119–128.

10 Blegen, *Troy*, a. a. O., S. 124–128.

11 Zur These einer Absenkung als wichtiger Ursache für Schäden siehe M. Wood, *In Search of the Trojan War*, 2. Ausg., London 1996, S. 203–211.

12 V. R. d'A. Desborough und N. G. L. Hammond, »The end of Mycenaean civilisation and the Dark Age«, *Cambridge Ancient History*, Vorabdruck der Bde. 1 und 2 in Auszügen, Cambridge 1964, S. 4; N. Sandars, *The Sea Peoples. Warriors of the Ancient Mediterranean 1250–1150* BC, London 1978, S. 180.

13 Sandars, *Sea Peoples*, a. a. O., S. 142–143; R. Drews, *The End of the Bronze Age. Changes in Warfare and the Catastrophe ca. 1200 BC*, Princeton, NJ, 1993, S. 13–15.

14 L. Woolley, *A Forgotten Kingdom*, Harmondsworth 1953; dt.: *Ein vergessenes Königreich. Die Ausgrabung der 2 Hügel Atschana und al-Mina im türkischen Hatay*, Wiesbaden 1954, S. 154–155, 161–163, 165.

15 Blegen, *Troy*, a. a. O., S. 142.

16 Sandars, *Sea Peoples*, a. a. O., S. 133; siehe auch A. Gardiner, *Egypt of the Pharaohs. An Introduction*, Oxford 1961; dt.: *Geschichte des Alten Ägypten. Eine Einführung*, Stuttgart 1965, S. 315, 318–319; A. R. Burn, *Minoans, Philistines, and Greeks BC 1400–900*, 2. Ausg., London 1968.

17 Sandars, *Sea Peoples*, a. a. O., S. 106–107.

18 Ebd., S. 50–51; Gardiner, *Geschichte des Alten Ägypten*, a. a. O., S. 224; B. Isserlin, *The Israelites*, London 1998; dt.: *Das Volk der Bibel. Von den Anfängen bis zum babylonischen Exil*, Mainz 2001, S. 50.

19 Sandars, *Sea Peoples*, a. a. O., S. 105; Gardiner, *Geschichte des Alten Ägypten*, a. a. O., S. 302–303.

20 Drews, *End of the Bronze Age*, a. a. O., S. 20; A. Yasur-Landau, *The Philistines and Aegean Migration and the End of the Late Bronze Age*, Cambridge 2010, S. 180.

21 Sandars, *Sea Peoples*, a. a. O., S. 114; Gardiner, *Geschichte des Alten Ägypten*, a. a. O., S. 303; Isserlin, *Das Volk der Bibel*, a. a. O., S. 51 und Tafel 16. 1.

22 Drews, *End of the Bronze Age*, a. a. O., S. 21.

23 T. und M. Dothan, *People of the Sea. The Search for the Philistines*, New York 1992; dt.: *Die Philister. Zivilisation und Kultur eines Seevolkes*, München 1995, S. 99–100; vgl. Sandars, *Sea Peoples*, a. a. O., S. 134–135.

24 Ebd., S. 119; Gardiner, *Geschichte des Alten Ägypten*, a. a. O., S. 315.

25 Sandars, *Sea Peoples*, a. a. O.
26 Ebd., S. 124, 134–135, 165, 178 (Tafel 119), 189 (Tafel 124); F. Matz, *Kreta und frühes Griechenland*, Baden-Baden 1962, Bildanhang, Nr. 22; W. D. Taylour, *The Mycenaeans*, London 1964, Tafel 7.
27 Gurney, *Hethiter*, a. a. O., S. 64.
28 Josua 18:1 und 19:40–48; Richter 5; Dothan, *Die Philister*, a. a. O., S. 232–236; Sandars, *Sea Peoples*, a. a. O., S. 163–164.
29 Dothan, *Die Philister*, a. a. O., S. 233.
30 Sandars, *Sea Peoples*, a. a. O., S. 111–112, 200; Yasur-Landau, *Philistines and Aegean Migration*, a. a. O., S. 180, 182; vgl. Gardiner, *Geschichte des Alten Ägypten*, a. a. O., S. 301.
31 C. Whitman, *Homer and the Heroic Tradition*, Cambridge, MA, 1958, S. 51–52.
32 Desborough und Hammond, »End of Mycenaean civilisation«, a. a. O., S. 5; siehe auch V. R. d'A. Desborough, *The Last Mycenaeans and Their Successors*, Oxford 1964.
33 Desborough und Hammond, »End of Mycenaean civilisation«, a. a. O., S. 12.
34 L. Bernabò Brea, *Sicily before the Greeks*, London 1957, S. 136.
35 R. Leighton, *Sicily before History. An Archaeological Survey from Palaeolithic to the Iron Age*, London 1999, S. 149; siehe auch R. Holloway, *Italy and the Aegean 3000–700 BC*, Louvain-la-Neuve 1981, S. 95.
36 Dothan, *Die Philister*, a. a. O., S. 228–231.
37 W. Culican, *The First Merchant Venturers. The Ancient Levant in History and Commerce*, London 1966, S. 66–70.
38 Dothan, *Die Philister*, a. a. O., Tafeln 5 und 6 und S. 39–41, 60.
39 Yasur-Landau, *Philistines and Aegean Migration*, a. a. O., S. 334–345.
40 Jeremia 47:4; I Samuel 17:5–7.
41 Yasur-Landau, *Philistines and Aegean Migration*, a. a. O., S. 305–306.
42 Dothan, *Die Philister*, a. a. O., S. 254–269.
43 Amos 9:7.
44 Exodus 15:1–18; Isserlin, *Das Volk der Bibel*, a. a. O., S. 202.
45 Ebd., S. 52.
46 Drews, *End of the Bronze Age*, a. a. O., S. 3.

TEIL II
Das Zweite Mediterrane Zeitalter 1000 v. Chr. bis 600 n. Chr.

KAPITEL 1
Die Purpurhändler 1000 bis 700 v. Chr.

1 L. Bernabò Brea, *Sicily before the Greeks*, London 1957, S. 136–143.
2 M. E. Aubet, *The Phoenicians and the West. Politics, Colonies, and Trade*, 2. Ausg., Cambridge 2001, S. 128; S. Moscati, »Wer waren die Phönizier?«, in ders. (wiss. Leitung), *Die Phönizier*, Hamburg 1988, S. 24–25.
3 G. Markoe, *The Phoenicians*, 2. Ausg., London 2005; dt.: *Die Phönizier*, Stuttgart 2003, S. 11.
4 D. B. Harden, *The Phoenicians*, 2. Ausg., Harmondsworth 1971, S. 20.
5 S. Filippo Bondì »Die Ursprünge im Osten«, in Moscati, *Die Phönizier*, a. a. O., S. 28–37.
6 Aubet, *Phoenicians and the West*, a. a. O., S. 23–25.
7 Leviticus 18:22.
8 Markoe, *Die Phönizier*, a. a. O., S. 38–46, 98.
9 Zur Landwirtschaft der Israeliten siehe B. Isserlin, *The Israelites*, London 1998; dt.: *Das Volk der Bibel. Von den Anfängen bis zum babylonischen Exil*, Mainz 2001, S. 149–162.
10 Aubet, *Phoenicians and the West*, a. a. O., S. 48–49 und Abb. 19.
11 I Könige 9:11–14; S. Moscati, *Die Phöniker. Von 1200 vor Christus bis zum Untergang Karthagos*, Zürich 1966, S. 38.
12 Markoe, *Die Phönizier*, a. a. O., S. 12; allerdings verfehlt er die Bedeutung des Getreides.
13 Ebd., S. 38 (König Ittobaal, frühes 9. Jahrhundert); Moscati, *Die Phöniker*, a. a. O., S. 42.
14 Harden, *Phoenicians*, a. a. O., S. 25; zu Tyros vgl. Markoe, *Die Phönizier*, a. a. O., S. 67.
15 Aubet, *Phoenicians and the West*, a. a. O., S. 34–35; Markoe, *Die Phönizier*, a. a. O., S. 67–68.
16 Ezechiel 27.
17 Markoe, *Die Phönizier*, a. a. O., S. 15–29.
18 M. L. Uberti, »Elfenbein- und Knochenschnitzereien«, in Moscati, *Die Phönizier*, a. a. O., S. 404–421.

19 Harden, *Phoenicians*, a. a. O., S. 49 und Tafel 48.

20 Moscati, *Die Phöniker*, a. a. O., S. 43; Aubet, *Phoenicians and the West*, a. a. O., S. 91, Abb. 27, ein späteres Relief aus Nimrud, das zwei Affen zeigt.

21 I Könige 9:26–28; I Könige 10:22, 10:49; Markoe, *Die Phönizier*, a. a. O., S. 33–35; Isserlin, *Das Volk der Bibel*, a. a. O., S. 192.

22 Markoe, *Die Phönizier*, a. a. O., S. 93–94.

23 Genesis 44:2.

24 Aubet, *Phoenicians and the West*, a. a. O., S. 80–84.

25 Moscati, *Die Phöniker*, a. a. O., S. 197–204.

26 V. Karageorghis, »Zypern«, in Moscati, *Die Phönizier*, a. a. O., S. 152–157.

27 Ebd., S. 158; Markoe, *Die Phönizier*, a. a. O., S. 42.

28 Harden, *Phoenicians*, a. a. O., S. 49 und Tafel 51; Moscati, *Die Phöniker*, a. a. O., S. 50–51.

29 Vgl. Ezechiels Darstellung von Tyros in Ezechiel 27; siehe Isserlin, *Das Volk der Bibel*, a. a. O., S. 164–165.

30 Aubet, *Phoenicians and the West*, a. a. O., S. 166–172, 182–191; P. Bartolini, »Schiffe und Schiffahrt«, in Moscati, *Die Phönizier*, a. a. O., S. 72.

31 Markoe, *Die Phönizier*, a. a. O., S. 95–96; R. D. Ballard und M. McConnell, *Adventures in Ocean Exploration*, Washington, D. C., 2001.

32 Markoe, *Die Phönizier*, a. a. O., S. 96; Aubet, *Phoenicians and the West*, a. a. O., S. 174.

33 Bartolini, »Schiffe und Schiffahrt«, a. a. O., S. 73–75; Markoe, *Die Phönizier*, a. a. O., S. 95.

34 Aubet, *Phoenicians and the West*, a. a. O., S. 173–174.

35 Markoe, *Die Phönizier*, a. a. O., S. 96–97.

36 Ebd., S. 12.

37 Bartolini, »Schiffe und Schiffahrt«, a. a. O., S. 75–77; Aubet, *Phoenicians and the West*, a. a. O., S. 174–178.

38 S. Ribicini, »Glaube und religiöses Leben«, in Moscati, *Die Phönizier*, a. a. O., S. 104–124.

39 Aubet, *Phoenicians and the West*, a. a. O., S. 215–216; R. Miles, *Carthage Must Be Destroyed. The Rise and Fall of an Ancient Civilization*, London 2010, S. 58–59.

40 Aubet, *Phoenicians and the West*, a. a. O., S. 221–226 und Tafeln 49 und 51.

41 Miles, *Carthage Must Be Destroyed*, a. a. O., S. 81.

42 Aubet, *Phoenicians and the West*, a. a. O., S. 232.

43 Harden, *Phoenicians*, a. a. O., S. 35–36, Abb. 6–7; Markoe, *Die Phönizier*, a. a. O., S. 74–76; eine popularisierte Darstellung: G. Servadio, *Motya. Unearthing a Lost Civilization*, London 2000.

44 Aubet, *Phoenicians and the West*, a. a. O., S. 238.
45 Ebd., S. 311, 325; siehe auch Miles, *Carthage Must Be Destroyed*, a. a. O., S. 49–54.
46 Aubet, *Phoenicians and the West*, a. a. O., S. 279.
47 Ebd., S. 279–281, 288–289.
48 Jona 1; Jesaja 23:1; vgl. 23:6, 23:14.
49 G. Garbini, »Die Frage des Alphabets«, in Moscati, *Die Phönizier*, a. a. O., S. 92; Markoe, *Die Phönizier*, a. a. O., S. 111–112; Moscati, *Die Phöniker*, a. a. O., S. 167–173.
50 Harden, *Phoenicians*, a. a. O., S. 108 und Abb. 34; auch Tafeln 15 und 38; Markoe, *Die Phönizier*, a. a. O., S. 113–115.
51 Ebd., S. 134–138; Aubet, *Phoenicians and the West*, a. a. O., S. 245–256 (die Verweise auf die Bibel sind allerdings konfus); Miles, *Carthage Must Be Destroyed*, a. a. O., S. 69–73.
52 Aubet, *Phoenicians and the West*, a. a. O., S. 249; Harden, *Phoenicians*, a. a. O., Tafel 35; Ribichini, »Glaube und religiöses Leben«, a. a. O., S. 118–123; Miles, *Carthage Must Be Destroyed*, a. a. O., S. 70.

KAPITEL 2
Die Erben des Odysseus
800 bis 550 v. Chr.

1 I. Malkin, *The Returns of Odysseus. Colonisation and Ethnicity*, Berkeley und Los Angeles, CA, 1998, S. 17.
2 Ebd., S. 22; siehe auch D. Briquel, *Les Pélasges en Italie. Recherches sur l'histoire de la légende*, Rom 1948; R. Lane Fox, *Traveling Heroes. Greeks and Their Myths in the Epic Age of Homer*, London 2008; dt.: *Reisende Helden*, Stuttgart 2011.
3 Homer, *Odyssee*, in ders., *Ilias/Odyssee*, München 1976, S. 441 (1:20), S. 510 (5:291), S. 512 (5:366).
4 Malkin, *Returns of Odysseus*, a. a. O., S. 4, 8.
5 Vor allem in den Werken des französischen Homer-Forschers Victor Bérard und seines Sohnes Jean Bérard: J. Bérard, *La colonisation grecque de l'Italie méridionale et de la Sicile dans l'antiquité*, Paris 1957, S. VIII, 304–309.
6 Malkin, *Returns of Odysseus*, a. a. O., S. 186.
7 Ebd., S. 41; M. Scherer, *The Legends of Troy in Art and Literature*, New York 1963.
8 Malkin, *Returns of Odysseus*, a. a. O., S. 68–72.

9 Ebd., S. 68–69, 94–98; Lane Fox, *Travelling Heroes*, a. a. O., S. 181–182.

10 Homer, *Odyssee*, a. a. O., S. 633 (14:289), S. 651 (15:416).

11 Ebd. S. 482 (4:128–129); M. Finley, *The World of Odysseus*, 2. Ausg., London 1964; dt: *Die Welt des Odysseus*, Darmstadt 1968.

12 Homer, *Odyssee*, a. a. O., S. 446 (1:180–185).

13 Ebd., S. 554 (9:105–115).

14 Ebd., S. 558 (9:275).

15 Ebd., S. 554 (9:125–129).

16 Ebd., S. 448 (1:280).

17 D. Ridgway, *The First Western Greeks*, Cambridge 1992 (überarb. Fassung von *L'alba della Magna Grecia*, Mailand 1984). Spätere Literatur zu den westlichen Griechen: G. Pugliese Carratelli (Hg.), *The Western Greeks*, London 1996; V. M. Manfredi und L. Braccesi, *I Greci d'Occidente*, Mailand 1996; D. Puliga und S. Panichi, *Un'altra Grecia. Le colonie d'Occidente tra mito, arte e memoria*, Turin 2005; siehe auch Lane Fox, *Travelling Heroes*, a. a. O.

18 Lane Fox, *Travelling Heroes*, a. a. O., S. 160.

19 Zit. n. Ridgway, *First Western Greeks*, a. a. O., S. 99.

20 Lane Fox, *Travelling Heroes*, a. a. O., S. 52–69.

21 Ebd., S. 159.

22 Ridgway, *First Western Greeks*, a. a. O., S. 17; Lane Fox, *Travelling Heroes*, a. a. O., S. 55–59.

23 L. Woolley, *A Forgotten Kingdom*, Harmondsworth 1953; dt.: *Ein vergessenes Königreich. Die Ausgrabung der 2 Hügel Atschana und al-Mina im türkischen Hatay*, Wiesbaden 1954, S. 164–179.

24 Ridgway, *First Western Greeks*, a. a. O., S. 22–24.

25 Lane Fox, *Travelling Heroes*, a. a. O., S. 138–149.

26 Ridgway, *First Western Greeks*, a. a. O., S. 55–56, Abb. 8–9; Lane Fox, *Travelling Heroes*, a. a. O., S. 157–158.

27 Homer, *Odyssee*, a. a. O., S. 466 (3:54).

28 Ridgway, *First Western Greeks*, a. a. O., S. 57–59, 115.

29 Ebd., S. 111–113 und Abb. 29, S. 112.

30 Lane Fox, *Travelling Heroes*, a. a. O., S. 169–170.

31 Homer, *Ilias*, in ders., *Ilias/Odyssee*, München 1976, S. 37 (2:570) – vgl. Thukydides, *Der Peloponnesische Krieg*, übers. von A. Horneffer, Wiesbaden 2010, S. 72 (1:13.5); J. B. Salmon, *Wealthy Corinth. A History of the City to 338 BC*, Oxford 1984, S. 1; M. L. Z. Munn, »Corinthian trade with the West in the classical period«, Diss. Bryn Mawr College, University Microfilms, Ann Arbor, MI, 1983–1984, S. 1.

32 Pindar, »Dreizehnte Olympische Ode«, in ders., *Siegesgesänge*, übers. von J. Donner, Leipzig und Heidelberg 1860, S. 65.

33 Thukydides, *Der Peloponnesische Krieg*, a. a. O., S. 73 (1:13).

34 Salmon, *Wealthy Corinth*, a. a. O., S. 84–85, 89.

35 Ridgway, *First Western Greeks*, a. a. O., S. 89.

36 Aristophanes, *Das Frauenfest (Thesmophoriazusae)*, Stuttgart 2011, S. 33 (647–648).

37 L. J. Siegel, *Corinthian trade in the ninth through sixth centuries BC*, 2 Bde., Diss. Yale University, University Microfilms, Ann Arbor, MI, 1978, Bd. 1, S. 64–84, 242–257.

38 Thukydides, *Der Peloponnesische Krieg*, a. a. O., S. 72 (1:13); Siegel, *Corinthian trade*, a. a. O., S. 173.

39 Herodot, *Historien*, übers. von A. Horneffer, Stuttgart 1971, S. 8–9 (1:18–20), 365–369 (5:92); A. Andrewes, *The Greek Tyrants*, London 1956, S. 50–51; Siegel, *Corinthian trade*, a. a. O., S. 176–178; siehe auch M. M. Austin, *Greece and Egypt in the Archaic Age*, Ergänzungsband 2 der *Proceedings of the Cambridge Philological Society*, Cambridge 1970, insb. S. 37.

40 Salmon, *Wealthy Corinth*, a. a. O., S. 105–106, 109–110.

41 Munn, *Corinthian Trade*, a. a. O., S. 6–7; Salmon, *Wealthy Corinth*, a. a. O., S. 101–105, 119.

42 L. Woolley, *Ein vergessenes Königreich, a. a. O.*, S. 174–178.

43 Salmon, *Wealthy Corinth*, a. a. O., S. 99, 120.

44 Munn, *Corinthian Trade*, a. a. O., S. 263–267, 323–325.

45 Salmon, *Wealthy Corinth*, a. a. O., S. 136.

46 K. Greene, »Technological innovation and economic progress in the ancient world: M. I. Finley reconsidered«, *Economic History Review* 53 (2000), S. 29–59, insb. S. 29–34.

47 Munn, *Corinthian Trade*, a. a. O., S. 78, 84, 95–96, 111; vgl. M. Finley, *The Ancient Economy*, London 1973; dt.: *Die antike Wirtschaft*, München 1977.

48 Andrewes, *Greek Tyrants*, a. a. O., S. 45–49.

49 Herodot, *Historien*, a. a. O., S. 365–369 (5:92); Aristoteles, *Politik*, 1313a 35–37; Salmon, *Wealthy Corinth*, a. a. O., S. 197; siehe auch Andrewes, *The Greek Tyrants*, S. 50–53.

50 Salmon, *Wealthy Corinth*, a. a. O., S. 199–204.

51 C. Riva, *The Urbanisation of Etruria. Funerary Practices and Social Change, 700–600 BC*, Cambridge 2010, S. 70–71; A. Carandini, *Re Tarquinio e il divino bastardo*, Mailand 2010.

52 A. J. Graham, *Colony and Mother City in Ancient Greece*, Manchester 1964, S. 220.

53 *Diodor's von Sicilien historische Bibliothek*, 3. Abteilung, Stuttgart 1838, S. 1319–1320; Munn, *Corinthian Trade*, S. 35 Diodorus Siculus 15:13.1).

54 Graham, *Colony and Mother City*, a. a. O., S. 218–223.

KAPITEL 3
Der Triumph der Tyrrhener
800 bis 400 v. Chr.

1 J. Boardman, *Pre-classical. From Crete to Archaic Greece*, Harmondsworth 1967, S. 169.

2 D. Briquel, *Origine lydienne des Étrusques. Histoire de la doctrine dans l'antiquité*, Rom 1991.

3 Herodot, *Historien*, übers. von A. Horneffer, Stuttgart 1971, S. 45 (1:94).

4 Tacitus, *Annalen* (4:55); dt. in ders., Sämtliche Werke, Essen 2004, S. 479.

5 D. Briquel, *Tyrrhènes, peuple des tours. Denys d'Halicarnasse et l'autochtonie des Étrusques*, Rom 1993.

6 *Des Dionysius von Halikarnaß Römische Alterthümer*, übers. von J. L. Benzler, 1. Band, Detmold 1771, S. 47–48 (1:30).

7 M. Pallottino, *Die Etrusker*, Frankfurt am Main 1965, S. 64–66; der Hinweis auf Tarhun stammt allerdings von mir.

8 Beginnend mit *Ciba Foundation Symposium on Medical Biology and Etruscan Origins*, hg. von G. E. W. Wolstenholme und C. M. O'Connor, London 1958.

9 G. Barbujani u. a., »The Etruscans: A population-genetic study«, *American Journal of Human Genetics* 74 (2004), S. 694–704; A. Piazza, A. Torroni u. a., »Mitochondrial DNA variation of modern Tuscans supports the Near Eastern origin of Etruscans«, *American Journal of Human Genetics* 80 (2007), S. 759–768.

10 C. Dougherty, »The Aristonothos krater: Competing stories of conflict and collaboration«, in ders. und L. Kurke (Hg.), *The Cultures within Ancient Greek Culture. Contact, Conflict, Collaboration*, Cambridge 2003, S. 35–56.

11 C. Riva, *The Urbanisation of Etruria. Funerary Practices and Social Change, 700–600 BC*, Cambridge 2010, S. 142–146; R. Lane Fox, *Traveling Heroes. Greeks and Their Myths in the Epic Age of Homer*, London 2008, S. 142–146.

12 Homerischer Hymnus »An Dionysos«, in Homer, *Odyssee und Homerische Hymnen*, übers. von A. Weiher, München 1990, S. 511–513; siehe auch M. Iuffrida Gentile, *La pirateria tirrenica. Momenti e fortuna*, Supplement zu *Kókalos* 6, Rom und Palermo 1983, S. 33–47.

13 M. Cristofani, *Gli Etruschi del mare*, Mailand 1983, S. 57–58 und Tafel 37 – vgl. Tafel 68 (spätes 4. Jahrhundert); G. Pettena, *Gli Etruschi e il mare*, Turin 2002; Iuffrida Gentile, *Pirateria tirrenica*, a. a. O., S. 37.

14 M. Torelli, »The battle for the sea-routes, 1000–300 BC«, in D. Abulafia (Hg.), *The Mediterranean in History*, London und New York 2003; dt.: »Die Schlacht um die Seewege: 1000–300 v. Chr.«, in D. Abulafia (Hg.), *Mittelmeer. Kultur und Geschichte*, Stuttgart 2003, S. 101–103.

15 Herodot, *Historien*, a. a. O., S. 23–24 (1:57); siehe auch ebd., S. 304–305 (4:145), S. 338 (5:26); Thukydides, *Der Peloponnesische Krieg*, übers. von A. Horneffer, Wiesbaden 2010, S. 297–298 (4:14).

16 M. Gras, *Trafics tyrrhéniens archaïques*, Rom 1985, S. 648–649; vgl. Iuffrida Gentile, *Pirateria tirrenica*, a. a. O., S. 47.

17 *Des Dionysius von Halikarnaß Römische Alterthümer*, a. a. O., S. 48 (1:30); sie selbst nannten sich Rasenier (Rasna).

18 Gras, *Trafics tyrrhéniens*, a. a. O., S. 629; das lemnische *aviz* ist gleich dem etruskischen *avils*, »Jahre«.

19 Ebd., allgemein und S. 628, 637, 650; *Il commercio etrusco arcaico* (Quaderni del Centro di Studio per l'Archeologia etruso-italica, Bd. 9), Rom 1985; G. M. della Fina (Hg.), *Gli Etruschi e il Mediterraneo. Commercio e politica* (Annali della Fondazione per il Museo Claudio Faina, Bd. 13), Orvieto und Rom 2006; vgl. Cristofani, *Etruschi del mare*, a. a. O., S. 56–60.

20 Gras, *Trafics tyrrhéniens*, a. a. O., S. 615.

21 Riva, *Urbanisation of Etruria*, a. a. O., S. 67; H. Hencken, *Tarquinia and Etruscan Origins*, London 1968, S. 78–84.

22 Pallottino, *Die Etrusker*, a. a. O., S. 77–82.

23 Hencken, *Tarquinia and Etruscan Origins*, a. a. O., S. 99 und Tafeln 54, 90–93.

24 R. Leighton, *Tarquinia. An Etruscan City*, London 2004, S. 56–57; Hencken, *Tarquinia and Etruscan Origins*, a. a. O., S. 66–73.

25 Ebd., Tafeln 139–141.

26 Ebd., S. 72, Abb. 31C, und S. 119.

27 Dougherty, »The Aristonothos krater«, a. a. O., S. 36–37; Hencken, *Tarquinia and Etruscan Origins*, a. a. O., S. 116, 230 und Tafeln 76–77.

28 Cristofani, *Etruschi del mare*, a. a. O., S. 28–29 und Tafel 15.

29 Hencken, *Tarquinia and Etruscan Origins*, a. a. O., S. 122 und Tafel 138.

30 Ebd., S. 123.

31 G. Camporeale u. a., *The Etruscans outside Etruria*, Los Angeles, CA, 2004, S. 29.

32 S. Bruni, *Pisa Etrusca. Anatomia di una città scomparsa*, Mailand 1998, S. 86–113.

33 Camporeale u. a., *Etruscans outside Etruria*, a. a. O., S. 37; siehe auch Riva, *Urbanisation of Etruria*, a. a. O., S. 51 (zu Kontakten während der Bronzezeit).

34 Gras, *Trafics tyrrhéniens*, a. a. O., S. 254–390.

35 Cristofani, *Etruschi del mare*, a. a. O., S. 30.

36 Hencken, *Tarquinia and Etruscan Origins*, a. a. O., S. 137–141.

37 Zum Beispiel Pallottino, *Die Etrusker*, a. a. O., Abb.30, S. 282.

38 D. Diringer, »La tavoletta di Marsiliana d'Albegna«, in *Studi in onore di Luisa Banti*, Rom 1965, S. 139–142; Lane Fox, *Travelling Heroes*, a. a. O., S. 159.

39 A. Mullen, *Gallia Trilinguis. The multiple voices of south-eastern Gaul*, Diss., Cambridge University, 2008, S. 90; H. Rodríguez Somolinos, »The commercial transaction of the Pech Maho lead: A new interpretation«, *Zeitschrift für Papyrologie und Epigraphik* 111 (1996), S. 74–76; Camporeale u. a., *Etruscans outside Etruria*, a. a. O., S. 89.

40 E. Acquaro, »Phönizier and Etrusker«, in S. Moscati (wiss. Leitung), *Die Phönizier*, Hamburg 1988, S. 532–537; Pallottino, *Die Etrusker*, a. a. O., S. 216.

41 E. Richardson, »An Archaeological Introduction to the Etruscan Language«, in L. Bonfante (Hg.), *Etruscan Life and Afterlife. A Handbook of Etruscan Studies*, Detroit 1986, S. 216 und Abb. VII-3, S. 218 (Original im Museo Nazionale Etrusco, Tarquinia); Herodot, *Historien*, a. a. O., S. 308 (4:152).

42 Gras, *Trafics tyrrhéniens*, a. a. O., S. 523–525.

43 Siehe *Corriere della Sera*, 5. August 2010; *La Stampa*, 6. August 2010.

44 J. D. Beazley, *Etruscan Vase-Painting*, Oxford 1947, S. 1.

45 Ebd., S. 3.

46 So benannt von J. D. Beazley, *Attic Red-figure Vase-Painters*, 2. Ausg., Oxford 1964; dt.: *Attische Vasenmaler des rotfigurigen Stils*, Tübingen 1925.

47 Cristofani, *Etruschi del mare*, a. a. O., S. 30 und Tafel 13.

48 Gras, *Trafics tyrrhéniens*, a. a. O., S. 393–475; Torelli, »The battle for the sea-routes«, a. a. O., S. 117.

49 Herodot, *Historien*, a. a. O., S. 74–76 (1:165–167).

50 Cristofani, *Etruschi del mare*, a. a. O., S. 83 und Tafeln 54, 58; vgl. O. W. von Vacano, *Die Etrusker in der Welt der Antike*, Hamburg 1957, S. 123.

51 L. Donati, »The Etruscans and Corsica«, in Camporeale u. a., *Etruscans outside Etruria*, a. a. O., S. 274–279.

52 Cristofani, *Etruschi del mare*, a. a. O., S. 70, 84.

53 A. G. Woodhead, *The Greeks in the West*, London 1962, S. 78.

54 Pindar, »Pythische Oden«, in ders., *Siegesgesänge*, übers. von J. Donner, Leipzig und Heidelberg 1860, S. 110 (1:72–74).

55 C. und G. Picard, *The Life and Death of Carthage*, London 1968, S. 81.

56 Gras, *Trafics tyrrhéniens*, a. a. O., S. 514–522.

57 *Diodor's von Sicilien historische Bibliothek*, 2. Abteilung, Stuttgart 1832, S. 836 (Diodorus Siculus 11:88.4–5); Cristofani, *Etruschi del mare*, a. a. O., S. 114–115.

58 Thukydides, Der Peloponnesische Krieg, a. a. O., S. 488 (6:88.6).

59 Ebd., S. 537 (7:57.11).

60 Leighton, *Tarquinia*, a. a. O., S. 133 und Abb. 56, S. 140; Gras, *Trafics tyrrhéniens*, a. a. O., S. 521, 686; Cristofani, *Etruschi del mare*, a. a. O., S. 115.

61 Vgl. T. J. Dunbabin, *The Western Greeks. The History of Sicily and South Italy from the Foundation of the Greek Colonies to 480 BC*, Oxford 1968, S. 207.

62 Zit. nach J. Heurgon, *Die Etrusker*, Düsseldorf 2004, S. 51.

63 Cristofani, *Etruschi del mare*, a. a. O., S. 95.

64 C. Riva, »The archaeology of Picenum«, in G. Bradley, E. Isayev und C. Riva (Hg.), *Ancient Italy. Regions without Boundaries*, Exeter 2007, S. 96–100 (zu Matelica).

65 Cristofani, *Etruschi del mare*, a. a. O., S. 93.

66 Ebd., S. 101 und Tafel 66, S. 103, S. 128–129; Heurgon, *Die Etrusker*, a. a. O., S. 193–195; vgl. J. Boardman, *The Greeks Overseas. Their Early Colonies and Trade*, 2. Ausg., London 1980; dt.: *Kolonien und Handel der Griechen: vom späten 9. bis zum 6. Jh. v. Chr.*, München 1981, S. 268–269; Cristofani, *Etruschi del mare*, a. a. O., S. 103, 129.

67 Cristofani, *Etruschi del mare*, a. a. O., S. 128.

KAPITEL 4

Zum Garten der Hesperiden 1000 bis 400 v. Chr.

1 M. Guido, *Sardinia* (Ancient Peoples and Places), London 1963, S. 59–60; M. Gras, *Trafics tyrrhéniens archaïques*, Rom 1985, S. 87–91.

2 M. Pallottino, *La Sardegna nuragica*, 2. Ausg. mit Einleitung von G. Lilliu, Nuoro 2000, S. 109–114.

3 Ebd., S. 91–102.

4 Ebd., S. 162; Guido, *Sardinia*, a. a. O., S. 106–107, 142.

5 Guido, *Sardinia*, a. a. O., S. 156.

6 Ebd., S. 112–118; Pallottino, *Sardegna nuragica*, a. a. O., S. 141–147.

7 Gras, *Trafics tyrrhéniens*, a. a. O., S. 113–115 und Abb. 19, S. 114, siehe auch S. 164–167, Abb. 29–30, und S. 185–186.

8 Guido, *Sardinia*, a. a. O., S. 172–177; Gras, *Trafics tyrrhéniens*, a. a. O., S. 145 (Vulci).

9 Guido, *Sardinia*, a. a. O., Tafeln 56–57; Gras, *Trafics tyrrhéniens*, a. a. O., S. 115–119, 123–140; Bible Lands Museum Jerusalem, *Guide to the Collection*, 3. Ausg., Jerusalem 2002, S. 84.

10 V. M. Manfredi und L. Braccesi, *I Greci d'Occidente*, Mailand 1996, S. 184–189; D. Puliga und S. Panichi, *Un'altra Grecia. Le colonie d'Occidente tra mito, arte e memoria*, Turin 2005, S. 203–214.

11 Gras, *Trafics tyrrhéniens*, a. a. O., S. 402.

12 Herodot, *Historien*, übers. von A. Horneffer, Stuttgart 1971, S. 74–76 (1:163–167); A. J. Graham, *Colony and Mother City in Ancient Greece*, Manchester 1964, S. 111–112; M. Sakellariou, »The metropolises of the western Greeks«, in G. Pugliese Carratelli (Hg.), *The Western Greeks*, London 1996, S. 187–188; Manfredi und Braccesi, *I Greci d'Occidente*, a. a. O., S. 179–181, 184–185; Puliga und Panichi, *Un'altra Grecia*, a. a. O., S. 203–204.

13 G. Pugliese Carratelli, »An outline of the political history of the Greeks in the West«, in ders. (Hg.), *Western Greeks*, a. a. O., S. 154–155.

14 M. Bats, »The Greeks in Gaul and Corsica», in Pugliese Carratelli (Hg.), *Western Greeks*, a. a. O., S. 578–580 und Tafel auf S. 579; V. Kruta, »The Greek and Celtic worlds: A meeting of two cultures«, in Pugliese Carratelli (Hg.), *Western Greeks*, a. a. O., S. 585–590; Puliga und Panichi, *Un'altra Grecia*, a. a. O., S. 206–207.

15 J. Boardman, *The Greeks Overseas. Their Early Colonies and Trade*, 2. Ausg., London 1980; dt.: *Kolonien und Handel der Griechen: vom späten 9. bis zum 6. Jh. v. Chr.*, München 1981, S. 257; Manfredi und Braccesi, *I Greci d'Occidente*, a. a. O., S. 187.

16 Justinus 43:4; dt. zit. nach Boardman, *Kolonien und Handel der Griechen*, a. a. O., S. 258.

17 L. Foxhall, *Olive Cultivation in Ancient Greece. Seeking the Ancient Economy*, Oxford 2007; und weitere Studien desselben Autors.

18 Boardman, *Kolonien und Handel der Griechen*, a. a. O., S. 258.

19 Ebd., S. 263–264.

20 Kruta und Bats in Pugliese Carratelli (Hg.), *Western Greeks*, a. a. O., S. 580–583; Boardman, *Kolonien und Handel der Griechen*, a. a. O., S. 263–264.

21 P. Dixon, *The Iberians of Spain and Their Relations with the Aegean World*, Oxford 1940, S. 38.

22 Ebd., S. 35–36.

23 A. Arribas, *The Iberians*, London 1963, S. 56–57.

24 B. Cunliffe, *The Extraordinary Voyage of Pytheas the Greek*, London 2001.

25 Avienus, *Ora maritima*, lat. und dt., Darmstadt 1968; L. Antonelli, *Il Periplo nascosto. Lettura stratigrafica e commento storico-archeologico dell'Ora Maritima di Avieno*, Padua 1998; F. J. Gonzàlez Ponce, *Avieno y el Periplo*, Ecija 1995.

26 Avienus, *Ora maritima*, a. a. O., S. 29 (Z. 267–274).

27 Ebd., S. 19–31 (Z. 80–332, insb. Z. 85, 113–116, 254, 308, 290–298).

28 Ebd., S. 31 (Z. 309–312), S. 35 (Z. 375–380), S. 37 (Z. 438–448), S. 38 (Z. 459–460).

29 Cunliffe, *Extraordinary Voyage*, a. a. O., S. 42–48; Dixon, *Iberians of Spain*, a. a. O., S. 39–40.

30 Avienius, *Ora maritima*, a. a. O., S. 39–41 (Z. 481–482, 485–489, 496–497, 519–522).

31 Dixon, *Iberians of Spain*, a. a. O.; Arribas, *Iberians*, a. a. O.; A. Ruiz und M. Molinos, *The Archaeology of the Iberians*, Cambridge 1998.

32 Avienus, *Ora maritima*, a. a. O., S. 21 (Z. 133).

33 Arribas, *Iberians*, a. a. O., S. 89, 93, 95, Abb. 24, 27, 28, und S. 102–104, mit Blick auf Foxhall, *Olive Cultivation*, a. a. O.

34 Arribas, *Iberians*, a. a. O., S. 146–149.

35 Ebd., Tafeln 35–38, 52–54.

36 Ebd., S. 160; siehe auch Tafeln 22–23; Dixon, *Iberians of Spain*, a. a. O., S. 106–107, 113–115 und Frontispiz.

37 Ebd., S. 107.

38 Ebd., S. 82 und Tafel 12b.

39 Arribas, *Iberians*, a. a. O., S. 131 und Tafel 21; siehe auch Dixon, *Iberians of Spain*, a. a. O., S. 11.

40 Ebd., S. 85–88, Tafeln 10, 11a und b.

41 Ebd., S. 54–60; Arribas, *Iberians*, a. a. O., S. 73–87.

KAPITEL 5
Thalassokratien
550 bis 400 v. Chr.

1 N. G. L. Hammond, *A History of Greece to 322 BC*, Oxford 1959, S. 226.

2 Thukydides, *Der Peloponnesische Krieg*, übers. von A. Horneffer, Wiesbaden 2010, S. 66–67 (1:3).

3 Aischylos, *Die Perser*, in ders., *Die Perser. Sieben gegen Theben*, übers. von E. Staiger, Stuttgart 1970, S. 14–15 (Verse 230–234).

4 A. R. Burn, *The Pelican History of Greece*, Harmondsworth 1966, S. 146, 159; Hammond, *History of Greece*, a. a. O., S. 176, 202; J. Morrison und J. Oates, *The Athenian Trireme. The History and Reconstruction of an Ancient Greek Warship*, Cambridge 1986; dt.: *Die athenische Triere. Geschichte und Rekonstruktion eines Kriegsschiffs der griechischen Antike*, Mainz 1990.

5 Thukydides, *Der Peloponnesische Krieg*, a. a. O., S. 77 (1:21); Herodot, *Historien*, übers. von A. Horneffer, Stuttgart 1971, S. 234–235 (3:122); C. Constantakopolou, *The Dance of the Islands. Insularity, Networks, the Athenian Empire and the Aegean World*, Oxford 2007, S. 94.

6 Herodot, *Historien*, a. a. O., S. 340 (5:31).

7 Burn, *Pelican History of Greece*, a. a. O., S. 158.

8 P. Cartledge, *The Spartans. An Epic History*, London 2002, S. 101–117.

9 Burn, *Pelican History of Greece*, a. a. O., S. 174; vgl. Hammond, *History of Greece*, a. a. O., S. 202.

10 Zu den Zahlen siehe W. Rodgers, *Greek and Roman Naval Warfare*, Annapolis, MD, 1937, S. 80–95.

11 Ebd., S. 86.

12 Aischylos, *Die Perser*, a. a. O., S. 21 (Verse 399–405).

13 J. Hale, *Lords of the Sea. The Triumph and Tragedy of Ancient Athens*, London 2010.

14 Thukydides, *Der Peloponnesische Krieg*, a. a. O., S. 70 (1:10).

15 Ebd., S. 73 (1:13), S. 280 (3:104); Constantakopolou, *The Dance of the Islands*, a. a. O., S. 47–48.

16 Thukydides, *Der Peloponnesische Krieg*, a. a. O., S. 281 (3:104); vgl. den Homerischen Hymnus »An Apollon«, in: Homer, *Odyssee und Homerische Hymnen*, übers. von A. Weiher, München 1990, S. 472 (Verse 146–150).

17 Constantakopolou, *The Dance of the Islands*, a. a. O., S. 70.

18 Dargestellt auf den modernen Türen der nach ihm benannten Bibliothek der historischen Fakultät der Cambridge University.

19 A. Moreno, *Feeding the Democracy. The Athenian Grain Supply in the Fifth and Fourth Centuries BC*, Oxford 2007, S. 28–31.

20 Aristophanes, *Horai* (*Die Jahreszeiten*), Fragment 581, zit. in Moreno, *Feeding the Democracy*, a. a. O., S. 75.

21 Vgl. P. Garnsey, *Famine and Food Supply in the Graeco-Roman World. Responses to Risk and Crisis*, Cambridge 1988; und M. Finley, *The Ancient Economy*, London 1973; dt.: *Die antike Wirtschaft*, München 1977.

22 Isokrates 4:107–109, zit. in Moreno, *Feeding the Democracy*, a. a. O., S. 77.

23 Moreno, *Feeding the Democracy*, a. a. O., S. 100.
24 Thukydides, *Der Peloponnesische Krieg*, a. a. O., S. 618 (8:96); vgl. Moreno, *Feeding the Democracy*, a. a. O., S. 126.
25 Herodot, *Historien*, a. a. O., S. 489 (7:147).
26 R. Meiggs, *The Athenian Empire*, Oxford 1972, S. 121–123; Moreno, *Feeding the Democracy*, a. a. O., S. 318.
27 Ebd., S. 319; vgl. P. Horden und N. Purcell, *The Corrupting Sea. A Study of Mediterranean History*, Oxford 2000, S. 121.
28 P. J. Rodes, *The Athenian Empire* (Greece and Rome, New Surveys in the Classics 17), Oxford 1985.
29 Thukydides, *Der Peloponnesische Krieg*, a. a. O., S. 75–76 (1:19).
30 Ebd., S. 79 (1:24); J. Wilson, *Athens and Corcyra. Strategy and Tactics in the Peloponnesian War*, Bristol 1987; D. Kagan, *The Peloponnesian War. Athens and Sparta in Savage Conflict 431–404 BC*, London 2003, S. 25.
31 Thukydides, *Der Peloponnesische Krieg*, a. a. O., S. 79–80 (1:25).
32 Kagan, *Peloponnesian War*, a. a. O., S. 27.
33 Thukydides, *Der Peloponnesische Krieg*, a. a. O., S. 84 (1:33).
34 Ebd., S. 86 (1:36).
35 Ebd., S. 91–94 (1:45–49); Kagan, *Peloponnesian War*, a. a. O., S. 34–36 und Karte 8, S. 35.
36 Thukydides, *Der Peloponnesische Krieg*, a. a. O., S. 101 (1:67); Kagan, *Peloponnesian War*, a. a. O., S. 41, Fn. 1.
37 Thukydides, *Der Peloponnesische Krieg*, a. a. O., S. 114 (1:87).
38 Kagan, *Peloponnesian War*, a. a. O., S. 100–101; Constantakopolou, *Dance of the Islands*, a. a. O., S. 239–242.
39 Thukydides, *Der Peloponnesische Krieg*, a. a. O., S. 226 (3:11), S. 228 (3:13).
40 Ebd., S. 290–291 (4:3–6).
41 Kagan, *Peloponnesian War*, a. a. O., S. 142–147.
42 Thukydides, *Der Peloponnesische Krieg*, a. a. O., S. 307–313 (4:29–4:39).
43 Ebd., S. 271 (3:86).
44 Ebd., S. 437 (6:6); Kagan, *Peloponnesian War*, a. a. O., S. 118–120.
45 Vgl. Thukydides, *Der Peloponnesische Krieg*, a. a. O., S. 437 (6:6).
46 Ebd., S. 463 (6:46).
47 W. M. Ellis, *Alcibiades*, London 1989, S. 54.
48 Kagan, *Peloponnesian War*, a. a. O., S. 280.
49 Rodgers, *Greek and Roman Naval Warfare*, 159–167.
50 Kagan, *Peloponnesian War*, a. a. O., S. 321.
51 Ebd., S. 402–414.
52 Ebd., S. 331–332.

53 Xenophon, *Hellenika*, hg. von G. Strasberger, Wiesbaden o. J., S. 275–281 (2:1); Cartledge, *Spartans*, a. a. O., S. 192–202.
54 Xenophon, *Hellenika*, a. a. O., S. 321–331 (3:2), S. 345–353 (3:5), S. 361–406 (4:2–4:9).

KAPITEL 6
Der Leuchtturm des Mittelmeeres 350 bis 100 v. Chr.

1 R. Lane Fox, *Alexander the Great*, 3. Aufl., Harmondsworth 1986; dt.: *Alexander der Große. Eroberer der Welt*, Stuttgart 2004, S. 226–239.
2 Eine wissenschaftliche Darstellung: P. M. Fraser, *Ptolemaic Alexandria*, 3 Bde., Oxford 1972, Bd. 1, S. 3; eine populärwissenschaftliche Darstellung: J. Pollard und H. Reid, *The Rise and Fall of Alexandria, Birthplace of the Modern Mind*, New York 2006, S. 6–7.
3 Lane Fox, *Alexander der Große*, a. a. O., S. 249–250.
4 Pollard und Reid, *Rise and Fall of Alexandria*, a. a. O., S. 2–3.
5 Strabo, *Geographica*, übers. von A. Forbiger, Wiesbaden 2005, S. 1112–1113 (17:8); J.-Y. Empereur, *Alexandria. Past, Present and Future*, London 2002, S. 23.
6 Lane Fox, *Alexander der Große*, a. a. O., S. 612–627.
7 S.-A. Ashton, »Ptolemaic Alexandria and the Egyptian tradition«, in A. Hirst und M. Silk (Hg.), *Alexandria Real and Imagined*, 2. Ausg., Kairo 2006, S. 15–40.
8 J. Carleton Paget, »Jews and Christians in ancient Alexandria from the Ptolemies to Caracalla«, in Hirst und Silk, *Alexandria Real and Imagined*, a. a. O., S. 146–149.
9 Fraser, *Ptolemaic Alexandria*, a. a. O., Bd. 1, S. 255; Empereur, *Alexandria*, a. a. O., S. 24–25.
10 Fraser, *Ptolemaic Alexandria*, a. a. O., Bd. 1, S. 252; siehe auch ebd., S. 116–117.
11 Ebd., S. 259.
12 Strabo, *Geographica*, a. a. O., S. 1111–1112 (17:7); Fraser, *Ptolemaic Alexandria*, a. a. O., Bd. 1, S. 132, 143.
13 M. Rostovtzeff, *The Social and Economic History of the Hellenistic World*, 3 Bde., Oxford 1941; dt.: *Gesellschafts- und Wirtschaftsgeschichte der hellenistischen Welt*, 3 Bde., Darmstadt 1984, Bd. 1, S. 23–24.

14 L. Casson, *The Ancient Mariners. Seafarers and Sea Fighters of the Mediterranean in Ancient Times*, 2. Ausg., Princeton, NJ, 1991; dt.: *Die Seefahrer der Antike*, München 1979, S. 237–239.

15 Ebd., S. 234–235.

16 L. Casson, *Ancient Mariners*, a. a. O., S. 135 und Tafel 32 (in der dt. Ausg. nicht enthalten).

17 Rostovtzeff, *Gesellschafts- und Wirtschaftsgeschichte*, a. a. O., Bd. 1, S. 292–293; Fraser, *Ptolemaic Alexandria*, a. a. O., Bd. 1, S. 137–139.

18 Rostovtzeff, *Gesellschafts- und Wirtschaftsgeschichte*, a. a. O., Bd. 1, S. 308–309.

19 Casson, *Die Seefahrer der Antike*, a. a. O., S. 282–283; Rostovtzeff, *Gesellschafts- und Wirtschaftsgeschichte*, a. a. O., Bd. 1, S. 174–177.

20 Fraser, *Ptolemaic Alexandria*, a. a. O., Bd. 1, S. 150.

21 Ebd., S. 176, 178–181.

22 Empereur, *Alexandria*, a. a. O., S. 35.

23 Getreide vom Bosporus: G. J. Oliver, *War, Food, and Politics in Early Hellenistic Athens*, Oxford 2007, S. 22–30.

24 Rostovtzeff, *Gesellschafts- und Wirtschaftsgeschichte*, a. a. O., Bd. 1, S. 284–285, 287.

25 *Diodor's von Sicilien historische Bibliothek*, 1. Abteilung, Stuttgart 1838, S. 56 (Diodorus Siculus 1:34).

26 Fraser, *Ptolemaic Alexandria*, a. a. O., Bd. 1, S. 315; H. Maehler, »Alexandria, the Mouseion and cultural identity«, in Hirst und Silk (Hg.), *Alexandria Real and Imagined*, a. a. O., S, 1–14.

27 Irenäus, zit. in M. El-Abbadi, »The Alexandria Library in history«, in Hirst und Silk (Hg.), *Alexandria Real and Imagined*, a. a. O., S. 167.

28 El-Abbadi, »The Alexandria Library in history«, a. a. O., S. 172; Fraser, *Ptolemaic Alexandria*, a. a. O., Bd. 1, S. 329.

29 Empereur, *Alexandria*, a. a. O., S. 38–39.

30 Maehler, »Alexandria, the Mouseion and cultural identity«, a. a. O., S. 9–10.

31 Kommentare von E. V. Rieu in seiner Übersetzung von: Apollonios von Rhodos, *The Voyage of Argo*, Harmondsworth 1959, S. 25–27; vgl. Fraser, *Ptolemaic Alexandria*, a. a. O., Bd. 1, S. 627.

32 Pollard und Reid, *Rise and Fall of Alexandria*, a. a. O., S. 79.

33 Empereur, *Alexandria*, a. a. O., S. 43.

34 El-Abbadi, »The Alexandria Library in history«, a. a. O., S. 174.

35 N. Collins, *The Library in Alexandria and the Bible in Greek*, Leiden 2000, S. 45: Philon und Josephus (jüdische Autoren); Justinus und Tertullian

(christliche Autoren – auch Irenäus und Clemens von Alexandria, die diese Übersetzung in die Regierungszeit Ptolemäus I. datieren).

36 Carleton Paget, »Jews and Christians in Ancient Alexandria«, a. a. O., S. 149–151.

37 Fraser, *Ptolemaic Alexandria*, a. a. O., Bd. 1, S. 331, 338–376, 387–389.

38 Pollard und Reid, *Rise and Fall of Alexandria*, a. a. O., S. 133–137.

39 N. K. Rauh, *Merchants, Sailors and Pirates in the Roman World*, Stroud 2003, S. 65–67.

40 P. de Souza, *Piracy in the Graeco-Roman World*, Cambridge 1999, S. 80–84.

41 Casson, *Die Seefahrer der Antike*, a. a. O., S. 246–248.

42 Rauh, *Merchants*, a. a. O., S. 66.

43 Diodorus Siculus, 22:81.4, zit. in Rauh, *Merchants*, a. a. O., S. 66 (in der dt. Übersetzung: *Diodor's von Sicilien historische Bibliothek*, 3. Abteilung, »Bruchstücke aus dem 22. Buch«, Stuttgart 1838) nicht enthalten.

44 Rauh, *Merchants*, a. a. O., S. 68.

45 Casson, *Die Seefahrer der Antike*, a. a. O., S. 291.

46 Rostovtzeff, *Gesellschafts- und Wirtschaftsgeschichte*, a. a. O., Bd. 1, S. 178–179; zur frühen Entwicklung siehe G. Reger, *Regionalism and Change in the Economy of Independant Delos, 314–167 BC*, Berkeley, CA, 1994; zu den späteren Entwicklungen siehe N. Rauh, *The Sacred Bonds of Commerce. Religion, Economy, and Trade Society at Hellenistic-Roman Delos, 166–87 BC*, Amsterdam 1993.

47 Rauh, Merchants, a. a. O., S. 53–65, 73–74; Casson, *Die Seefahrer der Antike*, a. a. O., S. 293–294.

KAPITEL 7

»Karthago muss zerstört werden« 400 bis 146 v. Chr.

1 B. H. Warmington, *Carthage*, London 1960; dt.: *Karthago. Aufstieg und Untergang einer antiken Weltstadt*, Wiesbaden 1956, S. 88–90; R. Miles, *Carthage Must Be Destroyed. The Rise and Fall of an Ancient Civilization*, London 2010, S. 121–123.

2 Xenophon, *Hellenika*, hg. von G. Strasburger, Wiesbaden o. J., S. 247 (1:1).

3 A. Andrewes, *The Greek Tyrants*, London 1956, S. 137; Miles, *Carthage Must Be Destroyed*, a. a. O., S. 123–124.

4 Warmington, *Karthago*, a. a. O., S. 94.

5 M. Finley, *Ancient Sicily*, London 1968; dt.: *Das antike Sizilien. Von der Vorgeschichte bis zur arabischen Eroberung*, München 1979, S. 98; Andrewes, *Greek Tyrants*, a. a. O., S. 129; Miles, *Carthage Must Be Destroyed*, a. a. O., S. 126 (zu einer karthagischen Inschrift zum Gedenken an den Fall von Akragas).

6 Warmington, *Karthago*, a. a. O., S. 117; Finley, *Das antike Sizilien*, a. a. O., S. 99–100, 121–123.

7 Warmington, *Karthago*, a. a. O., S. 108; Miles, *Carthage Must Be Destroyed*, a. a. O., S. 127–128.

8 Warmington, *Karthago*, a. a. O., S. 110–113; Finley, *Das antike Sizilien*, a. a. O., S. 102–108.

9 Warmington, *Karthago*, a. a. O., S. 112.

10 Plutarch, »Timoleon«, in ders. *Große Griechen und Römer*, 6 Bde., Zürich 1957, Bd. IV, S. 176 (4); Finley, *Das antike Sizilien*, a. a. O., S. 126.

11 Warmington, *Karthago*, a. a. O., S. 122–123; Miles, *Carthage Must Be Destroyed*, a. a. O., S. 136–137.

12 R. J. A. Talbert, *Timoleon and the Revival of Greek Sicily, 344–317 BC*, Cambridge 1974, S. 151–152; Finley, *Das antike Sizilien*, a. a. O., S. 130.

13 Plutarch, »Timoleon«, a. a. O.; Talbert, *Timoleon*, a. a. O., S. 156–157, 161–165; Finley, *Das antike Sizilien*, a. a. O., S. 131.

14 Finley, *Das antike Sizilien*, a. a. O., S. 136; Warmington, *Karthago*, a. a. O., S. 128–129.

15 Ebd., S. 135.

16 Finley, *Das antike Sizilien*, a. a. O., S. 137.

17 J. Serrati, »The coming of the Romans: Sicily from the fourth to the first centuries BC«, in C. Smith und J. Serrati (Hg.), *Sicily from Aeneas to Augustus. New Approaches in Archaeology and History*, Edinburgh 2000, S. 109–110.

18 Livius, *Römische Geschichte. Von der Gründung der Stadt an*, übers. von O. Güthling, hg. von L. Möller, Wiesbaden 2009, S. 82 (2:34); B. D. Hoyos, *Unplanned Wars. The Origins of the First and Second Punic Wars*, Berlin 1998, S. 28; G. Rickman, *The Corn Supply of Ancient Rome*, Oxford 1980, S. 31.

19 R. Cowan, *Roman Conquests. Italy*, London 2009, S. 8–11, 21–25.

20 R. Meiggs, *Roman Ostia*, 2. Ausg., Oxford 1973, S. 24.

21 Rickman, *Corn Supply*, a. a. O., S. 32.

22 K. Lomas, *Rome and the Western Greeks 350 BC–AD 200*, London 1993, S. 50.

23 Livius, *Römische Geschichte*, a. a. O., S. 370 (9:30.4).

24 Hier bin ich anderer Ansicht als Lomas, *Rome and the Western Greeks*, a. a. O., S. 51.

25 Ebd., S. 56.

26 Hoyos, *Unplanned Wars*, a. a. O., S. 19–20.

27 J. F. Lazenby, *The First Punic War. A Military History*, London 1996, S. 34; Miles, *Carthage Must Be Destroyed*, a. a. O., S. 162–165.

28 Miles, *Carthage Must Be Destroyed*, a. a. O., S. 107–111, 160–161.

29 Z. B. A. Goldsworthy, *The Fall of Carthage*, London 2000, S. 16, 65, 322.

30 Hoyos, *Unplanned Wars*, a. a. O., S. 1–4; Goldsworthy, *Fall of Carthage*, a. a. O., S. 19–20.

31 Polybios, *Historien* (hier unter dem Titel: *Der Aufstieg Roms*), hg. von L. Möller, Wiesbaden 2010, S. 55 (1:13.11); Hoyos, *Unplanned Wars*, a. a. O., S. 1; über Verwüstung: Goldsworthy, *Fall of Carthage*, a. a. O., S. 363–364.

32 J. Serrati, »Garrisons and grain: Sicily between the Punic Wars«, in Smith und Serrati (Hg.), *Sicily from Aeneas to Augustus*, a. a. O., S. 116–119.

33 Lazenby, *First Punic War*, a. a. O., S. 35–39; Goldsworthy, *Fall of Carthage*, a. a. O., S. 66–68; Miles, *Carthage Must Be Destroyed*, a. a. O., 171–173.

34 Polybios, *Historien*, a. a. O., S. 53 (1:10.5–6); Lazenby, *First Punic War*, a. a. O., S. 37; Hoyos, *Unplanned Wars*, a. a. O., S. 33–66.

35 Polybios, *Historien*, a. a. O., S. 54 (1:11.7); Lazenby, *First Punic War*, a. a. O., S. 48; Miles, *Carthage Must Be Destroyed*, a. a. O., S. 174.

36 *Diodor's von Sicilien historische Bibliothek*, 3. Abteilung, »Bruchstücke aus dem 23. Buch«, Stuttgart 1838, S. 2210 (Diodorus Siculus 23:2.1).

37 Lazenby, *First Punic War*, a. a. O., S. 51, 55.

38 Polybios, *Historien*, a. a. O., S. 60 (1:20:1–2); Hoyos, *Unplanned Wars*, a. a. O., S. 113; Lazenby, *First Punic War*, a. a. O., S. 60; Goldsworthy, *Fall of Carthage*, a. a. O., S. 81.

39 Vgl. allerdings Miles, *Carthage Must Be Destroyed*, a. a. O., S. 175.

40 Polybios, *Historien*, a. a. O., S. 61 (1:20.9); Lazenby, *First Punic War*, a. a. O., S. 62–63.

41 Polybios, *Historien*, a. a. O., S. 61 (1:20.15–16).

42 Ebd., S. 62 (1:22.3).

43 Lazenby, *First Punic War*, a. a. O., S. 64, 66 und 69, Abb. 5.1; Miles, *Carthage Must Be Destroyed*, a. a. O., S. 181–183.

44 J. H. Thiel, *Studies on the History of Roman Sea-power in Republican Times*, Amsterdam 1946, S. 19; Goldsworthy, *Fall of Carthage*, a. a. O., S. 109–115; siehe auch Lazenby, *First Punic War*, a. a. O., S. 83, 86–87.

45 Vgl. Lazenby, *First Punic War*, a. a. O., S. 94.

46 J. Morrison, *Greek and Roman Oared Warships, 339–30 BC*, Oxford 1996, S. 46–50.

47 Goldworthy, *Fall of Carthage*, a. a. O., S. 115.
48 Polybios, *Historien*, a. a. O., S. 73 (1:37.3); Lazenby, *First Punic War*, a. a. O., S. 111; Miles, *Carthage Must Be Destroyed*, a. a. O., S. 181.
49 Polybios, *Historien*, a. a. O., S. 91 (1:62.8–63.3); Lazenby, *First Punic War*, a. a. O., S. 158.
50 Warmington, *Karthago*, a. a. O., S. 203; Hoyos, *Unplanned Wars*, a. a. O., S. 131–143.
51 M. Guido, *Sardinia* (Ancient Peoples and Places), London 1963, S. 209.
52 B. D. Hoyos, *Hannibal's Dynasty. Power and Politics in the Western Mediterranean, 247–183 BC*, London 2003, S. 50–52, 72, 74–76; Miles, *Carthage Must Be Destroyed*, a. a. O., S. 214–222.
53 Hoyos, *Hannibal's Dynasty*, a. a. O., S. 53.
54 Ebd., S. 55, 63–67, 79–80; Miles, *Carthage Must Be Destroyed*, a. a. O., S. 224; Polybios, *Historien*, a. a. O., S. 471 (10:8.6).
55 Hoyos, *Unplanned Wars*, a. a. O., S. 150–195, insb. S. 177 und 208.
56 Goldsworthy, *Fall of Carthage*, a. a. O., S. 253–260.
57 Serrati, »Garrisons and grain«, a. a. O., S. 115–133.
58 Finley, *Das antike Sizilien*, a. a. O., S. 151–152; Goldsworthy, *Fall of Carthage*, a. a. O., S. 261.
59 Thiel, *Studies on the History of Roman Sea-power*, a. a. O., S. 79–86; Goldsworthy, *Fall of Carthage*, a. a. O., S. 263, 266.
60 Finley, *Das antike Sizilien*, a. a. O., S. 153.
61 Goldsworthy, *Fall of Carthage*, a. a. O., S. 308.
62 Thiel, *Studies on the History of Roman Sea-power*, a. a. O., S. 255–372.
63 Goldsworthy, *Fall of Carthage*, a. a. O., S. 331.
64 Warmington, *Karthago*, a. a. O., S. 245–246.
65 Goldsworthy, *Fall of Carthage*, a. a. O., S. 338–339.
66 Rauh, *Merchants*, a. a. O., S. 38–53.
67 Vergil, *Aeneis*, lateinisch und deutsch, übers. und hg. von G. Fink, Mannheim 2011, S. 187–189 (4:667–671).

KAPITEL 8
»Unser Meer«
146 v. Chr. bis 150 n. Chr.

1 N. K. Rauh, *Merchants, Sailors and Pirates in the Roman World*, Stroud 2003, S. 136–141.

2 Lucan, *Der Bürgerkrieg oder Die Schlacht von Pharsalos*, Berlin und Weimar 1978, S. 149 (7:400–407).

3 R. Syme, *The Roman Revolution*, Oxford 1939; dt.: *Die römische Revolution. Machtkämpfe im antiken Rom*, Stuttgart 2003, S. 78, 83–88.

4 P. de Souza, *Piracy in the Graeco-Roman World*, Cambridge 1999, S. 92–96.

5 L. Casson, *The Ancient Mariners. Seafarers and Sea Fighters of the Mediterranean in Ancient Times*, 2. Ausg., Princeton, NJ, 1991, S. 191; dt.: *Die Seefahrer der Antike*, München 1979, S. 325.

6 Zit. in de Souza, *Piracy*, a. a. O., S. 50–51.

7 Livius, *Römische Geschichte*, a. a. O., S. 911 (34:32.18); Polybios, *Historien* (hier unter dem Titel: *Der Aufstieg Roms*), hg. von L. Möller, Wiesbaden 2010, S. 531 (13:6).

8 De Souza, *Piracy*, a. a. O., S. 185–195.

9 Rauh, Merchants, a. a. O., S. 177, 184; möglicherweise waren diese *tyrannoi* (und nicht Etrusker) die *Tyrrhenoi*, die bei Rhodos ihr Unwesen trieben – eine etymologisch leicht mögliche Verwechslung.

10 Strabo, *Geographica*, übers. von A. Forbiger, Wiesbaden 2005, S. 946 (14:3.2); Rauh, *Merchants*, a. a. O., S. 171–172.

11 Plutarch, »Pompejus«, in ders. *Große Griechen und Römer*, 6 Bde., Zürich 1957, Bd. III, S. 183 (24.1–3).

12 De Souza, *Piracy*, a. a. O., S. 165–166.

13 Plutarch, »Pompejus«, a. a. O., S. 184 (25.1).

14 Syme, *Die römische Revolution*, a. a. O., S. 35–36.

15 Cicero, »Über den Oberbefehl des Pompeius«, in ders., *Werke in drei Bänden*, Berlin und Weimar 1989, Bd. 1, S. 207 (Pro lege Manilia 34); G. Rickman, *The Corn Supply on Ancient Rome*, Oxford 1980, S. 51–52.

16 De Souza, *Piracy*, a. a. O., S. 169–170.

17 Rickman, *Corn Supply*, a. a. O., S. 51; Syme, *Die römische Revolution*, S. 36.

18 Plutarch, »Pompejus«, a. a. O., S. 188–189 (28.3); de Souza, *Piracy*, a. a. O., S. 170–171, 175–176.

19 Syme, *Die römische Revolution*, S. 37.

20 »*hoc voluerunt*«: Sueton, *Cäsarenleben*, hg. von M. Heinemann, Stuttgart 1951, S. 22 (»Julius Cäsar« 30:4).

21 Syme, *Die römische Revolution*, a. a. O., S. 270.

22 F. Adcock in *Cambridge Ancient History*, 12 Bde., Cambridge 1923–1939, Bd. 9, *The Roman Republic, 133–44 BC*, S. 724; Syme, *Die römische Revolution*, S. 60–67.

23 Ebd., S. 270, 279–280.

24 Ebd., S. 304–307; C. G. Starr, *The Roman Imperial Navy 31 BC–AD 324*,

Ithaca, NY, 1941, S. 7–8; J. Morrison, *Greek and Roman Oared Warships, 339–30 BC*, Oxford 1996, S. 157–175.

25 Vergil, *Aeneis*, a. a. O., S. 391 (8:678–680, 685–688).

26 Syme, *Die römische Revolution*, a. a. O., S. 309–311; Rickman, *Corn Supply*, a. a. O., S. 61, 70.

27 *Res gestae. Tatenbericht* (Monumentum Ancyranum), übers. von M. Giebel, Stuttgart 1980, Nr. 15.

28 Rickman, *Corn Supply*, a. a. O., S. 176–177, 187, 197, 205–208.

29 Ebd., S. 12.

30 Rauh, *Merchants*, a. a. O., S. 93–94.

31 Plutarch, »Cato«, in ders. *Große Griechen und Römer*, 6 Bde., Zürich 1957, Bd. I, S. 347–348 (21.6); Rauh, *Merchants*, a. a. O., S. 104.

32 Ebd., S. 105.

33 Rickman, *Corn Supply*, a. a. O., S. 16, 121.

34 Ebd., S. 6–7; siehe auch P. Erdkamp, *The Grain Market in the Roman Empire. A Social and Political Study*, Cambridge 2005; P. Garnsey, *Famine and Food Supply in the Graeco-Roman World. Responses to Risk and Crisis*, Cambridge 1988.

35 Rickman, *Corn Supply*, a. a. O., S. 16.

36 Museu de la Ciutat de Barcelona, Römische Abteilung.

37 Rickman, *Corn Supply*, a. a. O., S. 15, 128.

38 Apostelgeschichte 27 und 28.

39 Rickman, *Corn Supply*, a. a. O., S. 17, 65.

40 Flavius Josephus, *Der jüdische Krieg*, in ders., *Der Jüdische Krieg und Kleine Schriften*, übers. von H. Clementz, Wiesbaden 2005, S. 206 (2:383–385); Rickman, *Corn Supply*, a. a. O., S. 68, 232.

41 Rickman, *Corn Supply*, a. a. O., S. 61, 123.

42 Ebd., S. 108–112; S. Raven, *Rome in Africa*, 2. Ausg., Harlow 1984, S. 84–105; weitere Versorgungsquellen waren Sizilien: Rickman, *Corn Supply*, a. a. O., S. 104–106; Sardinien: ebd., S. 106–107; Spanien: ebd., S. 107–108.

43 Rickman, *Corn Supply*, a. a. O., S. 67, 69.

44 Raven, *Rome in Africa*, a. a. O., S. 94.

45 Plinius der Ältere, *Die Naturgeschichte des Gaius Plinius Secundus*, hg. von L. Möller und M. Vogel, 2 Bde., Wiesbaden 2007, Bd. 1, S. 806. (Naturalis historiae 18:35); Rickman, *Corn Supply*, a. a. O., S. 111.

46 Raven, *Rome in Africa*, a. a. O., S. 86, 93.

47 Ebd., S. 95.

48 Ebd., S. 95, 100–102.

49 Rickman, *Corn Supply*, a. a. O., S. 69–70 und Appendix 4, S. 231–235.
50 Ebd., S. 115 (für das Jahr 99).
51 Ebd., S. 76–77 und Appendix 11, S. 256–267.
52 Seneca, »An Lucilius, Briefe über Ethik«, in ders., *Philosophische Schriften*, 5 Bde., Darmstadt 1987, Bd. 4, S. 115 (*Ad Lucilium epistulae* 77:1–3).
53 D. Jones, *The Bankers of Puteoli. Finance, Trade and Industry in the Roman World*, Stroud 2006, S. 26.
54 Ebd., S. 23–24; und Strabo, *Geographica*, a. a. O., S. 345 (5:4.6).
55 Jones, *Bankers of Puteoli*, a. a. O., S. 33.
56 Zit. in R. Meiggs, *Roman Ostia*, Oxford 1960, S. 60.
57 Jones, *Bankers of Puteoli*, a. a. O., S. 34.
58 Petronius, *Begebenheiten des Enkolp* [*Satyricon*], in W. Heinse, *Sämtliche Werke*, 2. Band, Leipzig 1903, S. 139 (Satyricon 76); Jones, *Bankers of Puteoli*, a. a. O., S. 43.
59 Jones, *Bankers of Puteoli*, a. a. O., S. 11.
60 Ebd., S. 102–117.
61 Ebd., Appendix 9, S. 255.
62 Rickman, *Corn Supply*, a. a. O., S. 21–24, 134–143; G. Rickman, *Roman Granaries and Store Buildings*, Cambridge 1971.
63 Rickman, *Corn Supply*, a. a. O., S. 23; ders., *Roman Granaries*, a. a. O., S. 97–104.
64 Meiggs, *Roman Ostia*, a. a. O., S. 16–17, 41–45, 57–59, 74, 77.
65 M. Reddé, *Mare Nostrum. Les infrastructures, le dispositif et l'histoire de la marine militaire sous l'empire romain*, Rom 1986.
66 Tacitus, *Historien*, (3:8); dt.: in ders., *Sämtliche Werke*, Essen 2004, S. 205; Starr, *Roman Imperial Navy*, a. a. O., S. 181, 183, 185, 189; Rickman, *Corn Supply*, a. a. O., S. 67.
67 Starr, *Roman Imperial Navy*, a. a. O., S. 188.
68 Ebd., S. 67.
69 Zit. ebd., S. 78.
70 Aelius Aristides, zit. ebd., S. 87.
71 Oxyrhynchus Papyri, zit. nach H.-J. Klauck, *Die antike Briefliteratur und das Neue Testament*, Paderborn 1998, S. 29–33.
72 Zit. nach Starr, *Roman Imperial Navy*, a. a. O., S. 84–85.
73 Reddé, *Mare Nostrum*, a. a. O., S. 402.
74 Raven, *Rome in Africa*, a. a. O., S. 75–76; Reddé, *Mare Nostrum*, a. a. O., S. 244–248.
75 Reddé, *Mare Nostrum*, a. a. O., S. 139, 607 und allgemeiner S. 11–141.
76 Tacitus, Annalen, (4:5); dt.: in ders., *Sämtliche Werke*, a. a. O., S. 451; Sue-

ton, *Cäsarenleben*, a. a. O., S. 113 (»Augustus« 49); Reddé, *Mare Nostrum*, a. a. O., S. 472.

77 Reddé, *Mare Nostrum*, a. a. O., S. 186–197; Starr, *Roman Imperial Navy*, a. a. O., S. 13–21.

78 Reddé, *Mare Nostrum*, a. a. O., S. 177–186; Starr, *Roman Imperial Navy*, a. a. O., S. 21–24.

KAPITEL 9

Alter und neuer Glaube
1 bis 450 n. Chr.

1 B. de Breffny, *The Synagogue*, London 1978, S. 30–32, 37.

2 R. Meiggs, *Roman Ostia*, Oxford 1960, S. 355–366, 368–376.

3 R. Lane Fox, *Pagans and Christians in the Mediterranean World from the Second Century AD to the Conversion of Constantine*, London 1986, S. 428, 438, 453.

4 M. Goodman, *Rome and Jerusalem. The Clash of Ancient Civilisations*, London 2007, S. 26–28, 421, 440–443.

5 Ebd., S. 469–490: Münzinschrift FISCI IVDAICI CALVMNIA SVBLATA.

6 Ebd., S. 480, 484–491.

7 S. Sand, *The Invention of the Jewish People*, London 2009, S. 130–146, unterschätzt den Umfang dieser Diaspora ganz beträchtlich.

8 Lane Fox, *Pagans and Christians*, a. a. O., S. 450, 482.

9 Ebd., S. 487.

10 Sand, *Invention of the Jewish People*, a. a. O., S. 171–172.

11 Lane Fox, *Pagans and Christians*, a. a. O., S. 492.

12 A. S. Abulafia, *Christian-Jewish Relations, 1000–1300: Jews in the Service of Christians*, Harlow 2011, S. 4–8, 15–16.

13 R. Patai, *The Children of Noah, Jewish Seafaring in Ancient Times*, Princeton, NJ, 1998, S. 137–142.

14 Ebd., S. 70–71, 85–100.

15 Lane Fox, *Pagans and Christians*, a. a. O., S. 609–662.

16 G. Bowersock, *Julian the Apostate*, London 1978, S. 89–90, 120–122; P. Athanassiadi, *Julian the Apostate. An Intellectual Biography*, London 1992, S. 163–165.

17 Bowersock, *Julian*, a. a. O., S. 79–93; R. Smith, *Julian's Gods. Religion and Philosophy in the Thought and Action of Julian the Apostate*, London 1995.

18 Lane Fox, *Pagans and Christians*, a. a. O., S. 31.

19 G. Downey, *Gaza in the Early Sixth Century*, Norman, OK, 1963, S. 33–59. Das Buch ist in weiten Teilen nur fürchterliches Geschwafel.

20 Lane Fox, *Pagans and Christians*, a. a. O., S. 270.

21 Downey, *Gaza*, a. a. O., S. 17–26, 20–21, 25–29.

22 Zu seiner Laufbahn siehe *Das Leben des heiligen Porphyrios, Bischofs von Gaza, beschrieben von dem Diakon Markus*, übers. und hg. von Georg Rohde, Berlin 1927.

23 Sand, *Invention of the Jewish People*, a. a. O., S. 166–178, wenn auch überschätzt.

24 Severus of Menorca, *Letter on the Conversion of the Jews*, hg. von S. Bradbury, Oxford 1996, Einleitung des Herausgebers, S. 54–55; J. Amengual i Batle, *Judíos, Católicos y herejes. El microcosmos balear y tarraconense de Seuerus de Menorca, Consentius y Orosius (413–421)*, Granada 2008, S. 69–201.

25 C. Ginzburg, »The conversion of Minorcan Jews (417–418): An experiment in history of historiography«, in S. Waugh und P. Diehls (Hg.), *Christendom and its Discontents. Exclusion, Persecution, and Rebellion, 1000–1500*, Cambridge 1996, S. 207–219.

26 Severus of Menorca, *Letter*, a. a. O., S. 80–85.

27 Bradbury, *Einleitung*, ebd., S. 34–36.

28 Severus of Menorca, *Letter*, a. a. O., S. 84–85.

29 Ebd., S. 82–83.

30 Bischof Johannes II. von Jerusalem, ebd., S. 18; siehe auch Bradburys Kommentare, ebd., S. 16–25.

31 Ginzburg, »Conversion«, a. a. O., S. 213–215; Bradbury, *Einleitung* in Severus of Menorca, *Letter*, a. a. O., S. 19, 53.

32 Ebd., S. 124–125.

33 Ebd., S. 94–101.

34 Ebd., S. 116–119.

35 Ebd., S. 92–93; aber vgl. Bradburys Kommentar, ebd., S. 32.

36 Bradbury, *Einleitung* ebd., S. 41–42.

KAPITEL 10
Auflösung
400 bis 600

1 B. Ward-Perkins, *The Fall of Rome and the End of Civilisation*, Oxford 2005; dt.: *Der Untergang des Römischen Reiches und das Ende der Zivilisation*, Darmstadt 2007, S. 41.
2 Ebd., S. 11–18; P. Heather, *The Fall of the Roman Empire. A New History*, London 2005; dt.: *Der Untergang des Römischen Weltreichs*, Stuttgart 2007, S. 10–11.
3 C. Wickham, *The Inheritance of Rome. A History of Europe from 400 to 1000*, London 2009.
4 Heather, *Untergang des Römischen Weltreichs*, a. a. O., S. 161.
5 G. Rickman, *The Corn Supply of Ancient Rome*, Oxford 1980, S. 69, 118.
6 B. H. Warmington, *The North African Provinces from Diocletian to the Vandal Conquest*, Cambridge 1954, S. 64–65, 113.
7 Ward-Perkins, *Untergang des Römischen Reiches*, a. a. O., S. 98, 112.
8 Heather, *Untergang des Römischen Weltreichs*, a. a. O., S. 322–325.
9 Warmington, *North African Provinces*, a. a. O., S. 112; S. Raven, *Rome in Africa*, 2. Ausg., Harlow 1984, S. 207.
10 H. Castritius, *Die Vandalen. Etappen einer Spurensuche*, Stuttgart 2007, S. 15–33; A. Merrills und R. Miles, *The Vandals*, Oxford 2010.
11 Raven, *Rome in Africa*, a. a. O., S. 171.
12 C. Courtois, *Les Vandales et l'Afrique*, Paris 1955, S. 157.
13 Ebd., S. 160; zu niedrigeren Schätzungen siehe H. J. Diesner, *Das Vandalenreich. Aufstieg und Untergang*, Leipzig 1966, S. 51.
14 Courtois, *Vandales*, a. a. O., S. 159–163; Castritius, *Vandalen*, a. a. O., S. 76–78.
15 Courtois, *Vandales*, a. a. O., S. 110, 170; Wickham, *Inheritance of Rome*, a. a. O., S. 77.
16 A. Schwarcz, »The settlement of the Vandals in North Africa«, in A. Merrills (Hg.), *Vandals, Romans and Berbers. New Perspectives on Late Antique North Africa*, Aldershot 2004, S. 49–57.
17 Courtois, *Vandales*, a. a. O., S. 173; A. Merrills, »Vandals, Romans and Berbers: Understanding late antique North Africa«, in ders. (Hg.), *Vandals, Romans and Berbers*, a. a. O., S. 4–5.
18 Ebd., S. 10–11.
19 R. Hodges und D. Whitehouse, *Mohammed, Charlemagne and the Origins of Europe*, London 1983, S. 27–28; siehe auch Wickham, *Inheritance of Rome*,

a. a. O., S. 78: »Die Steuerachse zwischen Karthago und Rom fand ein Ende.«

20 J. George, »Vandal poets in their context«, in Merrills (Hg.), *Vandals, Romans and Berbers*, a. a. O., S. 133–134; D. Bright, *The Miniature Epic in Vandal North Africa*, Norman, OK, 1987.

21 Merrills, »Vandals, Romans and Berbers«, a. a. O., S. 13.

22 Diesner, *Vandalenreich*, a. a. O., S. 125.

23 Courtois, *Vandales*, a. a. O., S. 208.

24 Ebd., S. 186.

25 Heather, *Untergang des Römischen Weltreichs*, a. a. O., S. 440.

26 Castritius, *Vandalen*, a. a. O., S. 105–106.

27 Courtois, *Vandales*, a. a. O., S. 186–193, 212.

28 Manche Autoren verwerfen den Erklärungsansatz der Beulenpest; siehe W. Rosen, *Justinian's Flea. Plague, Empire and the Birth of Europe*, London 2007.

29 A. Laiou und C. Morrisson, *The Byzantine Economy*, Cambridge 2007, S. 38; C. Morrisson und J.-P. Sodini, »The sixth-century economy«, in A. Laiou (Hg.), *Economic History of Byzantium from the Seventh through the Fifteenth Century*, 3 Bde., Washington, D. C., 2002, Bd. 1, S. 193.

30 C. Vita-Finzi, *The Mediterranean Valley. Geological Change in Historical Times*, Cambridge 1969; Hodges und Whitehouse, *Mohammed, Charlemagne*, a. a. O., S. 57–59.

31 C. Delano Smith, *Western Mediterranean Europe. A Historical Geography of Italy, Spain and Southern France since the Neolithic*, London 1979, S. 328–392.

32 Morrisson und Sodini, »Sixth-century economy«, a. a. O., S. 209; P. Arthur, *Naples. From Roman Town to City-state*, Archaeological Monographs of the British School at Rome, Bd. 12, London 2002, S. 15, 35; H. Ahrweiler, *Byzance et la mer*, Paris 1966, S. 411; J. Pryor und E. Jeffreys, *The Age of the Δρομων. The Byzantine Navy ca 500–1204*, Leiden 2006.

33 Morrisson und Sodini, »Sixth-century economy«, a. a. O., S. 173.

34 Arthur, *Naples*, a. a. O., S. 12.

35 Morrisson und Sodini, »Sixth-century economy«, a. a. O., S. 173, 190–191; G. D. R. Sanders, »Corinth«, in Laiou (Hg.), *Economic History of Byzantium*, a. a. O., Bd. 2, S. 647–648.

36 Hodges und Whitehouse, *Mohammed, Charlemagne*, a. a. O., S. 28.

37 Morrisson und Sodini, »Sixth-century economy«, a. a. O., S. 174, 190–191; C. Foss, *Ephesus after Antiquity. A Late Antique, Byzantine and Turkish City*, Cambridge 1979; M. Kazanaki-Lappa, »Medieval Athens«, in Laiou (Hg.),

Economic History of Byzantium, a. a. O., Bd. 2, S. 639–641; Hodges und Whitehouse, *Mohammed, Charlemagne*, a. a. O., S. 60.

38 W. Ashburner, *The Rhodian Sea-law*, Oxford 1909.

39 C. Foss und J. Ayer Scott, »Sardis«, in Laiou (Hg.), *Economic History of Byzantium*, a. a. O., Bd. 2, S. 615; K. Rheidt, »The urban economy of Pergamon«, ebd., S. 624.

40 Hodges und Whitehouse, *Mohammed, Charlemagne*, a. a. O., S. 38; J. W. Hayes, *Late Roman Pottery*, Supplement Monograph of the British School at Rome, London 1972, und J. W. Hayes, *Supplement to Late Roman Pottery*, London 1980; C. Wickham, *Framing the Early Middle Ages. Europe and the Mediterranean, 400–800*, Oxford 2005, S. 720–728.

41 Arthur, *Naples*, a. a. O., S. 141; Morrisson und Sodini, »Sixth-century economy«, a. a. O., S. 191.

42 Hodges und Whitehouse, *Mohammed, Charlemagne*, a. a. O., S. 72.

43 Morrisson und Sodini, »Sixth-century economy«, a. a. O., S. 211.

44 F. van Doorninck, Jr, »Byzantine shipwrecks«, in Laiou (Hg.), *Economic History of Byzantium*, a. a. O., Bd. 2, S. 899; A. J. Parker, *Ancient Shipwrecks of the Mediterranean and the Roman Provinces*, British Archaeological Reports, International Series, Bd. 580, Oxford 1992, Nr. 782, S. 301.

45 Parker, *Ancient Shipwrecks*, a. a. O., Nr. 1001, S. 372–373.

46 Van Doorninck, »Byzantine Shipwrecks«, a. a. O., S. 899.

47 Parker, *Ancient Shipwrecks*, a. a. O., Nr. 1239, S. 454–455.

48 Van Doorninck, »Byzantine Shipwrecks«, a. a. O., S. 899.

49 Parker, *Ancient Shipwrecks*, a. a. O., Nr. 518, S. 217.

TEIL III
Das Dritte Mediterrane Zeitalter 600 bis 1350

KAPITEL 1
Mediterrane Wellentäler 600 bis 900

1 H. Pirenne, *Mahomet et Charlemagne*, Paris und Brüssel 1937; dt.: *Mahomet und Karl der Große. Untergang der Antike am Mittelmeer und Aufstieg des germanischen Mittelalters*, Amsterdam 1939 – vgl. R. Hodges und D. White-

house, *Mohammed, Charlemagne and the Origins of Europe*, London 1983; R. Latouche, *The Birth of the Western Economy. Economic Aspects of the Dark Ages*, London 1961 (engl. Übers. von *Les origines de l'économie occidentale*, Paris 1956).

2 M. McCormick, *The Origins of the European Economy. Communications and Commerce AD 300–900*, Cambridge 2001, S. 778–798.

3 A. Laiou und C. Morrisson, *The Byzantine Economy*, Cambridge 2007, S. 63.

4 T. Khalidi, *The Muslim Jesus. Sayings and Stories in Islamic Literature*, Cambridge, MA, 2001; dt.: *Der muslimische Jesus. Aussprüche Jesu in der islamischen Literatur*, Düsseldorf 2002.

5 Hodges und Whitehouse, *Mohammed, Charlemagne*, a. a. O., S. 68–69; D. Pringle, *The Defence of Byzantine Africa from Justinian to the Arab Conquest*, British Archaeological Reports, International series, Bd. 99, Oxford 1981; zu byzantinischen Schiffen: J. Pryor und E. Jeffreys, *The Age of the Δρομων. The Byzantine Navy ca 500–1204*, Leiden 2006.

6 X. de Planhol, *Minorités en Islam. Géographie politique et sociale*, Paris 1997, S. 95–107.

7 S. Sand, *The Invention of the Jewish People*, London 2009, S. 202–207.

8 Pirenne, *Mahomet und Karl der Große*, a. a. O.; A. Lewis, *Naval Power and Trade in the Mediterranean AD 500–1100*, Princeton, NJ, 1951; McCormick, *Origins of the European Economy*, a. a. O., S. 118; P. Horden und N. Purcell, *The Corrupting Sea. A Study of Mediterranean History*, Oxford 2000, S. 153–172 (zum »winzigen Rinnsal« siehe S. 154); siehe auch C. Wickham, *Framing the Early Middle Ages. Europe and the Mediterranean, 400–800*, Oxford 2005, S. 821–823.

9 McCormick, *Origins of the European Economy*, a. a. O., S. 65; Horden und Purcell, *Corrupting Sea*, a. a. O., S. 164.

10 Horden und Purcell, *Corrupting Sea*, a. a. O., S. 163.

11 Ebd., S. 164–165; S. Loseby, »Marseille: A late Roman success story?«, *Journal of Roman Studies* 82 (1992), S. 165–185.

12 E. Ashtor, »Aperçus sur les Radhanites«, *Revue suisse d'histoire* 27 (1977), S. 245–275; Y. Rotman, *Byzantine Slavery and the Mediterranean World*, Cambridge, MA, 2009, S. 66–68, 74.

13 Vgl. J. Pryor, *Geography, Technology, and War. Studies in the Maritime History of the Mediterranean 649–1571*, Cambridge 1988, S. 138.

14 M. Lombard, *Islam dans sa première grandeur (VIIIe–XIe siècle)*, Paris 1972; dt.: *Blütezeit des Islams. Eine Wirtschafts- und Kulturgeschichte, 8.–11. Jahrhundert*, Frankfurt am Main 1992, S. 88–89.

15 D. Abulafia, »Asia, Africa and the trade of medieval Europe«, in *Cambridge Economic History of Europe*, Bd. 2: *Trade and Industry in the Middle Ages*, hg. von M. M. Postan, E. Miller und C. Postan, 2. Ausg., Cambridge 1987, S. 417.
16 McCormick, *Origins of the European Economy,* a. a. O:, S. 668, 675; Rotman, *Byzantine Slavery,* a. a. O., S. 73.
17 P. Sénac, *Provence et piraterie sarrasine*, Paris 1982, S. 52.
18 Pryor, *Geography, Technology, and War,* a. a. O., S. 102–103.
19 J. Haywood, *Dark Age Naval Power. A Reassessment of Frankish and Anglo-Saxon Seafaring Activity,* London 1991, S. 113.
20 Ebd., S. 114–115.
21 G. Musca, *L'emirato di Bari*, 847–871, Bari 1964; Haywood, *Dark Age Naval Power,* a. a. O., S. 116.
22 Sénac, *Provence et piraterie*, a. a. O., S. 35–48; J. Lacan, *Les Sarrasins dans le haut moyen âge français*, Paris 1965.
23 Pryor und Jeffreys, *The Age of the* **Δρομων**, a. a. O., S. 446–447.
24 J. Pryor, »Byzantium and the sea: Byzantine fleets and the history of the empire in the age of the Macedonian emperors, c. 900–1025 CE«, in J. Hattendorf und R. Unger (Hg.), *War at Sea in the Middle Ages and Renaissance*, Woodbridge 2003, S. 83–104; Pryor und Jeffreys, *The Age of the* **Δρομων**, a. a. O., S. 354; Pryor, *Geography, Technology, and War,* a. a. O., S. 108–109.
25 Pryor und Jeffreys, *The Age of the* **Δρομων**, a. a. O., S. 333–378.
26 Haywood, *Dark Age Naval Power,* a. a. O., S. 110.
27 McCormick, *Origins of the European Economy,* a. a. O., S. 69–73, 559–560.
28 M. G. Bartoli, *Il Dalmatico*, hg. von A. Duro, Rom 2000.
29 F. C. Lane, *Venice. A Maritime Republic*, Baltimore, MD, 1973; dt.: *Seerepublik Venedig*, München 1980, S. 20.
30 Wickham, *Framing the Early Middle Ages*, a. a. O., S. 690, 732–733; McCormick, *Origins of the European Economy,* a. a. O., S. 529–530.
31 Lane, *Seerepublik Venedig*, a. a. O., S. 22.
32 Quellen in Haywood, *Dark Age Naval Power,* a. a. O., S. 195, Anm. 88–94.
33 Wickham, *Framing the Early Middle Ages*, a. a. O., S. 690.
34 Lane, *Seerepublik Venedig*, a. a. O., S. 21.
35 Vgl. Wickham, *Framing the Early Middle Ages*, a. a. O., S. 73, 75.
36 McCormick, *Origins of the European Economy,* a. a. O., S. 361–369, 523–531.
37 P. Geary, *Furta Sacra. Thefts of Relics in the Central Middle Ages*, Princeton, NJ, 1978.
38 D. Howard, *Venice and the East: The Impact of the Islamic World on Venetian Architecture 1100–1500*, New Haven, CT, 2000, S. 65–67.

39 McCormick, *Origins of the European Economy*, a. a. O., S. 433–438.
40 Vgl. Lewis, *Naval Power and Trade in the Mediterranean*, a. a. O., S. 45–46.
41 McCormick, *Origins of the European Economy*, a. a. O., S. 436, 440, 816–851.

KAPITEL 2

Überschreitung der Grenzen zwischen Christentum und Islam 900 bis 1050

1 S. Reif, *A Jewish Archive from Old Cairo. The History of Cambridge University's Genizah Collection*, Richmond, Surrey, 2000, S. 2 und Abb. 1, S. 3.
2 S. D. Goitein, *A Mediterranean Society. The Jewish Communities of the Arab World as Portrayed in the Documents of the Cairo Geniza*, Bd. 1: *Economic Foundations*, Berkeley, CA, 1967, S. 7; vgl. den rätselhaften Titel von Reifs *Jewish Archive*, a. a. O.
3 S. Shaked, *A Tentative Bibliography of Geniza Documents*, Paris und Den Haag 1964.
4 Reif, *Jewish Archive*, a. a. O., S. 72–95.
5 Zu Byzanz: J. Holo, *Byzantine Jewry in the Mediterranean Economy*, Cambridge 2009.
6 R. Patai, *The Children of Noah. Jewish Seafaring in Ancient Times*, Princeton, NJ, 1998, S. 93–96; Goitein, *Mediterranean Society*, a. a. O., Bd. 1, S. 280–281.
7 Shaked, *Tentative Bibliography*, a. a. O., Nr. 337.
8 D. Abulafia, »Asia, Africa and the trade of medieval Europe«, in *Cambridge Economic History of Europe*, Bd. 2: *Trade and Industry in the Middle Ages*, hg. von M. M. Postan, E. Miller und C. Postan, 2. Ausg., Cambridge 1987, S. 421–423.
9 Geschäftliche Kontakte: Holo, *Byzantine Jewry*, a. a. O., S. 201–202.
10 Goitein, *Mediterranean Society*, a. a. O., Bd. 1, S. 429.
11 Shaked, *Tentative Bibliography*, a. a. O., Nrn. 22, 243 (Weizen), 248, 254, 279, 281, 339 usw.
12 Goitein, *Mediterranean Society*, a. a. O., Bd. 1, S. 229–248, 257–258.
13 S. Goitein, »Sicily and southern Italy in the Cairo Geniza documents«, *Archivio storico per la Sicilia orientale* 67 (1971), S. 14.
14 Abulafia, »Asia, Africa«, a. a. O., S. 431; Goitein, *Mediterranean Society*, a. a. O., Bd. 1, S. 102.
15 O. R. Constable, *Trade and Traders in Muslim Spain. The Commercial Realignment of the Iberian Peninsula 900–1500*, Cambridge 1994, S. 91–92.

16 Ebd., S. 92.
17 Goitein, »Sicily and southern Italy«, a. a. O., S. 10, 14, 16.
18 Goitein, *Mediterranean Society*, a. a. O., Bd. 1, S. 111; ders., »Sicily and southern Italy«, a. a. O., S. 31.
19 Ebd., S. 20–23.
20 Goitein, *Mediterranean Society*, a. a. O., Bd. 1, S. 311–312; ders., »Sicily and southern Italy«, a. a. O., S. 28–30.
21 Goitein, *Mediterranean Society*, a. a. O., Bd. 1, S. 315–316.
22 Ebd., S. 319–322.
23 Reif, *Jewish Archive*, a. a. O., S. 167.
24 P. Arthur, *Naples. From Roman Town to City-state*, Archaeological Monographs of the British School at Rome, Bd. 12, London 2002, S. 149–151.
25 D. Abulafia, »Southern Italy, Sicily and Sardinia in the Medieval Mediterranean Economy«, in D. Abulafia, *Commerce and Conquest in the Mediterranean, 1100–1500*, Aldershot 1993, Aufsatz 1, S. 8–9; B. Kreutz, »The ecology of maritime success: The puzzling case of Amalfi«, *Mediterranean Historical Review* 3 (1988), S. 103–113.
26 Ebd., S. 107.
27 M. del Treppo und A. Leone, *Amalfi medioevale*, Neapel 1977, die genannten Ansichten sind die von del Treppo.
28 G. Imperato, *Amalfi e il suo commercio*, Salerno 1980, S. 38, 44.
29 C. Wickham, *Early Medieval Italy. Central Power and Local Society 400–1000*, London 1981, S. 150; zu Gaeta: P. Skinner, *Family Power in Southern Italy. The Duchy of Gaeta and its Neighbours, 850–1139*, Cambridge 1995, insb. S. 27–42, 288.
30 Imperato, *Amalfi*, a. a. O., S. 71.
31 H. Willard, *Abbot Desiderius of Montecassino and the Ties between Montecassino and Amalfi in the Eleventh Century*, Miscellanea Cassinese, Bd. 37, Montecassino 1973.
32 Abulafia, »Southern Italy, Sicily and Sardinia«, a. a. O., S. 12.
33 Anna Komnene, *Alexias*, hg. von D. Reinsch, Ostfildern 1999, S. 194 (6:1.1).
34 J. Riley-Smith, *The Knights of St John in Jerusalem and Cyprus, 1050–1310*, London 1967, S. 36–37.
35 C. Cahen, »Un texte peu connu relative au commerce orientale d'Amalfi au Xe siècle«, *Archivio storico per le province napoletane* 34 (1953–1954), S. 61–67.
36 A. Citarella, *Il commercio di Amalfi nell'alto medievo*, Salerno 1977.

KAPITEL 3
Der große Gezeitenwechsel 1000 bis 1100

1 S. A. Epstein, *Genoa and the Genoese, 958–1528*, Chapel Hill, NC, 1996, S. 14.
2 Ebd., S. 10–11 (mit einem recht positiven Urteil über den Hafen).
3 Ebd., S. 22–23.
4 D. Abulafia, »Southern Italy, Sicily and Sardinia in the Medieval Mediterranean Economy«, in ders., *Commerce and Conquest in the Mediterranean, 1100–1500*, Aldershot 1993, Aufsatz 1, S. 24.
5 Ebd., S. 25–26.
6 J. Day, *La Sardegna sotto la dominazione pisano-genovese*, Turin 1986, identisch mit ders., »La Sardegna e i suoi dominatori dal secolo XI al secolo XIV«, in J. Day, B. Anatra und L. Scaraffia, *La Sardegna medioevale e moderna*, Storia d'Italia UTET, hg. von G. Galasso, Turin 1984, S. 3–186; F. Artuzzi, *L'Opera di S. Maria di Pisa e la Sardegna*, Padua 1974.
7 Epstein, *Genoa*, a. a. O., S. 33–36.
8 Vgl. A. Greif, *Institutions and the Path to the Modern Economy. Lessons from Medieval Trade*, Cambridge 2006, S. 229; siehe auch L. R. Taylor, *Party Politics in the Age of Caesar*, Berkeley, CA, 1949.
9 Epstein, *Genoa*, a. a. O., S. 19–22, 41; Greif, *Institutions*, a. a. O., S. 230.
10 G. Rösch, *Venedig und das Reich. Handels- und verkehrspolitische Beziehungen in der deutschen Kaiserzeit*, Tübingen 1982.
11 S. A. Epstein, *Wills and Wealth in Medieval Genoa, 1150–1250*, Cambridge, MA, 1984.
12 D. Abulafia, *The Two Italies. Economic Relations between the Norman Kingdom of Sicily and the Northern Communes*, Cambridge 1977, S. 11–22.
13 Q. van Dosselaere, *Commercial Agreements and Social Dynamics in Medieval Genoa*, Cambridge 2001.
14 D. Abulafia, »Gli italiani fuori d'Italia«, in Storia dell'economia italiana, hg. von R. Romano, Turin 1990, Bd. 1, S. 268, wieder abgedruckt in Abulafia, *Commerce and Conquest in the Mediterranean*, a. a. O.; D. Nicol, *Byzantium and Venice. A Study in Diplomatic and Cultural Relations*, Cambridge 1988, S. 33, 41.
15 Abulafia, *Two Italies*, a. a. O., S. 52.
16 H. E. J. Cowdrey, »The Mahdia campaign of 1087«, *English Historical Review* 92 (1977), S. 1–29; wieder abgedruckt in ders., *Popes, Monks and Crusaders*, London 1984, Aufsatz 12.

17 S. D. Goitein, *A Mediterranean Society. The Jewish Communities of the Arab World as Portrayed in the Documents of the Cairo Geniza*, Bd. 1: *Economic Foundations*, Berkeley, CA, 1967, S. 196–200, 204–205.
18 Cowdey, »Mahdia campaign«, a. a. O., S. 8.
19 D. Abulafia, »Asia, Africa and the trade of medieval Europe«, in *Cambridge Economic History of Europe*, Bd. 2: *Trade and Industry in the Middle Ages*, hg. von M. M. Postan, E. Miller und C. Postan, 2. Ausg., Cambridge 1987, S. 464–465.
20 Abulafia, »Two Italies«, a. a. O., S. 40.
21 Cowdrey, »Mahdia campaign«, a. a. O., S. 18, 22.
22 D. Abulafia, »The Pisan *bacini* and the medieval Mediterranean economy: a historian's viewpoint«, *Papers in Italian Archaeology*, IV: *The Cambridge Conference*, Teil IV, *Classical and Medieval Archaeology*, hg. von C. Malone und S. Stoddart, British Archaeological Reports, International series, Bd. 246, Oxford 1985, S. 290; wieder abgedruckt in D. Abulafia, *Italy, Sicily and the Mediterranean, 1100–1400*, London 1987, Aufsatz 13.
23 Cowdrey, »Mahdia campaign«, a. a. O., S. 28, Vers 68; siehe auch ebd., S. 21.
24 G. Berti, P. Torre u. a., *Arte islamica in Italia. I bacini delle chiese pisane*, Ausstellungskatalog des Museo Nazionale d'Arte Orientale in Rom, Pisa 1983.
25 Abulafia, »Pisan bacini«, a. a. O., S. 289.
26 Ebd., S. 290–291; J. Pryor und S. Bellabarba, »The medieval Muslim ships of the Pisan *bacini*«, *Mariner's Mirror* 76 (1990), S. 99–113; G. Berti, J. Pastor Quijada und G. Rosselló Bordoy, *Naves andalusíes en cerámicas mallorquinas*, Palma de Mallorca 1993.
27 Goitein, *Mediterranean Society*, a. a. O., Bd. 1, S. 305–306.
28 Pastor Quijada in *Naves andalusíes en cerámicas mallorquinas*, a. a. O., S. 24–25.
29 Goitein, *Mediterranean Society*, a. a. O., Bd. 1, S. 305–306.
30 D. Abulafia, »The Crown and the economy under Roger II and his Successors«, *Dumbarton Oaks Papers* 37 (1981), S. 12; wieder abgedruckt in Abulafia, *Italy, Sicily and the Mediterranean*, a. a. O.
31 Anna Komnene, *Alexias*, hg. von D. Reinsch, Ostfildern 1999, S. 139–140 (3:12).
32 Ebd., S. 142–144 (4:1), S. 164 (5:1).
33 R.-J. Lilie, *Handel und Politik zwischen dem byzantinischen Reich und den italienischen Kommunen Venedig, Pisa und Genua in der Epoche der Komnenen und der Angeloi (1081–1204)*, Amsterdam 1984, S. 9–16; Abulafia, Two Italies, a. a. O., S. 54–55; ders., »Italiani fuori d'Italia«, a. a. O., S. 268–269.

34 J. Holo, *Byzantine Jewry in the Mediterranean Economy*, Cambridge 2009, S. 183–186.

35 Abulafia, »Italiani fuori d'Italia«, a. a. O., S. 270.

36 D. Howard, *Venice and the East. The Impact of the Islamic World on Venetian Architecture 1100–1500*, New Haven, CT, 2000, S. 65–109.

KAPITEL 4
»Der gottgegebene Profit«
1100 bis 1200

1 Zu früheren Plänen siehe H. E. J. Cowdrey, »Pope Gregory VII's crusading plans«, in *Outremer. Studies in the History of the Crusading Kingdom of Jerusalem Presented to Joshua Prawer*, hg. von R. C. Smail, H. E. Mayer und B. Z. Kedar, Jerusalem 1982, S. 27–40, wieder abgedruckt in H. E. J. Cowdrey, *Popes, Monks and Crusaders*, London 1984, Aufsatz 10.

2 J. Prawer, *Histoire du royaume latin de Jérusalem*, 2 Bde., Paris 1969, Bd. 1, S. 177–238.

3 S. A. Epstein, *Genoa and the Genoese, 958–1528*, Chapel Hill, NC, 1996, S. 28–29.

4 Ebd., S. 29.

5 L. Woolley, *A Forgotten Kingdom*, Harmondsworth 1953; dt.: *Ein vergessenes Königreich. Die Ausgrabung der 2 Hügel Atschana und al-Mina im türkischen Hatay*, Wiesbaden 1954, S. 180–181 und Abb. 51.

6 M.-L. Favreau-Lilie, *Die Italiener im Heiligen Land vom ersten Kreuzzug bis zum Tode Heinrichs von Champagne (1098–1197)*, Amsterdam 1989, S. 43–48.

7 Epstein, *Genoa*, a. a. O., S. 30.

8 Prawer, *Histoire*, a. a. O., Bd. 1, S. 254, 257.

9 Favreau-Lilie, *Italiener im Heiligen Land*, a. a. O., S. 94–95.

10 R. Barber, *The Holy Grail. Imagination and Belief*, London 2004; dt.: *Der Heilige Gral. Geschichte und Mythos*, Mannheim 2010, S. 193.

11 Favreau-Lilie, *Italiener im Heiligen Land*, a. a. O., S. 88–89, 106.

12 Epstein, *Genoa*, a. a. O., S. 32.

13 D. Abulafia, »Trade and crusade 1050–1250«, in *Cultural Convergences in the Crusader Period*, hg. von M. Goodich, S. Menache und S. Schein, New York 1995, S. 10–11; wieder abgedruckt in D. Abulafia, *Mediterranean Encounters. Economic, Religious, Political, 1100–1550*, Aldershot 2000; J. Pryor,

Geography, Technology, and War. Studies in the Maritime History of the Mediterranean 649–1571, Cambridge 1988, S. 122, 124.

14 Favreau-Lilie, *Italiener im Heiligen Land*, a. a. O., S. 51–61; Prawer, *Histoire*, a. a. O., Bd. 1, S. 258.

15 Abulafia, »Trade and crusade«, a. a. O., S. 10–11.

16 Prawer, *Histoire*, a. a. O., Bd. 1, S. 258–259.

17 R. C. Smail, *The Crusaders in Syria and the Holy Land*, London 1973, S. 17; ders., *Crusading Warfare (1097–1193)*, Cambridge 1956, S. 94–96.

18 Pryor, *Geography, Technology, and War*, a. a. O., S. 115.

19 J. Prawer, *Crusader Institutions*, Oxford 1980, S. 221–226; J. Richard, *Le royaume latin de Jérusalem*, Paris 1953, S. 218.

20 Pryor, *Geography, Technology, and War*, a. a. O., S. 115–116.

21 R.-J. Lilie, *Handel und Politik zwischen dem byzantinischen Reich und den italienischen Kommunen Venedig, Pisa und Genua in der Epoche der Komnenen und der Angeloi (1081–1204)*, Amsterdam 1984, S. 17–22.

22 J. Holo, *Byzantine Jewry in the Mediterranean Economy*, Cambridge 2009, S. 183–186.

23 Abulafia, »Gli Italiani fuori d'Italia«, in *Storia dell'economia italiana*, hg. von R. Romano, Turin 1990, Bd. 1, S. 207–210, wieder abgedruckt in D. Abulafia, *Commerce and Conquest in the Mediterranean, 1100–1500*, Aldershot 1993.

24 A. Citarella, *Il commercio di Amalfi nell'alto medievo*, Salerno 1977.

25 D. Abulafia, *The Two Italies. Economic Relations between the Norman Kingdom of Sicily and the Northern Communes*, Cambridge 1977, S. 59–61.

26 G. Imperato, *Amalfi e il suo commercio*, Salerno 1980, S. 179–235.

27 D. Abulafia, »Southern Italy, Sicily and Sardinia in the Medieval Mediterranean Economy«, in ders., *Commerce and Conquest in the Mediterranean, 1100–1500*, Aldershot 1993, Aufsatz 1, S. 10–14.

28 M. del Treppo und A. Leone, *Amalfi medioevale*, Neapel 1977.

29 J. Caskey, *Art and Patronage in the Medieval Mediterranean. Merchant Culture in the Region of Amalfi*, Cambridge 2004.

30 S. D. Goitein, *A Mediterranean Society. The Jewish Communities of the Arab World as Portrayed in the Documents of the Cairo Geniza*, Bd. 1: *Economic Foundations*, Berkeley, CA, 1967, S. 18–19.

31 D. Corcos, »The nature of the Almohad rulers' treatment of the Jews«, *Journal of Medieval Iberian Studies* 2 (2010), S. 259–285.

32 Benjamin von Tudela, *Sefer ha-Massa'ot*, dt. in *Jüdische Reisen im Mittelalter. Benjamin von Tudela; Petachja von Regensburg*, übers. von St. Schreiner, Köln 1999, S. 12–13; Abulafia, *Two Italies*, a. a. O., S. 238.

33 D. Abulafia, »Asia, Africa and the trade of medieval Europe«, in *Cambridge Economic History of Europe*, Bd. 2: *Trade and Industry in the Middle Ages*, hg. von M. M. Postan, E. Miller und C. Postan, 2. Ausg., Cambridge 1987, S. 437–44; siehe die falschen Vorstellungen bei Holo, *Byzantine Jewry*, a. a. O., S. 203.

34 H. Rabie, *The Financial System of Egypt, AH 564–741/AD 1169–1341*, London und Oxford 1972, S. 91–92.

35 Abulafia, »Asia, Africa and the trade of medieval Europe«, a. a. O., S. 436.

36 C. Cahen, *Makhzūmiyyāt. Études sur l'histoire économique et financière de l'Égypte médiévale*, Leiden 1977.

37 C. Cahen, *Orient et occident au temps des croisades*, Paris 1983, S. 132–133, 176.

38 K.-H. Allmendinger, *Die Beziehungen zwischen der Kommune Pisa und Ägypten im hohen Mittelalter. Eine rechts- und wirtschaftshistorische Untersuchung*, Wiesbaden 1967, S. 45–54; Cahen, *Orient et occident*, a. a. O., S. 125.

39 Cahen, *Orient et Occident*, a. a. O., S. 131.

40 L. de Mas Latrie, *Traités de paix et de commerce et documents divers concernant les relations des Chrétiens avec les arabes de l'Afrique septentrionale au Moyen Âge*, Paris 1966.

41 D. Abulafia, »Christian merchants in the Almohad cities«, *Journal of Medieval Iberian Studies* 2 (2010), S. 251–257; Corcos, »The nature of the Almohad rulers' treatment of the Jews«, a. a. O., S. 259–285.

42 O. R. Constable, *Housing the Stranger in the Mediterranean World. Lodging, Trade, and Travel in Late Antiquity and the Middle Ages*, Cambridge 2003, S. 278.

43 Abulafia, *Two Italies*, a. a. O., S. 50–51.

44 D. O. Hughes, »Urban growth and family structure in medieval Genoa«, *Past and Present* 66 (1975), S. 3–28.

45 R. Heynen, *Zur Entstehung des Kapitalismus in Venedig*, Stuttgart 1905; J. und F. Gies, *Merchants and Moneymen. The Commercial Revolution, 1000–1500*, London 1972, S. 51–58.

46 D. Jacoby, »Byzantine trade with Egypt from the mid-tenth century to the Fourth Crusade«, *Thesaurismata* 30 (2000), S. 25–77; wieder abgedruckt in D. Jacoby, *Commercial Exchange across the Mediterranean. Byzantium, the Crusader Levant, Egypt and Italy*, Aldershot 2005, Aufsatz I.

47 D. Abulafia, »Ancona, Byzantium and the Adriatic, 1155–1173«, *Papers of the British School at Rome* 52 (1984), S. 208; wieder abgedruckt in D. Abulafia, *Italy, Sicily and the Mediterranean, 1100–1400*, London 1987, Aufsatz 9.

48 Gies, *Merchants and Moneymen*, a. a. O., S. 57–58.

49 Abulafia, *Two Italies*, a. a. O., S. 237–257; dort zeige ich, dass er kein Jude war; vgl. E. H. Byrne, »Easterners in Genoa«, *Journal of the American Oriental Society* 38 (1918), S. 176–187; und V. Slessarev, »Die sogenannten Orientalen im mittelalterlichen Genua. Einwanderer aus Südfrankreich in der ligurischen Metropole«, *Vierteljahrschrift für Sozial- und Wirtschaftsgeschichte* 51 (1964), S. 22–65.
50 Abulafia, *Two Italies*, a. a. O., S. 102–103, 240.
51 Ebd., S. 244.
52 Ibn Dschubair, *Tagebuch eines Mekkapilgers*, Stuttgart 1985, S. 257–258; Abulafia, *Two Italies*, a. a. O., S. 247–251 – in den Genueser Dokumenten wird er »Caitus Bulcassem« genannt.

KAPITEL 5
Wege übers Meer
1160 bis 1185

1 Benjamin von Tudela, *Sefer ha-Massa'ot*, dt. in *Jüdische Reisen im Mittelalter. Benjamin von Tudela; Petachja von Regensburg*, übers. von St. Schreiner, Köln 1999.
2 J. Prawer, *The History of the Jews in the Latin Kingdom of Jerusalem*, Oxford 1988, insb. S. 191–206.
3 Benjamin von Tudela, *Jüdische Reisen im Mittelalter*, a. a. O., S. 8.
4 Ebd.
5 Ebd., S. 9; vgl. H. E. Mayer, *Marseilles Levantehandel und ein akkonesisches Fälscheratelier des XIII. Jahrhunderts*, Tübingen 1972, S. 62–65.
6 Vgl. M. Soifer, »›You say that the Messiah has come …‹: The Ceuta Disputation (1179) and its place in the Christian anti-Jewish polemics of the high Middle Ages«, *Journal of Medieval History* 31 (2005), S. 287–307.
7 Benjamin von Tudela, *Jüdische Reisen im Mittelalter*, a. a. O., S. 12–13.
8 Ebd., S. 20.
9 Ebd., S. 32.
10 Ebd., S. 35.
11 Ebd., S. 112–113; in einem Manuskript werden 28, in einem anderen 40 verschiedene Herkunftsländer genannt.
12 Ebd., S. 113.
13 Ibn Dschubair, *Tagebuch eines Mekkapilgers*, übers. von R. Günther, Stuttgart 1985 (Teilübersetzung).

14 R. Broadhurst in Ibn Jubayr (Ibn Dschubair), *The Travels of ibn Jubayr*, übers. von R. Broadhurst, London 1952, S. 15.
15 Ibn Dschubair, *Tagebuch*, a. a. O., S. 20.
16 Ebd.
17 Ebd., S. 21.
18 Roger von Howden, zit. in J. Pryor, *Geography, Technology, and War. Studies in the Maritime History of the Mediterranean 649–1571*, Cambridge 1988, S. 37.
19 Ebd., S. 16–19 und S. 17, Abb. 3a–b.
20 Ibn Dschubair, *Tagebuch*, a. a. O., S. 22.
21 Ebd., S. 248–249; siehe auch J. Riley-Smith, »Government in Latin Syria and the commercial privileges of foreign merchants«, in *Relations between East and West in the Middle Ages*, hg. von D. Baker, Edinburgh 1973, S. 112.
22 Ibn Dschubair, *Tagebuch*, a. a. O., S. 23.
23 Ebd., S. 24–26.
24 Ebd., S. 224.
25 R. C. Smail, *The Crusaders in Syria and the Holy Land*, London 1973, S. 75.
26 Ibn Dschubair, *Tagebuch*, a. a. O., S. 225.
27 Ebd., S. 226–227.
28 Usama ibn Munqidh, *Ein Leben im Kampf gegen Kreuzritterheere*, übers. v. G. Rotter, Tübingen 1978, S. 150.
29 Ibn Dschubair, *Tagebuch*, a. a. O., S. 229.
30 Ebd., S. 231–233.
31 *Koran* 27:44.
32 Ibn Dschubair, *Tagebuch*, a. a. O., S. 234 (328).
33 Ebd.
34 Ebd., S. 234–236.
35 Ebd., S. 236.
36 Ebd., S. 237.
37 Ebd., S. 239; Pryor, *Geography, Technology, and War*, a. a. O., S. 36.
38 Ibn Dschubair, *Tagebuch*, a. a. O., S. 239–241.
39 Ebd., S. 242.
40 Ebd., S. 254, 256–257.
41 Ebd., S. 260–263.
42 H. Krueger, *Navi e proprietà navale a Genova. Seconda metà del secolo XII*, Atti della Società ligure di storia patria, Bd. 25, Teil 1, Genua 1985.
43 Ebd., S. 148–149, 160–161.
44 J. Pryor und E. Jeffreys, *The Age of the Δρομων: the Byzantine Navy ca 500–1204*, Leiden 2006, S. 423–444.

45 Pryor, *Geography, Technology, and War*, a. a. O., S. 64; Krueger, *Navi*, a. a. O., S. 26.
46 Ebd., S. 24–27.
47 Pryor, *Geography, Technology, and War*, a. a. O., S. 29–32; R. Unger, *The Ship in the Medieval Economy, 600–1600*, London 1980, S. 123–127.
48 D. Abulafia, »Marseilles, Acre and the Mediterranean, 1200–1291«, in *Coinage in the Latin East. The Fourth Oxford Symposium on Coinage and Monetary History*, hg. von P. Edbury und D. M. Metcalf, British Archaeological Reports, Oxford 1980, S. 20–21; wieder abgedruckt in D. Abulafia, *Italy, Sicily and the Mediterranean, 1000–1400*, London 1987, Aufsatz 10.
49 Unger, *Ship in the Medieval Economy*, a. a. O., S. 126.

KAPITEL 6
Aufstieg und Untergang von Reichen 1130 bis 1260

1 Ibn Dschubair, *Tagebuch eines Mekkapilgers*, übers. von R. Günther, Suttgart 1985, S. 242; D. Abulafia, *The Two Italies. Economic Relations between the Norman Kingdom of Sicily and the Northern Communes*, Cambridge 1977, S. 116–119.
2 D. Abulafia, »The Crown and the economy under Roger II and his Successors«, *Dumbarton Oaks Papers* 37 (1981), S. 12; wieder abgedruckt in D. Abulafia, *Italy, Sicily and the Mediterranean, 1100–1400*, London 1987, Aufsatz 1.
3 H. Wieruszowski, »Roger of Sicily, Rex-Tyrannus, in twelfth-century political thought«, *Speculum* 38 (1963), S. 46–78; wieder abgedruckt in H. Wieruszowski, *Politics and Culture in Medieval Spain and Italy*, Rom 1971.
4 Niketas Choniates, zit. in Abulafia, *Two Italies*, a. a. O., S. 81.
5 D. Nicol, *Byzantium and Venice. A Study in Diplomatic and Cultural Relations*, Cambridge 1988, S. 87.
6 D. Abulafia, »The Norman Kingdom of Africa and the Norman expeditions to Majorca and the Muslim Mediterranean«, *Anglo-Norman Studies* 7 (1985), S. 26–41; wieder abgedruckt in Abulafia, *Italy, Sicily and the Mediterranean*, a. a. O., Aufsatz 12.
7 Ibn al-Athir, in ebd., S. 34.
8 Ebd., S. 36–38.
9 C. Dalli, *Malta. The Medieval Millenium*, Malta 2006, S. 66–79.

10 C. Stanton, *Norman Naval Power in the Mediterranean in the Eleventh and Twelfth Centuries*, Diss., Cambridge University, 2008.

11 L.-R. Ménager, *Amiratus–'Αμηρᾶξ. L'Émirat et les origines de l'Amirauté*, Paris 1960; L. Mott, *Sea Power in the Medieval Mediterranean. The Catalan-Aragonese Fleet in the War of the Sicilian Vespers*, Gainesville, FL, 2003, S. 59–60.

12 Abulafia, »Norman Kingdom of Africa«, a. a. O., S. 41–43.

13 Caffaro in Abulafia, *Two Italies*, a. a. O., S. 97.

14 Vgl. G. Day, *Genoa's Response to Byzantium, 1155–1204. Commercial Expansion and Factionalism in a Medieval City*, Urbana, IL, 1988.

15 Abulafia, *Two Italies*, a. a. O., S. 90–98.

16 M. Mazzaoui, *The Italian Cotton Industry in the Later Middle Ages, 1100–1600*, Cambridge 1981.

17 Abulafia, *Two Italies*, a. a. O., S. 218; Dalli, *Malta*, a. a. O., S. 84.

18 Siehe Abulafia, *Two Italies*, a. a. O., S. 225–226, 283–284; D. Abulafia, »Southern Italy, Sicily and Sardinia in the Medieval Mediterranean Economy«, in D. Abulafia, *Commerce and Conquest in the Mediterranean, 1100–1500*, Aldershot 1993, Aufsatz 1, S. 1–32; zur Kolonialökonomie: H. Bresc, *Un monde méditerranéen. Économie et société en Sicilie, 1300–1450*, 2 Bde., Rom und Palermo 1986; eine weitere Ansicht in S. R. Epstein, *An Island for Itself. Economic Development and Social Change in Late Medieval Sicily*, Cambridge 1992.

19 D. Abulafia, »Dalmatian Ragusa and the Norman Kingdom of Sicily«, *Slavonic and East European Review* 54 (1976), S. 412–428; wieder abgedruckt in Abulafia, *Italy, Sicily and the Mediterranean*, a. a. O., Aufsatz 10.

20 C. M. Brand, *Byzantium Confronts the West 1180–1204*, Cambridge, MA, 1986, S. 41–42, 195–196.

21 Ebd., S. 161.

22 Eustathios von Tessalonike, *Die Normannen in Thessalonike. Die Eroberung von Thessalonike durch die Normannen 1185 n. Chr. in der Augenzeugenschilderung des Bischofs Eustathios.*, übers. von H. Hunger, Graz 1955.

23 Brand, *Byzantium Confronts the West*, a. a. O., S. 175.

24 G. Schlumberger, *Les campagnes du roi Amaury Ier de Jérusalem en Égypte au XIIe siècle*, Paris 1906.

25 E. Sivan, *L'Islam et la Croisade. Idéologie et propagande dans les réactions musulmanes aux Croisades*, Paris 1968.

26 D. Abulafia, »Marseilles, Acre and the Mediterranean, 1200–1291«, in *Coinage in the Latin East. The Fourth Oxford Symposium on Coinage and Monetary History*, hg. von P. Edbury und D. M. Metcalf, British Archaeological

Reports, Oxford 1980, S. 20–21; wieder abgedruckt in D. Abulafia, *Italy, Sicily and the Mediterranean, 1100–1400*, London 1987, Aufsatz 10.

27 J. Prawer, *Crusader Institutions*, Oxford 1980, S. 230–237, 241.

28 R. C. Smail, *The Crusaders in Syria and the Holy Land*, London 1973, S. 74–75 (mit Karte); M. Benvenisti, *The Crusaders in the Holy Land*, Jerusalem 1970, S. 97–102; Prawer, *Crusader Institutions*, a. a. O., S. 229–241; P. Pierotti, *Pisa e Accon. L'insediamento pisano nella città crociata. Il porto. Il fondaco*, Pisa 1987.

29 J. Riley-Smith, »Government in Latin Syria and the commercial privileges of foreign merchants«, in *Relations between East and West in the Middle Ages*, hg. von D. Baker, Edinburgh 1973, S. 109–132.

30 C. Cahen, *Orient et occident au temps des croisades*, Paris 1983, S. 139.

31 D. Abulafia, »Crocuses and crusaders: San Gimignano, Pisa and the kingdom of Jerusalem«, in *Outremer. Studies in the History of the Crusading Kingdom of Jerusalem Presented to Joshua Prawer*, hg. von R. C. Smail, H. E. Mayer und B. Z. Kedar, Jerusalem 1982, S. 227–243; wieder abgedruckt in Abulafia, *Italy, Sicily and the Mediterranean*, a. a. O., Aufsatz 14.

32 D. Abulafia, »Maometto e Carlo Magno: Le dure aree monetarie dell'oro e dell'argento«, in *Economia naturale, Economia monetaria*, hg. von R. Romano und U. Tucci, *Storia d'Italia, Annali*, Bd. 6, Turin 1983, S. 223–270.

33 Abulafia, *Two Italies*, a. a. O., S. 172–173, 190–192.

34 D. Abulafia, »Henry count of Malta and his Mediterranean activities: 1203–1230«, in *Medieval Malta. Studies on Malta before the Knights*, hg. von A. Luttrell, London 1975, S. 111; wieder abgedruckt in Abulafia, *Italy, Sicily and the Mediterranean*, a. a. O., Aufsatz 3.

35 Ebd., S. 112–113.

36 Zit. ebd., S., 113–114, Fn. 43, 46.

37 Brand, *Byzantium Confronts the West*, a. a. O., S. 16.

38 Abulafia, »Henry count of Malta«, a. a. O., S. 106.

39 Brand, *Byzantium Confronts the West*, a. a. O., S. 209.

40 Ebd., S. 210–211; Abulafia, »Henry count of Malta«, a. a. O., S. 108.

41 J. Phillips, *The Fourth Crusade and the Sack of Constantinople*, London 2004; J. Godfrey, *1204. The Unholy Crusade*, Oxford 1980; D. Queller und T. Madden, *The Fourth Crusade. The Conquest of Constantinople*, 2. Ausg., Philadelphia, PA, 1997.

42 D. Howard, *Venice and the East. The Impact of the Islamic World on Venetian Architecture 1100–1500*, New Haven, CT, 2000, S. 103, 108.

43 J. Lognon, *L'Empire latin de Constantinople et la principauté de Morée*, Paris 1949; D. Nicol, *The Despotate of Epiros*, Oxford 1957; M. Angold, *A Byzan-*

tine Government in Exile. Government and Society under the Laskarids of Nicaea (1204–1261), Oxford 1975.

44 Abulafia, »Henry count of Malta«, a. a. O., S. 115–119.

45 S. McKee, *Uncommon Dominion. Venetian Crete and the Myth of Ethnic Purity*, Philadelphia, PA, 2000.

46 Howard, *Venice and the East*, a. a. O., S. 93.

47 Brand, *Byzantium Confronts the West*, a. a. O., S. 213.

48 *Leonardo Fibonacci. Il tempo, le opere, l'eredità scientifica*, hg. von M. Morelli und M. Tangheroni, Pisa 1994.

49 C. Thouzellier, *Hérésie et hérétiques. Vaudois, cathares, patarins, albigeois*, Paris 1969.

KAPITEL 7
Kaufleute, Söldner und Missionare 1220 bis 1300

1 D. Herlihy, *Pisa in the Early Renaissance*, New Haven, CT, 1958, S. 131–133.

2 D. Abulafia, *The Western Mediterranean Kingdoms 1200–1500. The Struggle for Dominion*, London 1997, S. 35–37.

3 Benjamin von Tudela, *Sefer ha-Massa'ot*, dt. in *Jüdische Reisen im Mittelalter. Benjamin von Tudela; Petachja von Regensburg*, übers. von St. Schreiner, Köln 1999, S. 8.

4 S. Bensch, *Barcelona and its Rulers, 1096–1291*, Cambridge 1995.

5 J.-E. Ruiz-Domènec, *Ricard Guillem. Un sogno per Barcellona*, mit einem Dokumentenanhang, hg. von R. Conde y Delgado de Molina, Neapel 1999; siehe jedoch Bensch, Barcelona, a. a. O., S. 85–121, 154–155.

6 S. Orvietani Busch, *Medieval Mediterranean Ports. The Catalan and Tuscan Coasts, 1100–1235*, Leiden 2001.

7 Abulafia, *Western Mediterranean Kingdoms*, a. a. O., S. 52.

8 Bernat Desclot, *Libre del rey en Pere*, in *Les quartre grans cròniques*, hg. von F. Soldevila, Barcelona 1971, Kap. 14; D. Abulafia, *A Mediterranean Emporium. The Catalan Kingdom of Majorca*, Cambridge 1994, S. 7–8.

9 Jakob I., *Llibre dels Feyts*, in *Les quartre grans cròniques*, a. a. O., Kap. 47, hier zit. nach J. Foster, *Chronicle of James I of Aragon*, 2 Bde., London 1883; Abulafia, *Mediterranean Emporium*, a. a. O., S. 7.

10 Jabob I., *Llibre dels Feyts*, a. a. O., Kap. 54, 56.

11 Abulafia, *Mediterranean Emporium*, a. a. O., S. 78–79, 65–68.

12 Ebd., S. 56–65.

13 Siehe A. Watson, *Agricultural Innovation in the Early Islamic World. The Diffusion of Crops and Farming Techniques, 700–1100*, Cambridge 1983.

14 R. Burns und P. Chevedden, *Negotiating Cultures. Bilingual Surrender Treatises on the Crusader-Muslim Frontier under James the Conqueror*, Leiden 1999.

15 L. Berner, *On the Western Shores. The Jews of Barcelona during the Reign of James I, »el Conqueridor«, 1213–1276*, Diss., University of California, Los Angeles, 1986.

16 Abulafia, *Mediterranean Emporium*, a. a. O., S. 78–79, 204–208; A. Hernando u. a., *Cartogràfia mallorquina*, Barcelona 1995.

17 R. Vose, *Dominicans, Muslims and Jews in the Medieval Crown of Aragon*, Cambridge 2009.

18 R. Chazan, *Barcelona and Beyond. The Dispuation of 1263 and its Aftermath*, Berkeley, CA, 1992.

19 Die beste Ausgabe: O. Limor, *Die Disputationen zu Ceuta (1179) und Mallorca (1286). Zwei antijüdische Schriften aus dem mittelalterlichen Genua*, Monumenta Germaniae Historica, München 1994, S. 169–300.

20 H. Hames, *Like Angels on Jacob's Ladder. Abraham Abulafia, the Franciscans, and Joachimism*, Albany, NY, 2007.

21 Ebd., S. 33–34.

22 H. Hames, *The Art of Conversion. Christianity and Kabbalah in the Thirteenth Century*, Leiden 2000; D. Urvoy, *Penser l'Islam. Les présupposés islamiques de l'»art« de Lull*, Paris 1980.

23 D. Abulafia, »The apostolic imperative: religious conversion in Llull's Blaquerna«, in *Religion, Text and Society in Medieval Spain and Northern Europe. Essays in Honour of J. N. Hillgarth*, hg. von L. Shopkow u. a., Toronto 2002, S. 105–121.

24 Ramon Llull, *Das Buch vom Heiden und den drei Weisen*, übers. und hg. von Th. Pindl, Stuttgart 1998, S. 246.

25 *Das Leben des seligen Raimund Lull. Die »Vita coetanea« u. ausgewählte Texte zum Leben Lulls aus seinen Werken und Zeitdokumenten*, übertr. u. eingel. von E.-W. Platzeck, Düsseldorf 1964, S. 45–46, 49.

26 Ebd., S. 53, 31.

27 C.-E. Dufourcq, *L'Espagne catalane et le Maghrib au XXXe et XIVe siècles*, Paris 1966, S. 514–520.

28 D. Abulafia, »Catalan merchants and the western Mediterranean, 1236–1300: Studies in the notarial acts of Barcelona and Sicily«, *Viator. Medieval and Renaissance Studies* 16 (1985), S. 232–235; wieder abgedruckt

in D. Abulafia, *Italy, Sicily and the Mediterranean, 1100–1400*, London 1987, Aufsatz 8.

29 Ebd., S. 235, 237.

30 Ebd., S. 220–221.

31 A. Hibbert, »Catalan consulates in the thirteenth century«, *Cambridge Historical Journal* 9 (1949), S. 352–358; Dufourcq, *L'Espagne catalane et le Maghrib*, a. a. O., S. 133–156.

32 J. Hillgarth, *The Problem of a Catalan Mediterranean Empire 1229–1327*, English Historical Review, Supplement Nr. 8, London 1975, S. 41; A. Atiya, *Egypt and Aragon*, Leipzig 1938, S. 57–60.

33 Hillgarth, *Problem*, a. a. O., S. 41; J. Trenchs Odena, »De alexandrinis (el comercio prohibido con los musulmanes y el papado de Aviñón durante la primera mitad del siglo XIV)«, *Annuario de estudios medievales* 10 (1980), S. 237–320.

34 Abulafia, »Catalan merchants«, a. a. O., S. 222.

35 Ebd., S. 230–231.

36 J. Brodman, *Ransoming Captives in Crusader Spain. The Order of Merced on the Christian-Islamic Frontier*, Philadelphia, PA, 1986; J. Rodriguez, *Captives and Their Saviors in the Medieval Crown of Aragon*, Washington, DC, 2007.

37 Abulafia, *Mediterranean Emporium*, a. a. O., S. 130–139.

38 Ebd., S. 188–215; A. Ortega Villoslada, *El reino de Mallorca y el mundo atlántico. Evolución político-mercantil (1230–1349)*, Madrid 2008; siehe auch Dufourcq, *L'Espagne catalane et le Maghrib*, a. a. O., S. 208–237.

39 Abulafia, »Catalan merchants«, a. a. O., S. 237–238.

40 N. Housley, *The Later Crusades. From Lyons to Alcázar 1274–1580*, Oxford 1992, S. 7–17.

41 D. Abulafia, *Frederick II. A Medieval Emperor*, London 1988; dt.: *Herrscher zwischen den Kulturen. Friedrich II. von Hohenstaufen*, Berlin 1991, S. 139–172.

42 Ebd., S. 318.

43 G. Lesage, *Marseille angevine*, Paris 1950.

44 Abulafia, *Mediterranean Emporium*, a. a. O., S. 240–245.

45 P. Xhufi, *Dilemat e Arbërit. Studime mbi Shqipërinë mesjetare*, Tirana 2006, S. 89–172.

46 J. Pryor, »The galleys of Charles I of Anjou, king of Sicily, ca. 1269–1284«, *Studies in Medieval and Renaissance History* 14 (1993), S. 35–103.

47 L. Mott, *Sea Power in the Medieval Mediterranean. The Catalan-Aragonese Fleet in the War of the Sicilian Vespers*, Gainesville, FL, 2003, S. 15.

48 Abulafia, *Western Mediterranean Kingdoms*, a. a. O., S. 66–76; S. Runciman, *The Sicilian Vespers. A History of the Mediterranean World in the Thirteenth*

Century, Cambridge 1958; dt.: *Die Sizilianische Vesper. Der Volksaufstand von 1282 und die europäische Geschichte im 13. Jahrhundert*, München 1976.

49 H. Bresc, »1282: classes sociales et révolution nationale«, *XI° Congresso di storia della Corona d'Aragona*, Palermo 1983–1984, 4 Bde., Bd. 2, S. 241–258; wieder abgedruckt in H. Bresc, *Politique et société en Sicile, XIIe-XVe siècles*, Aldershot 1990.

50 D. Abulafia, »Southern Italy and the Florentine economy, 1265–1370«, *Economic History Review*, Folge 2, 33 (1981), S. 377–388; wieder abgedruckt in Abulafia, *Italy, Sicily and the Mediterranean*, a. a. O., Aufsatz 6.

51 Abulafia, *Western Mediterranean Kingdoms*, a. a. O., S. 107–171.

52 J. Pryor, »The naval battles of Roger de Lauria«, *Journal of Medieval History* 9 (1983), S. 179–216.

53 Mott, *Sea Power*, a. a. O., S. 29–30.

54 Ebd., S. 31–32.

55 Aus der Chronik von Bernat Desclot, siehe ders., *Llibre del rey en Pere*, a. a. O., S. 39–40.

56 Mott, *Sea Power*, a. a. O., S. 33–34.

57 Abulafia, *Mediterranean Emporium*, a. a. O., S. 10–12.

KAPITEL 8
Serrata – Schließung
1291 bis 1350

1 S. Schein, *Fideles Cruces. The Papacy, the West and the Recovery of the Holy Land, 1274–1314*, Oxford 1991.

2 A. Laiou, *Constantinople and the Latins. The Foreign Policy of Andronicus II 1282–1328*, Cambridge, MA, 1972, S. 68–76, 147–157.

3 F. C. Lane, *Venice: A Maritime Republic*, Baltimore, MD, 1973; dt.: *Seerepublik Venedig*, München 1980, S. 137.

4 D. Abulafia, »Sul commercio del grano siciliano nel tardo Duecento«, *XI° Congresso di storia della Corona d'Aragona*, Palermo 1983–1984, 4 Bde., Bd. 2, S. 5–22; wieder abgedruckt in D. Abulafia, *Italy, Sicily and the Mediterranean, 1100–1400*, London 1987, Aufsatz 7.

5 D. Abulafia, »Southern Italy and the Florentine economy, 1265–1370«, *Economic History Review*, Folge 2, 33 (1981), S. 377–388; wieder abgedruckt in Abulafia, *Italy, Sicily and the Mediterranean*, a. a. O., Aufsatz 6.

6 G. Jehel, *Aigues-mortes, un port pour un roi. Les Capétiens et la Méditerranée*,

Roanne 1985; K. Reyerson, *Business, Banking and Finance in Medieval Montpellier*, Toronto 1985.

7 P. Edbury, *The Kingdom of Cyprus and the Crusades 1191–1374*, Cambridge 1991; sehr hilfreiche Studien finden sich in B. Arbel, *Cyprus, the Franks and Venice, 13th–16th Centuries*, Aldershot 2000.

8 D. Abulafia, »The Levant trade of the minor cities in the thirteenth and fourteenth centuries: strengths and weaknesses«, in *The Medieval Levant. Studies in Memory of Eliyahu Ashtor (1914–1984)*, hg. von B. Z. Kedar und A. Udovitch, *Asian and African Studies* 22 (1988), S. 183–202.

9 P. Edbury, »The crusading policy of King Peter I of Cyprus, 1359–1369«, in P. Holt (Hg.), *The Eastern Mediterranean Lands in the Period of the Crusades*, Warminster 1977, S. 90–105; Edbury, *Kingdom of Cyprus*, a. a. O., S. 147–179.

10 R. Unger, *The Ship in the Medieval Economy, 600–1600*, London 1980, S. 176–179; J. Robson, »The Catalan fleet and Moorish sea power (1337–1344)«, *English Historical Review* 74 (1959), S. 391.

11 Lane, *Seerepublik Venedig*, a. a. O., S. 84.

12 D. Abulafia, »Venice and the kingdom of Naples in the last years of Robert the Wise, 1332–1343«, *Papers of the British School at Rome* 48 (1980), S. 196–199.

13 S. Chojnacki, »In search of the Venetian patriciate: families and factions in the fourteenth century«, in *Renaissance Venice*, hg. von J. R. Hale, London 1973, S. 47–90.

14 Ein weiterer Plan sah einen Tausch gegen Albanien vor: D. Abulafia, »The Aragonese Kingdom of Albania: An Angevin project of 1311–16«, *Mediterranean Historical Review* 10 (1995), S. 1–13.

15 M. Tangheroni, *Aspetti del commercio dei cereali nei paesi della Corona d'Aragona*, Bd. 1: *La Sardegna*, Pisa und Cagliari 1981; C. Manca, *Aspetti dell'espansione economica catalano-aragones nel Mediterraneo occidentale. Il commercio internazionale del sale*, Mailand 1966; M. Tangheroni, *Città dell'argento. Iglesias dalle origini alla fine del Medioevo*, Neapel 1985.

16 F. C. Casula, *La Sardegna aragonese*, 2 Bde., Sassari 1990–1991; B. Pitzorno, *Vita di Eleanora d'Arborea, principessa medioevale di Sardegna*, Mailand 2010.

17 D. Abulafia, *A Mediterranean Emporium. The Catalan Kingdom of Majorca*, Cambridge 1994, S. 15–17, 54.

18 Ebd., S. 14, 248.

19 L. Mott, *Sea Power in the Medieval Mediterranean. The Catalan-Aragonese Fleet in the War of the Sicilian Vespers*, Gainesville, FL, 2003, S. 216, Tafel 2, und S. 217; J. Pryor, »The galleys of Charles I of Anjou, king of Sicily, ca. 1269–1284«, *Studies in Medieval and Renaissance History* 14 (1993), S. 86.

20 Mott, *Sea Power*, a. a. O., S. 211–224.
21 Tangheroni, *Aspetti del commercio*, a. a. O., S. 72–78.
22 Robson, »Catalan fleet«, a. a. O., S. 386.
23 G. Hills, *Rock of Contention. A History of Gibraltar*, London 1974, S. 60–72; M. Harvey, *Gibraltar. A History*, 2. Ausg., Staplehurst, Kent, 2000, S. 37–40.
24 Robson, »Catalan fleet«, a. a. O., S. 389–391, 394, 398.
25 Harvey, *Gibraltar*, a. a. O., S. 44–45.
26 J. Riley-Smith, *The Knights of St John in Jerusalem and Cyprus, 1050–1310*, London 1967, S. 225; Edbury, *Kingdom of Cyprus*, a. a. O., S. 123.
27 K. Setton, *The Catalan Domination of Athens, 1311–1388*, 2. Ausg., London 1975.
28 E. Zachariadou, *Trade and Crusade. Venetian Crete and the Emirates of Menteshe and Aydin (1300–1415)*, Venedig 1983, S. 13–14.
29 Ebd., S. 27–37.
30 N. Housley, *The Later Crusades. From Lyons to Alcázar 1274–1580*, Oxford 1992, S. 59–60; Zachariadou, Trade and Crusade, a. a. O., S. 49–51.
31 W. C. Jordan, *The Great Famine. Northern Europe in the Early Fourteenth Century*, Princeton, NJ, 1966; vgl. D. Abulafia, »Un'economia in crisi? L'Europa alla vigilia della Peste Nera«, *Archivio storico del Sannio* 3 (1988), S. 5–24.
32 O. Benedictow, *The Black Death 1346–1353. The Complete History*, Woodbridge 2004, S. 281.
33 B. Kedar, *Merchants in Crisis. Genoese and Venetian Men of Affairs and the Fourteenth Century Depression*, New Haven, CT, 1976.
34 M. Dols, *The Black Death in the Middle Ages*, Princeton, NJ, 1977; Benedictow, *Black Death*, a. a. O., S. 60–64; zu der Auffassung, wonach es sich weder um die Beulen- noch die Lungenpest handelte, siehe B. Gummer, *The Scourging Angel. The Black Death in the British Isles*, London 2009.
35 S. Borsch, *The Black Death in Egypt and England: A Comparative Study*, Kairo 2005, S. 1–2.
36 Benedictow, *Black Death*, a. a. O., S. 70–71, 93–94.
37 Ebd., S. 77–82, 89–90, 278–281.
38 Ebd., S. 82–83.
39 Ebd., S. 65–66.
40 Ebd., S. 380–384.
41 D. Abulafia, »Carestia, peste, economia«, *Le epidemie nei secoli XIV-XVII*, Nuova Scuola Medica Salernitana, Salerno 2006.
42 S. R. Epstein, *An Island for Itself. Economic Development and Social Change in Late Medieval Sicily*, Cambridge 1992.

TEIL IV
Das Vierte Mediterrane Zeitalter
1350 bis 1830

KAPITEL 1
Träume von einer Erneuerung des Römischen Reiches
1350 bis 1480

1 D. Abulafia, *A Mediterranean Emporium. The Catalan Kingdom of Majorca*, Cambridge 1994, S. 217–221; F. Melis, *Aspetti della vita economica medievale*, Studie nell'Archivio Datini di Prato, Siena und Florenz 1962; I. Origo, *The Merchant of Prato*, 2. Ausg., Harmondsworth 1963; dt.: *»Im Namen Gottes und des Geschäfts«. Lebensbild eines toskanischen Kaufmanns der Frührenaissance, Francesco di Marco Datini, 1335–1410*, München 1985.

2 Origo, *»Im Namen Gottes und des Geschäfts«*, a. a. O., S. 112.

3 I. Houssaye Michienzi, *Réseaux et stratégies marchandes. Le commerce de la compagnie Datini avec le Maghrib (fin XIVe – début XVe siècle)*, Diss., European University Institute, Florenz 2010.

4 Origo, *»Im Namen Gottes und des Geschäfts«*, a. a. O., S. 85–86.

5 R. de Roover, *The Rise and Decline of the Medici Bank 1397–1494*, Cambridge, MA, 1963.

6 B. Kedar, *Merchants in Crisis. Genoese and Venetian Men of Affairs and the Fourteenth-century Depression*, New Haven, CT, 1976, mit der These, wonach mit der unterstellten wirtschaftlichen Depression auch eine psychische Depression bei den Kaufleuten einherging.

7 O. Benedictow, *The Black Death 1346–1353. The Complete History*, Woodbridge 2004, S. 118–133.

8 F. C. Lane, *Venice. A Maritime Republic*, Baltimore, MD, 1973; dt.: *Seerepublik Venedig*, München 1980, S. 270–272; S. A. Epstein, *Genoa and the Genoese, 958–1528*, Chapel Hill, NC, 1996, S. 220–221.

9 Lane, *Seerepublik Venedig*, a. a. O., S. 284–285; Epstein, *Genoa*, a. a. O., S. 219–220.

10 S. McKee, *Uncommon Dominion. Venetian Crete and the Myth of Ethnic Purity*, Philadelphia, PA, 2000, S. 145–161.

11 Lane, *Seerepublik Venedig*, a. a. O., S. 287–298; Epstein, *Genoa*, a. a. O., S. 237–242.

12 Lane, *Seerepublik Venedig*, a. a. O., S. 298.

13 Vgl. Kedar, *Merchants in Crisis*, a. a. O.

14 Dante, *Die Göttliche Komödie*, übers. von W. G. Hertz, München 1957, S. 91–92 (Hölle, 21:7–15).

15 Lane, *Seerepublik Venedig*, a. a. O., S. 192–193, 248–250; F. C. Lane, *Venetian Ships and Shipbuilders of the Renaissance*, Baltimore, MD, 1934.

16 Lane, *Seerepublik Venedig*, a. a. O., S. 191.

17 H. Prescott, *Jerusalem Journey. Pilgrimage to the Holy Land in the Fifteenth Century*, London 1954; dt.: *Felix Fabris Reise nach Jerusalem*, Freiburg 1960; H. Prescott, *Once to Sinai. The Further Pilgrimage of Friar Felix Fabri*, London 1957.

18 Petrarca, *Reisebuch zum Heiligen Grab*, lateinisch-deutsch, hg. von J. Reufsteck, Ditzingen 1999, S. 55, 69.

19 Cyriac of Ancona (Cyriacus von Ancona), *Later Travels*, hg. von E. Bodnar, Cambridge, MA, 2003; M. Belozerskaya, *To Wake the Dead: A Renaissance Merchant and the Birth of Archaeology*, New York 2009; B. Ashmole, »Cyriac of Ancona«, in *Art and Politics in Renaissance Italy*, hg. von G. Holmes, Oxford 1993, S. 41–57.

20 N. Z. Davis, *Trickster Travels. A Sixteenth-century Muslim between Worlds*, New York 2006; dt.: *Leo Africanus. Ein Reisender zwischen Orient und Okzident*, Berlin 2008.

21 P. Corrao, *Governare un regno. Potere, società e istituzioni in Sicilia fra Trecento e Quattrocento*, Neapel 1991.

22 J. Carbonell und F. Manconi (Hg.), *I Catalani in Sardegna*, Mailand 1994; G. Goddard King, *Pittura sarda del Quattro-Cinquecento*, 2 Ausg., Nuoro 2000.

23 A. Ryder, *Alfonso the Magnanimous, King of Aragon, Naples and Sicily, 1396–1458*, Oxford 1990.

24 P. Stacey, *Roman Monarchy and the Renaissance Prince*, Cambridge 2007.

25 J. Favier, *Le Roi René*, Paris 2009; M. Kekewich, *The Good King: René of Anjou and Fifteenth-century Europe*, Basingstoke 2008.

26 W. Küchler, *Die Finanzen der Krone Aragon während des 15. Jahrhunderts (Alfons V. und Johann II.)*, Münster 1983; L. Sánchez Aragonés, *Cortes, monarquía y ciudades en Aragón, durante el reinado de Alfonso el Magnánimo*, Saragossa 1994.

27 A. Gallo, *Commentarius de Genuesium maritima classe in Barchinoneses expedita, anno MCCCCLXVI*, hg. von C. Fossati, Fonti per la storia dell'Italia medievale, Rerum italicarum scriptores, Folge 3, Bd. 8, Rom 2010; und C. Fossati, *Genovesi e Catalani. Guerra sul mare. Relazione di Antonio Gallo (1466)*, Genua 2008.

28 D. Abulafia, »From Tunis to Piombino: Piracy and trade in the Tyrrhenian

Sea, 1397–1472«, in *The Experience of Crusading*, Bd. 2: *Defining the Crusader Kingdom*, hg. von P. Edbury und J. Phillips, Cambridge 2003, S. 275–297.

29 D. Abulafia, »The mouse and the elephant; relations between the kings of Naples and the lordship of Piombino in the fifteenth century«, in J. Law und B. Paton (Hg.), *Communes and Despots. Essays in Memory of Philip Jones*, Aldershot 2010, S. 145–160; G. Forte, *Di Castiglione di Pescaia presidio aragonese dal 1447 al 1460*, Grosseto 1935, auch erschienen in *Bollettino della società storica maremmana*, 1934–1945.

30 M. Navarro Sorní, *Calixto II Borja y Alfonso el Magnánimo frente a la cruzada*, Valencia 2003; vgl. A. Ryder, »The eastern policy of Alfonso the Magnanimous«, *Atti dell'Academia Pontaniana* 27 (1979), S. 7–27.

31 D. Abulafia, »Scanderbeg: A hero and his reputation«, Einleitung zu H. Hodgkinson, *Skanderbeg*, London 1999, S. ix-xv; O. J. Schmitt, *Skënderbeu*, Tirana 2008; dt.: *Skanderbeg. Der neue Alexander auf dem Balkan*, Regensburg 2009; F. Babinger, *Mehmed der Eroberer. Weltenstürmer einer Zeitenwende*, München 1987, S. 539.

32 D. Duran i Duelt, *Kastellórizo, una isla griega bajo dominio Alfonso el Magnánimo (1450–1458), Dokumentensammlung* Barcelona 2003; C. Marinescu, *La politique orientale d'Alfonse V d'Aragon, roi de Naples (1416–1458)*, Institut d'Estudis Catalans, Memòries de la Secctó Històrico-Arqueològica, Bd. 46, Barcelona 1994, S. 203–234.

33 D. Abulafia, »Genoese, Turks and Catalans in the age of Mehmet II and Tirant lo Blanc«, in *Quel mar che la terra inghirlanda. Studi sul Mediterraneo medievale in ricordo di Marco Tangheroni*, 2 Bde., Pisa 2007, Bd. 1, S. 49–58; J. Martorell, *Der Roman vom weißen Ritter Tirant lo Blanc*, 3 Bde., Frankfurt am Main 2007.

34 E. Aylward, *Martorell's* Tirant lo Blanch. *A Program for Military and Social Reform in Fifteenth-century Christendom*, Chapel Hill, NC, 1985.

35 Martorell, *Der Roman vom weißen Ritter Tirant lo Blanc*, a. a. O., Bd. 1, S. 300 (Kap. 99).

36 Doukas (Dukas), *Decline and Fall of Byzantium to the Ottoman Turks by Doukas. An Annotated Translation of Historia Turco-Byzantinia*, hg. von H. Magoulias, Detroit 1976, S. 212 (Kap. 38:5).

37 H. Inalcık, *The Ottoman Empire. The Classical Age 1300–1600*, London 1973.

38 Babinger, *Mehmed der Eroberer*, a. a. O., S. 398–405.

39 P. Butorac, *Kotor za samovlade (1355–1420)*, Perast 1999, S. 75–115.

40 L. Malltezi, *Qytetet e bregdetit shqiptar gjatë sundemit Venedikas (aspekte te jetës së tyre)*, Tirana 1988, S. 229–241 (franz. Zusammenfassung); O. J. Schmitt, *Das venezianische Albanien (1392–1479)*, München 2001.

41 L. Butler, *The Siege of Rhodes 1480*, Order of St John Historical Pamphlets Nr. 10, London 1970, S. 1–24; E. Brockman, *The Two Sieges of Rhodes 1480–1522*, London 1969; Babinger, *Mehmed der Eroberer*, a. a. O., S. 435–439.
42 Butler, *Siege of Rhodes*, a. a. O., S. 11, 22.
43 H. Houben (Hg.), *La conquista turca di Otranto (1480) tra storia e mito*, 2 Bde., Galatina 2008; Babinger, *Mehmed der Eroberer*, a. a. O., S. 431–433.
44 Babinger, *Mehmed der Eroberer*, a. a. O., S. 430–435.
45 C. Kidwell, »Venice, the French invasion and the Apulian ports«, in *The French Descent into Renaissance Italy 1494–1495. Antecedents and Effects*, hg. von D. Abulafia, Aldershot 1995, S. 295–308.
46 Ebd., S. 300.
47 N. Bisaha, *Creating East and West. Renaissance Humanism and the Ottoman Turks*, Philadelphia, PA, 2004; R. Mack, *Bazaar to Piazza. Islamic Trade and Italian Art, 1300–1600*, Berkeley, CA, 2002.
48 C. Campbell, A. Chong, D. Howard und M. Rogers, *Bellini and the East*, National Gallery, London 2006.
49 D. Abulafia, »Dalmatian Ragusa and the Norman Kingdom of Sicily«, *Slavonic and East European Review* 54 (1976), S. 412–428; wieder abgedruckt in Abulafia, *Italy, Sicily and the Mediterranean*, a. a. O., Aufsatz 10.
50 R. Harris, *Dubrovnik. A History*, London 2003, S. 58–63.
51 F. Carter, »Balkan exports through Dubrovnik 1358–1500: A geographical analysis«, *Journal of Croatian Studies* 9–10 (1968–1969), S. 133–159; wieder abgedruckt in F. Carters sonderbarem Buch *Dubrovnik (Ragusa). A Classic City-state*, London 1972, das zum großen Teil aus einem nicht nachgewiesenen Wiederabdruck von L. Villari, *The Republic of Ragusa*, London 1904, besteht.
52 B. Krekić, *Dubrovnik (Raguse) et le Levant au Moyen Âge*, Paris 1961.
53 B. Krekić, »Four Florentine commercial companies in Dubrovnik (Ragusa) in the first half of the fourteenth century«, in *The Medieval City*, hg. von D. Herlihy, H. Miskimin und A. Udovitch, New Haven, CT, 1977, S. 25–41; D. Abulafia, »Grain traffic out of the Apulian ports on behalf of Lorenzo de' Medici, 1486–7«, in *Karissime Gotifride. Historical Essays Presented to Professor Godfrey Wettinger on his Seventieth Birthday*, hg. von P. Xuereb, Malta 1999, S. 24–36; wieder abgedruckt in D. Abulafia, *Mediterranean Encounters. Economic, Religious, Political, 1100–1550*, Aldershot 2000, Aufsatz 9; M. Spremić, *Dubrovnik i Aragonci (1442–1495)*, Belgrad 1971, S. 210.
54 Filip de Diversis, *Opis slavnogo grada Dubrovnika*, hg. von Z. Janeković-

Römer, Zagreb 2004, S. 156; B. Krekić, *Dubrovnik in the Fourteenth and Fifteenth Centuries. A City between East and West*, Norman, OK, 1972, S. 35.

55 M. Spremić, *Dubrovnik i Aragonci*, a. a. O., S. 207–211 (italienische Zusammenfassung).

56 B. Cotrugli, *Il libro dell'arte di mercatura*, hg. von U. Tucci, Venedig 1990; B. Kotruljević, *Knjiga o umijeću trgovanja*, Zagreb 2005; siehe auch zu Wind, Wellengang und Navigation: B. Kotruljević, *De navigatione – O plovidbi*, hg. von D. Salopek, Zagreb 2005.

57 Harris, *Dubrovnik*, a. a. O., S. 88–90.

58 Ebd., S. 93, 95; N. Biegman, *The Turco-Ragusan Relationships according to the firmāns of Murād III (1575–1595) extant in the State Archives of Dubrovnik*, Den Haag und Paris 1967.

KAPITEL 2
Veränderungen im Westen 1391 bis 1500

1 N. Housley, *The Later Crusades. From Lyons to Alcázar 1274–1580*, Oxford 1992, S. 196 197.

2 J. Heers, *Gênes au XVe siècle. Civilisation méditerranéenne, grand capitalisme, et capitalisme populaire*, Paris 1971.

3 E. Ashtor, »Levantine sugar industry in the late Middle Ages. A case of technological decline«, in *The Islamic Middle East, 700–1900*, hg. von A. L. Udovitch, Princeton, NJ, 1981, S. 91–132.

4 Dazu gehören die Wallace Collection (London), die Hispanic Society of America (New York) und das Israel Museum (Jerusalem).

5 D. Abulafia, »Sugar in Spain«, *European Review* 16 (2008), S. 191–210; M. Querfelli, *Le sucre. Production, commercialisation et usages dans la Méditerranée médiévale*, Leiden 2007.

6 A. Fábregas Garcia, *Producción y comercio de azúcar en el Mediterráneo medieval. El ejemplo del reino de Granada*, Granada 2000; J. Heers, »Le royaume de Grenade et la politique marchande de Gênes en Occident (XVe siècle)«, *Le Moyen Âge* 63 (1957), S. 109; wieder abgedruckt in J. Heers, *Société et économie à Gênes (XIVe–XVe siècles)*, London 1979, Aufsatz 7; F. Melis, »Málaga nel sistema economico del XIV e XV secolo«, *Economia e Storia* 3 (1956), S. 19–59, 139–163; wieder abgedruckt in F. Melis, *Mercaderes italianos en España (investigaciones sobre su correspondencia y su contabilidad)*, Se-

villa 1976, S. 3–65; R. Salicrú i Lluch, »The Catalano-Aragonese commercial presence in the sultanate of Granada during the reign of Alfonso the Magnanimous«, *Journal of Medieval History* 27 (2001), S. 289–312.

7 P. Russell, *Prince Henry »the Navigator«. A Life*, New Haven, CT, 2000, S. 29–58.

8 Ebd., S. 182–193.

9 B. Rogerson, *The Last Crusaders. The Hundred-Year Battle for the Center of the World*, London 2009, v. a. S. 399–422

10 Luis Vaz de Camões [Camõens], *Die Lusiaden. Heroisch-episches Gedicht*, übers. von K. Eitner, Leipzig o. J., S. 106 (4:49).

11 F. Themudo Barata, *Navegaòão, comércio e relaòões políticas. Os portugeses no Mediterrâneo Ocidental (1385–1466)*, Lissabon 1998; J. Heers, »L'expansion maritime portugaise à la fin du Moyen-Âge: la Méditerranée«, *Actas do III Colóquio internacional de estudios luso-brasileiros*, 2 Bde., Lissabon 1960, S. 138–147; wieder abgedruckt in Heers, *Société et économie*, a. a. O., Aufsatz 3.

12 R. Salicrú i Lluch, *El tràfic de mercaderies a Barcelona segons els comptes de la Lleuda de Mediona (febrer de 1434)*, Annuario de estudios medievales, Anhang 30, Barcelona 1995.

13 D. Abulafia, »The Crown and the economy under Ferrante I of Naples (1458–94)«, in T. Dean und C. Wickham (Hg.), *City and Countryside in Late Medieval and Renaissance Italy. Essays Presented to Philip Jones*, London 1990, S. 135, 140; wieder abgedruckt in D. Abulafia, *Commerce and Conquest in the Mediterranean, 1100–1500*, Aldershot 1993.

14 A. Ruddock, *Italian Merchants and Shipping in Southampton 1270–1600*, Southampton 1951, S. 173–177.

15 K. Reyerson, *Jacques Cœur. Entrepreneur and King's Bursar*, New York 2005, S. 3, 90–91; J. Heers, *Jacques Cœur 1400–1456*, Paris 1997, mit einer anderen Auffassung als M. Mollat, *Jacques Cœur ou l'esprit de l'entreprise au XVe siècle*, Paris 1988; dt: *Der königliche Kaufmann. Jacques Cœur oder der Geist des Unternehmertums*, München 1991; und C. Poulain, *Jacques Cœur ou les rêves concrétisés*, Paris 1982.

16 Zit. in Reyerson, *Jacques Cœur*, a. a. O., S. 87.

17 Ebd., S. 90, 92, 162; Mollat, *Jacques Cœur*, a. a. O., S. 168–180.

18 D. Lamelas, *The Sale of Gibraltar in 1474 to the New Christians of Cordova*, hg. von S. Benady, Gibraltar und Grendan, Northants, 1992; M. Harvey, *Gibraltar. A History*, 2. Ausg., Staplehurst, Kent, 2000, S. 48–53.

19 P. Wolff, »The 1391 pogrom in Spain: Social crisis or not?«, *Past and Present* 50 (1971), S. 4–18.

20 C. Carrière, *Barcelone. Centre économique à l'époche des difficultés, 1380–1462*, Paris und Den Haag 1962; C. Battle, *Barcelona a mediados del siglo XV. Historia de una crisis urbana*, Barcelona 1976.

21 J. M. Quadrado, *Forenses y Ciudadanos*, Biblioteca Balear, Bd. 1, Palma de Mallorca 1986, Wiederabdruck der 2. Aufl., Palma 1895; zur Pest: M. Barceló Crespi, *Ciutat de Mallorca en el Trànsit a la Modernitat*, Palma de Mallorca 1988.

22 R. Piña Homs, *El Consolat de Mar. Mallorca 1326–1800*, Palma de Mallorca 1985; R. Smith, *The Spanish Guild Merchant. A History of the Consolado, 1250–1700*, Durham, NC, 1972, S. 3–33.

23 Klassische negative Auffassungen in J. Elliott, *Imperial Spain 1469–1714*, London 1963, S. 24, 30–31; P. Vilar, »Le déclin catalan au bas Moyen Âge«, *Estudios de Historia Moderna* 6 (1956–1959), S. 1–68; J. Vicens Vives, *An Economic History of Spain*, Princeton, NJ, 1969; einschlägige Abschnitte wieder abgedruckt in R. Highfield (Hg.), *Spain in the Fifteenth Century 1369–1516*, London 1972, S. 31–57, 248–275.

24 A. P. Usher, *The Early History of Deposit Banking in Mediterranean Europe*, Cambridge, MA, 1943.

25 D. Coulon, *Barcelone et le grand commerce d'Orient au Moyen Âge. Un siècle de relations avec l'Égypte et la Syrie-Palestine, ca. 1330–ca. 1430*, Madrid und Barcelona 2004.

26 M. del Treppo, *I Mercanti Catalani e l'Espansione della Corona d'Aragona nel Secolo XV*, Neapel 1972, Abb. gegenüber S. 16; D. Pifarré Torres, *El Comerò international de Barcelona i el mar del Nord (Bruges) al final del segle XIV*, Barcelona und Montserrat 2002.

27 Zwischen 1390 und 1493 gab es 154 Fahrten von Barcelona nach Rhodos; del Treppo, *Mercanti Catalani*, a. a. O., S. 59.

28 Ebd., S. 211, 213, 231–244.

29 Abulafia, »The Crown and the economy under Ferrante«, a. a. O., 142–143.

30 D. Abulafia, »L'economia mercantile nel Mediterraneo occidentale (1390 ca.–1460 ca.): Commercio locale e a lunga distanza nell'età di Alfonso Magnanimo«, *Schola Salernitana. Dispartimento di Latinità e Medioevo, Università degli Studi di Salerno, Annali* 2 (1997), S. 28–30; wieder abgedruckt in D. Abulafia, *Mediterranean Encounters. Economic, Religious, Political, 1100–1550*, Aldershot 2000, Aufsatz 8; M. Zucchitello, *El comerò maritime de Tossa a través del port bacelonì (1357–1553)*, Quaderns d'estudis tossencs, Tossa de Mar 1982.

31 H. Winter, *Die katalanische Nao von 1450 nach dem Modell im Maritiem Mu-*

seum Prins Hendrik in Rotterdam, Burg bei Magdeburg 1956; *Het Matarò-Model. Een bijzondere Aanwist*, Maritiem Museum Prins Hendrik, Rotterdam 1982.

32 Salicrú, *Tràfic de mercaderies*, a. a. O.

33 M. Peláez, *Catalunya després de le Guerra Civile del segle XV*, Barcelona 1981, S. 140; vgl. del Treppo, *Marcanti catalani*, a. a. O., S. 586–587.

34 Peláez, *Catalunya*, a. a. O., S. 145, 153–159.

35 P. Macaire, *Majorque et le commerce international (1400–1450 environ)*, Lille 1986, S. 81–91, 411; O. Vaquer Bennasar, *El comerò marítim de Mallorca, 1448–1531*, Palma de Mallorca 2001.

36 Elliott, *Imperial Spain*, a. a. O., S. 24: »Kreisel«, zit. nach E. Hamilton, *Money, Prices and Wages in Valencia, Aragon and Navarre 1351–1500*, Cambridge, MA, 1936, S. 55–59.

37 S. Jados (Hg. und Übers.), *Consulate of the Sea and Related Documents*, Tuscaloosa, AL, 1975, S. 3–18; Smith, *Spanish Guild Merchant*, a. a. O., S. 20–25.

38 Jados, *Consulate of the Sea*, a. a. O., S. 38; siehe auch S. 35–38, 54–57, 204–208.

39 Ebd., S. 56–57; O. R. Constable, »The problem of jettison in medieval Mediterranean maritime law«, *Journal of Mediterranean History* 20 (1994), S. 207–220.

40 Jados, *Consulate of the Sea*, a. a. O., 65, 68–69.

41 Ebd., S. 135–137; zur Keramik: *Valenza-Napoli. Rotte mediterranee della ceramica / Valencia-Nàpols. Les rutes mediterrànies de la ceramica*, Valencia 1997.

42 Jados, *Consulate of the Sea*, a. a. O., S. 79.

43 M. Teresa Ferrer i Mallol, »Els italians a terres catales (segles XII–XV)«, *Anuario de Estudios Medievales* 19 (1980), S. 393–467.

44 J. Guiral-Hadziiosiff, *Valence, port méditerranéen au XVe siècle (1410–1525)*, Publicatios de la Sorbonne, Paris 1986, S. 281–286; D. Igual Luis, *Valencia y Italia en el siglo XV. Rutas, mercados y hombres de negocios en el espacio económico del Mediterráneo occidental*, Bancaixa Fundació Caixa Castelló, Castellón 1998.

45 P. Iradiel, »Valencia y la expansión económica de la Corona d'Aragón«, in D. Abulafia und B. Garí (Hg.), *En las costas del Mediterráneo occidental. Las ciudades de la Peninsula Ibérica y del reino de Mallorca y el comercio mediterráneo en la Edad Media*, Barcelona 1997, S. 155–169; E. Cruselles, *Los mercaderes de valencia en la Edad Media, 1380–1450*, Lleidà 2001; E. Cruselles, *Los comerciantes valencianos del siglo XV y sus libros de cuentas*, Castelló de la Plana 2007.

46 Siehe die Studien von P. Mainoni, V. Mora und C. Verlinden in A. Furió (Hg.), *València, mercat medieval*, Valencia 1985, S. 83–156, 159–173, 267–275.

47 Zum Beispiel Gentino Abulafia: G. Romestan, »Els mercaders llenguadocians en el regne de València durant la primera meitat del segle XIV«, in Furiò, *València*, a. a. O., S. 217.

48 Salicrú, »Catalano-Aragonese commercial presence«, a. a. O., S. 289–312.

49 E. Belenguer Cebrià, *València en la crisi del segle XV*, Barcelona 1976.

50 S. R. Epstein, *An Island for Itself. Economic Development and Social Change in Late Medieval Sicily*, Cambridge 1992; C. Zedda, *Cagliari. Un porto commerciale nel Mediterraneo del Quattrocento*, Neapel 2001.

51 O. Benedictow, *The Black Death 1346–1353. The Complete History*, Woodbridge 2004, S. 281.

52 Wolf, »1391 pogrom«, a. a. O., S. 4–18.

53 H. Maccoby, *Judaism on Trial. Jewish-Christian Dispuations in the Middle Ages*, Rutherford, NJ, 1982, S. 168–215.

54 A. Y. d'Abrera, *The Tribunal of Zaragoza and Crypto-Judaism, 1484–1515*, Turnhout 2008.

55 R. Conde y Delgado de Molina, *La Expulsión de los Judíos de la Corona de Aragón. Documentos para su estudio*, Saragossa 1991, Dok. § 1, S. 41–44.

56 Samuel Usque, *Consolation for the Tribulations of Israel* (Consolaòam as Tribulaòoens de Israel), hg. von M. Cohen, Philadelphia, PA, 1964; Joseph ha Cohen, *Emek habacha [Tal der Tränen]*, ins Dt. übers. von M. Wiener, Leipzig 1858.

57 G. Zazzu, *Sepharad addio – 1492. I profughi ebrei della Spagna al »ghetto« di Genova*, Genua 1991.

58 N. Zeldes, »Sefardi and Sicilian exiles in the Kingdom of Naples: Settlement community formation and crisis«, *Hispania Judaica Bulletin* 6, Nr. 5769 (2008), S. 237–266; D. Abulafia, »Aragonese kings of Naples and the Jews«, in B. Garvin und B. Cooperman (Hg.), *The Jews of Italy. Memory and Identity*, Bethesda, MD, 2000, S. 82–106.

59 D. Abulafia, »Insediamenti, diaspora e tradizione ebraica: Gli Ebrei del Regno di Napoli da Ferdinando il Cattolico a Carlo V«, *Convegno internazionale Carlo V, Napoli e Mediterraneo = Archivio storico per le province napoletane* 119 (2001), S. 171–200.

60 Zit. in M. Mazower, *Salonica, City of Ghosts. Christians, Muslims and Jews 1430–1950*, London 2004, S. 48; die Marranen sind die »Marranos«, ein Ausdruck, der häufiger für *conversos* verwendet wurde.

61 A. David, *To Come to the Land. Immigration and Settlement in Sixteenth-century Eretz-Israel*, Tuscaloosa, AL, 1999.

62 T. Glick, *Irrigation and Society in Medieval Valencia*, Cambridge, MA, 1970.

63 L. P. Harvey, *Islamic Spain 1250 to 1500*, Chicago 1990.

64 M. Meyerson, *The Muslims of Valencia in the Age of Fernando and Isabel. Between Coexistence and Crusade*, Berkeley, CA, 1991; L. P. Harvey, *Muslims in Spain, 1500 to 1614*, Chicago 2005.

65 J.-E. Ruiz-Domènec, *El Gran Capitán. Retrato de una epoca*, Barcelona 2002; C. J. Hernando Sánchez, *El Reino de Nápoles en el imperio de Carlos V. La consolidación de la conquista*, Madrid 2001; D. Abulafia, »Ferdinand the Catholic and the kingdom of Naples«, in *Italy and the European Powers. The Impact of War, 1503–1530*, hg. von Chr. Shaw, Leiden 2006, S. 129–158; E. Baumgartner, *Louis XII*, Stroud 1994.

66 J. M. Doussinague, *La política internacional de Fernando el Católico*, Madrid 1944, S. 91–106.

67 D. Abulafia, *The Discovery of Mankind. Atlantic Encounters in the Age of Columbus*, New Haven, CT, 2008; M. A. Ladero Quesada, *El primer oro de América. Los comienzos de la Casa de la Contratación de las Yndias, 1503–1511*, Madrid 2002.

68 A. Hess, *The Forgotten Frontier. A History of the Sixteenth-century Ibero-African Frontier*, Chicago 1978, S. 37–42; Doussinague, *Política internacional*, a. a. O., S. 194–209, 212–228, 356–352; R. Gutiérrez Cruz, *Los presidios españoles del Norte de África en tiempo de los Reyes Católicos*, Melilla 1998.

69 R. Ríos Lloret, *Germana de Foix, una mujer, una reina, una corte*, Valencia 2003.

70 B. Aram, *Juana the Mad. Sovereignty and Dynasty in Renaissance Europe*, Baltimore, MD, 2005.

71 T. Dandelet und J. Marino (Hg.), *Spain in Italy. Politics, Society, and Religion, 1500–1700*, Leiden 2007; T. Dandelet, *Spanish Rome, 1500–1700*, New Haven, CT, 2001.

KAPITEL 3
Heilige Ligen und unheilige Allianzen 1500 bis 1550

1 D. Abulafia, *The Discovery of Mankind. Atlantic Encounters in the Age of Columbus*, New Haven, CT, 2008, S. 33–44, 82–86.

2 D. Blumenthal, *Enemies and Familiars. Slavery and Mastery in Fifteenth-century Valencia*, Ithaca, NY, 2009.

3 B. Pullan (Hg.), *Crisis and Change in the Venetian Economy in the Sixteenth and Seventeenth Centuries*, London 1968.

4 Fernand Braudel, *La Méditerranée et le monde méditerranéen à l'époque de Philippe II*, Paris 1949; dt.: *Das Mittelmeer und die mediterrane Welt in der Epoche Philipps II.*, 3 Bde., Frankfurt am Main 1990, Bd. 2, S. 693, datiert dieses Phänomen zu spät.

5 J. Heers, *The Barbary Corsais. Warfare in the Mediterranean, 1480–1580*, London 2003; G. Fisher, *Barbary Legend. Trade and Piracy in North Africa 1415–1830*, Oxford 1957; siehe auch J. Wolf, *The Barbary Coast. Algiers under the Turks, 1500 to 1830*, New York 1979.

6 P. Brummett, *Ottoman Seapower and Levantine Diplomacy in the Age of Discovery*, Albany, NY, 1994, S. 123–141.

7 Lebendige Darstellungen in R. Crowley, *Empires of the Sea. The Final Battle for the Mediterranean 1521–1580*, London 2008; dt.: *Entscheidung im Mittelmeer. Europas Seekrieg gegen das Osmanische Reich 1521–1580*, Stuttgart 2009, S. 25–37; und B. Rogerson, *The Last Crusaders. The Hundred-year Battle for the Centre of the World*, London 2009, S. 261–265.

8 A. Hess, *The Forgotten Frontier. A History of the Sixteenth-century Ibero-African Frontier*, Chicago 1978, S. 21, 42, 75–76.

9 Ö. Kumrular, *El Duelo entre Carlos V y Solimán el Magnífico (1520–1535)*, Istanbul 2005, S. 126.

10 M. Özen, *Pirî Reis and his Charts*, 2. Ausg., Istanbul 2006, S. 4, 8–9.

11 Fisher, *Barbary Legend*, a. a. O., S. 42; Heers, *Barbary Corsairs*, a. a. O., S. 61; Özen, *Pirî Reis*, a. a. O., S. 4; Rogerson, *Last Crusaders*, a. a. O., S. 56.

12 Heers, *Barbary Corsairs*, a. a. O., S. 63; Rogerson, *Last Crusaders*, a. a. O., S. 160–163; Hess, *Forgotten Frontier*, a. a. O., S. 63–64.

13 R. Davis, *Christian Slaves, Muslim Masters. White Slavery in the Mediterranean, the Barbary Coast and Italy, 1500–1800*, Basingstoke 2003; Crowley, *Entscheidung im Mittelmeer*, a. a. O., S. 43.

14 Heers, *Barbary Corsairs*, a. a. O., S. 64–65.

15 Kumrular, *El Duelo*, a. a. O., S. 119; siehe auch Ö. Kumrular, *Las Relaciones entre el Imperio Otomano y la Monarquía Católica entre los Años 1520–1535 y el Papel de los Estados Satellites*, Istanbul 2003.

16 Heers, *Barbary Corsairs*, a. a. O., S. 68.

17 Ebd., S. 70–71.

18 Kumrular, *El Duelo*, a. a. O., S. 119.

19 Heers, *Barbary Corsairs*, a. a. O., S. 71.

20 Crowley, *Entscheidung im Mittelmeer*, a. a. O., S. 69.

21 Wolf, *Barbary Coast*, a. a. O., S. 20 (1535).

22 P. Lingua, *Andrea Doria. Principe e Pirata nell'Italia del '500*, Genua 2006.

23 Crowley, *Entscheidung im Mittelmeer*, a. a. O., S. 56; Heers, *Barbary Corsairs*, a. a. O., S. 69.

24 Crowley, *Entscheidung im Mittelmeer*, a. a. O., S. 61–62; Rogerson, *Last Crusaders*, a. a. O., S. 288.

25 Crowley, *Entscheidung im Mittelmeer*, a. a. O., S. 74.

26 Lingua, *Andrea Doria*, a. a. O., S. 94–101.

27 Wolf, *Barbary Coast*, a. a. O., S. 20.

28 D. Abulafia, »La politica italiana della monarchia francese da Carlo VIII a Francesco I«, in *El reino de Nápoles y la monarchía de España. Entre agregación y conquista*, hg. von G. Galasso und C. Hernando Sánchez, Madrid 2004.

29 Heers, *Barbary Corsairs*, a. a. O., S. 73–74.

30 R. Knecht, *Renaissance Warrior and Patron. The Reign of Francis I*, Cambridge 1994, S. 296; J. Luis Castellano, »Estudio preliminar«, in J. Sánchez Mintes, *Franceses, Protestantes, Turcos. Los Españoles ante la política internacional de Carlos V*, 2. Ausg., Granada 1995, S. ix-xlvi.

31 Heers, *Barbary Corsairs*, a. a. O., S. 73.

32 Hess, *Forgotten Frontier*, a. a. O., S. 73; Sánchez Montes, *Franceses, Protestantes, Turcos*, a. a. O., S. 52.

33 Knecht, *Renaissance Warrior*, a. a. O., S. 296, 299, 329.

34 Ebd., S. 489; Heers, *Barbary Corsairs*, a. a. O., S. 83–90; Hess, *Forgotten Frontier*, a. a. O., S. 75.

35 Brummett, *Ottoman Seapower*, a. a. O., S. 82–121.

36 Ebd., S. 131–141.

37 G. Hanlon, *The Twilight of a Military Tradition. Italian Aristocrats and European Conflicts, 1560–1800*, London 1998, S. 29–30; D. Goodman, *Spanish Naval Power, 1589–1665. Reconstruction and Defeat*, Cambridge 1997, S. 13, 132.

38 J. Guilmartin, *Gunpowder and Galleys. Changing Technology and Mediterranean Warfare at Sea in the 16th Century*, 2. Ausg., London 2002, S. 245–247.

39 N. Capponi, *Victory of the West. The Story of the Battle of Lepanto*, London 2006, S. 179–181; Guilmartin, *Gunpowder and Galleys*, a. a. O., S. 209–234; H. Bicheno, *Crescent and Cross. The Battle of Lepanto 1571*, London 2003, S. 73 (Abb. zum Aufbau der Galeere).

40 Capponi, *Victory of the West*, a. a. O., S. 183–184.

41 Guilmartin, *Gunpowder and Galleys*, a. a. O., S. 78–78, 211–220; J. Pryor, *Geography, Technology, and War. Studies in the Maritime History of the Mediterranean 649–1571*, Cambridge 1988, S. 85.

42 Guilmartin, *Gunpowder and Galleys*, a. a. O., S. 125–126.
43 Capponi, *Victory of the West*, a. a. O., S. 198–199.
44 Davis, *Christian Slaves, Muslim Masters*, a. a. O., S. 42–43 (Renegaten), S. 115–129 (*Bagni*).
45 Guilmartin, *Gunpowder and Galleys*, a. a. O., S. 237–239.

KAPITEL 4

Akdeniz – der Kampf um das Weiße Meer 1550 bis 1571

1 Fernand Braudel, *La Méditerranée et le monde méditerranéen à l'époque de Philippe II*, Paris 1949; dt.: *Das Mittelmeer und die mediterrane Welt in der Epoche Philipps II.*, 3 Bde., Frankfurt am Main 1990, Bd. 3, S. 37–39.
2 J. Guilmartin, *Gunpowder and Galleys. Changing Technology and Mediterranean Warfare at Sea in the 16th Century*, 2. Ausg., London 2002, S. 143.
3 Braudel, *Das Mittelmeer*, a. a. O., Bd. 3, S. 108–126.
4 Guilmartin, *Gunpowder and Galleys*, a. a. O., S. 137–147.
5 E. Bradford, *The Great Siege. Malta 1565*, 2. Ausg., Harmondsworth 1964, S. 146.
6 A. Cassola, »The Great Siege of Malta (1565) and the Istanbul State Archives«, in A. Cassola, I. Bostan und T. Scheben, *The 1565 Ottoman/Malta Campaign Register*, Malta 1998, S. 19.
7 Braudel, *Das Mittelmeer*, a. a. O., Bd. 3, S. 161–164.
8 R. Crowley, *Empires of the Sea. The Final Battle for the Mediterranean 1521–1580*, London 2008; dt.: *Entscheidung im Mittelmeer. Europas Seekrieg gegen das Osmanische Reich 1521–1580*, Stuttgart 2009, S. 116.
9 F. Balbi di Correggio, *The Siege of Malta 1565*, übers. von E. Bradford, London 1965, S. 51–53.
10 Ebd., S. 55, 61–64.
11 Ebd., S. 91.
12 Braudel, *Das Mittelmeer*, a. a. O., Bd. 3, S. 166; Crowley, *Entscheidung im Mittelmeer*, a. a. O., S. 153–154, 164–165.
13 Balbi, *Siege of Malta*, a. a. O., S. 145–147, 149–150; Crowley, *Entscheidung im Mittelmeer*, a. a. O., S. 174–175.
14 Balbi, *Siege of Malta*, a. a. O., S. 182.
15 Ebd., S. 187.
16 Braudel, *Das Mittelmeer*, a. a. O., Bd. 3, S. 169.

17 D. Hurtado de Mendoza, *The War in Granada*, übers. von M. Shuttleworth, London 1982, S. 58.
18 R. Cavaliero, *The Last of the Crusaders. The Knights of St John and Malta in the Eighteenth Century*, 2. Ausg., London 2009, S. 23.
19 J. Abela, *Port Activities in Sixteenth-century Malta*, Diss., University of Malta, S. 151–152, 155.
20 Ebd., S. 161, 163.
21 G. Wettinger, *Slavery in the Islands of Malta and Gozo*, Malta 2002.
22 Abela, *Port Activities*, a. a. O., S. 104, 114, 122, 139–142.
23 P. Earle, »The commercial development of Ancona, 1479–1551«, *Economic History Review*, 2. Folge, 22 (1969), S. 28–44.
24 E. Ashtor, »Il commercio levantino di Ancona nel basso medioevo«, *Rivista storica italiana*, 88 (1976), S. 213–253.
25 R. Harris, *Dubrovnik. A History*, London 2002, S. 162.
26 F. Tabak, *The Waning of the Mediterranean 1550–1870. A Geohistorical Approach*, Baltimore, MD, 2008, S. 127.
27 Earle, »Commercial development of Ancona«, a. a. O., S. 35–37; M. Aymard, *Venise, Raguse et le commerce du blé pendant la seconde moitié du XVIe siècle*, Paris 1966.
28 Earle, »Commercial development of Ancona«, a. a. O., S. 40.
29 V. Kostić, *Dubrovnik i Engleska 1300–1650*, Belgrad 1975.
30 Harris, *Dubrovnik*, a. a. O., S. 163–164; F. Carter, »The commerce of the Dubrovnik Republic, 1500–1700«, *Economic History Review*, 2. Folge, 24 (1971), S. 390.
31 V. Miović, *The Jewish Ghetto in the Dubrovnik Republic (1546–1808)*, Zagreb und Dubrovnik 2005.
32 Harris, *Dubrovnik*, a. a. O., S. 252–260, 271–284.
33 Carter, »Commerce of the Dubrovnik Republic«, a. a. O., S. 369–394, wieder abgedruckt in seinem ungenügenden Band *Dubrovnik (Ragusa). A Classic City-state*, London 1972, S. 349–404; Harris, *Dubrovnik*, a. a. O., S. 160.
34 Carter, »Commerce of the Dubrovnik Republic«, a. a. O., S. 386–387.
35 Harris, *Dubrovnik*, a. a. O., S. 270.
36 Braudel, *Das Mittelmeer*, a. a. O., Bd. 1, S. 410–417.
37 Ebd., S. 412–413.
38 Harris, *Dubrovnik*, a. a. O., S. 172.
39 Braudel, *Das Mittelmeer*, a. a. O., Bd. 1, S. 413–414; A. Tenenti, *Piracy and the Decline of Venice 1580–1515*, London 1967, S. 3–15.
40 Tabak, *Waning of the Mediterranean*, a. a. O., S. 173–185.

41 E. Hamilton, *American Treasure and the Price Revolution in Spain 1501–1650*, Cambridge, MA, 1934.

42 J. Amelang, *Honored Citizens of Barcelona. Patrician Culture and Class Relations, 1490–1714*, Princeton, NJ, 1986, S. 13–14; A. García Espuche, *Un siglo decisivo. Barcelona y Cataluña 1550–1640*, Madrid 1998, allgemein und zu den französischen Siedlern S. 62–68.

43 A. Musi, *I mercanti genovesi nel Regno di Napoli*, Neapel 1996; G. Brancaccio, *»Nazione genovese«. Consoli e colonia nella Napoli moderna*, Neapel 2001, S. 43–74.

44 R. Carande, *Carlos V y sus banqueros*, 3 Bde., 4. Ausg., Barcelona 1990; R. Canosa, *Banchieri genovesi e sovrani spagnoli tra Cinquecento e Seicento*, Rom 1998; Braudel, *Das Mittelmeer*, a. a. O., Bd. 2, S. 203.

45 C. Roth, *Doña Gracia of the House of Nasi*, Philadelphia, PA, 1948, S. 21–49.

46 M. Lazar (Hg.), *The Ladino Bible of Ferrara*, Culver City, CA, 1992; Roth, *Doña Gracia*, a. a. O., S. 73–74.

47 Miović, *Jewish Ghetto*, a. a. O., S. 27.

48 Roth, *Doña Gracia*, a. a. O., S. 138–146, 150–151.

49 Ebd., S. 154–158.

50 D. Studnicki-Gizbert, *A Nation Upon the Ocean Sea. Portugal's Atlantic Diaspora and the Crisis of the Spanish Empire 1492–1640*, Oxford und New York 2007.

51 C. Roth, *The House of Nasi. The Duke of Naxos*, Philadelphia, PA, 1948, S. 39–40.

52 Ebd., S. 46–47.

53 Ebd., S. 75–137.

54 Joseph ha Cohen, *Emek habacha*, ins Dt. übers. von M. Wiener, Leipzig 1858, S. 105.

55 Roth, *Duke of Naxos*, a. a. O., S. 128.

56 Unter Führung von Haim Abulafia: J. Barnai, *The Jews of Palestine in the Eighteenth Century under the Patronage of the Committee of Officials for Palestine*, Tuscaloosa, AL, 1992, S. 152–153.

57 Roth, *Duke of Naxos*, a. a. O., S. 62–74.

58 Ebd., S. 138–142; N. Capponi, *Victory of the West. The Story of the Battle of Lepanto*, London 2006, S. 127.

59 Capponi, *Victory of the West*, a. a. O., S. 119–123.

60 Ebd., S. 121, 124–125.

61 Ebd., S. 128–130.

62 Braudel, *Das Mittelmeer*, a. a. O., Bd. 3, S. 281.

63 Capponi, *Victory of the West*, a. a. O., S. 137; A. Gazioğlu, *The Turks in Cy-*

prus. A Province of the Ottoman Empire (1571–1878), London und Nikosia 1990, S. 28–35.

64 Capponi, *Victory of the West*, a. a. O., S. 150–154; Gazioğlu, *The Turks in Cyprus*, a. a. O., S. 36–48.

65 Capponi, *Victory of the West*, a. a. O., S. 160–161.

66 Ebd., S. 170.

67 Ebd., S. 229–231.

68 H. Bicheno, *Crescent and Cross. The Battle of Lepanto 1571*, London 2003, S. 208; Gazioğlu, *The Turks in Cyprus*, a. a. O., S. 61–66.

69 Capponi, *Victory of the West*, a. a. O., S. 233–236.

70 Guilmartin, *Gunpowder and Galleys*, a. a. O., S. 252.

71 Capponi, *Victory of the West*, a. a. O., S. 263–264; Bicheno, *Crescent and Cross*, a. a. O., S. 300–308.

72 Capponi, *Victory of the West*, a. a. O., S. 259–260; Bicheno, *Crescent and Cross*, a. a. O., S. 252, 260 (Aufstellung und Anfangsphasen).

73 Guilmartin, *Gunpowder and Galleys*, a. a. O., S. 253, 255, 257.

74 Crowley, *Entscheidung im Mittelmeer*, a. a. O., S. 266.

75 Guilmartin, *Gunpowder and Galleys*, a. a. O., S. 158–160.

76 Crowley, *Entscheidung im Mittelmeer*, a. a. O., S. 274.

77 Capponi, *Victory of the West*, a. a. O., S. 256.

78 Ebd., S. 268–271; Bicheno, *Crescent and Cross*, a. a. O., S. 263.

79 Crowley, *Entscheidung im Mittelmeer*, a. a. O., S. 273–274.

80 Capponi, *Victory of the West*, a. a. O., S. 279.

81 Bicheno, *Crescent and Cross*, a. a. O., S. 319–321; Capponi, *Victory of the West*, a. a. O., S. 289–291.

82 Bicheno, *Crescent and Cross*, a. a. O., Tafeln 6a, 6b, 7.

83 Guilmartin, *Gunpowder and Galleys*, a. a. O., S. 247–248.

84 Braudel, *Das Mittelmeer*, a. a. O., Bd. 3, S. 279.

85 Ebd., S. 257.

KAPITEL 5

Störenfriede und Eindringlinge 1571 bis 1650

1 G. Hanlon, *The Twilight of a Military Tradition. Italian Aristocrats and European Conflicts, 1560–1800*, London 1998, S. 26–27.

2 D. Hurtado de Mendoza, *The War in Granada*, übers. von M. Shuttleworth, London 1982, S. 259.

3 B. Rogerson, *The Last Crusaders. The Hundred-year Battle for the Centre of the World*, London 2009, S. 399–422.

4 G. Botero, *The Reason of State* [*Della ragione di stato*, 1589], übers. von D. und P. Waley, London 1956, S. 12; D. Goodman, *Spanish Naval Powers, 1589–1665. Reconstruction and Defeat*, Cambridge 1997, S. 9–10.

5 C. W. Bracewell, *The Uskoks of Senj. Piracy, Banditry, and Holy War in the Sixteenth-century Adriatic*, Ithaca, NY, 1992, S. 8; Tenenti, *Piracy and the Decline of Venice 1580–1515*, London 1967, S. 3–15.

6 E. Hobsbawm, *Primitive Rebels*, Manchester 1959, dt.: *Sozialrebellen*, Neuwied 1962; ders., *Bandits*, London 1969, dt.: *Die Banditen*, Frankfurt am Main 1972; vgl. T. Judt, *Reappraisals. Reflections on the Forgotten Twentieth Century*, London 2008; Bracewell, *Uskoks of Senj*, a. a. O., S. 10–11.

7 Bracewell, *Uskoks of Senj*, a. a. O., S. 51–52, 56–62, 67–68, 72–74.

8 Ebd., S. 70, Fn. 43 (1558).

9 Venezianischer Bericht, zit. ebd., S. 83.

10 Bracewell, *Uskoks of Senj*, a. a. O., S. 2; Tenenti, *Piracy and the Decline of Venice*, a. a. O., S. 3.

11 Tenenti, *Piracy and the Decline of Venice*, a. a. O., S. 6.

12 Bracewell, *Uskoks of Senj*, a. a. O., S. 8; Tenenti, *Piracy and the Decline of Venice*, a. a. O., S. 8.

13 Tenenti, *Piracy and the Decline of Venice*, a. a. O., S. 10.

14 Bracewell, *Uskoks of Senj*, a. a. O., S. 63–64; Tenenti, *Piracy and the Decline of Venice*, a. a. O., S. 10.

15 Bracewell, *Uskoks of Senj*, a. a. O., S. 103–104; Tenenti, *Piracy and the Decline of Venice*, a. a. O., S. 8.

16 Bracewell, *Uskoks of Senj*, a. a. O., S. 202–203.

17 Ebd., S. 210, Fn. 109, und S. 211–212.

18 E. Dursteler, *Venetians in Constantinople. Nation, Identity and Coexistence in the Early Modern Mediterranean*, Baltimore, MD, 2006, S. 24.

19 B. Pullan, *The Jews of Europe and the Inquisition of Venice, 1550–1670*, Oxford 1983, insb. S. 201–312; R. *Calimani, The Ghetto of Venice*, New York 1987.

20 D. Geanakoplos, *Byzantine East and Latin West. Two Worlds of Christendom in Middle Ages and Renaissance*, Oxford 1966.

21 Siehe etwa Tenenti, *Piracy and the Decline of Venice*, a. a. O., S. 56; vgl. R. Rapp, »The unmaking of the Mediterranean trade hegemony: International trade rivalry and the commercial revolution«, *Journal of Economic History* 35 (1975), S. 499–525.

22 F. C. Lane, *Venice. A Maritime Republic*, Baltimore, MD, 1973; dt.: *Seerepublik Venedig*, München 1980, S. 481.

23 M. Greene, »Beyond northern invasions: The Mediterranean in the seventeenth century«, *Past and Present* 174 (2002), S. 40–72.
24 J. Mather, *Pashas, Traders and Travellers in the Islamic World*, New Haven, CT, 2009, S. 28–32; M. Fusaro, *Uva passa. Una guerra commerciale tra Venezia e l'Inghilterra (1540–1640)*, Venedig 1996, S. 23–24.
25 Tenenti, *Piracy and the Decline of Venice*, a. a. O., S. 59–60.
26 T. S. Willan, *Studies in Elizabethan Foreign Trade*, Manchester 1959, S. 92–312.
27 Fusaro, *Uva passa*, a. a. O., S. 24.
28 Tenenti, *Piracy and the Decline of Venice*, a. a. O., S. 60, 72.
29 Rapp, »Unmaking of the Mediterranean trade hegemony«, a. a. O., S. 509–512.
30 Fusaro, *Uva passa*, a. a. O., S. 25–26, 48–55; Tenenti, *Piracy and the Decline of Venice*, a. a. O., S. 61.
31 Tenenti, *Piracy and the Decline of Venice*, a. a. O., S. 74–75.
32 Ebd., S. 77–78; C. Lloyd, *English Corsairs on the Barbary Coast*, London 1981, S. 48–53; A. Tinniswood, *Pirates of the Barbary. Corsairs, Conquests and Captivity in the Seventeenth-century Mediterranean*, London 2010, S. 19–25, 30–42.
33 Tenenti, *Piracy and the Decline of Venice*, a. a. O., S. 63–64.
34 Ebd., S. 64–65, 70–71, 74, 85, 138–143.
35 Ebd., S. 82.
36 J. Baltharpe, *The Straights Voyage or St David's Poem*, hg. von J. S. Bromley, Luttrell Society, Oxford 1959, S. 35, 45, 58–59, 68–69; N. A. M. Rodger, *The Command of the Ocean. A Naval History of Britain, 1649–1815*, London 2004, S. 132–133.
37 Rodger, *Command of the Ocean*, a. a. O., S. 486.
38 M.-C. Engels, *Merchants, Interlopers, Seamen and Corsairs. The »Flemish« Community in Livorno and Genoa (1615–1635)*, Hilversum 1997, S. 47–50.
39 Rapp, »Unmaking of the Mediterranean trade hegemony«, a. a. O., S. 500–502.
40 Engels, *Merchants, Interlopers*, a. a. O., S. 50–51.
41 S. Siegmund, *The Medici State and the Ghetto of Florence. The Construction of an Early Modern Jewish Community*, Stanford, CA, 2006.
42 F. Trivellato, *The Familarity of Strangers. The Sephardic Diaspora, Livorno, and Cross Cultural Trade in the Early Modern Period*, New Haven, CT, 2009, S. 74; L. Fratarelli Fischer, »La città medicea«, in O. Vaccari u. a., *Storia illustrata di Livorno*, Pisa 2006, S. 57–109; allgemeiner: D. Calabri, *La città del primo Rinascimento*, Bari und Rom 2001.

43 F. Braudel und R. Romano, *Navires et marchandises à l'entrée du port de Livourne* (Ports, Routes, Traffic, Bd. 1), Paris 1951, S. 21; Engels, *Merchants, Interlopers*, a. a. O., S. 41.
44 Trivellato, *Familarity of Strangers*, a.a.O., S. 76; Engels, *Merchants, Interlopers*, a. a. O., S. 40.
45 Y. Yovel, *The Other Within. The Marranos, Split Identity and Emerging Modernity*, Princeton, NJ, 2009.
46 Trivellato, *Familarity of Strangers*, a. a. O., S. 78, 82.
47 Braudel und Romano, *Navires et marchandises*, a. a. O., S. 45; Engels, *Merchants, Interlopers*, a. a. O., S. 180.
48 Braudel und Romano, *Navires et marchandises*, a. a. O., S. 46; J. Casey, *The Kingdom of Valencia in the Seventeenth Century*, Cambridge 1979, S. 80–82.
49 Braudel und Romano, *Navires et marchandises*, a. a. O., S. 47.
50 Engels, *Merchants, Interlopers*, a. a. O., S. 67, 91–99, 206–213; K. Persson, *Grain Markets in Europe 1500–1900. Integration and Deregulation*, Cambridge 1999.
51 Engels, *Merchants, Interlopers*, a. a. O., S. 65, 67–73, 96; zu Aleppo: Mather, *Pashas*, a. a. O., S. 17–102.
52 Engels, *Merchants, Interlopers*, a. a. O., S. 179, 191, 195, 201.
53 T, Kirk, *Genoa and the Sea. Policy and Power in the Early Modern Maritime Republic, 1559–1684*, Baltimore, MD, 2005, S. 45, 193–194; E. Grendi, *La repubblica aristocratica dei genovesi*, Bologna 1987, S. 332.
54 Grendi, *Repubblica aristocratica*, a. a. O., S. 339–343, 356–357.
55 Kirk, *Genoa and the Sea*, a. a. O., S. 34–35, 84–87, 91–96.
56 Grendi, *Repubblica aristocratica*, a. a. O., S. 207.
57 Kirk, *Genoa and the Sea*, a. a. O., S. 119–123.
58 F. Tabak, *The Waning of the Mediterranean 1550–1870. A Geohistorical Approach*, Baltimore, MD, 2008, S. 1–29.

KAPITEL 6
Verzweiflung in der Diaspora 1560 bis 1700

1 L. P. Harvey, *Muslims in Spain, 1500 to 1614*, Chicago, IL, 2005, S. 206–207; M. Carr, *Blood and Faith. The Purging of Muslim Spain, 1492–1614*, London 2009, S. 109–117.
2 Texte in Harvey, *Muslims in Spain*, a. a. O., S. 382–398.

3 D. Hurtado de Mendoza, *The War in Granada*, übers. von M. Shuttleworth, London 1982, S. 42.
4 Zit. in G. Parker, *Empire, War and Faith in Early Modern Europe*, London 1982, S. 33.
5 Hurtado de Mendoza, *War in Granada*, a. a. O., S. 41; Carr, *Blood and Faith*, a. a. O., S. 153–158.
6 Hurtado de Mendoza, *War in Granada*, a. a. O., S. 150–151, 217–218 usw.; Harvey, *Muslims in Spain*, a. a. O., S. 337–340; Carr, *Blood and Faith*, a. a. O., S. 159–179.
7 Hurtado de Mendoza, *War in Granada*, a. a. O., S. 218 (mit Korrekturen).
8 Harvey, *Muslims in Spain*, a. a. O., S. 339.
9 Carr, *Blood and Faith*, a. a. O., S. 182.
10 Harvey, *Muslims in Spain*, a. a. O., S. 295–296, mit einer Korrektur der Darstellung von H. C. Lea, *The Moriscos of Spain. Their Conversion and Expulsion*, Philadelphia, PA, 1901, S. 296.
11 J. Casey, *The Kingdom of Valencia in the Seventeenth Century*, Cambridge 1979, S. 79–100.
12 Lea, *Moriscos*, a. a. O., S. 318–319; Casey, *Kingdom of Valencia*, a. a. O., S. 228–229, 234; Carr, *Blood and Faith*, a. a. O., S. 256.
13 Lea, *Moriscos*, a. a. O., S. 320; Text teilweise in Harvey, *Muslims in Spain*, a. a. O., S. 310–311.
14 Lea, *Moriscos*, a. a. O., S. 322–325, Fn. 1.
15 Carr, Blood and Faith, a. a. O., S. 263.
16 Lea, *Moriscos*, a. a. O., S. 326–333 (Zahlenangaben S. 332, Fn. 1); Harvey, *Muslims in Spain*, a. a. O., S. 314–316.
17 Harvey, *Muslims in Spain*, a. a. O., S. 317; Carr, *Blood and Faith*, a. a. O., S. 286.
18 Lea, *Moriscos*, a. a. O., S. 340–341.
19 Zit. in Casey, »Moriscos and the depopulation of Valencia«, *Past and Present* 50 (1971), S. 19.
20 Harvey, *Muslims in Spain*, a. a. O., S. 320–331.
21 M. García Arenal, *La diaspora des Andalousiens*, Aix-en-Provence 2003, S. 103.
22 Ebd., S. 123, 137, 139.
23 M. Greene, »Beyond northern invasions: The Mediterranean in the seventeenth century«, *Past and Present* 174 (2002), S. 40–72.
24 Zit. in D. Goffman, *Izmir and the Levantine World, 1550–1650*, Seattle, WA, 1990, S. 52.
25 Ebd., S. 61–64, 74–75.

26 E. Frangakis-Syrett, *The Commerce of Smyrna in the Eighteenth Century, 1700–1820*, Athen 1992, S. 74–79.

27 Goffman, *Izmir*, a. a. O., S. 67, 77.

28 Ebd., S. 81–84; Frangakis-Syrett, *Commerce of Smyrna*, a. a. O., S. 80–81, 106.

29 Frangakis-Syrett, *Commerce of Smyrna*, a. a. O., S. 35.

30 Zit. in Goffman, *Izmir*, a. a. O., S. 137; siehe auch J. Mather, *Pashas, Traders and Travellers in the Islamic World*, New Haven, CT, 2009, S. 94, 213.

31 G. Scholem, *Sabbatai Sevi, the Mystical Messiah 1626–1676*, London 1973; dt.: *Sabbatai Zwi. Der mystische Messias*, Frankfurt am Main 1992, S. 134 und Anm. 10 (S. 213–214); und das oft unkorrekte Buch von J. Freely, *The Lost Messiah. In Search of Sabbatai Sevi*, London 2001, S. 14–15.

32 Moses Pinheiro von Smyrna, zit. in Scholem, *Sabbatai Zwi*, a. a. O., S. 140.

33 Scholem, *Sabbatai Zwi*, a. a. O., S. 152.

34 Freely, *Lost Messiah*, a. a. O., S. 50, 61.

35 Scholem, *Sabbatai Zwi*, a. a. O., S. 402; Freely, *Lost Messiah*, a. a. O., S. 76.

36 Scholem, *Sabbatai Zwi*, a. a. O., S. 434–439; Freely, *Lost Messiah*, a. a. O., S. 85.

37 Scholem, *Sabbatai Zwi*, a. a. O., S. 416–417; Freely, *Lost Messiah*, a. a. O., S. 84.

38 Brief nach England zit. in Scholem, *Sabbatai Zwi*, a. a. O., S. 422.

39 Ebd., S. 116–117.

40 F. Yates, *The Rosicrucian Enlightenment*, London 1972; dt.: *Aufklärung im Zeichen des Rosenkreuzes*, Stuttgart 1975.

41 Freely, *Lost Messiah*, a. a. O., S. 93.

42 Ebd., S. 133–134.

43 Scholem, *Sabbatai Zwi*, a. a. O., S. 742–756.

44 Haim Abulafia, ebd., S. 402.

45 M. Greene, *A Shared World. Christians and Muslims in the Early Modern Mediterranean*, Princeton, NJ, 2000, S. 62–67, 110–119.

46 Ebd., S. 17.

47 Ebd., S. 14; R. C. Anderson, *Naval Wars in the Levante 1559–1853*, Liverpool 1951, S. 121–122.

48 Anderson, *Naval Wars in the Levante*, a. a. O., S. 122–125.

49 Ebd., S. 148–167.

50 Ebd., S. 181–184; Greene, *Shared World*, a. a. O., S. 18, 56.

51 Greene, *Shared World*, a. a. O., S. 121.

52 Ebd., S. 122–140, 141–154; Greene, »Beyond northern invasions«, a. a. O.

53 Greene, *Shared World*, a. a. O., S. 155.
54 Ebd., S. 175–181.
55 J. Dakhlia, *Lingua franca. Histoire d'une langue métisse en Méditerranée*, Arles 2008.
56 J. Wansbrough, *Lingua Franca in the Mediterranean*, Richmond, Surrey, 1996.
57 H. und R. Kahane und A. Tietze, *The Lingua Franca in the Levant. Turkish Nautical Terms of Italian and Greek Origin*, Urbana, Il, 1958.
58 G. Cifoletti, *La lingua franca mediterranea*, Quaderni patavini di linguistica, Monographie 5, Padua 1989, S. 74; *Dictionnaire de la langue franque ou petit mauresque*, Marseille 1830, S. 6, wieder abgedruckt in Cifoletti, *Lingua franca*, a. a. O., S. 72–84.
59 R. Davis, *Christian Slaves, Muslim Masters. White Slavery in the Mediterranean, the Barbary Coast and Italy, 1500–1800*, Basingstoke 2003, S. 25, 57, 114–115; A. Tinniswood, *Pirates of the Barbary. Corsairs, Conquests and Captivity in the Seventeenth-century Mediterranean*, London 2010, S. 58–61; Cifoletti, *Lingua franca*, a. a. O., S. 108.

KAPITEL 7
Ermutigung für andere
1650 bis 1780

1 R. C. Anderson, *Naval Wars in the Levante 1559–1853*, Liverpool 1951, S. 194–211, 236, 264–270.
2 G. Hills, *Rock of Contention. A History of Gibraltar*, London 1974, S. 142–146.
3 E. Routh, *Tangier. England's Lost Atlantic Outpost 1661–1684*, London 1912, S. 10; A. Tinniswood, *Pirates of the Barbary. Corsairs, Conquests and Captivity in the Seventeenth-century Mediterranean*, London 2010, S. 204.
4 Routh, *Tangier*, a. a. O., S. 27.
5 S. Pepys, *The Tangier Papers of Samuel Pepys*, hg. von E. Chappell, Navy Records Society, Bd. 73, London 1935, S. 88; A. Smithers, *The Tangier Campaign. The Birth of the British Army*, Stroud 2003, S. 31–32.
6 Routh, *Tangier*, a. a. O., S. 21, 28.
7 Zit. ebd., S. 23–24; Bromley in J. Baltharpe, *The Straights Voyage or St David's Poem*, hg. von J. S. Bromley, Luttrell Society, Oxford 1959, S. XXVII–XXVII.

8 Routh, *Tangier*, a. a. O., S. 66–69; Smithers, *Tangier Campaign*, a. a. O., S. 49–53.

9 Pepys, *Tangier Papers*, a. a. O., S. 97; Routh, *Tangier*, a. a. O., S. 272–276.

10 Pepys, *Tangier Papers*, a. a. O., S. 41.

11 Tinniswood, *Pirates of Barbary*, a. a. O., S. 211–215.

12 Routh, *Tangier*, a. a. O., S. 81; siehe auch Sir Henry Sheres Ansicht in Tinniswood, *Pirates of Barbary*, a. a. O., S. 205.

13 Routh, *Tangier*, a. a. O., S. 82–86.

14 Pepys, *Tangier Papers*, a. a. O., S. 77; Hills, *Rock of Contention*, a. a. O., S. 150; Routh, *Tangier*, a. a. O., S. 242–244.

15 Pepys, *Tangier Papers*, a. a. O., S. 65; Routh, *Tangier*, a. a. O., S. 247–266; siehe auch ebd., Tafel gegenüber von S. 266; Smithers, *Tangier Campaign*, a. a. O., S. 142–149; Tinniswood, *Pirates of Barbary*, a. a. O., S. 242–253.

16 Earl of Portland, zit. in Hills, *Rock of Contention*, a. a. O., S. 157–158; M. Alexander, *Gibraltar: Conquered by No Enemy*, Stroud 2008, S. 45.

17 Hills, *Rock of Contention*, a. a. O., S. 158–159.

18 S. Conn, *Gibraltar in British Diplomacy in the Eighteenth Century*, New Haven, CT, 1942, S. 5.

19 Hills, *Rock of Contention*, a. a. O., S. 167–169 und Anhang A, S. 475–477; M. Harvey, *Gibraltar. A History*, 2. Ausg., Staplehurst, Kent, 2000, S. 65; S. Constantine, *Community and Identity. The Making of Modern Gibraltar since 1704*, Manchester 2009, S. 12.

20 Zit. in Hills, *Rock of Contention*, a. a. O., S. 174, aus Ratsaufzeichnungen.

21 Ebd., S. 176–177.

22 Ebd., S. 183, 195.

23 Zit. in Conn, *Gibraltar in British Diplomacy*, a. a. O., S. 6.

24 Passagen zit. in Hills, *Rock of Contention*, a. a. O., S. 204–205.

25 Ebd., S. 219.

26 Klauseln des Vertrags von Utrecht ebd., S. 222–223; Conn, *Gibraltar in British Diplomacy*, a. a. O., S. 18–22, 25–26.

27 Constantine, *Community and Identity*, a. a. O., S. 14–34.

28 Baltharpe, *Straights Voyage*, a. a. O., S. XXV, 61.

29 D. Gregory, *Minorca, the Illusory Prize. A History of the British Occupations of Minorca between 1708 and 1802*, Rutherford, NJ, 1990, S. 206–207; Conn, *Gibraltar in British Diplomacy*, a. a. O., S. 28–111; M. Mata, *Conquests and Reconquests of Menorca*, Barcelona 1984, S. 129–160.

30 Gregory, *Minorca*, a. a. O., S. 26.

31 J. Sloss, *A Small Affair. The French Occupation of Menorca during the Seven Years War*, Tetbury 2000, S. 40–43; Gregory, *Minorca*, a. a. O., S. 35–36, 144–146.

32 Zit. in Gregory, *Minorca*, a. a. O., S. 26.

33 Mata, *Conquests and Reconquests*, a. a. O., S. 160.

34 Ebd., S. 163; J. Sloss, *Richard Kane, Governor of Minorca*, Tetbury 1995, S. 224; Gregory, *Minorca*, a. a. O., S. 59–60, 151.

35 Gregory, *Minorca*, a. a. O., S. 90, 156; Mata, *Conquests and Reconquests*, a. a. O., S. 164.

36 E. Frangakis-Syrett, *The Commerce of Smyrna in the Eighteenth Century, 1700–1820*, Athen 1992, S. 119–121, 131; Gregory, *Minorca*, a. a. O., S. 144, 149–144, 247, Fn. 1, mit einer Zusammenfassung der Zahlenangaben aus R. Davis, *The Rise of the English Shipping Industry in the Seventeenth and Eighteenth Centuries*, Newton Abbot 1962, S. 256; R. Davis, »English Foreign Trade«, in W. Minchinton (Hg.), *The Growth of the English Overseas Trade in the Seventeenth and Eighteenth Centuries*, London 1969, S. 108 und Tabelle gegenüber S. 118; Gregory, *Minorca*, a. a. O., S. 144, 149–155.

37 Sloss, *Richard Kane*, a. a. O., S. 210; Gregory, *Minorca*, a. a. O., S. 71, 119, 122, 132–134.

38 Gregory, *Minorca*, a. a. O., S. 126–127; Mata, *Conquests and Reconquests*, a. a. O., S. 164.

39 Mata, *Conquests and Reconquests*, a. a. O., S. 237–238.

40 Sloss, *Small Affair*, a. a. O., S. 2–4.

41 Mr Consul Banks in H. W. Richmond (Hg.), *Papers Relating to the Loss of Minorca in 1756*, Navy Records Society, London 1913, Bd. 42, S. 34; siehe auch ebd., S. 38, 50; B. Tunstall, *Admiral Byng and the Loss of Minorca*, London 1928, S. 22, 32, 39; D. Pope, *At 12 Mr Byng Was Shot*, London 1962, S. 36, 38, 315, Fn. 6.

42 Pope, *At 12 Mr Byng Was Shot*, a. a. O., S. 59–60, 65.

43 Tunstall, *Admiral Byng*, a. a. O., S. 103.

44 Sloss, *Small Affair*, a. a. O., S. 7–16.

45 Text in Pope, *At 12 Mr Byng Was Shot*, a. a. O., Anhang V, S. 311; Tunstall, *Admiral Byng*, a. a. O., S. 137–139.

46 Pope, *At 12 Mr Byng Was Shot*, a. a. O., S. 294–302.

47 I. de Madariaga, *Britain, Russia, and the Armed Neutrality of 1780: Sir James Harris' Mission to St Petersburg during the American Revolution*, New Haven, CT, und London 1962, S. 239–263, 295–300.

KAPITEL 8
Der Blick durch die russische Brille
1760 bis 1805

1 R. C. Anderson, *Naval Wars in the Levante 1559–1853*, Liverpool 1951, S. 237–242, 270–276.

2 M. S. Anderson, »Great Britain and the Russian Fleet, 1769–70«, *Slavonic and East European Review* 31 (1952), S. 148–150, 152, 154.

3 N. Saul, *Russia and the Mediterranean 1797–1807*, Chicago, IL, 1970, S. 4.

4 Anderson, »Great Britain and the Russian Fleet«, a. a. O., S. 150; M. S. Anderson, »Great Britain and the Russo-Turkish war of 1768–1774«, *English Historical Review* 69 (1954), S. 39–58.

5 Anderson, »Great Britain and the Russian Fleet«, a. a. O., S. 153, 155–156, 158–159; Anderson, »Great Britain and the Russo-Turkish war«, a. a. O., S. 44–45; Anderson, *Naval Wars in the Levante*, a. a. O., S. 281; D. Gregory, *Minorca, the Illusory Prize. A history of the British Occupations of Minorca between 1708 and 1802*, Rutherford, NJ, 1990, S. 141.

6 Anderson, *Naval Wars in the Levante*, a. a. O., S. 286–291; E. V. Tarlé, *Chesmenskii boy i pervaya russkaya ekspeditsiya v Arkhipelag 1769–1774*, Moskau 1945, S. 105, Fn. 1; F. S. Krinitsyn, *Chesmenskoye srazhenye*, Moskau 1962, S. 32–34 (Karten).

7 Anderson, »Great Britain and the Russo-Turkish war«, a. a. O., S. 56–57.

8 Anderson, *Naval Wars in the Levante*, a. a. O., S. 286–305.

9 Saul, *Russia and the Mediterranean*, a. a. O., S. 7–8; Anderson, »Great Britain and the Russo-Turkish war«, a. a. O., S. 46.

10 S. Conn, *Gibraltar in British Diplomacy in the Eighteenth Century*, New Haven, CT, 1942, S. 174–176, 189–198; T. H. McGuffie, *The Siege of Gibraltar 1779–1783*, London 1963; M. Alexander, *Gibraltar: Conquered by No Enemy*, Stroud 2008, S. 92–114.

11 I. de Madariaga, *Britain, Russia, and the Armed Neutrality of 1780. Sir James Harris' Mission to St Petersburg during the American Revolution*, New Haven, CT, und London 1962, S. 240–244, 250–252, 258, 263, 298–299; Gregory, *Minorca*, a. a. O., S. 187–199.

12 Zit. in Saul, *Russia and the Mediterranean*, a. a. O., S. 12, aus *Annual Register of 1788, or a View of the History, Politics, and Literature for the Year 1788*, London 1789, S. 59.

13 M. S. Anderson, »Russia in the Mediterranean, 1788–1791: A little-known chapter in the history of naval warfare and privateering«, *Mariner's Mirror* 45 (1959), S. 26.

14 Ebd., S. 27–31.
15 Saul, *Russia and the Mediterranean*, a. a. O., S. 178–179.
16 Ebd., S. 27.
17 R. Cavaliero, *The Last of the Crusaders. The Knights of St John and Malta in the Eighteenth Century*, 2. Ausg., London 2009, S. 103.
18 Ebd., S. 144–149.
19 Ebd., S. 181–201.
20 D. Gregory, *Malta, Britain, and the European Powers, 1793–1815*, Cranbury, NJ, 1996, S. 105; Cavaliero, *The Last of the Crusaders*, a. a. O., S. 155, 158.
21 Vgl. Saul, *Russia and the Mediterranean*, a. a. O., S. 35.
22 Gregory, *Malta, Britain*, a. a. O., S. 106; Saul, *Russia and the Mediterranean*, a. a. O., S. 36–38.
23 M. Crook, *Toulon in War and Revolution. From the Ancien Régime to the Restoration, 1750–1820*, Manchester 1991, S. 139–148; D. Gregory, *The Ungovernable Rock. A History of the Anglo-Corsican Kingdom and its Role in Britain's Mediterranean Strategy during the Revolutionary War (1793–1797)*, Madison, WI, 1985, S. 52–57; N. A. M. Rodger, *The Command of the Ocean. A Naval History of Britain 1649–1810*, London 2004, S. 429.
24 P. Mackesy, *The War in the Mediterranean 1803–1810*, London 1957, S. 5, 7, 13.
25 Gregory, *The Ungovernable Rock*, a. a. O., S. 30–31, 47.
26 D. Carrington, *Granite Island. A Portrait of Corsica*, London 1971.
27 Gregory, *The Ungovernable Rock*, a. a. O., S. 63, 73, 80–84.
28 Huntington Record Office, Sismey papers 3658/E4 (e).
29 *Œuvres de Napoléon Bonaparte*, Band 1, Paris 1822, S. 412; siehe auch J. E. Howard, *Letters and Documents of Napoleon*, Bd. 1, *The Rise to Power*, London 1961, S. 191.
30 Cavaliero, *Last of the Crusaders*, a. a. O., S. 9–101.
31 Saul, *Russia and the Mediterranean*, a. a. O., S. 39–40.
32 Cavaliero, *Last of the Crusaders*, a. a. O., S. 223, 226.
33 Ebd., S. 223–224; Saul, *Russia and the Mediterranean*, a. a. O., S. 41–42.
34 Vgl. Saul, *Russia and the Mediterranean*, a. a. O., S. 45.
35 Cavaliero, *Last of the Crusaders*, a. a. O., S. 236, 238, 242.
36 Philipp Graf Cobenzl, ebd., S. 238; Gregory, *Malta, Britain*, a. a. O., S. 108.
37 R. Knight, *The Pursuit of Victory. The Life and Achievement of Horatio Nelson*, London 2005, S. 288–303; P. Padfield, *Maritime Power and the Struggle for Freedom. Naval Campaigns That Shaped the Modern World 1788–1851*, London 2003, S. 147–171.
38 Saul, *Russia and the Mediterranean*, a. a. O., S. 65.

39 Knight, *Pursuit of Victory*, a.a.O., S. 675.
40 Saul, *Russia and the Mediterranean*, a.a.O., S. 79, 87; Gregory, *Malta, Britain*, a.a.O., S. 109.
41 Saul, *Russia and the Mediterranean*, a.a.O., S. 99.
42 Zit. ebd., S. 124–129.
43 Ebd., S. 128.
44 Gregory, *Malta, Britain*, a.a.O., S. 113, 115.
45 Saul, *Russia and the Mediterranean*, a.a.O., S. 145–146.
46 Knight, *Pursuit of Victory*, a.a.O., S. 362–384.
47 Saul, *Russia and the Mediterranean*, a.a.O., S. 162–163; Gregory, *Malta, Britain*, a.a.O., S. 116–140.
48 Zit. in Saul, *Russia and the Mediterranean*, a.a.O., S. 185.
49 Ebd., S. 186.
50 Knight, *Pursuit of Victory*, a.a.O., S. 437–450.
51 Ebd., S. 501–524.
52 Saul, *Russia and the Mediterranean*, a.a.O., S. 198.
53 R. Harris, *Dubrovnik. A History*, London 2002, S. 397–401.
54 Anderson, *Naval Wars in the Levante*, a.a.O., S. 431–437; Saul, *Russia and the Mediterranean*, a.a.O., S. 198–206.
55 Harris, *Dubrovnik*, a.a.O., S. 397.
56 Anderson, *Naval Wars in the Levante*, a.a.O., S. 449–453.
57 Ebd., S. 457–458; Mackesy, *War in the Mediterranean*, a.a.O., S. 211; Saul, *Russia and the Mediterranean*, a.a.O., S. 216–220, 222; L. Sondhaus, *The Habsburg Empire and the Sea. Austrian Naval Policy 1797–1866*, West Lafayette, IN, 1989, S. 19.

KAPITEL 9

Deys, Beys und Paschas
1800 bis 1830

1 P. Mackesy, *The War in the Mediterranean 1803–1810*, London 1957, S. 121–153.
2 1803: ebd., S. 21.
3 Ebd., S. 98, 319.
4 Ebd., Anhänge 1 und 5, S. 398, 403–404.
5 R. Knight, *The Pursuit of Victory. The Life and Achievement of Horatio Nelson*, London 2005, S. 555.

6 Mackesy, *War in the Mediterranean*, a. a. O., S. 229.

7 Ebd., S. 352–355; L. Sondhaus, *The Habsburg Empire and the Sea. Austrian Naval Policy 1797–1866*, West Lafayette, IN, 1989, S. 42; M. Pratt, *Britain's Greek Empire. Reflections on the History of the Ionian Islands from the Fall of Byzantium*, London 1978.

8 D. Gregory, *Sicily, the Insecure Base. A History of the British Occupation of Sicily, 1806–1815*, Madison, WI, 1988; Knight, *Pursuit of Victory*, a. a. O., S. 307–327.

9 Mackesy, *War in the Mediterranean*, a. a. O., S. 375.

10 F. Tabak, *The Waning of the Mediterranean 1550–1870. A Geohistorical Approach*, Baltimore, MD, 2008, S. 221–225; D. Mack Smith, *A History of Sicily*, Bd. 3, *Modern Sicily after 1713*, London 1968, S. 272–274; Gregory, *Sicily*, a. a. O., S. 37.

11 L. Wright und J. Macleod, *The First Americans in North Africa. William Eaton's Struggle for a Vigorous Policy against Barbary Pirates, 1799–1805*, Princeton, NJ, 1945, S. 66–68; F. Lambert, *The Barbary Wars. American Independence in the Atlantic World*, New York 2005, S. 91; R. C. Anderson, *Naval Wars in the Levante 1559–1853*, Liverpool 1951, S. 394–395.

12 Lambert, *Barbary Wars*, a. a. O., S. 90.

13 Zeugnis von Elijah Shaw in M. Kitzen, *Tripoli and the United States at War. A History of American Relations with the Barbary States, 1785–1805*, Jefferson, NC, 1993, S. 97–101.

14 J. London, *Victory in Tripoli: How America's War with the Barbary Pirates Established the U. S. Navy and Shaped a Nation*, Hoboken, NJ, 2005.

15 J. Wheelan, *Jefferson's War. America's First War on Terror 1801–1805*, New York 2003, S. XXIII, 1, 7 usw.; Lambert, *Barbary Wars*, a. a. O., S. 106–107.

16 F. Leiner, *The End of Barbary Terror. America's 1815 War against the Pirates of North Africa*, New York 2006, S. IX.

17 Lambert, *Barbary Wars*, a. a. O., S. 118.

18 Ebd., S. 8; siehe auch ebd., S. 109–113.

19 Ebd., S. 9, 11, 23.

20 Ebd., S. 47, 50, 76.

21 Wright und Macleod, *First Americans*, a. a. O., S. 48.

22 Kitzen, *Tripoli*, a. a. O., S. 49–50.

23 Ausführlich zit. in R. Zacks, *The Pirate Coast. Thomas Jefferson, the First Marines, and the Secret Mission of 1805*, New York 2005, S. 189–190.

24 Leiner, *End of Barbary Terror*, a. a. O., S. 19.

25 Wright und Macleod, *First Americans*, a. a. O., S. 54–55; Lambert, *Barbary Wars*, a. a. O., S. 31.

26 Lambert, *Barbary Wars*, a. a. O., S. 30, 34.
27 Kitzen, *Tripoli*, a. a. O., S. 19–20; Lambert, *Barbary Wars*, a. a. O., S. 87.
28 Lambert, *Barbary Wars*, a. a. O., S. 100–103; Kitzen, *Tripoli*, a. a. O., S. 40–42; Wheelan, *Jefferson's War*, a. a. O., S. 96–97; Anderson, *Naval Wars in the Levant*, a. a. O., S. 396.
29 Lambert, *Barbary Wars*, a. a. O., S. 101; Anderson, *Naval Wars in the Levant*, a. a. O., S. 397, 403.
30 Lambert, *Barbary Wars*, a. a. O., S. 144–134; Anderson, *Naval Wars in the Levant*, a. a. O., S. 407.
31 Lambert, *Barbary Wars*, a. a. O., S. 140–144; Kitzen, *Tripoli*, a. a. O., S. 93–113.
32 Lambert, *Barbary Wars*, a. a. O., S. 146–148; Kitzen, *Tripoli*, a. a. O., S. 122 und Tafeln S. 123–124.
33 Lambert, *Barbary Wars*, a. a. O., S. 130–154; Kitzen, *Tripoli*, a. a. O., S. 135–176.
34 Leiner, *End of Barbary Terror*, a. a. O., S. 23.
35 Ebd., S. 26–36.
36 Befehle der Navy an Decatur: ebd., Anhang I, S. 183–186.
37 Lambert, *Barbary Wars*, a. a. O., S. 189–193; Leiner, *End of Barbary Terror*, a. a. O., S. 87–122 und Anhang III, S. 189–194 zum Vertrag von Algier.
38 Leiner, *End of Barbary Terror*, a. a. O., Anhang III, S. 189–194 (S. 189 zu Artikel 2); Lambert, *Barbary Wars*, a. a. O., S. 195.
39 G. Contis, »Environment, health and disease in Alexandria and the Nile Delta«, in A. Hirst und M. Silk (Hg.), *Alexandria, Real and Imagined*, 2. Ausg., Kairo 2006, S. 229.
40 O. Abdel-Aziz Omar, »Alexandria during the period of the Ottoman conquest to the end of the reign of Ismail«, in *The History and Civilisation of Alexandria across the Ages*, 2. Ausg., Alexandria 2000, S. 154, 158–159.
41 Anderson, *Naval Wars in the Levant*, a. a. O., S. 483, 486–487.
42 Ebd., S. 508; Sondhaus, *The Habsburg Empire and the Sea*, a. a. O., S. 63.
43 Anderson, *Naval Wars in the Levant*, a. a. O., S. 492–493.
44 Ebd., S. 523–536.
45 K. Fahmy, »Towards a social history of modern Alexandria«, in Hirst und Silk (Hg.), *Alexandria, Real and Imagined*, a. a. O., S. 283–284.
46 J. Abun-Nasr, *A History of the Maghrib in the Islamic Period*, Cambridge 1987, S. 249.
47 Ebd., S. 164, 166, 251, 254.
48 Ebd., S. 261.

TEIL V

Das Fünfte Mediterrane Zeitalter 1830 bis 2010

KAPITEL 1

Und sie werden zueinanderfinden 1830 bis 1900

1 Siehe E. Saids tendenziöses Buch *Orientalism*, London 1978; dt.: *Orientalismus*, Frankfurt am Main 2009.

2 Z. Karabell, *Parting the Desert. The Creation of the Suez Canal*, London 2003, S. 147, 183.

3 Ebd., S. 28–37; J. Marlowe, *The Making of the Suez Canal*, London 1964, S. 44–45.

4 Marlowe, *Making of the Suez Canal*, a. a. O., S. 1–3.

5 Karabell, *Parting the Desert*, a. a. O., S. 56–57; Lord Kinross, *Between Two Seas. The Creation of the Suez Canal*, London 1968, S. 20–30.

6 Kinross, *Between Two Seas*, a. a. O., S. 32–33; R. Coons, *Steamships, Statesmen, and Bureaucrats. Austrian Policy towards the Steam Navigation Company of the Austrian Lloyd 1836–1848*, Wiesbaden 1975, S. 148–161.

7 Karabell, *Parting the Desert*, a. a. O., S. 131–132; Kinross, *Between Two Seas*, a. a. O., S. 98–99.

8 Karabell, *Parting the Desert*, a. a. O., S. 183.

9 Ebd., S. 208–211; Kinross, *Between Two Seas*, a. a. O., S. 222–225.

10 Marlowe, *Making of the Suez Canal*, a. a. O., S. 227, 231.

11 Karabell, *Parting the Desert*, a. a. O., S. 254; Kinross, *Between Two Seas*, a. a. O., S. 246.

12 Kinross, *Between Two Seas*, a. a. O., S. 253.

13 G. Lo Giudice, *L'Austria, Trieste ed il Canale di Suez*, Catania 1981 (2. Ausg. von *Trieste, l'Austria ed il Canale di Suez*, Catania 1979), S. 163–167, 180–181; Kinross, *Between Two Seas*, a. a. O., S. 287; Karabell, *Parting the Desert*, a. a. O., S. 269.

14 Lo Giudice, *L'Austria, Trieste*, a. a. O., S. 180, Tabelle 20; S. 181, Schaubild 7; der Bericht der Handelskammer zit. in Marlowe, *Making of the Suez Canal*, a. a. O., S. 260.

15 Karabell, *Parting the Desert*, a. a. O., S. 260; Kinross, *Between Two Seas*, a. a. O., S. 287.

16 Marlowe, *Making of the Suez Canal*, a. a. O., S. 255–275; Karabell, *Parting*

the Desert, a. a. O., S. 262–265; R. Blake, *Disraeli*, London 1966; dt.: *Disraeli. Eine Biographie aus viktorianischer Zeit*, Frankfurt am Main 1980, S. 482–488.

17 Marlowe, *Making of the Suez Canal*, a. a. O., S. 255–275, 313–320; Kinross, *Between Two Seas*, a. a. O., S. 293–309, 313–314; Karabell, *Parting the Desert*, a. a. O., S. 262–265.

18 Dt. zit. in Coons, *Steamships, Statesmen*, a. a. O., S. 55.

19 Ebd., S. 26–27, 35, 63.

20 Ebd., S. 61.

21 L. Sondhaus, *The Habsburg Empire and the Sea. Austrian Naval Policy 1797–1866*, West Lafayette, IN, 1989, S. 95.

22 Zit. in Coons, *Steamships, Statesmen*, a. a. O., S. 63.

23 U. Cova, *Commercio e navigazione a Trieste e nella monarchia asburgica da Maria Teresa al 1915*, Civiltà del Risorgimento, Bd. 45, Udine 1992, S. 171, Fn. 13; Coons, *Steamships, Statesmen*, a. a. O., S. 129–132.

24 Sondhaus, *Habsburg Empire and the Sea*, a. a. O., S. 5–7, 13, 36.

25 Ebd., S. 184–187, 209–213.

26 Ebd., S. 252–259, 273 (Schlachtaufstellung).

27 Ebd., S. 36–38, 129, 151, 178–179, 259; L. Sondhaus, *The Naval Policy of Austria-Hungary, 1867–1918*, West Lafayette, IN, 1994, S. 6–7.

28 Zit. in Coons, *Steamships, Statesmen*, a. a. O., S. 3; siehe auch Lo Giudice, *L'Austria, Trieste*, a. a. O., S. 221.

29 Cova, *Commercio e navigazione*, a. a. O., S. 10, 28–29, 74–75; Sondhaus, *Habsburg Empire and the Sea*, a. a. O., S. 2–3, 12–13.

30 L. Dubin, *The Port Jews of Habsburg Trieste. Absolutist Politics and Enlightenment Culture*, Stanford, CA, 1999, S. 44–45.

31 Ebd., S. 3–4, 10–17, 43.

32 Ebd., S. 164–173.

33 Ebd., S. 32; Coons, *Steamships, Statesmen*, a. a. O., S. 9; Cova, *Commercio e navigazione*, a. a. O., S. 153.

34 C. Russell, »Italo Svevo's Trieste«, *Italica* 52 (1975), S. 3–36; A. J. P. Taylor, *The Habsburg Monarchy 1809–1918. A History of the Austrian Empire and Austria-Hungary*, London 1948, S. 201–203.

35 Lo Giudice, *L'Austria, Trieste*, a. a. O., S. 135, 137, 142, 145–146, Tabellen 8, 9, 10, 14, 16.

36 Ebd., S. 205–206, Tabelle 29 und Schaubild 13.

KAPITEL 2
Das Griechische und das Ungriechische 1830 bis 1920

1 J. Black, *The British Abroad. The Grand Tour in the Eighteenth Century*, Stroud 1992.
2 R. Jenkyns, *The Victorians and Ancient Greece*, Oxford 1980, S. 133–139.
3 Ebd., S. 313–315, 318–324; C. Wood, *Olympian Dreamers. Victorian Classical Painters 1860–1914*, London 1983, S. 106–130; *J. W. Waterhouse. The Modern Pre-Raphaelite*, Royal Academy of Arts, London 2009.
4 C. Gere, *Knossos and the Prophets of Modernism*, Chicago, IL, 2009, S. 20.
5 Ebd., S. 38–44.
6 T. Detorakis, *History of Crete*, Heraklion 1994, S. 368–372.
7 Ebd., S. 295–296, 320–326, 349 (sehr einseitig).
8 Gere, *Knossos*, a. a. O., S. 73.
9 Ebd., S. 67, 82–85.
10 A. Gazioğlu, *The Turks in Cyprus. A Province of the Ottoman Empire (1571–1878)*, London und Nikosia 1990, S. 220, 242–248.
11 Ebd., S. 216–217.
12 Giovanni Mariti (1769), zit. ebd., S. 155.
13 Erzherzog Ludwig Salvator von Österreich, ebd., S. 164–165.
14 Ebd., S. 225–234.
15 R. Rhodes James, *Gallipoli*, 2. Ausg., London 2004, S. 4.
16 A. Nevzat, *Nationalism amongst the Turks of Cyprus. The First Wave*, Acta Universitatis Ouluensis, Humaniora, Oulu 2005.
17 M. Mazower, *Salonica, City of Ghosts. Christians, Muslims and Jews 1430–1950*, London 2004, S. 6.
18 Ebd., S. 194.
19 Ebd., S. 242.
20 Ebd., S. 253.
21 L. Sciaky, *Farewell to Ottoman Salonica*, Istanbul 2000, S. 37 (auch unter dem Titel *Farewell to Salonica. A City at the Crossroads*, London 2007).
22 R. Patai, *Vanished Worlds of Jewry*, London 1981, S. 90–91; Mazower, *Salonica*, a. a. O., S. 237.
23 Mazower, *Salonica*, a. a. O., S. 234; siehe auch Sciaky, *Farewell to Ottoman Salonica*, a. a. O., S. 92–93.
24 Sciaky, *Farewell to Ottoman Salonica*, a. a. O., S. 37.
25 Mazower, *Salonica*, a. a. O., S. 264–265; Sciaky, *Farewell to Ottoman Salonica*, a. a. O., S. 73–74.

26 Mazower, *Salonica*, a. a. O., S. 266–268; Sciaky, *Farewell to Ottoman Salonica*, a. a. O., S. 75–81.
27 Mazower, *Salonica*, a. a. O., S. 303.

KAPITEL 3

Der Abgang der Osmanen 1900 bis 1918

1 R. Patai, *Vanished Worlds of Jewry*, London 1981, S. 120.
2 J. Abun-Nasr, *A History of the Maghrib in the Islamic Period*, Cambridge 1987, S. 309, 376–381.
3 Ebd., S. 281–293.
4 Ebd., S. 319–323.
5 N. Doumanis, *Myth and Memory in the Mediterranean. Remembering Fascism's Empire*, Basingstoke 1997.
6 R. Rhodes James, *Gallipoli*, 2. Ausg., London 2004, S. 9–11; P. Halpern, *The Mediterranean Naval Situation 1908–1914*, Cambridge, MA, 1971, S. 357–358; M. Hickey, *The First World War*, Bd. 4: *The Mediterranean Front 1914–1923*, Botley, Oxon, 2002, S. 33–34.
7 Hickey, *Mediterranean Front*, a. a. O., S. 36.
8 R. Rhodes James, *Gallipoli*, a. a. O., S. 23, 33–37.
9 Ebd., S. 16–17; P. Halpern, *A Naval History of World War I*, London 1994, S. 106–109.
10 Zit. in R. Rhodes James, *Gallipoli*, a. a. O., S. 33.
11 Ebd., S. 38.
12 Ebd., S. 40–41; Halpern, *Naval History*, a. a. O., S. 112, 118.
13 R. Rhodes James, *Gallipoli*, a. a. O., S. 61–64; Halpern, *Naval History*, a. a. O., S. 115.
14 Halpern, *Naval History*, a. a. O., S. 113.
15 J. W. Streets, »Gallipoli«, in L. Macdonald (Hg.), *Anthem for Doomed Youth. Poets of the Great War*, London 2000, S. 45.
16 R. Rhodes James, *Gallipoli*, a. a. O., S. 348; Halpern, *Naval History*, a. a. O., S. 106–109.
17 Halpern, *Naval History*, a. a. O., S. 287–290.
18 L. Sondhaus, *The Naval Policy of Austria-Hungary, 1867–1918*, West Lafayette, IN, 1994, S. 318–324.
19 Ebd., S. 258–259; Halpern, *Mediterranean Naval Situation*, a. a. O., S. 365; Halpern, *Naval History*, a. a. O., S. 142–143.

20 Sondhaus, *Naval Policy of Austria-Hungary*, a. a. O., S. 275–279, 286; Halpern, *Naval History*, a. a. O., S. 148, 381–385; P. Halpern, *The Naval War in the Mediterranean, 1914–1918*, London 1987, S. 107–119, 132–133.

21 Sondhaus, *Naval Policy of Austria-Hungary*, a. a. O., S. 285–286.

22 Halpern, *Mediterranean Naval Situation*, a. a. O., S. 329–330, 337–342; Sondhaus, *Naval Policy of Austria-Hungary*, a. a. O., S. 307–308; Halpern, *Naval History*, a. a. O., S. 393; P. Halpern, *Naval War*, a. a. O., S. 344.

23 Halpern, *Naval History*, a. a. O., S. 396; P. Halpern, *Naval War*, a. a. O., S. 386–394.

KAPITEL 4
Eine Geschichte von viereinhalb Städten 1900 bis 1940

1 M. Housepian, *Smyrna 1922*, London 1972, S. 83.

2 G. Milton, *Paradise Lost – Smyrna 1922. The Destruction of Islam's City of Tolerance*, London 2008, S. 84–88.

3 H. Georgelin, *La fin de Smyrne. Du cosmopolitisme aux nationalismes*, Paris 2005; M.-C. Smyrnelis (Hg.), *Smyrne. La ville oubliée? Mémoires d'un grand port ottoman, 1830–1930*, Paris 2006.

4 Milton, *Paradise Lost – Smyrna 1922*, a. a. O., S. 86–87, 98–99; Housepian, *Smyrna 1922*, a. a. O., S. 124–125.

5 H. Nahum, »En regardant une photographie: Une famille juive de Smyrne en 1900«, in Smyrnelis (Hg.), *Smyrne. La ville oubliée?*, a. a. O., S. 103.

6 E. Frangakis-Syrett, *The Commerce of Smyrna in the Eighteenth Century, 1700–1820*, Athen 1992, S. 121, 207–214; E. Frangakis-Syrett, »Le développement d'un port méditerranéen d'importance internationale: Smyrne (1700–1914)«, in Smyrnelis (Hg.), *Smyrne. La ville oubliée?*, a. a. O., S. 23, 37, 45–49; O. Schmitt, »Levantins, Européens et jeux d'identité«, in Smyrnelis (Hg.), *Smyrne. La ville oubliée?*, a. a. O., S. 106–119.

7 Milton, *Paradise Lost – Smyrna 1922*, a. a. O., S. 16–19; Frangakis-Syrett, »Le développement d'un port«, a. a. O., S. 41.

8 Georgelin, *Fin de Smyrne*, a. a. O., S. 44–50.

9 Milton, *Paradise Lost – Smyrna 1922*, a. a. O., S. 36–38, 121, 127–128, 155, 178.

10 Ebd., S. 128–134; Housepian, *Smyrna 1922*, a. a. O., S. 63–64, 76.

11 Milton, *Paradise Lost – Smyrna 1922*, a. a. O., S. 176, 322, 332, 354; Housepian, *Smyrna 1922*, a. a. O., S. 191–192.

12 M. Haag, *Alexandria Illustrated*, 2. Ausg., Kairo 2004, S. 8–20; M. Haag, *Alexandria, City of Memory*, New Haven, CT, 2004, S. 150–151.

13 Haag, *Alexandria, City of Memory*, a. a. O., S. 17; E. Breccia, *Alexandria ad Aegyptum. A Guide to the Ancient and Modern Town and to its Graeco-Roman Museum*, Bergamo und Alexandria 1922; K. Fahmy, »Towards a social history of modern Alexandria«, in Hirst und Silk (Hg.), *Alexandria, Real and Imagined*, a. a. O., S. 282.

14 Haag, *Alexandria, City of Memory*, a. a. O., S. 136–137.

15 R. Mabro, »Alexandria 1860–1960: The cosmopolitan identity«, in Hirst und Silk (Hg.), *Alexandria, Real and Imagined*, a. a. O., S. 254–257.

16 J. Mawas und N. Mawas (geb. Pinto) in M. Awad und S. Hamouda, *Voices from Cosmopolitan Alexandria*, Alexandria 2006, S. 41.

17 A. Aciman, *Out of Egypt*, London 1996; dt.: *Damals in Alexandria*, Berlin 1996, S. 10–11; K. Fahmy, »For Cavafy, with love and squalor: Some critical notes on the history and historiography of modern Alexandria«, in Hirst und Silk (Hg.), *Alexandria, Real and Imagined*, a. a. O., S. 274–277.

18 Haag, *Alexandria, City of Memory*, a. a. O., S. 139–150.

19 L. Durrell, *Justine*, London 1957; dt.: *Justine*, Hamburg 1958; siehe auch Durrells *Bitter Lemons of Cyprus*, London 1957; dt.: *Bittere Limonen. Erlebtes Zypern*, Reinbek bei Hamburg 1962.

20 M. Awad und S. Hamouda (Hg.), *The Zoghebs. An Alexandria Saga*, Alexandria and Mediterranean Research Center monographs, Bd. 2, Alexandria 2005, S. XXXIX.

21 S. Hamouda, *Omar Toussoun Prince of Alexandria*, Alexandria and Mediterranean Research Center monographs, Bd. 1, Alexandria 2005, S. 11, 27, 35.

22 M. Allott in E. M. Forster, *Alexandria. A History and Guide and Pharos and Pharillon*, hg. von M. Allott, London 2004, S. XV.

23 D. Ricks, »Cavafy's Alexandrianism«, in Hirst und Silk (Hg.), *Alexandria, Real and Imagined*, a. a. O., S. 346, mit dem Gedicht von Kavafis »The gods abondon Antony« (eine dt. Übersetzung des Gedichts, »Der Gott verläßt Antonius«, findet sich in Konstantinos Kavafis, *Das Gesamtwerk*, Frankfurt am Main 1999); E. Keeley, Cavafy's Alexandria, 2. Ausg., Princeton, NJ, 1996, S. 6; Fahmy, »For Cavafy«, a. a. O., S. 274; siehe auch N. Woodsworth, *The Liquid Continent. A Mediterranean Trilogy*, Bd. 1, *Alexandria*, London 2009, S. 175.

24 Y. Shavit, *Tel Aviv. Naissance d'une ville (1909–1936)*, Paris 2004, S. 9, 44–46.

25 J. Schlör, *Tel Aviv. From Dream to City*, London 1999, S. 43–44; M. LeVine, *Overthrowing Geography. Jaffa, Tel Aviv, and the Struggle for Palestine, 1880–1948*, Berkeley und Los Angeles, CA, 2005, S. 60, 72.

26 Schlör, *Tel Aviv*, a. a. O., S. 211.
27 Zit. in A. LeBor, *City of Oranges. Arabs and Jews in Jaffa*, London 2006, S. 30; Shavit, *Tel Aviv*, a. a. O., S. 31.
28 LeVine, *Overthrowing Geography*, a. a. O., S. 285, Fn. 2.
29 *Bare Feet on Golden Sands. The Abulafia Family's Story* (hebräisch), Tel Aviv 2006, S. 18–21.
30 Shavit, *Tel Aviv*, a. a. O., S. 81–84.
31 LeBor, *City of Oranges*, a. a. O., S. 12–13; LeVine, *Overthrowing Geography*, a. a. O., S. 33–34.
32 LeBor, *City of Oranges*, a. a. O., S. 38–41; Schlör, *Tel Aviv*, a. a. O., S. 208.
33 Shavit, *Tel Aviv*, a. a. O., S. 90–91.
34 Ebd., S. 9, 34.
35 Ebd., S. 55–56.
36 LeVine, *Overthrowing Geography*, a. a. O., S. 88; LeBor, *City of Oranges*, a. a. O., S. 46–47; Schlör, *Tel Aviv*, a. a. O., S. 180, 183–185.
37 Schlör, *Tel Aviv*, a. a. O., S. 191–199.
38 LeVine, *Overthrowing Geography*, a. a. O., S. 138, Abb. 8.
39 P. Halpern, *The Naval War in the Mediterranean, 1914–1918*, London 1987, S. 295–300; M. Hickey, *The First World War*, Bd. 4, *The Mediterranean Front 1914–1923*, Botley, Oxon, 2002, S. 65–69.
40 M. Mazower, *Salonica, City of Ghosts. Christians, Muslims and Jews 1430–1950*, London 2004, S. 345, 359–360.
41 Ebd., S. 402–408.
42 Ebd., S. 423–424.
43 R. Patai, *Vanished Worlds of Jewry*, London 1981, S. 97.
44 C. Ferrara degli Uberti, »The ›Jewish nation‹ of Livorno: A port Jewry on the road to emancipation«, in D. Cesarani und G. Romain (Hg.), *Jews and Port Cities 1590–1990. Commerce, Community and Cosmopolitism*, London 2006, S. 165; D. LoRomer, *Merchants and Reform in Livorno, 1814–1868*, Berkeley und Los Angeles, CA, 1987, S. 15.
45 LeBor, *City of Oranges*, a. a. O., S. 2, 125–135; B. Morris, *The Birth of the Palestinian Refugee Problem, 1917–1949*, Cambridge 1997, S. 95–97, 101.
46 Jesus Sirach (Ecclesiasticus) 44:9.

KAPITEL 5
Mare nostrum – nochmals
1918 bis 1945

1 D. Porch, *Hitler's Mediterranean Gamble. The North African and the Mediterranean Campaigns in World War II*, London 2004, S. XI, 5, 661; S. Ball, *The Bitter Sea: the Struggle for Mastery in the Mediterranean, 1935–1949*, London 2009, S. XXXIII.

2 Zit. in Ball, *Bitter Sea*, a. a. O., S. 10–11.

3 Porch, *Hitler's Mediterranean Gamble*, a. a. O., S. 48.

4 Ball, *Bitter Sea*, a. a. O., S. 18–19.

5 Ebd., S. 20–23; M. Haag, *Alexandria, City of Memory*, New Haven, CT, 2004, S. 151.

6 H. Thomas, *The Spanish Civil War*, London 1961; dt.: *Der spanische Bürgerkrieg*, Berlin 1961, S. 221.

7 T. Spooner, *Supreme Gallantry. Malta's Role in the Allied Victory 1939–1943*, London 1996, S. 14; C. Boffa, *The Second Great Siege. Malta 1940–1943*, Malta 1992.

8 Porch, *Hitler's Mediterranean Gamble*, a. a. O., S. 12–16, 40–46.

9 Ebd., S. 59–60; C. Smith, *England's Last War against France. Fighting Vichy 1940–1942*, London 2009, S. 142.

10 Zit. in Ball, *Bitter Sea*, a. a. O., S. 41.

11 Porch, *Hitler's Mediterranean Gamble*, a. a. O., S. 63; Ball, *Bitter Sea*, a. a. O., S. 48, 50.

12 Smith, *England's Last War*, a. a. O., S. 57–94; Porch, *Hitler's Mediterranean Gamble*, a. a. O., S. 62–69.

13 Ball, *Bitter Sea*, a. a. O., S. 51; Porch, *Hitler's Mediterranean Gamble*, a. a. O., S. 358.

14 Porch, *Hitler's Mediterranean Gamble*, a. a. O., S. 93–95; Ball, *Bitter Sea*, a. a. O., S. 56–63.

15 Ball, *Bitter Sea*, a. a. O., S. 68.

16 Spooner, *Supreme Gallantry*, a. a. O., S. 27, 40–42, 92, 187–205.

17 Siehe z. B. Flottenadmiral Lord Lewin in Spooner, *Supreme Gallantry*, a. a. O., S. XV–XVI.

18 Ball, *Bitter Sea*, a. a. O., S. 149.

19 Spooner, *Supreme Gallantry*, a. a. O., S. 17.

20 Porch, *Hitler's Mediterranean Gamble*, a. a. O., S. 259–265; Ball, *Bitter Sea*, a. a. O., S. 133.

21 Spooner, *Supreme Gallantry*, a. a. O., S. 11.

22 Porch, *Hitler's Mediterranean Gamble*, a. a. O., S. 158–176.
23 Ball, *Bitter Sea*, a. a. O., S. 109, 148–149; Porch, *Hitler's Mediterranean Gamble*, a. a. O., S. 248–351.
24 Porch, *Hitler's Mediterranean Gamble*, a. a. O., S. 360–362; Ball, *Bitter Sea*, a. a. O., S. 170–173; Smith, *England's Last War*, a. a. O., S. 246–247, 424–425.
25 Ball, *Bitter Sea*, a. a. O., S. 160–161, 167, 178, 186–187; Smith, *England's Last War*, a. a. O., S. 350–351, 361–362, 366, 372–373, 402, 416.
26 Spooner, *Supreme Gallantry*, a. a. O., S. 281; Ball, *Bitter Sea*, a. a. O., S. 261.
27 Ball, *Bitter Sea*, a. a. O., S. 200–209; Porch, *Hitler's Mediterranean Gamble*, a. a. O., S. 566.
28 Ball, *Bitter Sea*, a. a. O., S. 220; Porch, *Hitler's Mediterranean Gamble*, a. a. O., S. 424, 429.
29 Ball, *Bitter Sea*, a. a. O., S. 219–233, 239–240; Porch, *Hitler's Mediterranean Gamble*, a. a. O., S. 430–452.
30 Porch, *Hitler's Mediterranean Gamble*, a. a. O., S. 597.
31 Ball, *Bitter Sea*, a. a. O., S. 272–277, und zur Konferenz in Moskau S. 280.

KAPITEL 6
Ein fragmentiertes Mittelmeer 1945 bis 1990

1 S. Ball, *The Bitter Sea. The Struggle for Mastery in the Mediterranean, 1935–1949*, London 2009, S. 303–306.
2 E. Leggett, *The Corfu Incident*, 2. Ausg., London 1976, S. 28–100.
3 Ebd., S. 113, 128–130.
4 Ball, *Bitter Sea*, a. a. O., S. 309, 323.
5 Siehe z. B. N. Bethell, *The Palestine Triangle. The Struggle between the British, the Jews and the Arabs 1935–48*, London 1979; dt.: *Das Palästina-Dreieck. Juden und Araber im Kampf um das britische Mandat 1935–1948*, Frankfurt am Main 1979; M. Gilbert, *Israel. A History*, London 1998, S. 153–250; A. Shlaim, *The Politics of Partition. King Abdullah, the Zionists and Palestine 1921–1951*, Oxford 1990 (zuvor unter dem Titel *Collusion across the Jordan*, Oxford 1988).
6 Ball, *Bitter Sea*, a. a. O., S. 295, 305–314.
7 Zit. in B. Morris, *The Birth of the Palestinian Refugee Problem, 1917–1949*, Cambridge 1997, S. 87.

8 A. LeBor, *City of Oranges. Arabs and Jews in Jaffa*, London 2006, S. 122.
9 A. Shlaim, *The Iron Wall. Israel and the Arab World*, London 2000, S. 118–119 (dt.: *Hinter der Eisernen Mauer*, Berlin, erscheint demnächst); Gilbert, *Israel*, a. a. O., S. 306–311; siehe auch Shlaim, *Politics of Partition*, a. a. O., S. 172.
10 Gilbert, *Israel*, a. a. O., S. 297–298, 311–312, 317.
11 Shlaim, *Iron Wall*, S. 172–173.
12 H. Thomas, *The Suez Affair*, London 1967; Shlaim, *Iron Wall*, a. a. O., S. 184.
13 M. Oren, *Six Days of War. June 1967 and the Making of the Modern Middle East*, London 2002, S. 60–116.
14 G. Schachter, *The Italian South. Economic Development in Mediterranean Europe*, New York 1965.
15 H. Frendo, *Malta's Quest for Independence. Reflections on the Course of Maltese History*, Malta 1989; B. Blouet, *The Story of Malta*, 3. Ausg., Malta 1987, S. 211–222.
16 L. Durrell, *Bitter Lemons of Cyprus*, London 1957; dt.: *Bittere Limonen. Erlebtes Zypern*, Reinbek bei Hamburg 1962, S. 204.
17 J. Ker-Lindsay, *Britain and the Cyprus Crisis 1963–1964*, Peleus: Studien zur Archäologie und Geschichte Griechenlands und Zyperns, Bd. 27, Mannheim und Möhnesee 2004, S. 21, 51–65.
18 Durrell, *Bittere Limonen*, a. a. O., S. 168.
19 Ker-Lindsay, *Britain and the Cyprus Crisis*, a. a. O., S. 37.
20 M. Gruel-Dieudé, *Chypre et l'Union Européenne. Mutations diplomatiques et politiques*, Paris 2007, S. 160, 165–166.
21 D. Ioannides, »The dynamics and effects of tourism evolution in Cyprus«, in Y. Apostolopoulos, P. Loukissas und L. Leontidou (Hg.), *Mediterranean Tourism. Facets of Socioeconomic Development and Change*, London 2001, S. 123.
22 M. Harvey, *Gibraltar. A History*, 2. Ausg., Staplehurst, Kent, 2000, S. 167–168.
23 M. Alexander, *Gibraltar. Conquered by No Enemy*, Stroud 2008, S. 237.
24 Pers. Mitteilung von Dr. Charles Stanton.
25 Man beachte die Ambiguitäten im Ansatz von G. Hills, *Rock of Contention. A History of Gibraltar*, London 1974.
26 Alexander, *Gibraltar*, a. a. O., S. 241.
27 S. Constantine, *Community and Identity. The Making of Modern Gibraltar since 1704*, Manchester 2009, S. 414–415.

KAPITEL 7

Das letzte Mediterrane Zeitalter 1950 bis 2010

1 E. David, *A Book of Mediterranean Food*, London 1950; dt.: *Küche von Cannes bis Kairo. Köstlichkeiten rund ums Mittelmeer*, Hamburg 1983.

2 C. Roden, *Mediterranean Cookery*, London 1987; J. Goldstein, *Cucina Ebraica. Flavors of the Italian Jewish Kitchen*, San Francosco 1998.

3 Ich danke dem maltesischen Botschafter in Tunis, Dr. V. A. Cremona, und Julian Metcalf vom Ministry of Justice and Home Affairs in Valletta für diese Informationen.

4 L. Segreto, C. Manera und M. Pohls (Hg.), *Europe at the Seaside. The Economic History of Mass Tourism in the Mediterranean*, London 2009; Y. Apostolopoulos, P. Loukissas und L. Leontidou (Hg.), *Mediterranean Tourism. Facets of Socioeconomic Development and Change*, London 2001; P. Obrador Pons, M. Craig und P. Travlou (Hg.), *Cultures of Mass Tourism. Doing the Mediterranean in the Age of Banal Mobilities*, Aldershot 2009; N. Theuma, *Le tourisme en Méditerranée. Une perspective socio-culturelle*, Encyclopédie de la Méditerranée, Bd. 37, Malta und Aix-en-Provence 2005.

5 P. Obrador Pons, M. Craig und P. Travlou, »Corrupted seas: The Mediterranean in an age of mass mobility«, in Obrador Pons u. a. (Hg.), *Cultures of Mass Tourism*, a. a. O., S. 129–142.

6 K. O'Reilly, »Hosts and guests, guests and hosts: British residential tourism in the Costa del Sol«, in Obrador Pons u. a. (Hg.), *Cultures of Mass Tourism*, a. a. O., S. 129–142.

7 M. Boyer, »Tourism in the French Mediterranean: History and transformation«, in Apostolopoulos u. a. (Hg.), *Mediterranean Tourism*, a. a. O., S. 47.

8 P. Battilani, »Rimini: An original mix of Italian style and foreign models«, in Segreto u. a. (Hg.), *Europe at the Seaside*, a. a. O., S. 106.

9 Y. Mansfeld, »Acquired tourism deficiency syndrome: Planning and developing tourism in Israel«, in Apostolopoulos u. a. (Hg.), *Mediterranean Tourism*, a. a. O., S. 166–168.

10 P. Obrador Pons, »The Mediterranean pool: Cultivating hospitality in the coastal hotel«, in Obrador Pons u. a. (Hg.), *Cultures of Mass Tourism*, a. a. O., S. 98, 105 (Abb. 5.3); D. Knox, »Mobile practice and youth tourism«, ebd., S. 150.

11 E. Furlough, »Club Méditerranée, 1950–2002«, in Segreto u. a. (Hg.), *Europe at the Seaside*, a. a. O., S. 174–177.

12 Battilani, »Rimini«, a. a. O., S. 107–109.
13 P. Blyth, »The growth of British air package tours, 1945–1975«, in Segreto u. a. (Hg.), *Europe at the Seaside*, a. a. O., S. 11–30.
14 C. Manera und J. Garau-Taberner, »The transformation of the economic model of the Balearic islands: The pioneers of mass tourism«, in Segreto u. a. (Hg.), *Europe at the Seaside*, a. a. O., S. 36.
15 Ebd., S. 32.
16 Blyth, »The growth of British air package tours«, a. a. O., S. 13.
17 V. Monfort Mir und J. Ivars Baidal, »Towards a sustained competitiveness of Spanish tourism«, in Apostolopoulos u. a. (Hg.), *Mediterranean Tourism*, a. a. O., S. 18, 27–30.
18 Blyth, »The growth of British air package tours«, a. a. O., S. 12–13.
19 P. Alac, *The Bikini. A Cultural History*, New York 2003, S. 38 (dt.: *Der Bikini. Eine Kulturgeschichte*, erscheint demnächst).
20 I. Littlewood, *Sultry Climates. Travel and Sex since the Grand Tour*, London 2001, S. 189–215.
21 C. Probert, *Swimwear in Vogue since 1910*, London 1981; Alac, *Bikini*, a. a. O., S. 21.
22 Alac, *Bikini*, a. a. O., S. 54, 94; Obrador Pons, »Mediterranean pool«, a. a. O., S. 103.
23 D. Abulafia, »The Mediterranean globalized«, in D. Abulafia (Hg.), *The Mediterranean in History*, London und New York 2003, S. 312.
24 Theuma, *Tourisme en Méditerranée*, a. a. O., S. 43.
25 Knox, »Mobile practice«, a. a. O., S. 150–151.
26 M. Crang und P. Tavlou, »The island that was not there: Producing Corelli's island, staging Kefalonia«, in Obrador Pons u. a. (Hg.), *Cultures of Mass Tourism*, a. a. O., S. 75–89.

SCHLUSS
Übers Meer

1 E. Paris, *La génèse intellectuelle de l'œuvre de Fernand Braudel: »La Méditerranée et le monde méditerranéen à l'époque de Philippe II« (1921–1947)*, Athen 1999, S. 315–316, 323.
2 A. Husain und K. Fleming (Hg.), *A Faithful Sea. The Religious Cultures of the Mediterranean, 1200–1700*, Oxford 2007.

LISTE DER ABBILDUNGEN

REGISTER

E

J

K

Q

R